NARUTO

MASSIV VOL. 06

ZUSAMMENSTOSS! DIE LEGENDÄREN SAN-NIN

MASASHI KISHIMOTO

CARLSEN MANGA!

NARUTO CHARACTERS

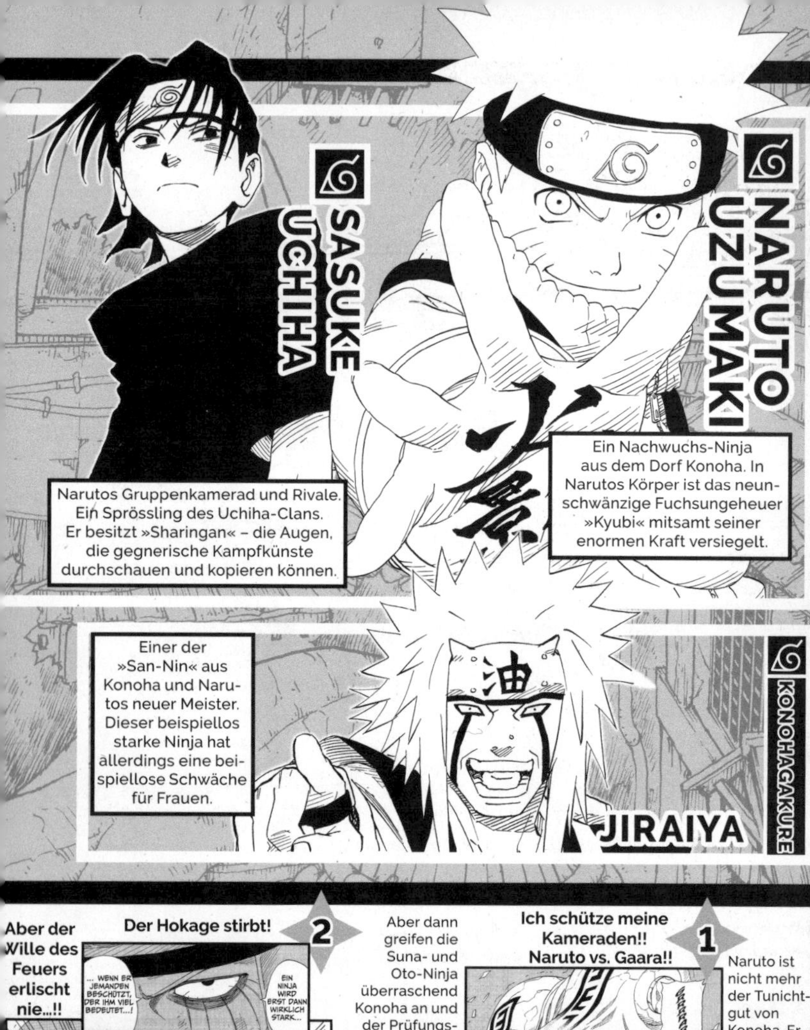

NARUTO UZUMAKI

Ein Nachwuchs-Ninja aus dem Dorf Konoha. In Narutos Körper ist das neunschwänzige Fuchsungeheuer »Kyubi« mitsamt seiner enormen Kraft versiegelt.

SASUKE UCHIHA

Narutos Gruppenkamerad und Rivale. Ein Sprössling des Uchiha-Clans. Er besitzt »Sharingan« – die Augen, die gegnerische Kampfkünste durchschauen und kopieren können.

KONOHAGAKURE

JIRAIYA

Einer der »San-Nin« aus Konoha und Narutos neuer Meister. Dieser beispiellos starke Ninja hat allerdings eine beispiellose Schwäche für Frauen.

STORY

Naruto ist nicht mehr der Tunichtgut von Konoha. Er will Hokage werden, der stärkste Ninja im Dorf – und für diesen Traum trainiert er hart. Er hat mehrere harte Prüfungen bestanden und kommt bei der Chu-Nin-Auswahlprüfung immer weiter voran.

1 Ich schütze meine Kameraden!! Naruto vs. Gaara!!

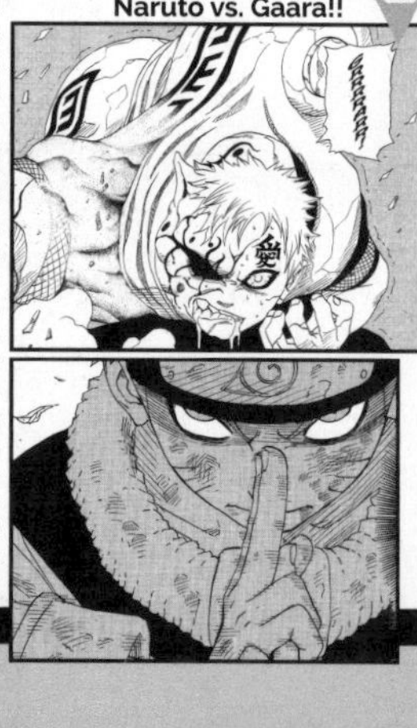

Aber dann greifen die Suna- und Oto-Ninja überraschend Konoha an und der Prüfungsplatz wird zum Schlachtfeld! Naruto kämpft mit vollem Einsatz, um seine schwer verletzten Kameraden zu schützen. Er greift Gaara an, der sich in das Marderhund-Ungeheuer »Shukaku« verwandelt hat, und zwingt ihn nieder!!

2 Der Hokage stirbt!

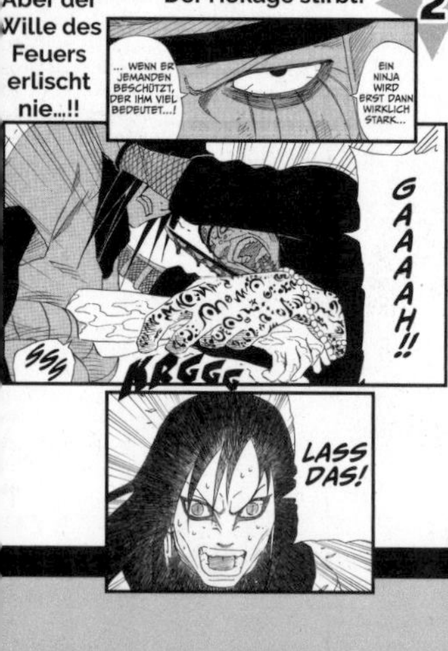

Aber der Wille des Feuers erlischt nie...!!

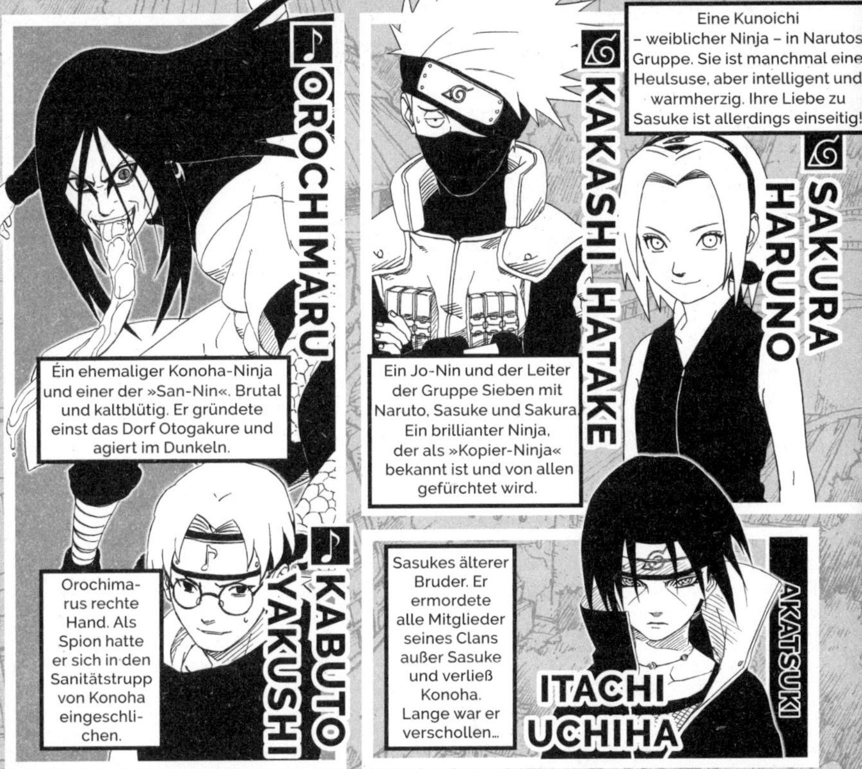

Die Suche nach Tsunade beginnt!! Sie ist eine der legendären »San-Nin« und soll Hokage der Fünfte werden!! Doch Naruto wird von der mysteriösen Organisation »Akatsuki« bedroht…!!

Während Wiederaufbau, Aufträge und die Abwehr fremder Feinde das ganze Dorf beschäftigen, kündigt sich eine neue Gefahr an: Die Mitglieder der dubiosen Organisation Akatsuki wollen das Kyubi einfangen, das neunschwänzige Fuchsungeheuer.

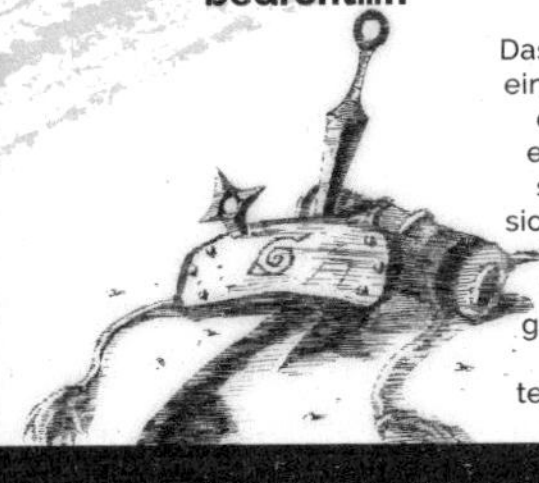

Das Dorf braucht dringend einen neuen Hokage, aber die Kandidatin Tsunade, eine der San-Nin, ist verschollen… Naruto macht sich zusammen mit Jiraiya auf die Reise, um nach Tsunade zu suchen und gleichzeitig zu trainieren. Aber da taucht der Attentäter von Akatsuki auf: Itachi Uchiha!

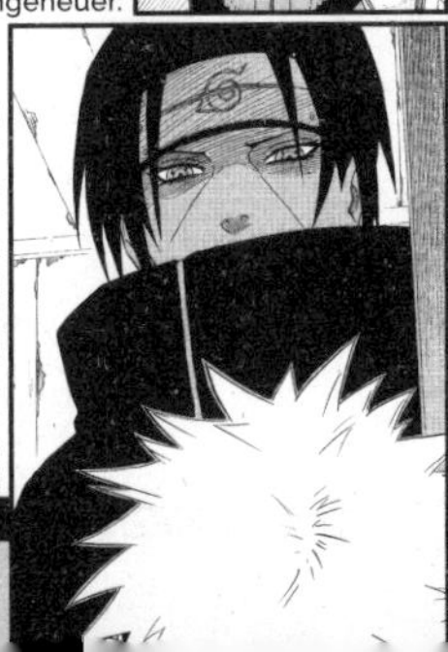

3

Die Kraft vom Kyubi, dem Neunschwänzigen, steht im Fokus!!

Itachi Uchiha von Akatsuki taucht auf!!

Der Verrat von Suna und Oto gehört zu Orochimarus Intrige!! Hokage der Dritte lähmt mit einer Geheimkunst Orochimarus Arme und blockiert so dessen gesamtes Ninjutsu. Dabei verliert er aber sein Leben. Naruto und alle übrigen Konoha-Ninja überwinden ihre Trauer und setzen sich für den Wiederaufbau ihres Dorfes ein!

NARUTO

576 SEITEN MASSIV 100% NARUTO

INHALT

146. Kapitel: Mit Hass

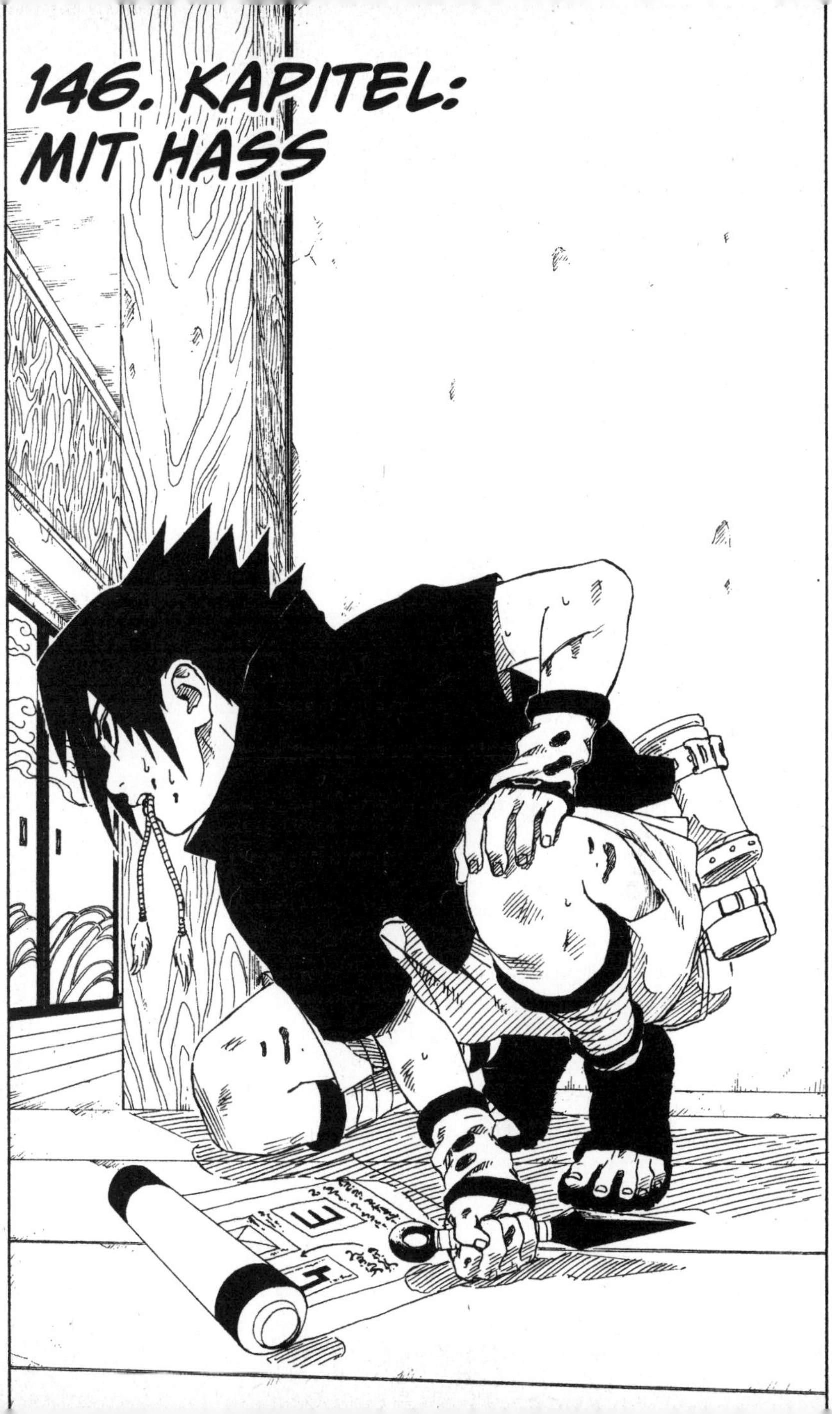

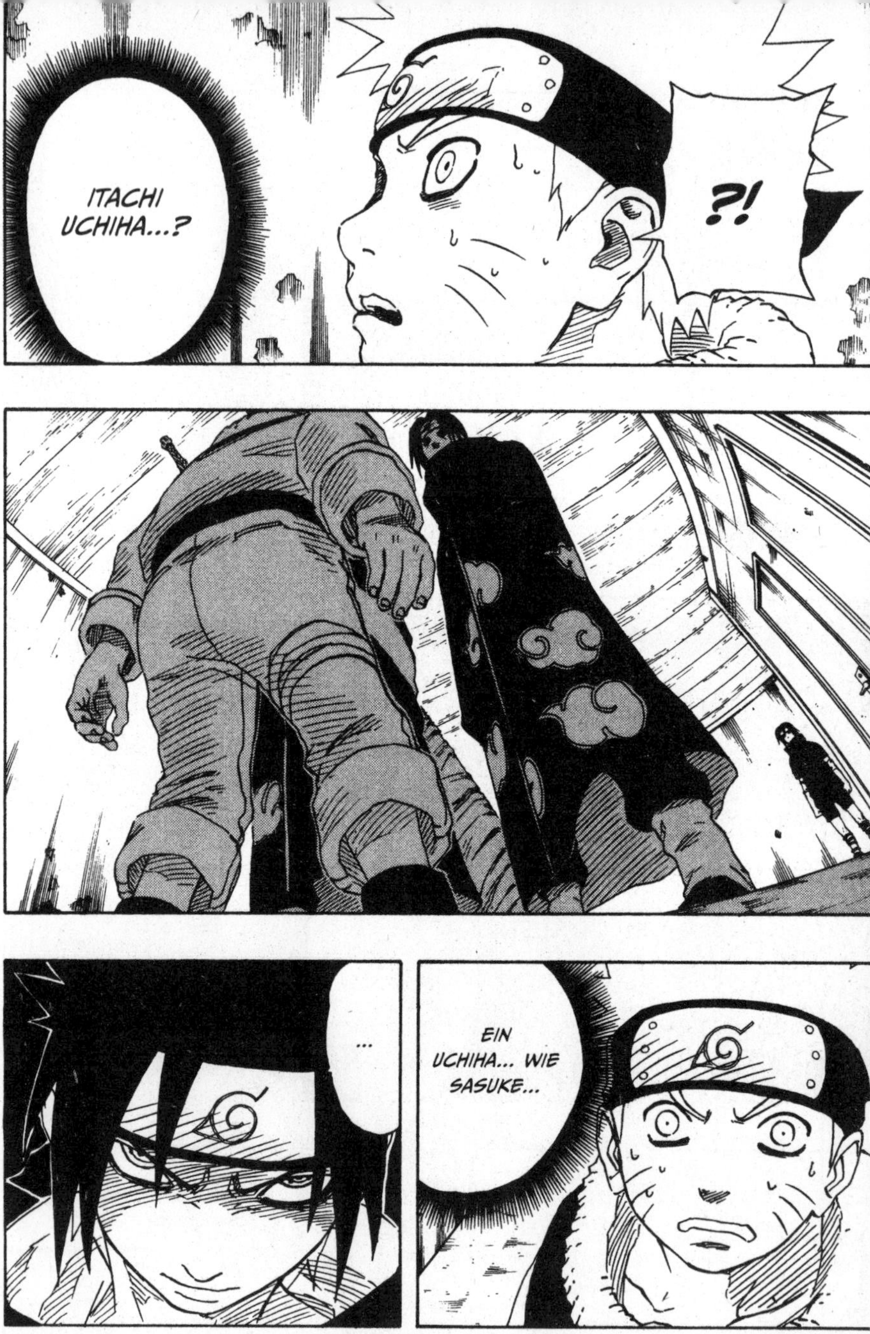
?!
ITACHI UCHIHA...?
EIN UCHIHA... WIE SASUKE...
...

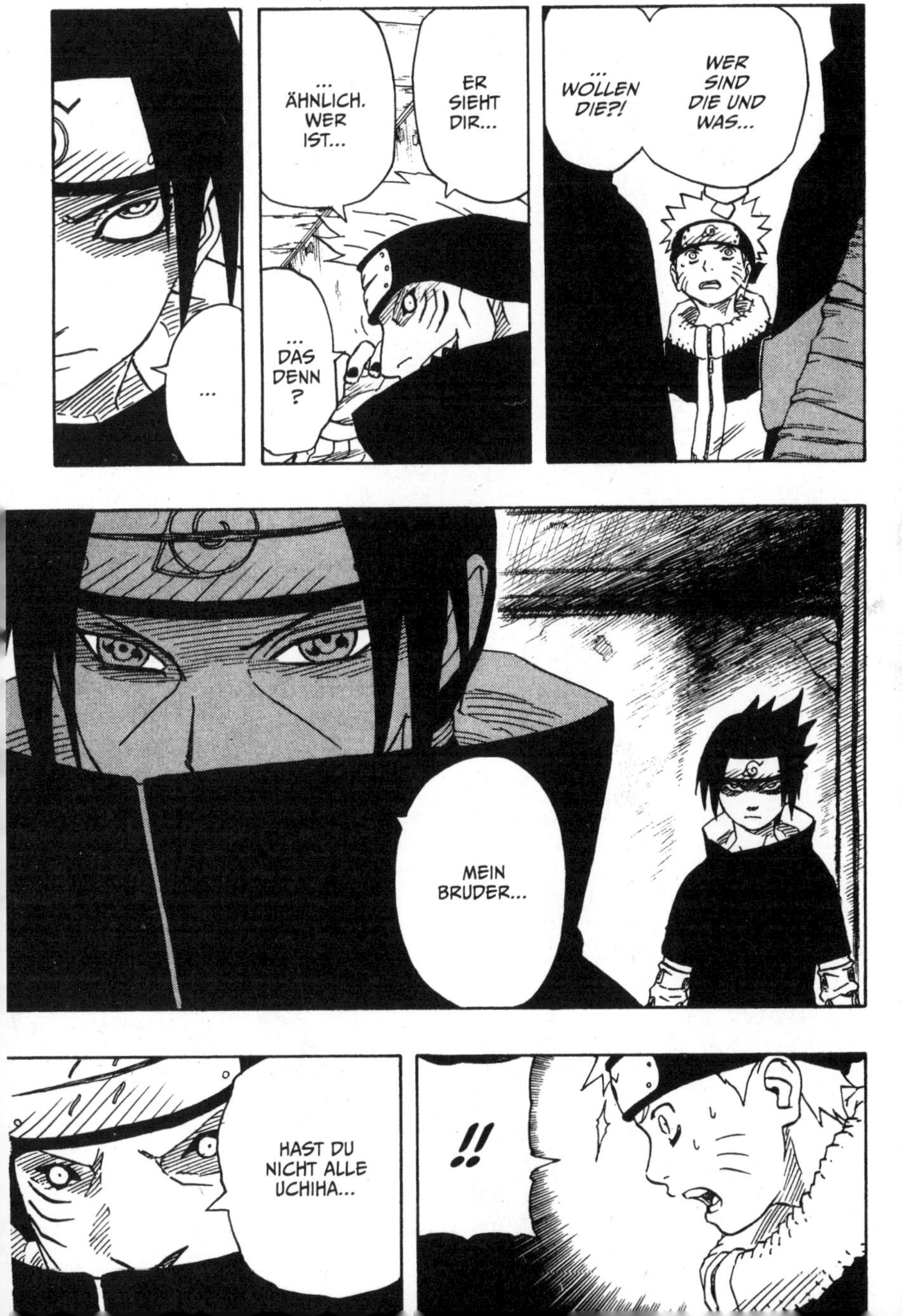
WER SIND DIE UND WAS...
... WOLLEN DIE?!
ER SIEHT DIR...
... ÄHNLICH. WER IST...
... DAS DENN?
...
MEIN BRUDER...
!!
HAST DU NICHT ALLE UCHIHA...

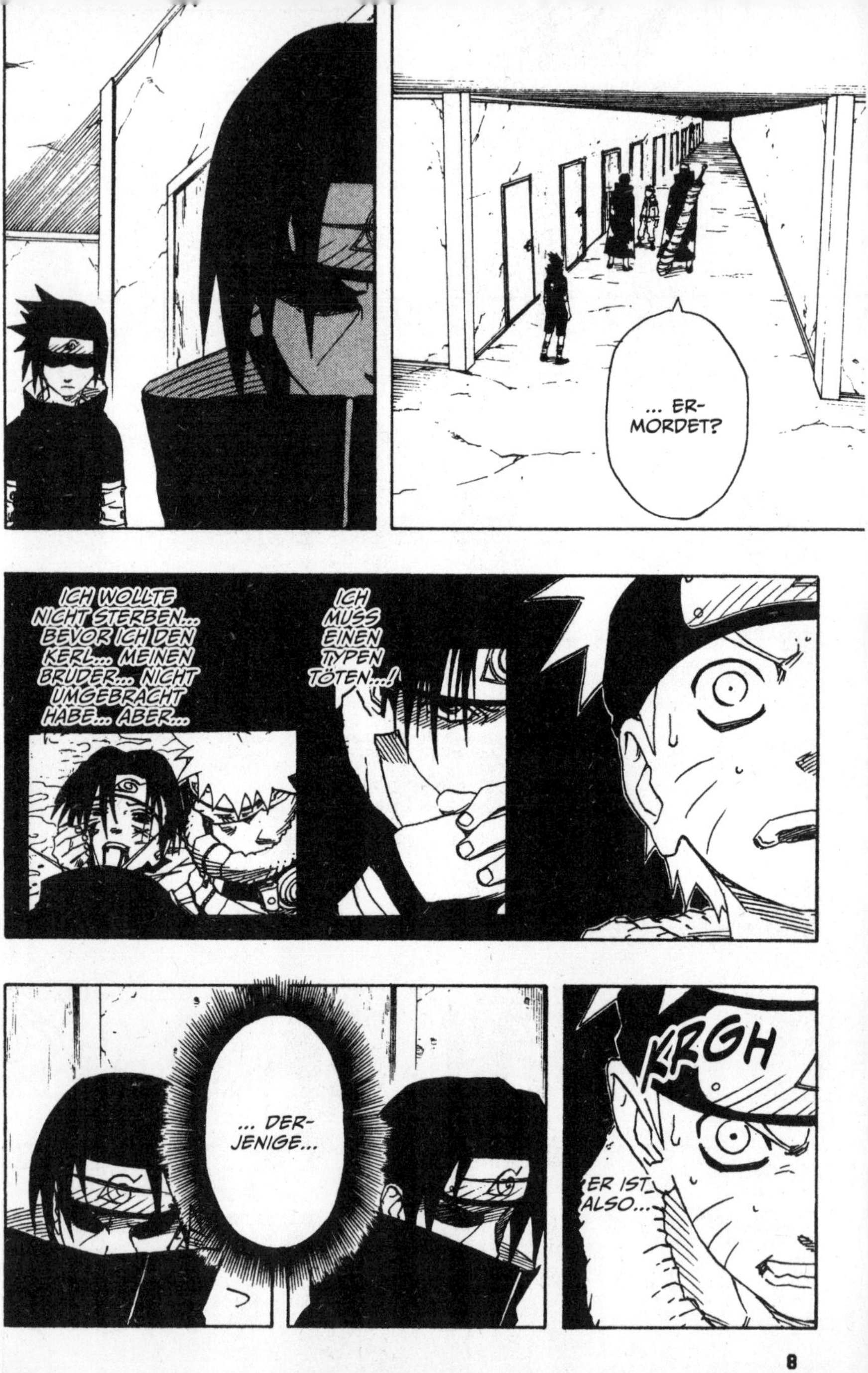
... ER- MORDET?
ICH MUSS EINEN TYPEN TÖTEN...!
ICH WOLLTE NICHT STERBEN... BEVOR ICH DEN KERL... MEINEN BRUDER... NICHT UMGEBRACHT HABE... ABER...
KRGH
ER IST ALSO...
... DER- JENIGE...

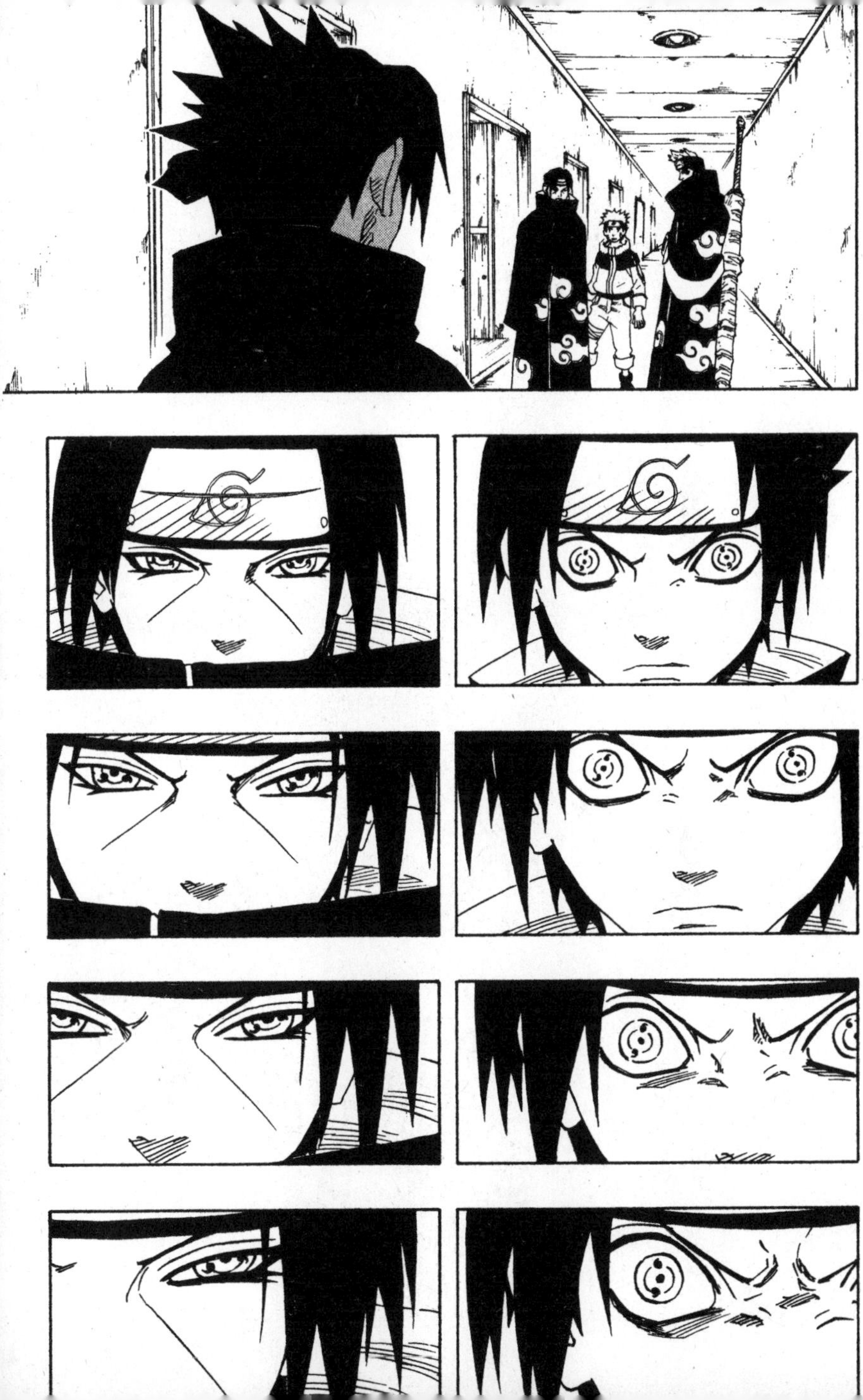

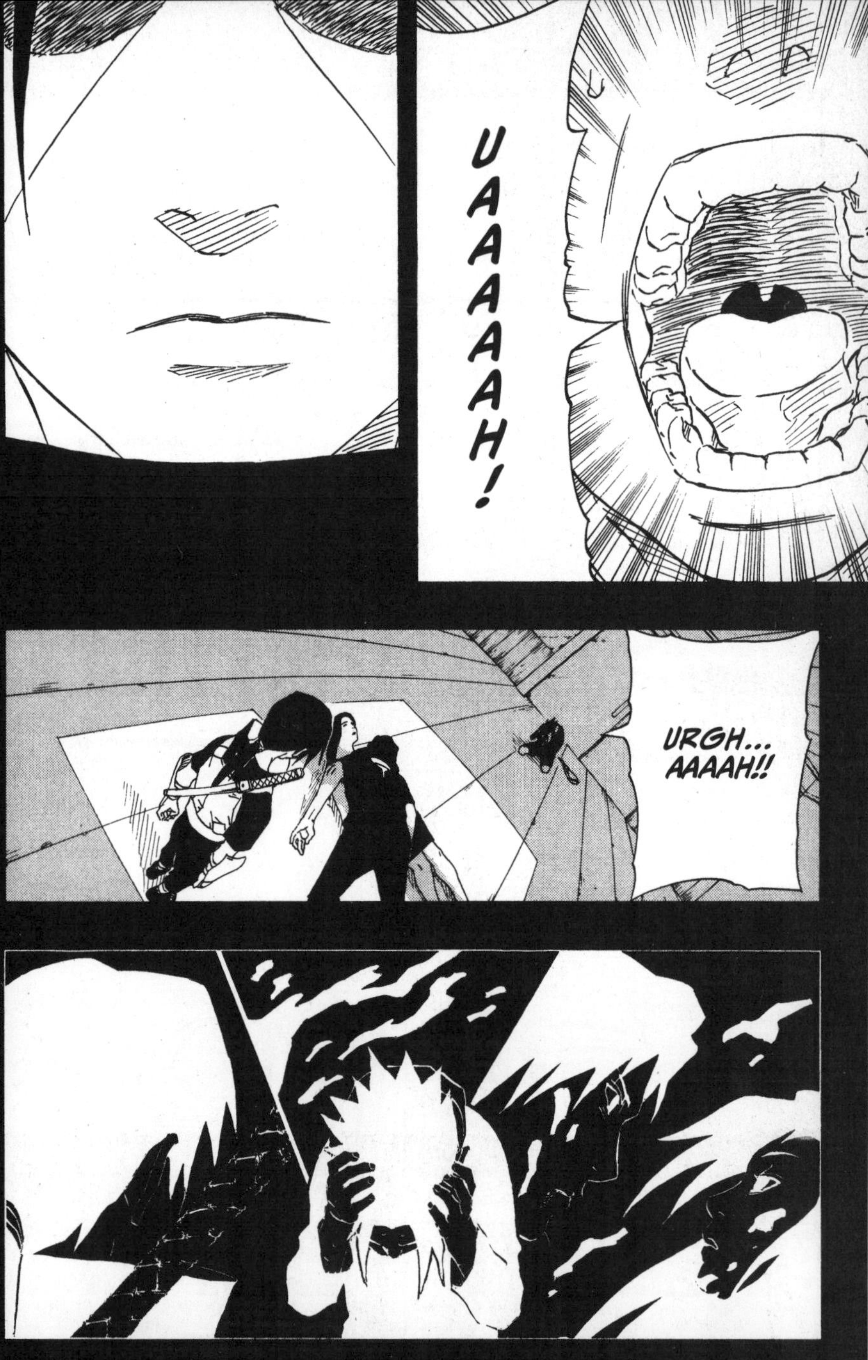
UAAAAAAAH!
URGH... AAAAH!!

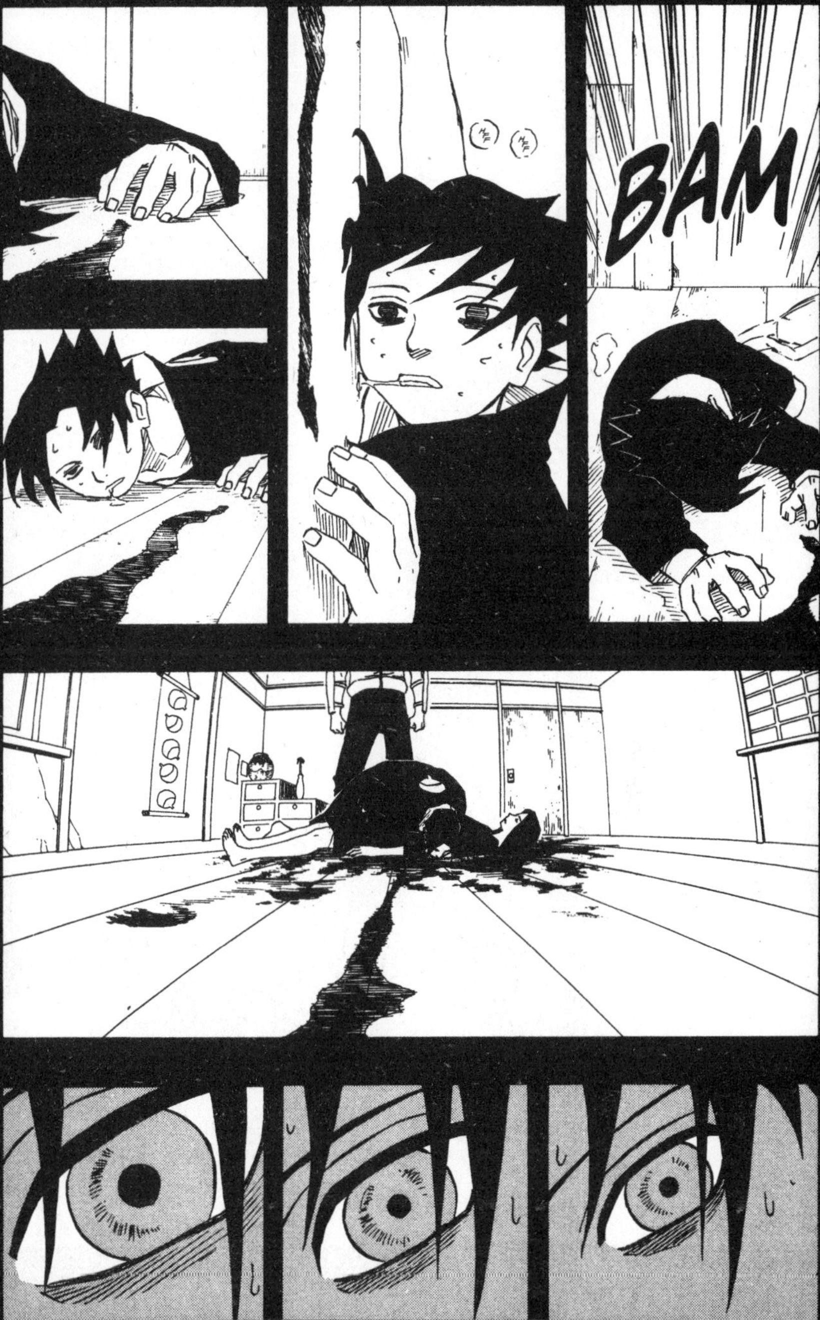
BAM

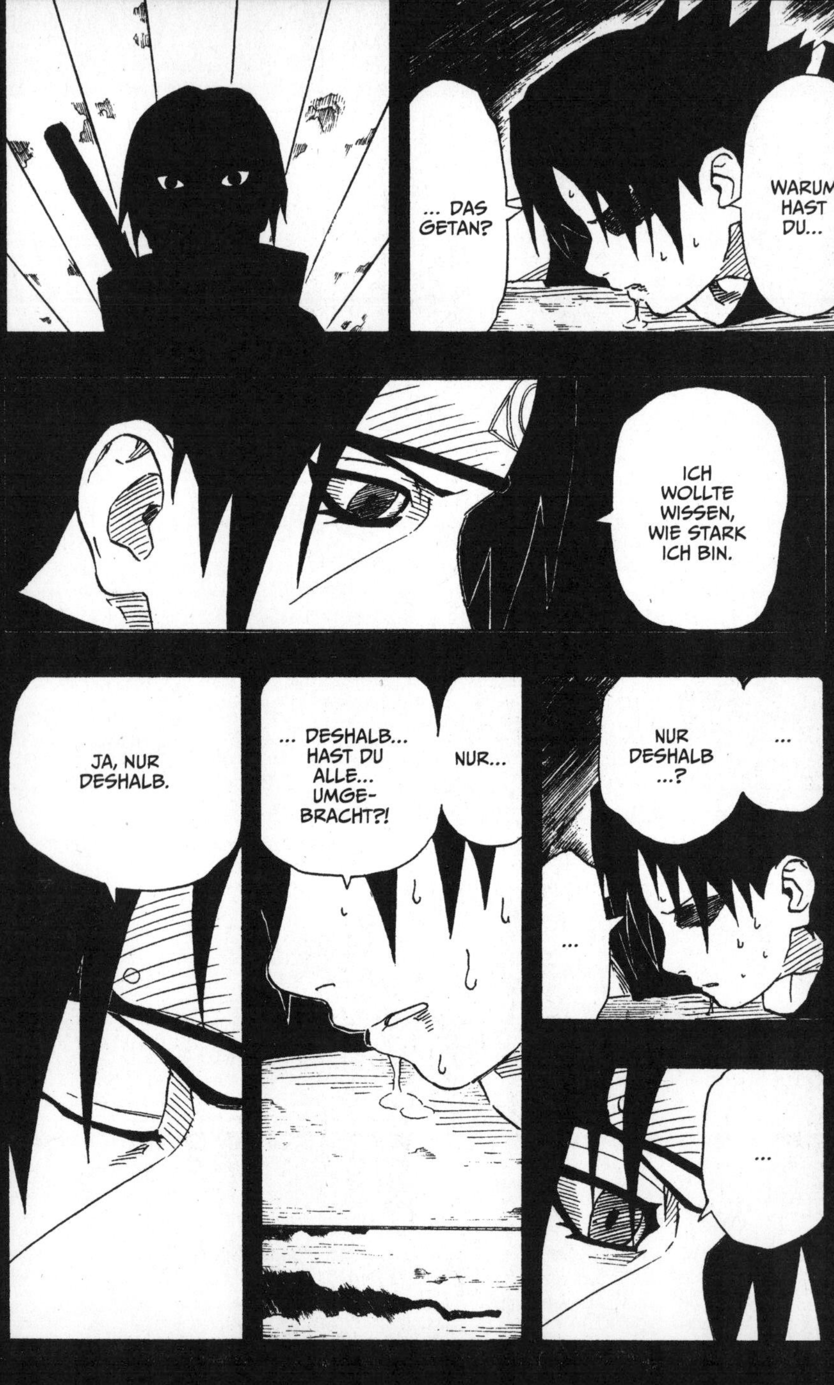
WARUM HAST DU...
... DAS GETAN?
ICH WOLLTE WISSEN, WIE STARK ICH BIN.
...
NUR DESHALB ...?
...
NUR...
... DESHALB... HAST DU ALLE... UMGE-BRACHT?!
JA, NUR DESHALB.
...

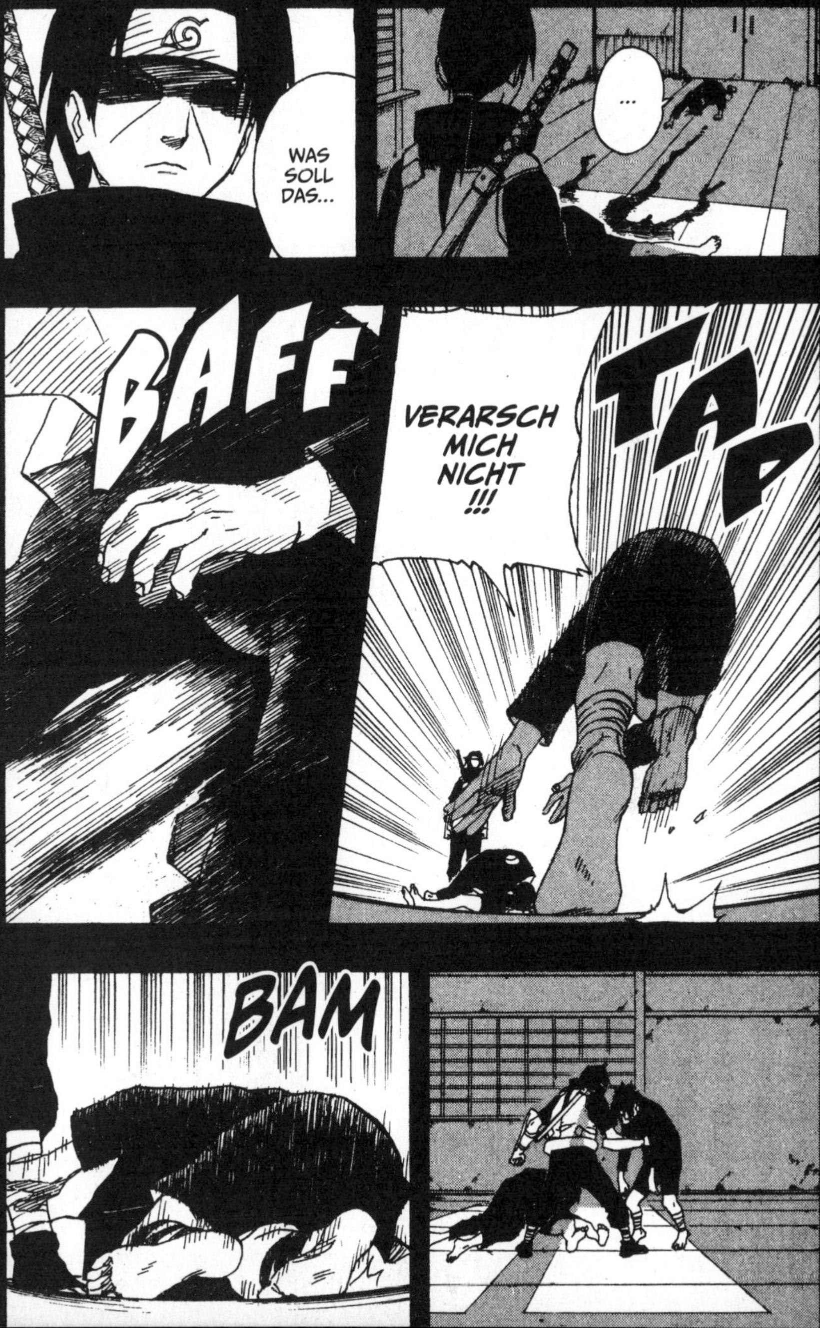
...
WAS SOLL DAS...
TAP
VERARSCH MICH NICHT !!!
BAFF
BAM

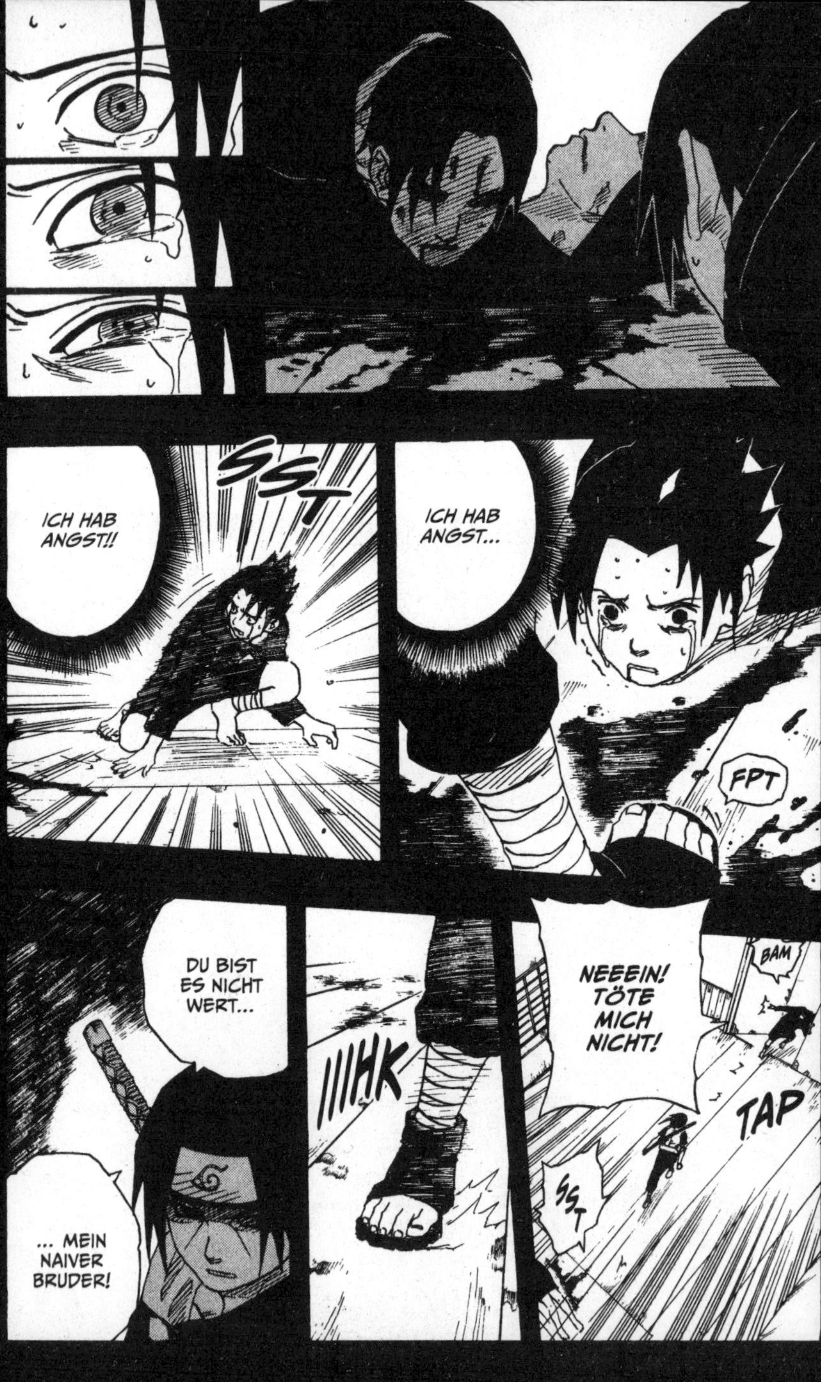

ICH HAB ANGST...
FPT
SST
ICH HAB ANGST!!
NEEEIN! TÖTE MICH NICHT!
BAM
TAP
SST
HK
DU BIST ES NICHT WERT...
... MEIN NAIVER BRUDER!

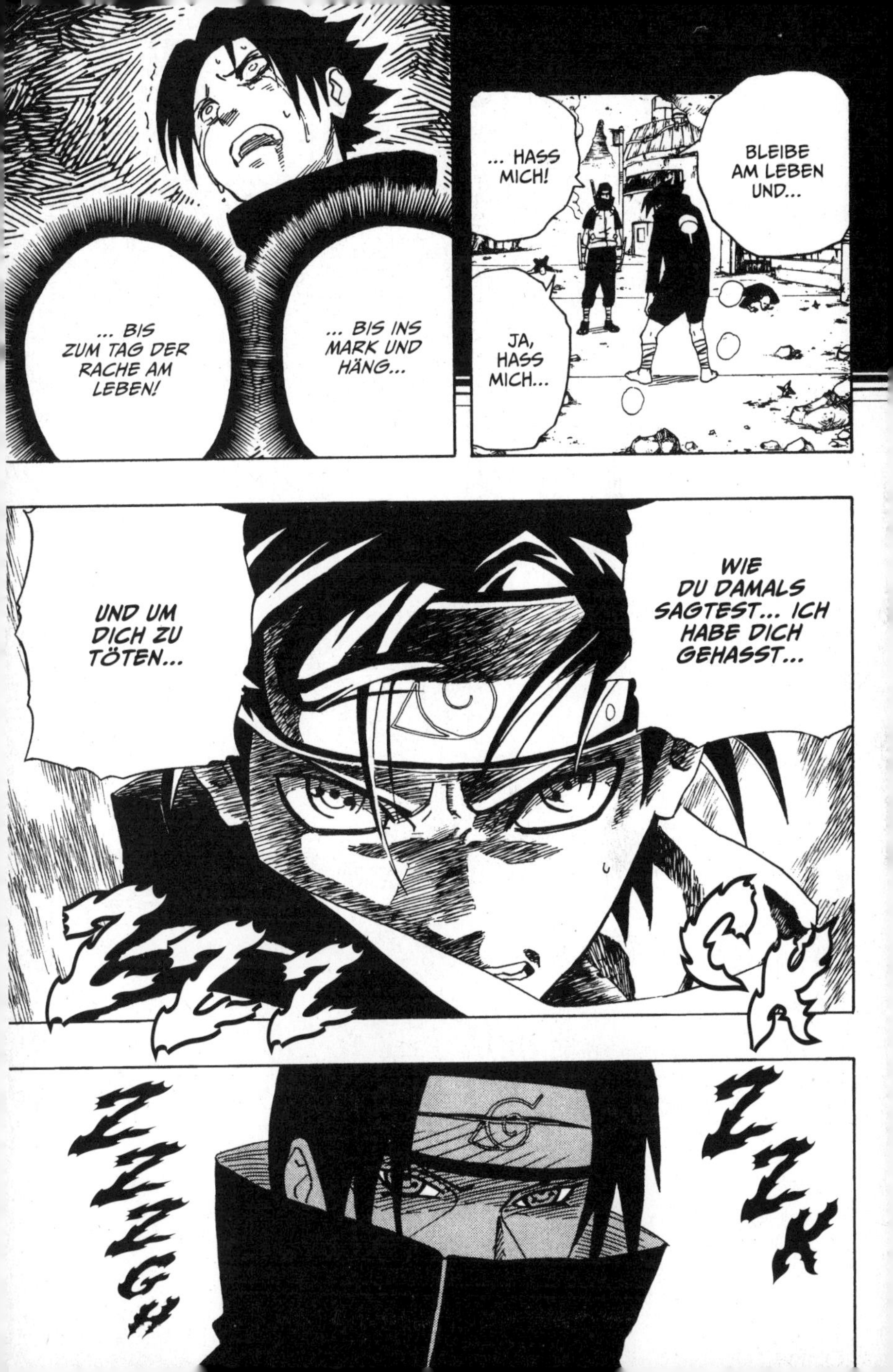
BLEIBE AM LEBEN UND...
... HASS MICH!
JA, HASS MICH...
... BIS INS MARK UND HÄNG...
... BIS ZUM TAG DER RACHE AM LEBEN!
WIE DU DAMALS SAGTEST... ICH HABE DICH GEHASST...
UND UM DICH ZU TÖTEN...

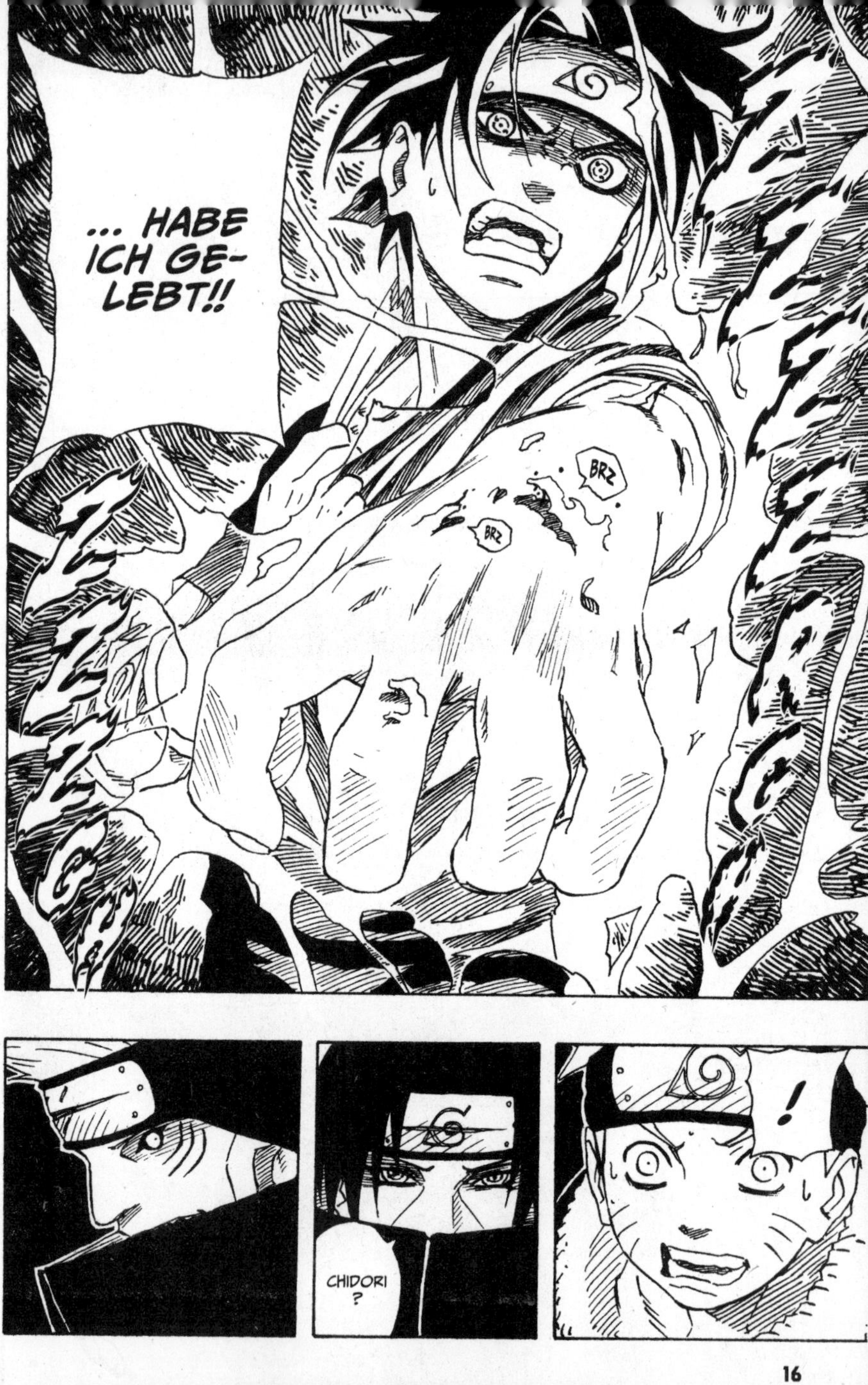

... HABE ICH GE-LEBT!!
BRZ
BRZ
!
CHIDORI ?

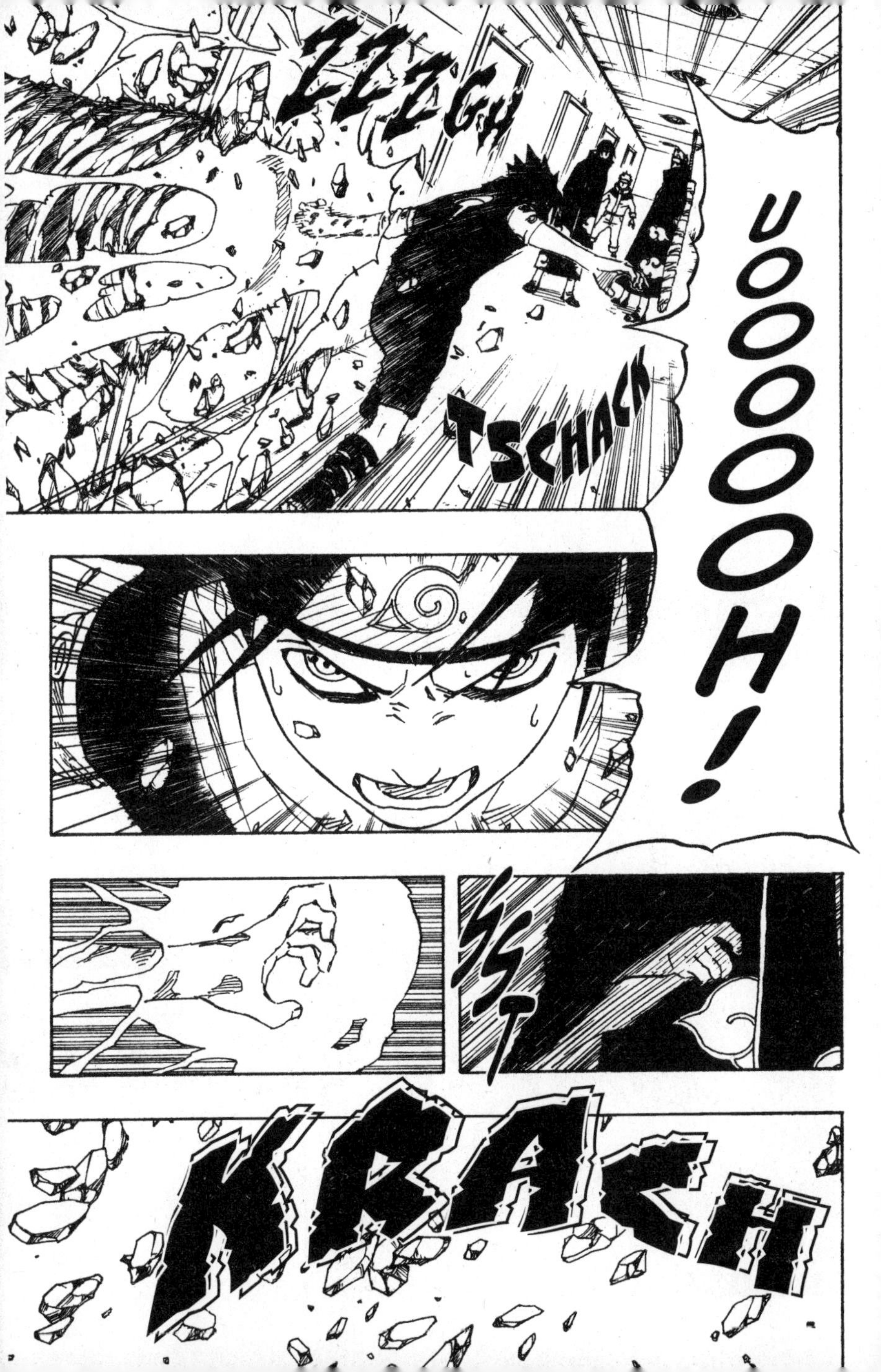
ZZZGH
UOOOOOOH!
TSCHACK
SST
KRACH

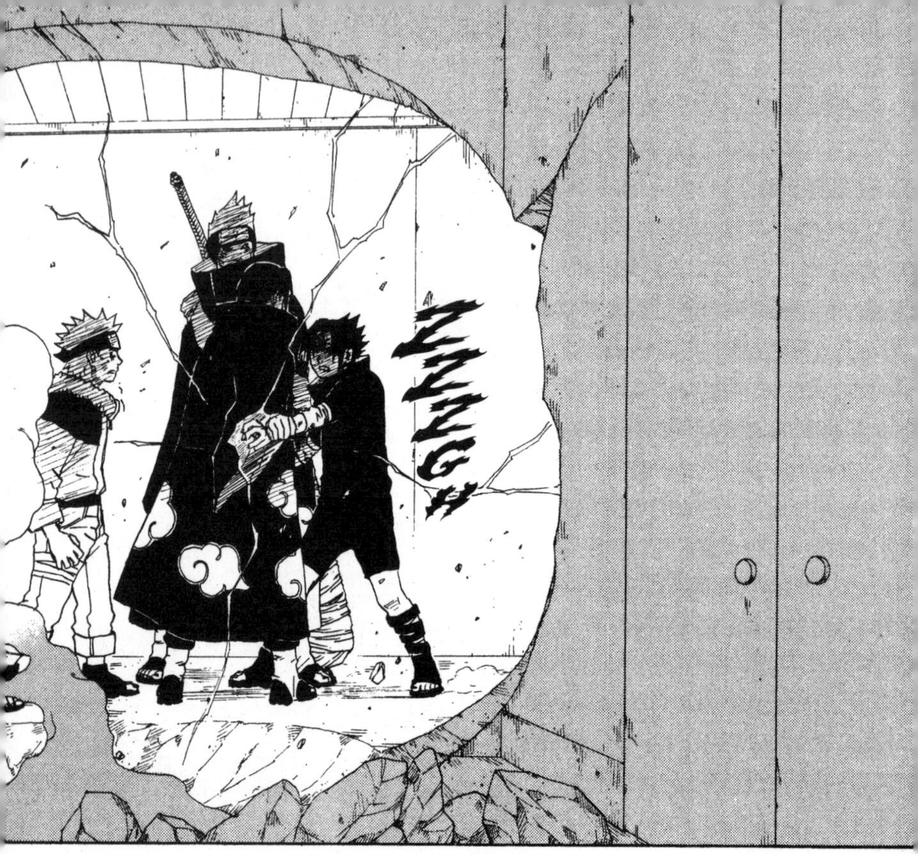
ZZZZGH

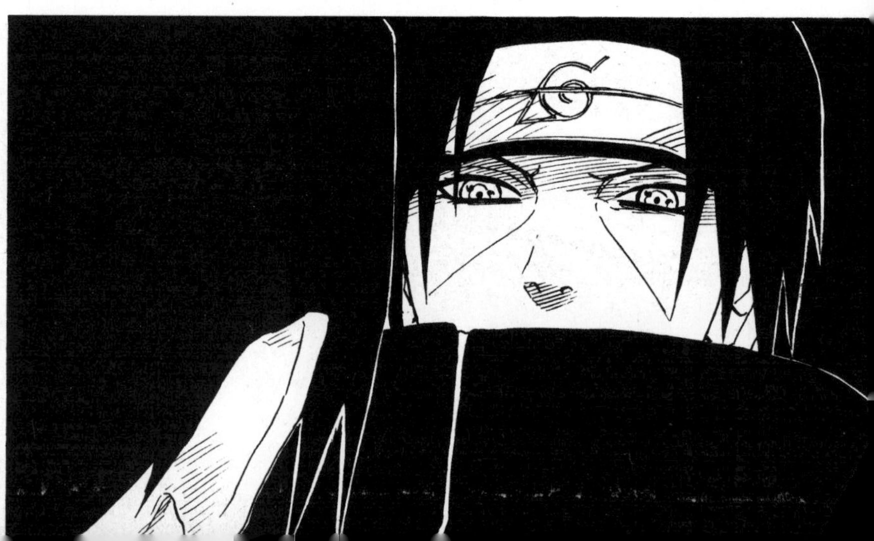

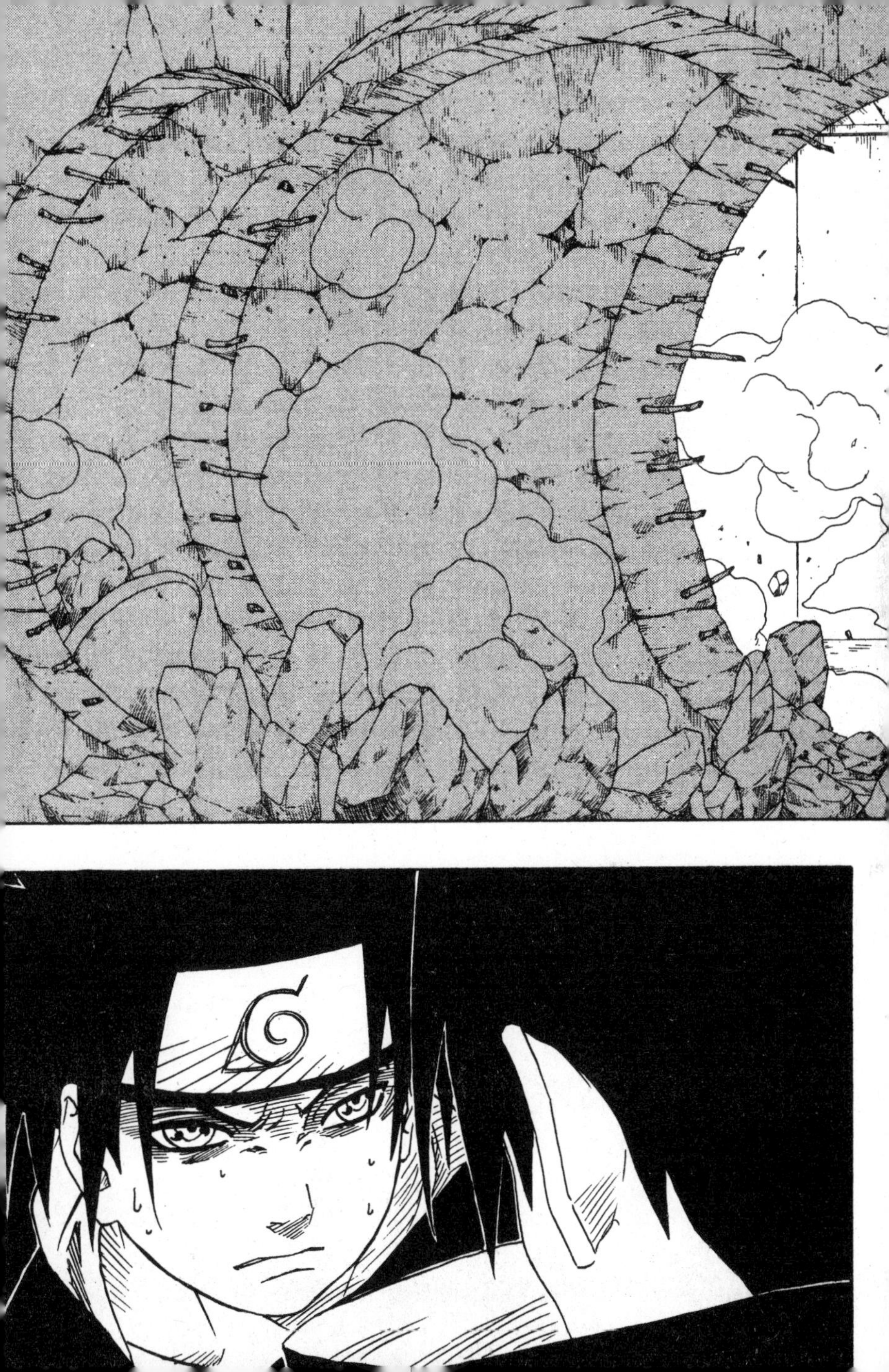

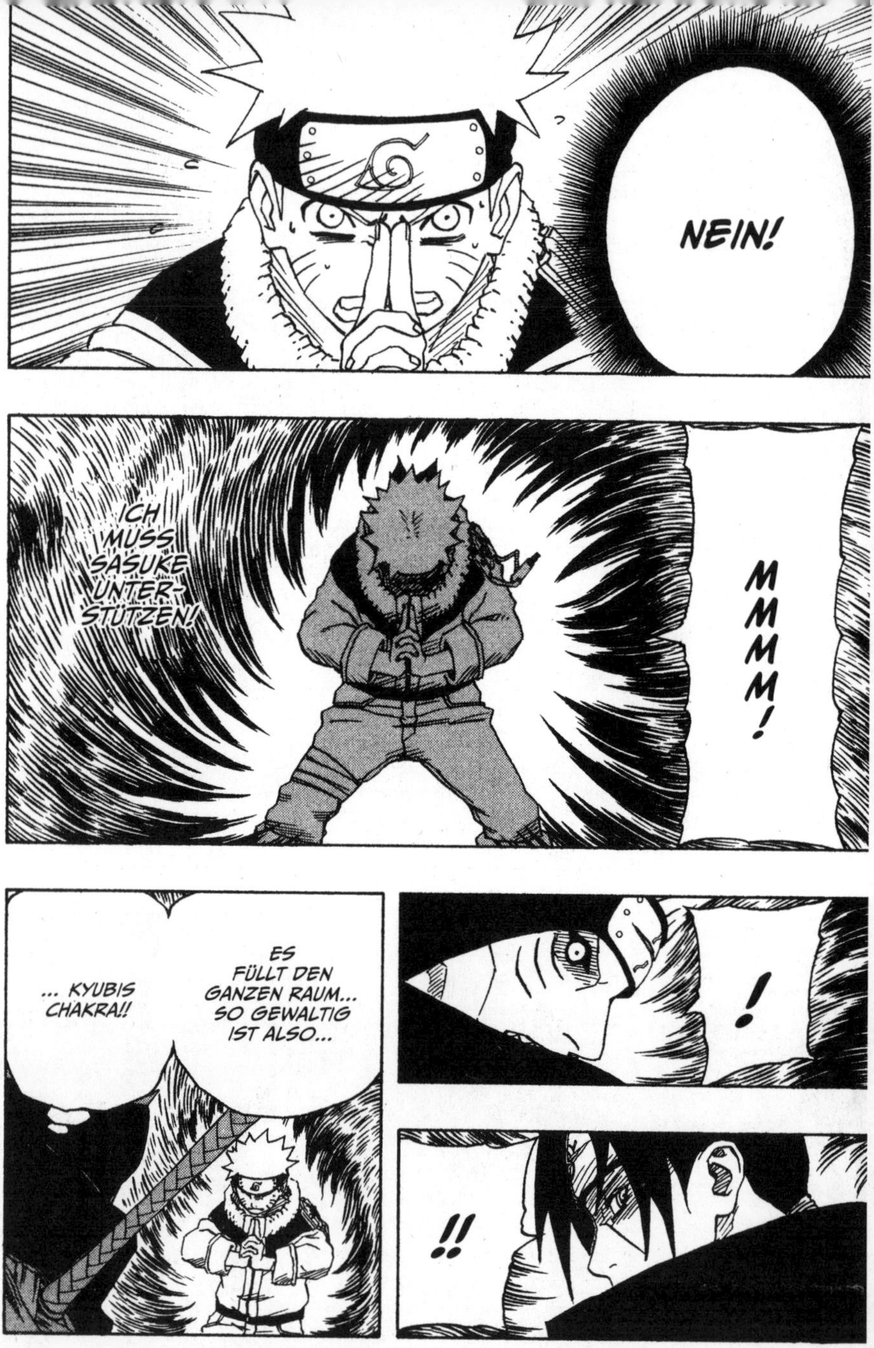

NEIN!
MMMMM!
ICH MUSS SASUKE UNTERSTÜTZEN!
!
ES FÜLLT DEN GANZEN RAUM... SO GEWALTIG IST ALSO...
... KYUBIS CHAKRA!!
!!

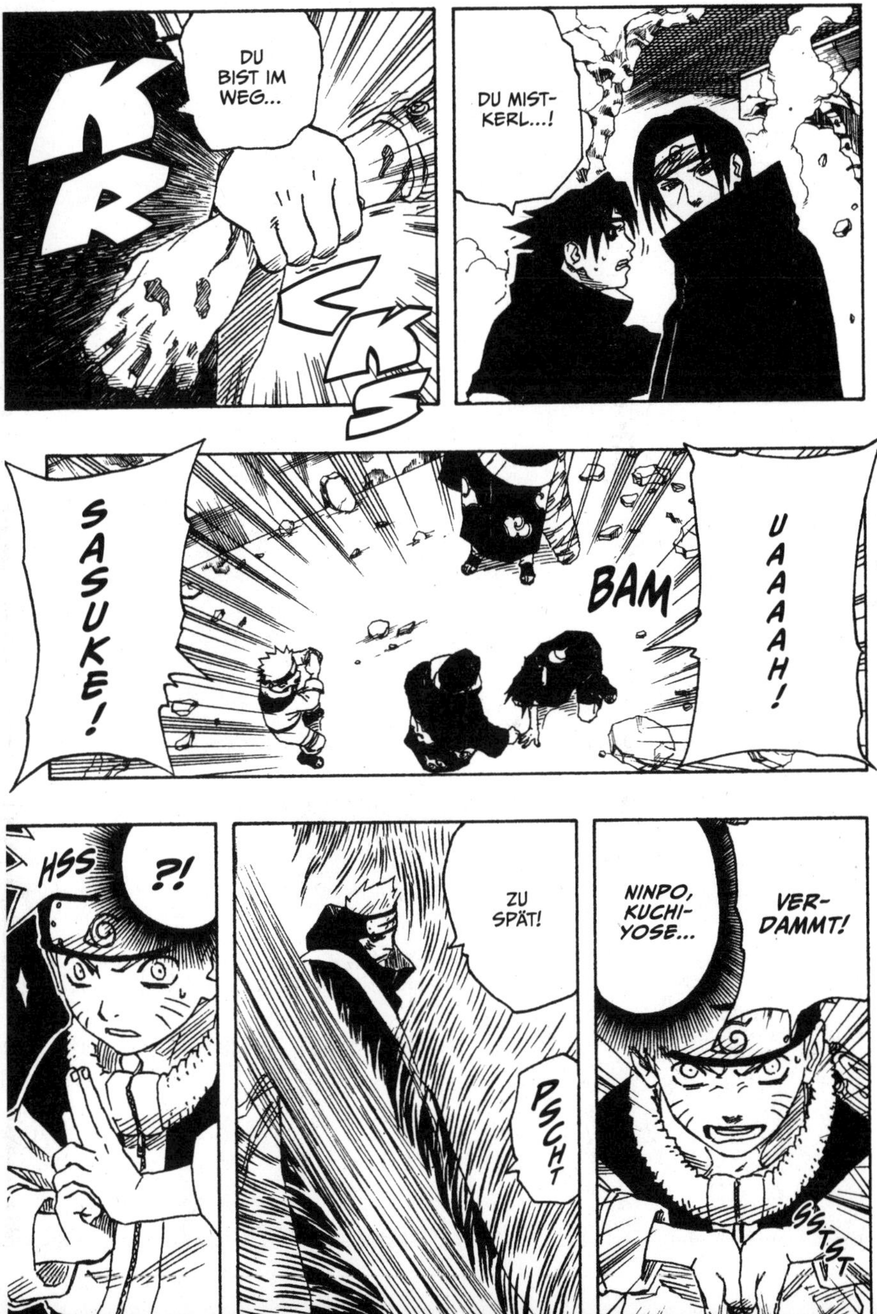

DU MIST-KERL...!
DU BIST IM WEG...
KRCKS
UAAAAAH!
BAM
SASUKE!
VER-DAMMT!
NINPO, KUCHI-YOSE...
SSTST
ZU SPÄT!
PSCHT
?!
HSS

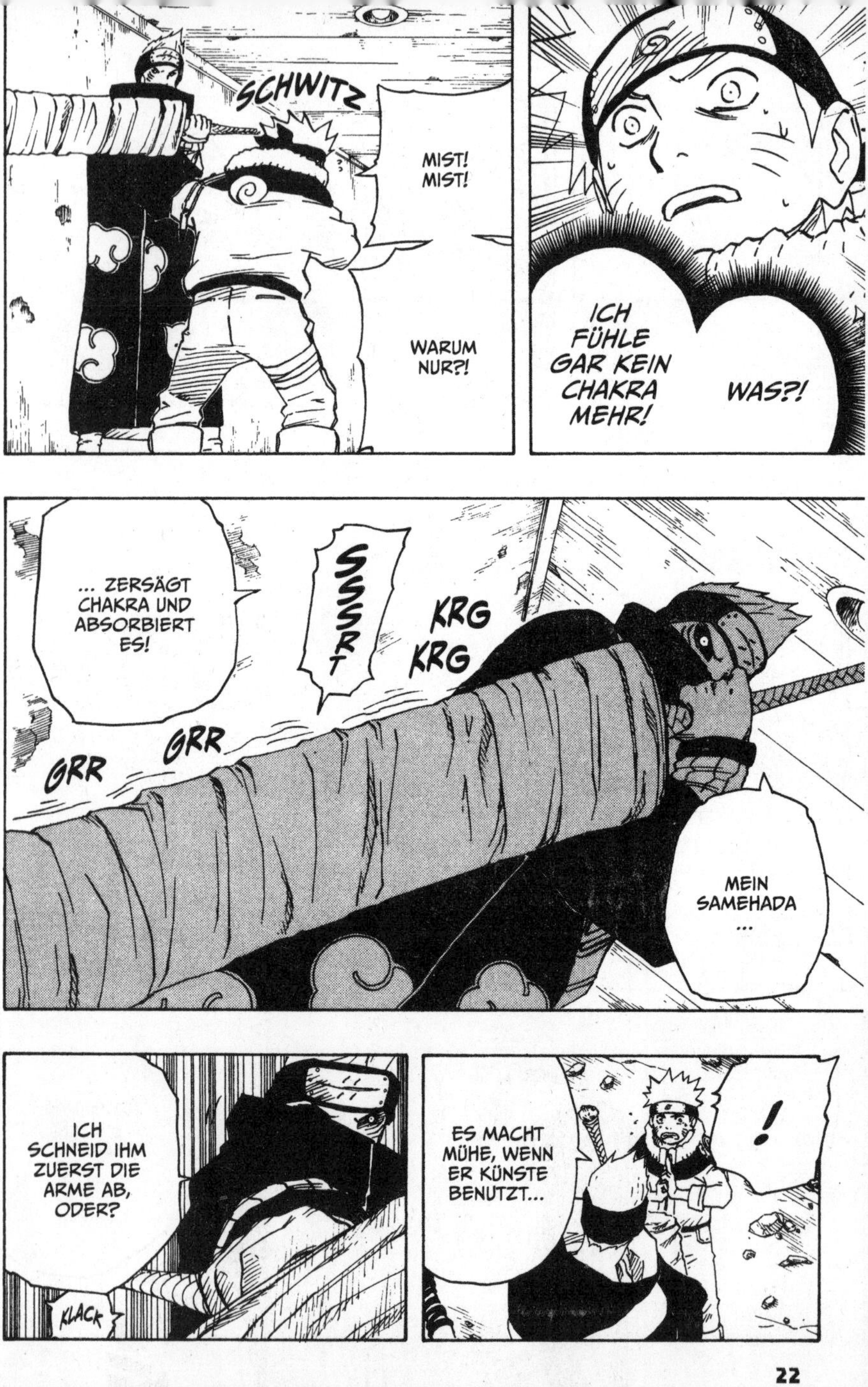
WAS?!
ICH FÜHLE GAR KEIN CHAKRA MEHR!
SCHWITZ
MIST! MIST!
WARUM NUR?!
MEIN SAMEHADA ...
KRG KRG
SSSSRT
... ZERSÄGT CHAKRA UND ABSORBIERT ES!
GRR GRR
!
ES MACHT MÜHE, WENN ER KÜNSTE BENUTZT...
ICH SCHNEID IHM ZUERST DIE ARME AB, ODER?
KLACK

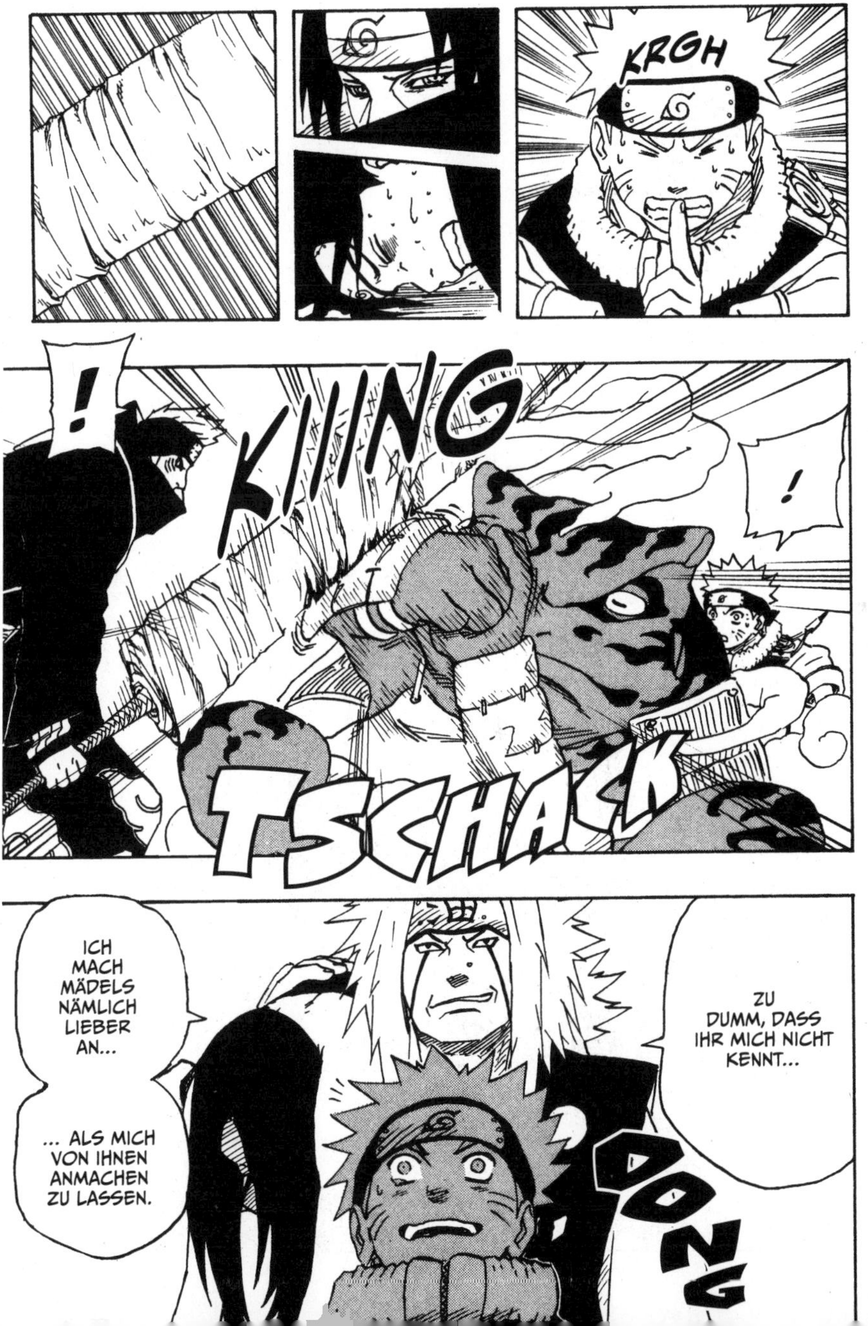
KRGH
!
KIIING
!
TSCHACK
ZU DUMM, DASS IHR MICH NICHT KENNT...
ICH MACH MÄDELS NÄMLICH LIEBER AN...
... ALS MICH VON IHNEN ANMACHEN ZU LASSEN.
DOONG

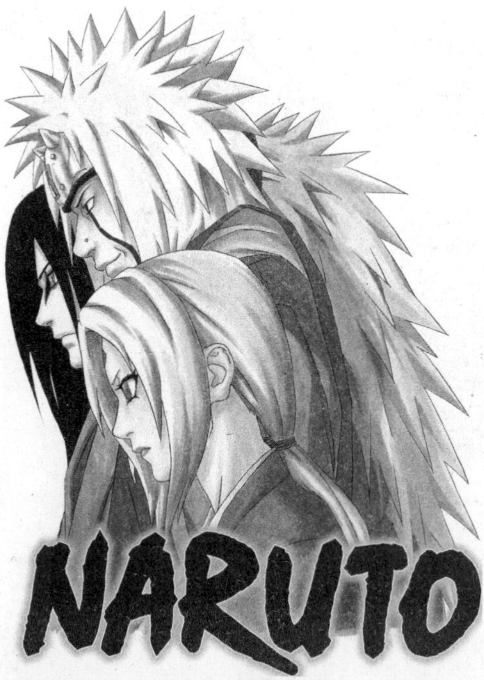
NARUTO

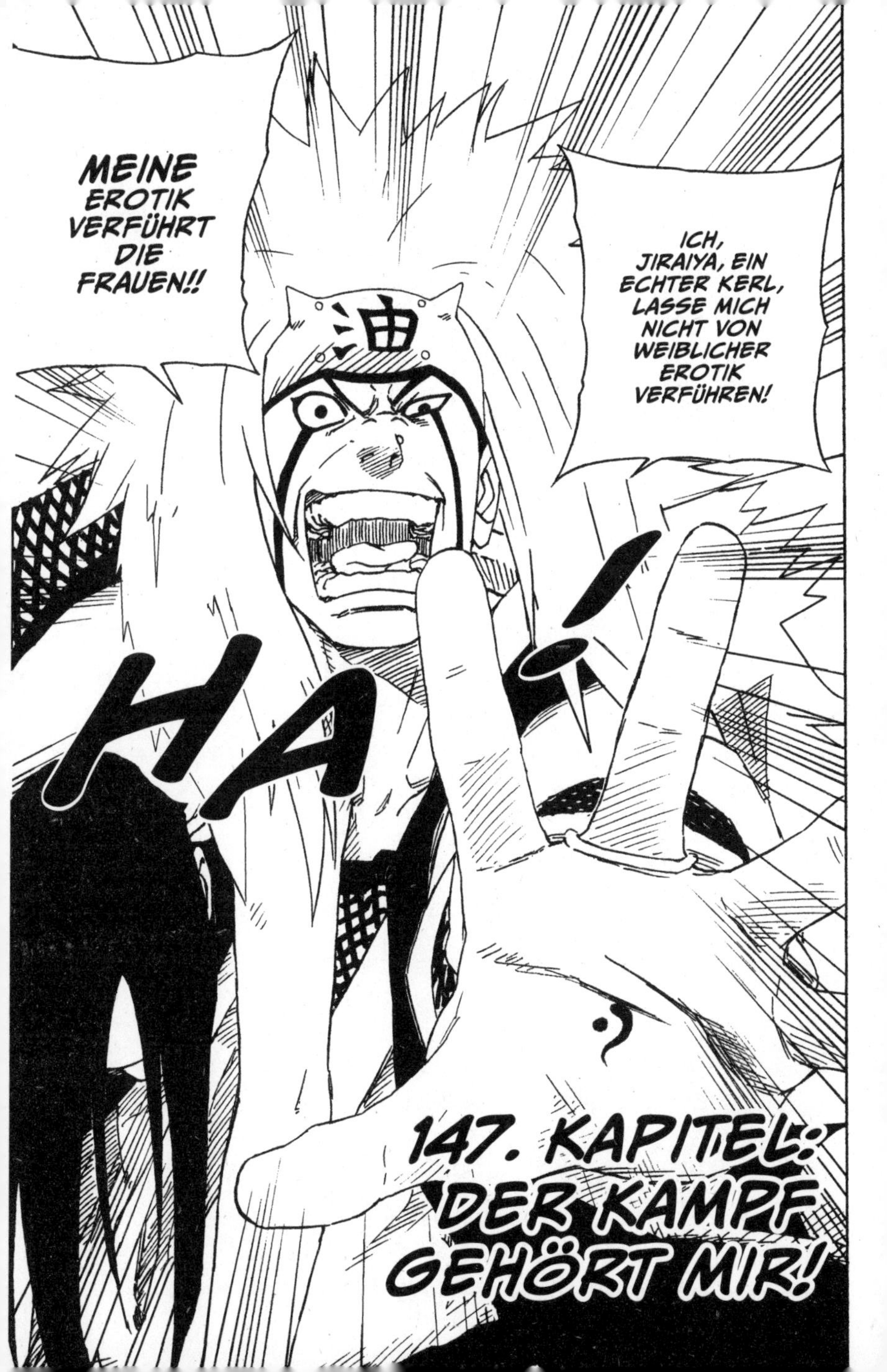
ICH, JIRAIYA, EIN ECHTER KERL, LASSE MICH NICHT VON WEIBLICHER EROTIK VERFÜHREN!
MEINE EROTIK VERFÜHRT DIE FRAUEN!!
HA!
147. KAPITEL: DER KAMPF GEHÖRT MIR!

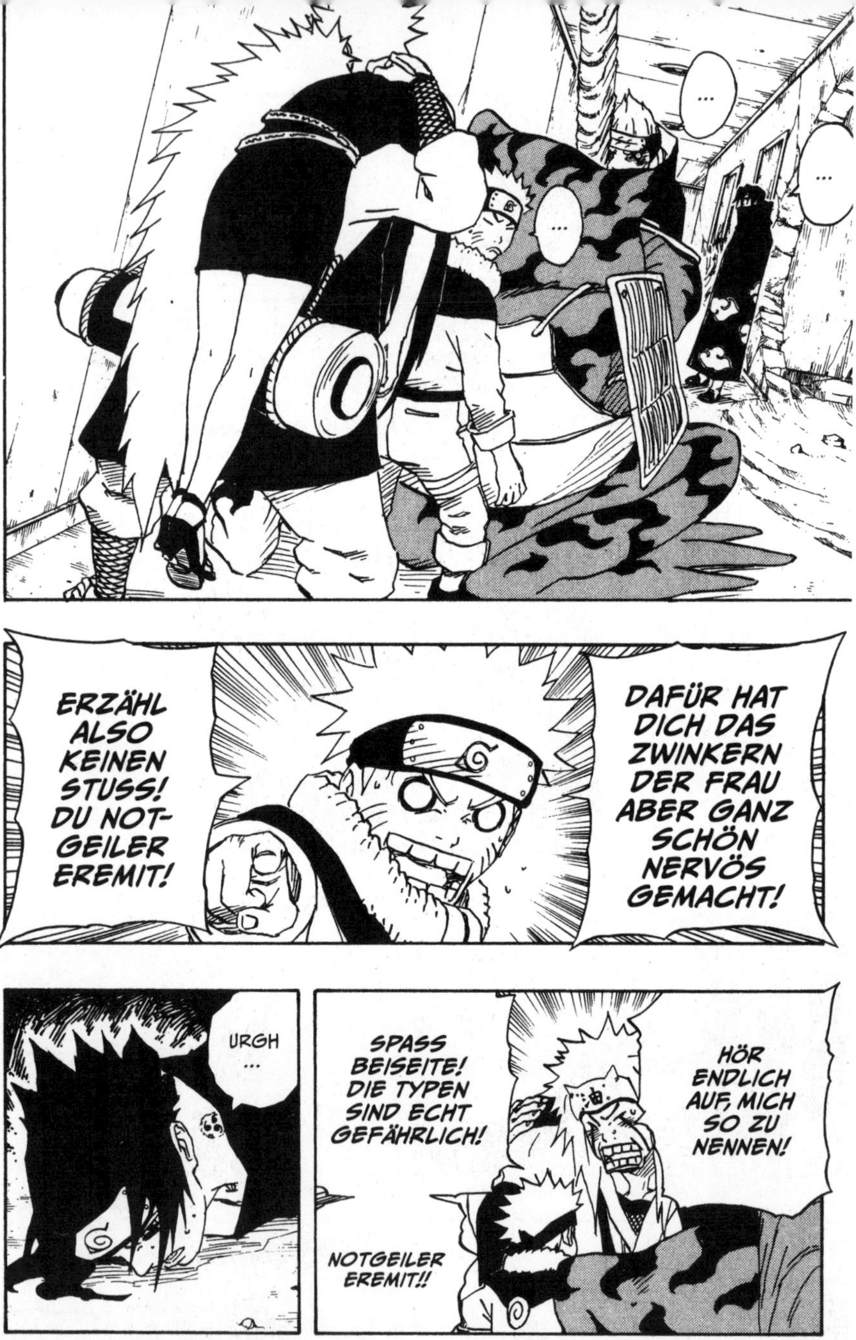
...
...
...
DAFÜR HAT DICH DAS ZWINKERN DER FRAU ABER GANZ SCHÖN NERVÖS GEMACHT!
ERZÄHL ALSO KEINEN STUSS! DU NOT-GEILER EREMIT!
HÖR ENDLICH AUF, MICH SO ZU NENNEN!
SPASS BEISEITE! DIE TYPEN SIND ECHT GEFÄHRLICH!
NOTGEILER EREMIT!!
URGH ...

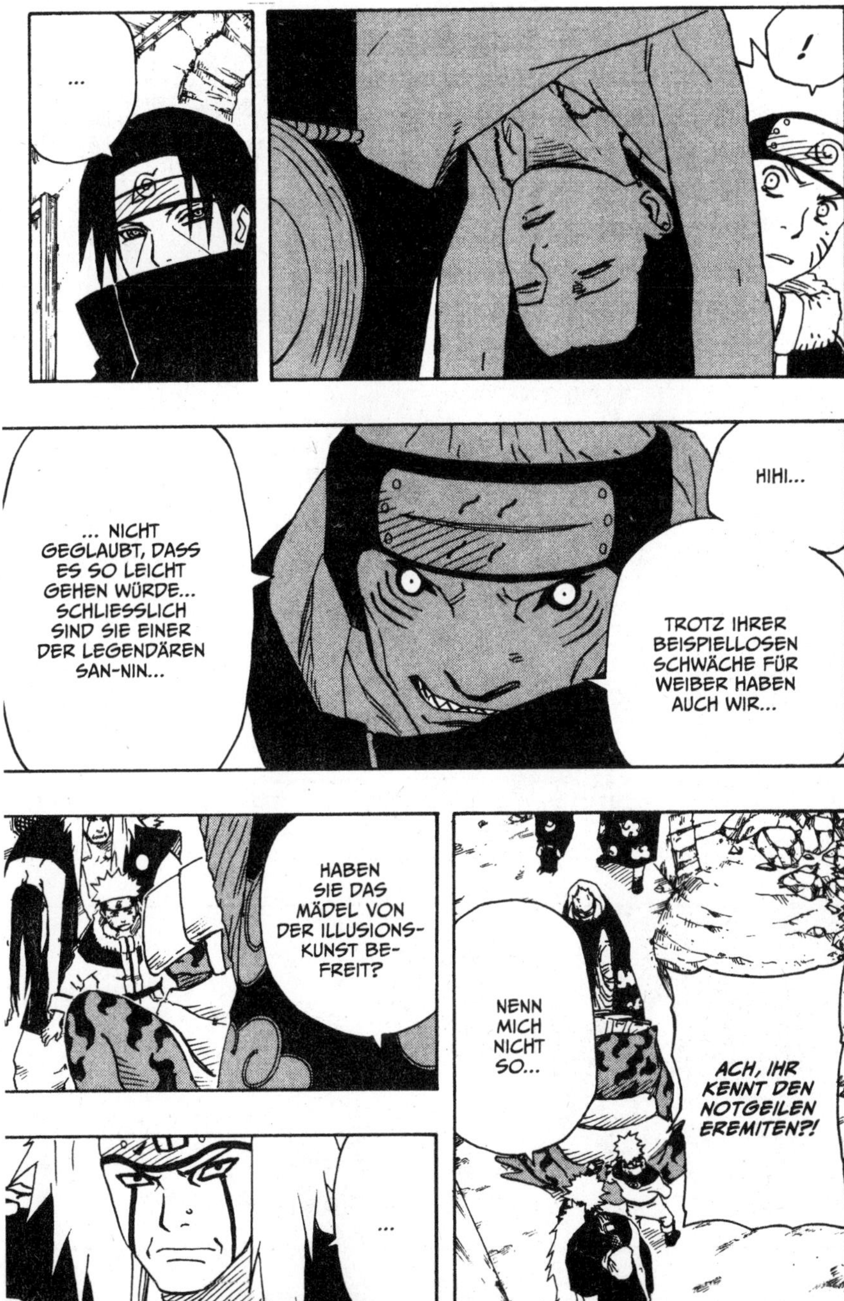
!
...
HIHI...
TROTZ IHRER BEISPIELLOSEN SCHWÄCHE FÜR WEIBER HABEN AUCH WIR...
... NICHT GEGLAUBT, DASS ES SO LEICHT GEHEN WÜRDE... SCHLIESSLICH SIND SIE EINER DER LEGENDÄREN SAN-NIN...
ACH, IHR KENNT DEN NOTGEILEN EREMITEN?!
NENN MICH NICHT SO...
HABEN SIE DAS MÄDEL VON DER ILLUSIONS-KUNST BE-FREIT?
...

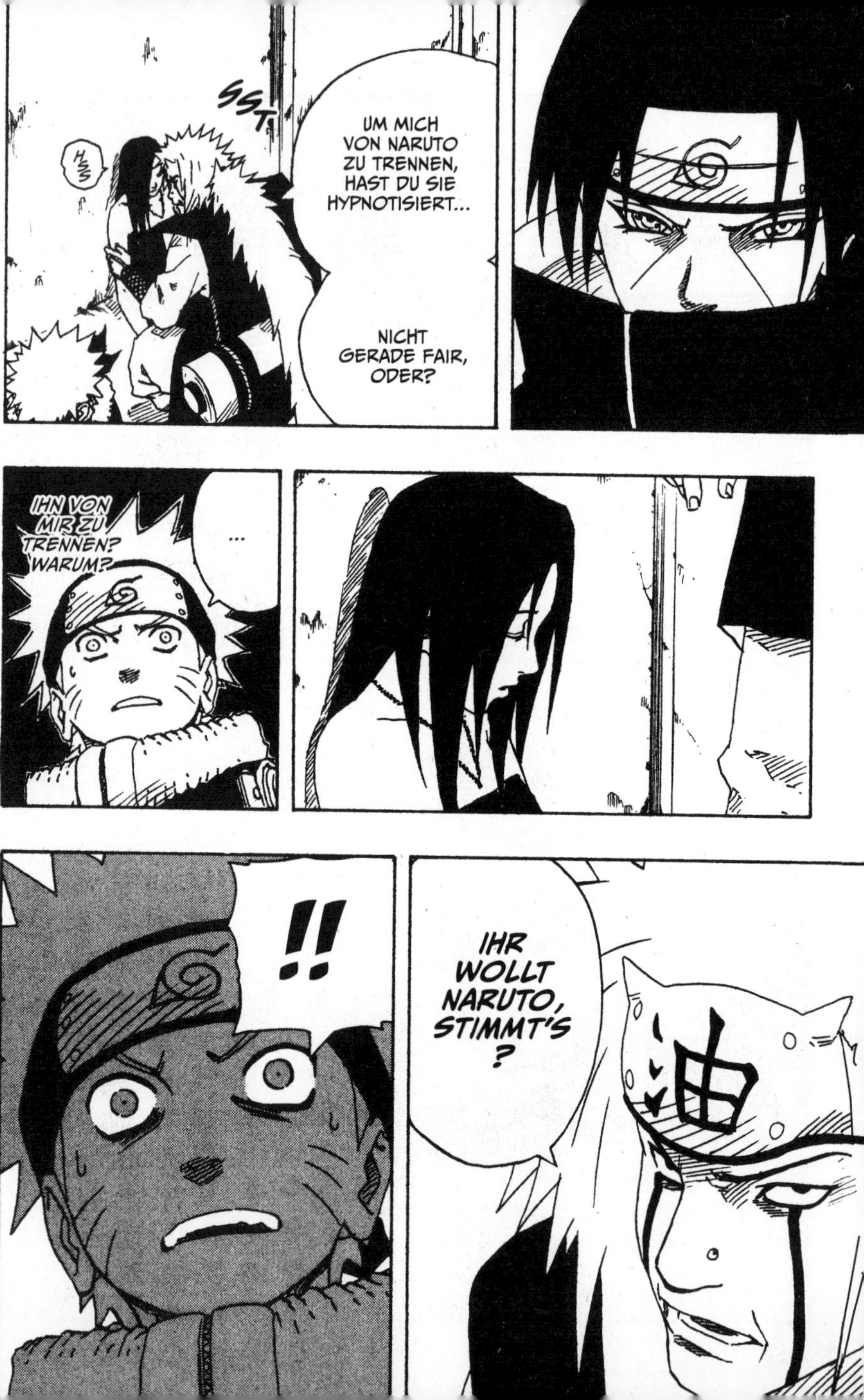
Um mich von Naruto zu trennen, hast du sie hypnotisiert...
Nicht gerade fair, oder?
SST
...
Ihn von mir zu trennen? Warum?
!!
Ihr wollt Naruto, stimmt's?

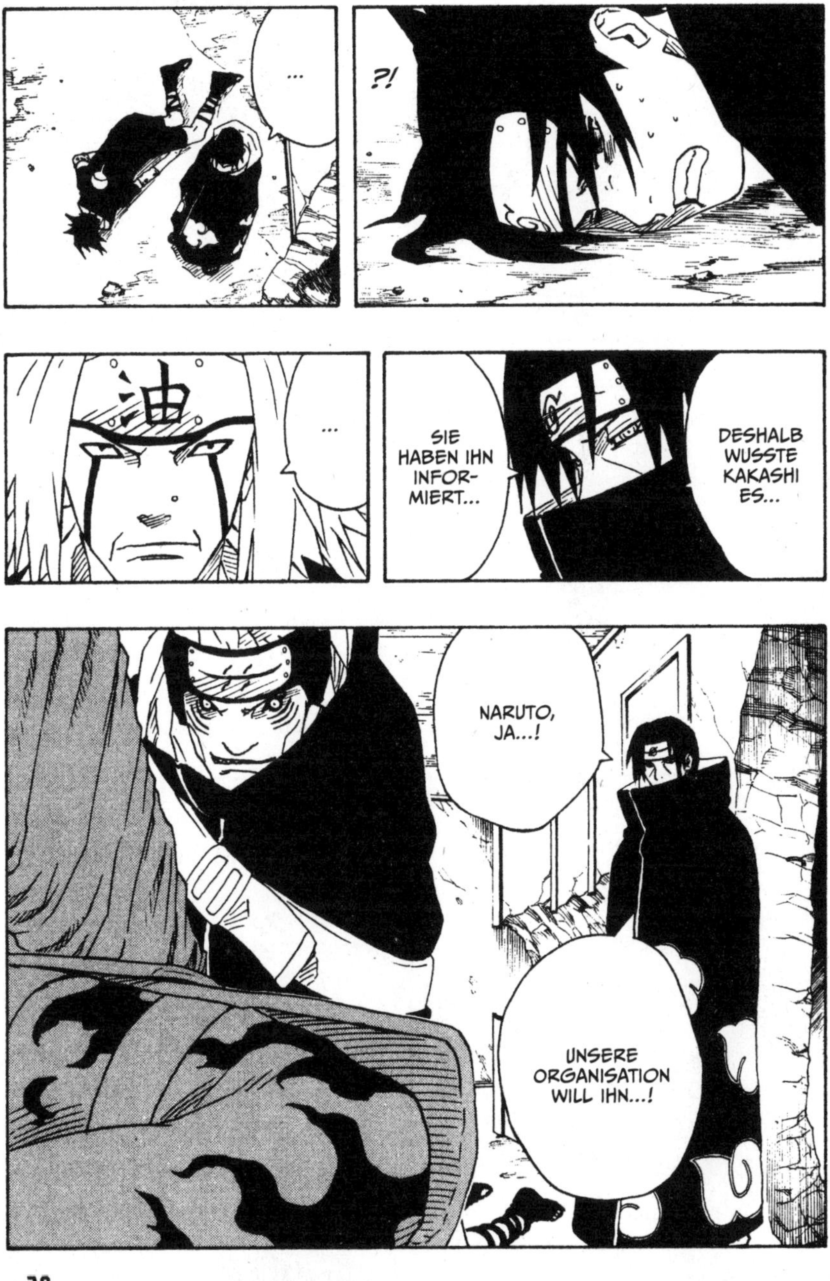
?!
...
DESHALB WUSSTE KAKASHI ES...
SIE HABEN IHN INFORMIERT...
...
NARUTO, JA...!
UNSERE ORGANISATION WILL IHN...!

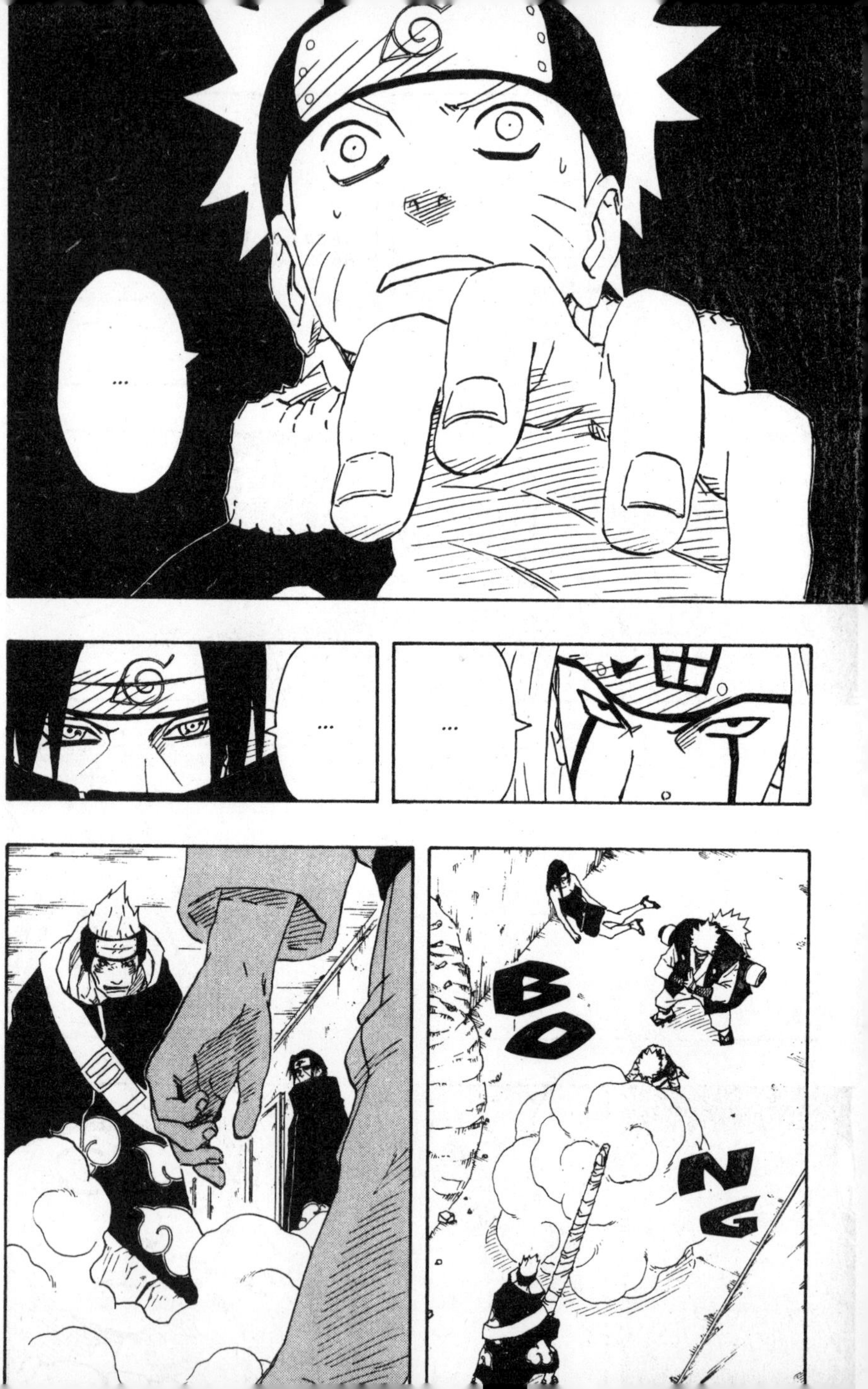
...
...
...
BOONG

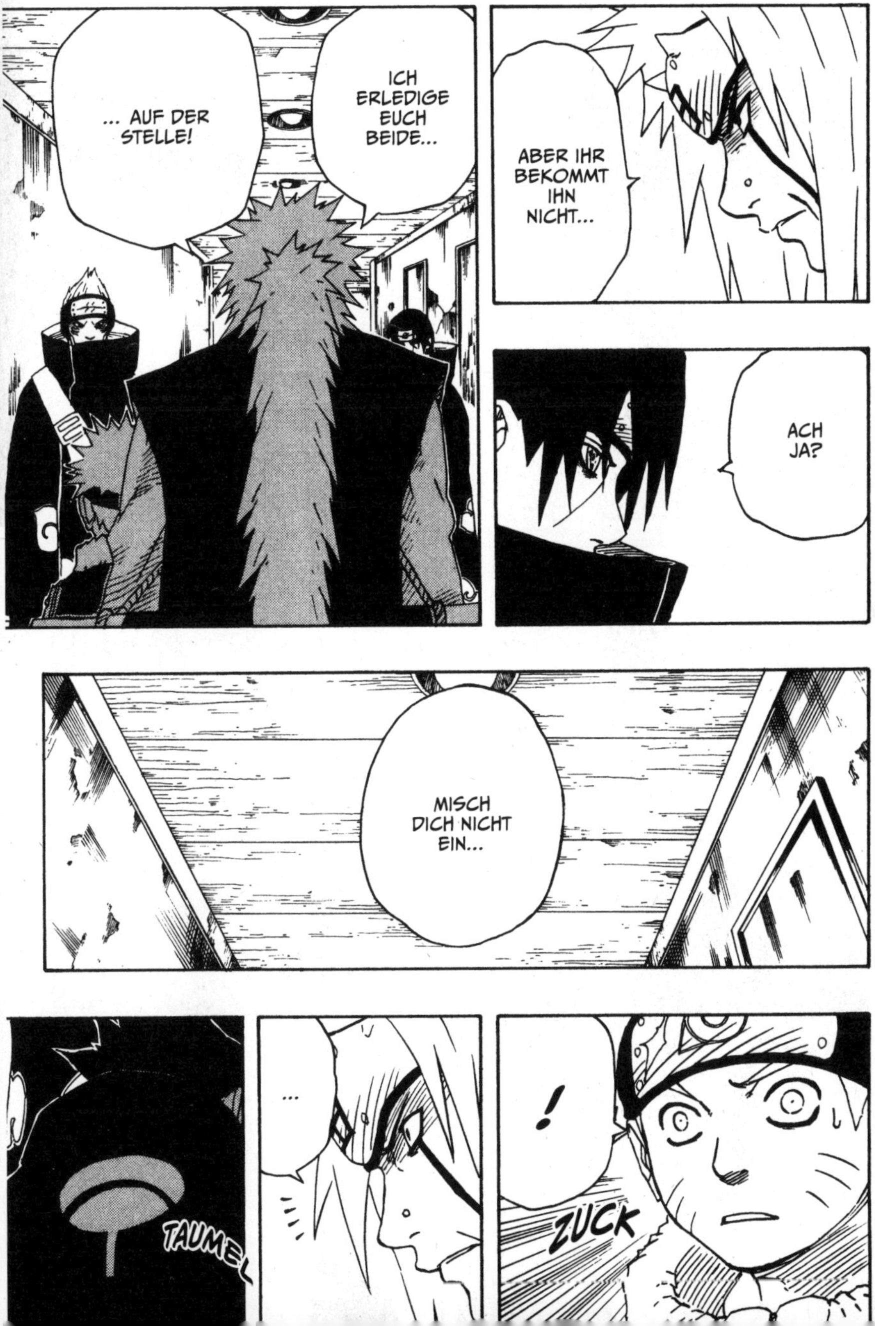
ABER IHR BEKOMMT IHN NICHT...
ICH ERLEDIGE EUCH BEIDE...
... AUF DER STELLE!
ACH JA?
MISCH DICH NICHT EIN...
!
ZUCK
...
TAUMEL

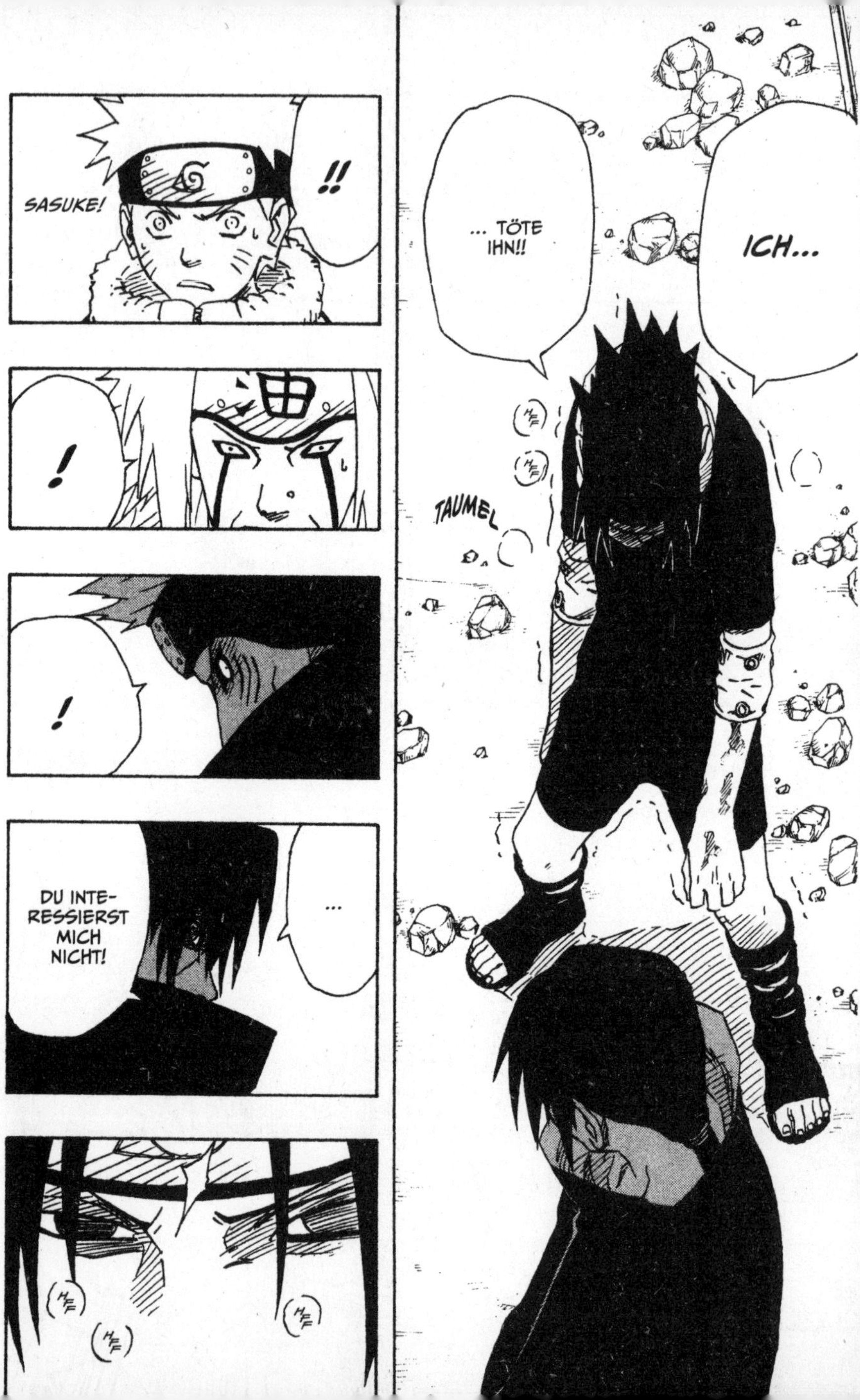
ICH...
... TÖTE IHN!!
TAUMEL
!!
SASUKE!
!
!
...
DU INTERESSIERST MICH NICHT!

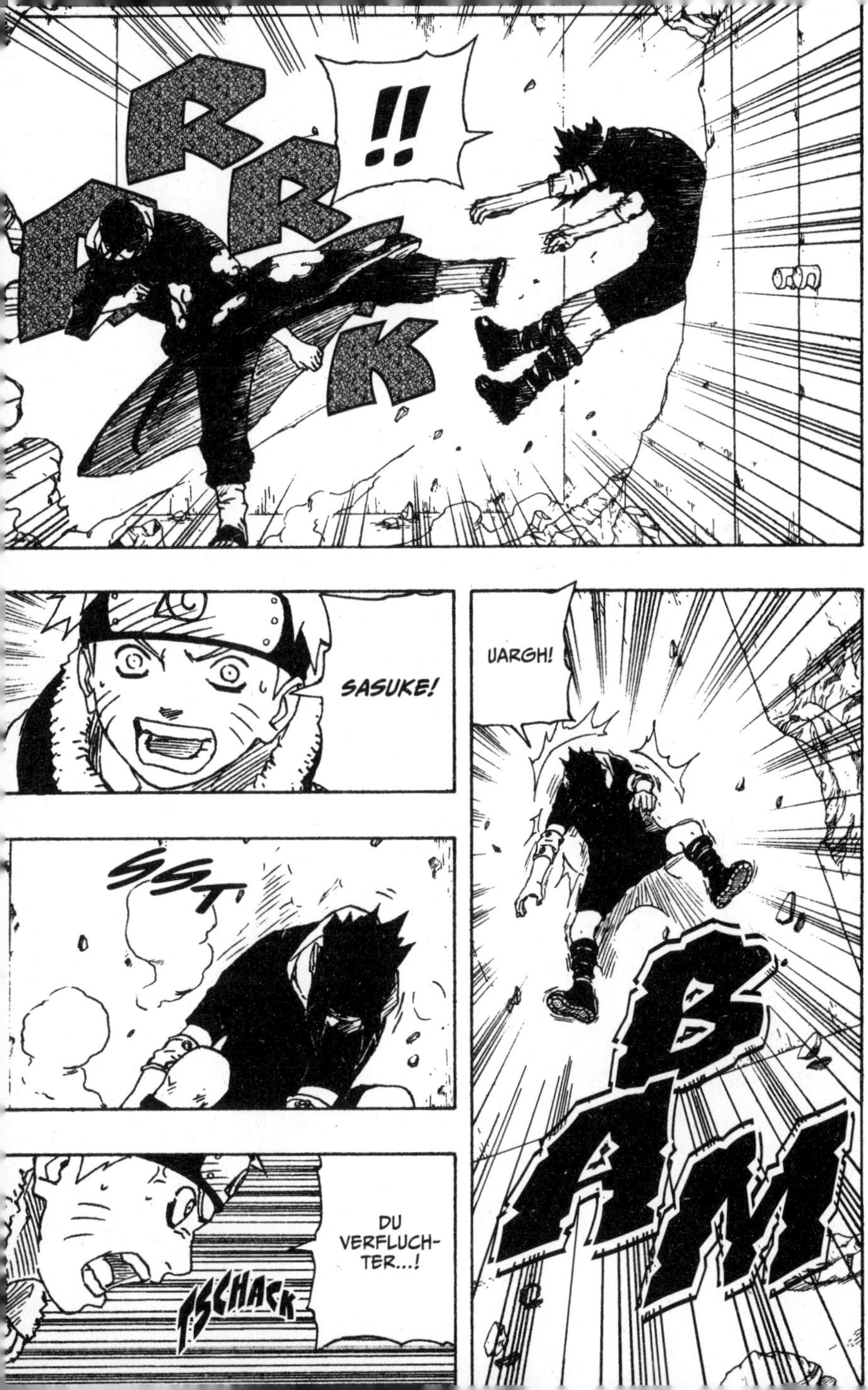
!!
UARGH!
BAM
SASUKE!
SST
DU VERFLUCHTER...!
TSCHACK

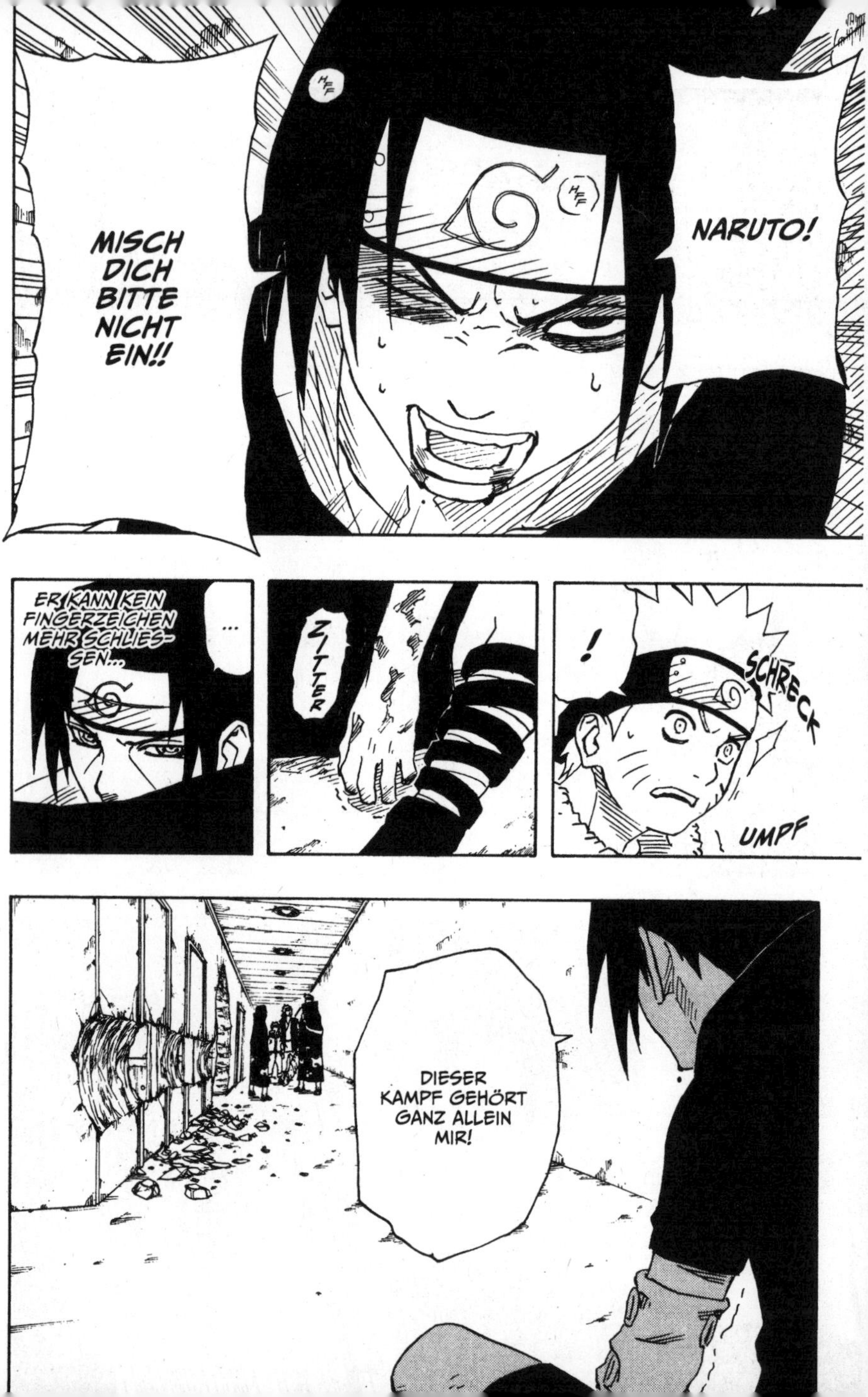
HEF
HEF
NARUTO!
MISCH DICH BITTE NICHT EIN!!
...
ER KANN KEIN FINGERZEICHEN MEHR SCHLIES-SEN...
ZITTER
!
SCHRECK
UMPF
DIESER KAMPF GEHÖRT GANZ ALLEIN MIR!

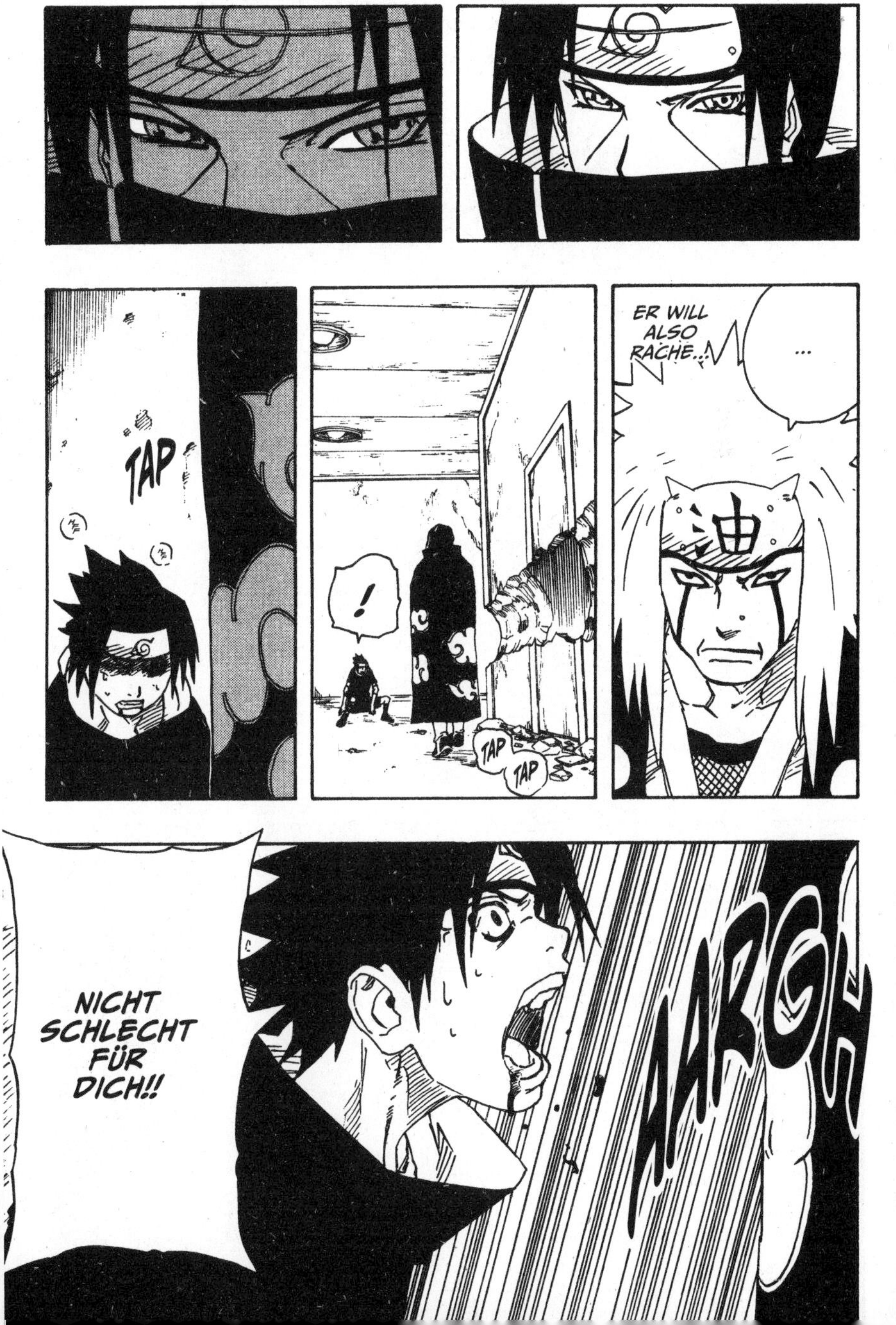

ER WILL ALSO RACHE...!
...
TAP
TAP
!
TAP
TAP
NICHT SCHLECHT FÜR DICH!!
AARGH

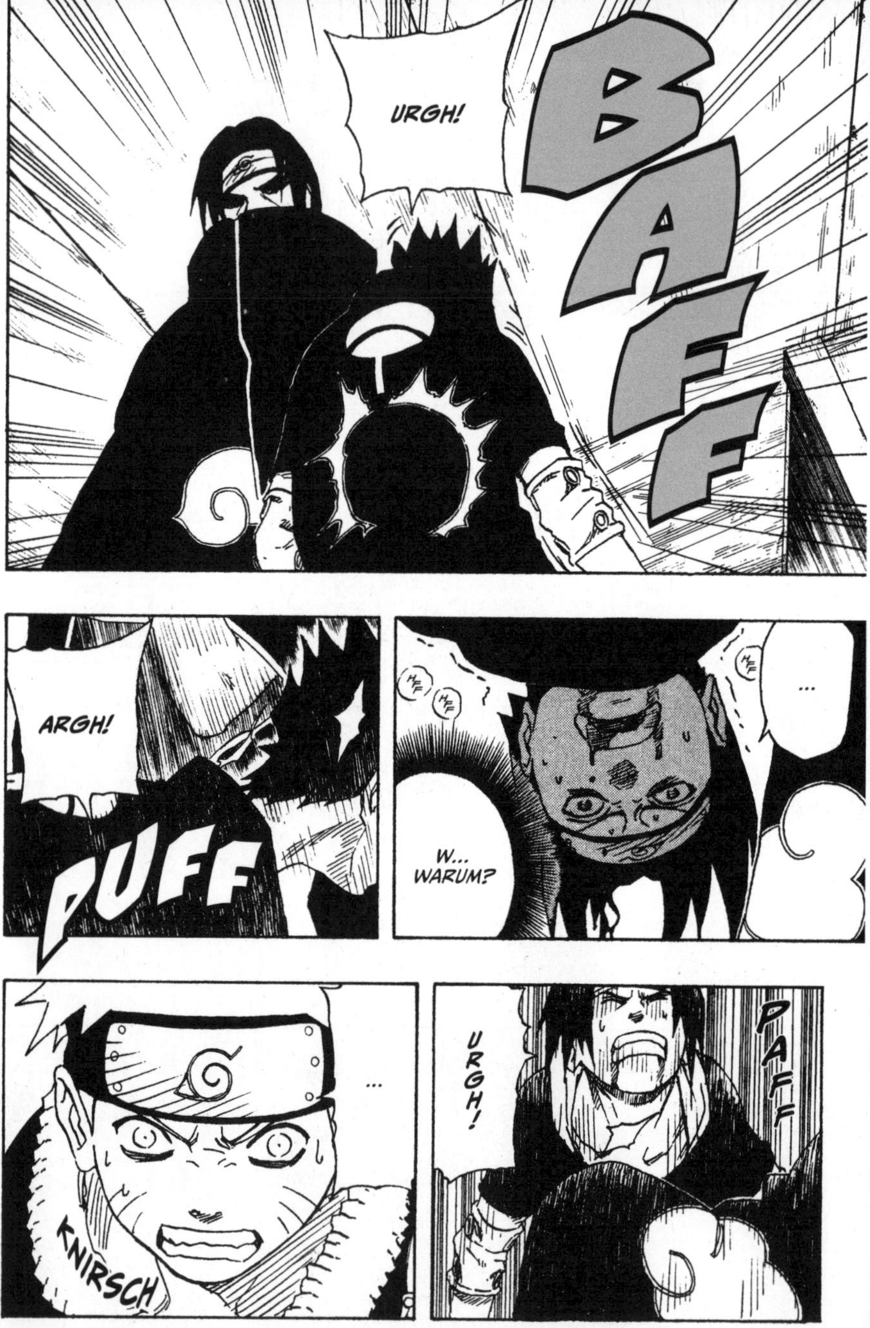
BAFF
URGH!
HFF
HFF
HFF
...
W...
WARUM?
ARGH!
PUFF
PAFF
URGH!
...
KNIRSCH

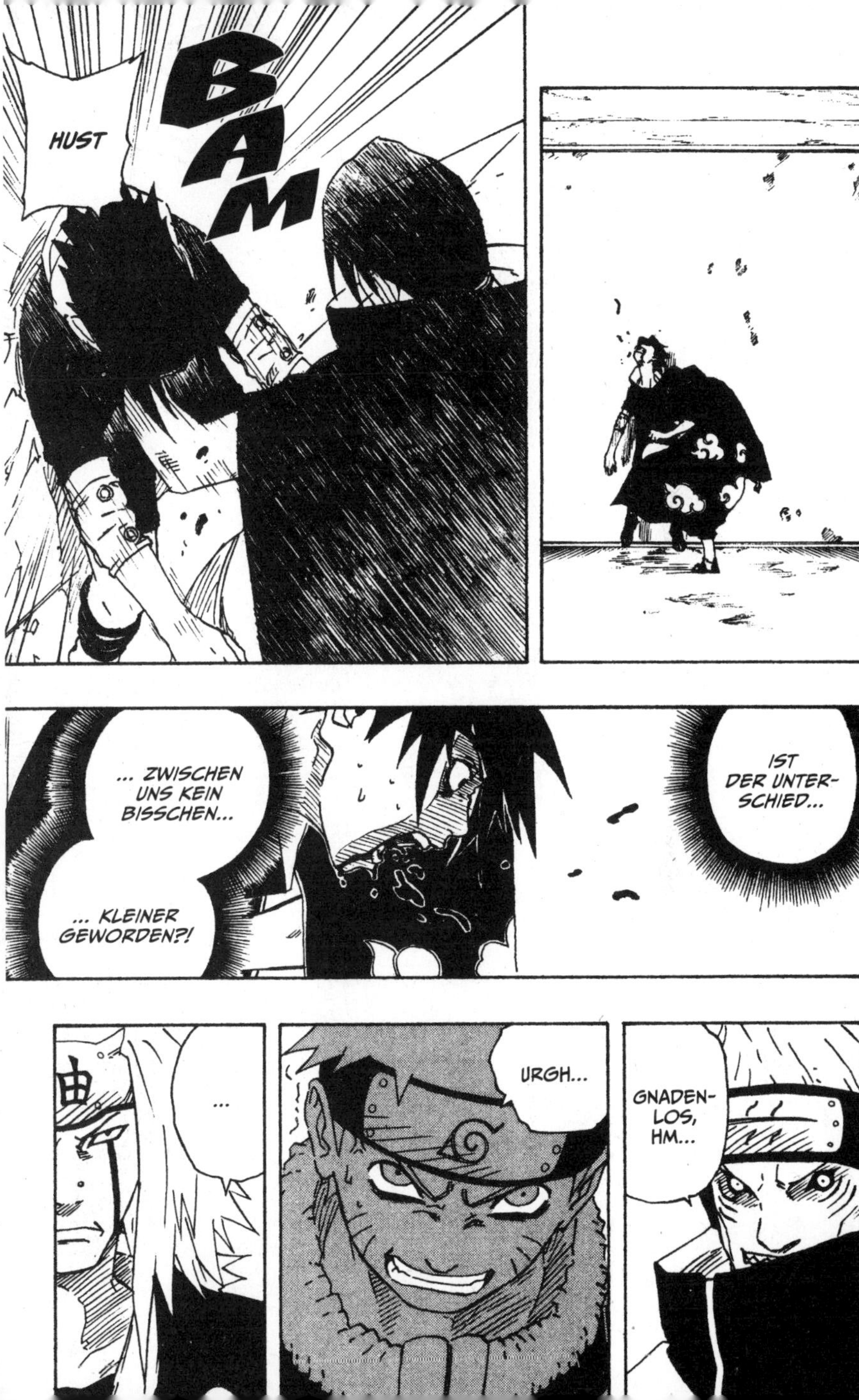
BAM
HUST
IST DER UNTER-SCHIED...
... ZWISCHEN UNS KEIN BISSCHEN...
... KLEINER GEWORDEN?!
GNADEN-LOS, HM...
URGH...
...

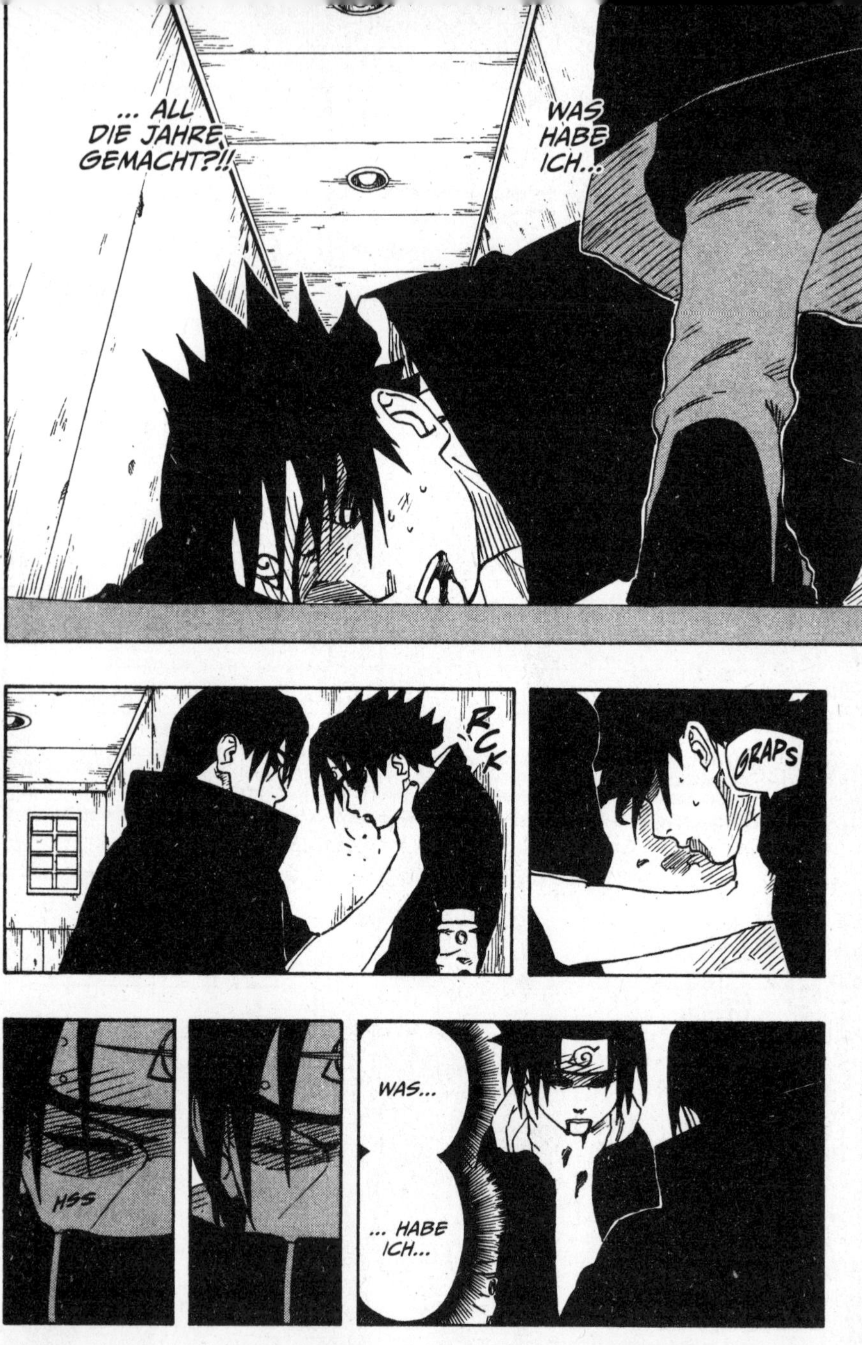
WAS HABE ICH...
... ALL DIE JAHRE GEMACHT?!!
GRAPS
RCK
WAS...
... HABE ICH...
HSS

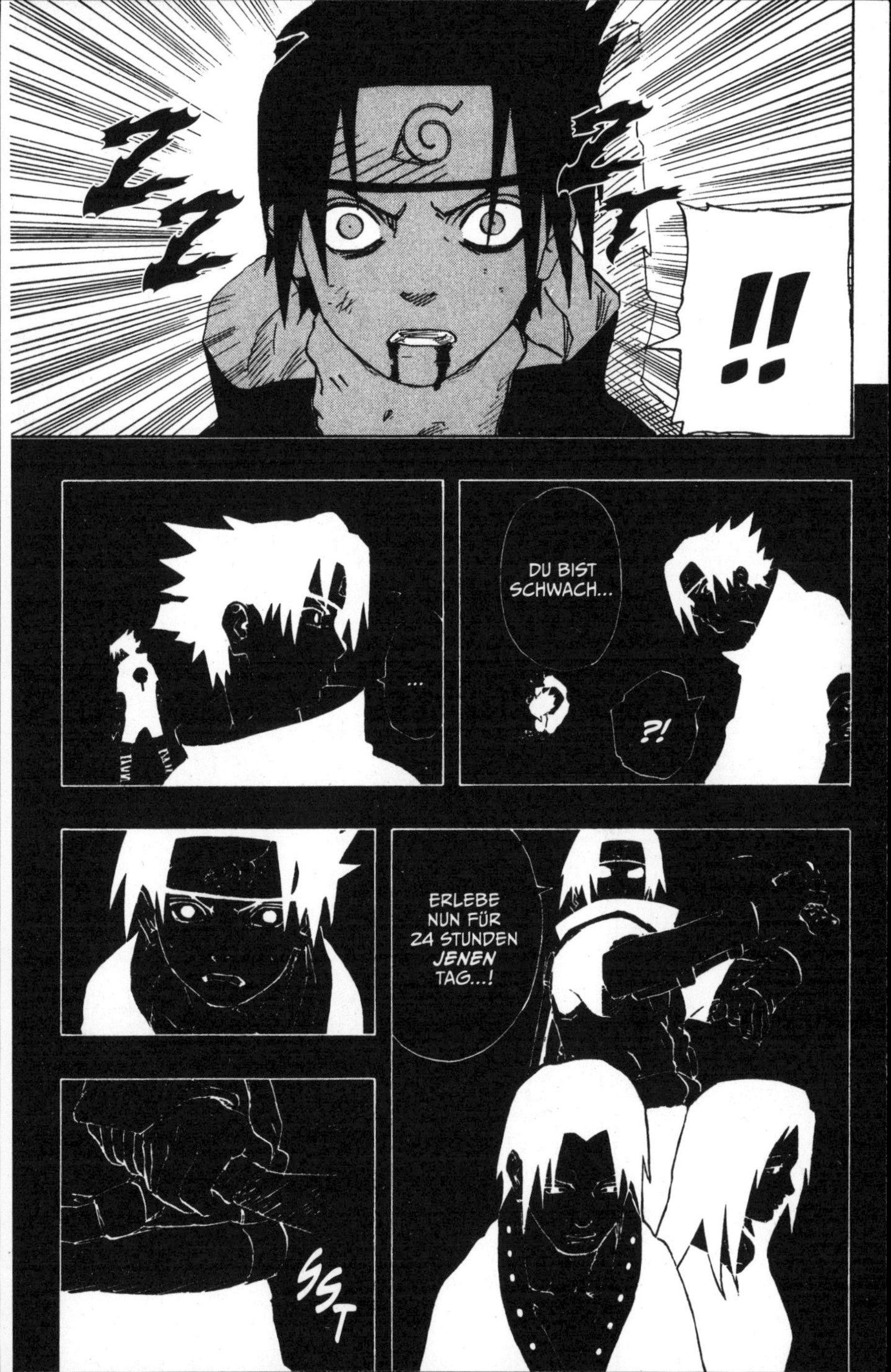
ZZZ
ZZ
!!
DU BIST SCHWACH...
?!
...
ERLEBE NUN FÜR 24 STUNDEN JENEN TAG...!
SST

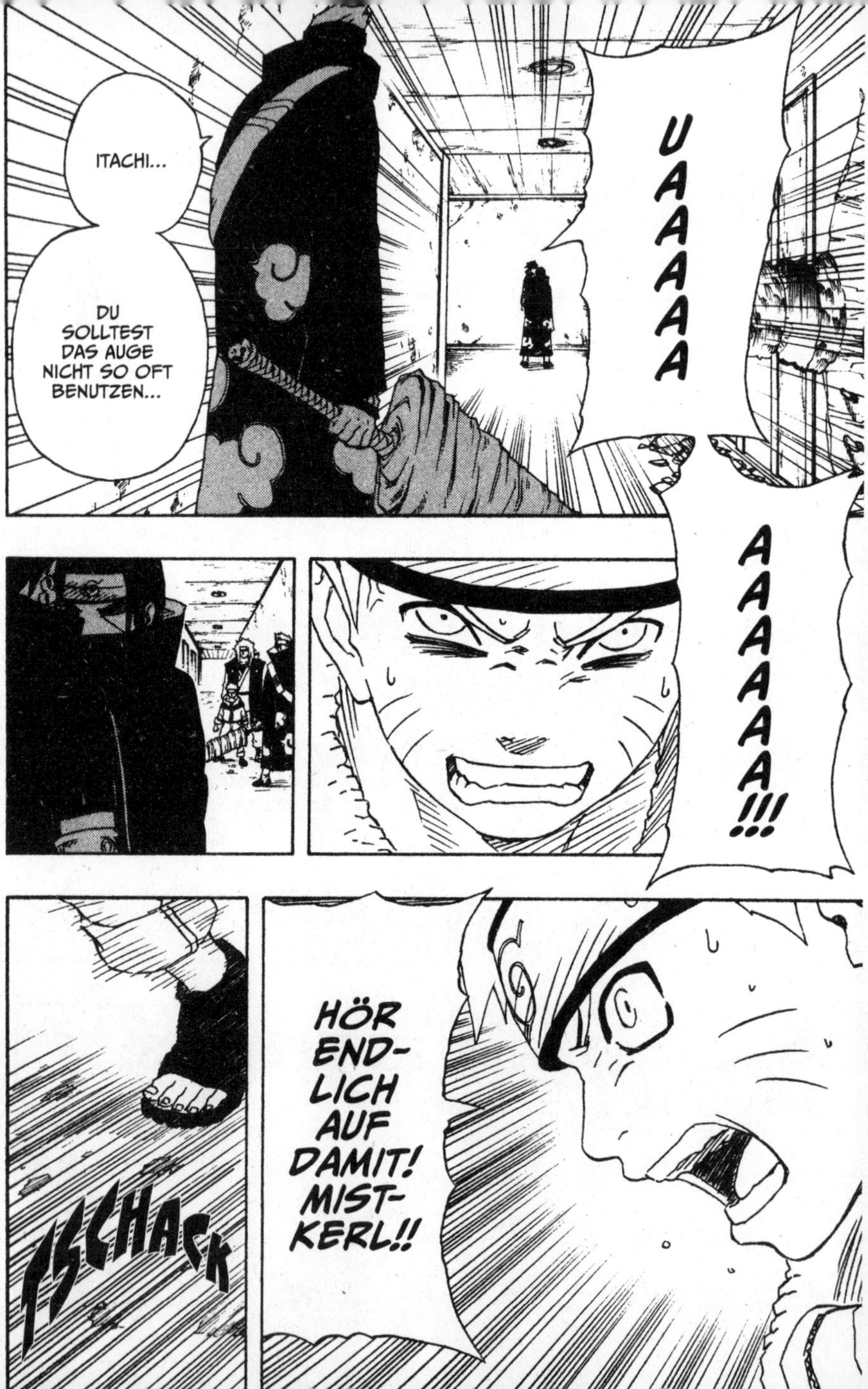
UAAAAAAA
ITACHI...
DU SOLLTEST DAS AUGE NICHT SO OFT BENUTZEN...
AAAAAAA!!!
HÖR END-LICH AUF DAMIT! MIST-KERL!!
TSCHACK

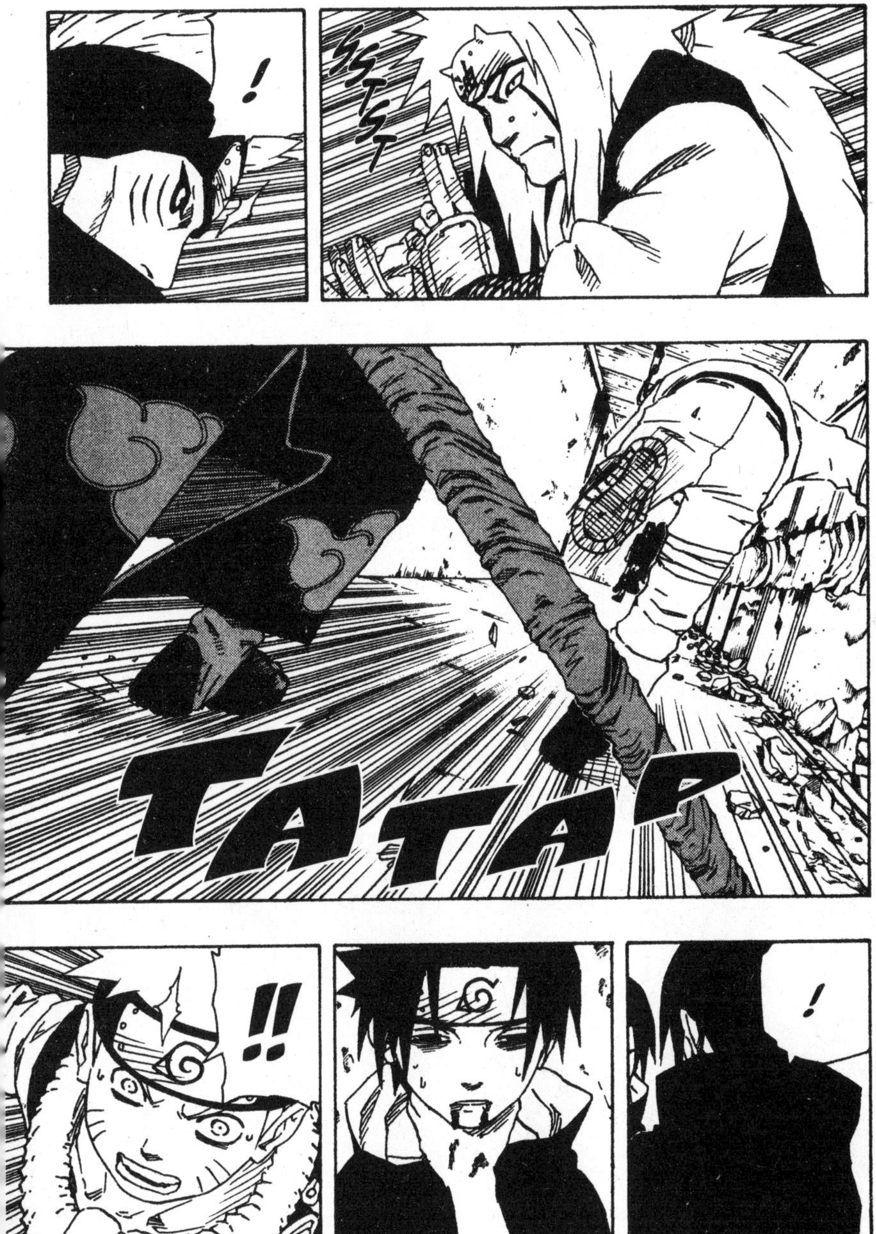

SSTST
!
TATAP
!
!!

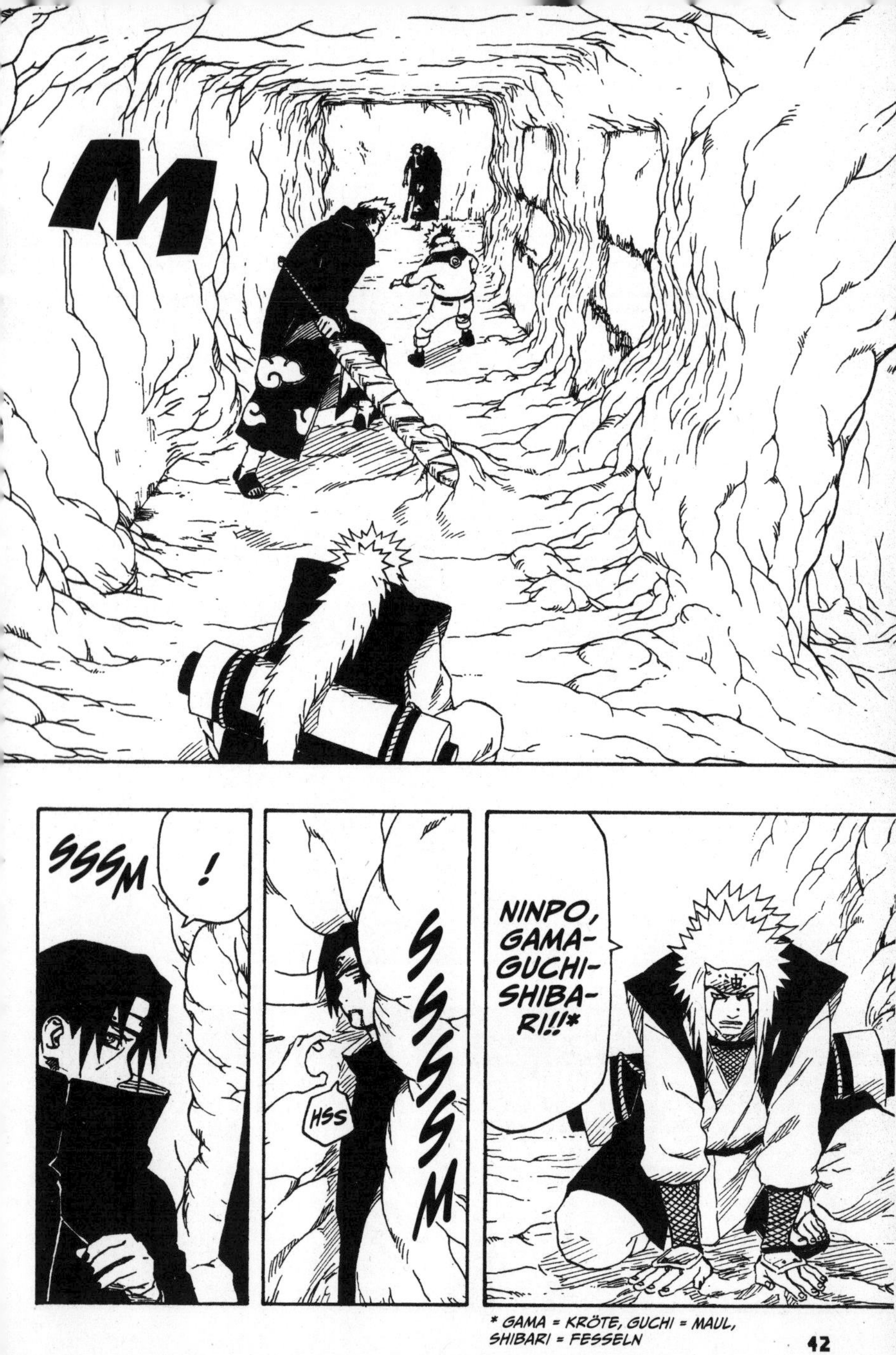

* GAMA = KRÖTE, GUCHI = MAUL, SHIBARI = FESSELN

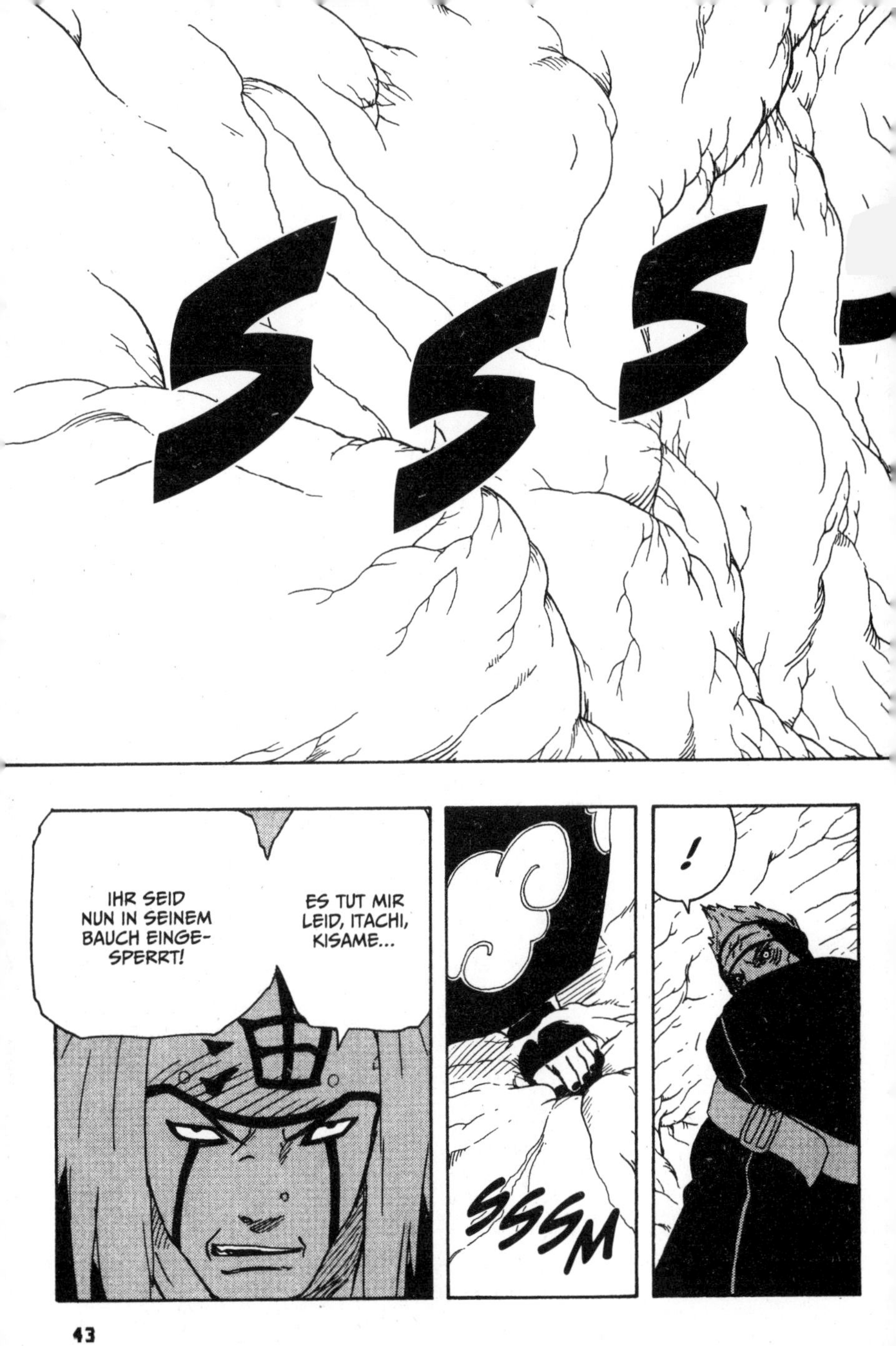
SSS-
!
SSSM
ES TUT MIR LEID, ITACHI, KISAME...
IHR SEID NUN IN SEINEM BAUCH EINGE-SPERRT!

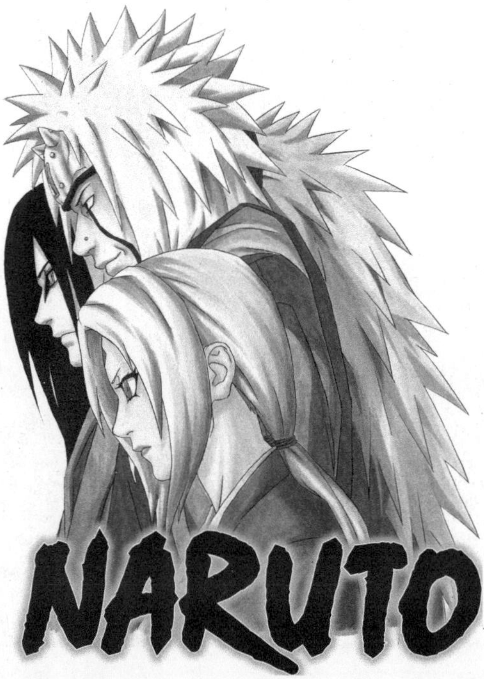
NARUTO

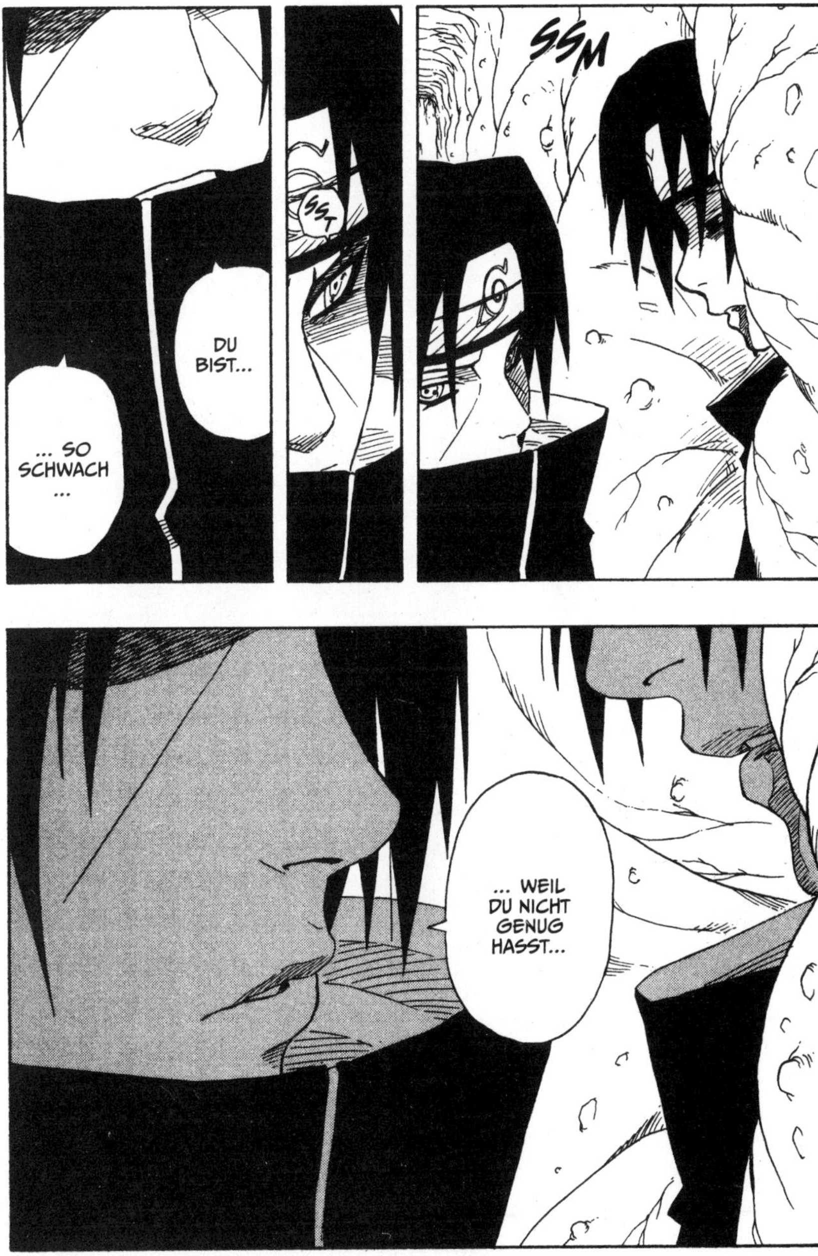
SSM
SST
DU BIST...
... SO SCHWACH ...
... WEIL DU NICHT GENUG HASST...

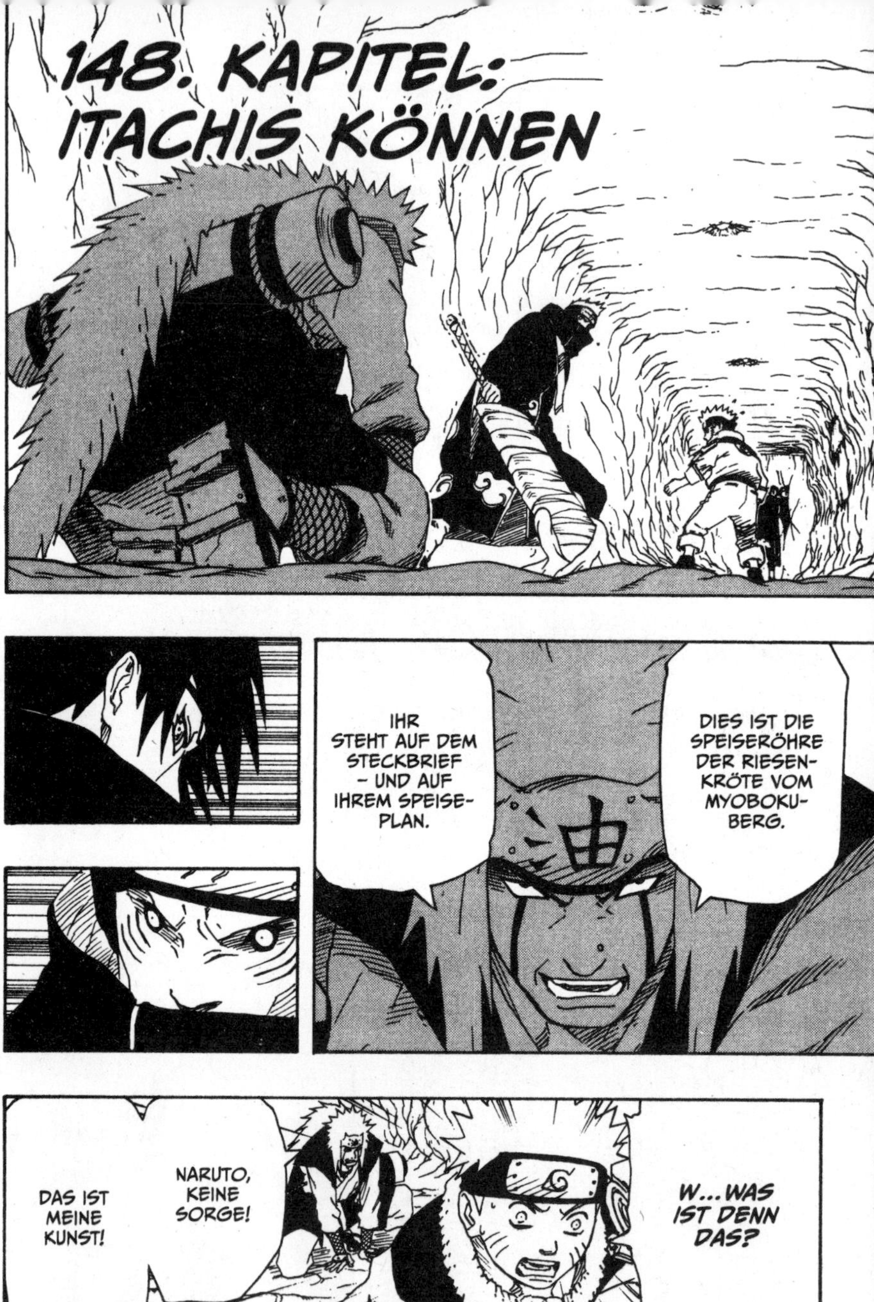
148. KAPITEL:
ITACHIS KÖNNEN
DIES IST DIE SPEISERÖHRE DER RIESEN-KRÖTE VOM MYOBOKU-BERG.
IHR STEHT AUF DEM STECKBRIEF – UND AUF IHREM SPEISE-PLAN.
W...WAS IST DENN DAS?
NARUTO, KEINE SORGE!
DAS IST MEINE KUNST!

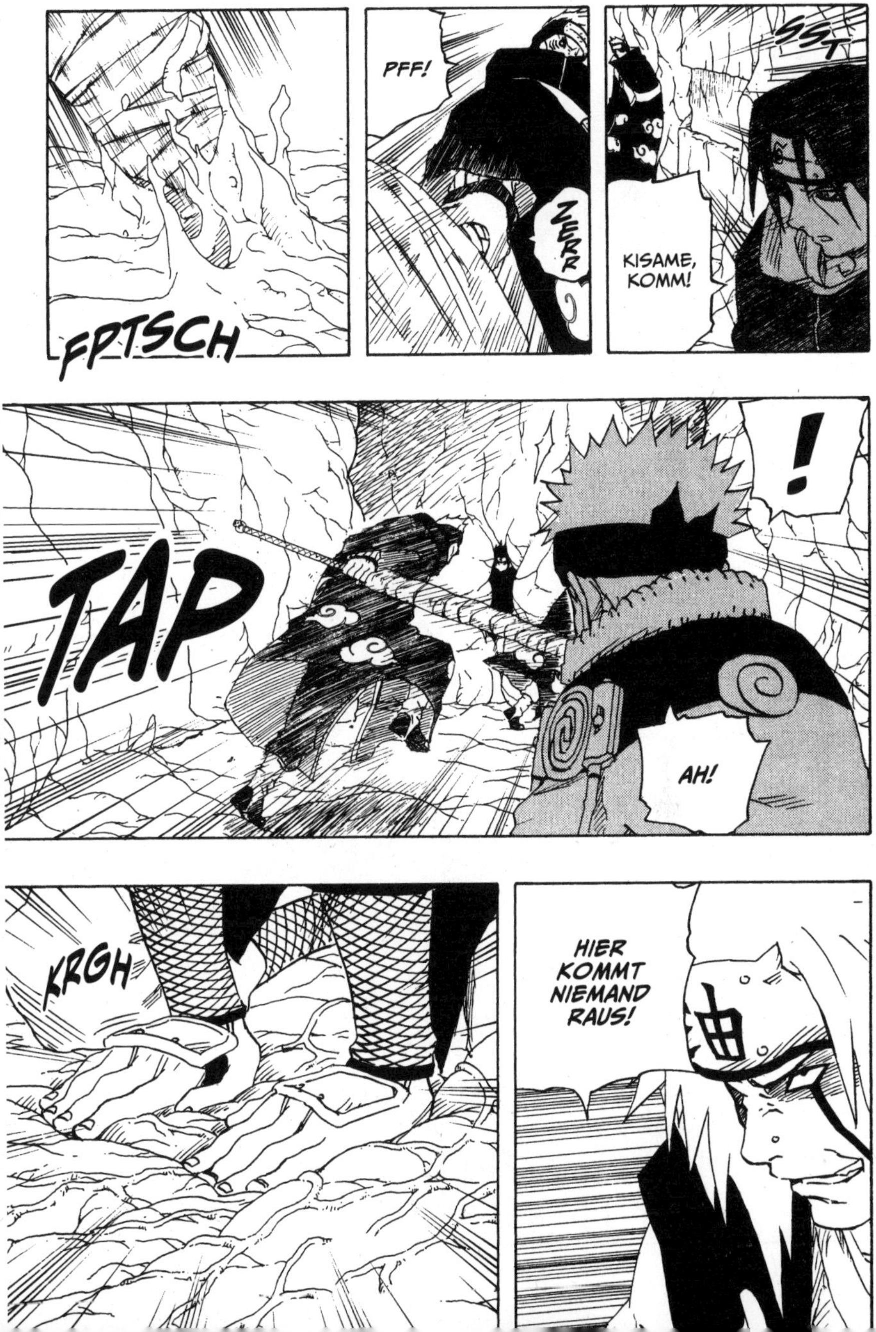
SST
KISAME, KOMM!
PFF!
ZERR
FPTSCH
!
TAP
AH!
HIER KOMMT NIEMAND RAUS!
KRGH

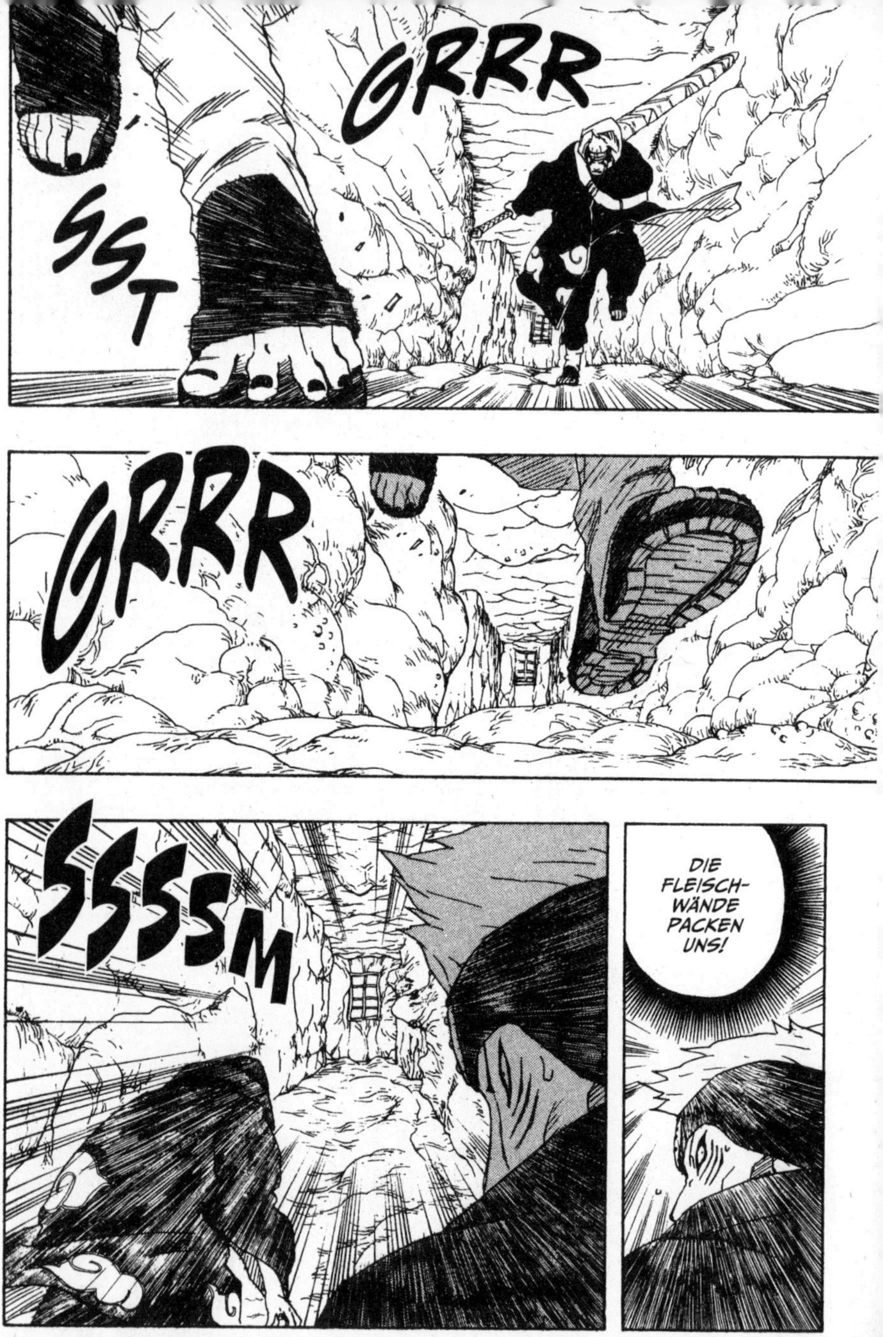
GRRR
SST
GRRR
SSSSM
DIE FLEISCH-WÄNDE PACKEN UNS!

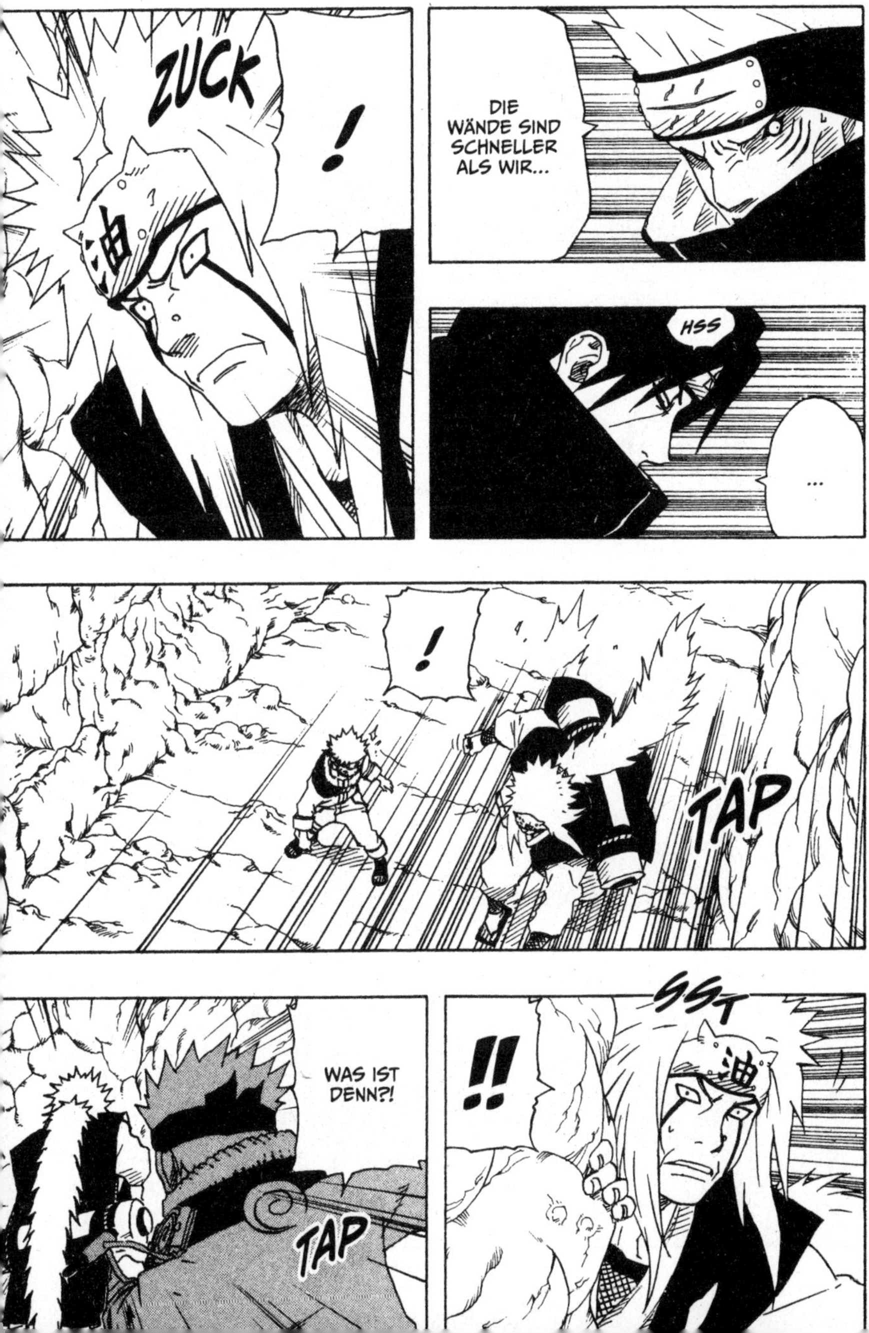
DIE WÄNDE SIND SCHNELLER ALS WIR...
HSS
...
ZUCK
!
!
TAP
SST
!!
WAS IST DENN?!
TAP

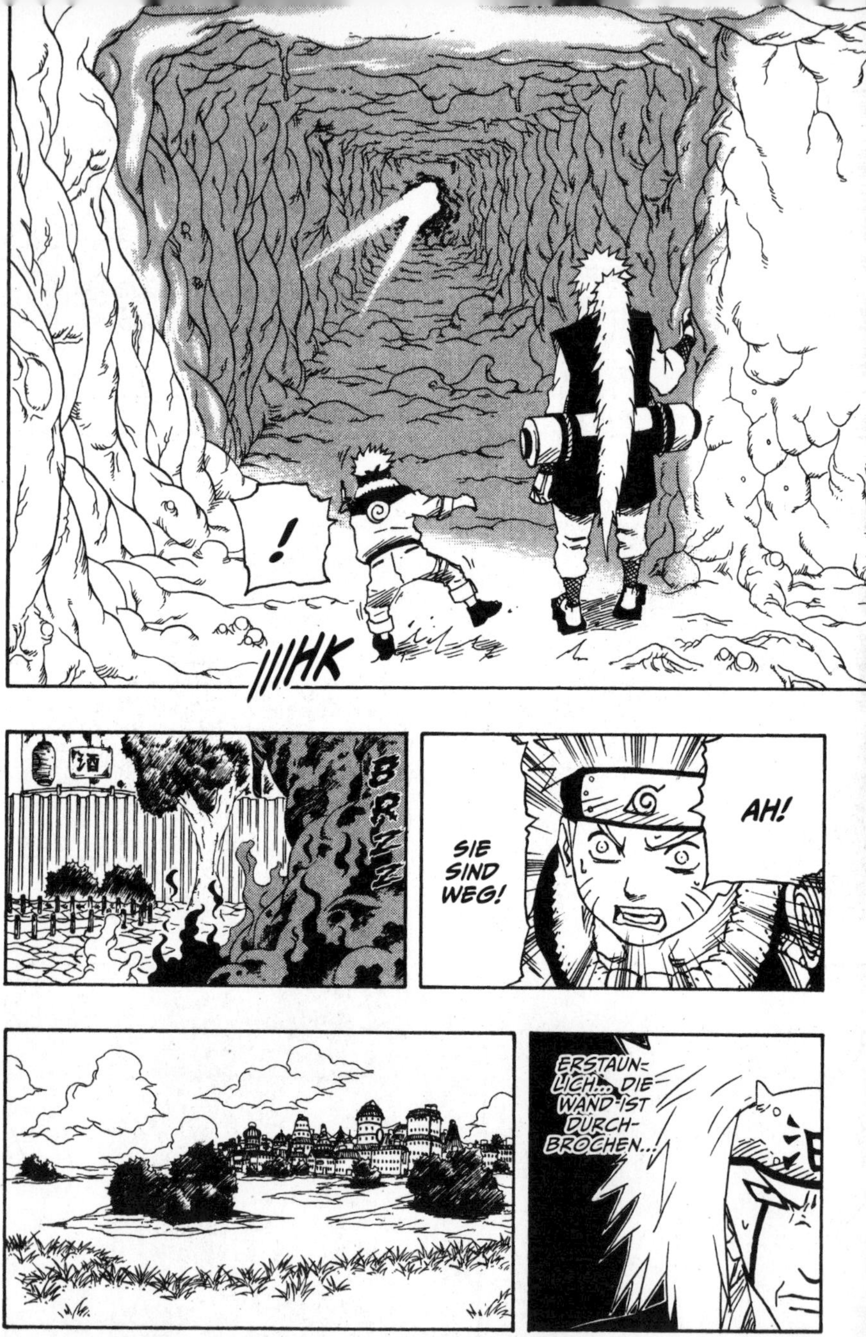

!
HK
BRZZ
AH!
SIE SIND WEG!
ERSTAUN-LICH... DIE WAND IST DURCH-BROCHEN...

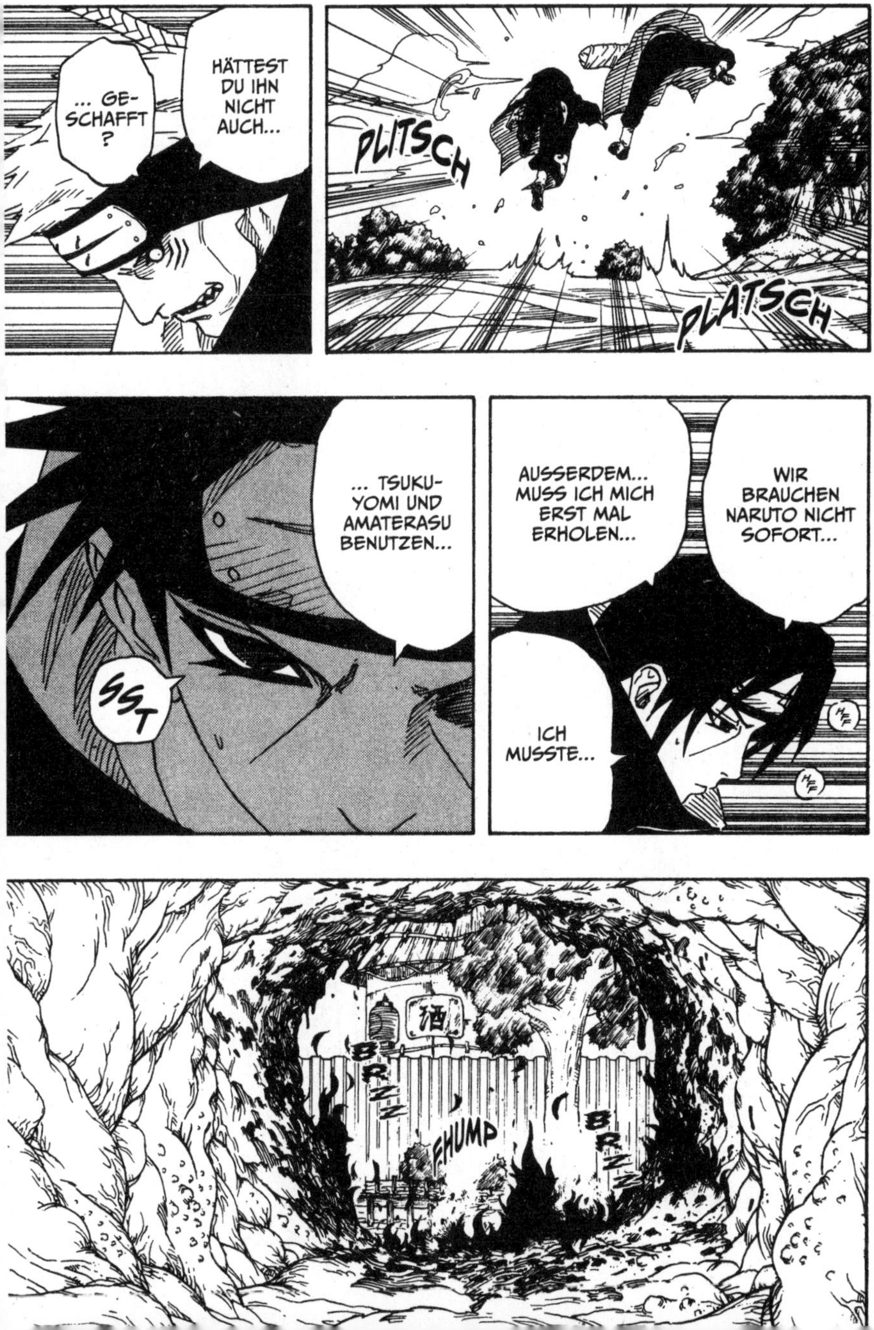
PLITSCH
PLATSCH
HÄTTEST DU IHN NICHT AUCH...
... GESCHAFFT?
WIR BRAUCHEN NARUTO NICHT SOFORT...
AUSSERDEM... MUSS ICH MICH ERST MAL ERHOLEN...
ICH MUSSTE...
HF
HF
... TSUKUYOMI UND AMATERASU BENUTZEN...
SST
酒
BRZZ
FHUMP
BRZZ

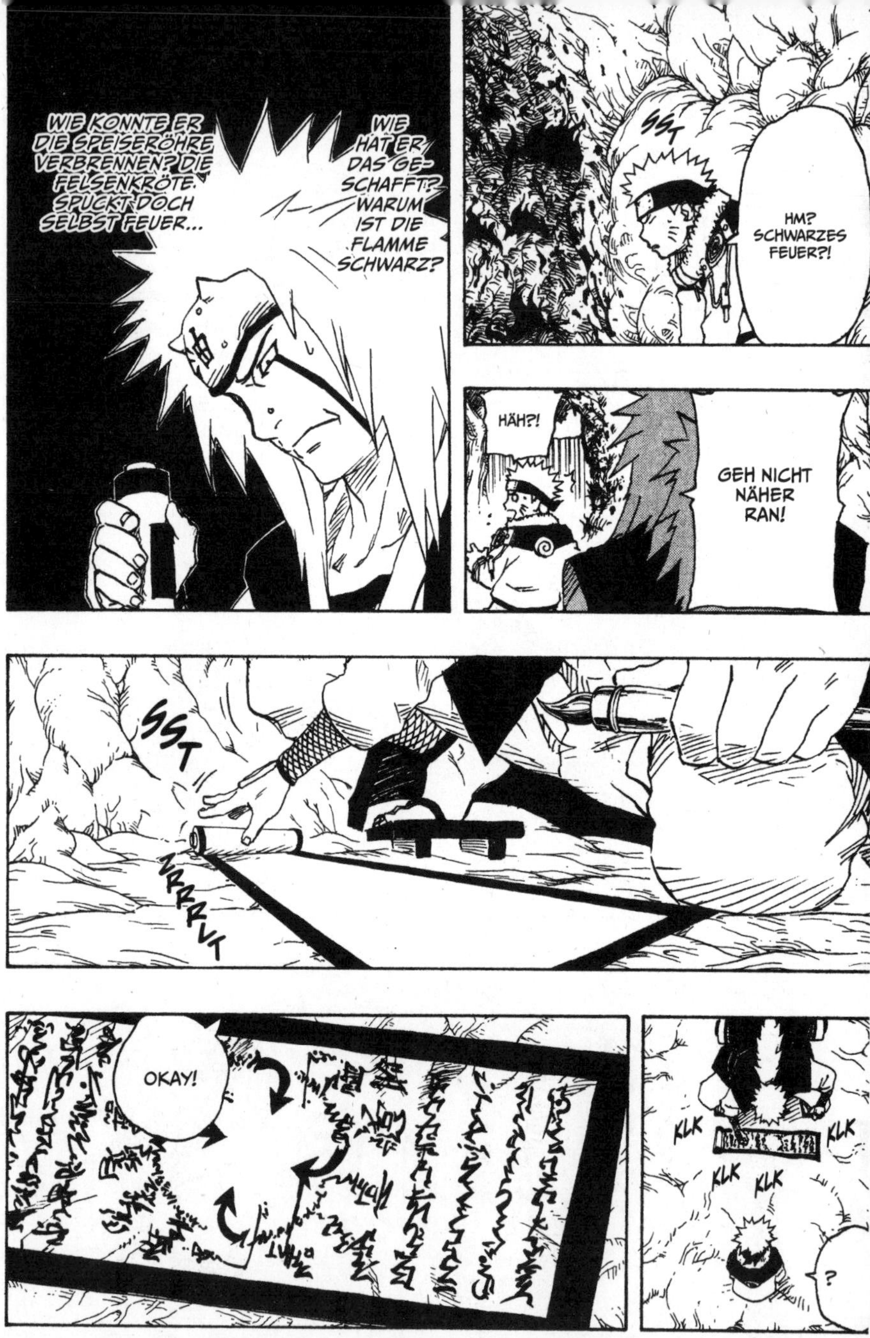
SST
HM? SCHWARZES FEUER?!
GEH NICHT NÄHER RAN!
HÄH?!
WIE HAT ER DAS GE-SCHAFFT? WARUM IST DIE FLAMME SCHWARZ?
WIE KONNTE ER DIE SPEISERÖHRE VERBRENNEN? DIE FELSENKRÖTE SPUCKT DOCH SELBST FEUER...
SST
ZRRRRVT
KLK
KLK
KLK
KLK
?
OKAY!

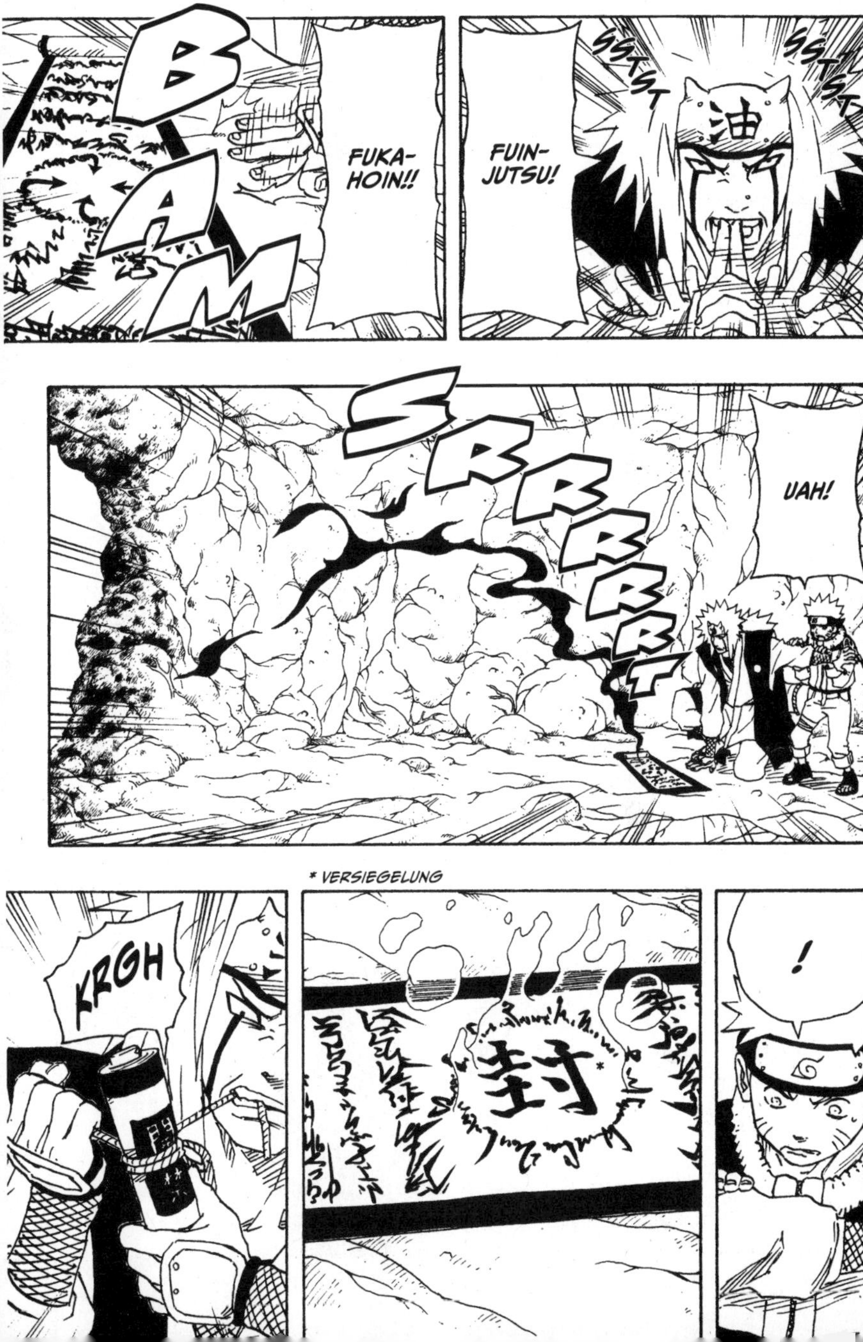
SSTSTST
SSTSTST
FUIN-JUTSU!
FUKA-HOIN!!
BAM
UAH!
SRRRRRT
* VERSIEGELUNG
!
KRGH

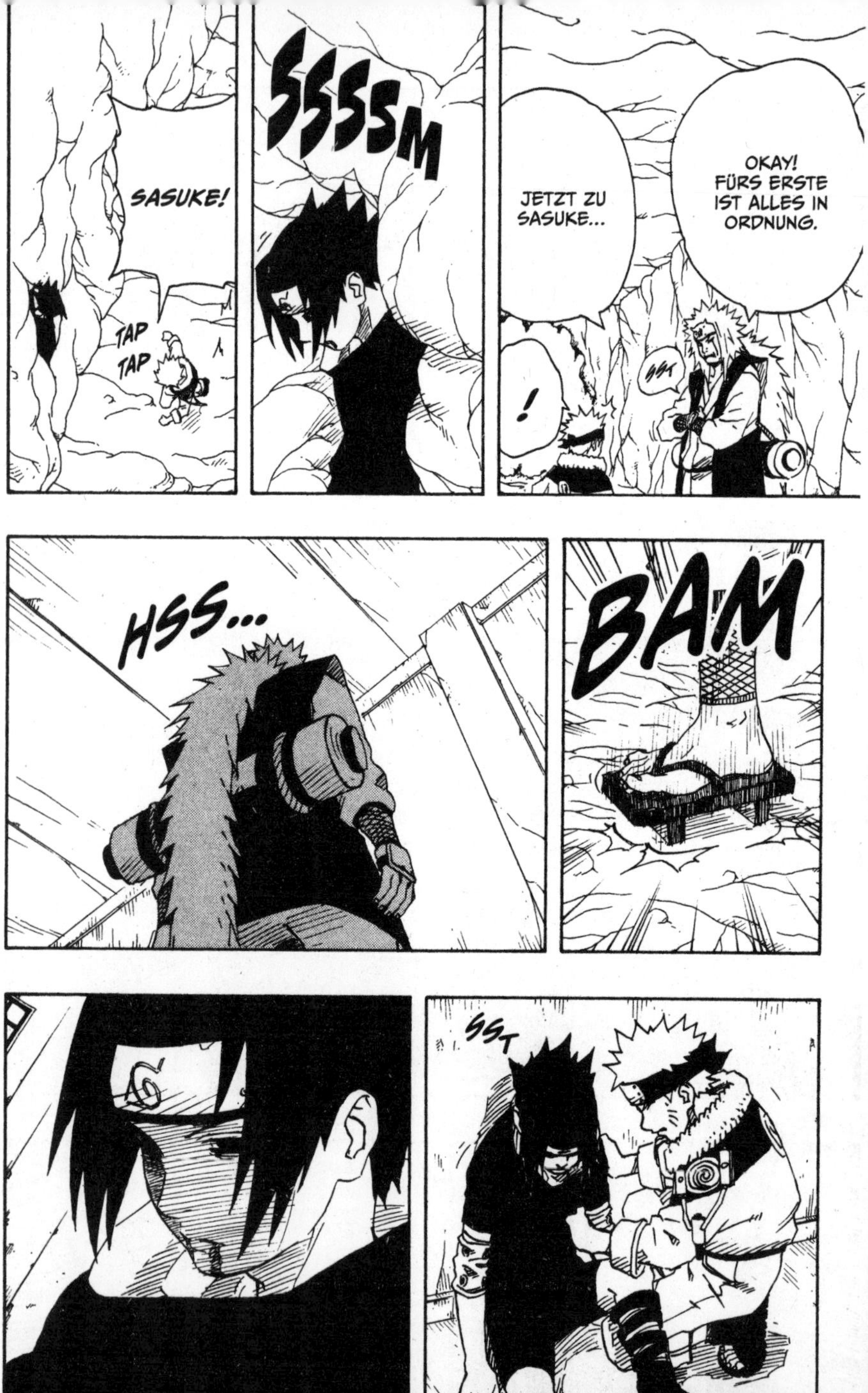
OKAY! FÜRS ERSTE IST ALLES IN ORDNUNG.
JETZT ZU SASUKE...
SST
!
SSSSM
SASUKE!
TAP TAP
BAM
HSS...
SST

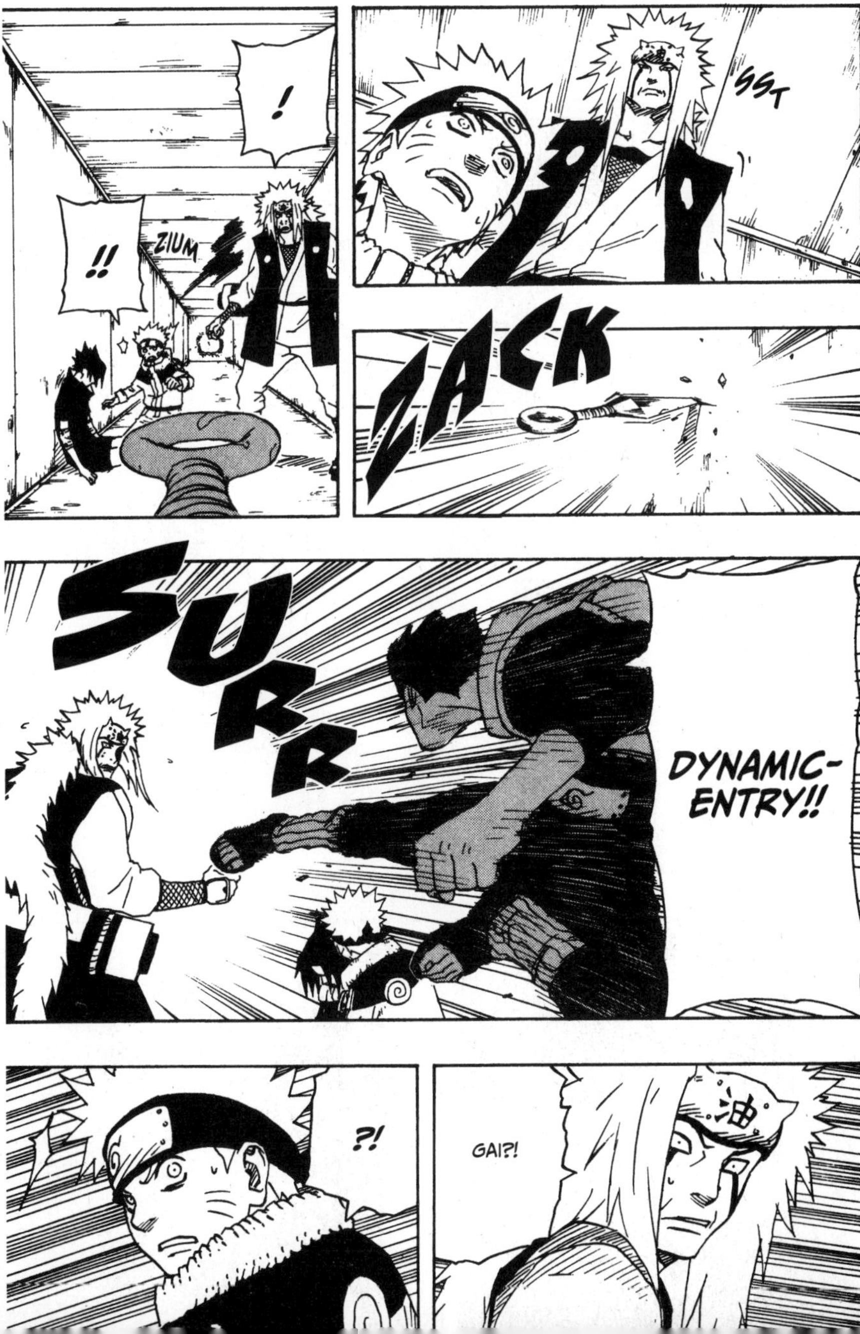

!
SST
!!
ZIUM
ZACK
SURR
DYNAMIC-ENTRY!!
GAI?!
?!

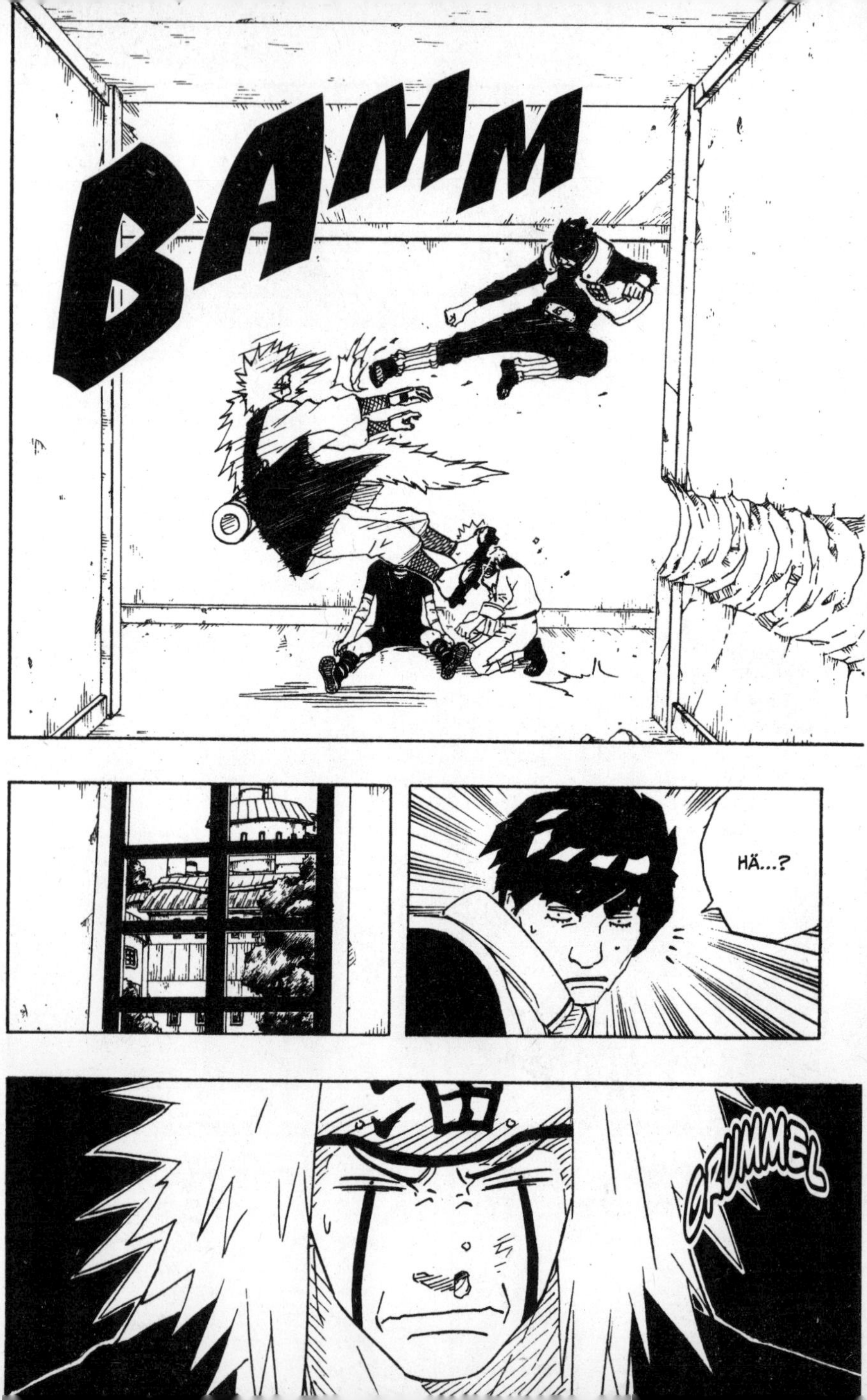
BAMM
HÄ...?
GRUMMEL

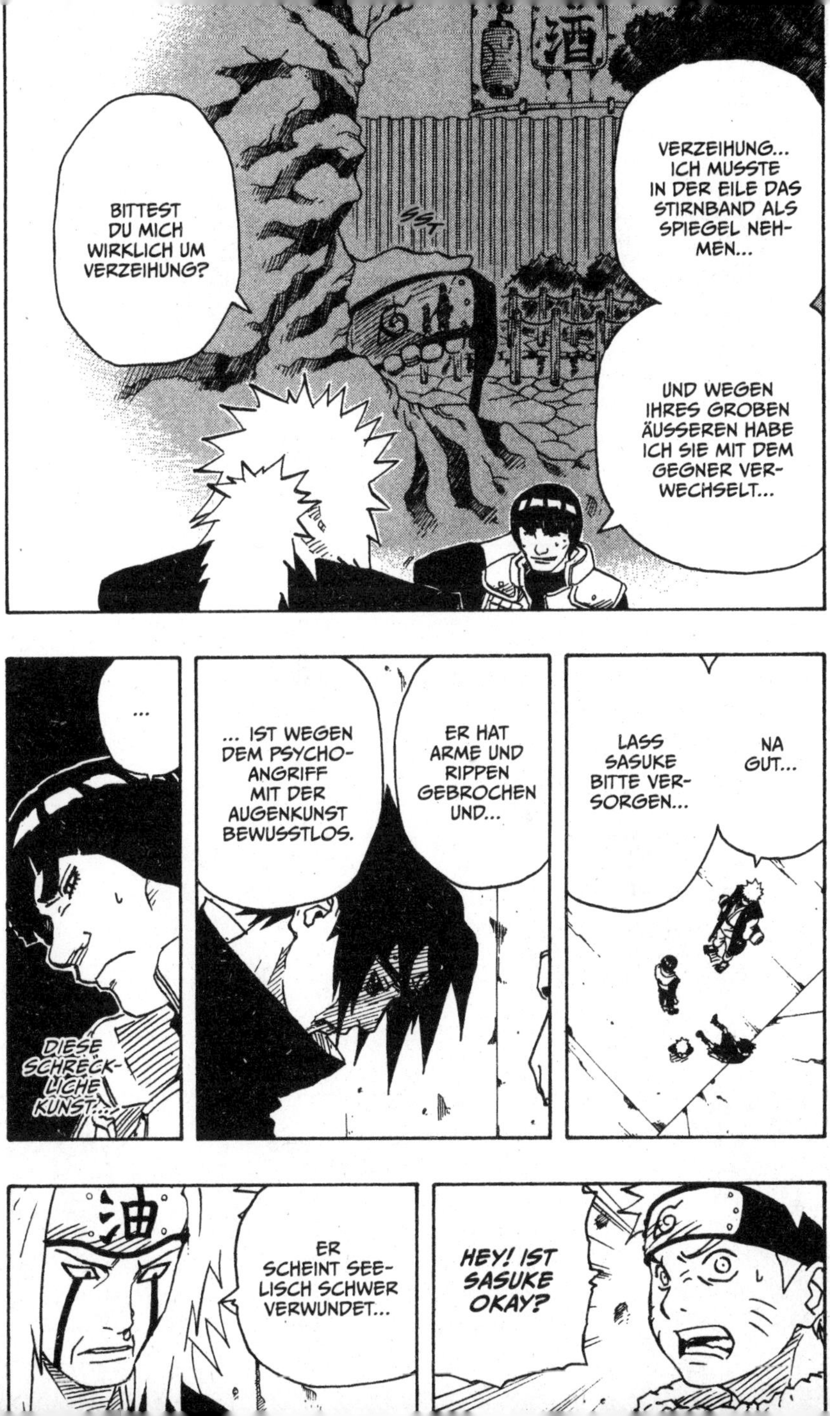
酒
VERZEIHUNG... ICH MUSSTE IN DER EILE DAS STIRNBAND ALS SPIEGEL NEHMEN...
UND WEGEN IHRES GROBEN ÄUSSEREN HABE ICH SIE MIT DEM GEGNER VERWECHSELT...
SST
BITTEST DU MICH WIRKLICH UM VERZEIHUNG?
NA GUT...
LASS SASUKE BITTE VERSORGEN...
ER HAT ARME UND RIPPEN GEBROCHEN UND...
... IST WEGEN DEM PSYCHOANGRIFF MIT DER AUGENKUNST BEWUSSTLOS.
...
DIESE SCHRECKLICHE KUNST...
HEY! IST SASUKE OKAY?
油
ER SCHEINT SEELISCH SCHWER VERWUNDET...

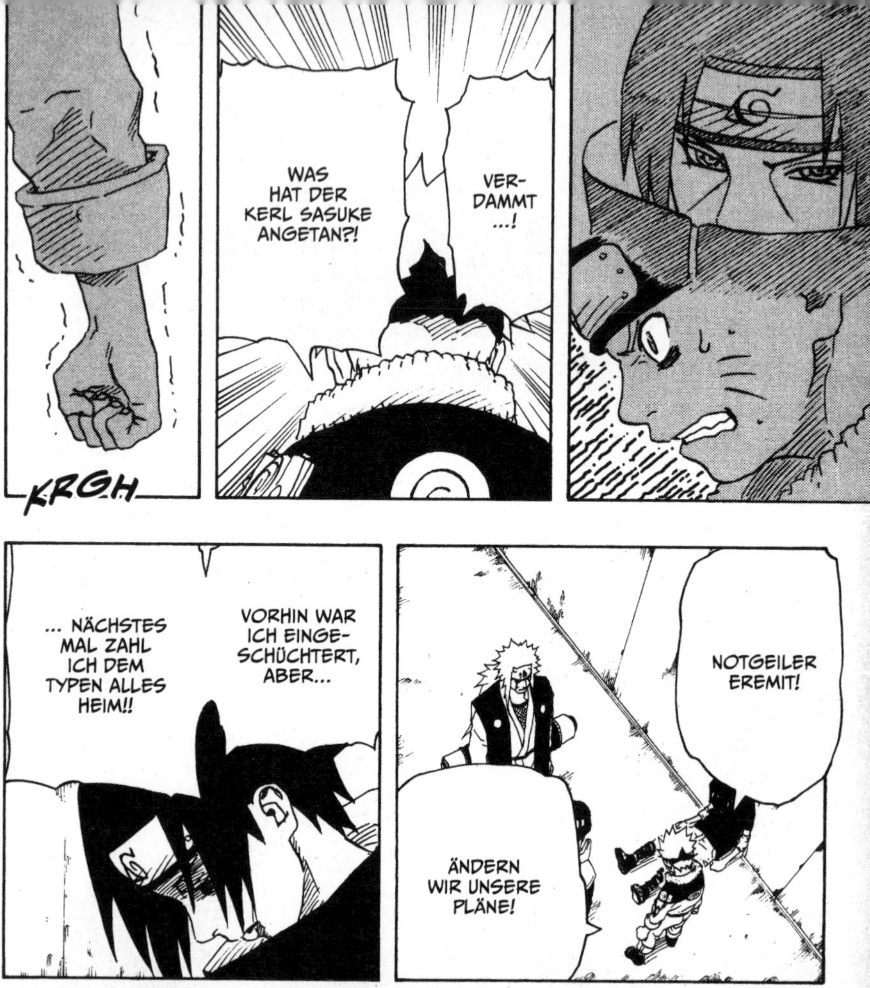
VER-DAMMT ...!
WAS HAT DER KERL SASUKE ANGETAN?!
KRGH
NOTGEILER EREMIT!
ÄNDERN WIR UNSERE PLÄNE!
VORHIN WAR ICH EINGE-SCHÜCHTERT, ABER...
... NÄCHSTES MAL ZAHL ICH DEM TYPEN ALLES HEIM!!

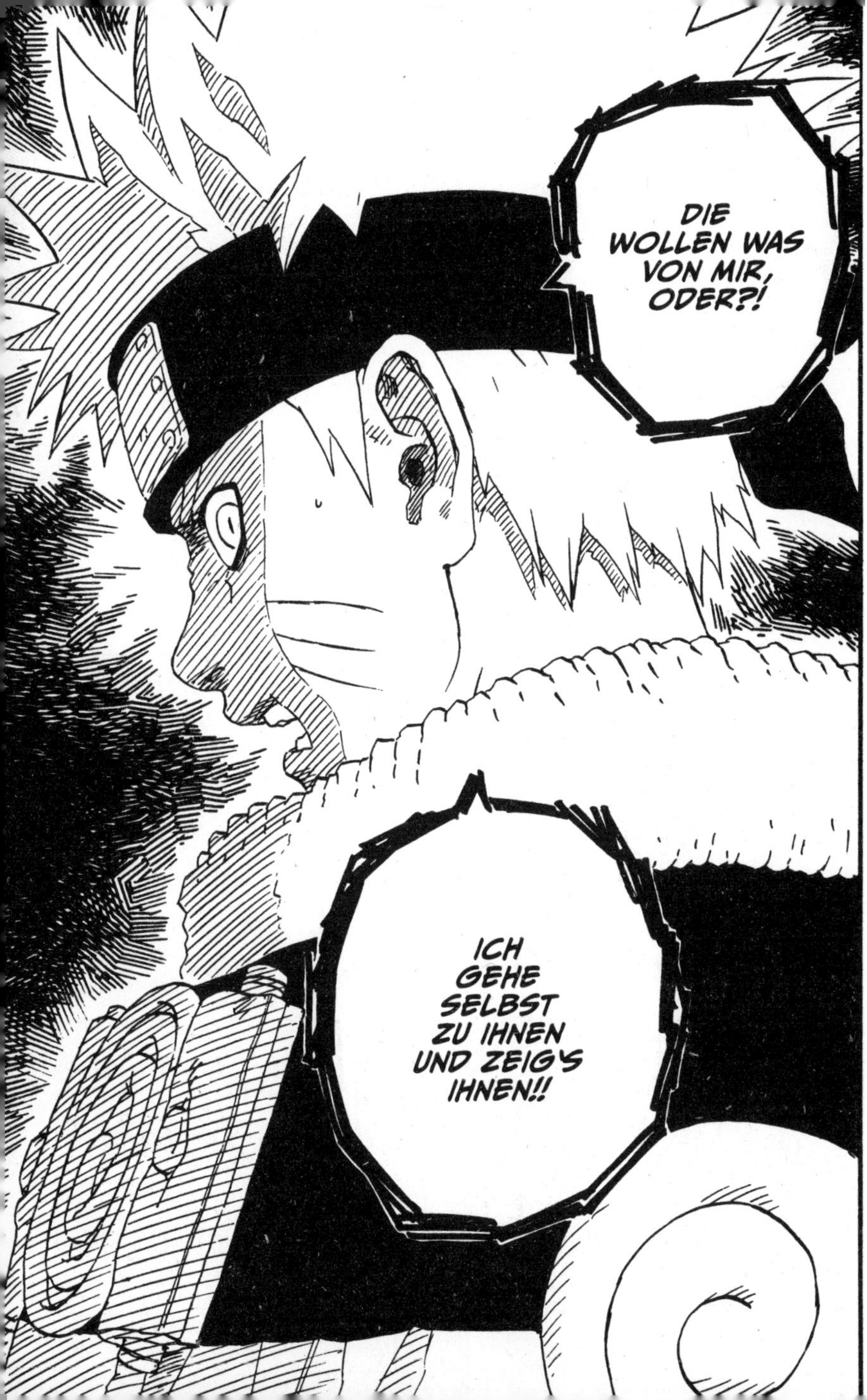
DIE WOLLEN WAS VON MIR, ODER?!
ICH GEHE SELBST ZU IHNEN UND ZEIG'S IHNEN!!

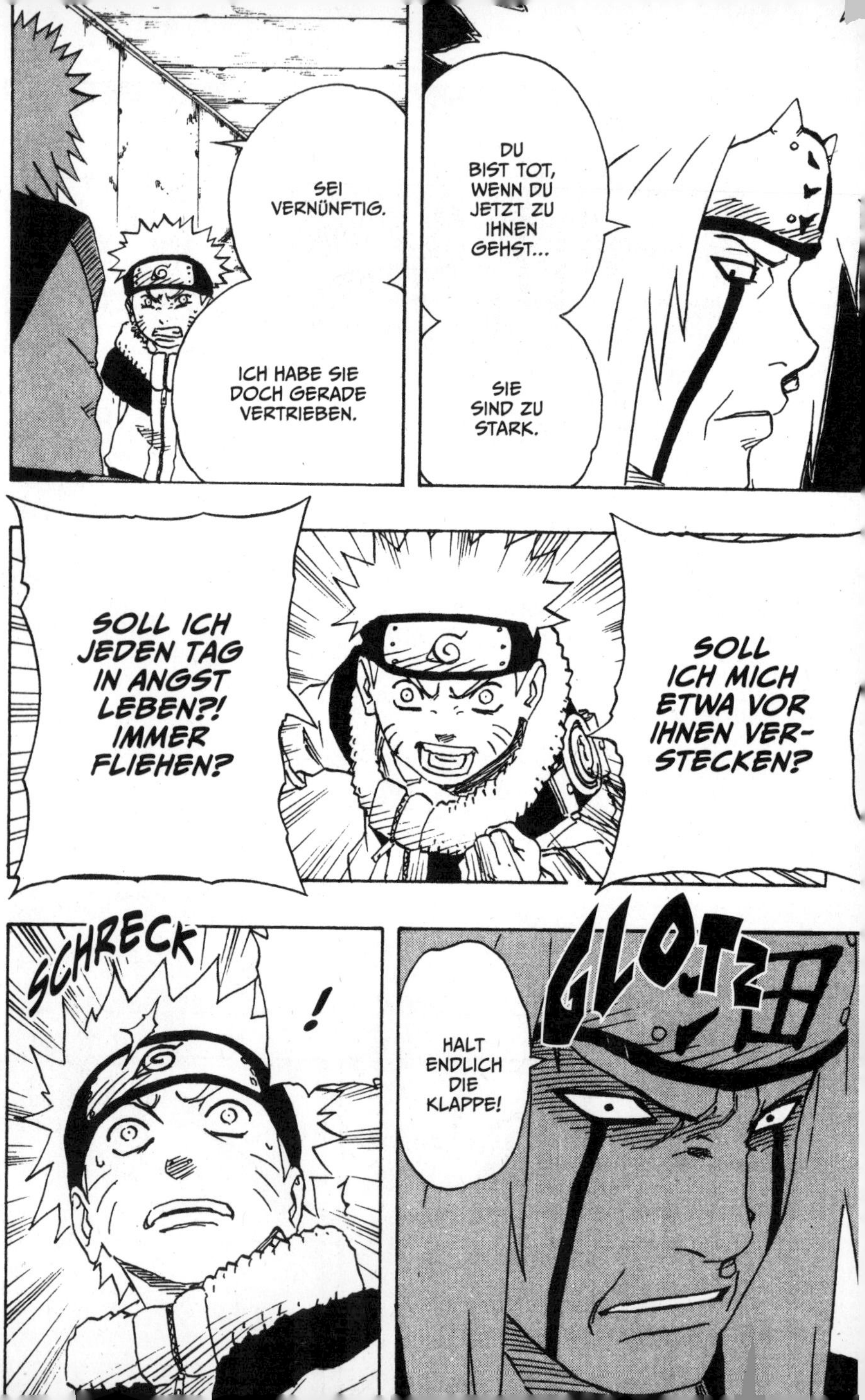
DU BIST TOT, WENN DU JETZT ZU IHNEN GEHST...
SIE SIND ZU STARK.
SEI VERNÜNFTIG.
ICH HABE SIE DOCH GERADE VERTRIEBEN.
SOLL ICH MICH ETWA VOR IHNEN VER-STECKEN?
SOLL ICH JEDEN TAG IN ANGST LEBEN?! IMMER FLIEHEN?
GLOTZ
HALT ENDLICH DIE KLAPPE!
SCHRECK
!

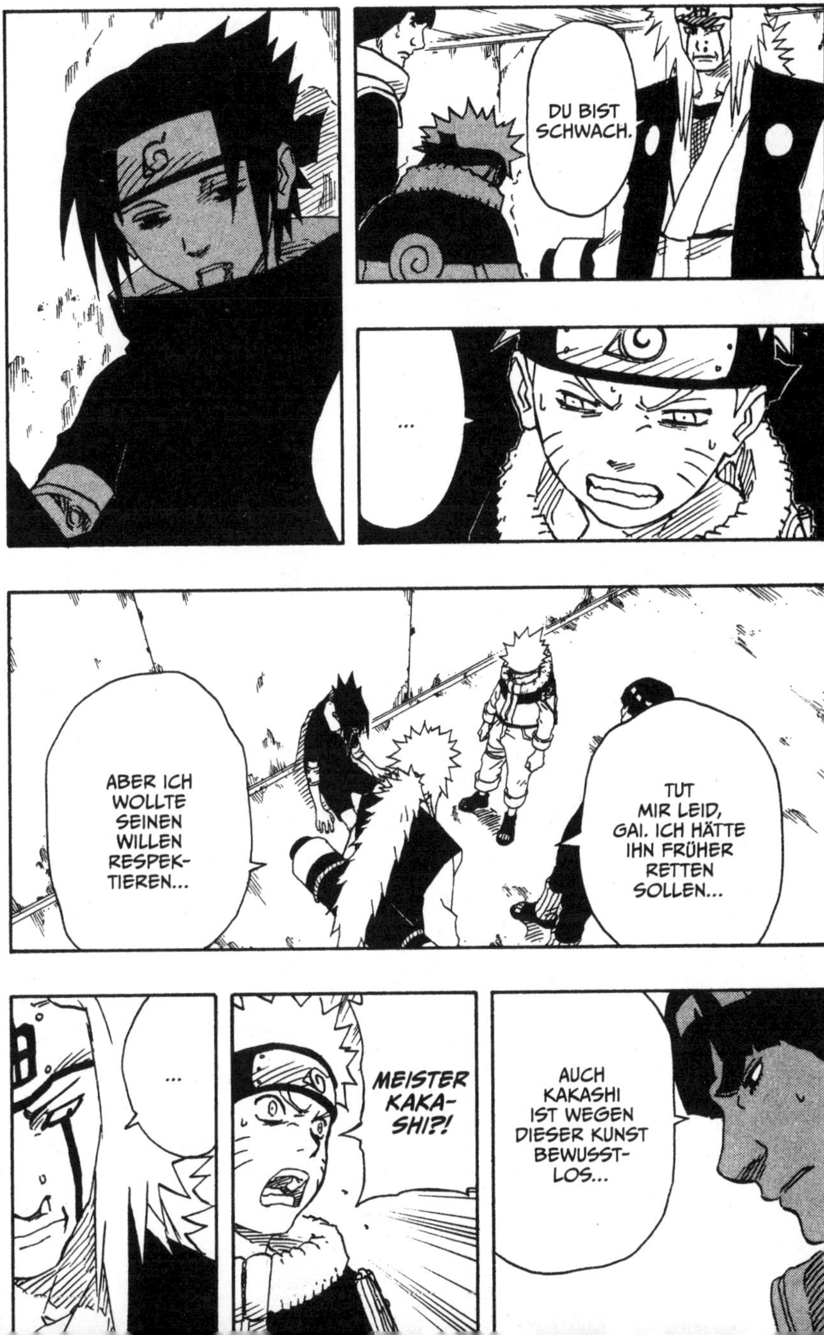

DU BIST SCHWACH.
...
TUT MIR LEID, GAI. ICH HÄTTE IHN FRÜHER RETTEN SOLLEN...
ABER ICH WOLLTE SEINEN WILLEN RESPEKTIEREN...
AUCH KAKASHI IST WEGEN DIESER KUNST BEWUSSTLOS...
MEISTER KAKASHI?!
...

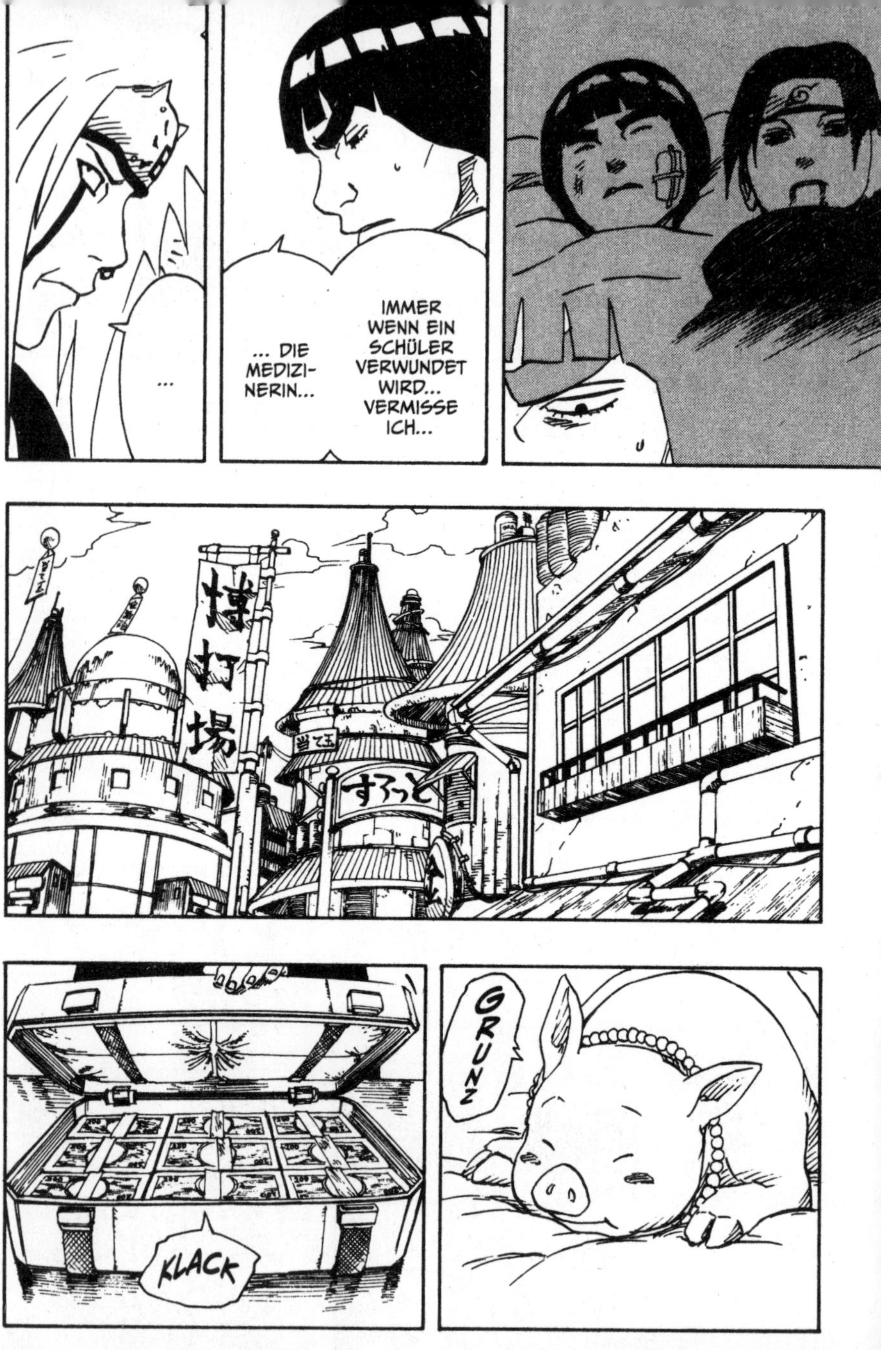
IMMER WENN EIN SCHÜLER VERWUNDET WIRD... VERMISSE ICH...
... DIE MEDIZINERIN...
...
博打場
すろっと
GRUNZ
KLACK

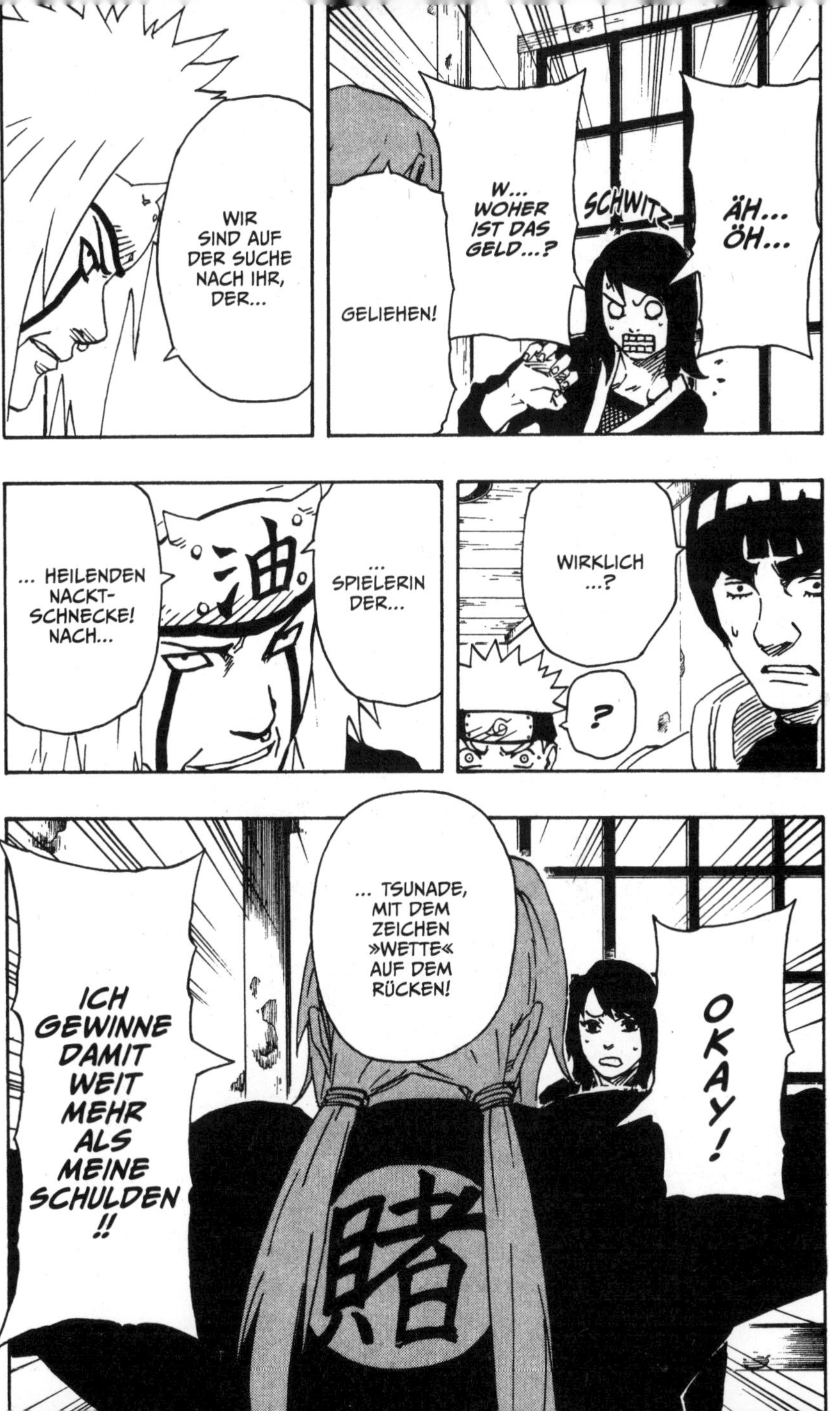

ÄH... ÖH...
SCHWITZ
W... WOHER IST DAS GELD...?
GELIEHEN!
WIR SIND AUF DER SUCHE NACH IHR, DER...
WIRKLICH ...?
?
... SPIELERIN DER...
... HEILENDEN NACKT-SCHNECKE! NACH...
OKAY!
... TSUNADE, MIT DEM ZEICHEN »WETTE« AUF DEM RÜCKEN!
ICH GEWINNE DAMIT WEIT MEHR ALS MEINE SCHULDEN!!

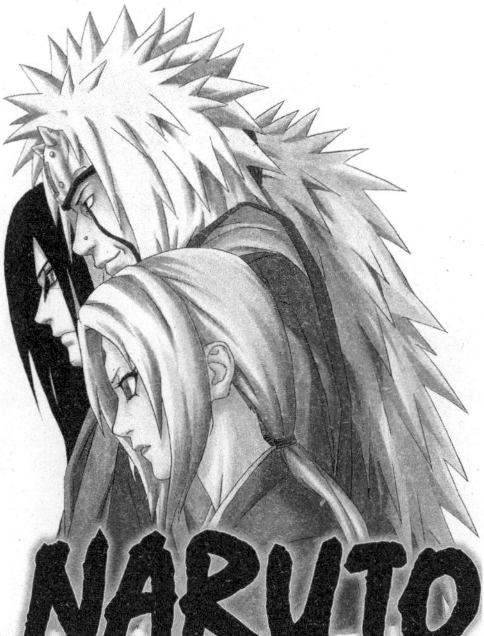
NARUTO

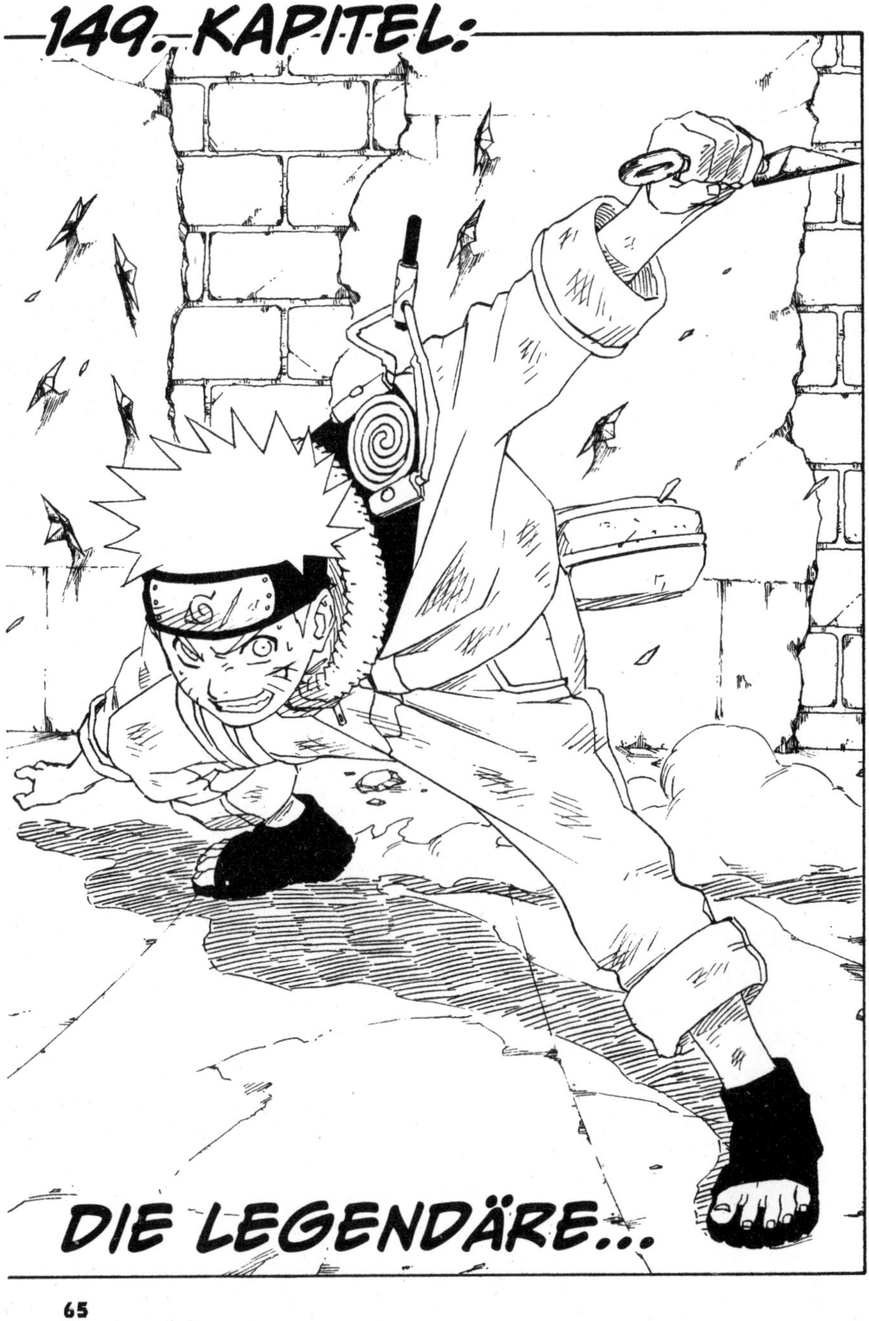
149. KAPITEL:
DIE LEGENDÄRE...

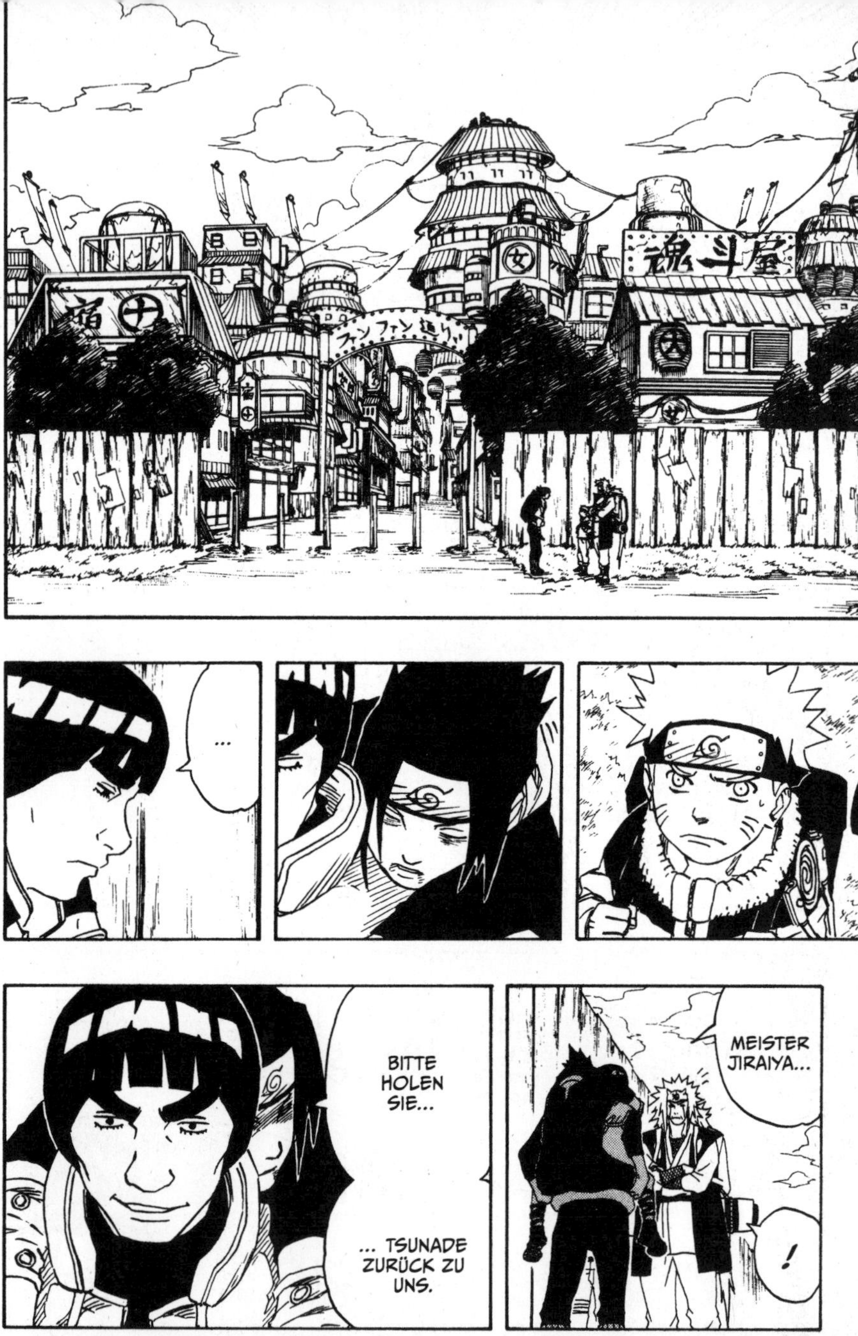
魂斗屋
ファンファン通り
...
MEISTER JIRAIYA...
!
BITTE HOLEN SIE...
... TSUNADE ZURÜCK ZU UNS.

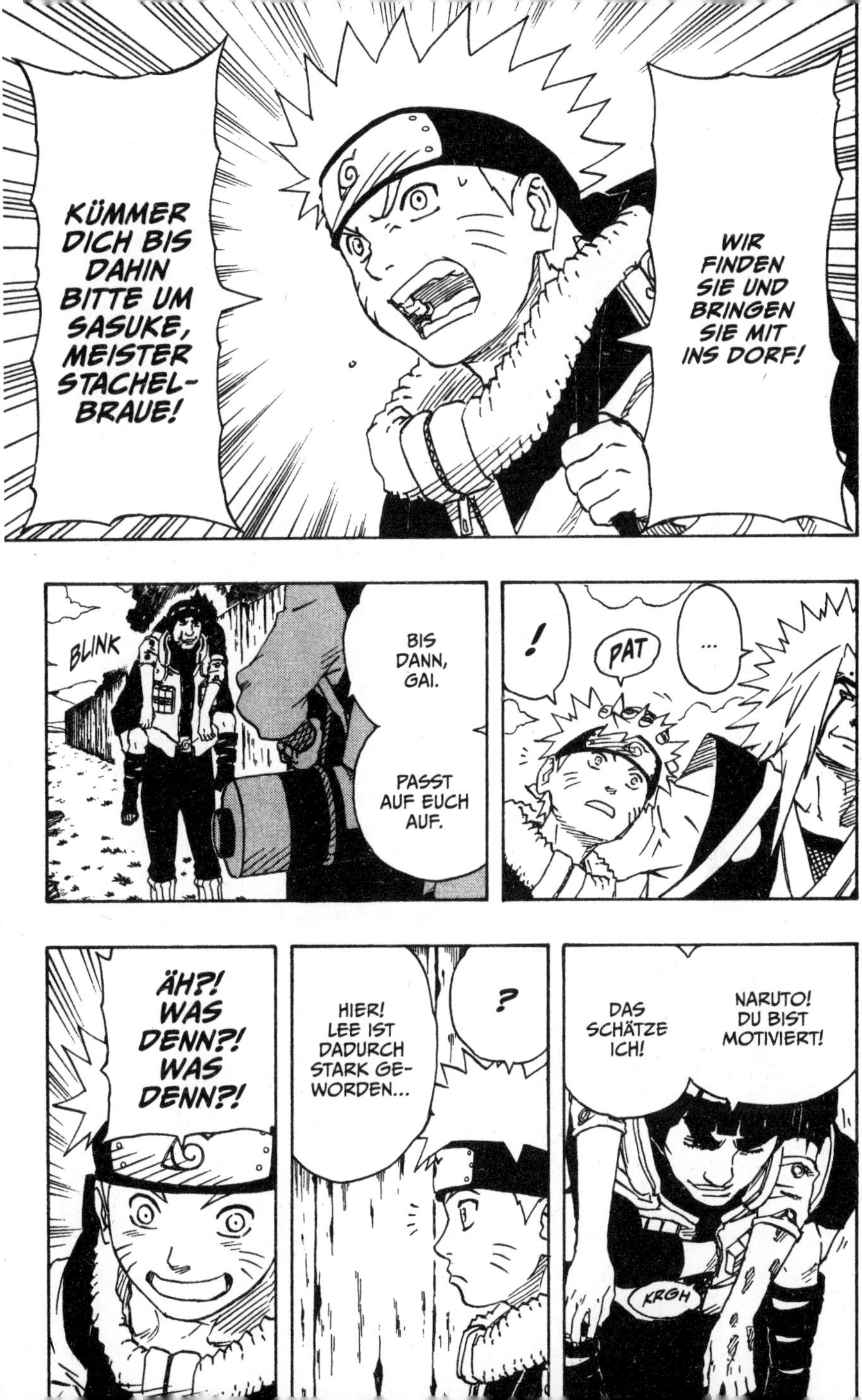
WIR FINDEN SIE UND BRINGEN SIE MIT INS DORF!
KÜMMER DICH BIS DAHIN BITTE UM SASUKE, MEISTER STACHEL-BRAUE!
...
PAT
!
BIS DANN, GAI.
PASST AUF EUCH AUF.
BLINK
NARUTO! DU BIST MOTIVIERT!
DAS SCHÄTZE ICH!
KRGH
?
HIER! LEE IST DADURCH STARK GE-WORDEN...
ÄH?! WAS DENN?! WAS DENN?!

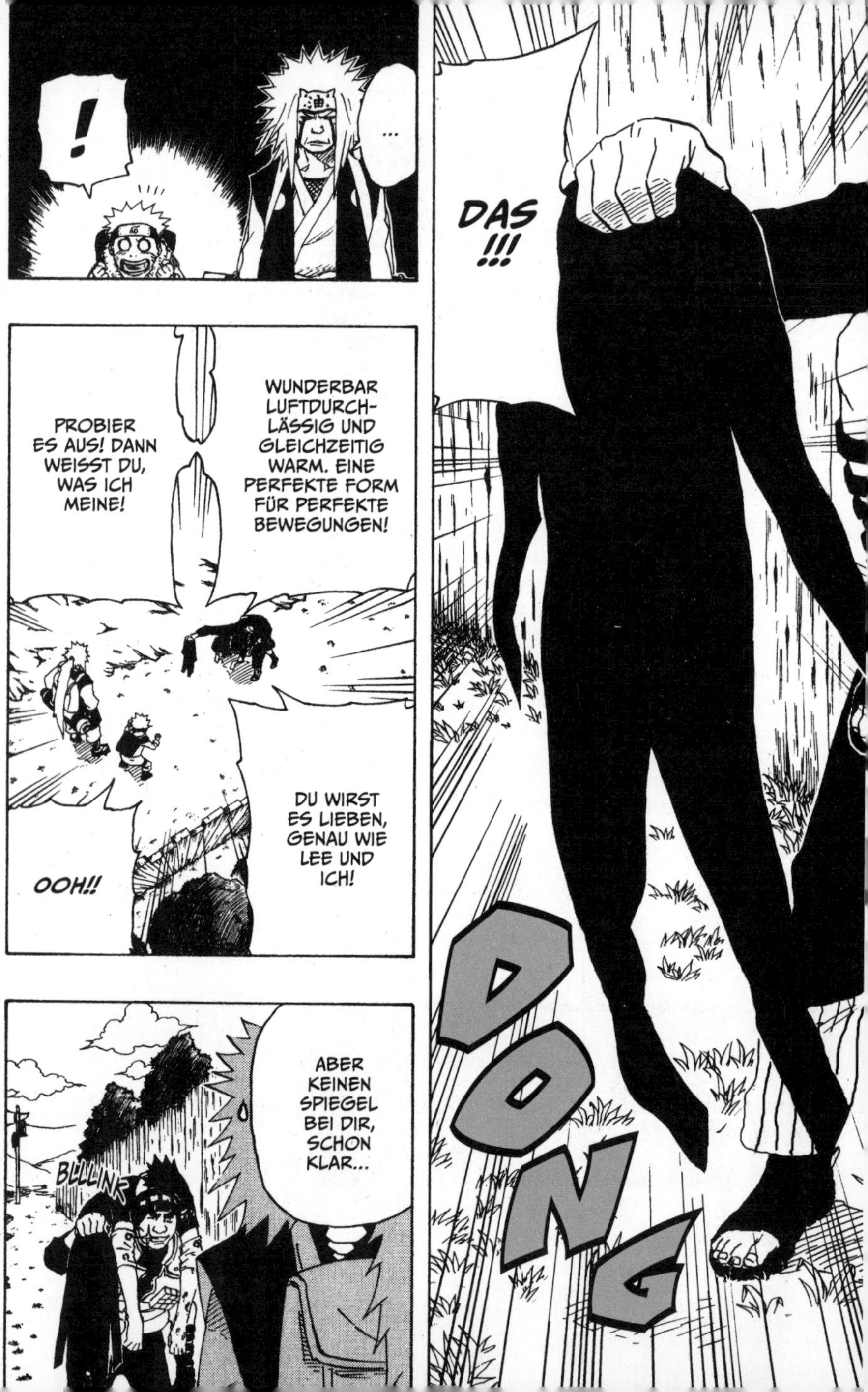
DAS!!!
DOONG
!
...
WUNDERBAR LUFTDURCH-LÄSSIG UND GLEICHZEITIG WARM. EINE PERFEKTE FORM FÜR PERFEKTE BEWEGUNGEN!
PROBIER ES AUS! DANN WEISST DU, WAS ICH MEINE!
DU WIRST ES LIEBEN, GENAU WIE LEE UND ICH!
OOH!!
ABER KEINEN SPIEGEL BEI DIR, SCHON KLAR...
BLLLINK

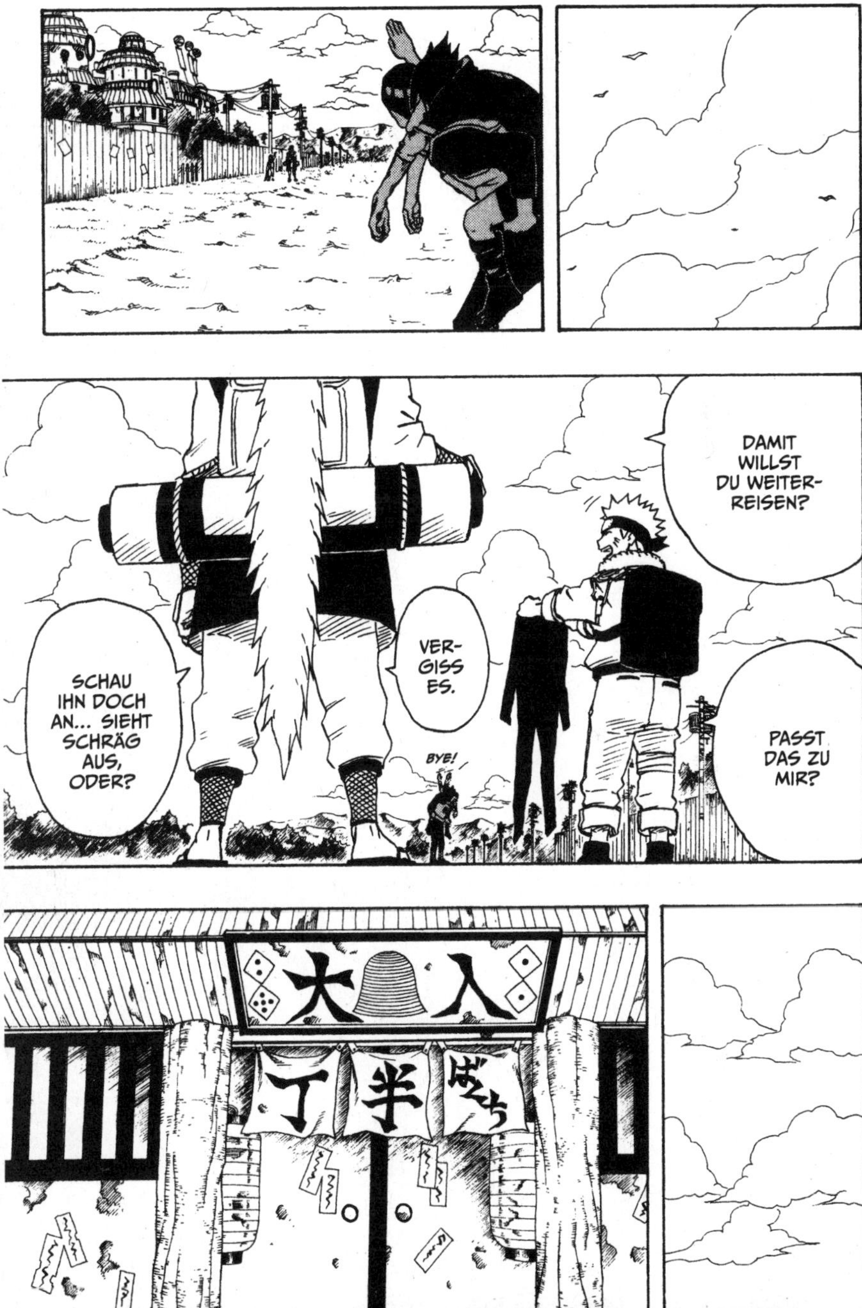

DAMIT WILLST DU WEITER-REISEN?
PASST DAS ZU MIR?
VER-GISS ES.
SCHAU IHN DOCH AN... SIEHT SCHRÄG AUS, ODER?
BYE!
大入
丁半ばくち

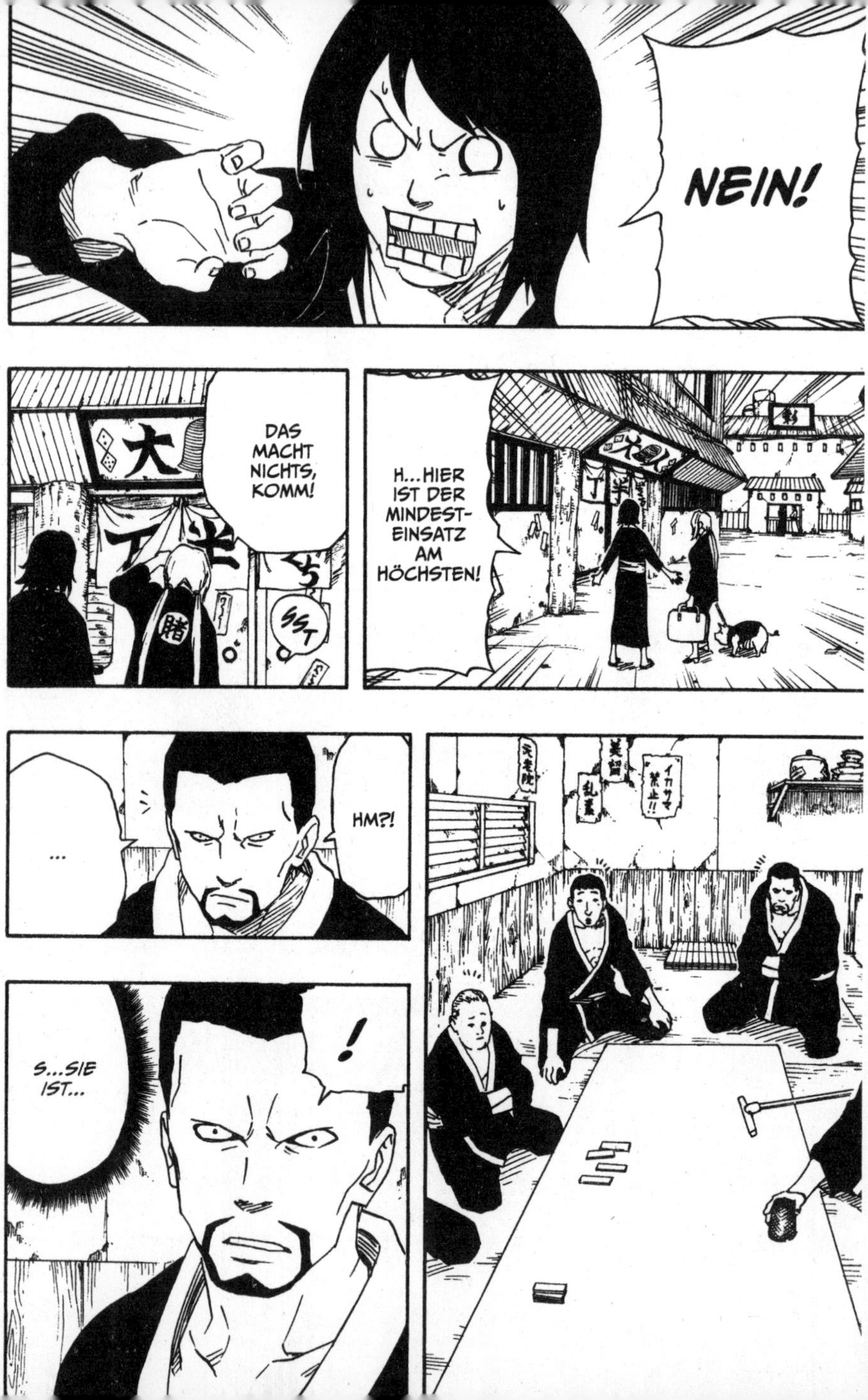
NEIN!
H...HIER IST DER MINDEST-EINSATZ AM HÖCHSTEN!
DAS MACHT NICHTS, KOMM!
SST
HM?!
...
!
S...SIE IST...

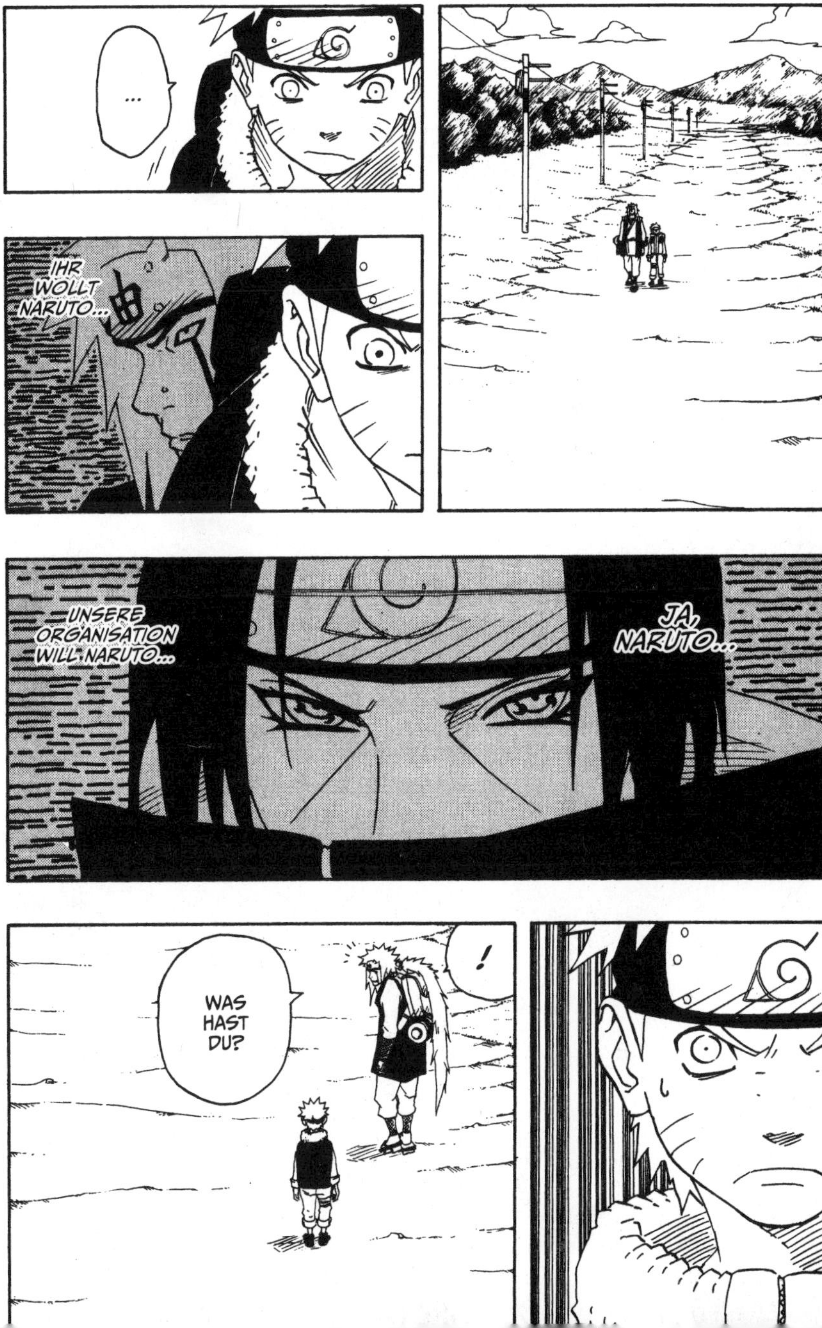
...
IHR WOLLT NARUTO...
JA, NARUTO...
UNSERE ORGANISATION WILL NARUTO...
!
WAS HAST DU?

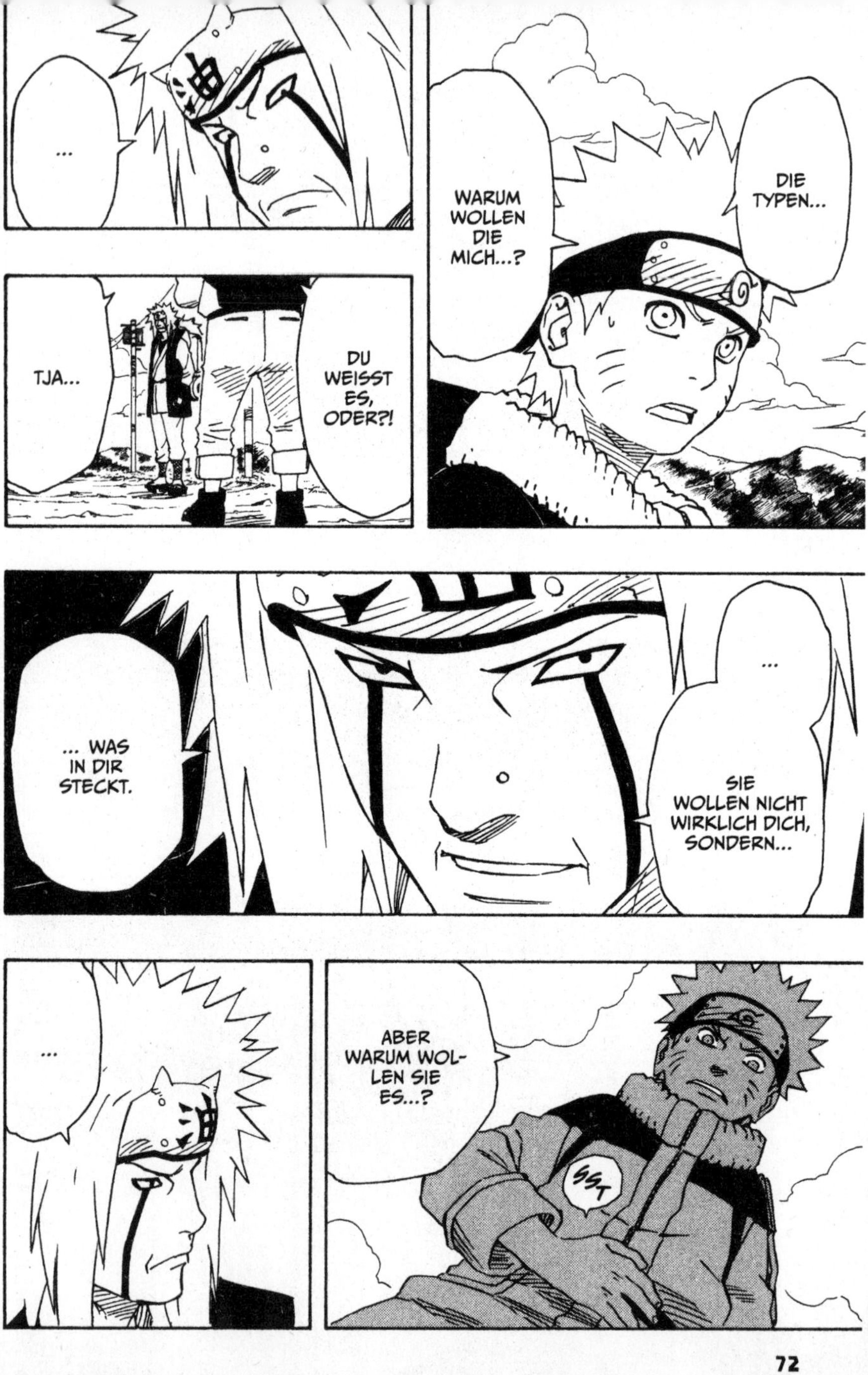
DIE TYPEN...
WARUM WOLLEN DIE MICH...?
...
DU WEISST ES, ODER?!
TJA...
...
SIE WOLLEN NICHT WIRKLICH DICH, SONDERN...
... WAS IN DIR STECKT.
ABER WARUM WOL-LEN SIE ES...?
SST
...

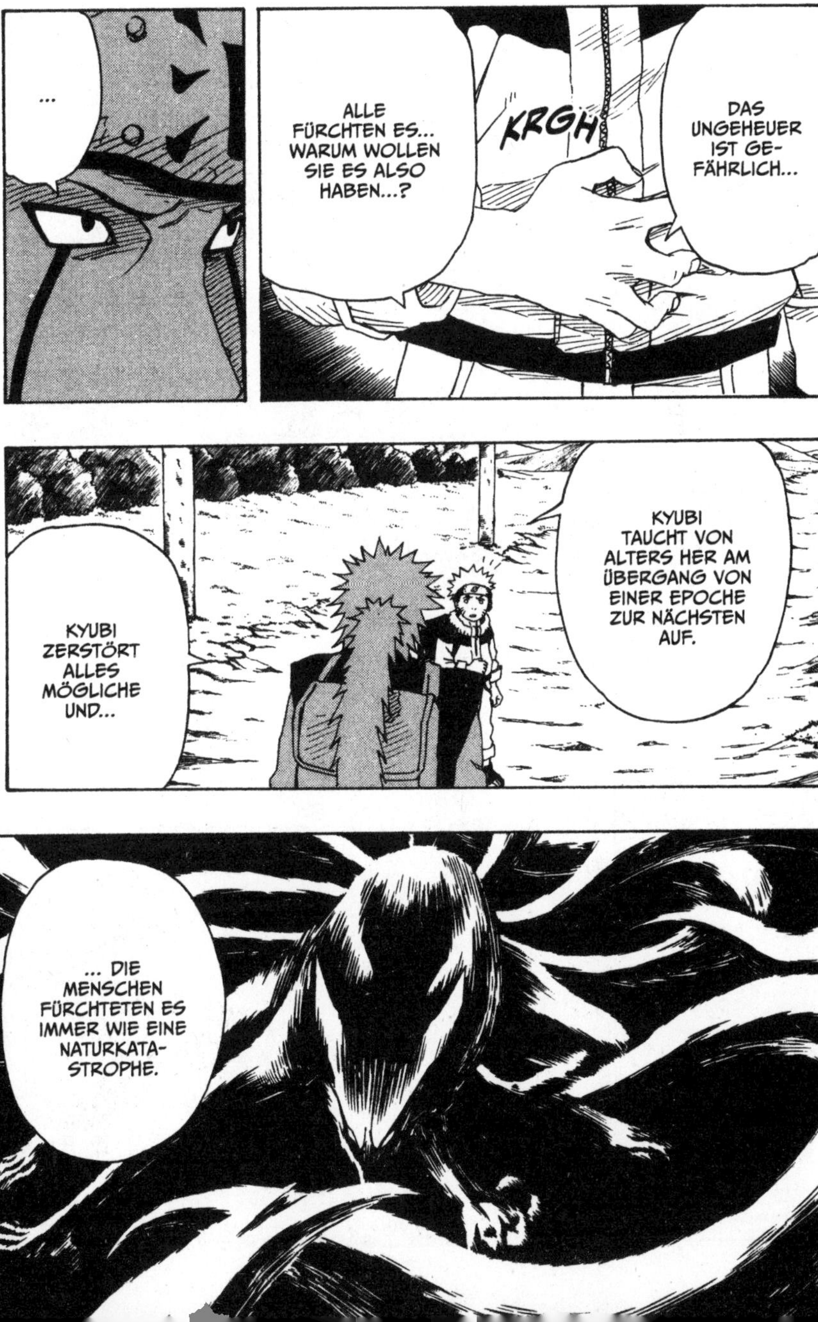
DAS UNGEHEUER IST GE-FÄHRLICH...
KRGH
ALLE FÜRCHTEN ES... WARUM WOLLEN SIE ES ALSO HABEN...?
...
KYUBI TAUCHT VON ALTERS HER AM ÜBERGANG VON EINER EPOCHE ZUR NÄCHSTEN AUF.
KYUBI ZERSTÖRT ALLES MÖGLICHE UND...
... DIE MENSCHEN FÜRCHTETEN ES IMMER WIE EINE NATURKATA-STROPHE.

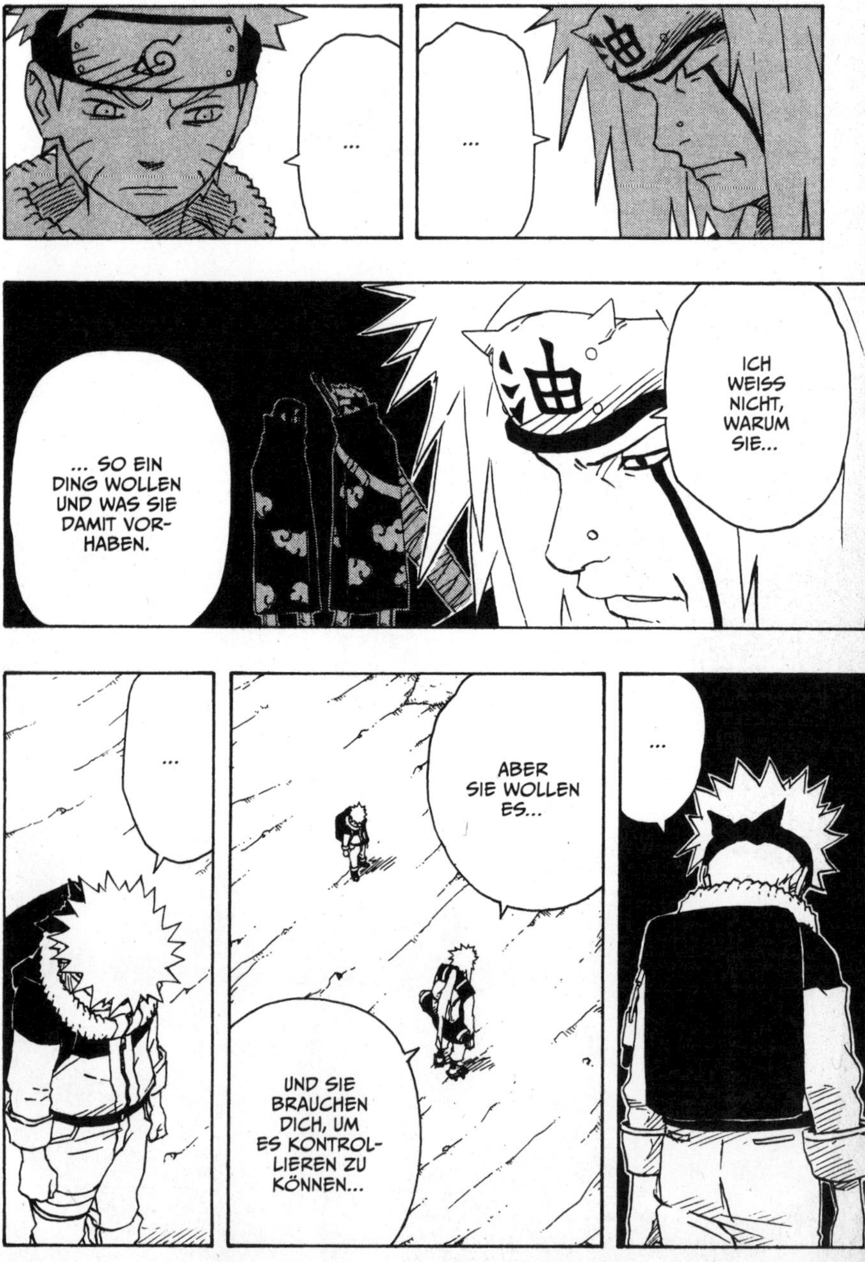
...
...
ICH WEISS NICHT, WARUM SIE...
... SO EIN DING WOLLEN UND WAS SIE DAMIT VOR-HABEN.
...
ABER SIE WOLLEN ES...
UND SIE BRAUCHEN DICH, UM ES KONTROL-LIEREN ZU KÖNNEN...
...

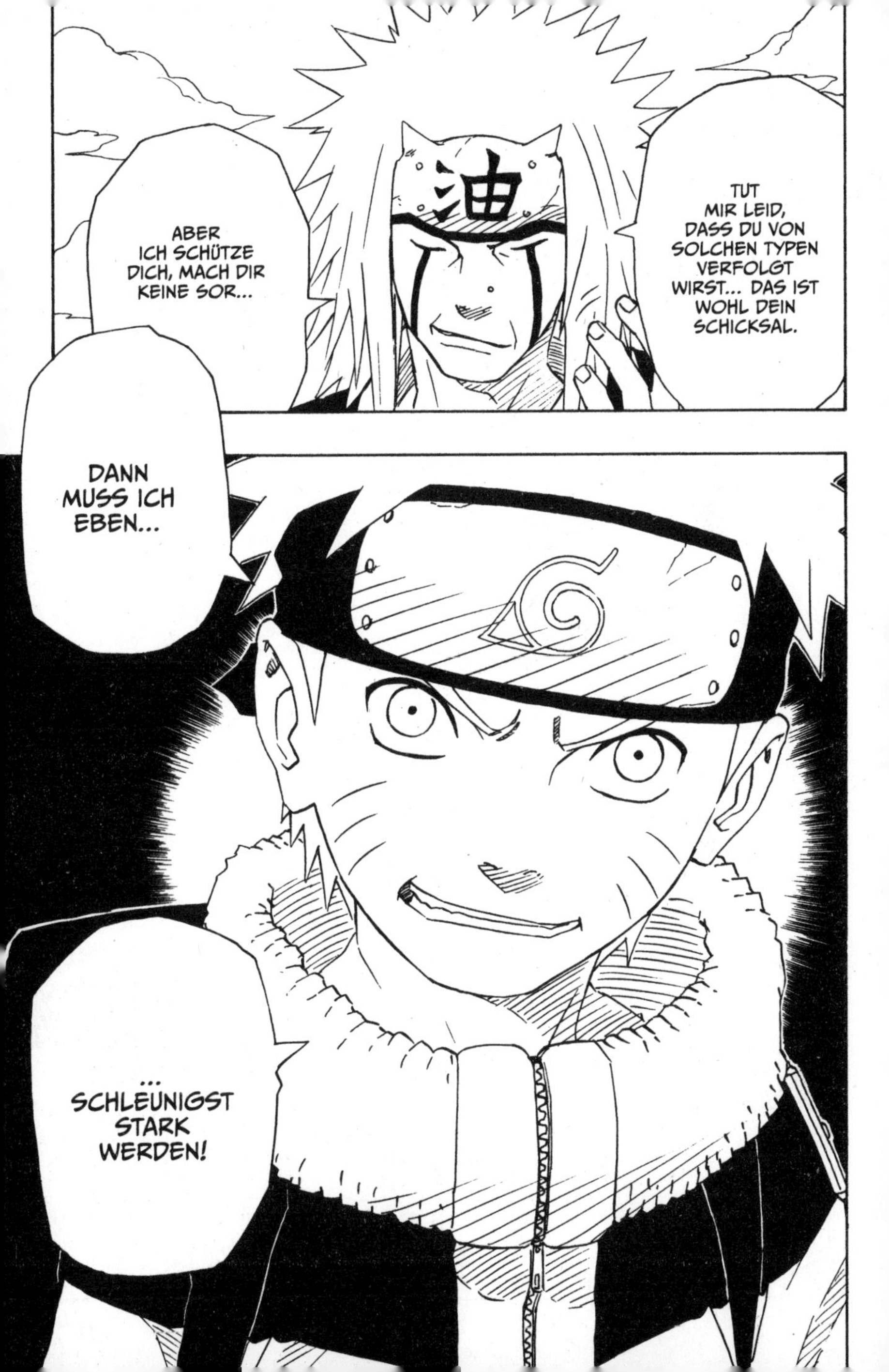
TUT MIR LEID, DASS DU VON SOLCHEN TYPEN VERFOLGT WIRST... DAS IST WOHL DEIN SCHICKSAL.
ABER ICH SCHÜTZE DICH, MACH DIR KEINE SOR...
DANN MUSS ICH EBEN...
... SCHLEÜNIGST STARK WERDEN!

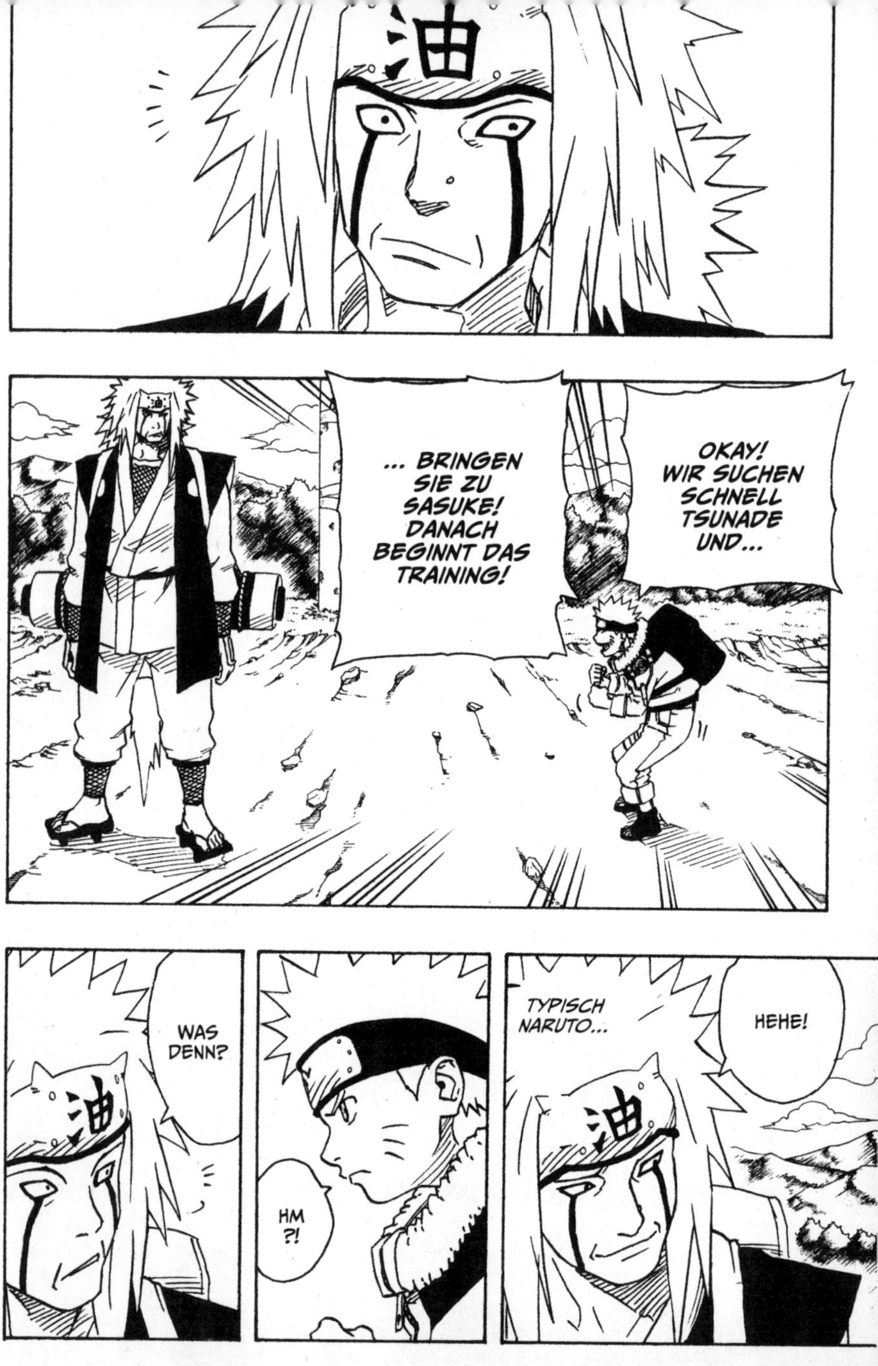
OKAY! WIR SUCHEN SCHNELL TSUNADE UND...
... BRINGEN SIE ZU SASUKE! DANACH BEGINNT DAS TRAINING!
HEHE!
TYPISCH NARUTO...
HM ?!
WAS DENN?

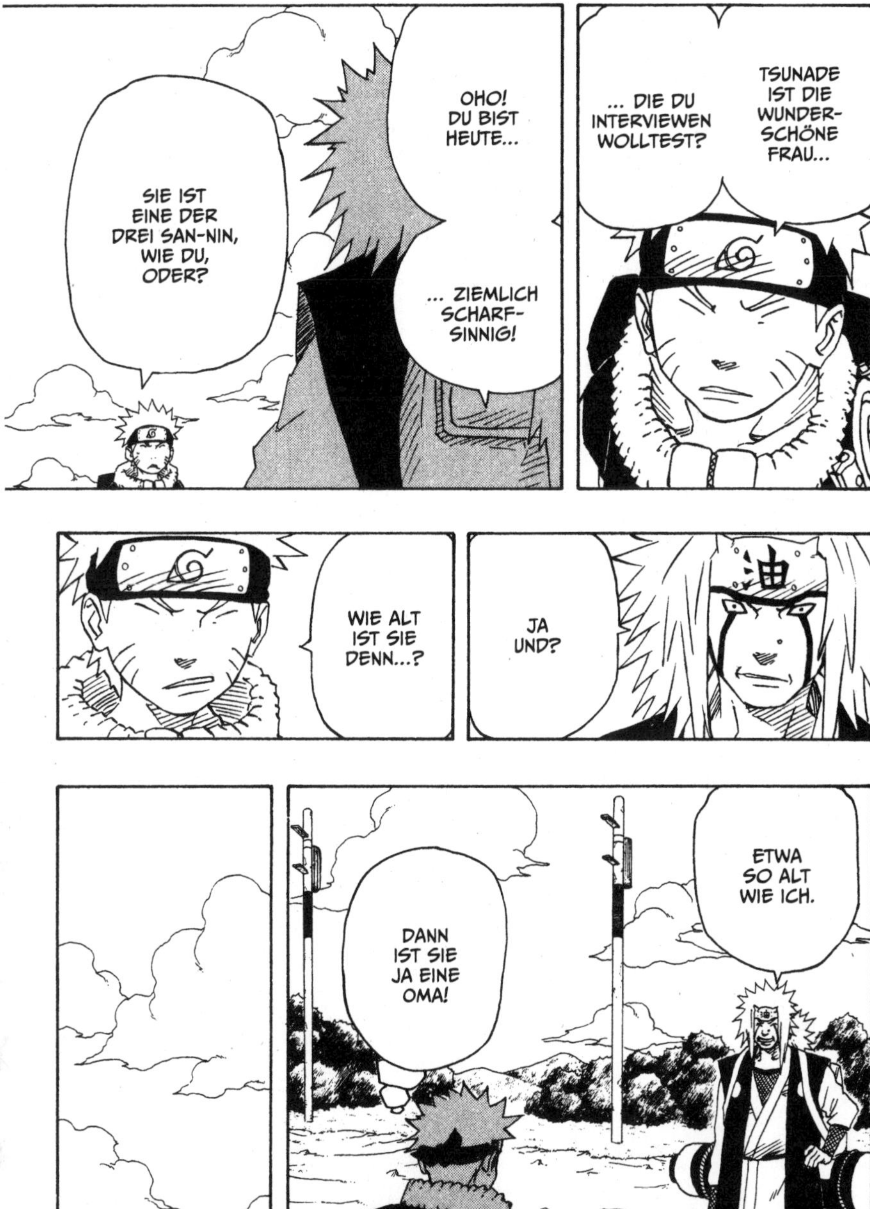
TSUNADE IST DIE WUNDER-SCHÖNE FRAU...
... DIE DU INTERVIEWEN WOLLTEST?
OHO! DU BIST HEUTE...
... ZIEMLICH SCHARF-SINNIG!
SIE IST EINE DER DREI SAN-NIN, WIE DU, ODER?
JA UND?
WIE ALT IST SIE DENN...?
ETWA SO ALT WIE ICH.
DANN IST SIE JA EINE OMA!

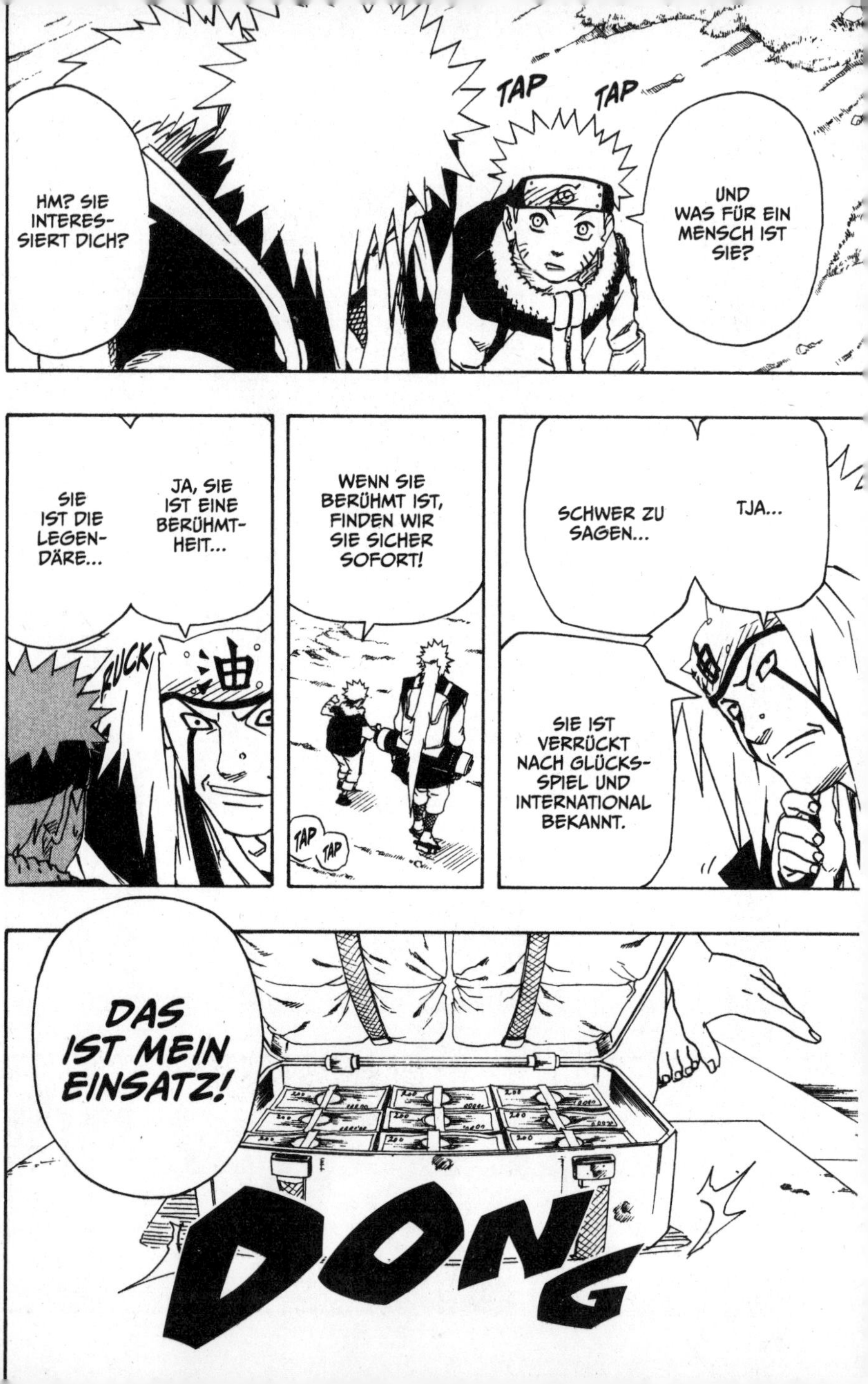

TAP TAP
UND WAS FÜR EIN MENSCH IST SIE?
HM? SIE INTERES-SIERT DICH?
TJA...
SCHWER ZU SAGEN...
SIE IST VERRÜCKT NACH GLÜCKS-SPIEL UND INTERNATIONAL BEKANNT.
WENN SIE BERÜHMT IST, FINDEN WIR SIE SICHER SOFORT!
TAP TAP
JA, SIE IST EINE BERÜHMT-HEIT...
SIE IST DIE LEGEN-DÄRE...
RUCK
DAS IST MEIN EINSATZ!
DONG

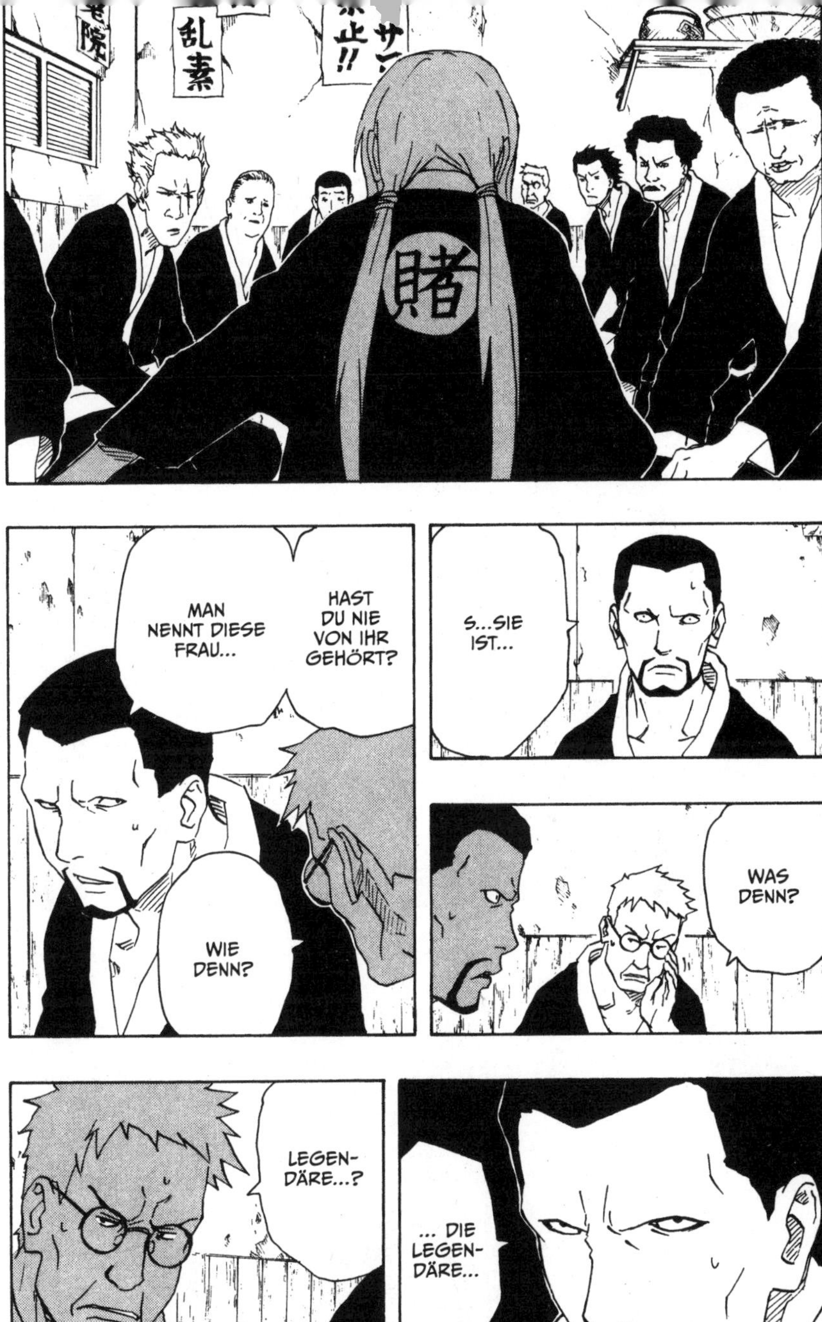
乱素
賭
S...SIE IST...
WAS DENN?
HAST DU NIE VON IHR GEHÖRT?
MAN NENNT DIESE FRAU...
WIE DENN?
... DIE LEGENDÄRE...
LEGENDÄRE...?

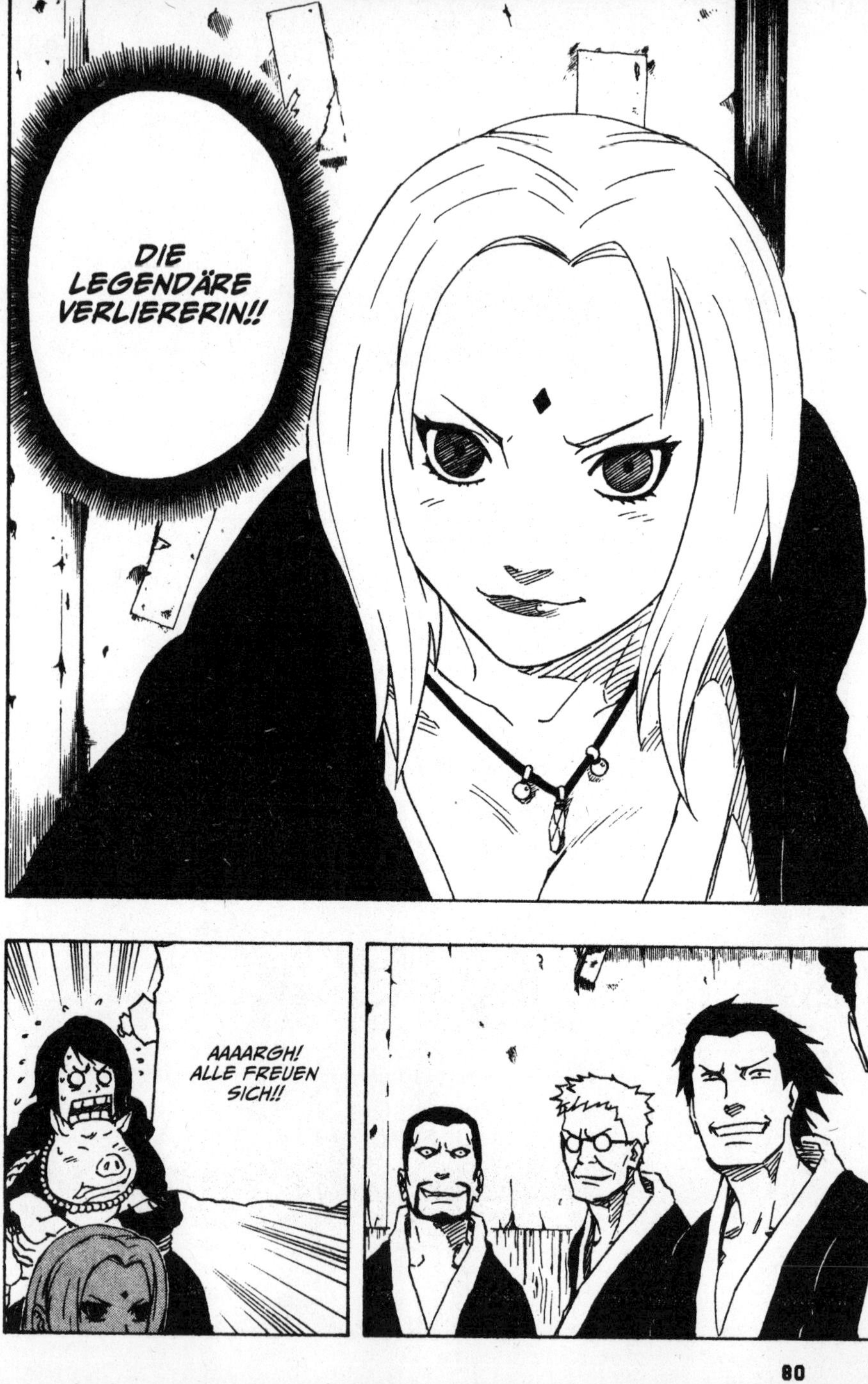
DIE LEGENDÄRE VERLIERERIN!!
AAAARGH! ALLE FREUEN SICH!!

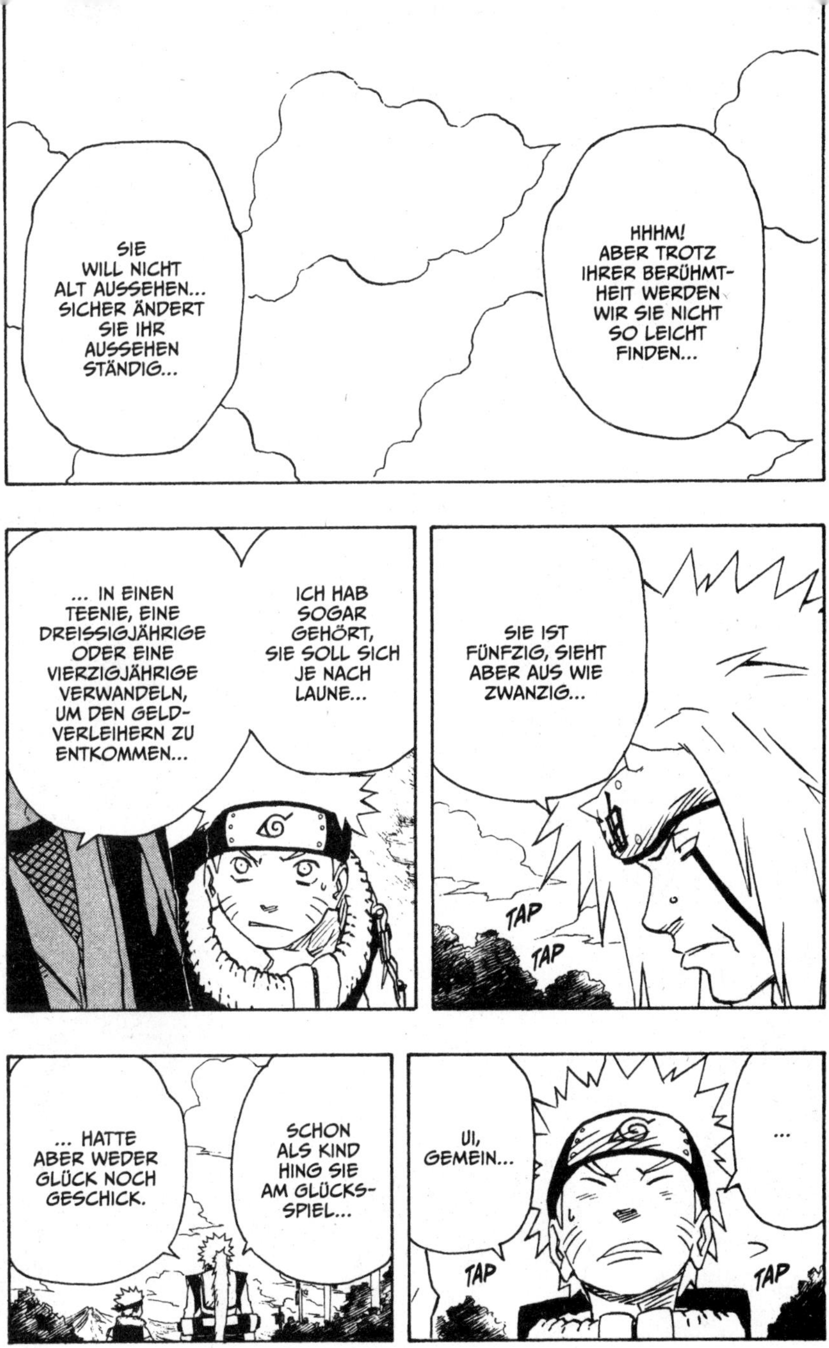
HHHM! ABER TROTZ IHRER BERÜHMT-HEIT WERDEN WIR SIE NICHT SO LEICHT FINDEN...
SIE WILL NICHT ALT AUSSEHEN... SICHER ÄNDERT SIE IHR AUSSEHEN STÄNDIG...
SIE IST FÜNFZIG, SIEHT ABER AUS WIE ZWANZIG...
TAP
TAP
ICH HAB SOGAR GEHÖRT, SIE SOLL SICH JE NACH LAUNE...
... IN EINEN TEENIE, EINE DREISSIGJÄHRIGE ODER EINE VIERZIGJÄHRIGE VERWANDELN, UM DEN GELD-VERLEIHERN ZU ENTKOMMEN...
...
UI, GEMEIN...
TAP
TAP
SCHON ALS KIND HING SIE AM GLÜCKS-SPIEL...
... HATTE ABER WEDER GLÜCK NOCH GESCHICK.

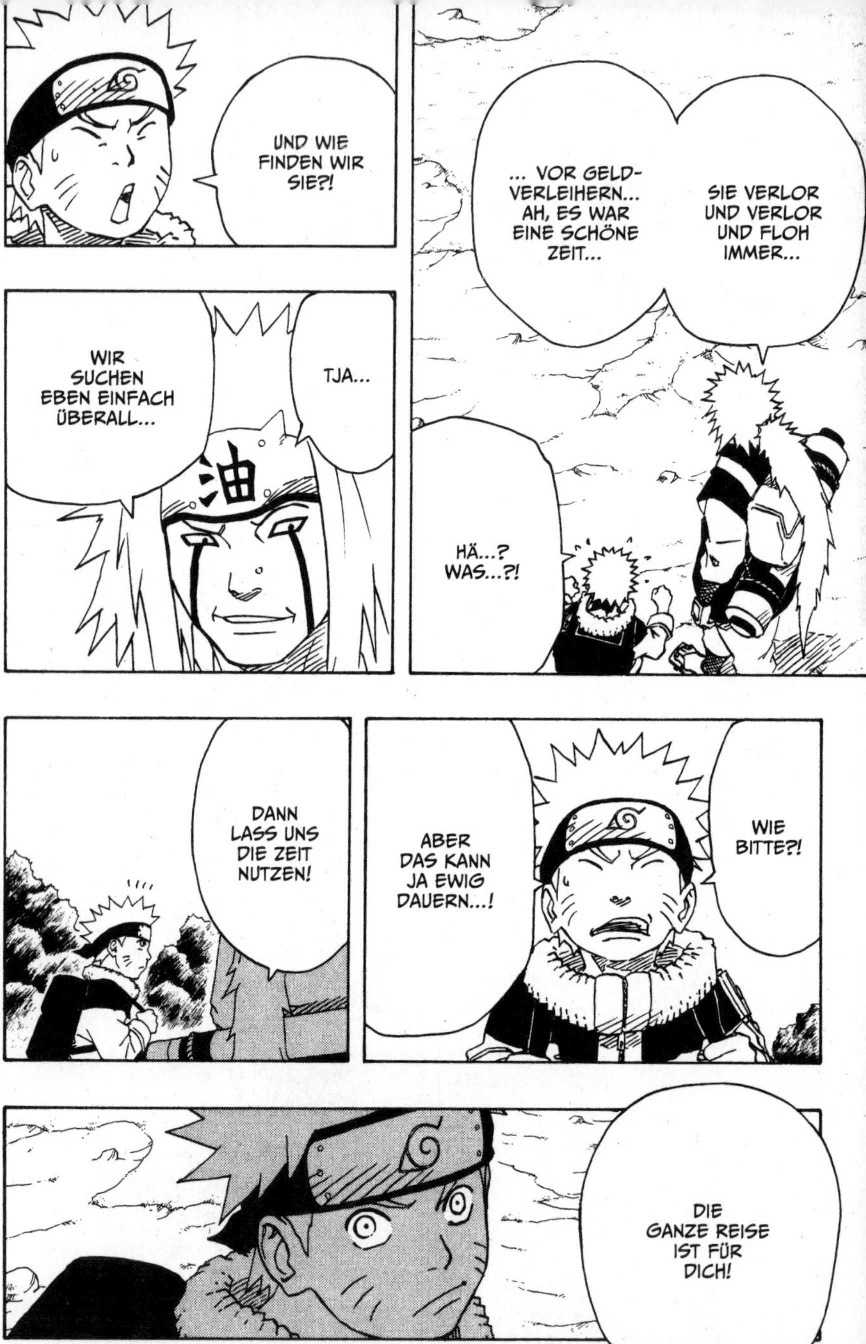
SIE VERLOR UND VERLOR UND FLOH IMMER...
... VOR GELD-VERLEIHERN... AH, ES WAR EINE SCHÖNE ZEIT...
HÄ...? WAS...?!
UND WIE FINDEN WIR SIE?!
TJA...
WIR SUCHEN EBEN EINFACH ÜBERALL...
WIE BITTE?!
ABER DAS KANN JA EWIG DAUERN...!
DANN LASS UNS DIE ZEIT NUTZEN!
DIE GANZE REISE IST FÜR DICH!

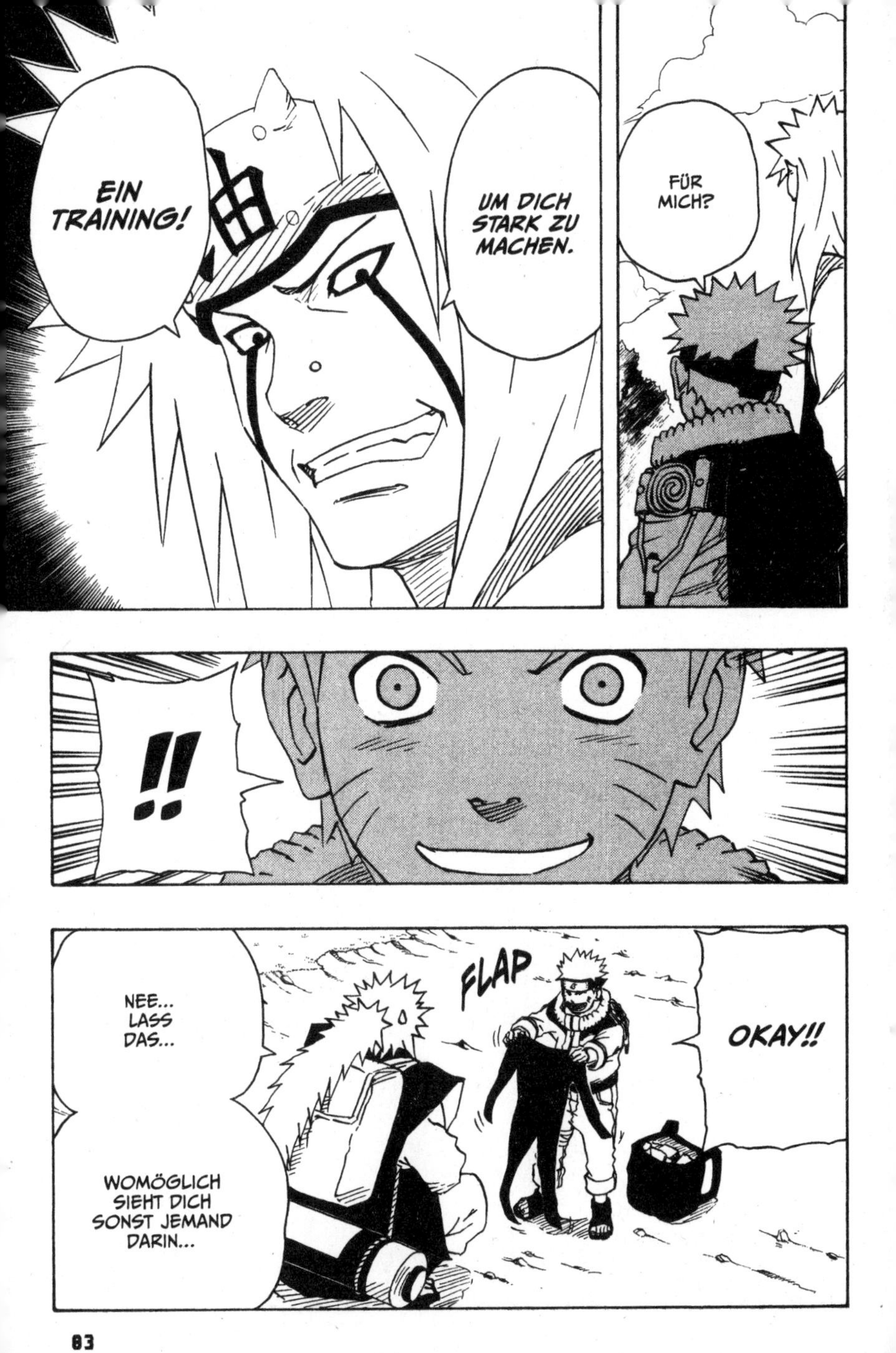
FÜR MICH?
UM DICH STARK ZU MACHEN.
EIN TRAINING!
!!
OKAY!!
FLAP
NEE... LASS DAS...
WOMÖGLICH SIEHT DICH SONST JEMAND DARIN...

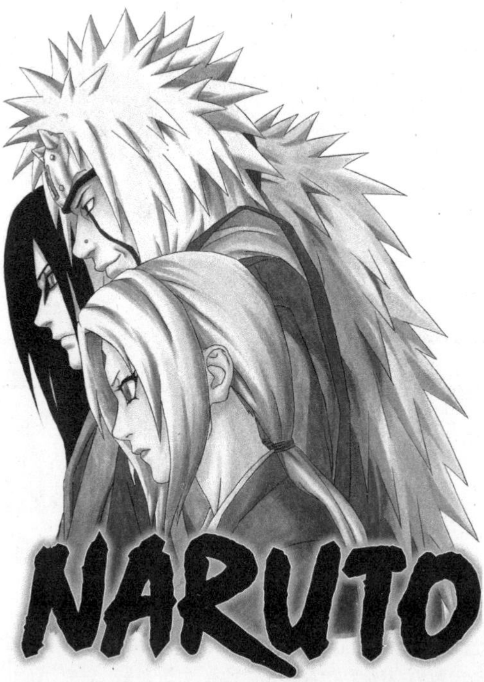
NARUTO

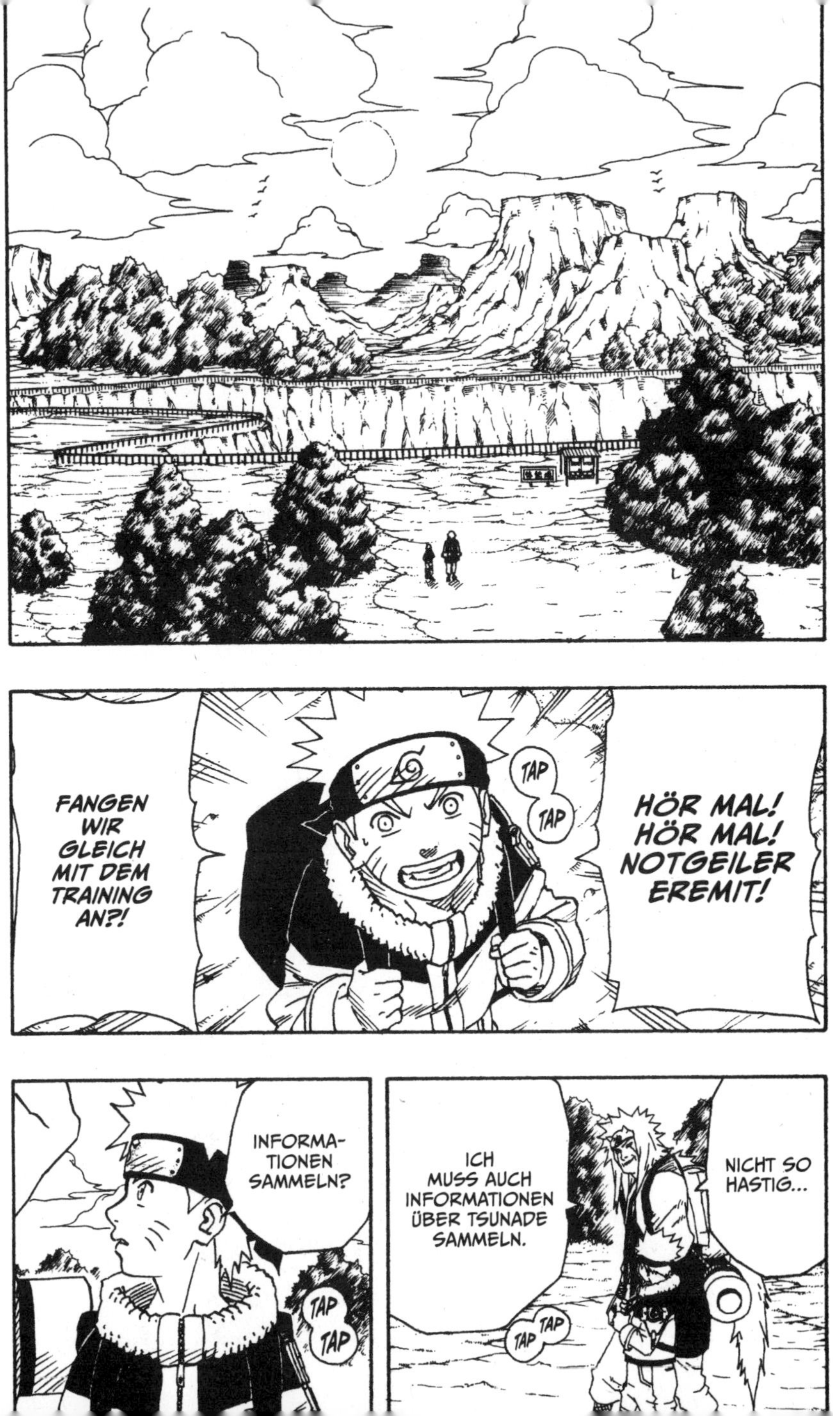
HÖR MAL! HÖR MAL! NOTGEILER EREMIT!
TAP
TAP
FANGEN WIR GLEICH MIT DEM TRAINING AN?!
NICHT SO HASTIG...
ICH MUSS AUCH INFORMATIONEN ÜBER TSUNADE SAMMELN.
TAP TAP
INFORMATIONEN SAMMELN?
TAP
TAP

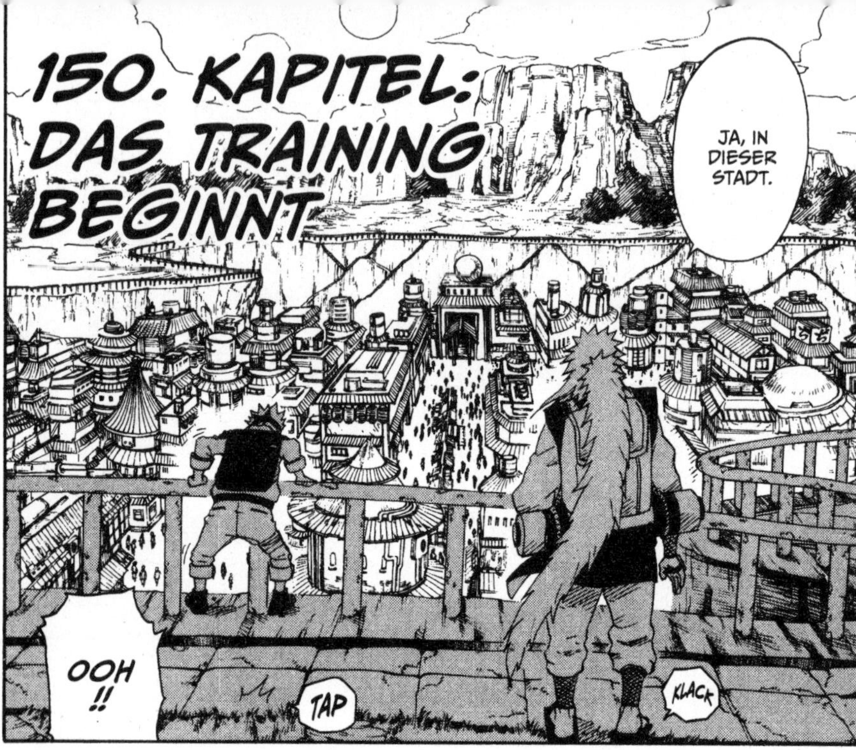
150. KAPITEL:
DAS TRAINING BEGINNT
JA, IN DIESER STADT.
KLACK
TAP
OOH !!

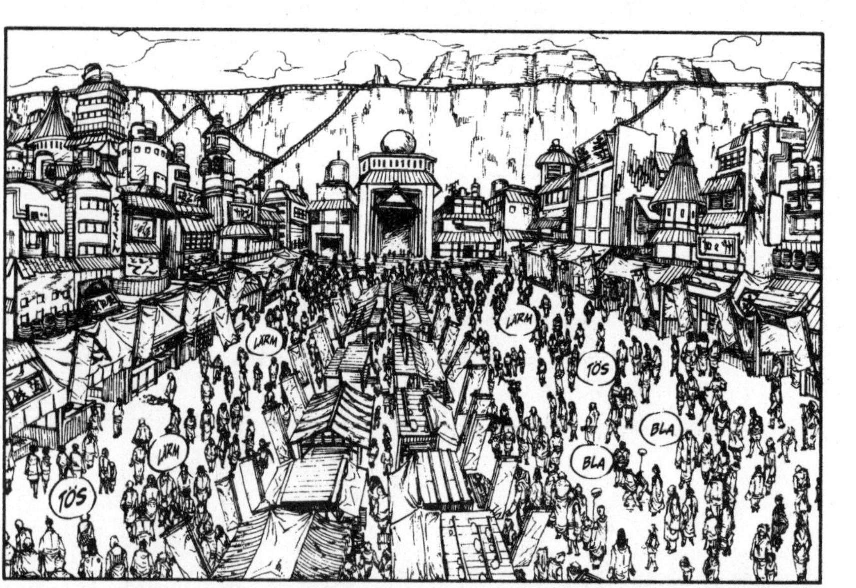
LÄRM
TÖS
BLA
BLA
LÄRM
LÄRM
TÖS

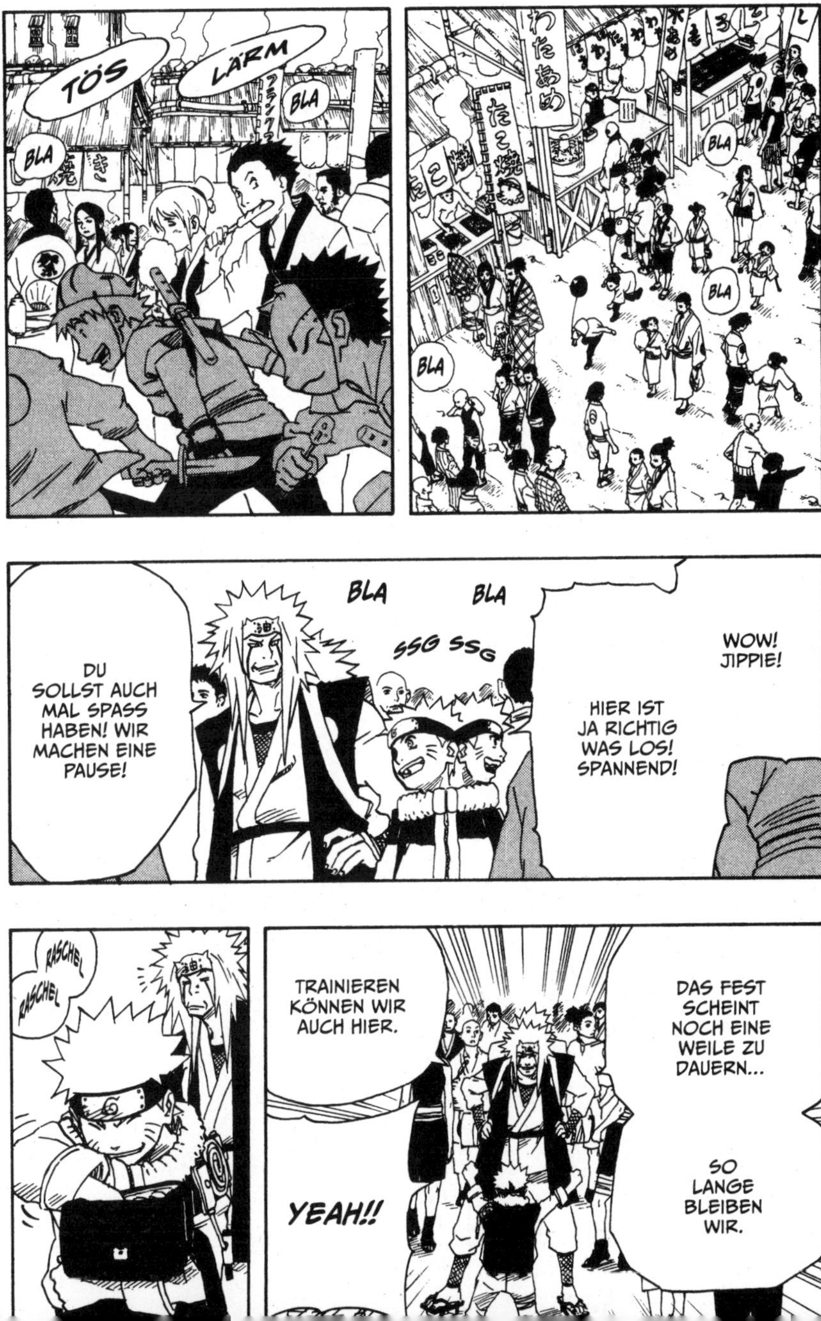

わたあめ
たこ焼
BLA
BLA
BLA
TÖS
LÄRM
BLA
BLA
WOW! JIPPIE!
HIER IST JA RICHTIG WAS LOS! SPANNEND!
BLA
BLA
SSG SSG
DU SOLLST AUCH MAL SPASS HABEN! WIR MACHEN EINE PAUSE!
DAS FEST SCHEINT NOCH EINE WEILE ZU DAUERN...
SO LANGE BLEIBEN WIR.
TRAINIEREN KÖNNEN WIR AUCH HIER.
YEAH!!
RASCHEL
RASCHEL

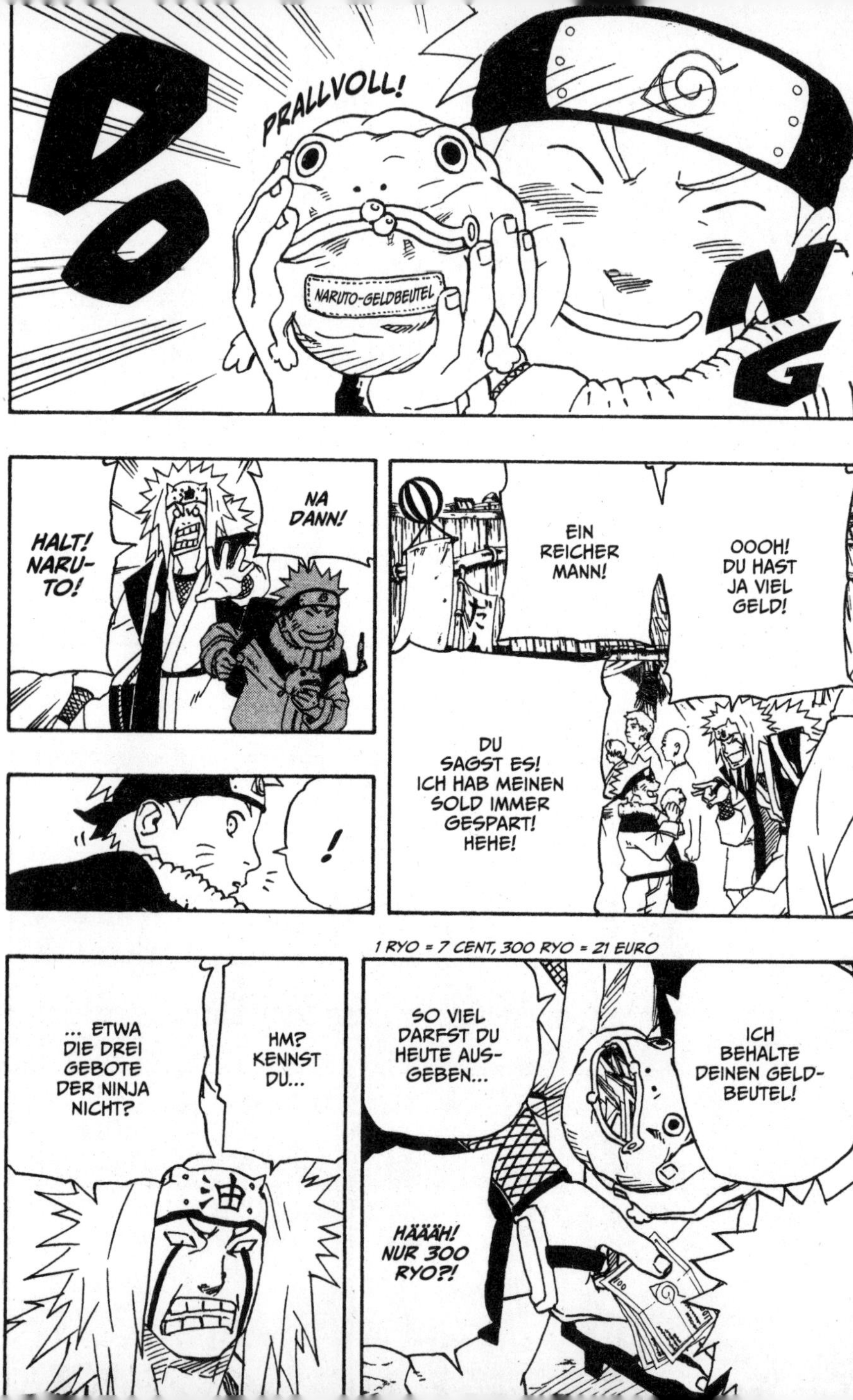

DO
NG
PRALLVOLL!
NARUTO-GELDBEUTEL
OOOH! DU HAST JA VIEL GELD!
EIN REICHER MANN!
DU SAGST ES! ICH HAB MEINEN SOLD IMMER GESPART! HEHE!
NA DANN!
HALT! NARU-TO!
!
1 RYO = 7 CENT, 300 RYO = 21 EURO
ICH BEHALTE DEINEN GELD-BEUTEL!
SO VIEL DARFST DU HEUTE AUS-GEBEN...
HÄÄÄH! NUR 300 RYO?!
HM? KENNST DU...
... ETWA DIE DREI GEBOTE DER NINJA NICHT?

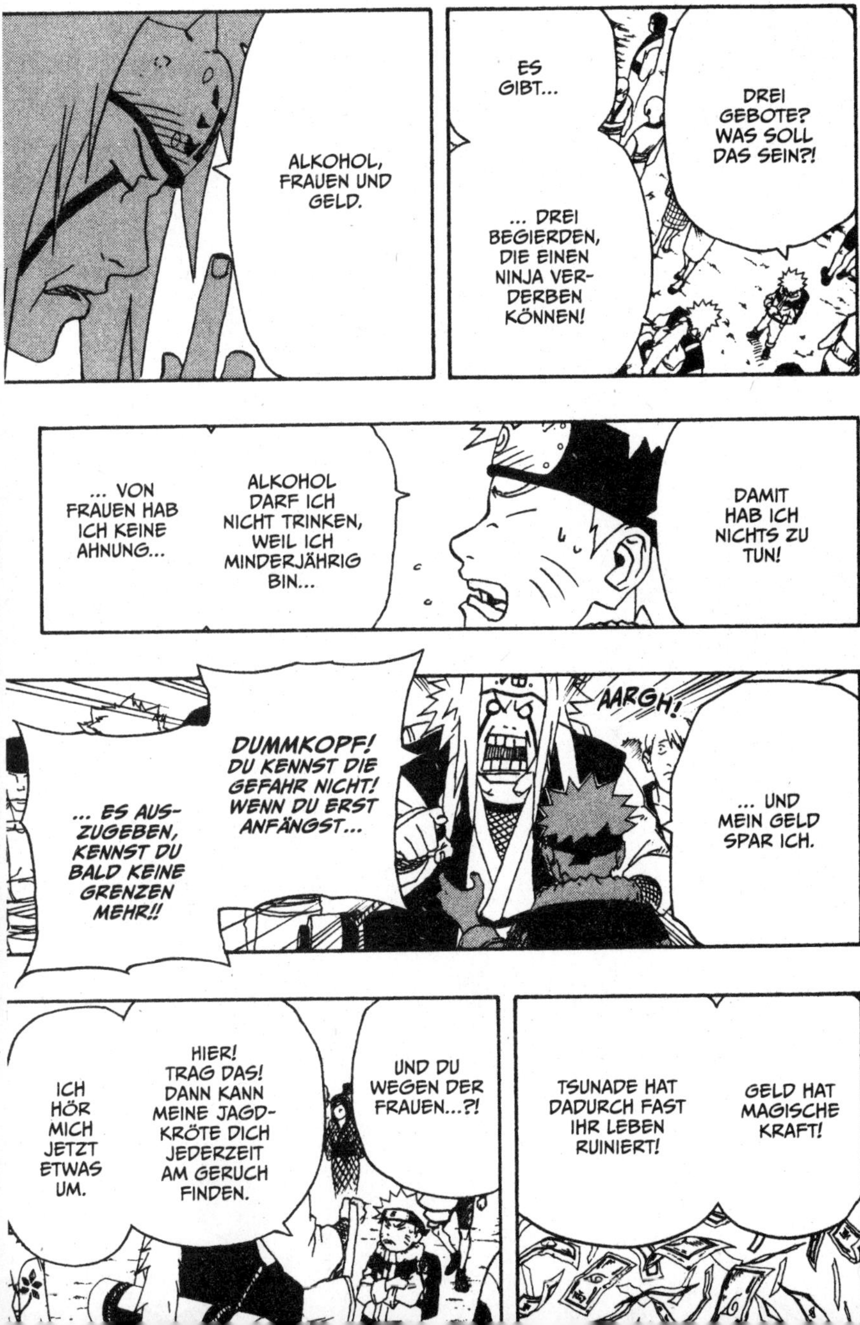
DREI GEBOTE? WAS SOLL DAS SEIN?!
ES GIBT...
... DREI BEGIERDEN, DIE EINEN NINJA VERDERBEN KÖNNEN!
ALKOHOL, FRAUEN UND GELD.
DAMIT HAB ICH NICHTS ZU TUN!
ALKOHOL DARF ICH NICHT TRINKEN, WEIL ICH MINDERJÄHRIG BIN...
... VON FRAUEN HAB ICH KEINE AHNUNG...
... UND MEIN GELD SPAR ICH.
AARGH!
DUMMKOPF! DU KENNST DIE GEFAHR NICHT! WENN DU ERST ANFÄNGST...
... ES AUSZUGEBEN, KENNST DU BALD KEINE GRENZEN MEHR!!
GELD HAT MAGISCHE KRAFT!
TSUNADE HAT DADURCH FAST IHR LEBEN RUINIERT!
UND DU WEGEN DER FRAUEN...?!
HIER! TRAG DAS! DANN KANN MEINE JAGDKRÖTE DICH JEDERZEIT AM GERUCH FINDEN.
ICH HÖR MICH JETZT ETWAS UM.

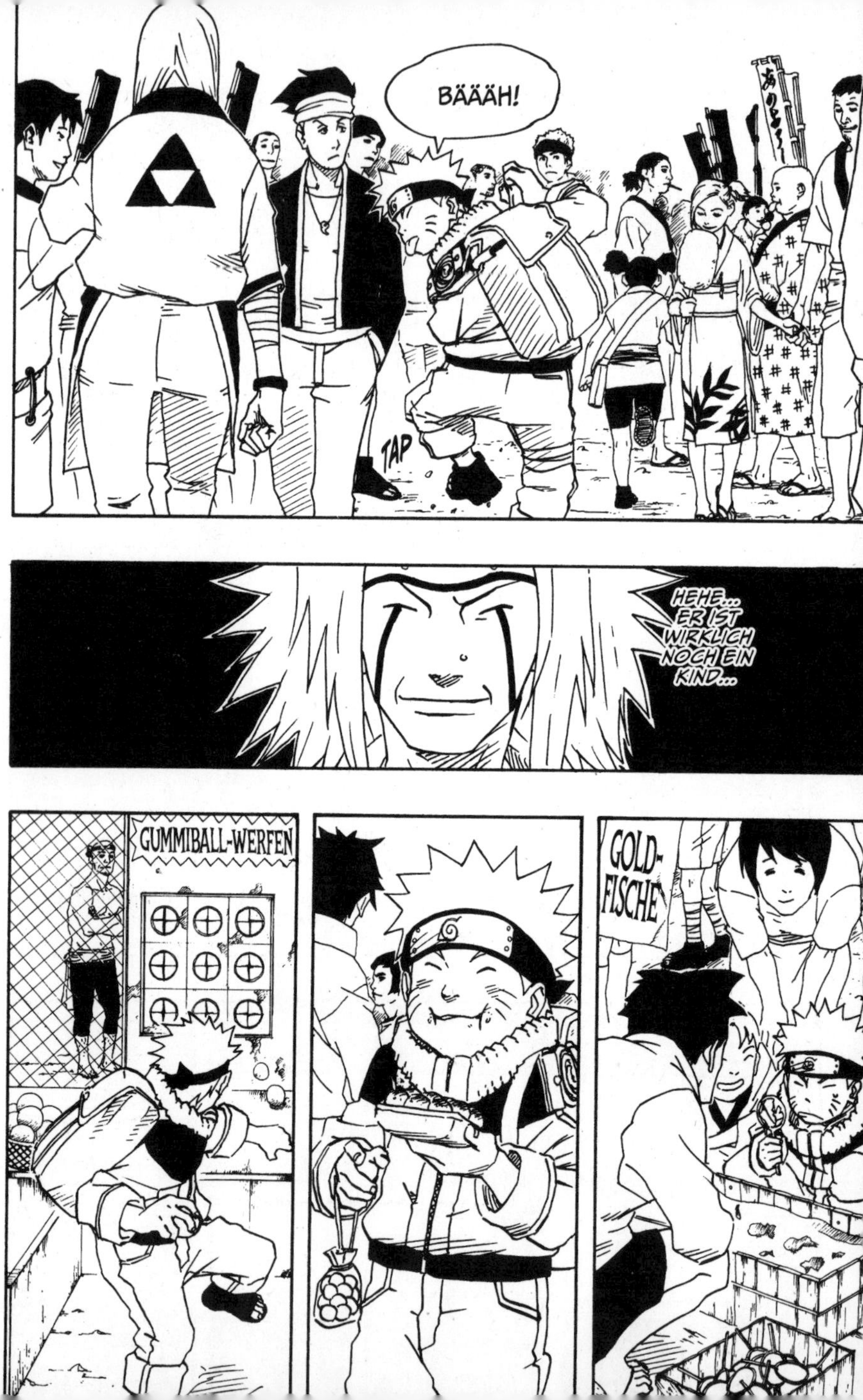
BÄÄÄH!
TAP
HEHE... ER IST WIRKLICH NOCH EIN KIND...
GOLD-FISCHE
GUMMIBALL-WERFEN

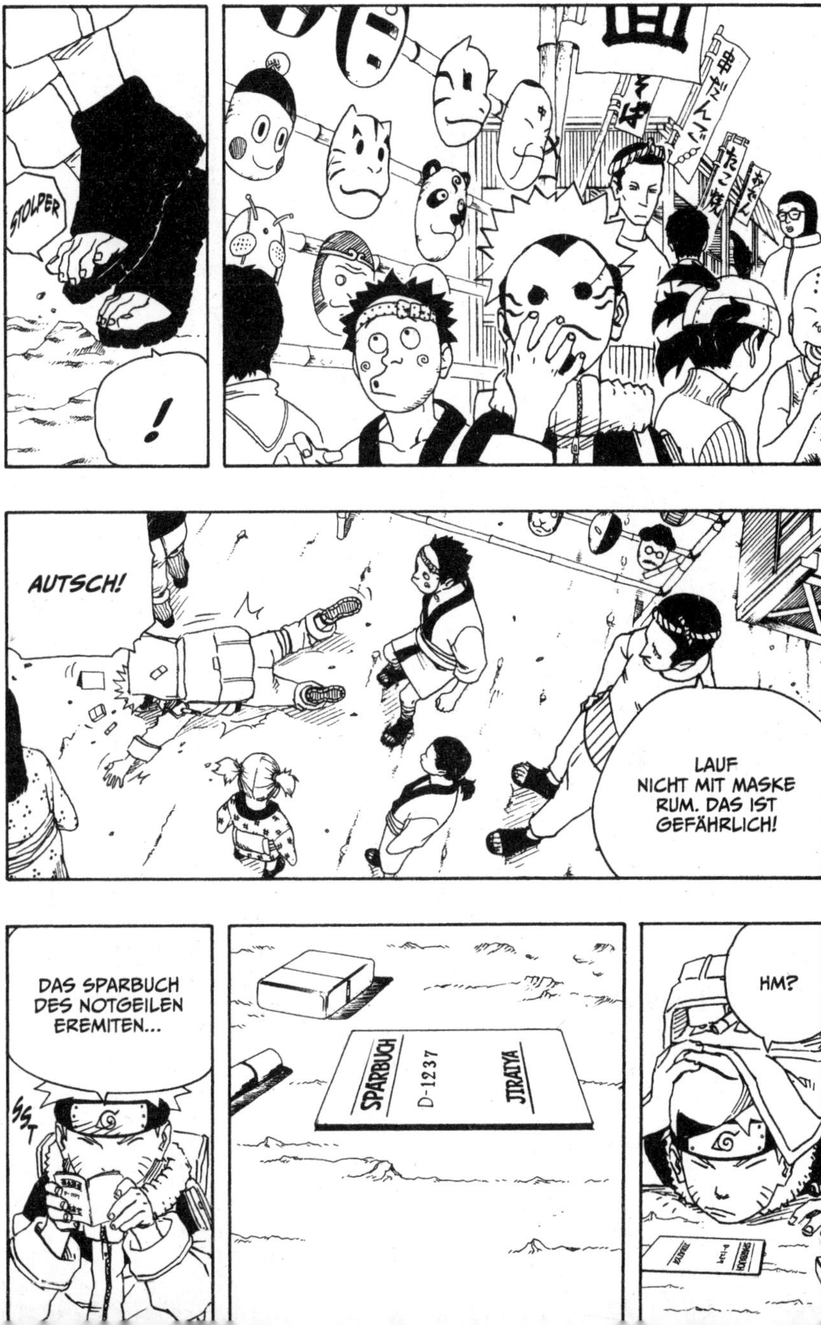
STOLPER
!
AUTSCH!
LAUF NICHT MIT MASKE RUM. DAS IST GEFÄHRLICH!
HM?
SPARBUCH
D-1237
JIRAIYA
DAS SPARBUCH DES NOTGEILEN EREMITEN...
SST

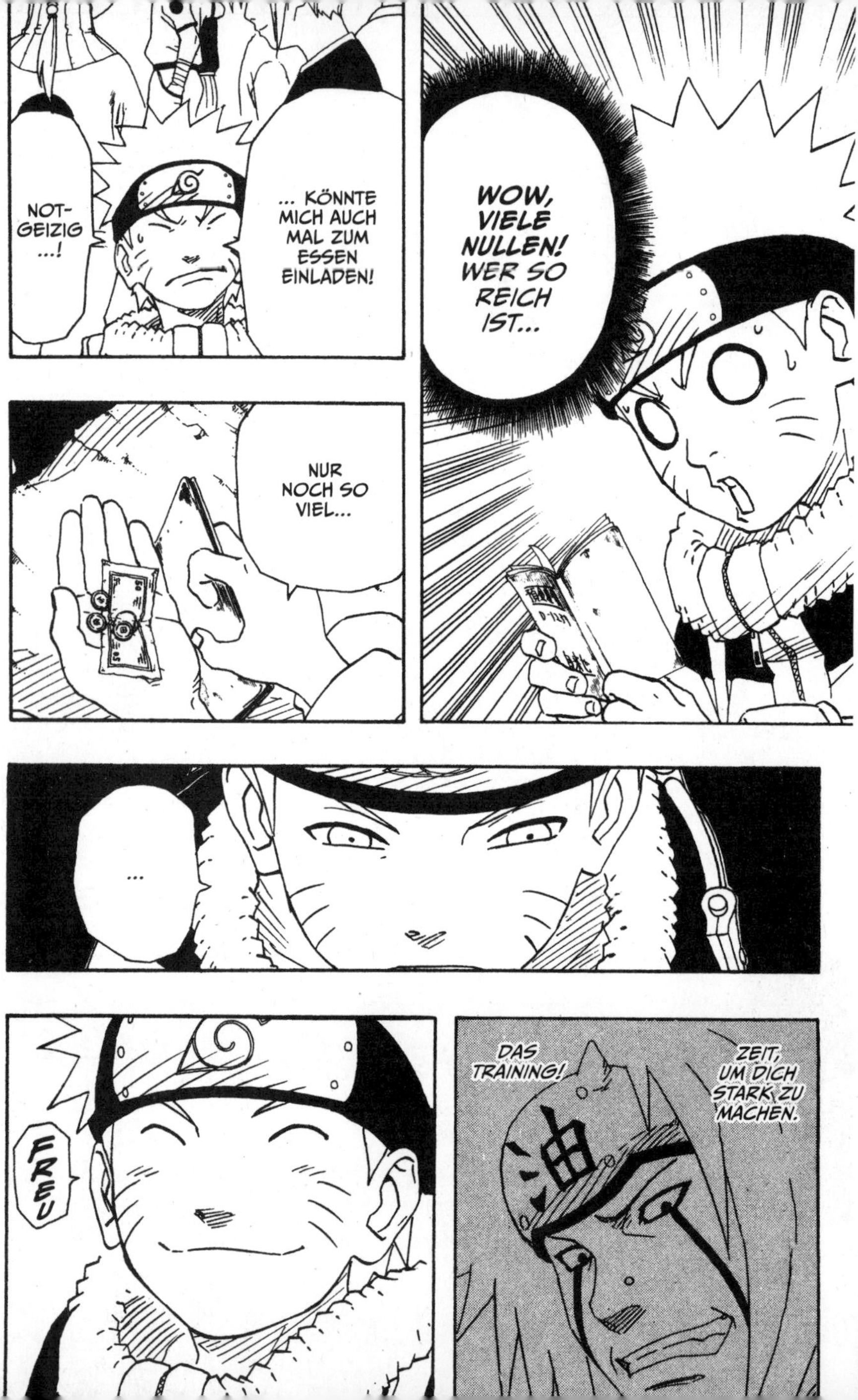
WOW, VIELE NULLEN! WER SO REICH IST...
... KÖNNTE MICH AUCH MAL ZUM ESSEN EINLADEN!
NOT-GEIZIG ...!
NUR NOCH SO VIEL...
...
ZEIT, UM DICH STARK ZU MACHEN.
DAS TRAINING!
FREU

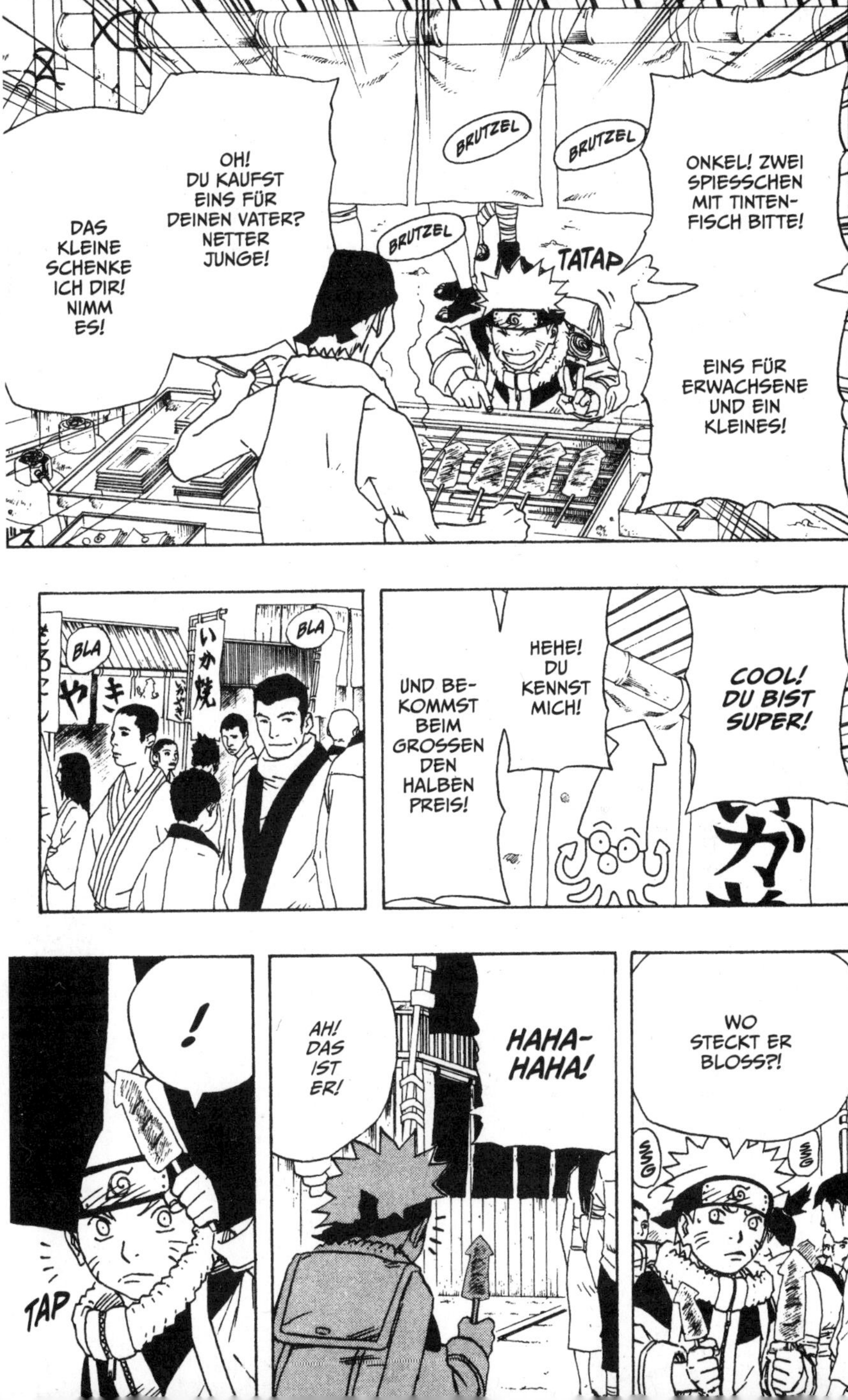

ONKEL! ZWEI SPIESSCHEN MIT TINTEN-FISCH BITTE!
EINS FÜR ERWACHSENE UND EIN KLEINES!
TATAP
BRUTZEL
BRUTZEL
BRUTZEL
OH! DU KAUFST EINS FÜR DEINEN VATER? NETTER JUNGE!
DAS KLEINE SCHENKE ICH DIR! NIMM ES!
COOL! DU BIST SUPER!
HEHE! DU KENNST MICH!
UND BE-KOMMST BEIM GROSSEN DEN HALBEN PREIS!
BLA
BLA
いか焼
WO STECKT ER BLOSS?!
HAHA-HAHA!
AH! DAS IST ER!
!
TAP

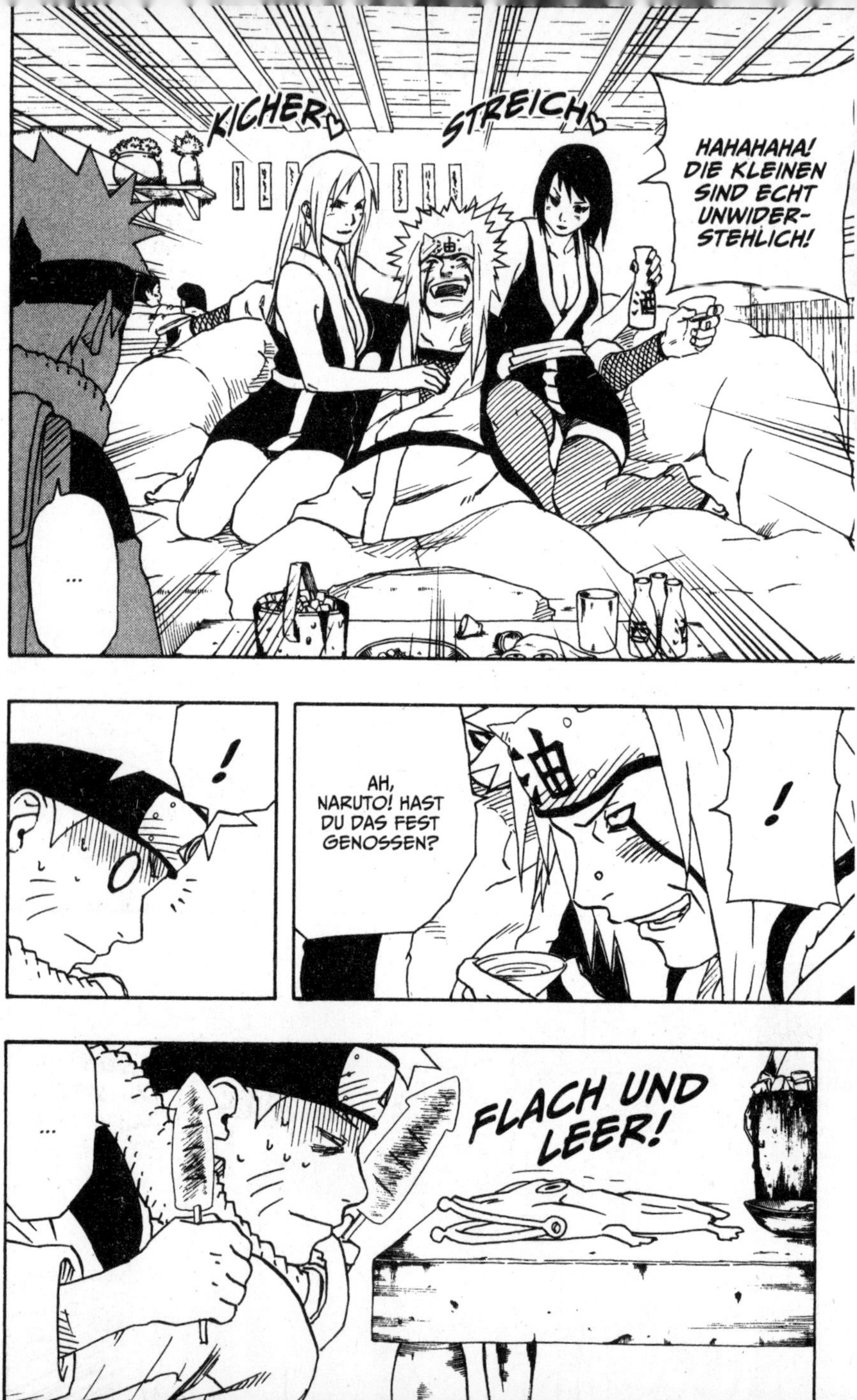

HAHAHAHA! DIE KLEINEN SIND ECHT UNWIDER-STEHLICH!
STREICH
KICHER
...
!
AH, NARUTO! HAST DU DAS FEST GENOSSEN?
!
FLACH UND LEER!
...

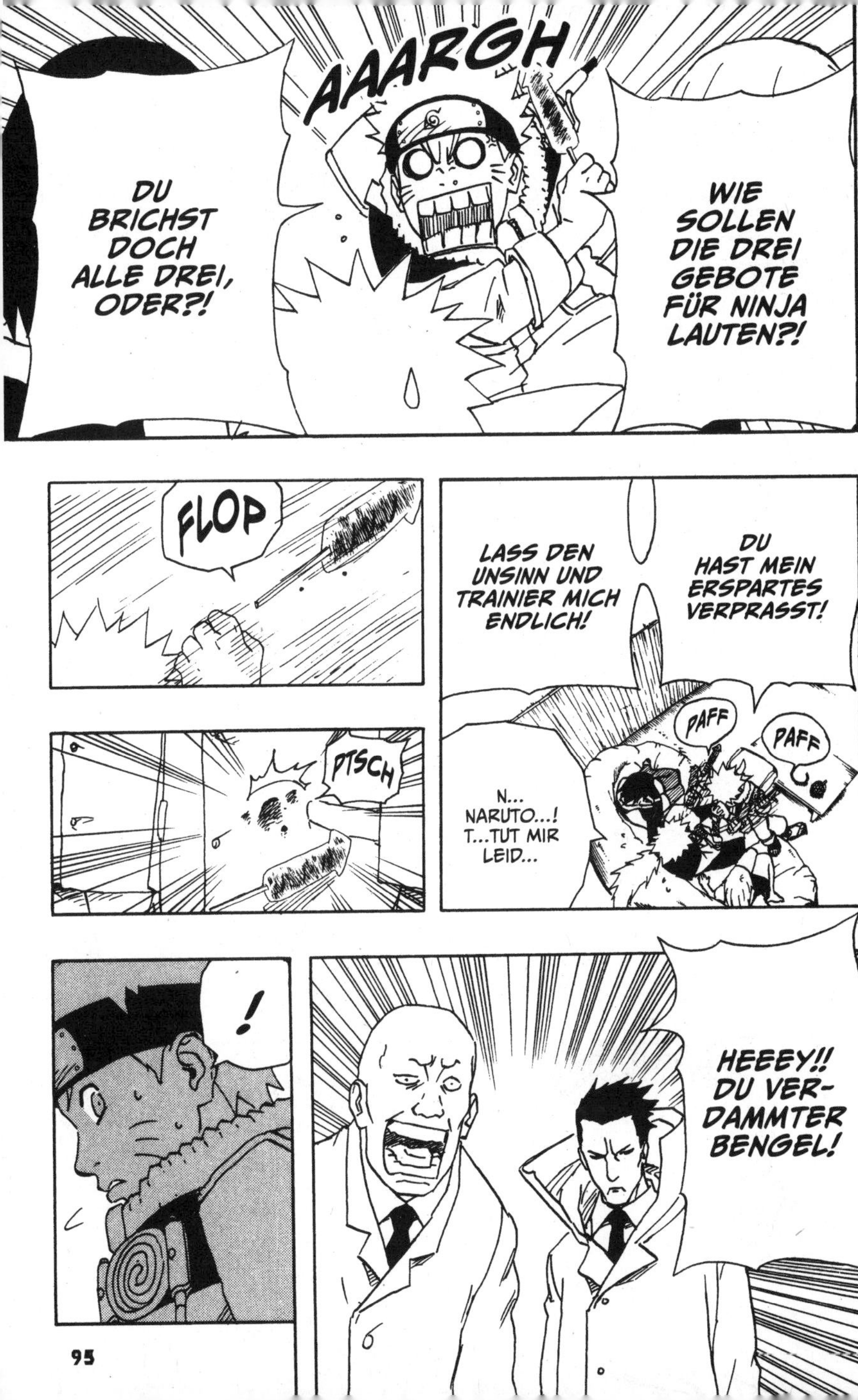
WIE SOLLEN DIE DREI GEBOTE FÜR NINJA LAUTEN?!
AAARGH
DU BRICHST DOCH ALLE DREI, ODER?!
DU HAST MEIN ERSPARTES VERPRASST!
LASS DEN UNSINN UND TRAINIER MICH ENDLICH!
PAFF
PAFF
N... NARUTO...! T...TUT MIR LEID...
FLOP
PTSCH
HEEEY!! DU VER-DAMMTER BENGEL!
!

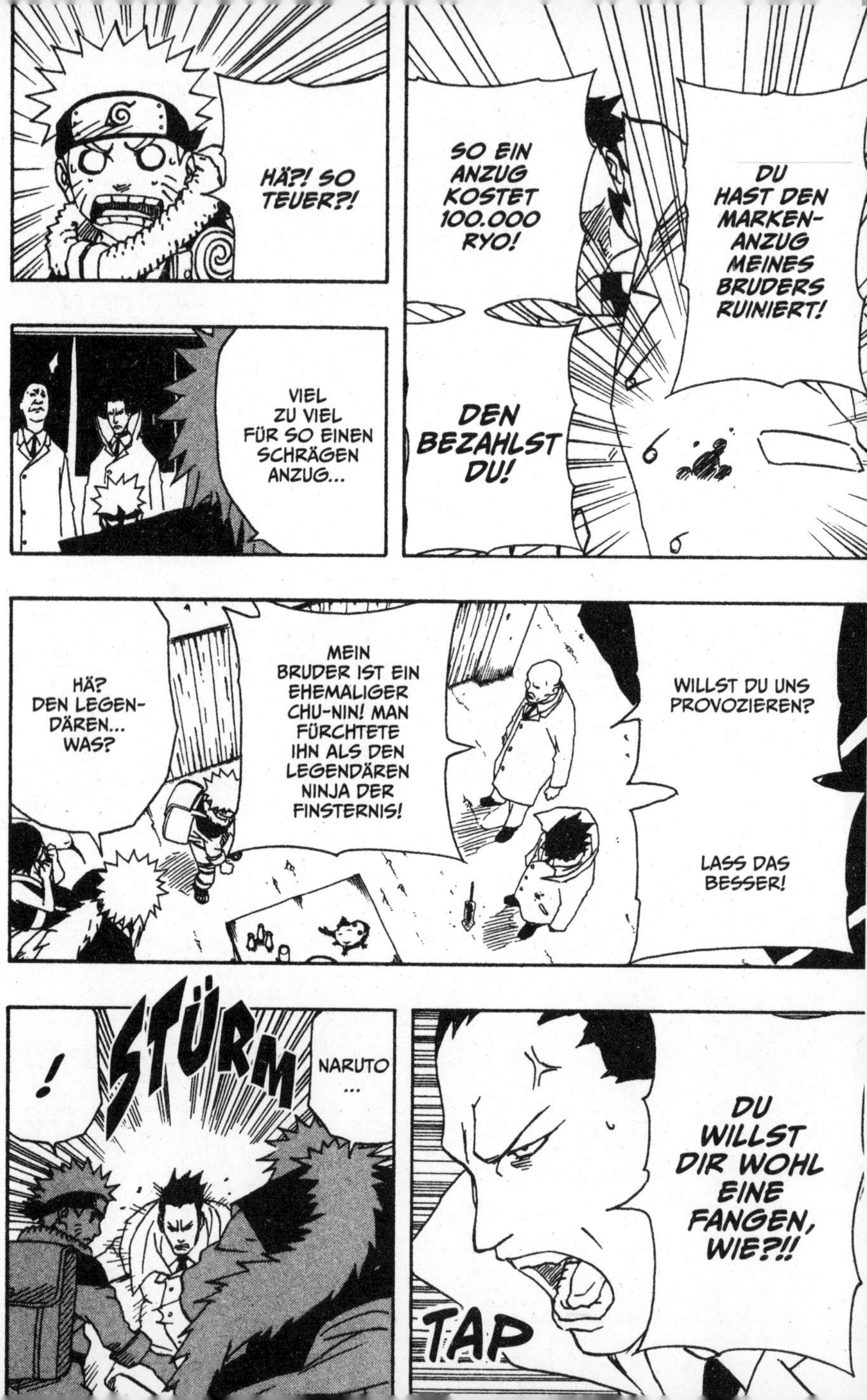
DU HAST DEN MARKEN-ANZUG MEINES BRUDERS RUINIERT!
SO EIN ANZUG KOSTET 100.000 RYO!
DEN BEZAHLST DU!
HÄ?! SO TEUER?!
VIEL ZU VIEL FÜR SO EINEN SCHRÄGEN ANZUG...
WILLST DU UNS PROVOZIEREN?
LASS DAS BESSER!
MEIN BRUDER IST EIN EHEMALIGER CHU-NIN! MAN FÜRCHTETE IHN ALS DEN LEGENDÄREN NINJA DER FINSTERNIS!
HÄ? DEN LEGEN-DÄREN... WAS?
DU WILLST DIR WOHL EINE FANGEN, WIE?!!
TAP
NARUTO ...
STÜRM
!

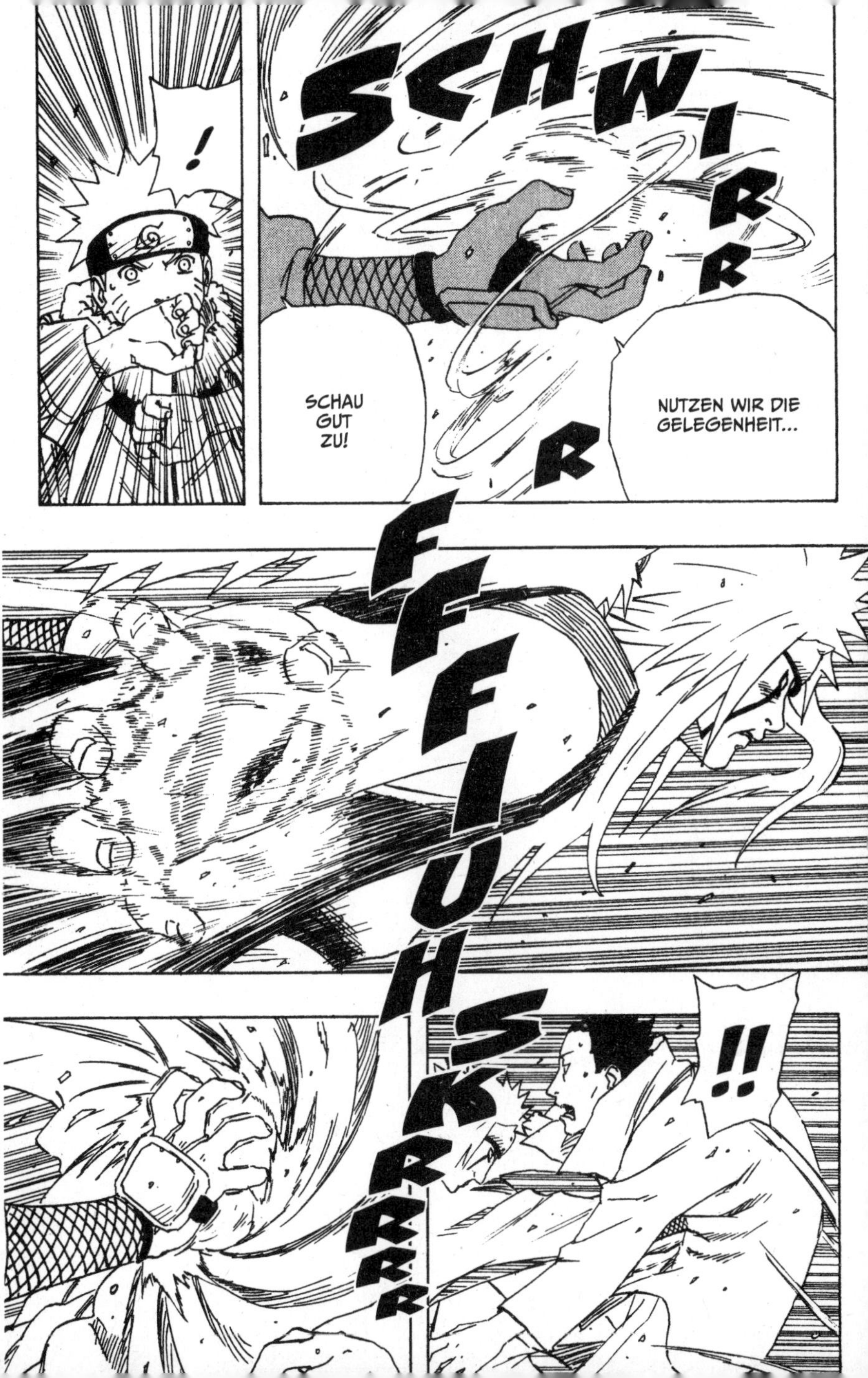

SCHWIRRR
NUTZEN WIR DIE GELEGENHEIT...
SCHAU GUT ZU!
!
FFFIUHSKRRRR
!!

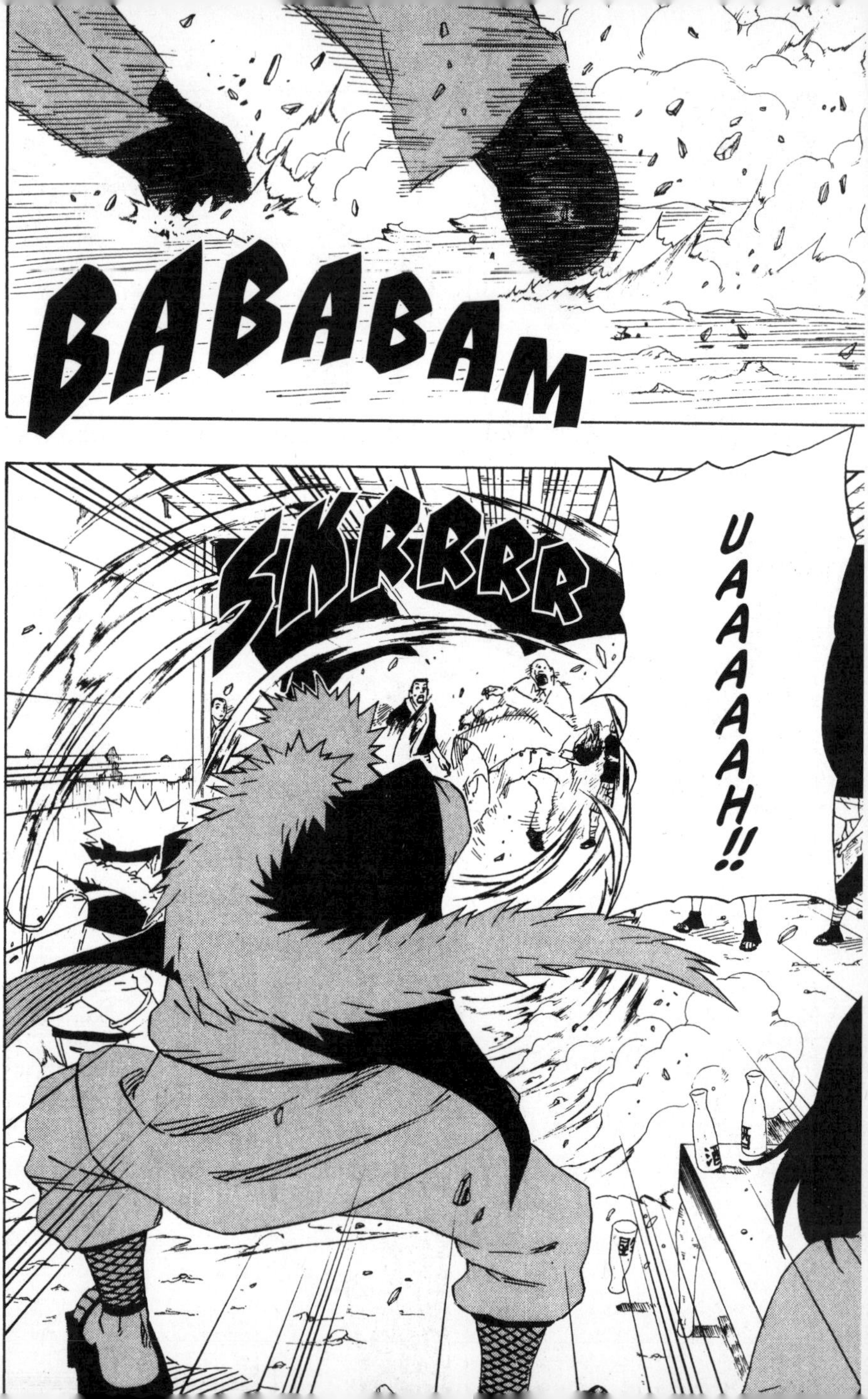
BABABAM
SKRRRR
UAAAAAAH!!

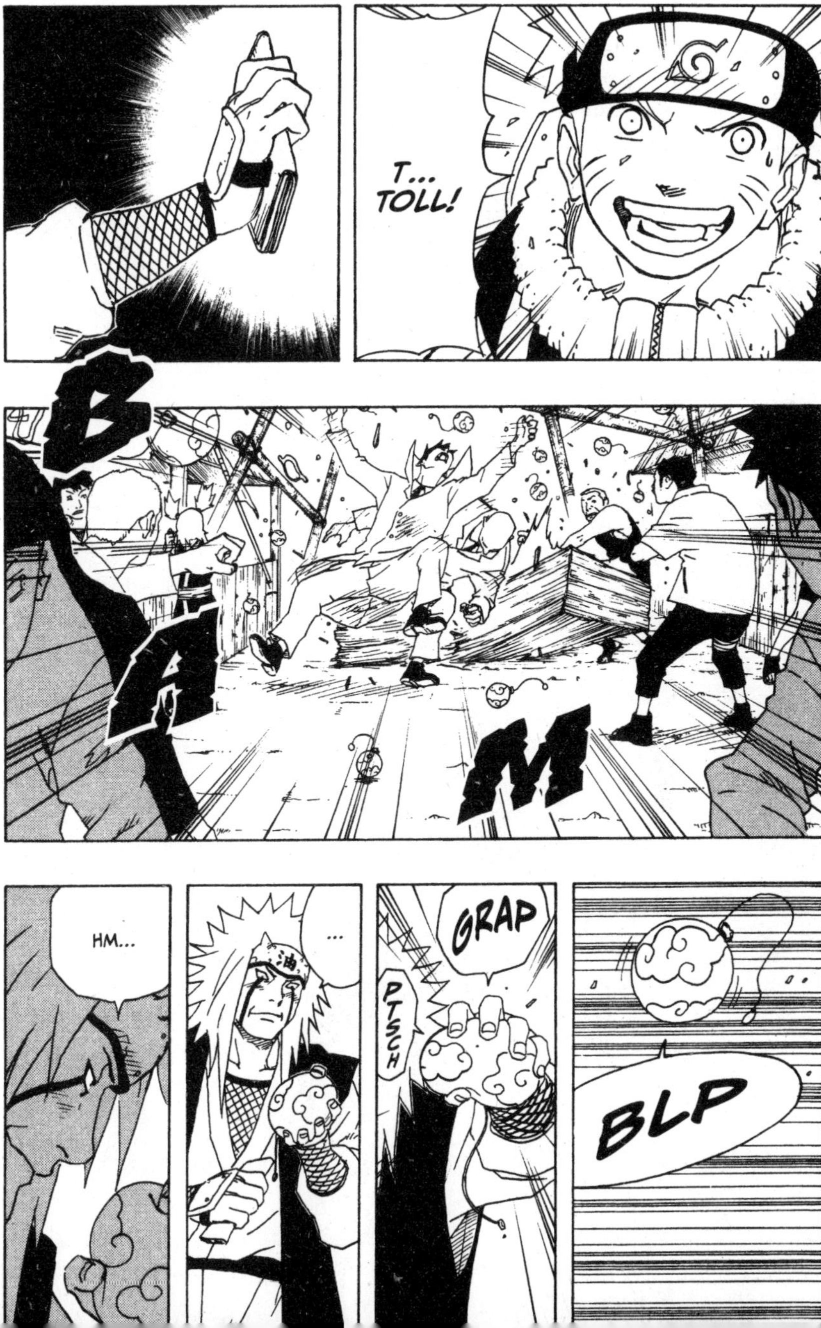
T... TOLL!
B
A
M
HM...
...
GRAP
PTSCH
BLP

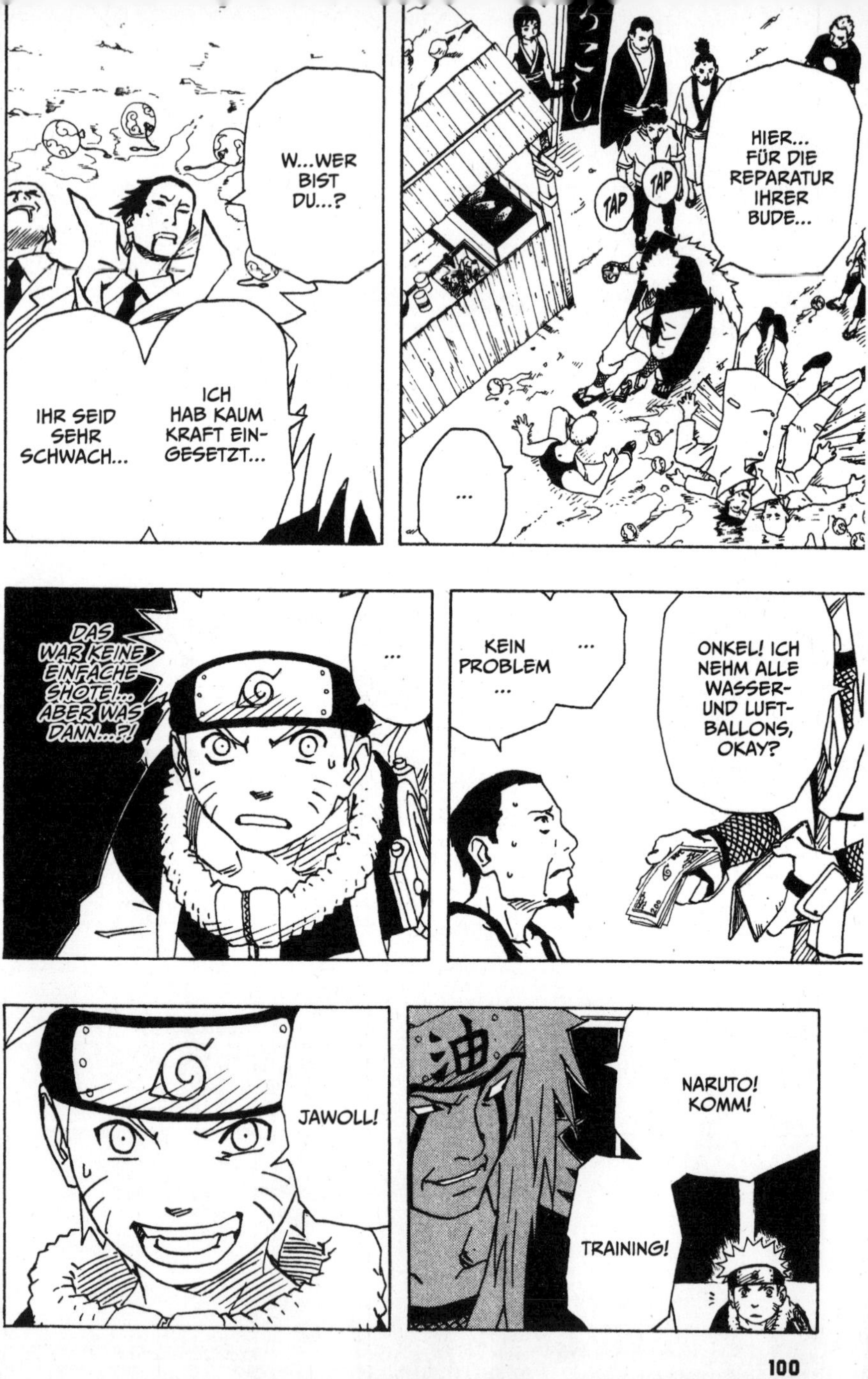
HIER... FÜR DIE REPARATUR IHRER BUDE...
TAP
TAP
...
W...WER BIST DU...?
ICH HAB KAUM KRAFT EIN-GESETZT...
IHR SEID SEHR SCHWACH...
ONKEL! ICH NEHM ALLE WASSER- UND LUFT-BALLONS, OKAY?
...
KEIN PROBLEM ...
...
DAS WAR KEINE EINFACHE SHOTEI... ABER WAS DANN...?!
NARUTO! KOMM!
TRAINING!
JAWOLL!

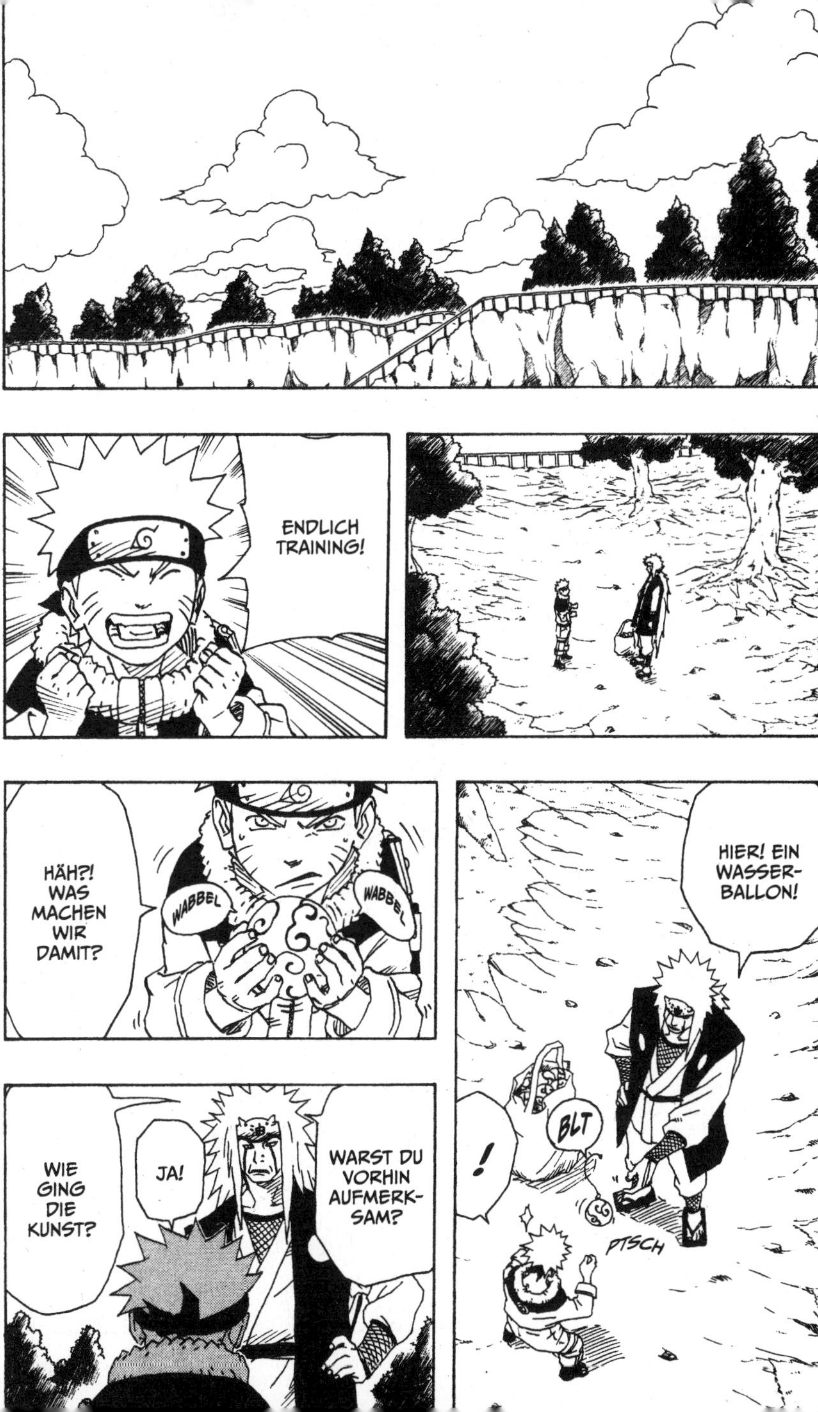

ENDLICH TRAINING!
HIER! EIN WASSER-BALLON!
BLT
!
PTSCH
WABBEL
WABBEL
HÄH?! WAS MACHEN WIR DAMIT?
WARST DU VORHIN AUFMERK-SAM?
JA!
WIE GING DIE KUNST?

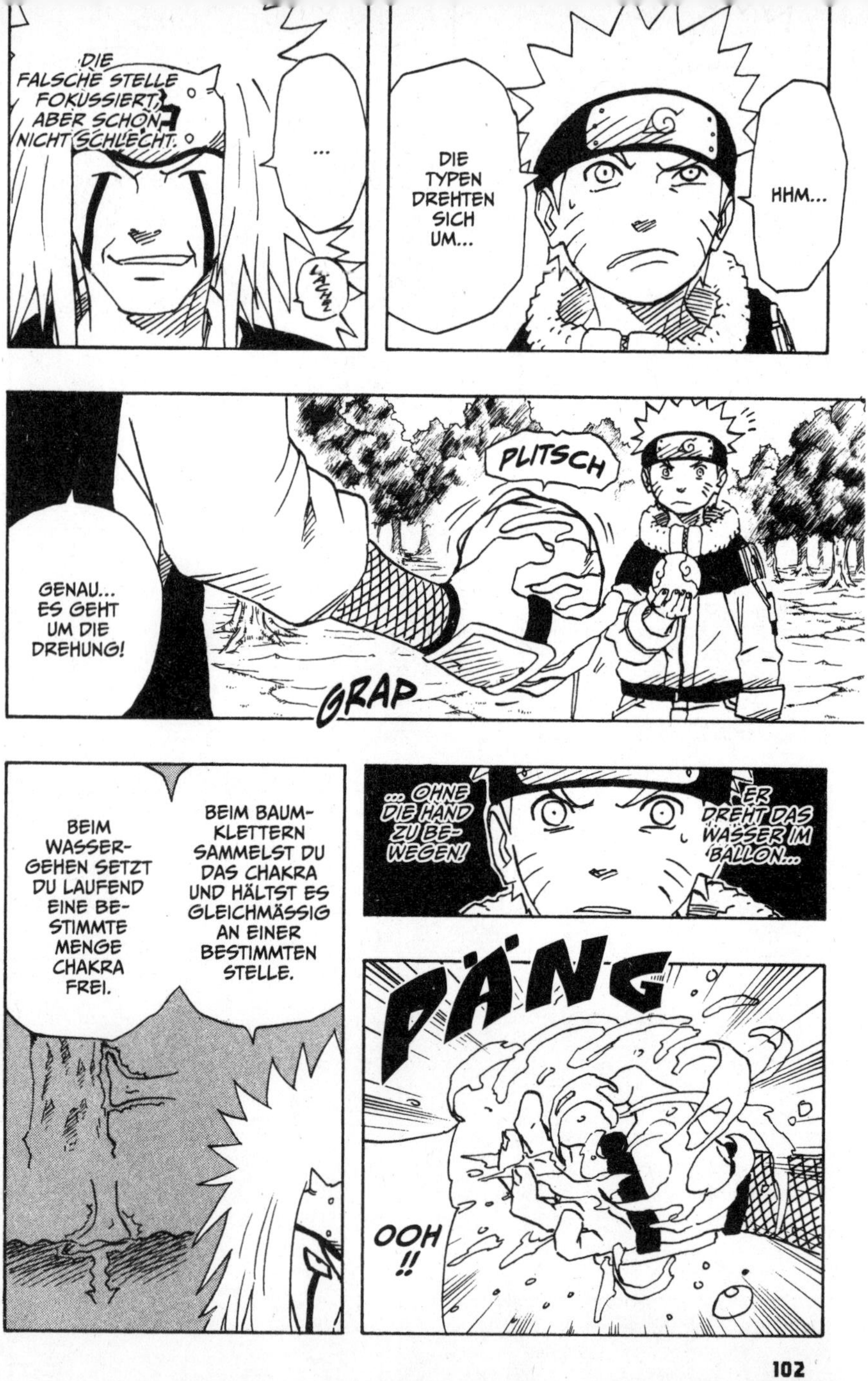
HHM...
DIE TYPEN DREHTEN SICH UM...
...
DIE FALSCHE STELLE FOKUSSIERT, ABER SCHON NICHT SCHLECHT.
LÄCHEL
PLITSCH
GENAU... ES GEHT UM DIE DREHUNG!
GRAP
ER DREHT DAS WASSER IM BALLON...
... OHNE DIE HAND ZU BE-WEGEN!
DÄNG
OOH!!
BEIM BAUM-KLETTERN SAMMELST DU DAS CHAKRA UND HÄLTST ES GLEICHMÄSSIG AN EINER BESTIMMTEN STELLE.
BEIM WASSER-GEHEN SETZT DU LAUFEND EINE BE-STIMMTE MENGE CHAKRA FREI.

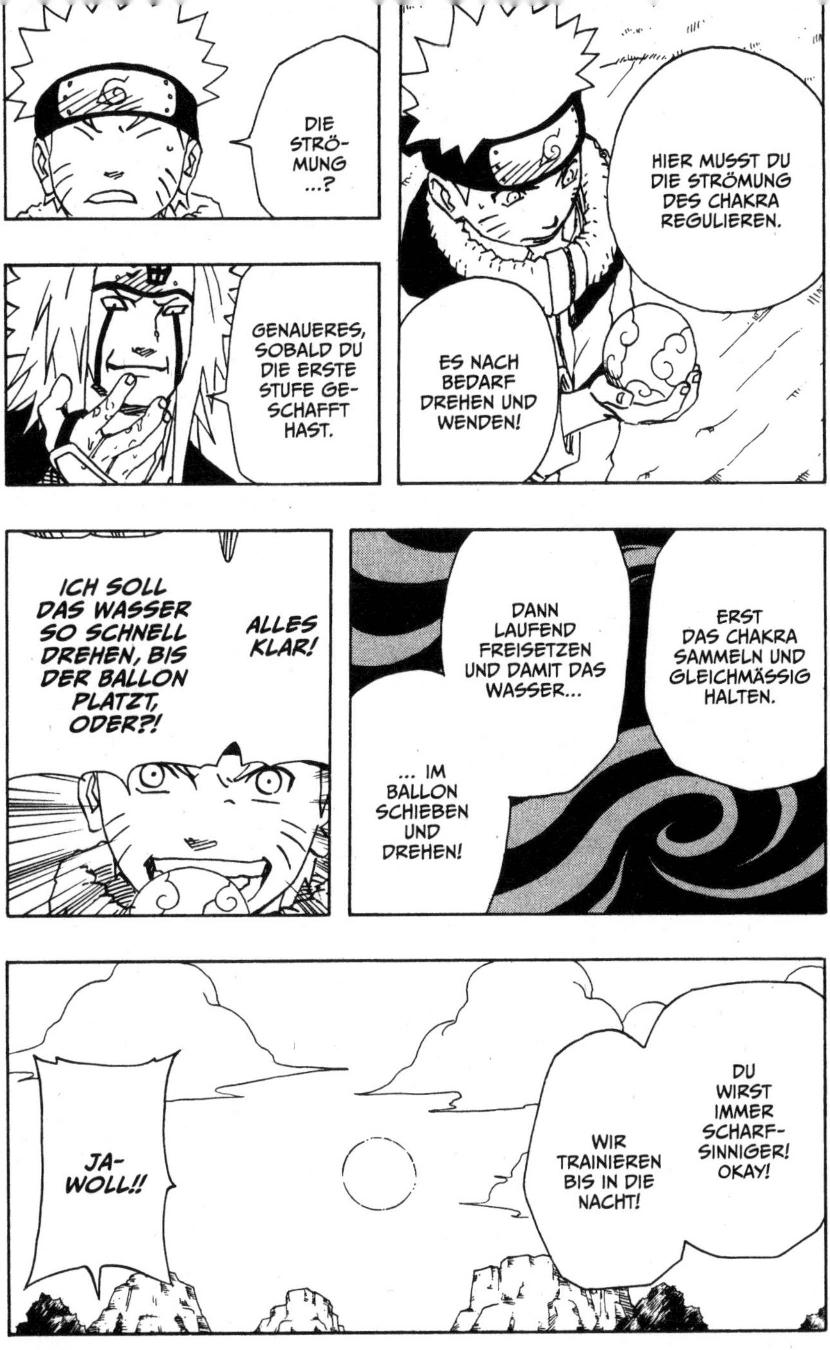
HIER MUSST DU DIE STRÖMUNG DES CHAKRA REGULIEREN.
ES NACH BEDARF DREHEN UND WENDEN!
DIE STRÖMUNG ...?
GENAUERES, SOBALD DU DIE ERSTE STUFE GESCHAFFT HAST.
ERST DAS CHAKRA SAMMELN UND GLEICHMÄSSIG HALTEN.
DANN LAUFEND FREISETZEN UND DAMIT DAS WASSER...
... IM BALLON SCHIEBEN UND DREHEN!
ALLES KLAR!
ICH SOLL DAS WASSER SO SCHNELL DREHEN, BIS DER BALLON PLATZT, ODER?!
DU WIRST IMMER SCHARFSINNIGER! OKAY!
WIR TRAINIEREN BIS IN DIE NACHT!
JAWOLL!!

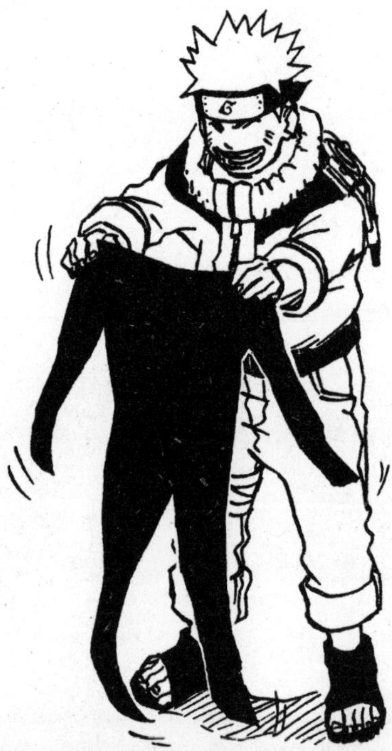

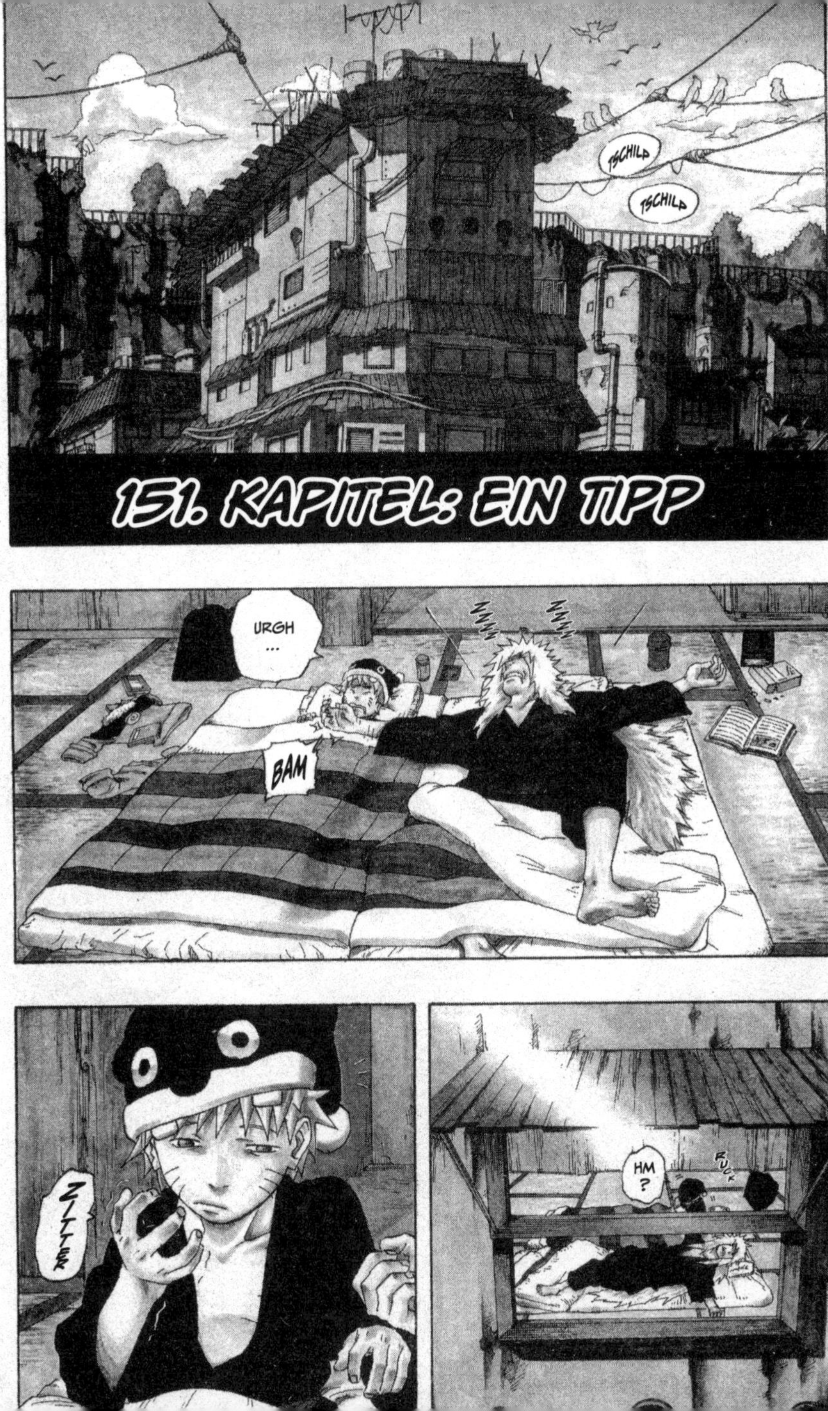
TSCHILP
TSCHILP
151. KAPITEL: EIN TIPP
ZZZ
ZZZ
URGH
...
BAM
RUCK
HM
?
ZITTER

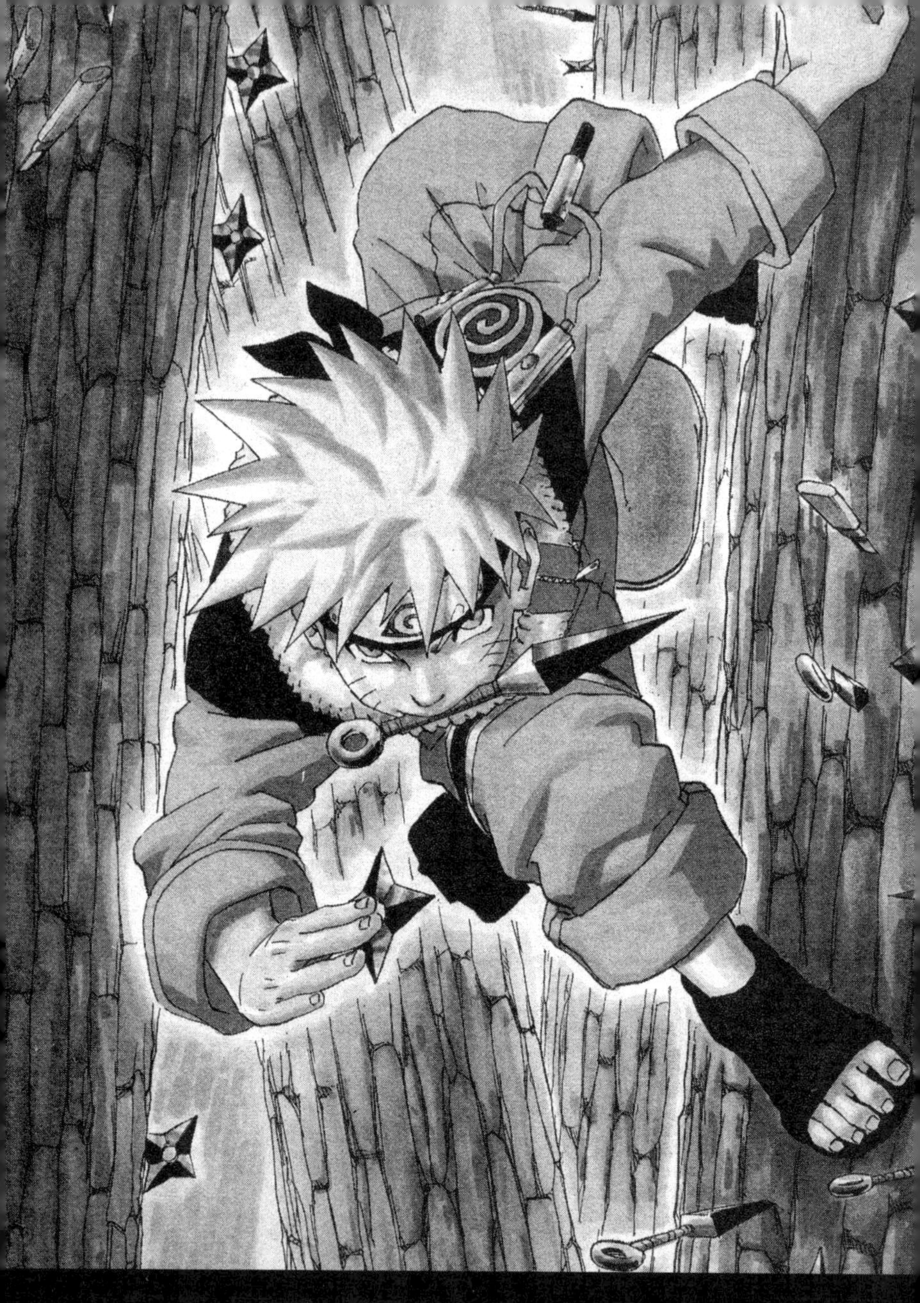

151. KAPITEL: EIN TIPP

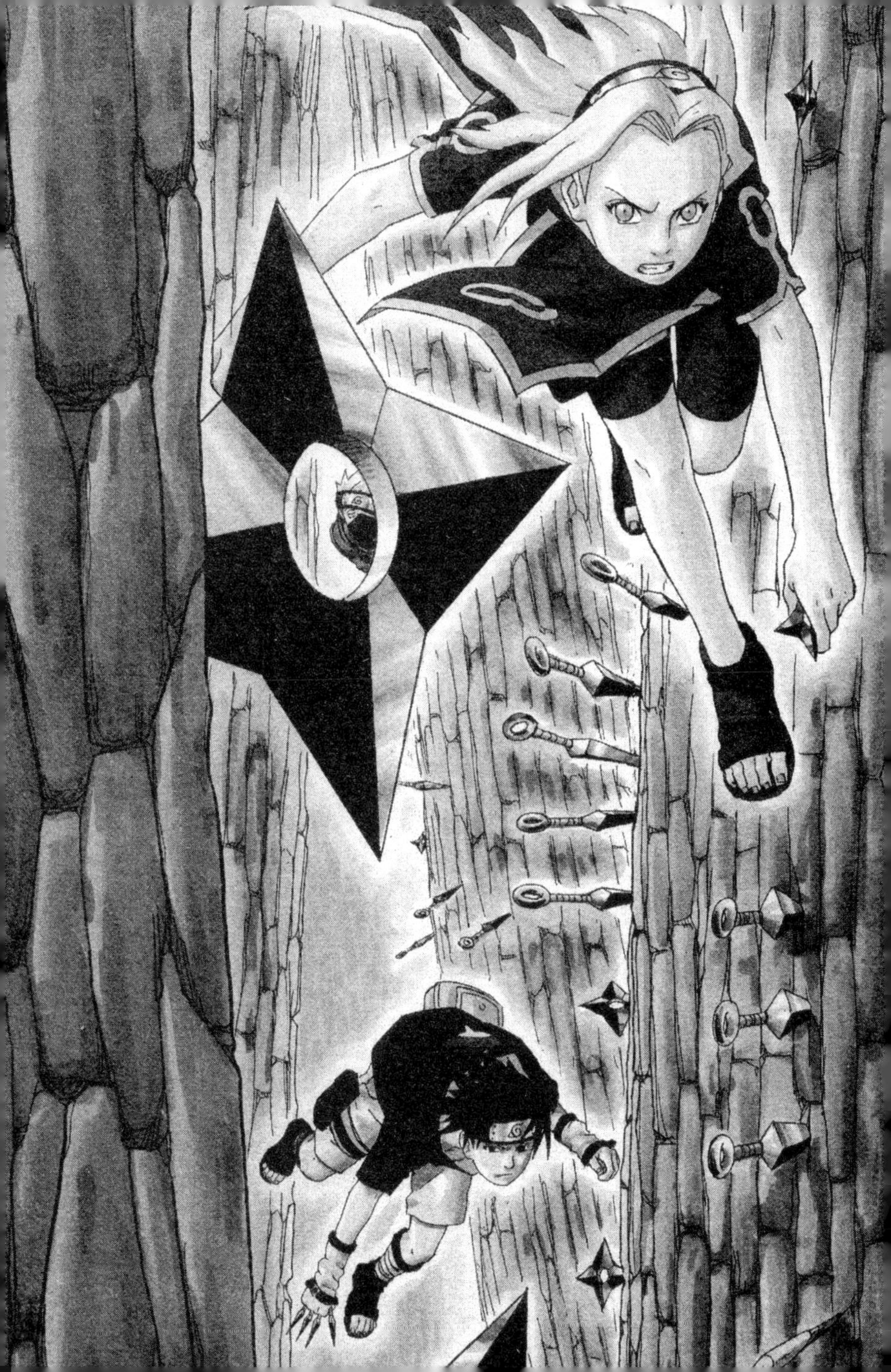

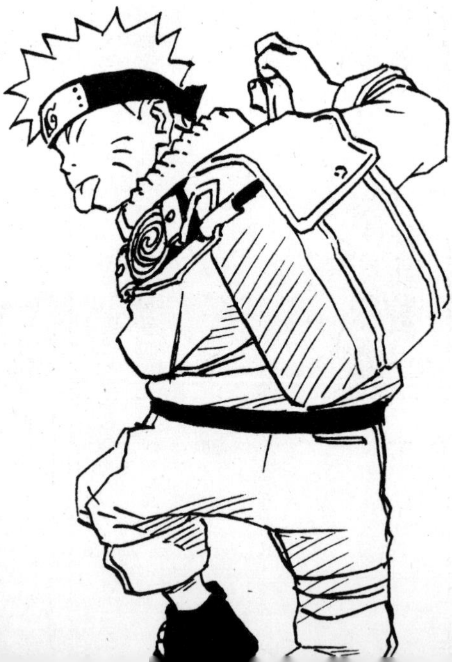

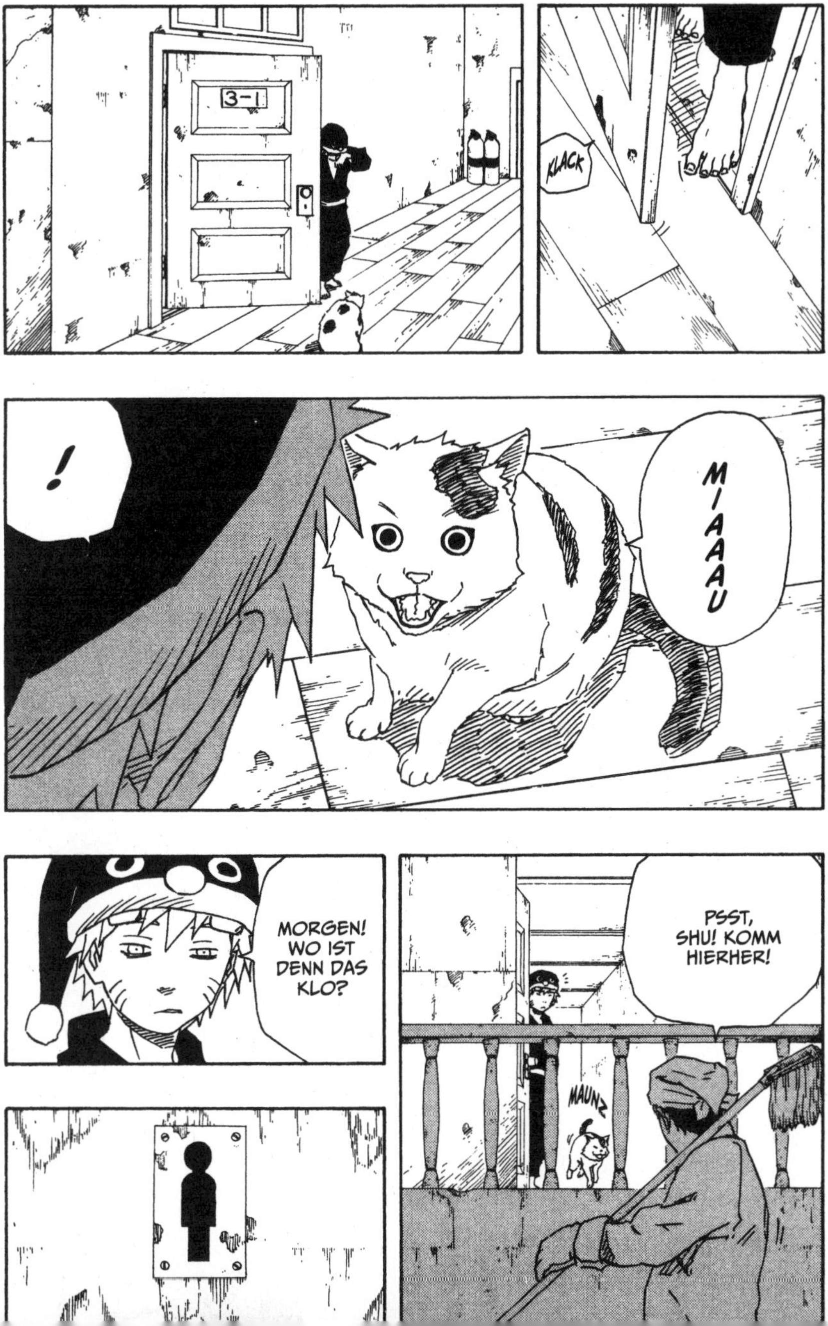
KLACK
MIAAAAU
!
PSST, SHU! KOMM HIERHER!
MAUNZ
MORGEN! WO IST DENN DAS KLO?

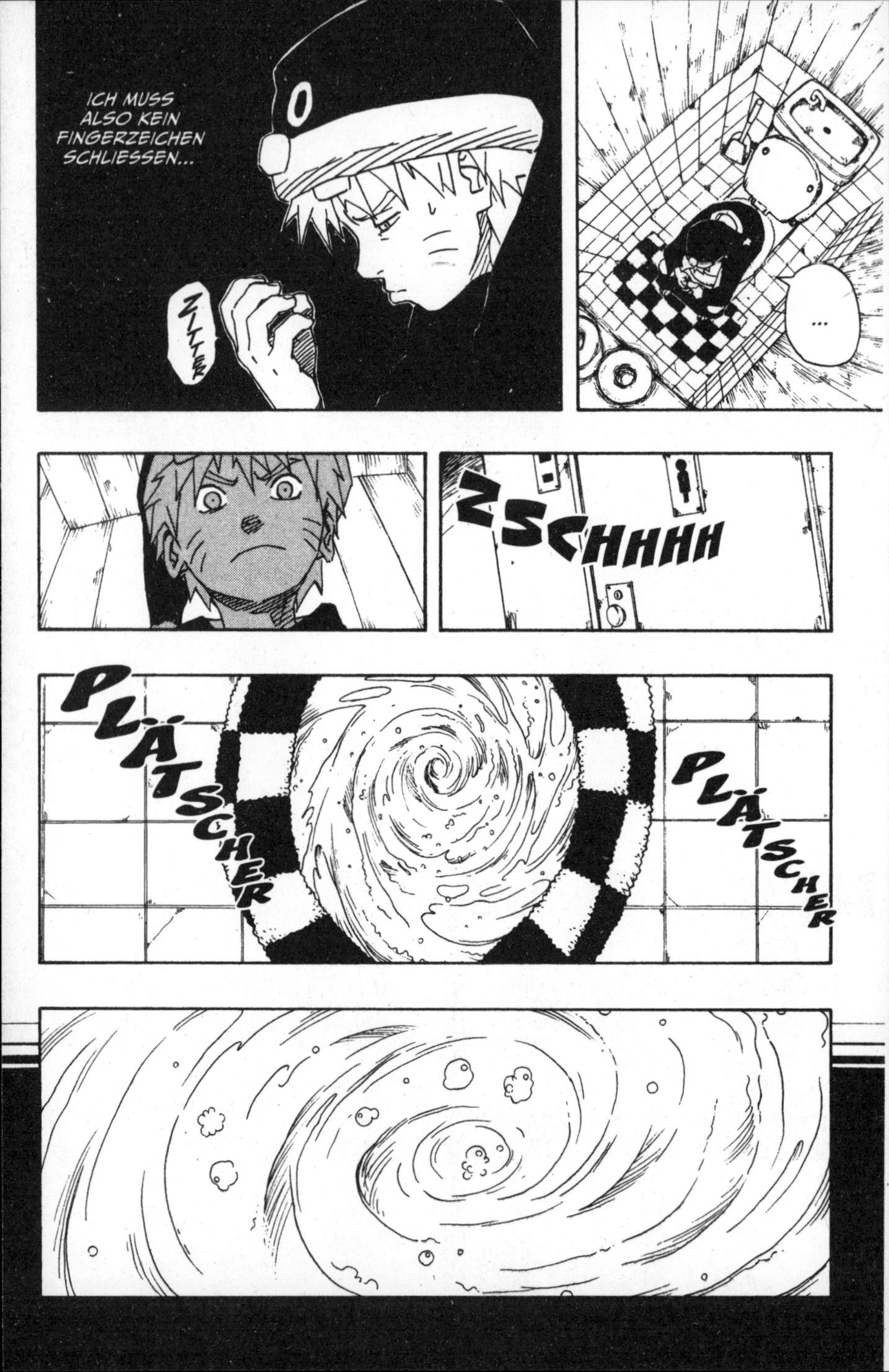
...
ICH MUSS ALSO KEIN FINGERZEICHEN SCHLIESSEN...
ZITTER
ZSCHHHH
PLÄTSCHER
PLÄTSCHER

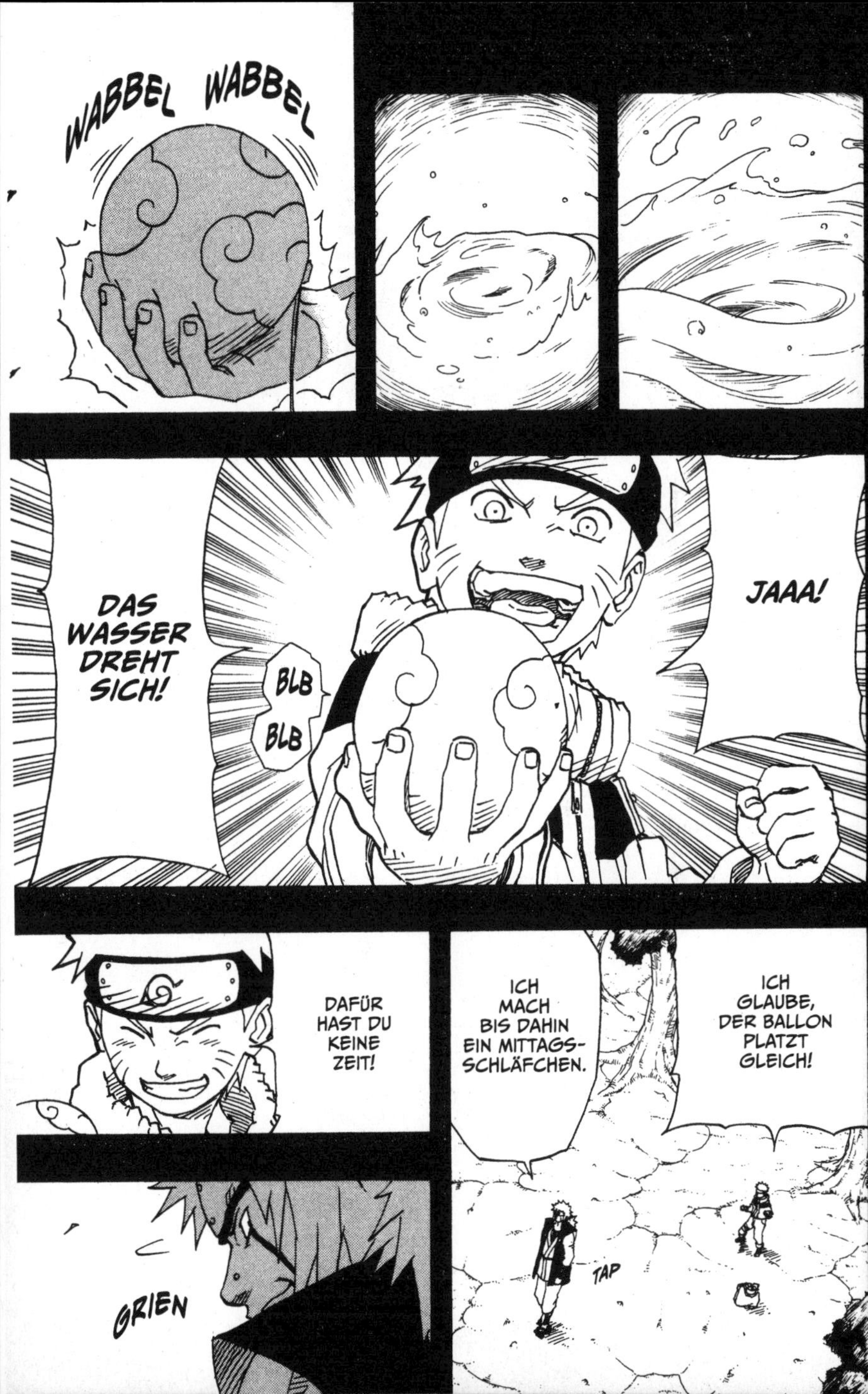
WABBEL WABBEL
JAAA!
DAS WASSER DREHT SICH!
BLB
BLB
ICH GLAUBE, DER BALLON PLATZT GLEICH!
ICH MACH BIS DAHIN EIN MITTAGS-SCHLÄFCHEN.
TAP
DAFÜR HAST DU KEINE ZEIT!
GRIEN

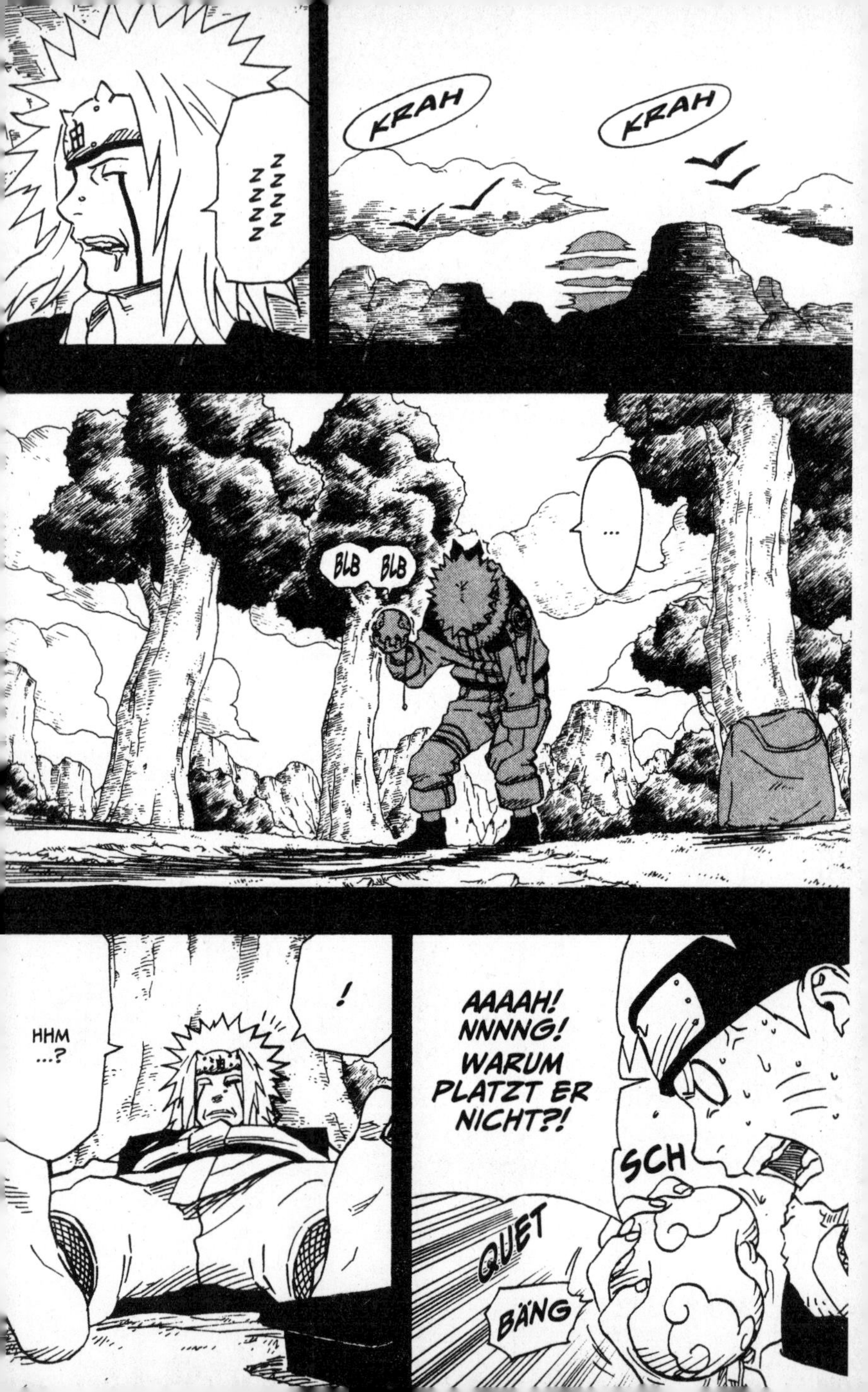
KRAH
KRAH
ZZZZ ZZZZ ZZZZ
...
BLB BLB
AAAAH! NNNNG! WARUM PLATZT ER NICHT?!
SCH
QUET
BÄNG
!
HHM ...?

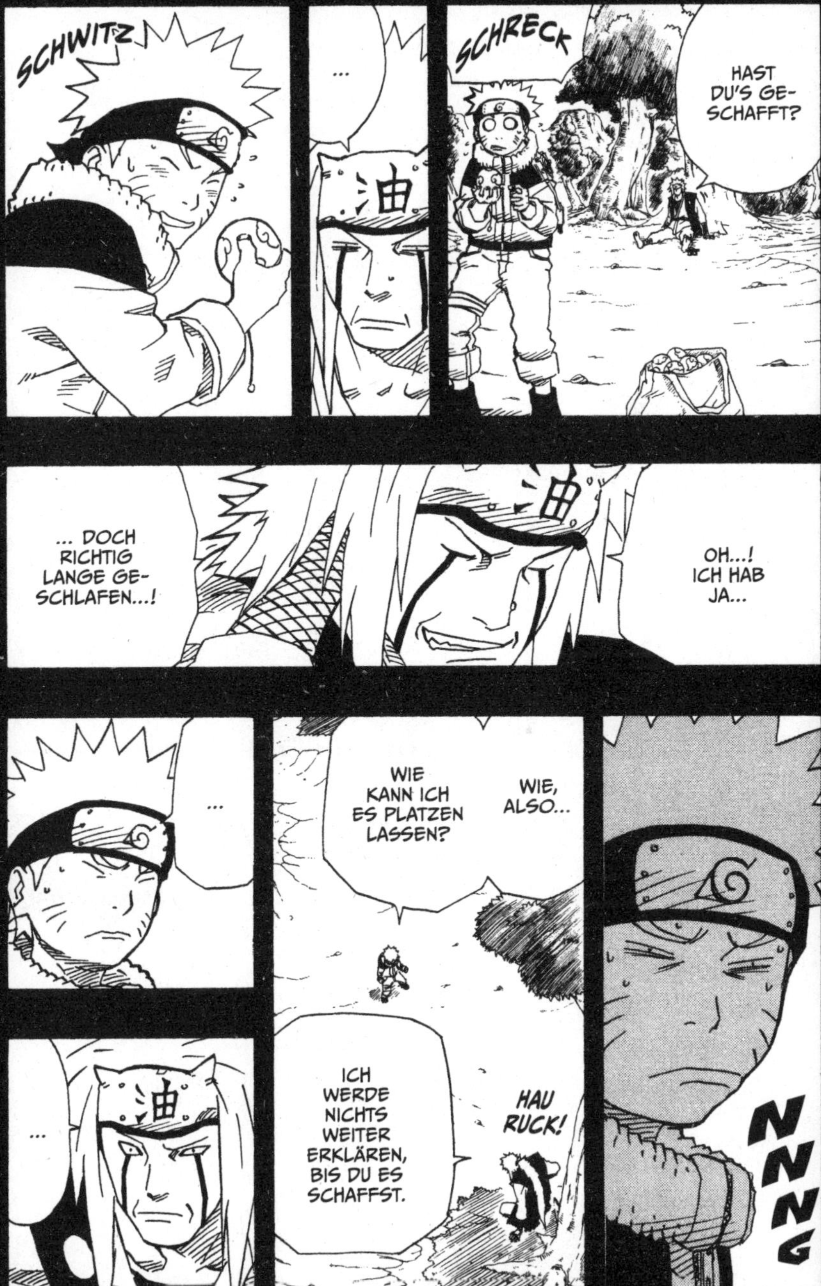
HAST DU'S GE-SCHAFFT?
SCHRECK
...
SCHWITZ
OH...! ICH HAB JA...
... DOCH RICHTIG LANGE GE-SCHLAFEN...!
NNNG
WIE, ALSO...
WIE KANN ICH ES PLATZEN LASSEN?
...
HAU RUCK!
ICH WERDE NICHTS WEITER ERKLÄREN, BIS DU ES SCHAFFST.
...

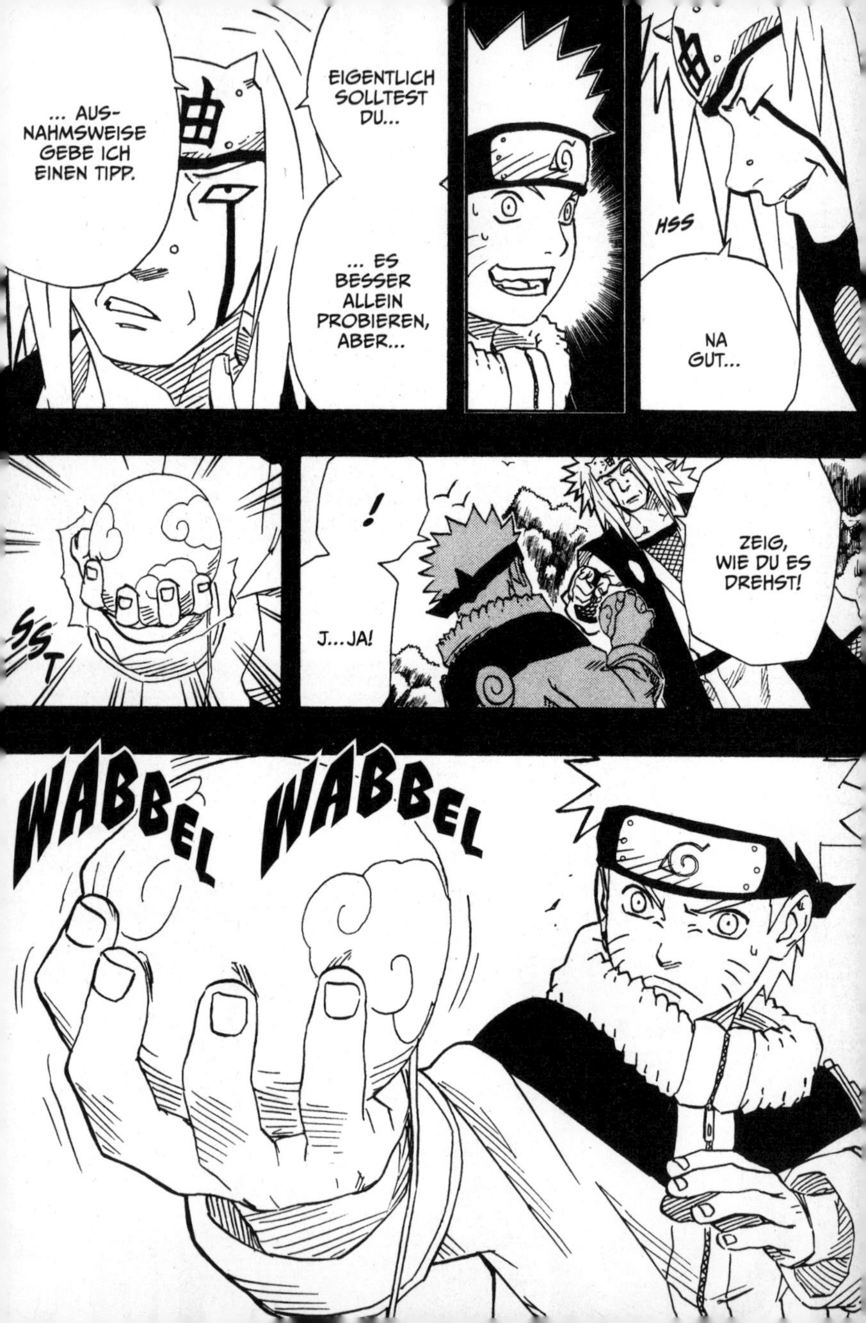
HSS
NA GUT...
EIGENTLICH SOLLTEST DU...
... ES BESSER ALLEIN PROBIEREN, ABER...
... AUS-NAHMSWEISE GEBE ICH EINEN TIPP.
ZEIG, WIE DU ES DREHST!
!
J...JA!
SSST
WABBEL WABBEL

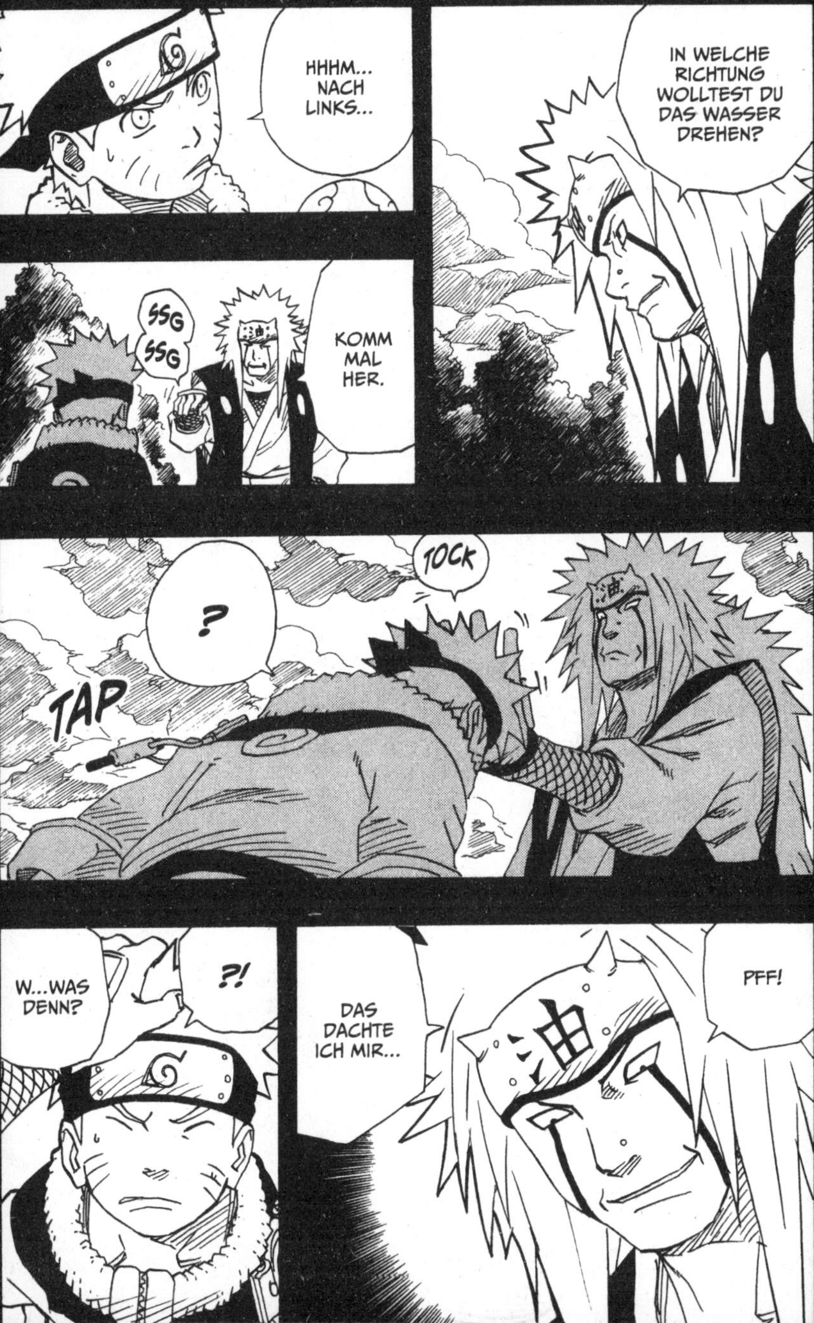
IN WELCHE RICHTUNG WOLLTEST DU DAS WASSER DREHEN?
HHHM... NACH LINKS...
KOMM MAL HER.
SSG SSG
TOCK
?
TAP
PFF!
DAS DACHTE ICH MIR...
?!
W...WAS DENN?

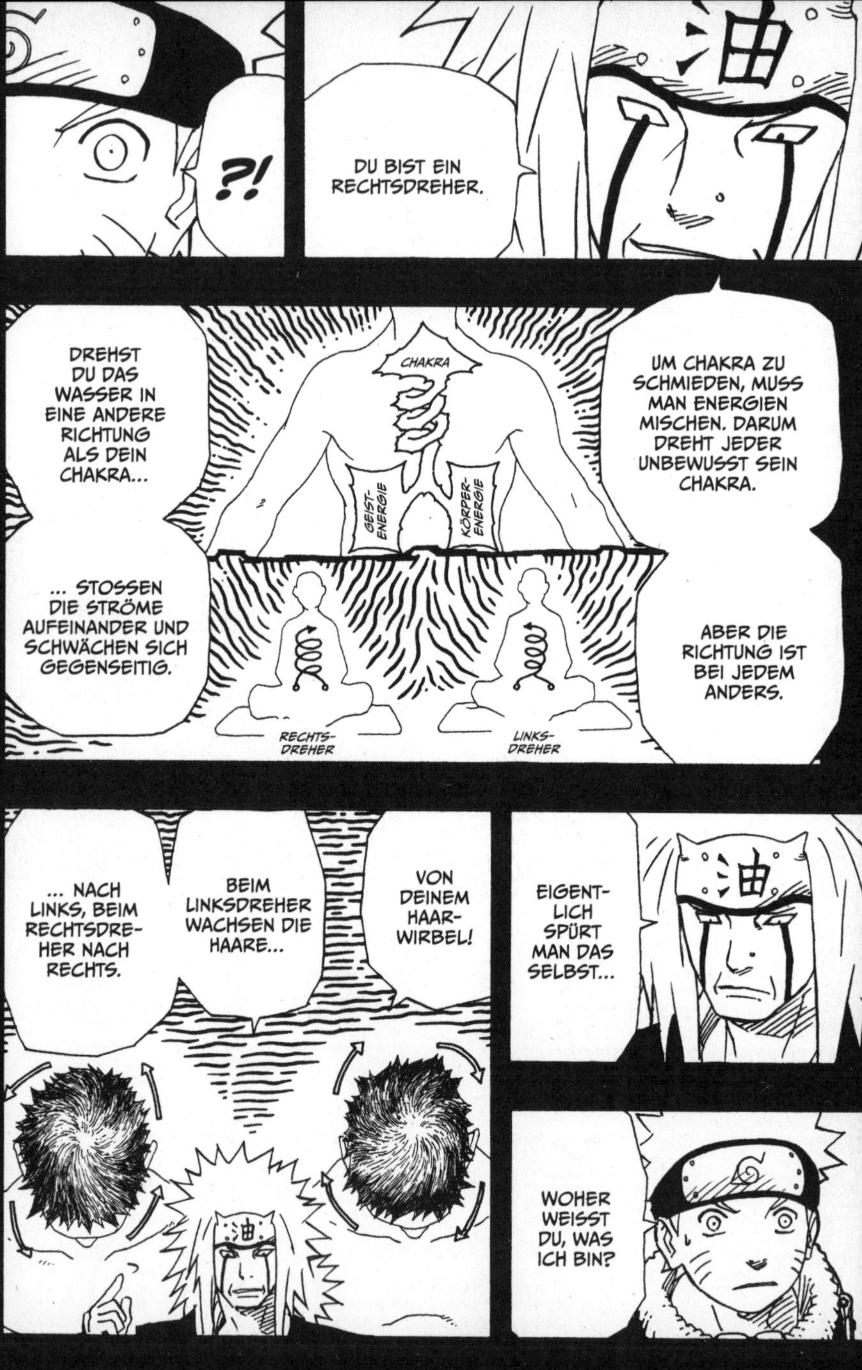

DU BIST EIN RECHTSDREHER.
?!
UM CHAKRA ZU SCHMIEDEN, MUSS MAN ENERGIEN MISCHEN. DARUM DREHT JEDER UNBEWUSST SEIN CHAKRA.
ABER DIE RICHTUNG IST BEI JEDEM ANDERS.
CHAKRA
GEIST-ENERGIE
KÖRPER-ENERGIE
RECHTS-DREHER
LINKS-DREHER
DREHST DU DAS WASSER IN EINE ANDERE RICHTUNG ALS DEIN CHAKRA...
... STOSSEN DIE STRÖME AUFEINANDER UND SCHWÄCHEN SICH GEGENSEITIG.
EIGENT-LICH SPÜRT MAN DAS SELBST...
WOHER WEISST DU, WAS ICH BIN?
VON DEINEM HAAR-WIRBEL!
BEIM LINKSDREHER WACHSEN DIE HAARE...
... NACH LINKS, BEIM RECHTSDRE-HER NACH RECHTS.

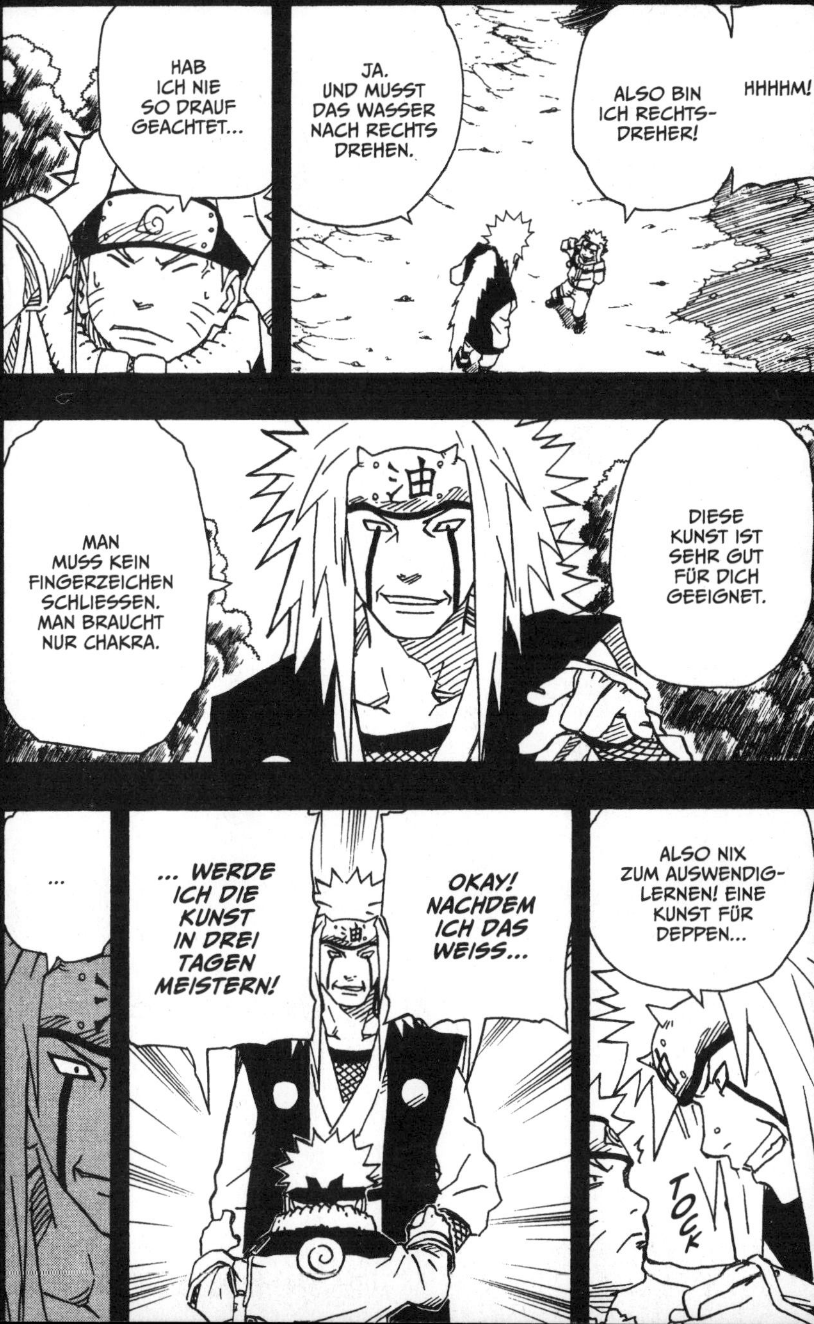
HHHHM!
ALSO BIN ICH RECHTS-DREHER!
JA. UND MUSST DAS WASSER NACH RECHTS DREHEN.
HAB ICH NIE SO DRAUF GEACHTET...
DIESE KUNST IST SEHR GUT FÜR DICH GEEIGNET.
MAN MUSS KEIN FINGERZEICHEN SCHLIESSEN. MAN BRAUCHT NUR CHAKRA.
ALSO NIX ZUM AUSWENDIG-LERNEN! EINE KUNST FÜR DEPPEN...
TOCK
OKAY! NACHDEM ICH DAS WEISS...
... WERDE ICH DIE KUNST IN DREI TAGEN MEISTERN!
...

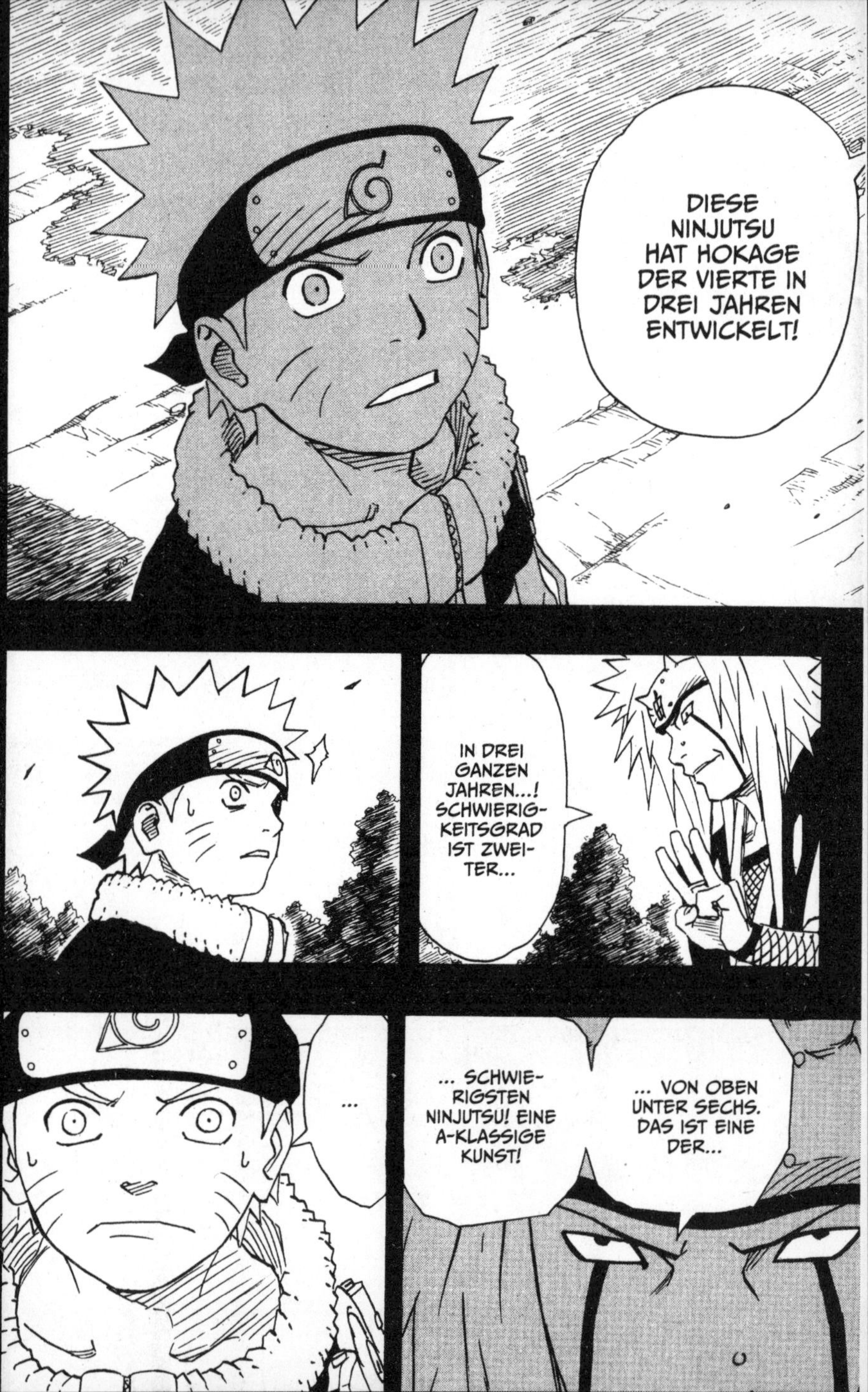
DIESE NINJUTSU HAT HOKAGE DER VIERTE IN DREI JAHREN ENTWICKELT!
IN DREI GANZEN JAHREN...! SCHWIERIGKEITSGRAD IST ZWEITER...
... VON OBEN UNTER SECHS. DAS IST EINE DER...
... SCHWIERIGSTEN NINJUTSU! EINE A-KLASSIGE KUNST!
...

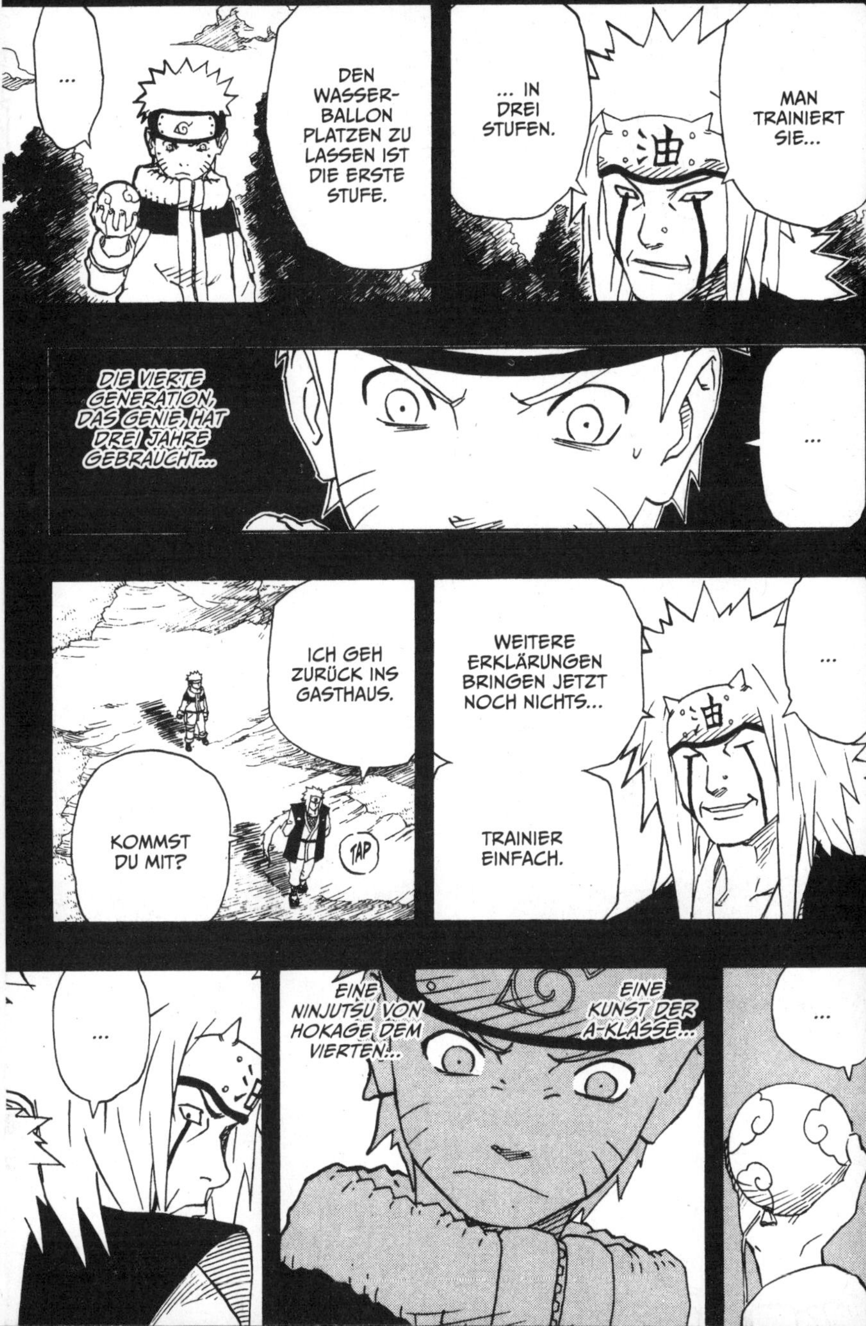
MAN TRAINIERT SIE...
... IN DREI STUFEN.
DEN WASSER-BALLON PLATZEN ZU LASSEN IST DIE ERSTE STUFE.
...
...
DIE VIERTE GENERATION, DAS GENIE, HAT DREI JAHRE GEBRAUCHT...
...
WEITERE ERKLÄRUNGEN BRINGEN JETZT NOCH NICHTS...
TRAINIER EINFACH.
ICH GEH ZURÜCK INS GASTHAUS.
KOMMST DU MIT?
TAP
...
EINE KUNST DER A-KLASSE...
EINE NINJUTSU VON HOKAGE DEM VIERTEN...
...

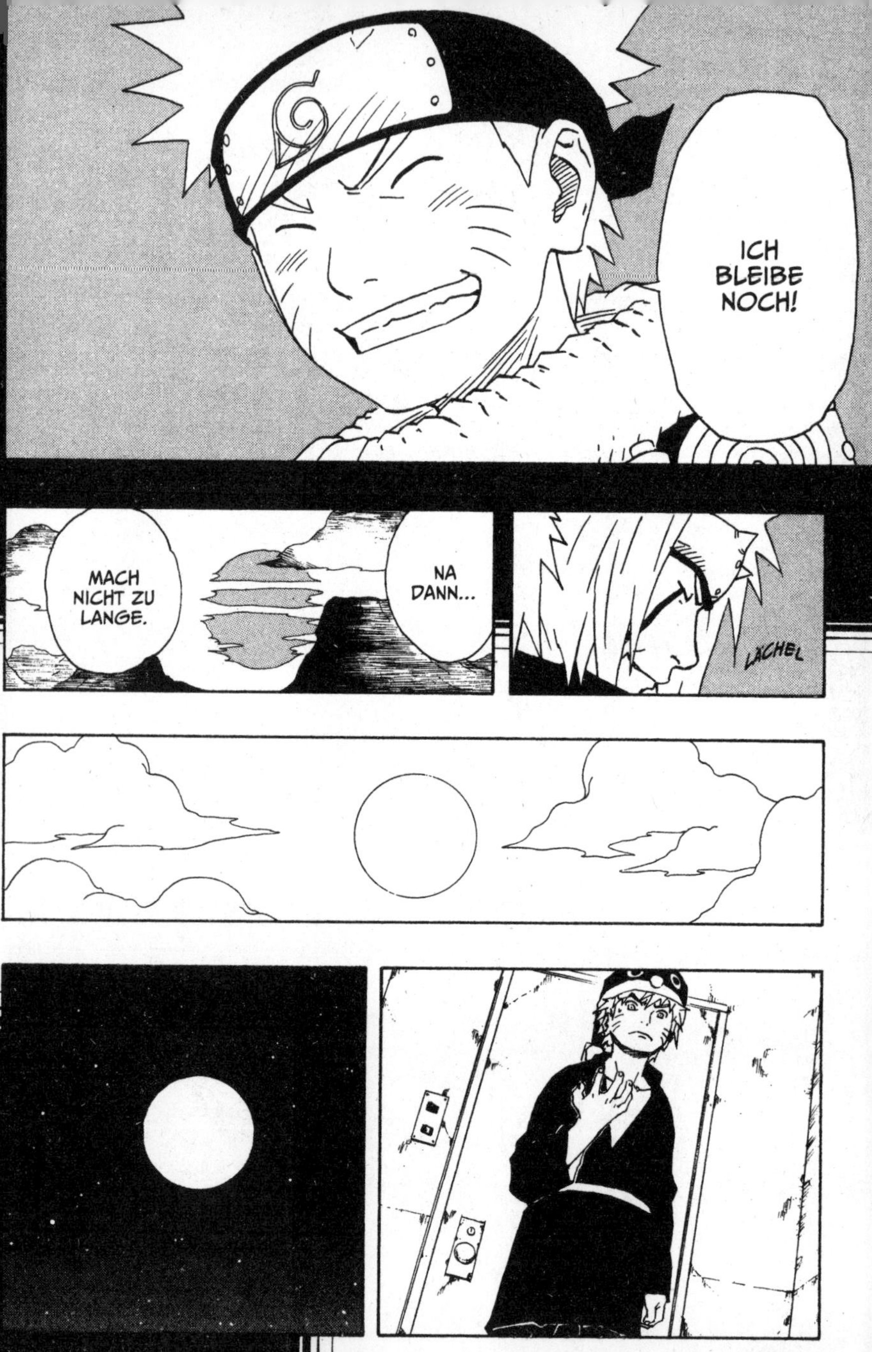
ICH BLEIBE NOCH!
NA DANN...
MACH NICHT ZU LANGE.
LÄCHEL

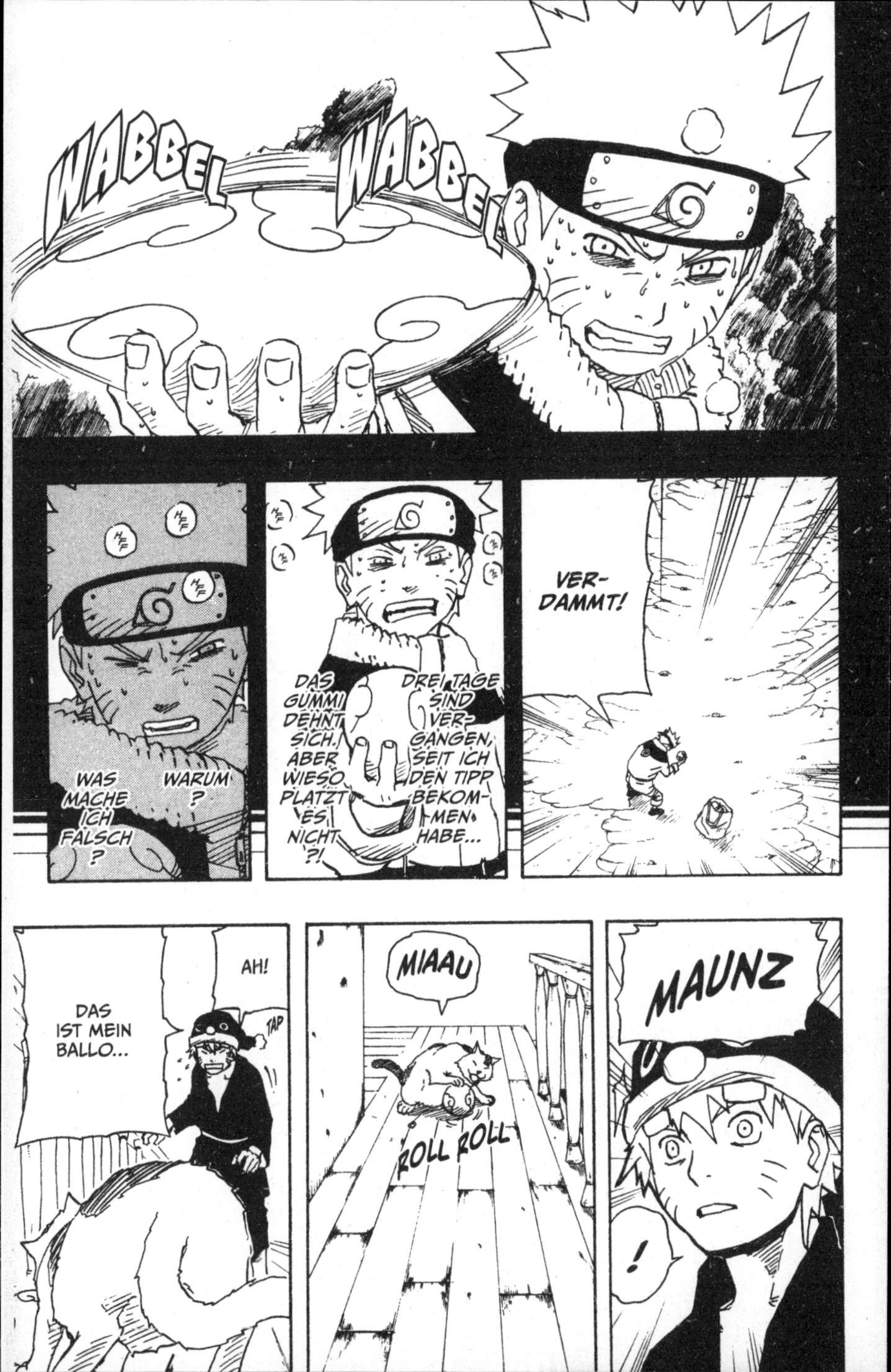
WABBEL
WABBEL
VER-DAMMT!
DREI TAGE SIND VERGANGEN, SEIT ICH DEN TIPP BEKOMMEN HABE...
DAS GUMMI DEHNT SICH. ABER WIESO PLATZT ES NICHT?!
WARUM?
WAS MACHE ICH FALSCH?
MAUNZ
!
MIAAU
ROLL ROLL
AH!
TAP
DAS IST MEIN BALLO...

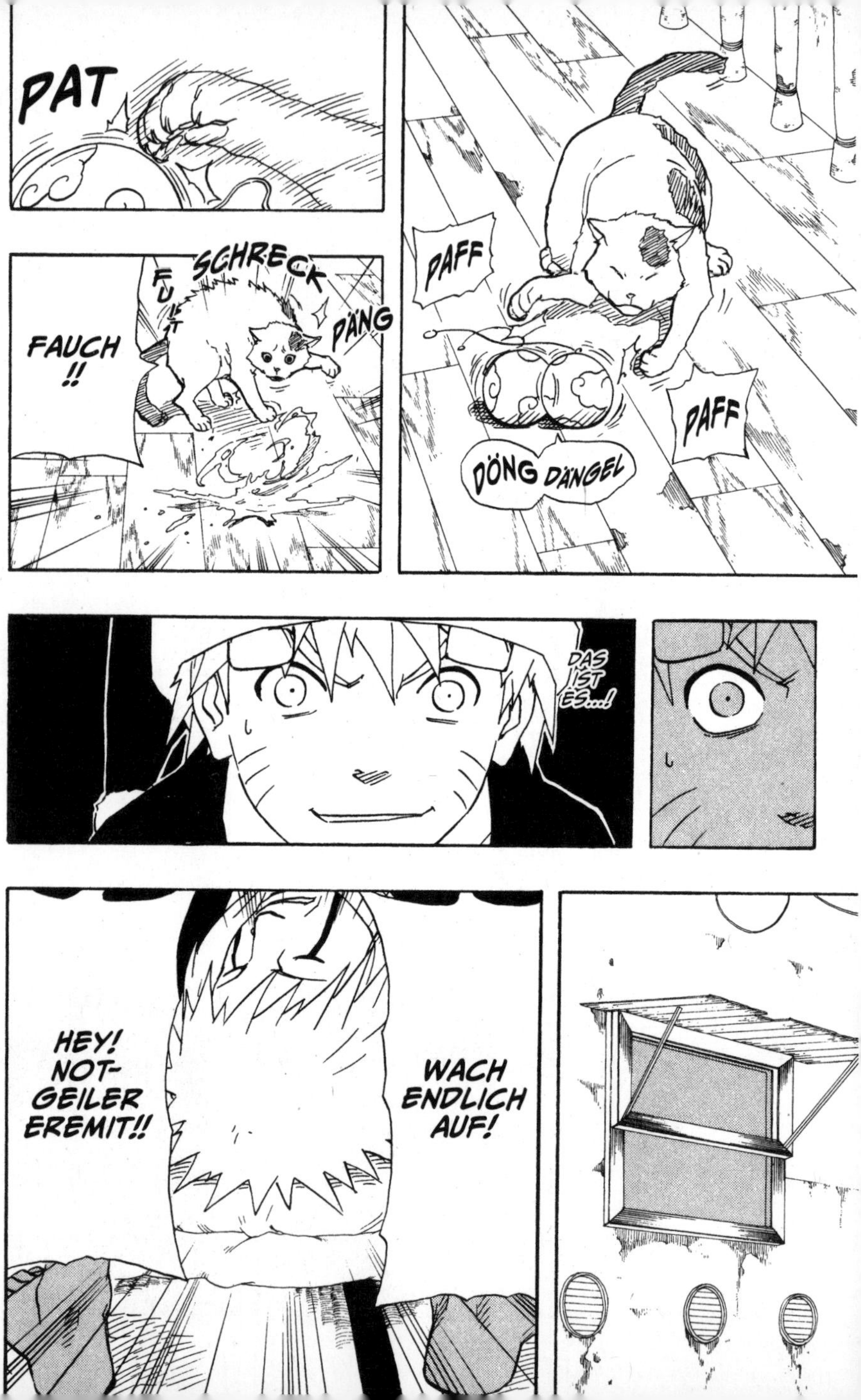
PAT
SCHRECK
PÄNG
FAUCH !!
PAFF
PAFF
DÖNG DÄNGEL
DAS IST ES...!
WACH ENDLICH AUF!
HEY! NOT-GEILER EREMIT!!

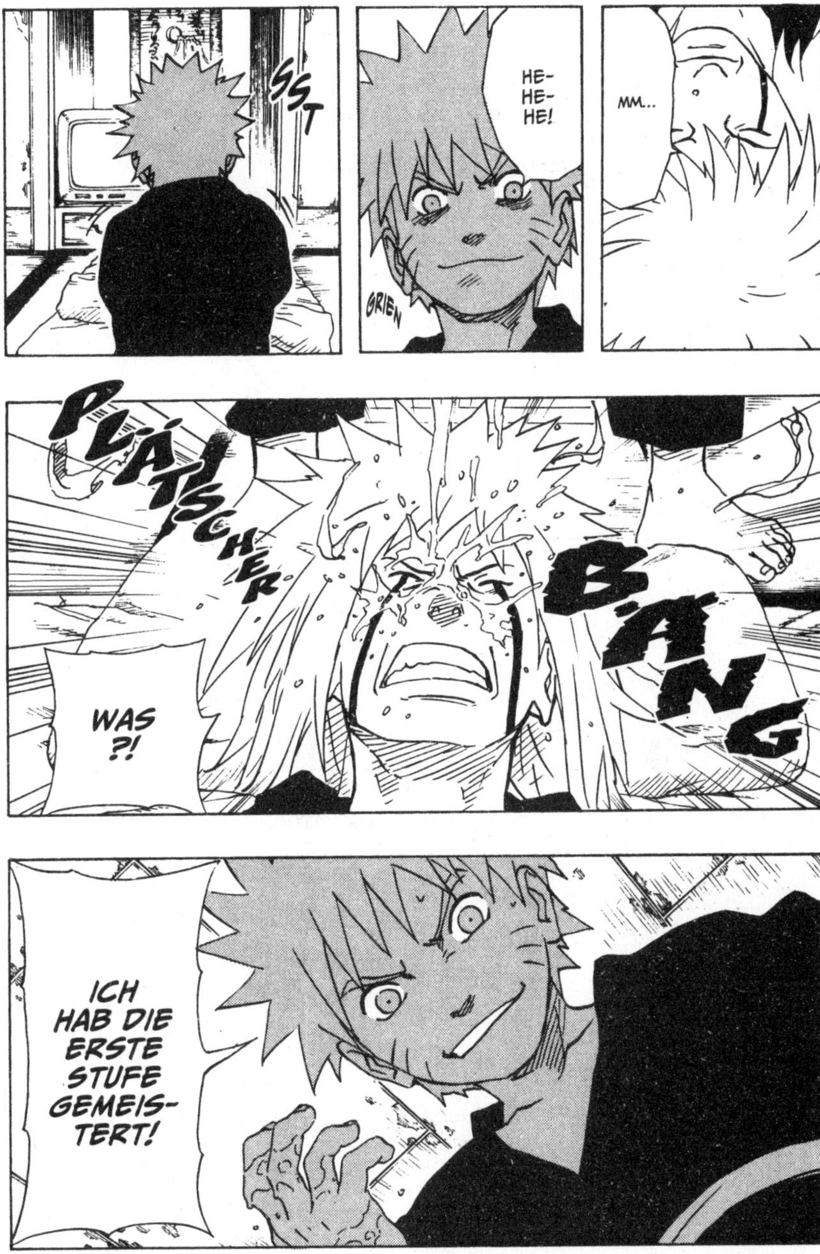
MM...
HE-HE-HE!
GRIEN
SST
BANG
PLÄTSCHER
WAS?!
ICH HAB DIE ERSTE STUFE GEMEISTERT!

MASASHI KISHIMOTOS WELT
LEBENSGESCHICHTE – TEIL 25

ICH HATTE DEN HOP-STEP-PREIS GEWONNEN! DIE PREISGEKRÖNTE ARBEIT WURDE WIE IMMER IM AKAMARU-JUMP GEDRUCKT. ICH WAR WAHNSINNIG FROH. DEN GANZEN TAG WAR ICH TOTAL AUFGEDREHT! ICH WOLLTE MEINE FREUDE MIT JEMANDEM TEILEN UND RIEF MEINE ELTERN AN. MEINE MUTTER GING AN DEN APPARAT.

MASASHI:
MUTTER! ICH HAB DEN HOP-STEP-PREIS VON JUMP GEWONNEN!

MUTTER:
WAS? WELCHEN PREIS?

MASASHI:
DEN PREIS, DEN JUMP NEUEN TALENTEN VERLEIHT!

MUTTER:
UND WER HAT DEN BEKOMMEN?

MASASHI:
EBEN ICH!

MUTTER:
ACH SO! DAS IST JA SCHÖN...

MASASHI:
JETZT BIN ICH EINEN SCHRITT VORANGEKOMMEN, UM PROFI ZU WERDEN! ICH WERDE WEITER FLEISSIG MANGA ZEICHNEN UND...

MUTTER:
UND ISST DU RICHTIG?

MASASHI:
... (SCHWITZ)

MUTTER:
ISS NICHT IMMER INSTANT-NUDELN! ISS FRISCHES GEMÜSE!

MASASHI:
...

MUTTER:
FRISCH GEKOCHTES GEMÜSE IST DAS BESTE FÜR DIE GESUNDHEIT!

MASASHI:
JA, VERSTANDEN... ALSO, ICH MUSS AUFLEGEN... MEINE TELEFONKARTE IST GLEICH ZU ENDE...

MUTTER:
GUT. NA DANN...! PASS AUF DICH AUF!

MASASHI:
JA...

IHR LAG MEINE GESUNDHEIT MEHR AM HERZEN ALS DER PREIS. DAS GAB MIR ZU DENKEN – UND ICH ACHTE SEITDEM WIRKLICH MEHR AUF GESUNDES ESSEN! NACH DEM ANRUF WAR ICH DANN ETWAS NÜCHTERNER.

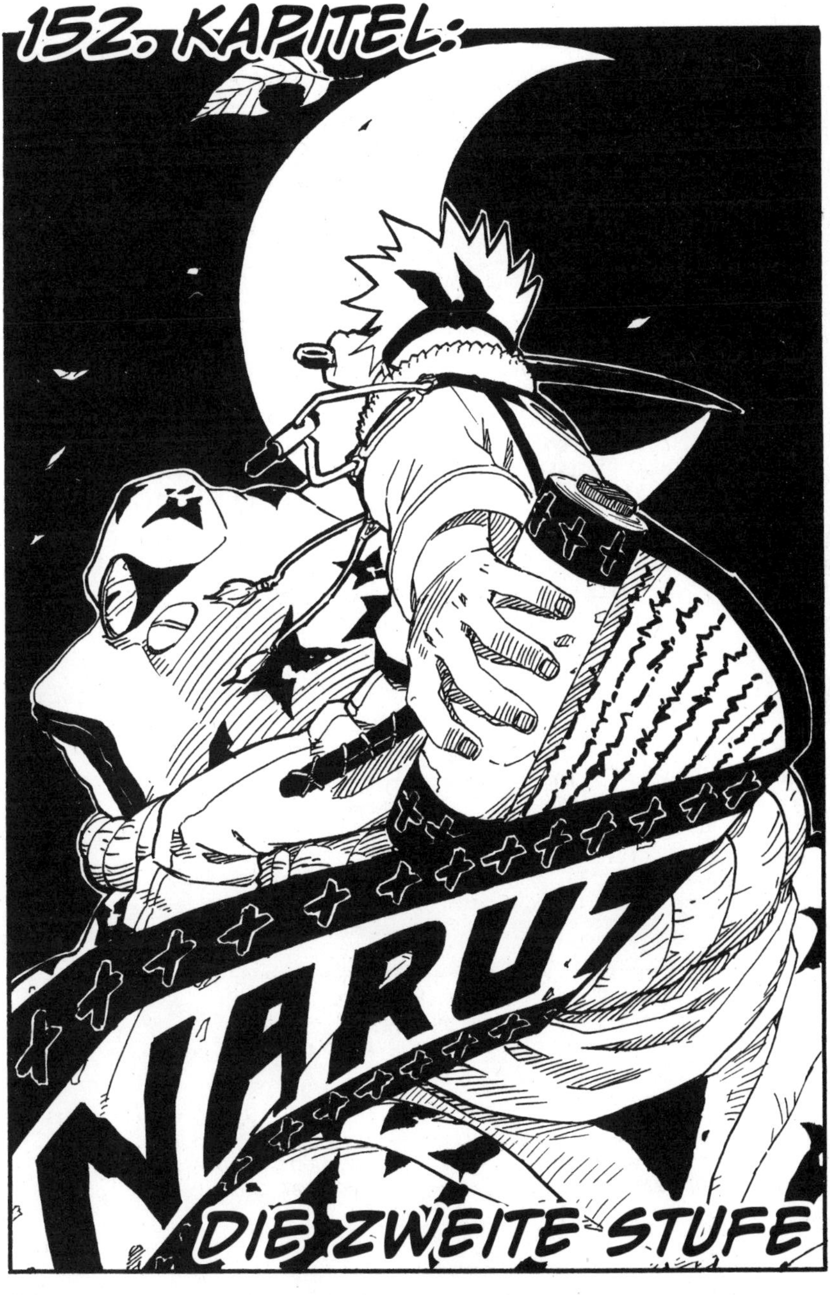
152. KAPITEL:
NARUTO
DIE ZWEITE STUFE

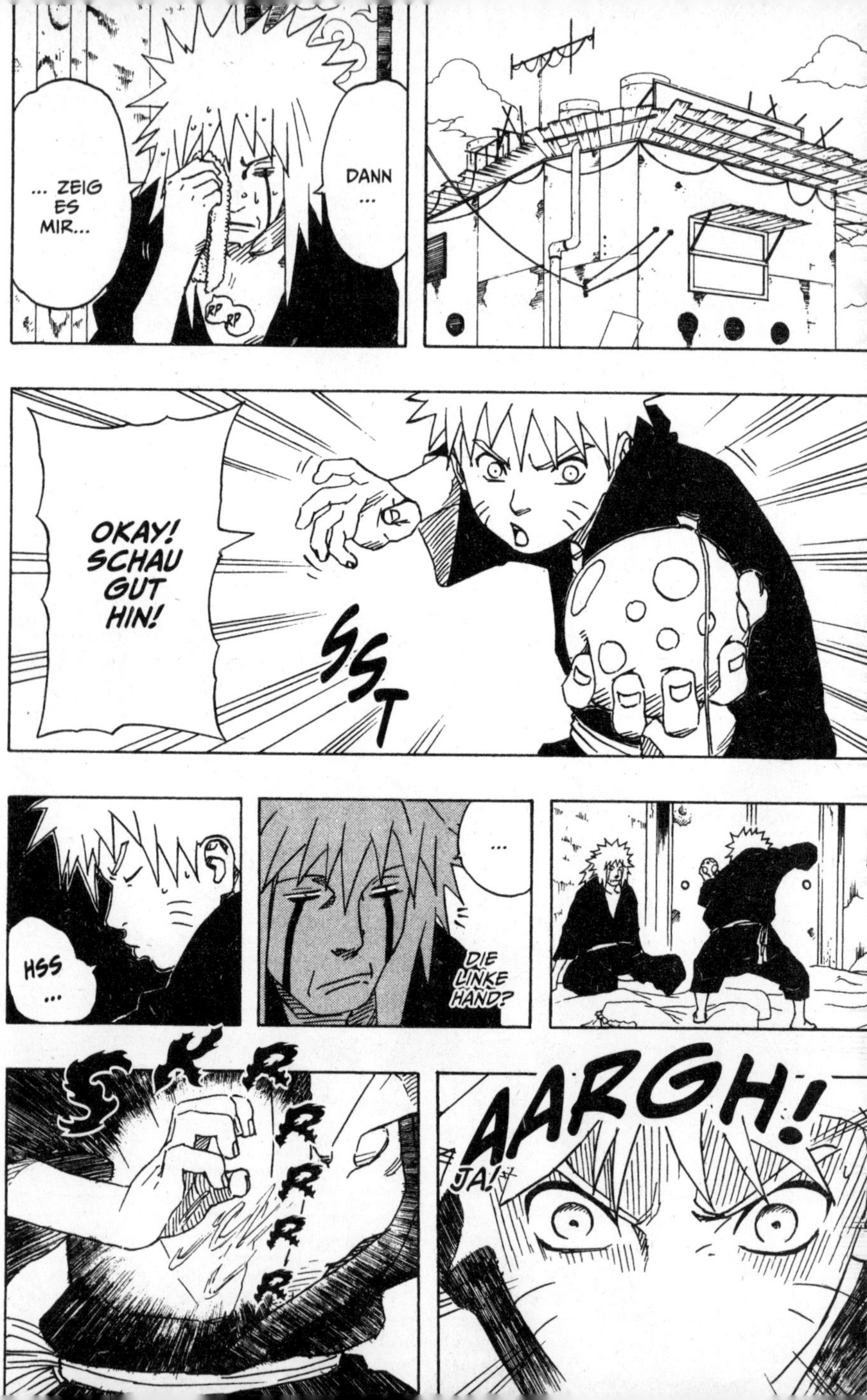
DANN ...
... ZEIG ES MIR...
RP RP
OKAY! SCHAU GUT HIN!
SST
...
DIE LINKE HAND?
HSS ...
AARGH!
JA!
SKRRRRRR

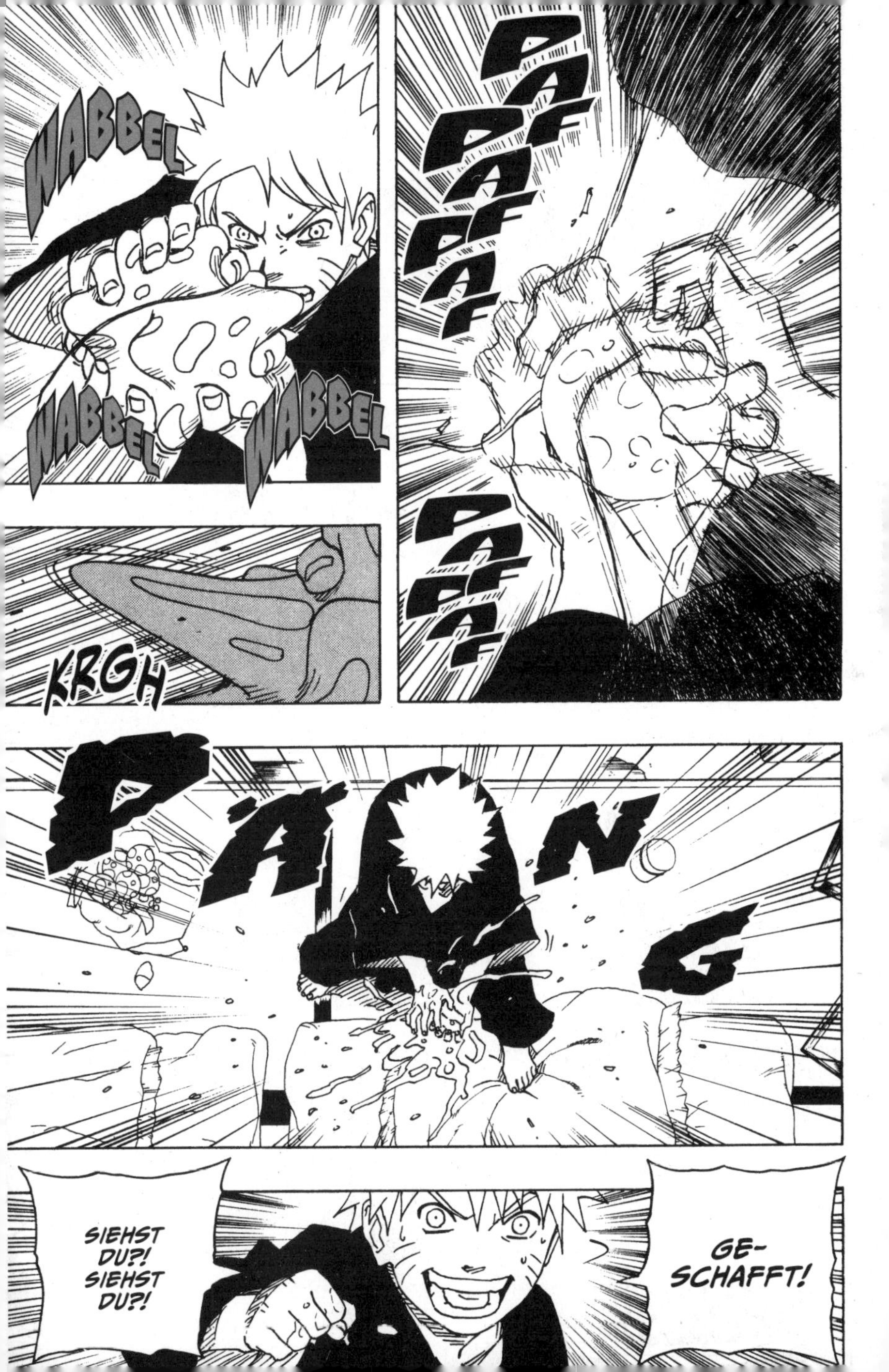
PAFF PAFF PAFF PAFF
PAFF PAFF
WABBEL
WABBEL
WABBEL
KRGH
PÄNG
GE-
SCHAFFT!
SIEHST
DU?!
SIEHST
DU?!

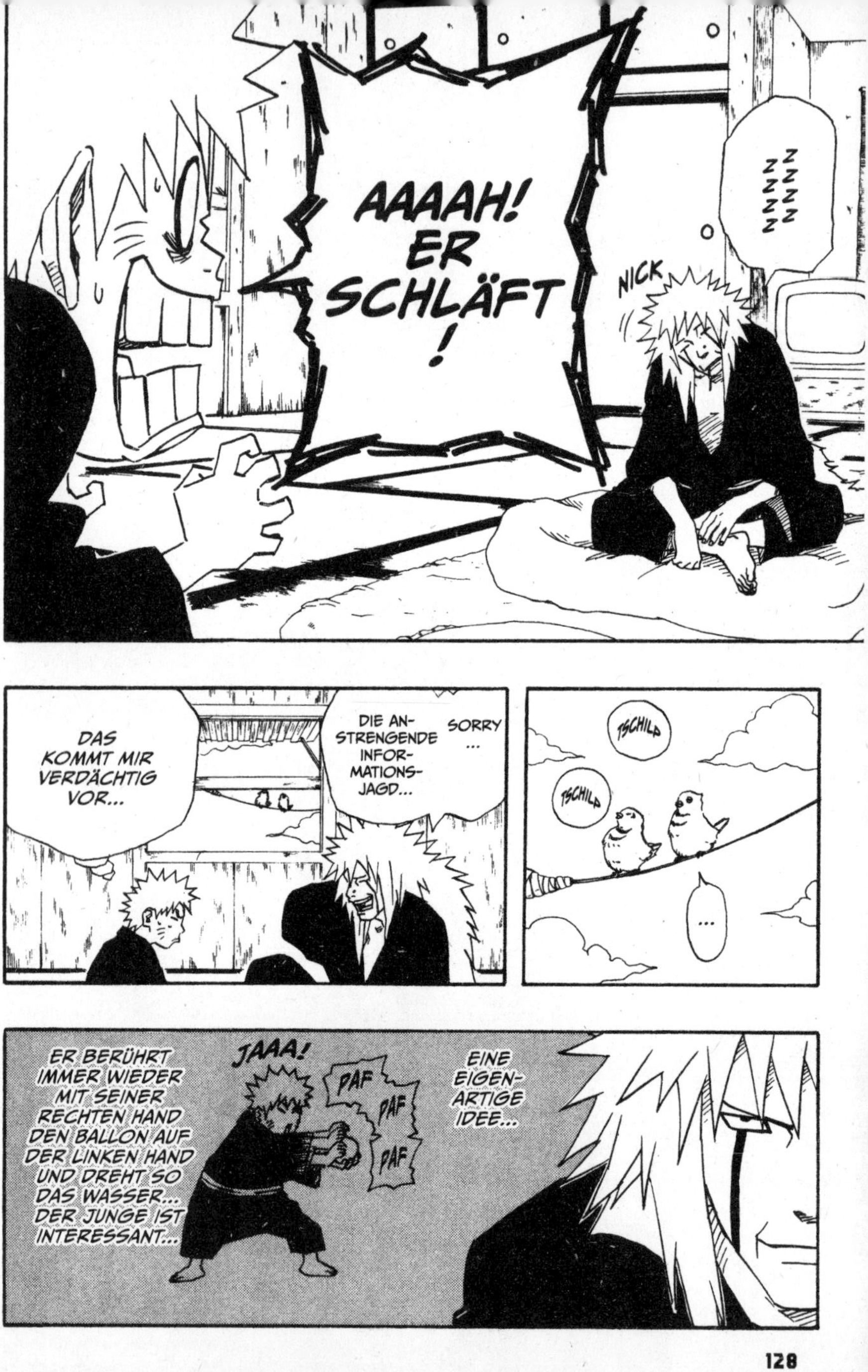
ZZZZ ZZZZ
NICK
AAAAH! ER SCHLÄFT!
TSCHILP
TSCHILP
...
SORRY ...
DIE ANSTRENGENDE INFORMATIONSJAGD...
DAS KOMMT MIR VERDÄCHTIG VOR...
EINE EIGENARTIGE IDEE...
PAF PAF PAF
JAAA!
ER BERÜHRT IMMER WIEDER MIT SEINER RECHTEN HAND DEN BALLON AUF DER LINKEN HAND UND DREHT SO DAS WASSER... DER JUNGE IST INTERESSANT...

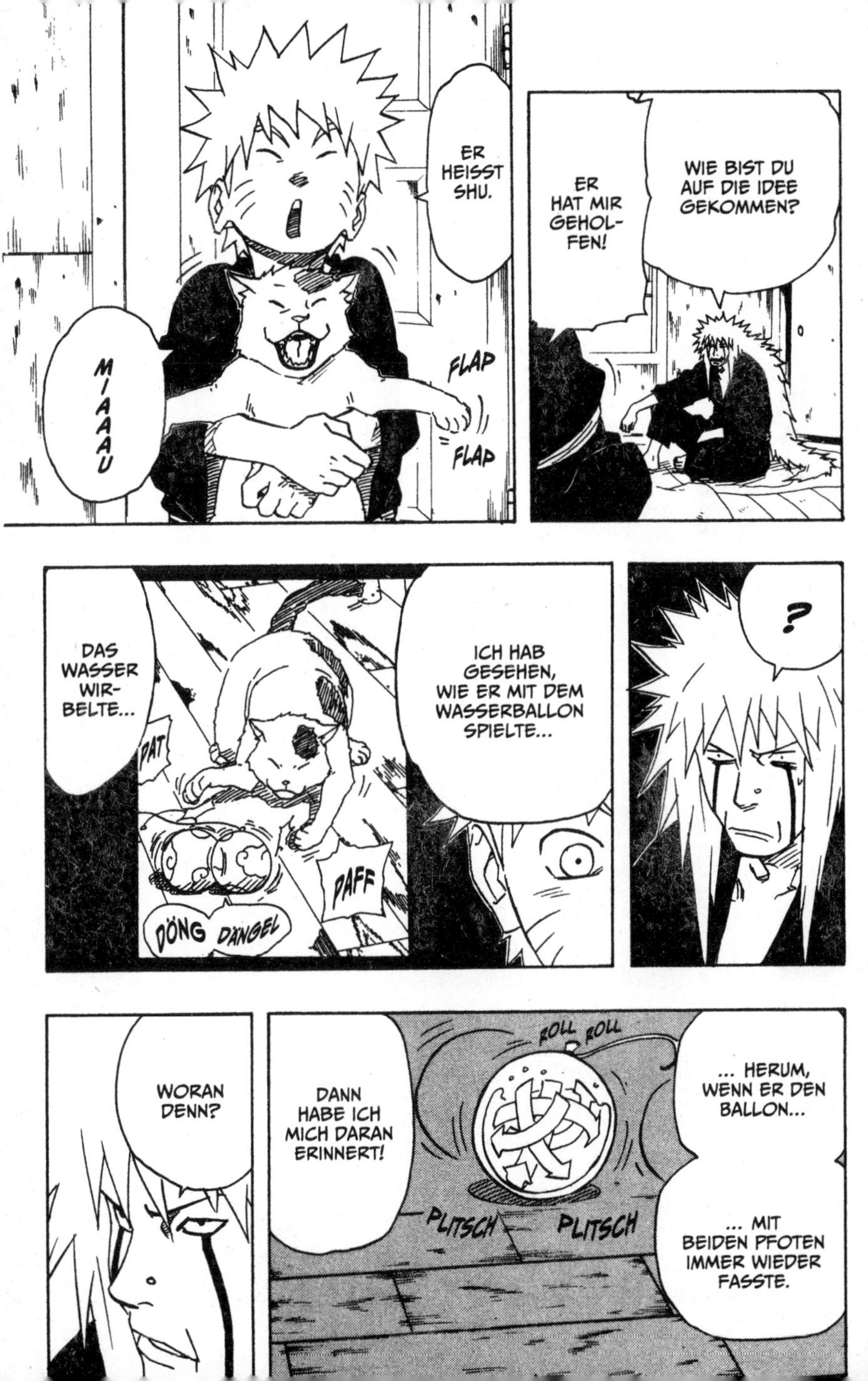
WIE BIST DU AUF DIE IDEE GEKOMMEN?
ER HAT MIR GEHOLFEN!
ER HEISST SHU.
FLAP
FLAP
MIAAAAU
?
ICH HAB GESEHEN, WIE ER MIT DEM WASSERBALLON SPIELTE...
DAS WASSER WIRBELTE...
PAT
PAFF
DÖNG DÄNGEL
... HERUM, WENN ER DEN BALLON...
... MIT BEIDEN PFOTEN IMMER WIEDER FASSTE.
ROLL ROLL
PLITSCH PLITSCH
DANN HABE ICH MICH DARAN ERINNERT!
WORAN DENN?

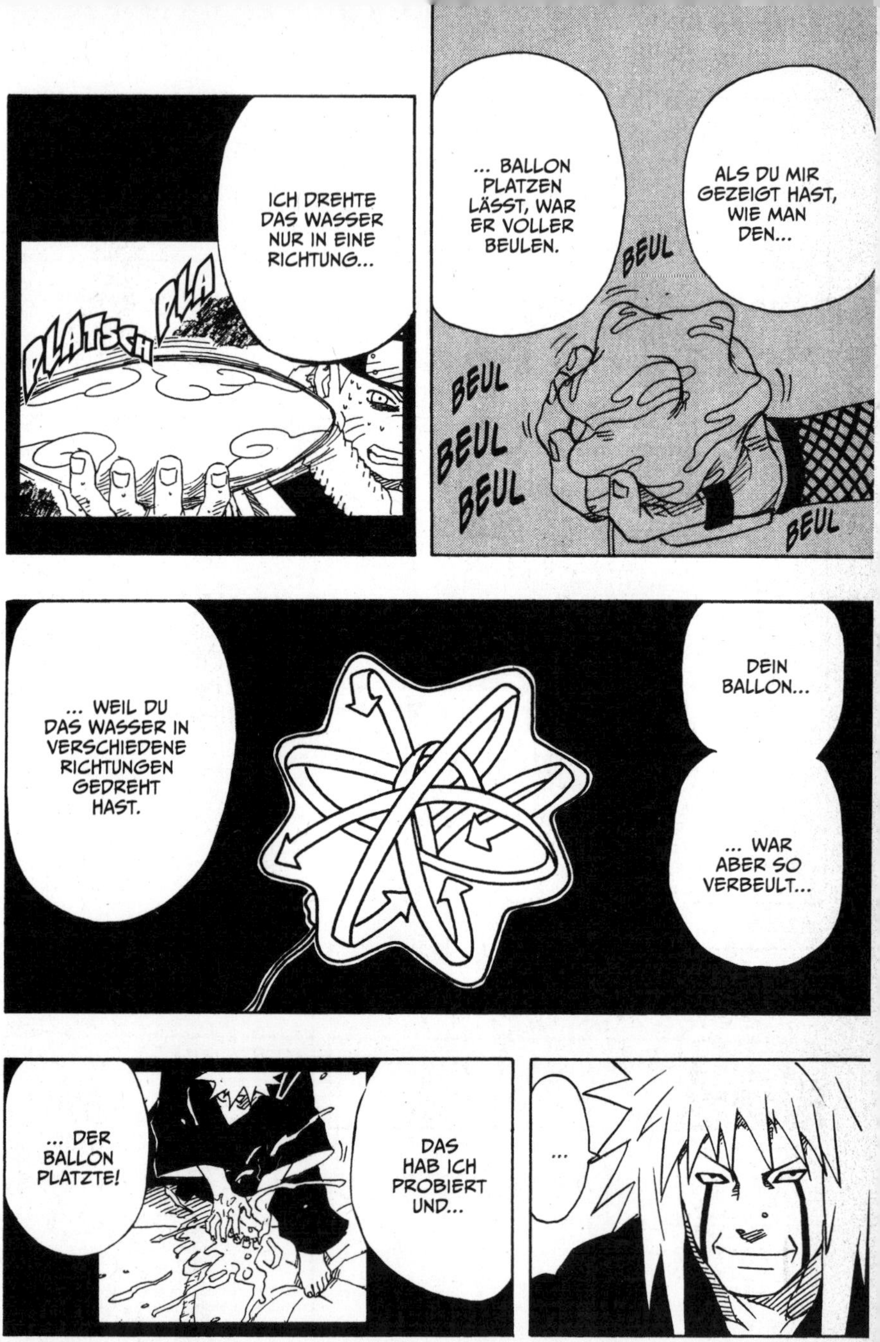

ALS DU MIR GEZEIGT HAST, WIE MAN DEN...
... BALLON PLATZEN LÄSST, WAR ER VOLLER BEULEN.
BEUL
BEUL
BEUL
BEUL
BEUL
ICH DREHTE DAS WASSER NUR IN EINE RICHTUNG...
PLATSCH
PLA
DEIN BALLON...
... WAR ABER SO VERBEULT...
... WEIL DU DAS WASSER IN VERSCHIEDENE RICHTUNGEN GEDREHT HAST.
...
DAS HAB ICH PROBIERT UND...
... DER BALLON PLATZTE!

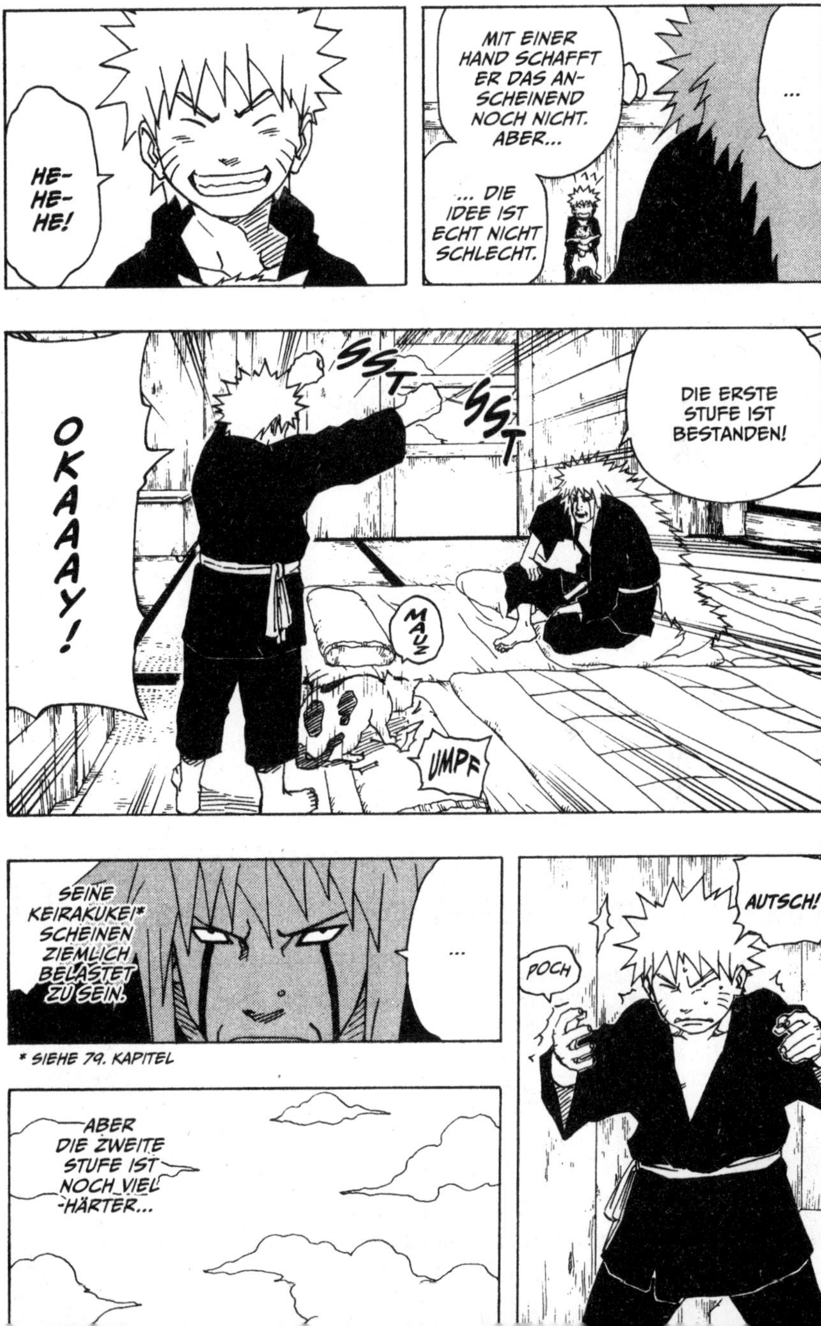

* SIEHE 79. KAPITEL

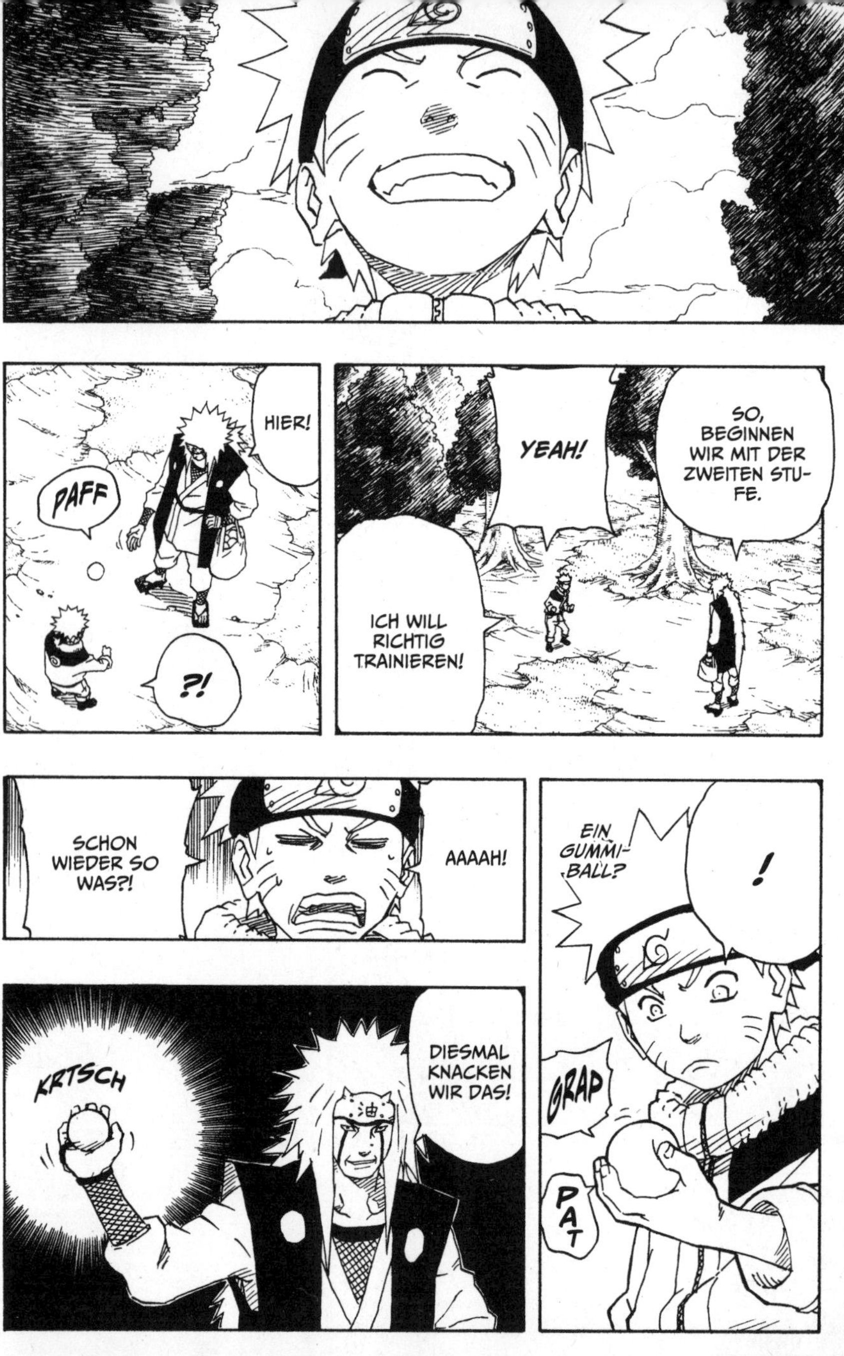
SO, BEGINNEN WIR MIT DER ZWEITEN STU-FE.
YEAH!
ICH WILL RICHTIG TRAINIEREN!
HIER!
PAFF
?!
!
EIN GUMMI-BALL?
GRAP
PAT
AAAAH!
SCHON WIEDER SO WAS?!
DIESMAL KNACKEN WIR DAS!
KRTSCH

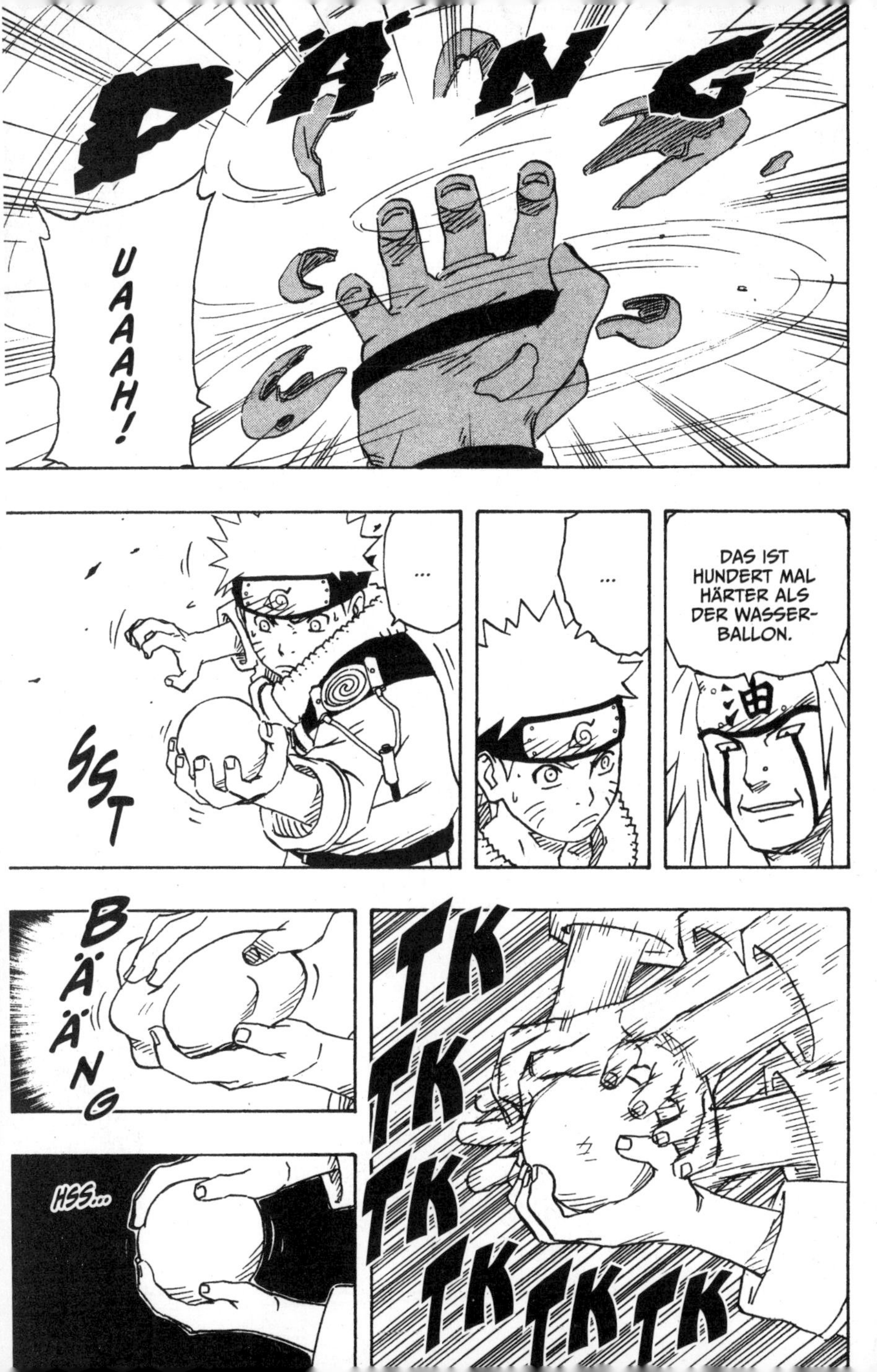
PÄNG
UAAAAH!
DAS IST HUNDERT MAL HÄRTER ALS DER WASSER-BALLON.
...
...
SST
TK TK TK TK TKTK
BÄÄNG
HSS...

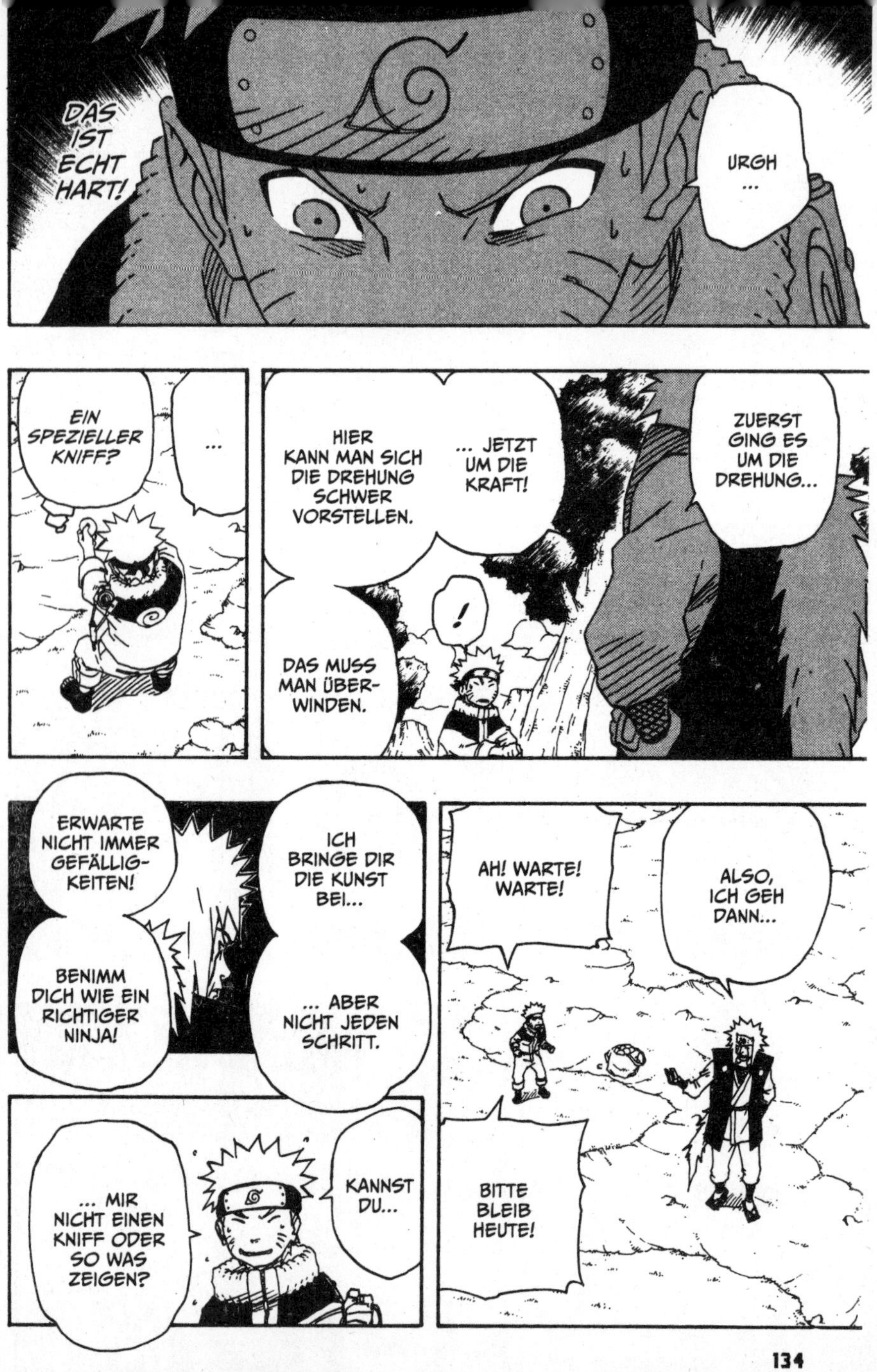
URGH ...
DAS IST ECHT HART!
ZUERST GING ES UM DIE DREHUNG...
... JETZT UM DIE KRAFT!
HIER KANN MAN SICH DIE DREHUNG SCHWER VORSTELLEN.
DAS MUSS MAN ÜBERWINDEN.
!
...
EIN SPEZIELLER KNIFF?
ALSO, ICH GEH DANN...
AH! WARTE! WARTE!
BITTE BLEIB HEUTE!
ICH BRINGE DIR DIE KUNST BEI...
... ABER NICHT JEDEN SCHRITT.
ERWARTE NICHT IMMER GEFÄLLIG-KEITEN!
BENIMM DICH WIE EIN RICHTIGER NINJA!
KANNST DU...
... MIR NICHT EINEN KNIFF ODER SO WAS ZEIGEN?

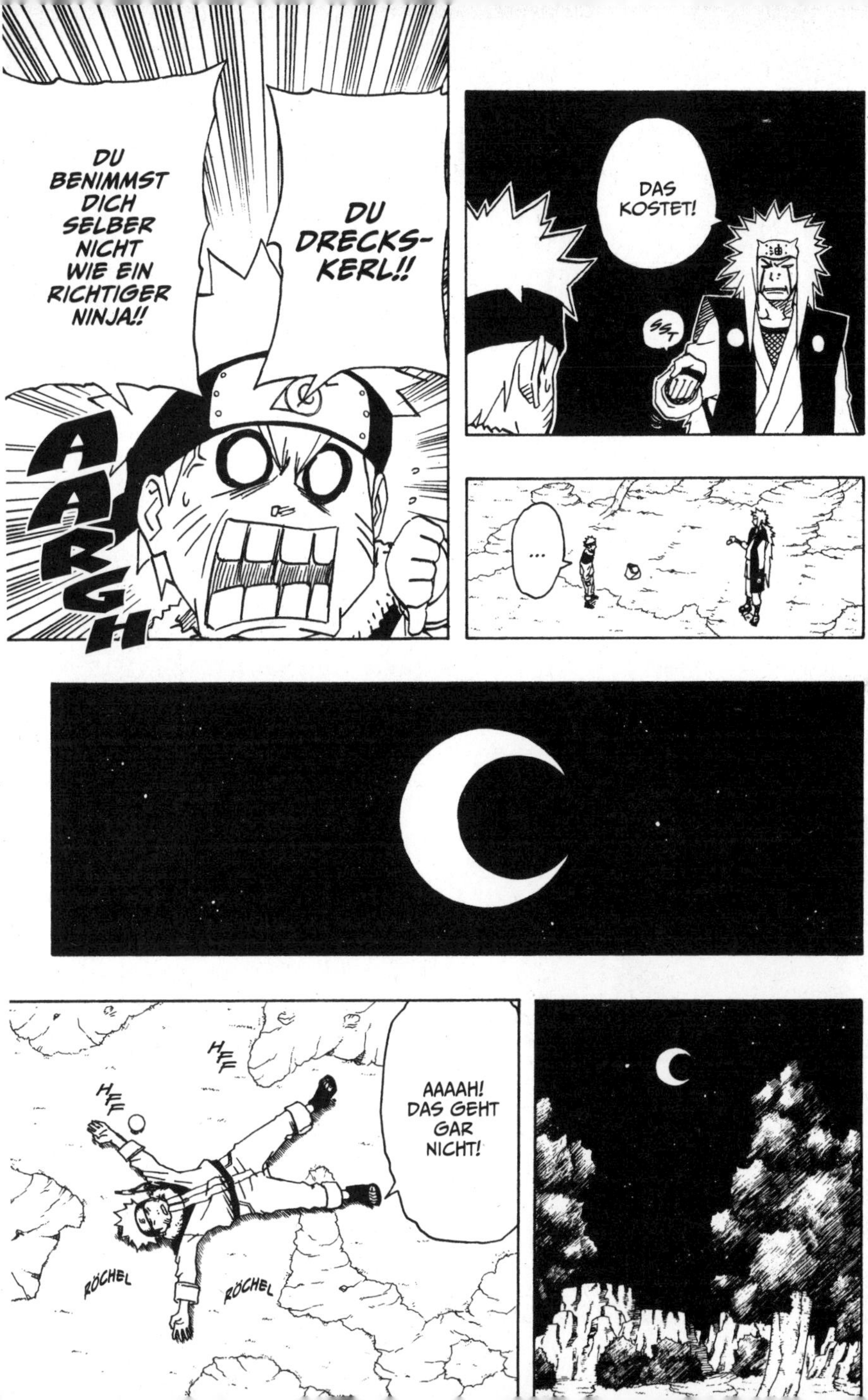
DAS KOSTET!
SST
...
DU DRECKS-KERL!!
DU BENIMMST DICH SELBER NICHT WIE EIN RICHTIGER NINJA!!
AARGH
AAAAH! DAS GEHT GAR NICHT!
HFF
HFF
RÖCHEL
RÖCHEL

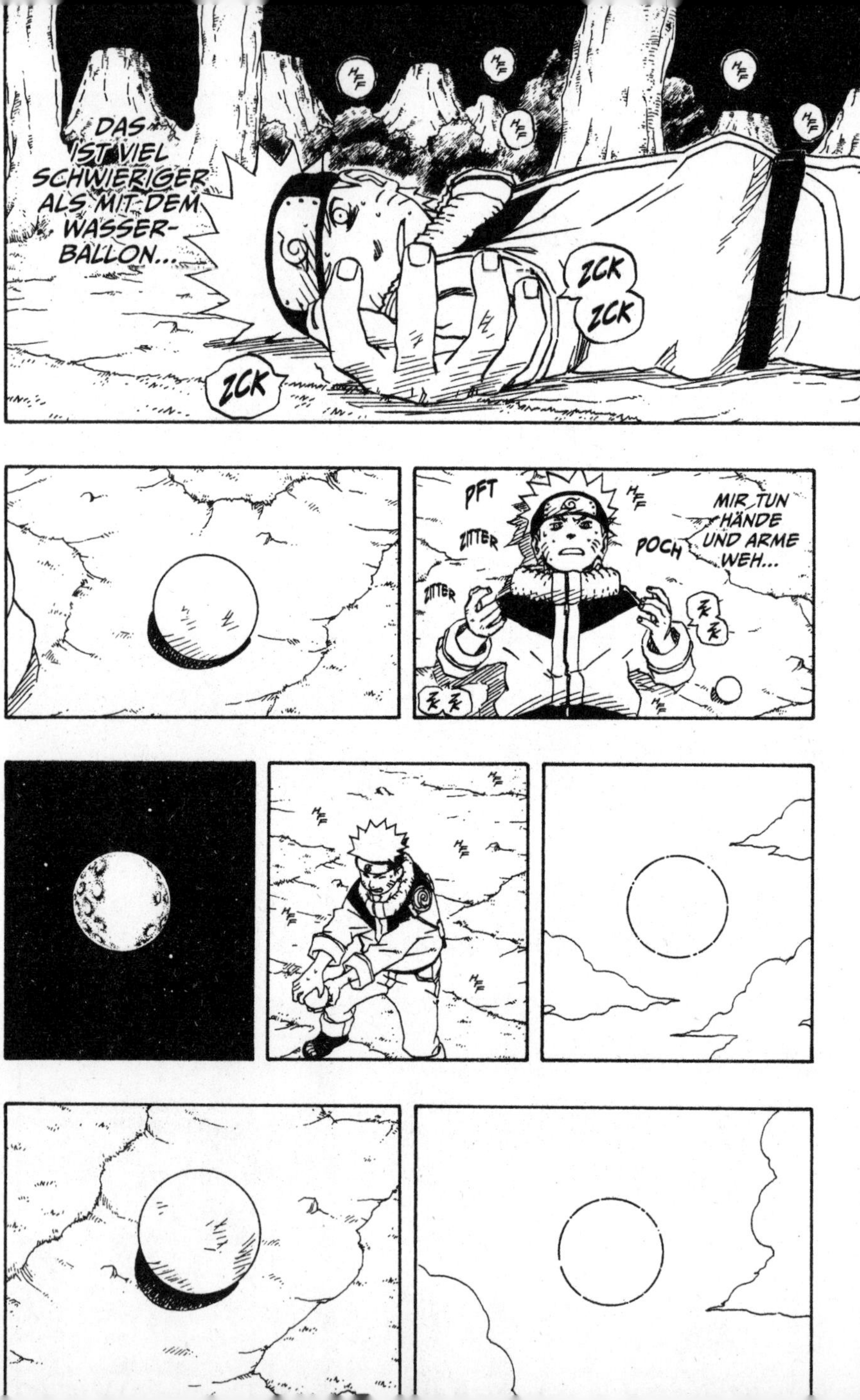
DAS IST VIEL SCHWIERIGER ALS MIT DEM WASSER-BALLON...
ZCK
ZCK
ZCK
MIR TUN HÄNDE UND ARME WEH...
PFT
ZITTER
ZITTER
POCH

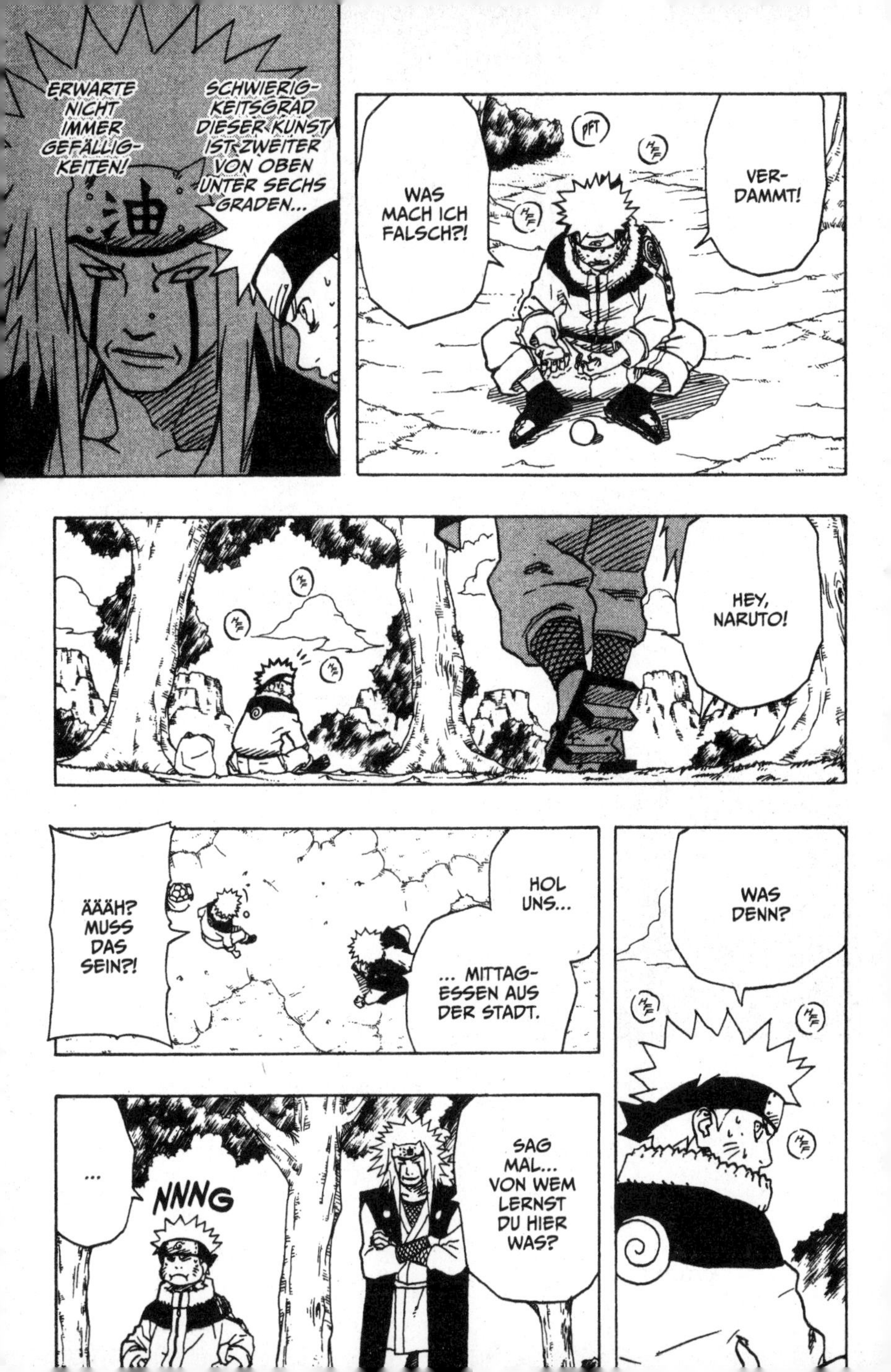
VERDAMMT!
PFT
HF
WAS MACH ICH FALSCH?!
SCHWIERIGKEITSGRAD DIESER KUNST IST ZWEITER VON OBEN UNTER SECHS GRADEN...
ERWARTE NICHT IMMER GEFÄLLIGKEITEN!
HEY, NARUTO!
HF
WAS DENN?
HF
HOL UNS...
... MITTAGESSEN AUS DER STADT.
ÄÄÄH? MUSS DAS SEIN?!
SAG MAL... VON WEM LERNST DU HIER WAS?
...
NNNG

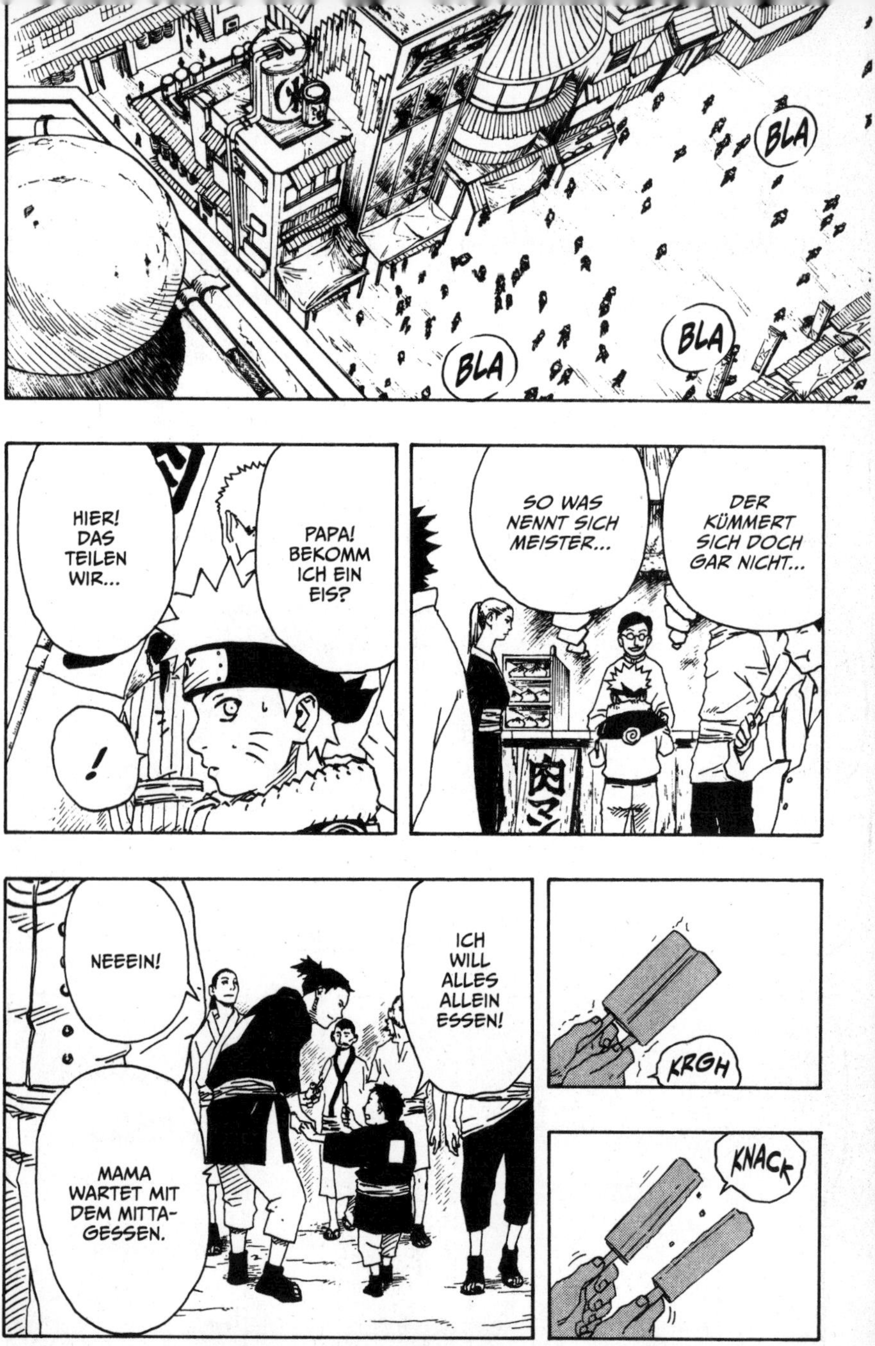
BLA
BLA
BLA
DER KÜMMERT SICH DOCH GAR NICHT...
SO WAS NENNT SICH MEISTER...
PAPA! BEKOMM ICH EIN EIS?
HIER! DAS TEILEN WIR...
!
KRGH
KNACK
ICH WILL ALLES ALLEIN ESSEN!
NEEEIN!
MAMA WARTET MIT DEM MITTAGESSEN.

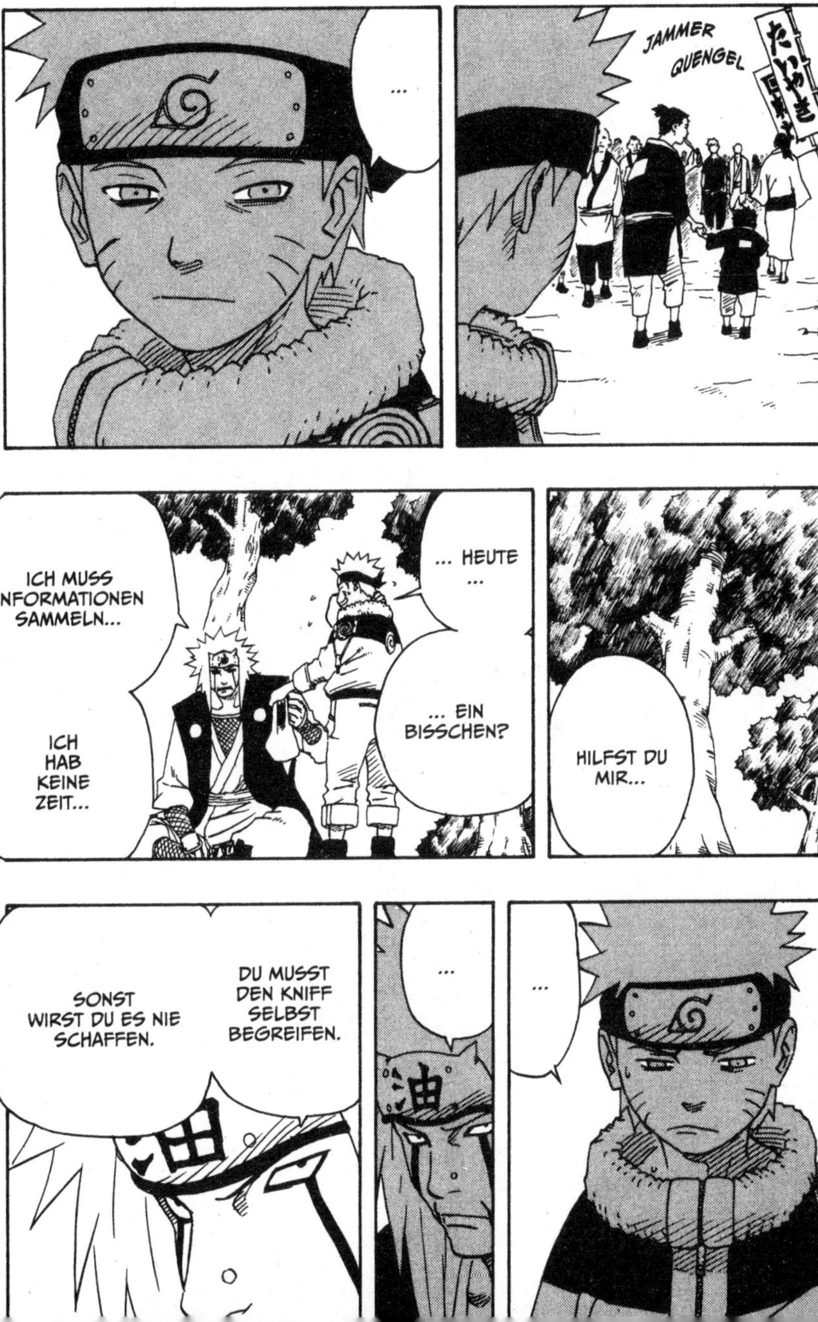
JAMMER
QUENGEL
...
HILFST DU MIR...
... HEUTE ...
... EIN BISSCHEN?
ICH MUSS INFORMATIONEN SAMMELN...
ICH HAB KEINE ZEIT...
...
...
DU MUSST DEN KNIFF SELBST BEGREIFEN.
SONST WIRST DU ES NIE SCHAFFEN.

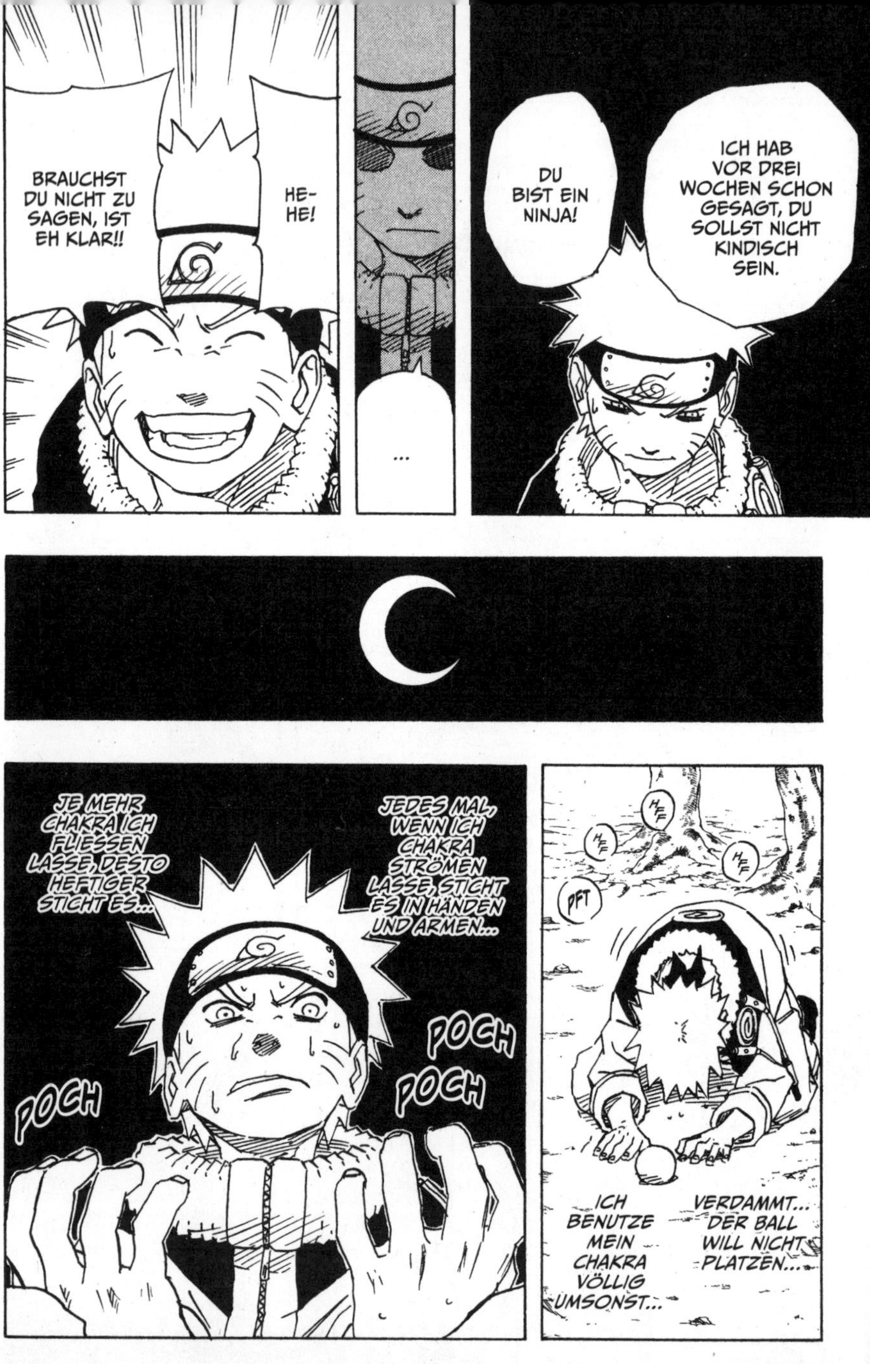
ICH HAB VOR DREI WOCHEN SCHON GESAGT, DU SOLLST NICHT KINDISCH SEIN.
DU BIST EIN NINJA!
...
HE-HE!
BRAUCHST DU NICHT ZU SAGEN, IST EH KLAR!!
HEF
HEF
HEF
PFT
VERDAMMT... DER BALL WILL NICHT PLATZEN...
ICH BENUTZE MEIN CHAKRA VÖLLIG UMSONST...
JEDES MAL, WENN ICH CHAKRA STRÖMEN LASSE, STICHT ES IN HÄNDEN UND ARMEN...
JE MEHR CHAKRA ICH FLIESSEN LASSE, DESTO HEFTIGER STICHT ES...
POCH
POCH
POCH

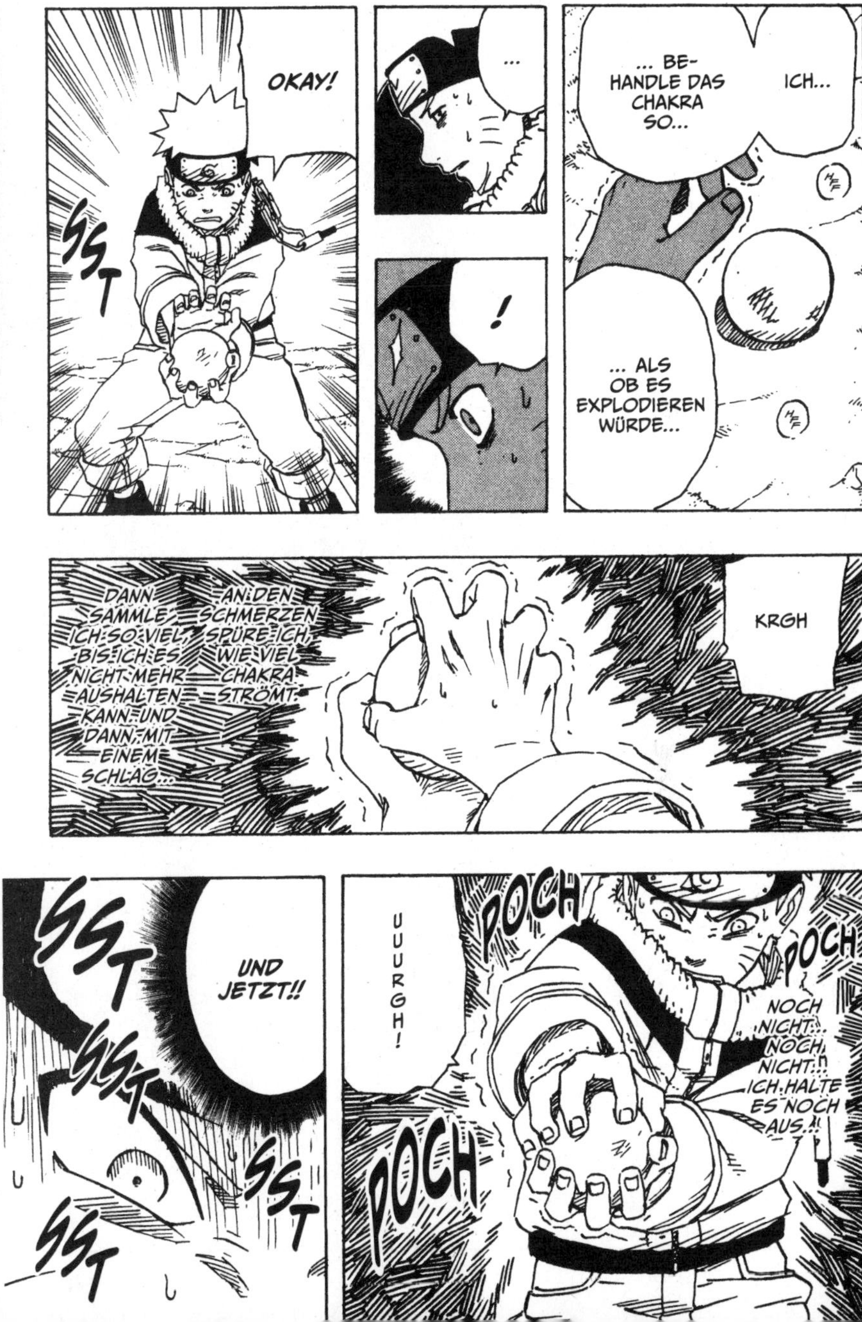
ICH...
... BE-HANDLE DAS CHAKRA SO...
... ALS OB ES EXPLODIEREN WÜRDE...
HF
HF
...
!
OKAY!
SST
KRGH
AN DEN SCHMERZEN SPÜRE ICH, WIE VIEL CHAKRA STRÖMT.
DANN SAMMLE ICH SO VIEL, BIS ICH ES NICHT MEHR AUSHALTEN KANN UND DANN, MIT EINEM SCHLAG...
POCH
POCH
NOCH NICHT... NOCH NICHT...! ICH HALTE ES NOCH AUS...!
UUURGH!
POCH
UND JETZT!!
SST
SST
SST
SST

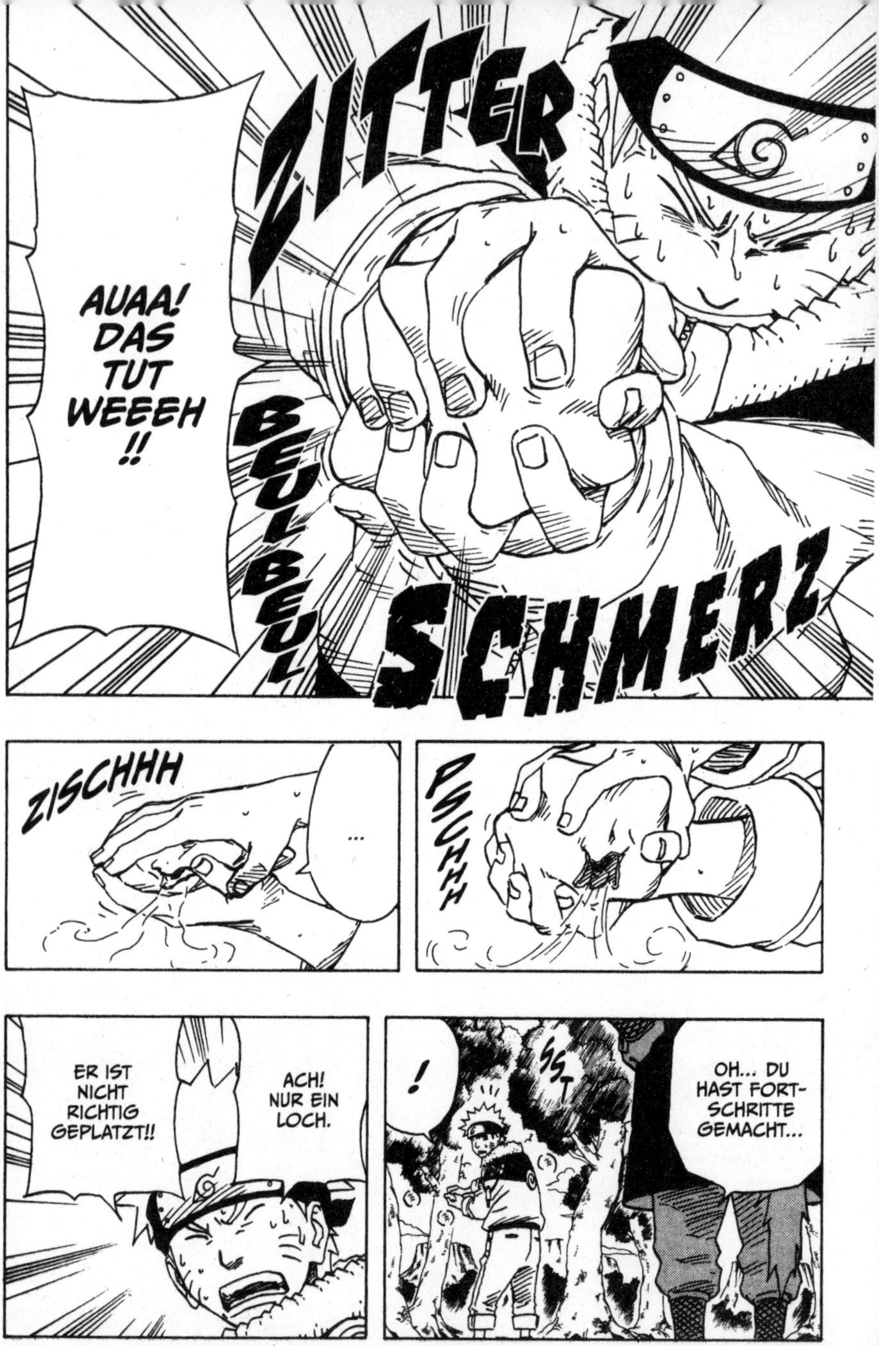
ZITTER
AUAA! DAS TUT WEEEH!!
BEULBEUL
SCHMERZ
PSCHHH
ZISCHHH
...
OH... DU HAST FORT-SCHRITTE GEMACHT...
SST
!
ACH! NUR EIN LOCH.
ER IST NICHT RICHTIG GEPLATZT!!

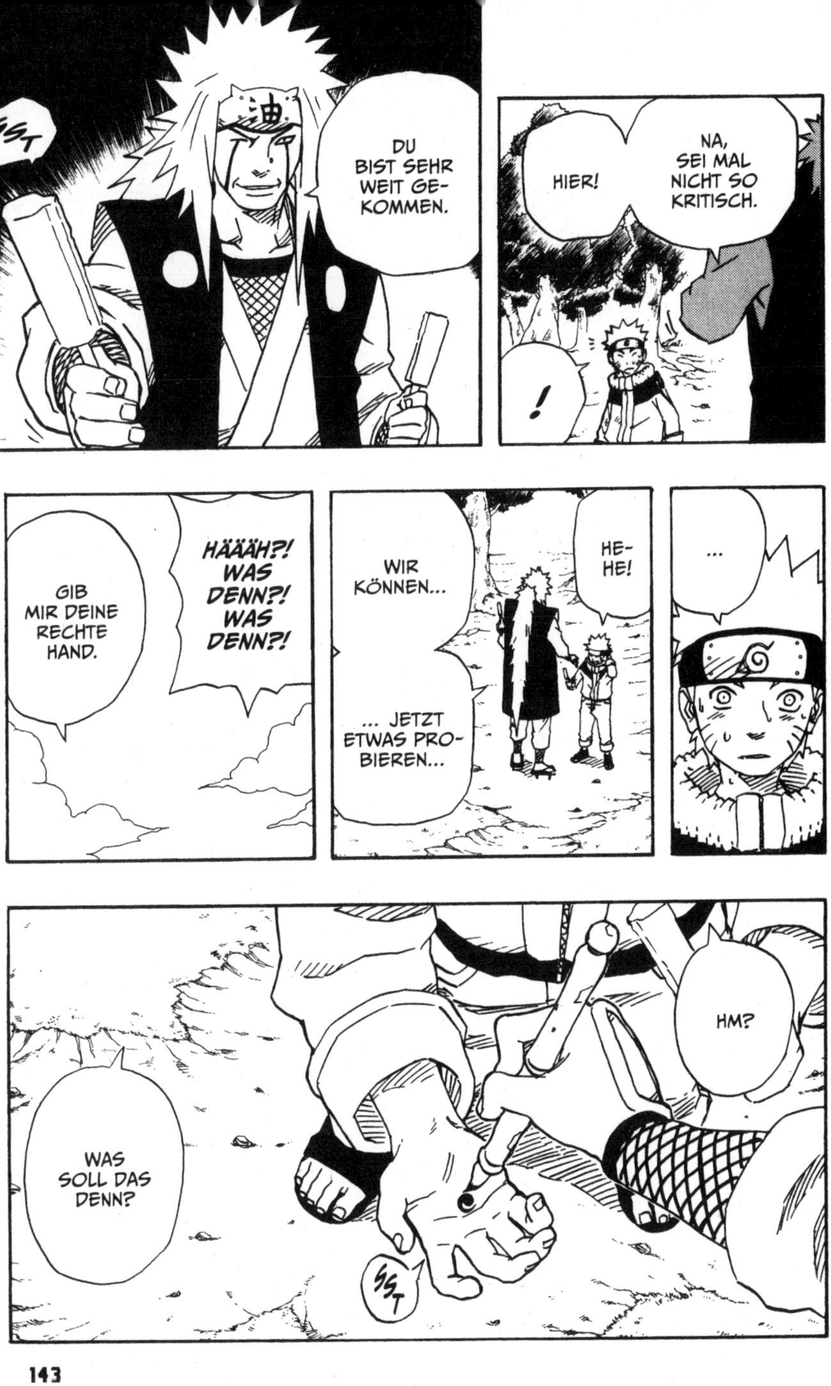
NA, SEI MAL NICHT SO KRITISCH.
HIER!
!
SST
DU BIST SEHR WEIT GE-KOMMEN.
...
HE-HE!
WIR KÖNNEN...
... JETZT ETWAS PRO-BIEREN...
HÄÄÄH?! WAS DENN?! WAS DENN?!
GIB MIR DEINE RECHTE HAND.
HM?
SST
WAS SOLL DAS DENN?

MASASHI KISHIMOTOS WELT LEBENSGESCHICHTE – TEIL 26

ICH HATTE DAMALS KEIN EIGENES TELEFON. ANRUFE BEKAM ICH ÜBER DAS TELEFON DER FAMILIE, BEI DER ICH WOHNTE. AN DEM ABEND, ALS DAS ERGEBNIS DES WETTBEWERBS IM JUMP VERÖFFENTLICHT WURDE, ERHIELT ICH EINEN ANRUF DER JUMP-REDAKTION VON SHUEISHA.

»HERR KISHIMOTO! EIN ANRUF VON DER JUMP-REDAKTION!« RIEF DER HAUSWIRT MIT SEINEM TRAGBAREN TELEFON VOR MEINEM ZIMMER.

(E...ECHT?!) »J...JA! ICH KOMME SOFORT!« MIT SCHWUNG KAM ICH AUS MEINEM ZIMMER UND GRIFF ZUM APPARAT. DIE ANZEIGE »VERBUNDEN« LEUCHTETE. (IST DIESER APPARAT WIRKLICH MIT DER REDAKTION VON *DEM* JUMP VERBUNDEN?! IST DAS WAHR?!) ICH FÜHLTE MICH, ALS WÜRDE MEIN HERZ EXPLODIEREN. ICH VERGASS SOGAR ZU ATMEN. (WAS SOLL ICH SAGEN? WIE SOLL ICH SPRECHEN? N...NEIN... ICH MUSS EINFACH SCHLEUNIGST ANFANGEN ZU SPRECHEN... ICH DARF EINEN JUMP-REDAKTEUR NICHT WARTEN LASSEN!) (EEEEY! MACH DIR KEINE GEDANKEN MEHR! JETZT MACHE ICH EINEN NEUEN SCHRITT IM LEBEN!) ICH HIELT DAS TELEFON FEST...

TUUUT TUUUT TUUUT

VOR AUFREGUNG HATTE ICH WOHL DEN KNOPF »TRENNEN« GEDRÜCKT... ABER DER JUMP-REDAKTEUR HERR YAHAGI WAR SO NETT, DASS ER MICH NOCH EINMAL ANRIEF: »HALLO, HIER IST YAHAGI VOM JUMP. VORHIN WAR DIE LEITUNG IRGENDWIE UNTERBROCHEN. WAR DAS EINE FUNKSTÖRUNG...?«

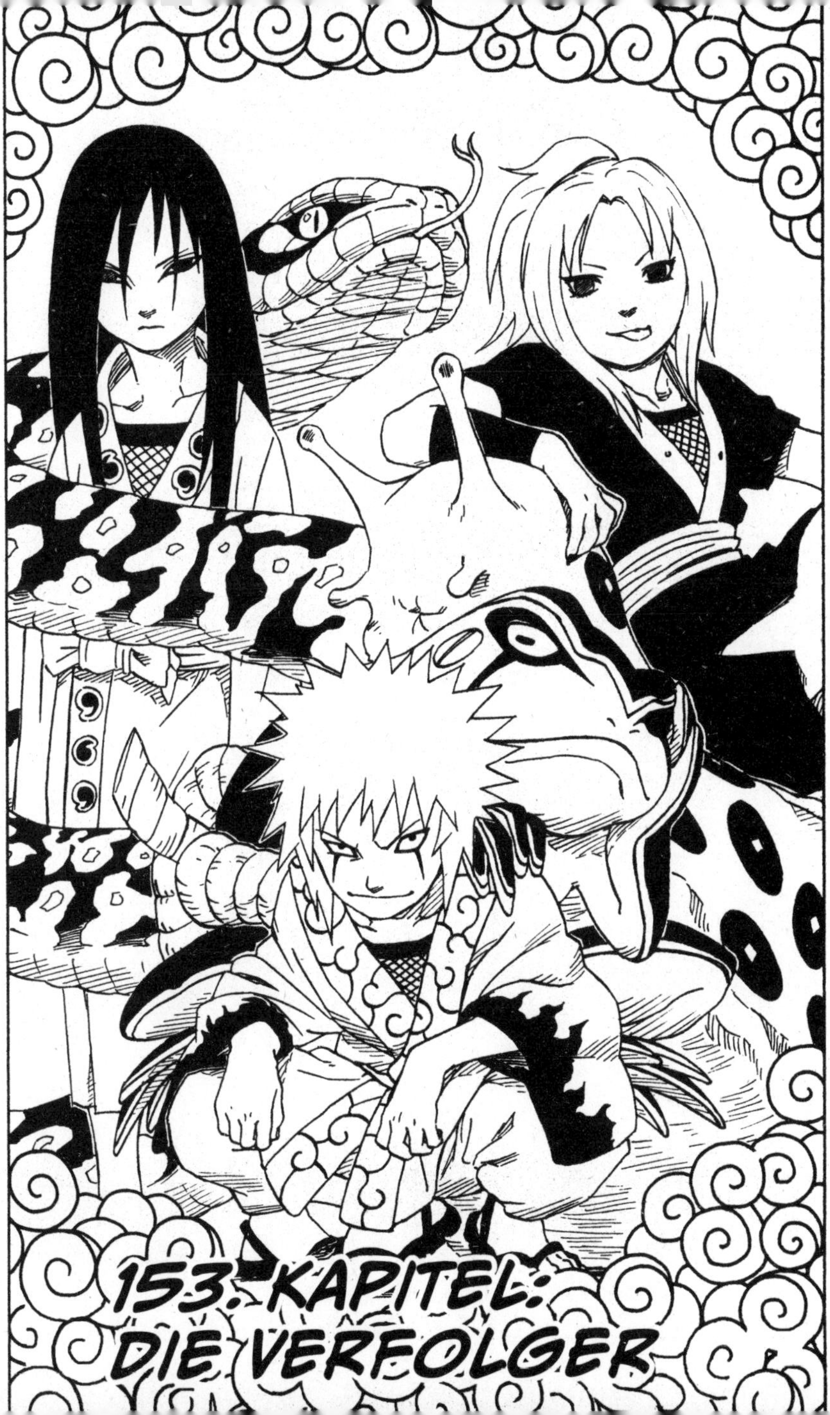
153. KAPITEL:
DIE VERFOLGER

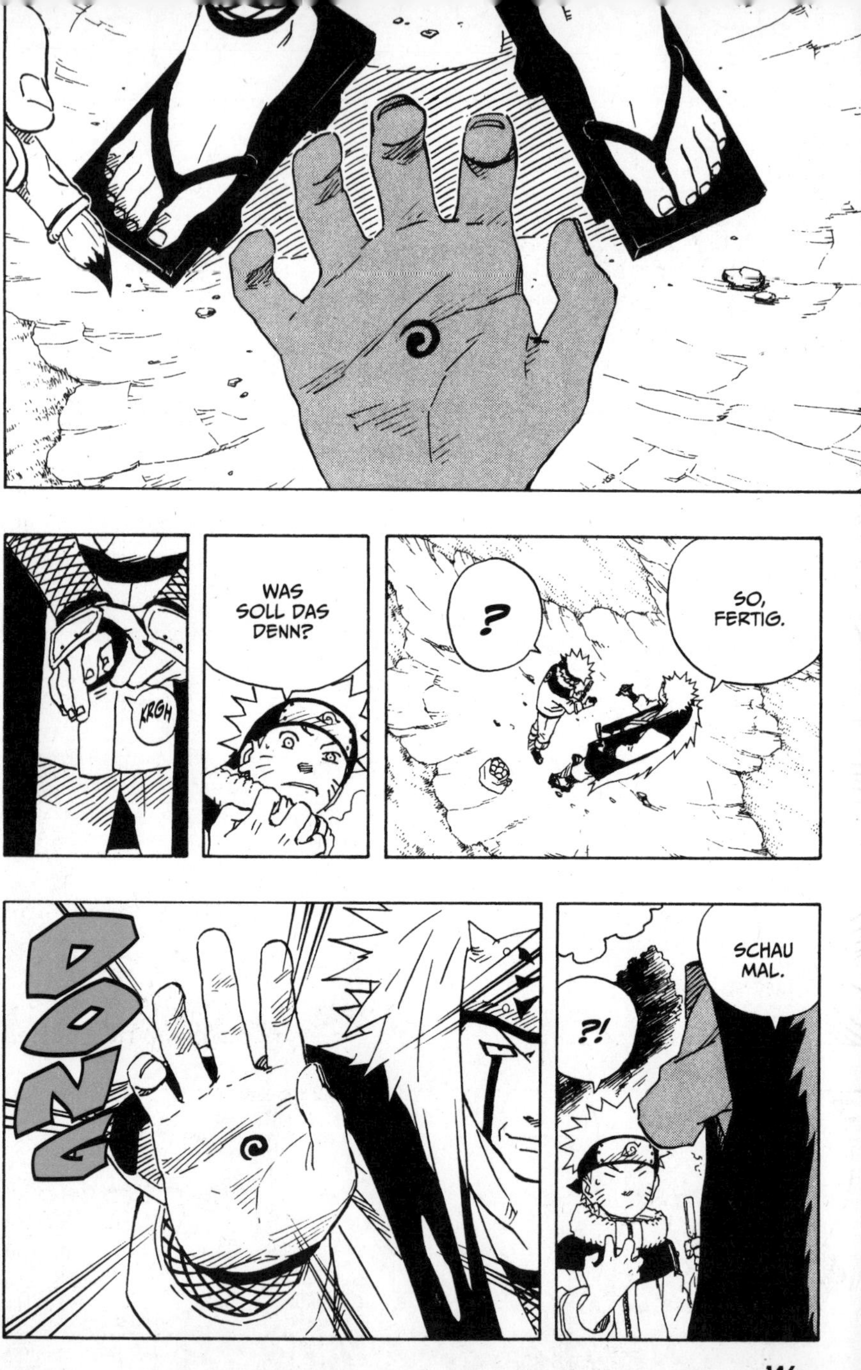
SO, FERTIG.
?
WAS SOLL DAS DENN?
KRGH
SCHAU MAL.
?!
DONG

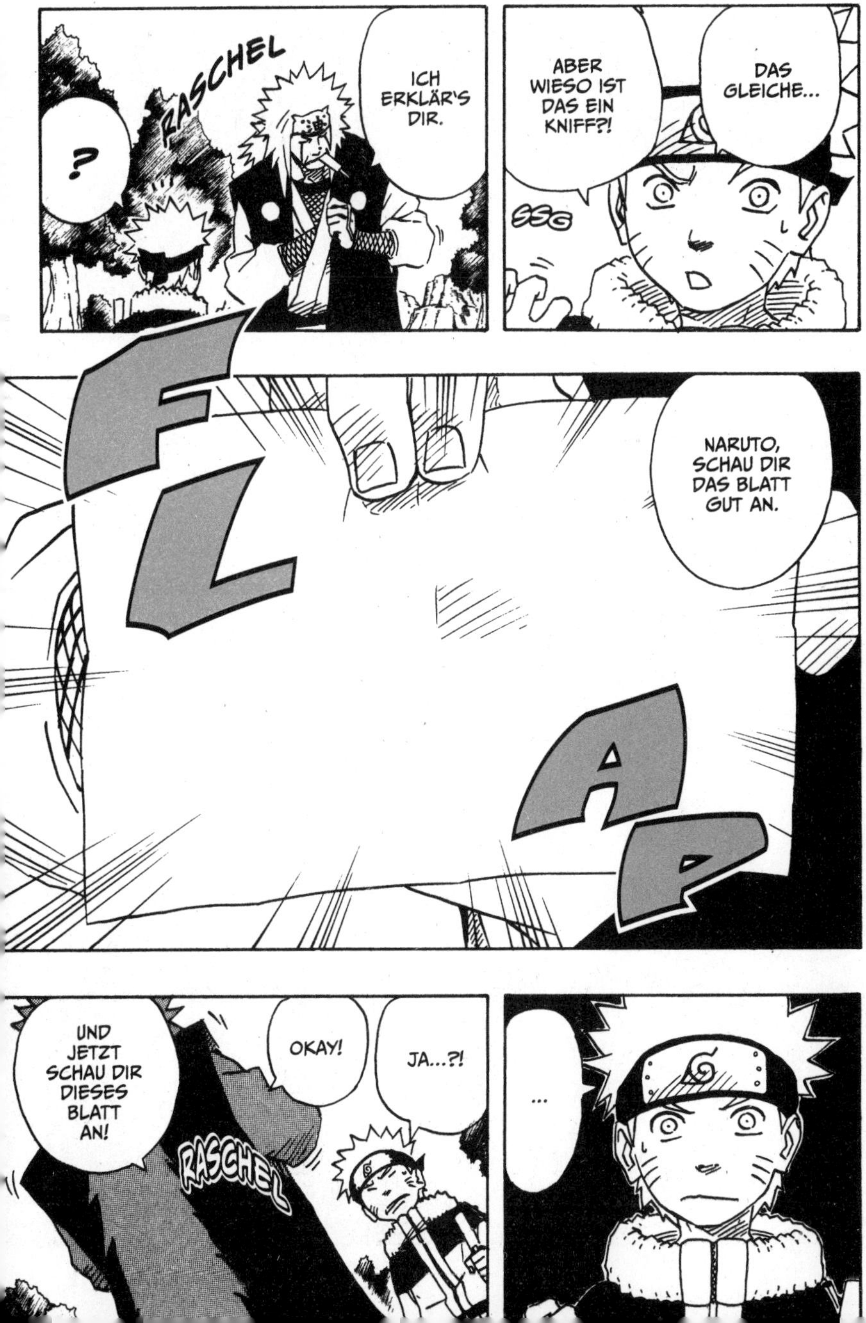
DAS GLEICHE...
ABER WIESO IST DAS EIN KNIFF?!
SSG
ICH ERKLÄR'S DIR.
RASCHEL
?
NARUTO, SCHAU DIR DAS BLATT GUT AN.
FLAP
...
JA...?!
OKAY!
UND JETZT SCHAU DIR DIESES BLATT AN!
RASCHEL

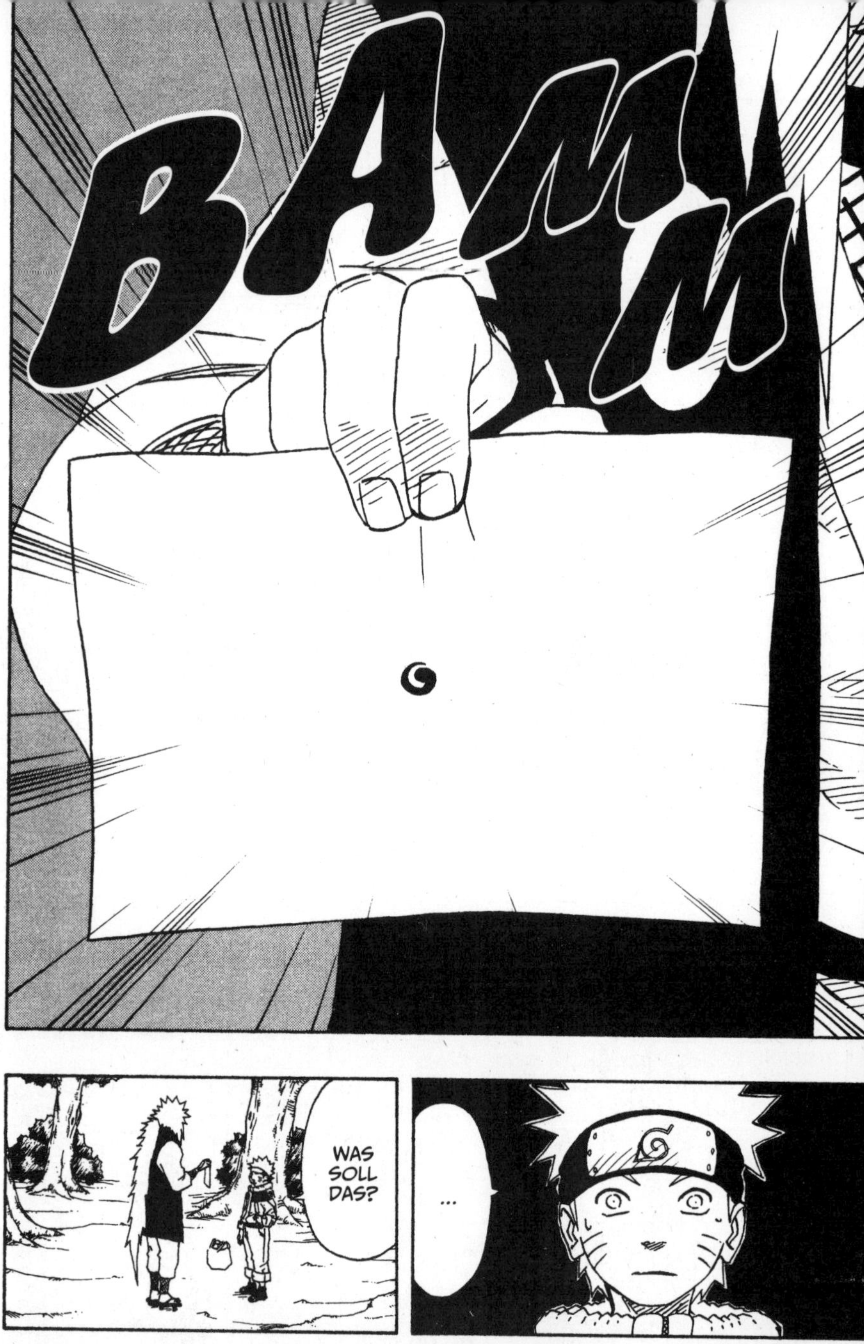
BAMM
...
WAS SOLL DAS?

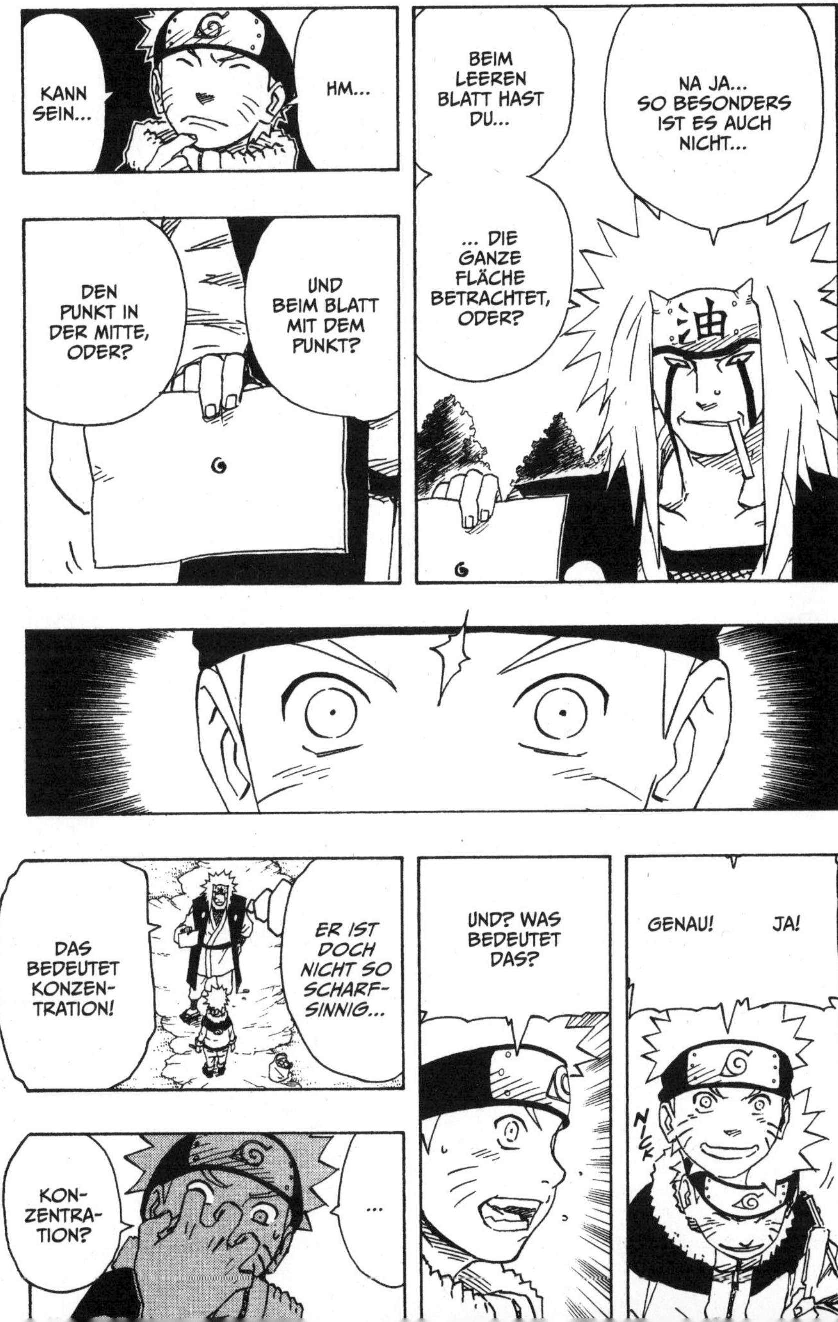
NA JA... SO BESONDERS IST ES AUCH NICHT...
BEIM LEEREN BLATT HAST DU...
... DIE GANZE FLÄCHE BETRACHTET, ODER?
HM...
KANN SEIN...
UND BEIM BLATT MIT DEM PUNKT?
DEN PUNKT IN DER MITTE, ODER?
JA!
GENAU!
NICK
UND? WAS BEDEUTET DAS?
ER IST DOCH NICHT SO SCHARFSINNIG...
DAS BEDEUTET KONZENTRATION!
...
KONZENTRATION?

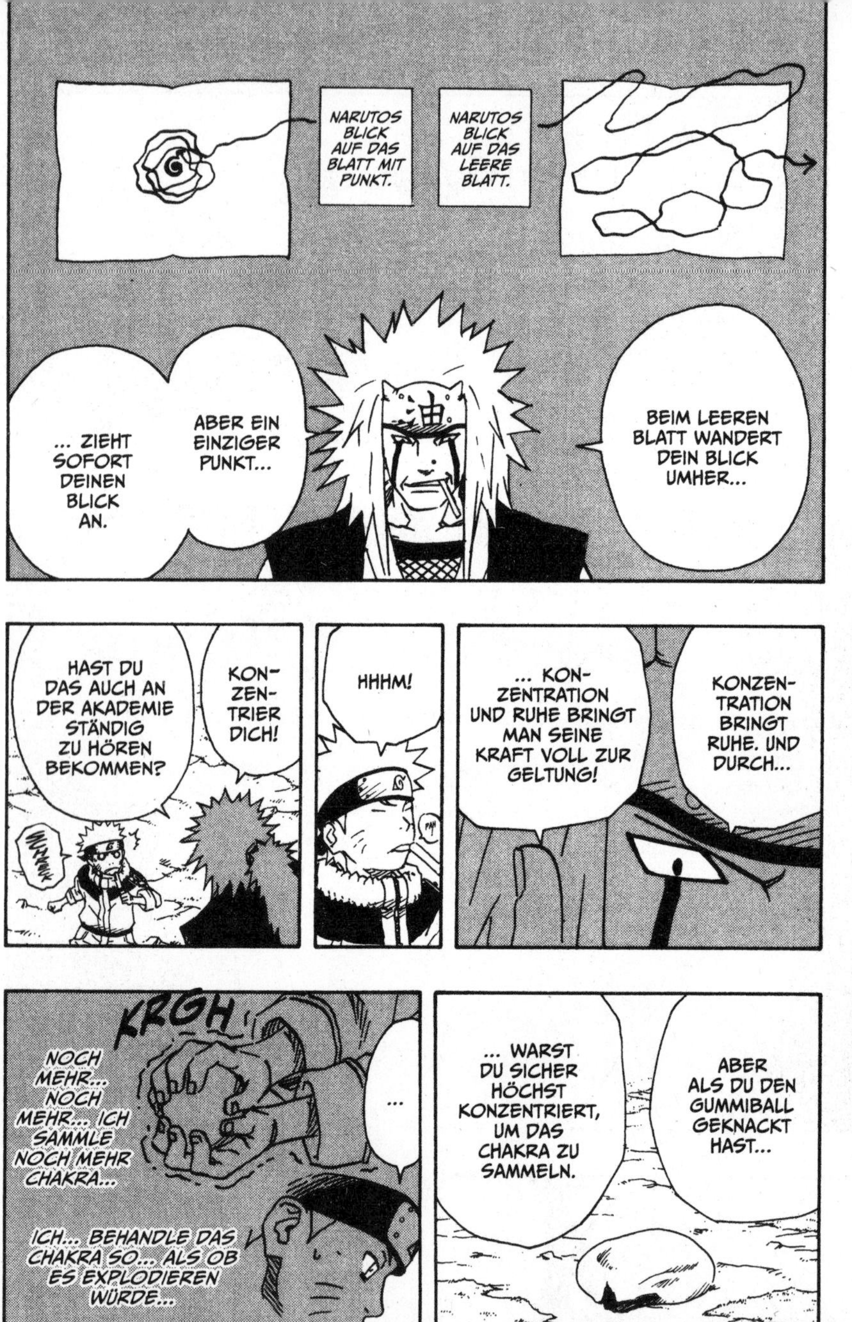
NARUTOS BLICK AUF DAS LEERE BLATT.
NARUTOS BLICK AUF DAS BLATT MIT PUNKT.
BEIM LEEREN BLATT WANDERT DEIN BLICK UMHER...
ABER EIN EINZIGER PUNKT...
... ZIEHT SOFORT DEINEN BLICK AN.
KONZENTRATION BRINGT RUHE. UND DURCH...
... KONZENTRATION UND RUHE BRINGT MAN SEINE KRAFT VOLL ZUR GELTUNG!
HHHM!
KONZENTRIER DICH!
HAST DU DAS AUCH AN DER AKADEMIE STÄNDIG ZU HÖREN BEKOMMEN?
ABER ALS DU DEN GUMMIBALL GEKNACKT HAST...
... WARST DU SICHER HÖCHST KONZENTRIERT, UM DAS CHAKRA ZU SAMMELN.
...
KRGH
NOCH MEHR... NOCH MEHR... ICH SAMMLE NOCH MEHR CHAKRA...
ICH... BEHANDLE DAS CHAKRA SO... ALS OB ES EXPLODIEREN WÜRDE...

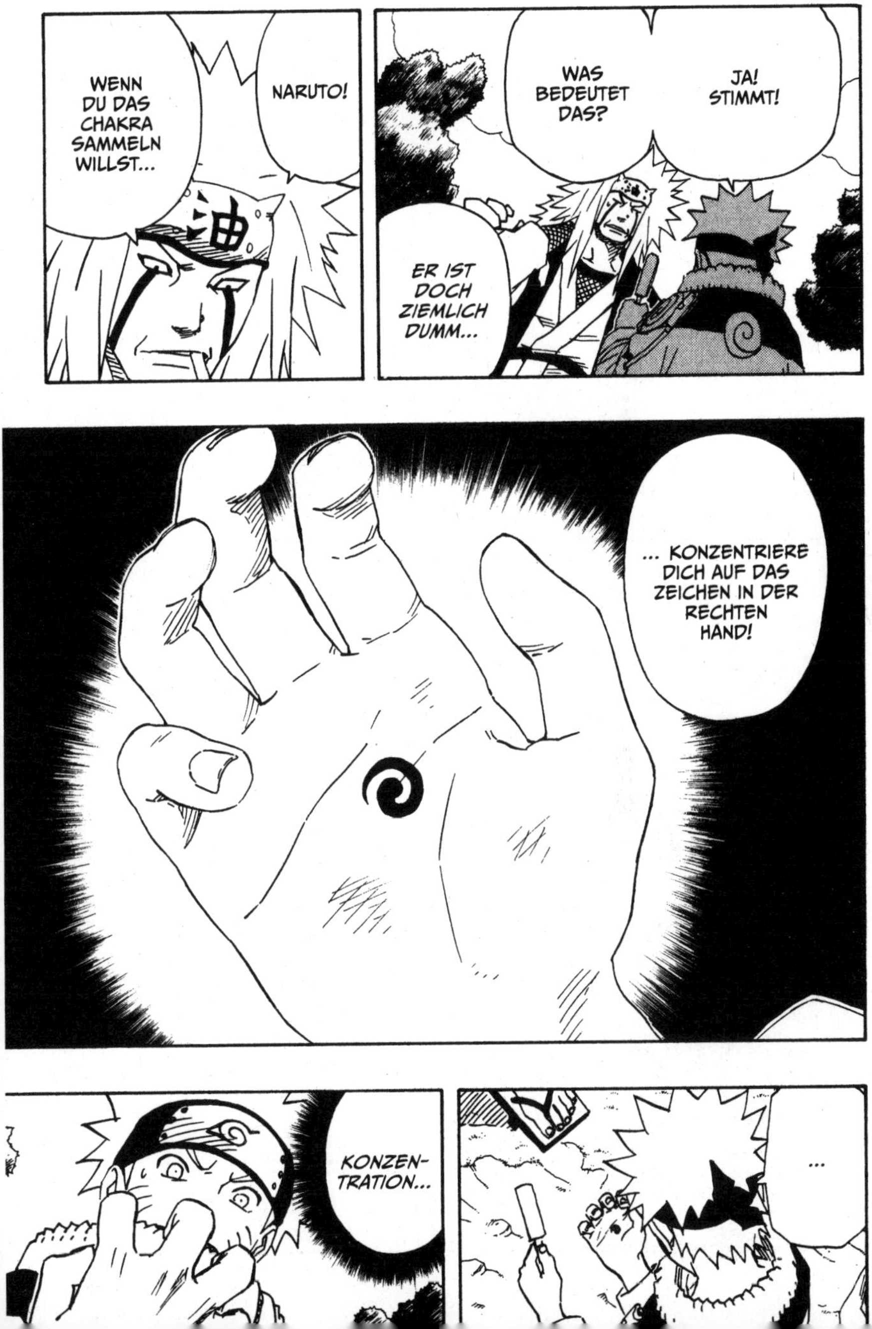

JA! STIMMT!
WAS BEDEUTET DAS?
ER IST DOCH ZIEMLICH DUMM...
NARUTO!
WENN DU DAS CHAKRA SAMMELN WILLST...
... KONZENTRIERE DICH AUF DAS ZEICHEN IN DER RECHTEN HAND!
...
KONZEN-TRATION...

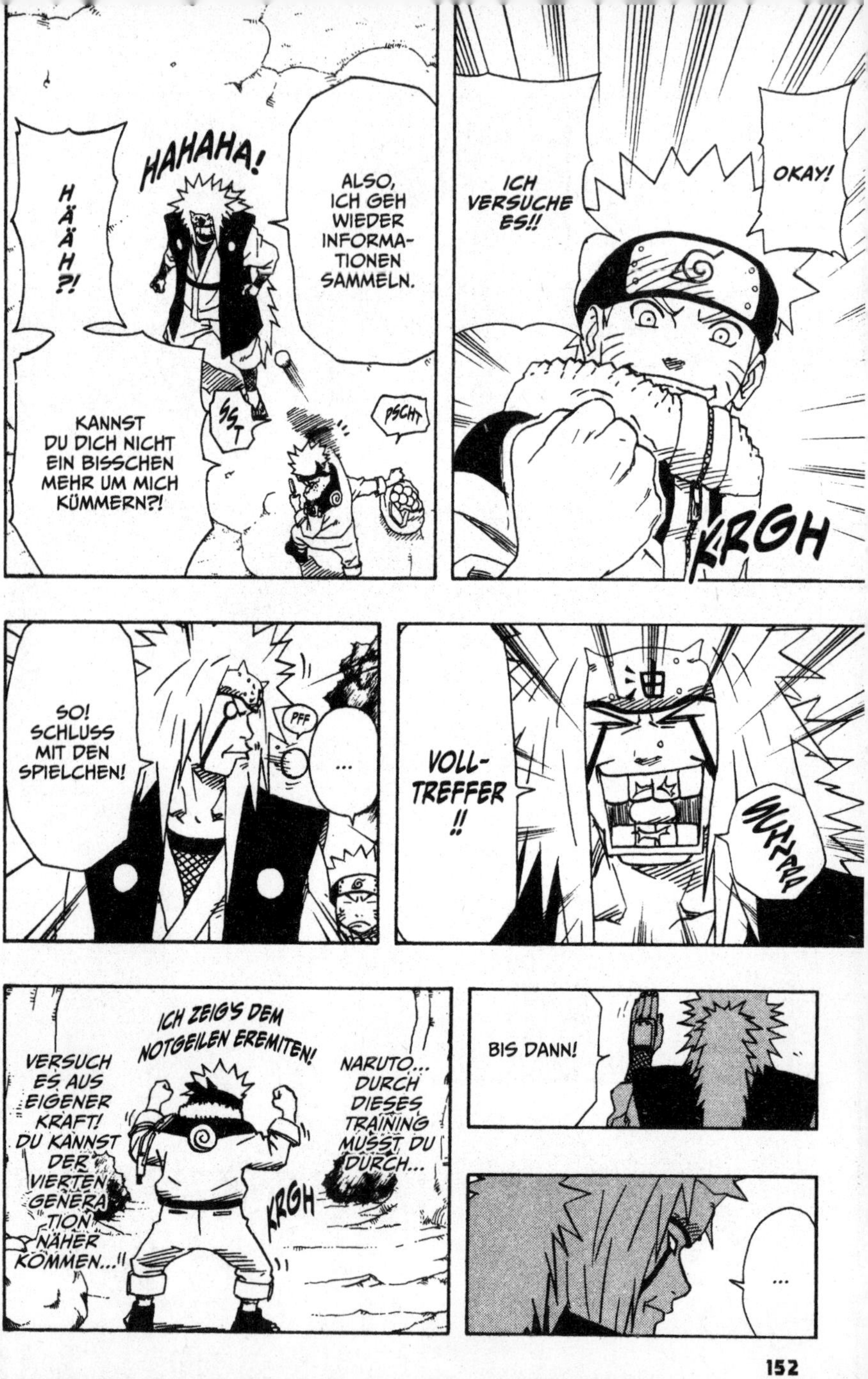
OKAY!
ICH VERSUCHE ES!!
KRGH
ALSO, ICH GEH WIEDER INFORMATIONEN SAMMELN.
HAHAHA!
HÄÄH?!
PSCHT
SST
KANNST DU DICH NICHT EIN BISSCHEN MEHR UM MICH KÜMMERN?!
VOLLTREFFER!!
...
PFF
SO! SCHLUSS MIT DEN SPIELCHEN!
BIS DANN!
...
NARUTO... DURCH DIESES TRAINING MUSST DU DURCH...
ICH ZEIG'S DEM NOTGEILEN EREMITEN!
KRGH
VERSUCH ES AUS EIGENER KRAFT! DU KANNST DER VIERTEN GENERATION NÄHER KOMMEN...!!

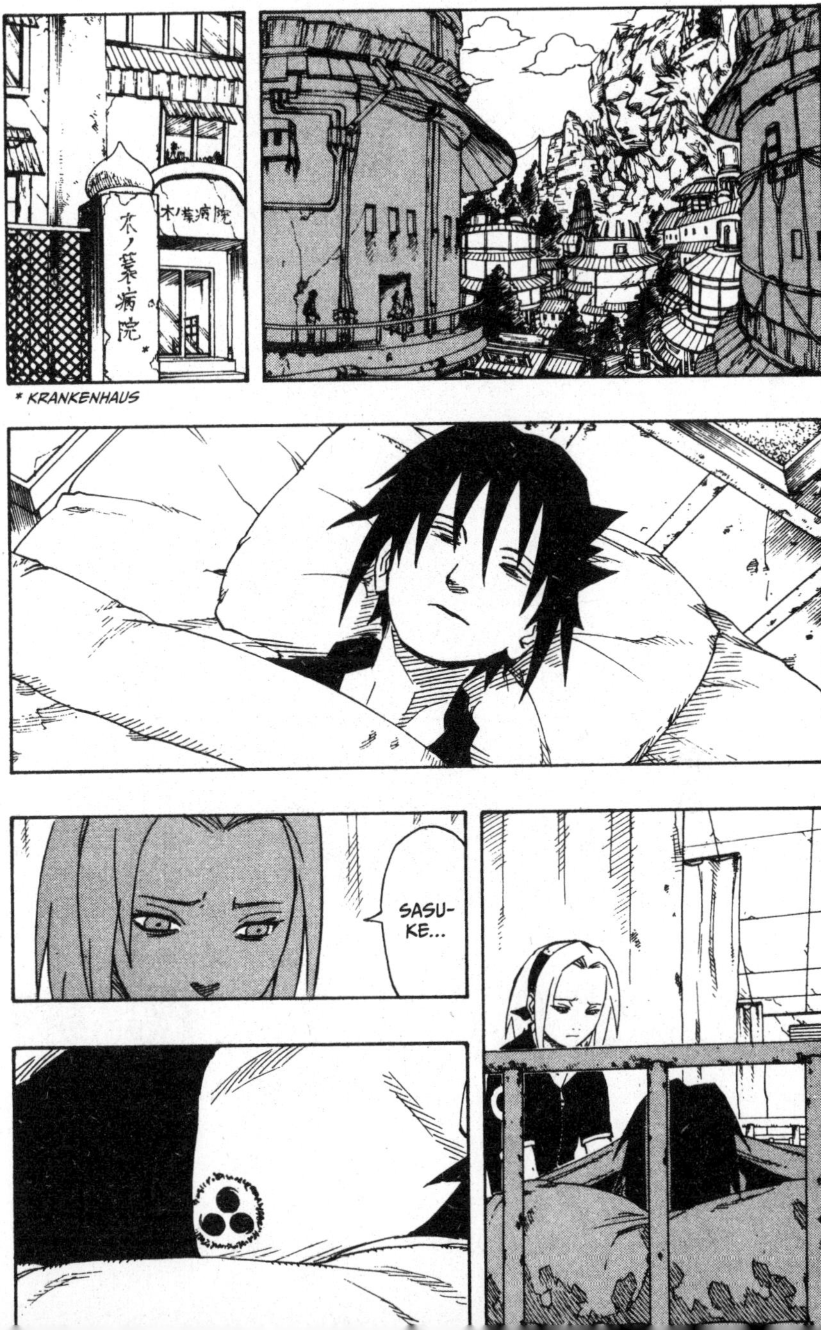

木ノ葉病院 *
木ノ葉病院
* KRANKENHAUS
SASU-KE...

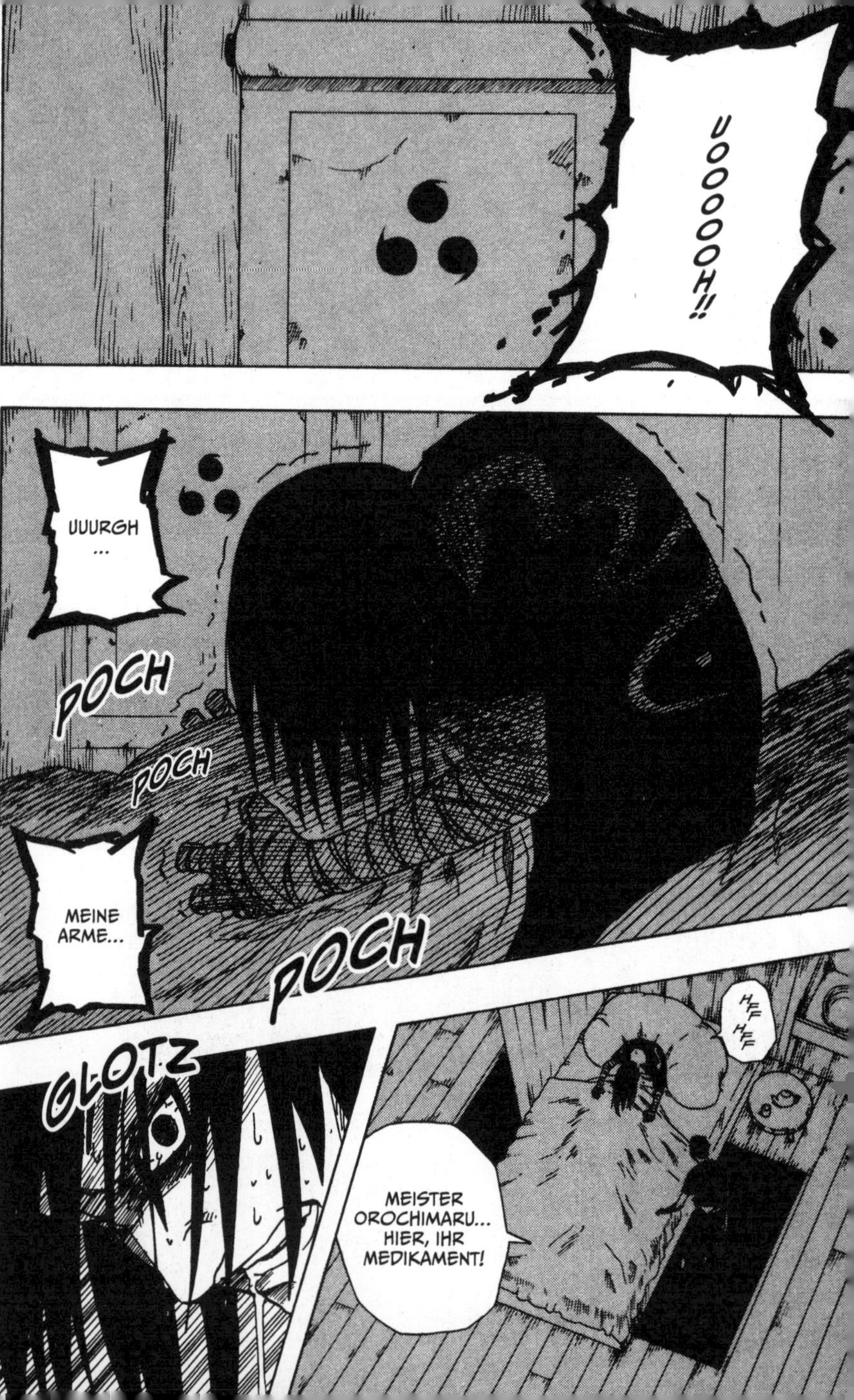

UOOOOOOH!!
UUURGH ...
POCH
POCH
MEINE ARME...
POCH
HFF HFF
GLOTZ
MEISTER OROCHIMARU... HIER, IHR MEDIKAMENT!

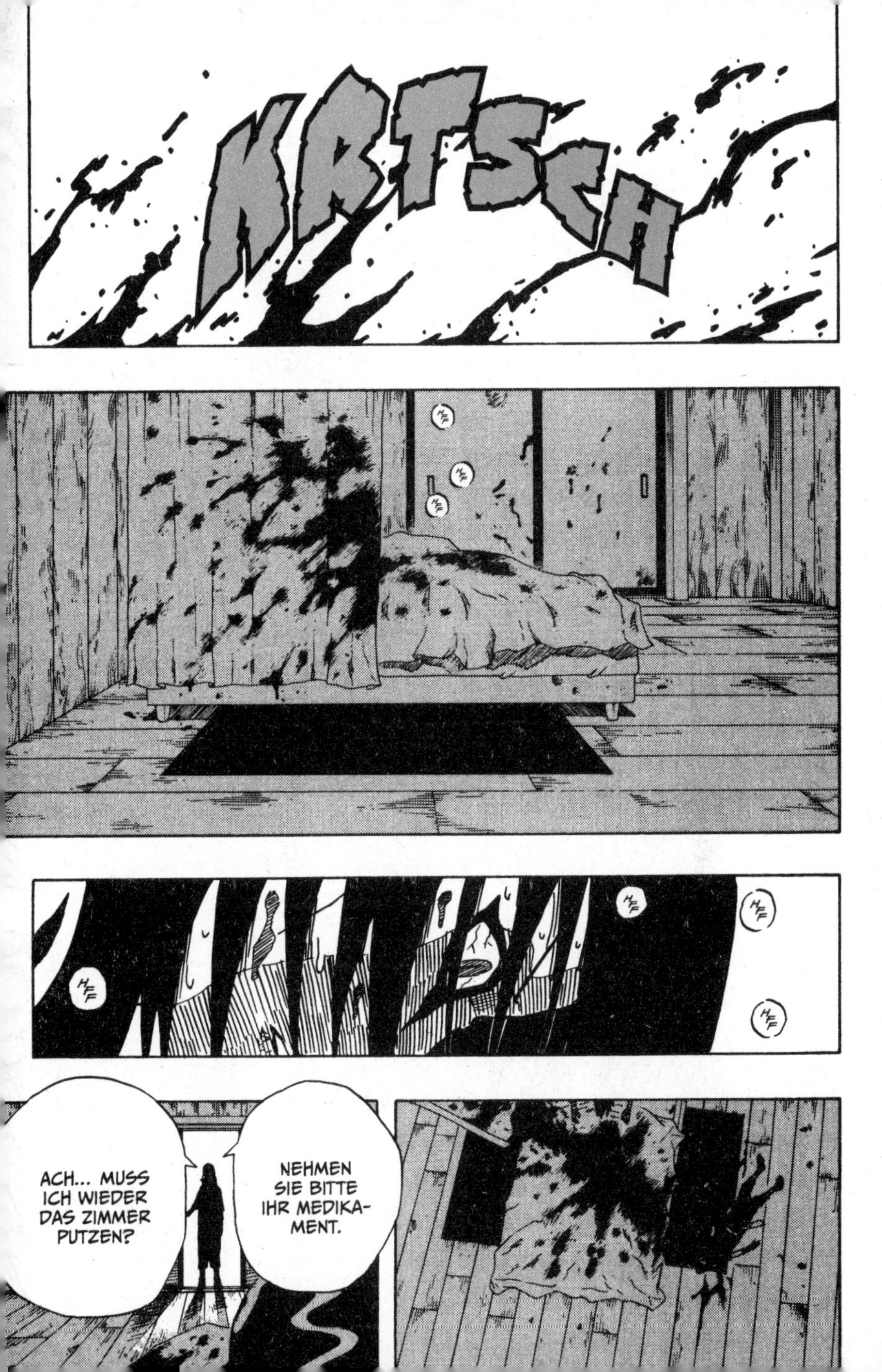
KRTSCH
NEHMEN SIE BITTE IHR MEDIKA-MENT.
ACH... MUSS ICH WIEDER DAS ZIMMER PUTZEN?

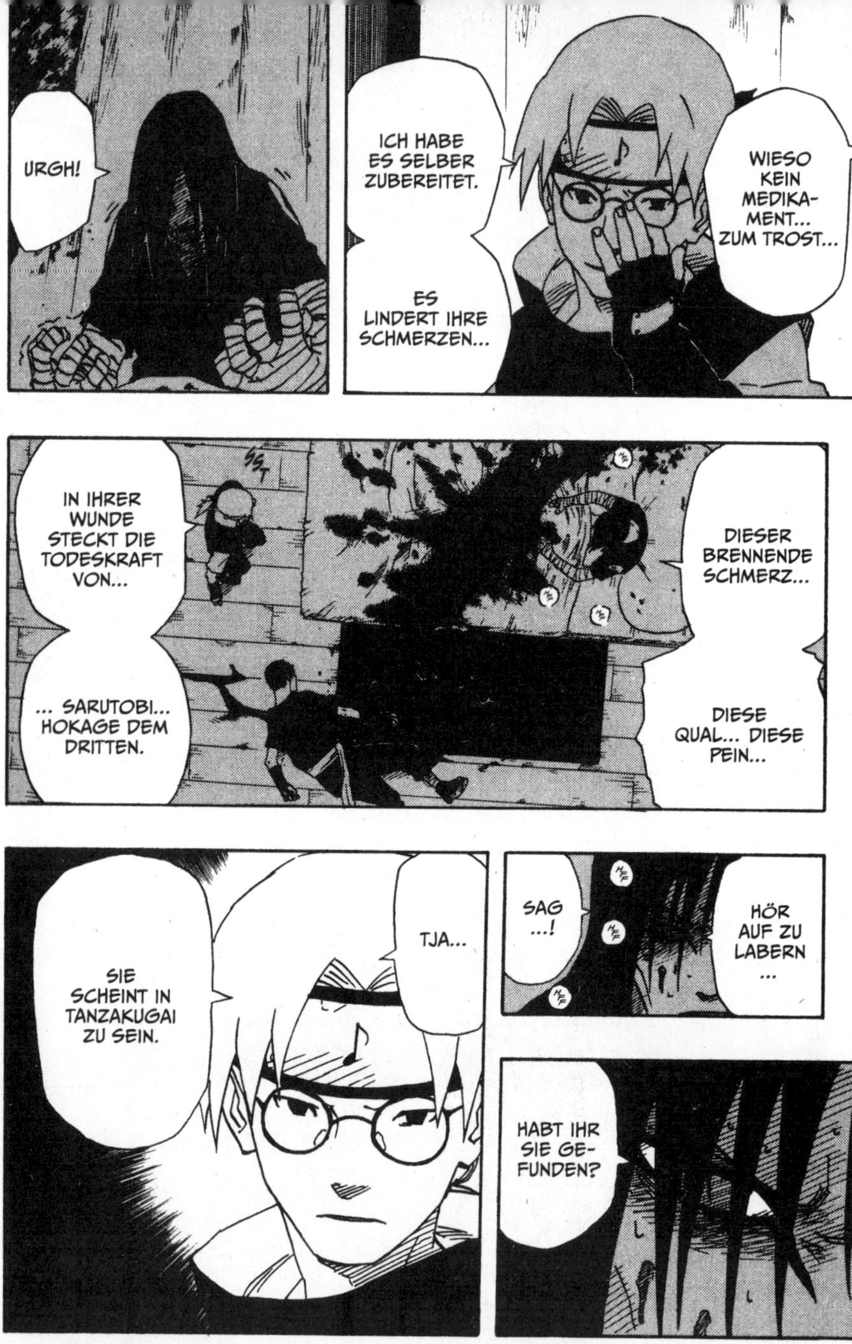
WIESO KEIN MEDIKAMENT... ZUM TROST...
ICH HABE ES SELBER ZUBEREITET.
ES LINDERT IHRE SCHMERZEN...
URGH!
DIESER BRENNENDE SCHMERZ...
DIESE QUAL... DIESE PEIN...
IN IHRER WUNDE STECKT DIE TODESKRAFT VON...
... SARUTOBI... HOKAGE DEM DRITTEN.
HÖR AUF ZU LABERN ...
SAG ...!
HABT IHR SIE GEFUNDEN?
TJA...
SIE SCHEINT IN TANZAKUGAI ZU SEIN.

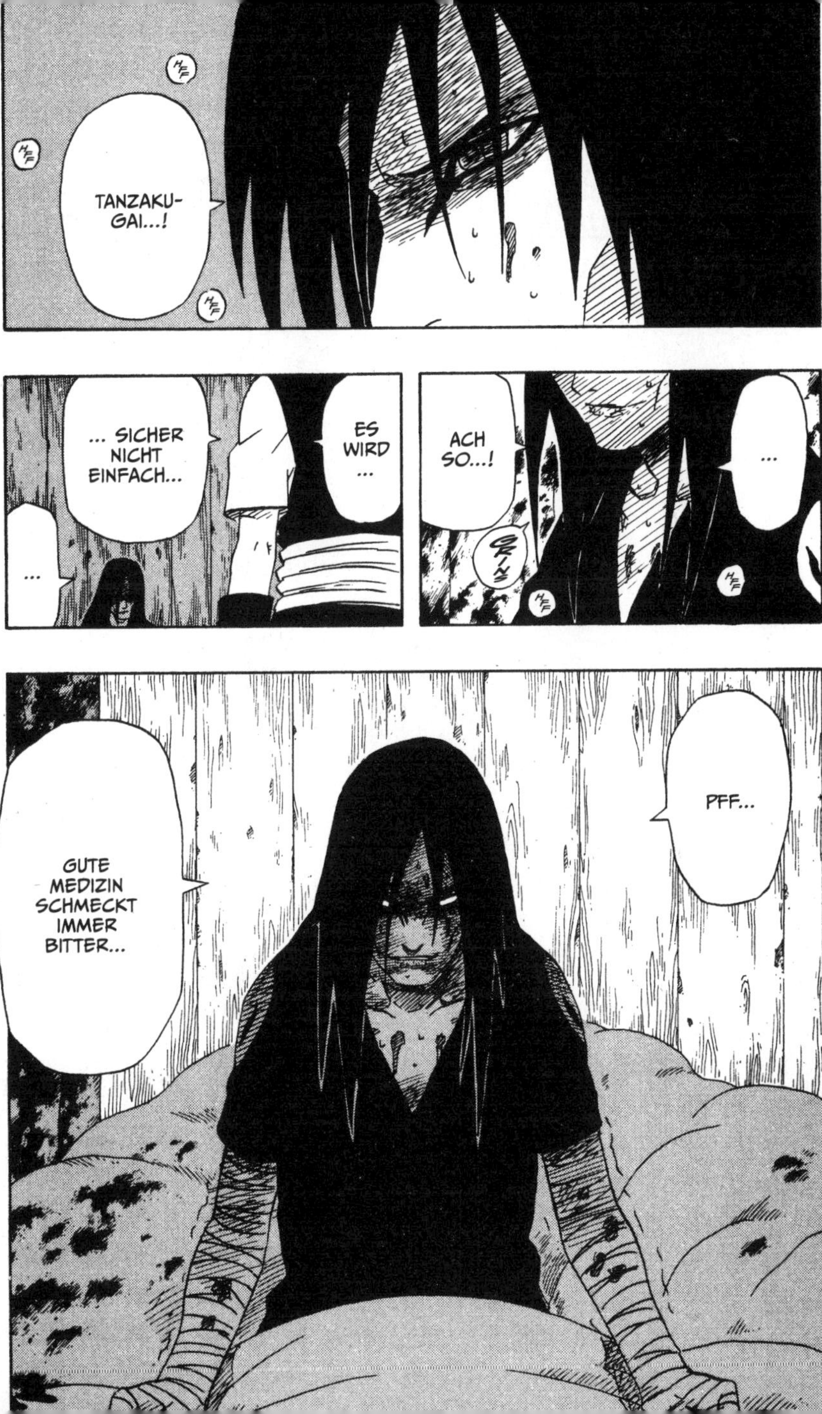
HEF
HEF
TANZAKU-GAI...!
HEF
...
HEF
ACH SO...!
GRINS
HEF
ES WIRD ...
... SICHER NICHT EINFACH...
...
PFF...
GUTE MEDIZIN SCHMECKT IMMER BITTER...

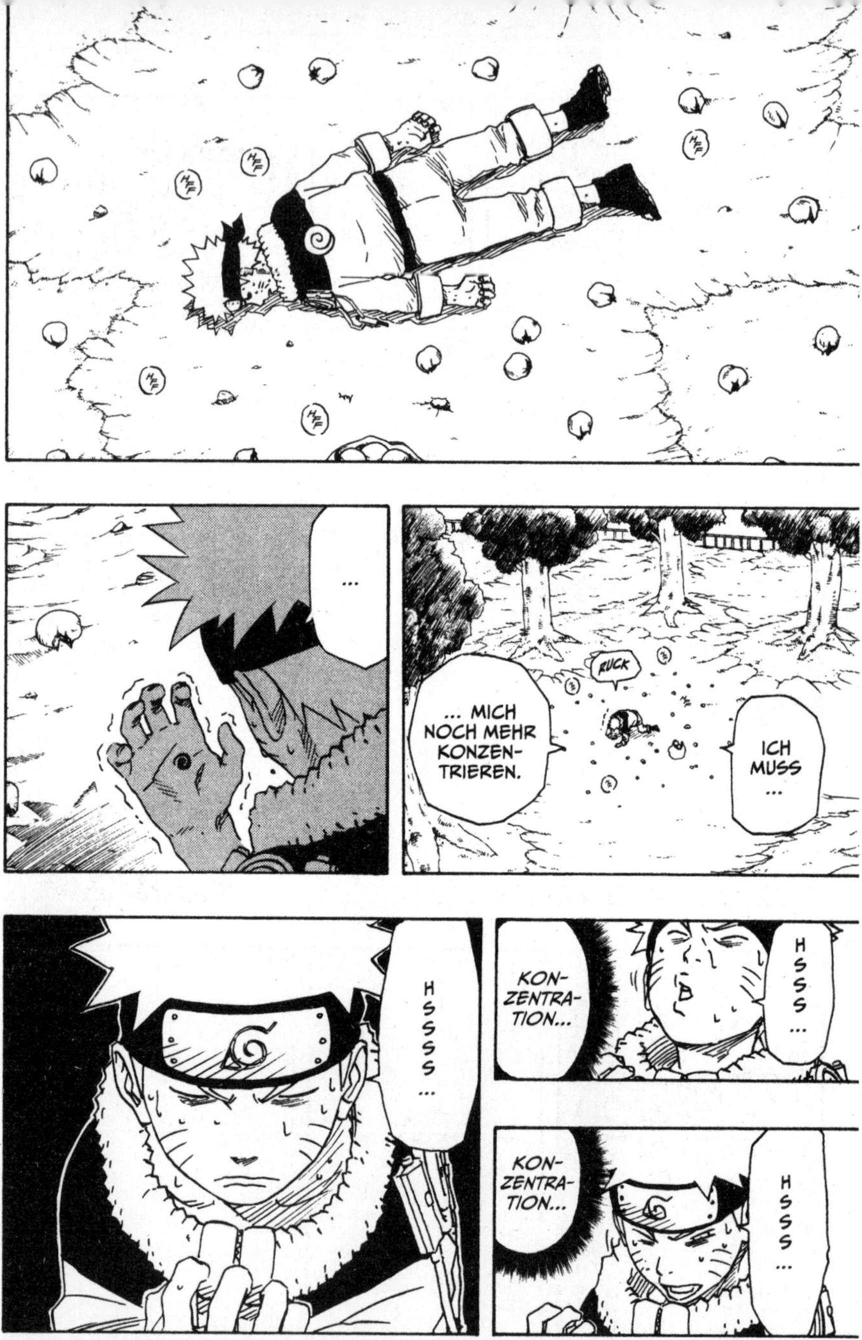
ICH MUSS ...
RUCK
... MICH NOCH MEHR KONZENTRIEREN.
...
HSSS ...
KONZENTRATION...
HSSS ...
KONZENTRATION...
HSSSS ...

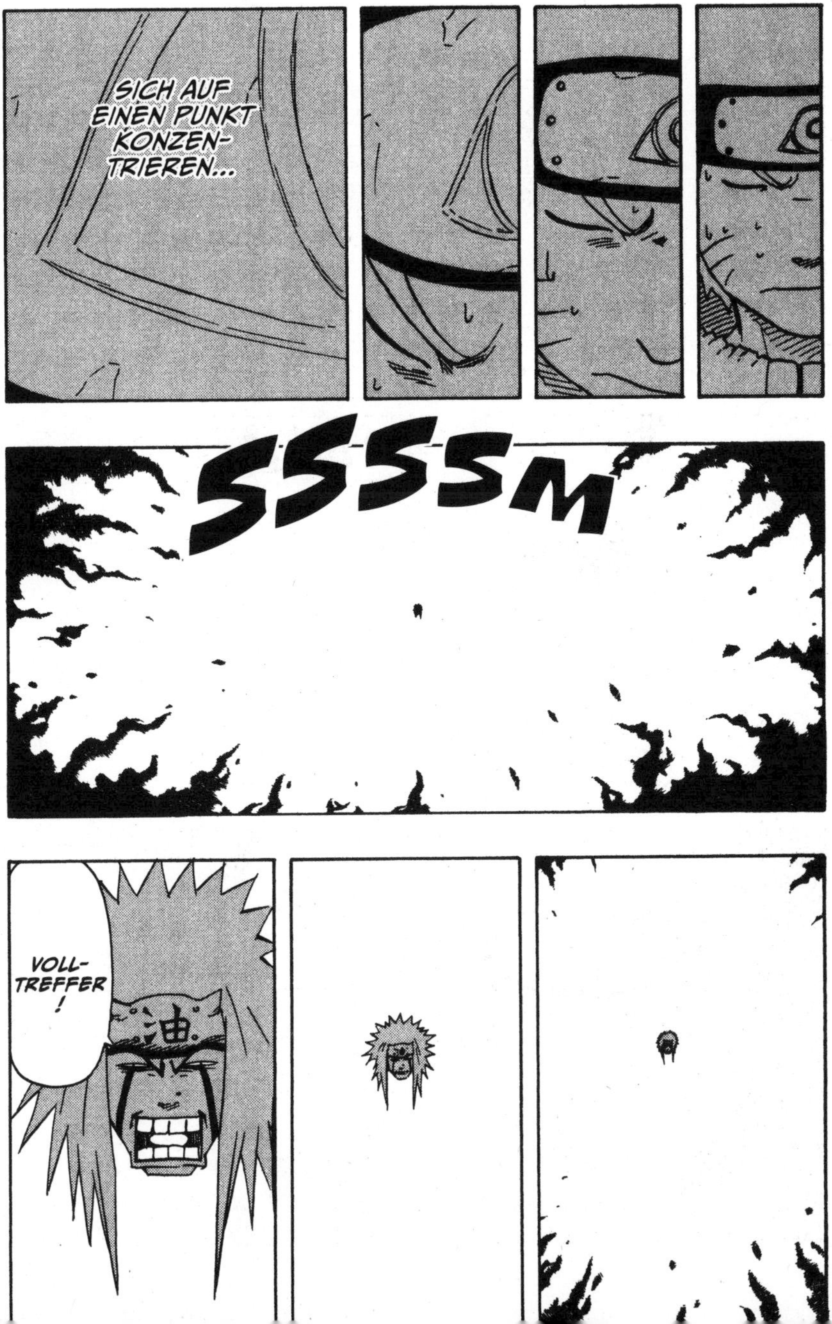
SICH AUF EINEN PUNKT KONZEN-TRIEREN...
SSSSM
VOLL-TREFFER !
油

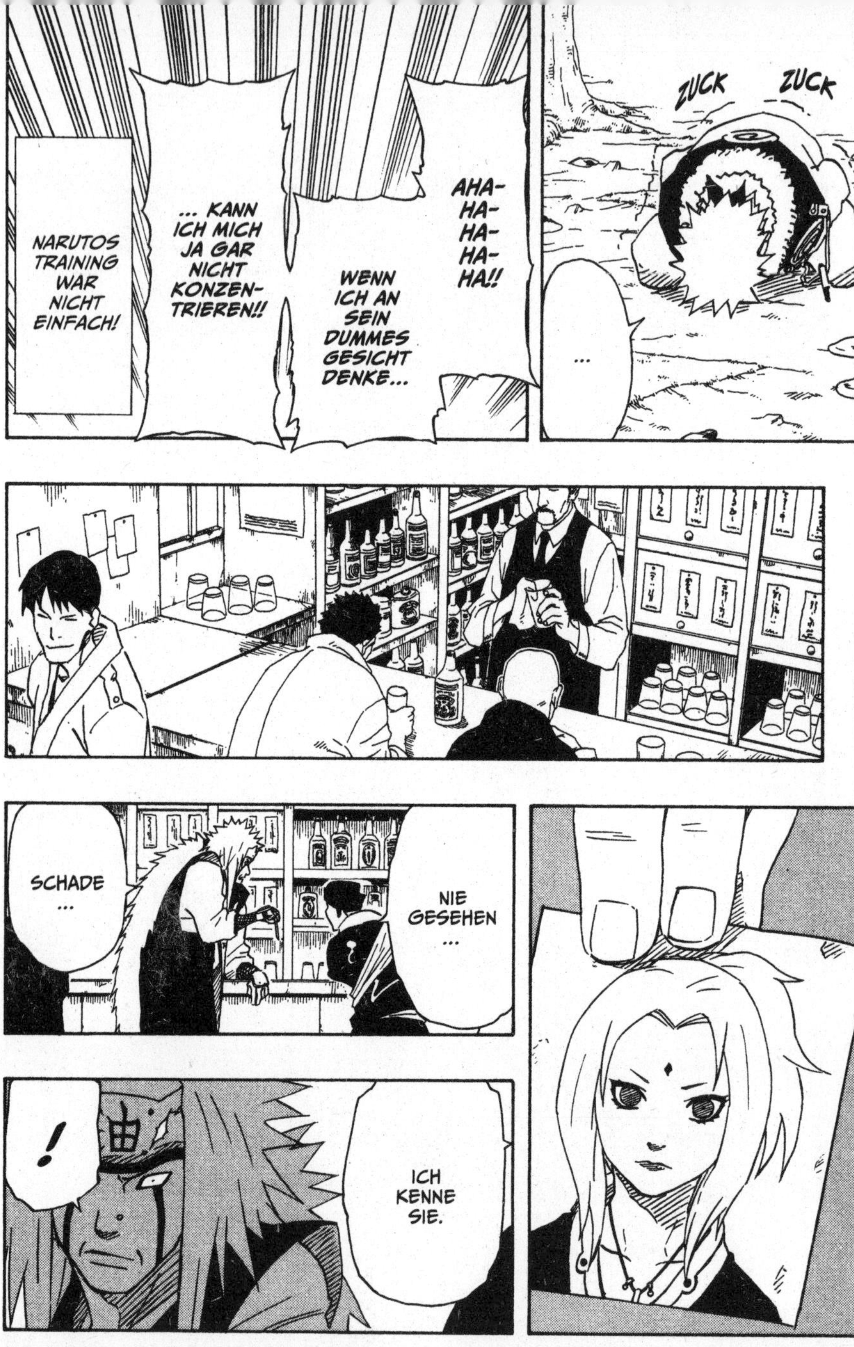
ZUCK
ZUCK
...
AHA-HA-HA-HA-HA!!
WENN ICH AN SEIN DUMMES GESICHT DENKE...
... KANN ICH MICH JA GAR NICHT KONZENTRIEREN!!
NARUTOS TRAINING WAR NICHT EINFACH!
NIE GESEHEN ...
SCHADE ...
ICH KENNE SIE.
!

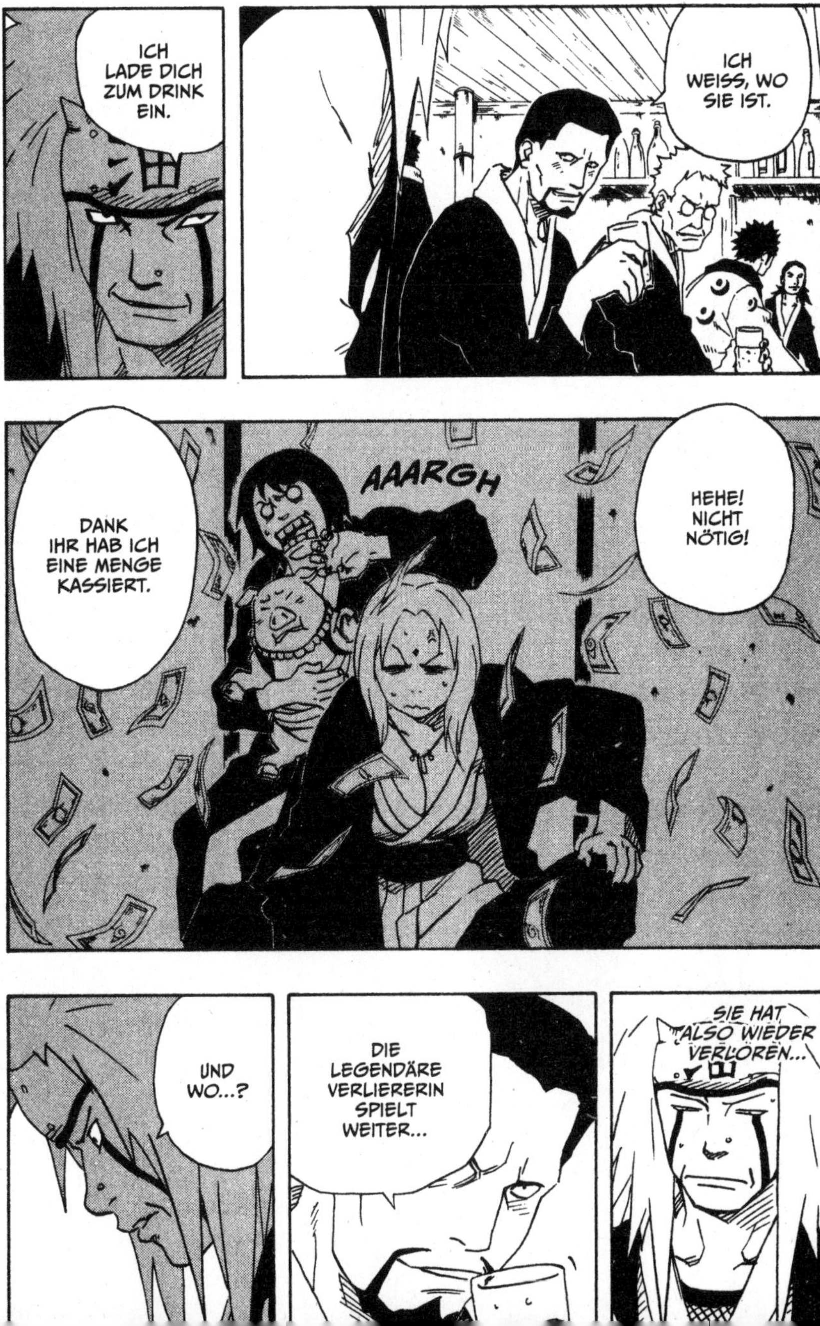
ICH WEISS, WO SIE IST.
ICH LADE DICH ZUM DRINK EIN.
HEHE! NICHT NÖTIG!
AAARGH
DANK IHR HAB ICH EINE MENGE KASSIERT.
SIE HAT ALSO WIEDER VERLOREN...
DIE LEGENDÄRE VERLIERERIN SPIELT WEITER...
UND WO...?

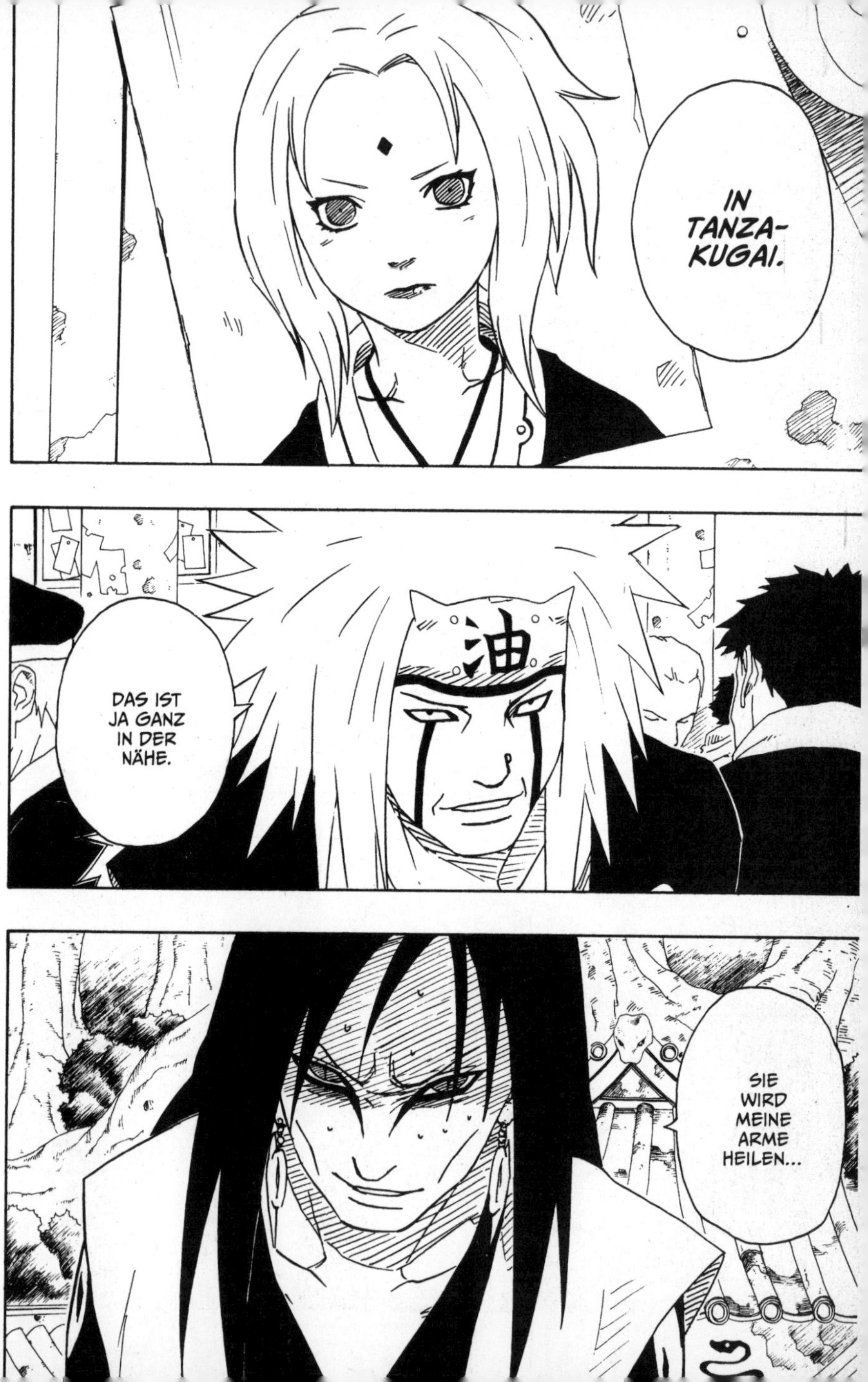
IN TANZA-KUGAI.
DAS IST JA GANZ IN DER NÄHE.
SIE WIRD MEINE ARME HEILEN...

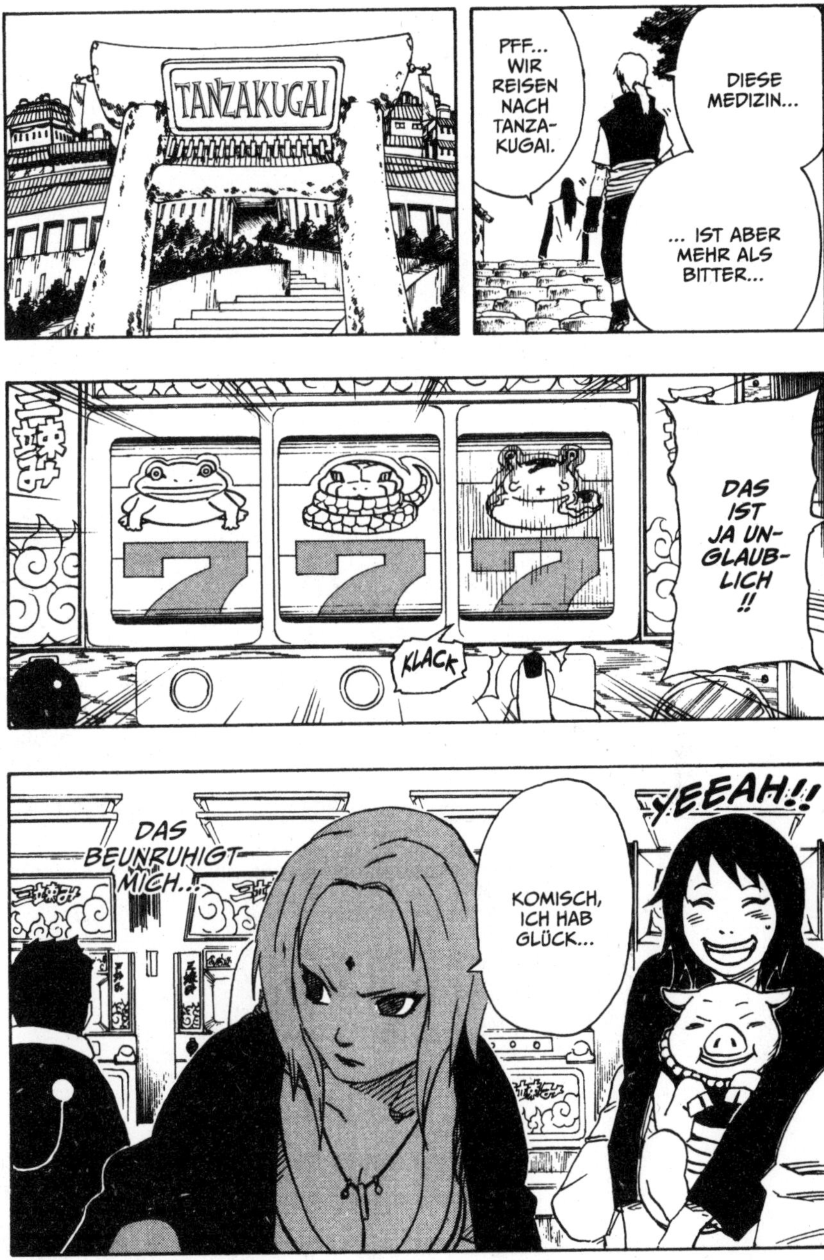
DIESE MEDIZIN...
... IST ABER MEHR ALS BITTER...
PFF... WIR REISEN NACH TANZAKUGAI.
TANZAKUGAI
DAS IST JA UNGLAUBLICH!!
KLACK
YEEAH!!
KOMISCH, ICH HAB GLÜCK...
DAS BEUNRUHIGT MICH...

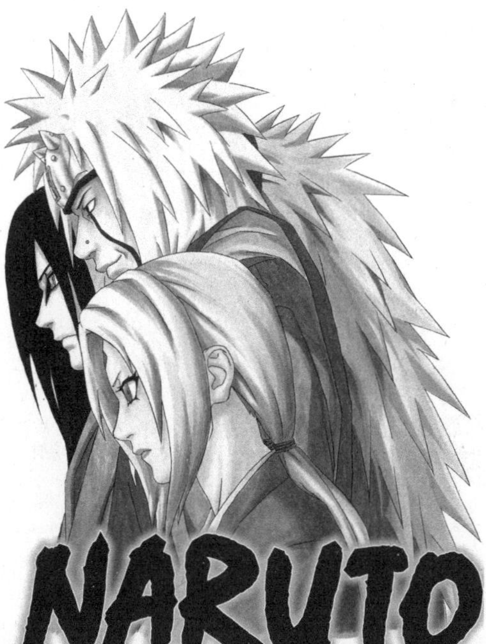
NARUTO

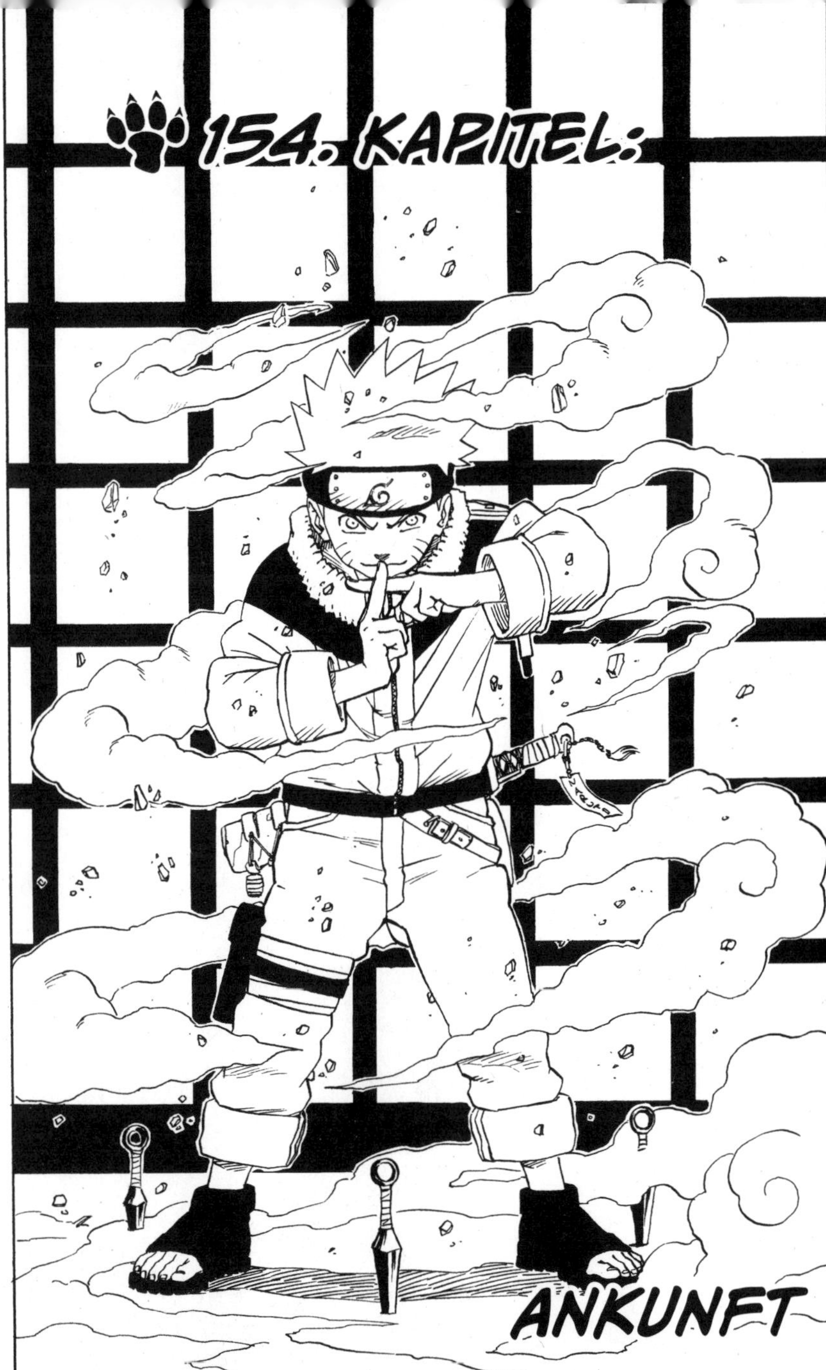
154. KAPITEL:
ANKUNFT

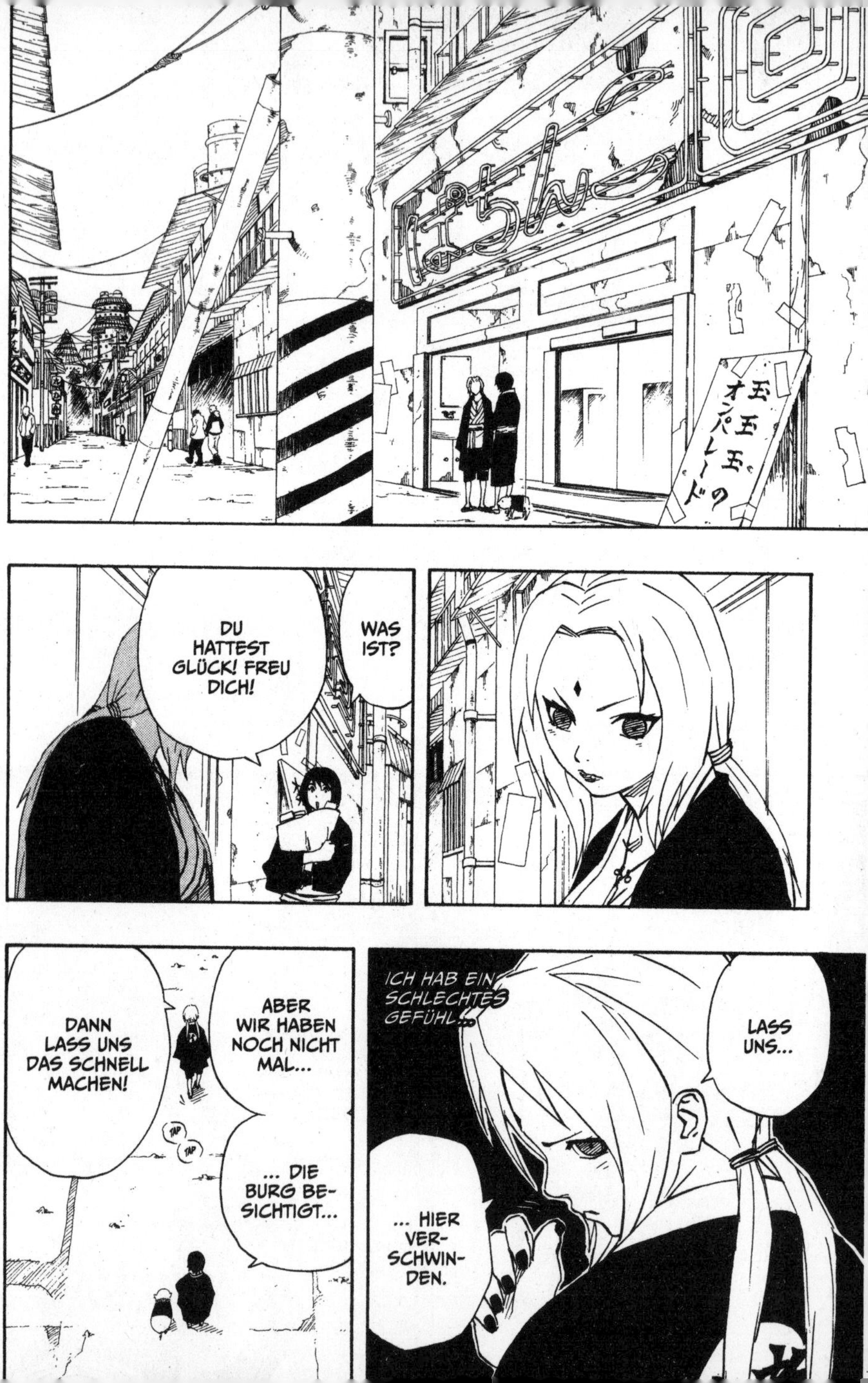
玉玉玉のオンパレード
WAS IST?
DU HATTEST GLÜCK! FREU DICH!
ICH HAB EIN SCHLECHTES GEFÜHL...
LASS UNS...
... HIER VER-SCHWIN-DEN.
ABER WIR HABEN NOCH NICHT MAL...
... DIE BURG BE-SICHTIGT...
DANN LASS UNS DAS SCHNELL MACHEN!
TAP
TAP

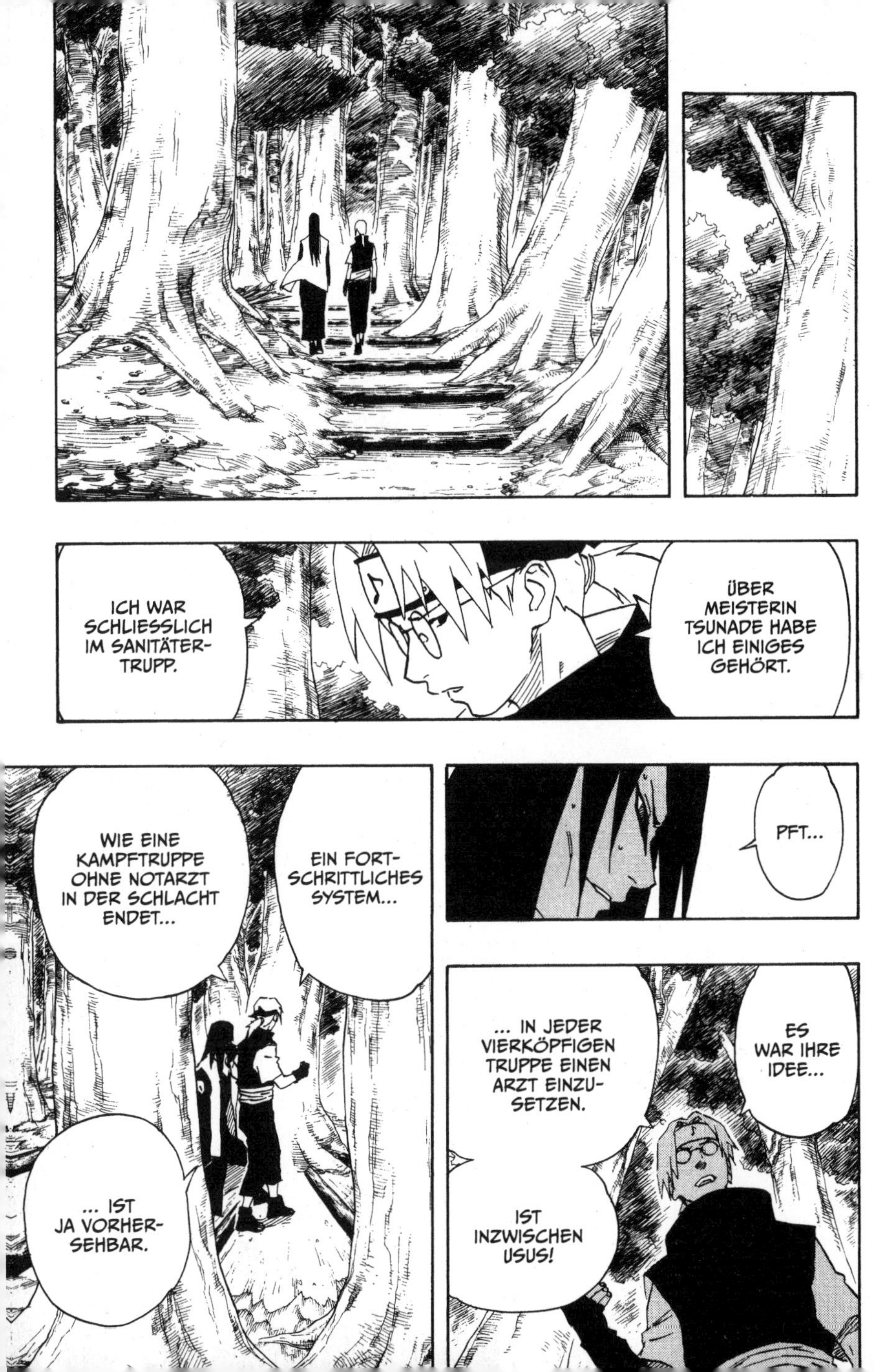
ÜBER MEISTERIN TSUNADE HABE ICH EINIGES GEHÖRT.
ICH WAR SCHLIESSLICH IM SANITÄTER-TRUPP.
PFT...
ES WAR IHRE IDEE...
... IN JEDER VIERKÖPFIGEN TRUPPE EINEN ARZT EINZU-SETZEN.
IST INZWISCHEN USUS!
EIN FORT-SCHRITTLICHES SYSTEM...
WIE EINE KAMPFTRUPPE OHNE NOTARZT IN DER SCHLACHT ENDET...
... IST JA VORHER-SEHBAR.

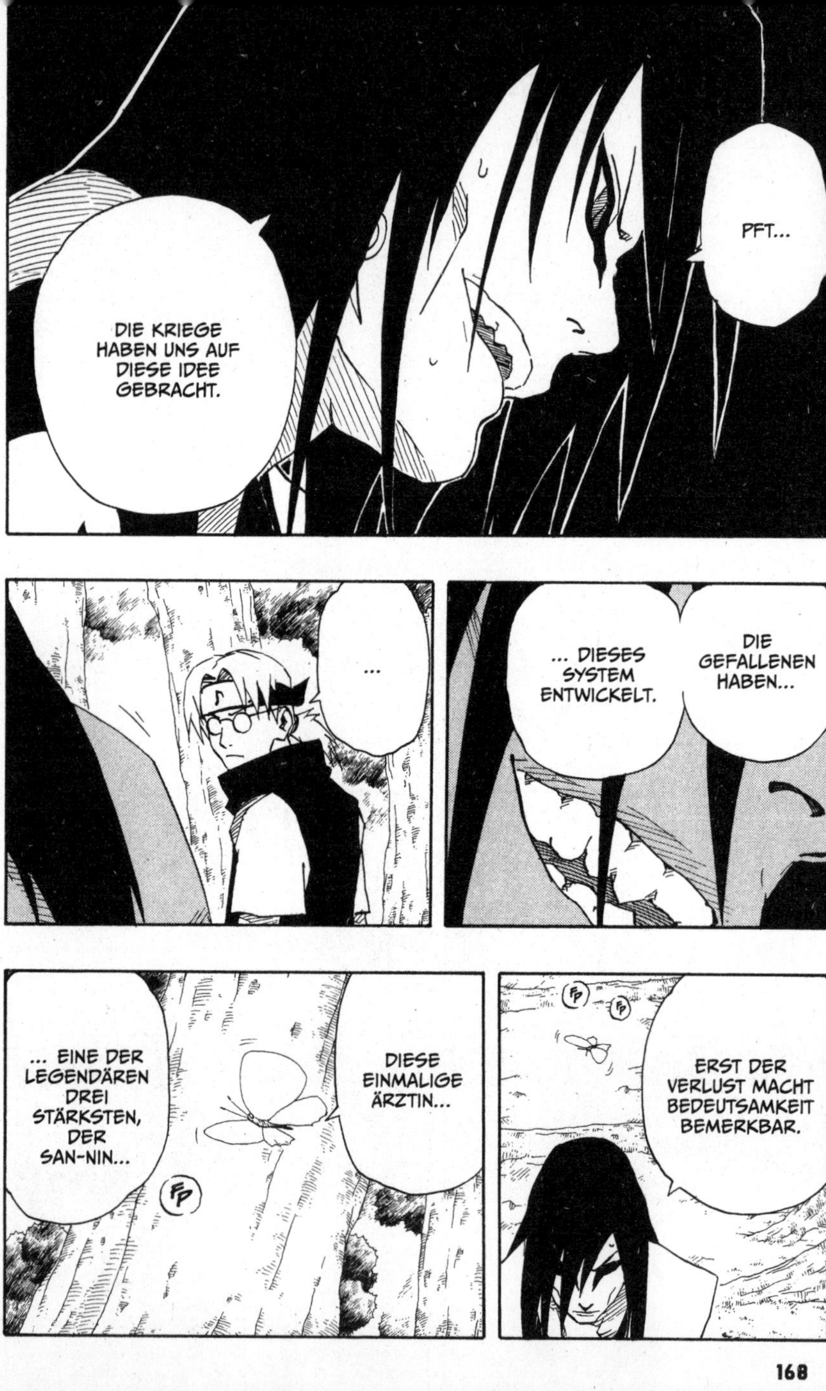
PFT...
DIE KRIEGE HABEN UNS AUF DIESE IDEE GEBRACHT.
DIE GEFALLENEN HABEN...
... DIESES SYSTEM ENTWICKELT.
...
ERST DER VERLUST MACHT BEDEUTSAMKEIT BEMERKBAR.
FP
FP
DIESE EINMALIGE ÄRZTIN...
... EINE DER LEGENDÄREN DREI STÄRKSTEN, DER SAN-NIN...
FP

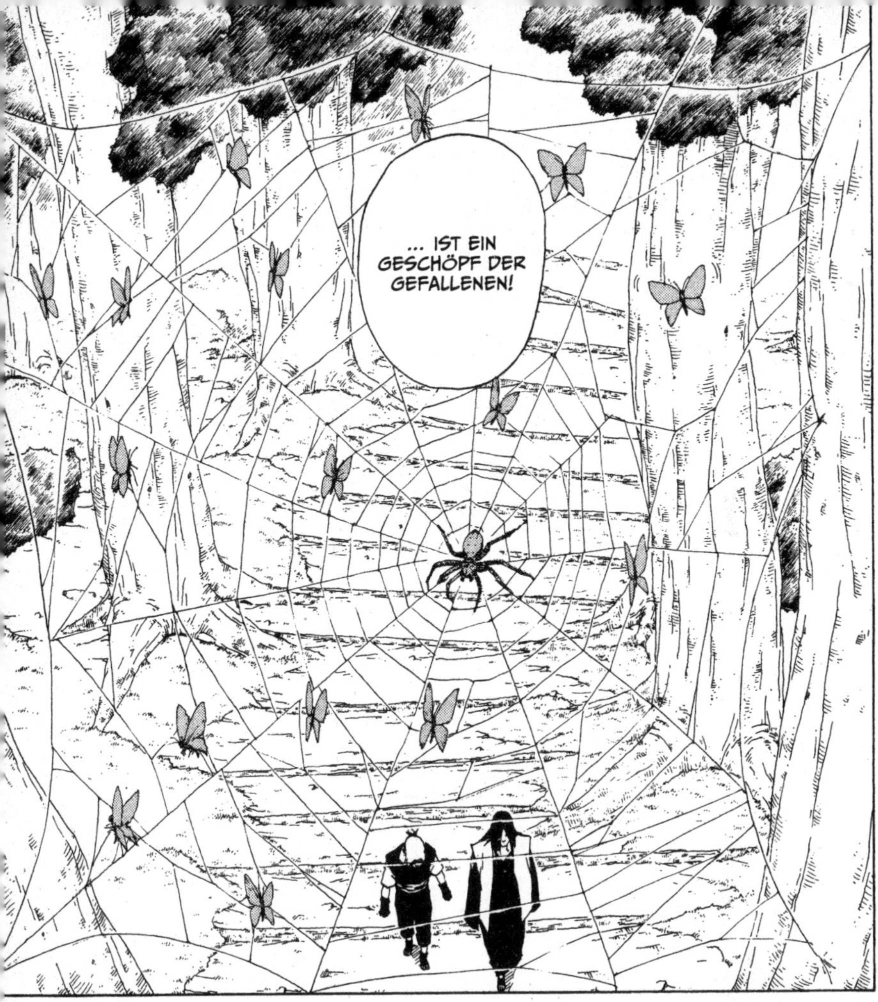
... IST EIN
GESCHÖPF DER
GEFALLENEN!

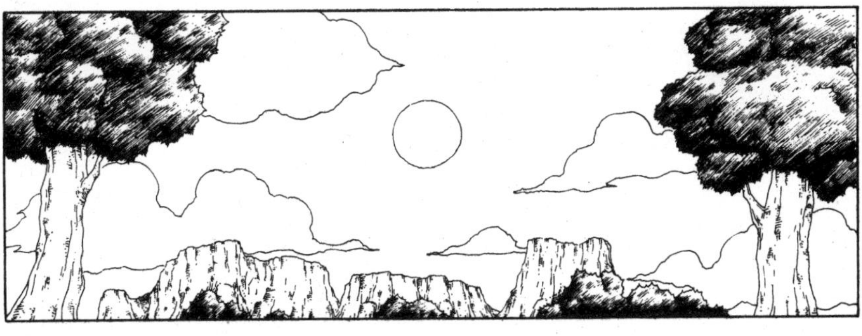

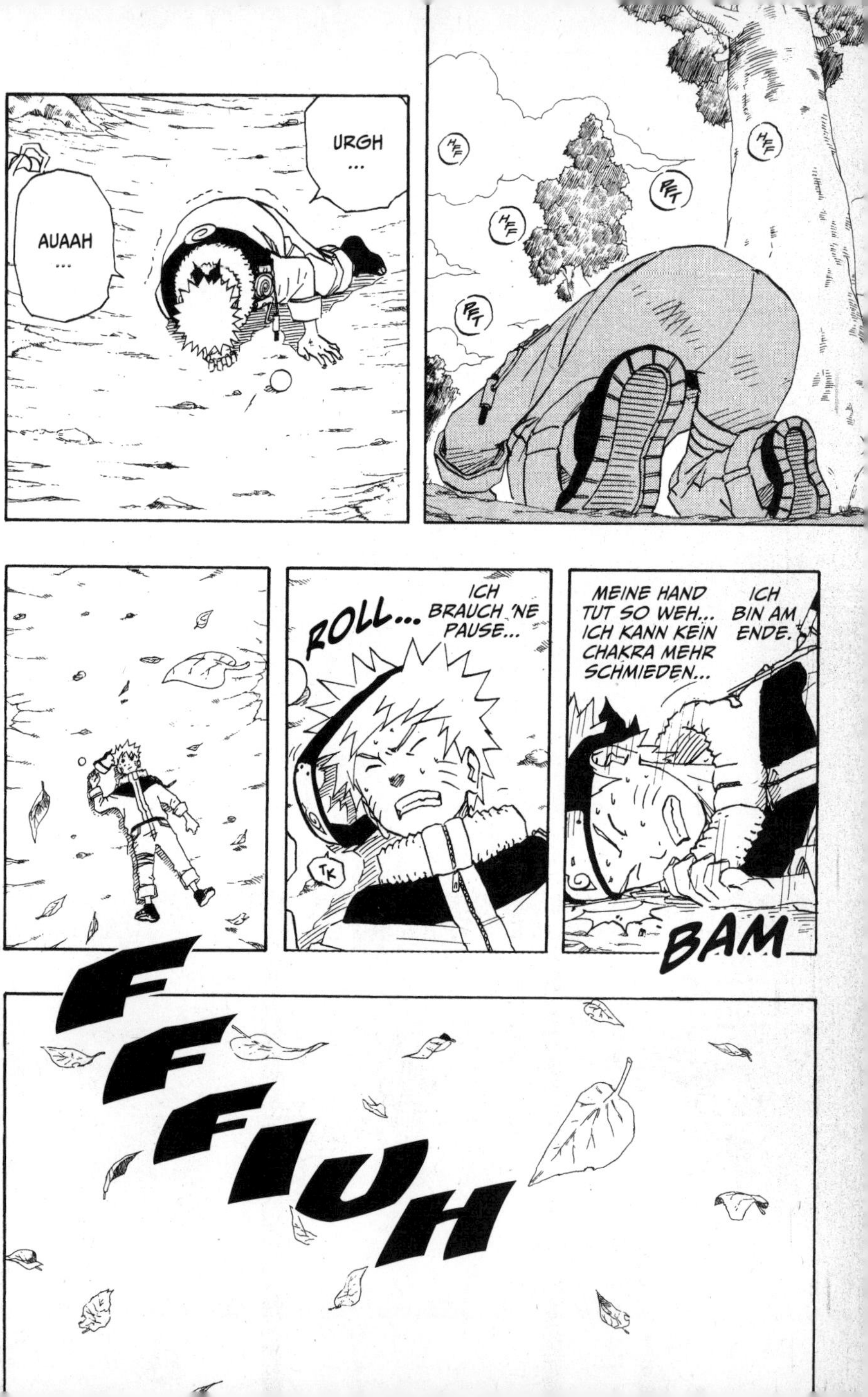
HFF
PFT
HFF
PFT
HFF
URGH ...
AUAAH ...
ICH BIN AM ENDE.
MEINE HAND TUT SO WEH... ICH KANN KEIN CHAKRA MEHR SCHMIEDEN...
BAM
ICH BRAUCH 'NE PAUSE...
ROLL...
TK
FFFIUH

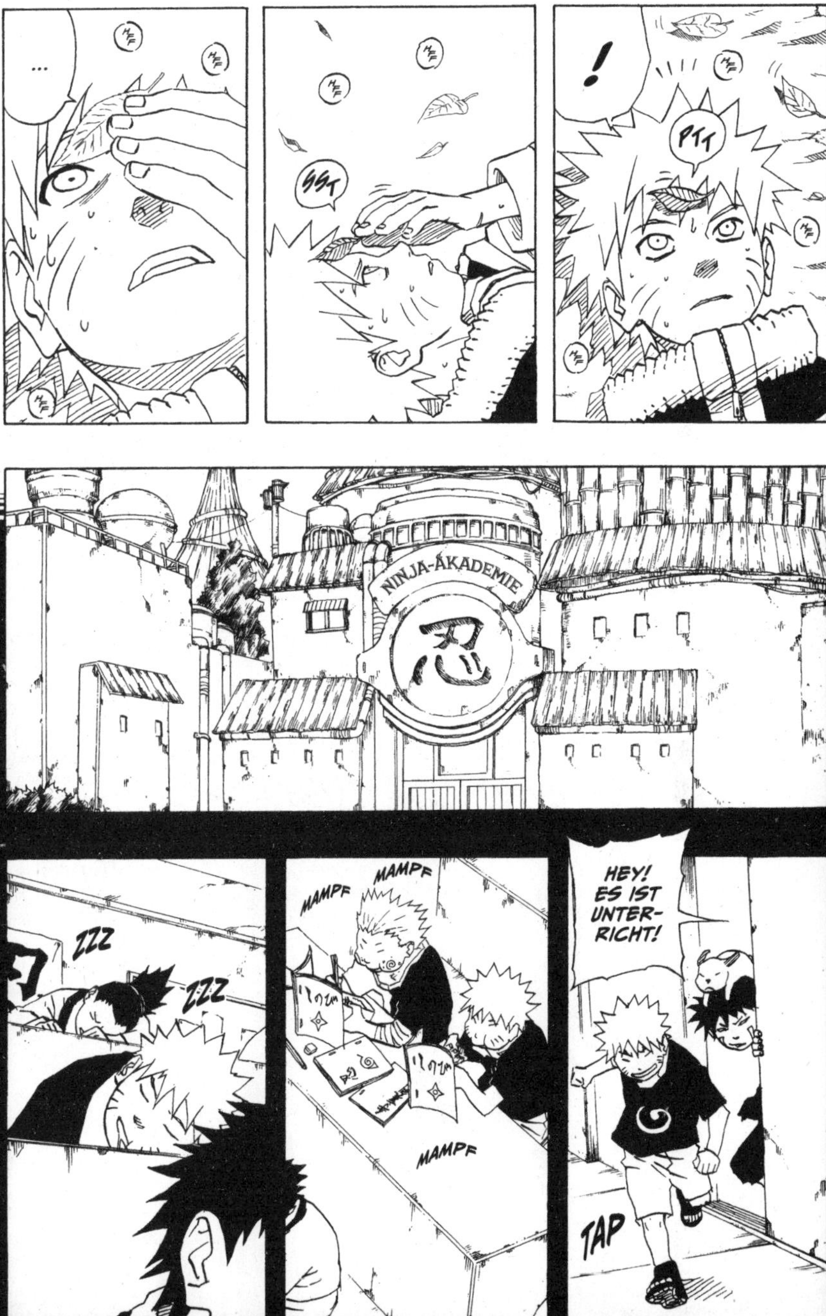
!
PTT
MF
SST
MF
...
MF
NINJA-AKADEMIE
HEY! ES IST UNTER-RICHT!
TAP
MAMPF
MAMPF
MAMPF
ZZZ
ZZZ

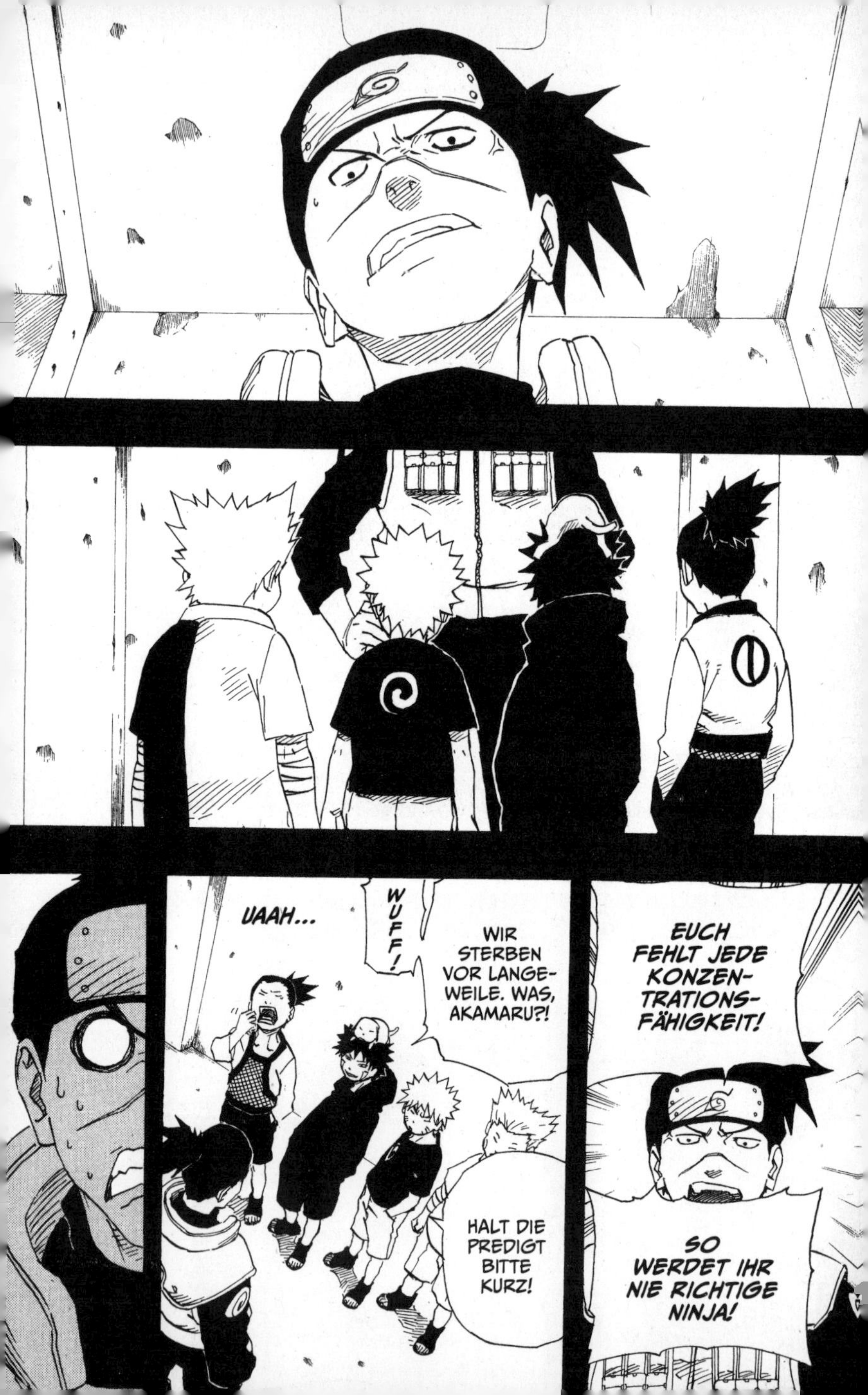
EUCH FEHLT JEDE KONZEN-TRATIONS-FÄHIGKEIT!
SO WERDET IHR NIE RICHTIGE NINJA!
WIR STERBEN VOR LANGE-WEILE. WAS, AKAMARU?!
WUFF!
UAAH...
HALT DIE PREDIGT BITTE KURZ!

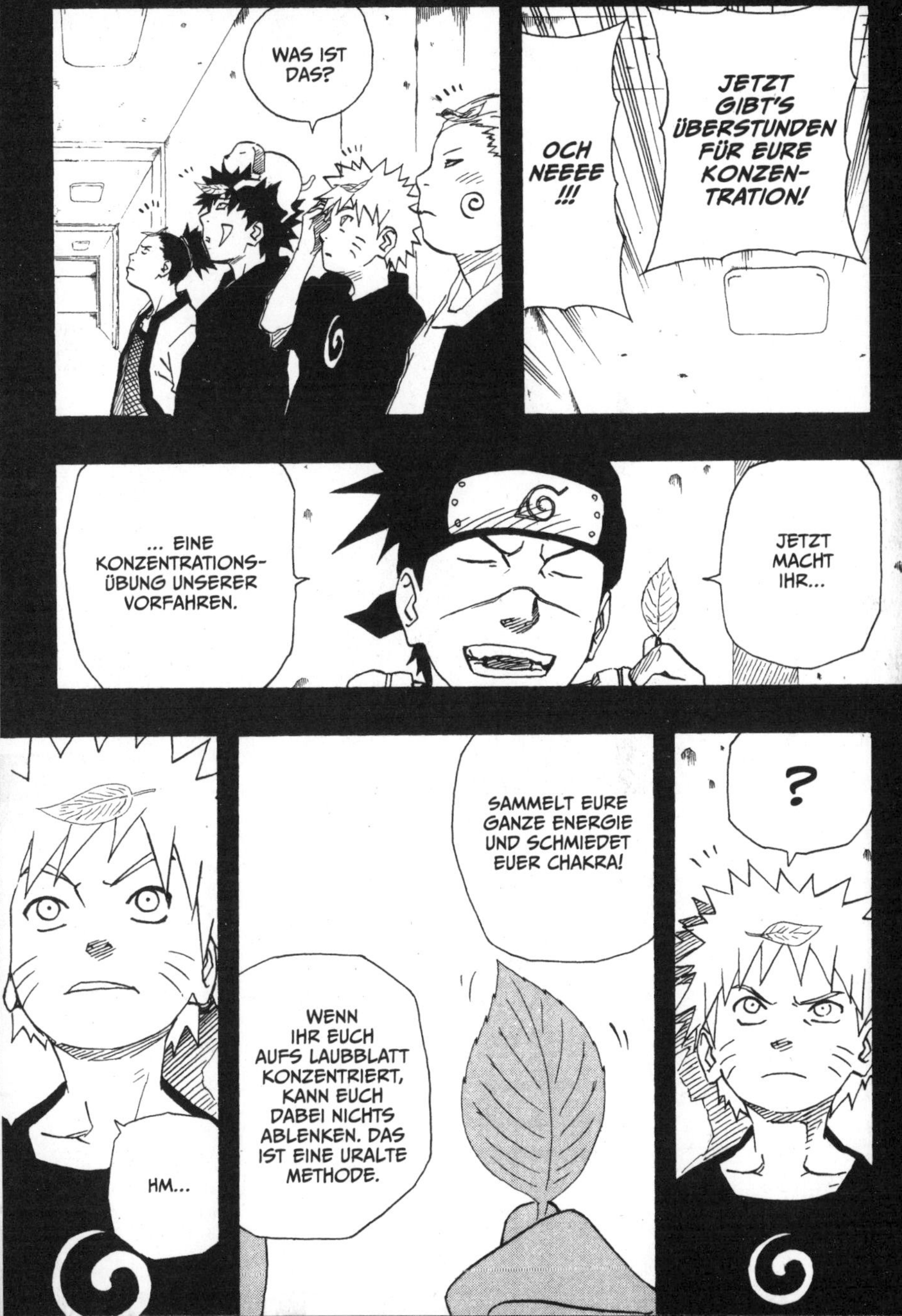
JETZT GIBT'S ÜBERSTUNDEN FÜR EURE KONZENTRATION!
OCH NEEEE !!!
WAS IST DAS?
JETZT MACHT IHR...
... EINE KONZENTRATIONS-ÜBUNG UNSERER VORFAHREN.
?
SAMMELT EURE GANZE ENERGIE UND SCHMIEDET EUER CHAKRA!
WENN IHR EUCH AUFS LAUBBLATT KONZENTRIERT, KANN EUCH DABEI NICHTS ABLENKEN. DAS IST EINE URALTE METHODE.
HM...

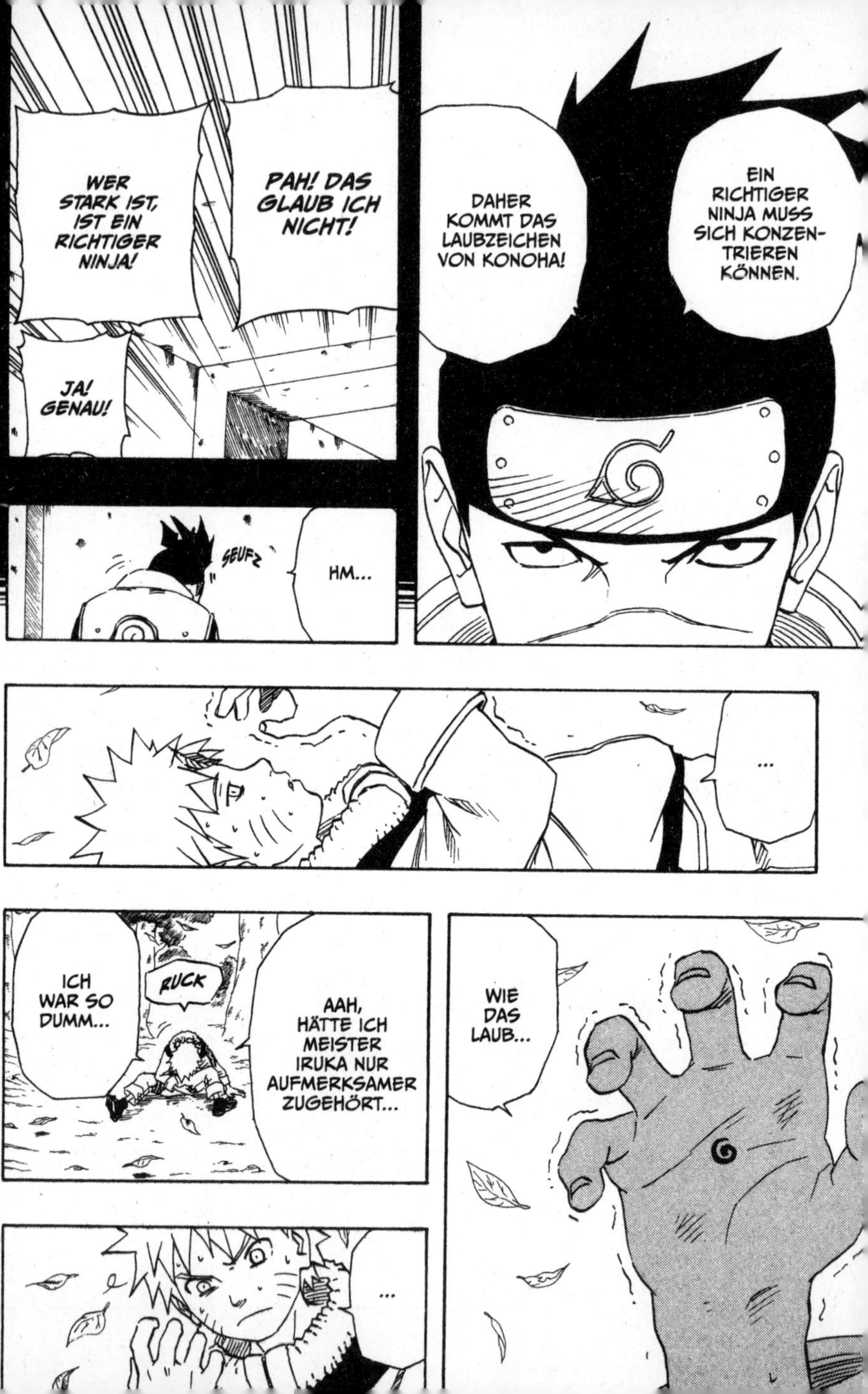
EIN RICHTIGER NINJA MUSS SICH KONZEN-TRIEREN KÖNNEN.
DAHER KOMMT DAS LAUBZEICHEN VON KONOHA!
PAH! DAS GLAUB ICH NICHT!
WER STARK IST, IST EIN RICHTIGER NINJA!
JA! GENAU!
HM...
SEUFZ
...
WIE DAS LAUB...
AAH, HÄTTE ICH MEISTER IRUKA NUR AUFMERKSAMER ZUGEHÖRT...
RUCK
ICH WAR SO DUMM...
...

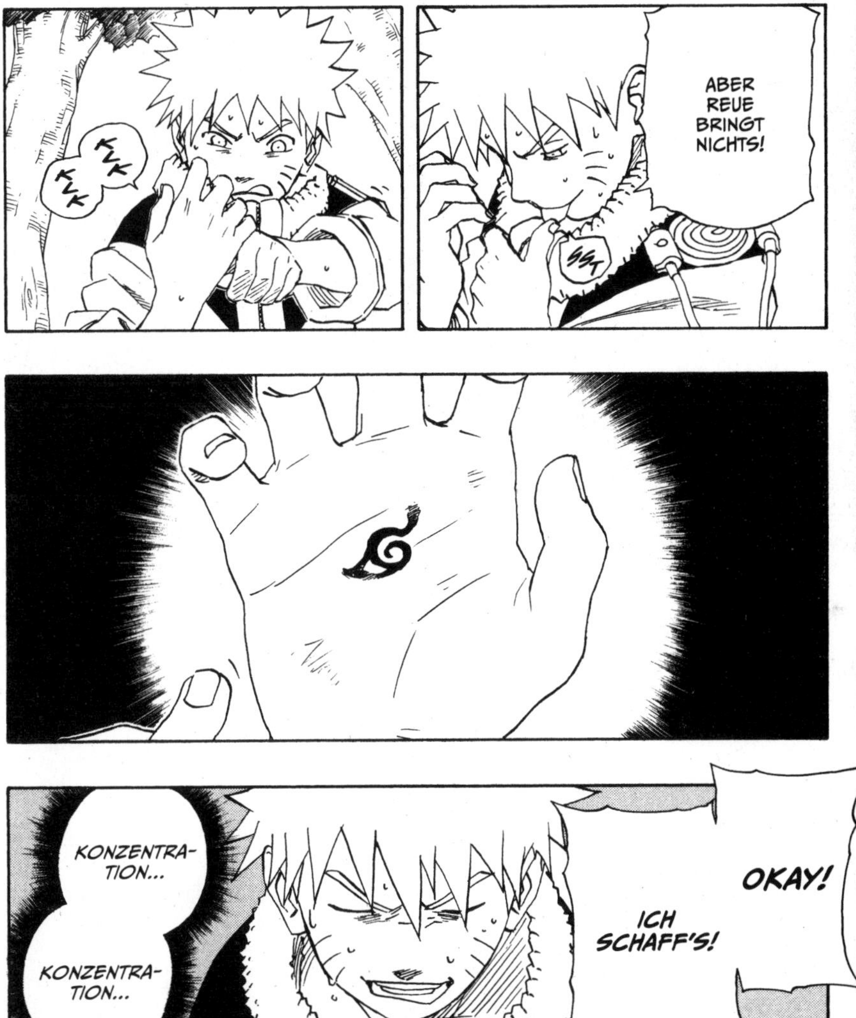
ABER REUE BRINGT NICHTS!
SST
KVK
KVK
OKAY!
ICH SCHAFF'S!
KONZENTRATION...
KONZENTRATION...
KONZENTRATION!

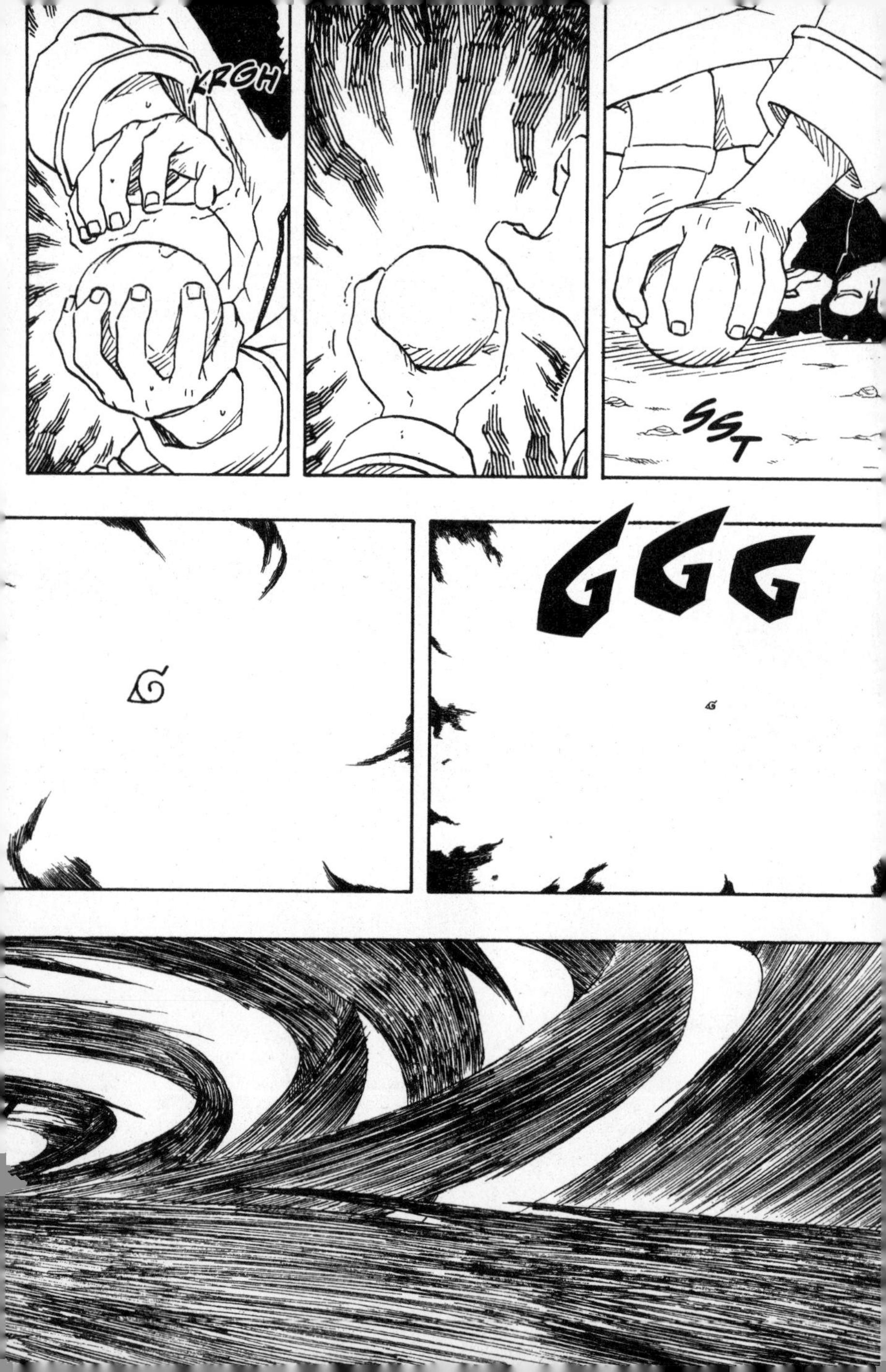
KRGH
SST
GGG

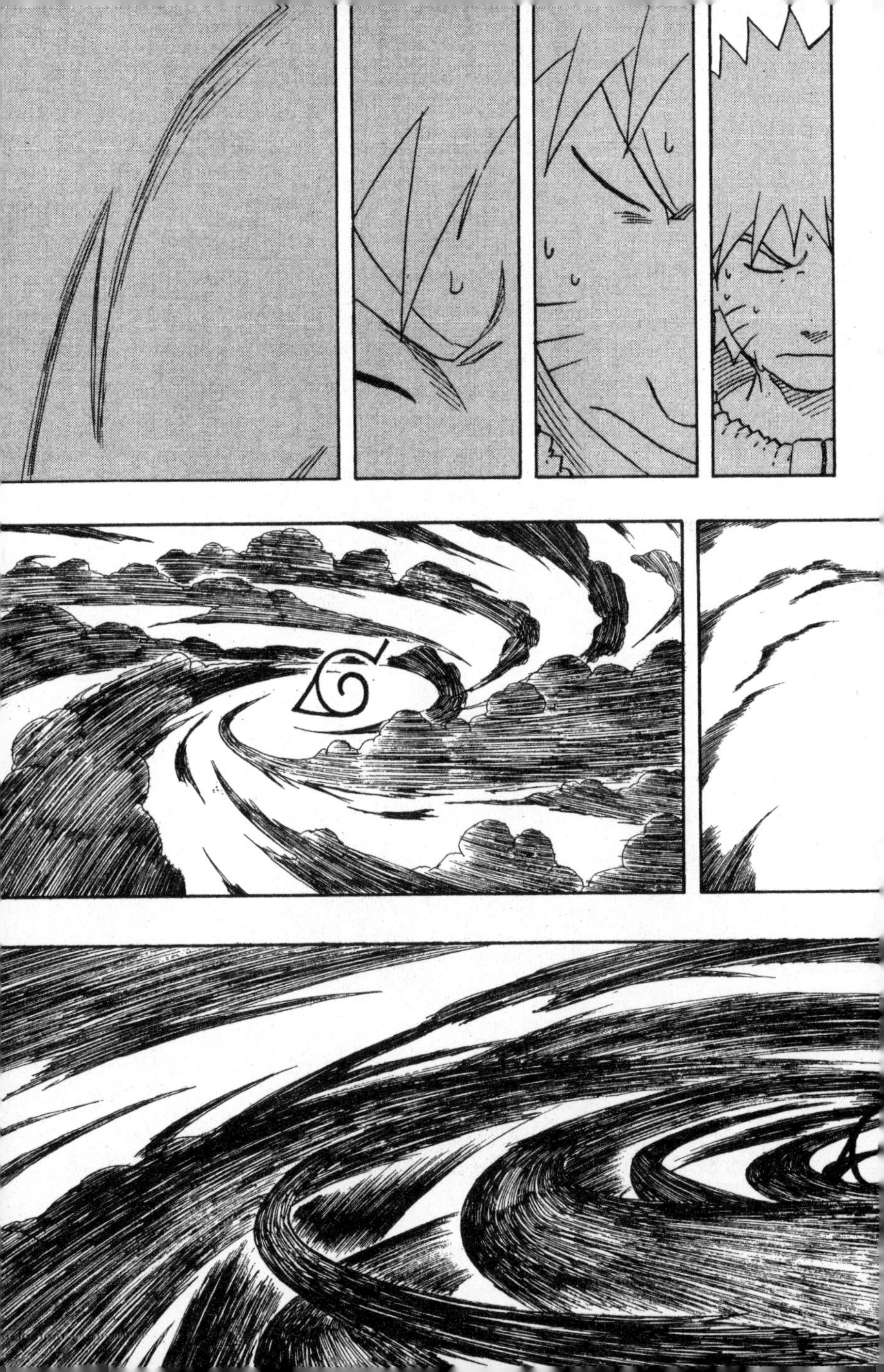

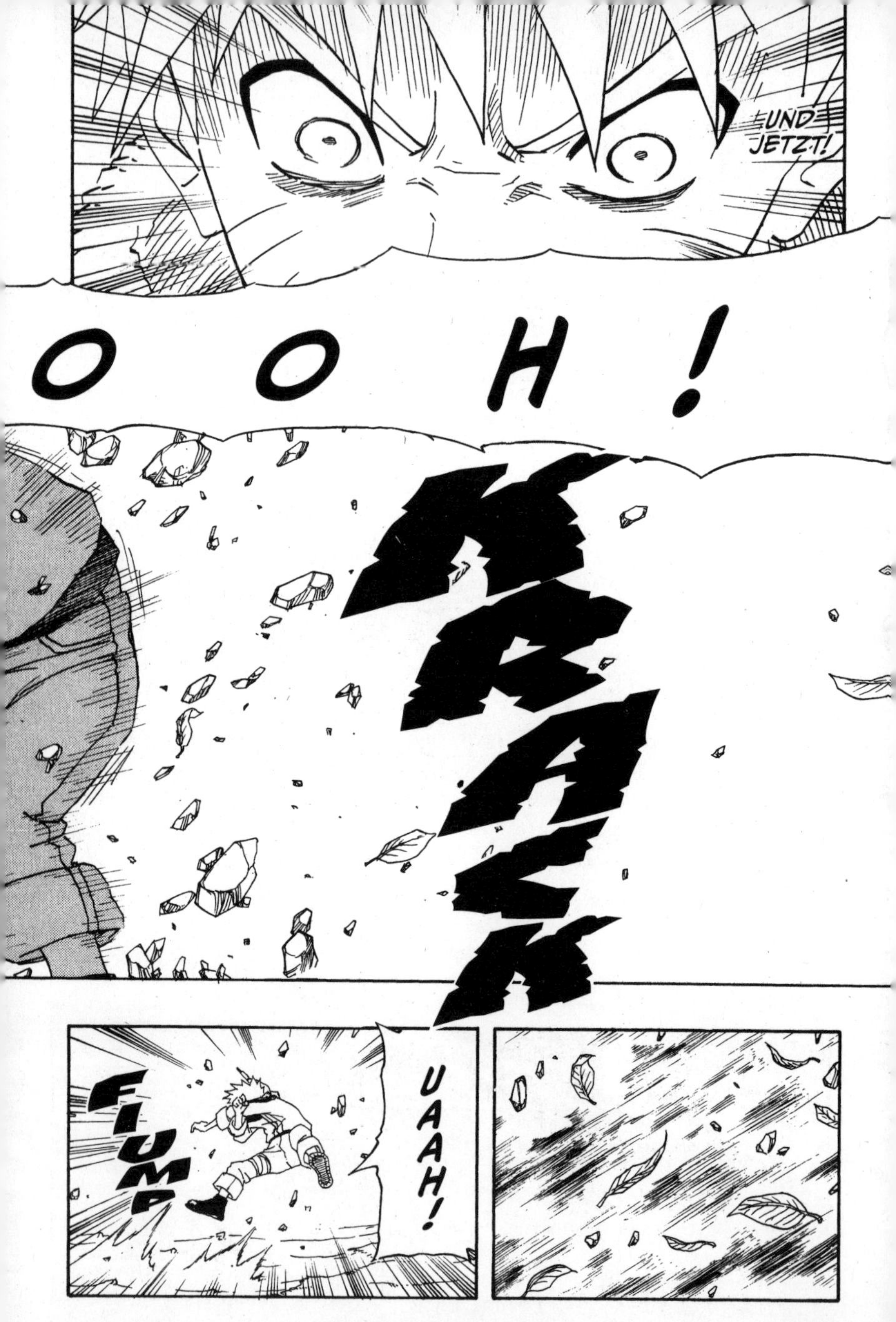
UND JETZT!
OOOH!
KRACKK
UAAH!
FIUMP

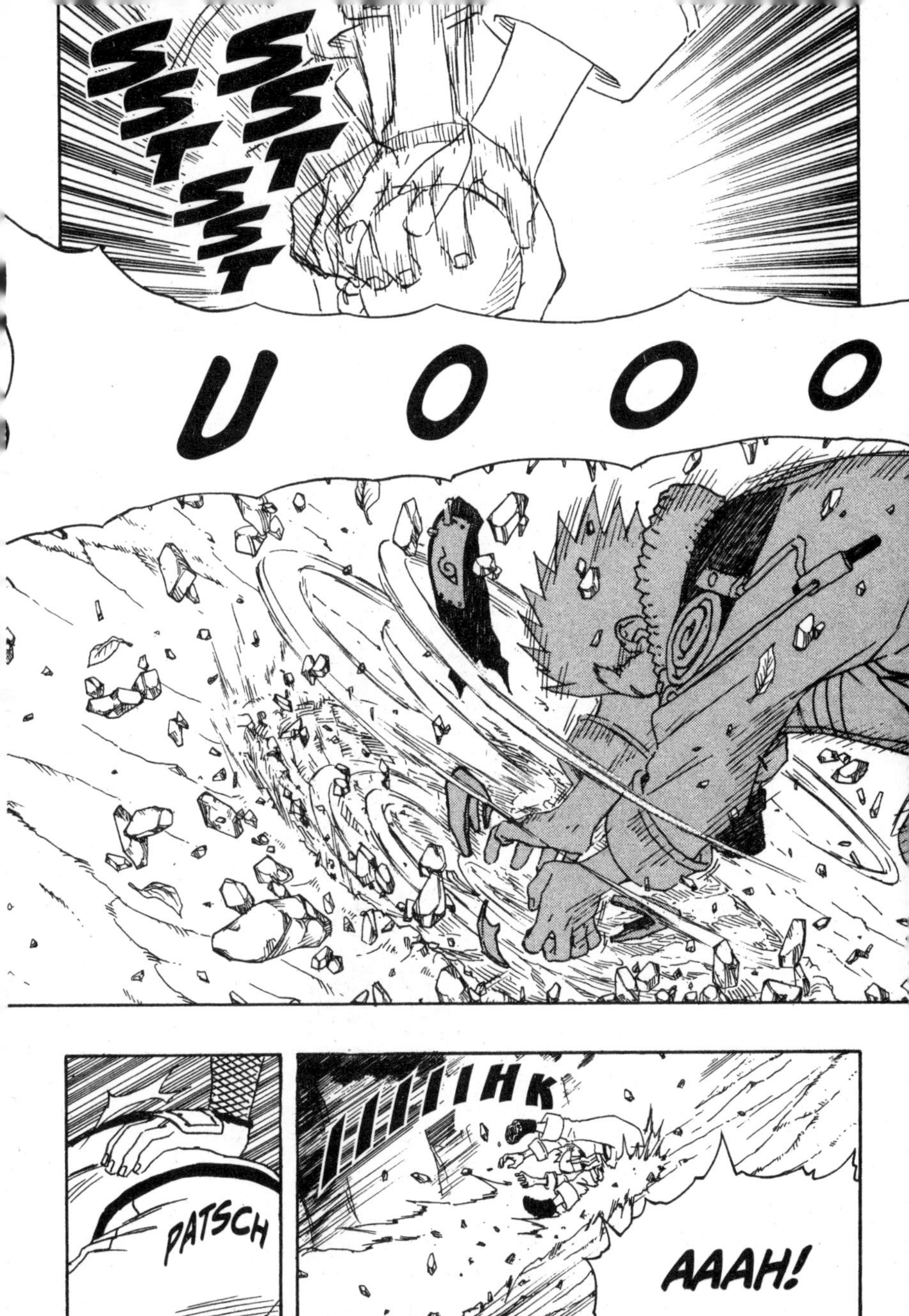
SST SST SST
UOOO
IIIIIIHK
AAAH!
PATSCH

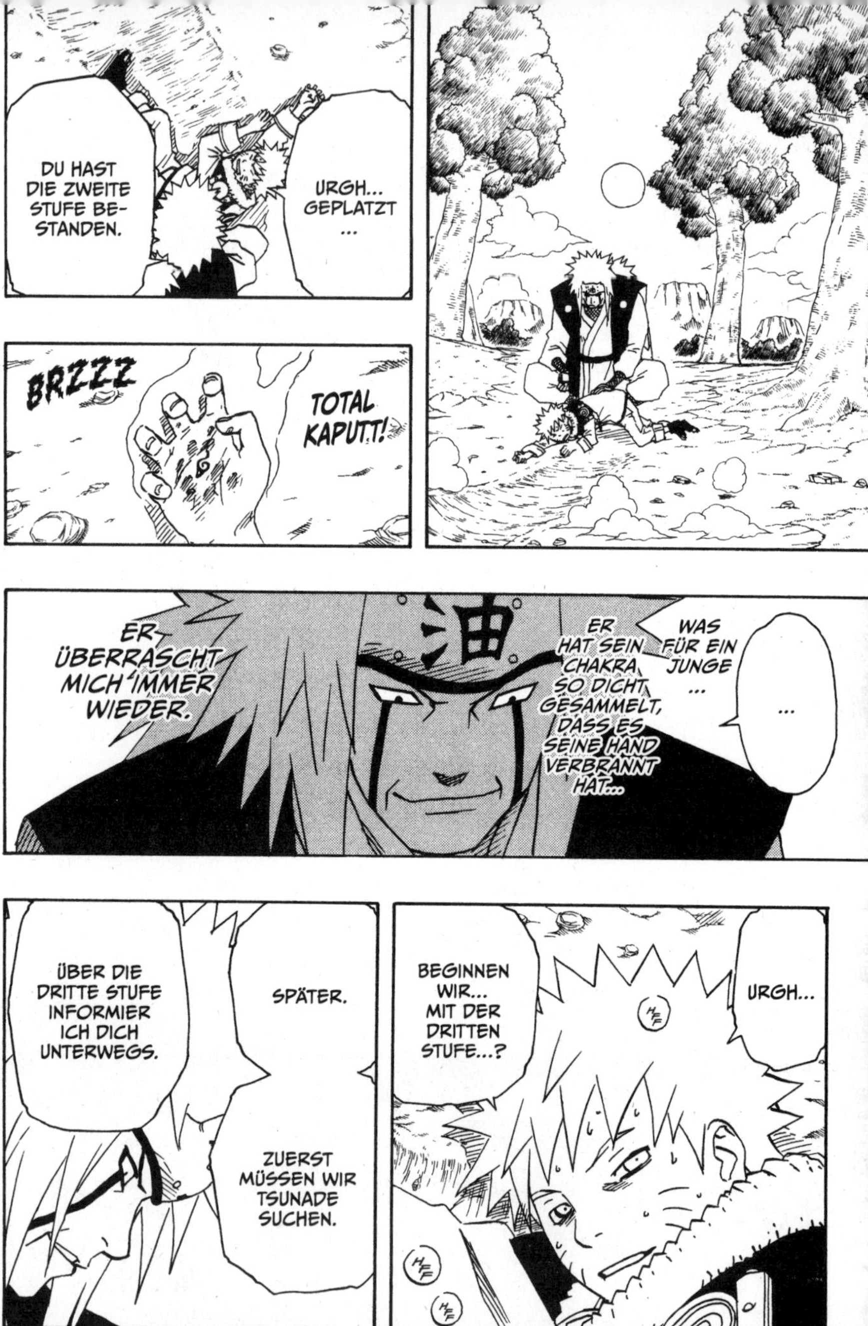
URGH... GEPLATZT ...
DU HAST DIE ZWEITE STUFE BESTANDEN.
TOTAL KAPUTT!
BRZZZ
WAS FÜR EIN JUNGE ...
...
ER HAT SEIN CHAKRA SO DICHT GESAMMELT, DASS ES SEINE HAND VERBRANNT HAT...
ER ÜBERRASCHT MICH IMMER WIEDER.
URGH...
BEGINNEN WIR... MIT DER DRITTEN STUFE...?
HEF
HEF
HEF
SPÄTER.
ZUERST MÜSSEN WIR TSUNADE SUCHEN.
ÜBER DIE DRITTE STUFE INFORMIER ICH DICH UNTERWEGS.

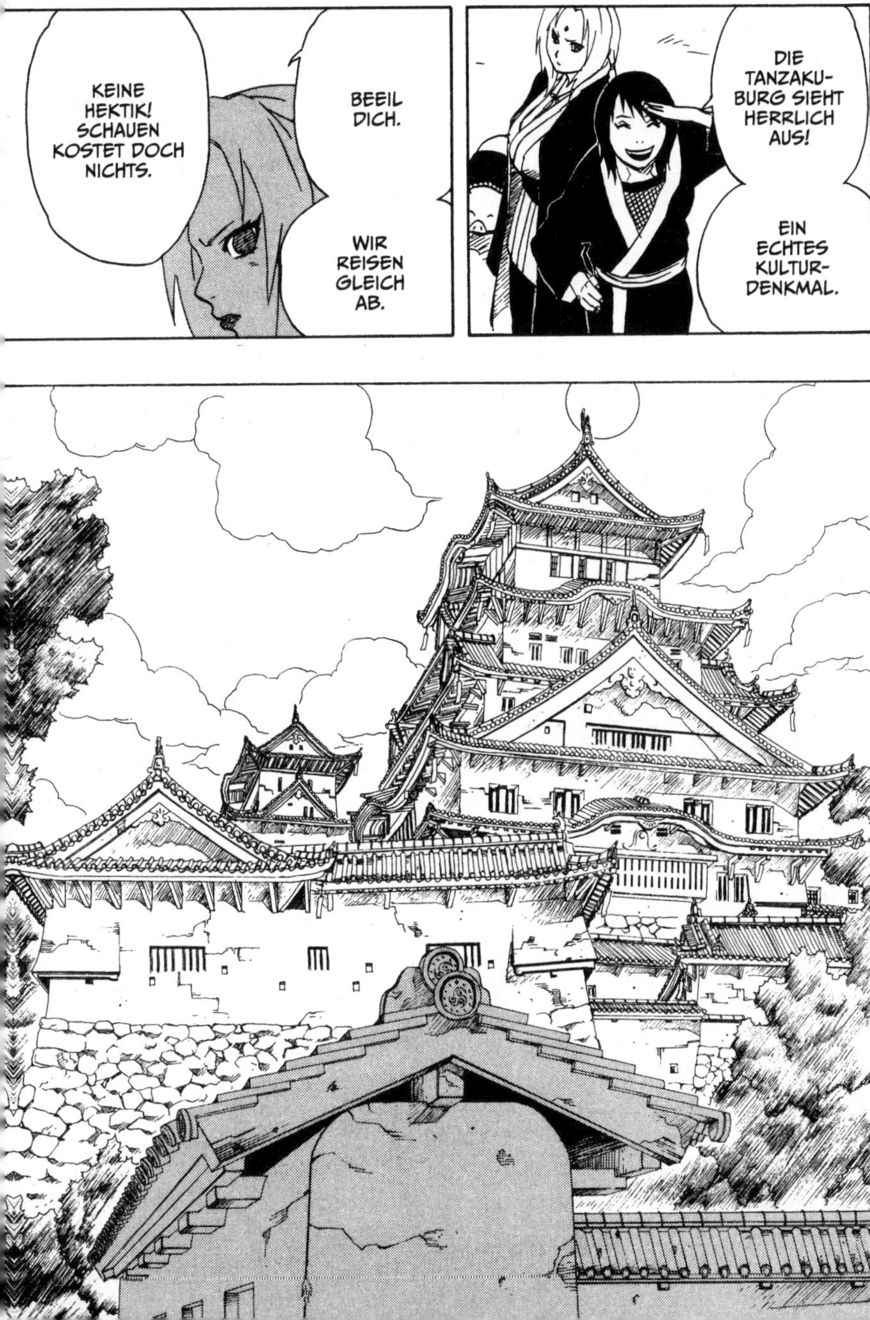
DIE TANZAKU-BURG SIEHT HERRLICH AUS!
EIN ECHTES KULTUR-DENKMAL.
BEEIL DICH.
WIR REISEN GLEICH AB.
KEINE HEKTIK! SCHAUEN KOSTET DOCH NICHTS.

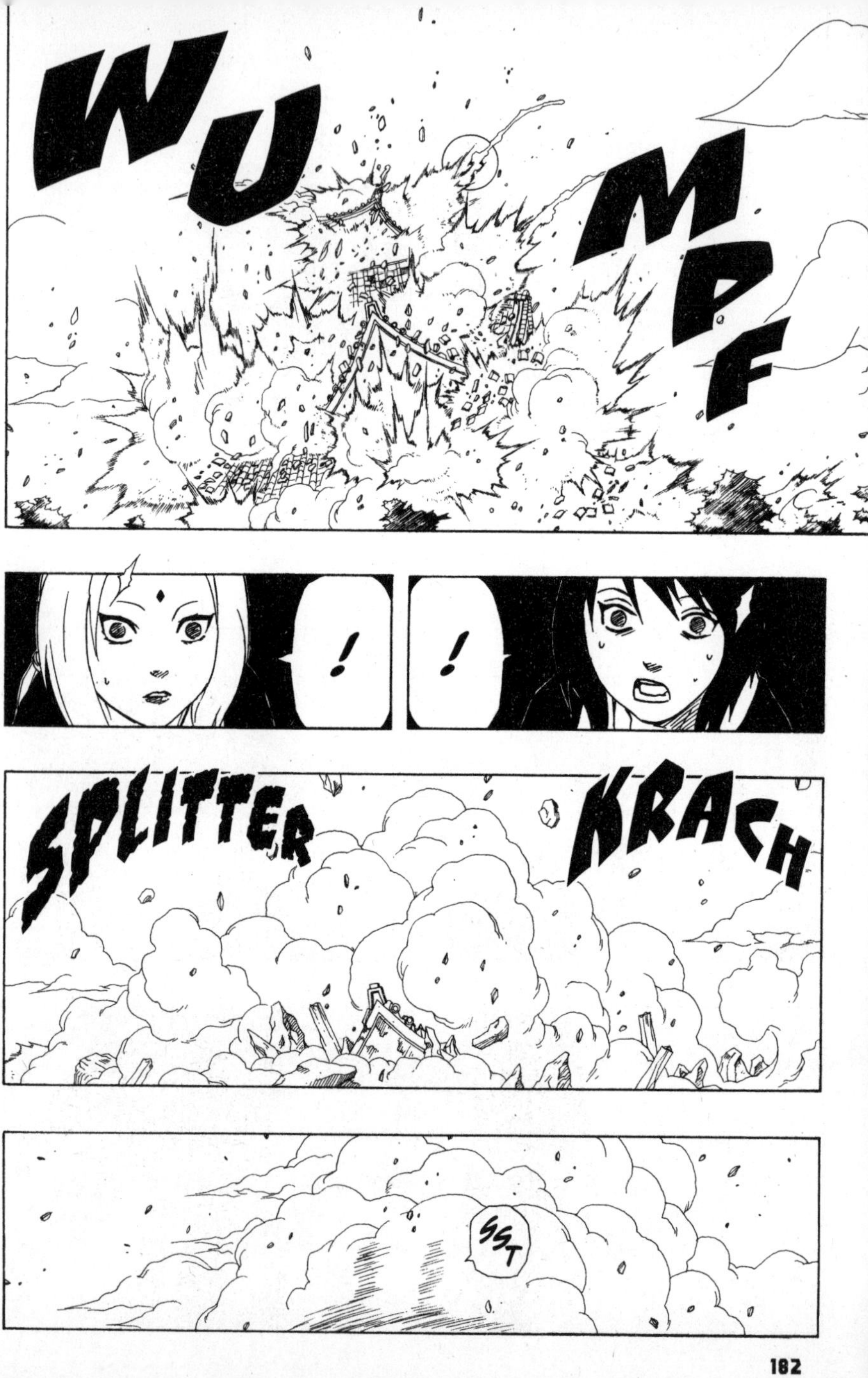

WUMPF
!
!
SPLITTER
KRACH
SST

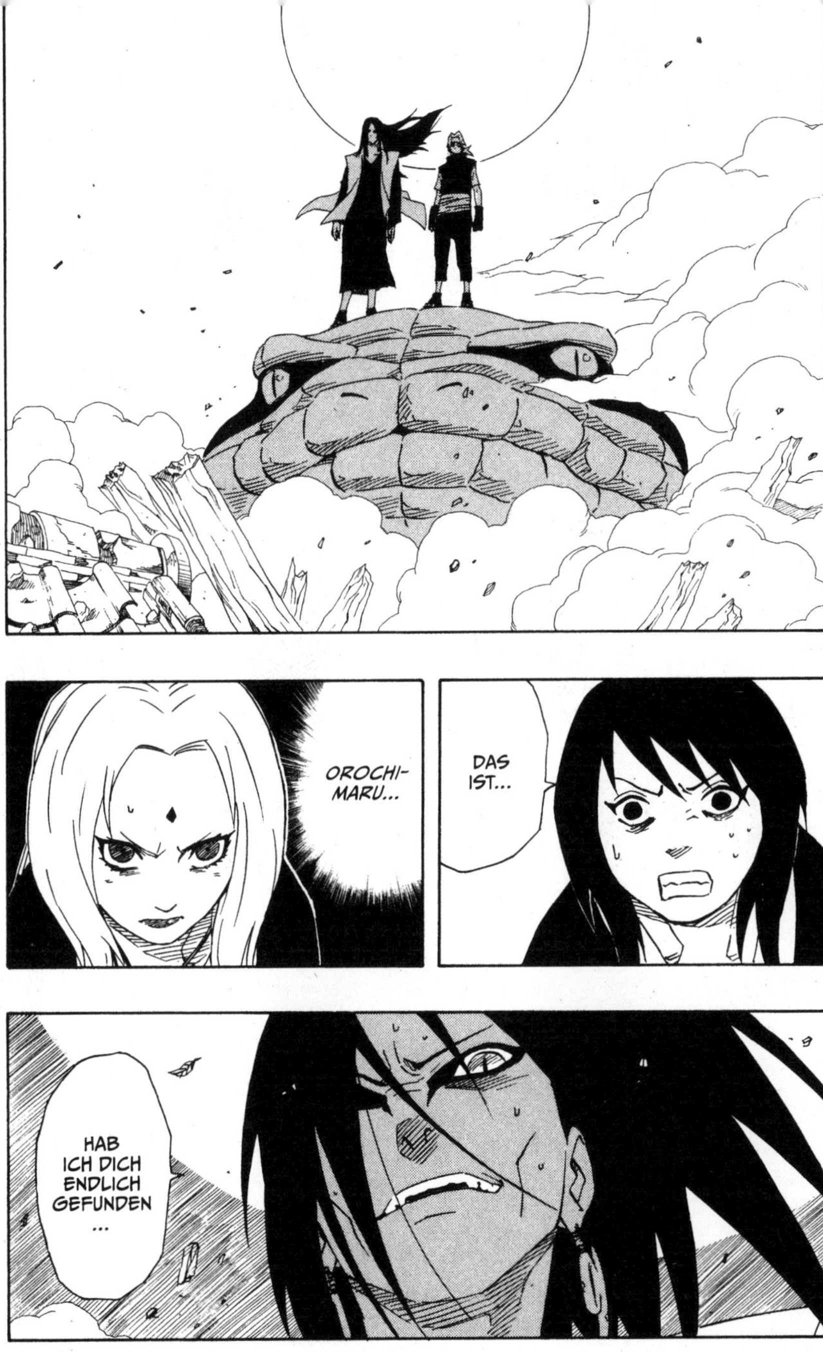
DAS IST...
OROCHI-MARU...
HAB ICH DICH ENDLICH GEFUNDEN ...

MASAHSHI KISHIMOTOS WELT LEBENSGESCHICHTE TEIL 27, 1. FOLGE

ICH HATTE ALSO TATSÄCHLICH DEN NACHWUCHSFÖRDERPREIS VOM WEEKLY JUMP GEWONNEN UND EINEN GROSSEN SCHRITT IN RICHTUNG PROFI-MANGAKA GETAN. ICH BEKAM EINEN EIGENEN LEKTOR UND 200.000 YEN. ICH WAR ÜBERGLÜCKLICH. DAS GELD SPARTE ICH FÜRS ERSTE – ICH WAR DAMALS SCHLIESSLICH EIN ARMER KUNSTSTUDENT, DER SICH NICHT EINMAL GENUG ÖLFARBE KAUFEN KONNTE. MEINE LIEBLINGSFARBE – KOBALTBLAU – WAR BESONDERS TEUER. EINE TUBE KOSTETE 2.000 YEN... DA ICH DIE FARBEN IMMER MIT VIEL ÖL VERDÜNNTE, WIRKTEN DIE BILDER IRGENDWIE GLATTER UND LEICHTER ALS DIE DER REICHEN KOMMILITONEN, DIE SO VIEL FARBE BENUTZEN KONNTEN, WIE SIE WOLLTEN. DIE DOZENTEN SAGTEN IMMER WIEDER, DASS MEINEN BILDERN DIE TIEFE FEHLEN WÜRDE UND ICH IHNEN »MEHR GEWICHT« GEBEN SOLLTE. ODER SOGAR: »ARBEITEN SIE ERNSTHAFT! SIE SOLLTEN MEHR ZEIT UND FARBE BENUTZEN! SIE BENUTZEN VIEL ZU WENIG FARBE!« OFFENSICHTLICH MACHTEN SIE SICH GAR KEINE GEDANKEN ÜBER DIE FINANZIELLE LAGE IHRER STUDENTEN... ABER WAS DIE DOZENTEN SAGTEN, WAR MIR IM PRINZIP ZIEMLICH EGAL. ICH HATTE IMMER WENIGER INTERESSE AN DER KOSTSPIELIGEN ÖLMALEREI. AUCH DIE TAUSEND LEHREN DER MALEREI HATTE ICH SATT. FILMESCHAUEN BRINGT MIR ALS MANGAKA EH MEHR ALS ÖLFARBEN – UND SO BESCHLOSS ICH, MEIN GELD FÜR KINO UND VIDEOS AUSZUGEBEN, STATT FÜR FARBEN.

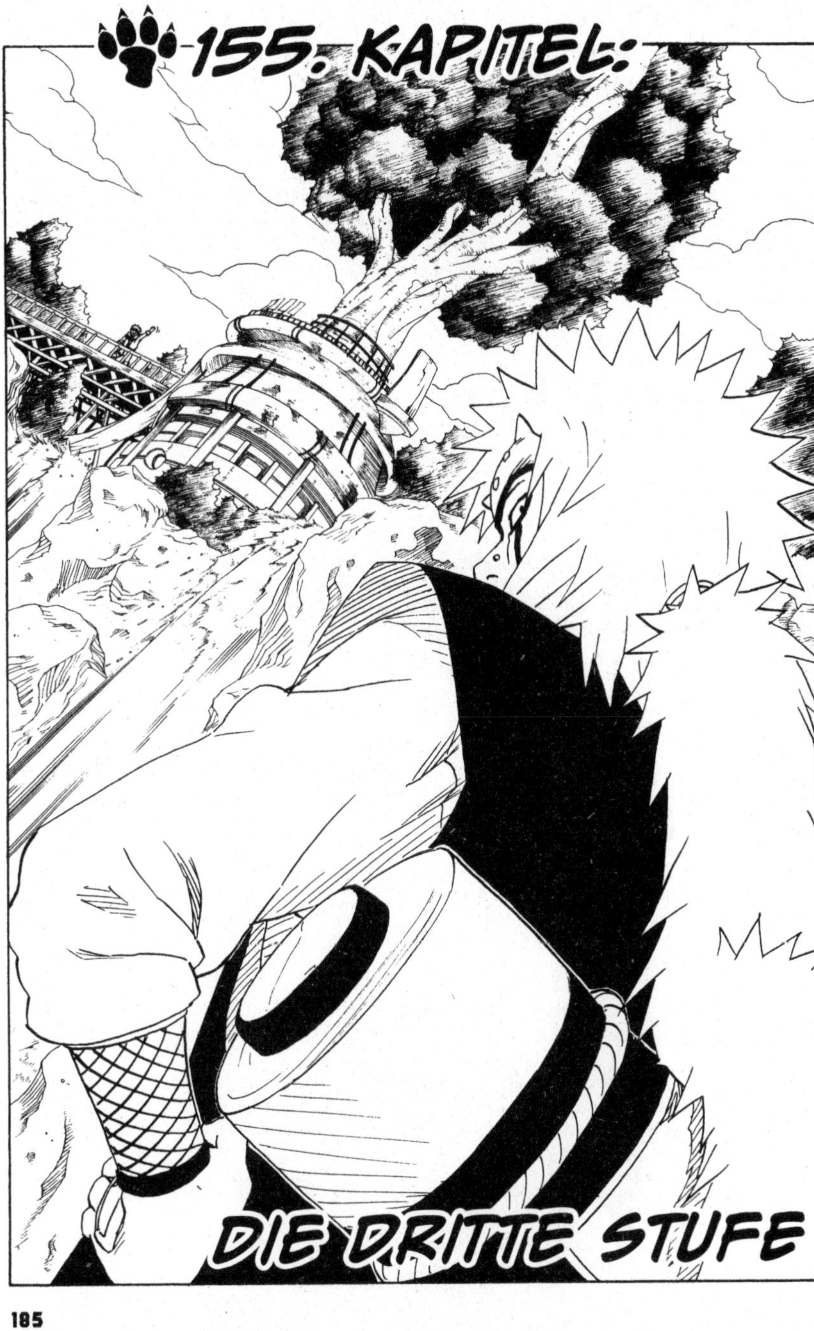
155. KAPITEL:
DIE DRITTE STUFE

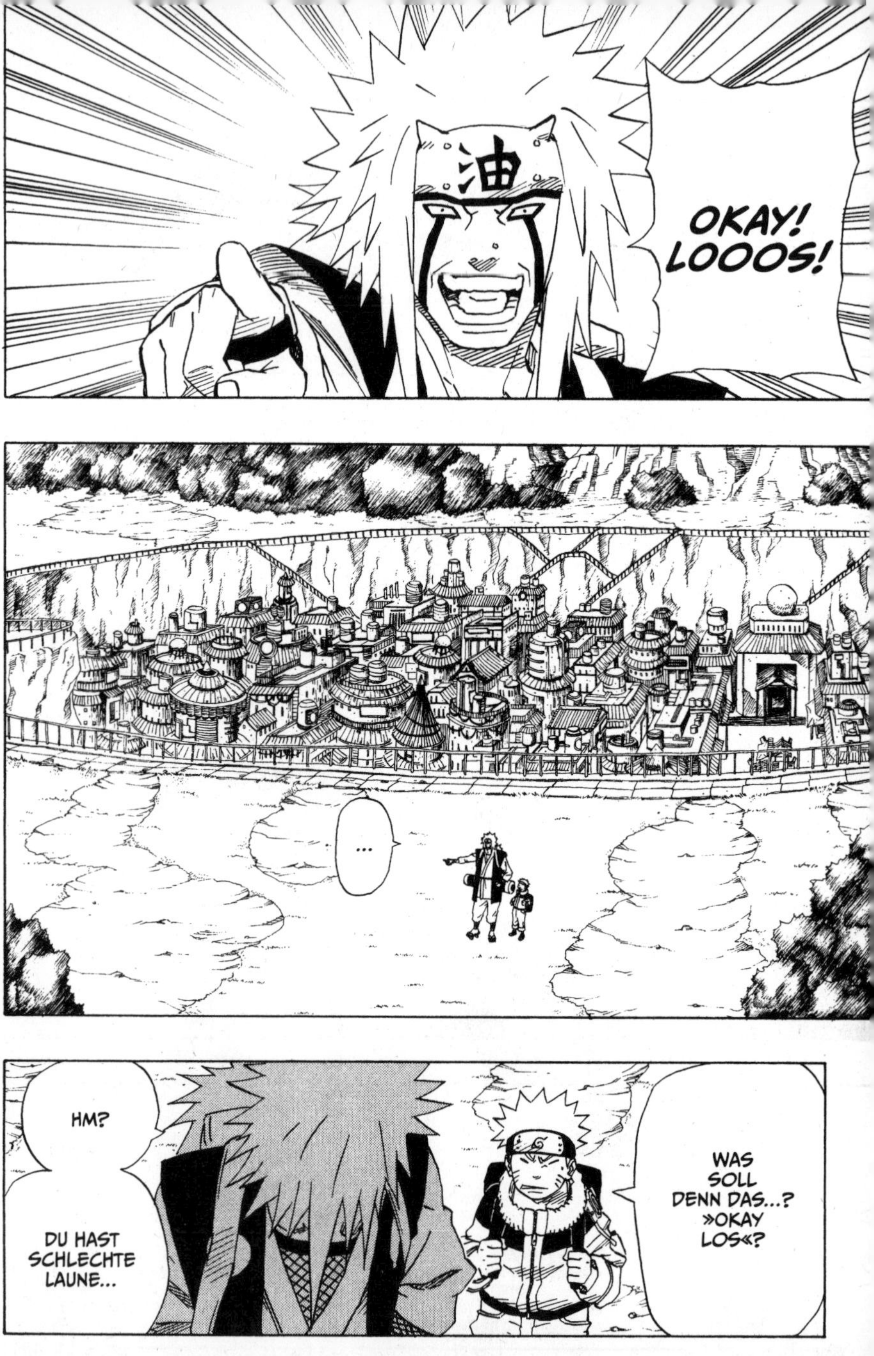

OKAY! LOOOS!
...
WAS SOLL DENN DAS...? »OKAY LOS«?
HM?
DU HAST SCHLECHTE LAUNE...

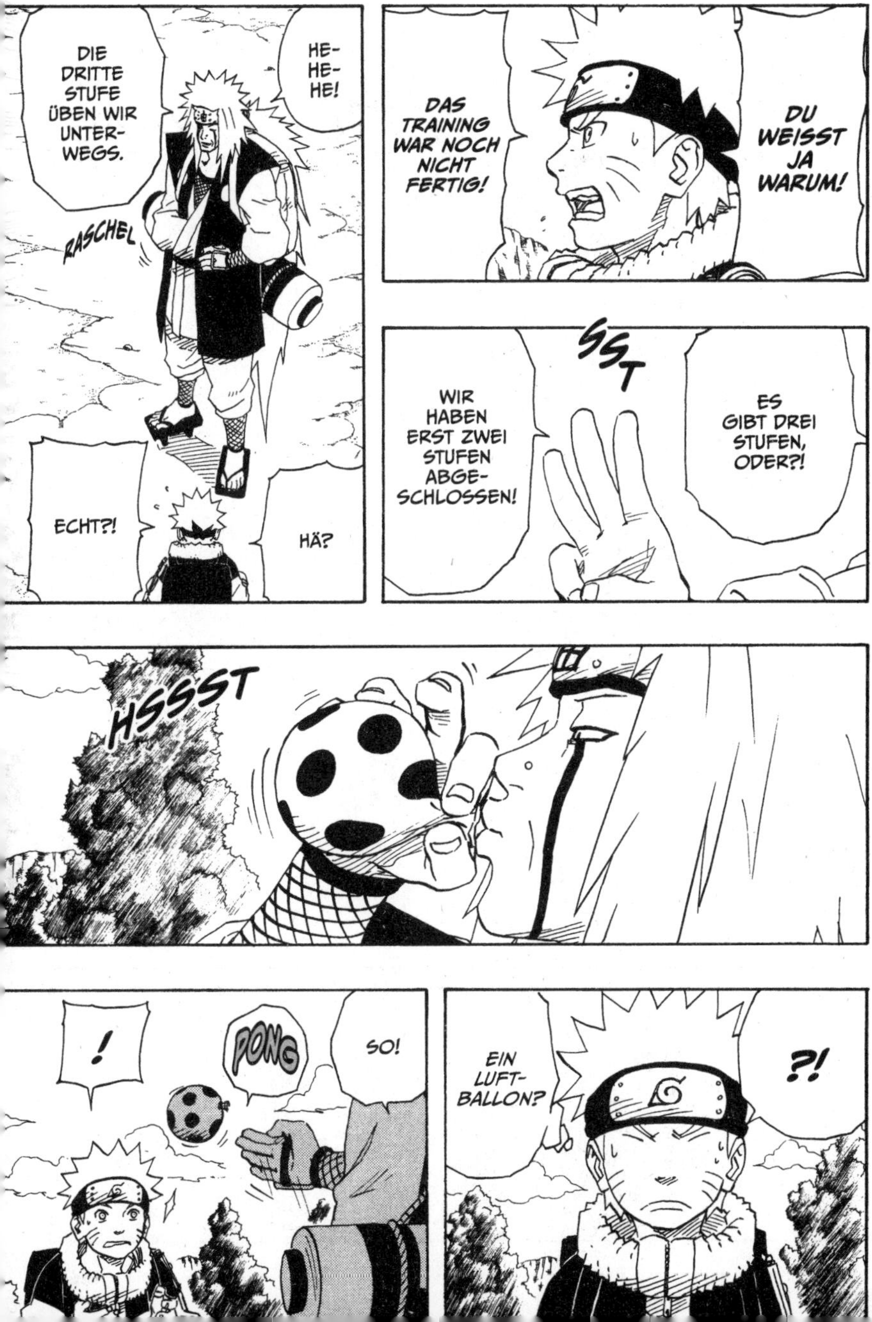
DU WEISST JA WARUM!
DAS TRAINING WAR NOCH NICHT FERTIG!
SST
ES GIBT DREI STUFEN, ODER?!
WIR HABEN ERST ZWEI STUFEN ABGE-SCHLOSSEN!
HE-HE-HE!
DIE DRITTE STUFE ÜBEN WIR UNTER-WEGS.
RASCHEL
HÄ?
ECHT?!
HSSST
?!
EIN LUFT-BALLON?
SO!
PONG
!

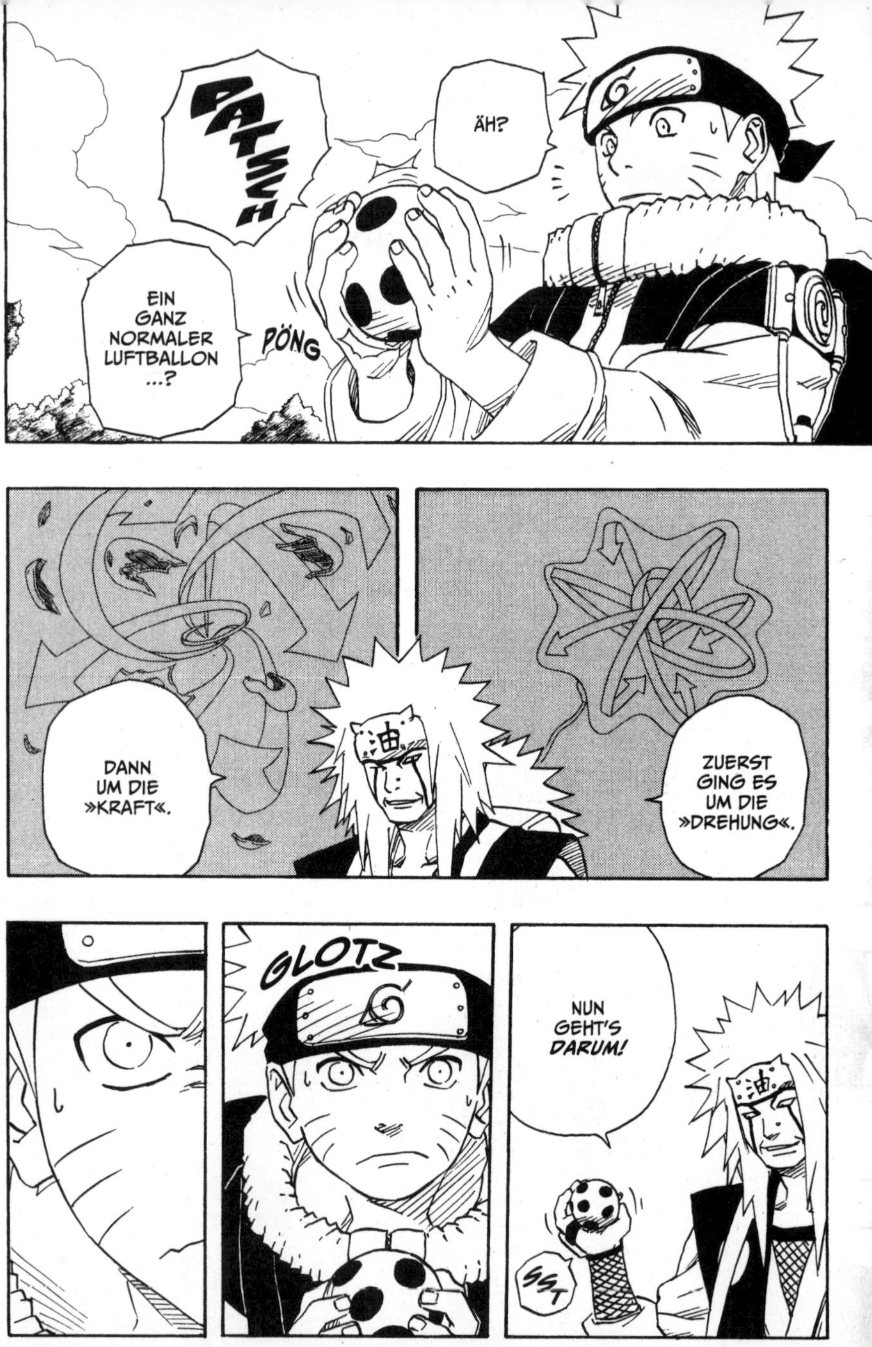

ÄH?
PATSCH
PÖNG
EIN GANZ NORMALER LUFTBALLON ...?
ZUERST GING ES UM DIE »DREHUNG«.
DANN UM DIE »KRAFT«.
NUN GEHT'S DARUM!
SST
GLOTZ

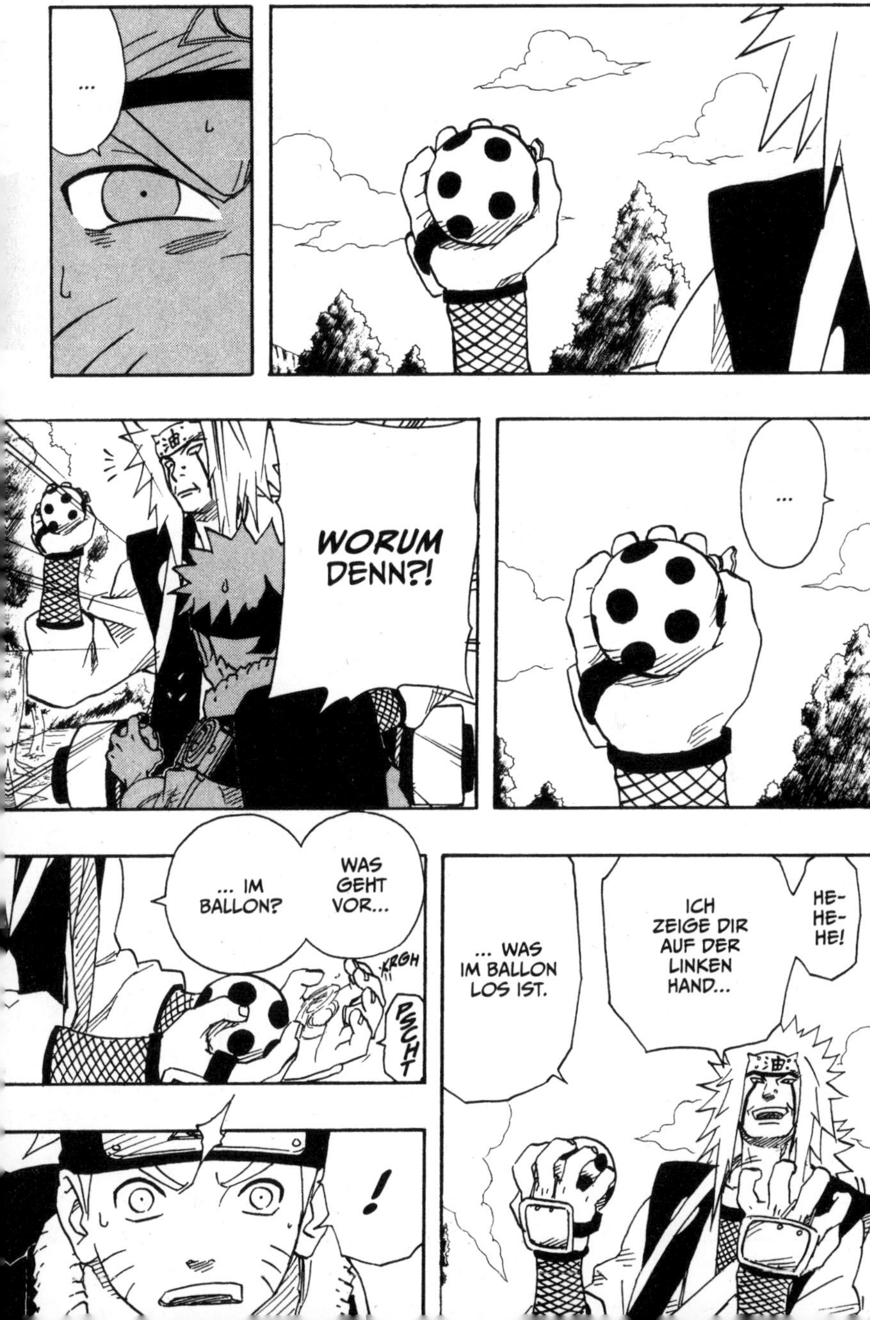
...
...
WORUM DENN?!
HE-HE-HE!
ICH ZEIGE DIR AUF DER LINKEN HAND...
... WAS IM BALLON LOS IST.
WAS GEHT VOR...
... IM BALLON?
KRGH
PSCHT
!

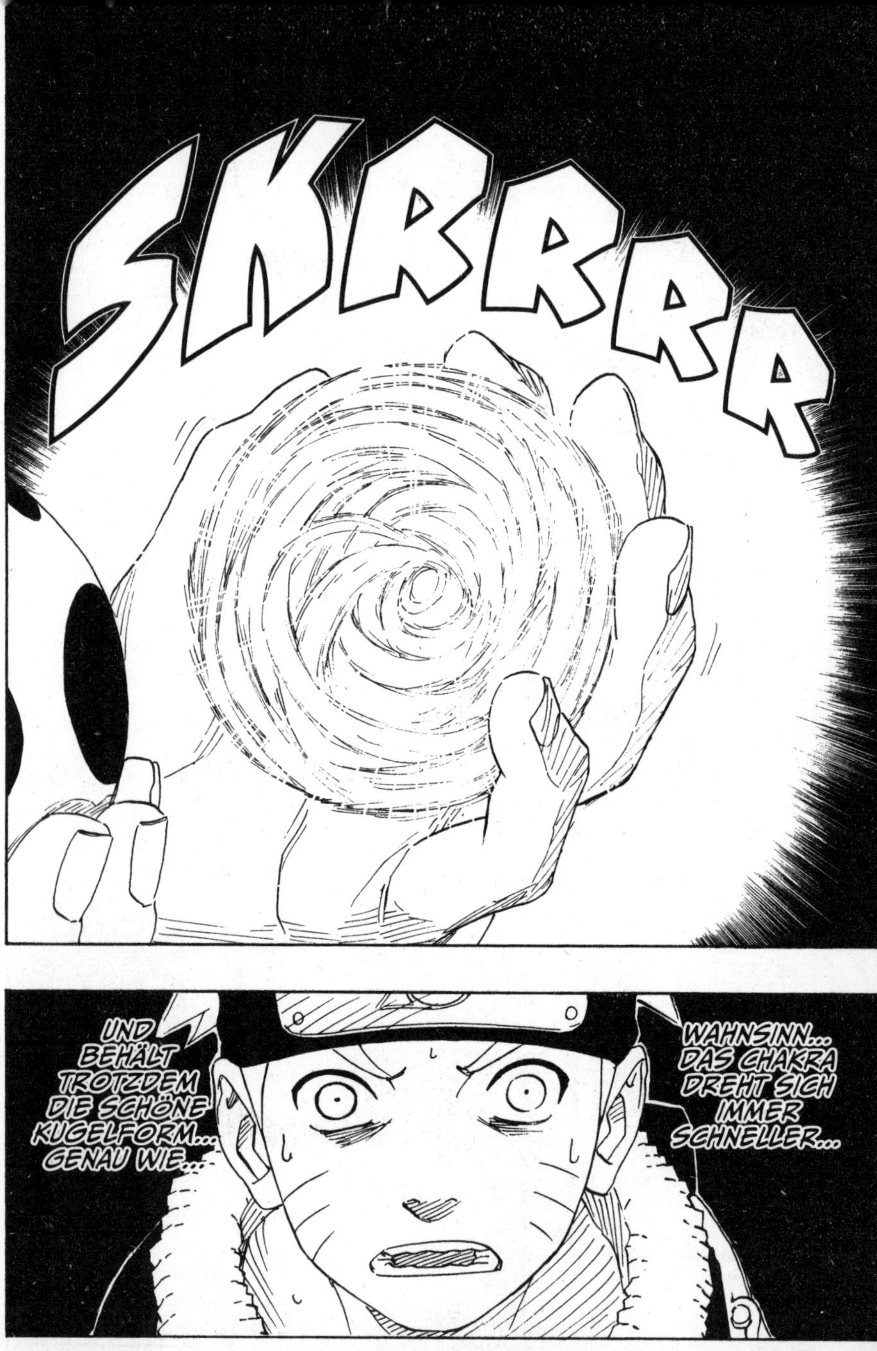
SKRRRR
WAHNSINN... DAS CHAKRA DREHT SICH IMMER SCHNELLER...
UND BEHÄLT TROTZDEM DIE SCHÖNE KUGELFORM... GENAU WIE...

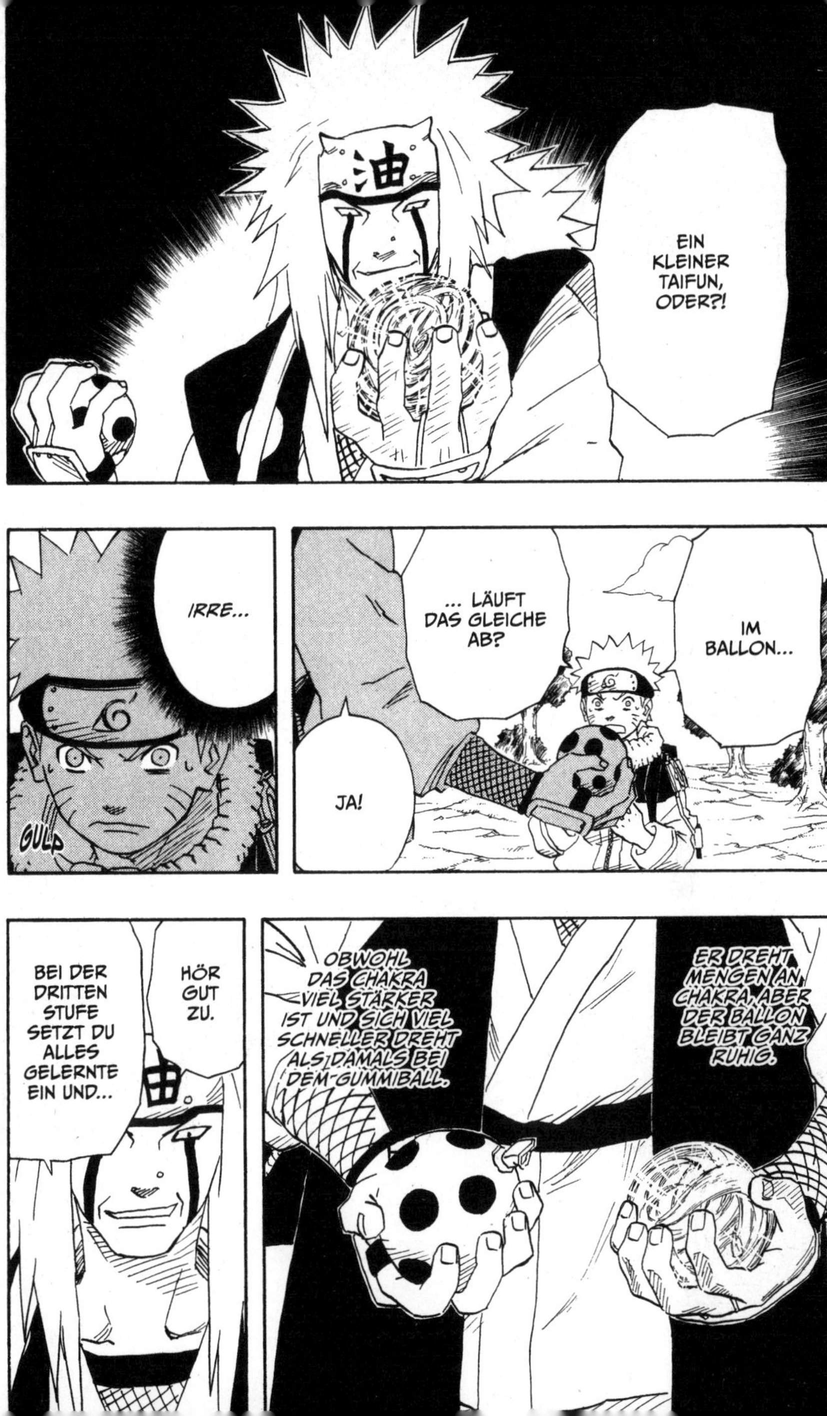
EIN KLEINER TAIFUN, ODER?!
IRRE...
IM BALLON...
... LÄUFT DAS GLEICHE AB?
JA!
GULP
HÖR GUT ZU.
BEI DER DRITTEN STUFE SETZT DU ALLES GELERNTE EIN UND...
ER DREHT MENGEN AN CHAKRA, ABER DER BALLON BLEIBT GANZ RUHIG.
OBWOHL DAS CHAKRA VIEL STÄRKER IST UND SICH VIEL SCHNELLER DREHT ALS DAMALS BEI DEM GUMMIBALL.

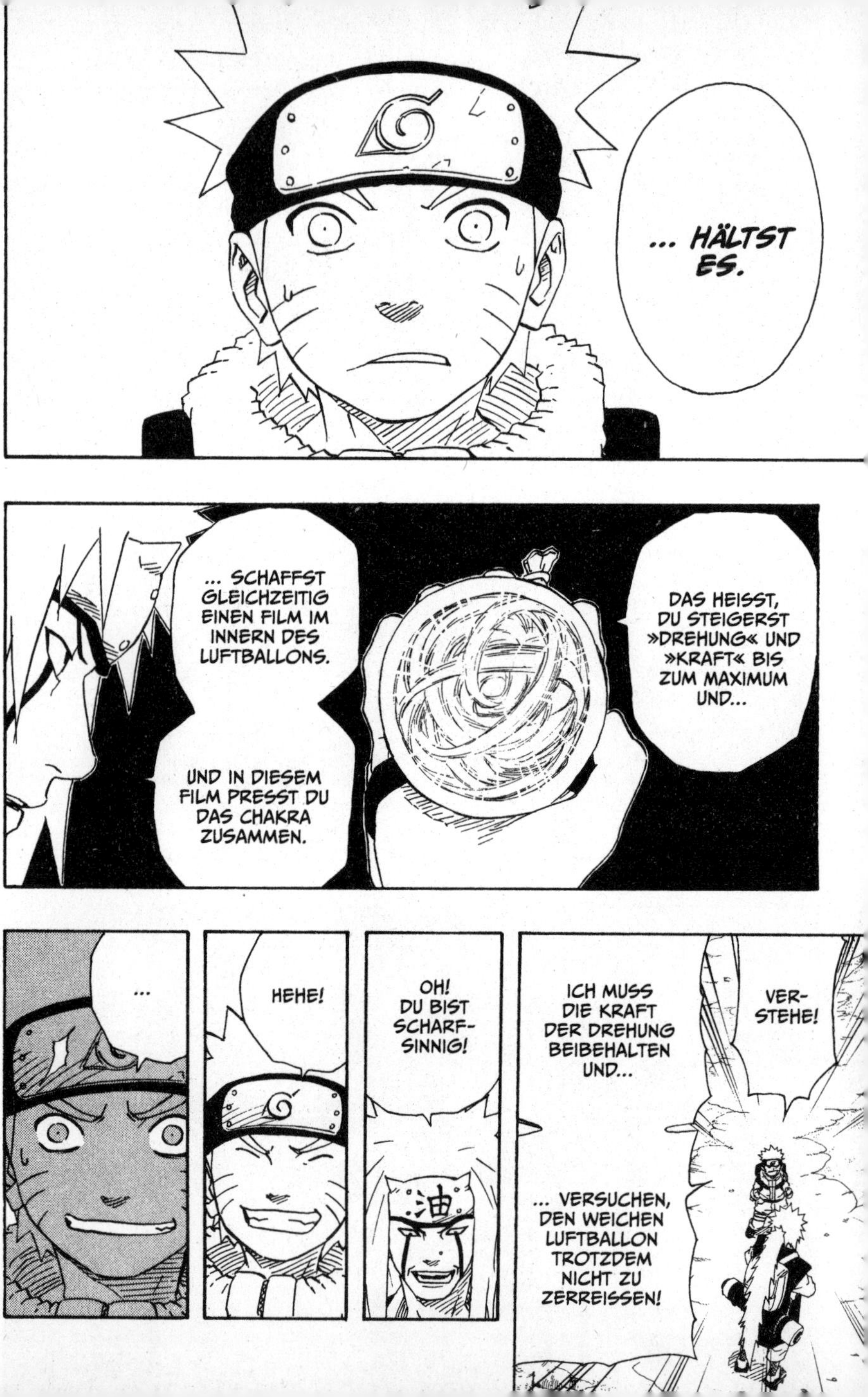
... HÄLTST ES.
DAS HEISST, DU STEIGERST »DREHUNG« UND »KRAFT« BIS ZUM MAXIMUM UND...
... SCHAFFST GLEICHZEITIG EINEN FILM IM INNERN DES LUFTBALLONS.
UND IN DIESEM FILM PRESST DU DAS CHAKRA ZUSAMMEN.
VER-STEHE!
ICH MUSS DIE KRAFT DER DREHUNG BEIBEHALTEN UND...
... VERSUCHEN, DEN WEICHEN LUFTBALLON TROTZDEM NICHT ZU ZERREISSEN!
OH! DU BIST SCHARF-SINNIG!
HEHE!
...

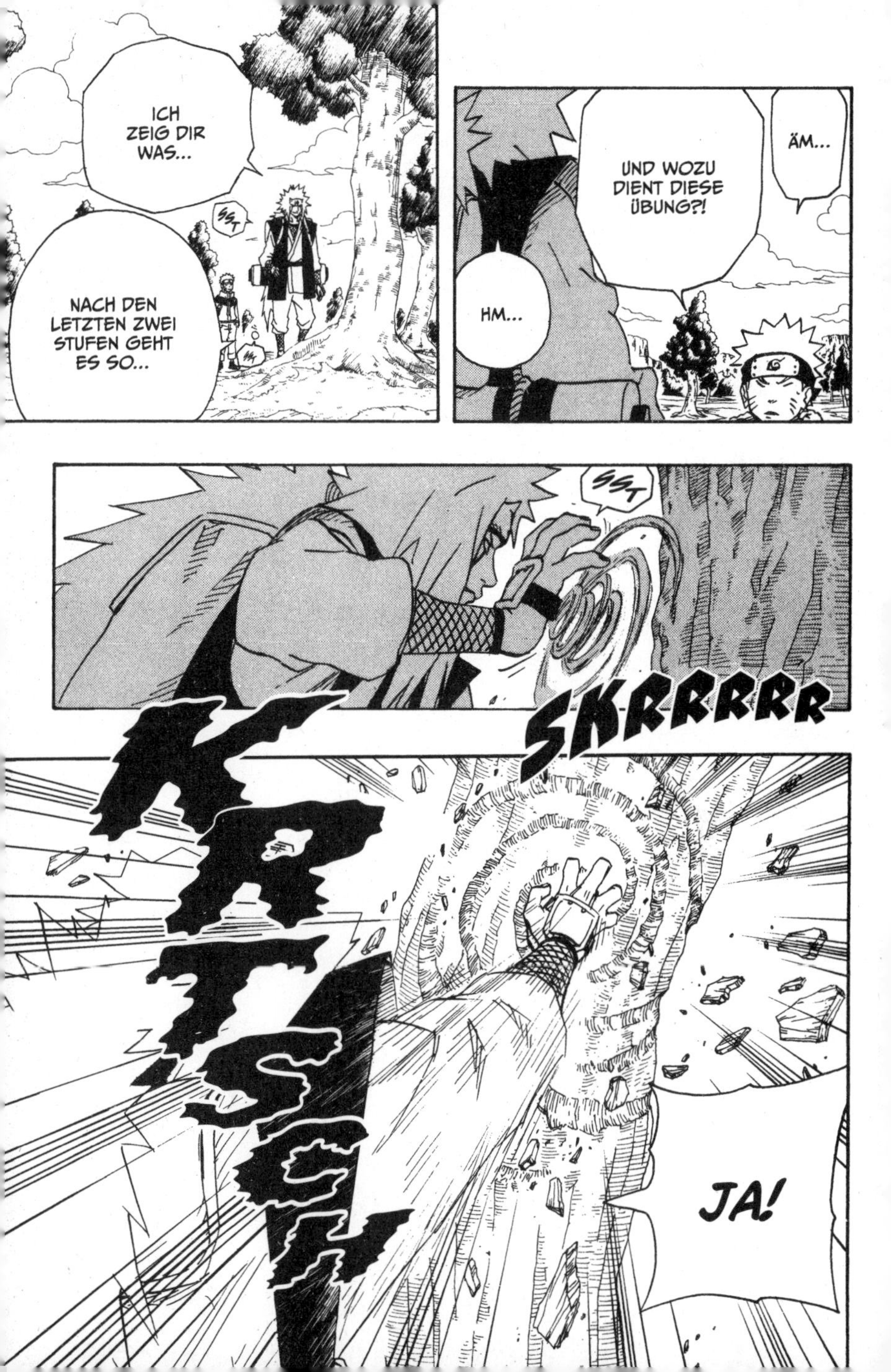
ÄM...
UND WOZU DIENT DIESE ÜBUNG?!
HM...
ICH ZEIG DIR WAS...
NACH DEN LETZTEN ZWEI STUFEN GEHT ES SO...
SKRRRRR
KRTSCH
JA!

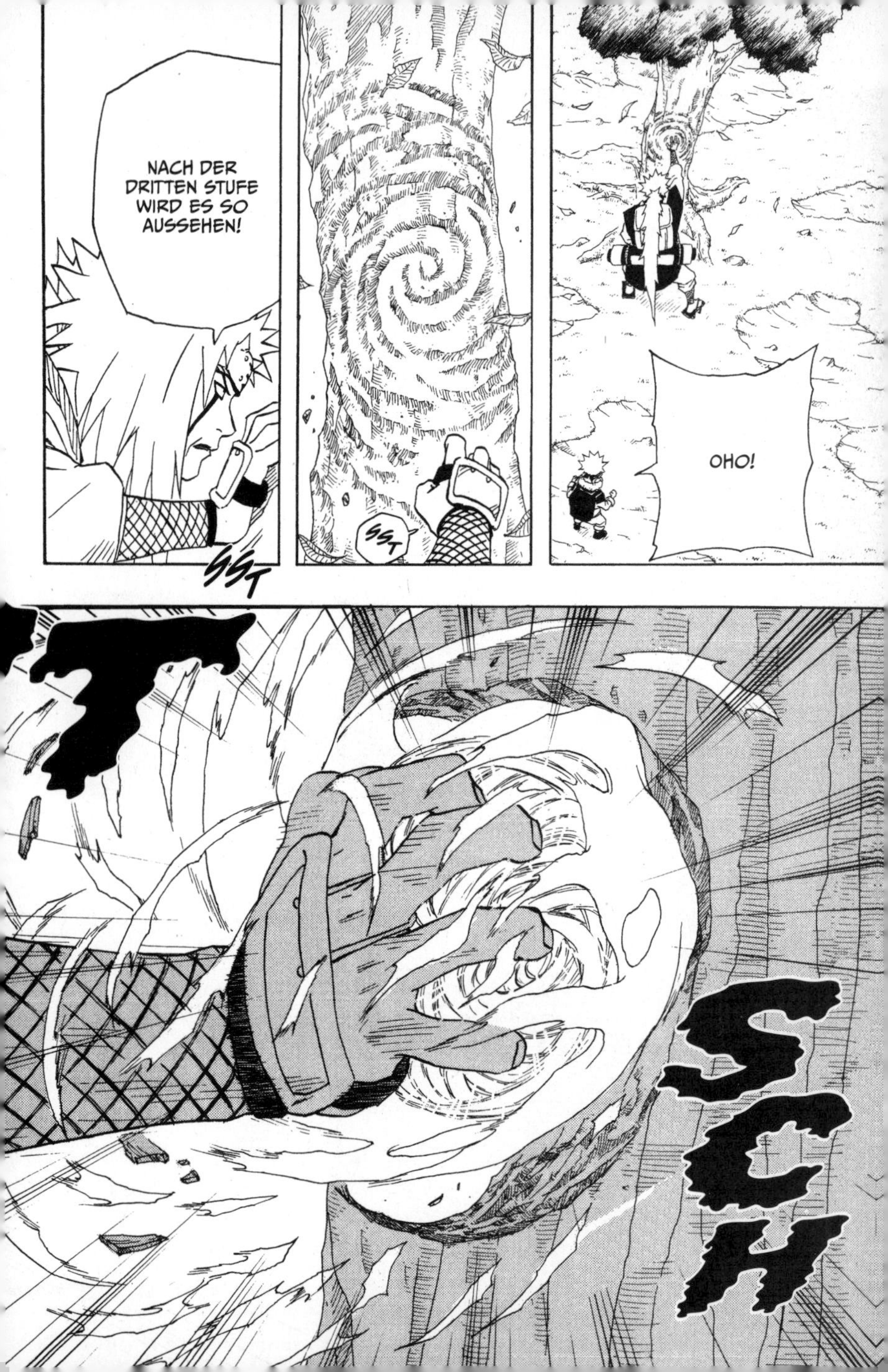
OHO!
SST
NACH DER DRITTEN STUFE WIRD ES SO AUSSEHEN!
SST
SCH

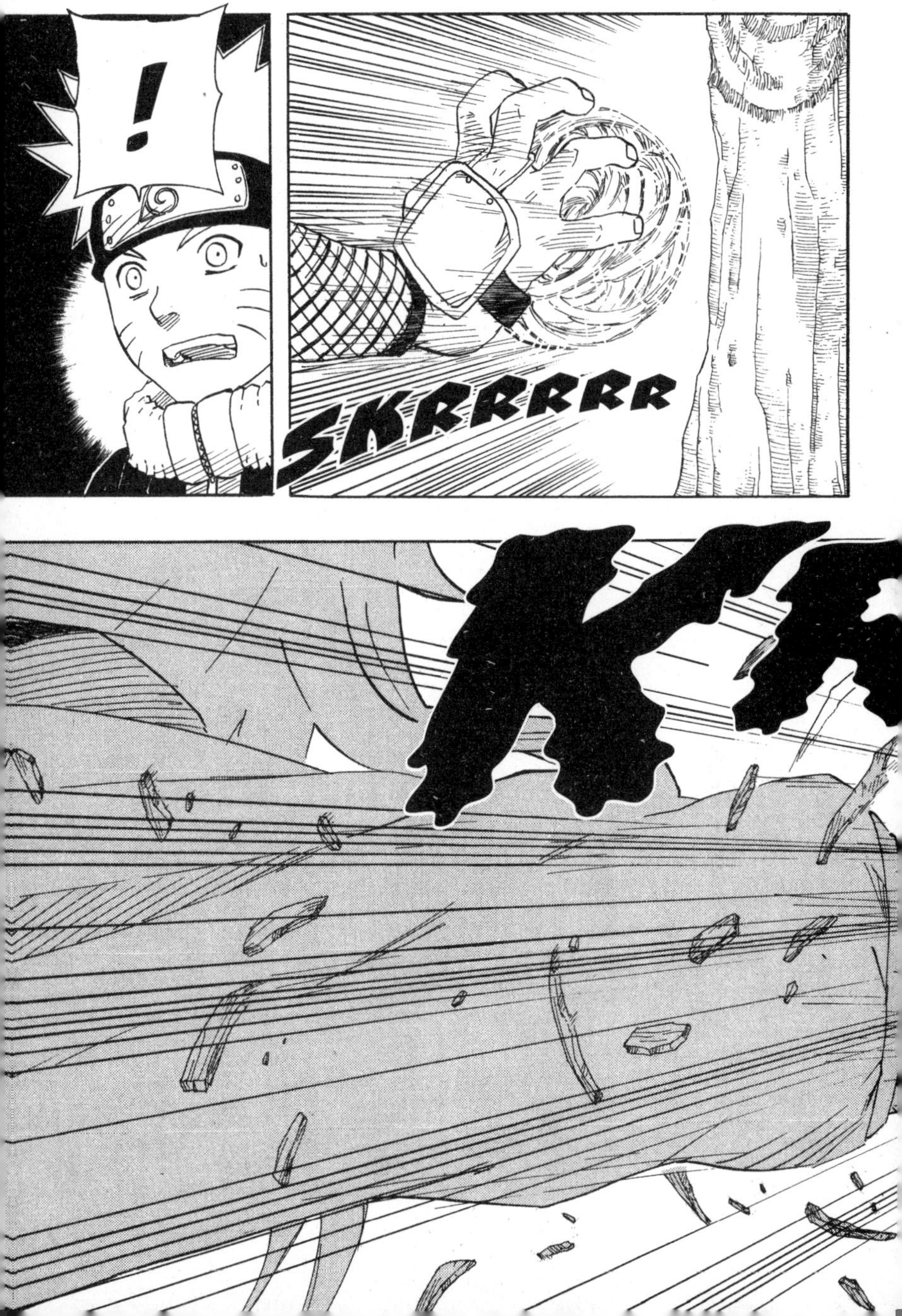
!
SKRRRRRR

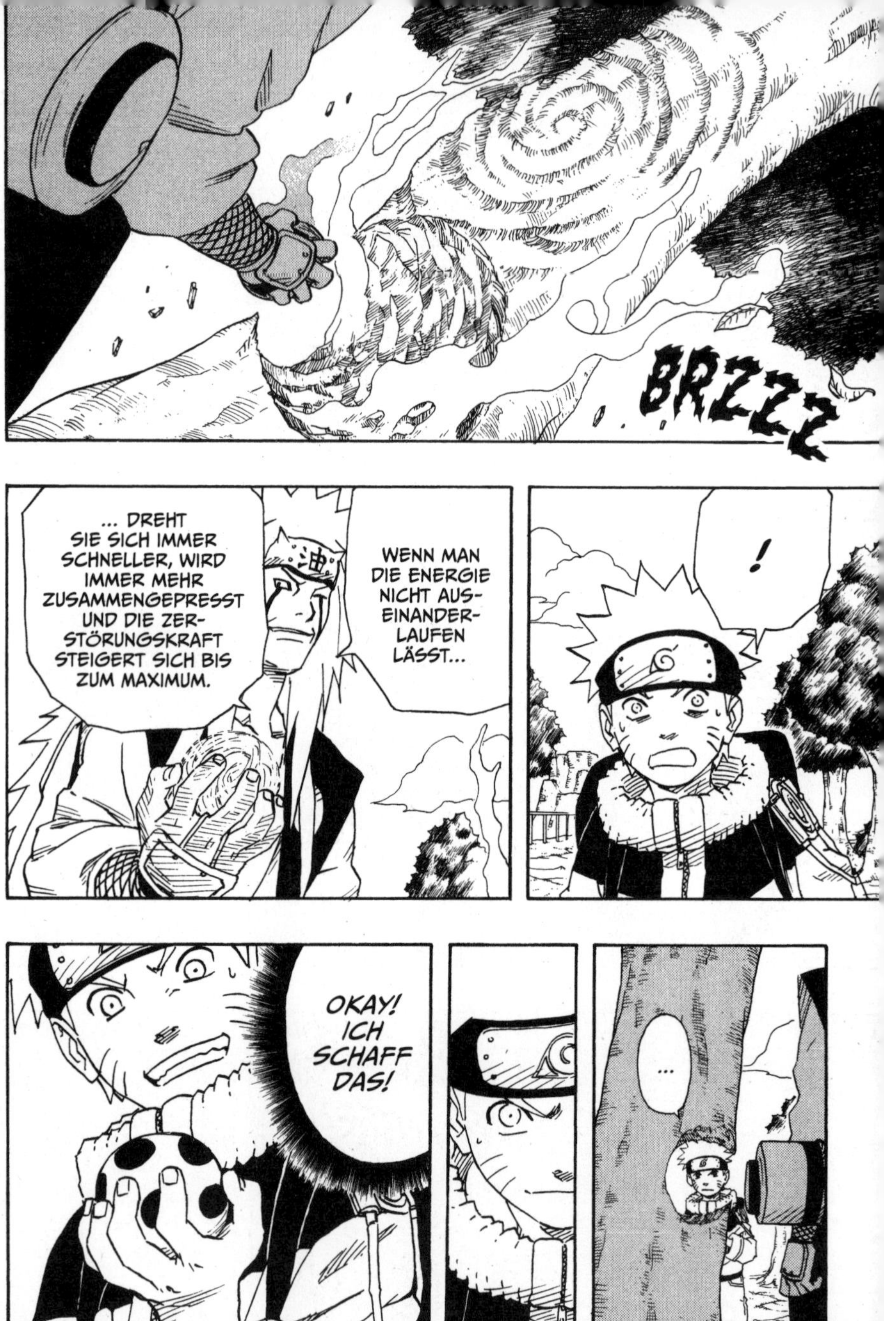
BRZZZ
... DREHT SIE SICH IMMER SCHNELLER, WIRD IMMER MEHR ZUSAMMENGEPRESST UND DIE ZERSTÖRUNGSKRAFT STEIGERT SICH BIS ZUM MAXIMUM.
WENN MAN DIE ENERGIE NICHT AUSEINANDERLAUFEN LÄSST...
!
OKAY! ICH SCHAFF DAS!
...

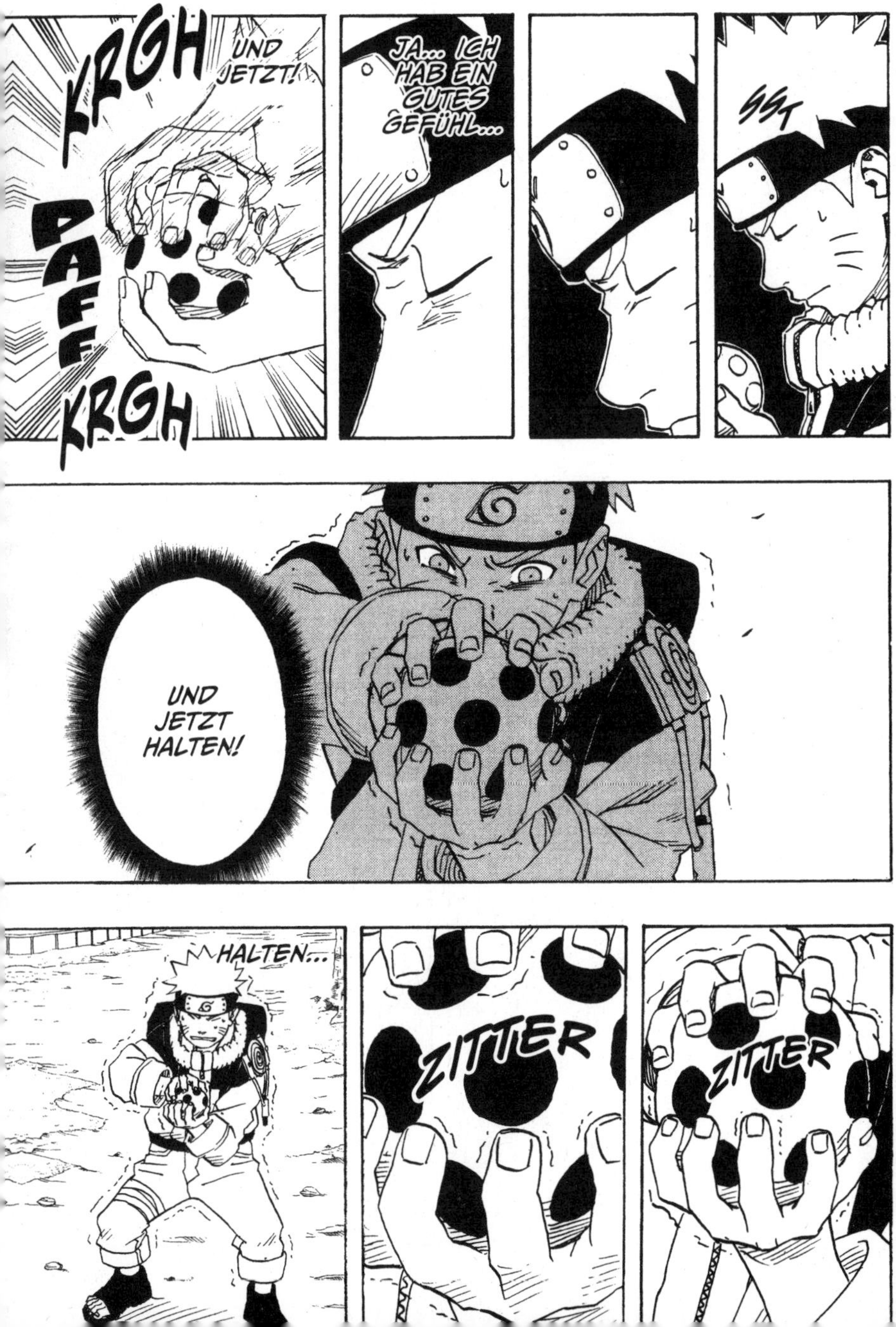
SST
JA... ICH HAB EIN GUTES GEFÜHL...
UND JETZT!
KRGH
PAFF
KRGH
UND JETZT HALTEN!
ZITTER
ZITTER
HALTEN...

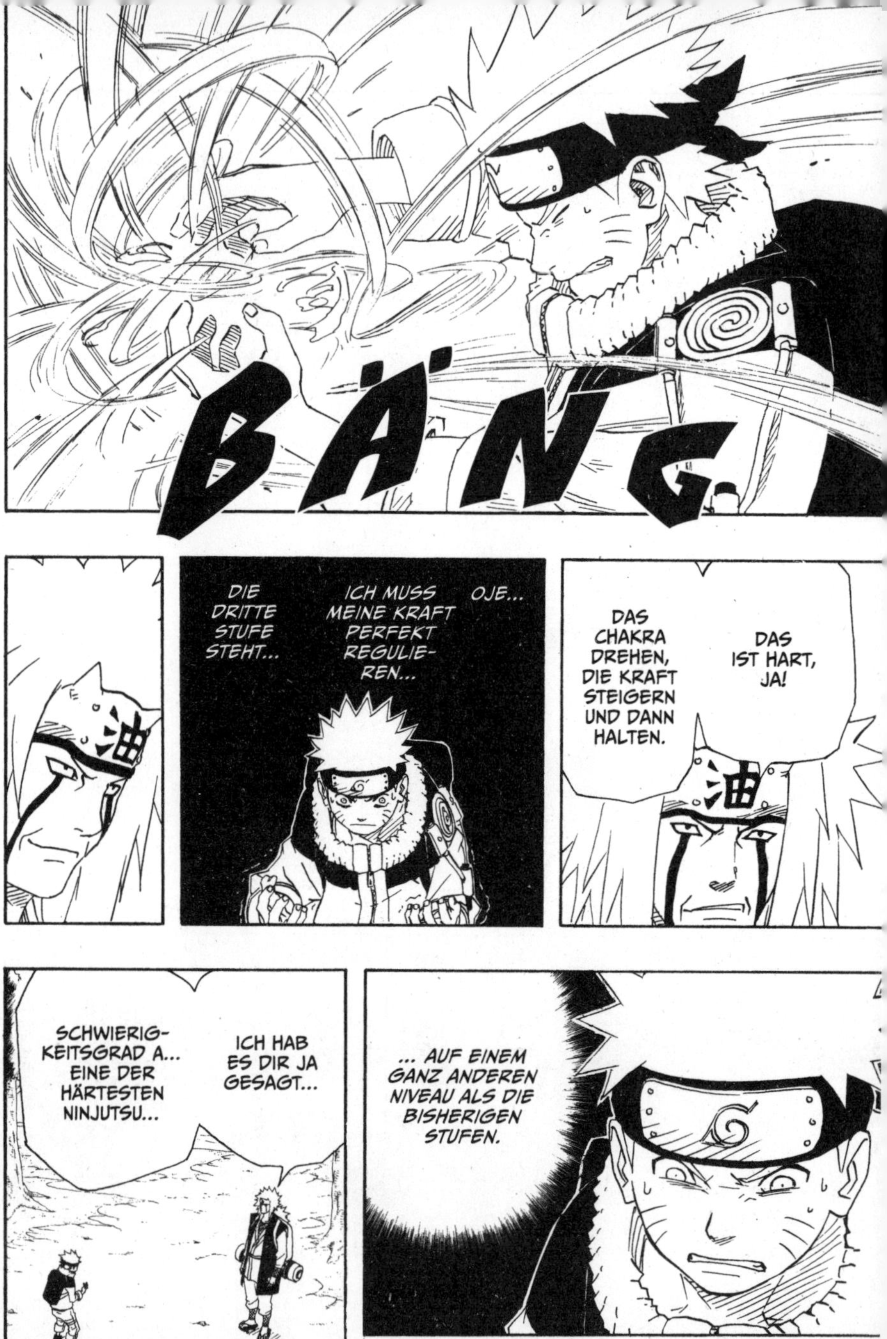
BÄNG
DAS IST HART, JA!
DAS CHAKRA DREHEN, DIE KRAFT STEIGERN UND DANN HALTEN.
OJE...
ICH MUSS MEINE KRAFT PERFEKT REGULIEREN...
DIE DRITTE STUFE STEHT...
ICH HAB ES DIR JA GESAGT...
SCHWIERIGKEITSGRAD A... EINE DER HÄRTESTEN NINJUTSU...
... AUF EINEM GANZ ANDEREN NIVEAU ALS DIE BISHERIGEN STUFEN.

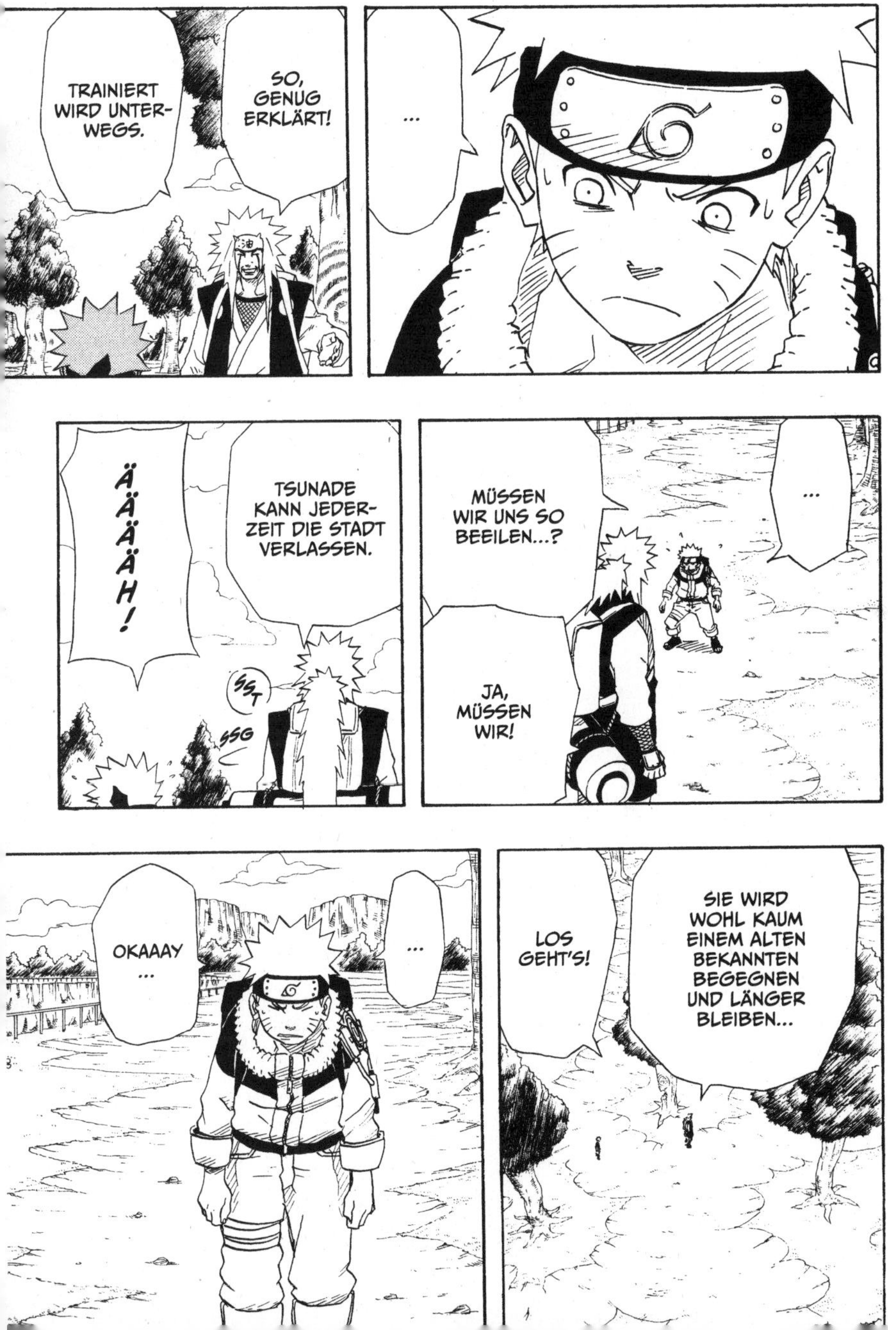
...
SO, GENUG ERKLÄRT!
TRAINIERT WIRD UNTER-WEGS.
...
MÜSSEN WIR UNS SO BEEILEN...?
JA, MÜSSEN WIR!
TSUNADE KANN JEDER-ZEIT DIE STADT VERLASSEN.
ÄÄÄÄH!
SST
SSG
SIE WIRD WOHL KAUM EINEM ALTEN BEKANNTEN BEGEGNEN UND LÄNGER BLEIBEN...
LOS GEHT'S!
...
OKAAAY ...

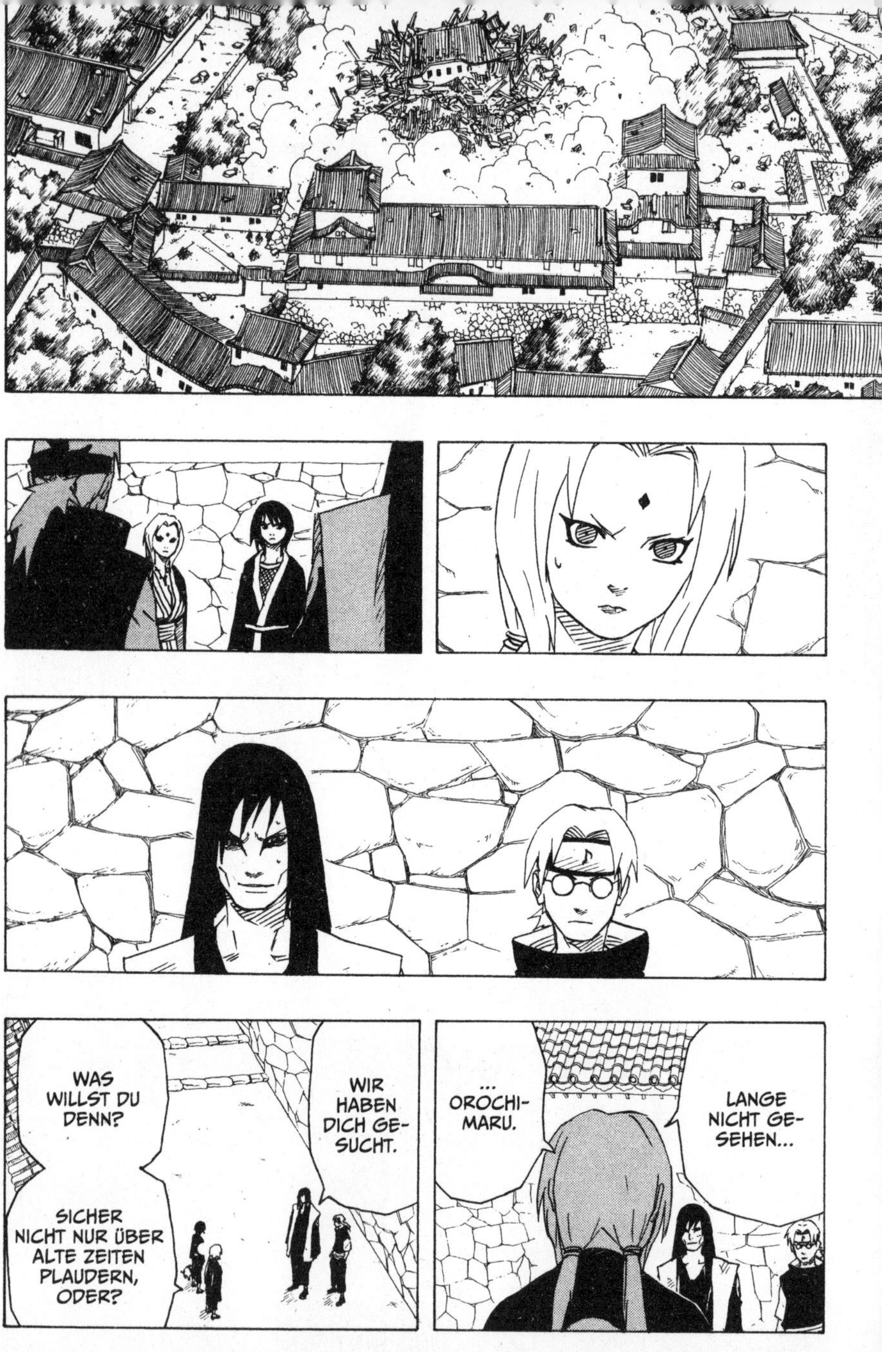
LANGE NICHT GE-SEHEN...
... OROCHI-MARU.
WIR HABEN DICH GE-SUCHT.
WAS WILLST DU DENN?
SICHER NICHT NUR ÜBER ALTE ZEITEN PLAUDERN, ODER?

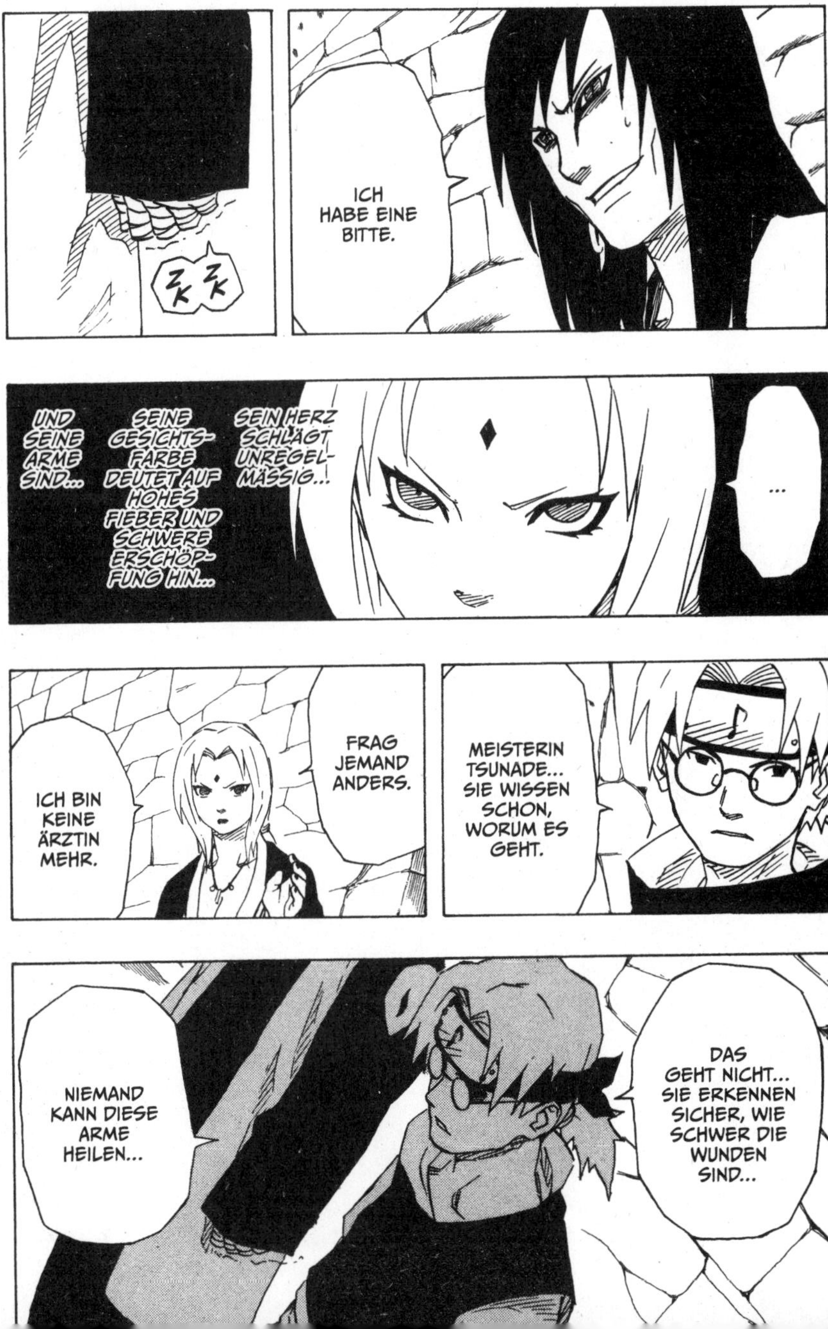
ICH HABE EINE BITTE.
ZK ZK
...
SEIN HERZ SCHLÄGT UNREGEL-MÄSSIG...
SEINE GESICHTSFARBE DEUTET AUF HOHES FIEBER UND SCHWERE ERSCHÖPFUNG HIN...
UND SEINE ARME SIND...
MEISTERIN TSUNADE... SIE WISSEN SCHON, WORUM ES GEHT.
FRAG JEMAND ANDERS.
ICH BIN KEINE ÄRZTIN MEHR.
DAS GEHT NICHT... SIE ERKENNEN SICHER, WIE SCHWER DIE WUNDEN SIND...
NIEMAND KANN DIESE ARME HEILEN...

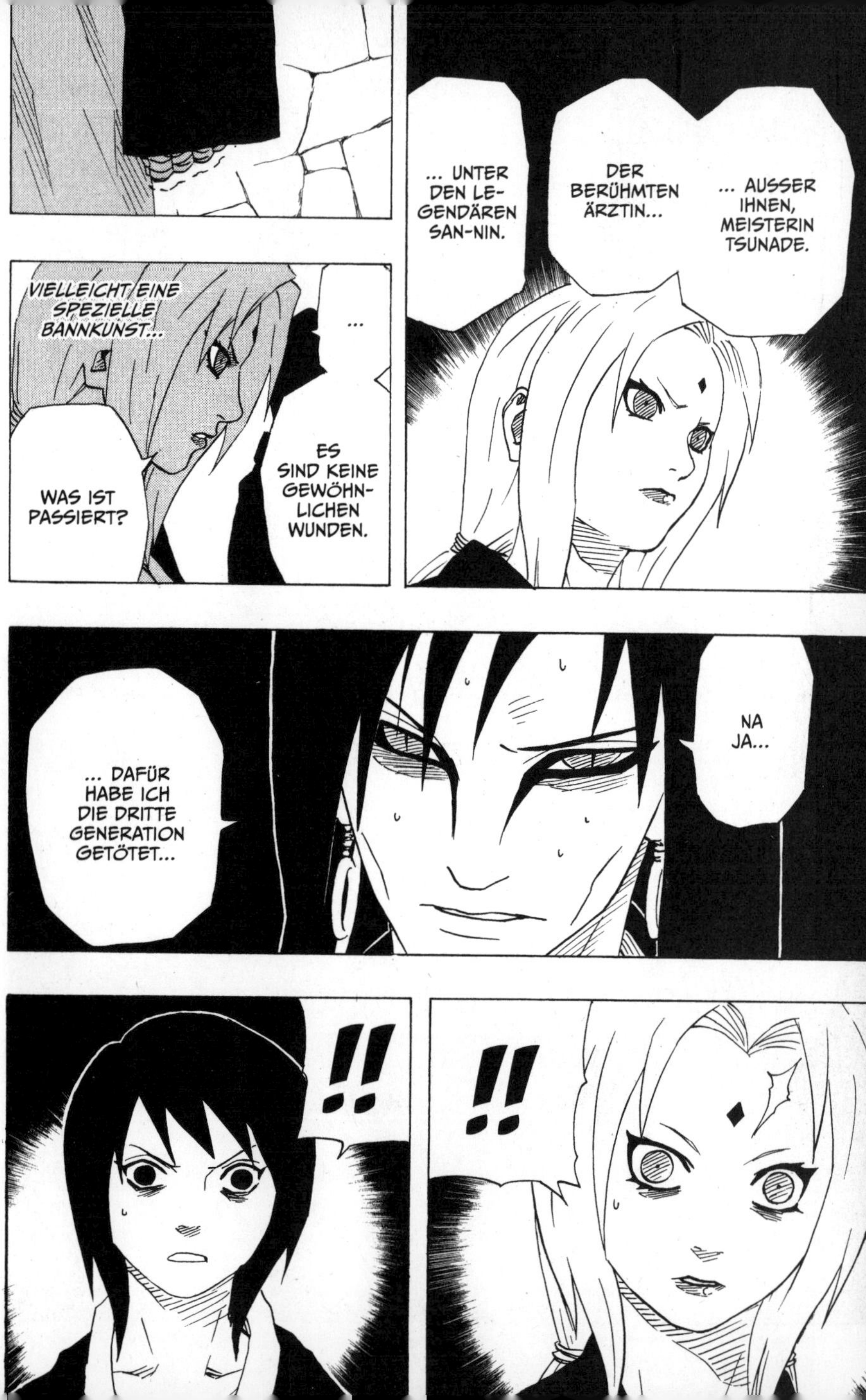
... AUSSER IHNEN, MEISTERIN TSUNADE.
DER BERÜHMTEN ÄRZTIN...
... UNTER DEN LE-GENDÄREN SAN-NIN.
...
ES SIND KEINE GEWÖHN-LICHEN WUNDEN.
VIELLEICHT EINE SPEZIELLE BANNKUNST...
WAS IST PASSIERT?
NA JA...
... DAFÜR HABE ICH DIE DRITTE GENERATION GETÖTET...
!!
!!

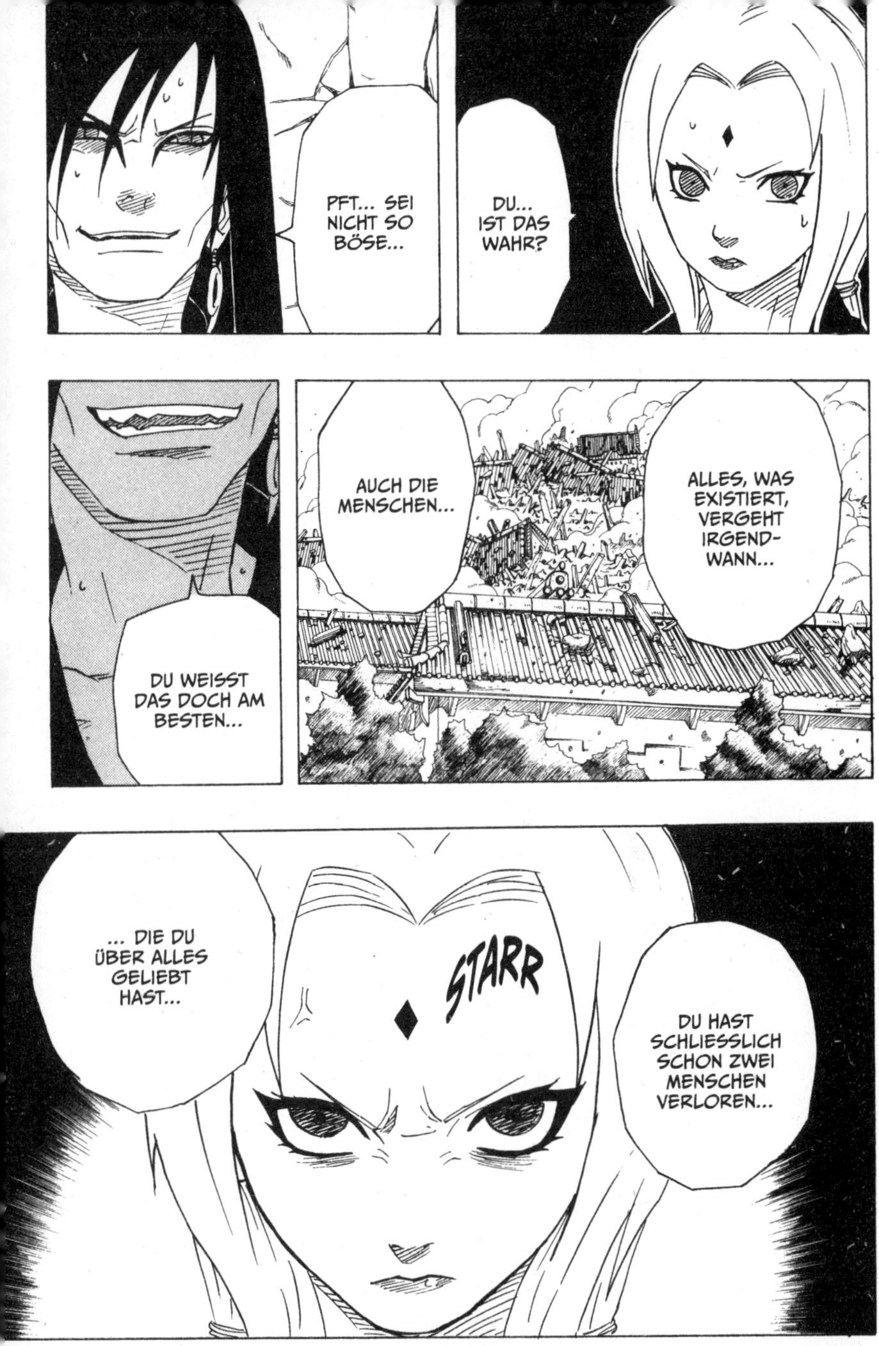
DU... IST DAS WAHR?
PFT... SEI NICHT SO BÖSE...
ALLES, WAS EXISTIERT, VERGEHT IRGENDWANN...
AUCH DIE MENSCHEN...
DU WEISST DAS DOCH AM BESTEN...
DU HAST SCHLIESSLICH SCHON ZWEI MENSCHEN VERLOREN...
... DIE DU ÜBER ALLES GELIEBT HAST...
STARR

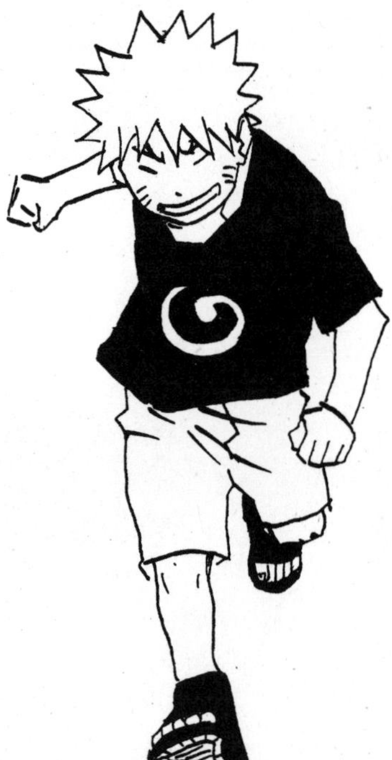

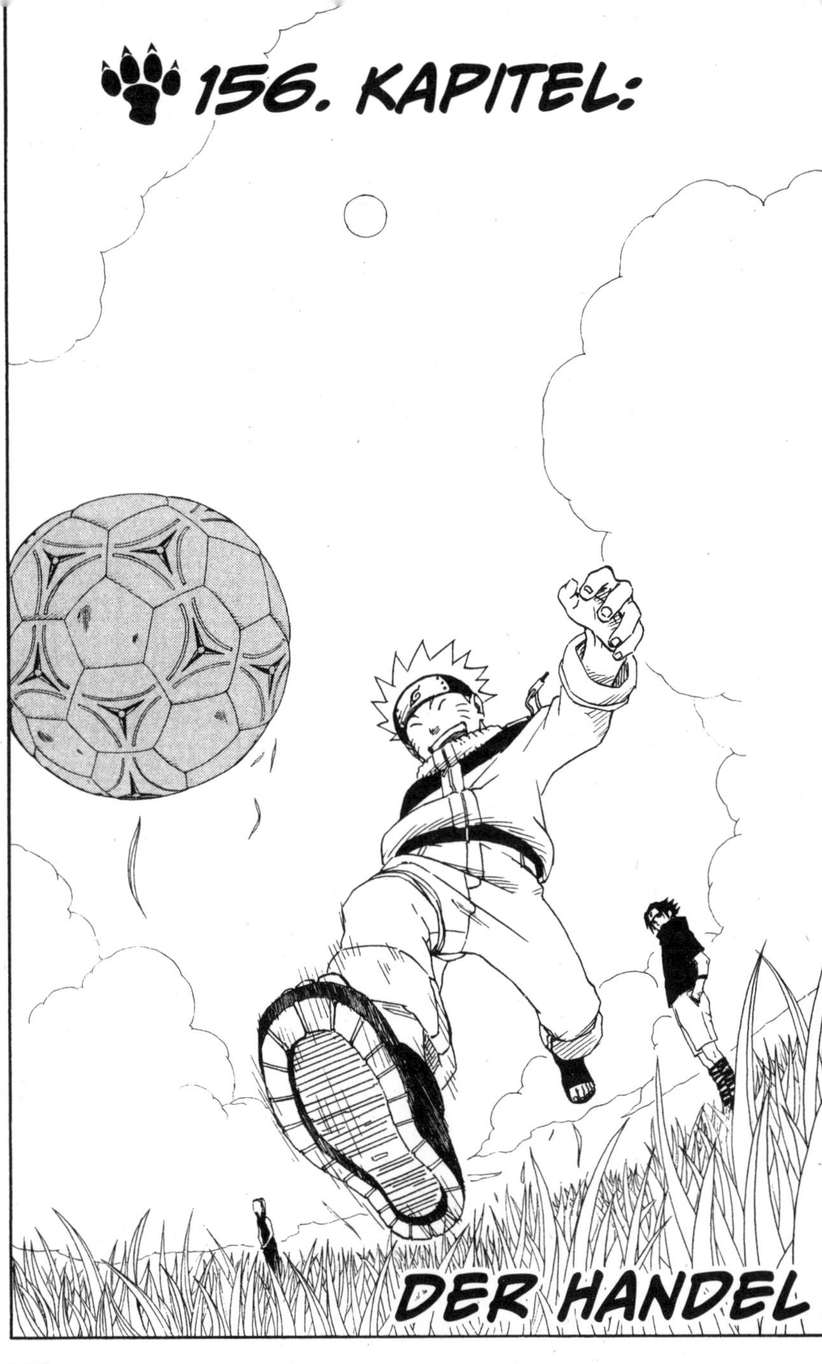
156. KAPITEL:
DER HANDEL

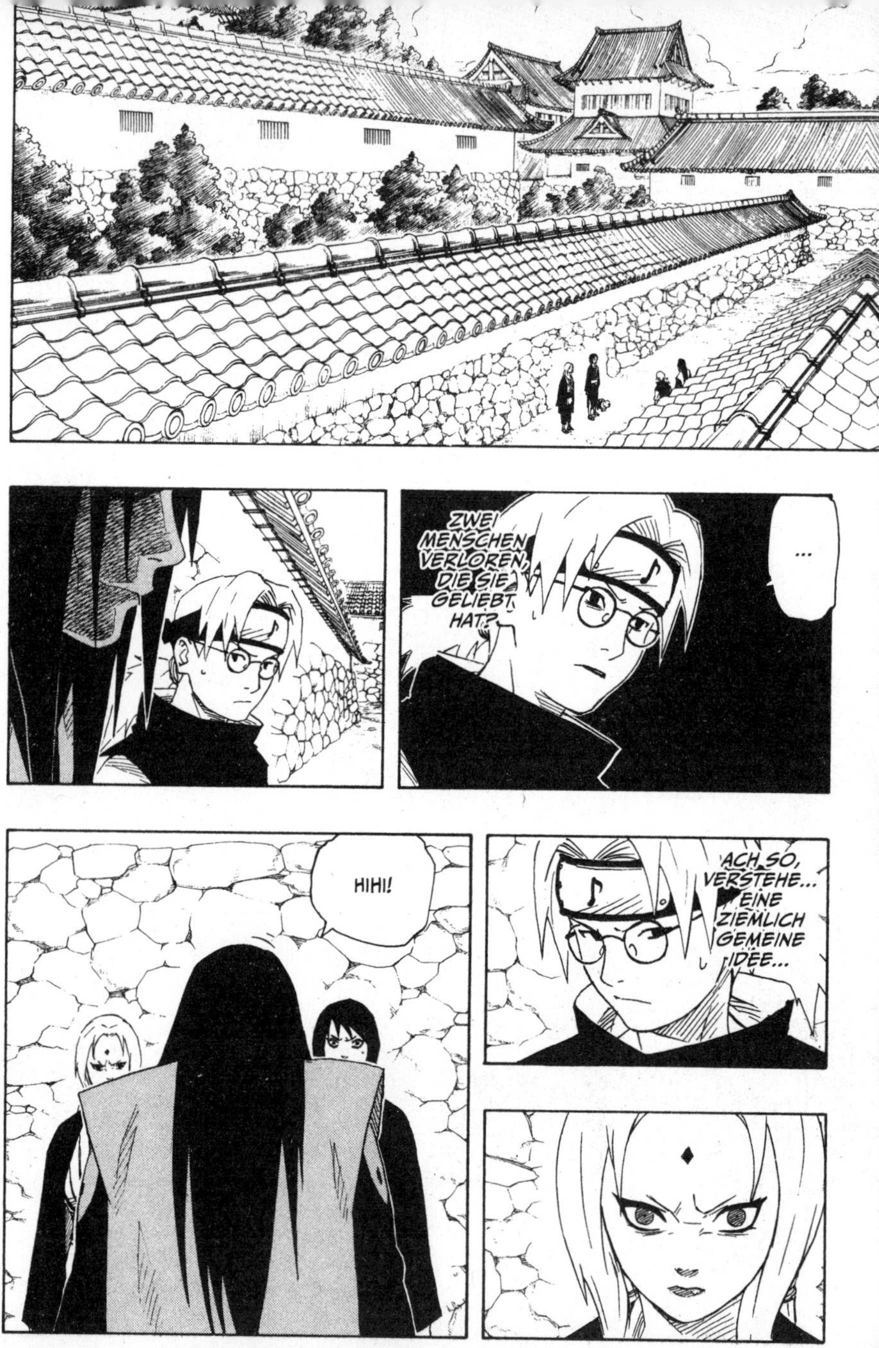
...
ZWEI MENSCHEN VERLOREN, DIE SIE GELIEBT HAT?
ACH SO, VERSTEHE... EINE ZIEMLICH GEMEINE IDEE...
HIHI!

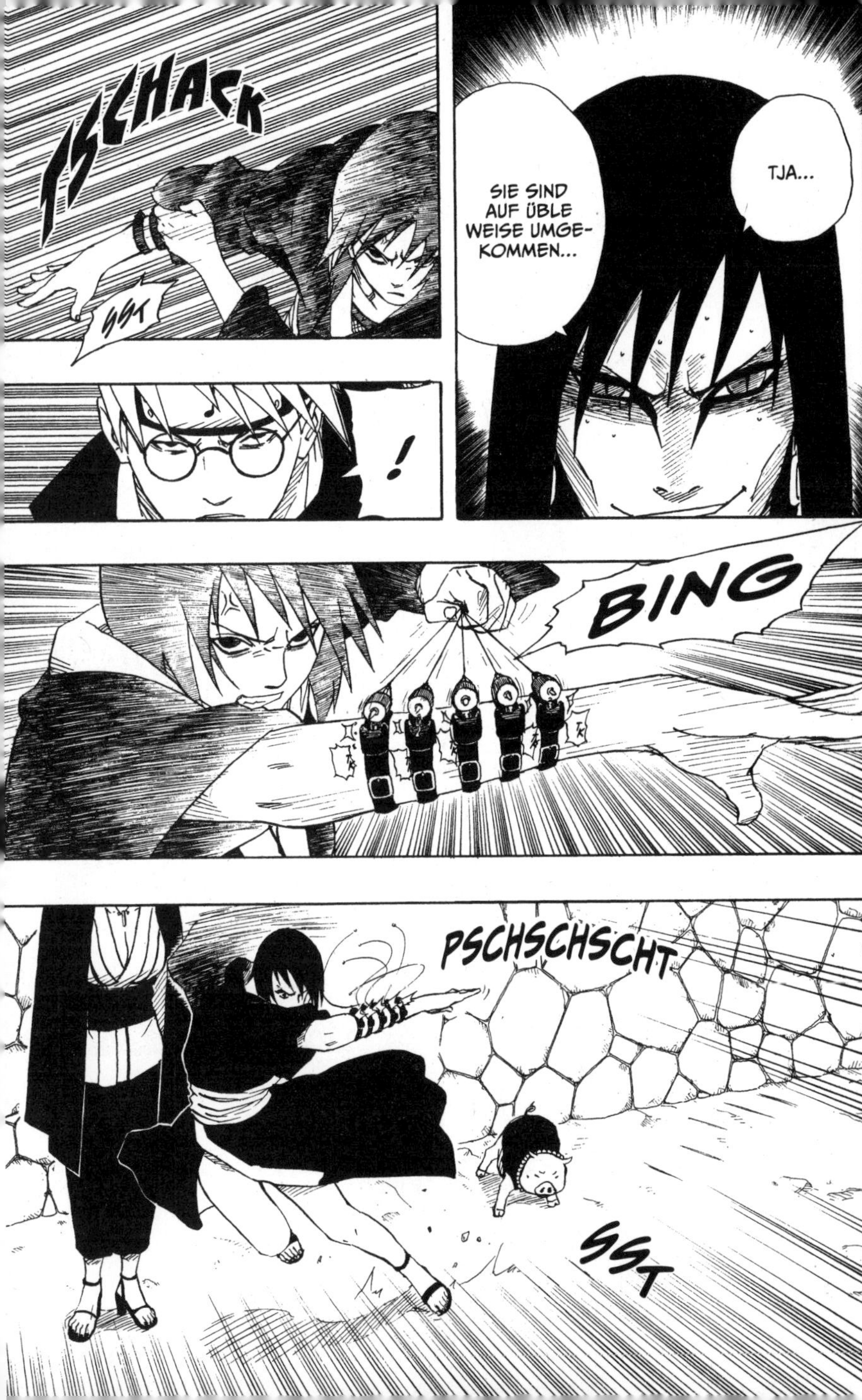
TJA...
SIE SIND AUF ÜBLE WEISE UMGE-KOMMEN...
TSCHACK
SST
!
BING
PSCHSCHSCHT
SST

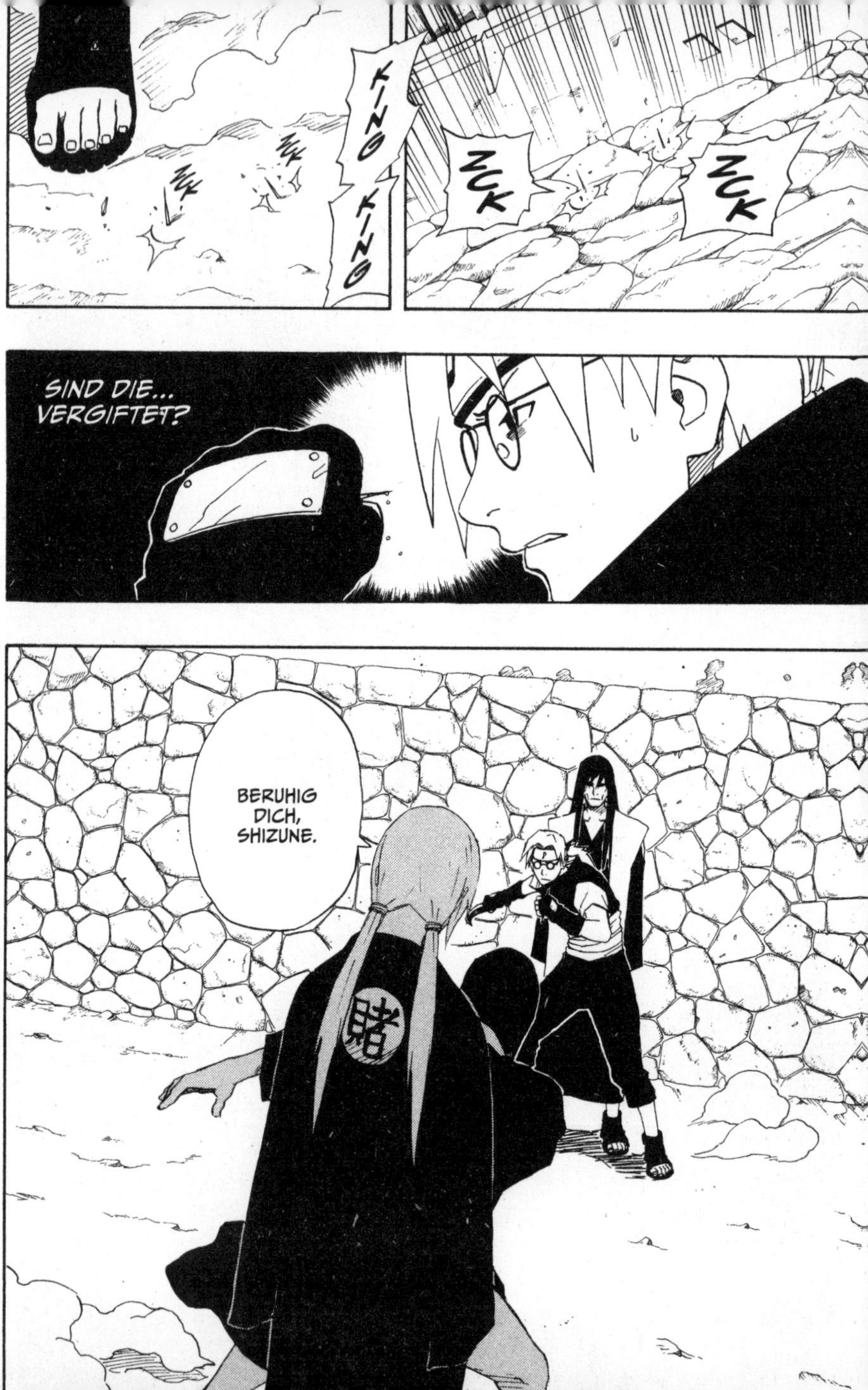
ZCK
ZCK
KING KING KING
ZCK
ZCK
SIND DIE... VERGIFTET?
BERUHIG DICH, SHIZUNE.

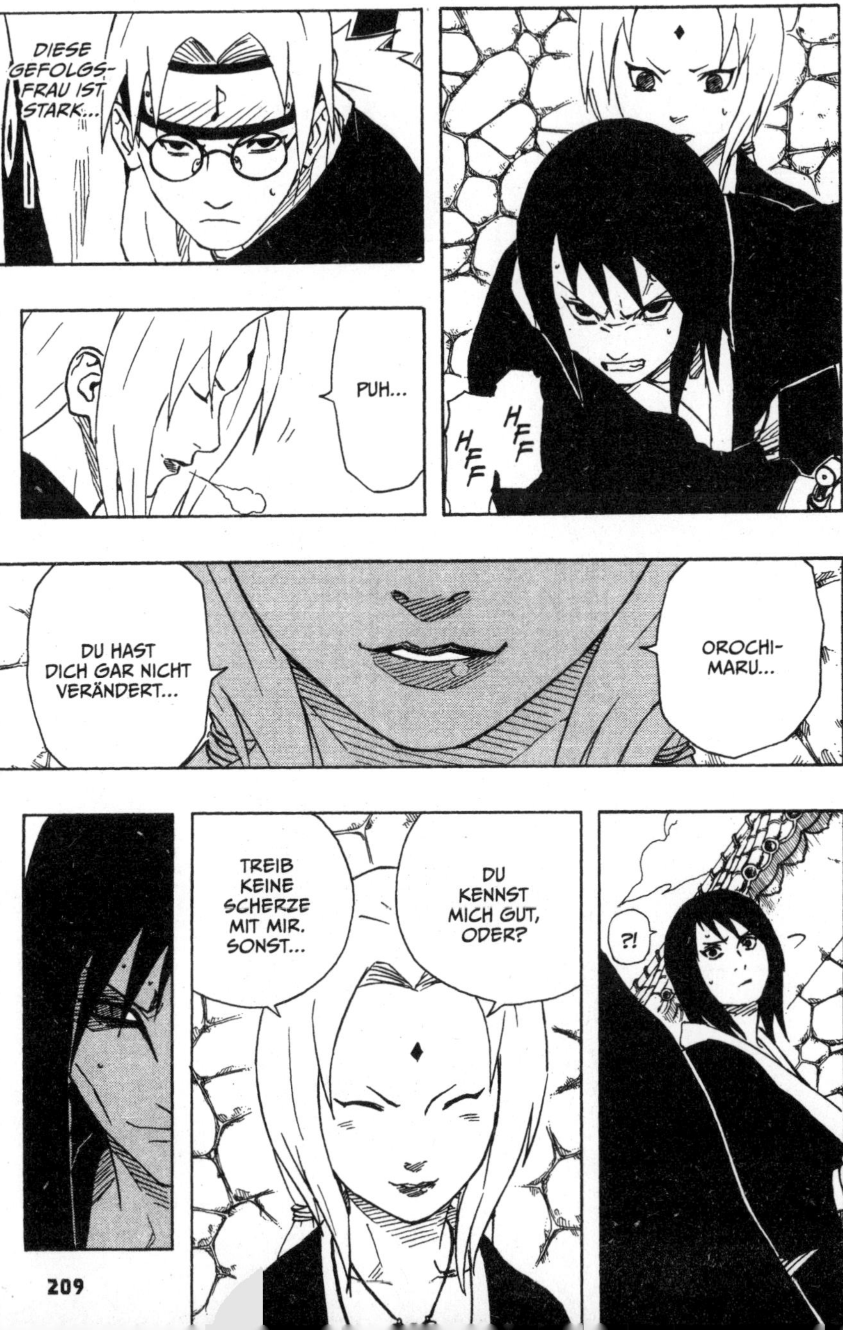

DIESE GEFOLGSFRAU IST STARK...
PUH...
OROCHIMARU...
DU HAST DICH GAR NICHT VERÄNDERT...
?!
DU KENNST MICH GUT, ODER?
TREIB KEINE SCHERZE MIT MIR. SONST...

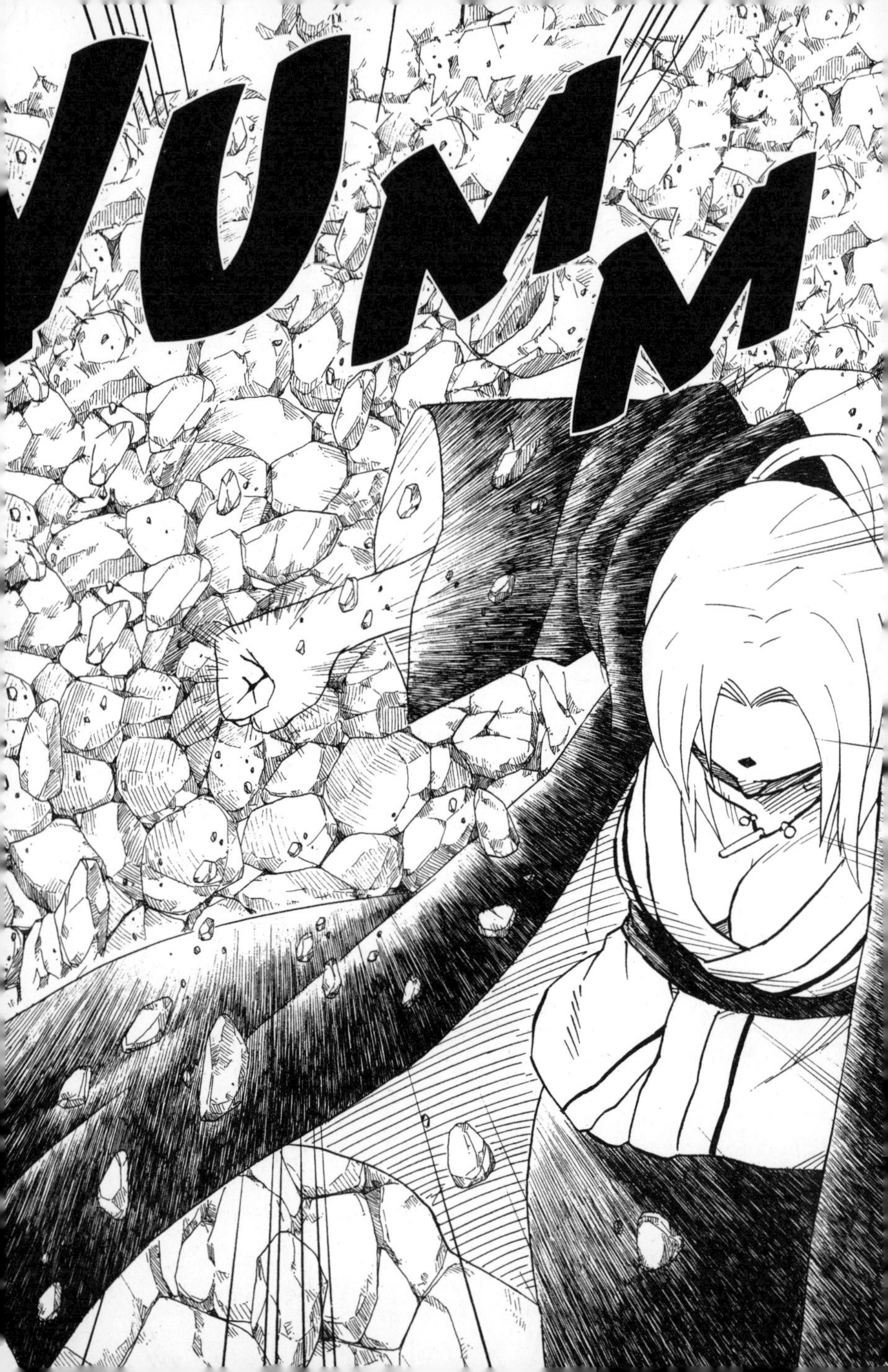
VUMM

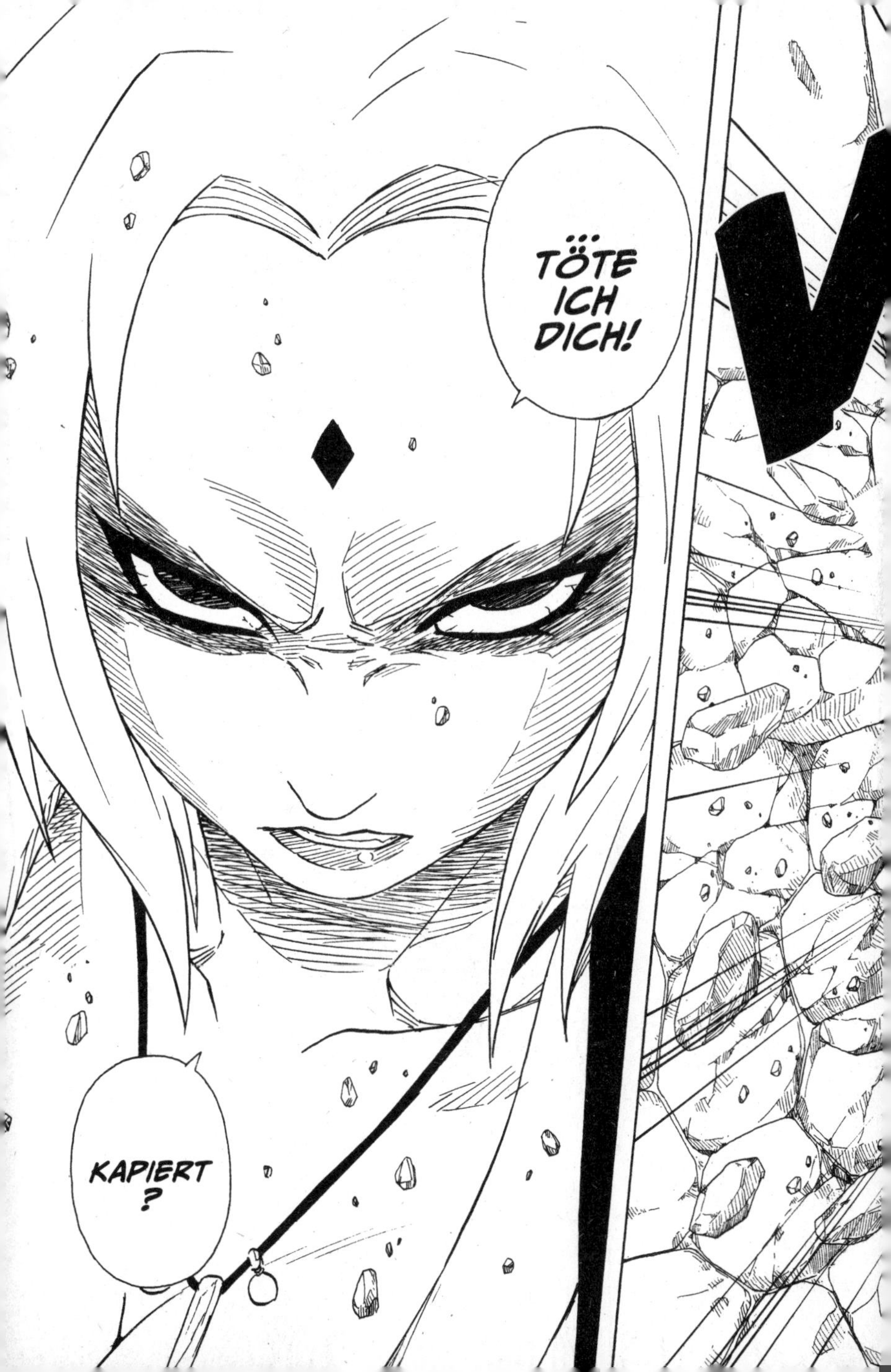
... TÖTE ICH DICH!
KAPIERT ?

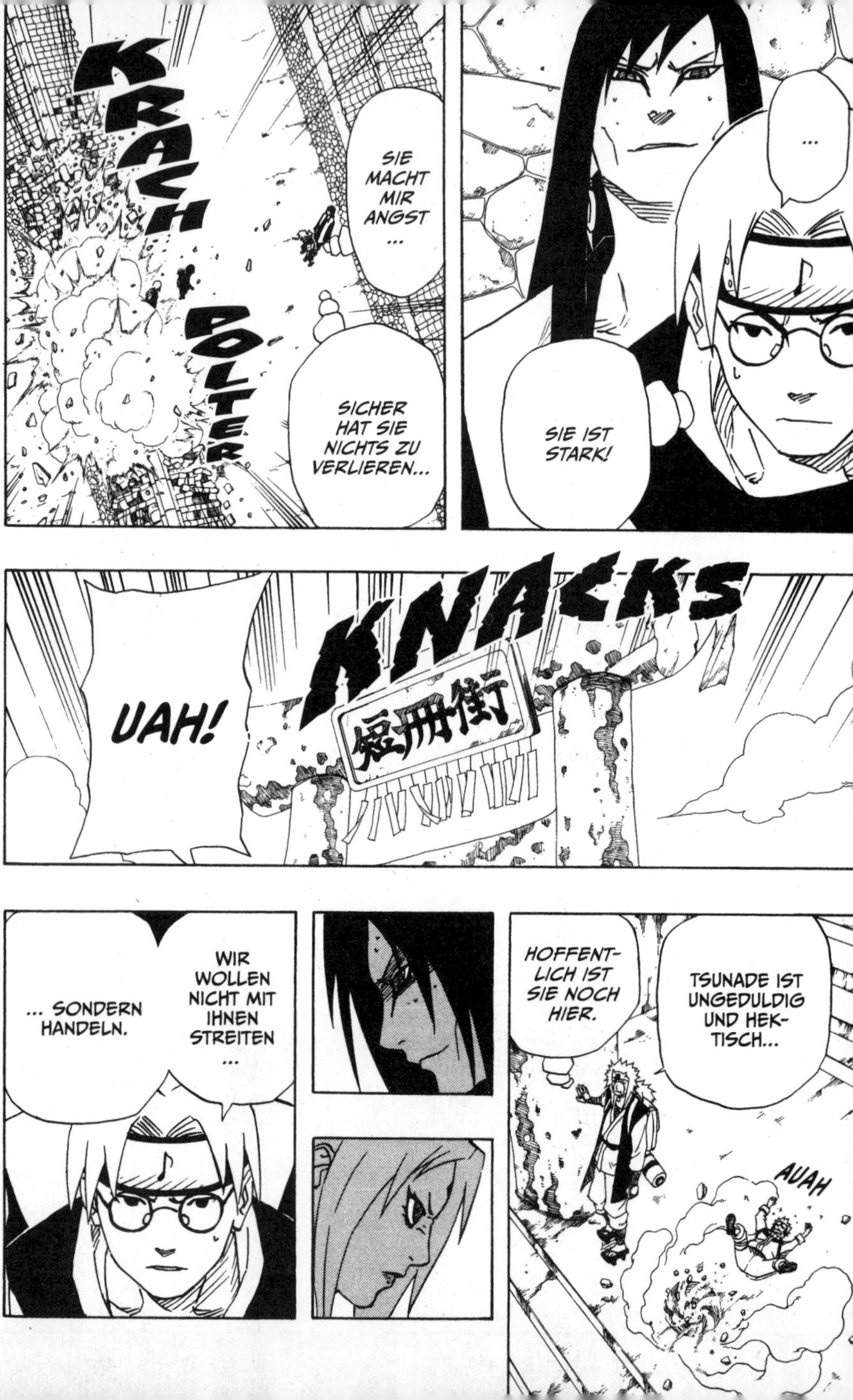

...
SIE IST STARK!
SIE MACHT MIR ANGST ...
SICHER HAT SIE NICHTS ZU VERLIEREN...
KRACH
POLTER
KNACKS
短冊街
UAH!
TSUNADE IST UNGEDULDIG UND HEKTISCH...
HOFFENTLICH IST SIE NOCH HIER.
AUAH
WIR WOLLEN NICHT MIT IHNEN STREITEN ...
... SONDERN HANDELN.

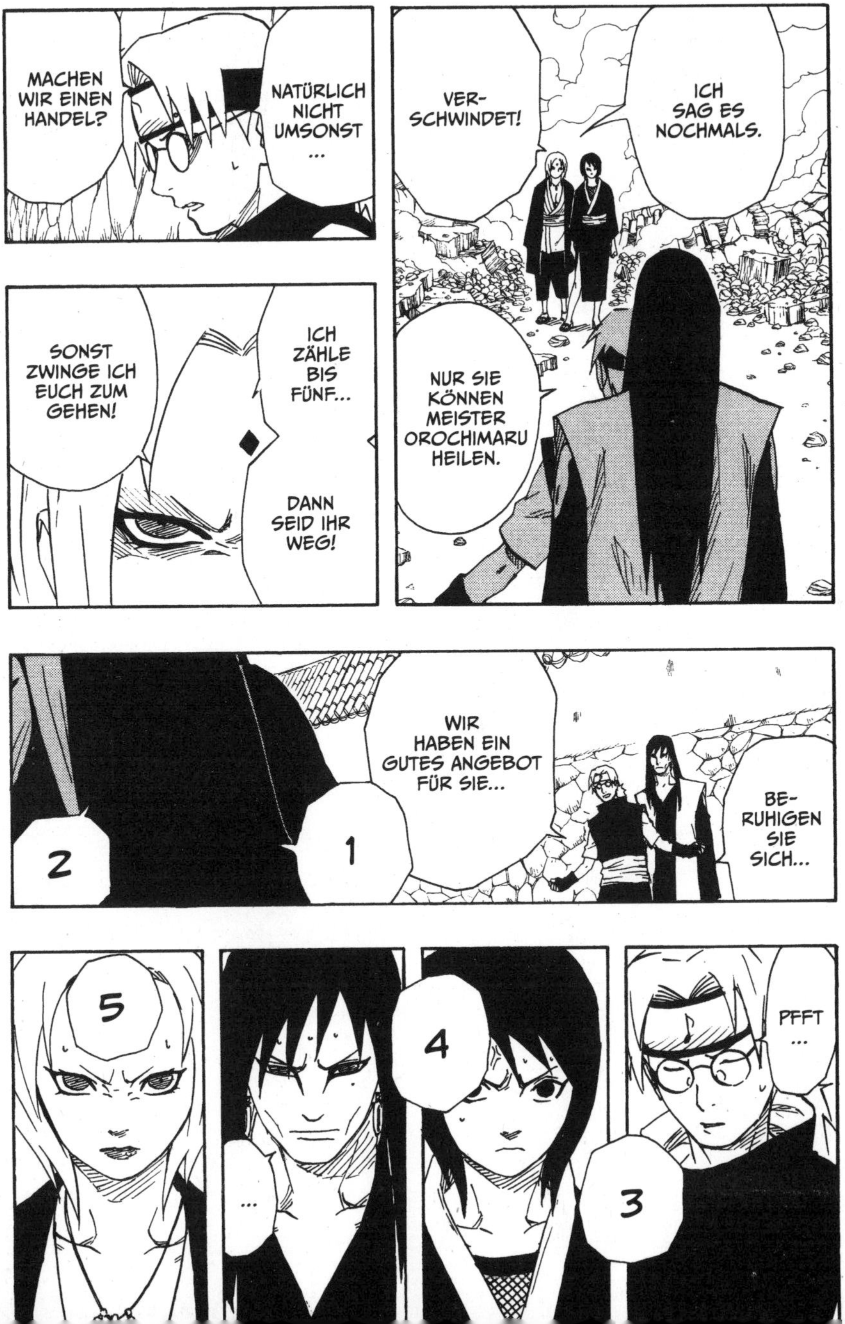
ICH SAG ES NOCHMALS.
VER-SCHWINDET!
NUR SIE KÖNNEN MEISTER OROCHIMARU HEILEN.
NATÜRLICH NICHT UMSONST ...
MACHEN WIR EINEN HANDEL?
ICH ZÄHLE BIS FÜNF...
DANN SEID IHR WEG!
SONST ZWINGE ICH EUCH ZUM GEHEN!
BE-RUHIGEN SIE SICH...
WIR HABEN EIN GUTES ANGEBOT FÜR SIE...
1
2
PFFT ...
3
4
...
5

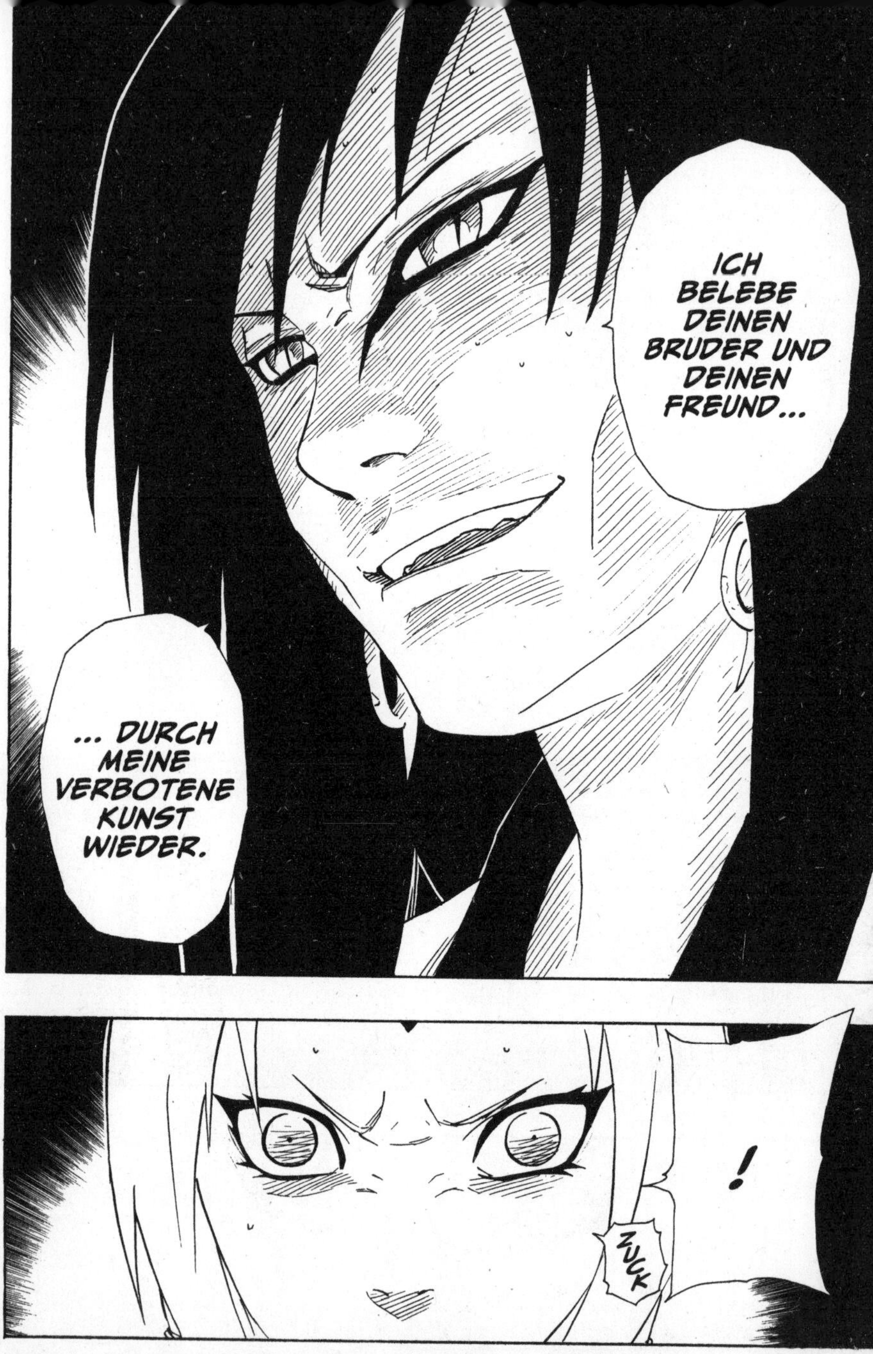
ICH BELEBE DEINEN BRUDER UND DEINEN FREUND...
... DURCH MEINE VERBOTENE KUNST WIEDER.
!
ZUCK

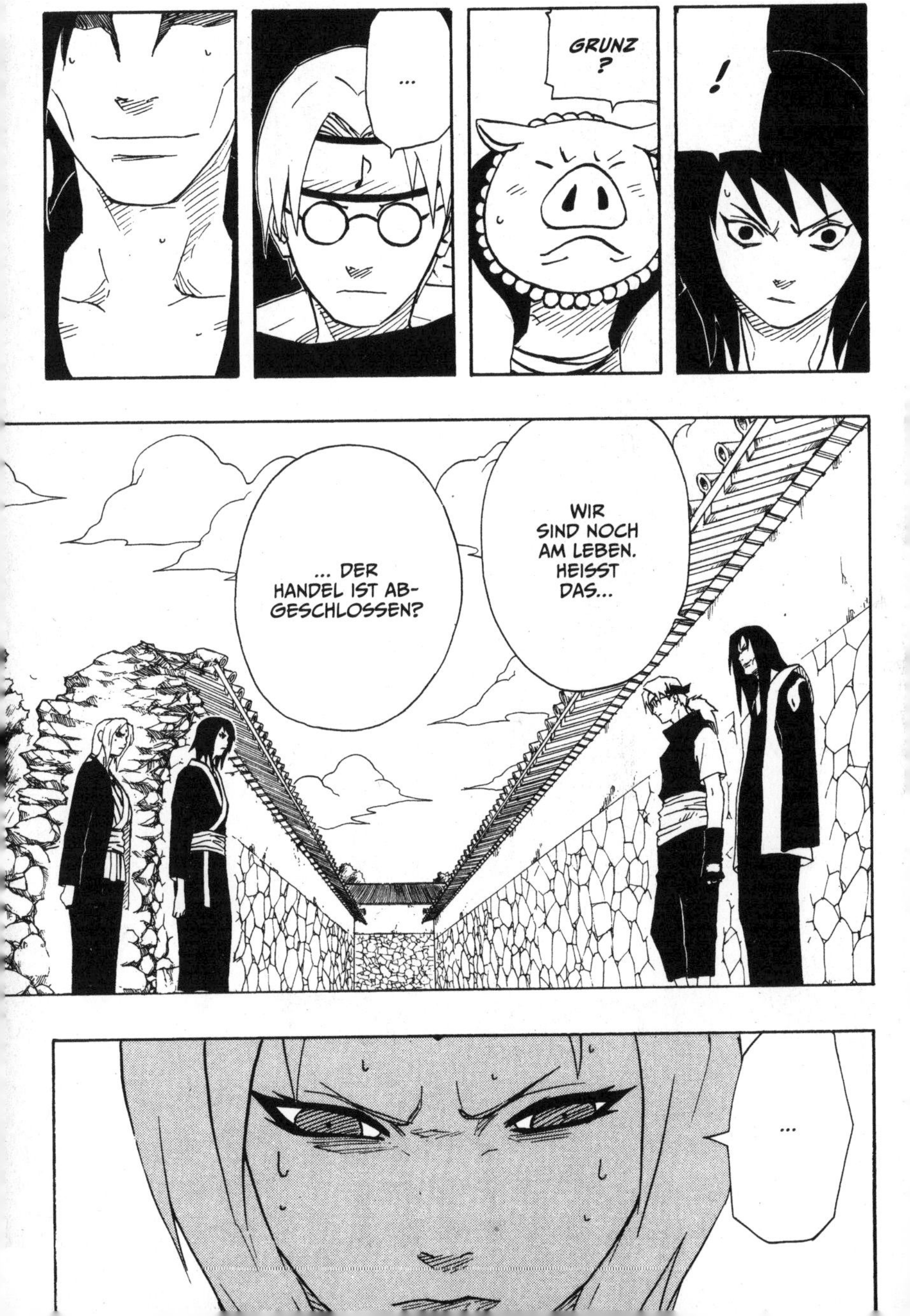
!
GRUNZ ?
...
WIR SIND NOCH AM LEBEN. HEISST DAS...
... DER HANDEL IST AB-GESCHLOSSEN?
...

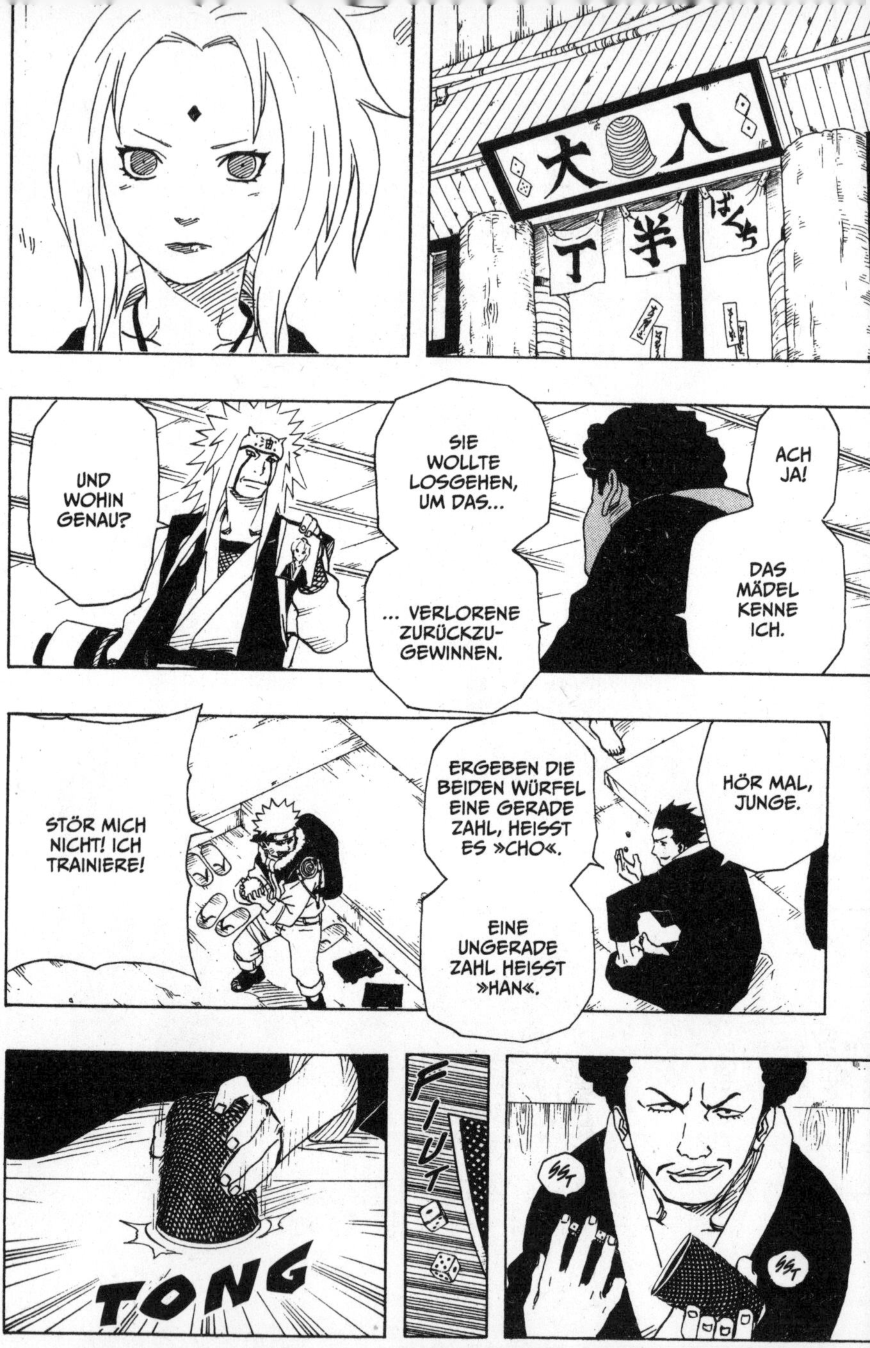
大人
丁
半
ばくち
ACH JA!
DAS MÄDEL KENNE ICH.
SIE WOLLTE LOSGEHEN, UM DAS...
... VERLORENE ZURÜCKZU-GEWINNEN.
UND WOHIN GENAU?
HÖR MAL, JUNGE.
ERGEBEN DIE BEIDEN WÜRFEL EINE GERADE ZAHL, HEISST ES »CHO«.
EINE UNGERADE ZAHL HEISST »HAN«.
STÖR MICH NICHT! ICH TRAINIERE!
SST
SST
TONG

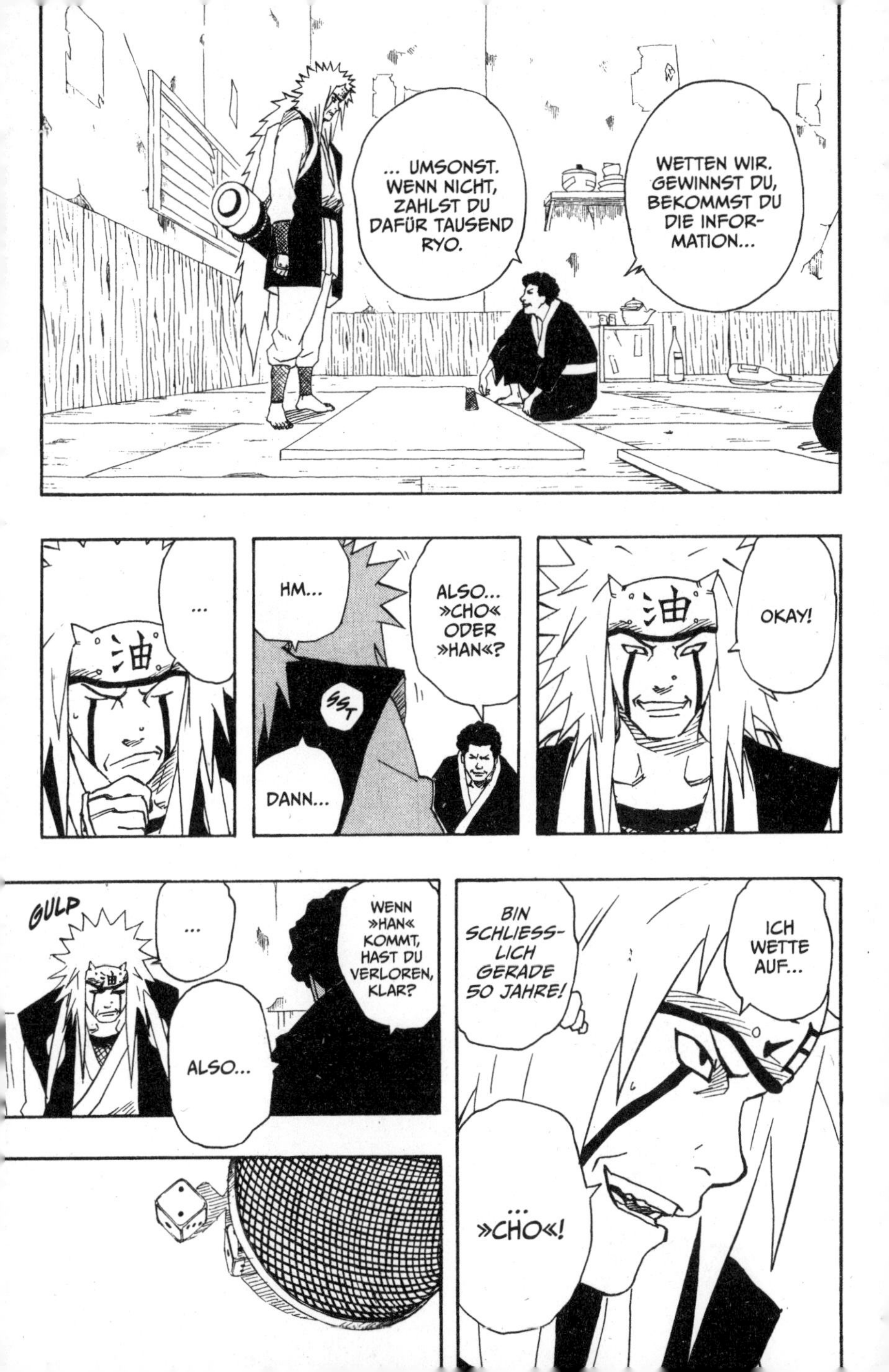
WETTEN WIR. GEWINNST DU, BEKOMMST DU DIE INFORMATION...
... UMSONST. WENN NICHT, ZAHLST DU DAFÜR TAUSEND RYO.
OKAY!
ALSO... »CHO« ODER »HAN«?
HM...
SST
DANN...
...
ICH WETTE AUF...
BIN SCHLIESSLICH GERADE 50 JAHRE!
...»CHO«!
WENN »HAN« KOMMT, HAST DU VERLOREN, KLAR?
...
ALSO...
GULP

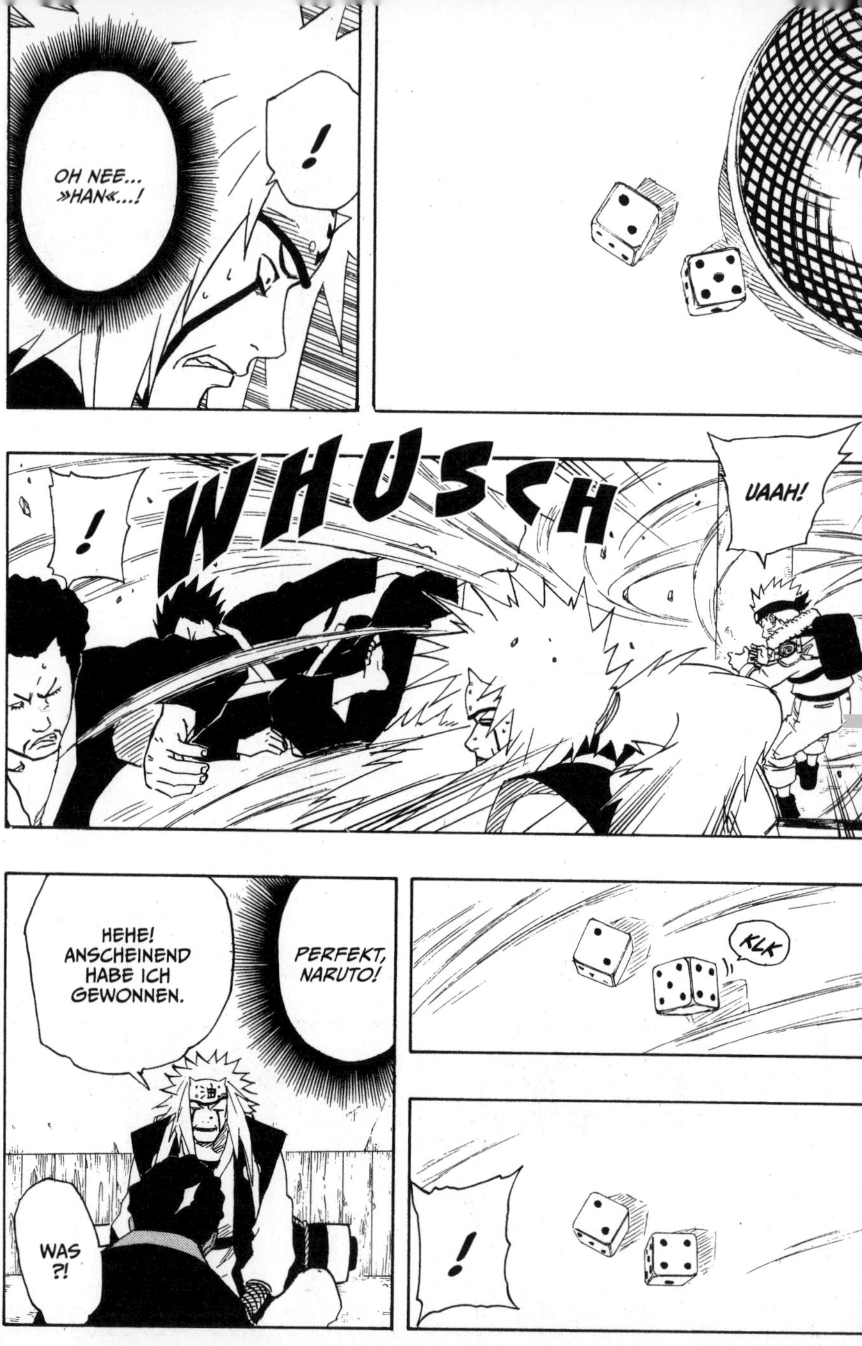
!
OH NEE... »HAN«...!
UAAH!
WHUSCH
!
KLK
!
PERFEKT, NARUTO!
HEHE! ANSCHEINEND HABE ICH GEWONNEN.
WAS ?!

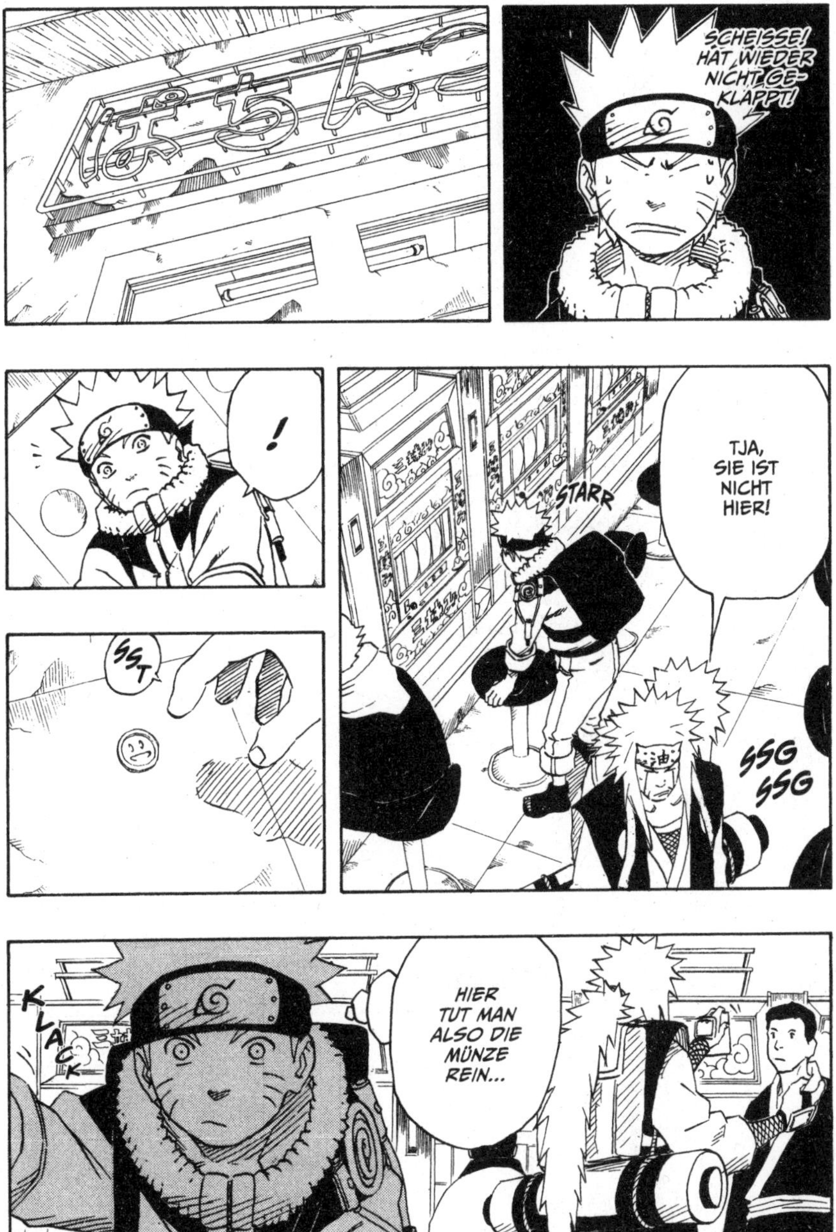
SCHEISSE! HAT WIEDER NICHT GE-KLAPPT!
!
TJA, SIE IST NICHT HIER!
STARR
SSG SSG
SST
HIER TUT MAN ALSO DIE MÜNZE REIN...
KLACK

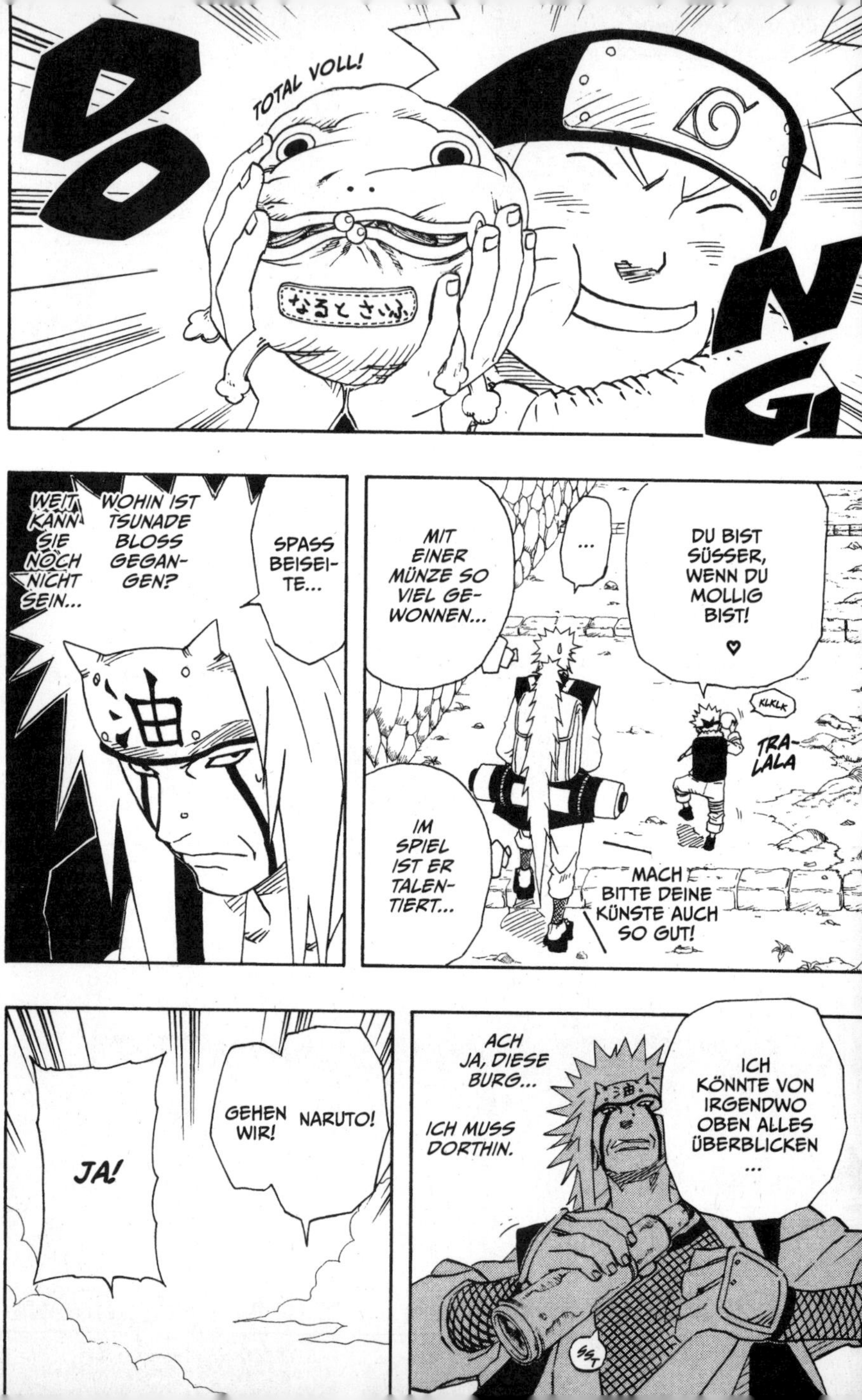
DO
TOTAL VOLL!
なるとさいふ
DU BIST SÜSSER, WENN DU MOLLIG BIST! ♥
KLKLK
TRA-LALA
MACH BITTE DEINE KÜNSTE AUCH SO GUT!
...
MIT EINER MÜNZE SO VIEL GEWONNEN...
IM SPIEL IST ER TALENTIERT...
SPASS BEISEITE...
WOHIN IST TSUNADE BLOSS GEGANGEN?
WEIT KANN SIE NOCH NICHT SEIN...
ICH KÖNNTE VON IRGENDWO OBEN ALLES ÜBERBLICKEN ...
ACH JA, DIESE BURG...
ICH MUSS DORTHIN.
SST
NARUTO!
GEHEN WIR!
JA!

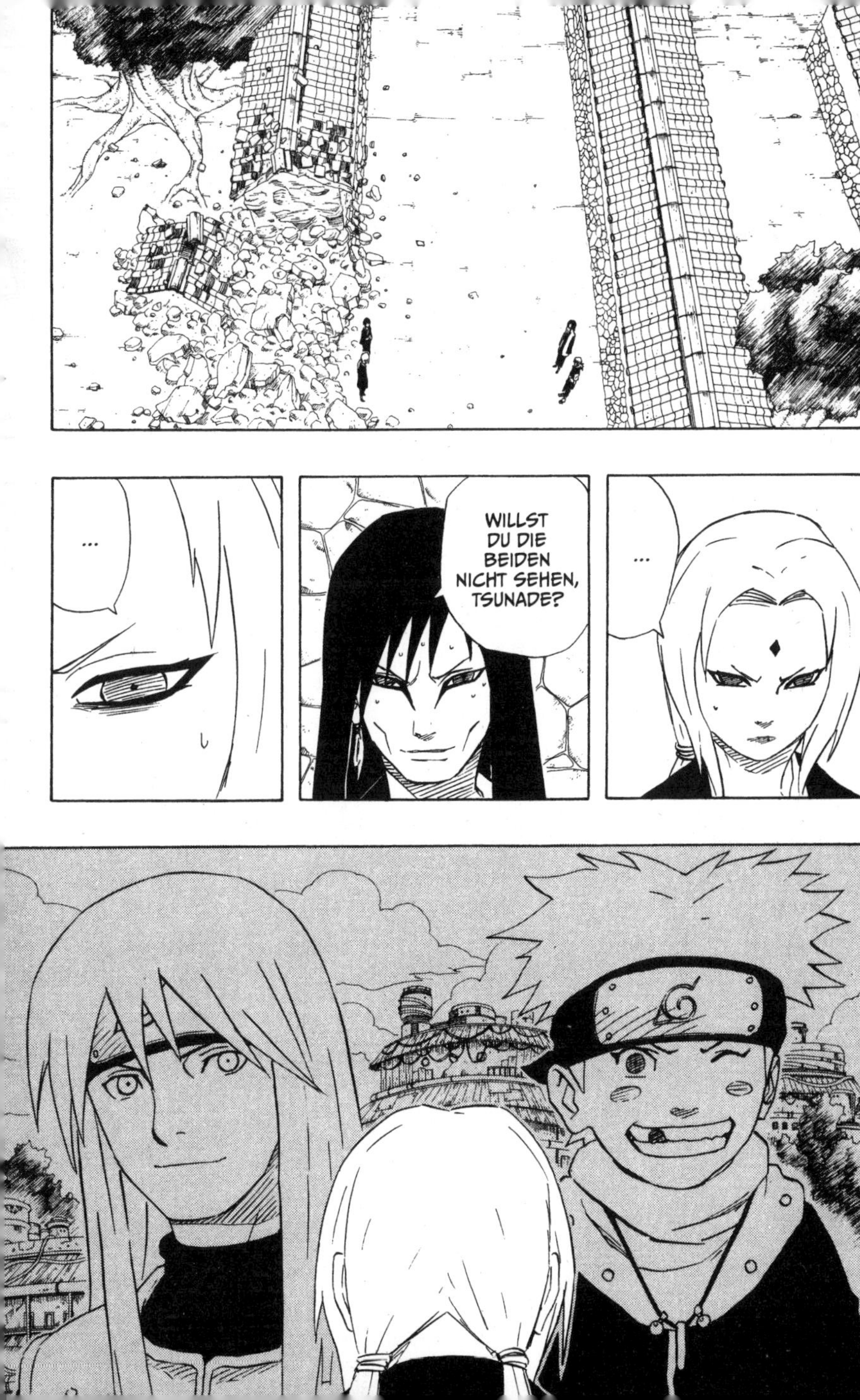
...
WILLST DU DIE BEIDEN NICHT SEHEN, TSUNADE?
...

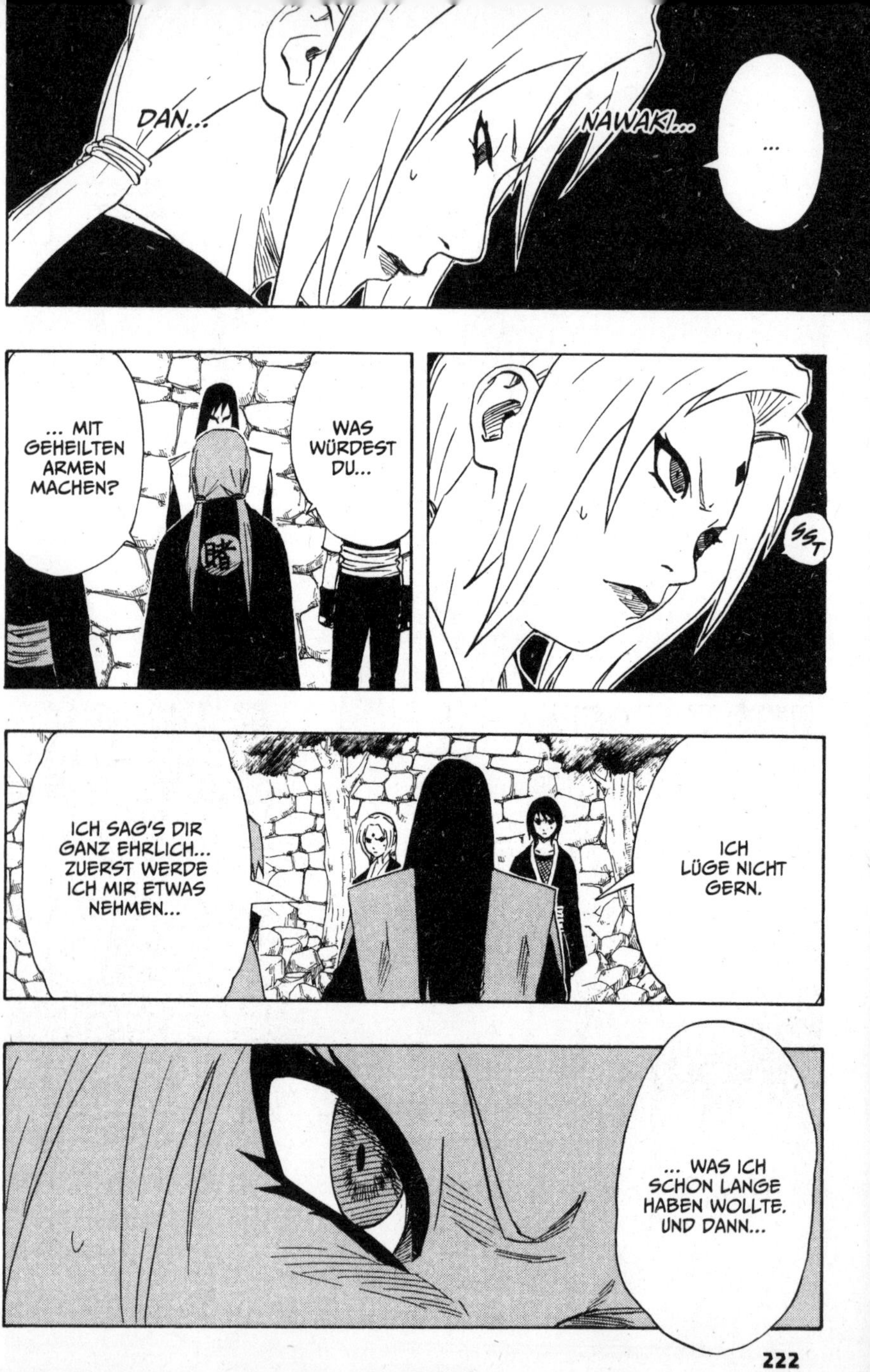
...
NAWAKI...
DAN...
SST
WAS WÜRDEST DU...
... MIT GEHEILTEN ARMEN MACHEN?
ICH LÜGE NICHT GERN.
ICH SAG'S DIR GANZ EHRLICH... ZUERST WERDE ICH MIR ETWAS NEHMEN...
... WAS ICH SCHON LANGE HABEN WOLLTE. UND DANN...

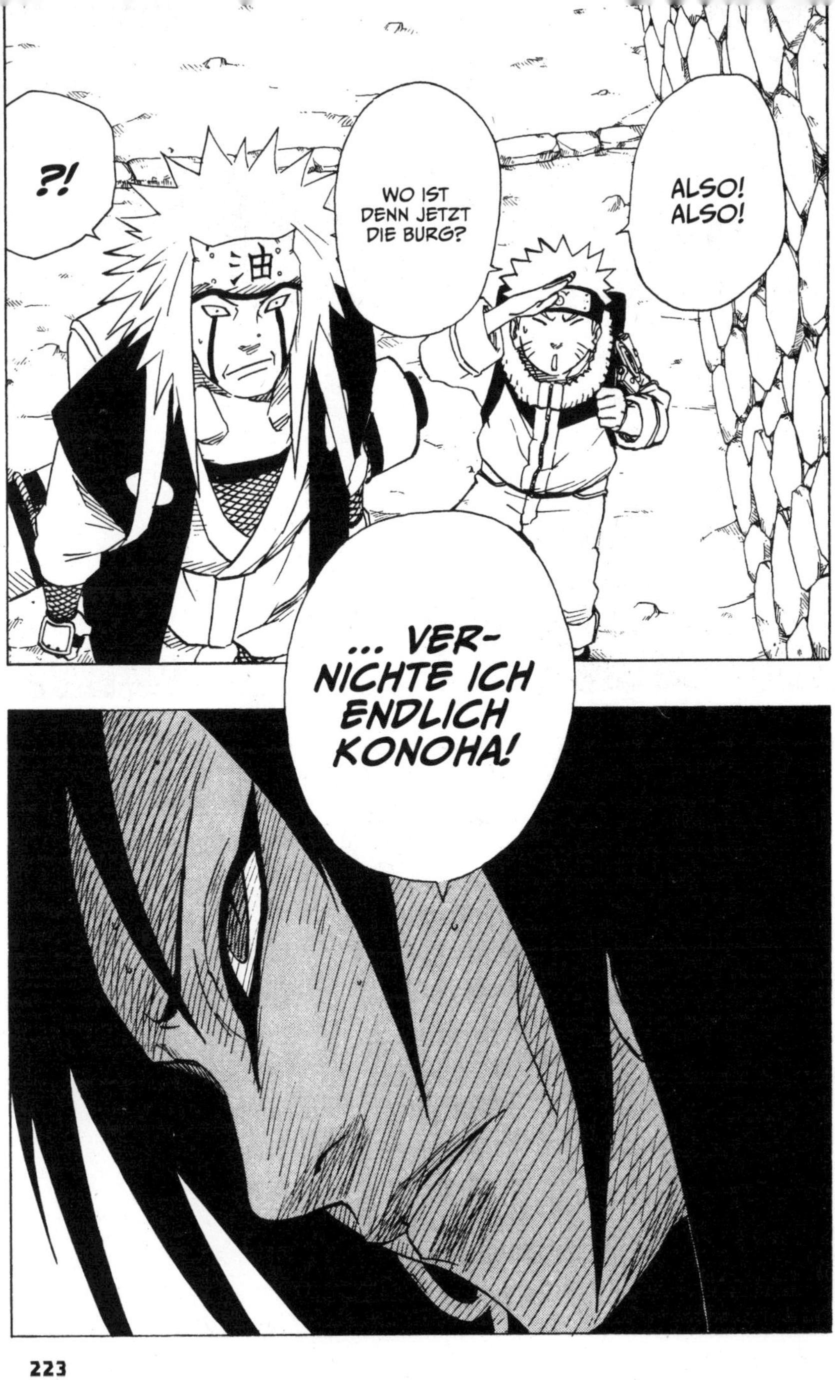
ALSO! ALSO!
WO IST DENN JETZT DIE BURG?
?!
... VER-NICHTE ICH ENDLICH KONOHA!

MASASHI KISHIMOTOS WELT LEBENSGESCHICHTE TEIL 27, 2. FOLGE

ICH MAG ÖLMALEREI SEHR! ABER AUF DER KUNSTHOCHSCHULE HABE ICH DIE ERFAHRUNG GEMACHT, DASS DIE SOGENANNTE HOCHKULTUR AUCH NICHTS BESSERES IST. NEHMEN WIR BEISPIELSWEISE DIE MALEREI: MAN MALT, WIE MAN WILL, MAN VERSUCHT, SICH SELBER AUSZUDRÜCKEN, UND TEILT ANDEREN MENSCHEN ETWAS MIT – UND DAS SOLL DANN HOHE KUNST SEIN. ABER DIE MEISTEN BILDER SIND VIEL ZU ABSTRAKT UND OHNE IHRE TITEL ODER EXTRA ERKLÄRUNGEN KÖNNEN ANDERE LEUTE SIE NIEMALS KAPIEREN. ALS EIN DOZENT EINES TAGES STOLZ ERZÄHLTE, DASS ER EINE AUSSTELLUNG GEMACHT HABE UND DASS SEINE BILDER SICH GUT VERKAUFT HABEN, DACHTE ICH HEIMLICH: »WENN ER DIE ANERKENNUNG SO SEHR BRAUCHT, SOLLTE ER MEHR AUF NACHVOLLZIEHBARKEIT UND UNTERHALTUNGSWERT SEINER BILDER ACHTEN!« ABER AUSGERECHNET SOLCHE DOZENTEN VERACHTEN MANGA UND TEILEN BILDER IN HÖHERWERTIGE UND MINDERWERTIGE KUNST. WENN ES EINEM WIRKLICH UM KUNST AN SICH GEHT, WENN MAN SICH WIRKLICH AUSDRÜCKEN UND MITTEILEN MÖCHTE, DANN SOLLTE MAN AUCH OHNE ANERKENNUNG VON ANDEREN ZUFRIEDEN SEIN KÖNNEN – GLAUBE ICH. BILDER, IN DENEN EIN KÜNSTLER SICH SELBST AUSZUDRÜCKEN VERSUCHT, KÖNNEN KUNSTWERKE SEIN. ABER SOBALD ER SIE VERKAUFEN UND DAVON LEBEN WILL, HABEN SIE IRGENDWIE AUCH IMMER EINEN UNTERHALTUNGSWERT. ICH GLAUBE, DASS EIN MANGA UNTERHALTUNG VON SEHR HOHER QUALITÄT SEIN KANN. ICH FINDE MANGA GROSSARTIG. ICH SCHÄTZE AUCH DIE KUNST. ICH BEWUNDERE AUCH KÜNSTLER. MIR GEFÄLLT ES ALLERDINGS NICHT, WENN ZWISCHEN KUNST UND UNTERHALTUNG EINE BEWERTENDE ABSTUFUNG GETROFFEN WIRD. WER DAS TUT, IST WEDER KÜNSTLER NOCH ENTERTAINER, SONDERN BLOSS ARROGANT UND SCHEISSE!

EIGENTLICH HATTE ICH JA NICHT VOR, ÜBER SO ETWAS ZU SCHREIBEN, ABER IRGENDWIE KAM DER ALTE ÄRGER IN MIR HOCH... HEHE!

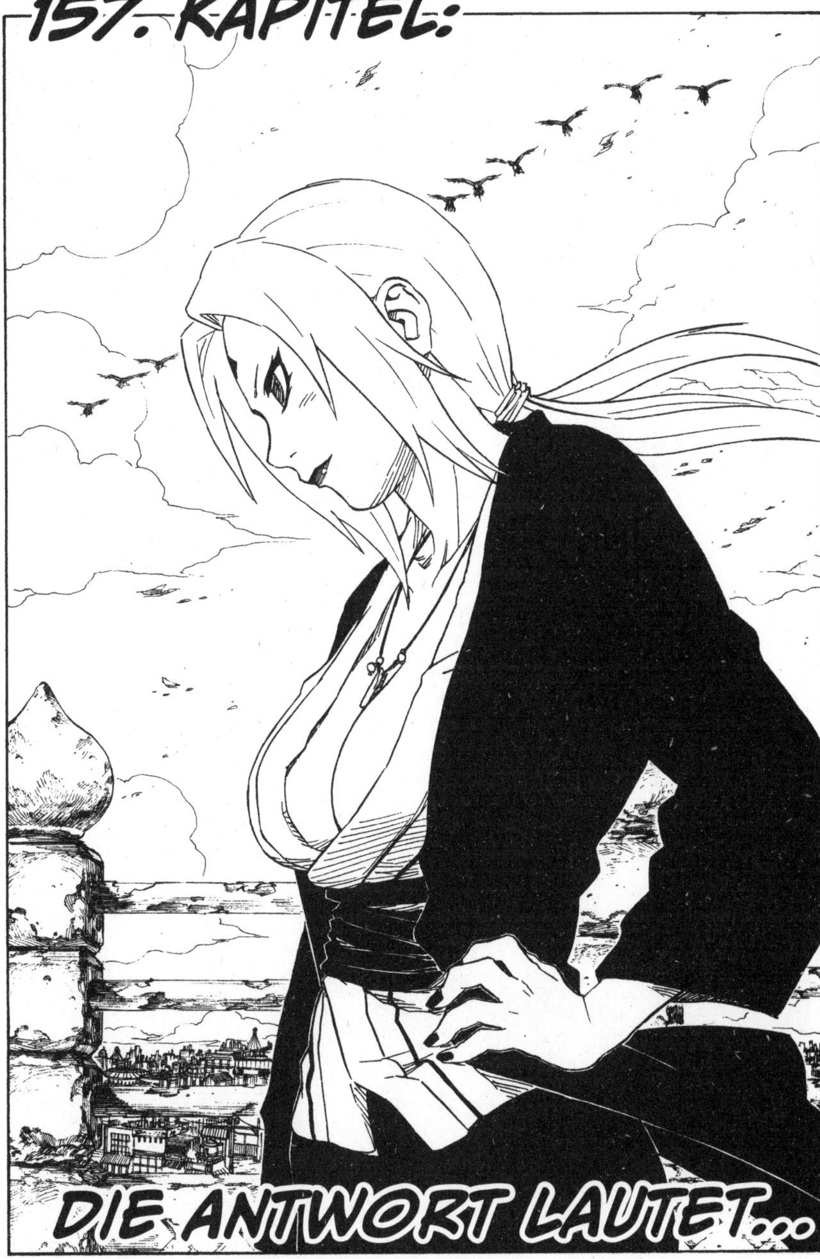
157. KAPITEL:
DIE ANTWORT LAUTET...

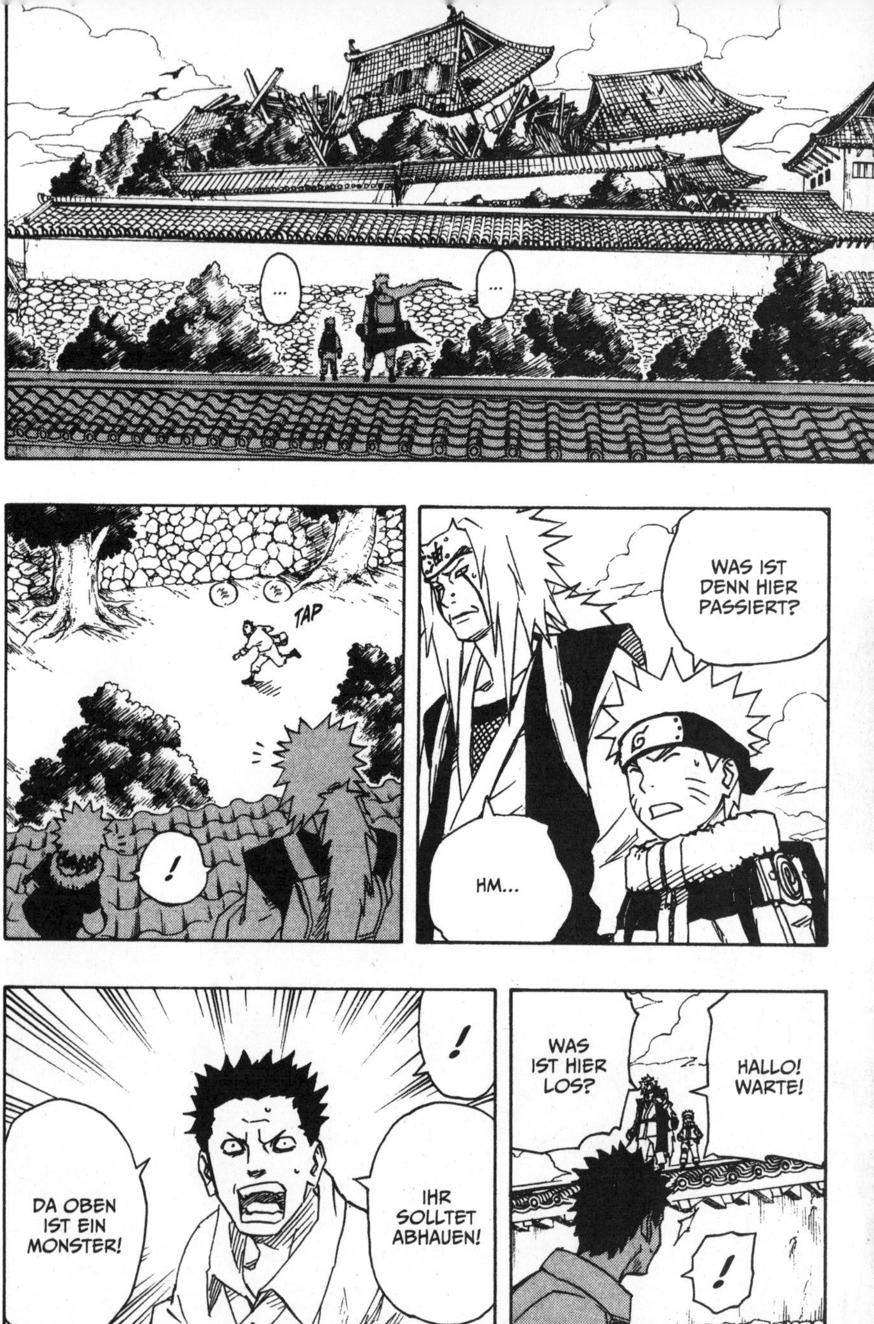
...
...
WAS IST DENN HIER PASSIERT?
HM...
TAP
!
HALLO! WARTE!
WAS IST HIER LOS?
!
!
IHR SOLLTET ABHAUEN!
DA OBEN IST EIN MONSTER!

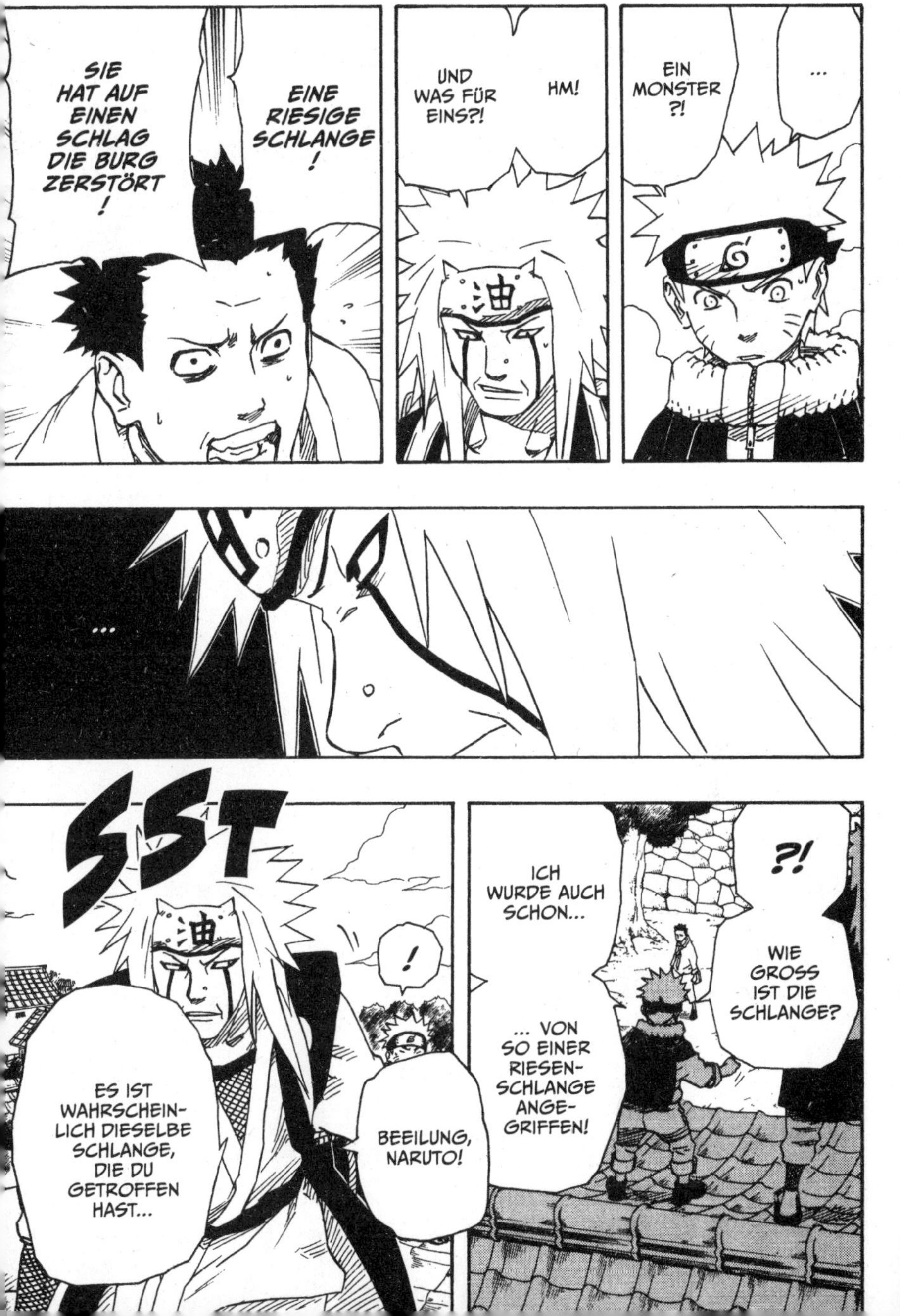
...
EIN MONSTER ?!
HM!
UND WAS FÜR EINS?!
EINE RIESIGE SCHLANGE!
SIE HAT AUF EINEN SCHLAG DIE BURG ZERSTÖRT!
...
?!
WIE GROSS IST DIE SCHLANGE?
ICH WURDE AUCH SCHON...
... VON SO EINER RIESEN-SCHLANGE ANGE-GRIFFEN!
SST
!
BEEILUNG, NARUTO!
ES IST WAHRSCHEIN-LICH DIESELBE SCHLANGE, DIE DU GETROFFEN HAST...

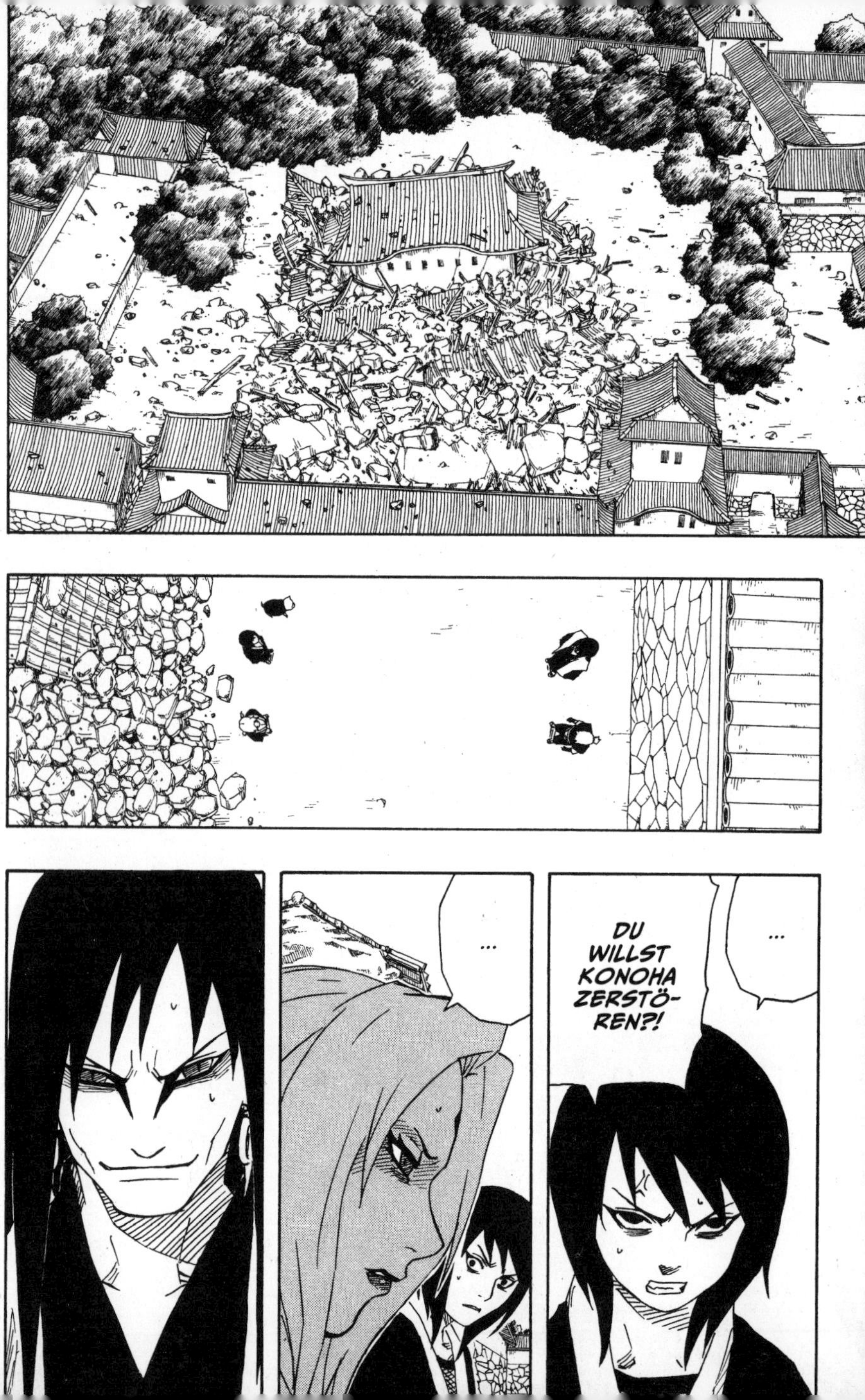
...
DU WILLST KONOHA ZERSTÖREN?!
...

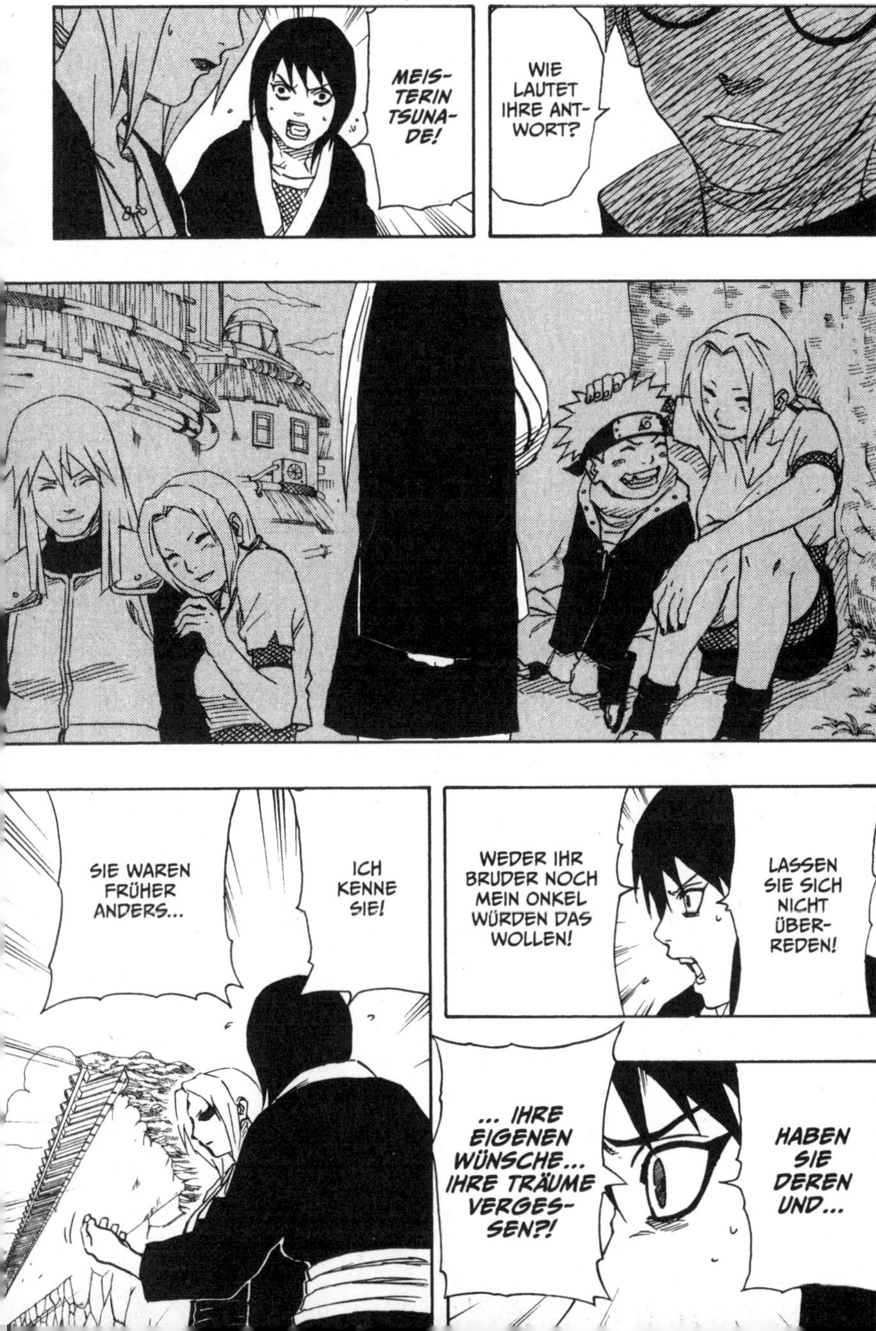
WIE LAUTET IHRE ANT-WORT?
MEIS-TERIN TSUNA-DE!
LASSEN SIE SICH NICHT ÜBER-REDEN!
WEDER IHR BRUDER NOCH MEIN ONKEL WÜRDEN DAS WOLLEN!
HABEN SIE DEREN UND...
... IHRE EIGENEN WÜNSCHE... IHRE TRÄUME VERGES-SEN?!
ICH KENNE SIE!
SIE WAREN FRÜHER ANDERS...

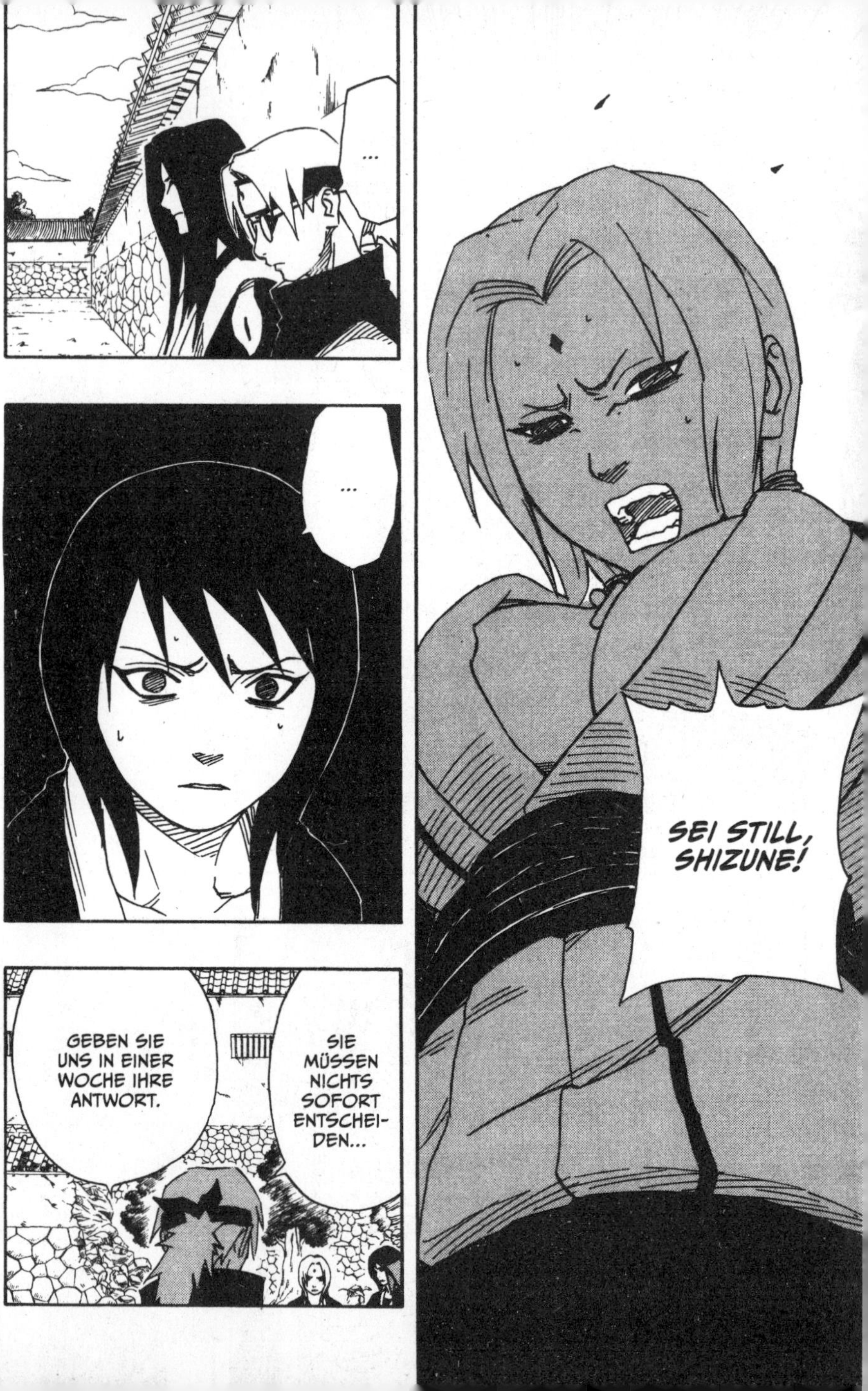
SEI STILL, SHIZUNE!
...
...
SIE MÜSSEN NICHTS SOFORT ENTSCHEI-DEN...
GEBEN SIE UNS IN EINER WOCHE IHRE ANTWORT.

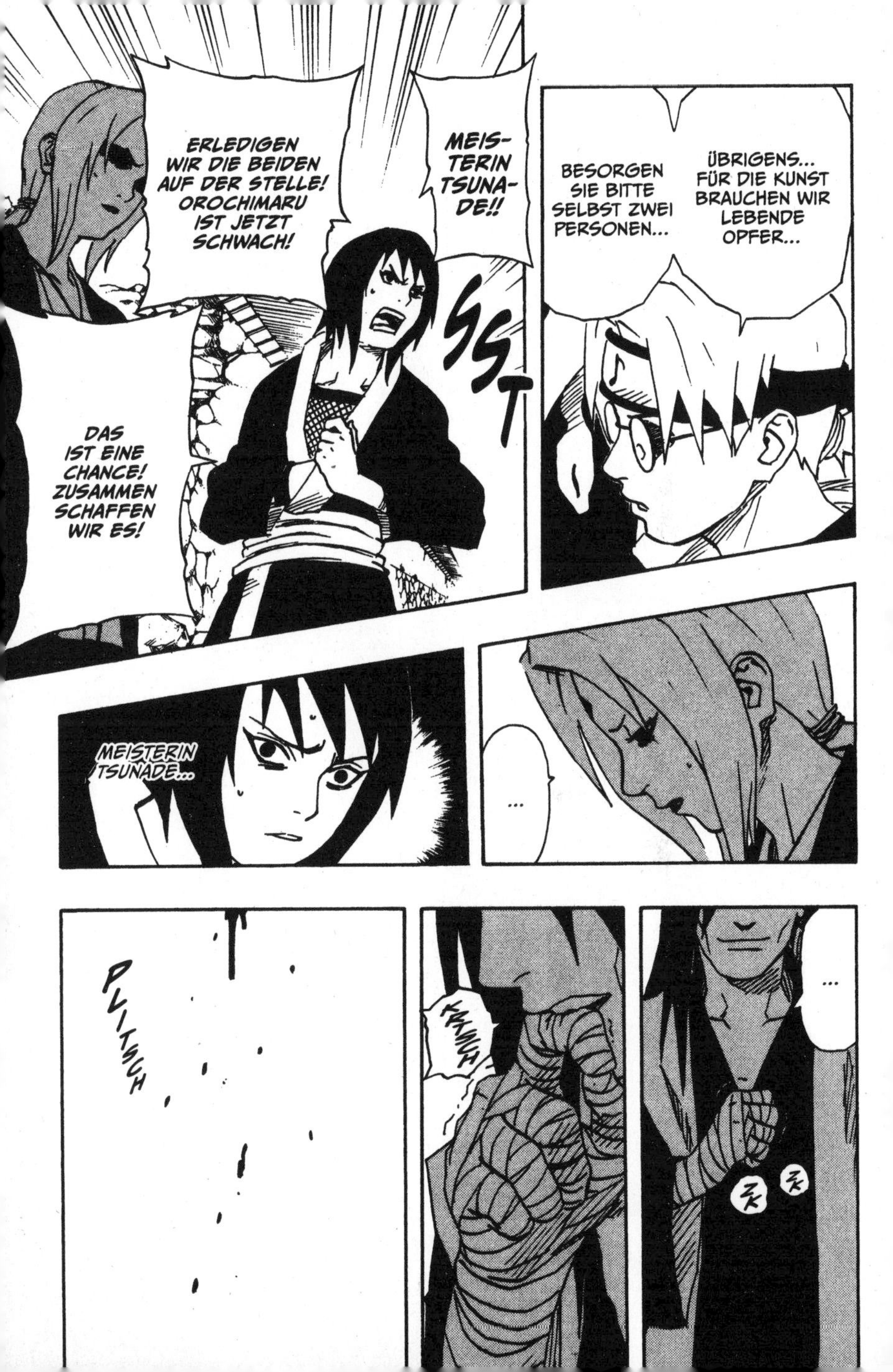

ÜBRIGENS... FÜR DIE KUNST BRAUCHEN WIR LEBENDE OPFER...
BESORGEN SIE BITTE SELBST ZWEI PERSONEN...
MEIS-TERIN TSUNA-DE!!
ERLEDIGEN WIR DIE BEIDEN AUF DER STELLE! OROCHIMARU IST JETZT SCHWACH!
SST
DAS IST EINE CHANCE! ZUSAMMEN SCHAFFEN WIR ES!
...
MEISTERIN TSUNADE...
...
ZK
ZK
KRKSCH
PLITSCH

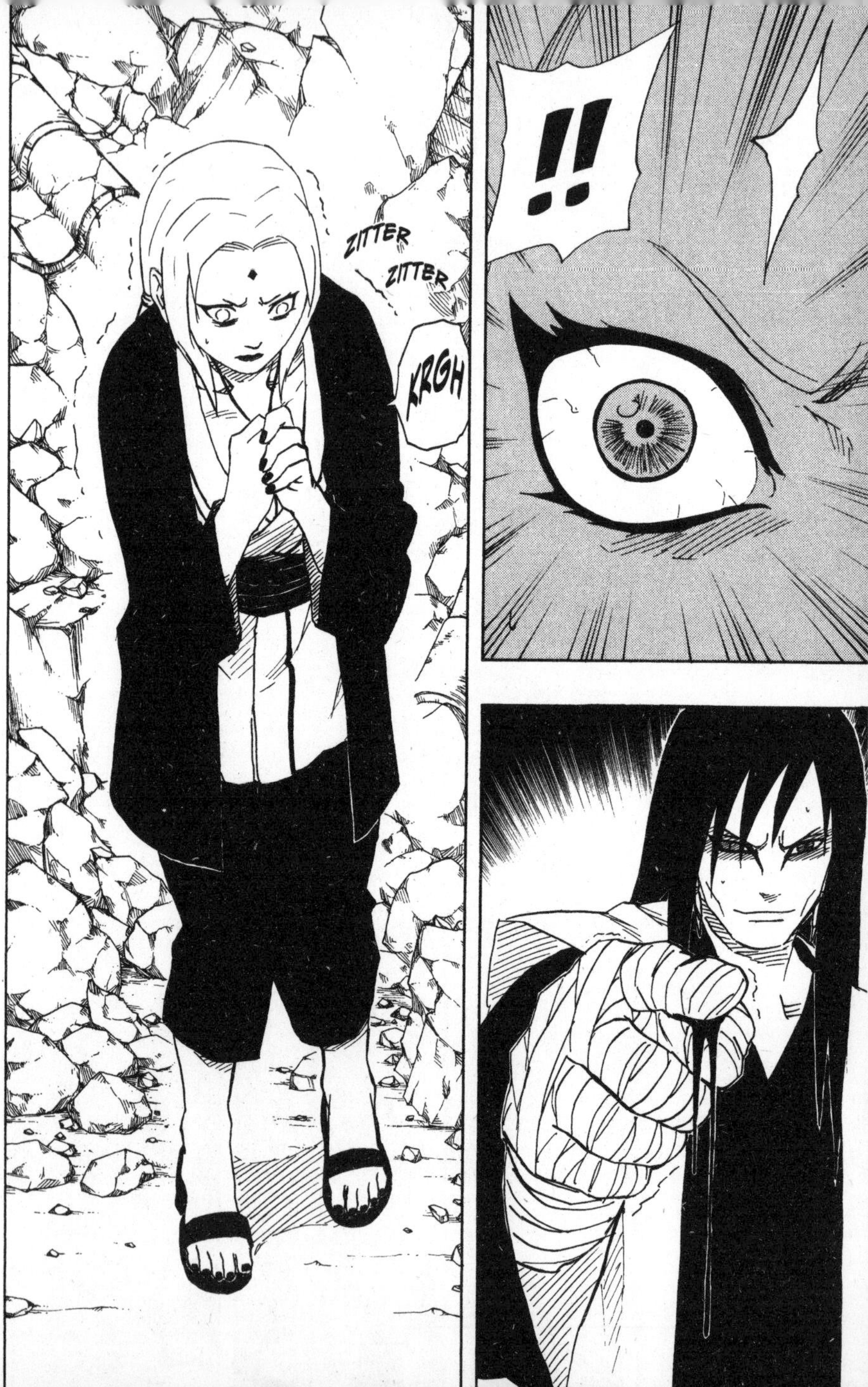
!!
ZITTER
ZITTER
KRGH

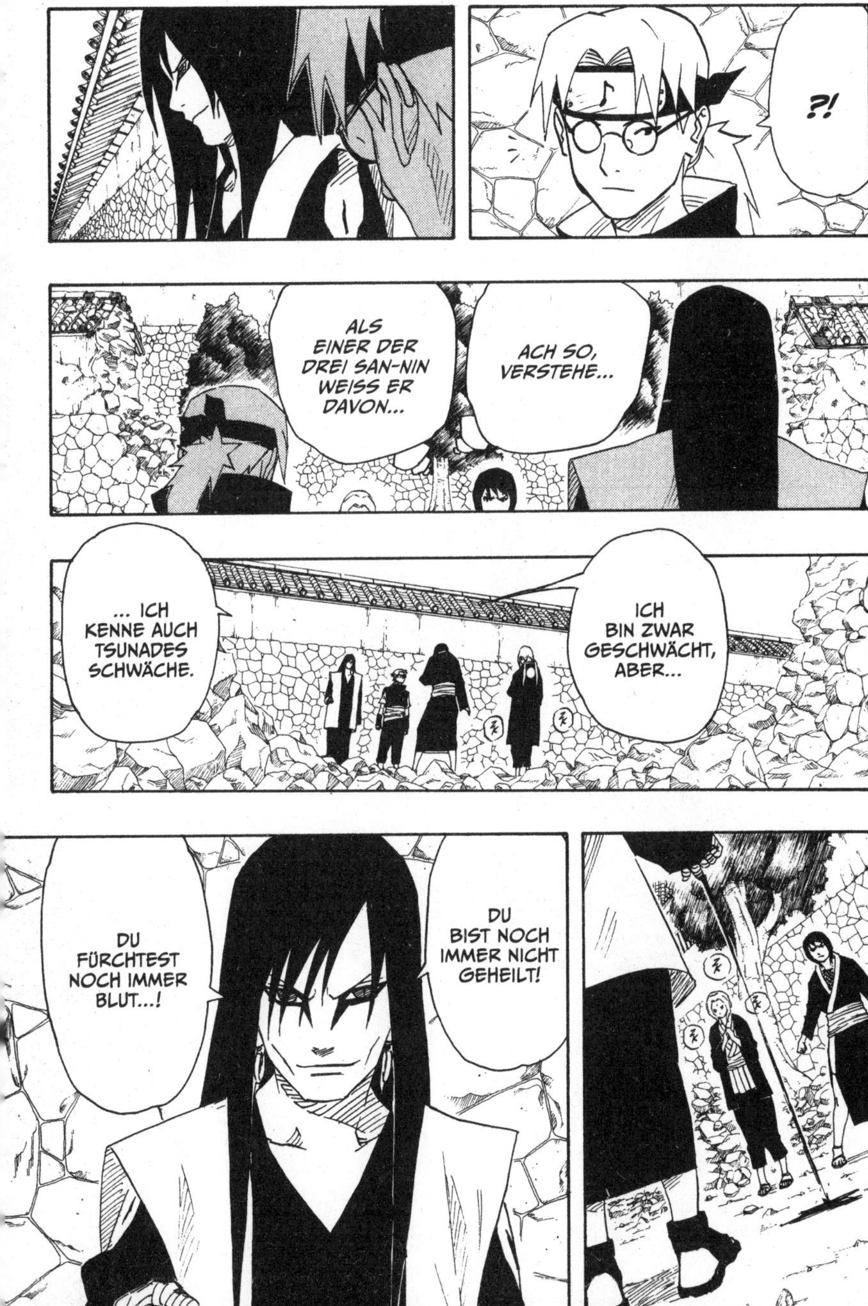
?!
ACH SO, VERSTEHE...
ALS EINER DER DREI SAN-NIN WEISS ER DAVON...
ICH BIN ZWAR GESCHWÄCHT, ABER...
... ICH KENNE AUCH TSUNADES SCHWÄCHE.
DU BIST NOCH IMMER NICHT GEHEILT!
DU FÜRCHTEST NOCH IMMER BLUT...!

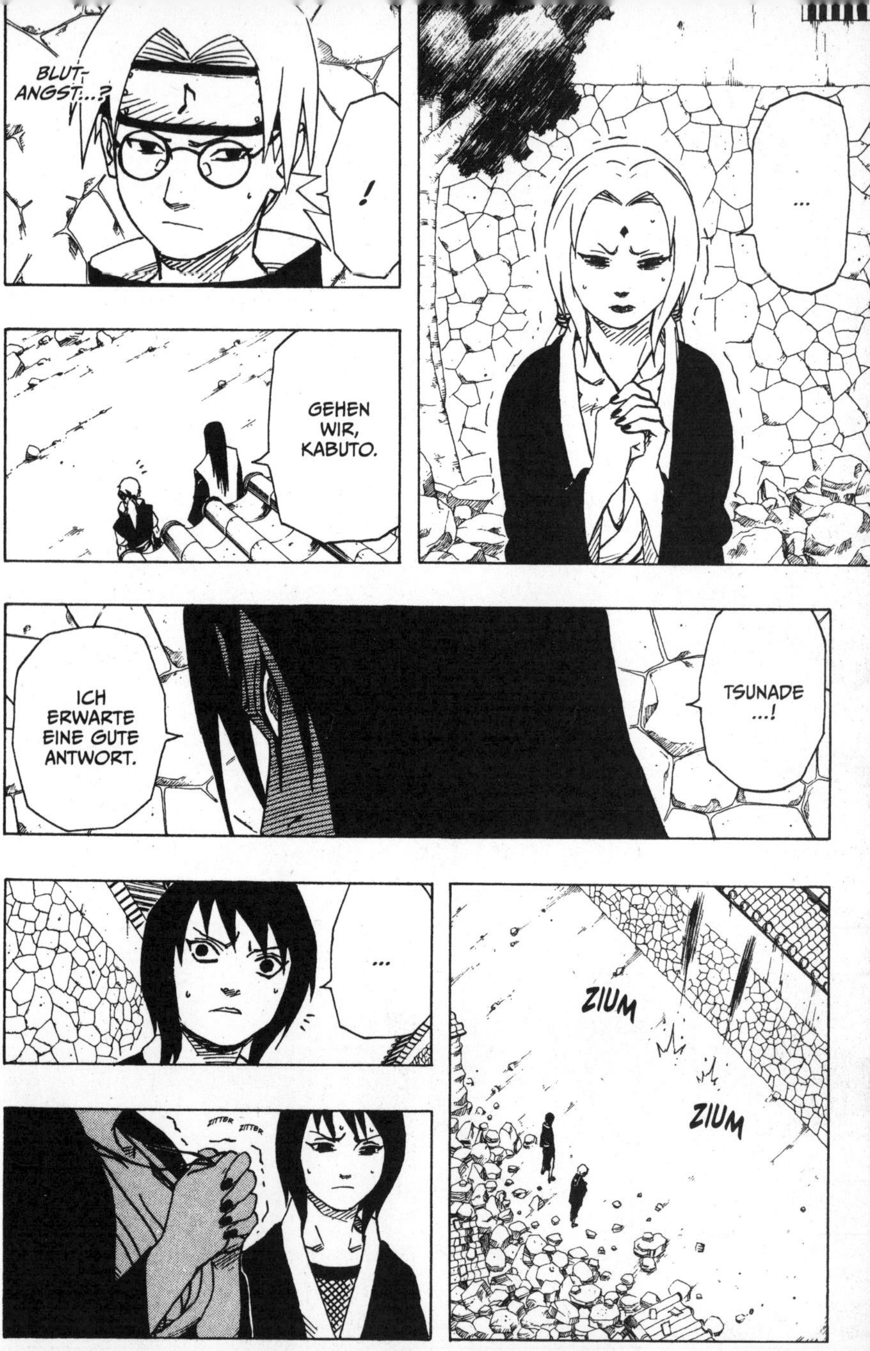
...
!
BLUT-ANGST...?
GEHEN WIR, KABUTO.
TSUNADE ...!
ICH ERWARTE EINE GUTE ANTWORT.
ZIUM
ZIUM
...
ZITTER ZITTER

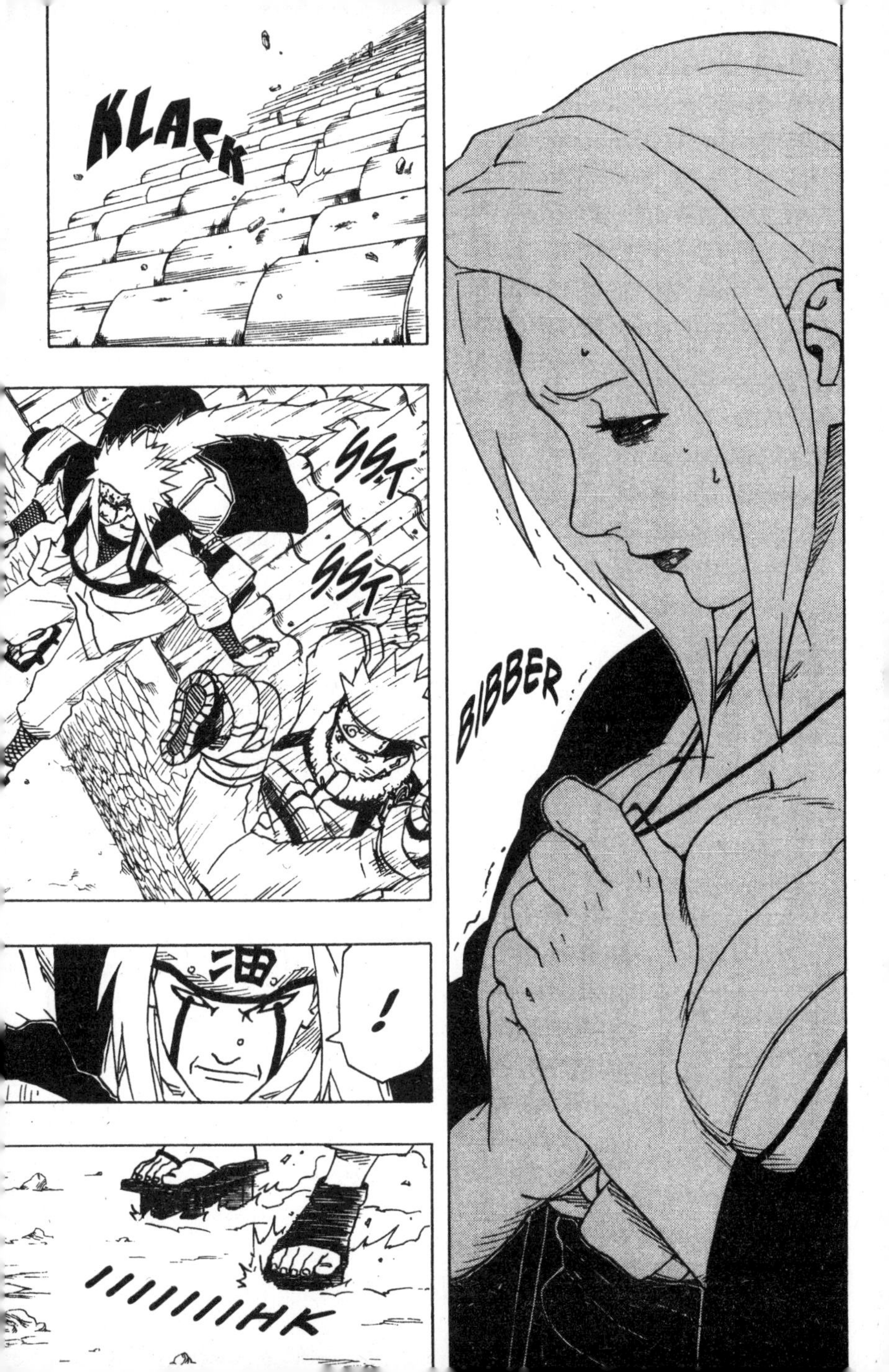

KLACK
SST
SST
BIBBER
!
IIIIIIIIHK

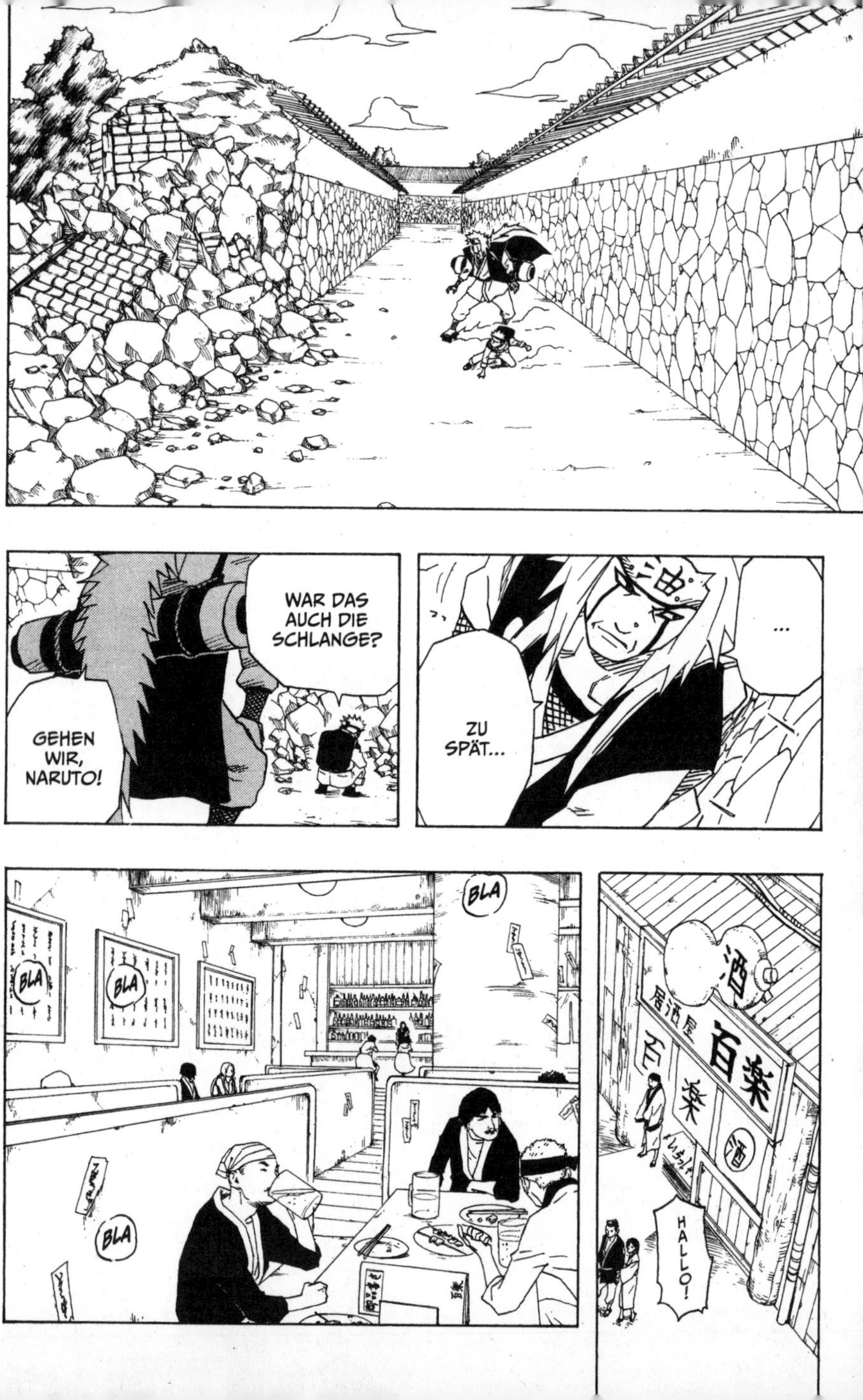
...
ZU SPÄT...
WAR DAS AUCH DIE SCHLANGE?
GEHEN WIR, NARUTO!
酒
居酒屋
百楽
HALLO!
BLA
BLA
BLA
BLA

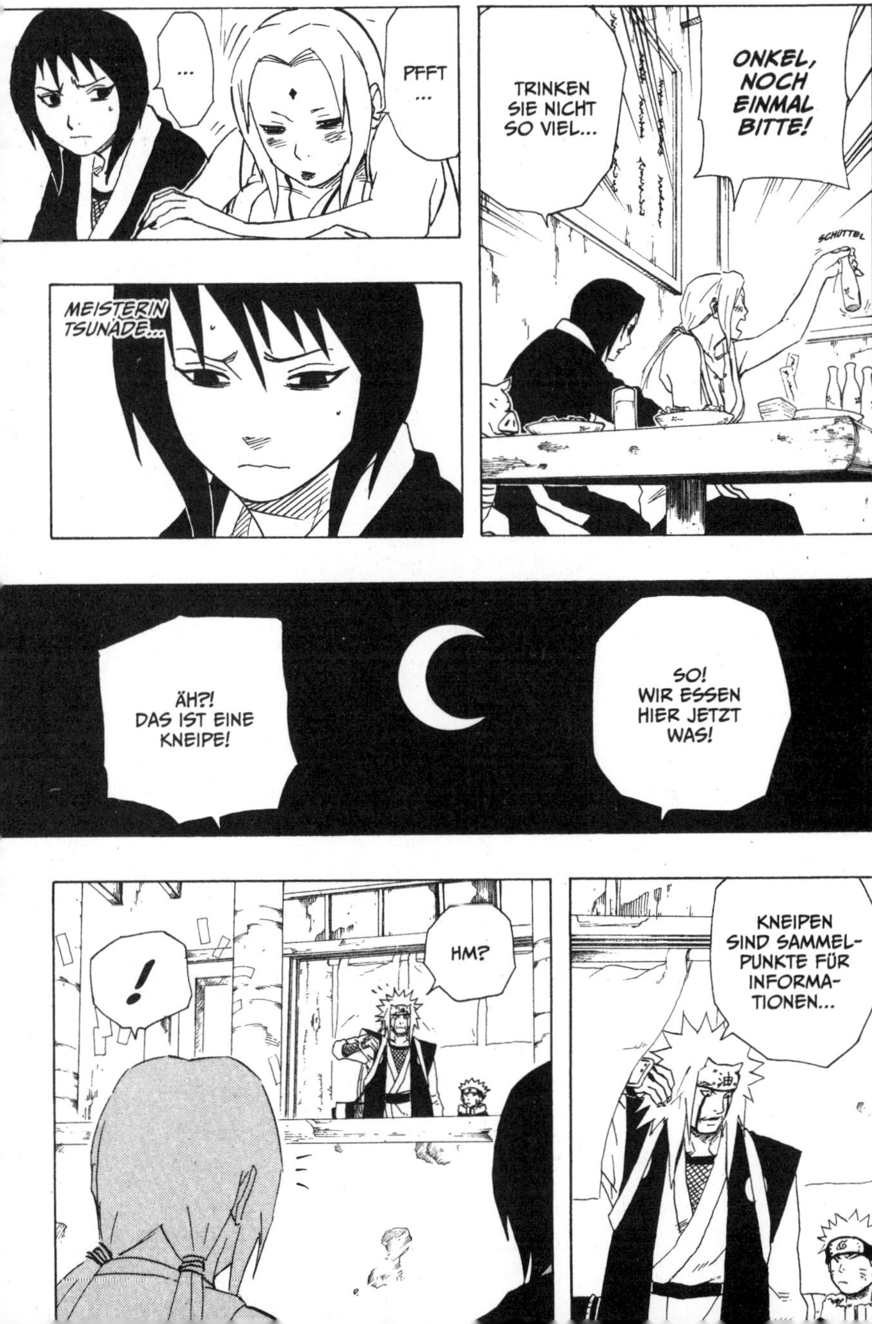
ONKEL, NOCH EINMAL BITTE!
SCHÜTTEL
TRINKEN SIE NICHT SO VIEL...
PFFT ...
...
MEISTERIN TSUNADE...
SO! WIR ESSEN HIER JETZT WAS!
ÄH?! DAS IST EINE KNEIPE!
KNEIPEN SIND SAMMEL-PUNKTE FÜR INFORMA-TIONEN...
HM?
!

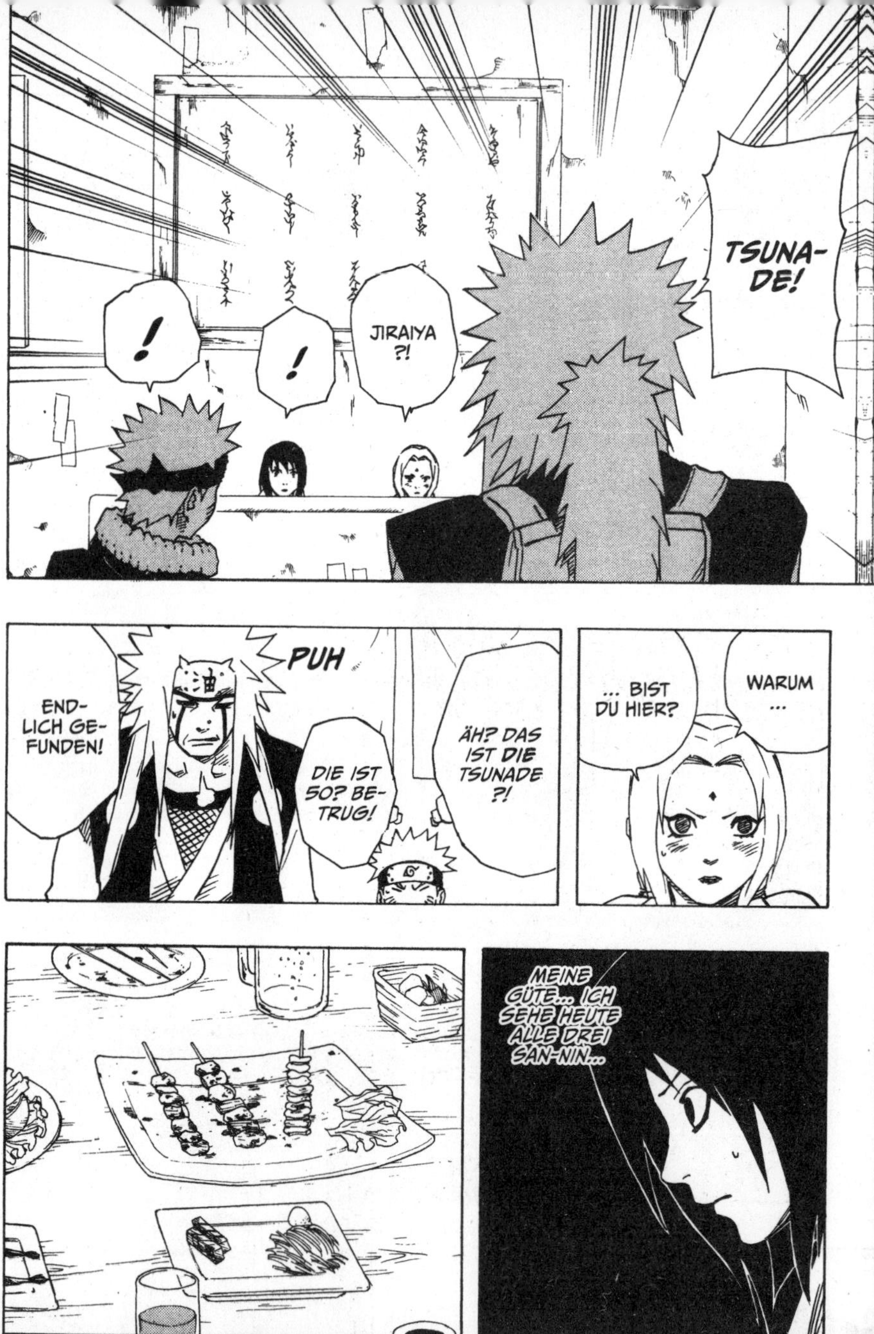
TSUNA-
DE!
JIRAIYA
?!
!
!
WARUM
...
... BIST
DU HIER?
ÄH? DAS
IST DIE
TSUNADE
?!
DIE IST
50? BE-
TRUG!
PUH
END-
LICH GE-
FUNDEN!
MEINE
GÜTE... ICH
SEHE HEUTE
ALLE DREI
SAN-NIN...

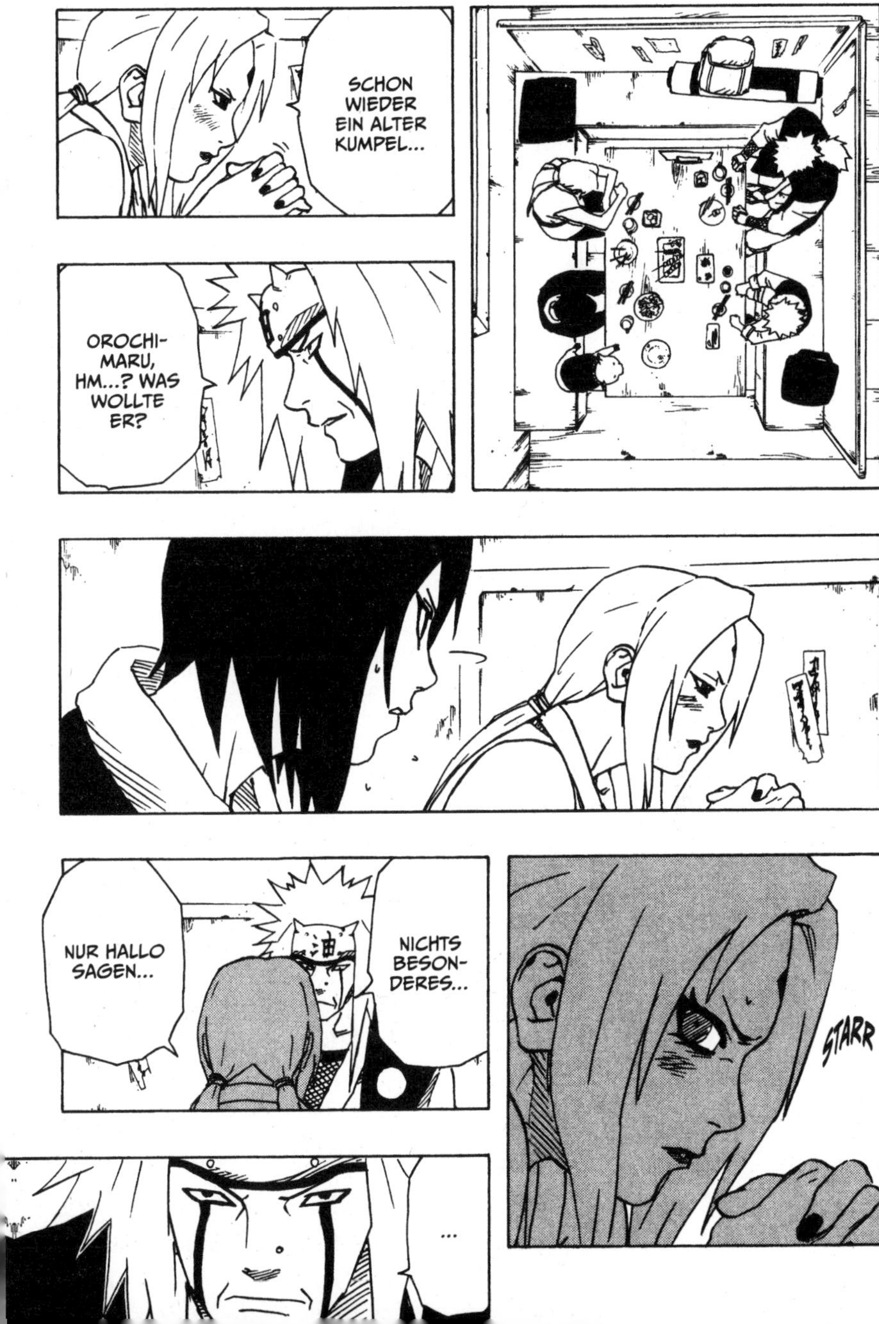
SCHON WIEDER EIN ALTER KUMPEL...
OROCHIMARU, HM...? WAS WOLLTE ER?
NICHTS BESONDERES...
NUR HALLO SAGEN...
STARR
...

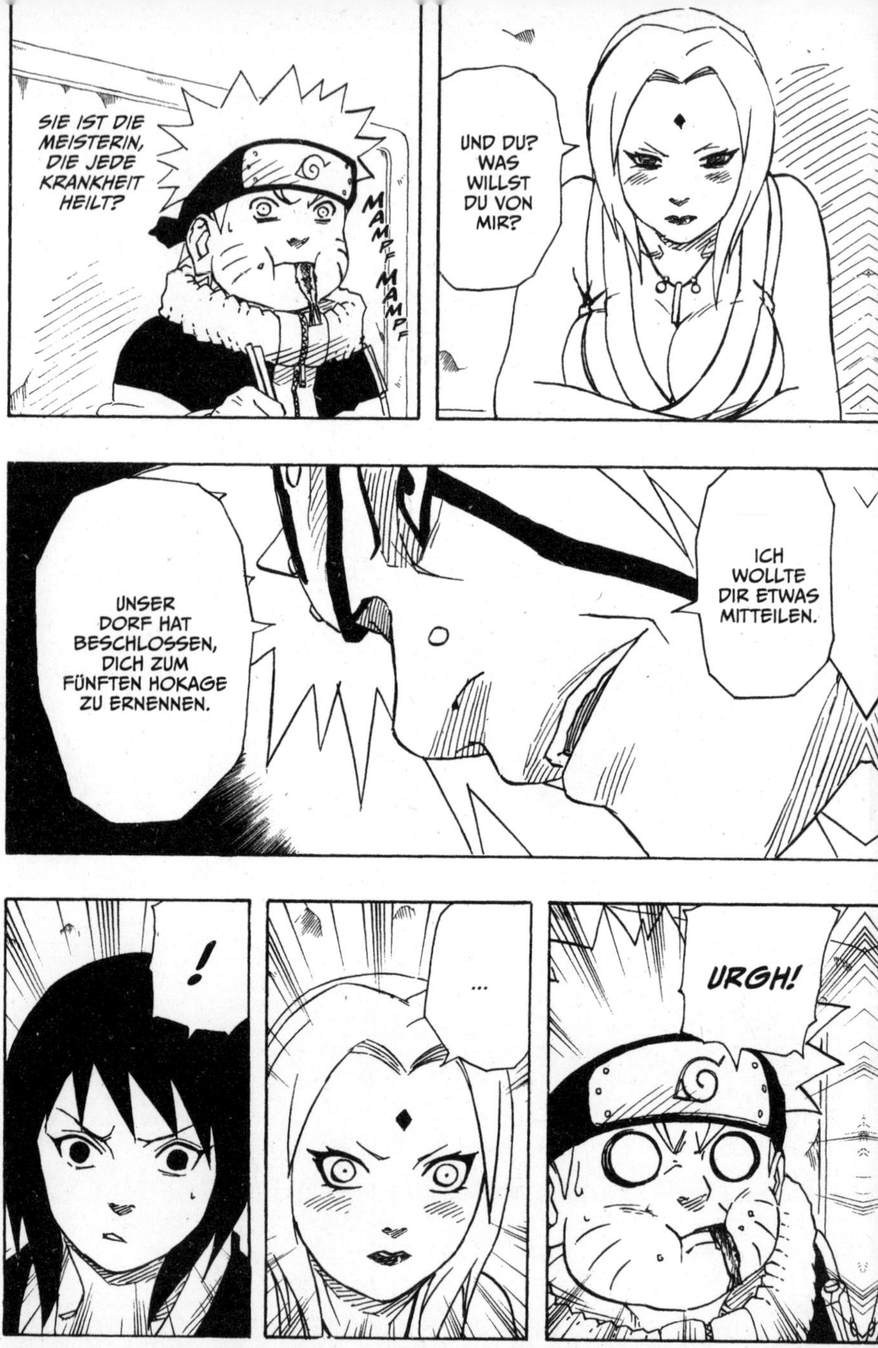
UND DU? WAS WILLST DU VON MIR?
SIE IST DIE MEISTERIN, DIE JEDE KRANKHEIT HEILT?
MAMPF MAMPF
ICH WOLLTE DIR ETWAS MITTEILEN.
UNSER DORF HAT BESCHLOSSEN, DICH ZUM FÜNFTEN HOKAGE ZU ERNENNEN.
URGH!
...
!

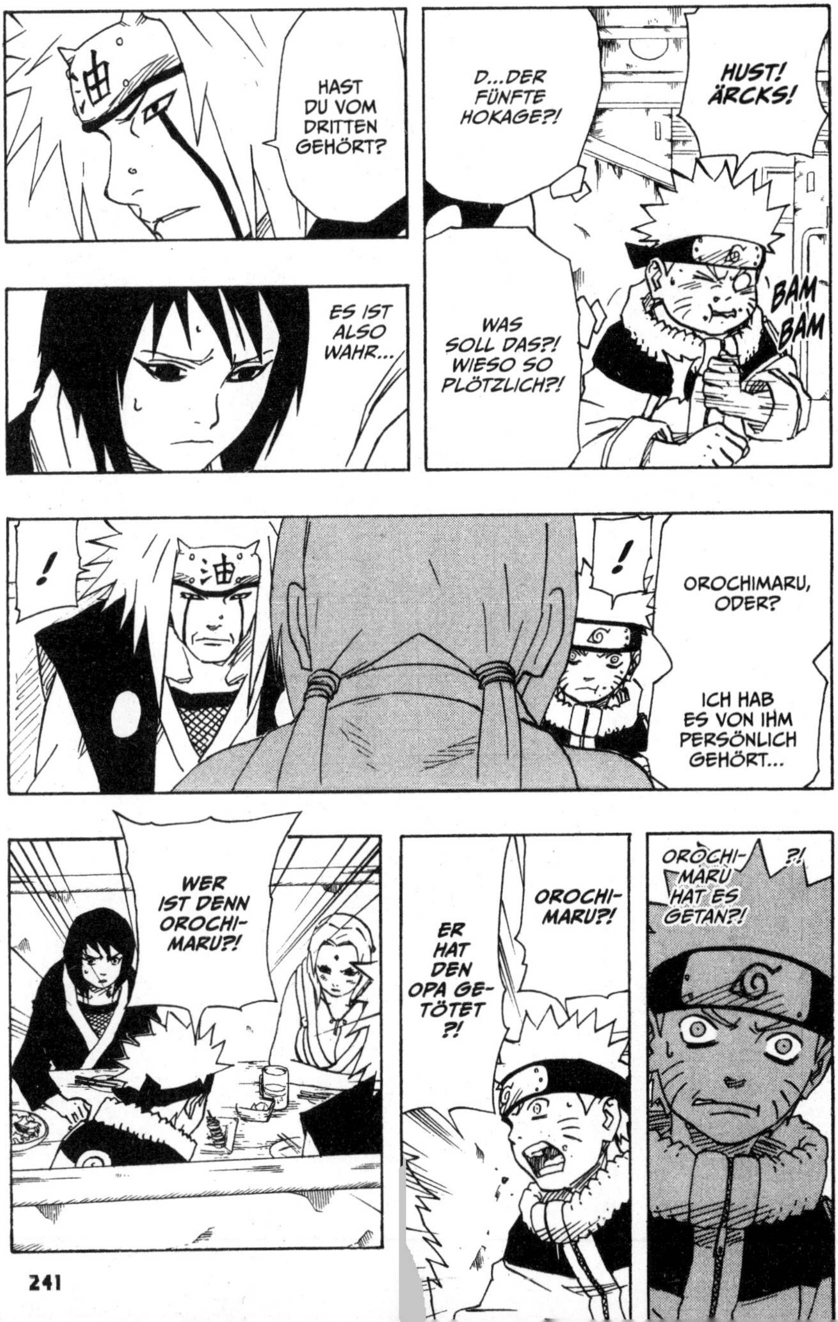
D...DER FÜNFTE HOKAGE?!
HUST! ÄRCKS!
BAM BAM
WAS SOLL DAS?! WIESO SO PLÖTZLICH?!
HAST DU VOM DRITTEN GEHÖRT?
ES IST ALSO WAHR...
!
!
OROCHIMARU, ODER?
ICH HAB ES VON IHM PERSÖNLICH GEHÖRT...
?!
OROCHI-MARU HAT ES GETAN?!
OROCHI-MARU?!
ER HAT DEN OPA GE-TÖTET ?!
WER IST DENN OROCHI-MARU?!

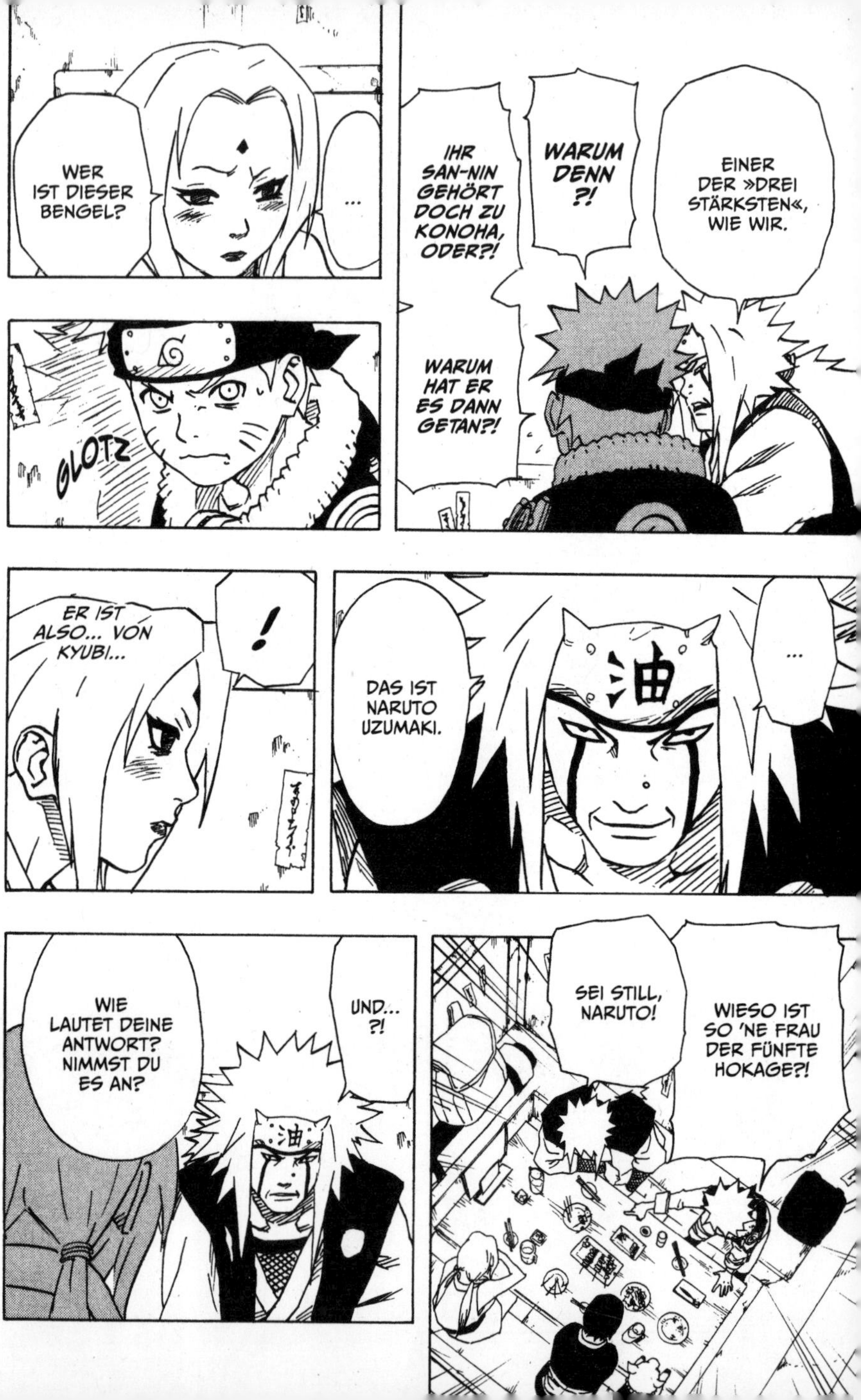
EINER DER »DREI STÄRKSTEN«, WIE WIR.
WARUM DENN ?!
IHR SAN-NIN GEHÖRT DOCH ZU KONOHA, ODER?!
WARUM HAT ER ES DANN GETAN?!
...
WER IST DIESER BENGEL?
GLOTZ
...
DAS IST NARUTO UZUMAKI.
!
ER IST ALSO... VON KYUBI...
WIESO IST SO 'NE FRAU DER FÜNFTE HOKAGE?!
SEI STILL, NARUTO!
UND... ?!
WIE LAUTET DEINE ANTWORT? NIMMST DU ES AN?

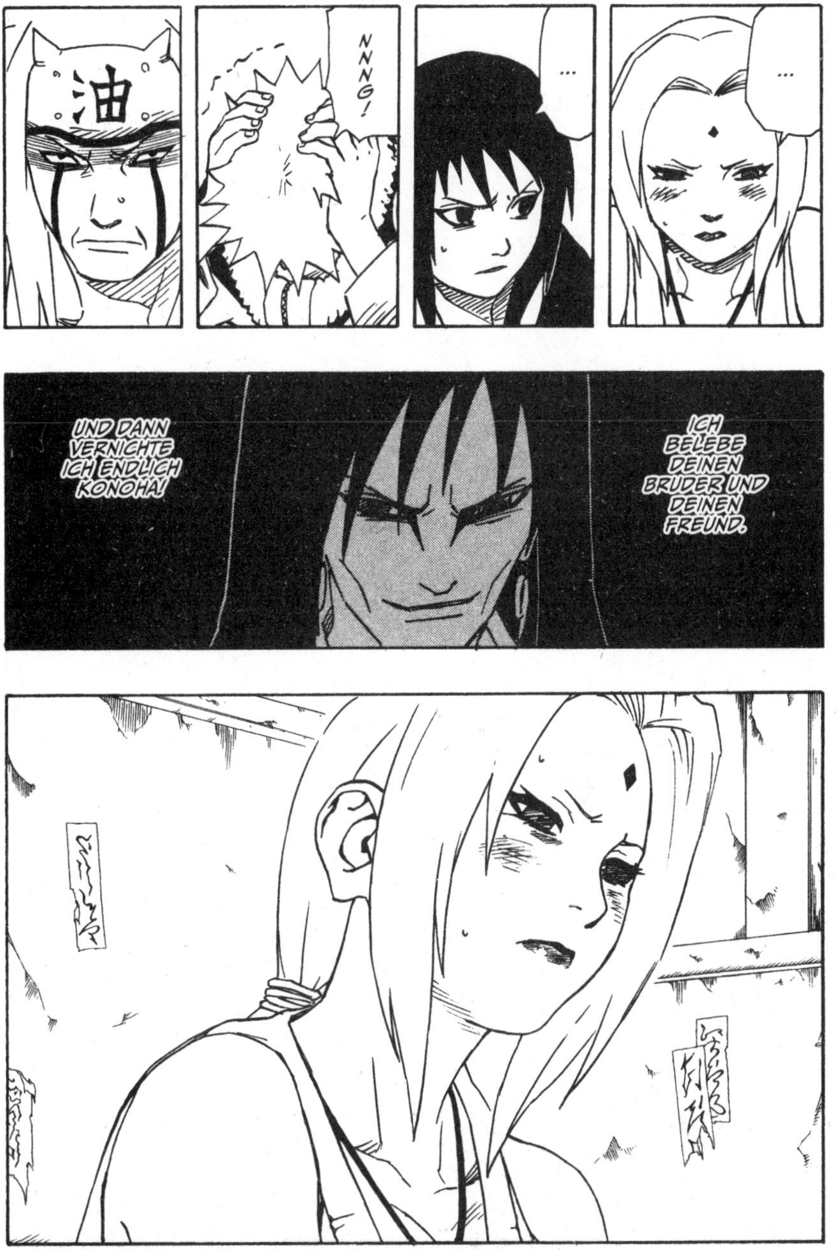
...
...
NNNG!
ICH BELEBE DEINEN BRUDER UND DEINEN FREUND.
UND DANN VERNICHTE ICH ENDLICH KONOHA!

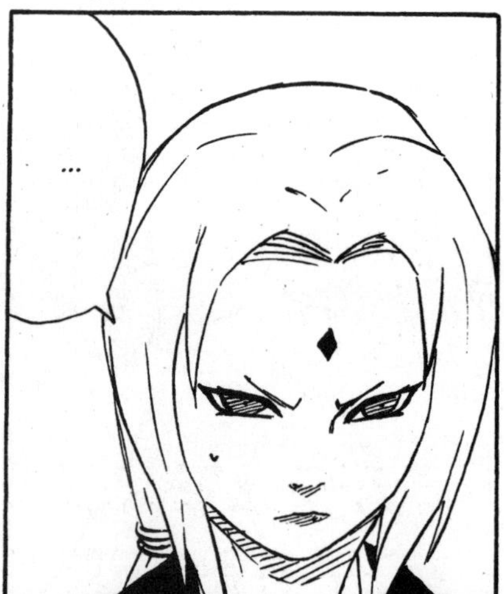

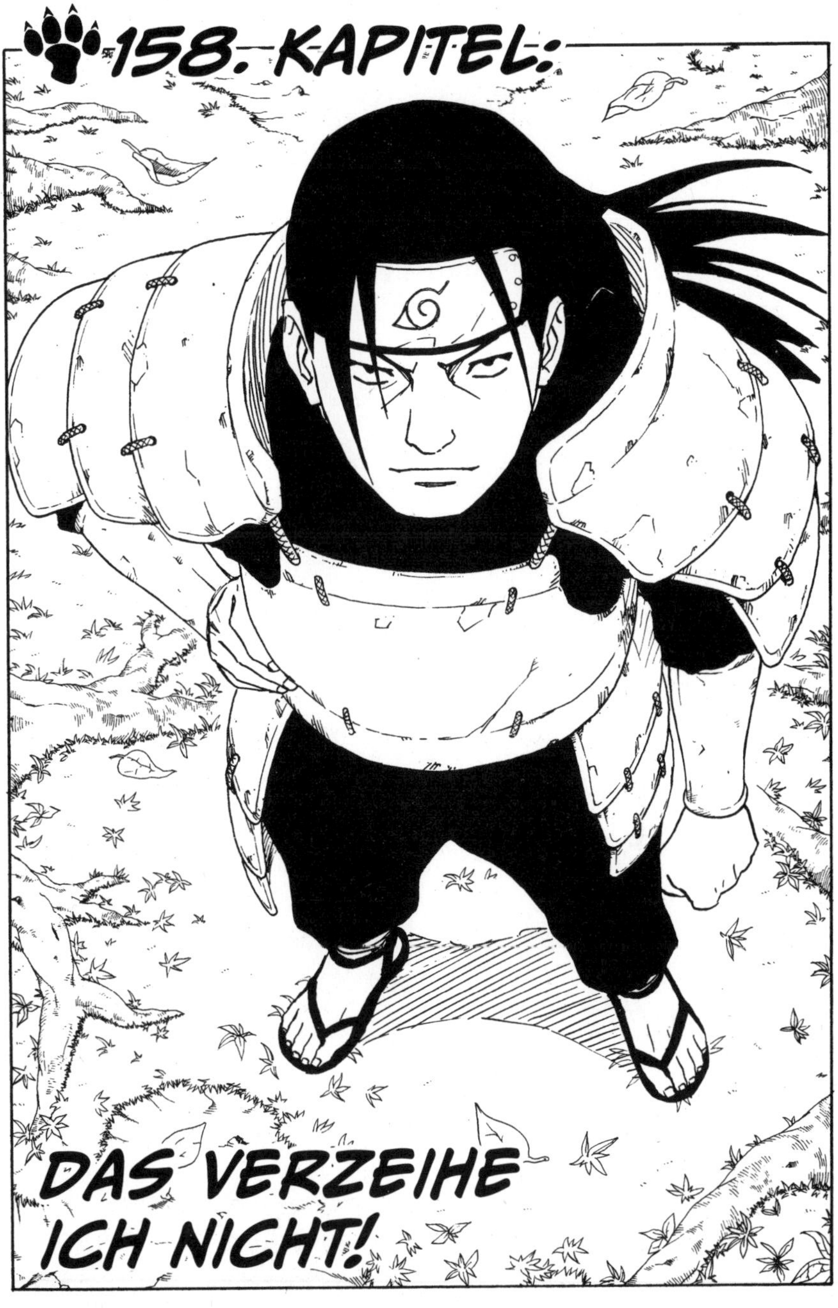
158. KAPITEL:
DAS VERZEIHE ICH NICHT!

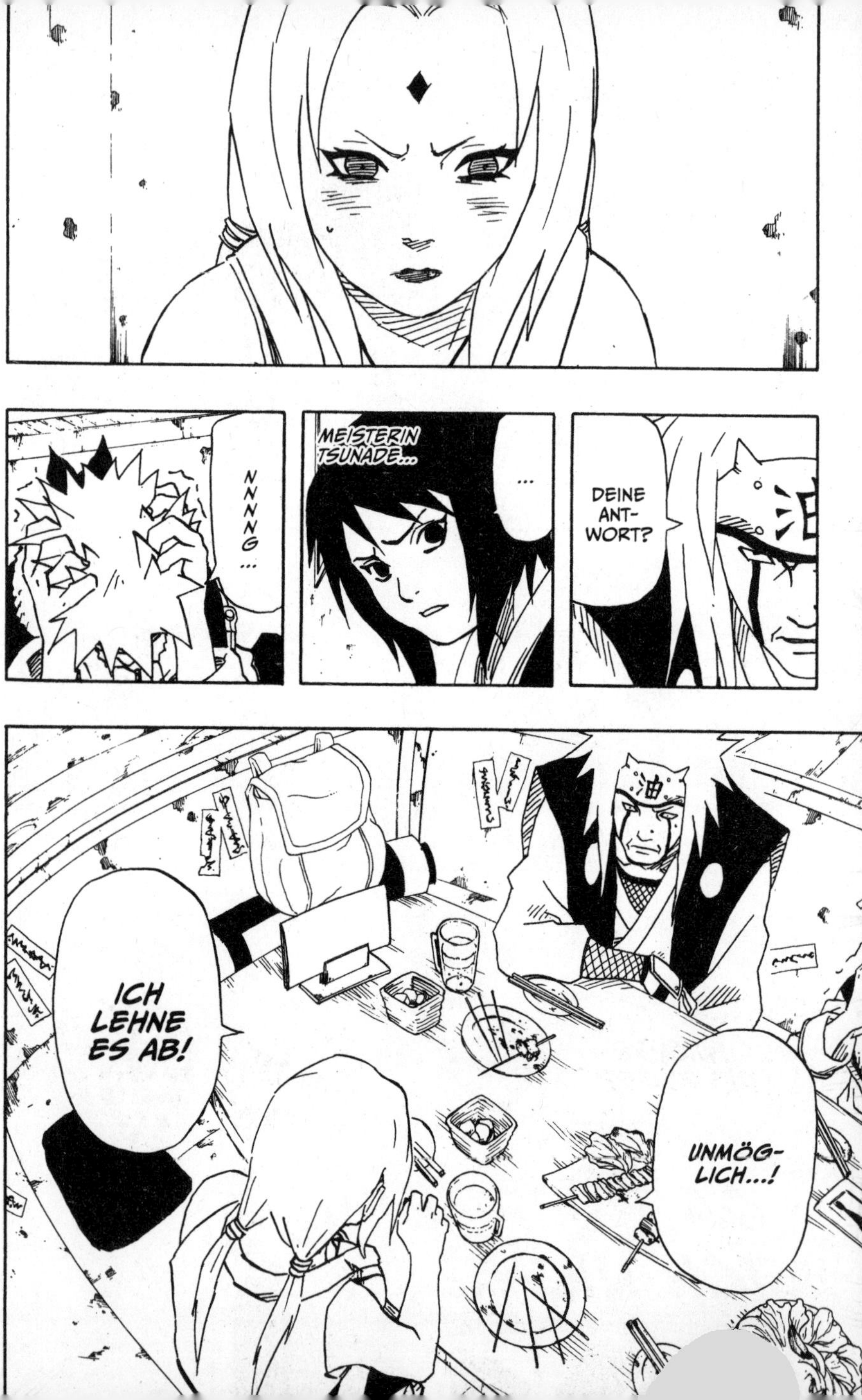
DEINE ANT-WORT?
...
MEISTERIN TSUNADE...
NNNNG...
UNMÖG-LICH...!
ICH LEHNE ES AB!

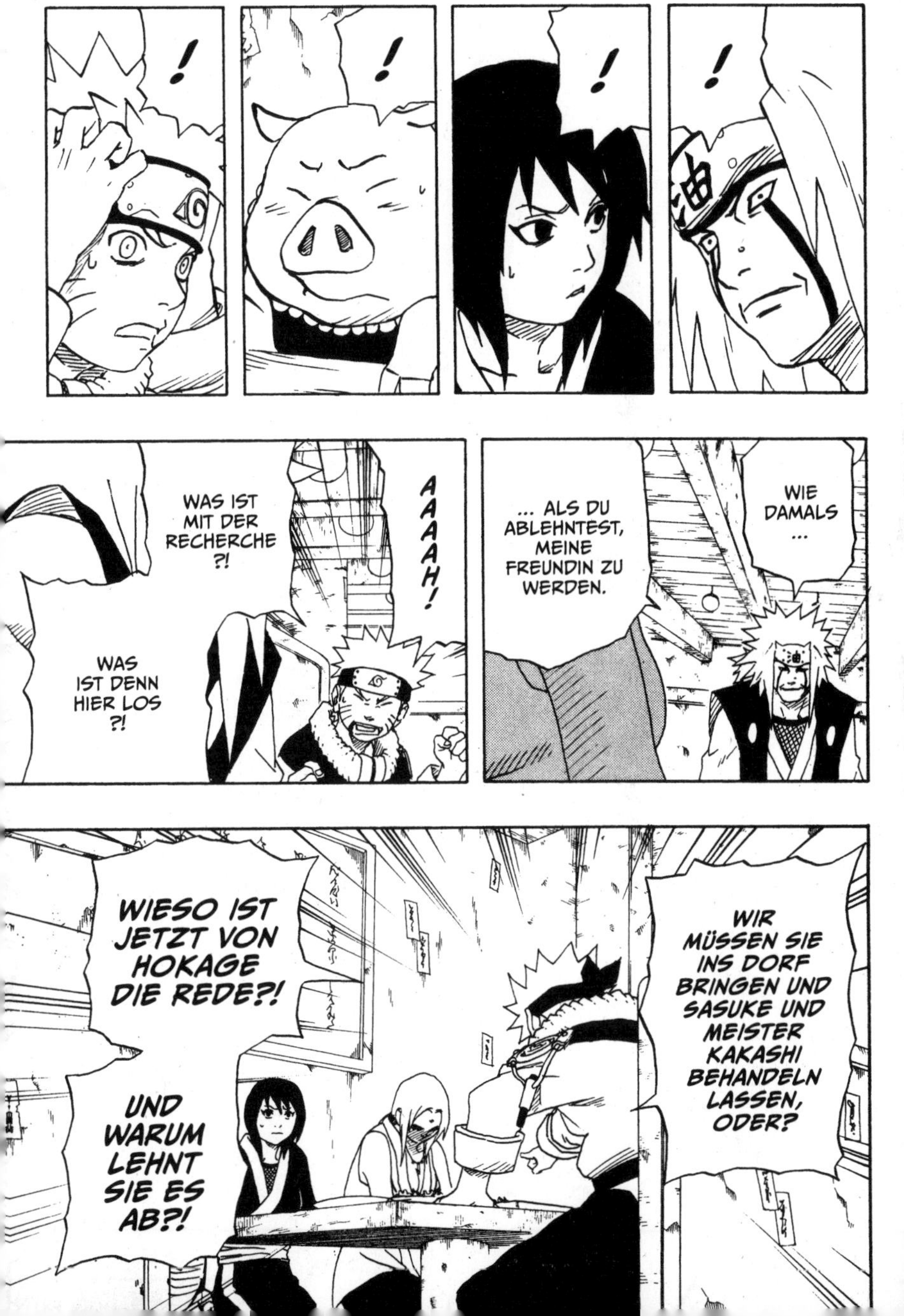
!
!
!
!
WIE DAMALS ...
... ALS DU ABLEHNTEST, MEINE FREUNDIN ZU WERDEN.
AAAAAH!
WAS IST MIT DER RECHERCHE ?!
WAS IST DENN HIER LOS ?!
WIR MÜSSEN SIE INS DORF BRINGEN UND SASUKE UND MEISTER KAKASHI BEHANDELN LASSEN, ODER?
WIESO IST JETZT VON HOKAGE DIE REDE?!
UND WARUM LEHNT SIE ES AB?!

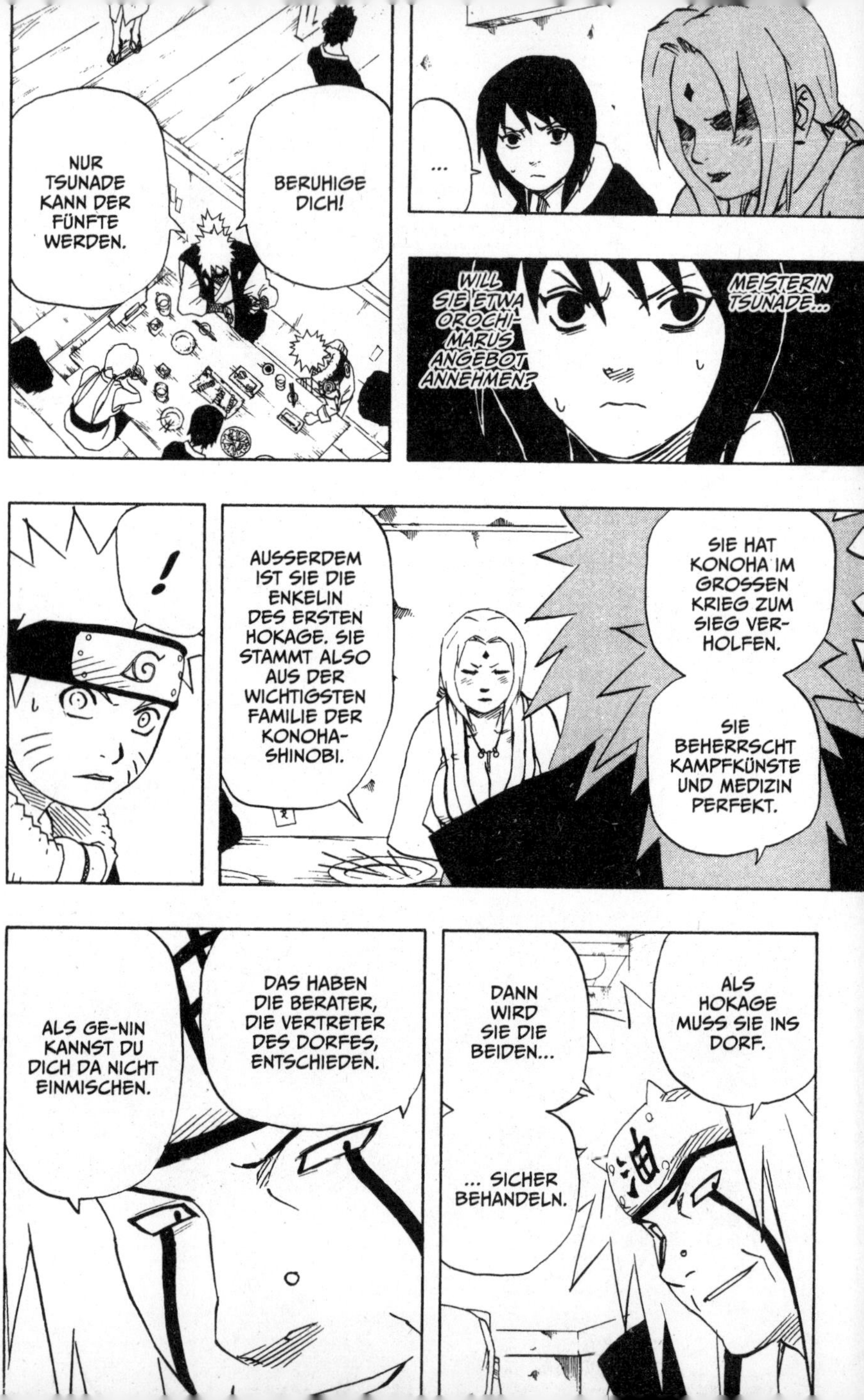
...
MEISTERIN TSUNADE...
WILL SIE ETWA OROCHI-MARUS ANGEBOT ANNEHMEN?
BERUHIGE DICH!
NUR TSUNADE KANN DER FÜNFTE WERDEN.
SIE HAT KONOHA IM GROSSEN KRIEG ZUM SIEG VER-HOLFEN.
SIE BEHERRSCHT KAMPFKÜNSTE UND MEDIZIN PERFEKT.
AUSSERDEM IST SIE DIE ENKELIN DES ERSTEN HOKAGE. SIE STAMMT ALSO AUS DER WICHTIGSTEN FAMILIE DER KONOHA-SHINOBI.
!
ALS HOKAGE MUSS SIE INS DORF.
DANN WIRD SIE DIE BEIDEN...
... SICHER BEHANDELN.
DAS HABEN DIE BERATER, DIE VERTRETER DES DORFES, ENTSCHIEDEN.
ALS GE-NIN KANNST DU DICH DA NICHT EINMISCHEN.

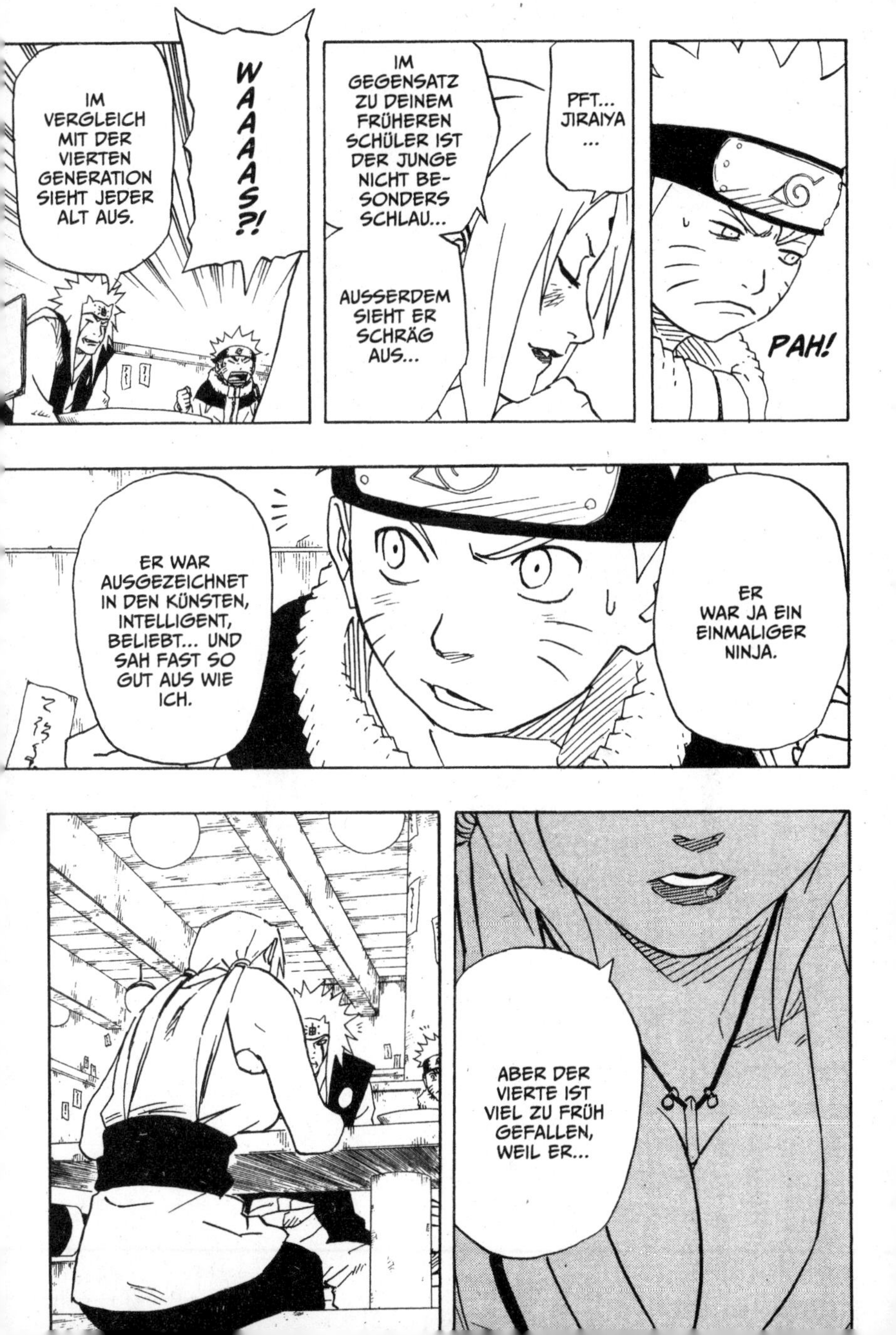
PFT... JIRAIYA ...
IM GEGENSATZ ZU DEINEM FRÜHEREN SCHÜLER IST DER JUNGE NICHT BE- SONDERS SCHLAU...
AUSSERDEM SIEHT ER SCHRÄG AUS...
PAH!
IM VERGLEICH MIT DER VIERTEN GENERATION SIEHT JEDER ALT AUS.
WAAAAAS?!
ER WAR JA EIN EINMALIGER NINJA.
ER WAR AUSGEZEICHNET IN DEN KÜNSTEN, INTELLIGENT, BELIEBT... UND SAH FAST SO GUT AUS WIE ICH.
ABER DER VIERTE IST VIEL ZU FRÜH GEFALLEN, WEIL ER...

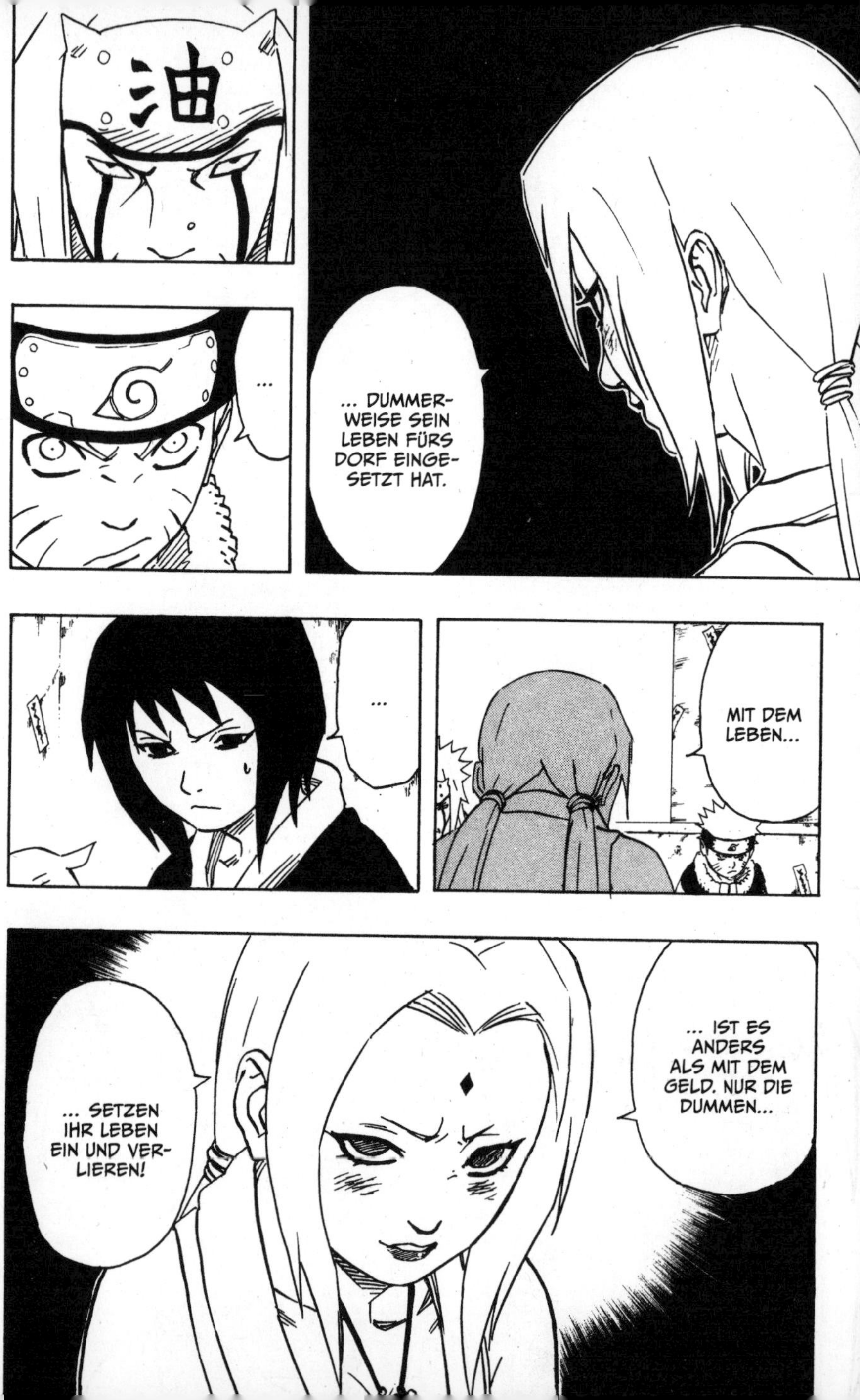
... DUMMER-WEISE SEIN LEBEN FÜRS DORF EINGE-SETZT HAT.
...
MIT DEM LEBEN...
...
... IST ES ANDERS ALS MIT DEM GELD. NUR DIE DUMMEN...
... SETZEN IHR LEBEN EIN UND VER-LIEREN!

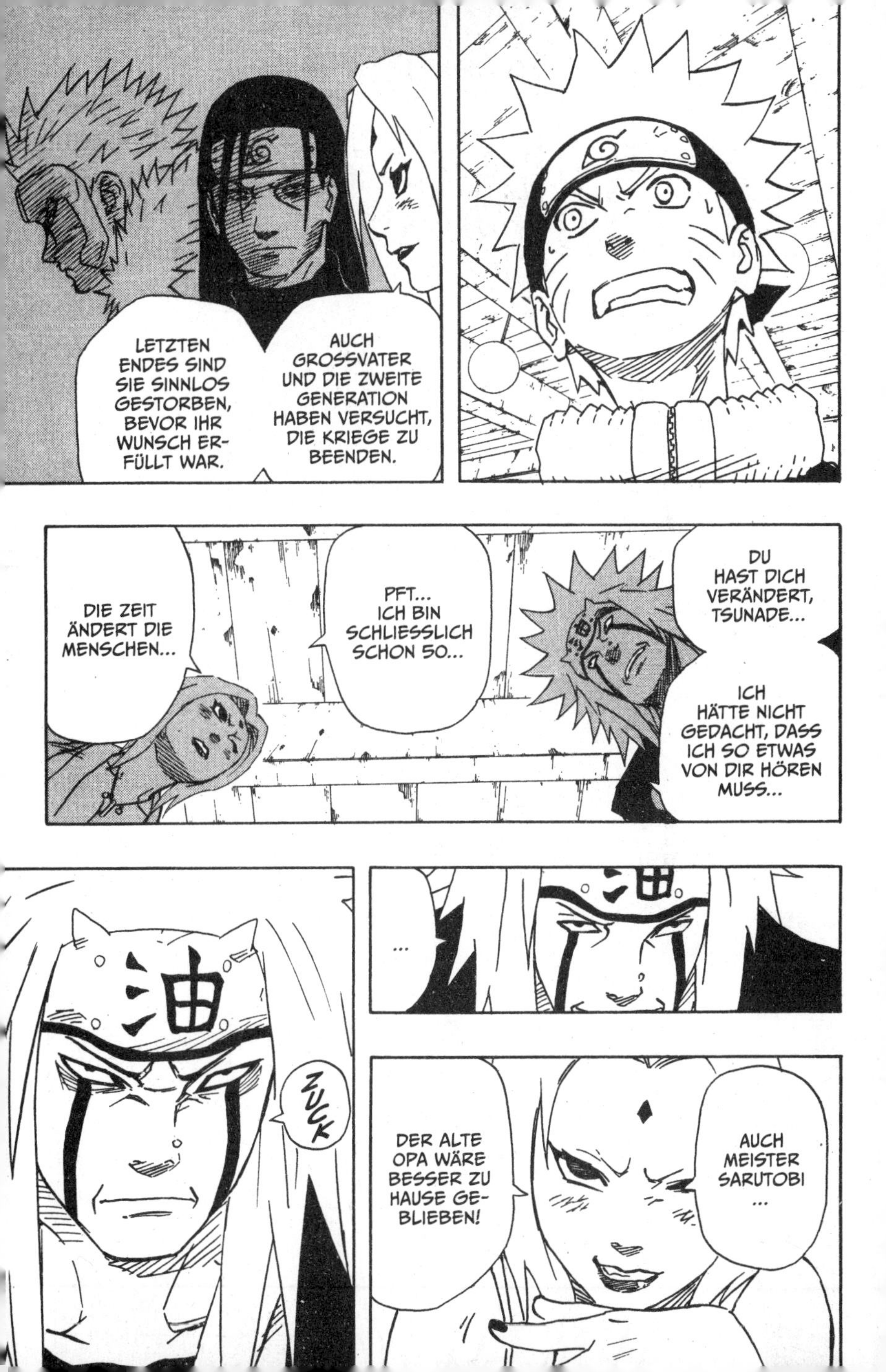
AUCH GROSSVATER UND DIE ZWEITE GENERATION HABEN VERSUCHT, DIE KRIEGE ZU BEENDEN.
LETZTEN ENDES SIND SIE SINNLOS GESTORBEN, BEVOR IHR WUNSCH ERFÜLLT WAR.
DU HAST DICH VERÄNDERT, TSUNADE...
ICH HÄTTE NICHT GEDACHT, DASS ICH SO ETWAS VON DIR HÖREN MUSS...
PFT... ICH BIN SCHLIESSLICH SCHON 50...
DIE ZEIT ÄNDERT DIE MENSCHEN...
...
ZUCK
AUCH MEISTER SARUTOBI ...
DER ALTE OPA WÄRE BESSER ZU HAUSE GEBLIEBEN!

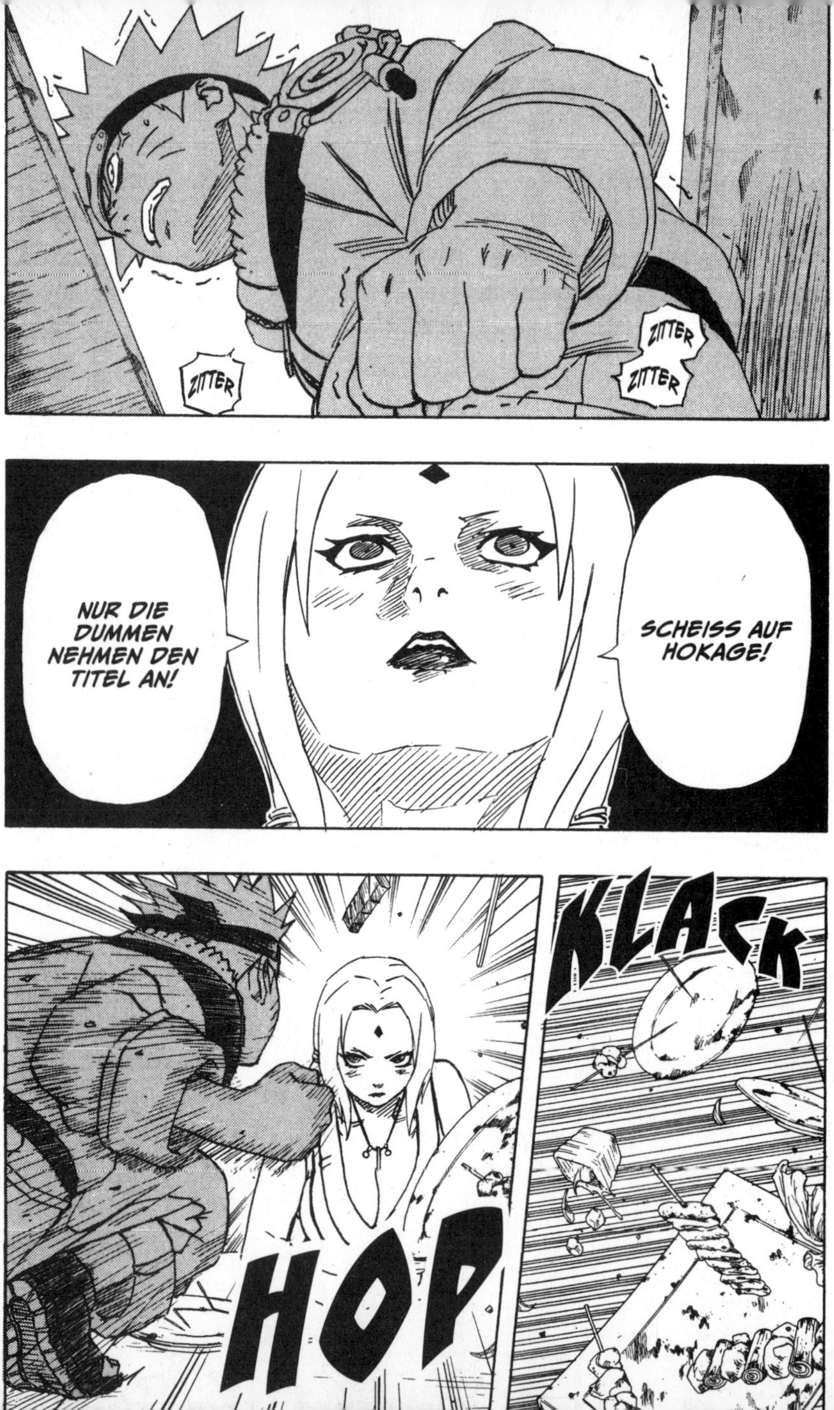
ZITTER
ZITTER
ZITTER
SCHEISS AUF HOKAGE!
NUR DIE DUMMEN NEHMEN DEN TITEL AN!
KLACK
HOP

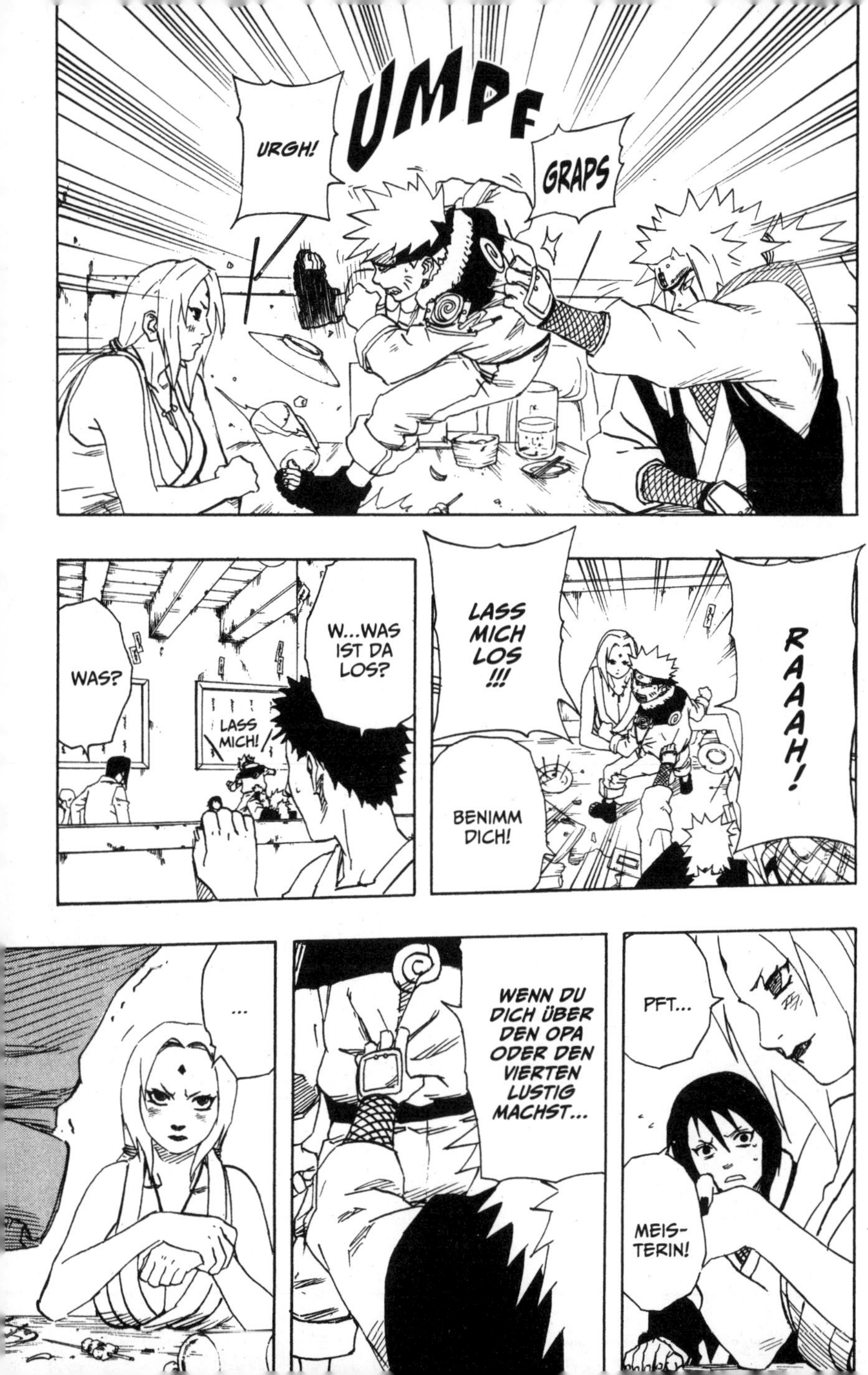
GRAPS
UMPF
URGH!
RAAAH!
LASS MICH LOS!!!
BENIMM DICH!
W...WAS IST DA LOS?
LASS MICH!
WAS?
PFT...
MEIS-TERIN!
WENN DU DICH ÜBER DEN OPA ODER DEN VIERTEN LUSTIG MACHST...
...

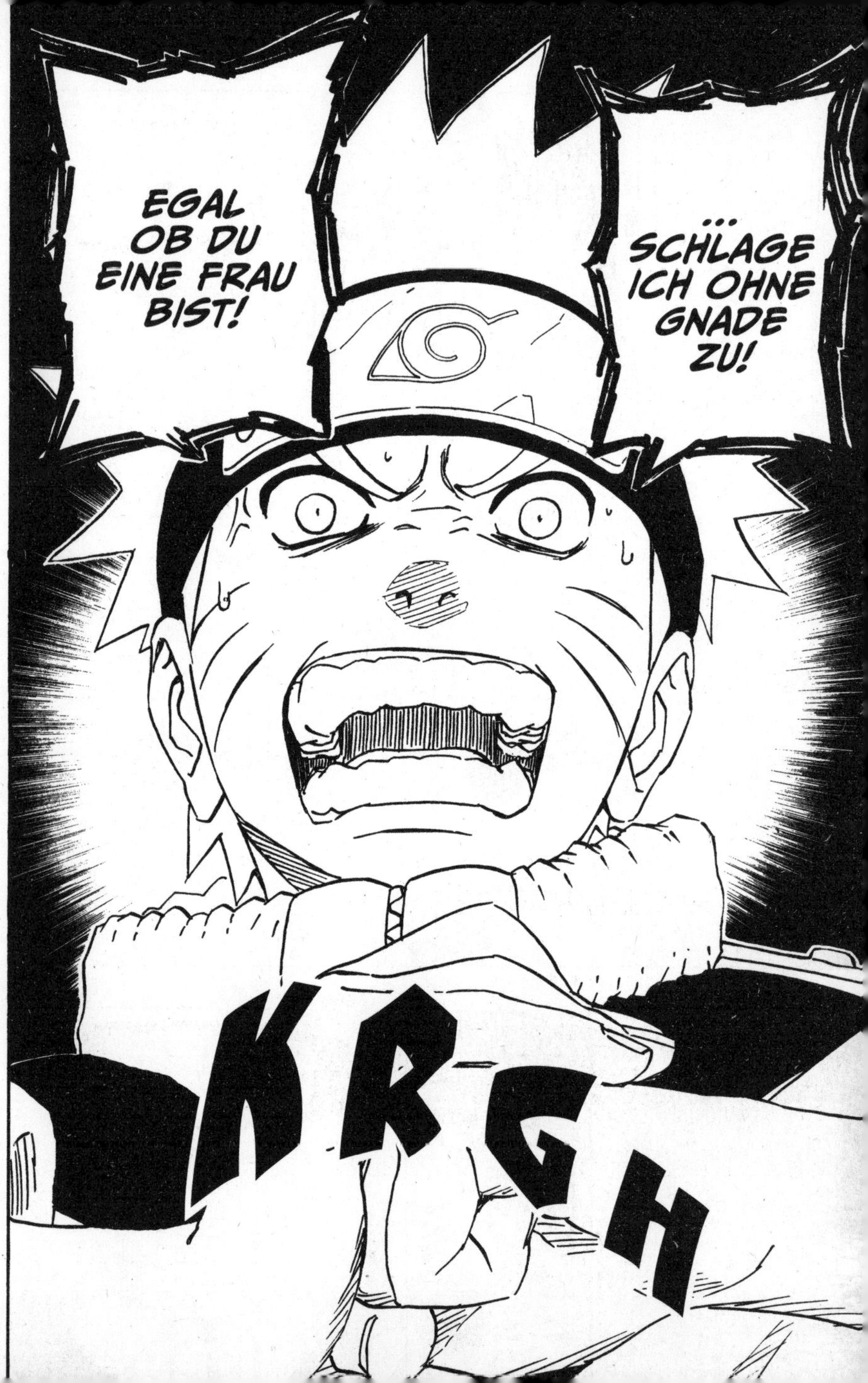
EGAL OB DU EINE FRAU BIST!
...SCHLÄGE ICH OHNE GNADE ZU!
KRGH

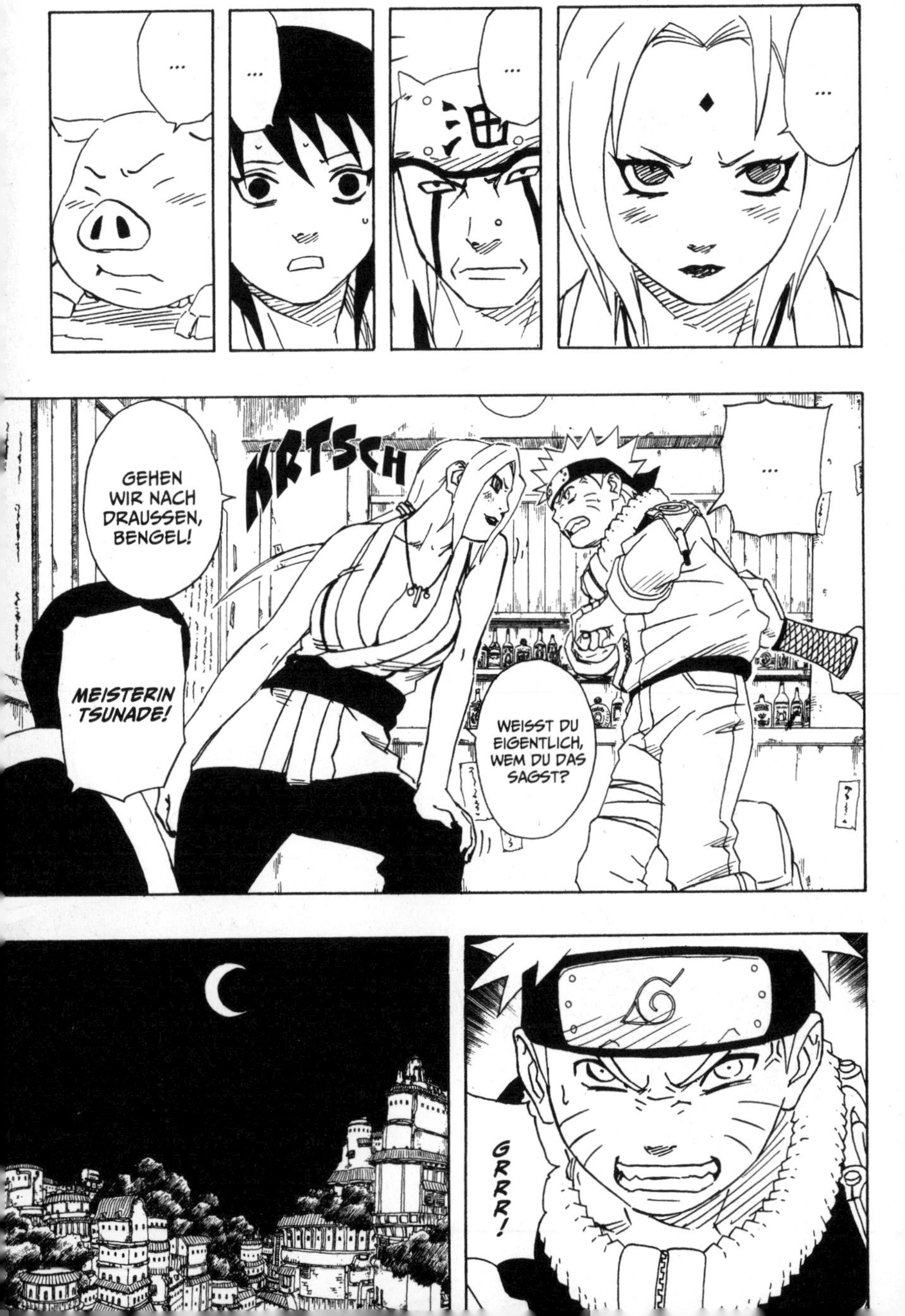
...
...
...
...
...
KRTSCH
GEHEN WIR NACH DRAUSSEN, BENGEL!
WEISST DU EIGENTLICH, WEM DU DAS SAGST?
MEISTERIN TSUNADE!
GRRR!

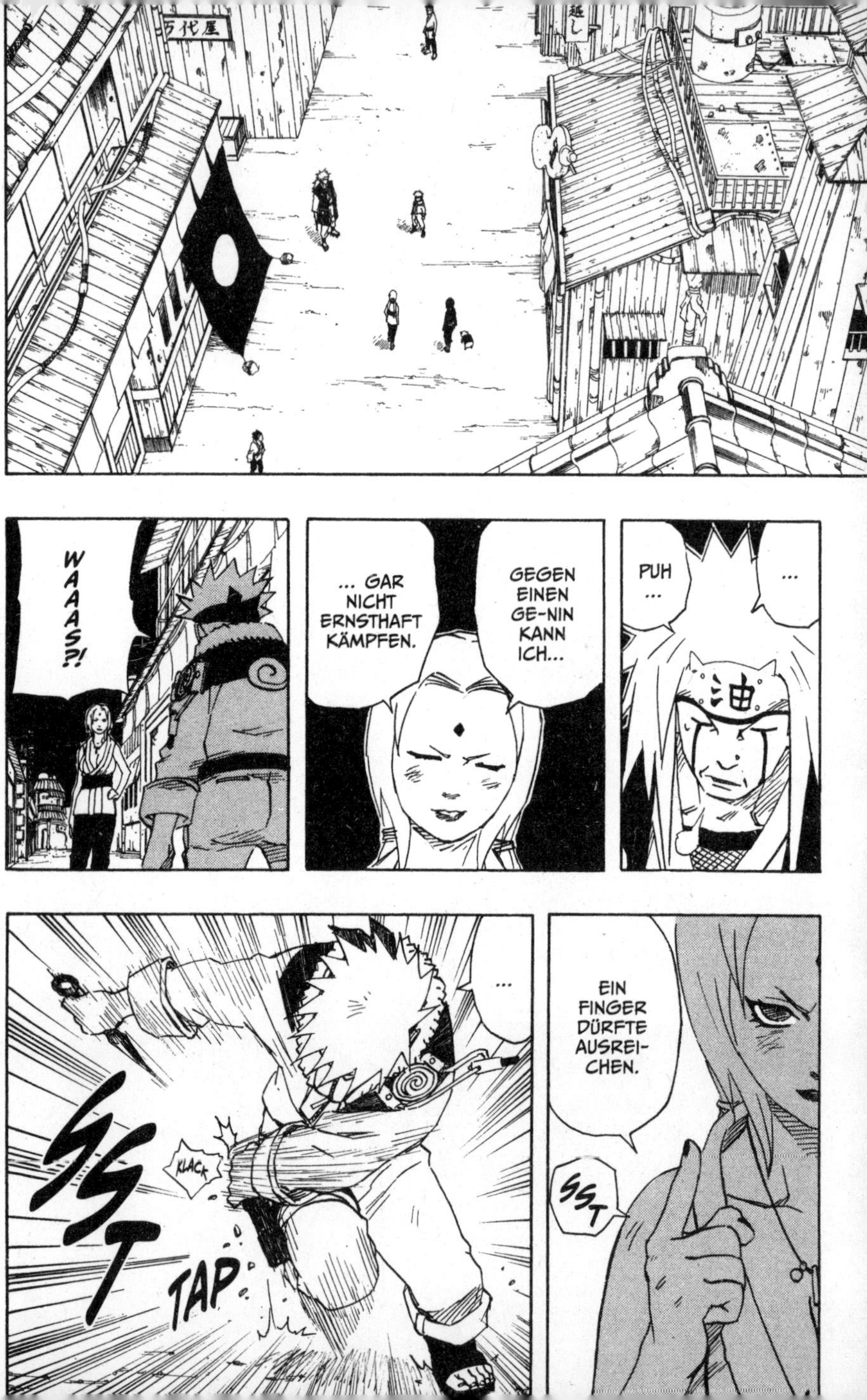
...
PUH ...
GEGEN EINEN GE-NIN KANN ICH...
... GAR NICHT ERNSTHAFT KÄMPFEN.
WAAAAS?!
EIN FINGER DÜRFTE AUSREI-CHEN.
SST
...
KLACK
SST
TAP

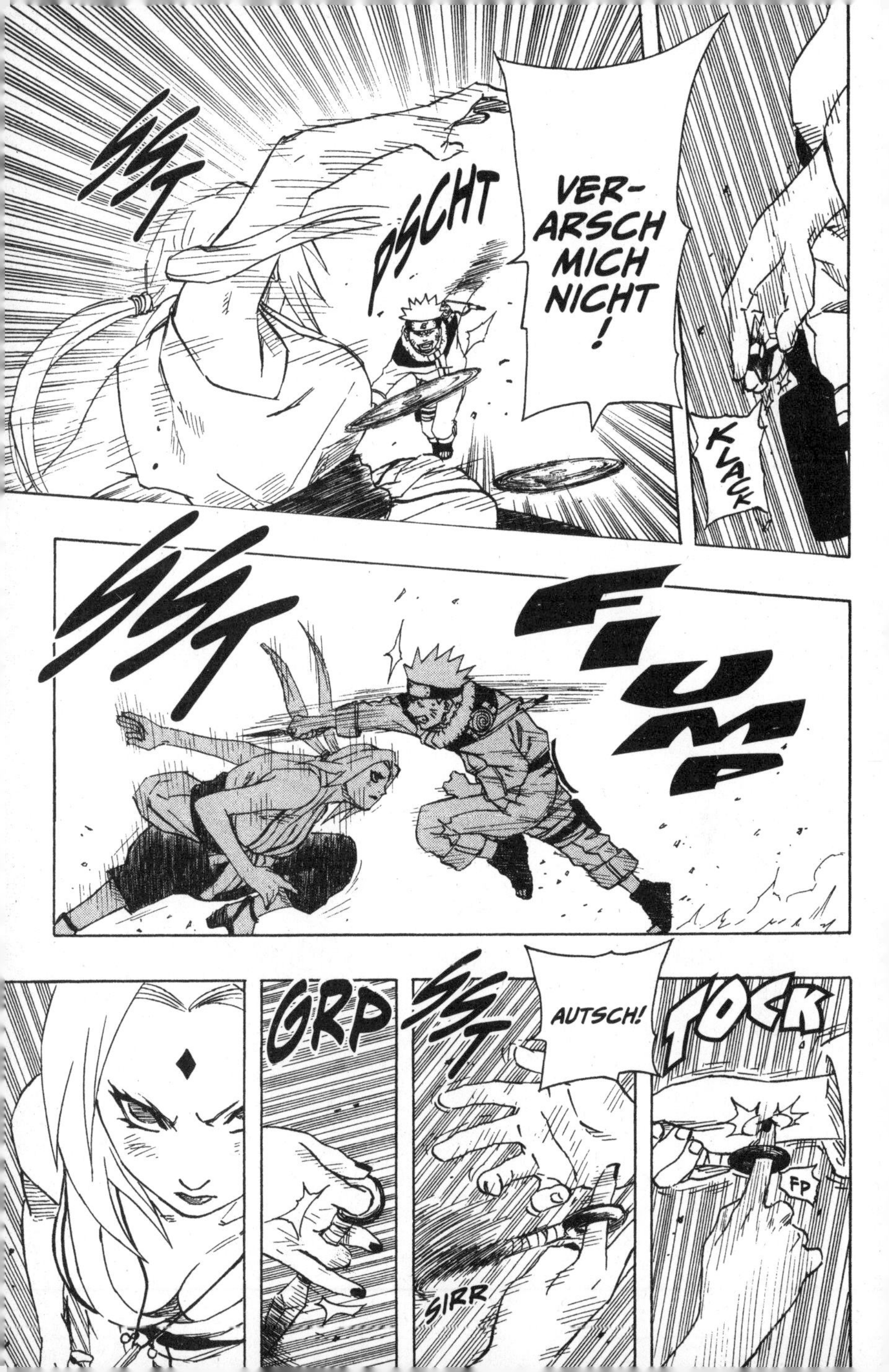
KLACK
VER-ARSCH MICH NICHT!
PSCHT
SSST
FLUMP
SSST
TOCK
FP
AUTSCH!
SSST
SIRR
GRP

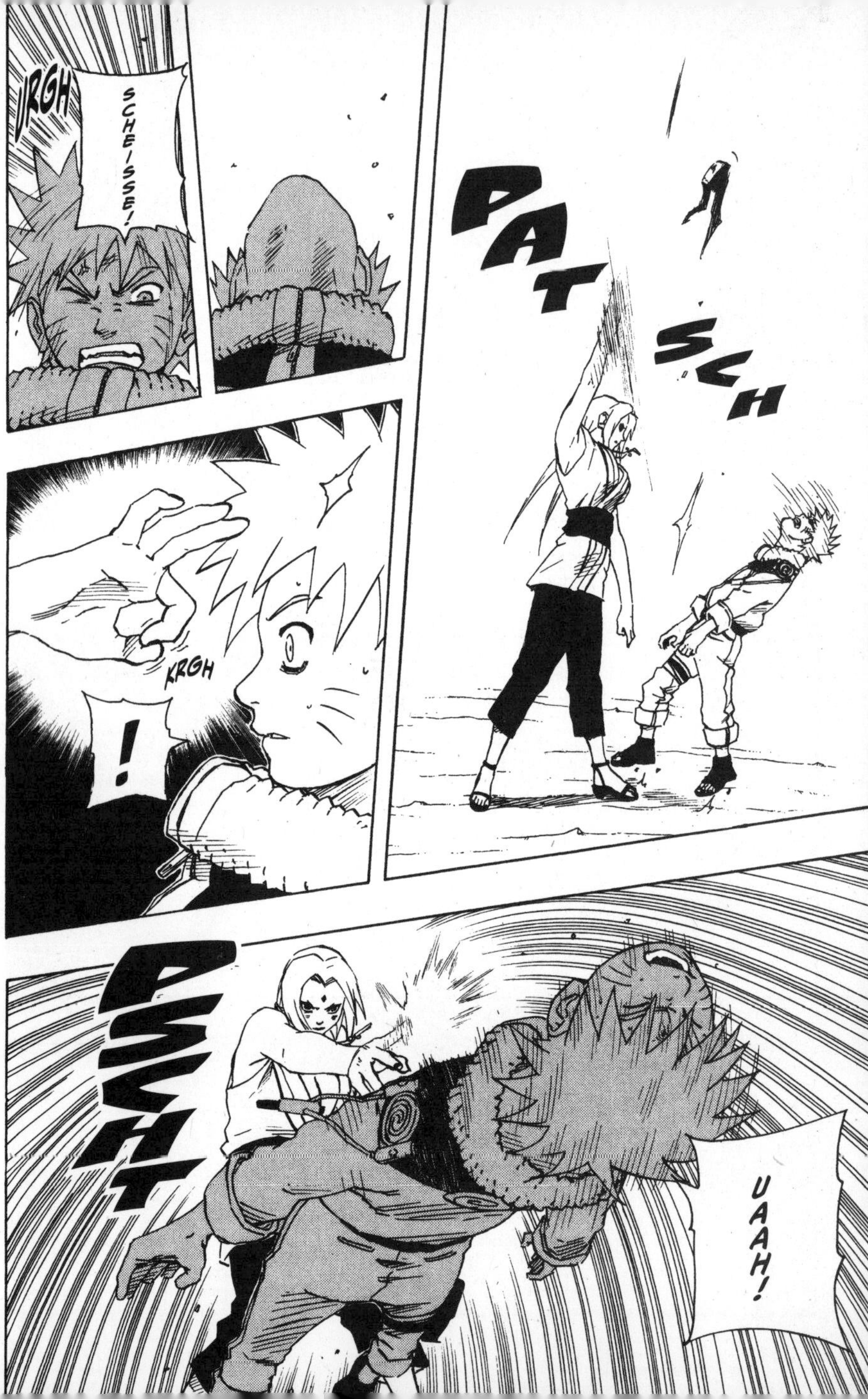

SCHEISSE!
URGH
PATTSCH
KRGH
!
PSCHT
UAAH!

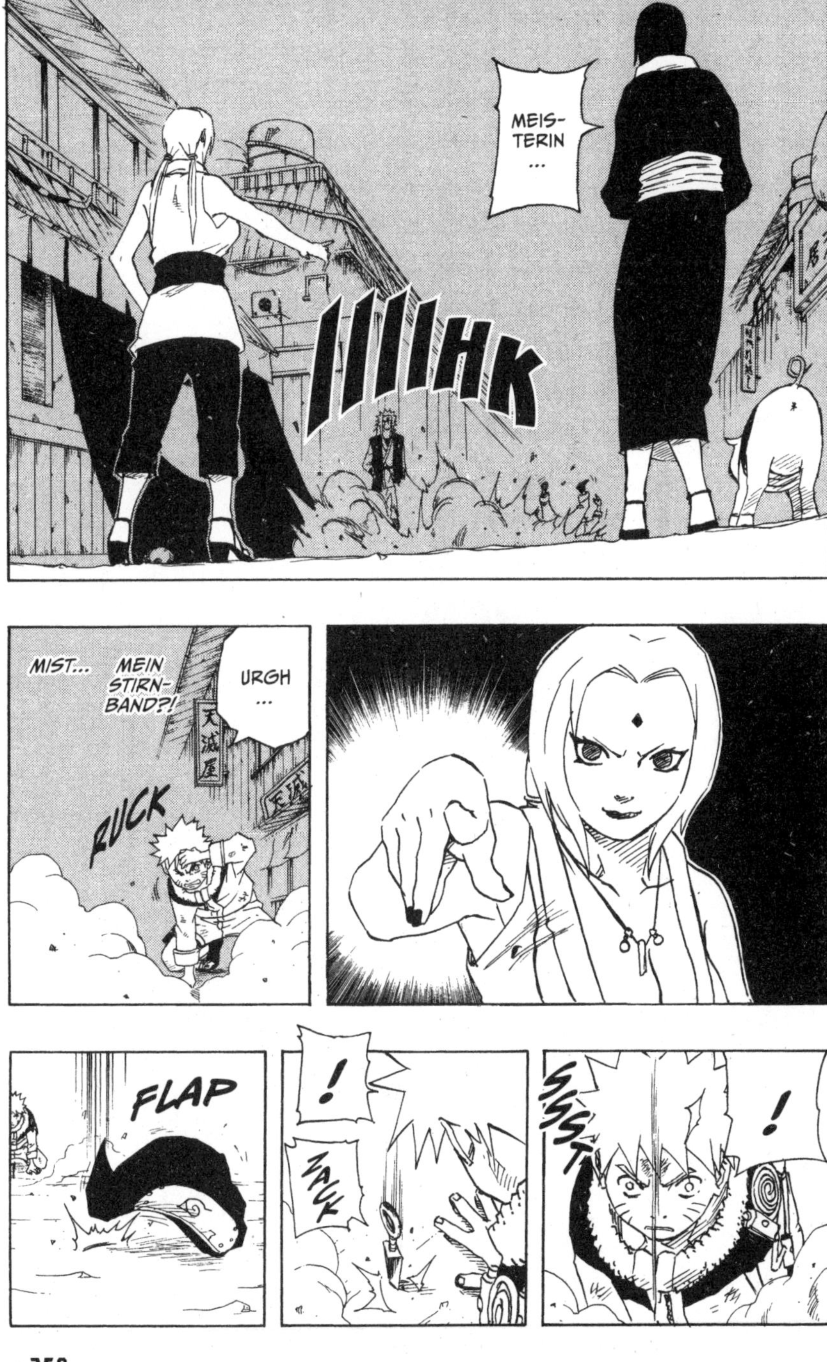
MEIS-
TERIN
...
IIIIHK
URGH
...
MIST... MEIN STIRN-
BAND?!
RUCK
!
ZACK
SSST
!
FLAP

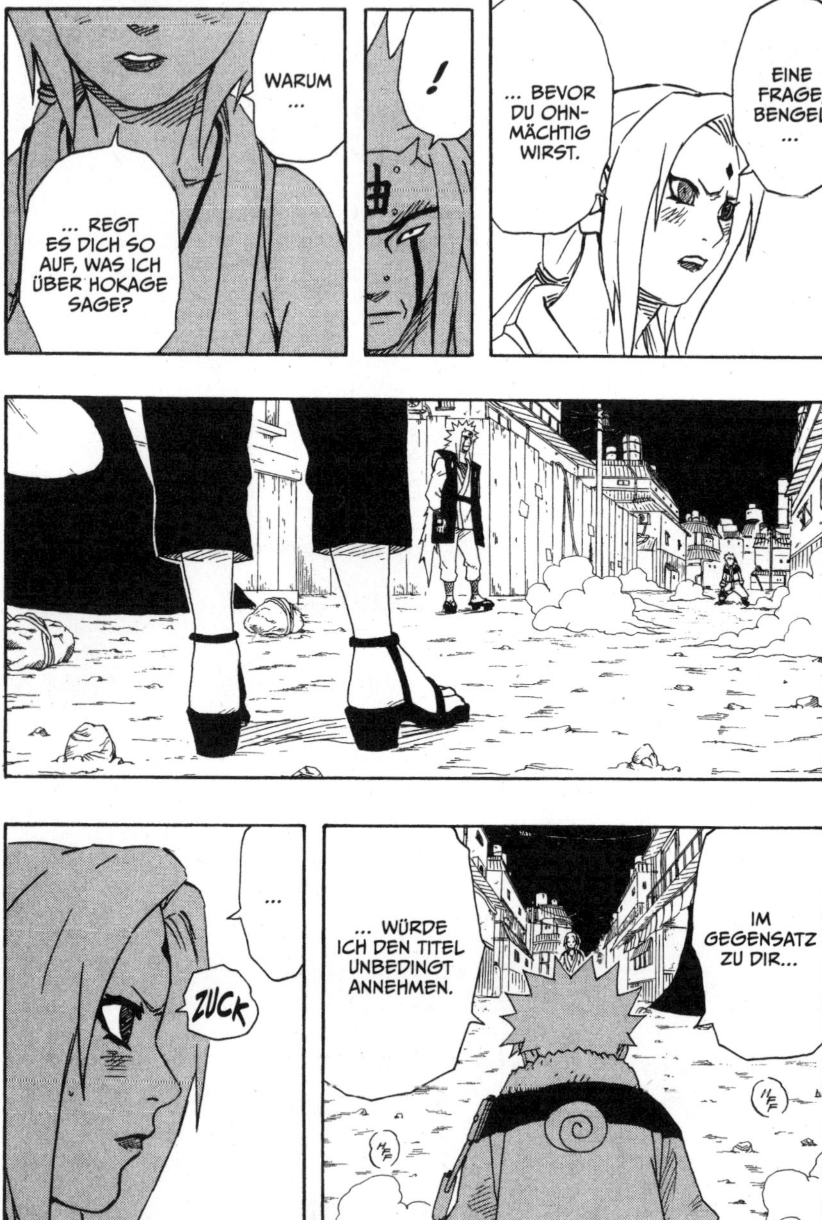
EINE FRAGE, BENGEL ...
... BEVOR DU OHN-MÄCHTIG WIRST.
!
WARUM ...
... REGT ES DICH SO AUF, WAS ICH ÜBER HOKAGE SAGE?
IM GEGENSATZ ZU DIR...
... WÜRDE ICH DEN TITEL UNBEDINGT ANNEHMEN.
...
ZUCK

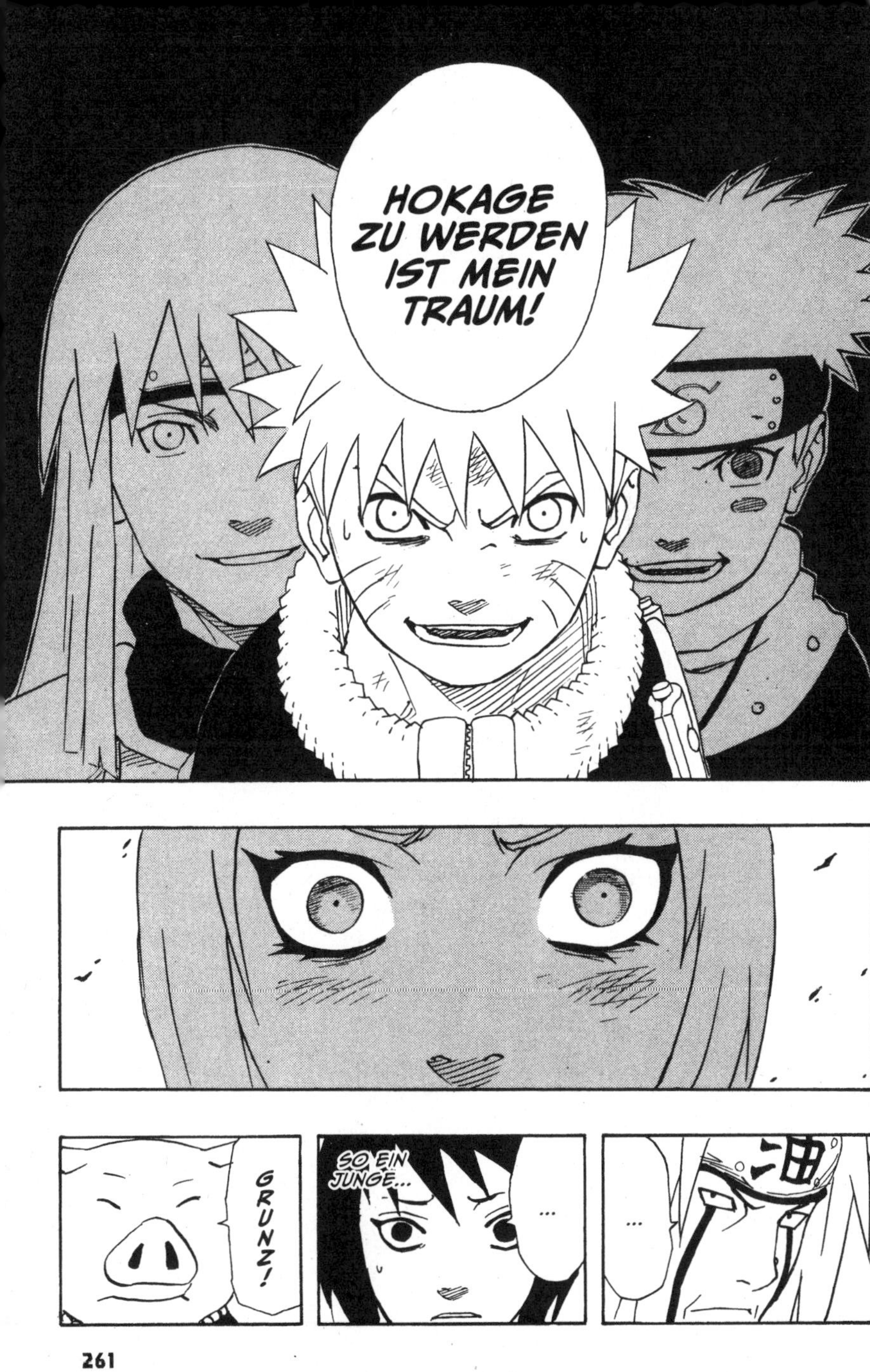
HOKAGE ZU WERDEN IST MEIN TRAUM!
GRUNZ!
SO EIN JUNGE...
...
...

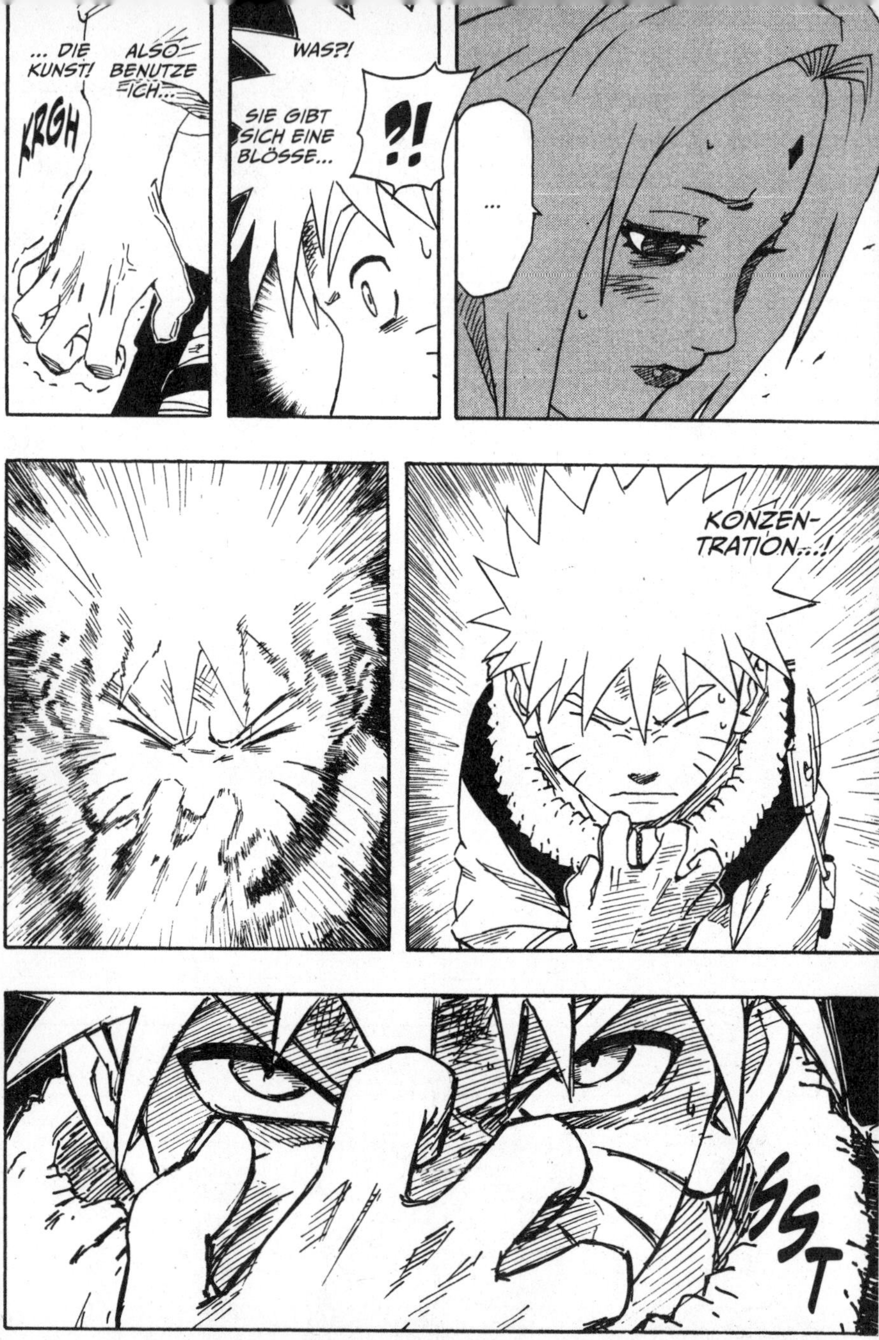
...
WAS?!
?!
SIE GIBT SICH EINE BLÖSSE...
ALSO BENUTZE ICH...
... DIE KUNST!
KRGH
KONZEN-TRATION...!
SST

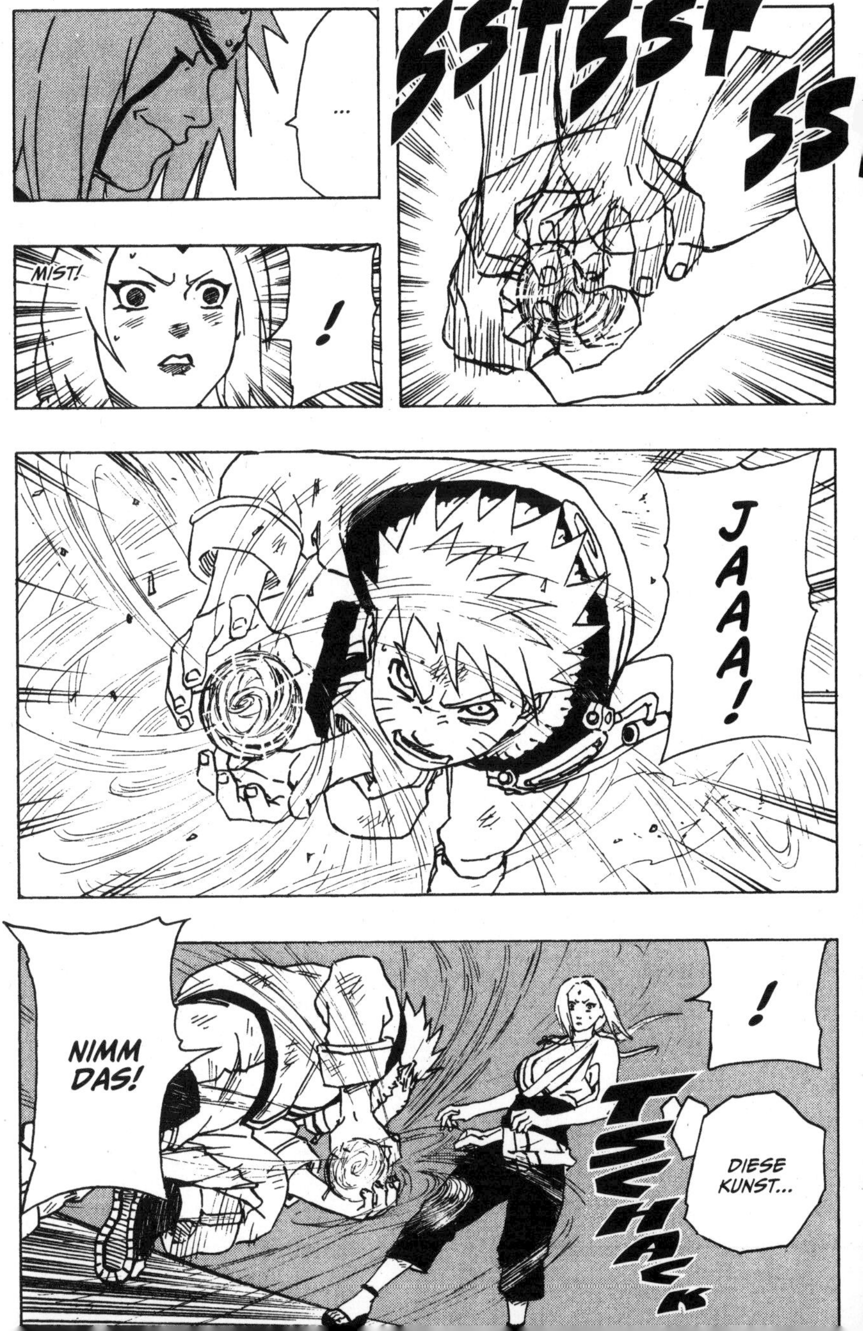
SSTSST
SS
...
!
MIST!
JAAAA!
!
DIESE KUNST...
TSCHAK
NIMM DAS!

MASASHI KISHIMOTOS WELT
LEBENSGESCHICHTE, TEIL 28

IN JÜNGSTER ZEIT WERDEN VIELE DINGE DIGITALISIERT. DIE TASCHENBÜCHER VON NARUTO SOLLEN DIE ERSTEN COMICS SEIN, DEREN LAYOUT DIGITAL GEFERTIGT WIRD.

ALS STUDENT WAR ICH VOM MUSIK-CLIP ZU »EXTRA« VON KEN ISHII TOTAL FASZINIERT. EIN WERK DES ANIME-REGISSEURS KOJI MORIMOTO. DIESER CLIP LIEF SEHR OFT AUF MTV UND AUCH MEINE KOMMILITONEN WAREN ALLE GANZ BEGEISTERT. BEVOR ICH IHN SAH, WUSSTE ICH NUR, DASS ER VON EINEM JAPANISCHEN ANIME-REGISSEUR GEMACHT WAR. UND ICH WAR ECHT BEEINDRUCKT, ALS ICH DEN CLIP DANN SAH. DIE BILDER KAMEN MIR GANZ NEU VOR! GENAU WIE BULLET TIME VON MATRIX. WÄHREND DIE PERSPEKTIVE SICH JEDE SEKUNDE ÄNDERT, BEWEGEN SICH DIE HINTERGRÜNDE EXAKT SYNCHRON DAZU. MAN KANN GRÖSSE UND TIEFE DER RÄUME GENAU ERKENNEN. ICH HATTE KEINE AHNUNG, WIE DAS GEMACHT WAR, ABER MIR WAR KLAR, DASS DAS NICHT HANDGEZEICHNET SEIN KONNTE. MEINE FREUNDE UND ICH VERMUTETEN, DASS ZUERST MIT DEM COMPUTER KUBEN GEBILDET UND DANN DIE TEXTUR AUF DIE HINTERGRÜNDE GESETZT WAREN – WIE BEI DEM SPIEL VIRTUAL FIGHTER 2.

DIGITALISIERTE ANIME SIND INZWISCHEN GANZ VERBREITET UND BEWEGLICHE HINTERGRÜNDE SIND NICHT MEHR SELTEN. IN MANCHEN ANIME WERDEN SOGAR CHARAKTERE MIT POLYGONEN GEFERTIGT UND MAN MUSS NICHT MEHR EINZELNE SZENEN ZEICHNEN. ABER DIE VOM COMPUTER GEMACHTEN BILDER WIRKEN OFT ZU GLATT UND ORDENTLICH, ES FEHLT IHNEN AN SCHWUNG UND LEBENDIGKEIT. WAS BEI HANDGEZEICHNETEN BILDERN SCHÖN IST, GEHT LEIDER VERLOREN (BESONDERS BEI DEN CHARAKTEREN). WENN COMPUTER AUCH LEBENDIGKEIT AUSDRÜCKEN KÖNNTEN, WÄRE ES PERFEKT...

AUCH MANGA WERDEN IMMER MEHR DIGITALISIERT, ABER DIE DIGITALISIERUNG KOSTET SCHEINBAR NOCH ZU VIEL GELD UND ZEIT...

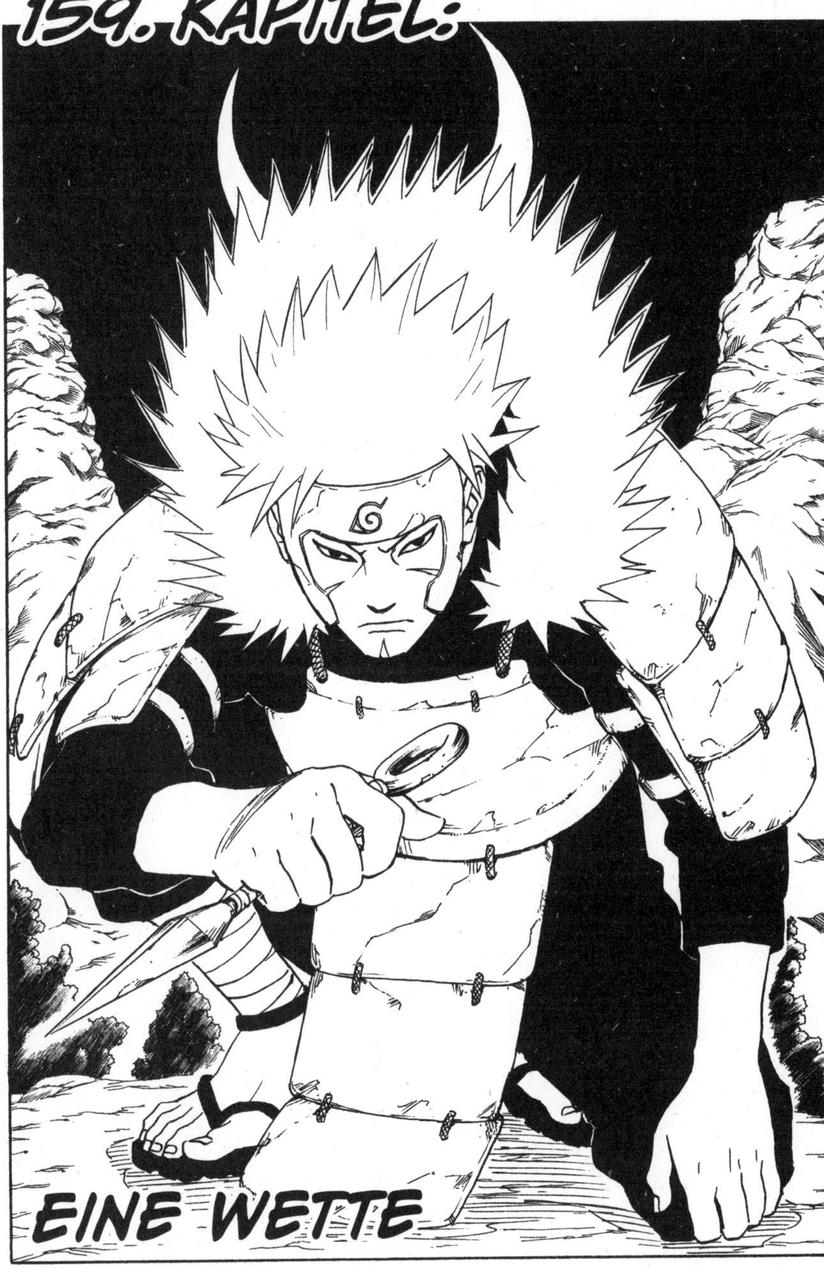
159. KAPITEL:
EINE WETTE

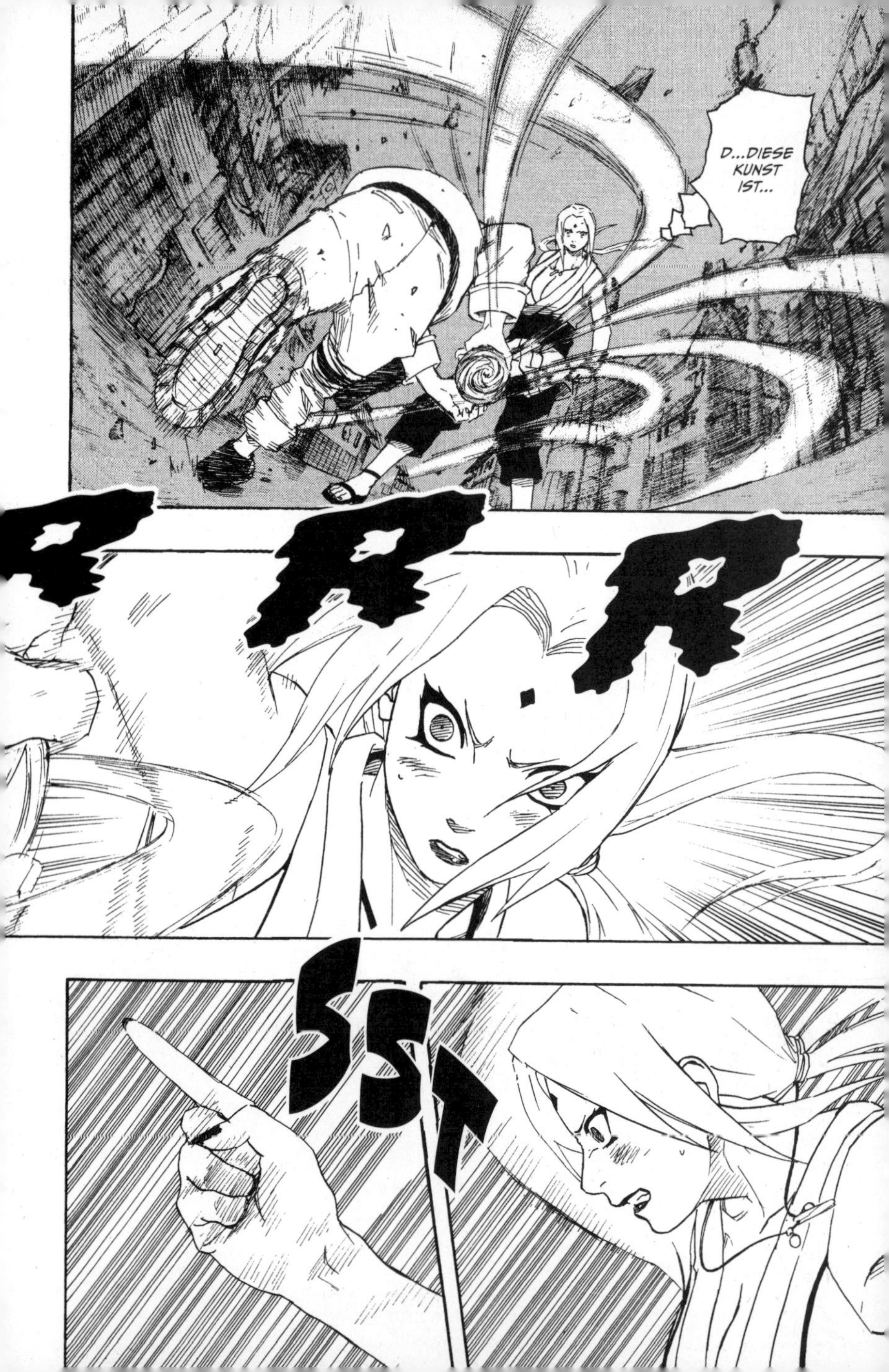
D...DIESE KUNST IST...
RRR
SST

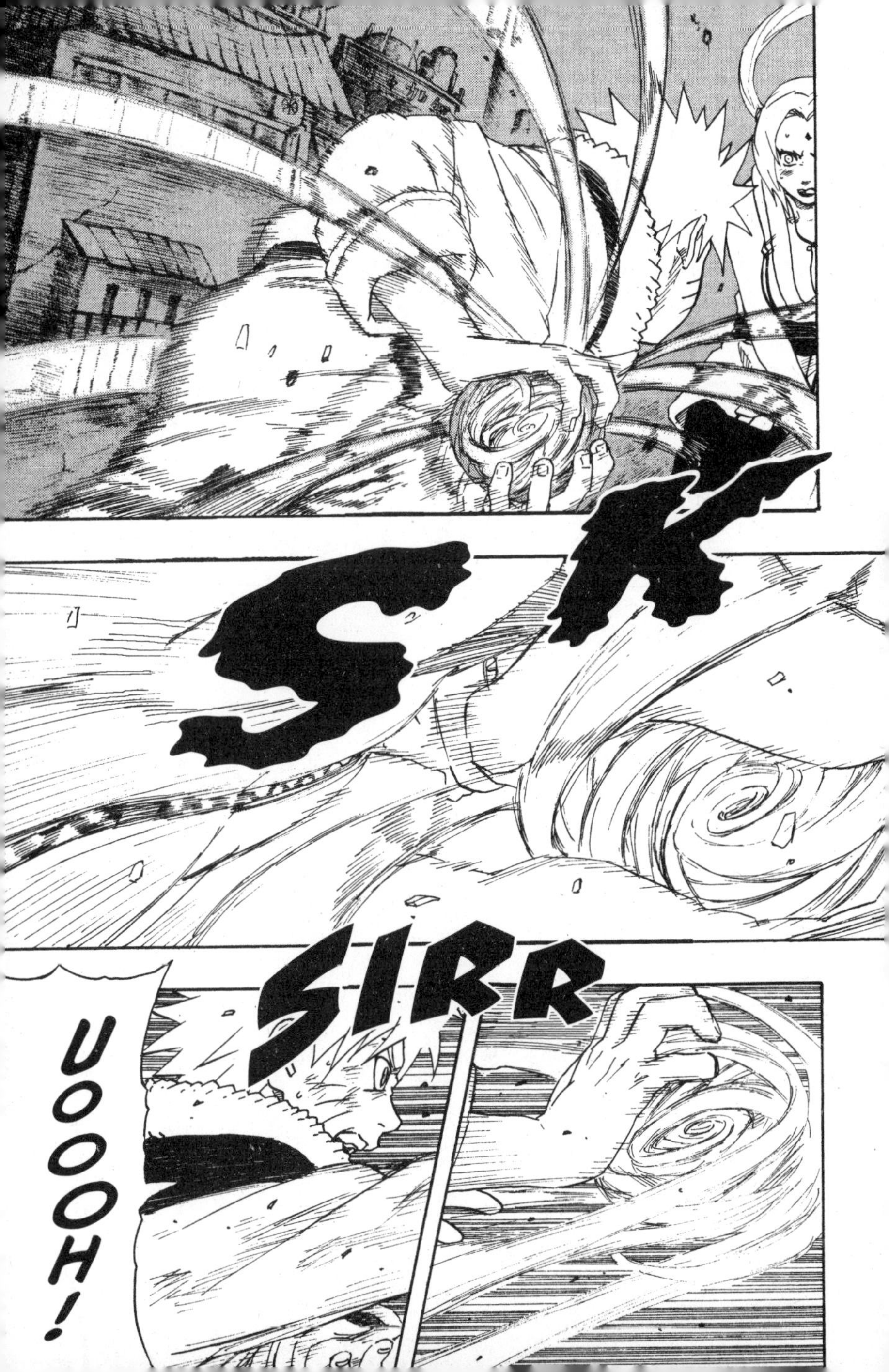
SK
SIRR
UOOOOH!

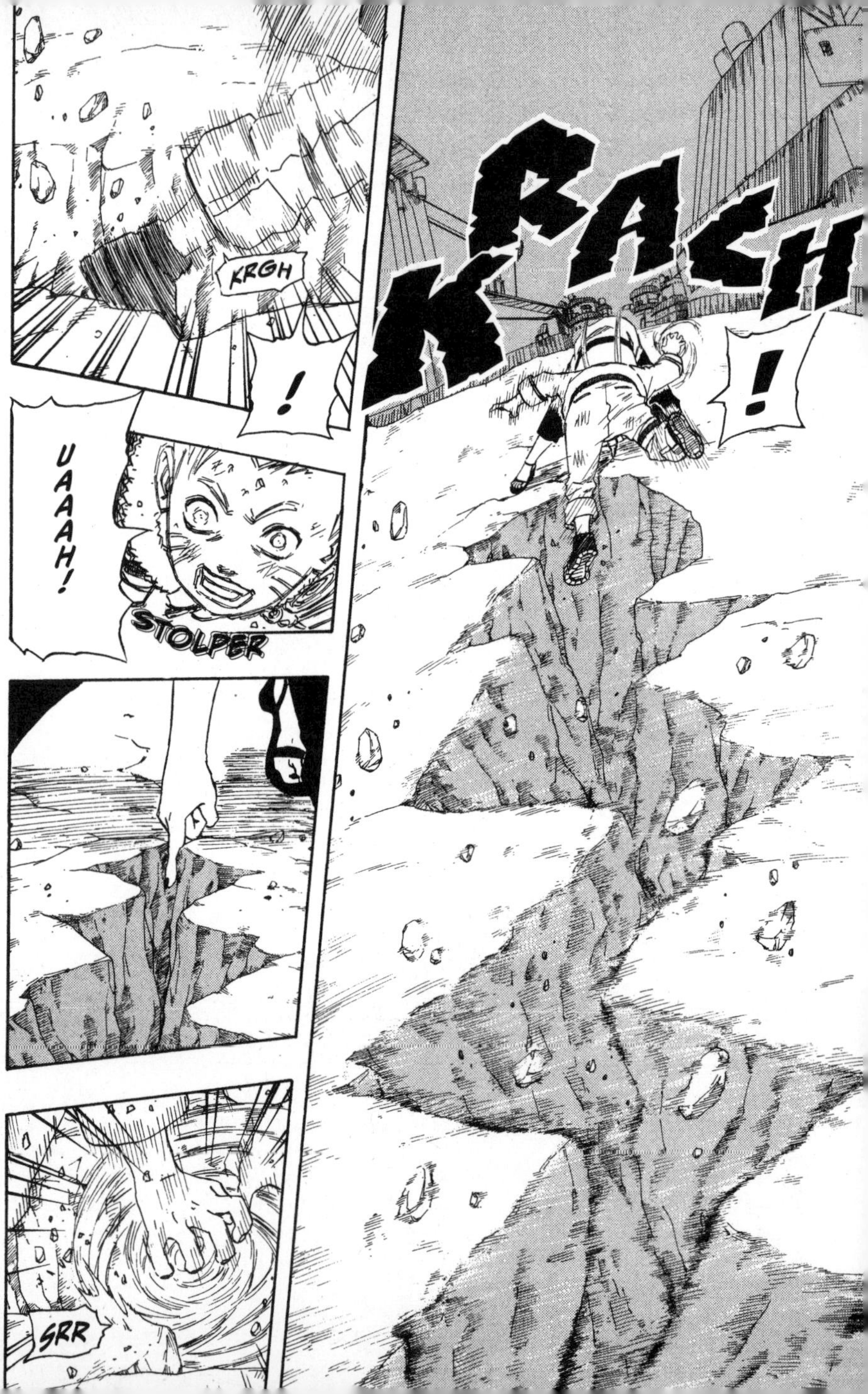
KRACH
!
KRGH
!
UAAAAH!
STOLPER
SRR

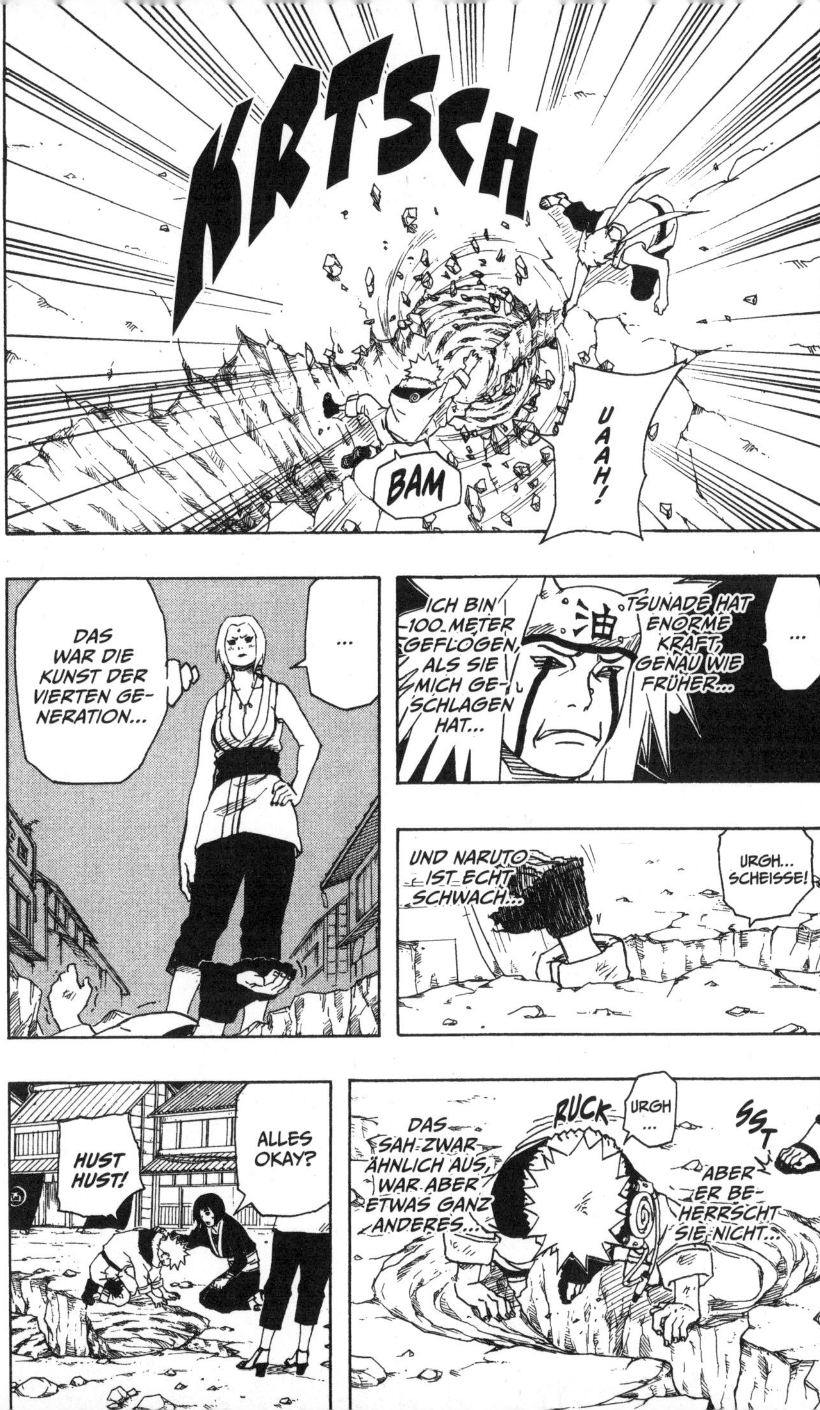
UAAAH!
KRTSCH
BAM
...
TSUNADE HAT ENORME KRAFT, GENAU WIE FRÜHER...
ICH BIN 100 METER GEFLOGEN, ALS SIE MICH GESCHLAGEN HAT...
URGH... SCHEISSE!
UND NARUTO IST ECHT SCHWACH...
...
DAS WAR DIE KUNST DER VIERTEN GENERATION...
SST
ABER ER BEHERRSCHT SIE NICHT...
URGH ...
RUCK
DAS SAH ZWAR ÄHNLICH AUS, WAR ABER ETWAS GANZ ANDERES...
ALLES OKAY?
HUST HUST!

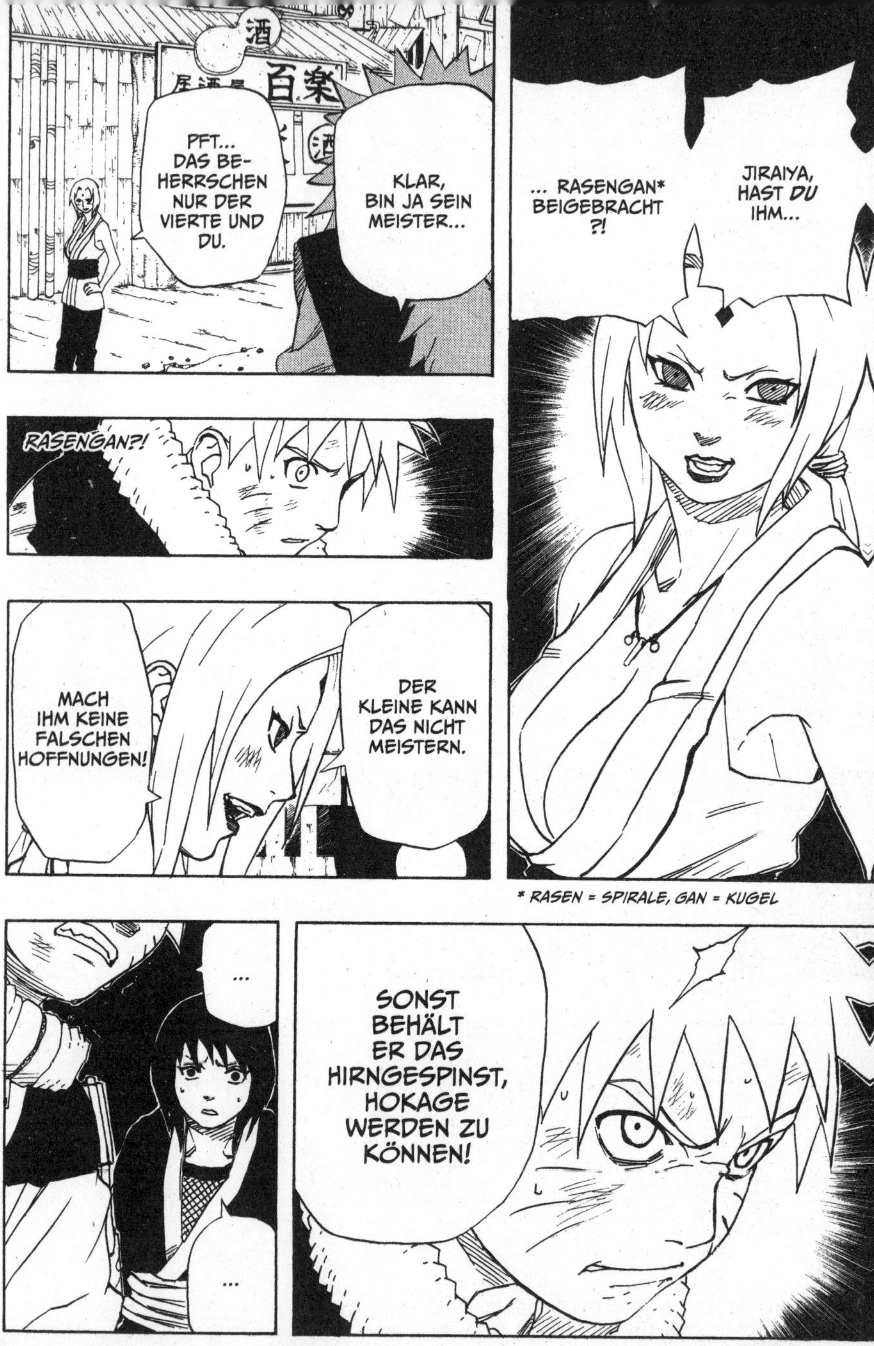

* RASEN = SPIRALE, GAN = KUGEL

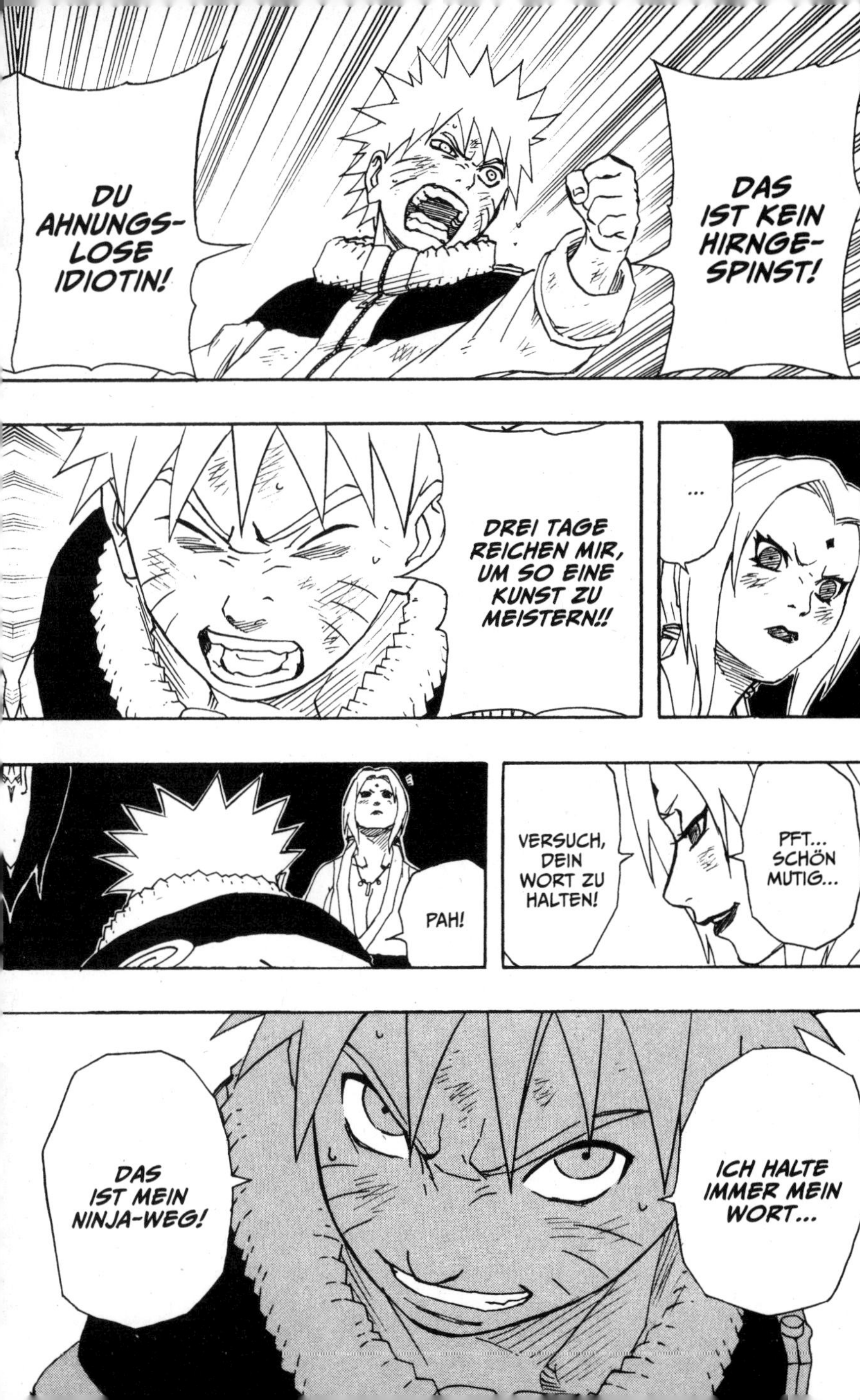
DAS IST KEIN HIRNGE-SPINST!
DU AHNUNGS-LOSE IDIOTIN!
...
DREI TAGE REICHEN MIR, UM SO EINE KUNST ZU MEISTERN!!
PFT... SCHÖN MUTIG...
VERSUCH, DEIN WORT ZU HALTEN!
PAH!
ICH HALTE IMMER MEIN WORT...
DAS IST MEIN NINJA-WEG!

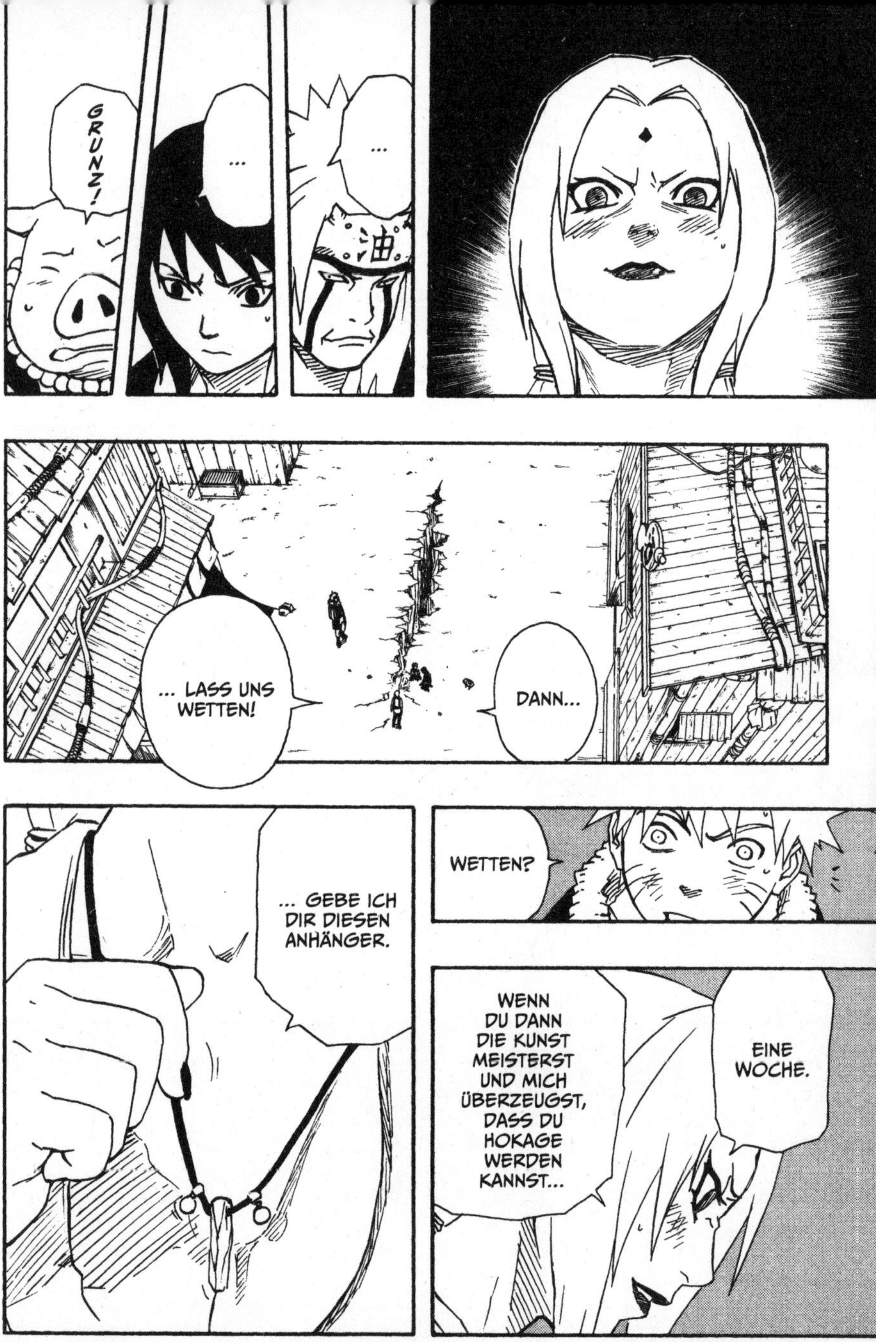
...
...
GRUNZ!
DANN...
... LASS UNS WETTEN!
WETTEN?
EINE WOCHE.
WENN DU DANN DIE KUNST MEISTERST UND MICH ÜBERZEUGST, DASS DU HOKAGE WERDEN KANNST...
... GEBE ICH DIR DIESEN ANHÄNGER.

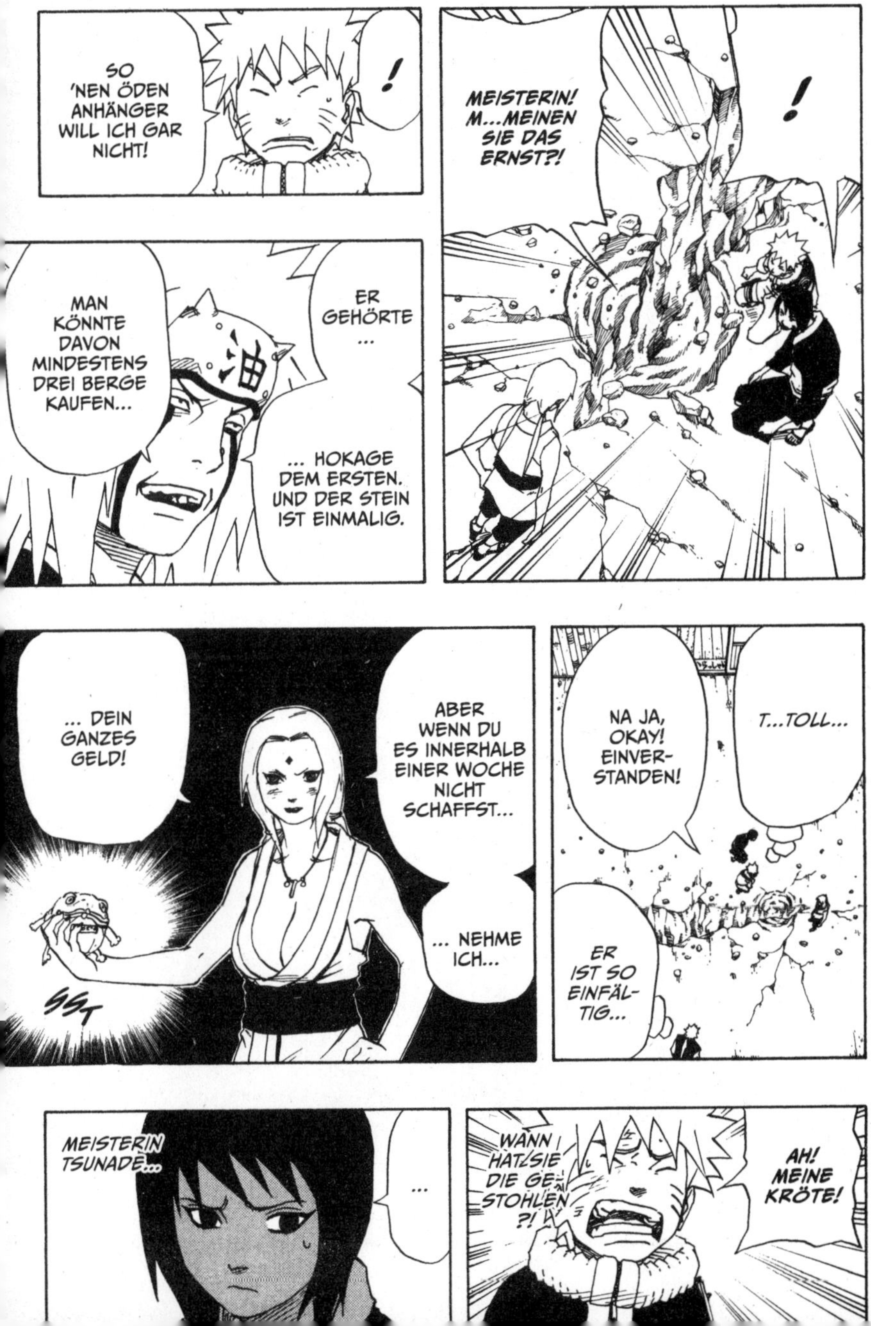
!
MEISTERIN! M...MEINEN SIE DAS ERNST?!
!
SO 'NEN ÖDEN ANHÄNGER WILL ICH GAR NICHT!
ER GEHÖRTE ...
... HOKAGE DEM ERSTEN. UND DER STEIN IST EINMALIG.
MAN KÖNNTE DAVON MINDESTENS DREI BERGE KAUFEN...
T...TOLL...
NA JA, OKAY! EINVER-STANDEN!
ER IST SO EINFÄL-TIG...
ABER WENN DU ES INNERHALB EINER WOCHE NICHT SCHAFFST...
... NEHME ICH...
... DEIN GANZES GELD!
SST
AH! MEINE KRÖTE!
WANN HAT SIE DIE GE-STOHLEN ?!
...
MEISTERIN TSUNADE...

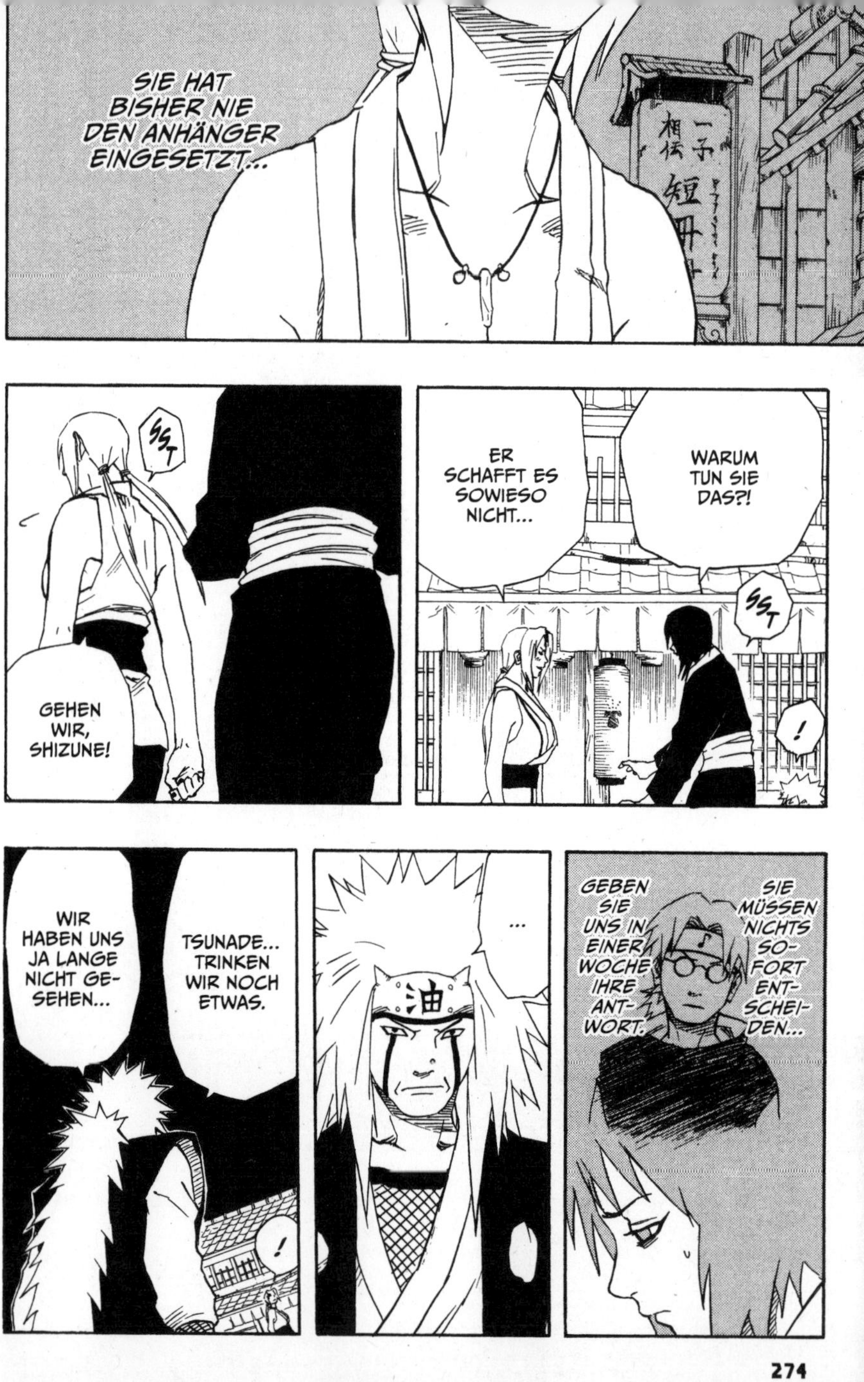
SIE HAT BISHER NIE DEN ANHÄNGER EINGESETZT...
WARUM TUN SIE DAS?!
ER SCHAFFT ES SOWIESO NICHT...
SST
!
SST
GEHEN WIR, SHIZUNE!
SIE MÜSSEN NICHTS SOFORT ENTSCHEIDEN...
GEBEN SIE UNS IN EINER WOCHE IHRE ANTWORT.
...
TSUNADE... TRINKEN WIR NOCH ETWAS.
WIR HABEN UNS JA LANGE NICHT GESEHEN...
!

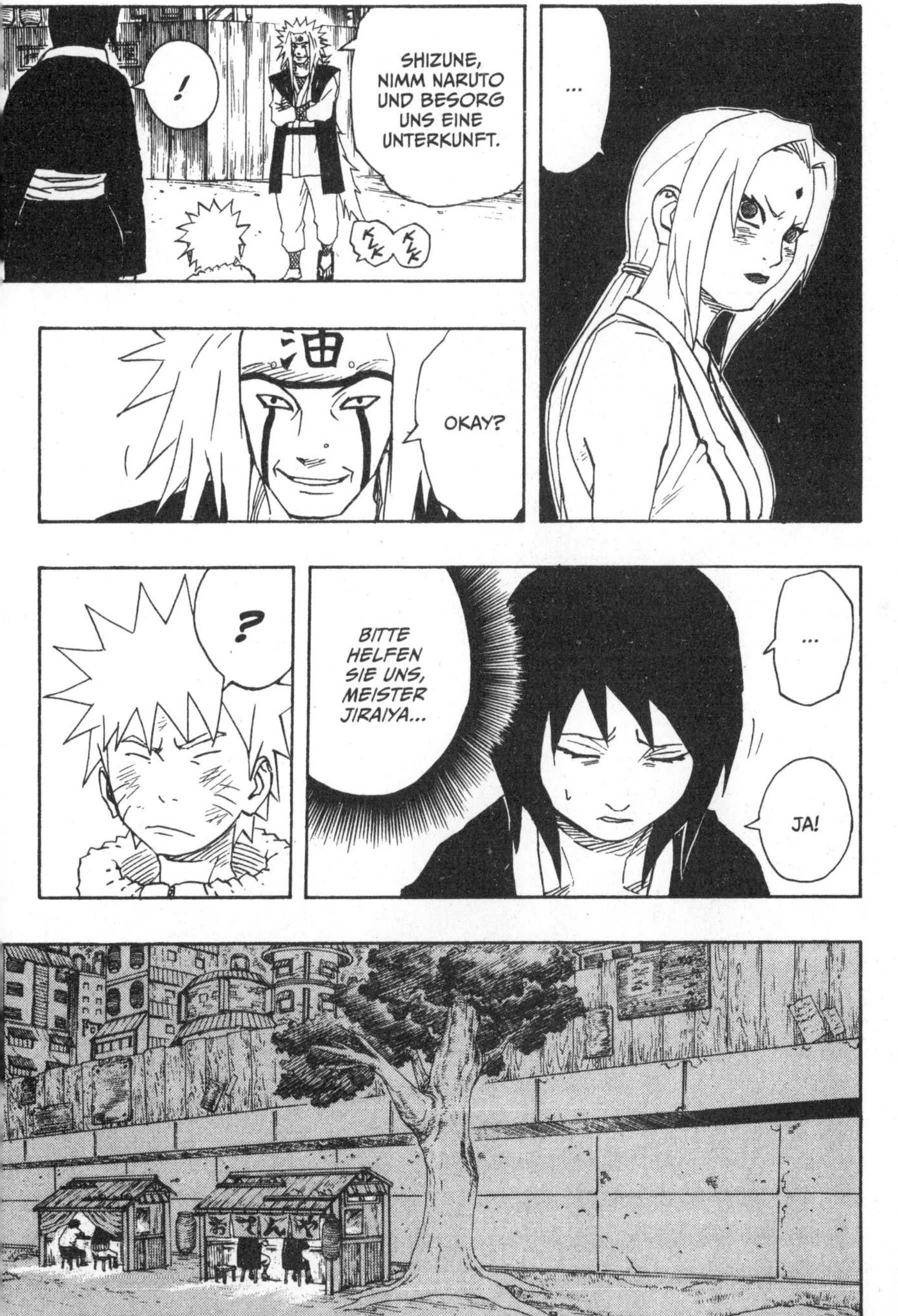
...
SHIZUNE, NIMM NARUTO UND BESORG UNS EINE UNTERKUNFT.
!
KIK KIK
OKAY?
...
JA!
BITTE HELFEN SIE UNS, MEISTER JIRAIYA...
?

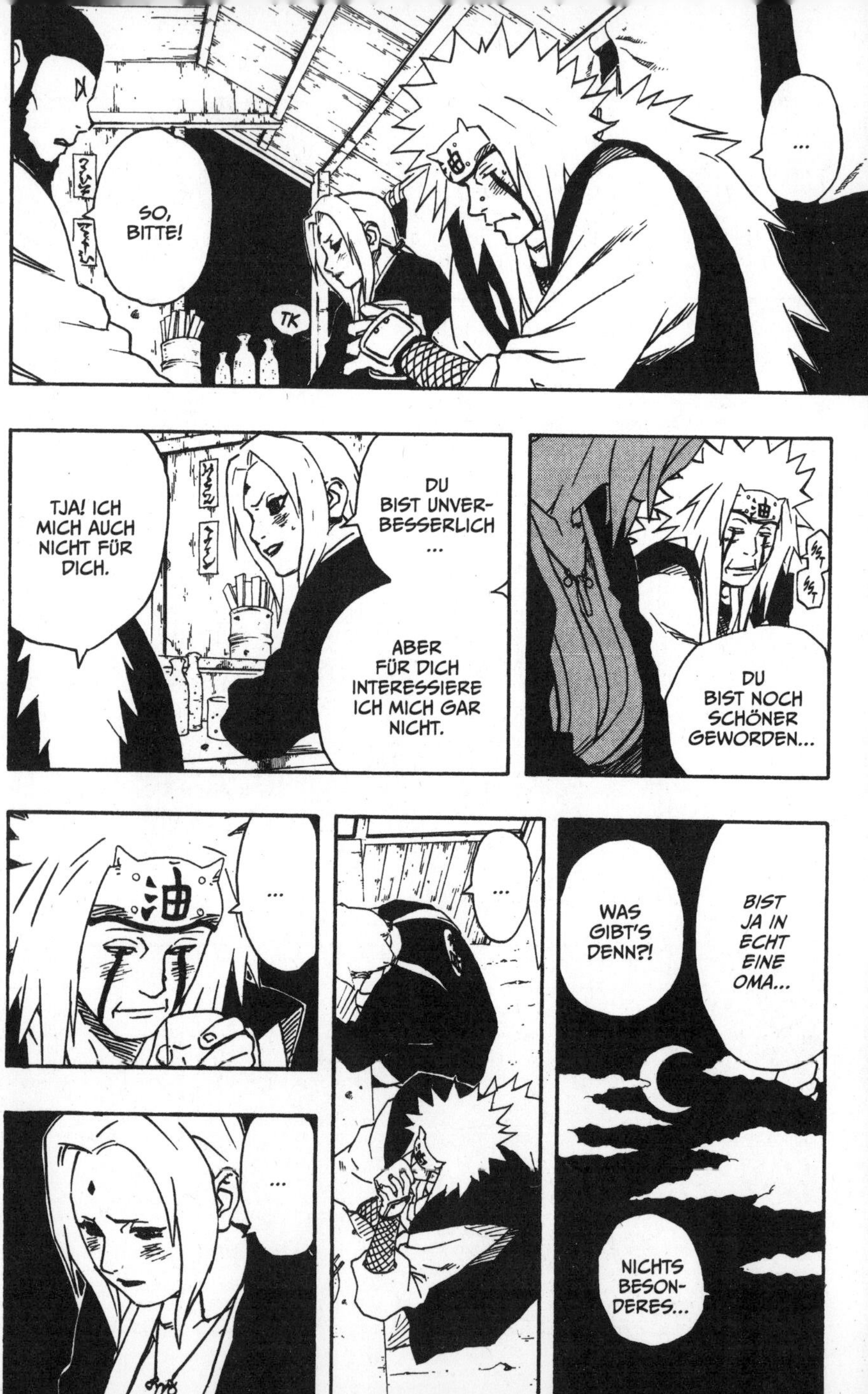
...
SO, BITTE!
TK
DU BIST NOCH SCHÖNER GEWORDEN...
DU BIST UNVERBESSERLICH ...
ABER FÜR DICH INTERESSIERE ICH MICH GAR NICHT.
TJA! ICH MICH AUCH NICHT FÜR DICH.
BIST JA IN ECHT EINE OMA...
WAS GIBT'S DENN?!
NICHTS BESONDERES...
...
...
...

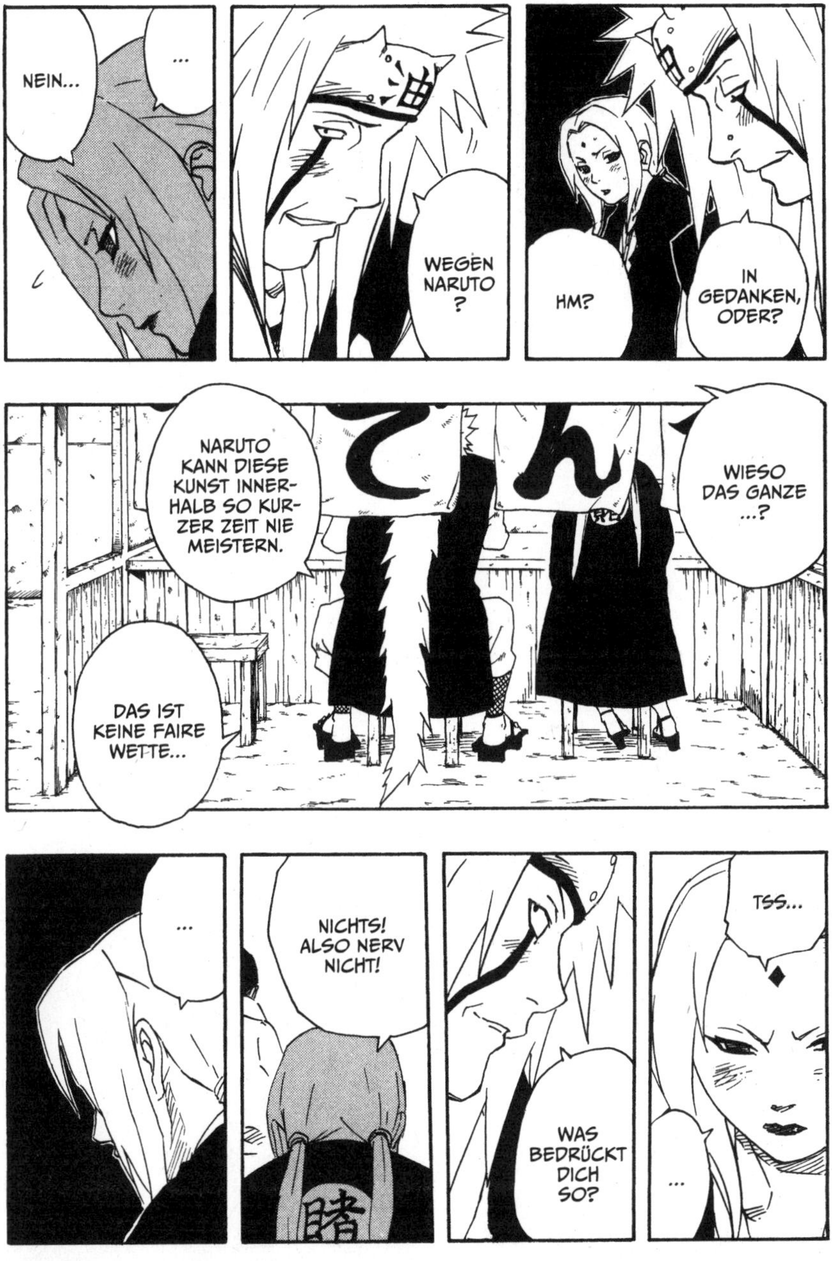

IN GEDANKEN, ODER?
HM?
WEGEN NARUTO?
...
NEIN...
WIESO DAS GANZE ...?
NARUTO KANN DIESE KUNST INNERHALB SO KURZER ZEIT NIE MEISTERN.
DAS IST KEINE FAIRE WETTE...
TSS...
...
WAS BEDRÜCKT DICH SO?
NICHTS! ALSO NERV NICHT!
...

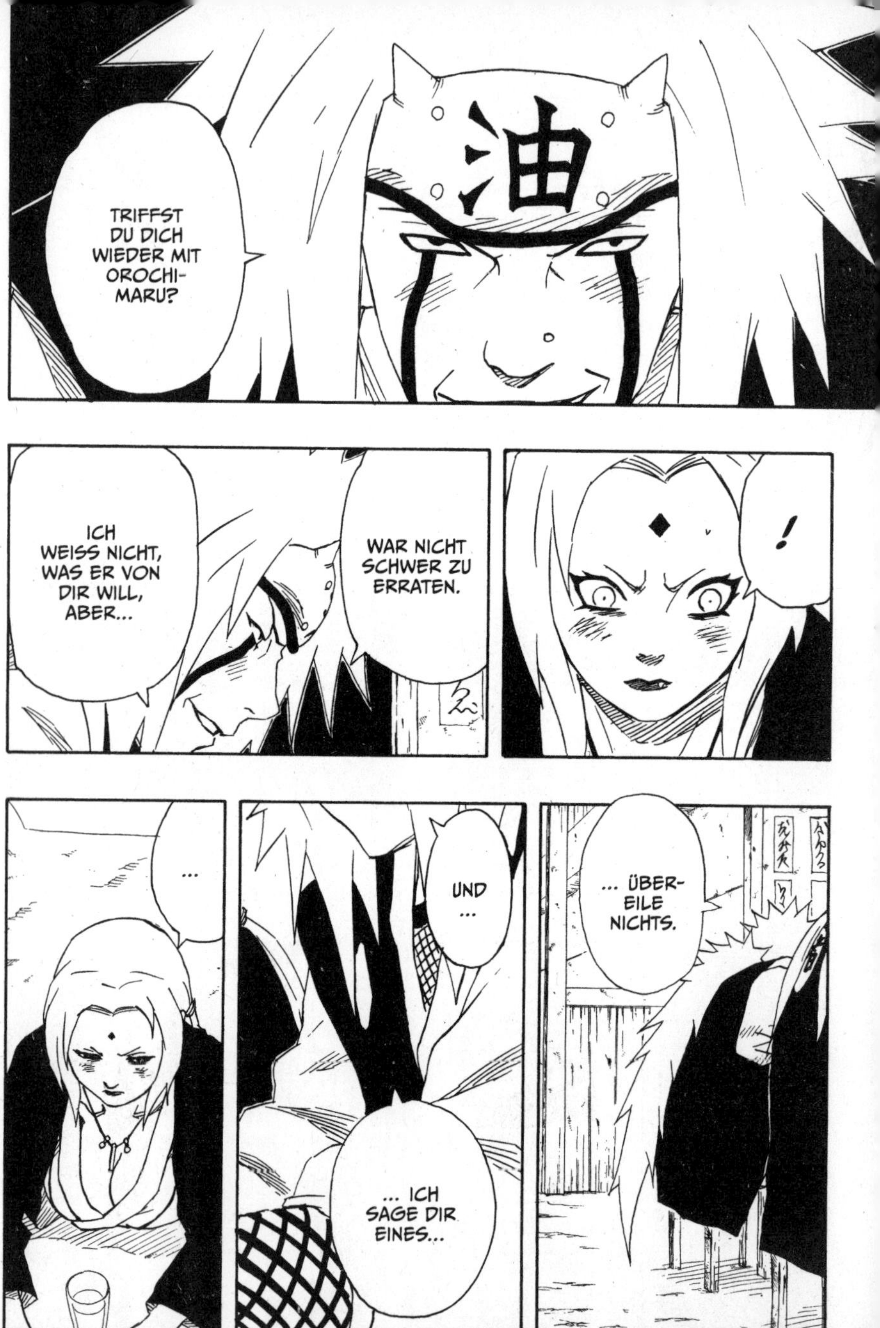
TRIFFST DU DICH WIEDER MIT OROCHI-MARU?
!
WAR NICHT SCHWER ZU ERRATEN.
ICH WEISS NICHT, WAS ER VON DIR WILL, ABER...
... ÜBER-EILE NICHTS.
UND ...
... ICH SAGE DIR EINES...
...

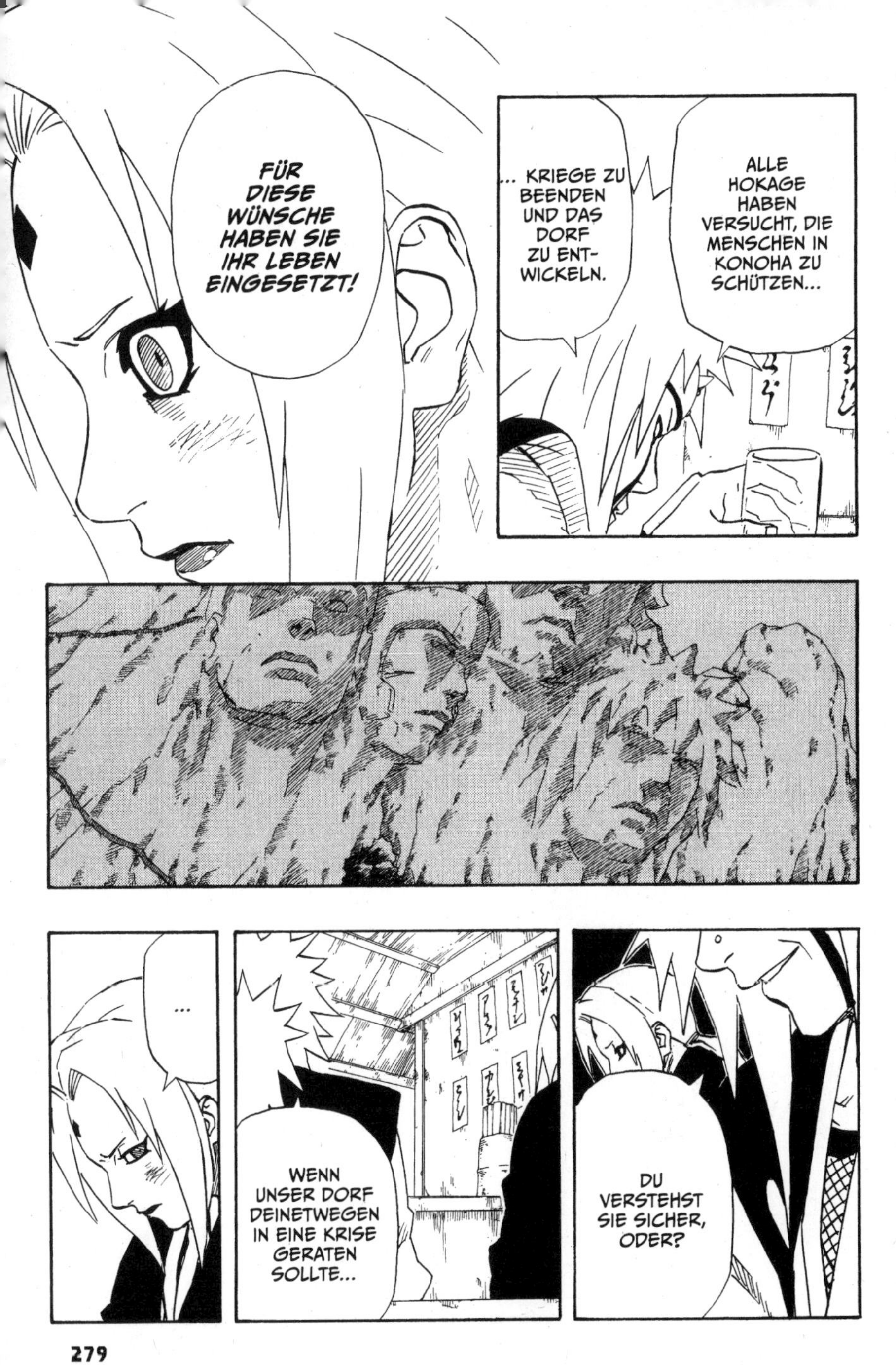
ALLE HOKAGE HABEN VERSUCHT, DIE MENSCHEN IN KONOHA ZU SCHÜTZEN...
... KRIEGE ZU BEENDEN UND DAS DORF ZU ENT-WICKELN.
FÜR DIESE WÜNSCHE HABEN SIE IHR LEBEN EINGESETZT!
DU VERSTEHST SIE SICHER, ODER?
WENN UNSER DORF DEINETWEGEN IN EINE KRISE GERATEN SOLLTE...
...

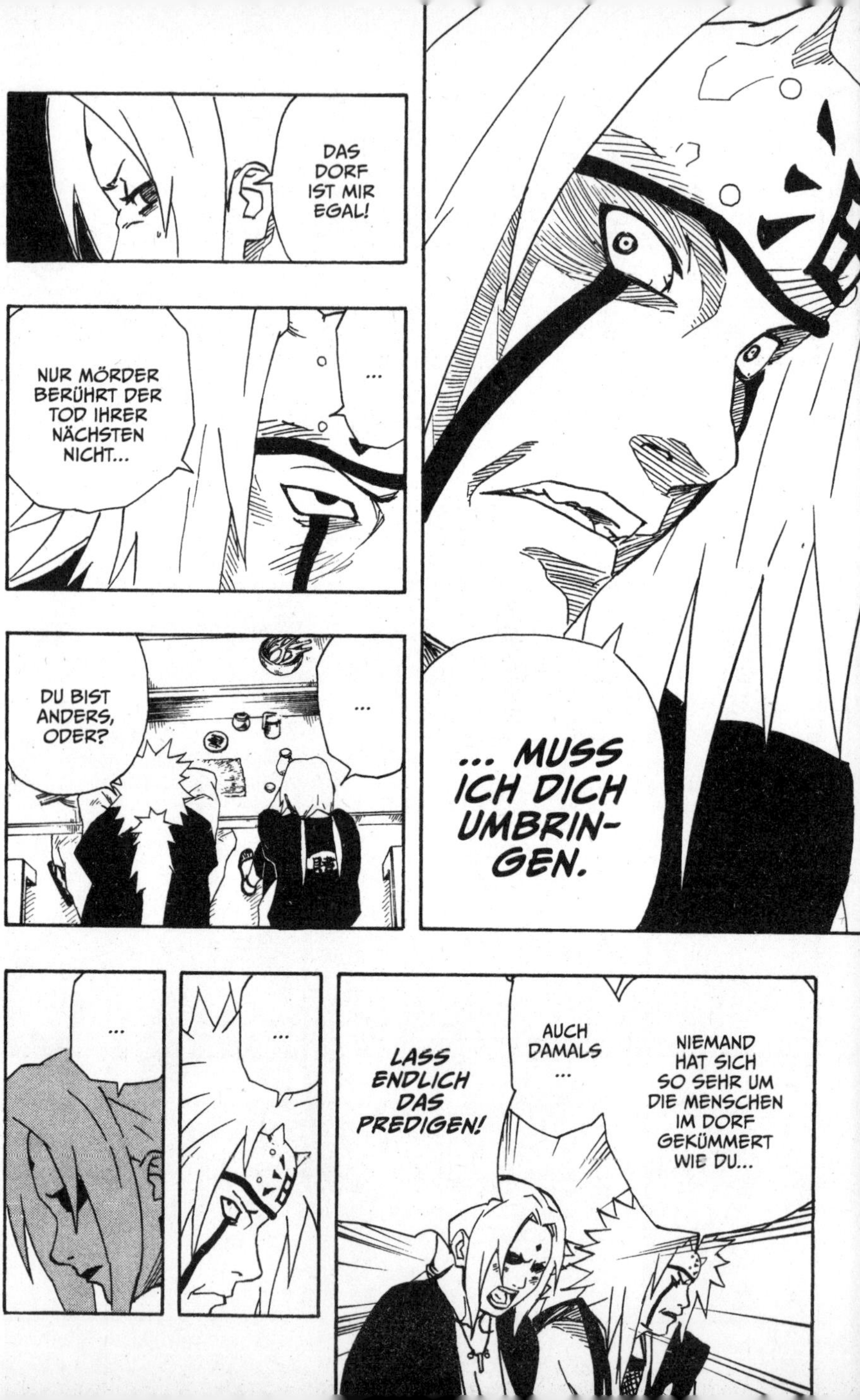

... MUSS ICH DICH UMBRINGEN.
DAS DORF IST MIR EGAL!
...
NUR MÖRDER BERÜHRT DER TOD IHRER NÄCHSTEN NICHT...
...
DU BIST ANDERS, ODER?
NIEMAND HAT SICH SO SEHR UM DIE MENSCHEN IM DORF GEKÜMMERT WIE DU...
AUCH DAMALS ...
LASS ENDLICH DAS PREDIGEN!
...
...

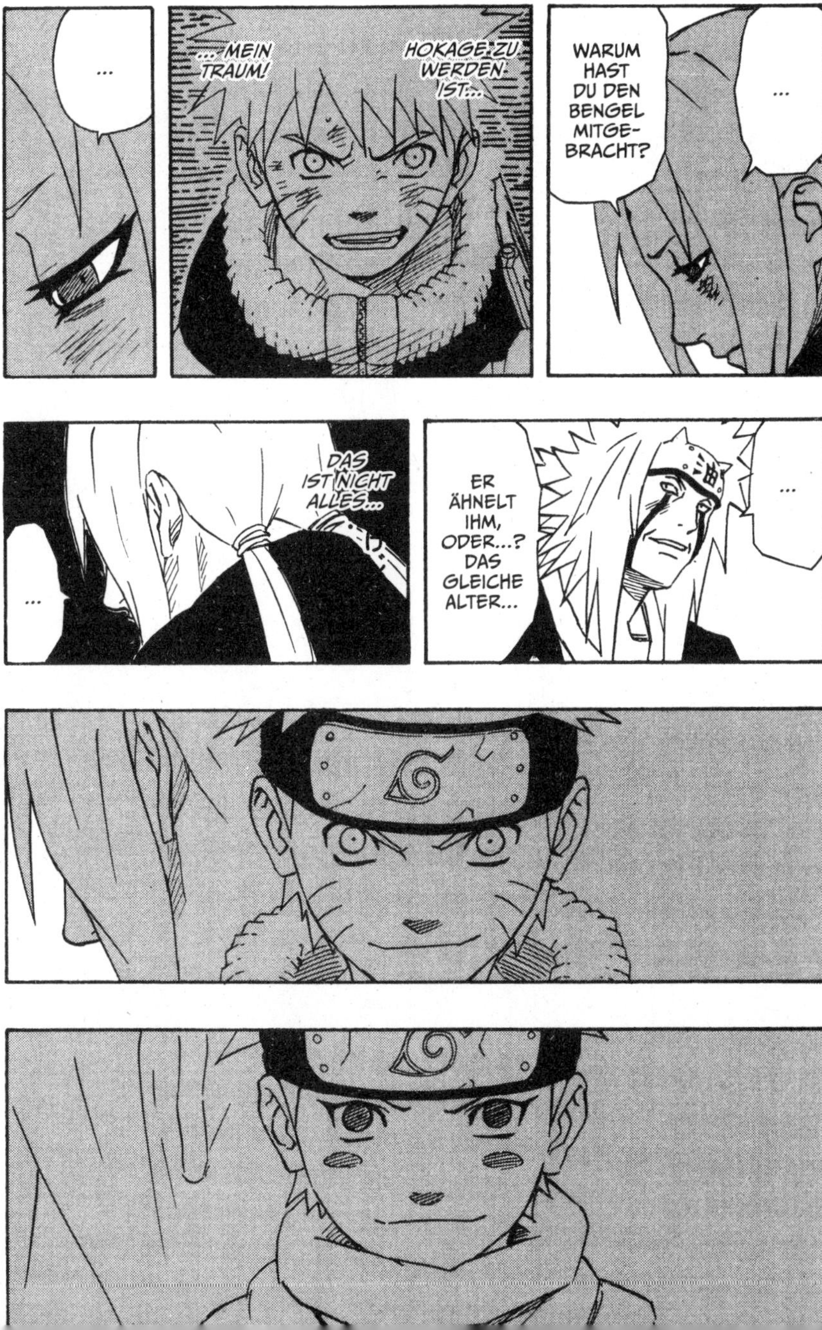
...
HOKAGE ZU WERDEN IST...
... MEIN TRAUM!
WARUM HAST DU DEN BENGEL MITGEBRACHT?
...
...
DAS IST NICHT ALLES...
...
ER ÄHNELT IHM, ODER...? DAS GLEICHE ALTER...

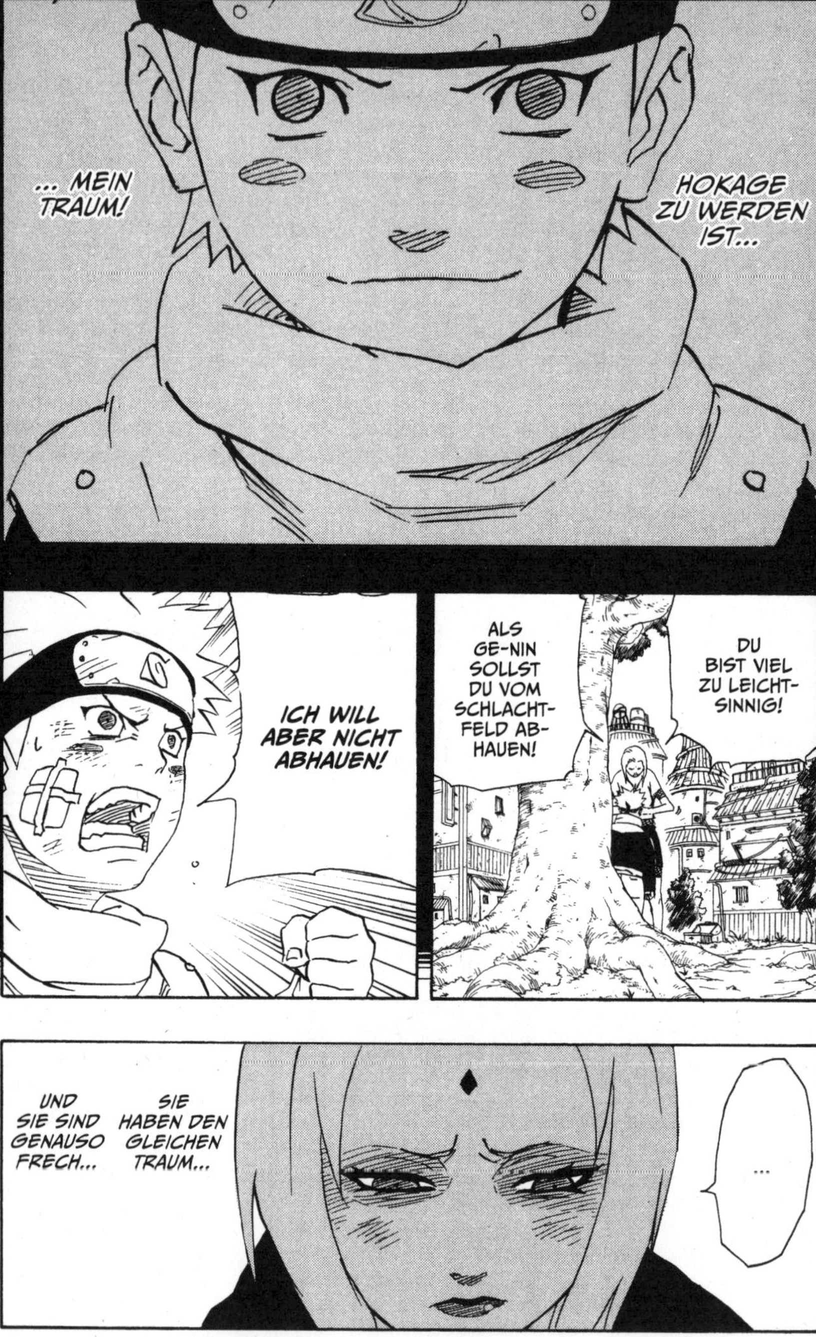
HOKAGE ZU WERDEN IST...
... MEIN TRAUM!
DU BIST VIEL ZU LEICHT-SINNIG!
ALS GE-NIN SOLLST DU VOM SCHLACHT-FELD AB-HAUEN!
ICH WILL ABER NICHT ABHAUEN!
...
SIE HABEN DEN GLEICHEN TRAUM...
UND SIE SIND GENAUSO FRECH...

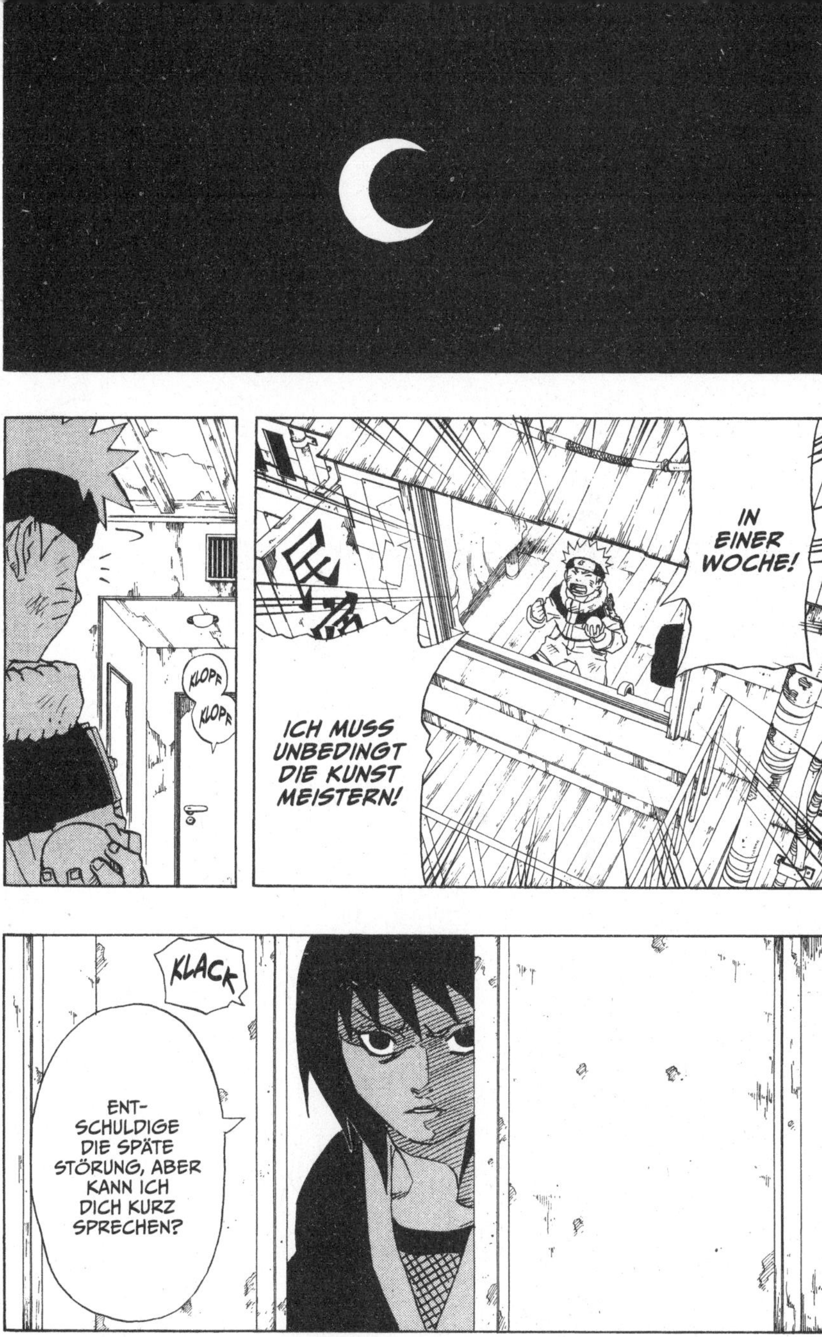
IN EINER WOCHE!
ICH MUSS UNBEDINGT DIE KUNST MEISTERN!
KLOPF
KLOPF
KLACK
ENT-SCHULDIGE DIE SPÄTE STÖRUNG, ABER KANN ICH DICH KURZ SPRECHEN?

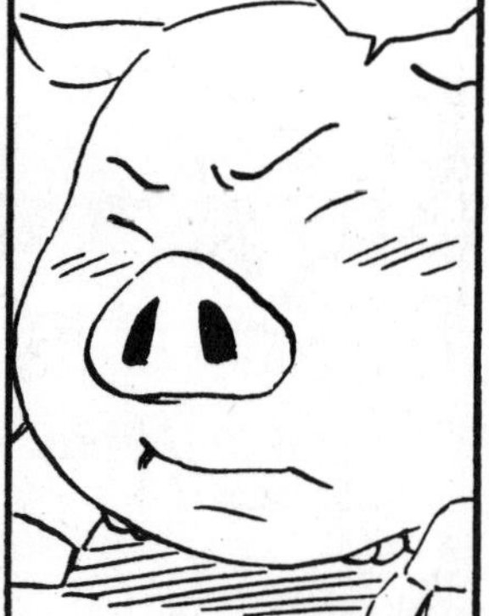

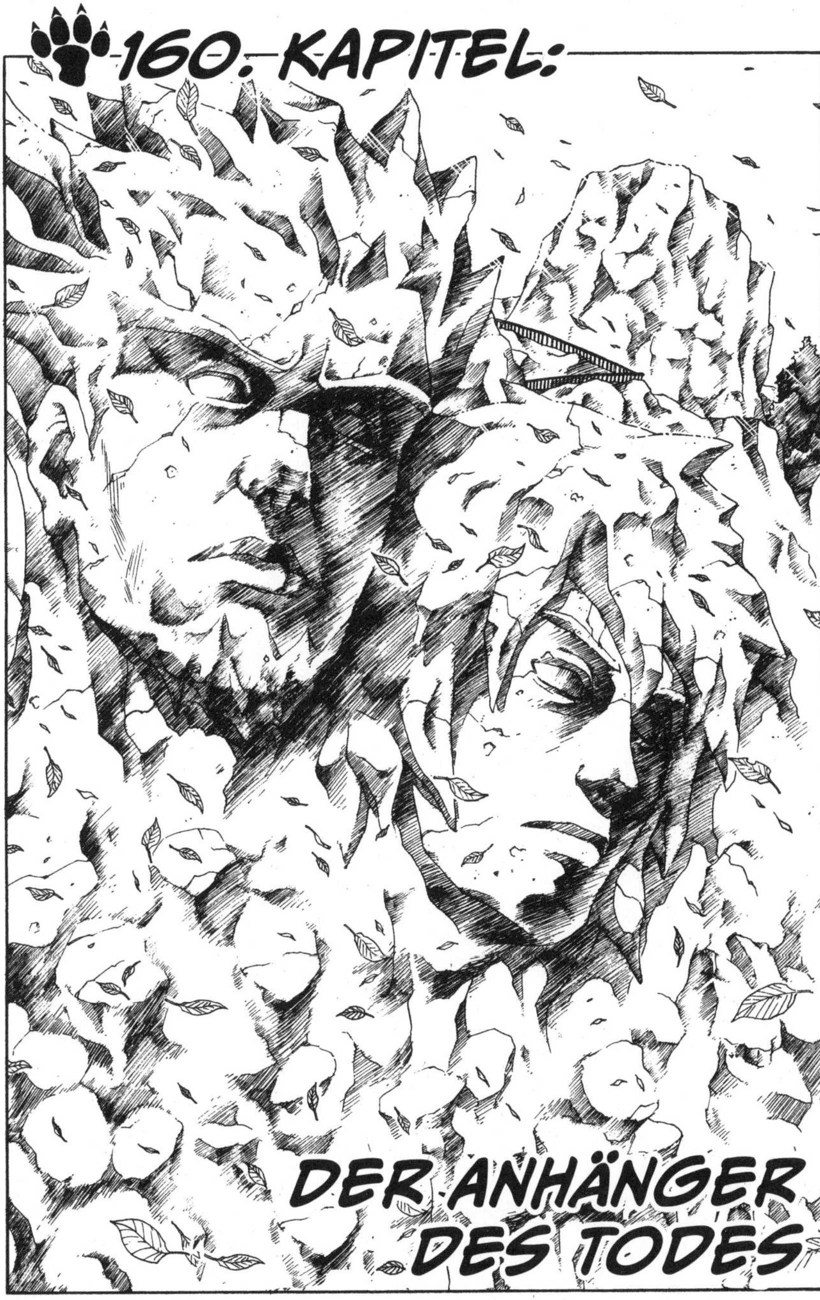
160. KAPITEL:
DER ANHÄNGER DES TODES

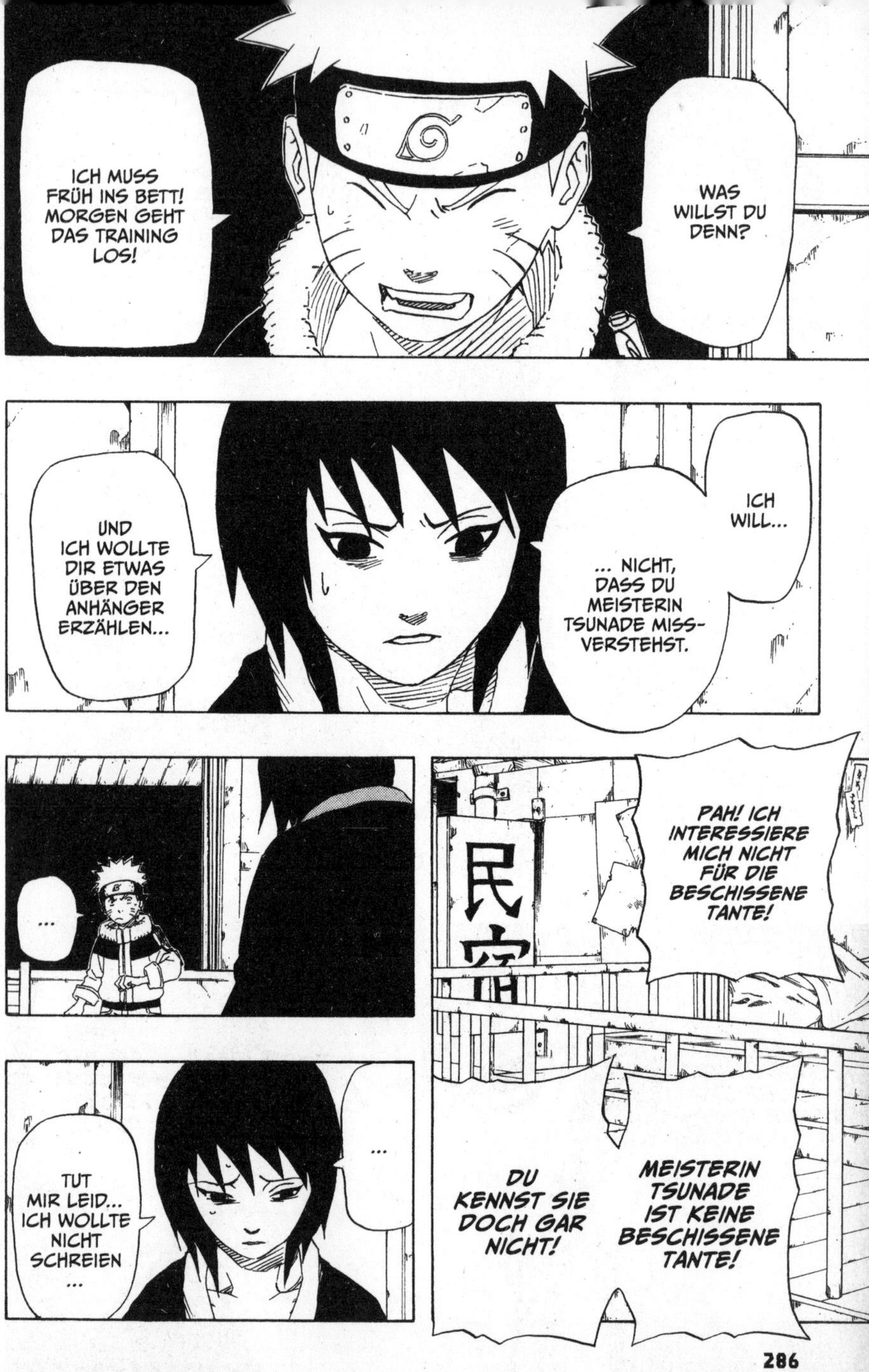
WAS WILLST DU DENN?
ICH MUSS FRÜH INS BETT! MORGEN GEHT DAS TRAINING LOS!
ICH WILL...
... NICHT, DASS DU MEISTERIN TSUNADE MISS-VERSTEHST.
UND ICH WOLLTE DIR ETWAS ÜBER DEN ANHÄNGER ERZÄHLEN...
PAH! ICH INTERESSIERE MICH NICHT FÜR DIE BESCHISSENE TANTE!
...
MEISTERIN TSUNADE IST KEINE BESCHISSENE TANTE!
DU KENNST SIE DOCH GAR NICHT!
...
TUT MIR LEID... ICH WOLLTE NICHT SCHREIEN ...

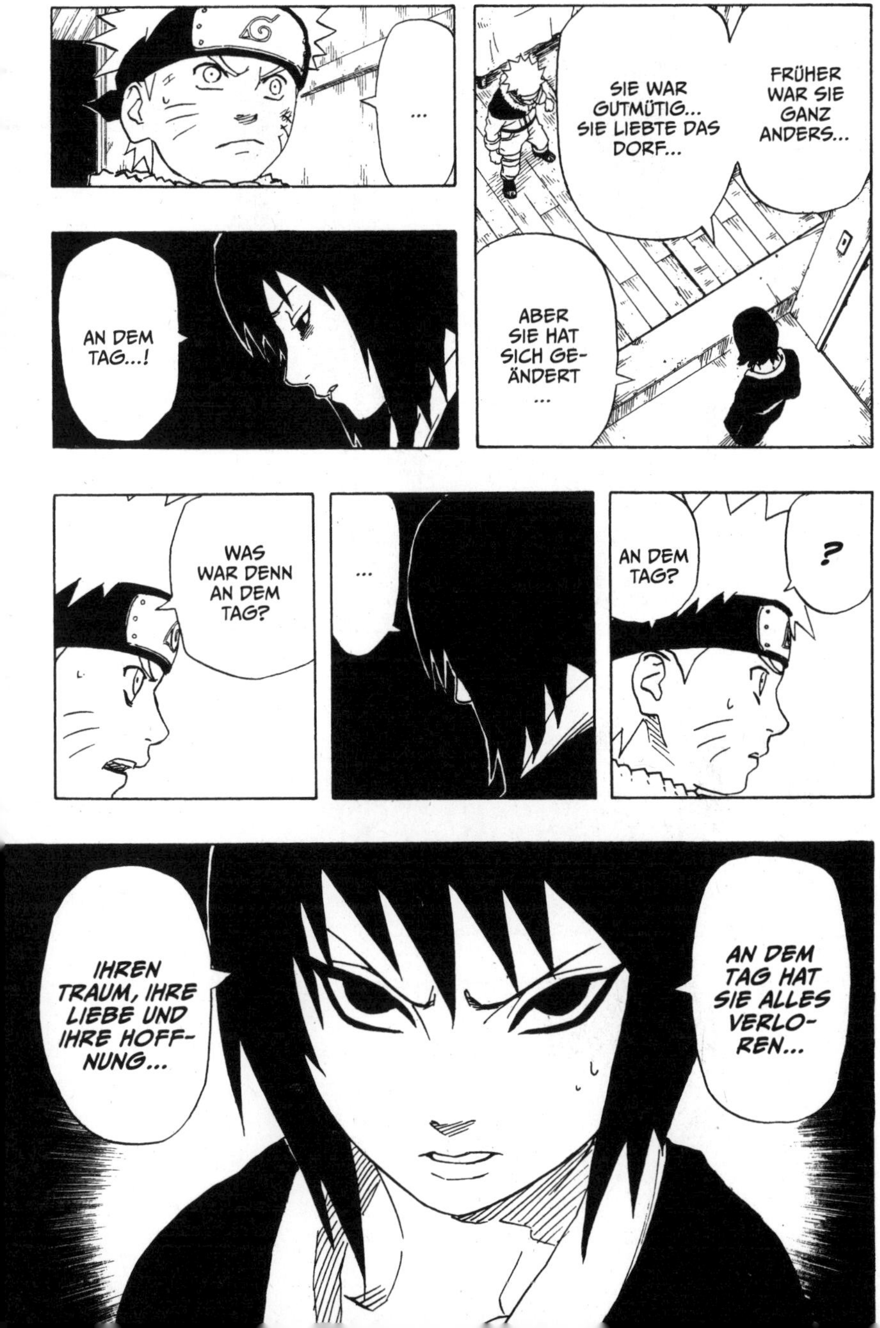
FRÜHER WAR SIE GANZ ANDERS...
SIE WAR GUTMÜTIG... SIE LIEBTE DAS DORF...
ABER SIE HAT SICH GE-ÄNDERT ...
...
AN DEM TAG...!
?
AN DEM TAG?
...
WAS WAR DENN AN DEM TAG?
AN DEM TAG HAT SIE ALLES VERLO-REN...
IHREN TRAUM, IHRE LIEBE UND IHRE HOFF-NUNG...

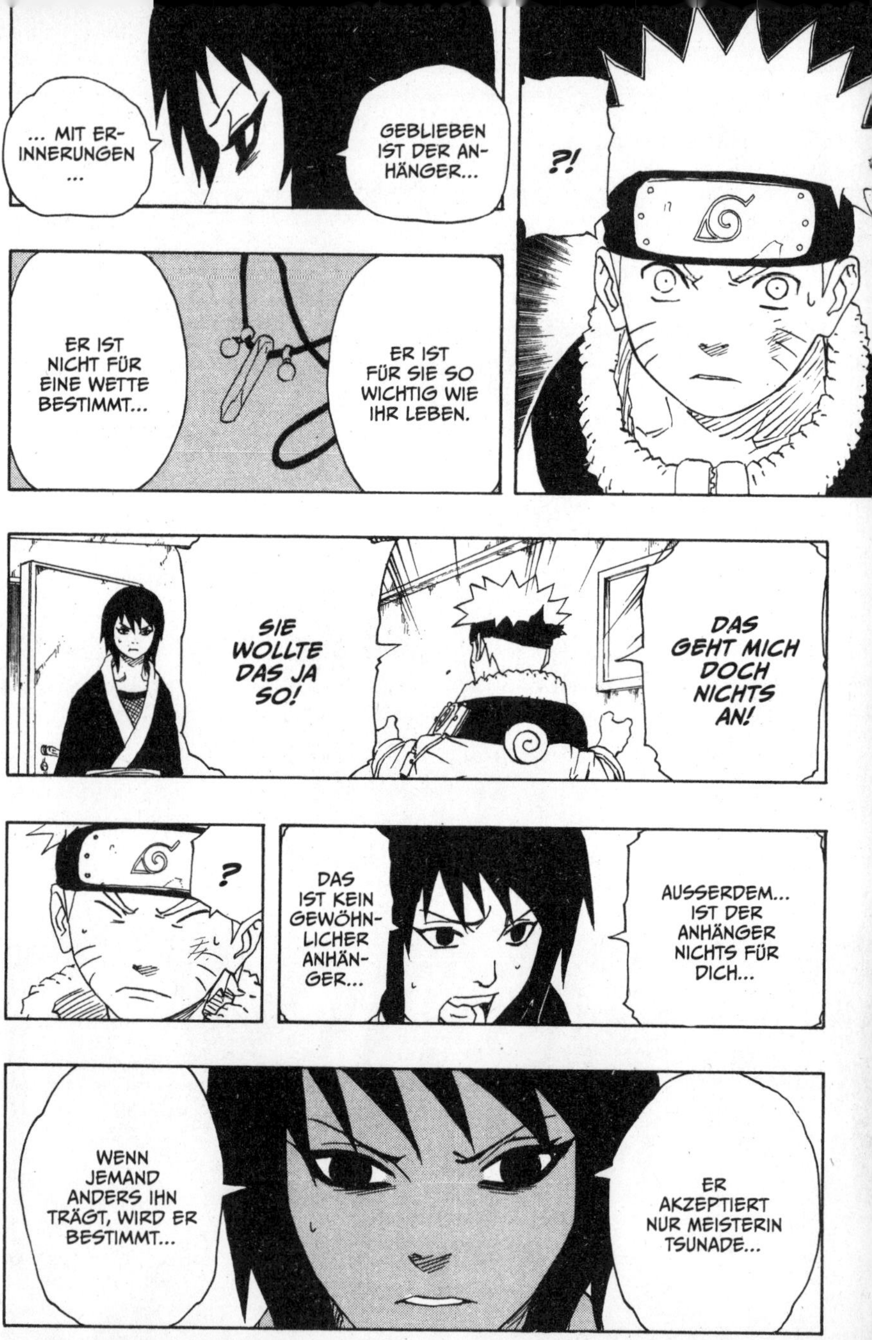
GEBLIEBEN IST DER ANHÄNGER...
... MIT ERINNERUNGEN ...
ER IST FÜR SIE SO WICHTIG WIE IHR LEBEN.
ER IST NICHT FÜR EINE WETTE BESTIMMT...
?!
DAS GEHT MICH DOCH NICHTS AN!
SIE WOLLTE DAS JA SO!
AUSSERDEM... IST DER ANHÄNGER NICHTS FÜR DICH...
DAS IST KEIN GEWÖHNLICHER ANHÄNGER...
?
ER AKZEPTIERT NUR MEISTERIN TSUNADE...
WENN JEMAND ANDERS IHN TRÄGT, WIRD ER BESTIMMT...

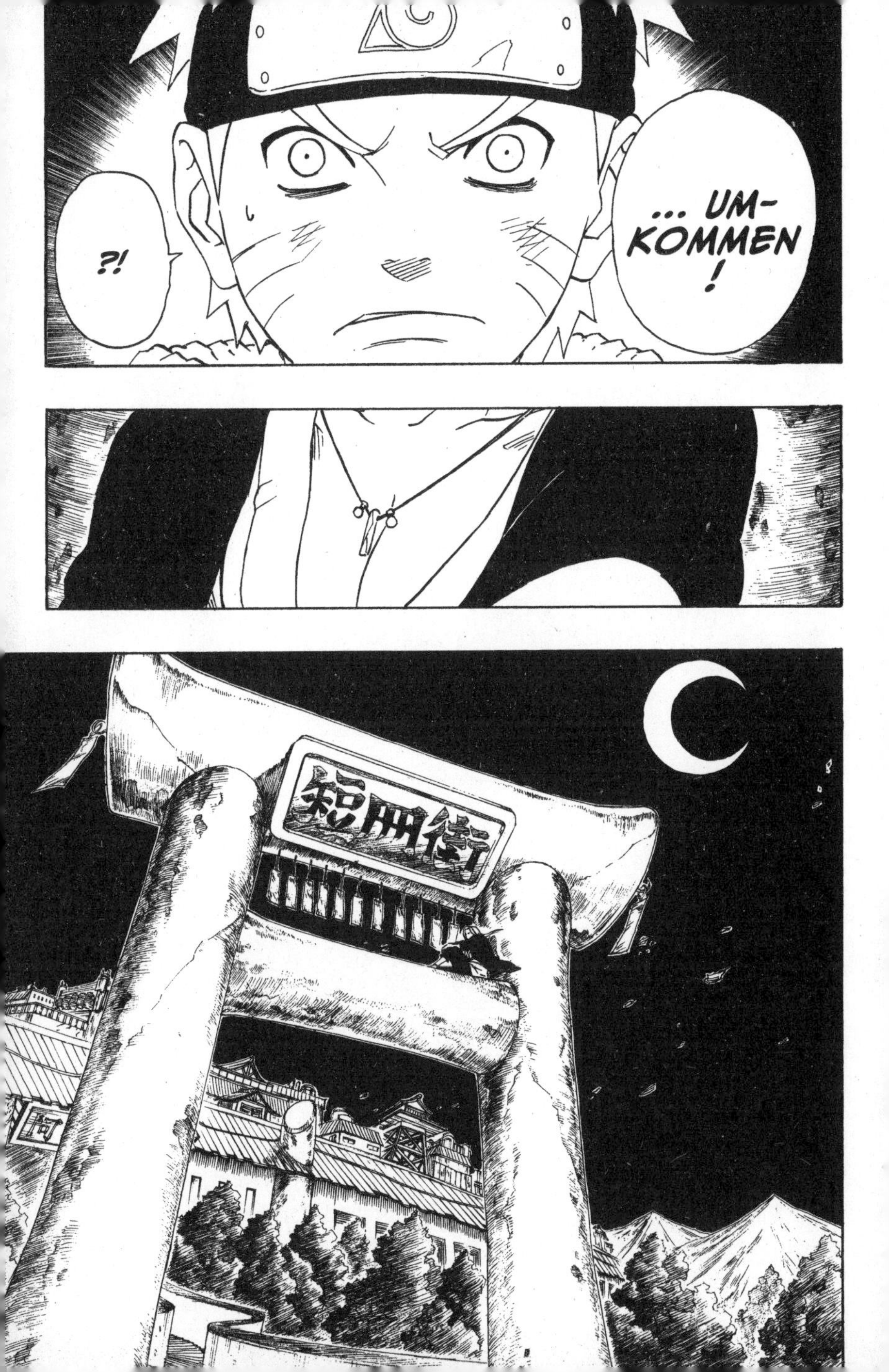
... UM-
KÖMMEN
!
?!

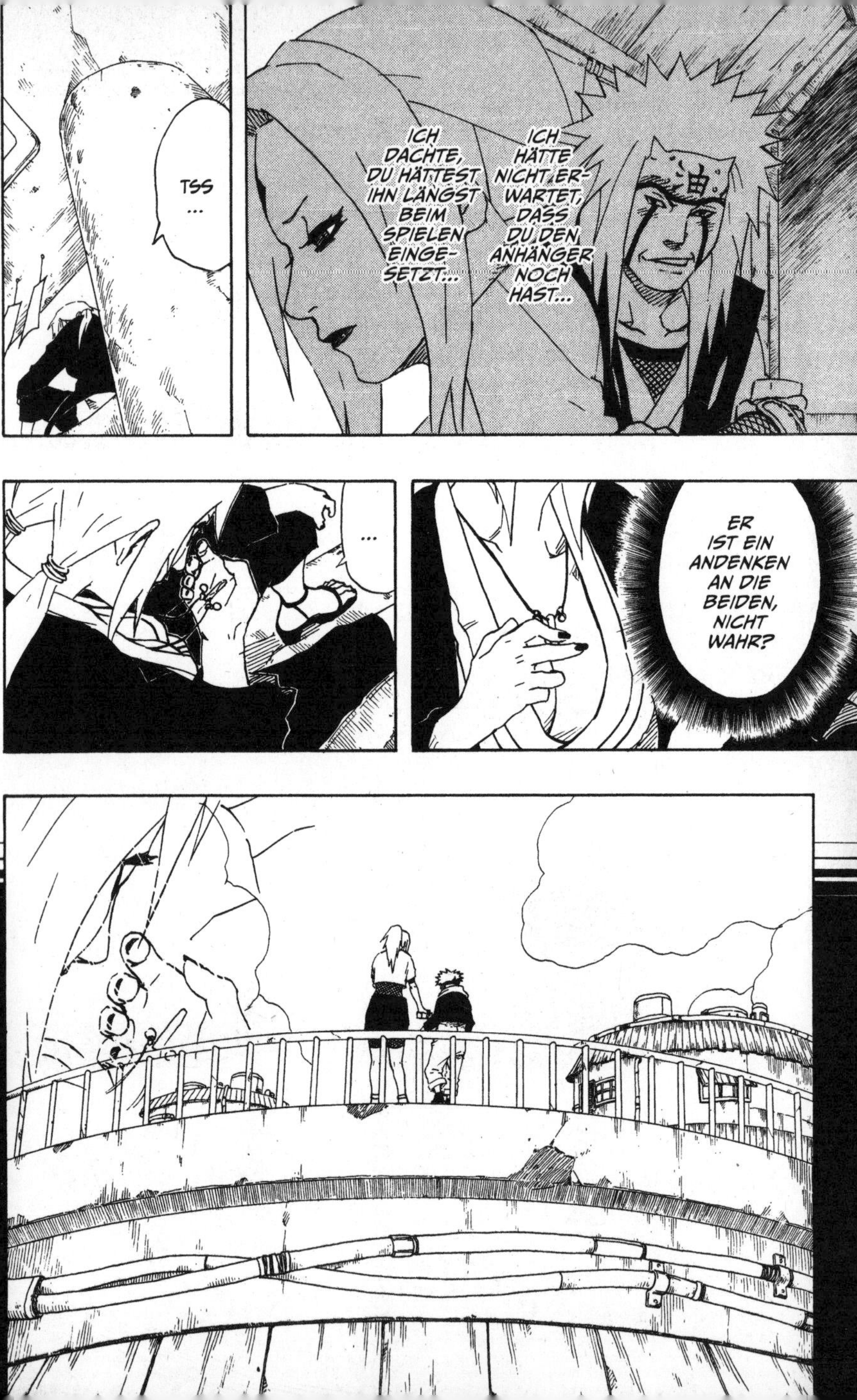
ICH HÄTTE NICHT ERWARTET, DASS DU DEN ANHÄNGER NOCH HAST...
ICH DACHTE, DU HÄTTEST IHN LÄNGST BEIM SPIELEN EINGESETZT...
TSS ...
ER IST EIN ANDENKEN AN DIE BEIDEN, NICHT WAHR?
...

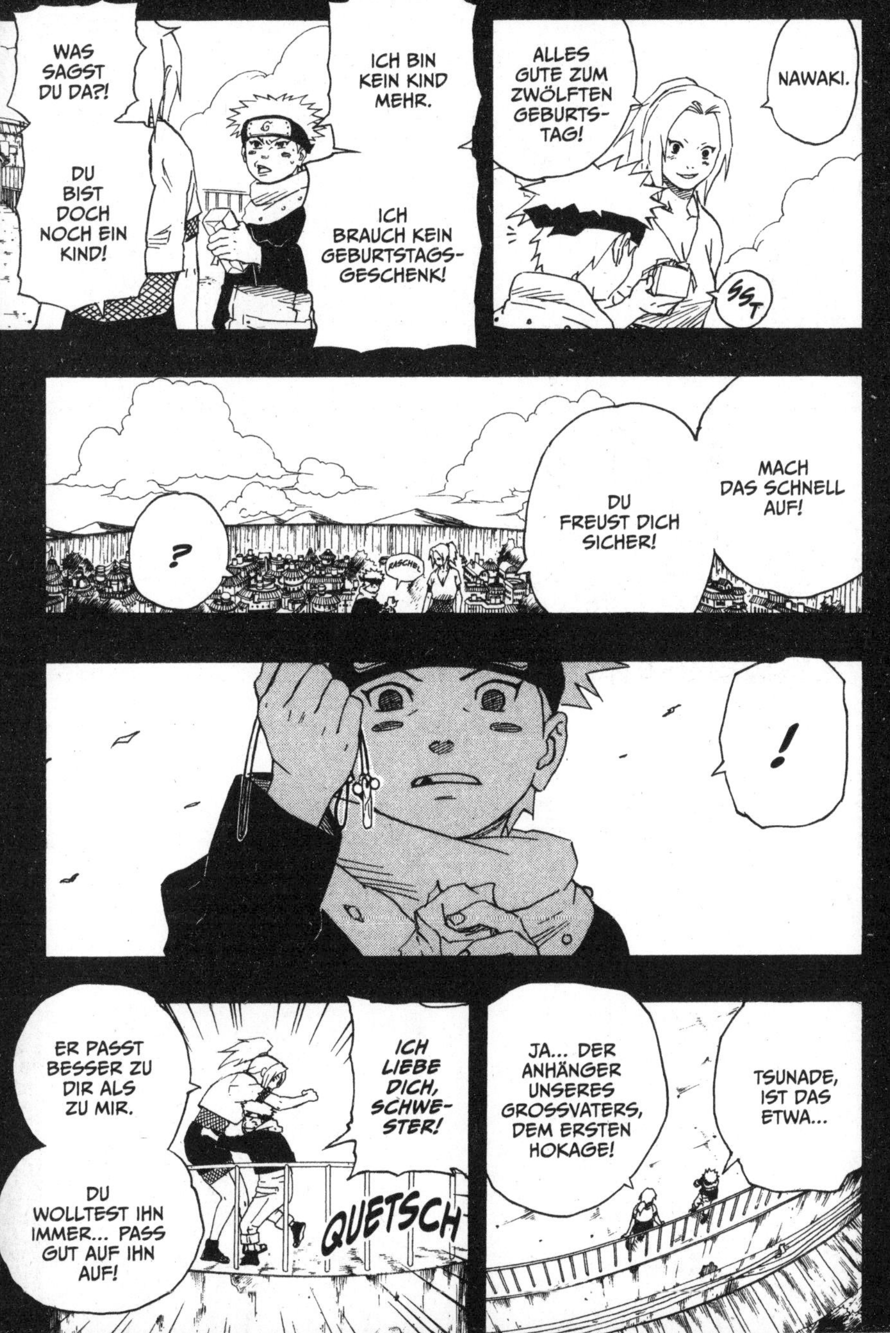
NAWAKI.
ALLES GUTE ZUM ZWÖLFTEN GEBURTS-TAG!
SST
ICH BIN KEIN KIND MEHR.
ICH BRAUCH KEIN GEBURTSTAGS-GESCHENK!
WAS SAGST DU DA?!
DU BIST DOCH NOCH EIN KIND!
MACH DAS SCHNELL AUF!
DU FREUST DICH SICHER!
RASCHEL
?
!
TSUNADE, IST DAS ETWA...
JA... DER ANHÄNGER UNSERES GROSSVATERS, DEM ERSTEN HOKAGE!
ICH LIEBE DICH, SCHWE-STER!
QUETSCH
ER PASST BESSER ZU DIR ALS ZU MIR.
DU WOLLTEST IHN IMMER... PASS GUT AUF IHN AUF!

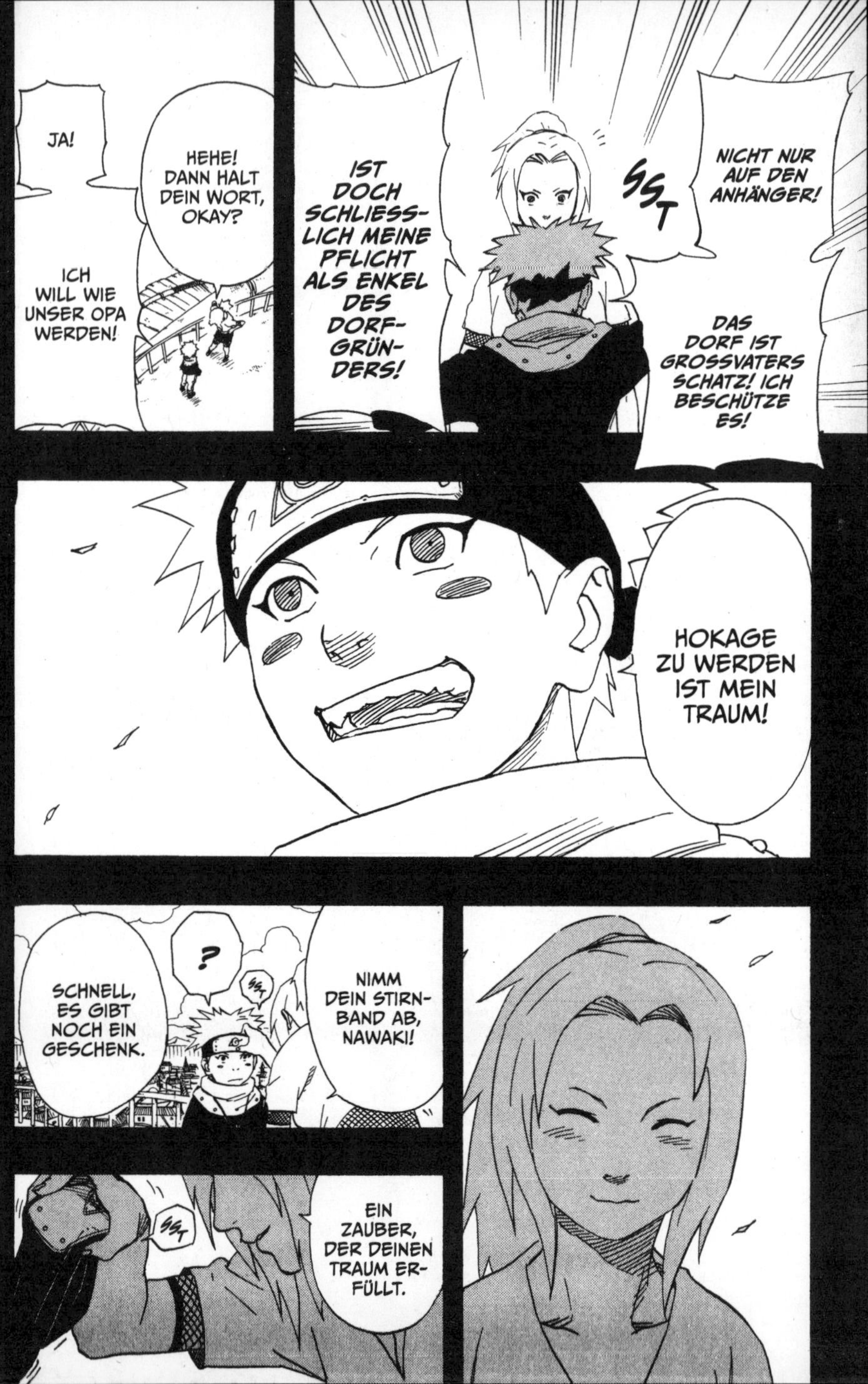
NICHT NUR AUF DEN ANHÄNGER!
SST
DAS DORF IST GROSSVATERS SCHATZ! ICH BESCHÜTZE ES!
IST DOCH SCHLIESS-LICH MEINE PFLICHT ALS ENKEL DES DORF-GRÜN-DERS!
HEHE! DANN HALT DEIN WORT, OKAY?
JA!
ICH WILL WIE UNSER OPA WERDEN!
HOKAGE ZU WERDEN IST MEIN TRAUM!
NIMM DEIN STIRN-BAND AB, NAWAKI!
SST
?
SCHNELL, ES GIBT NOCH EIN GESCHENK.
EIN ZAUBER, DER DEINEN TRAUM ER-FÜLLT.
SST

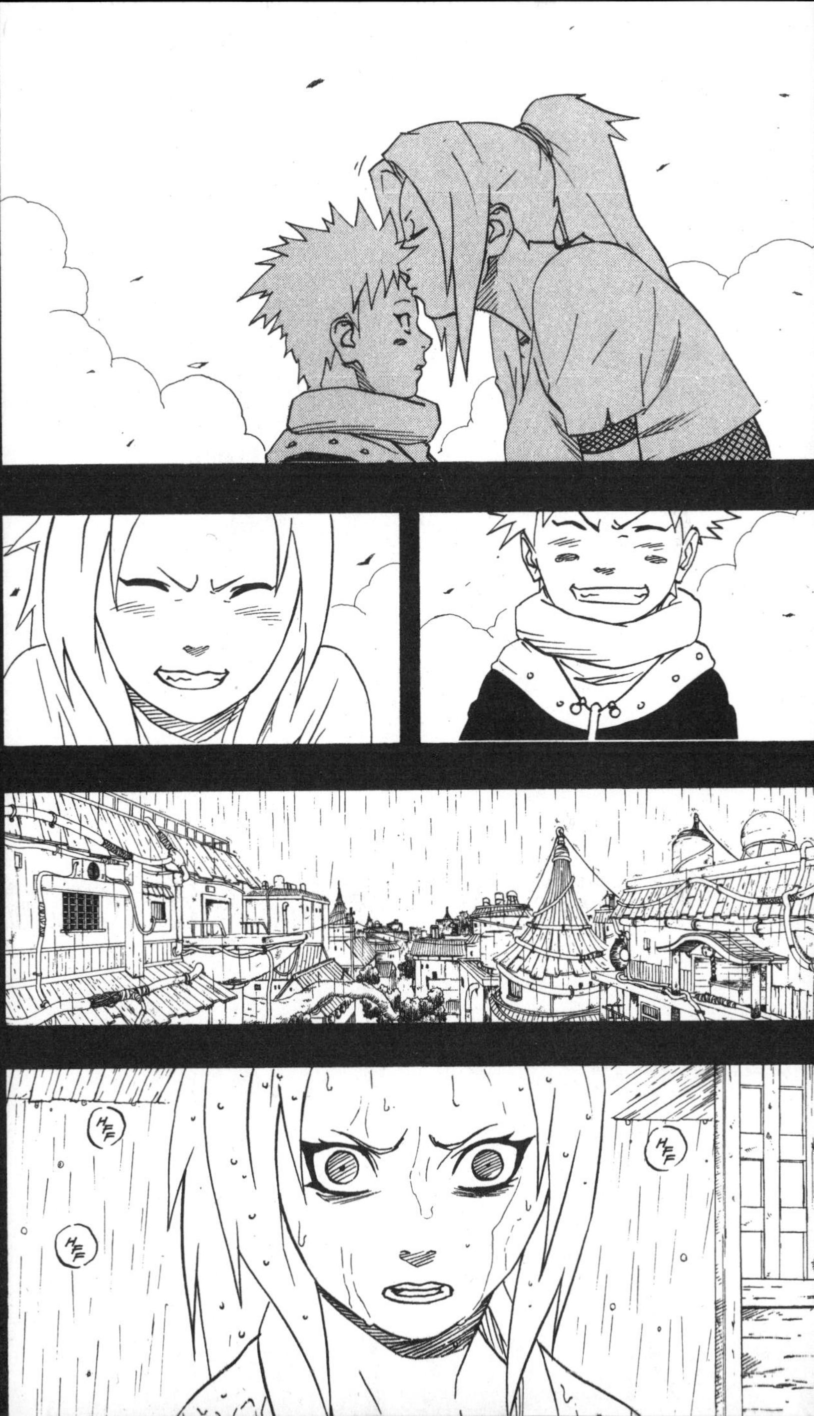
HFF
HFF
HFF

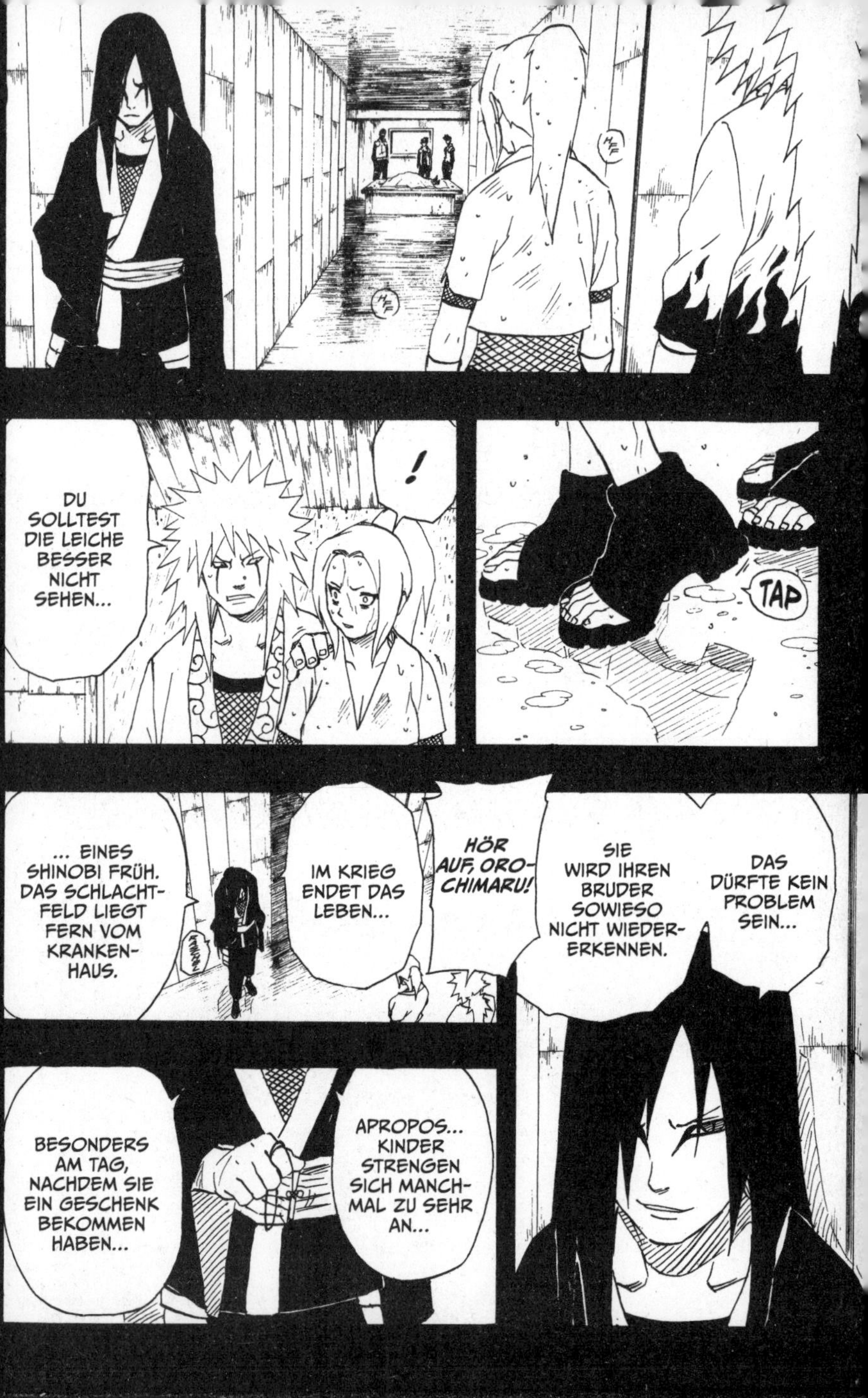

TAP
!
DU SOLLTEST DIE LEICHE BESSER NICHT SEHEN...
DAS DÜRFTE KEIN PROBLEM SEIN...
SIE WIRD IHREN BRUDER SOWIESO NICHT WIEDERERKENNEN.
HÖR AUF, OROCHIMARU!
IM KRIEG ENDET DAS LEBEN...
... EINES SHINOBI FRÜH. DAS SCHLACHTFELD LIEGT FERN VOM KRANKENHAUS.
APROPOS... KINDER STRENGEN SICH MANCHMAL ZU SEHR AN...
BESONDERS AM TAG, NACHDEM SIE EIN GESCHENK BEKOMMEN HABEN...

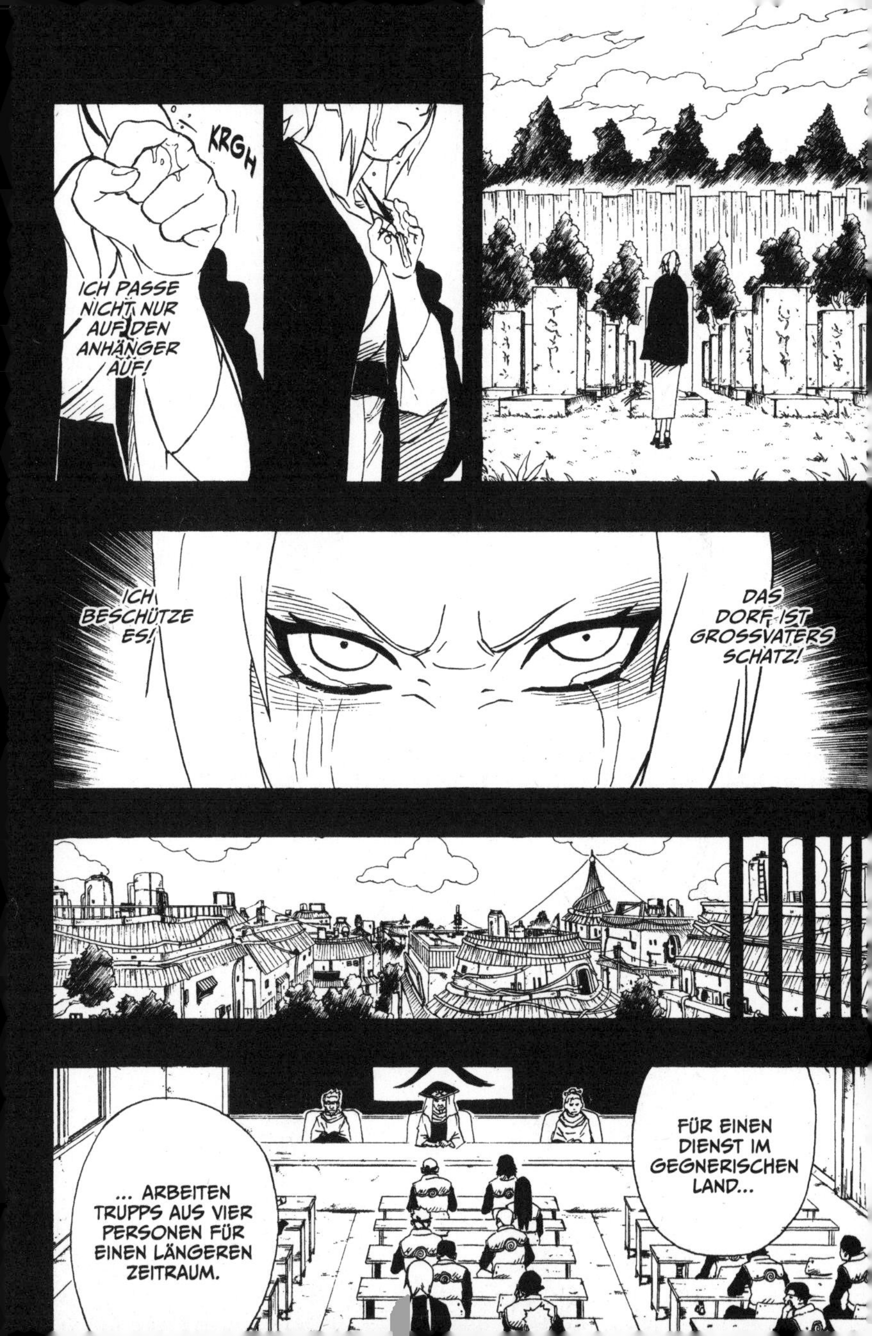
KRGH
ICH PASSE NICHT NUR AUF DEN ANHÄNGER AUF!
DAS DORF IST GROSSVATERS SCHATZ!
ICH BESCHÜTZE ES!
FÜR EINEN DIENST IM GEGNERISCHEN LAND...
... ARBEITEN TRUPPS AUS VIER PERSONEN FÜR EINEN LÄNGEREN ZEITRAUM.

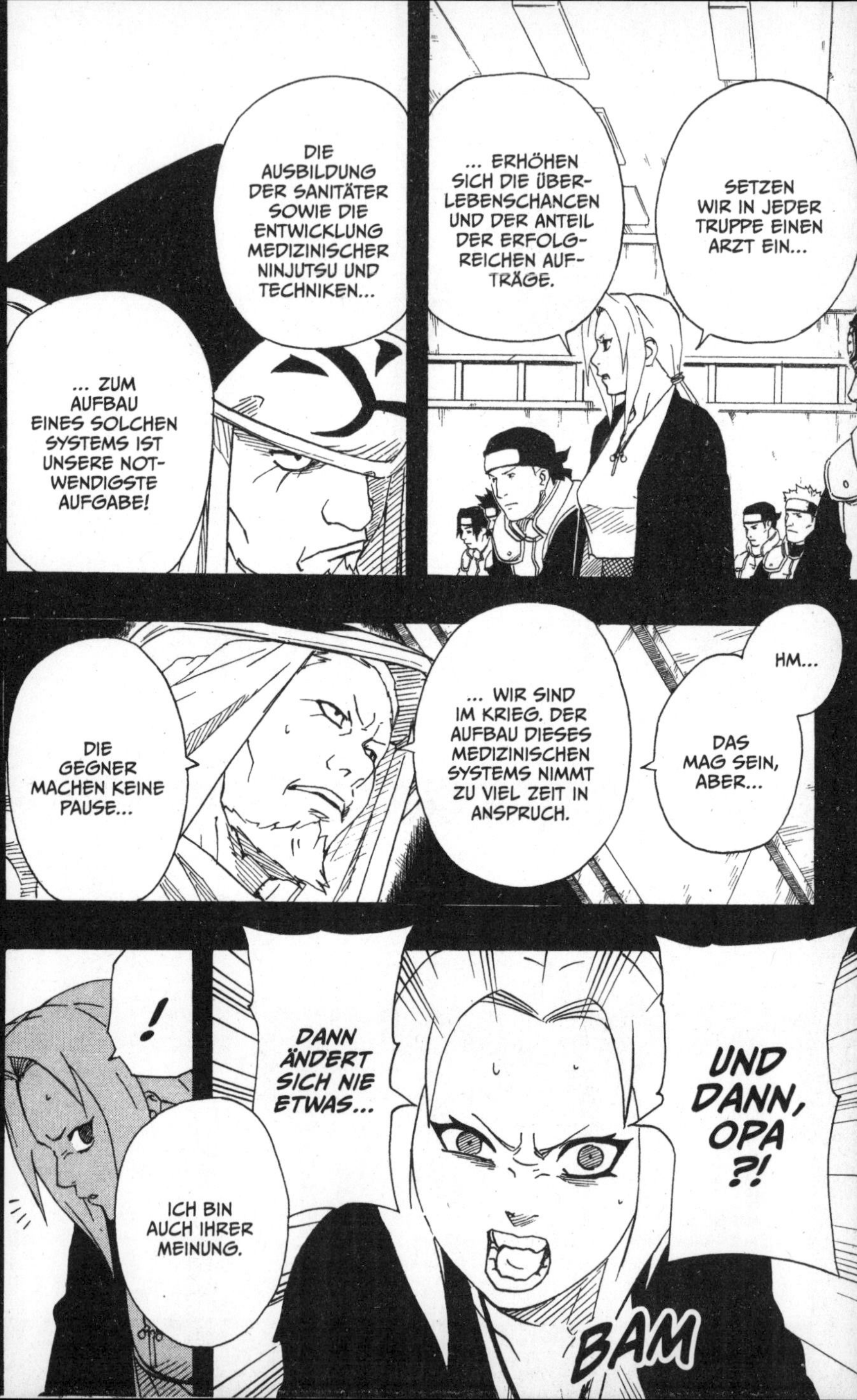
SETZEN WIR IN JEDER TRUPPE EINEN ARZT EIN...
... ERHÖHEN SICH DIE ÜBERLEBENSCHANCEN UND DER ANTEIL DER ERFOLGREICHEN AUFTRÄGE.
DIE AUSBILDUNG DER SANITÄTER SOWIE DIE ENTWICKLUNG MEDIZINISCHER NINJUTSU UND TECHNIKEN...
... ZUM AUFBAU EINES SOLCHEN SYSTEMS IST UNSERE NOTWENDIGSTE AUFGABE!
HM...
DAS MAG SEIN, ABER...
... WIR SIND IM KRIEG. DER AUFBAU DIESES MEDIZINISCHEN SYSTEMS NIMMT ZU VIEL ZEIT IN ANSPRUCH.
DIE GEGNER MACHEN KEINE PAUSE...
UND DANN, OPA ?!
DANN ÄNDERT SICH NIE ETWAS...
BAM
!
ICH BIN AUCH IHRER MEINUNG.

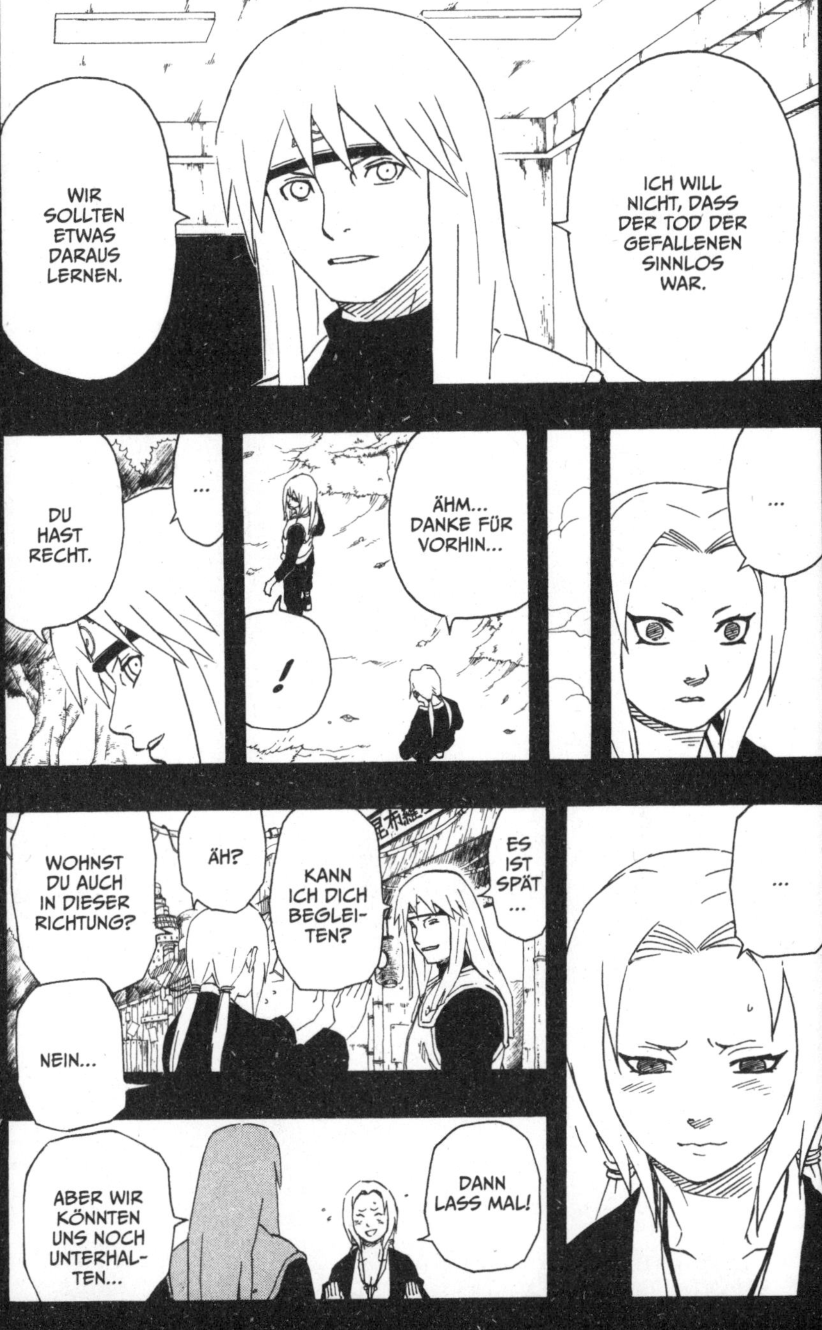
ICH WILL NICHT, DASS DER TOD DER GEFALLENEN SINNLOS WAR.
WIR SOLLTEN ETWAS DARAUS LERNEN.
...
ÄHM... DANKE FÜR VORHIN...
!
...
DU HAST RECHT.
...
ES IST SPÄT ...
KANN ICH DICH BEGLEI-TEN?
ÄH?
WOHNST DU AUCH IN DIESER RICHTUNG?
NEIN...
DANN LASS MAL!
ABER WIR KÖNNTEN UNS NOCH UNTERHAL-TEN...

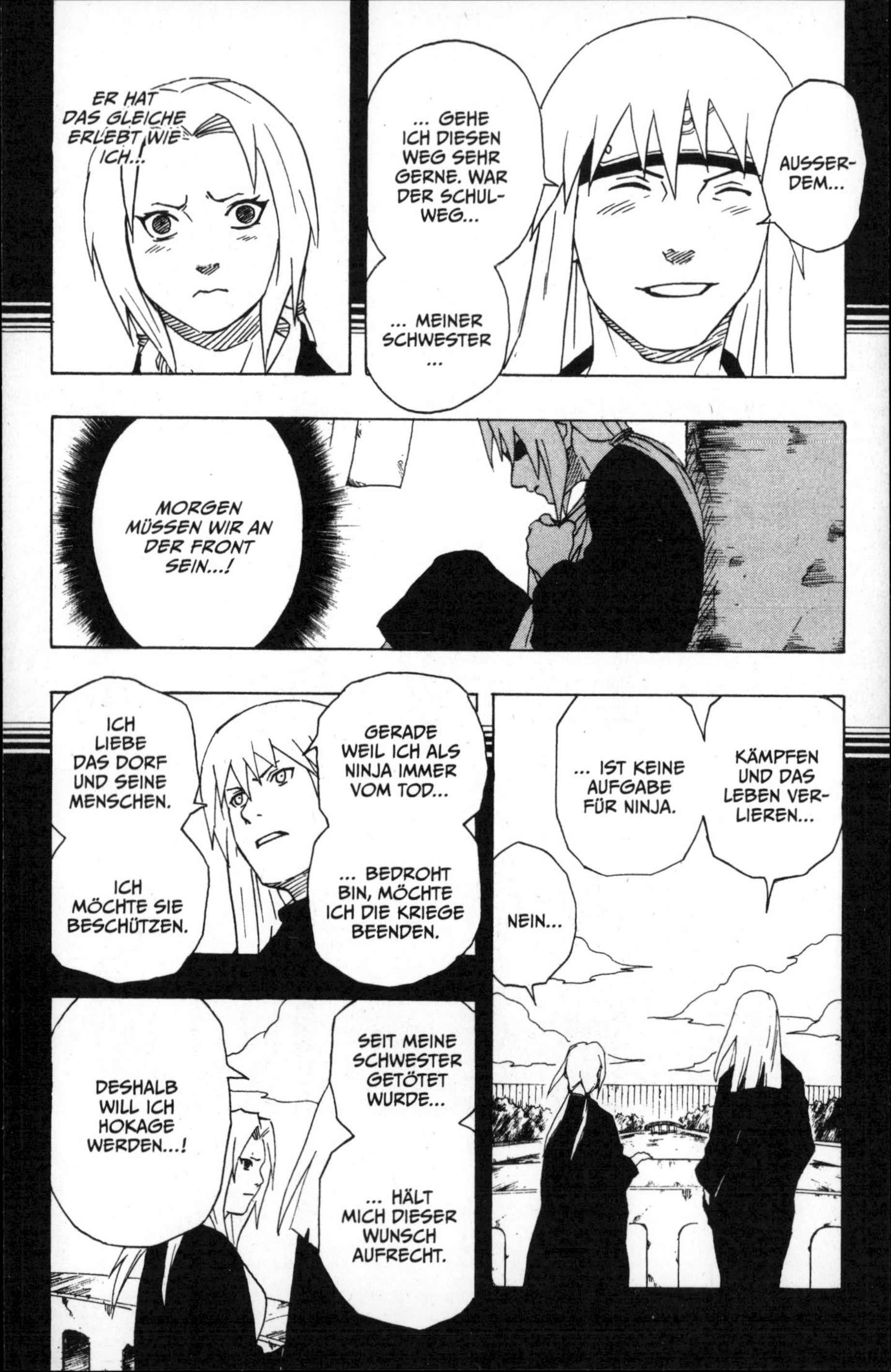
AUSSER-DEM...
... GEHE ICH DIESEN WEG SEHR GERNE. WAR DER SCHUL-WEG...
... MEINER SCHWESTER ...
ER HAT DAS GLEICHE ERLEBT WIE ICH...!
MORGEN MÜSSEN WIR AN DER FRONT SEIN...!
KÄMPFEN UND DAS LEBEN VER-LIEREN...
... IST KEINE AUFGABE FÜR NINJA.
NEIN...
GERADE WEIL ICH ALS NINJA IMMER VOM TOD...
... BEDROHT BIN, MÖCHTE ICH DIE KRIEGE BEENDEN.
ICH LIEBE DAS DORF UND SEINE MENSCHEN.
ICH MÖCHTE SIE BESCHÜTZEN.
SEIT MEINE SCHWESTER GETÖTET WURDE...
... HÄLT MICH DIESER WUNSCH AUFRECHT.
DESHALB WILL ICH HOKAGE WERDEN...!

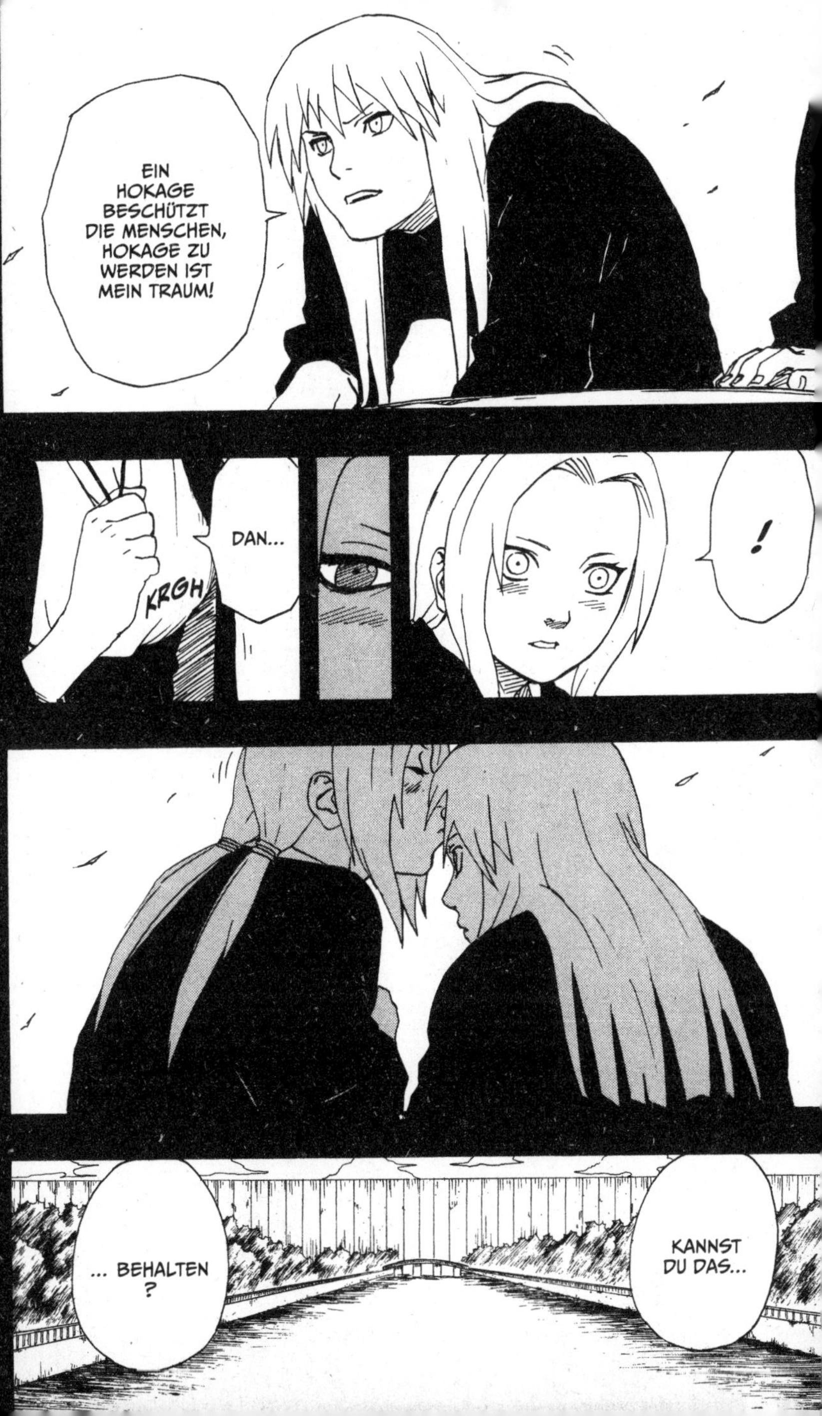
EIN HOKAGE BESCHÜTZT DIE MENSCHEN, HOKAGE ZU WERDEN IST MEIN TRAUM!
!
DAN...
KRGH
KANNST DU DAS...
... BEHALTEN ?

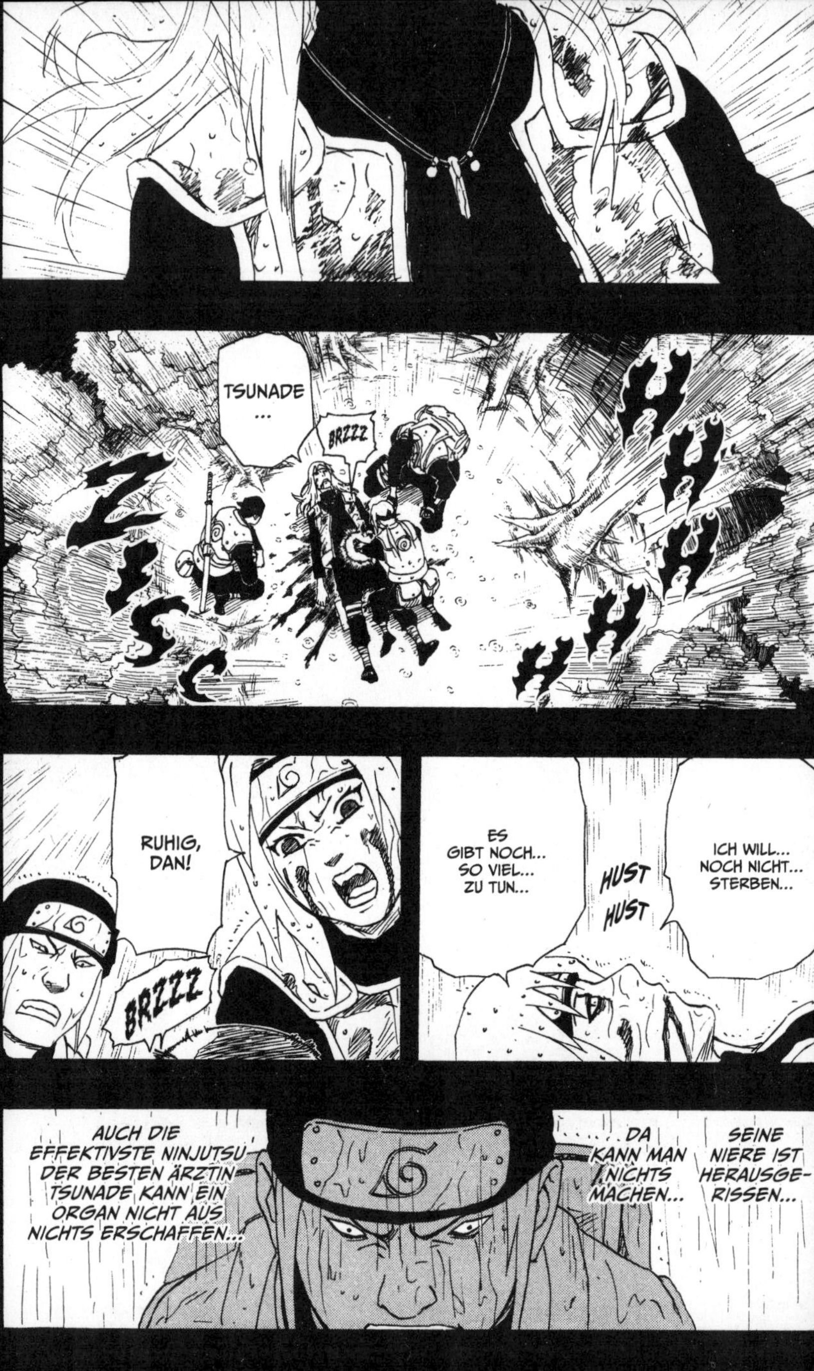
TSUNADE ...
BRZZZ
ICH WILL... NOCH NICHT... STERBEN...
HUST HUST
ES GIBT NOCH... SO VIEL... ZU TUN...
RUHIG, DAN!
BRZZZ
SEINE NIERE IST HERAUSGE-RISSEN...
... DA KANN MAN NICHTS MACHEN...
AUCH DIE EFFEKTIVSTE NINJUTSU DER BESTEN ÄRZTIN TSUNADE KANN EIN ORGAN NICHT AUS NICHTS ERSCHAFFEN...

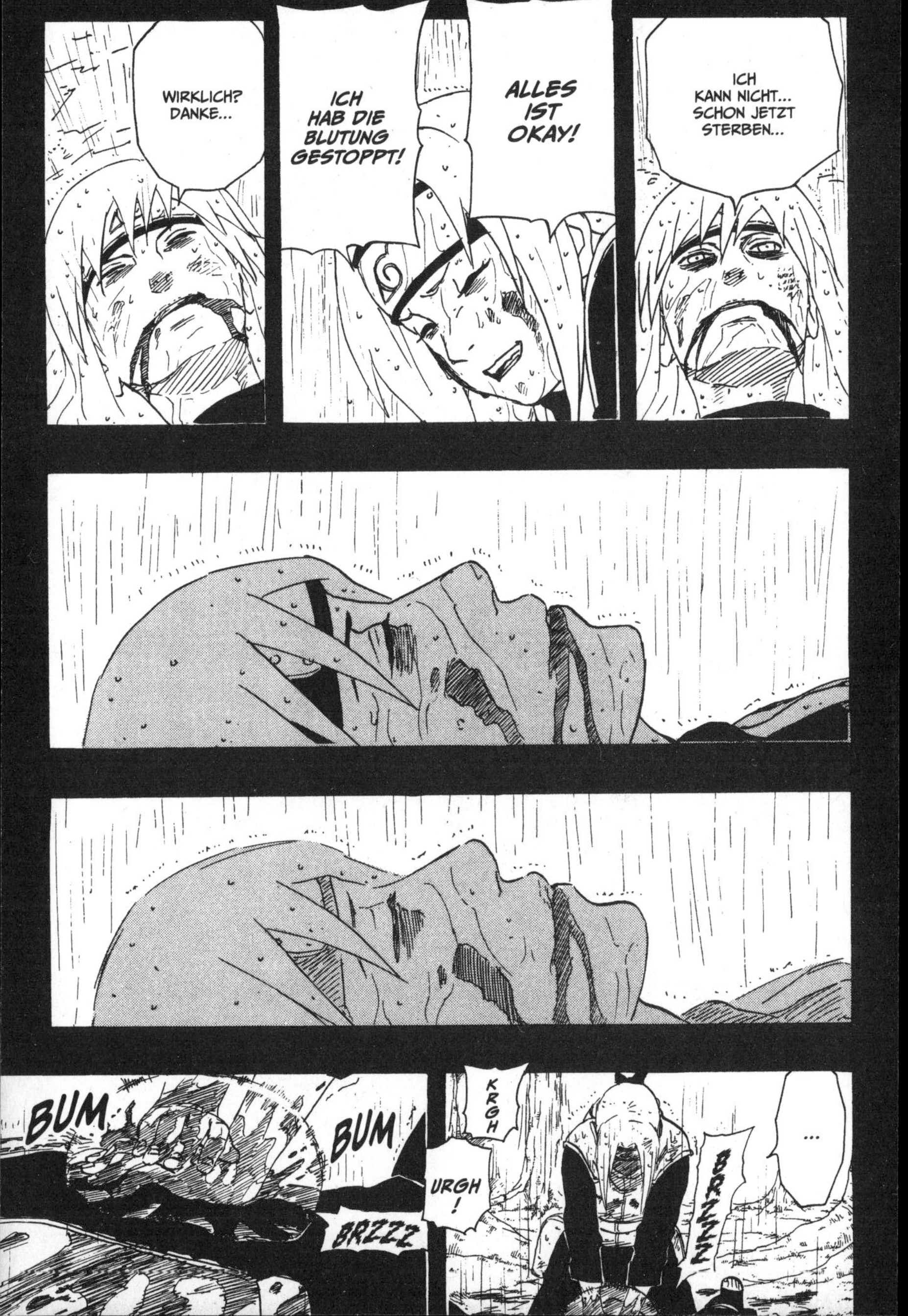
ICH KANN NICHT... SCHON JETZT STERBEN...
ALLES IST OKAY!
ICH HAB DIE BLUTUNG GESTOPPT!
WIRKLICH? DANKE...
...
BRZZZZ
KRGH
URGH!
BUM
BRZZZ
BUM

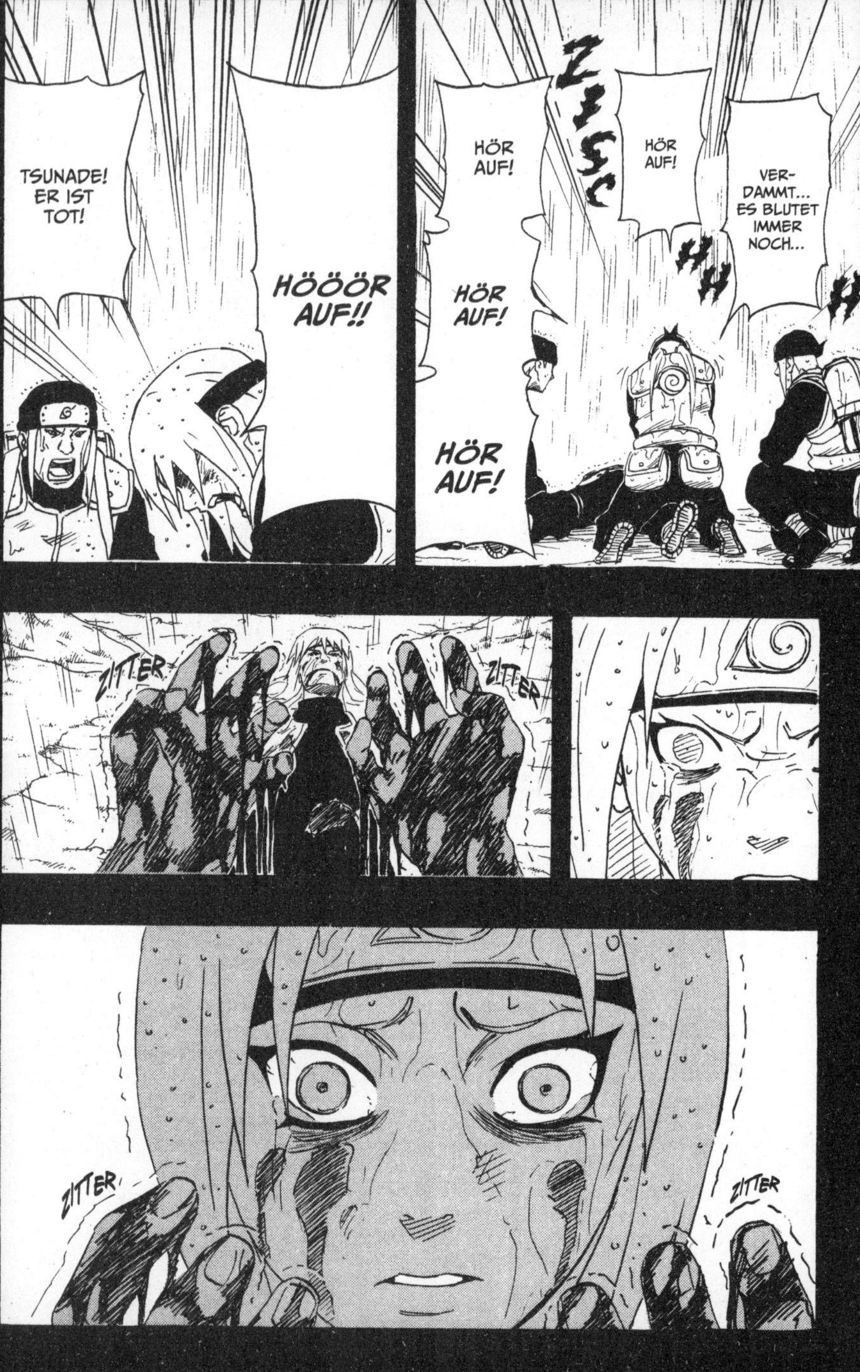
VER-
DAMMT...
ES BLUTET
IMMER
NOCH...
HÖR
AUF!
ZISCHHH
HÖR
AUF!
HÖR
AUF!
HÖR
AUF!
HÖÖÖR
AUF!!
TSUNADE!
ER IST
TOT!
ZITTER
ZITTER
ZITTER
ZITTER

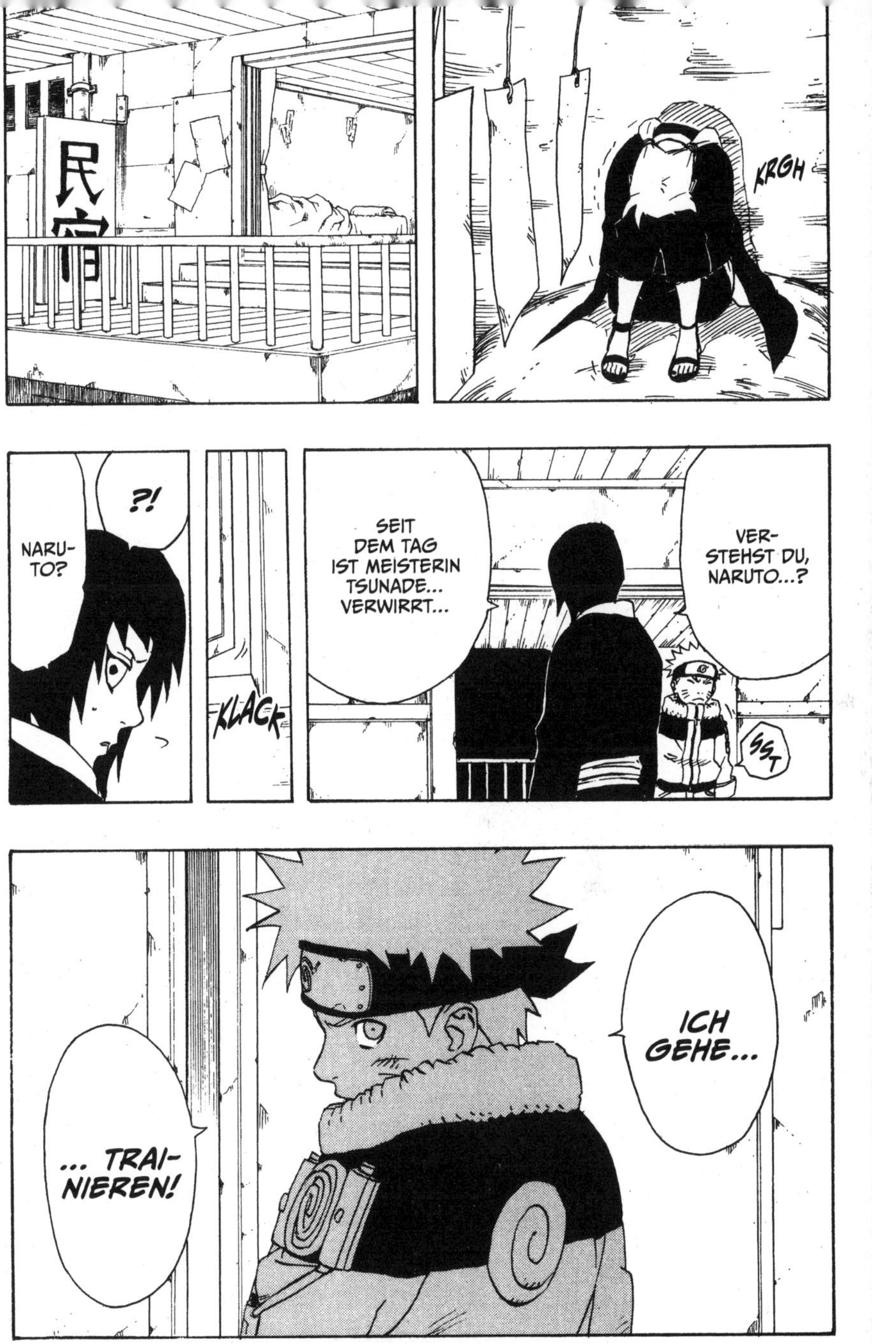
KRGH
民宿
VER-STEHST DU, NARUTO...?
SEIT DEM TAG IST MEISTERIN TSUNADE... VERWIRRT...
SST
KLACK
?!
NARU-TO?
ICH GEHE...
... TRAI-NIEREN!

MASASHI KISHIMOTOS WELT LEBENSGESCHICHTE TEIL 29

NACH DER GANZEN FACHSIMPELEI IN TEIL 27 UND 28 ERZÄHLE ICH DIESMAL EINE RÜHRENDE GESCHICHTE.

NACHDEM ICH MIT »KARAKURI« DEN HOP-STEP-PREIS GEWONNEN HATTE, GAB MIR MEIN ZUSTÄNDIGER REDAKTEUR, HERR YAHAGI, SOFORT EINEN AUFTRAG. ICH SOLLTE EINEN »NAME« – DAS IST EINE SKIZZE FÜR EINEN MANGA – FÜR EINE KURZE ABGESCHLOSSENE GESCHICHTE ZEICHNEN. ICH WAR DAMALS SEHR OPTIMISTISCH UND ENTWARF EINEN TOTAL UNPASSENDEN MANGA NAMENS »BUMMEL«. ALS HERR YAHAGI IHN SAH, SAGTE ER NUR KURZ: »DAS IST KEIN MANGA FÜR SHONENSHI.« »DAS HEISST, DAS IST EIN BOTSU...« SAGTE ICH, DA ICH DAS WORT BOTSU DAMALS TOTAL COOL FAND... (SIEHE BAND 4, SEITE 24, MASASHI KISHIMOTOS BOTSU-MANGA NR.1.)
HERR YAHAGI MUNTERTE MICH MIT DEM VORSCHLAG AUF, MIT EINEM TYPISCHEN SHONENSHI-MANGA MIT KÄMPFEN ZU BEGINNEN. ICH WAR SOFORT VOLL MOTIVIERT UND ZEICHNETE EINE NEUE FASSUNG VON »KARAKURI«. ABER HERR YAHAGI MEINTE DAZU: »MAN KANN GAR NICHTS VERSTEHEN.« »ALSO WIEDER EIN BOTSU...«, MURMELTE ICH, DIESMAL ZIEMLICH DEPRIMIERT. MEIN OPTIMISMUS VERFLOG LANGSAM UND ICH ERKANNTE, DASS DIE REALITÄT HART IST. DANN BEKAM ICH EINES TAGES EINEN BRIEF VON HERRN YAHAGI: ER HATTE AUF ZWEI SEITEN GANZ AUSFÜHRLICH WICHTIGE PUNKTE UND KNIFFS FÜRS MANGAZEICHNEN AUFGESCHRIEBEN. UND ALS ICH DIE LETZTE ZEILE LAS, MUSSTE ICH WEINEN... AM ENDE DES BRIEFES STAND: »SIE HABEN TALENT. STRENGEN SIE SICH BLOSS AN.« DAS HAT MICH SO GEFREUT. MEINE SELBSTZWEIFEL HATTEN MICH ZUVOR ZIEMLICH GEPLAGT, ABER NACH DIESEM BRIEF WAR ICH WIEDER MOTIVIERT UND ZEICHNETE EINEN NEUEN »NAME«. DIE SKIZZE ZEIGTE ICH VOLLER HOFFNUNG HERRN YAHAGI, ABER ER MEINTE LEIDER: »DAS IST KEIN MANGA.« ICH KONNTE SCHON NICHTS MEHR SAGEN... ABER WENN MICH DANACH SELBSTZWEIFEL BEFIELEN, LAS ICH JEDES MAL DIE LETZTE ZEILE DES BRIEFES. AUCH JETZT LESE ICH SIE AB UND ZU. DER BRIEF IST MEIN SCHATZ.

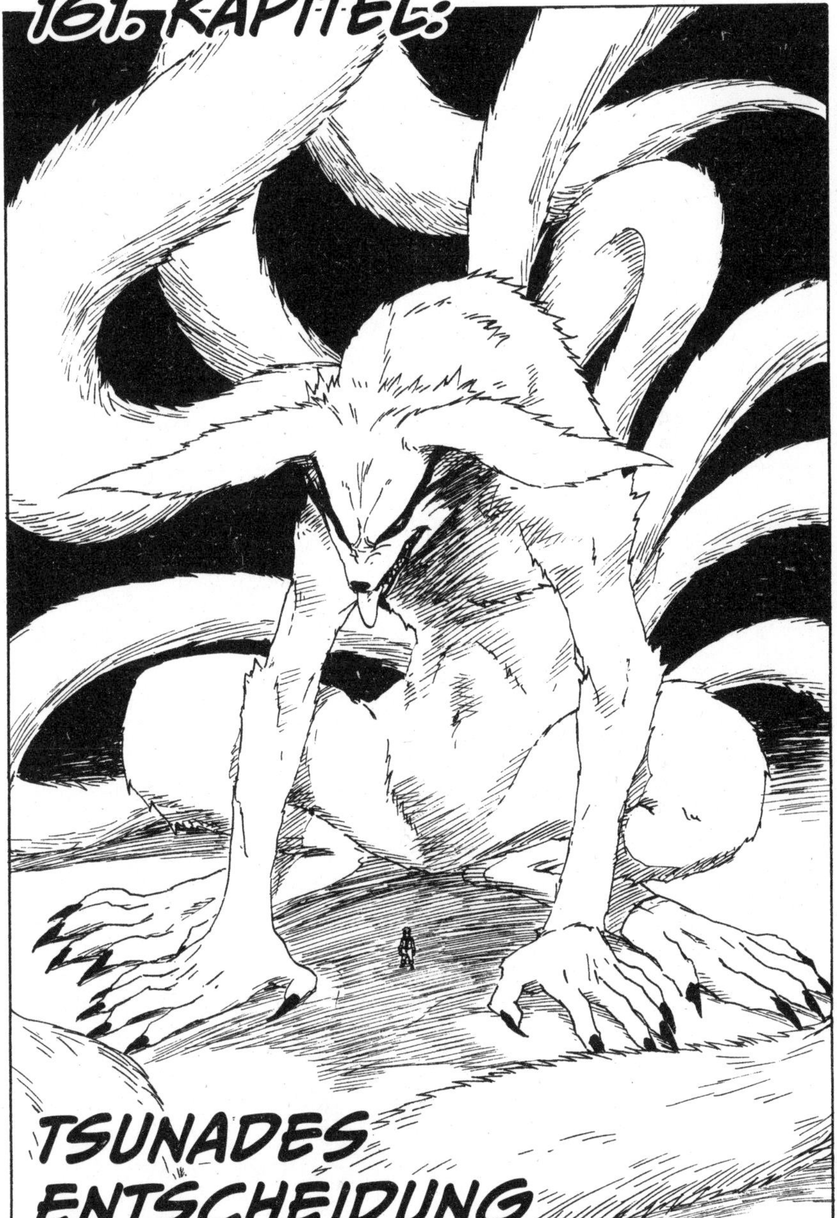
161. KAPITEL:
TSUNADES ENTSCHEIDUNG

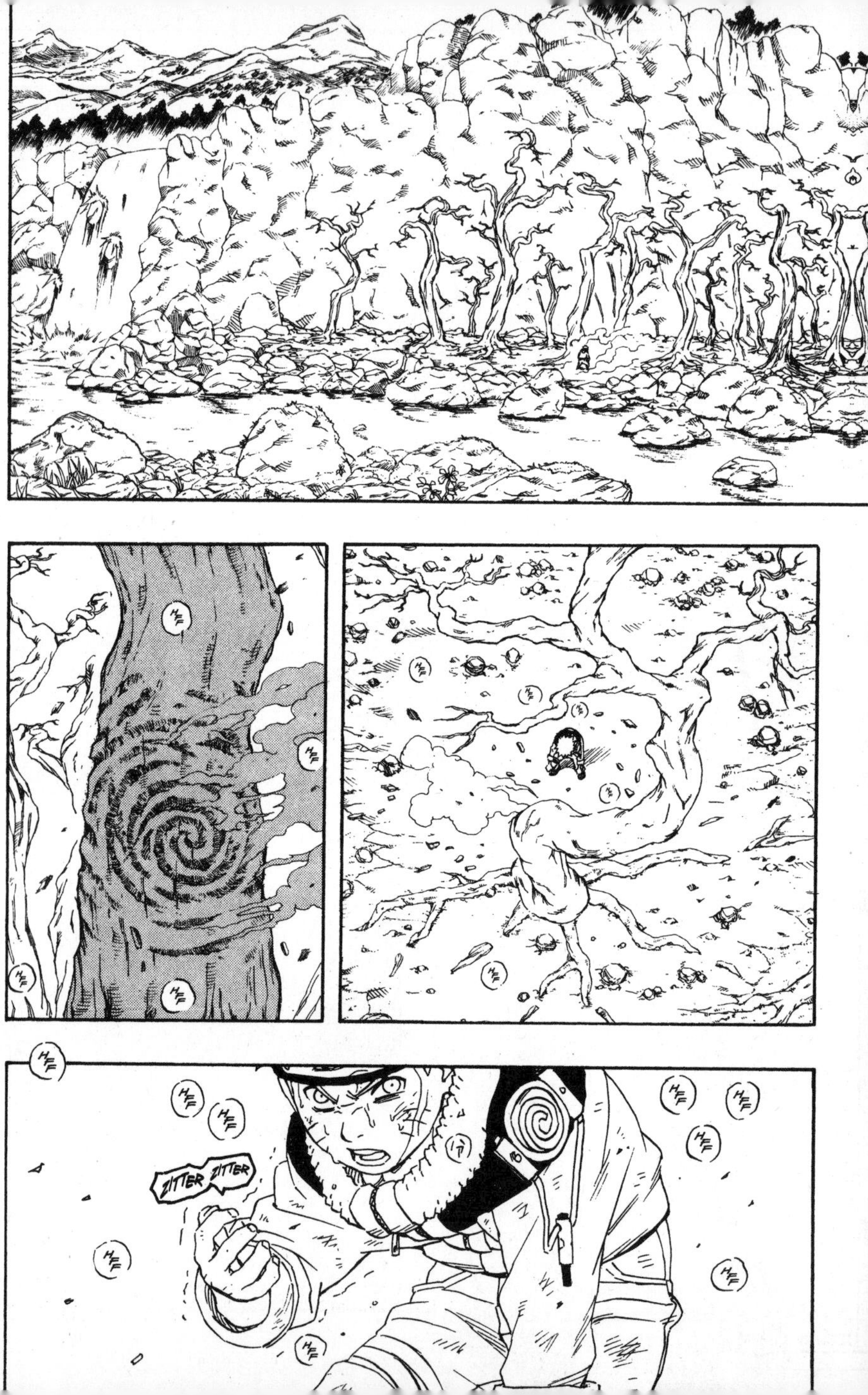
HEF
HEF
HEF
HEF
HEF
HEF
HEF
HEF
HEF
HEF
HEF
HEF
HEF
ZITTER ZITTER
HEF
HEF
HEF

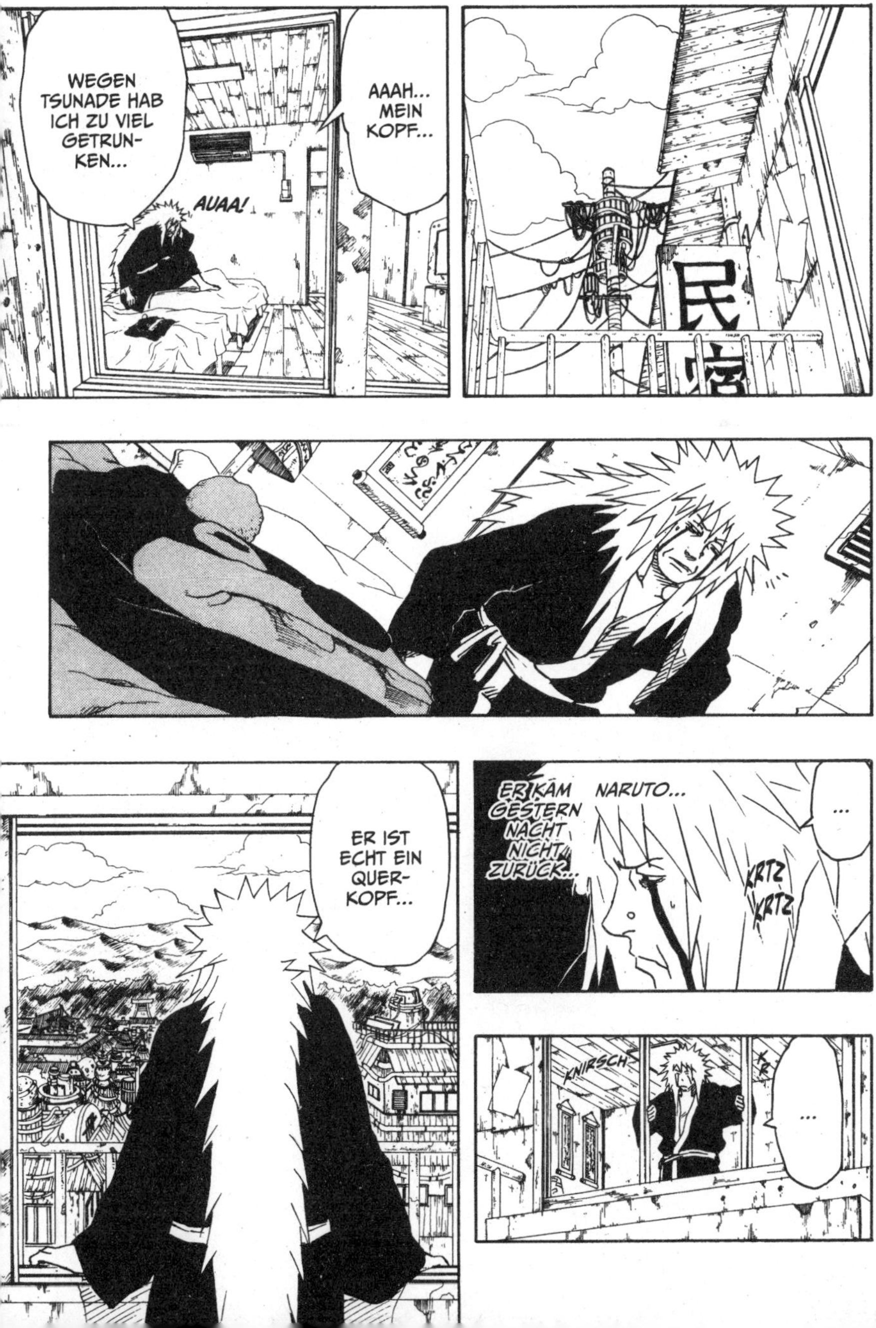
AAAH... MEIN KOPF...
WEGEN TSUNADE HAB ICH ZU VIEL GETRUN-KEN...
AUAA!
...
NARUTO...
ER KAM GESTERN NACHT NICHT ZURÜCK...
KRTZ KRTZ
...
KNIRSCH
KR
ER IST ECHT EIN QUER-KOPF...

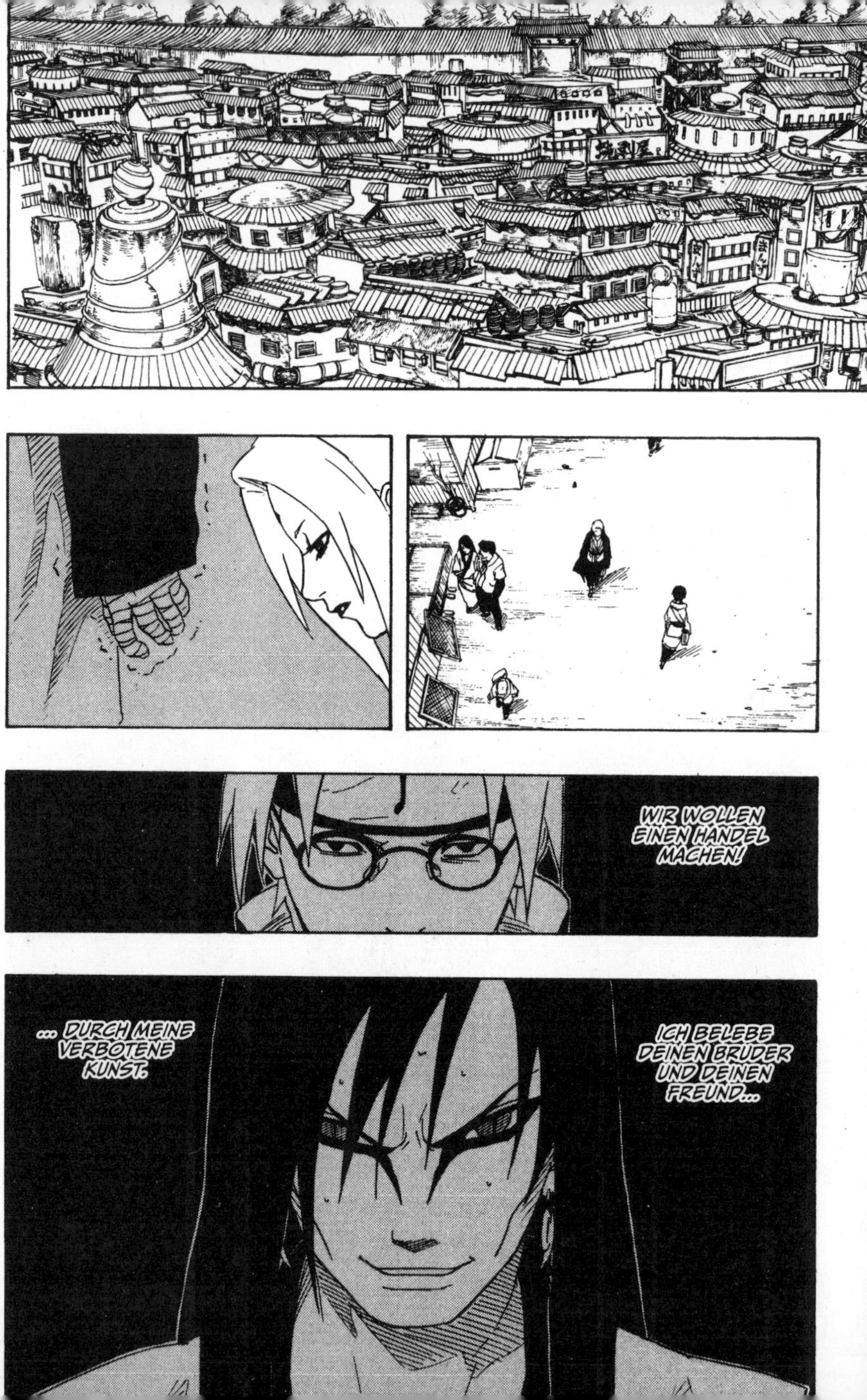
WIR WOLLEN EINEN HANDEL MACHEN!
ICH BELEBE DEINEN BRUDER UND DEINEN FREUND...
... DURCH MEINE VERBOTENE KUNST.

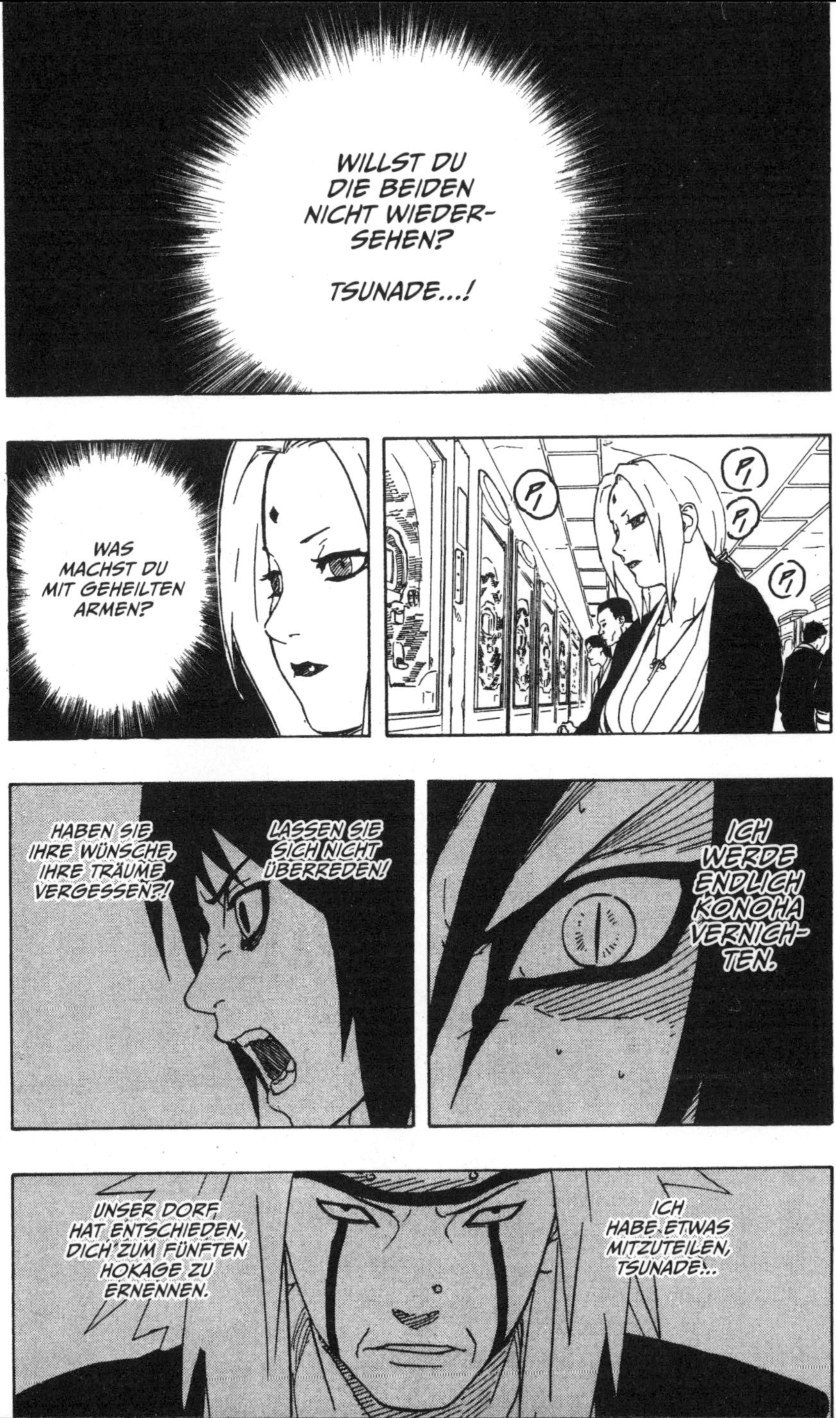
WILLST DU DIE BEIDEN NICHT WIEDER-SEHEN?
TSUNADE...!
P!
P!
P!
P!
WAS MACHST DU MIT GEHEILTEN ARMEN?
ICH WERDE ENDLICH KONOHA VERNICH-TEN.
LASSEN SIE SICH NICHT ÜBERREDEN!
HABEN SIE IHRE WÜNSCHE, IHRE TRÄUME VERGESSEN?!
ICH HABE ETWAS MITZUTEILEN, TSUNADE...
UNSER DORF HAT ENTSCHIEDEN, DICH ZUM FÜNFTEN HOKAGE ZU ERNENNEN.

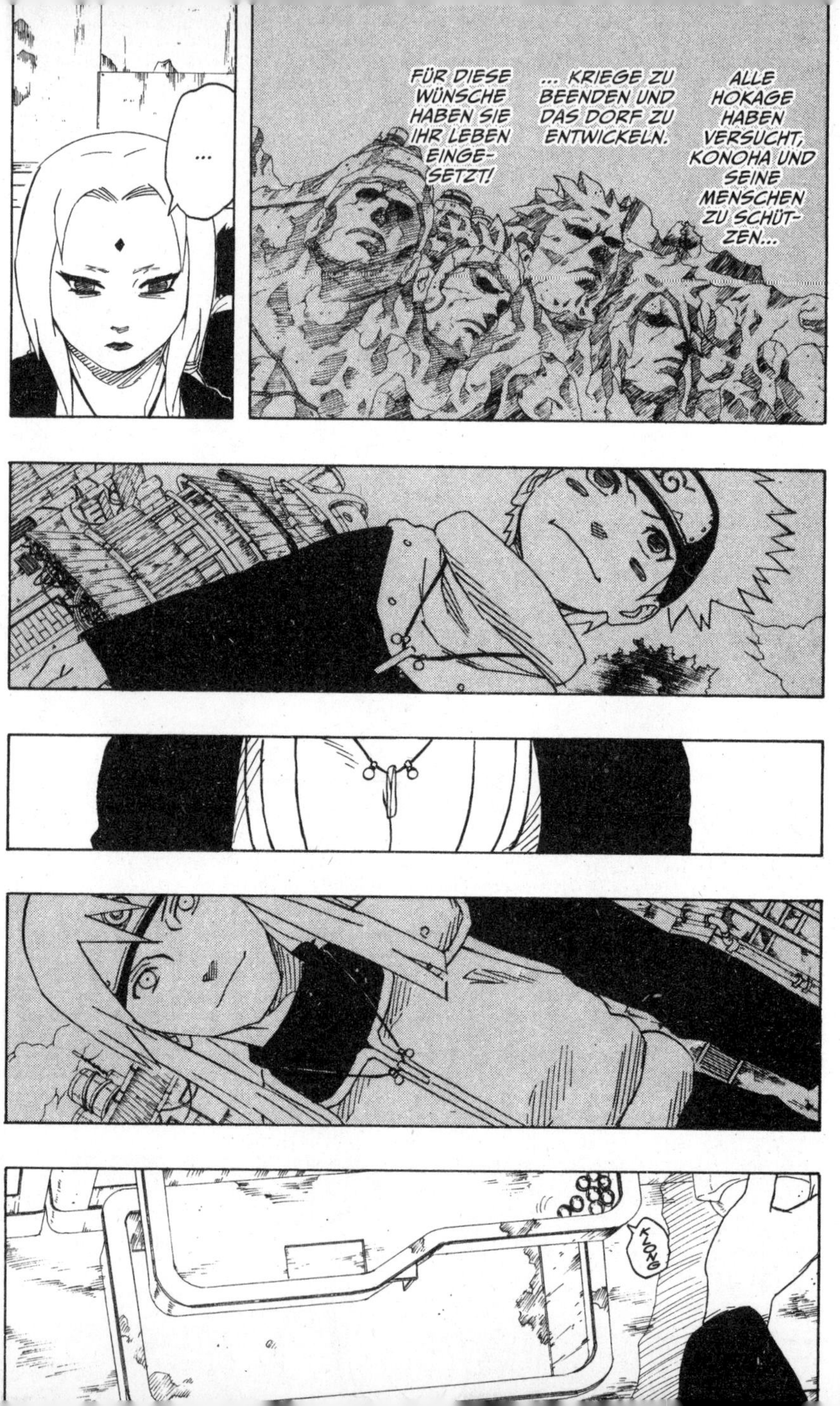
ALLE HOKAGE HABEN VERSUCHT, KONOHA UND SEINE MENSCHEN ZU SCHÜTZEN...
... KRIEGE ZU BEENDEN UND DAS DORF ZU ENTWICKELN.
FÜR DIESE WÜNSCHE HABEN SIE IHR LEBEN EINGESETZT!
...
KLONG

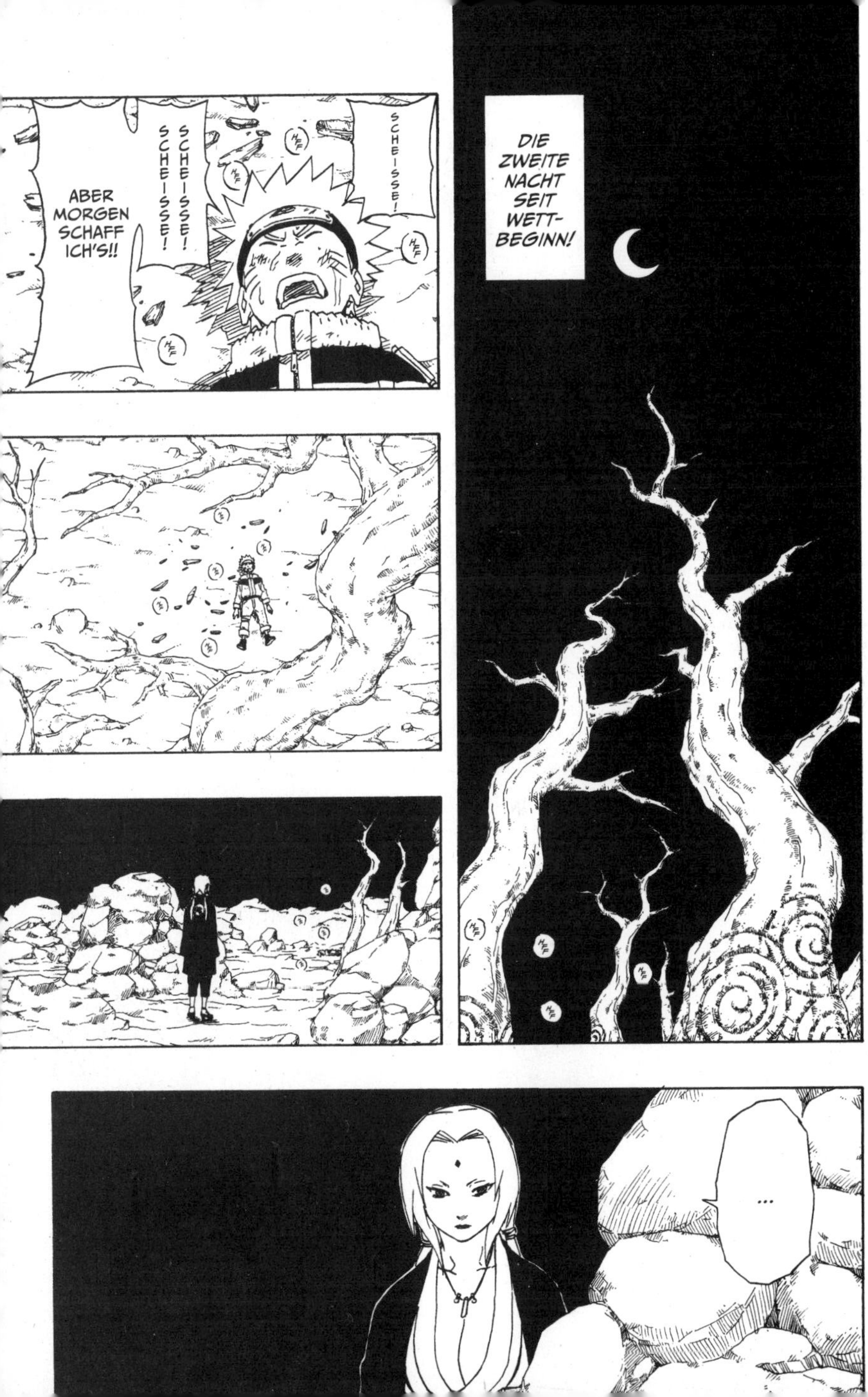
DIE ZWEITE NACHT SEIT WETT-BEGINN!
HEF
HEF
HEF
HEF
SCHEISSE!
HEF
HEF
SCHEISSE! SCHEISSE!
ABER MORGEN SCHAFF ICH'S!!
HEF
...

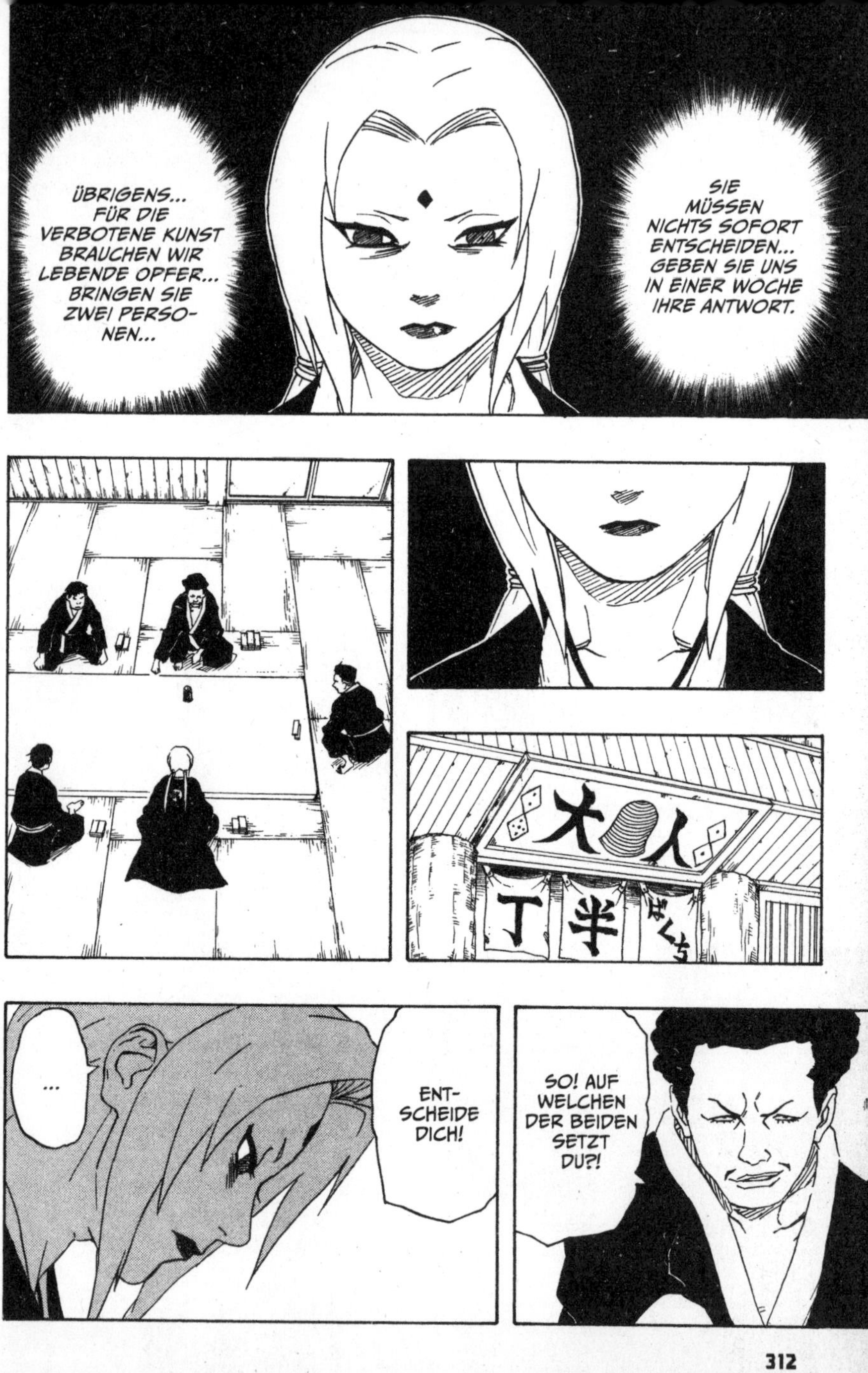
ÜBRIGENS... FÜR DIE VERBOTENE KUNST BRAUCHEN WIR LEBENDE OPFER... BRINGEN SIE ZWEI PERSO-NEN...
SIE MÜSSEN NICHTS SOFORT ENTSCHEIDEN... GEBEN SIE UNS IN EINER WOCHE IHRE ANTWORT.
大 人
丁 半 ばくち
SO! AUF WELCHEN DER BEIDEN SETZT DU?!
ENT-SCHEIDE DICH!
...

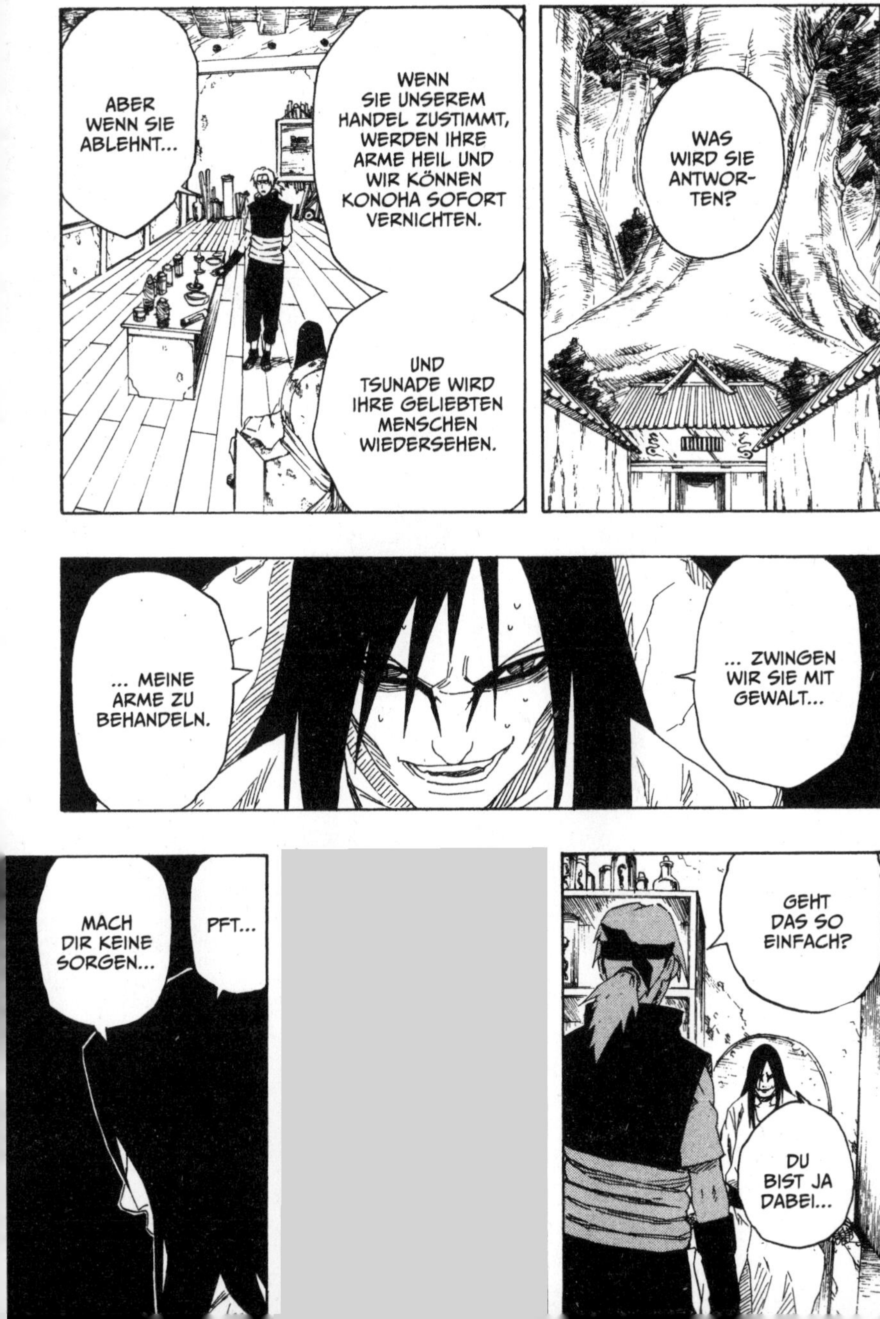
WAS WIRD SIE ANTWORTEN?
WENN SIE UNSEREM HANDEL ZUSTIMMT, WERDEN IHRE ARME HEIL UND WIR KÖNNEN KONOHA SOFORT VERNICHTEN.
UND TSUNADE WIRD IHRE GELIEBTEN MENSCHEN WIEDERSEHEN.
ABER WENN SIE ABLEHNT...
... ZWINGEN WIR SIE MIT GEWALT...
... MEINE ARME ZU BEHANDELN.
GEHT DAS SO EINFACH?
DU BIST JA DABEI...
PFT...
MACH DIR KEINE SORGEN...

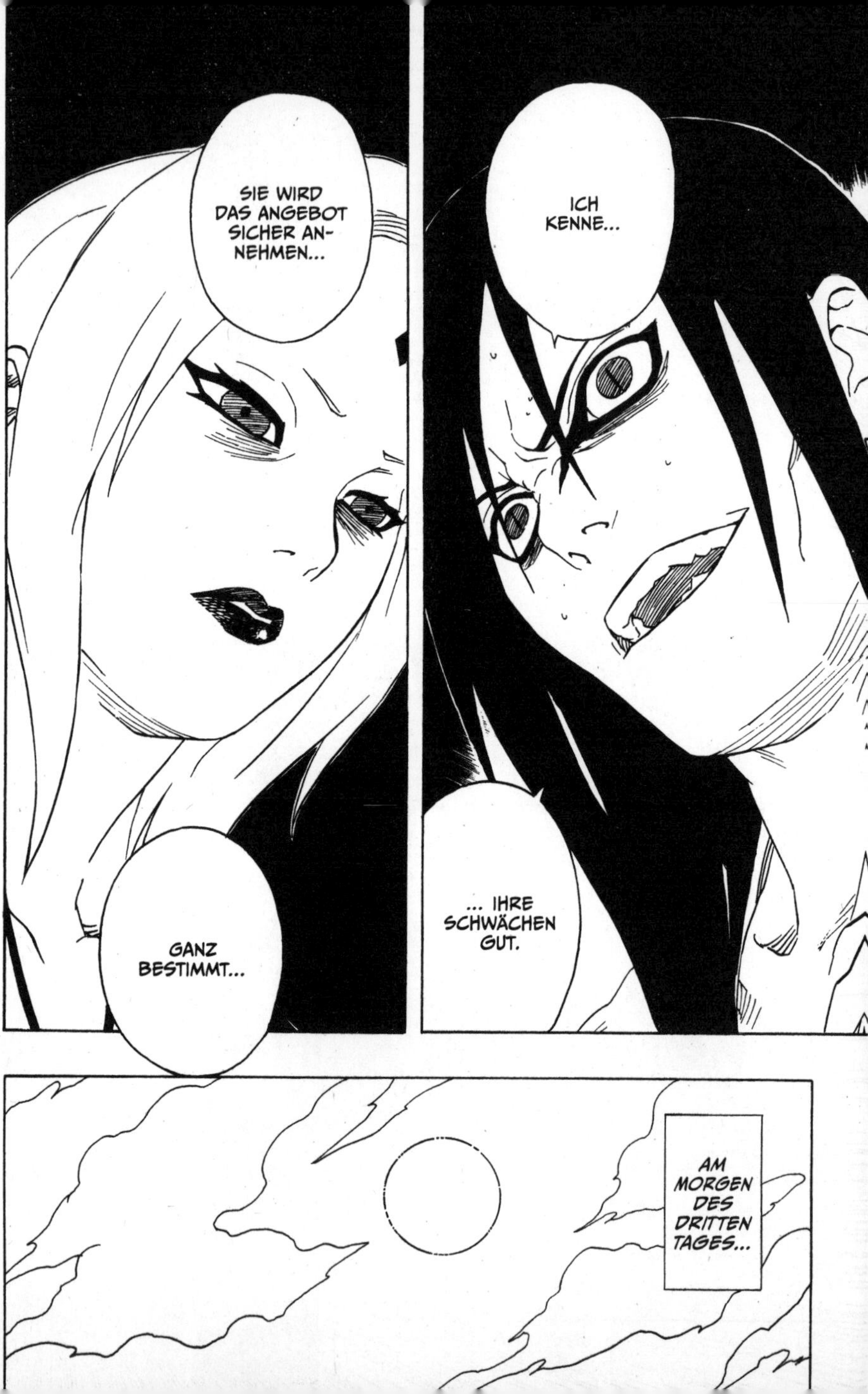
ICH KENNE...
... IHRE SCHWÄCHEN GUT.
SIE WIRD DAS ANGEBOT SICHER AN-NEHMEN...
GANZ BESTIMMT...
AM MORGEN DES DRITTEN TAGES...

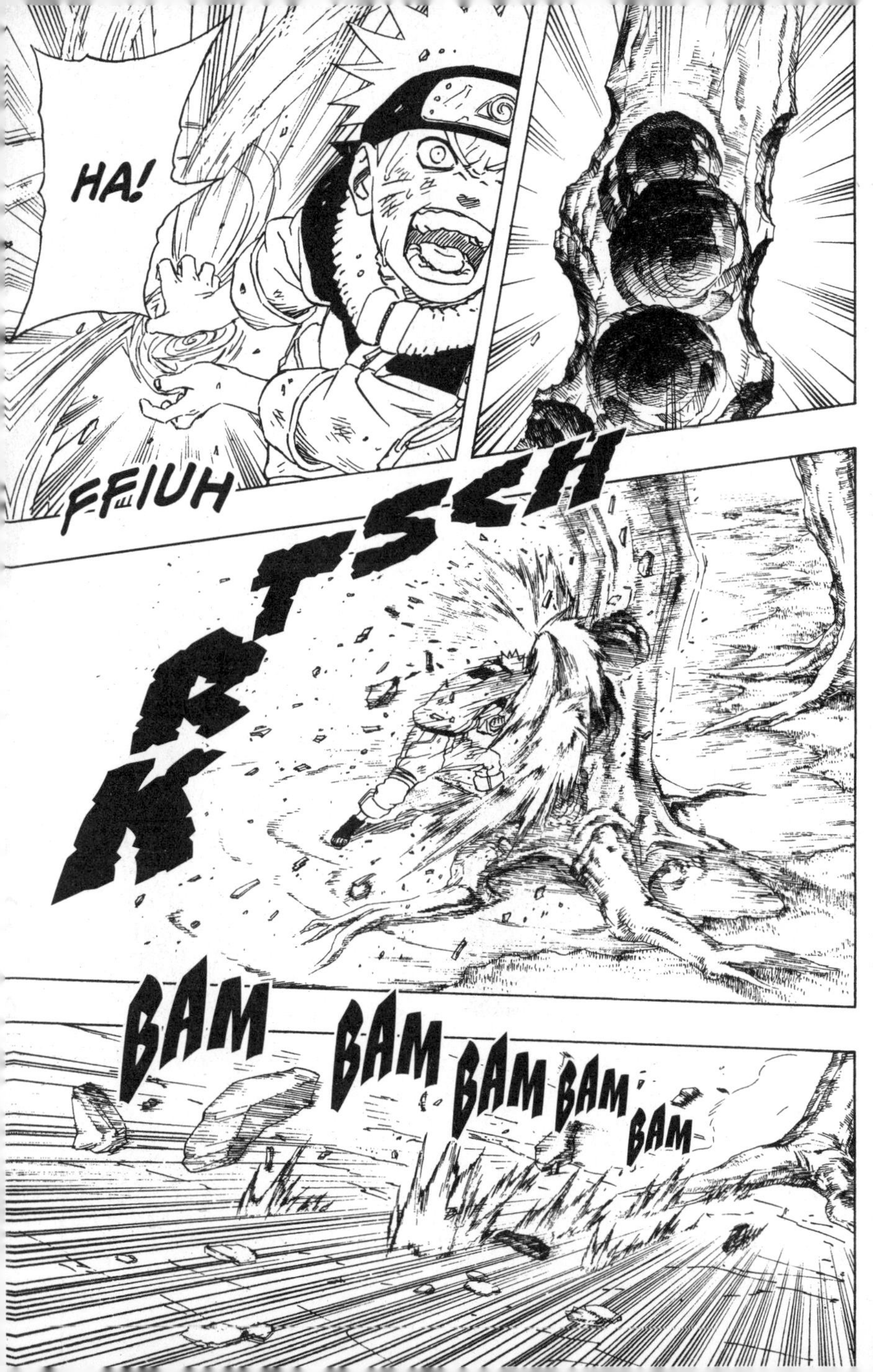
HA!
FFIUH
RTSCH
K
BAM BAM BAM BAM BAM

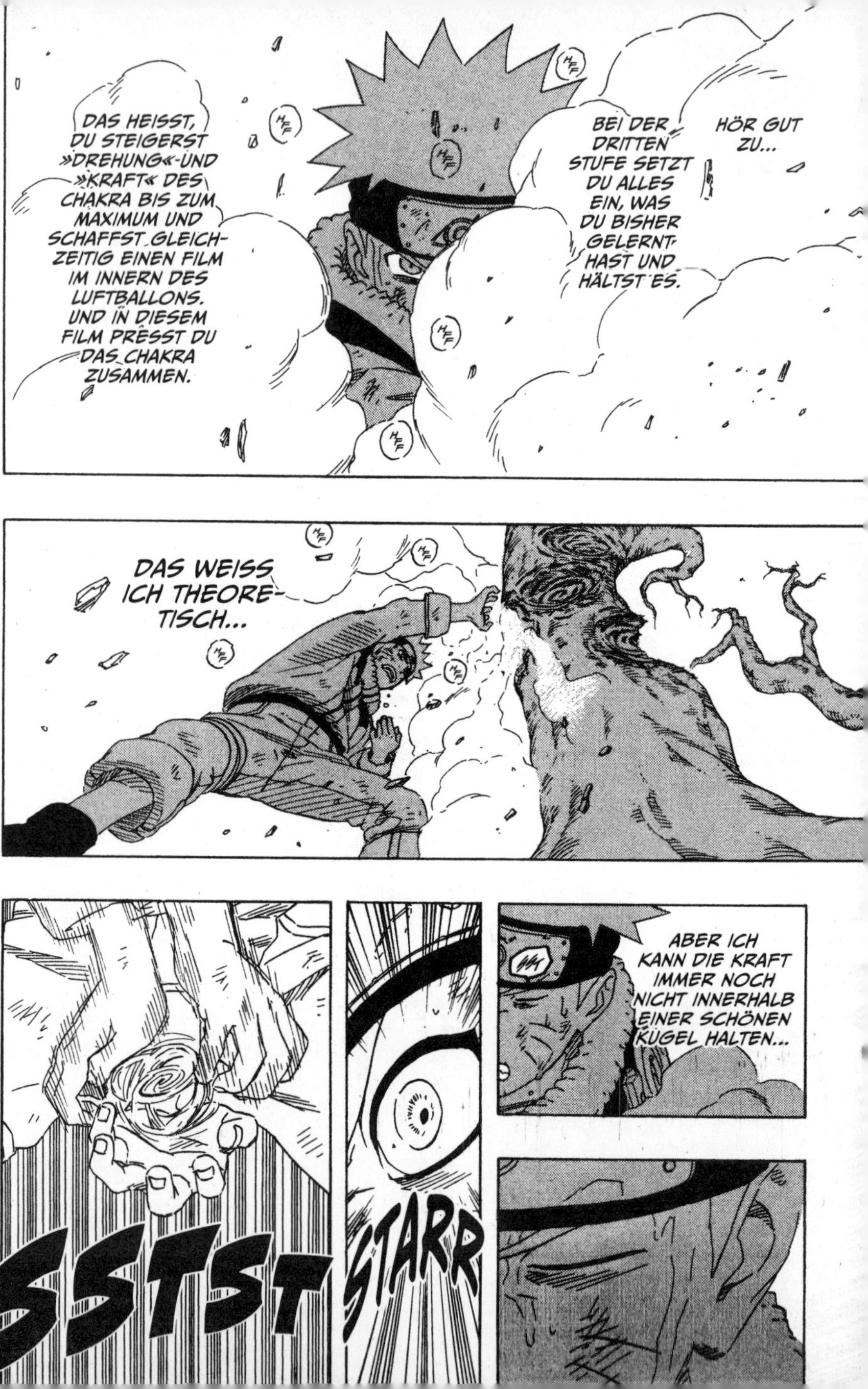
HF
HÖR GUT ZU...
BEI DER DRITTEN STUFE SETZT DU ALLES EIN, WAS DU BISHER GELERNT HAST UND HÄLTST ES.
DAS HEISST, DU STEIGERST »DREHUNG«-UND »KRAFT« DES CHAKRA BIS ZUM MAXIMUM UND SCHAFFST GLEICHZEITIG EINEN FILM IM INNERN DES LUFTBALLONS. UND IN DIESEM FILM PRESST DU DAS CHAKRA ZUSAMMEN.
DAS WEISS ICH THEORETISCH...
ABER ICH KANN DIE KRAFT IMMER NOCH NICHT INNERHALB EINER SCHÖNEN KUGEL HALTEN...
STARR
SSTST

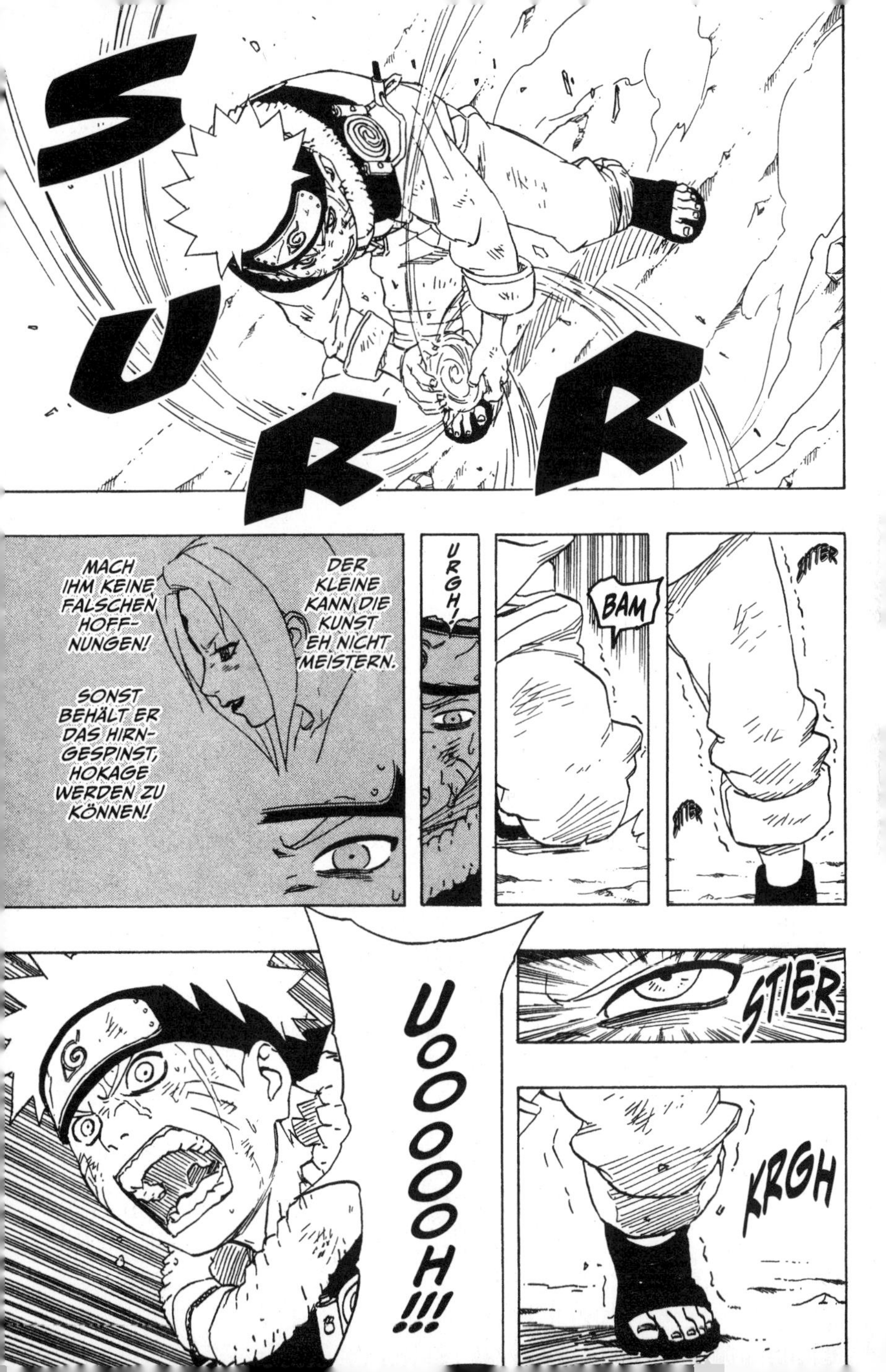
SURR
MACH IHM KEINE FALSCHEN HOFF-NUNGEN!
SONST BEHÄLT ER DAS HIRN-GESPINST, HOKAGE WERDEN ZU KÖNNEN!
DER KLEINE KANN DIE KUNST EH NICHT MEISTERN.
URGH!
BAM
ZITTER
ZITTER
UOOOOOOH!!!
STIER
KRGH

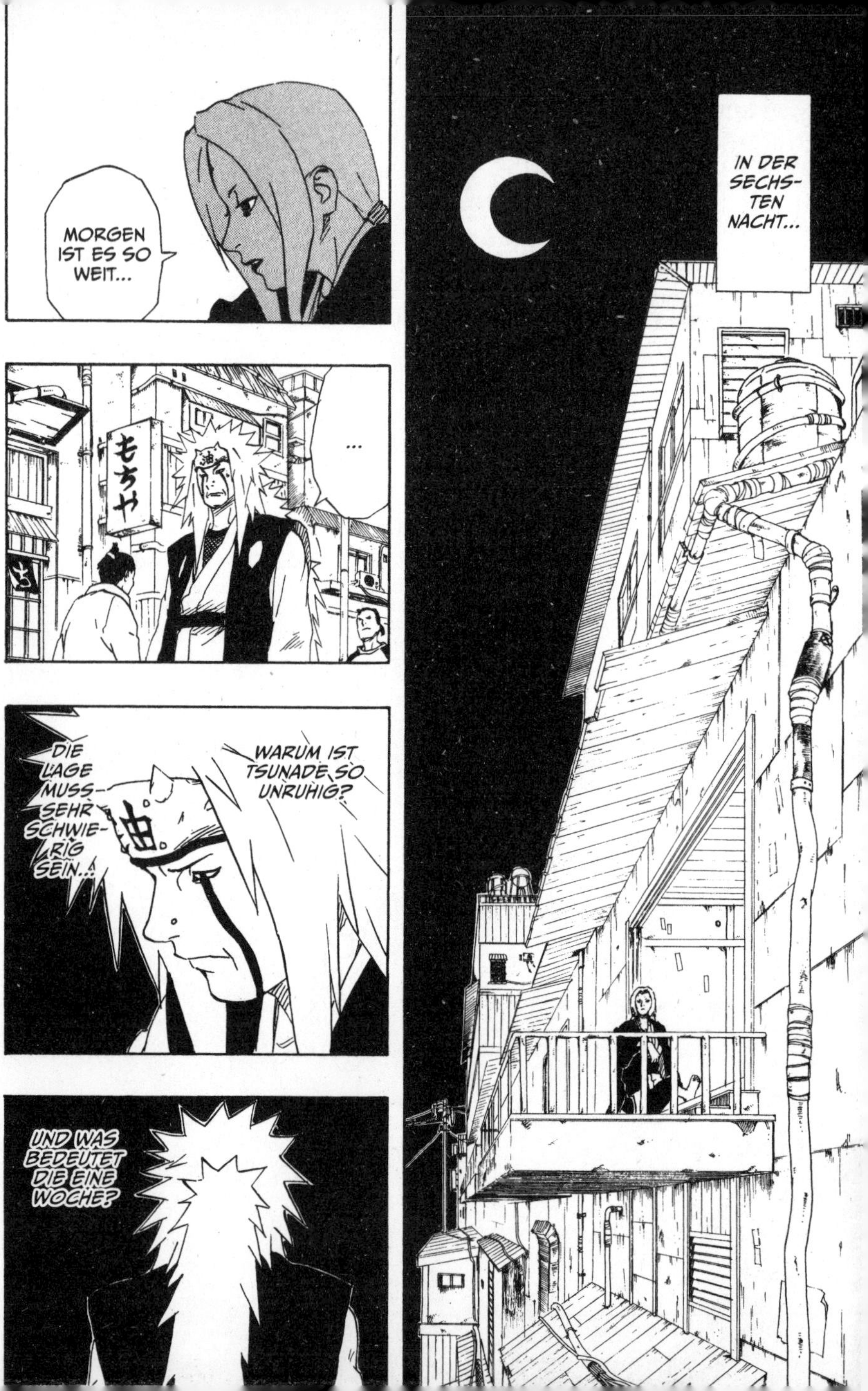
IN DER SECHSTEN NACHT...
MORGEN IST ES SO WEIT...
もちや
...
WARUM IST TSUNADE SO UNRUHIG?
DIE LAGE MUSS SEHR SCHWIERIG SEIN...
UND WAS BEDEUTET DIE EINE WOCHE?

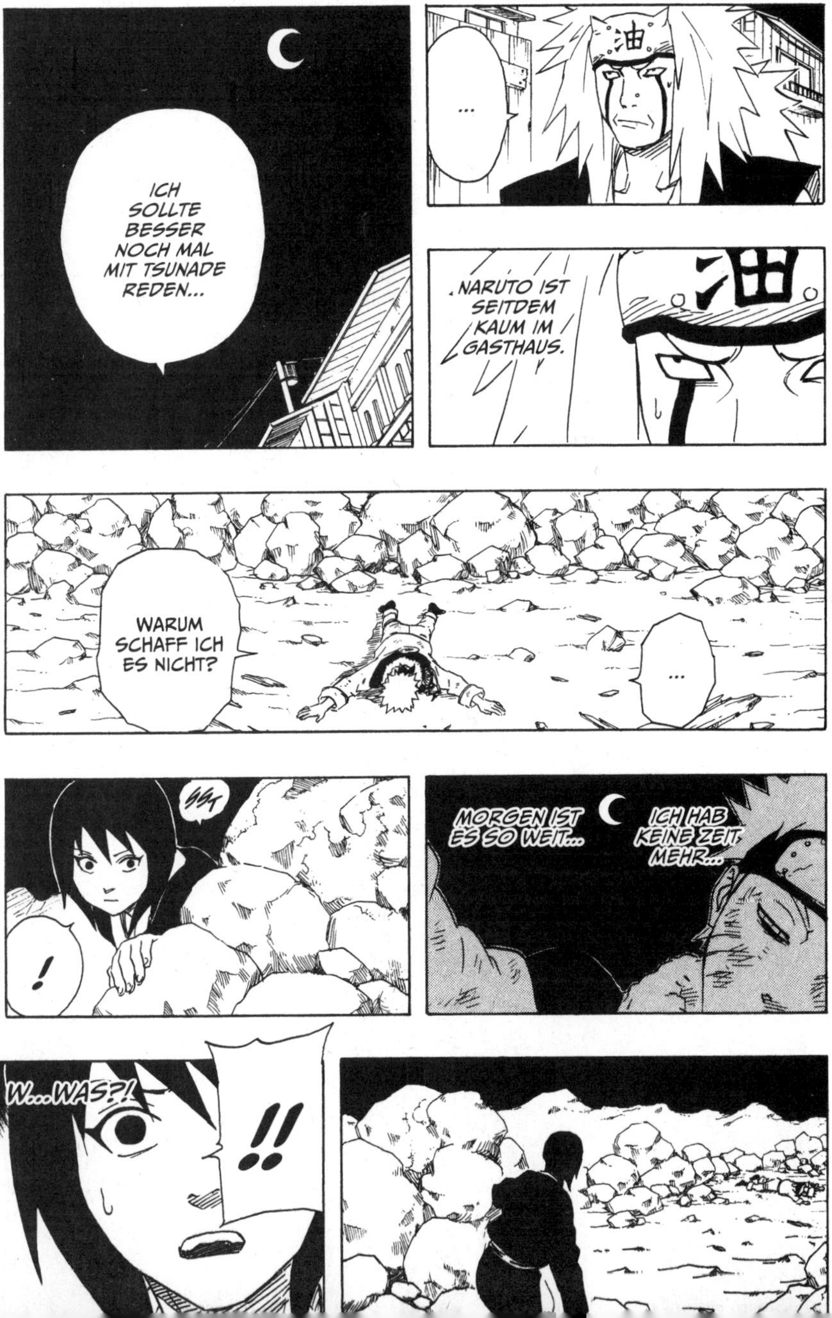
...
NARUTO IST SEITDEM KAUM IM GASTHAUS.
ICH SOLLTE BESSER NOCH MAL MIT TSUNADE REDEN...
...
WARUM SCHAFF ICH ES NICHT?
ICH HAB KEINE ZEIT MEHR...
MORGEN IST ES SO WEIT...
!
W...WAS?!
!!

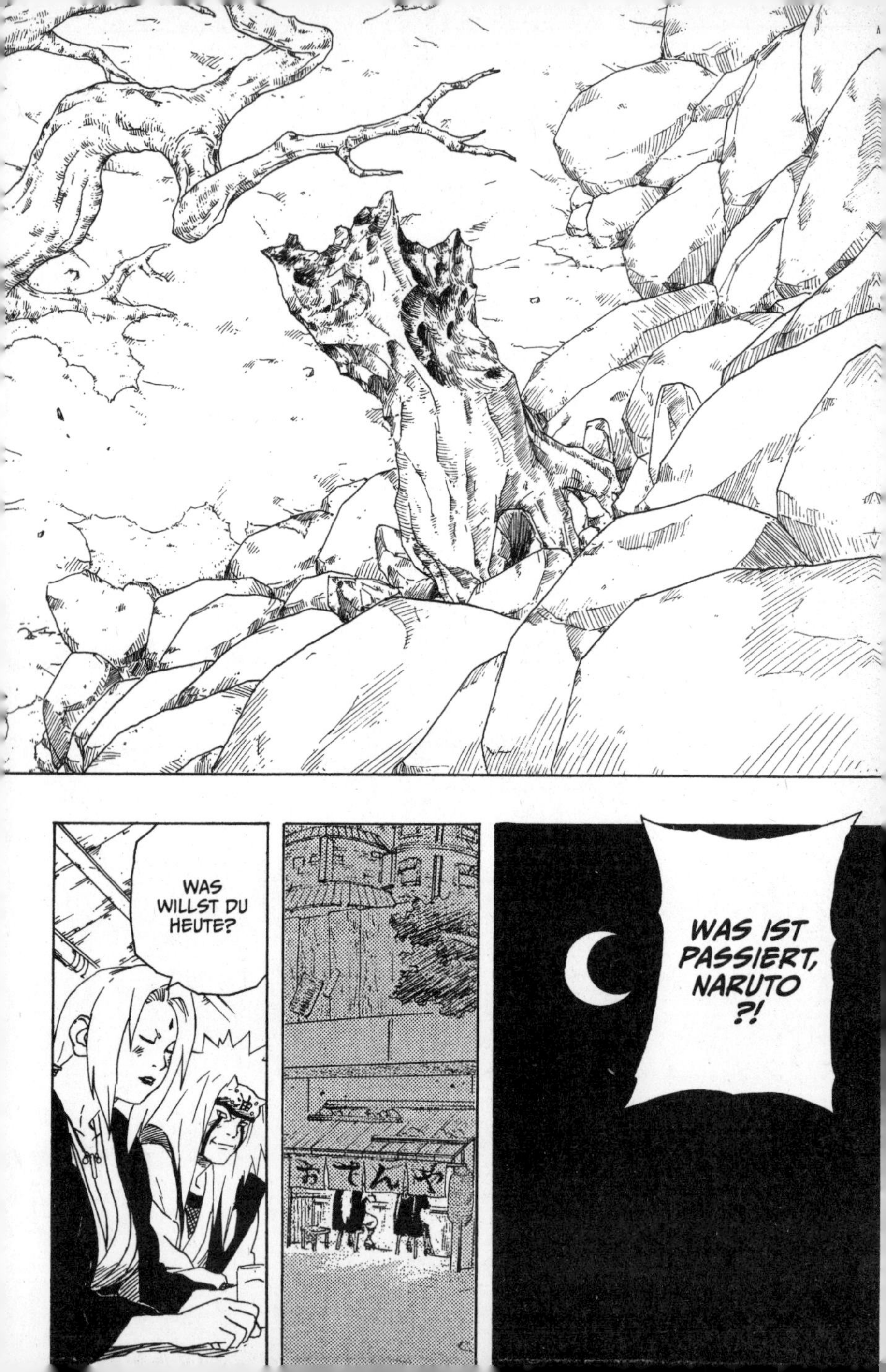
WAS IST PASSIERT, NARUTO ?!
おでんや
WAS WILLST DU HEUTE?

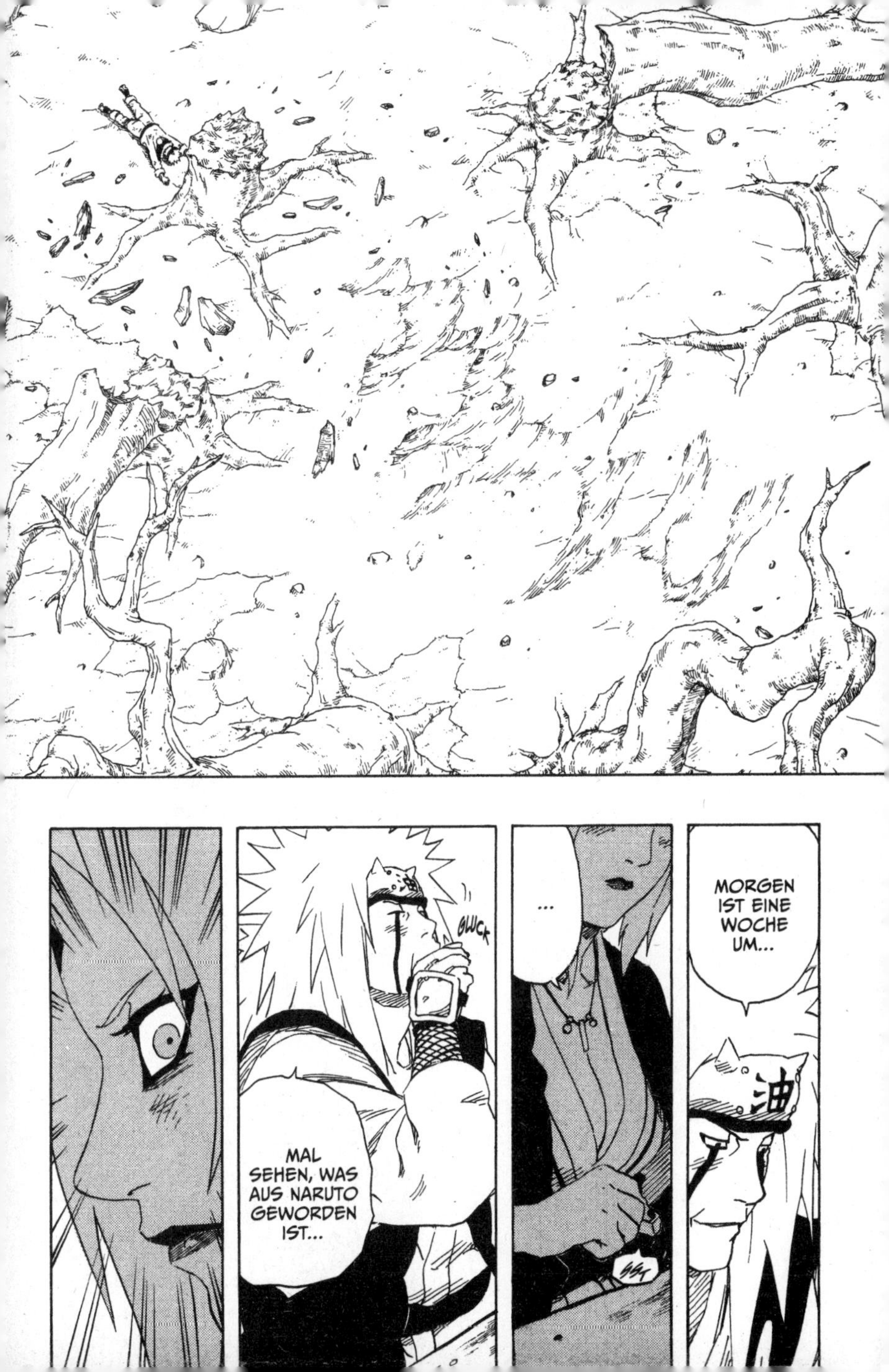
MORGEN IST EINE WOCHE UM...
...
GLUCK
MAL SEHEN, WAS AUS NARUTO GEWORDEN IST...

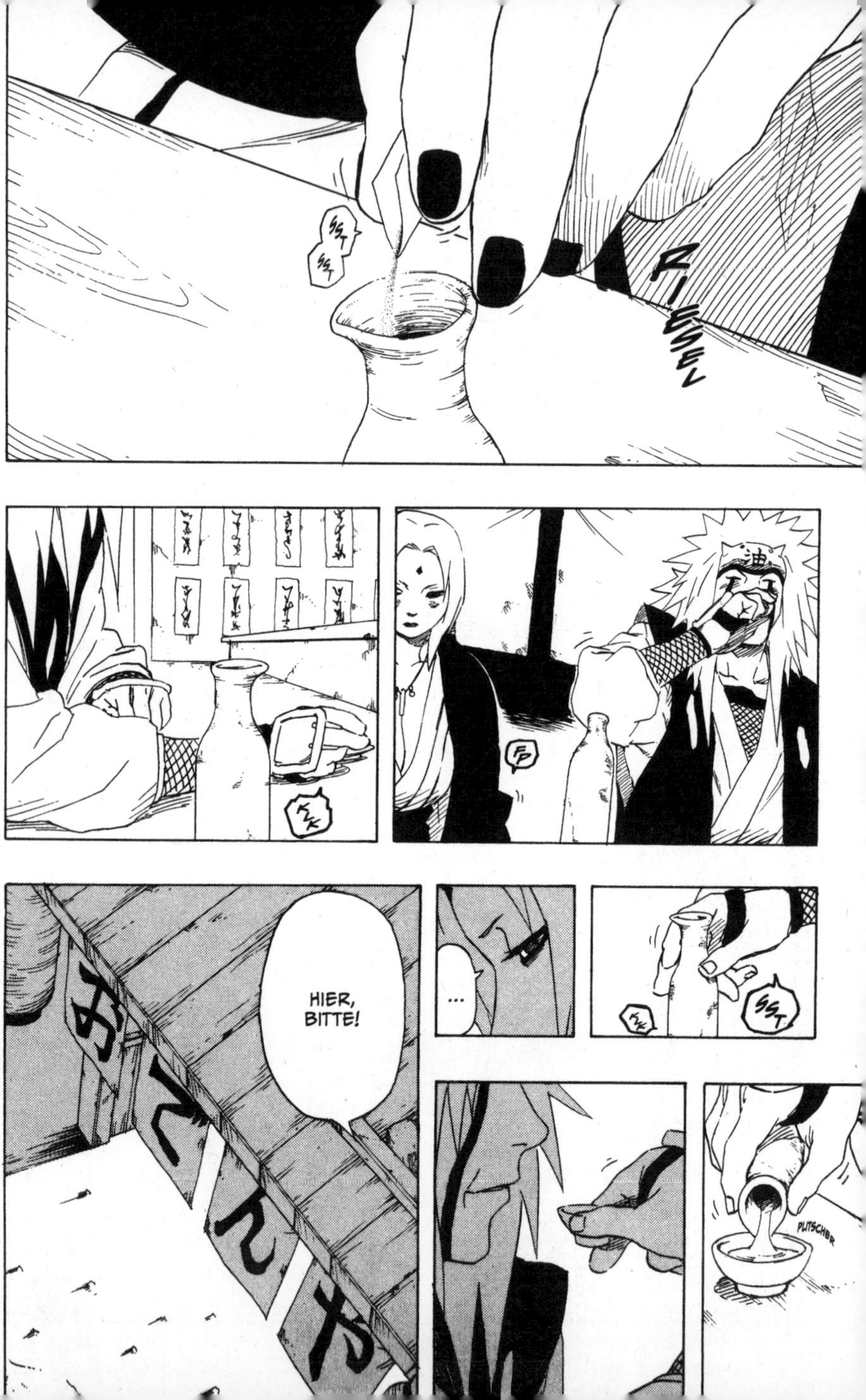

RIESEL
SST
SST
FP
KLK
...
SST
KLK
HIER, BITTE!
PLITSCHER

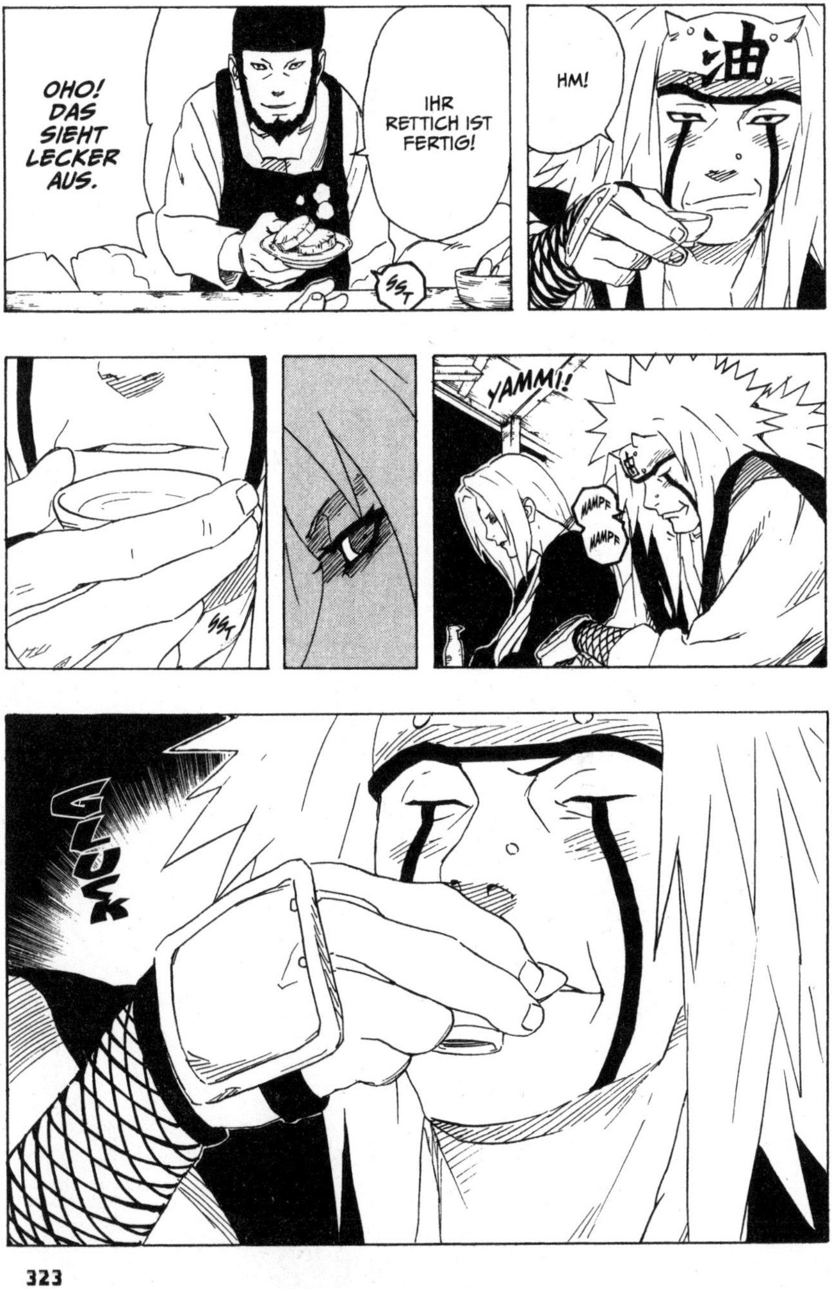
HM!
IHR RETTICH IST FERTIG!
OHO! DAS SIEHT LECKER AUS.
SST
YAMM!!
MAMPF
MAMPF
SSK
GLUCK

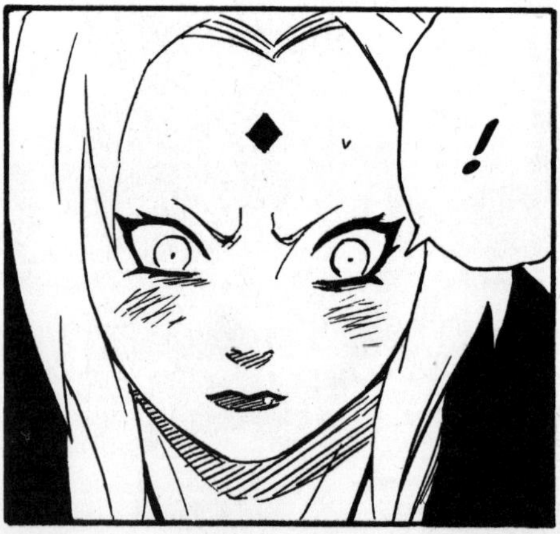

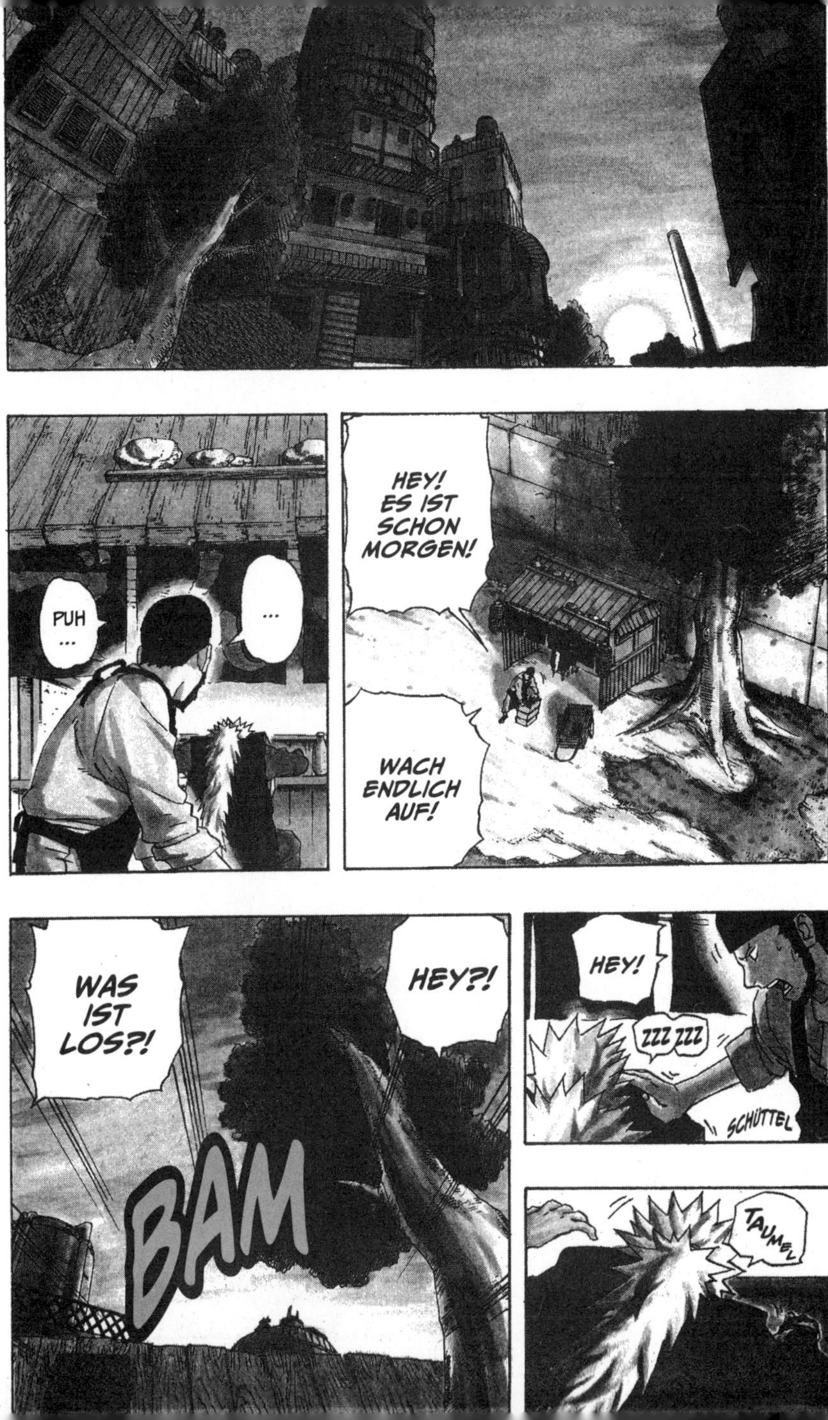
HEY! ES IST SCHON MORGEN!
WACH ENDLICH AUF!
PUH ...
...
HEY!
ZZZ ZZZ
SCHÜTTEL
HEY?!
WAS IST LOS?!
TAUMEL
BAM

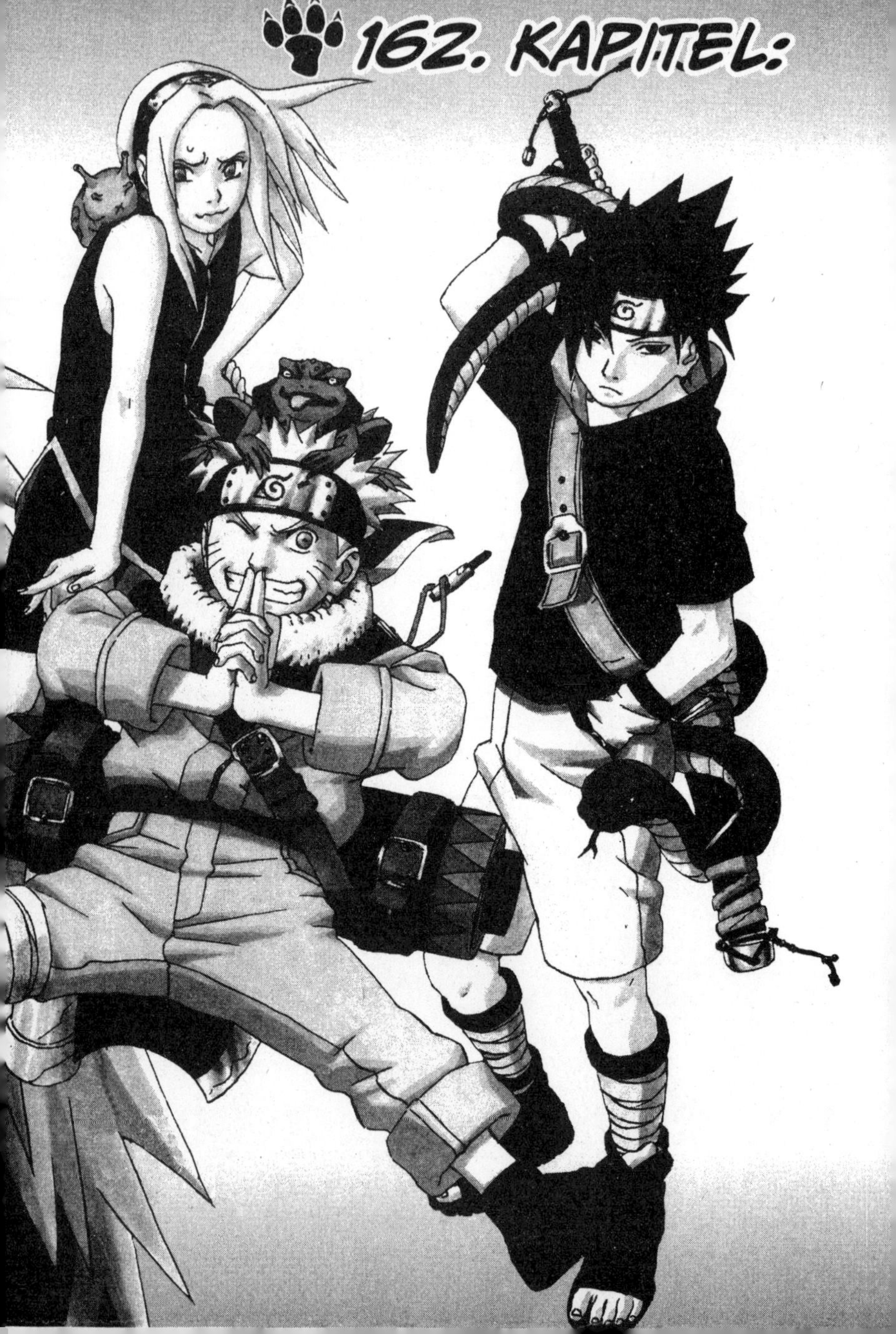
162. KAPITEL:

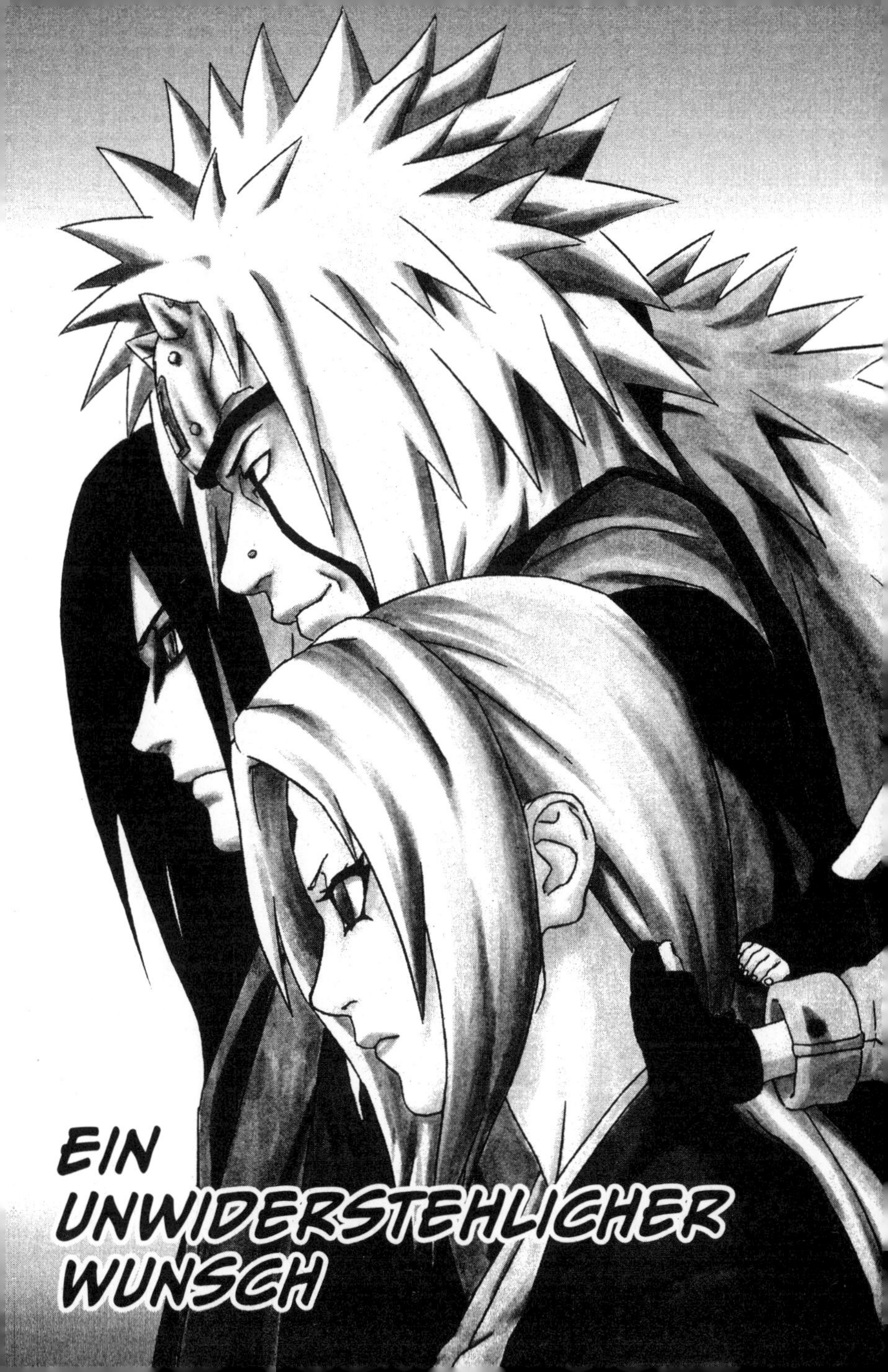
EIN
UNWIDERSTEHLICHER
WUNSCH

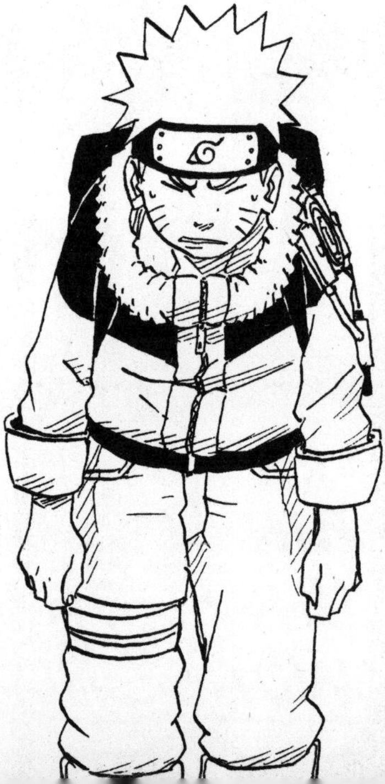

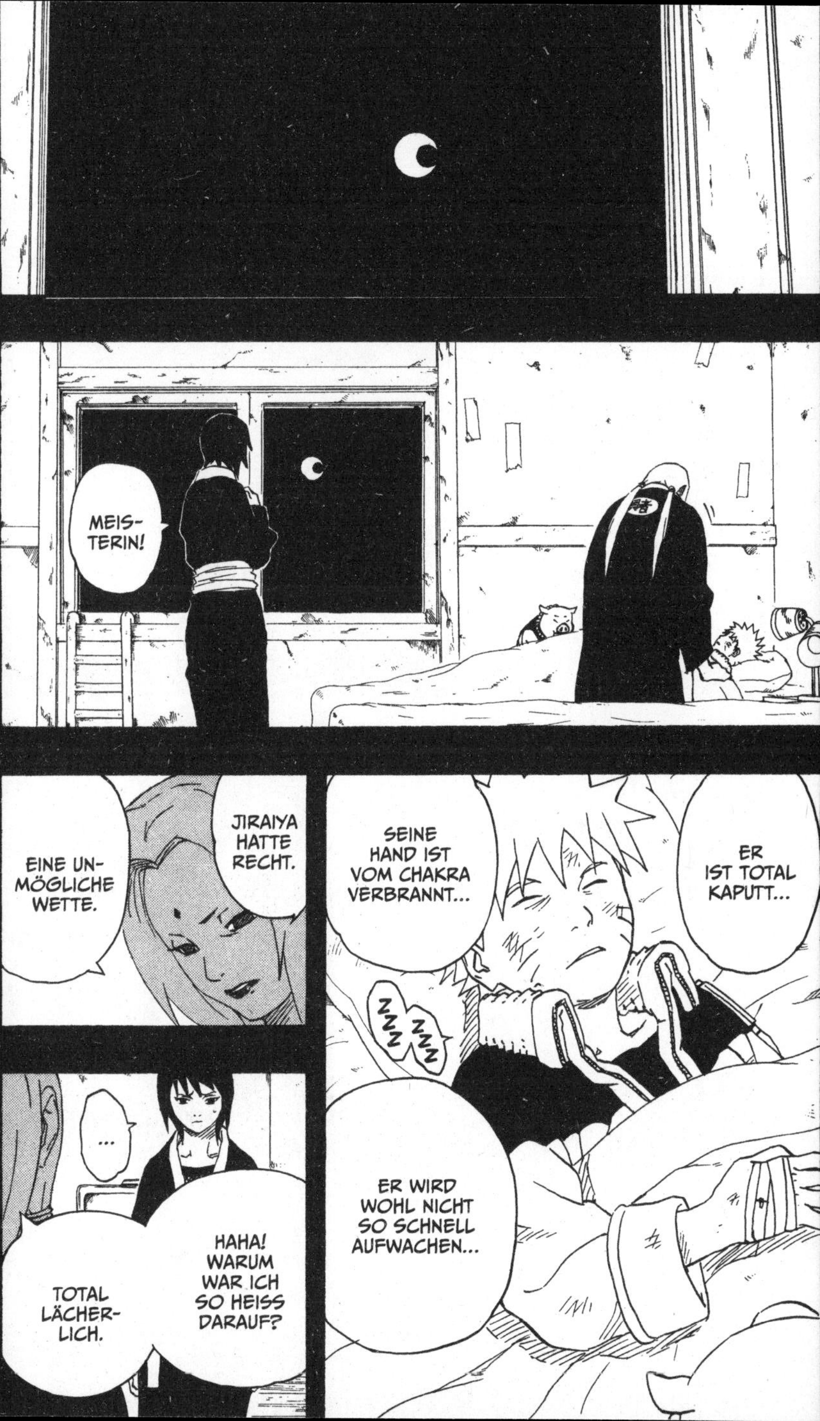
MEIS-
TERIN!
ER
IST TOTAL
KAPUTT...
SEINE
HAND IST
VOM CHAKRA
VERBRANNT...
ZZZ
ZZZ
ER WIRD
WOHL NICHT
SO SCHNELL
AUFWACHEN...
JIRAIYA
HATTE
RECHT.
EINE UN-
MÖGLICHE
WETTE.
...
HAHA!
WARUM
WAR ICH
SO HEISS
DARAUF?
TOTAL
LÄCHER-
LICH.

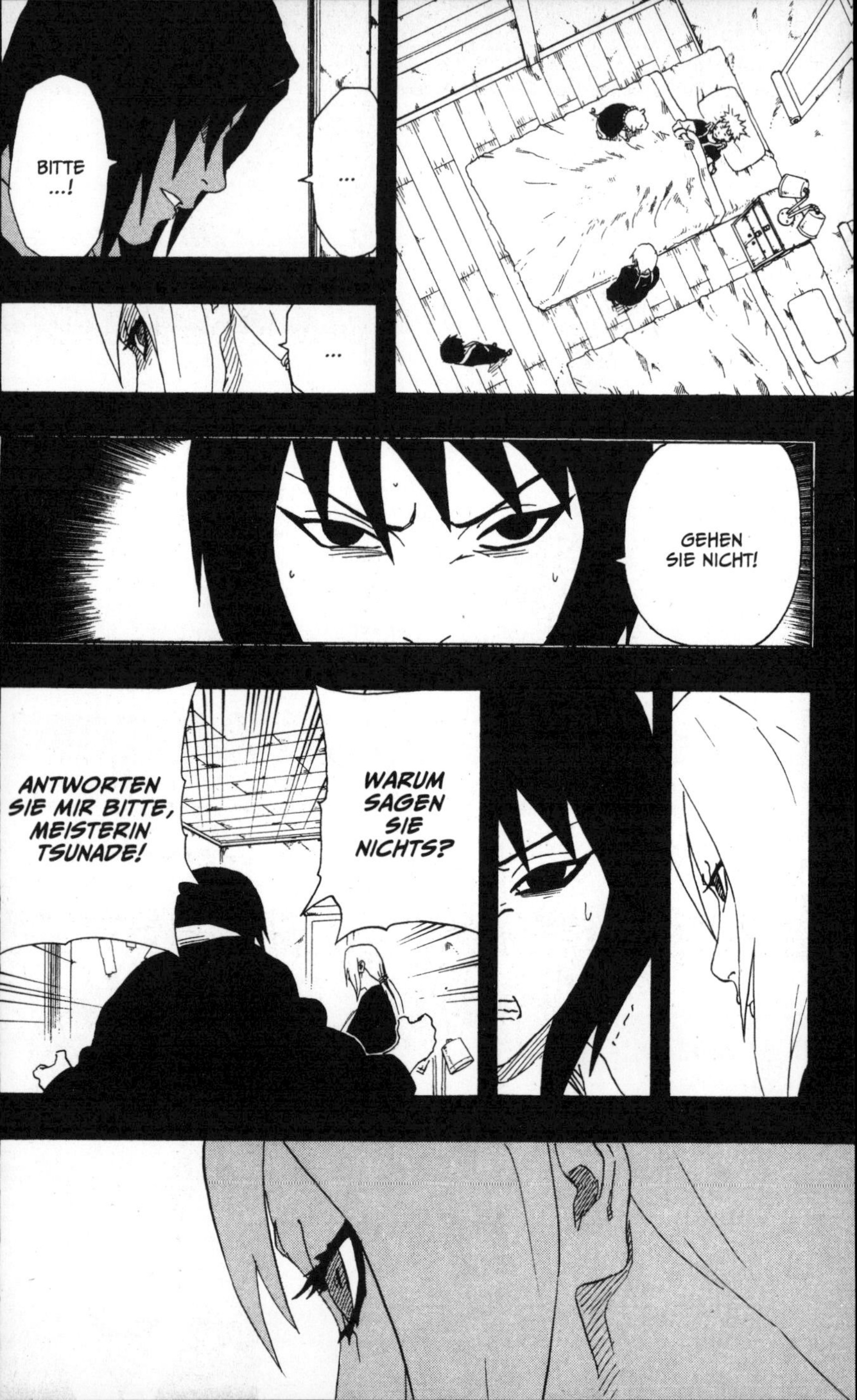
...
BITTE ...!
...
GEHEN SIE NICHT!
WARUM SAGEN SIE NICHTS?
ANTWORTEN SIE MIR BITTE, MEISTERIN TSUNADE!

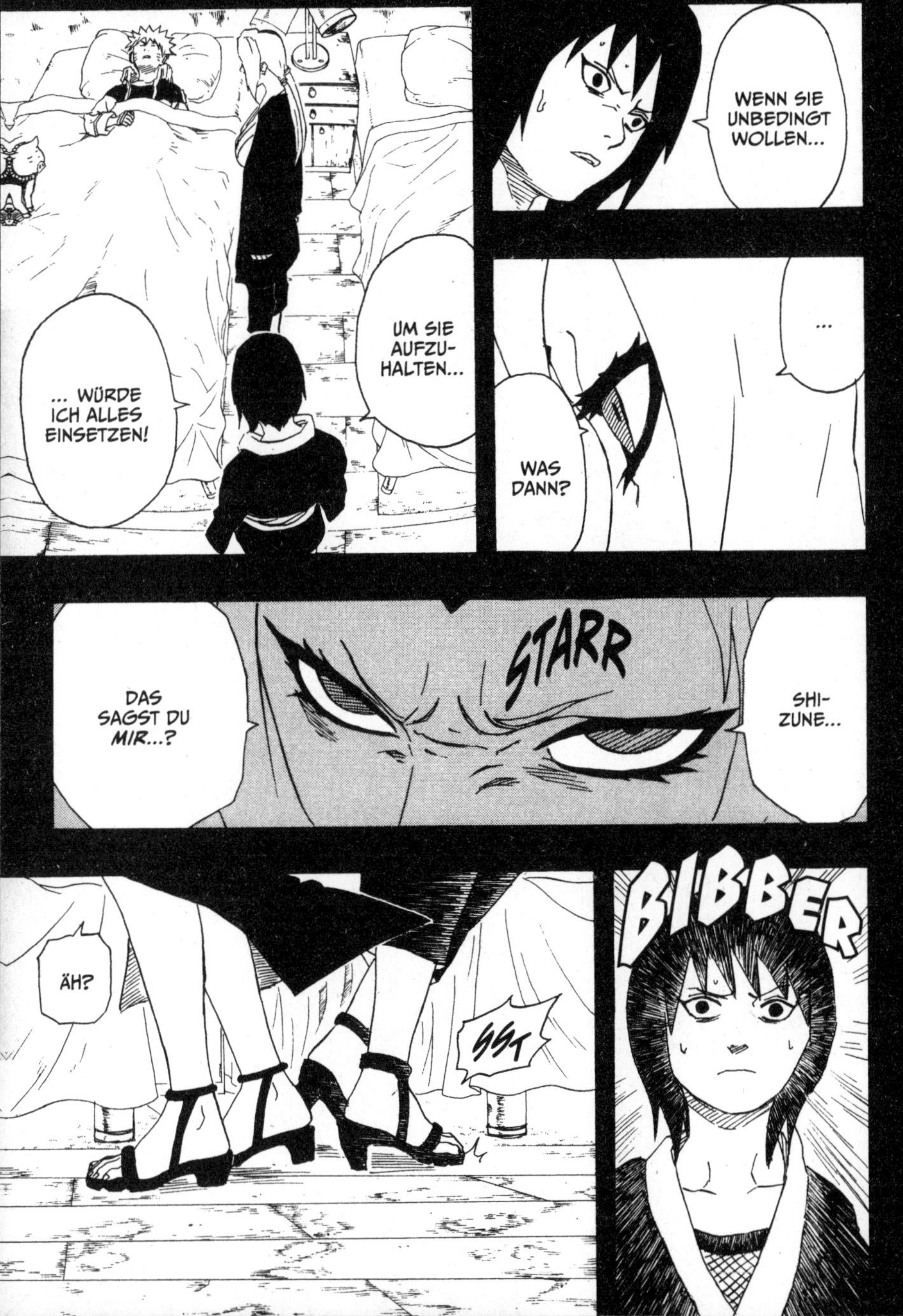
UM SIE AUFZU-HALTEN...
... WÜRDE ICH ALLES EINSETZEN!
WENN SIE UNBEDINGT WOLLEN...
...
WAS DANN?
SHI-ZUNE...
STARR
DAS SAGST DU MIR...?
BIBBER
SST
ÄH?

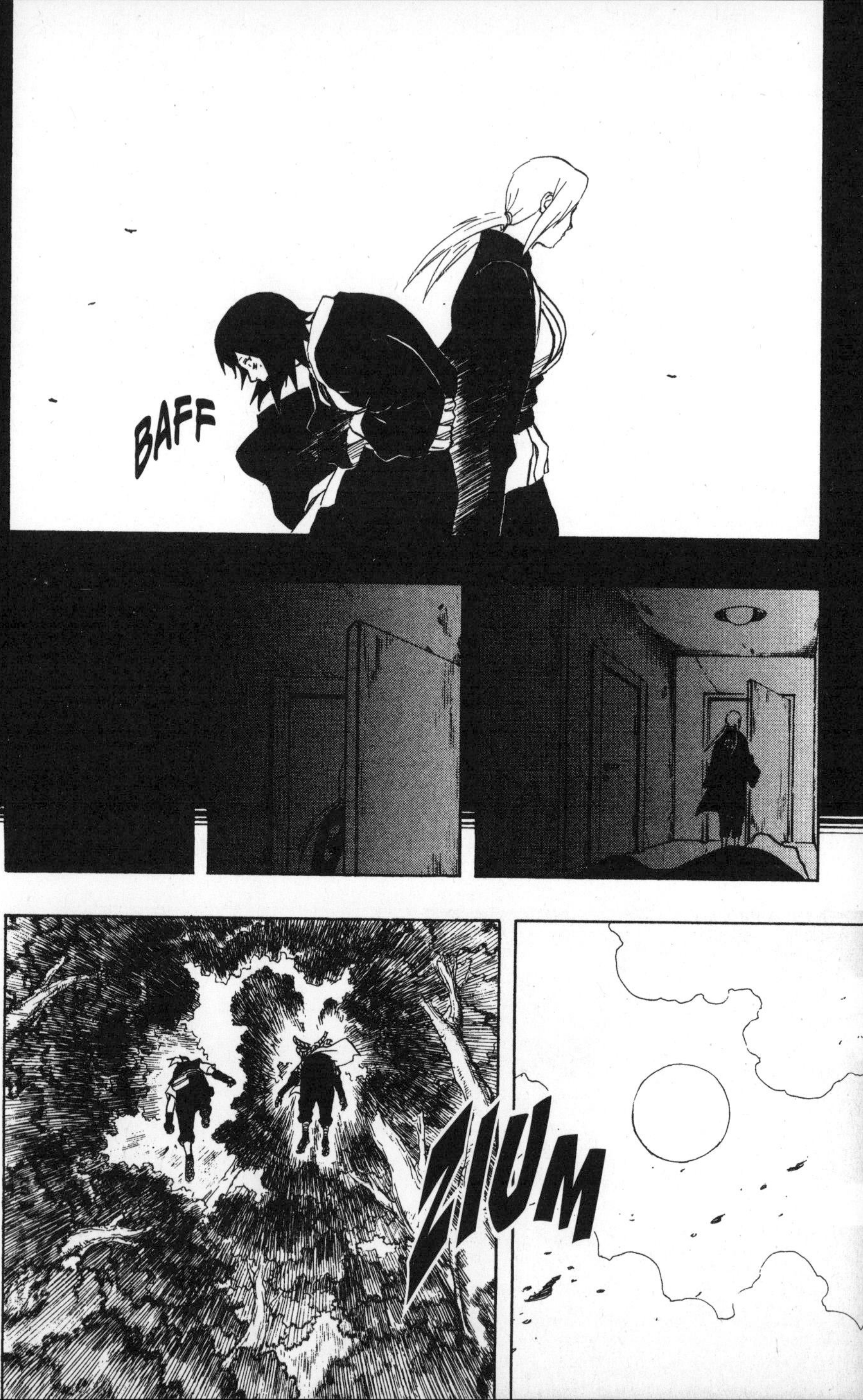
BAFF
ZIUM

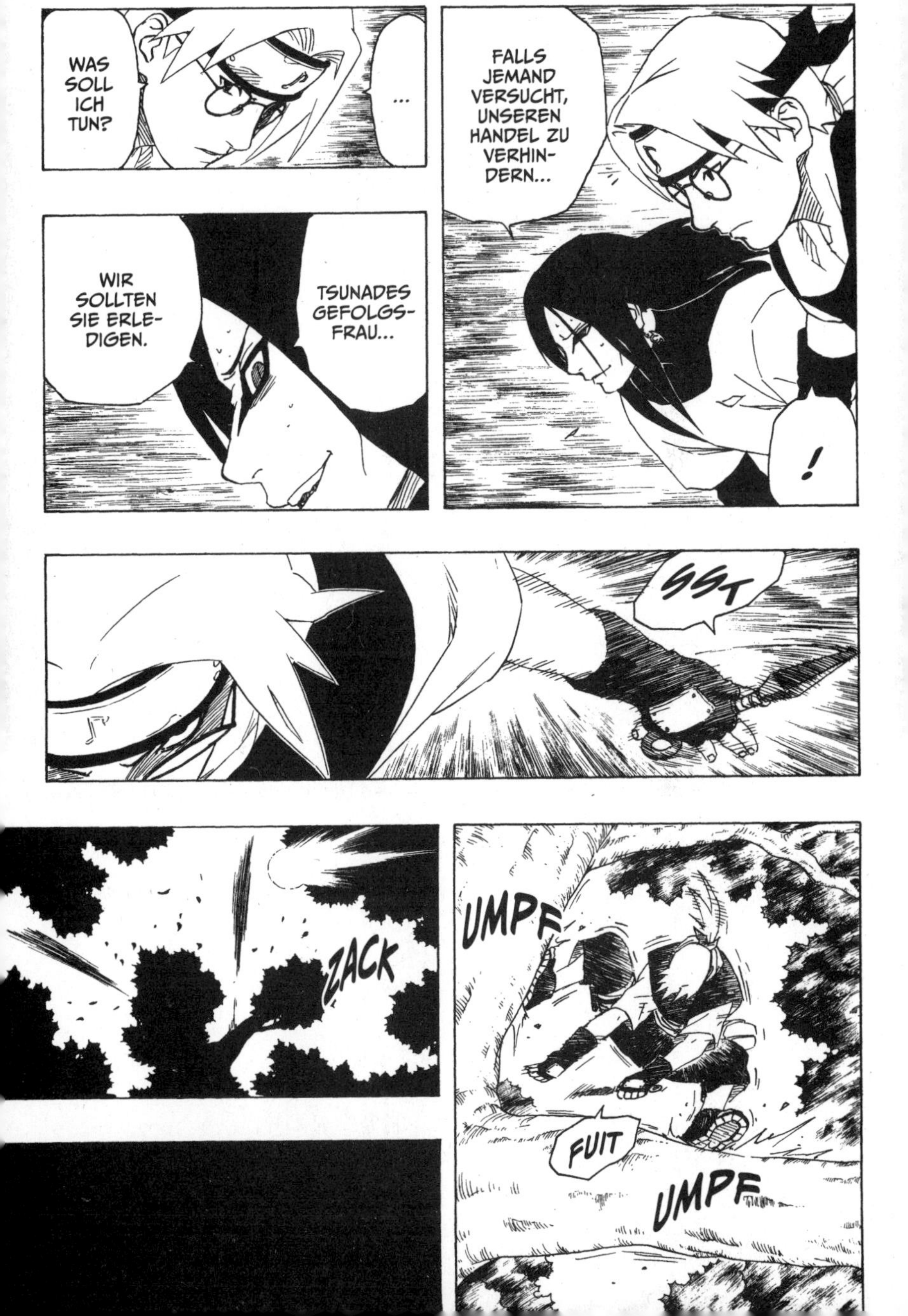
FALLS JEMAND VERSUCHT, UNSEREN HANDEL ZU VERHINDERN...
...
WAS SOLL ICH TUN?
!
TSUNADES GEFOLGSFRAU...
WIR SOLLTEN SIE ERLEDIGEN.
SST
UMPF
FUIT
UMPF
ZACK

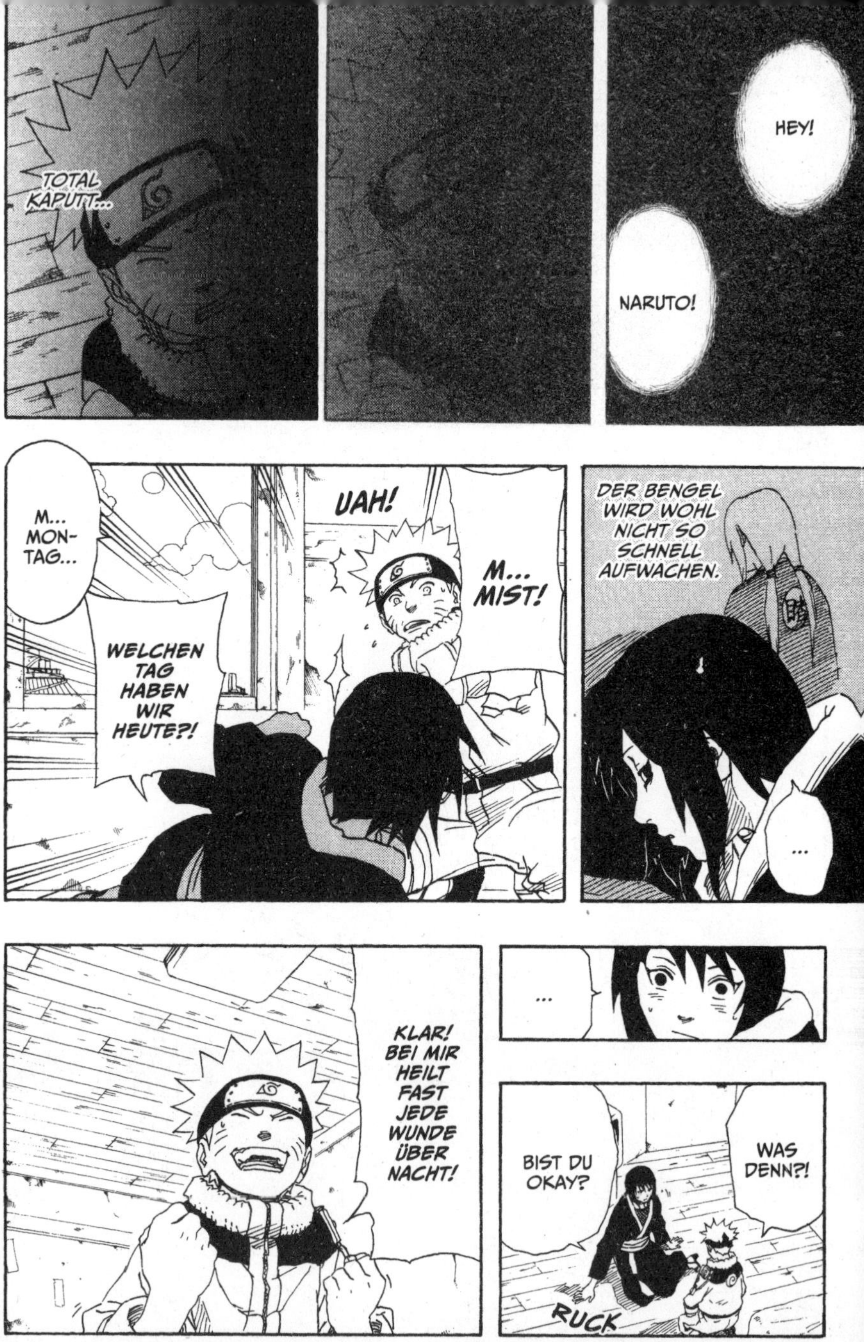
HEY!
NARUTO!
TOTAL KAPUTT...
DER BENGEL WIRD WOHL NICHT SO SCHNELL AUFWACHEN.
...
UAH!
M... MIST!
WELCHEN TAG HABEN WIR HEUTE?!
M... MONTAG...
...
WAS DENN?!
BIST DU OKAY?
RUCK
KLAR! BEI MIR HEILT FAST JEDE WUNDE ÜBER NACHT!

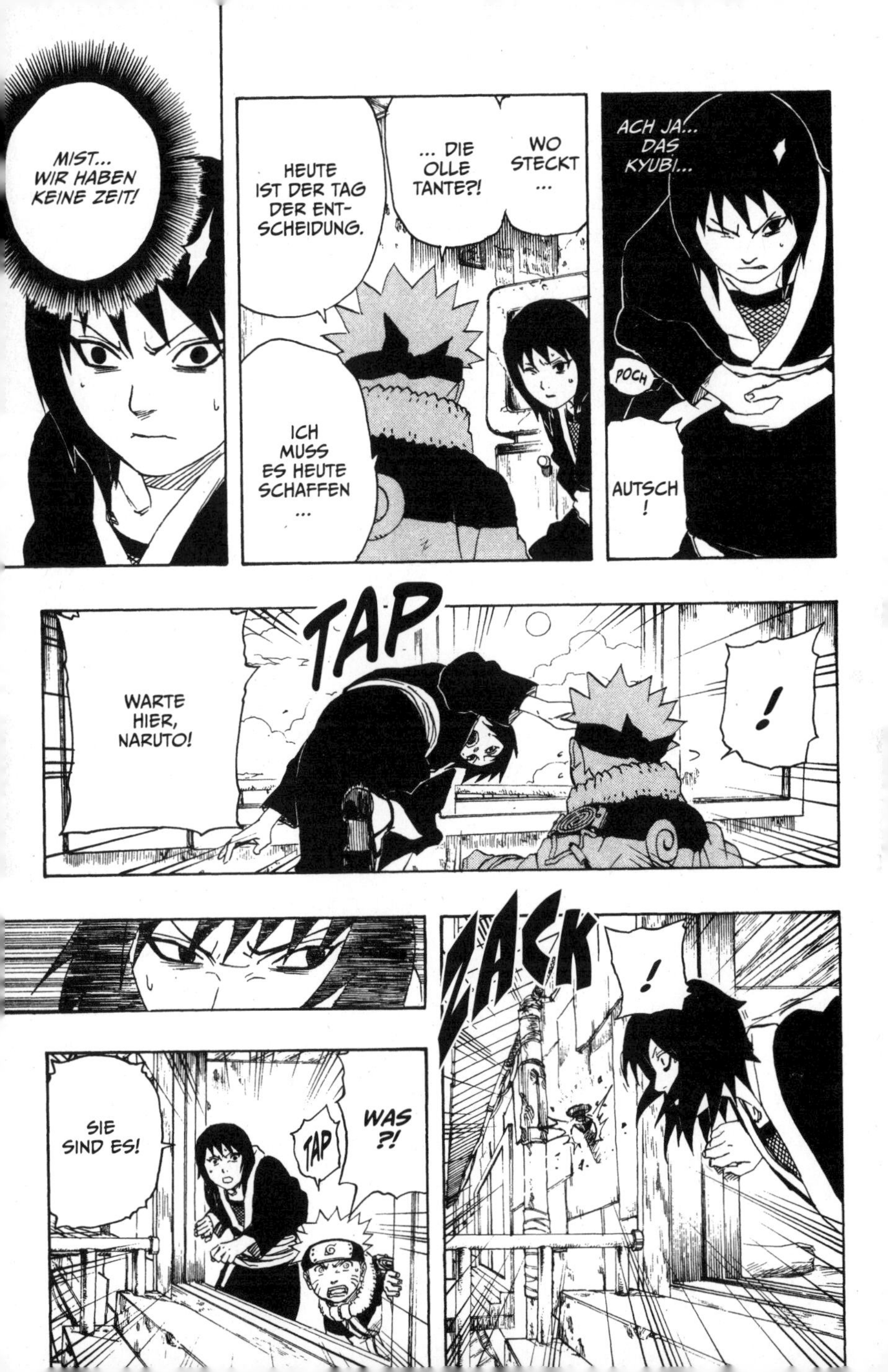
ACH JA... DAS KYUBI...
POCH
AUTSCH !
WO STECKT ...
... DIE OLLE TANTE?!
HEUTE IST DER TAG DER ENT-SCHEIDUNG.
ICH MUSS ES HEUTE SCHAFFEN ...
MIST... WIR HABEN KEINE ZEIT!
!
TAP
WARTE HIER, NARUTO!
ZACK
!
WAS ?!
TAP
SIE SIND ES!

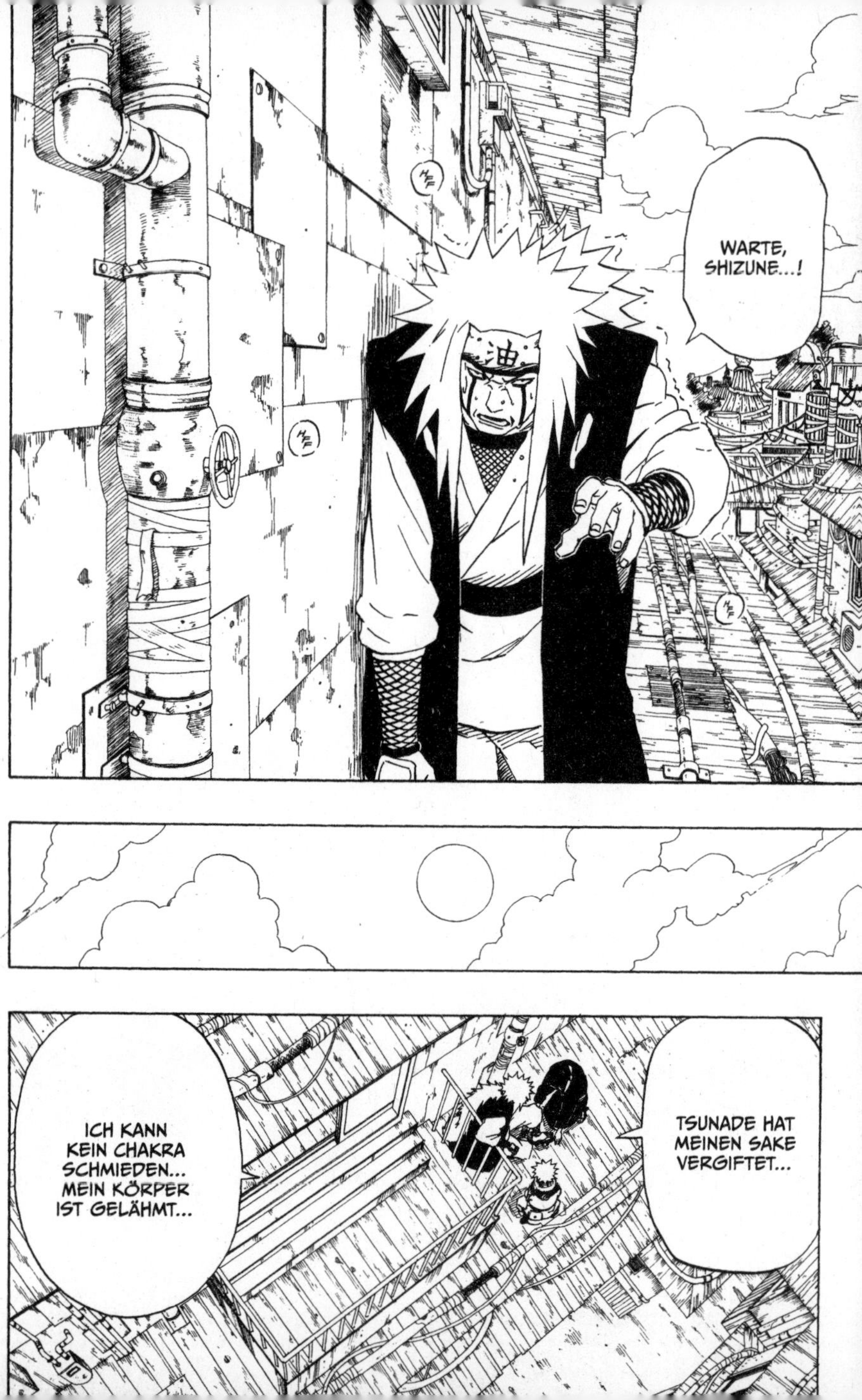
WARTE, SHIZUNE...!
TSUNADE HAT MEINEN SAKE VERGIFTET...
ICH KANN KEIN CHAKRA SCHMIEDEN... MEIN KÖRPER IST GELÄHMT...

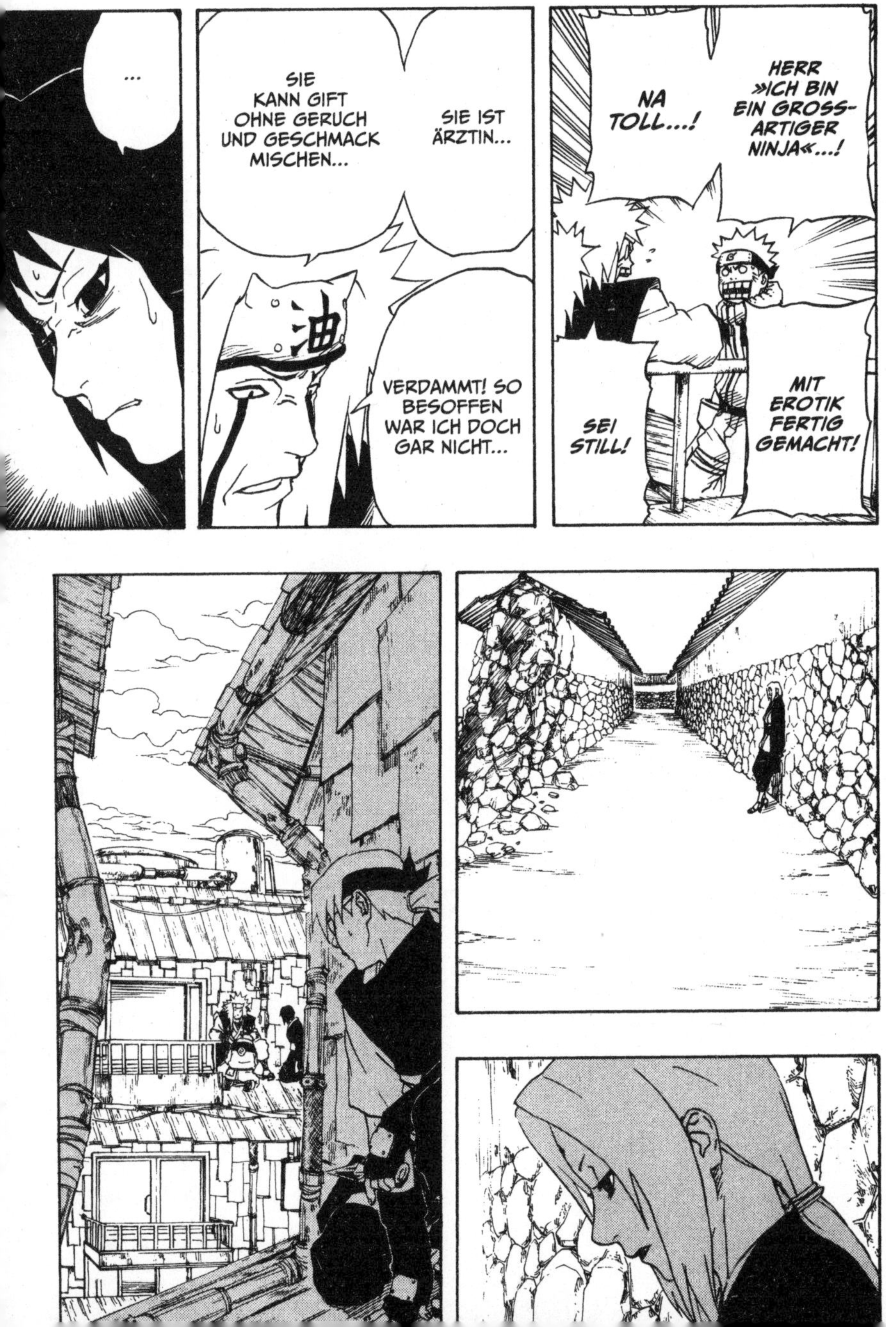

NA TOLL...!
HERR »ICH BIN EIN GROSS-ARTIGER NINJA«...!
MIT EROTIK FERTIG GEMACHT!
SEI STILL!
SIE IST ÄRZTIN...
SIE KANN GIFT OHNE GERUCH UND GESCHMACK MISCHEN...
VERDAMMT! SO BESOFFEN WAR ICH DOCH GAR NICHT...
...

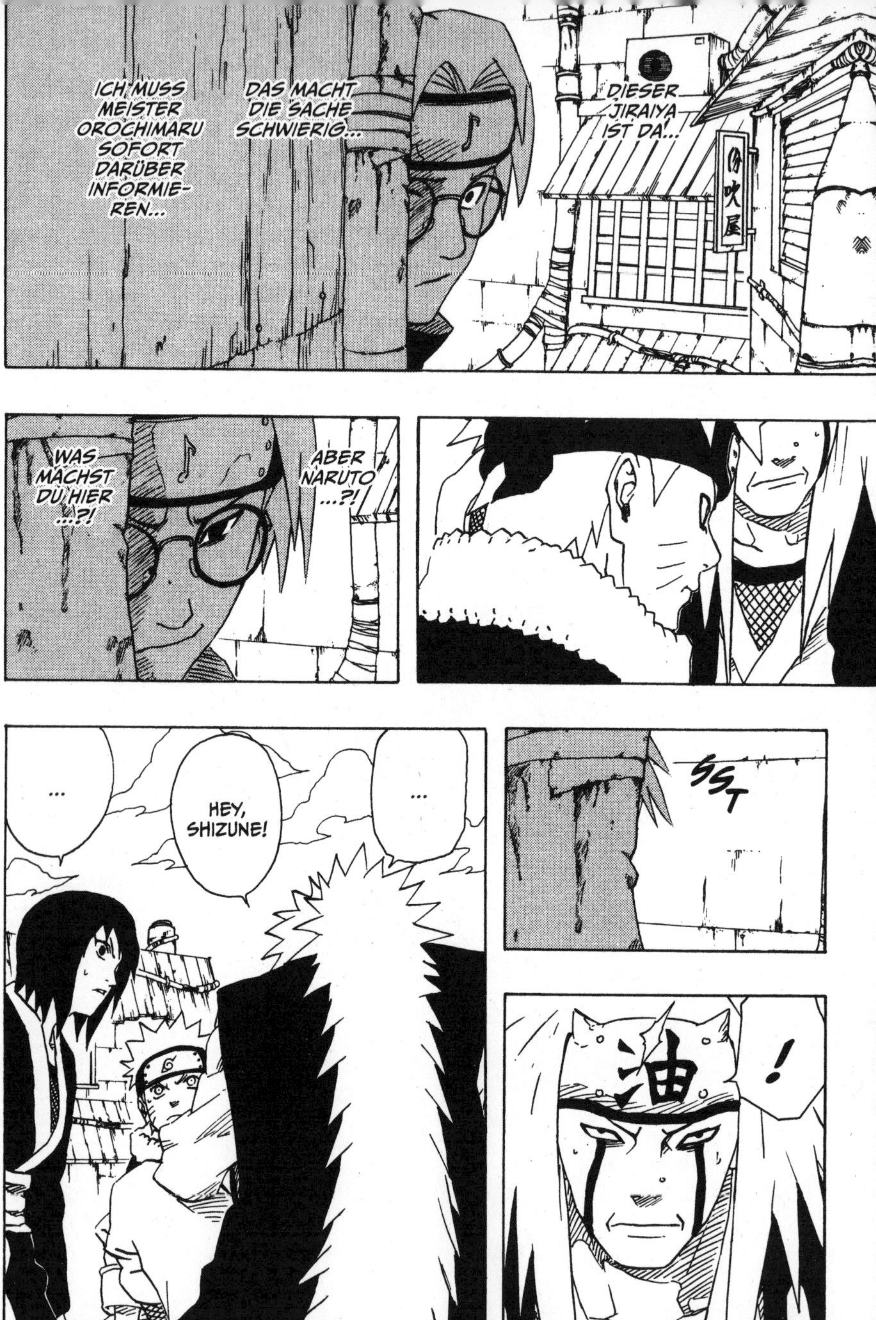
Dieser Jiraiya ist da!...
Das macht die Sache schwierig...
Ich muss Meister Orochimaru sofort darüber informieren...
Aber Naruto ...?!
Was machst du hier ...?!
...
Hey, Shizune!
...
SST
!

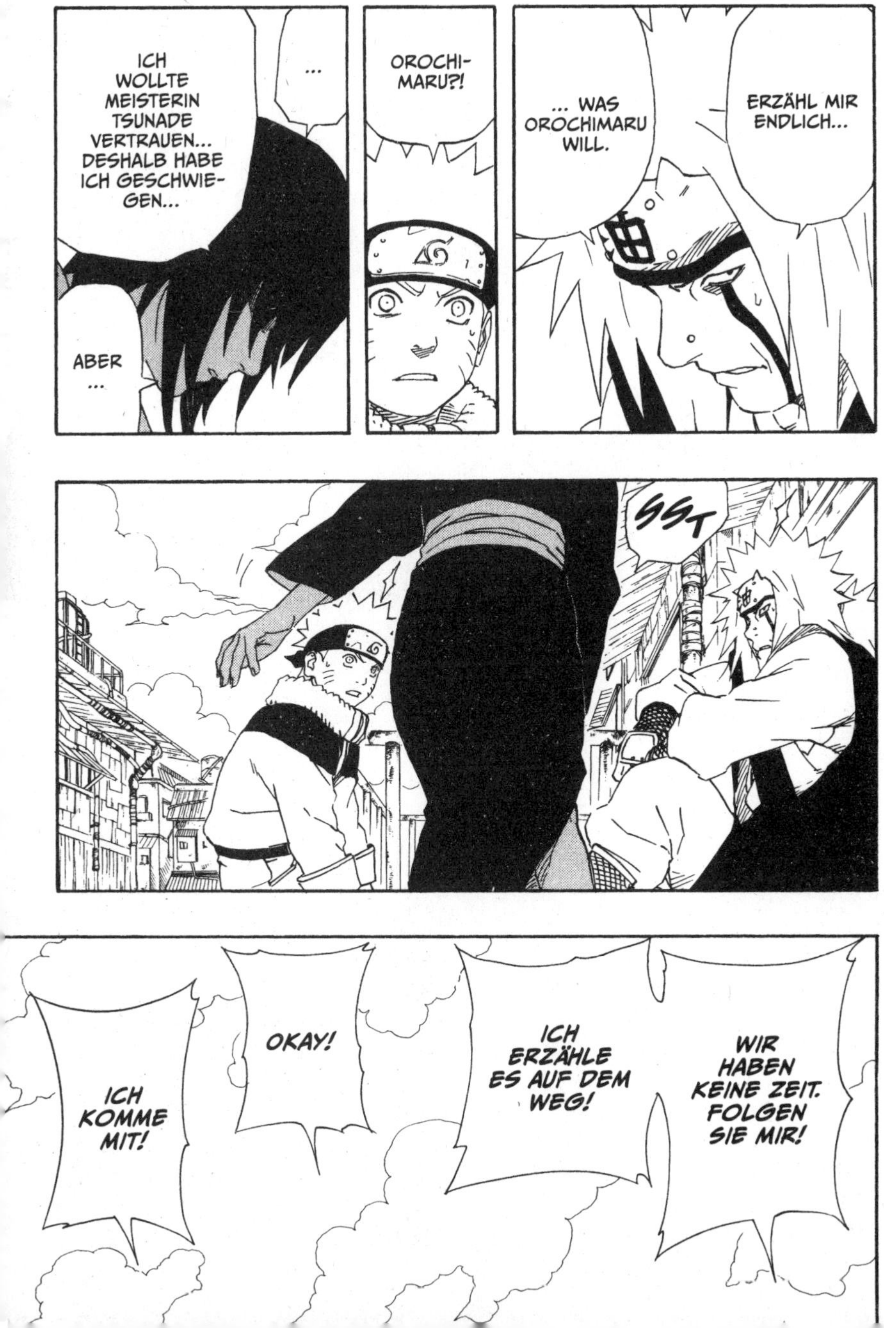
ERZÄHL MIR ENDLICH...
... WAS OROCHIMARU WILL.
OROCHI-MARU?!
...
ICH WOLLTE MEISTERIN TSUNADE VERTRAUEN... DESHALB HABE ICH GESCHWIE-GEN...
ABER ...
SST
WIR HABEN KEINE ZEIT. FOLGEN SIE MIR!
ICH ERZÄHLE ES AUF DEM WEG!
OKAY!
ICH KOMME MIT!

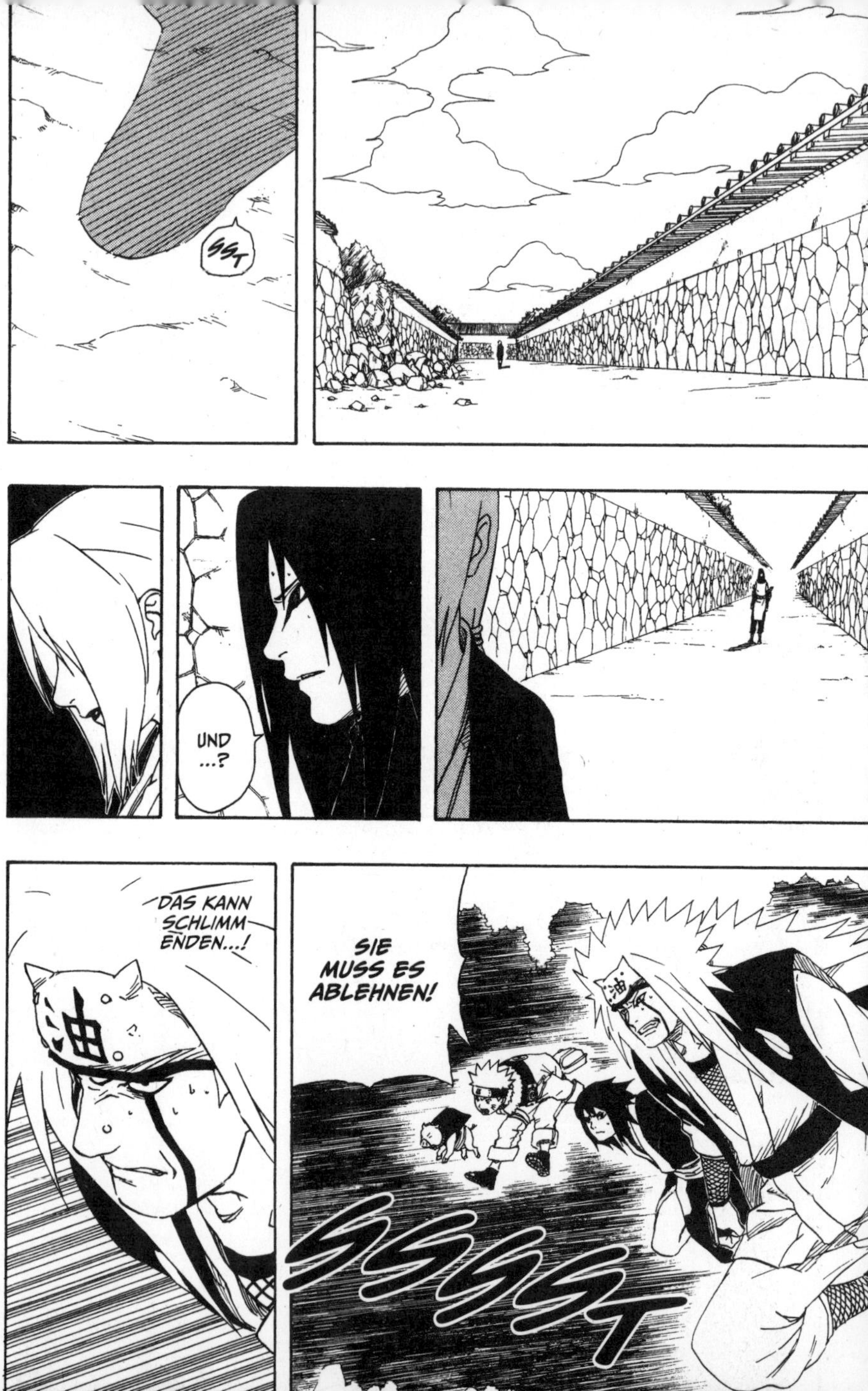
SST
UND ...?
SIE MUSS ES ABLEHNEN!
DAS KANN SCHLIMM ENDEN...!
SSSST

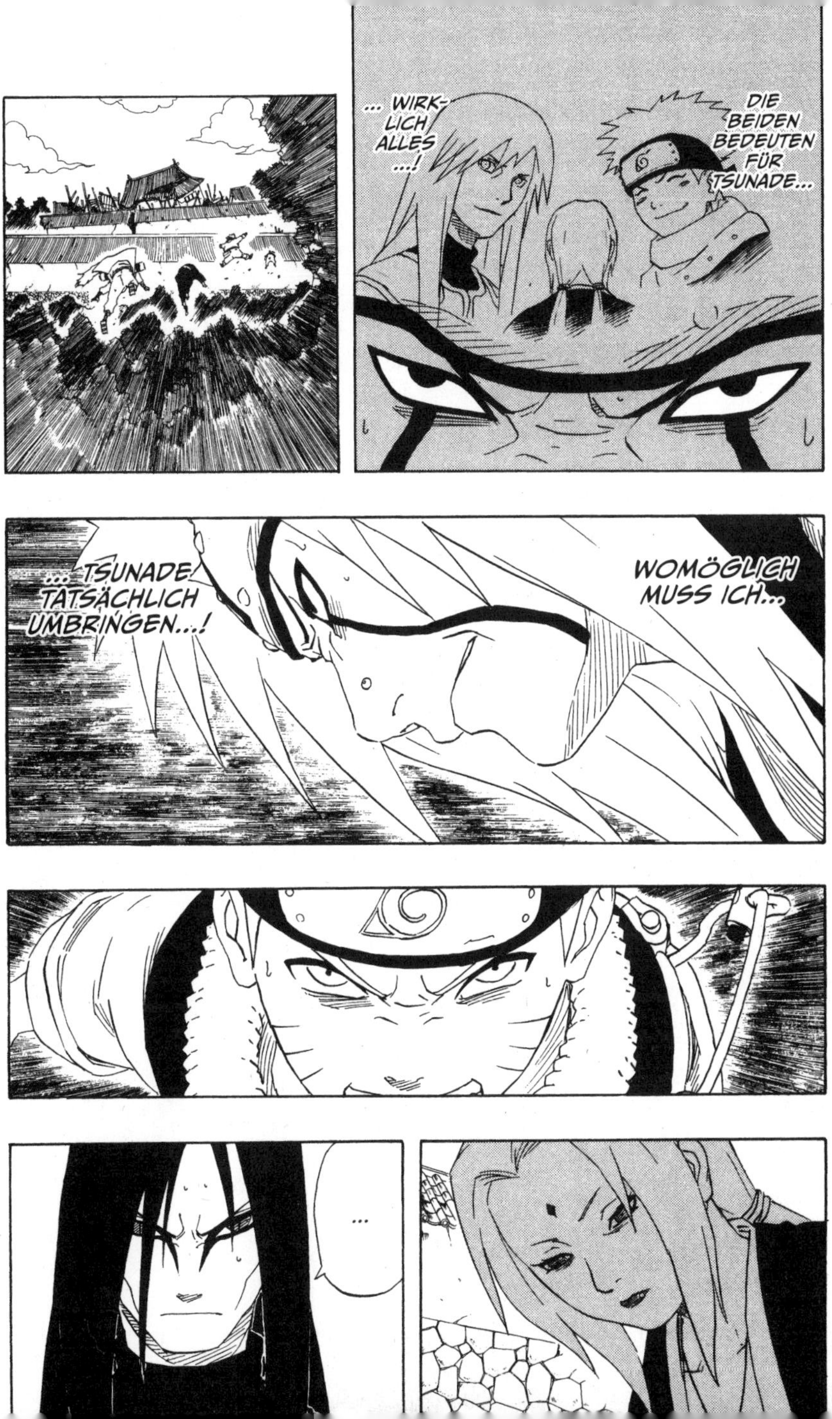
DIE BEIDEN BEDEUTEN FÜR TSUNADE...
... WIRK-LICH ALLES ...!
WOMÖGLICH MUSS ICH...
... TSUNADE TATSÄCHLICH UMBRINGEN...!
...

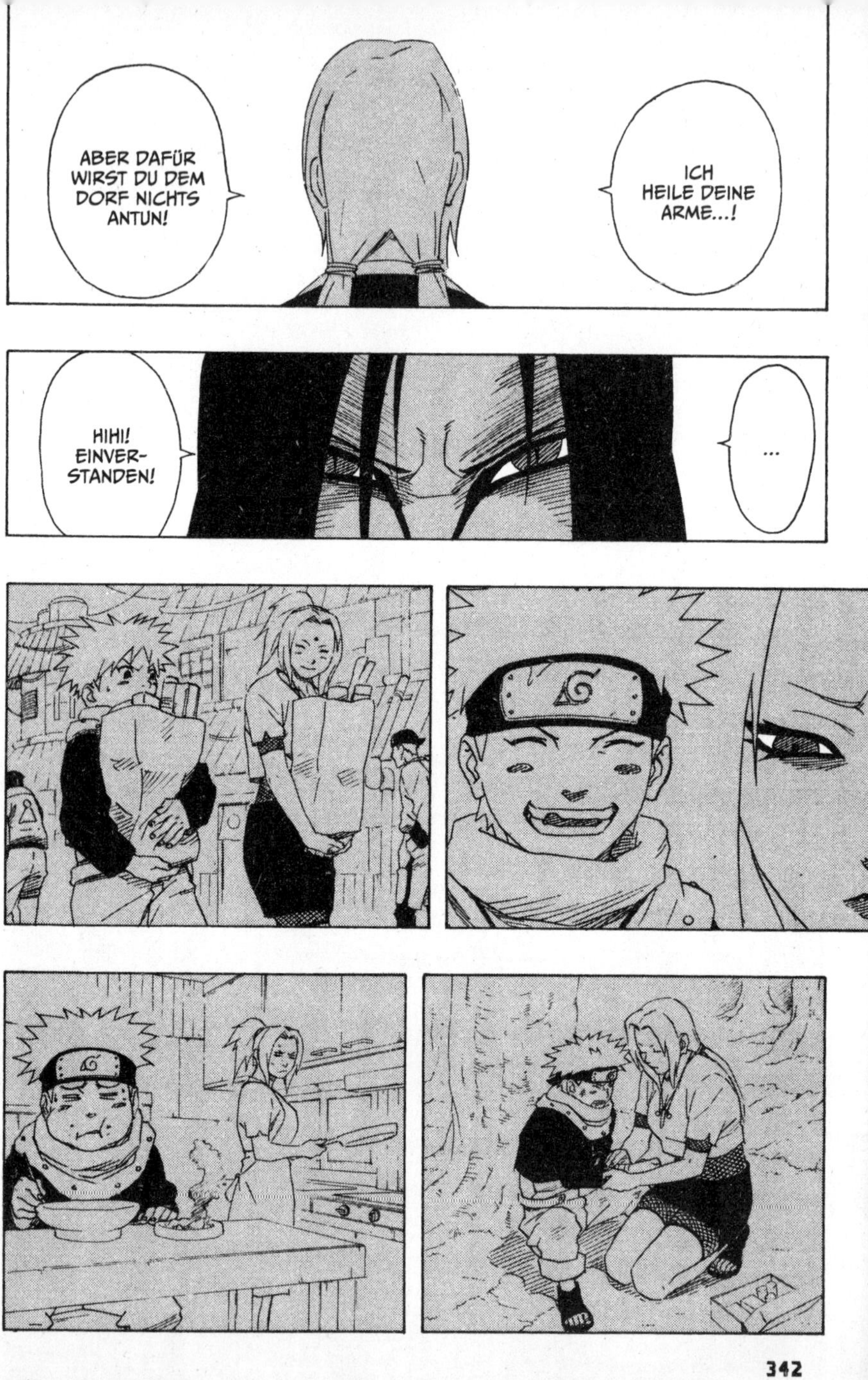
ICH HEILE DEINE ARME...!
ABER DAFÜR WIRST DU DEM DORF NICHTS ANTUN!
...
HIHI! EINVER-STANDEN!

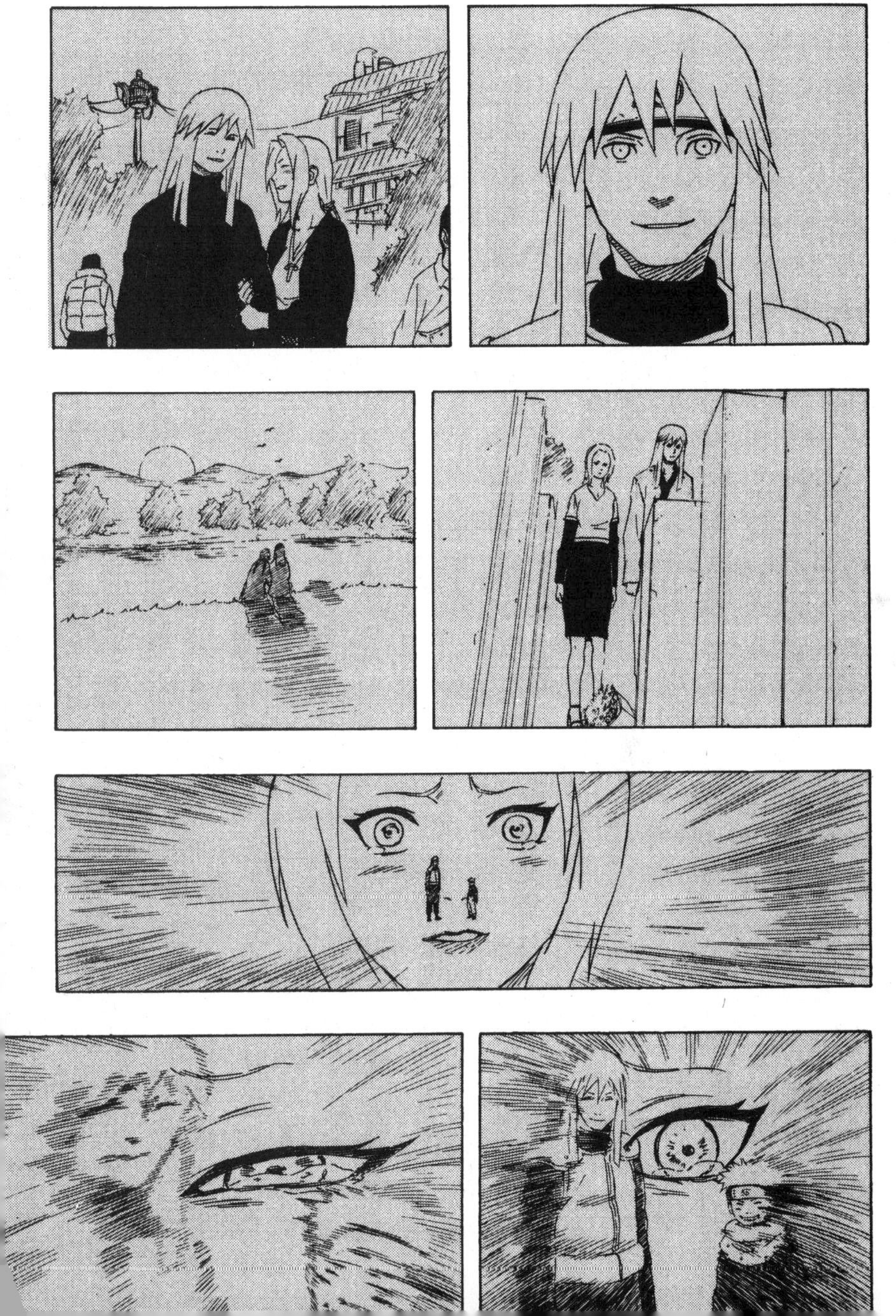

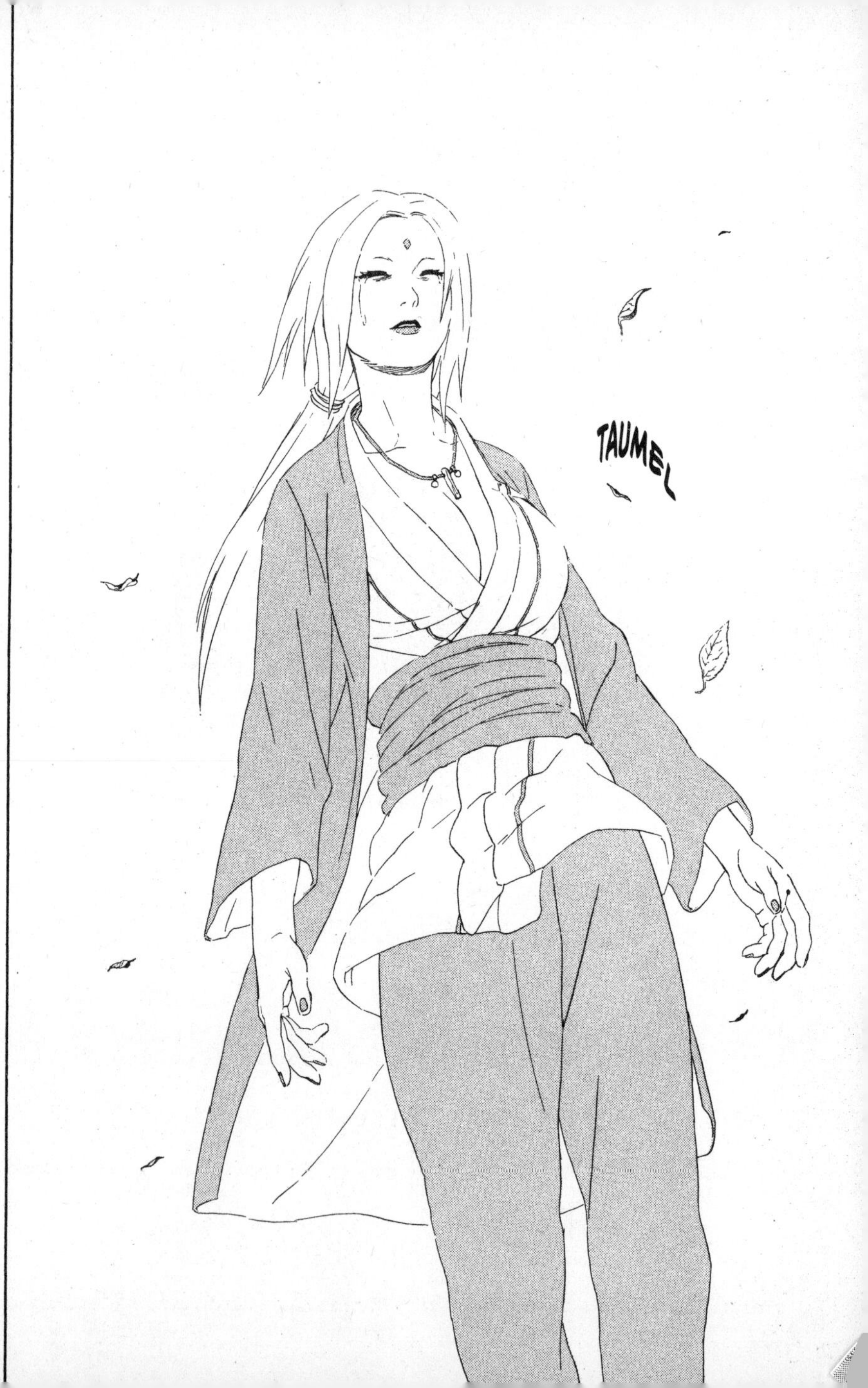
TAUMEL

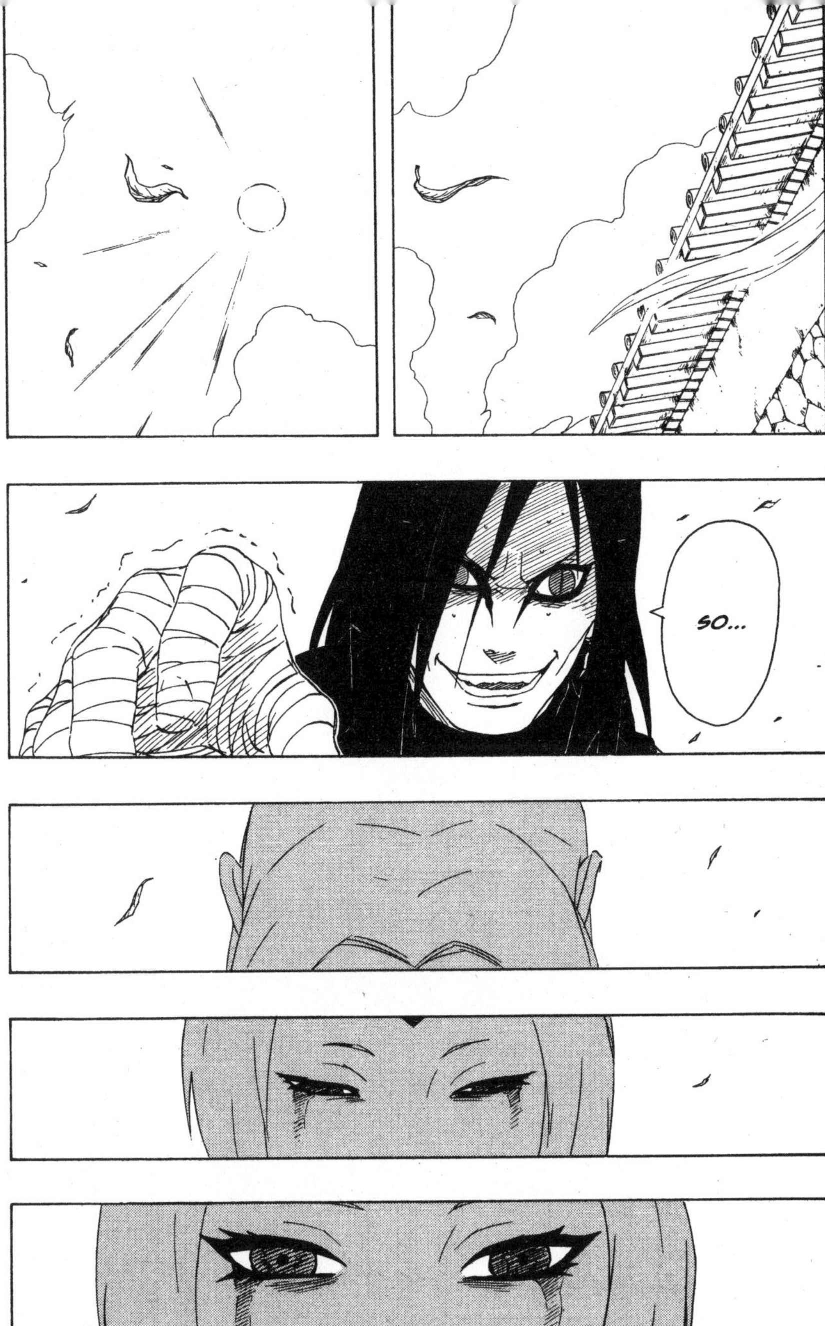
SO...

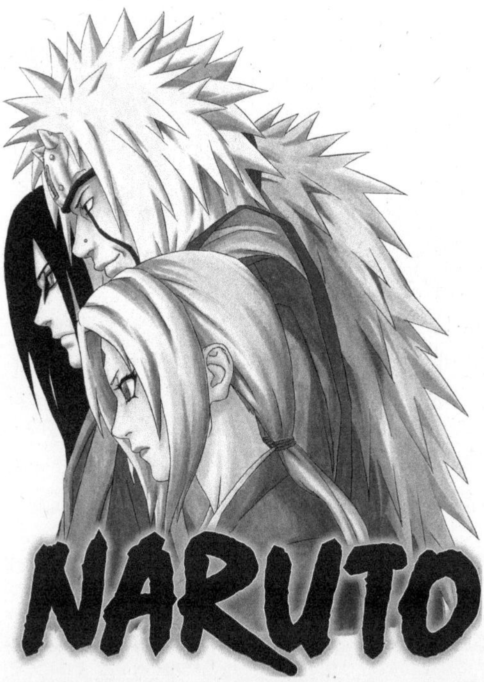
NARUTO

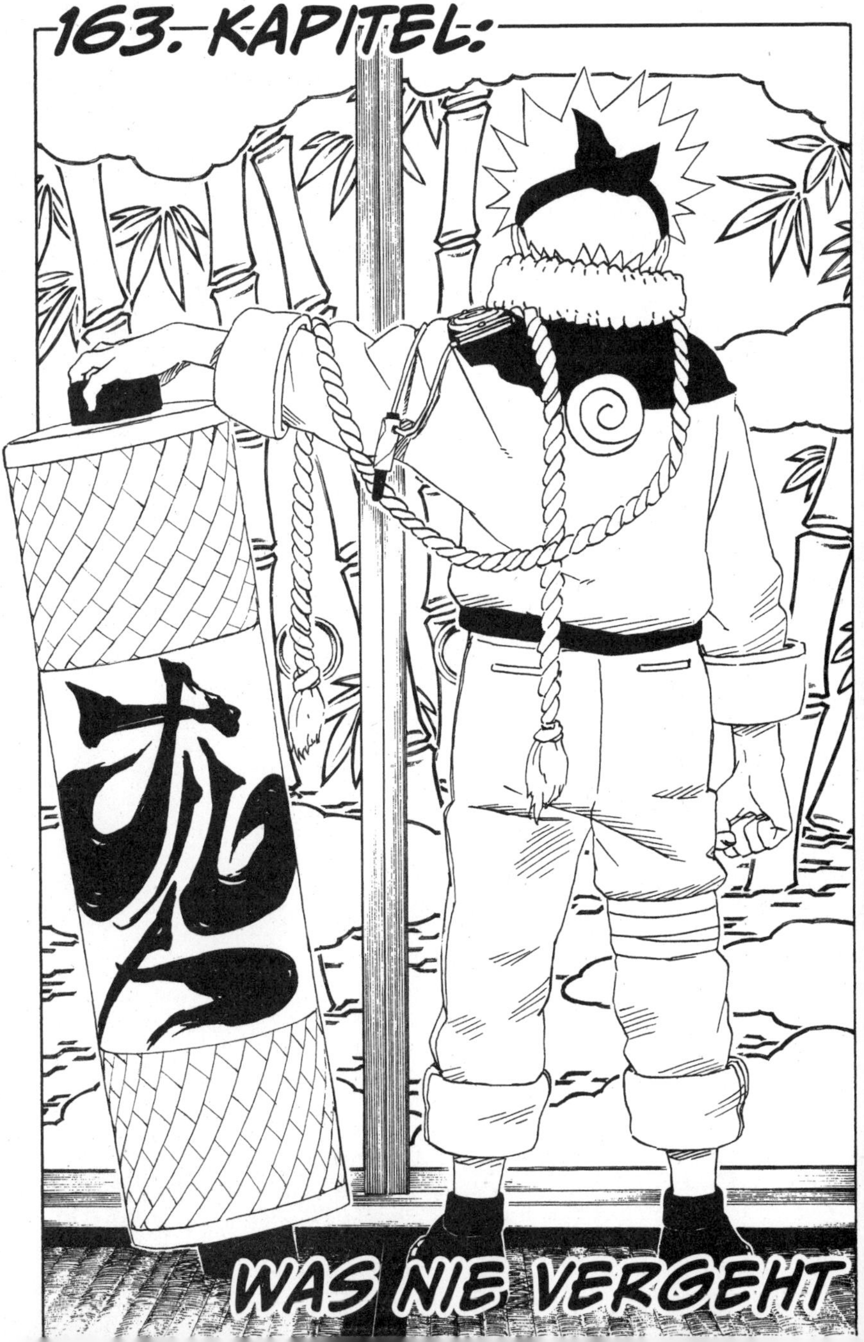
163. KAPITEL:
WAS NIE VERGEHT

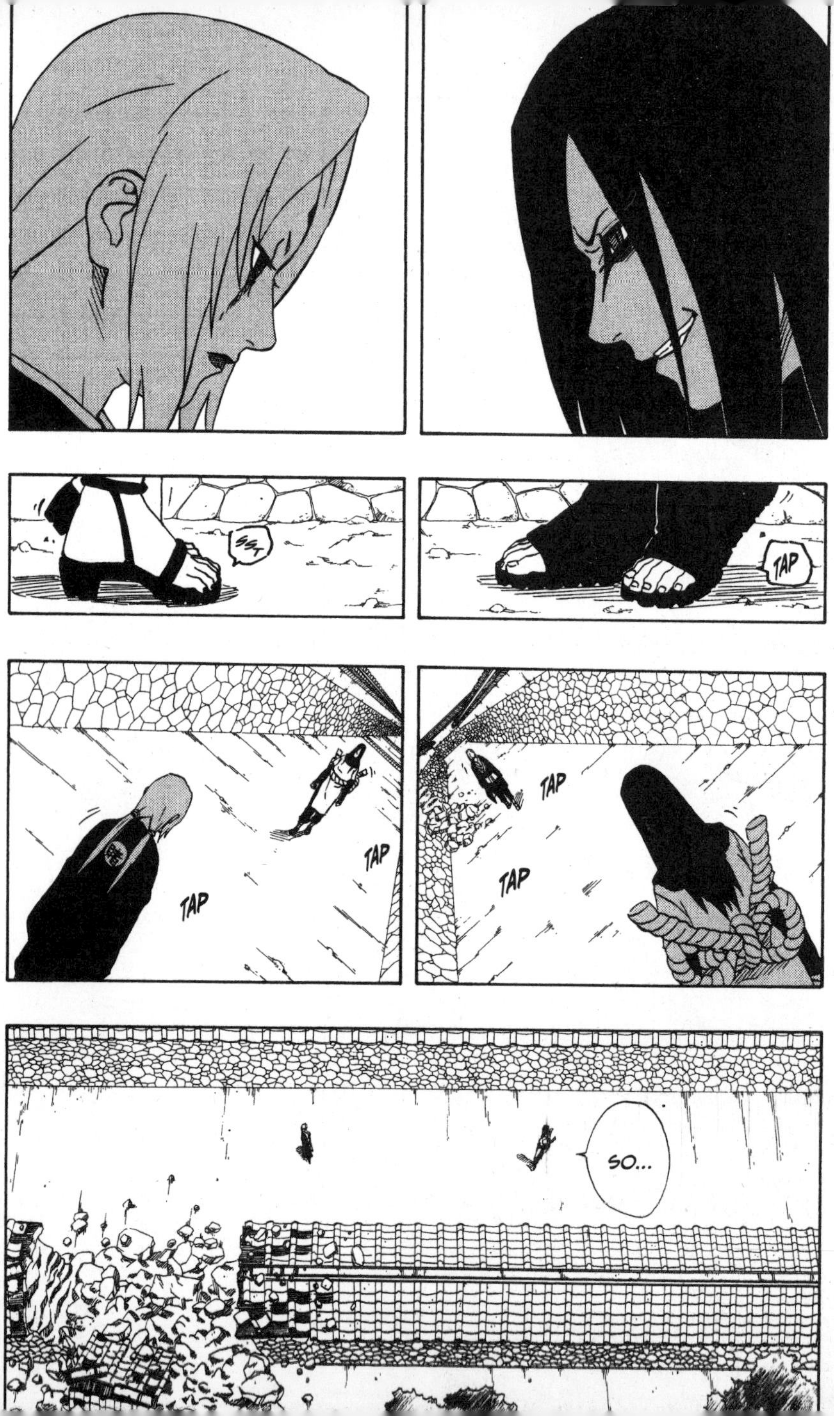

TAP
SSK
TAP
TAP
TAP
TAP
SO...

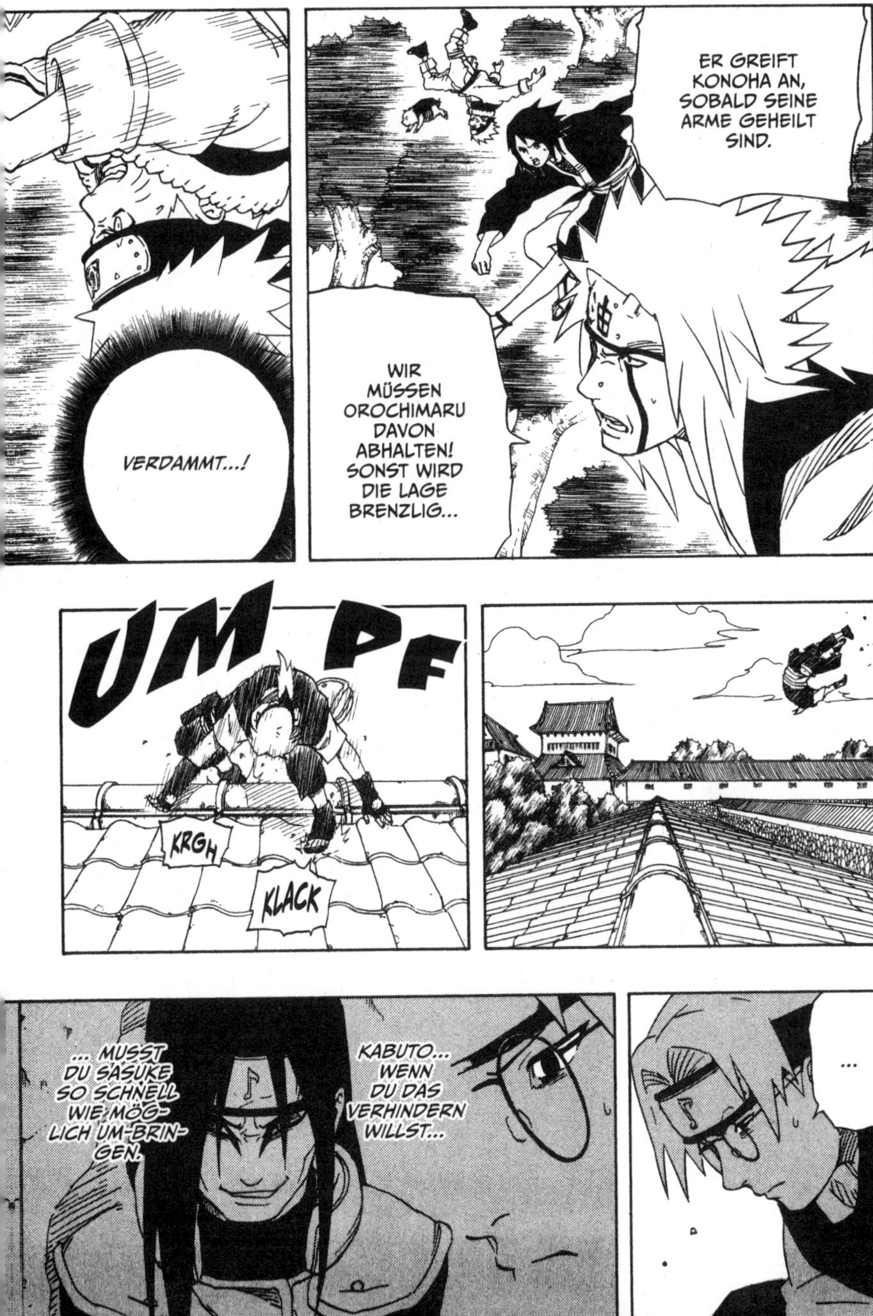
ER GREIFT KONOHA AN, SOBALD SEINE ARME GEHEILT SIND.
WIR MÜSSEN OROCHIMARU DAVON ABHALTEN! SONST WIRD DIE LAGE BRENZLIG...
VERDAMMT...!
UMPF
KRGH
KLACK
...
KABUTO... WENN DU DAS VERHINDERN WILLST...
... MUSST DU SASUKE SO SCHNELL WIE MÖG-LICH UM-BRIN-GEN.

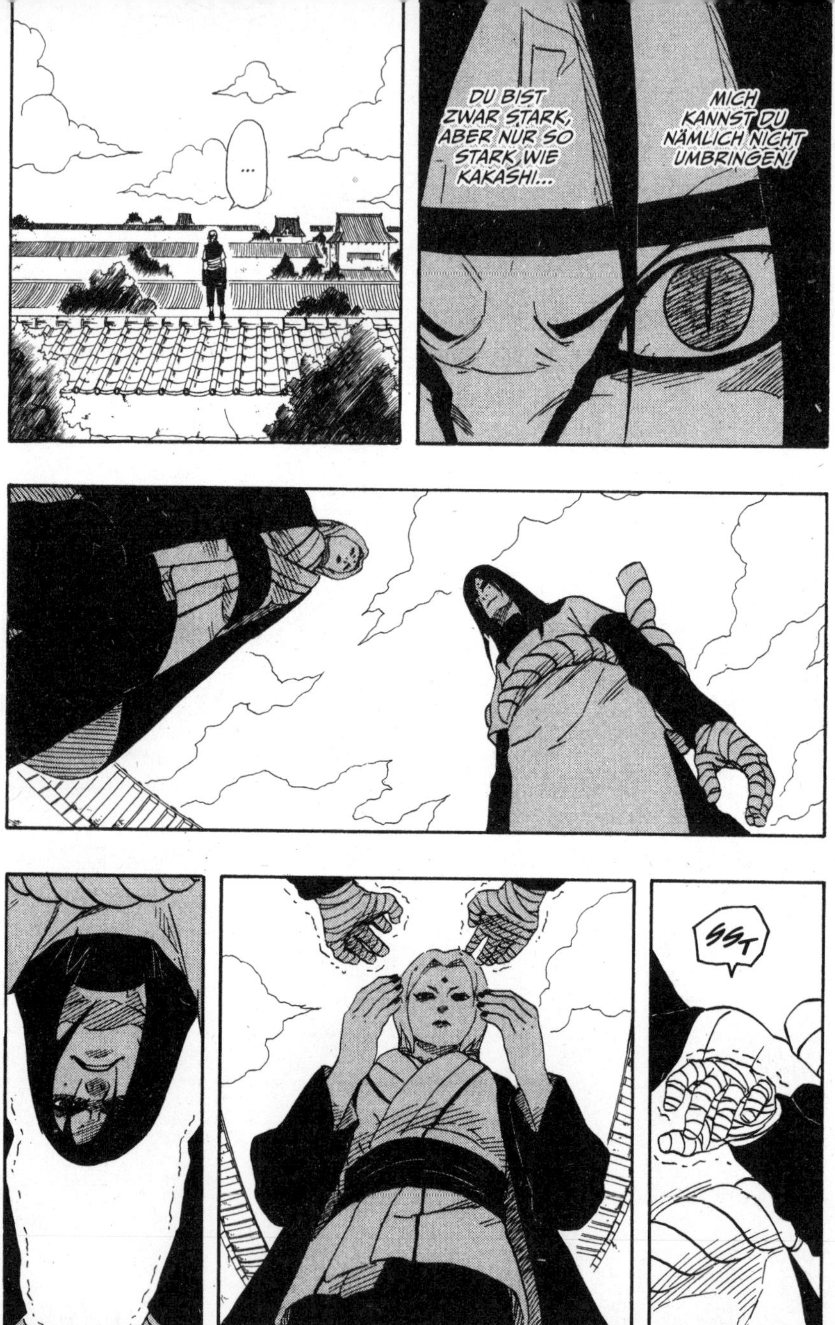
MICH KANNST DU NÄMLICH NICHT UMBRINGEN!
DU BIST ZWAR STARK, ABER NUR SO STARK WIE KAKASHI...
...
SST

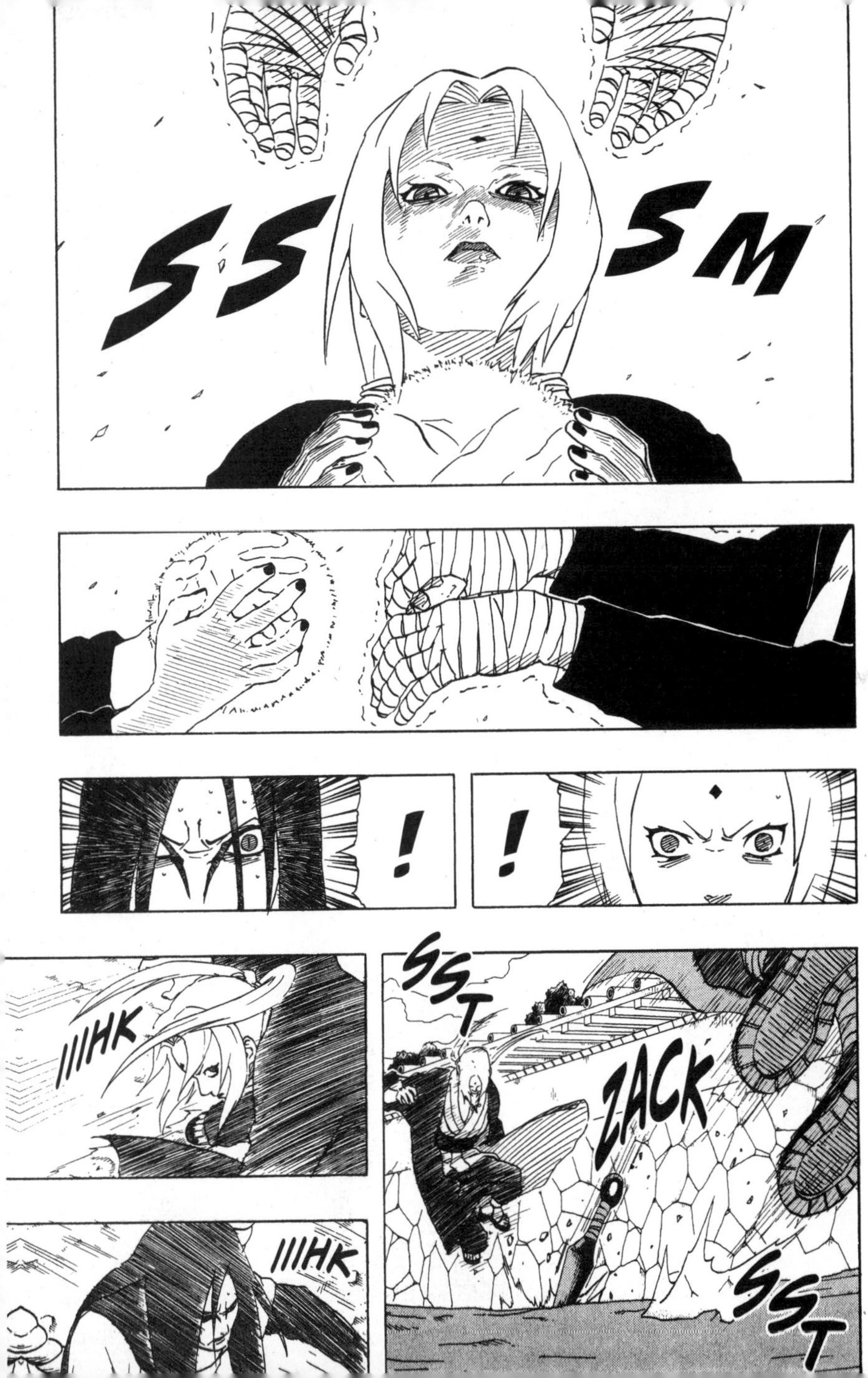
SSSM
!!
IIIIHK
SST
ZACK
SST
IIIHK

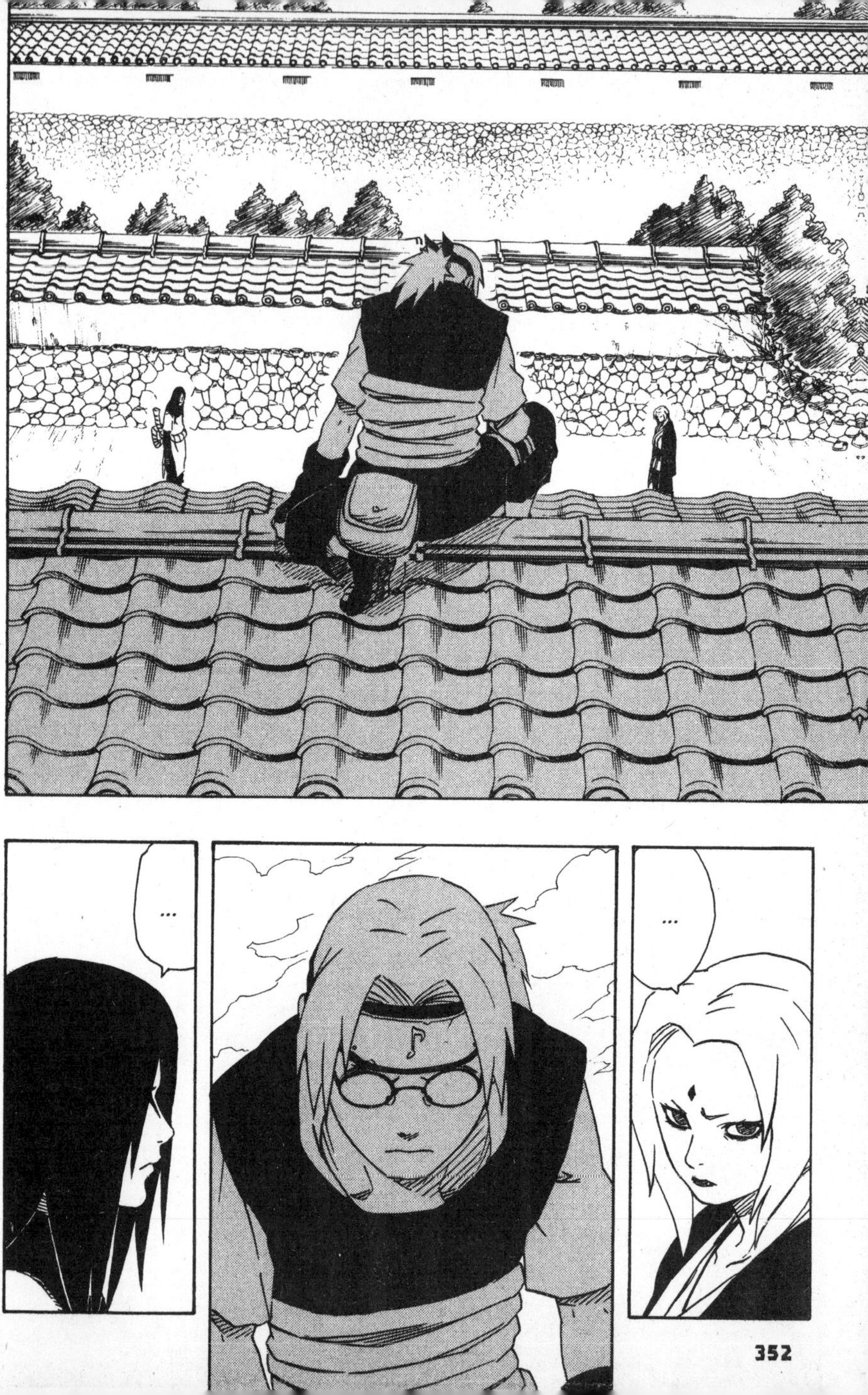

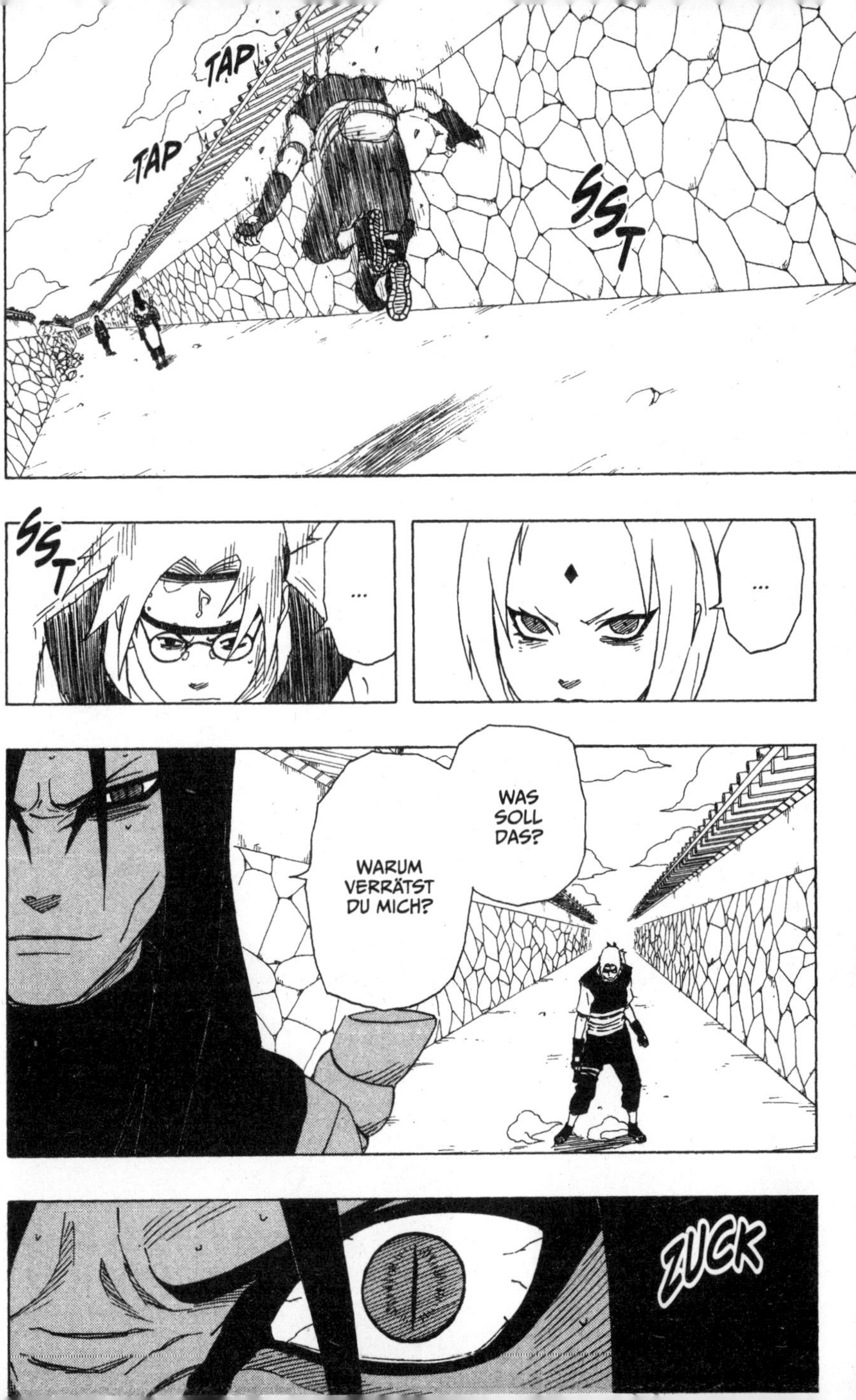
TAP
TAP
SST
SST
...
...
WAS SOLL DAS?
WARUM VERRÄTST DU MICH?
ZUCK

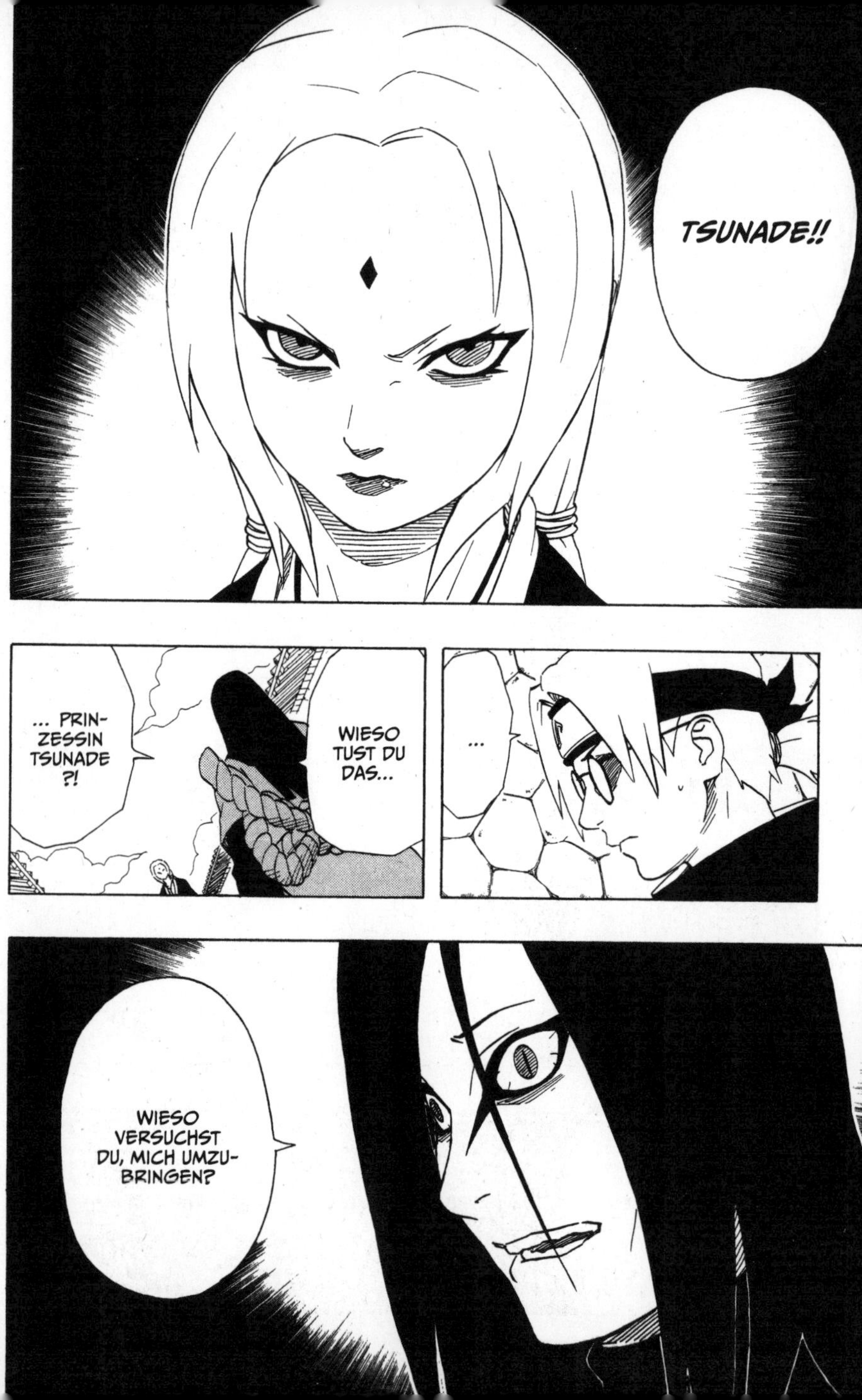
TSUNADE!!
...
WIESO TUST DU DAS...
... PRIN-ZESSIN TSUNADE ?!
WIESO VERSUCHST DU, MICH UMZU-BRINGEN?

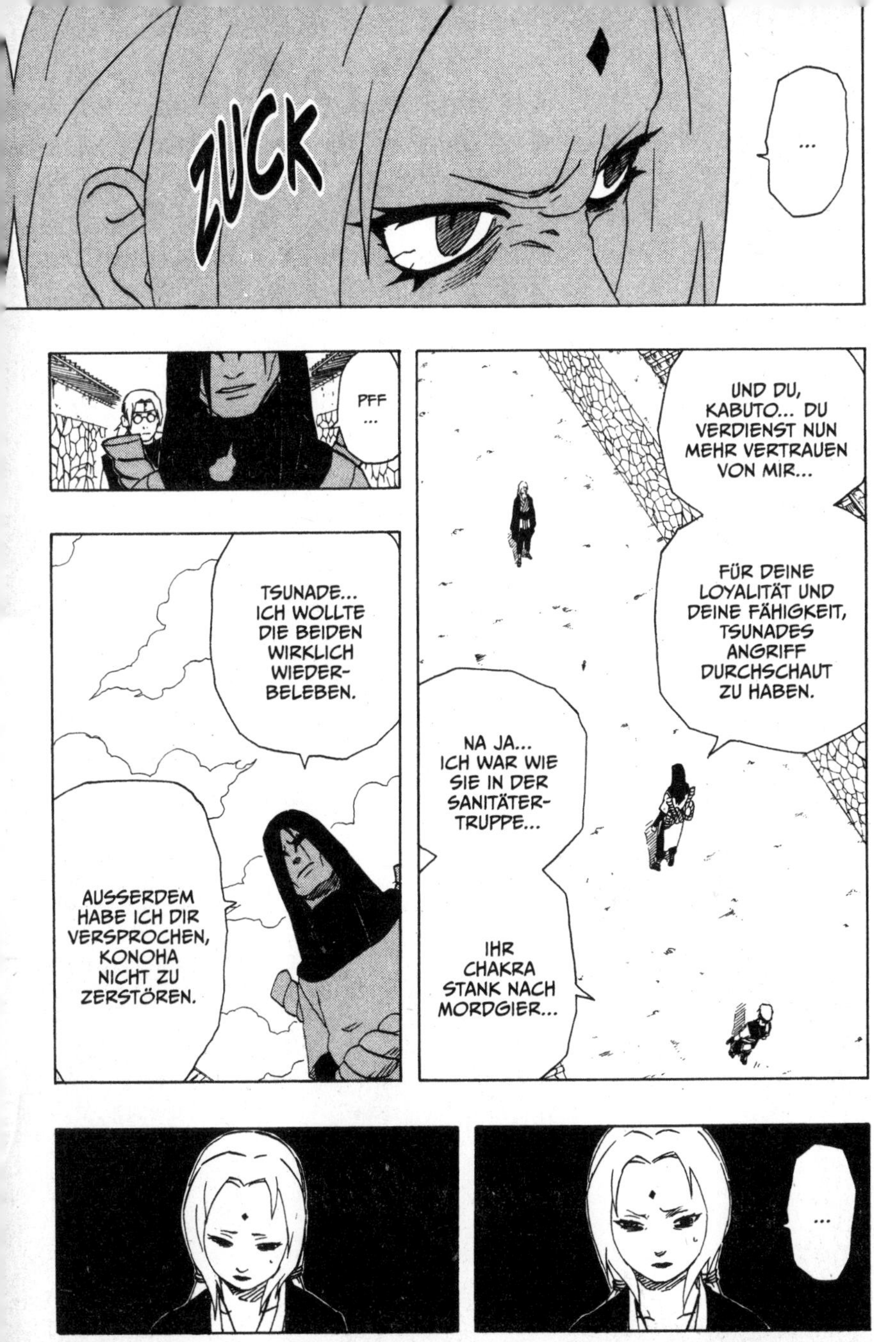
ZUCK
...
UND DU, KABUTO... DU VERDIENST NUN MEHR VERTRAUEN VON MIR...
FÜR DEINE LOYALITÄT UND DEINE FÄHIGKEIT, TSUNADES ANGRIFF DURCHSCHAUT ZU HABEN.
NA JA... ICH WAR WIE SIE IN DER SANITÄTER-TRUPPE...
IHR CHAKRA STANK NACH MORDGIER...
PFF ...
TSUNADE... ICH WOLLTE DIE BEIDEN WIRKLICH WIEDER-BELEBEN.
AUSSERDEM HABE ICH DIR VERSPROCHEN, KONOHA NICHT ZU ZERSTÖREN.
...

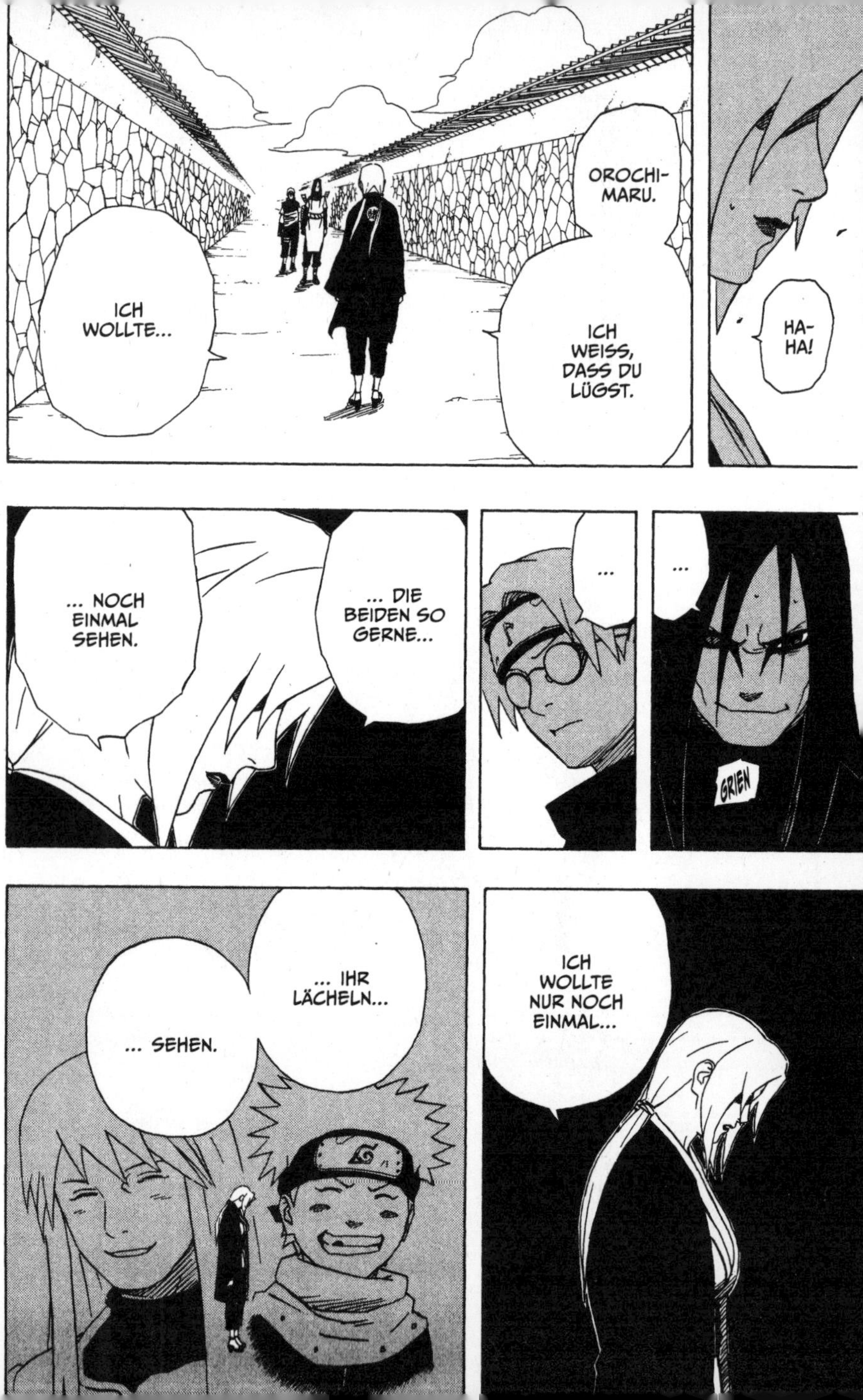
HA-HA!
OROCHI-MARU.
ICH WEISS, DASS DU LÜGST.
ICH WOLLTE...
...
...
GRIEN
... DIE BEIDEN SO GERNE...
... NOCH EINMAL SEHEN.
ICH WOLLTE NUR NOCH EINMAL...
... IHR LÄCHELN...
... SEHEN.

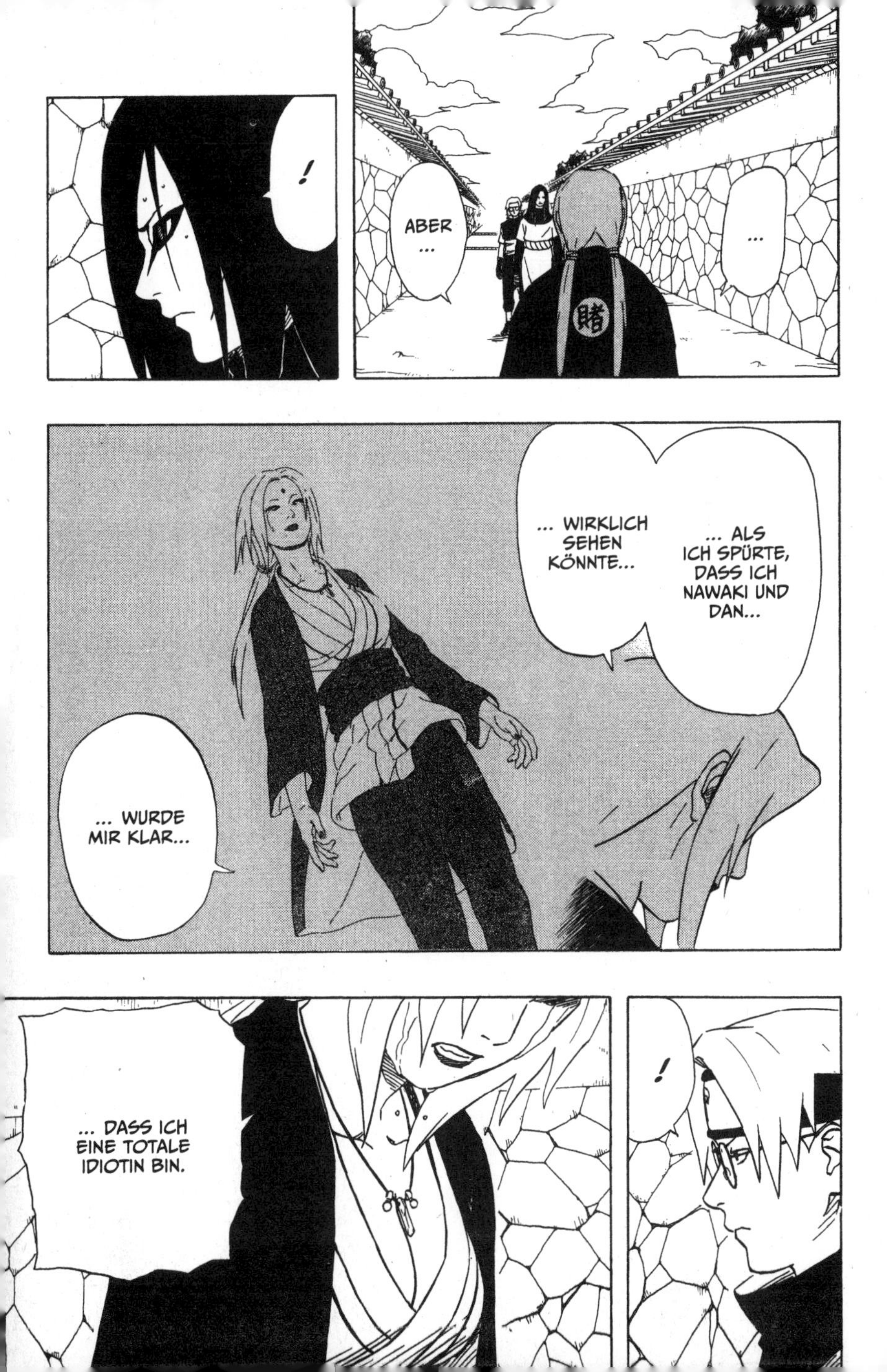
...
ABER ...
!
... ALS ICH SPÜRTE, DASS ICH NAWAKI UND DAN...
... WIRKLICH SEHEN KÖNNTE...
... WURDE MIR KLAR...
!
... DASS ICH EINE TOTALE IDIOTIN BIN.

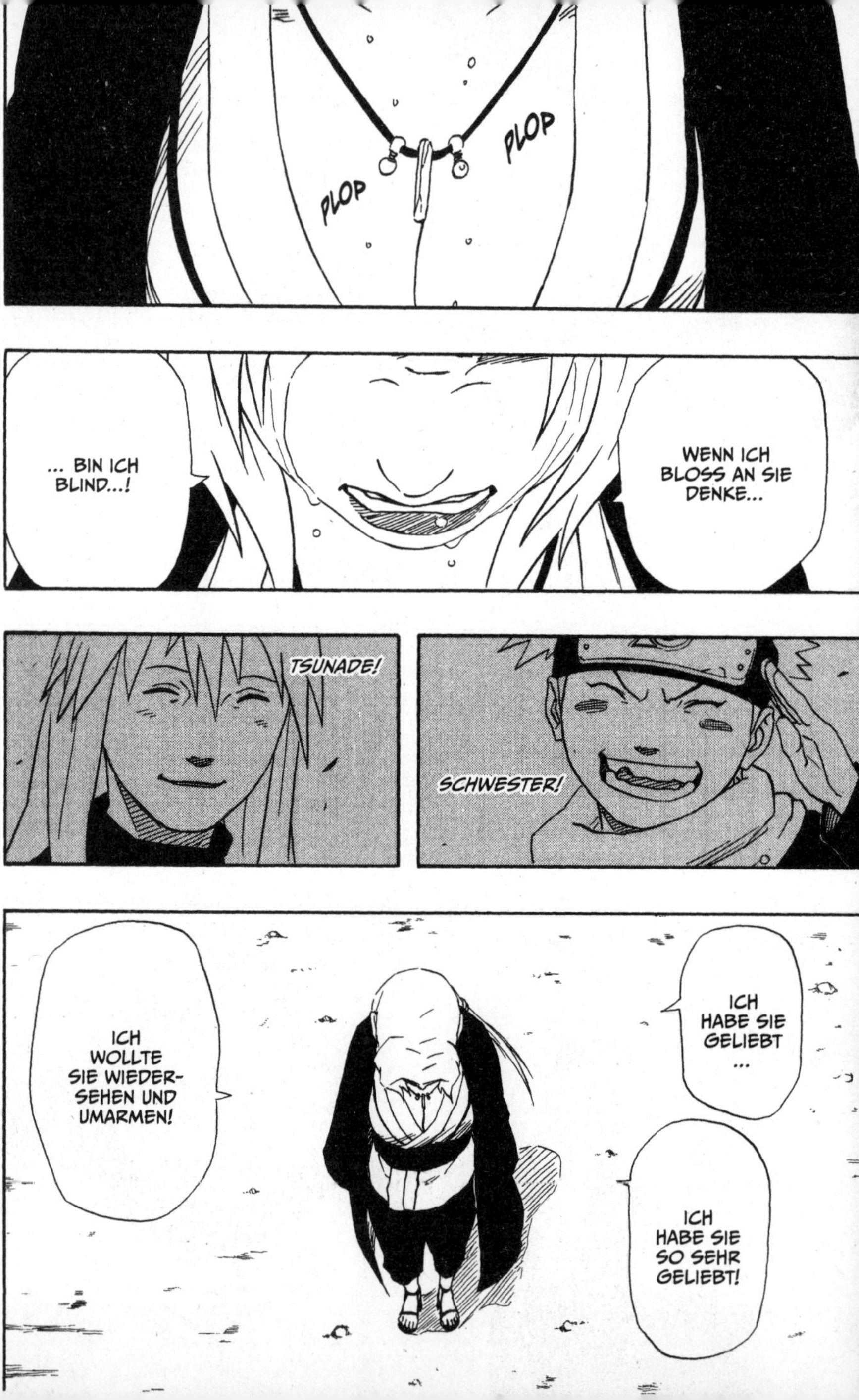
PLOP
PLOP
WENN ICH BLOSS AN SIE DENKE...
... BIN ICH BLIND...!
SCHWESTER!
TSUNADE!
ICH HABE SIE GELIEBT ...
ICH HABE SIE SO SEHR GELIEBT!
ICH WOLLTE SIE WIEDER-SEHEN UND UMARMEN!

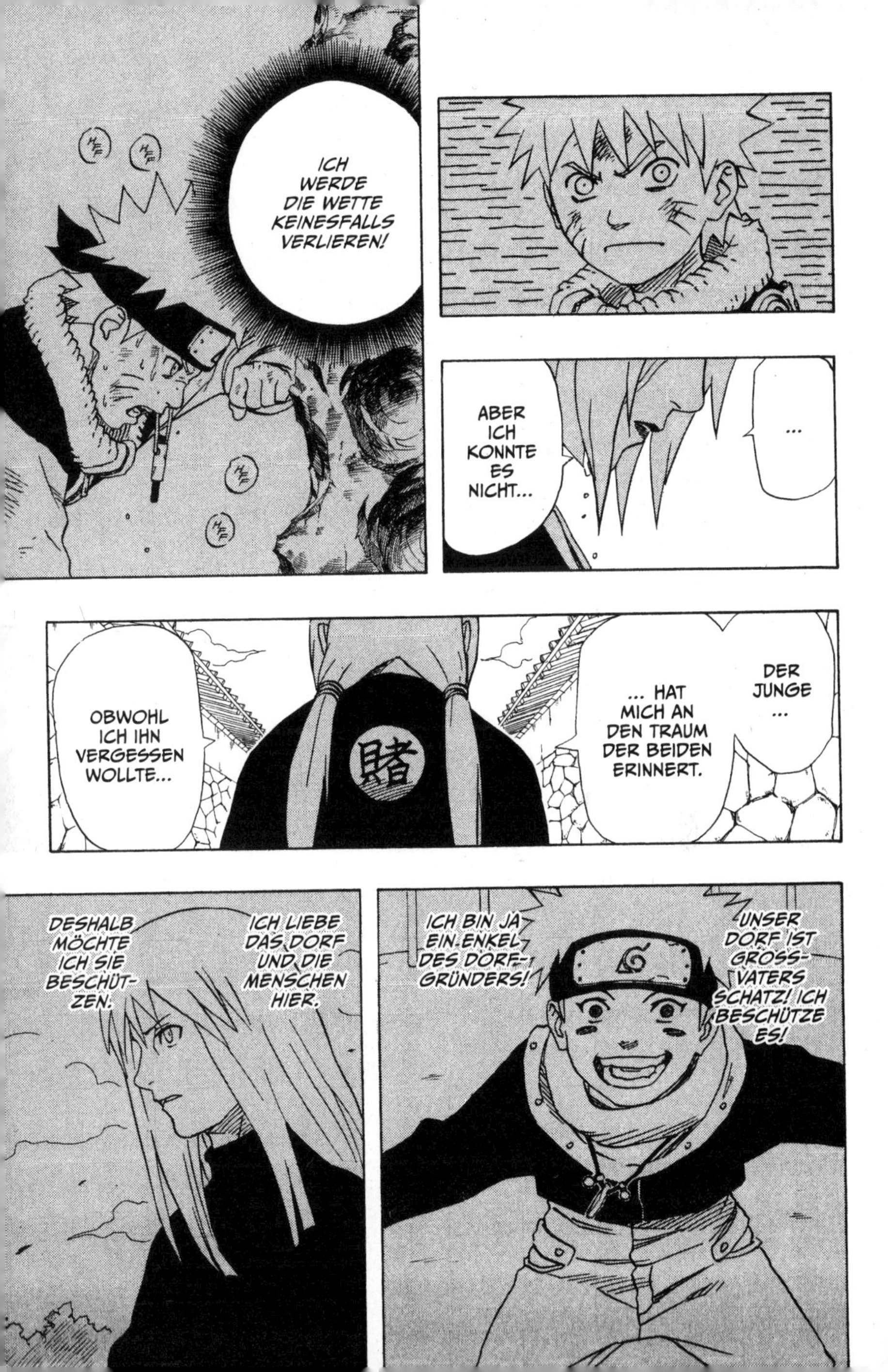
ICH WERDE DIE WETTE KEINESFALLS VERLIEREN!
...
ABER ICH KONNTE ES NICHT...
DER JUNGE ...
... HAT MICH AN DEN TRAUM DER BEIDEN ERINNERT.
OBWOHL ICH IHN VERGESSEN WOLLTE...
UNSER DORF IST GROSS-VATERS SCHATZ! ICH BESCHÜTZE ES!
ICH BIN JA EIN ENKEL DES DORF-GRÜNDERS!
ICH LIEBE DAS DORF UND DIE MENSCHEN HIER.
DESHALB MÖCHTE ICH SIE BESCHÜT-ZEN.

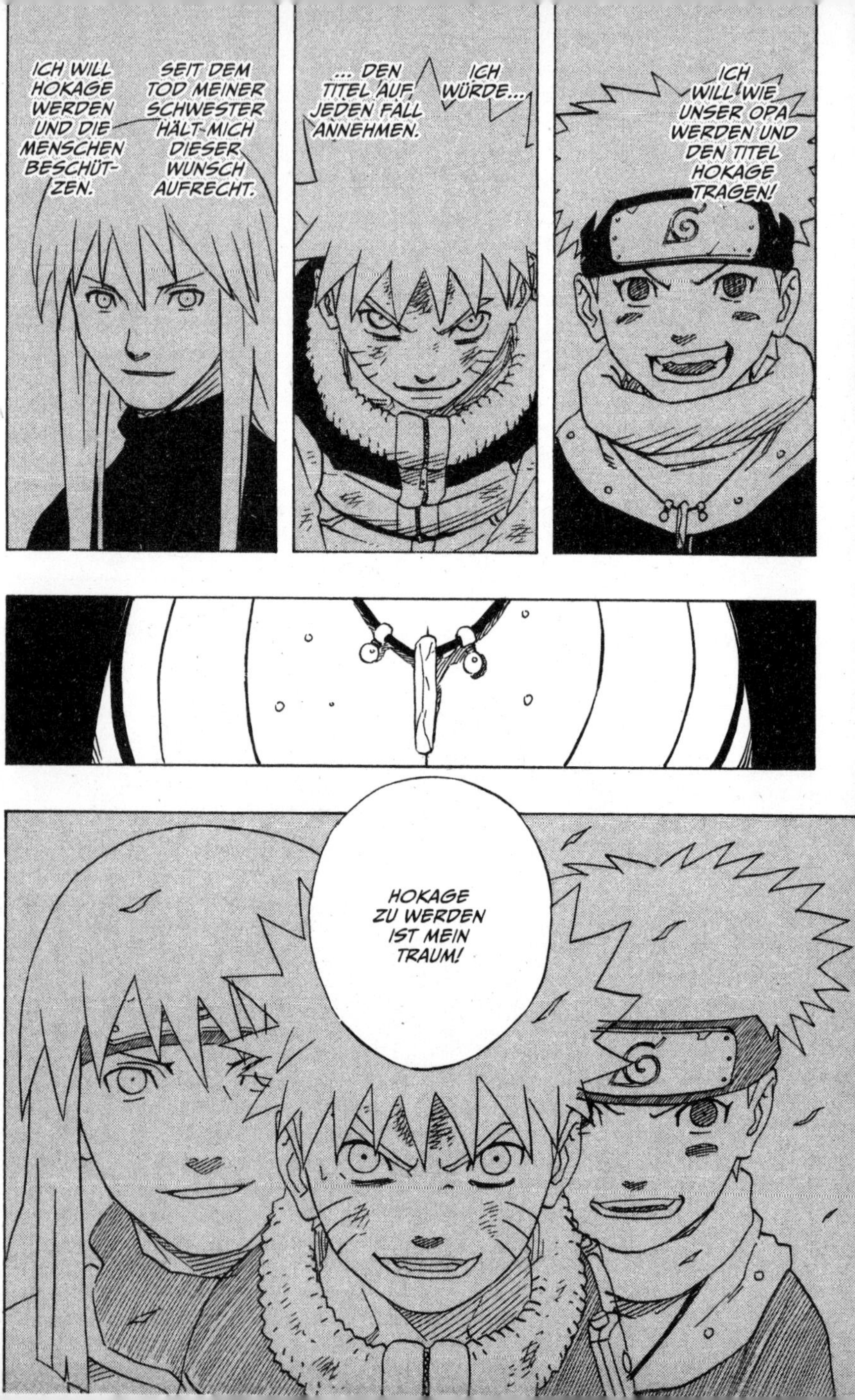
ICH WILL WIE UNSER OPA WERDEN UND DEN TITEL HOKAGE TRAGEN!
ICH WÜRDE...
... DEN TITEL AUF JEDEN FALL ANNEHMEN.
SEIT DEM TOD MEINER SCHWESTER HÄLT MICH DIESER WUNSCH AUFRECHT.
ICH WILL HOKAGE WERDEN UND DIE MENSCHEN BESCHÜT-ZEN.
HOKAGE ZU WERDEN IST MEIN TRAUM!

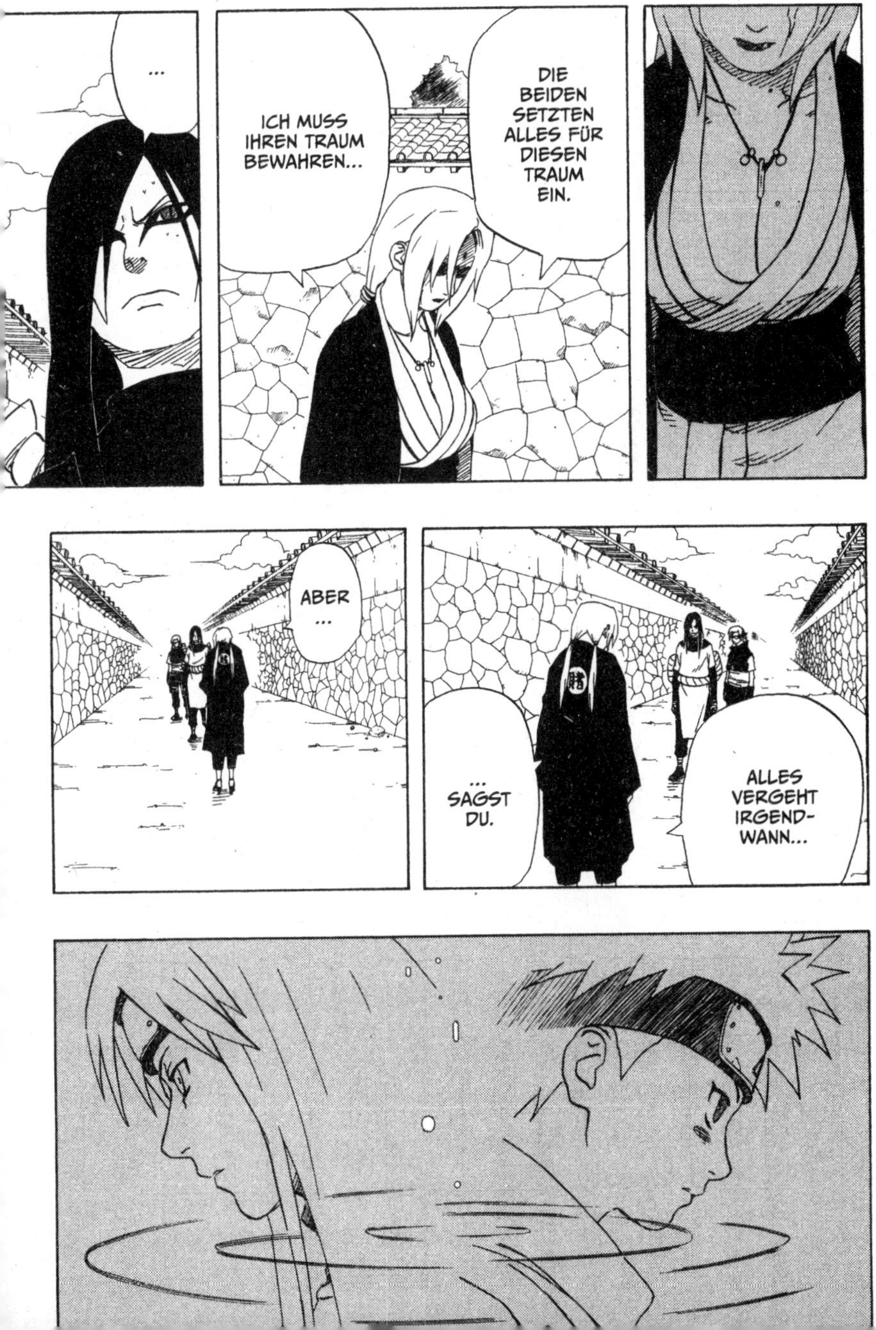
DIE BEIDEN SETZTEN ALLES FÜR DIESEN TRAUM EIN.
ICH MUSS IHREN TRAUM BEWAHREN...
...
ALLES VERGEHT IRGEND-WANN...
... SAGST DU.
ABER ...

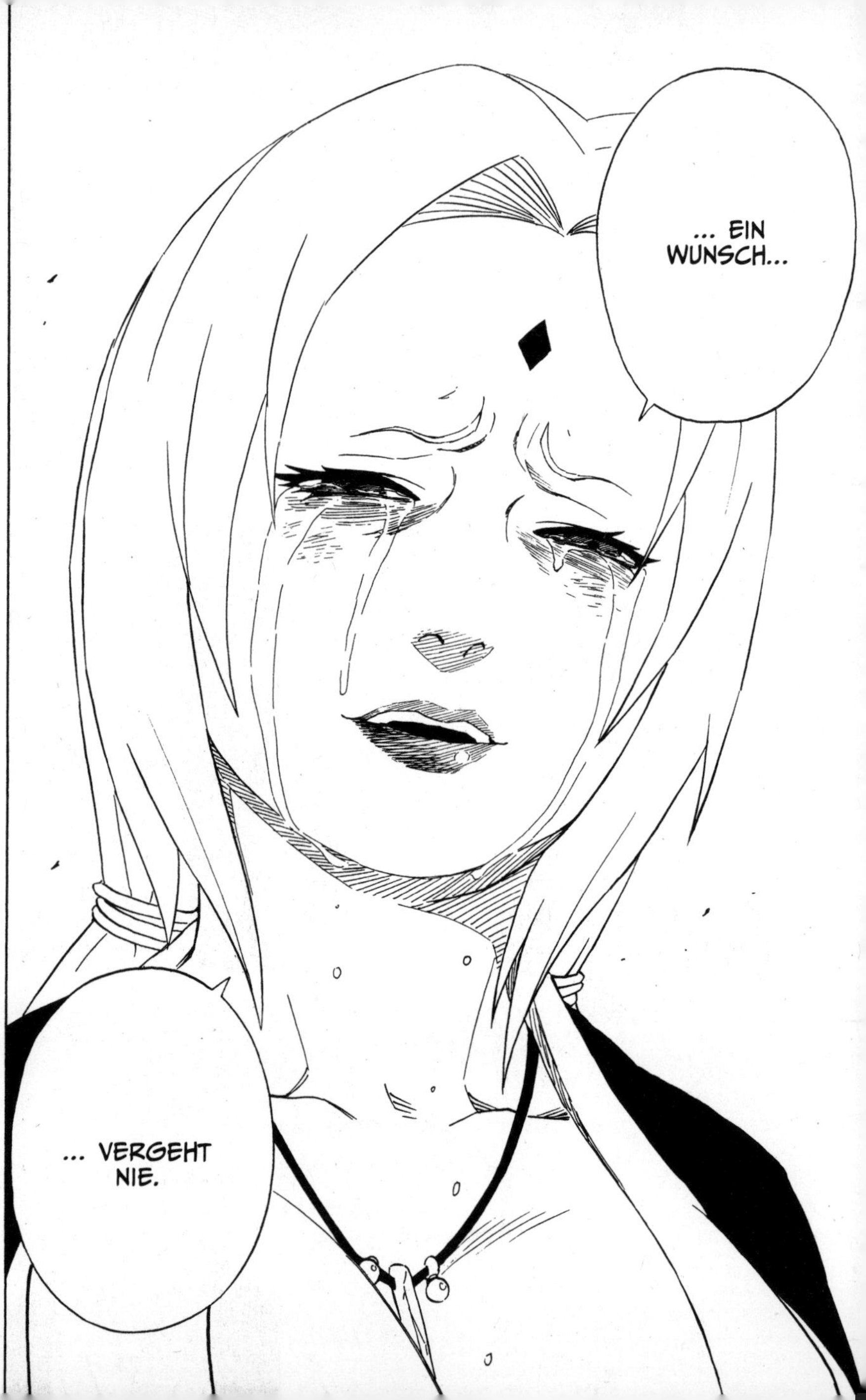
... EIN WÜNSCH...
... VERGEHT NIE.

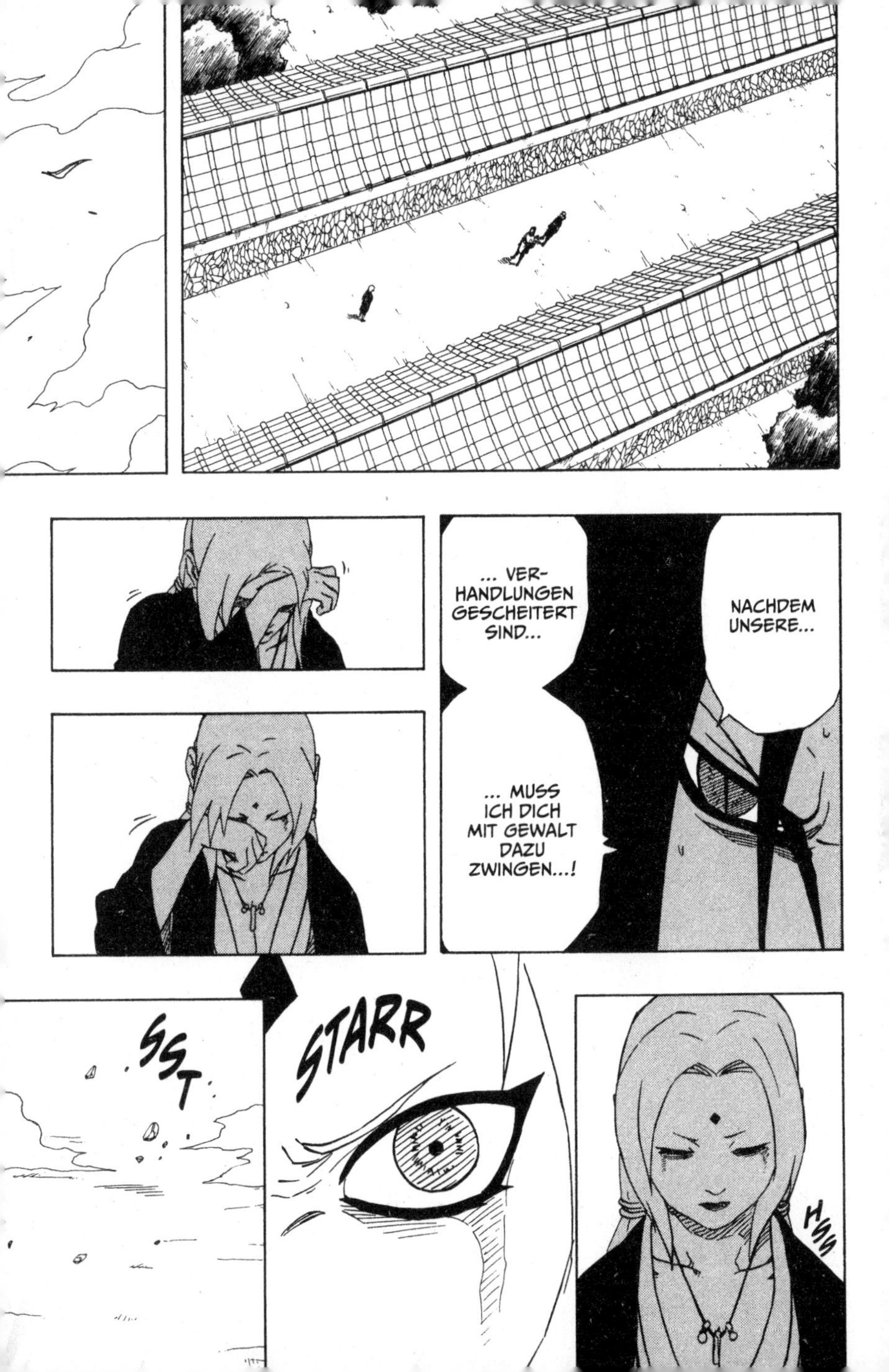
NACHDEM UNSERE...
... VERHANDLUNGEN GESCHEITERT SIND...
... MUSS ICH DICH MIT GEWALT DAZU ZWINGEN...!
HSS
STARR
SST

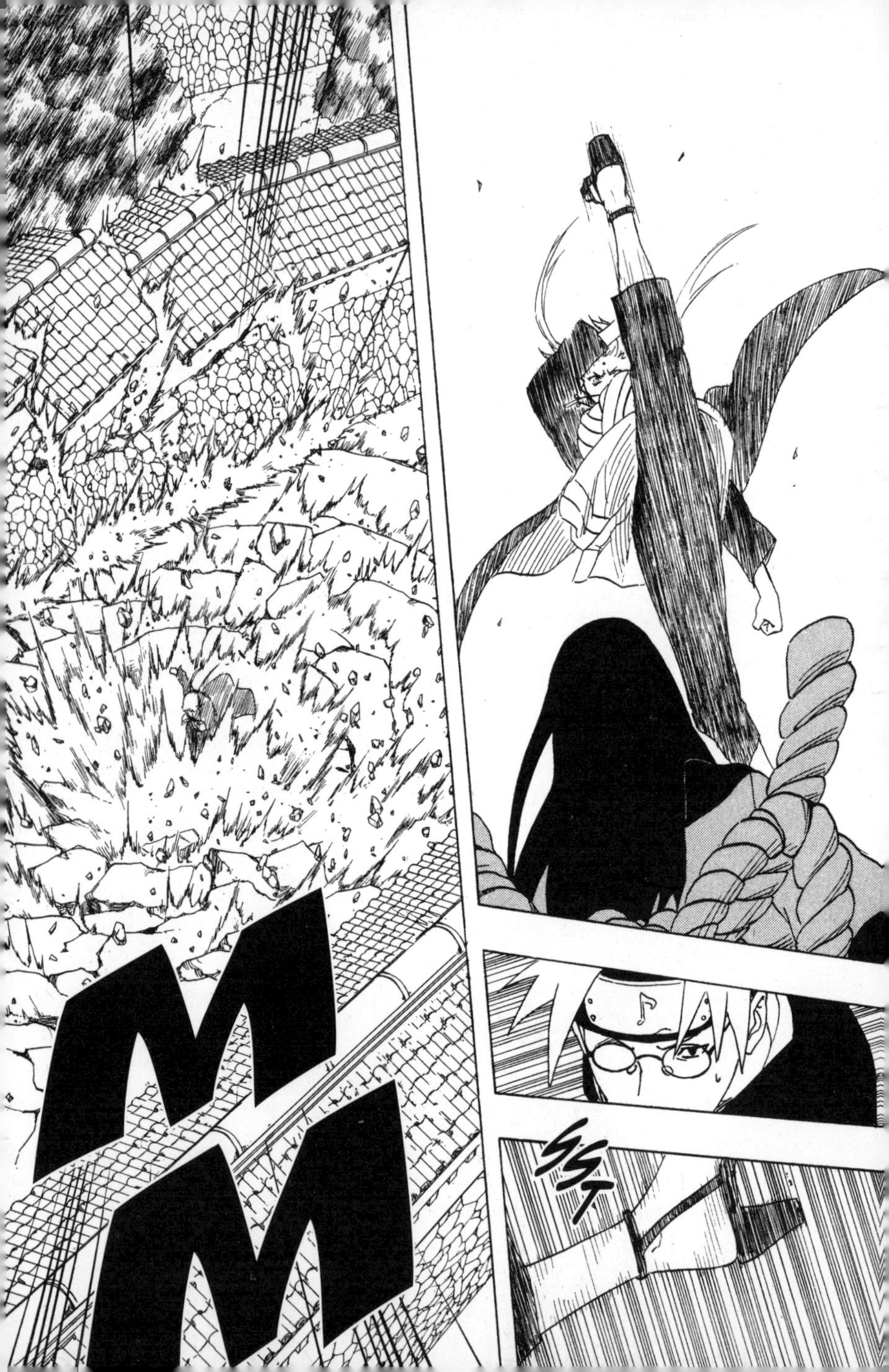
MM
SST

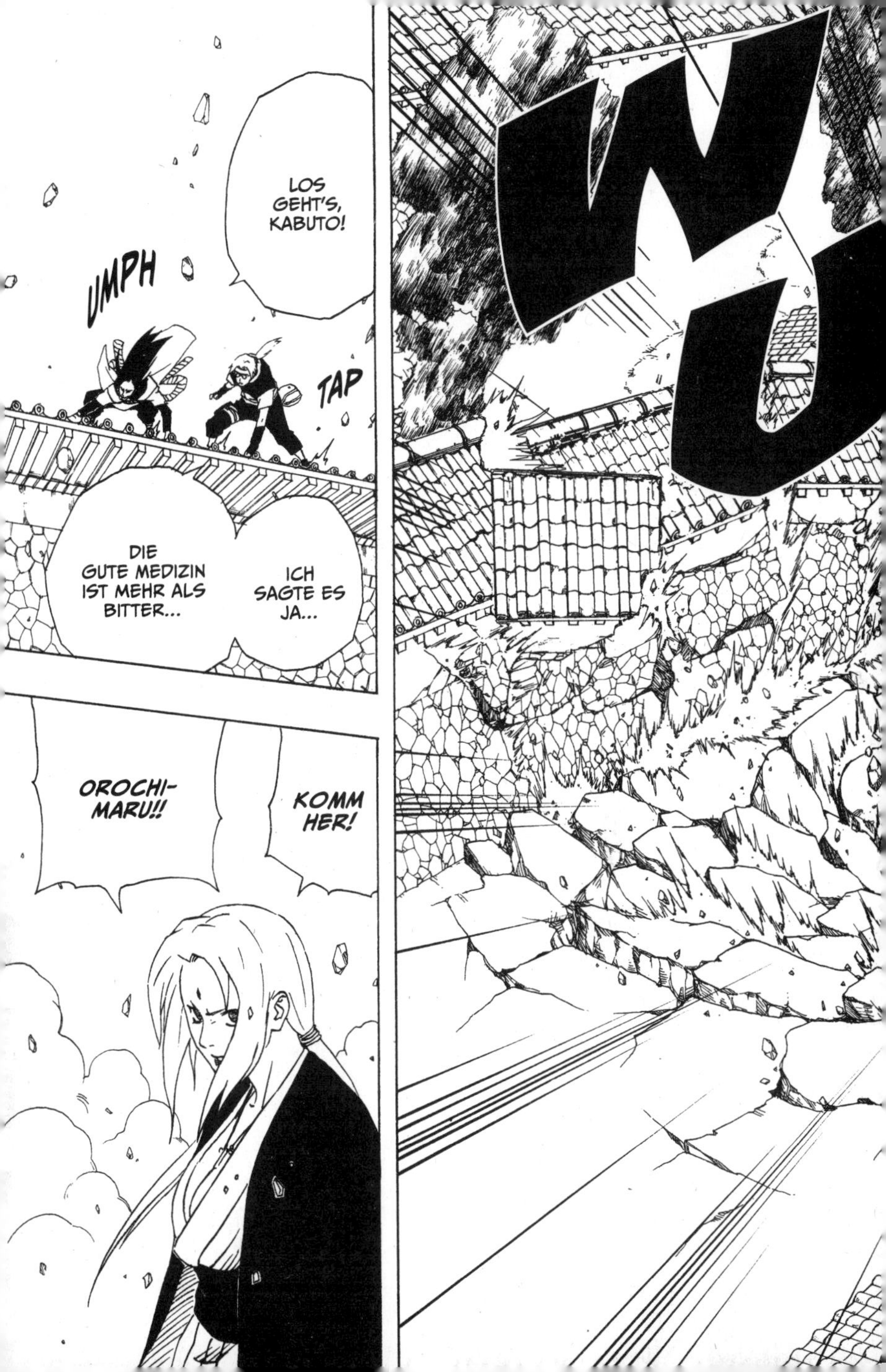

LOS GEHT'S, KABUTO!
UMPH
TAP
ICH SAGTE ES JA...
DIE GUTE MEDIZIN IST MEHR ALS BITTER...
KOMM HER!
OROCHI-MARU!!

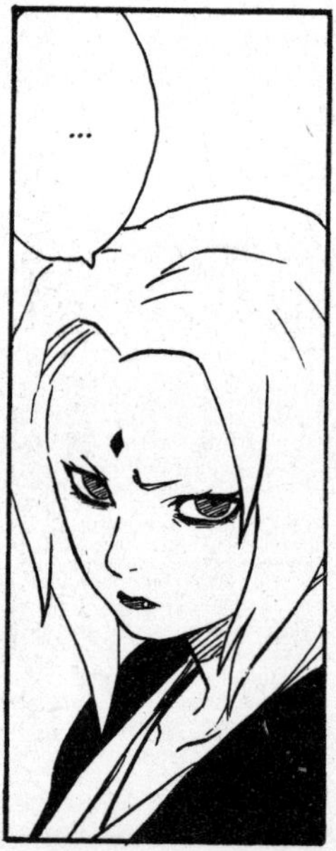

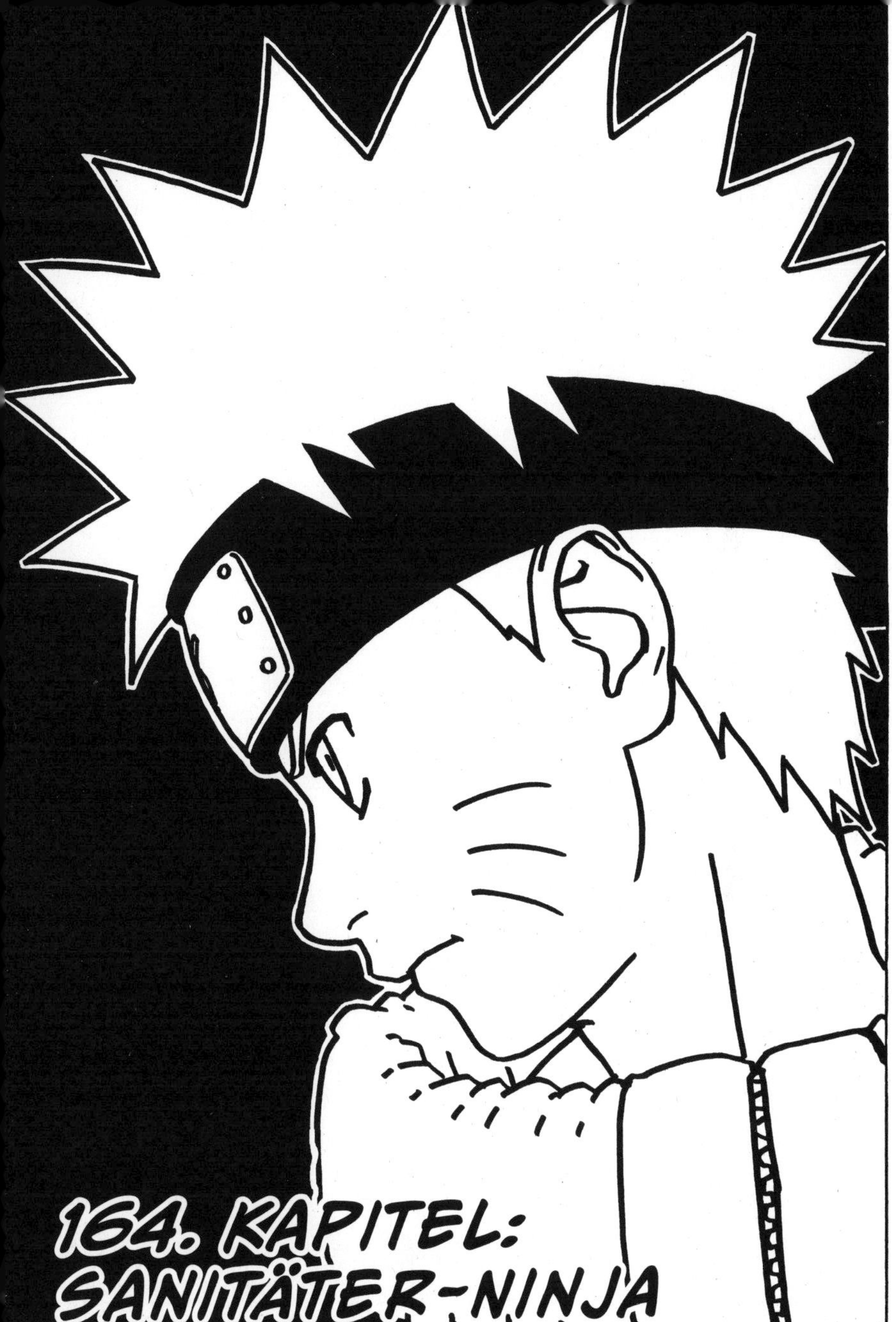
164. KAPITEL:
SANITÄTER-NINJA

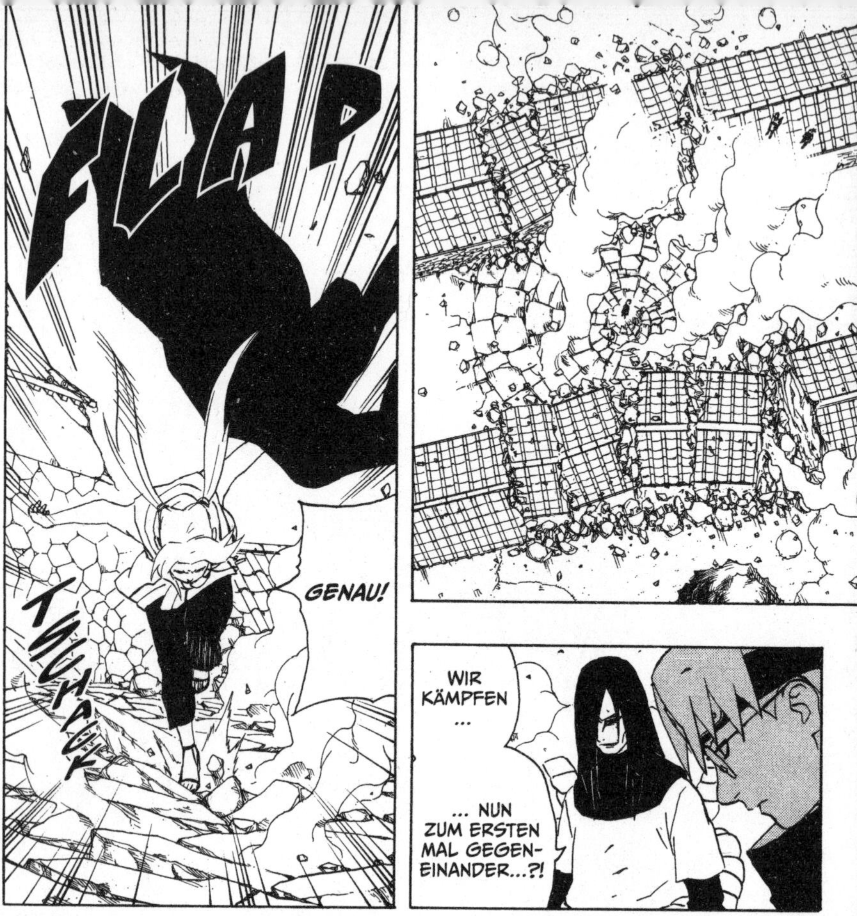
WIR KÄMPFEN ...
... NUN ZUM ERSTEN MAL GEGENEINANDER...?!
FLAP
GENAU!
TSCHACK
DAS STIMMT NICHT...
ICH KÄMPFE FÜR SIE, ODER?

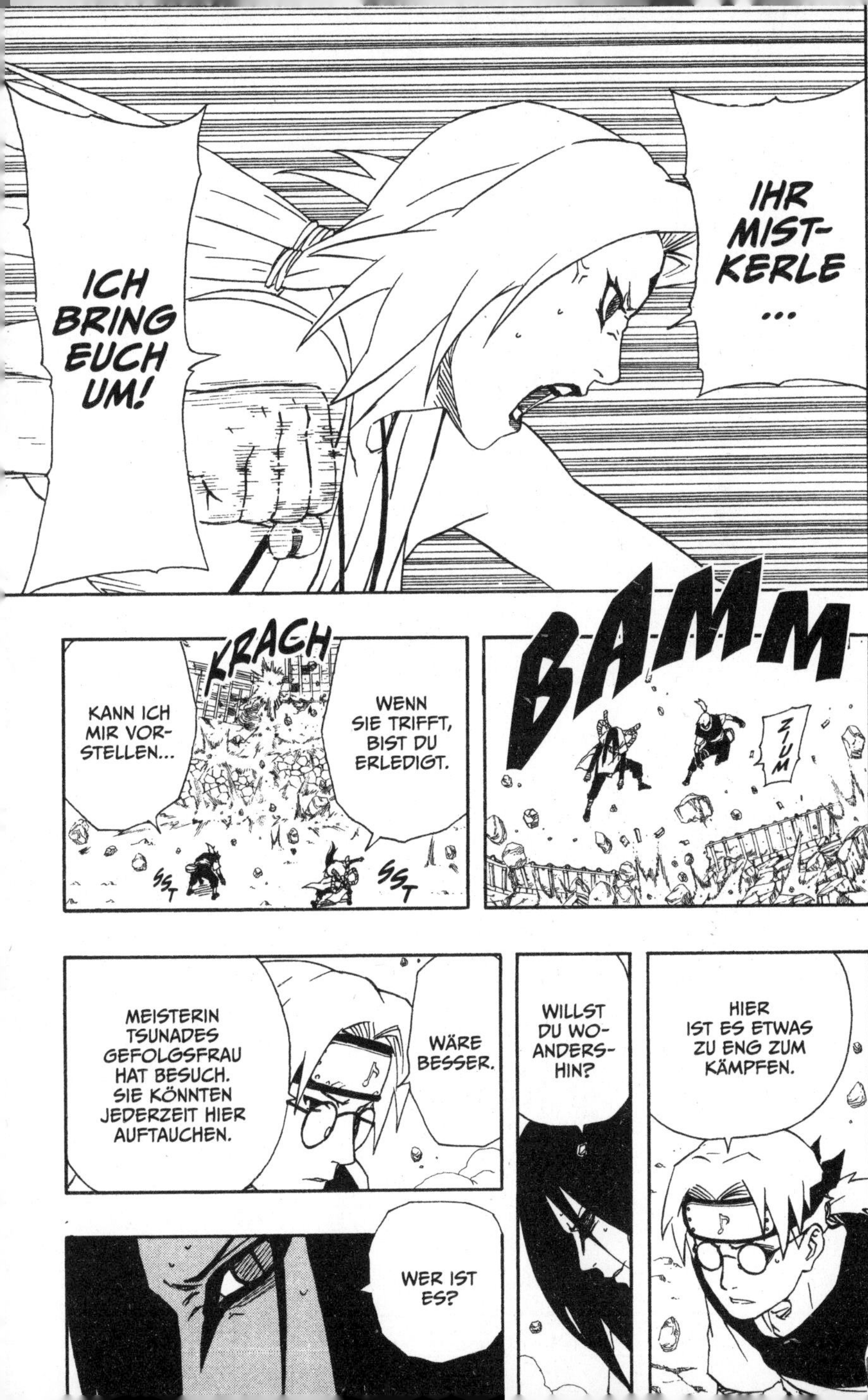
IHR MIST-KERLE ...
ICH BRING EUCH UM!
BAMM
ZIUM
KRACH
WENN SIE TRIFFT, BIST DU ERLEDIGT.
KANN ICH MIR VOR-STELLEN...
SST
SST
HIER IST ES ETWAS ZU ENG ZUM KÄMPFEN.
WILLST DU WO-ANDERS-HIN?
WÄRE BESSER.
MEISTERIN TSUNADES GEFOLGSFRAU HAT BESUCH. SIE KÖNNTEN JEDERZEIT HIER AUFTAUCHEN.
WER IST ES?

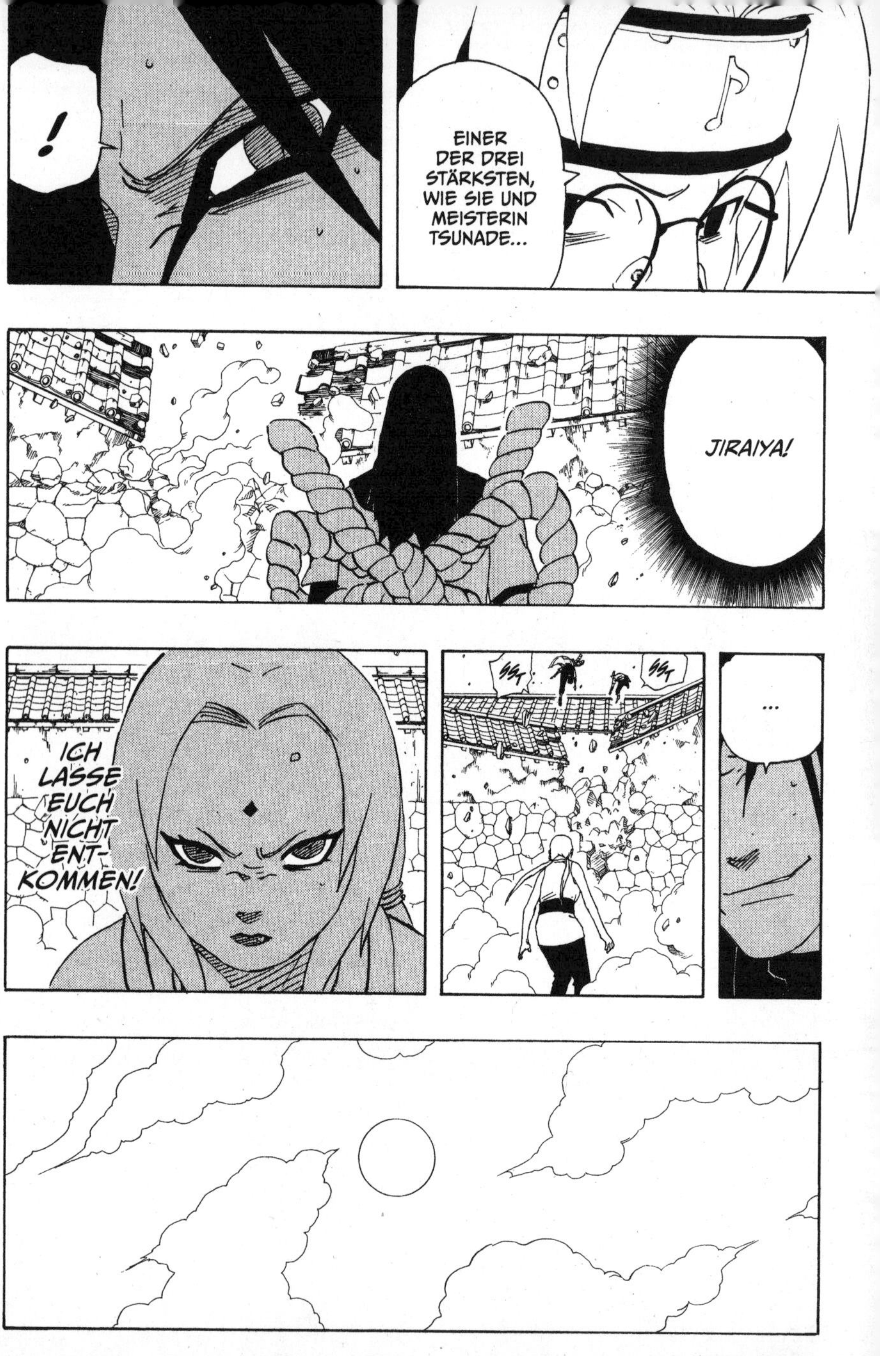
EINER DER DREI STÄRKSTEN, WIE SIE UND MEISTERIN TSUNADE...
!
JIRAIYA!
...
SST
SST
ICH LASSE EUCH NICHT ENT-KOMMEN!

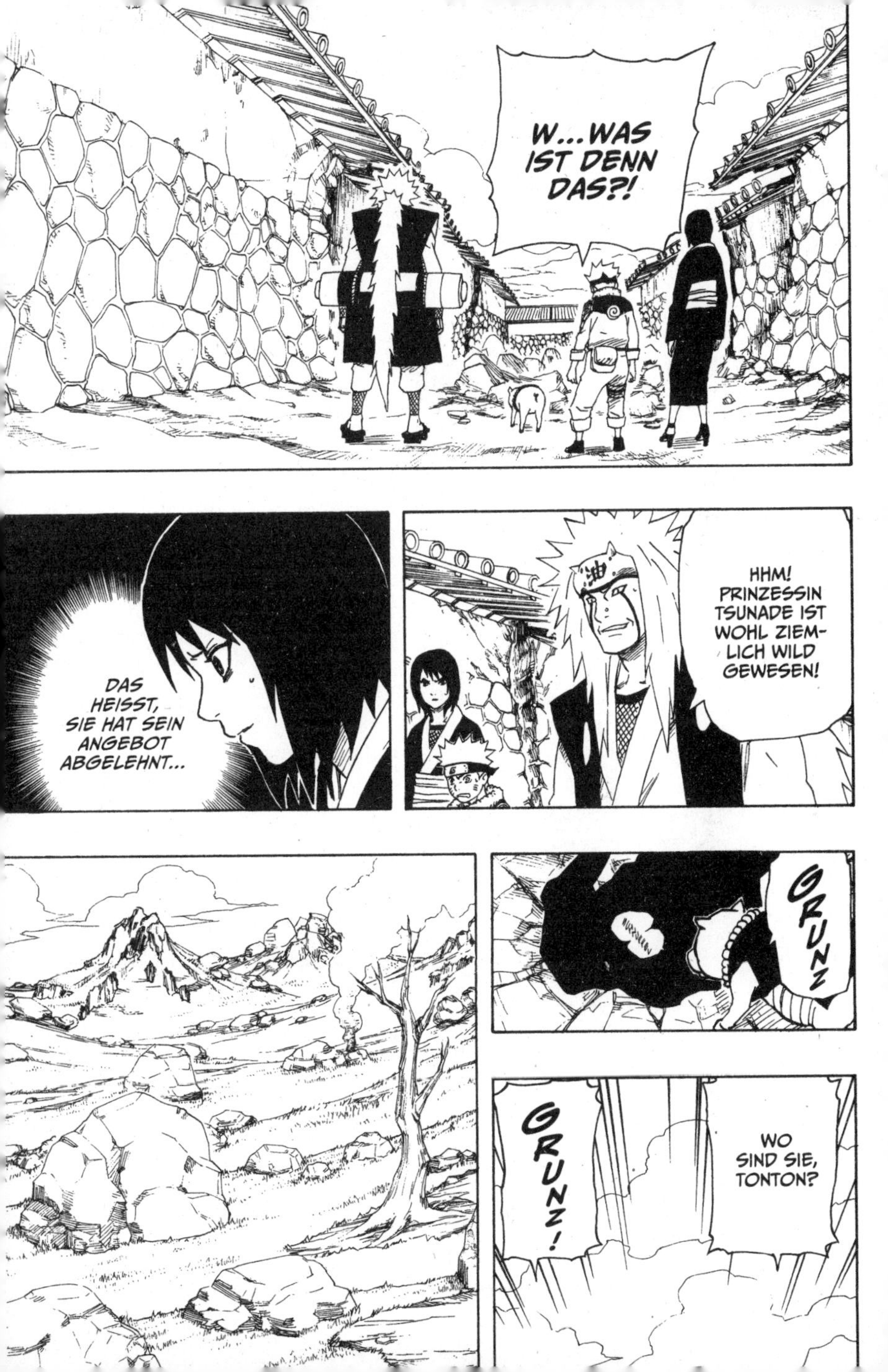
W...WAS IST DENN DAS?!
HHM! PRINZESSIN TSUNADE IST WOHL ZIEMLICH WILD GEWESEN!
DAS HEISST, SIE HAT SEIN ANGEBOT ABGELEHNT...
GRUNZ
GRUNZ!
WO SIND SIE, TONTON?

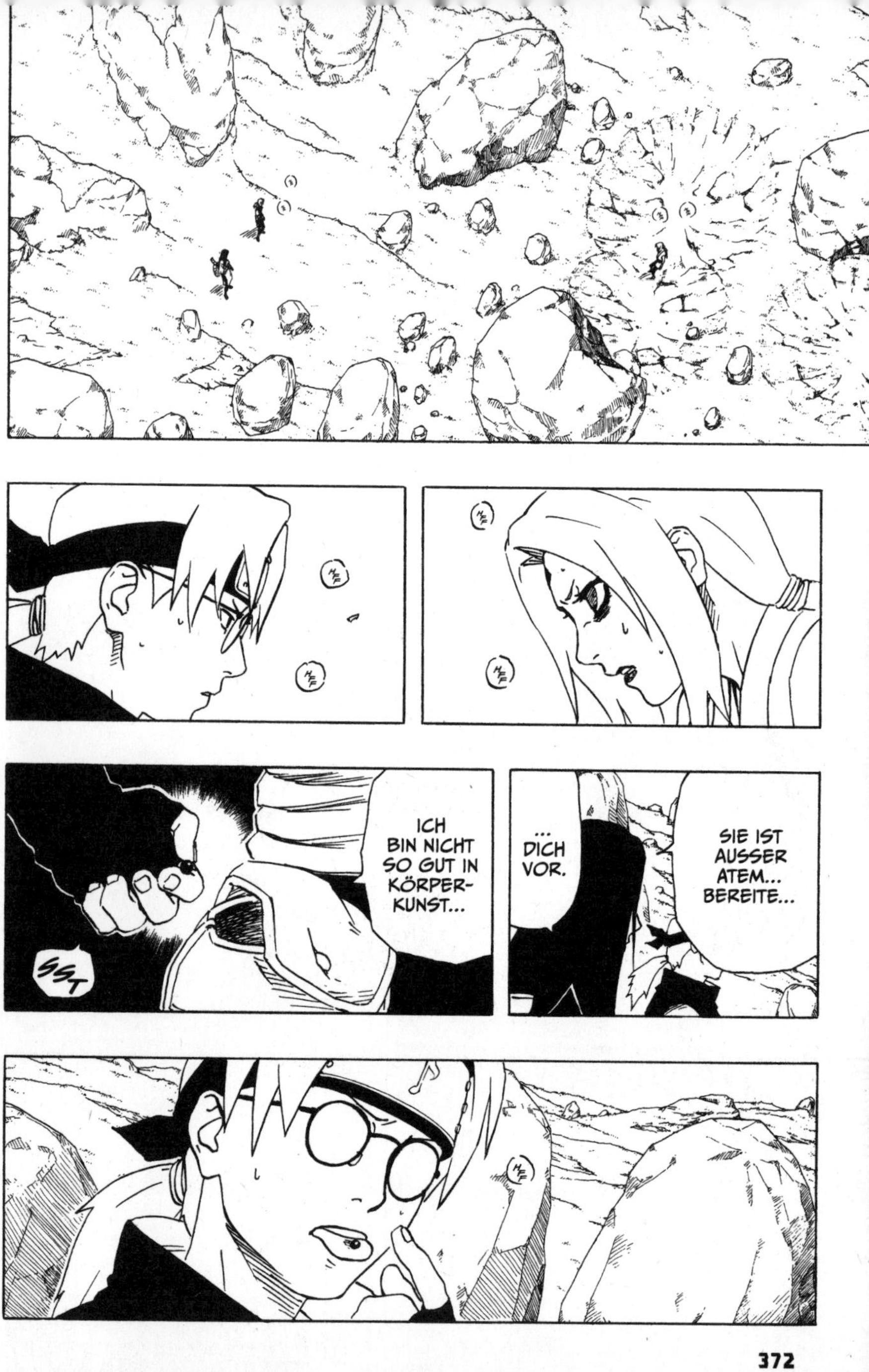
SIE IST AUSSER ATEM... BEREITE...
... DICH VOR.
ICH BIN NICHT SO GUT IN KÖRPER-KUNST...
SST

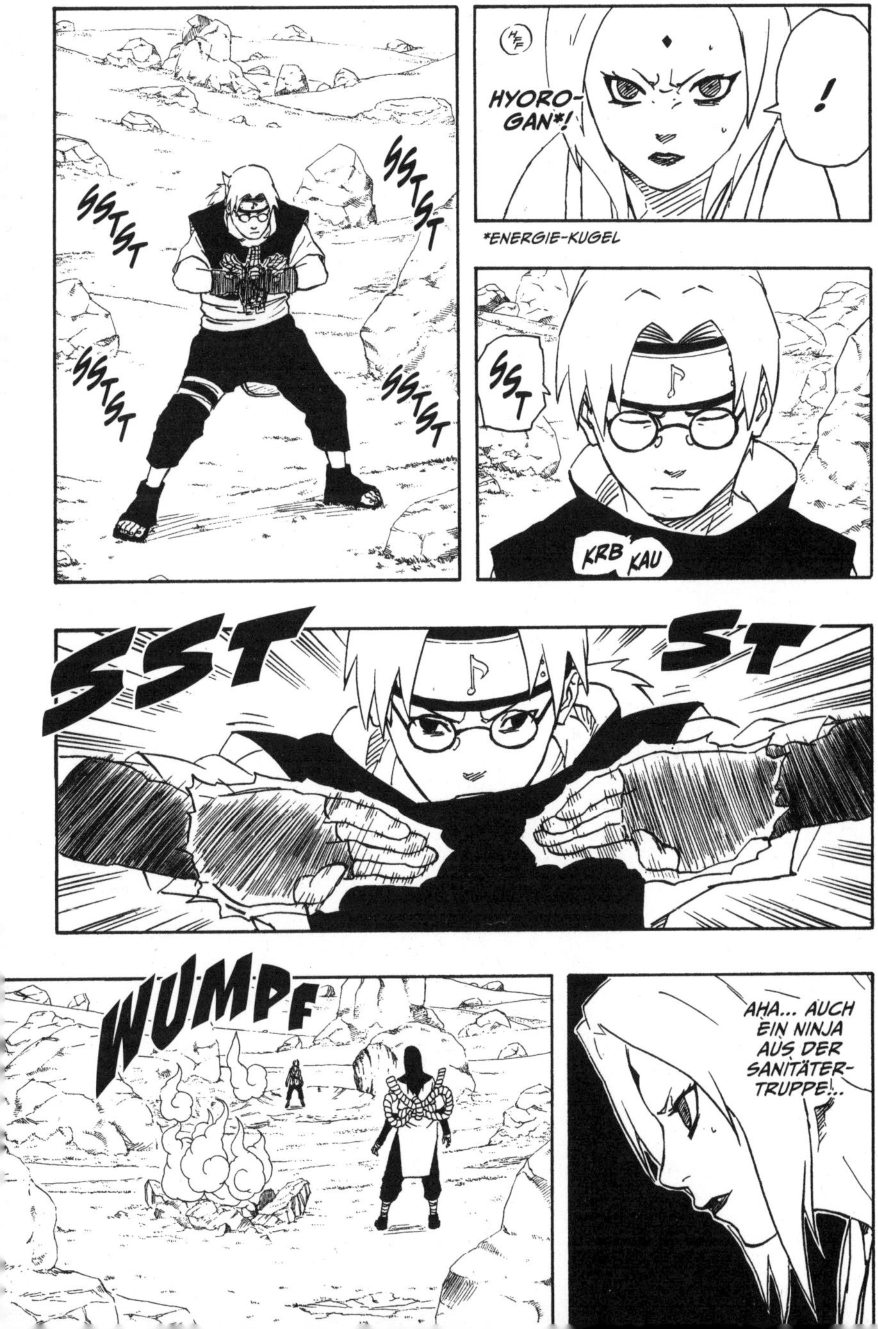

HYORO-
GAN*!
!
*ENERGIE-KUGEL
SSTST
SSTST
SSTST
SSTST
SST
KRB KAU
SST
ST
WUMPF
AHA... AUCH
EIN NINJA
AUS DER
SANITÄTER-
TRUPPE...

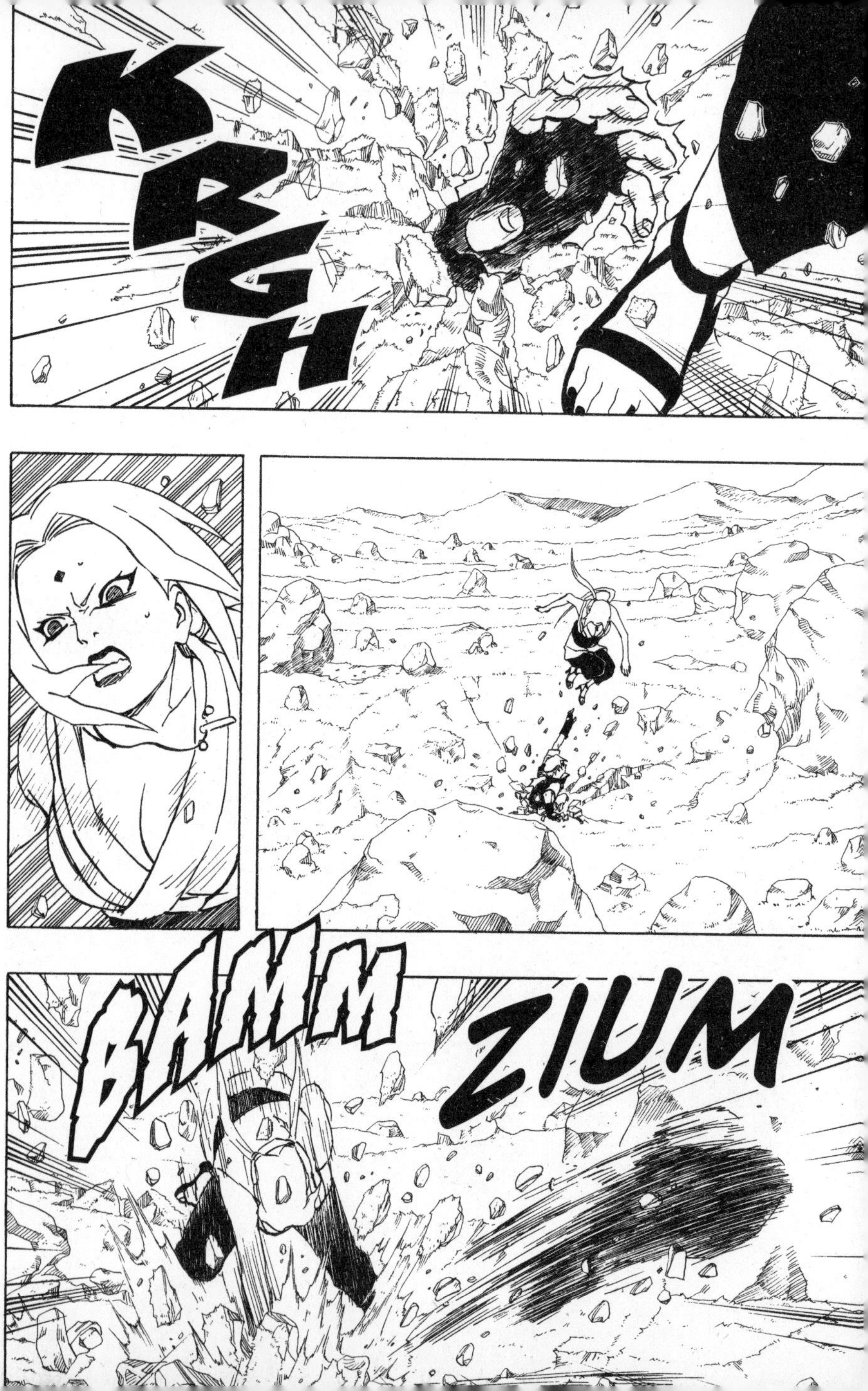
KRGH
BAMM
ZIUM

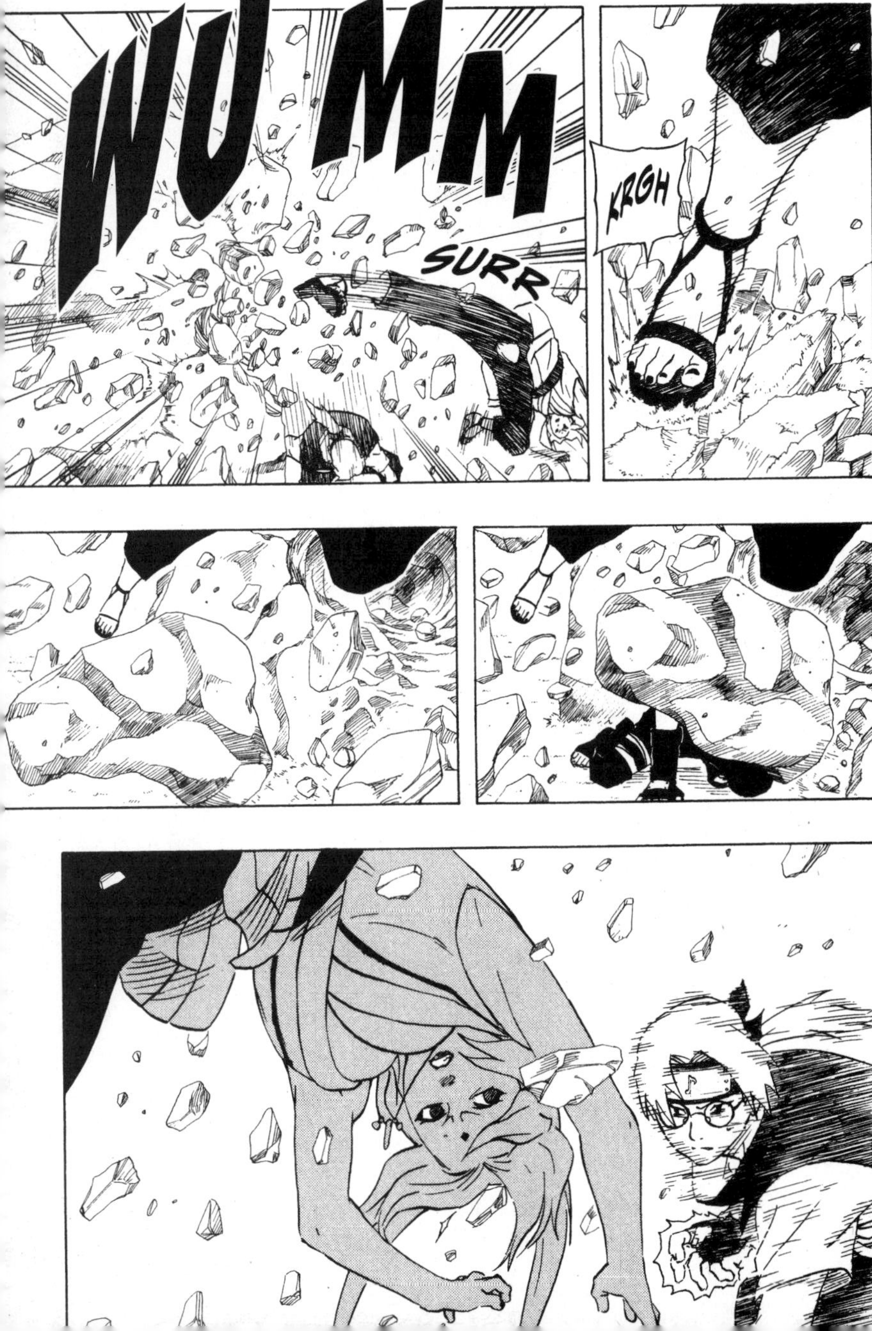
KRGH
WUMM
SURR

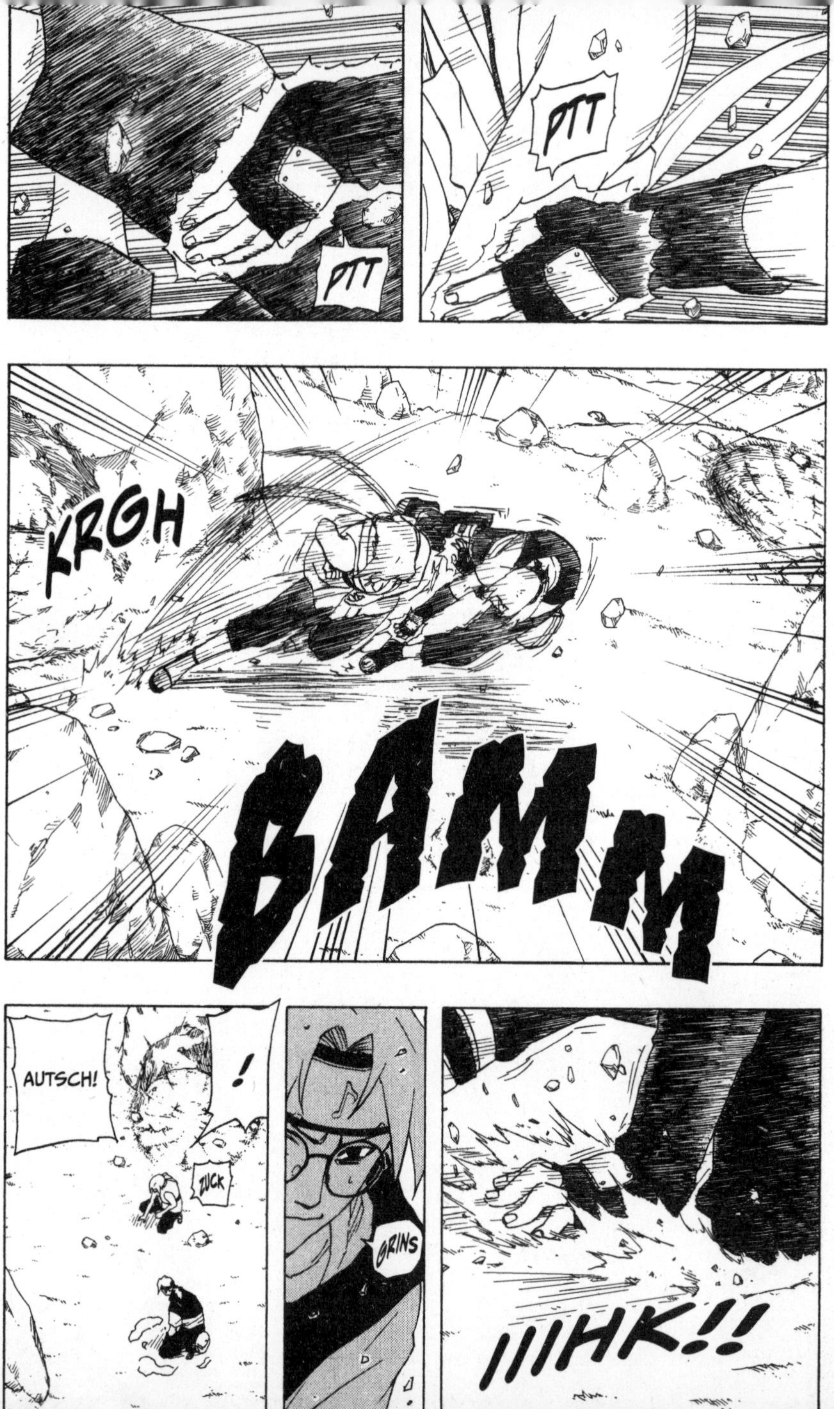
PTT
PTT
KRGH
BAMM
HHHK!!
GRINS
!
ZUCK
AUTSCH!

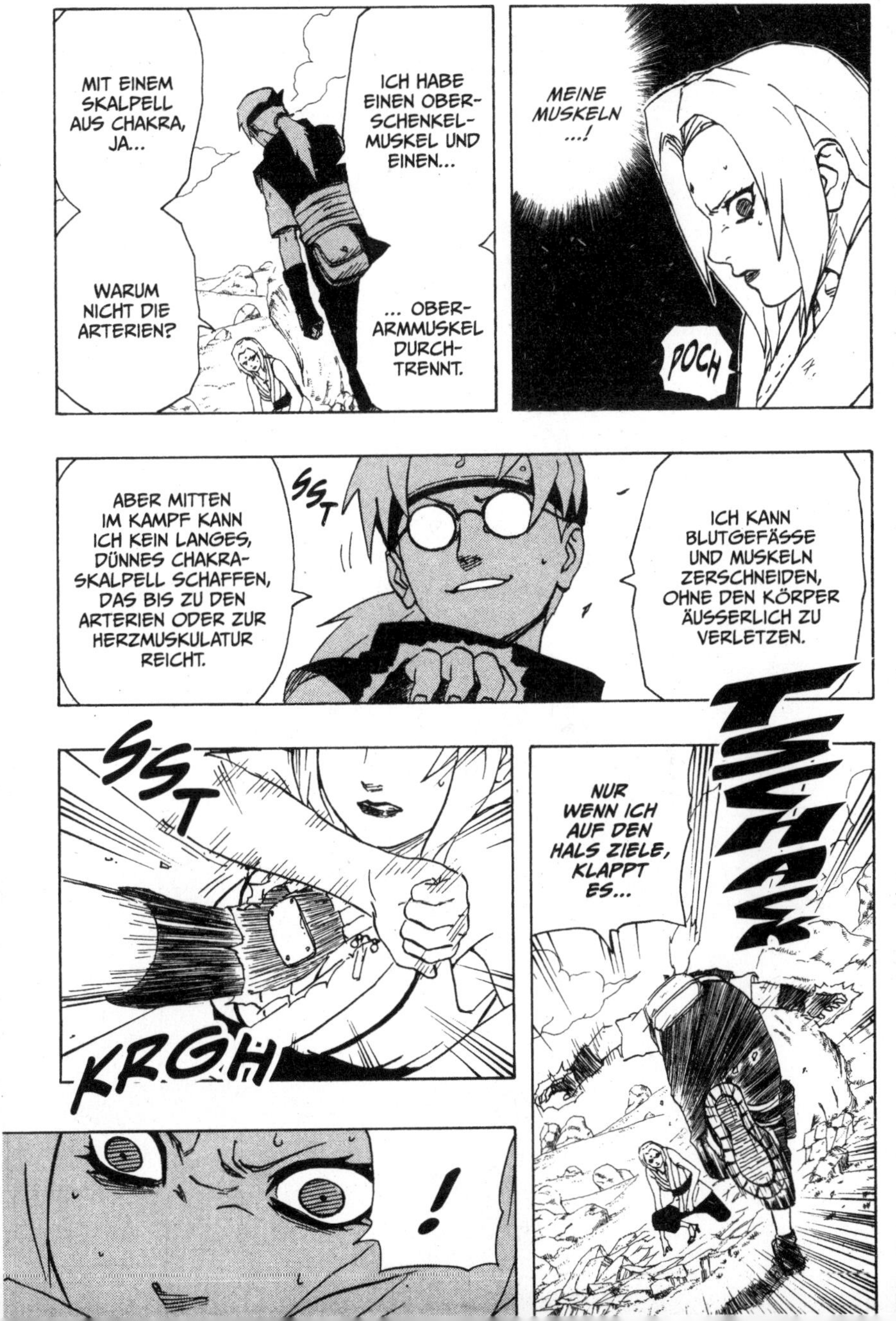
MEINE MUSKELN ...!
POCH
ICH HABE EINEN OBER-SCHENKEL-MUSKEL UND EINEN...
... OBER-ARMMUSKEL DURCH-TRENNT.
MIT EINEM SKALPELL AUS CHAKRA, JA...
WARUM NICHT DIE ARTERIEN?
ICH KANN BLUTGEFÄSSE UND MUSKELN ZERSCHNEIDEN, OHNE DEN KÖRPER ÄUSSERLICH ZU VERLETZEN.
SST
ABER MITTEN IM KAMPF KANN ICH KEIN LANGES, DÜNNES CHAKRA-SKALPELL SCHAFFEN, DAS BIS ZU DEN ARTERIEN ODER ZUR HERZMUSKULATUR REICHT.
NUR WENN ICH AUF DEN HALS ZIELE, KLAPPT ES...
SSST
KROGH
!

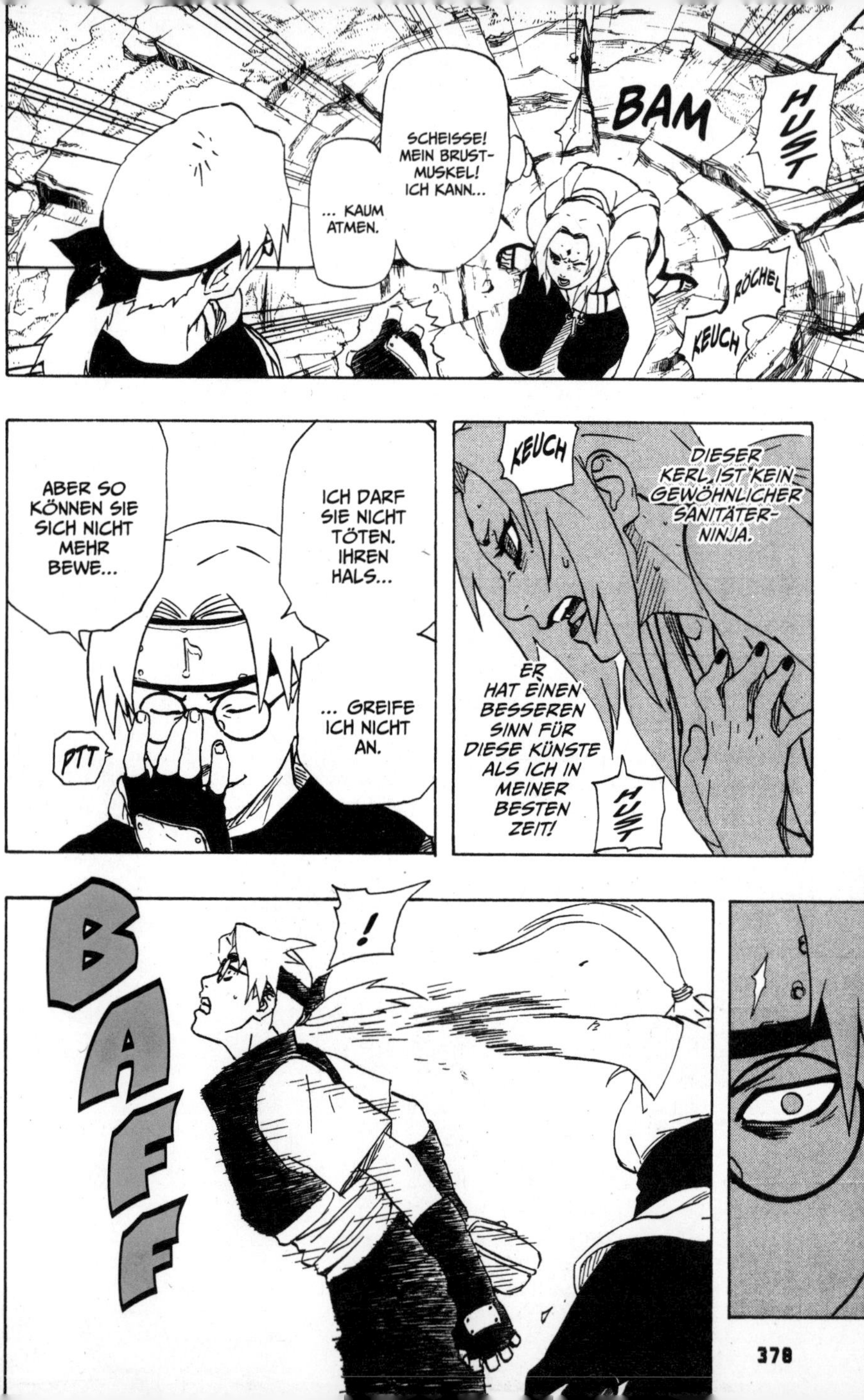
HUST
BAM
SCHEISSE! MEIN BRUST-MUSKEL! ICH KANN...
... KAUM ATMEN.
RÖCHEL
KEUCH
KEUCH
DIESER KERL IST KEIN GEWÖHNLICHER SANITÄTER-NINJA.
ER HAT EINEN BESSEREN SINN FÜR DIESE KÜNSTE ALS ICH IN MEINER BESTEN ZEIT!
HUST
ICH DARF SIE NICHT TÖTEN. IHREN HALS...
... GREIFE ICH NICHT AN.
ABER SO KÖNNEN SIE SICH NICHT MEHR BEWE...
PTT
!
BAFF

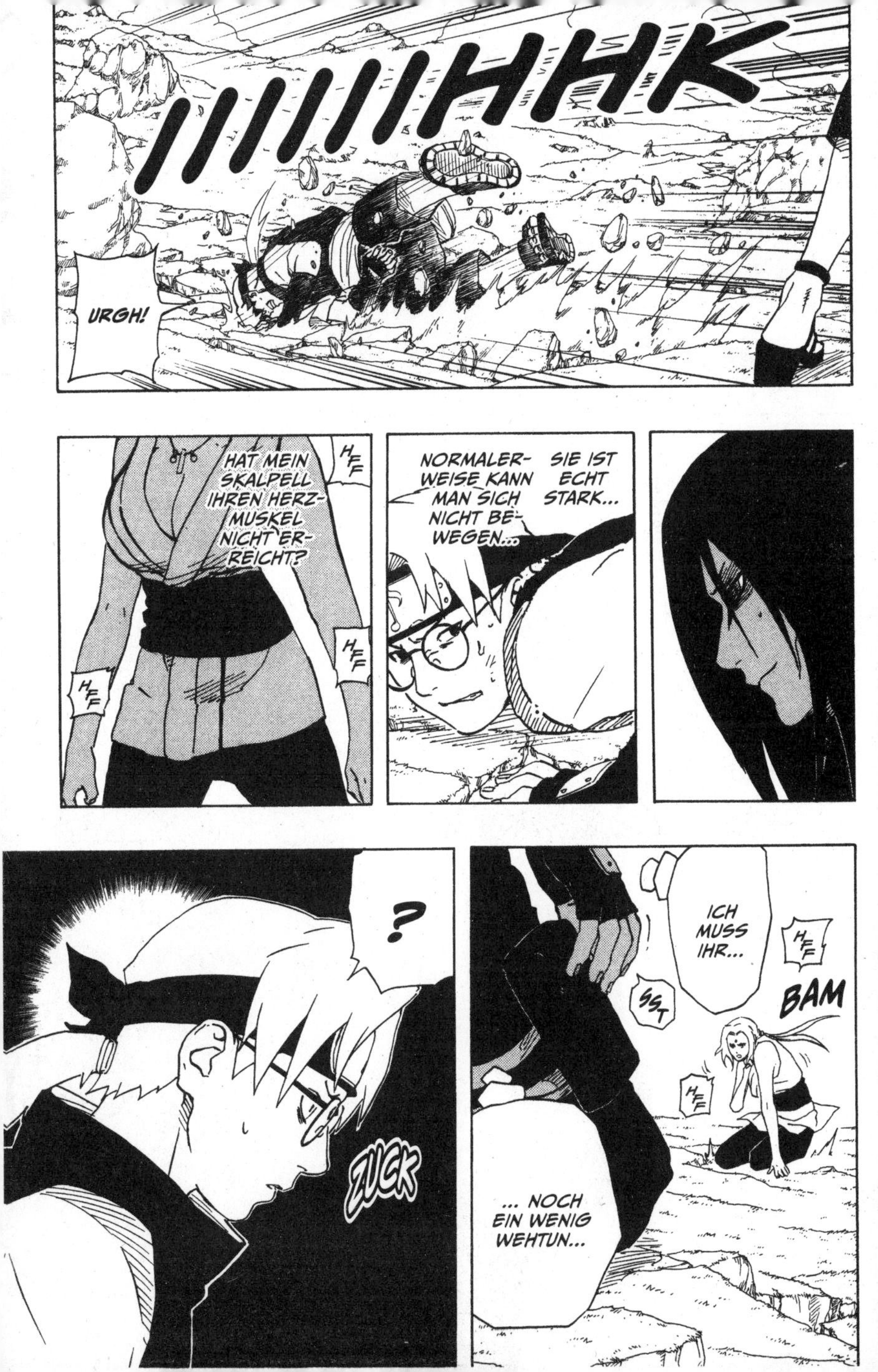

IIIIIIIHHK
URGH!
SIE IST ECHT STARK...
NORMALERWEISE KANN MAN SICH NICHT BEWEGEN...
HAT MEIN SKALPELL IHREN HERZMUSKEL NICHT ERREICHT?
HFF
HFF
HFF
ICH MUSS IHR...
HFF
BAM
SST
HFF
... NOCH EIN WENIG WEHTUN...
?
ZUCK

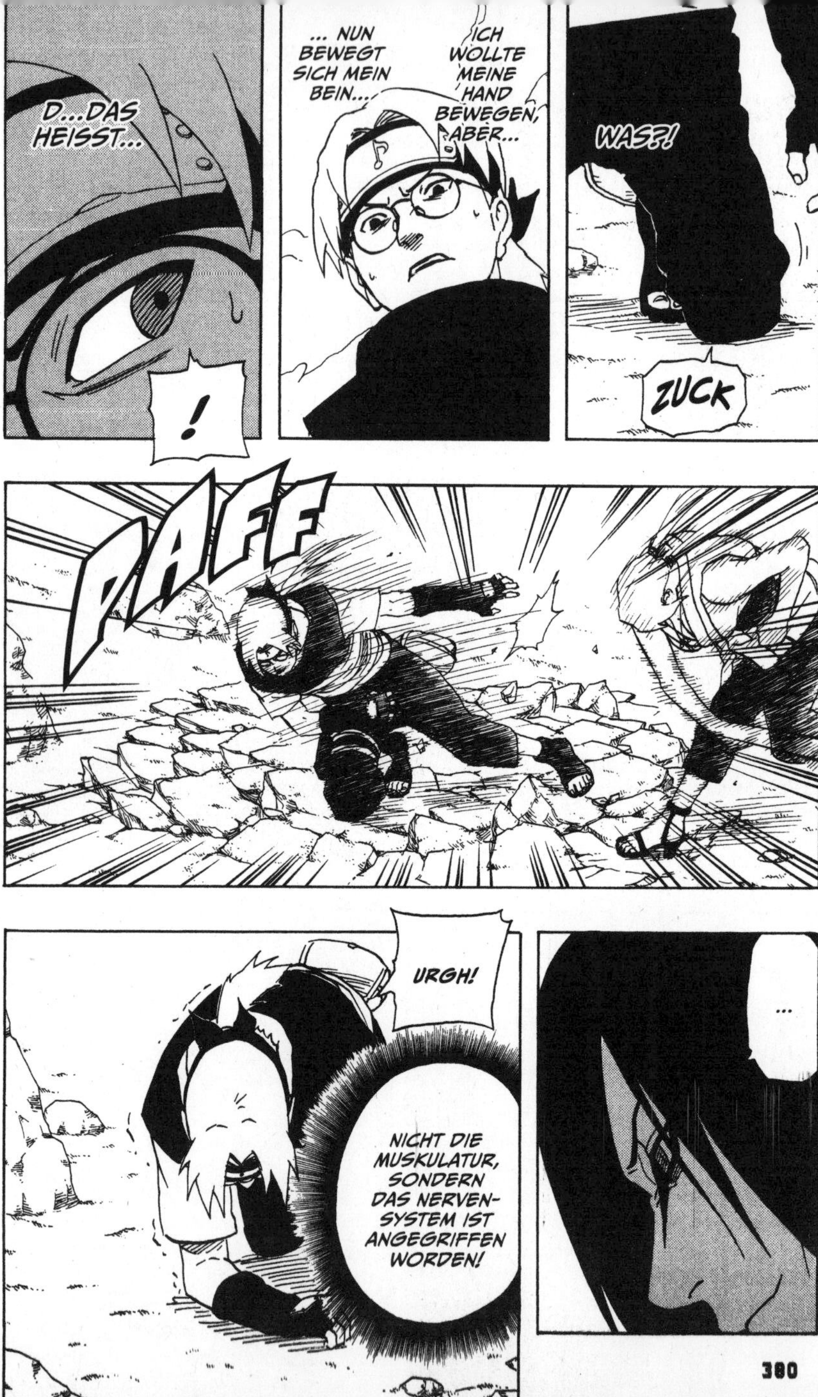

WAS?!
ICH WOLLTE MEINE HAND BEWEGEN, ABER ...
... NUN BEWEGT SICH MEIN BEIN ...
D...DAS HEISST ...
ZUCK
!
PAFF
URGH!
...
NICHT DIE MUSKULATUR, SONDERN DAS NERVEN-SYSTEM IST ANGEGRIFFEN WORDEN!

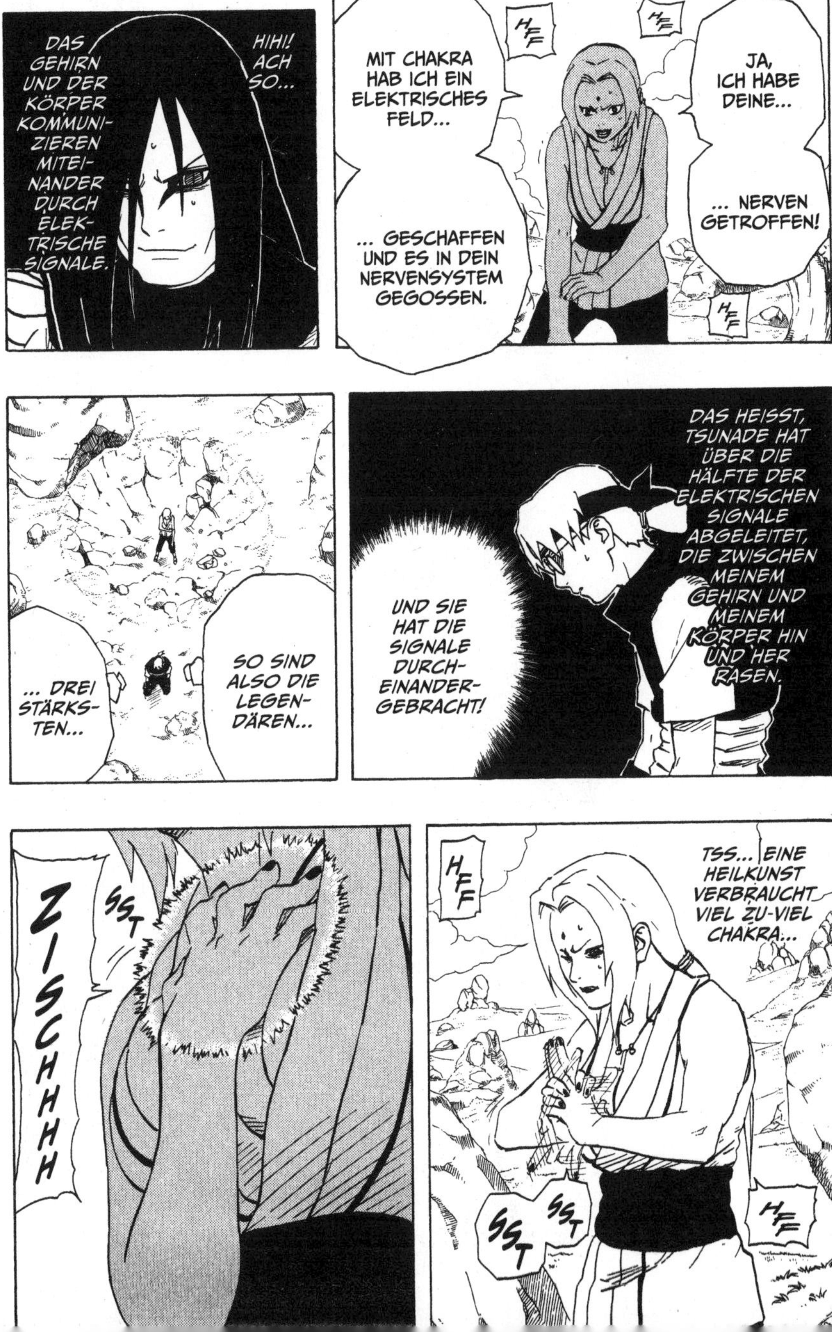
HFF
HFF
JA, ICH HABE DEINE...
... NERVEN GETROFFEN!
MIT CHAKRA HAB ICH EIN ELEKTRISCHES FELD...
... GESCHAFFEN UND ES IN DEIN NERVENSYSTEM GEGOSSEN.
HFF
HIHI! ACH SO...
DAS GEHIRN UND DER KÖRPER KOMMUNIZIEREN MITEINANDER DURCH ELEKTRISCHE SIGNALE.
DAS HEISST, TSUNADE HAT ÜBER DIE HÄLFTE DER ELEKTRISCHEN SIGNALE ABGELEITET, DIE ZWISCHEN MEINEM GEHIRN UND MEINEM KÖRPER HIN UND HER RASEN.
UND SIE HAT DIE SIGNALE DURCHEINANDERGEBRACHT!
SO SIND ALSO DIE LEGENDÄREN...
... DREI STÄRKSTEN...
HFF
TSS... EINE HEILKUNST VERBRAUCHT VIEL ZU-VIEL CHAKRA...
HFF
SST
SST
SST
ZISCHHHH

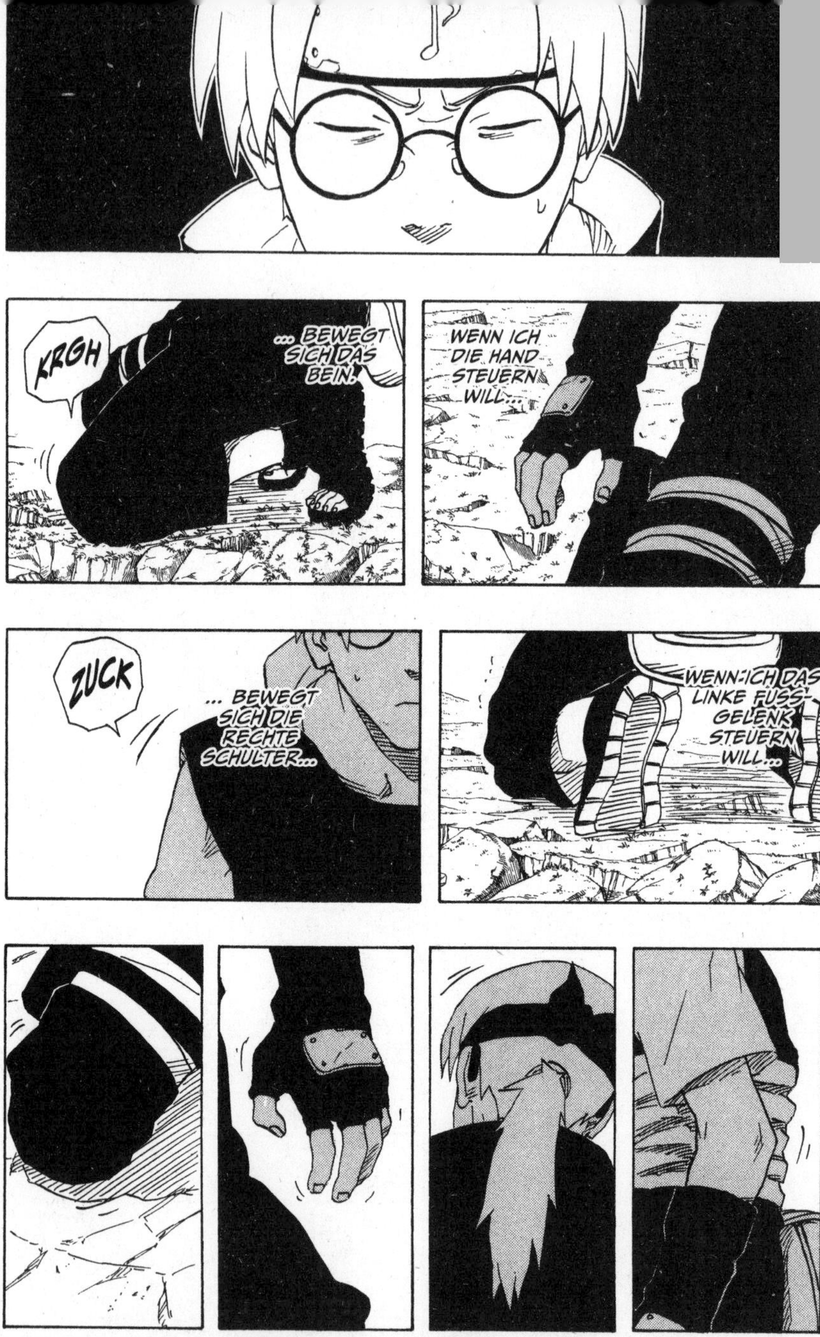
WENN ICH DIE HAND STEUERN WILL...
... BEWEGT SICH DAS BEIN.
KRGH
WENN ICH DAS LINKE FUSS-GELENK STEUERN WILL...
... BEWEGT SICH DIE RECHTE SCHULTER...
ZUCK

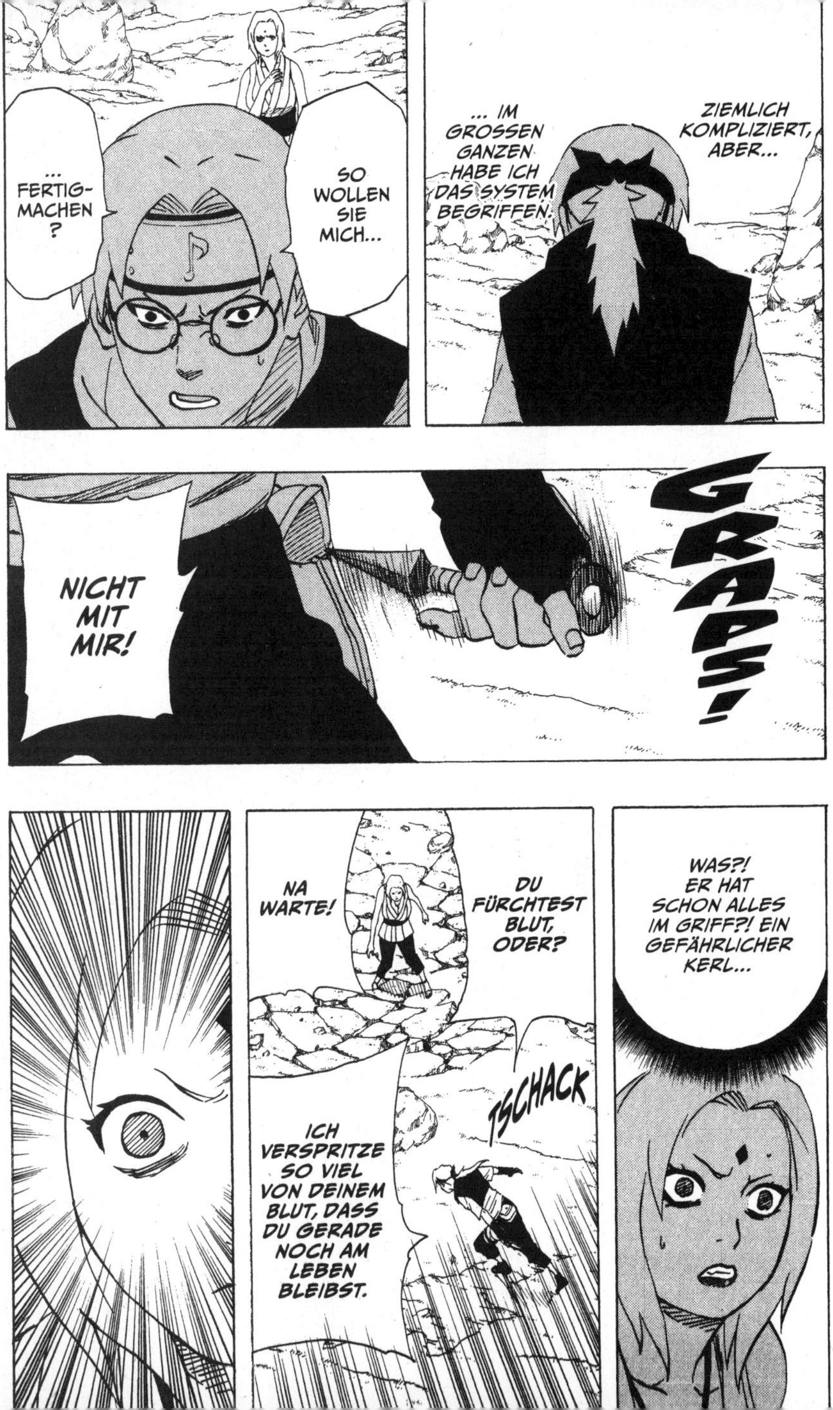
ZIEMLICH KOMPLIZIERT, ABER...
... IM GROSSEN GANZEN HABE ICH DAS SYSTEM BEGRIFFEN.
SO WOLLEN SIE MICH...
... FERTIG-MACHEN ?
GRAPS!
NICHT MIT MIR!
WAS?! ER HAT SCHON ALLES IM GRIFF?! EIN GEFÄHRLICHER KERL...
DU FÜRCHTEST BLUT, ODER?
NA WARTE!
TSCHACK
ICH VERSPRITZE SO VIEL VON DEINEM BLUT, DASS DU GERADE NOCH AM LEBEN BLEIBST.

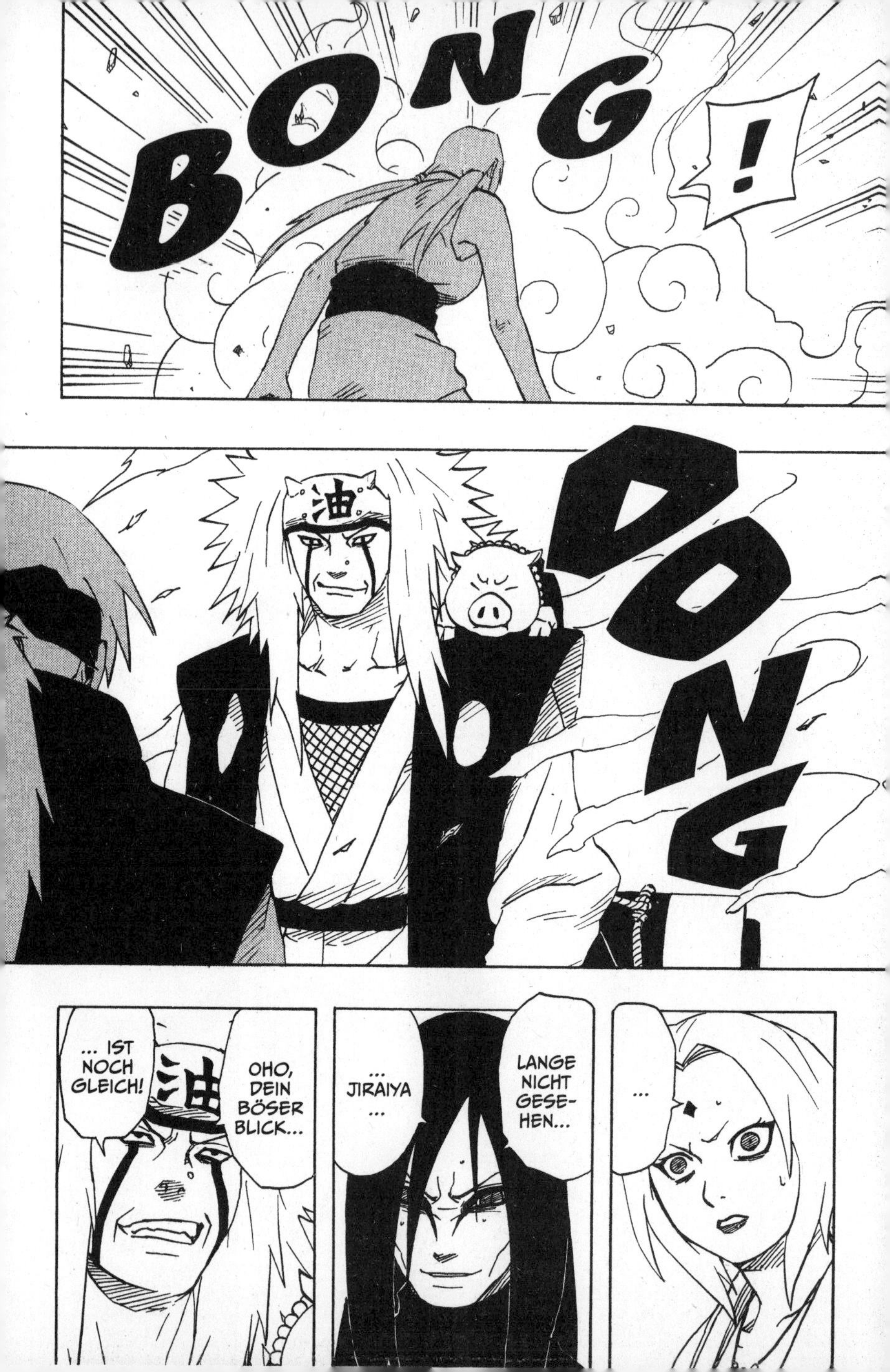
BONG!
DONG
...
LANGE NICHT GESEHEN...
... JIRAIYA ...
OHO, DEIN BÖSER BLICK...
... IST NOCH GLEICH!

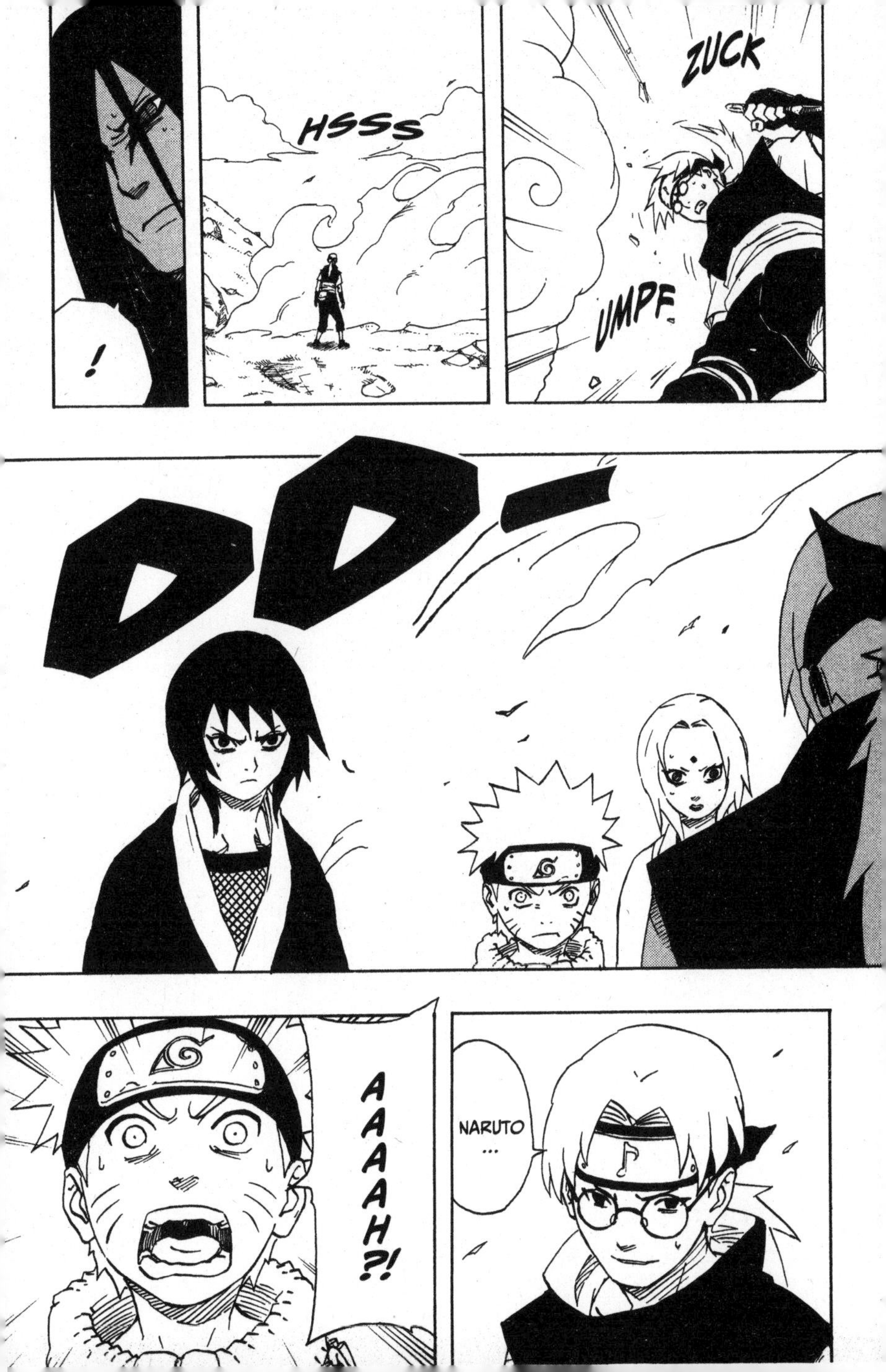
ZUCK
UMPF
HSSS
!
DD-
NARUTO ...
AAAAAH?!

MASASHI KISHIMOTOS WELT
LEBENSGESCHICHTE TEIL 30, 1. FOLGE

DIESER TEIL MEINER LEBENSGESCHICHTE HANDELT VON MEINEN DÜSTERSTEN, SCHWERSTEN JAHREN. ICH WAR IM LETZTEN STUDIENJAHR. DER ABSCHLUSS STAND DIREKT BEVOR. MIT DEN MANGA GING ES NOCH IMMER NICHT VORAN UND ICH FÜHLTE MICH DESHALB MIES. ICH ZEICHNETE ACTION-MANGA AUF EINE ART, DIE FÜR SHONENSHI TYPISCH WAR. ABER ALLEN FEHLTE DAS GEWISSE ETWAS UND SIE WURDEN ABGELEHNT! DAS WAR DIE HÄRTESTE ZEIT IN MEINEM LEBEN. MAN BRAUCHT VIEL ENERGIE, UM EINEN GROSSEN SCHRITT ZU MACHEN. ES VOM HOBBY-MANGAKA ZUM PROFI-MANGAKA ZU SCHAFFEN, WAR FÜR MICH EIN RICHTIG GROSSER SCHRITT. DAFÜR BRAUCHTE ICH VIEL ENERGIE. ALS ICH DEN PREIS GEWANN, WAR ICH ZU OPTIMISTISCH. ICH DACHTE, NUN WÄRE ICH SCHON FAST EIN PROFI-MANGAKA. AUCH WENN ICH VOR ANDEREN LEUTEN NICHT UNBEDINGT MIT DEM PREIS ANGAB, SO WAR ICH DOCH SEHR STOLZ DARAUF. ICH HATTE DIE ILLUSION, SCHON ETWAS ERREICHT ZU HABEN UND MICH NICHT MEHR SO ANSTRENGEN ZU MÜSSEN. DAS WAR DER GRÖSSTE FEHLER, DEN ICH JE GEMACHT HABE. MEIN ZUSTÄNDIGER LEKTOR, HERR YAHAGI, HATTE BEI UNSEREM ERSTEN TREFFEN GESAGT, DASS ES EIGENTLICH ERST DANN HART WIRD, WENN MAN DEN PREIS GEWONNEN HAT. IN DIESEN JAHREN WURDE MIR KLAR, WAS ER DAMIT GEMEINT HATTE.

HEUTE DENKE ICH, DASS ES KEINEN GROSSEN UNTERSCHIED MACHT, OB MAN EINEN PREIS GEWONNEN HAT ODER NICHT. AUCH WENN MAN EINEN PREIS GEWONNEN HAT, BLEIBT MAN AMATEUR UND IST NOCH WEIT ENTFERNT VOM PROFI-MANGAKA.

ICH BRAUCHTE VIEL ZEIT UND MÜHE, MICH VON MEINEN ILLUSIONEN UND FEHLEINSCHÄTZUNGEN ZU BEFREIEN. DARÜBER ERZÄHLE ICH IN DER NÄCHSTEN FOLGE. HM, DIESE GESCHICHTE KLINGT ECHT TRÜB...

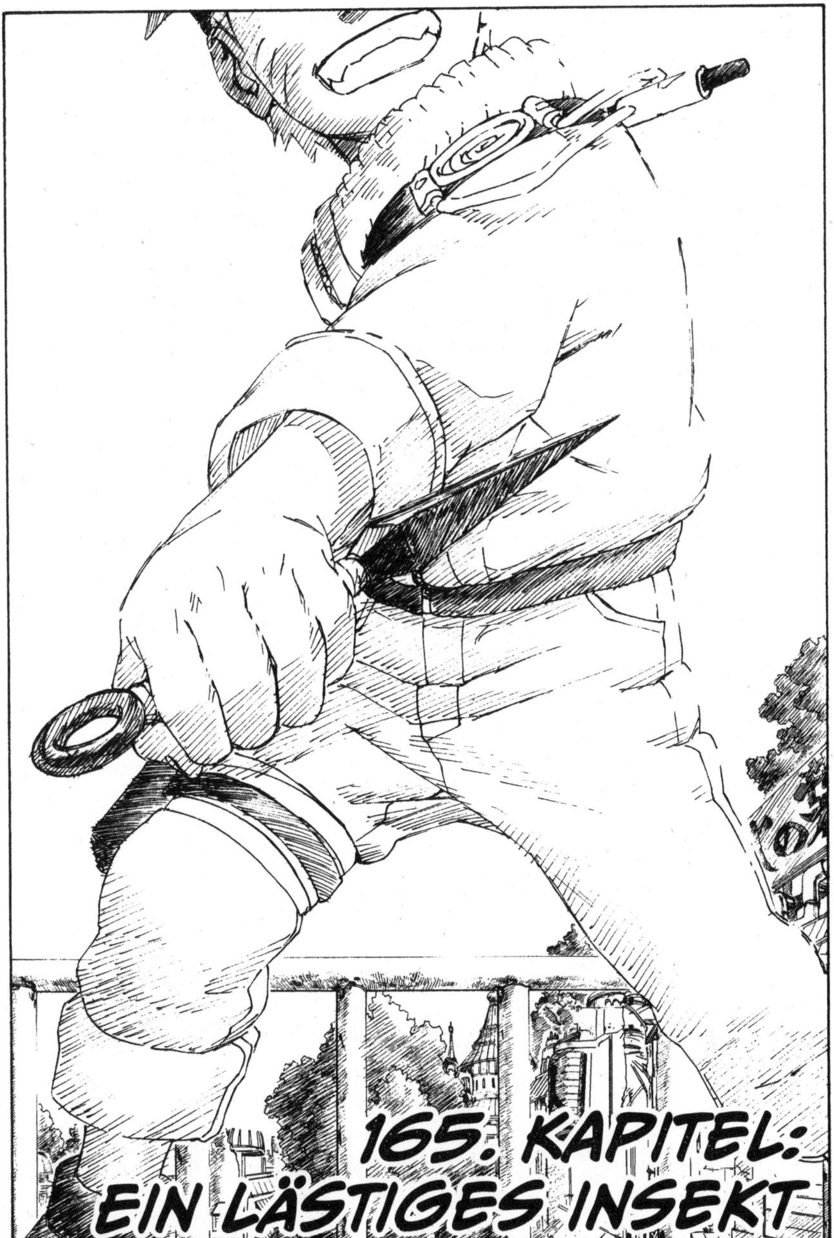
165. KAPITEL:
EIN LÄSTIGES INSEKT

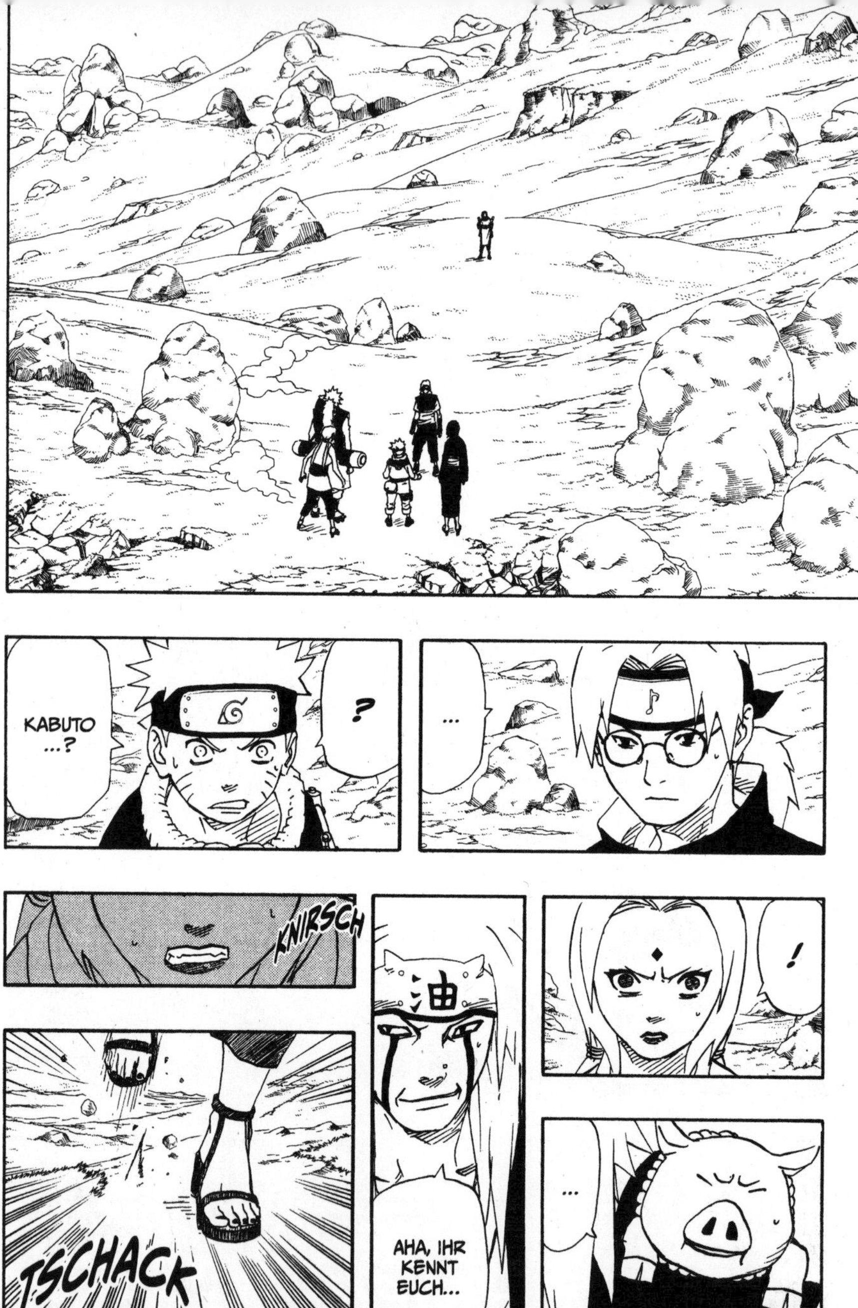
...
?
KABUTO ...?
!
...
AHA, IHR KENNT EUCH...
KNIRSCH
TSCHACK

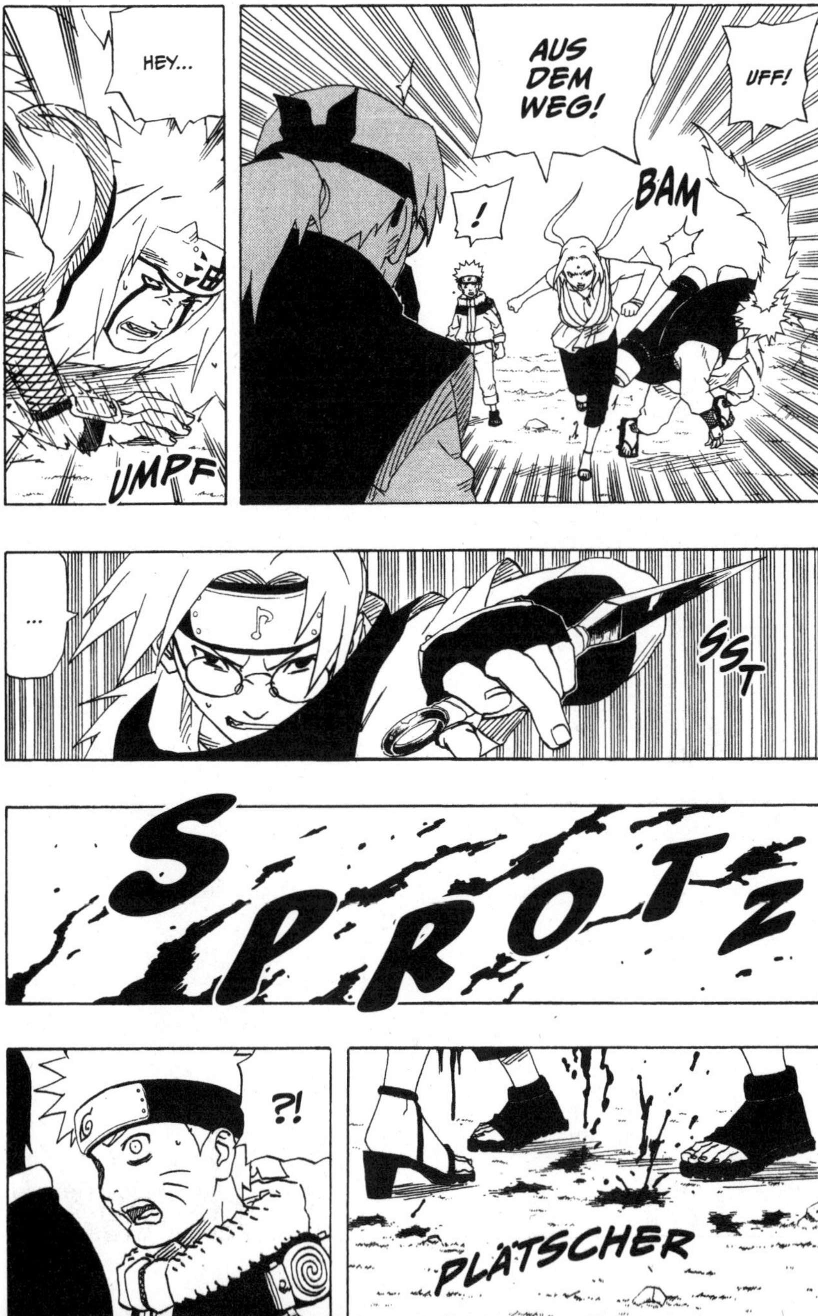
UFF!
BAM
AUS DEM WEG!
!
HEY...
UMPF
SST
...
SPROTZ
PLÄTSCHER
?!

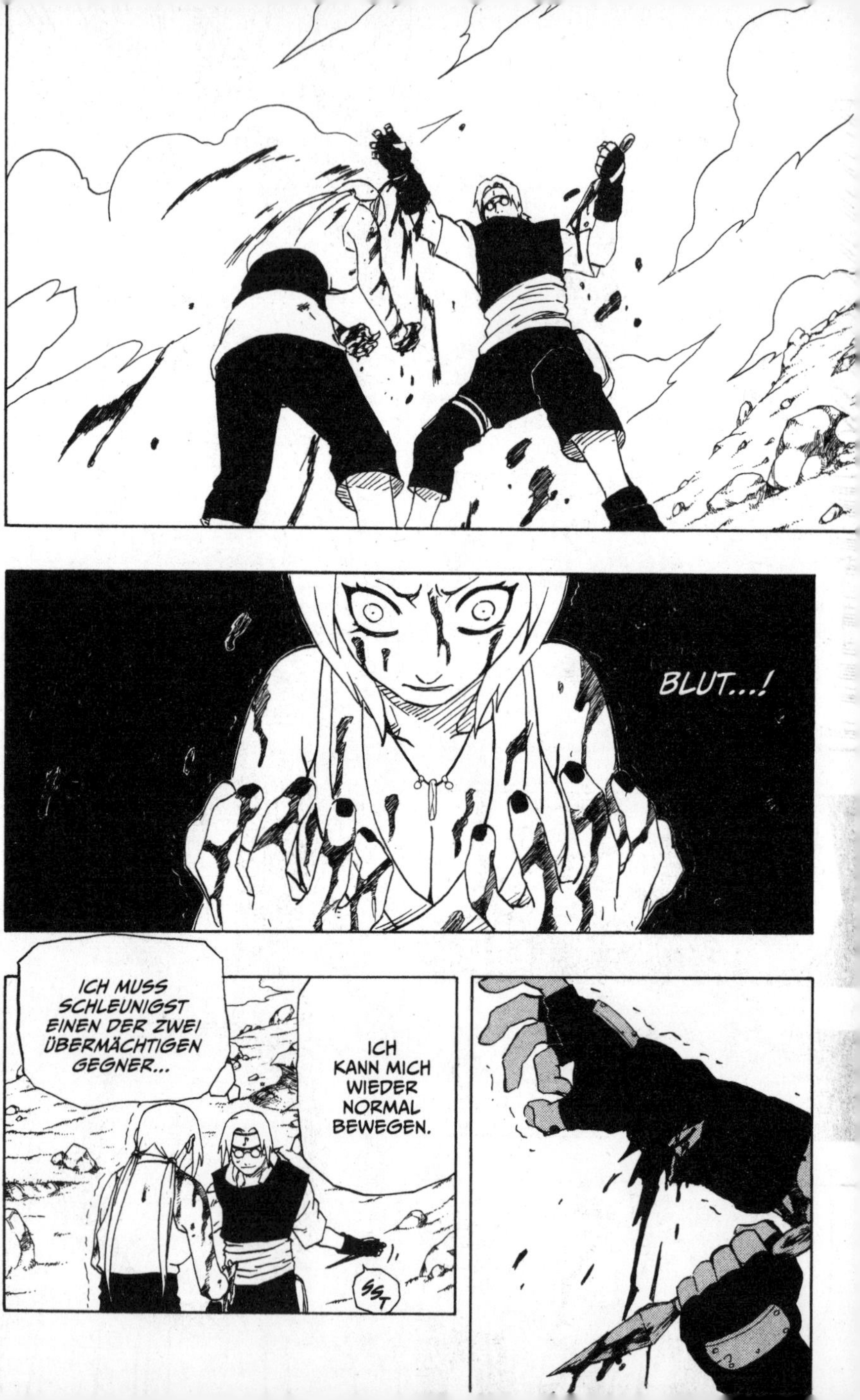
BLUT...!
ICH KANN MICH WIEDER NORMAL BEWEGEN.
ICH MUSS SCHLEUNIGST EINEN DER ZWEI ÜBERMÄCHTIGEN GEGNER...
SST

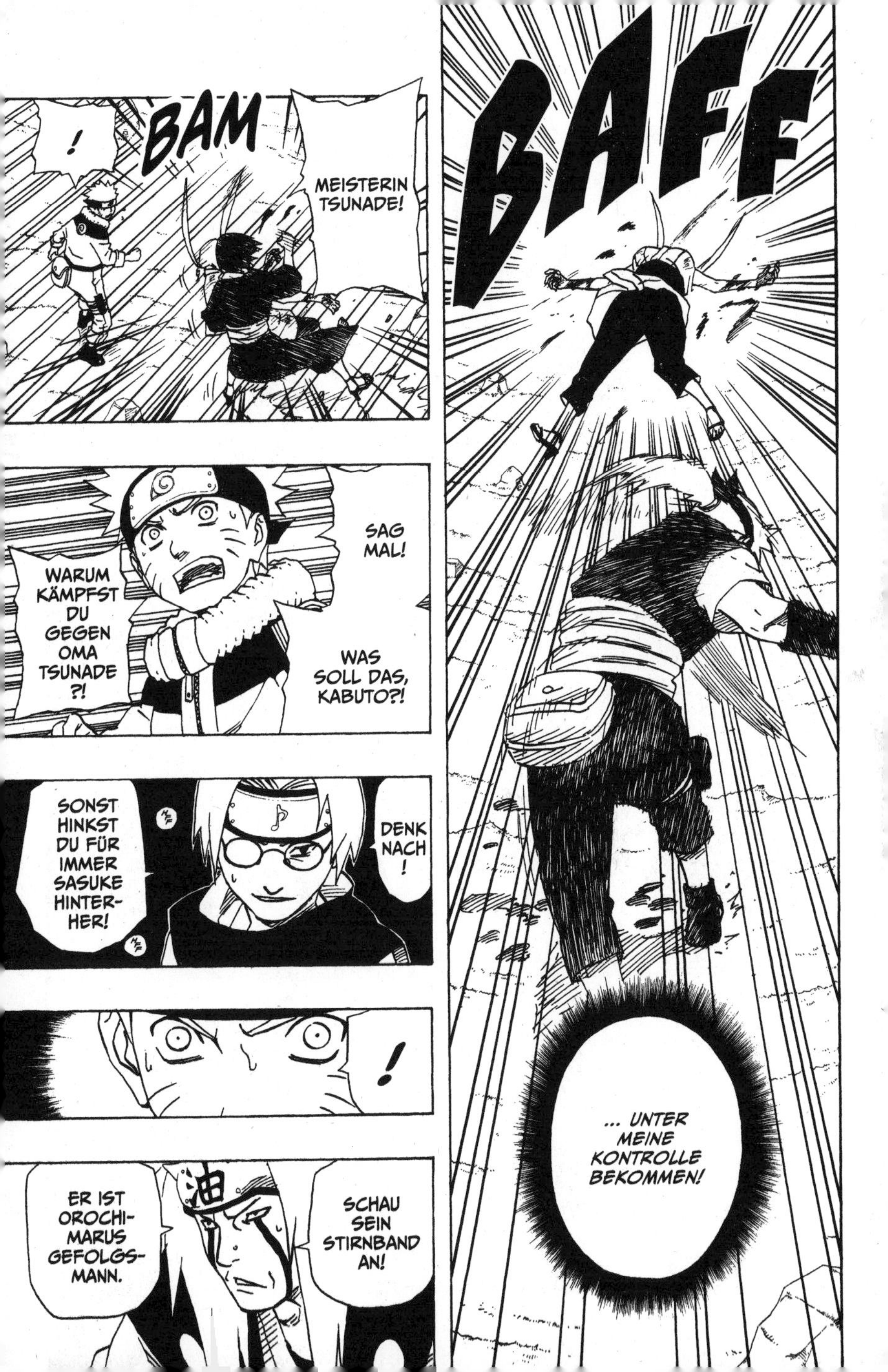
BAFF
... UNTER MEINE KONTROLLE BEKOMMEN!
BAM
!
MEISTERIN TSUNADE!
SAG MAL!
WAS SOLL DAS, KABUTO?!
WARUM KÄMPFST DU GEGEN OMA TSUNADE ?!
DENK NACH !
SONST HINKST DU FÜR IMMER SASUKE HINTER-HER!
!
SCHAU SEIN STIRNBAND AN!
ER IST OROCHI-MARUS GEFOLGS-MANN.

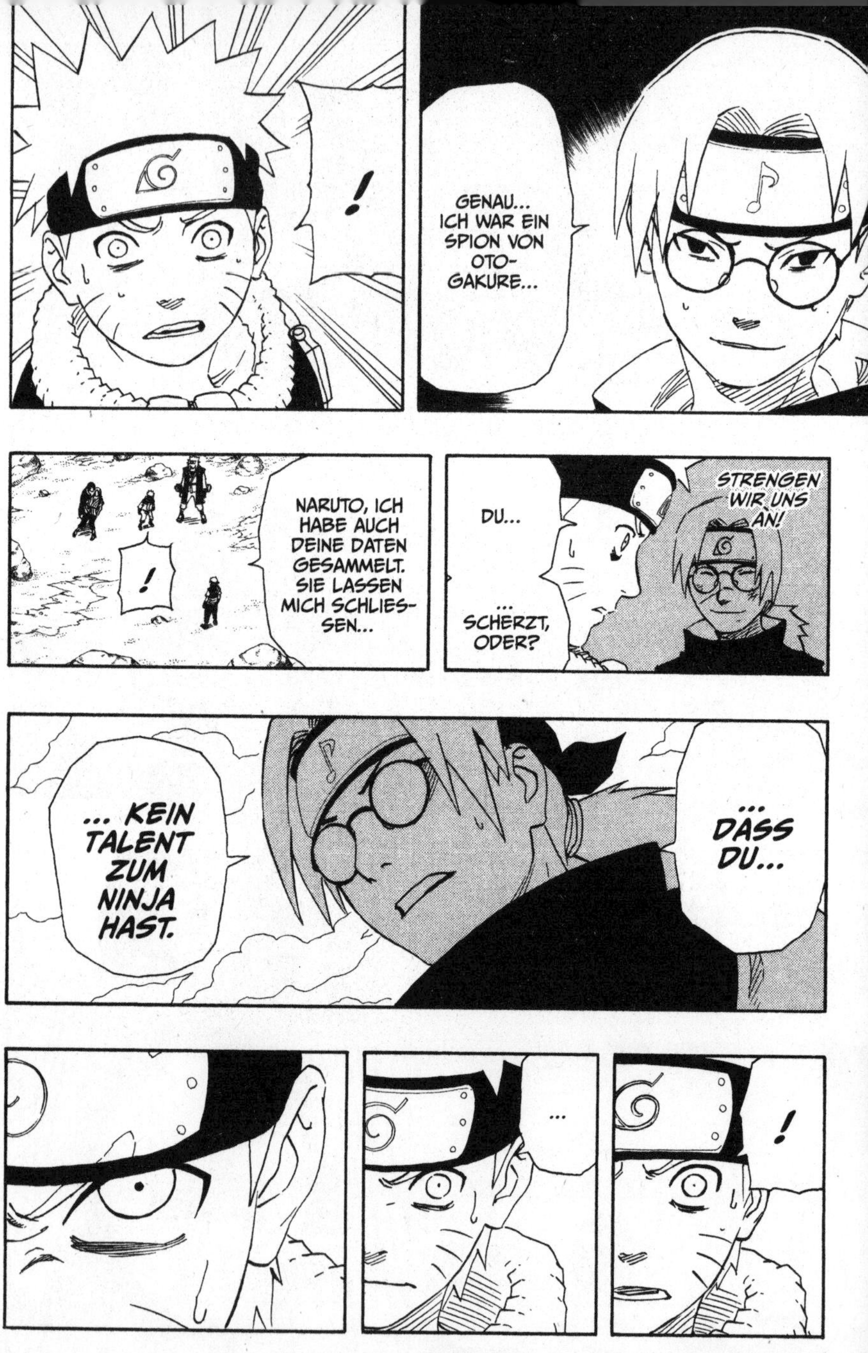
GENAU... ICH WAR EIN SPION VON OTO-GAKURE...
!
STRENGEN WIR UNS AN!
DU...
... SCHERZT, ODER?
NARUTO, ICH HABE AUCH DEINE DATEN GESAMMELT. SIE LASSEN MICH SCHLIESSEN...
!
... DASS DU...
... KEIN TALENT ZUM NINJA HAST.
!
...

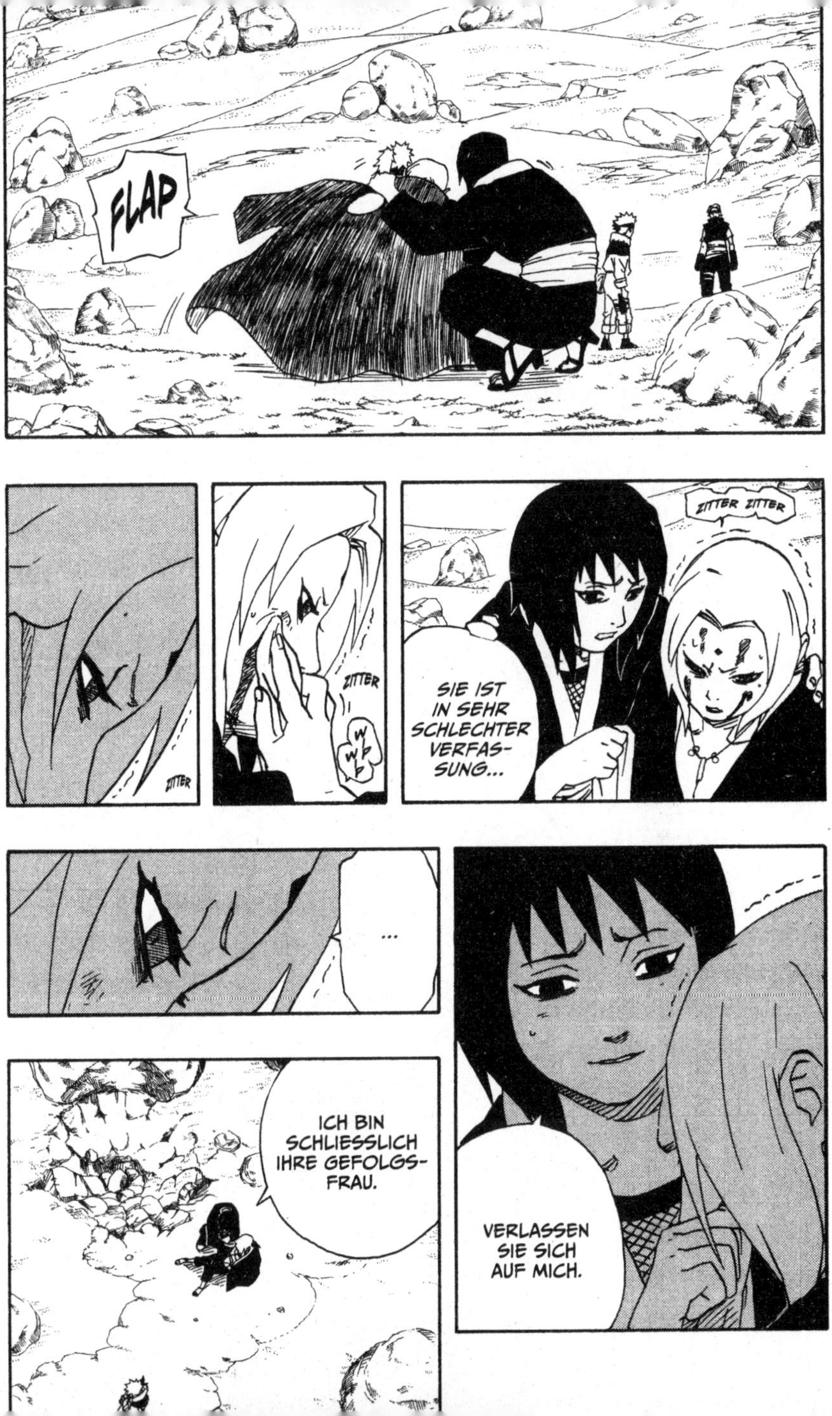

FLAP
ZITTER ZITTER
SIE IST IN SEHR SCHLECHTER VERFAS-SUNG...
ZITTER
ZITTER
...
ICH BIN SCHLIESSLICH IHRE GEFOLGS-FRAU.
VERLASSEN SIE SICH AUF MICH.

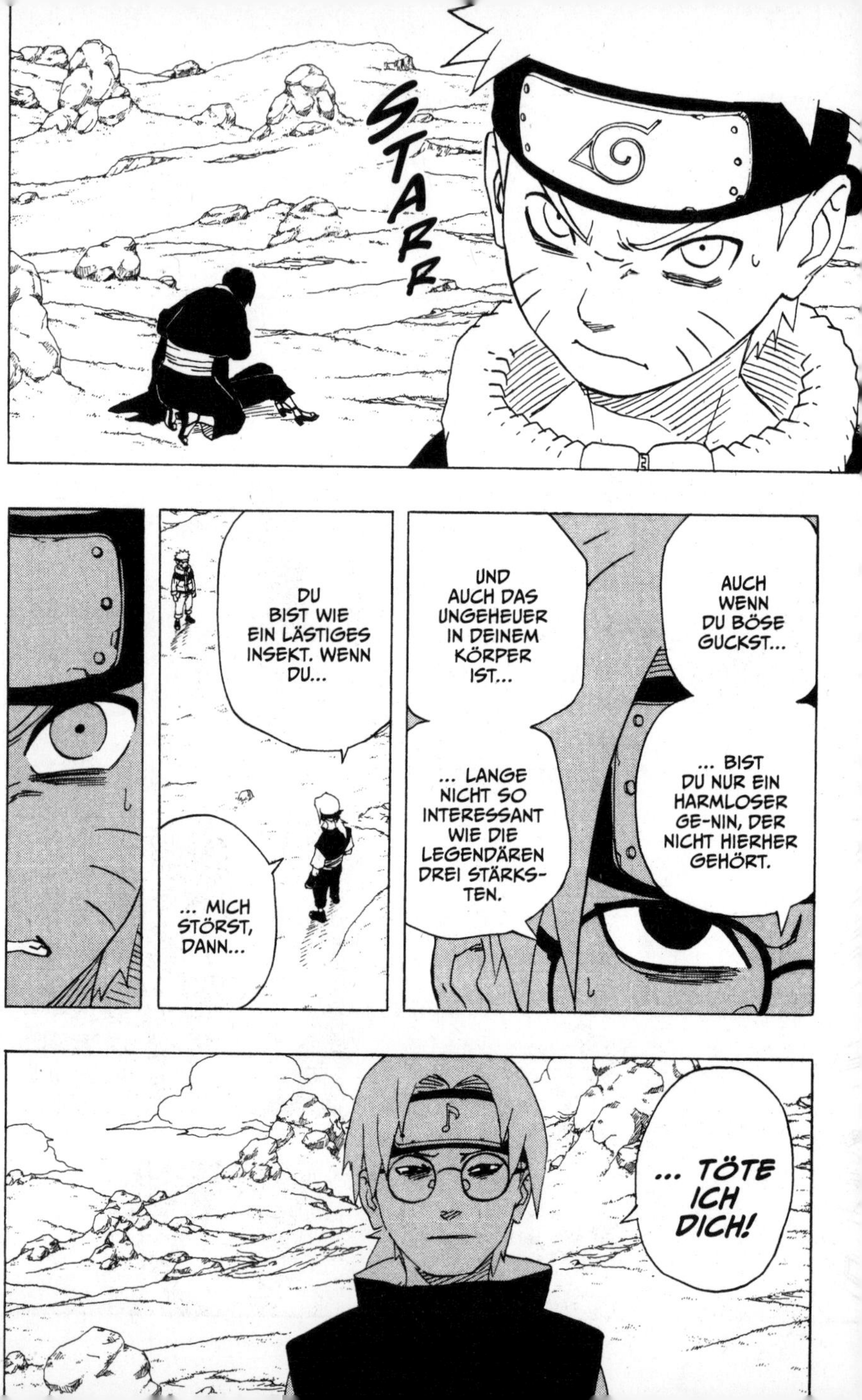
STARR
AUCH WENN DU BÖSE GUCKST...
... BIST DU NUR EIN HARMLOSER GE-NIN, DER NICHT HIERHER GEHÖRT.
UND AUCH DAS UNGEHEUER IN DEINEM KÖRPER IST...
... LANGE NICHT SO INTERESSANT WIE DIE LEGENDÄREN DREI STÄRKS-TEN.
DU BIST WIE EIN LÄSTIGES INSEKT. WENN DU...
... MICH STÖRST, DANN...
... TÖTE ICH DICH!

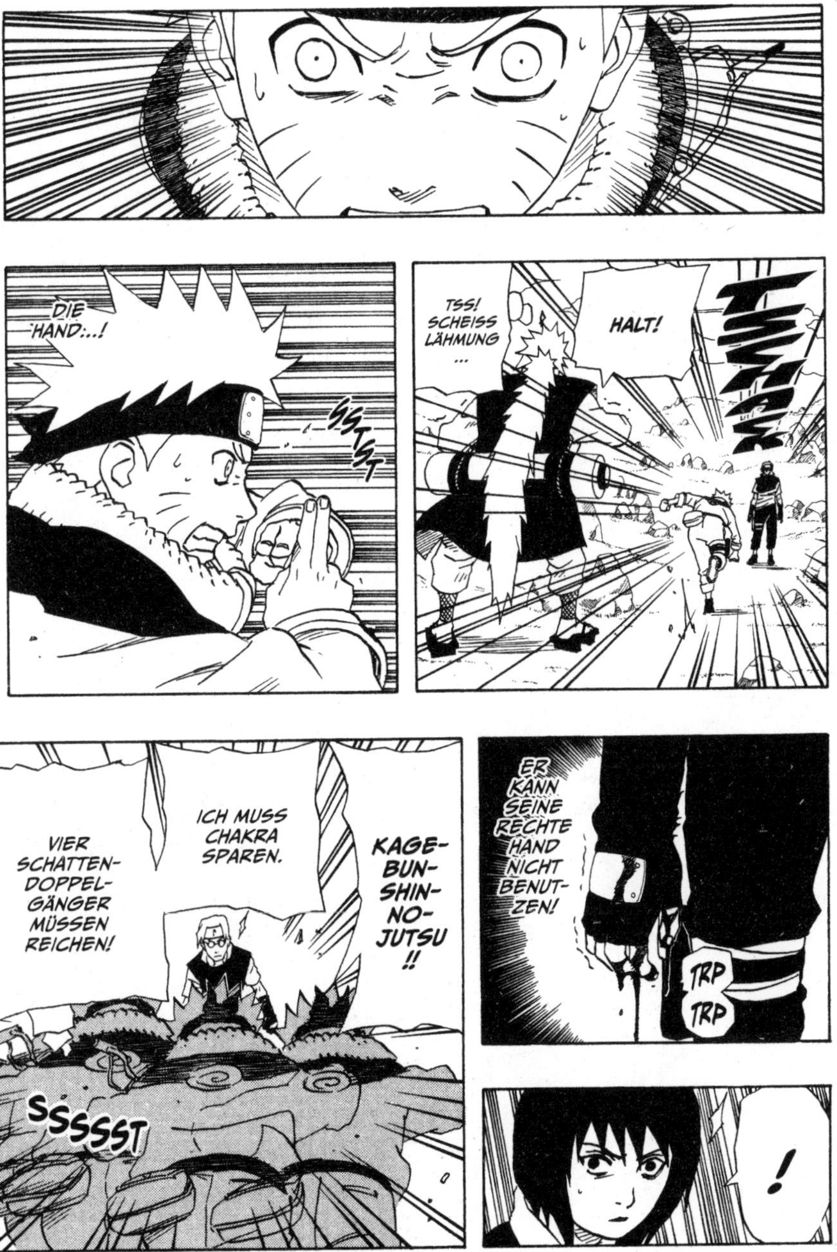
TSHAK
HALT!
TSS! SCHEISS LÄHMUNG ...
SSTST
DIE HAND...!
ER KANN SEINE RECHTE HAND NICHT BENUTZEN!
TRP TRP
!
KAGE-BUN-SHIN-NO-JUTSU!!
ICH MUSS CHAKRA SPAREN.
VIER SCHATTEN-DOPPEL-GÄNGER MÜSSEN REICHEN!
SSSSST

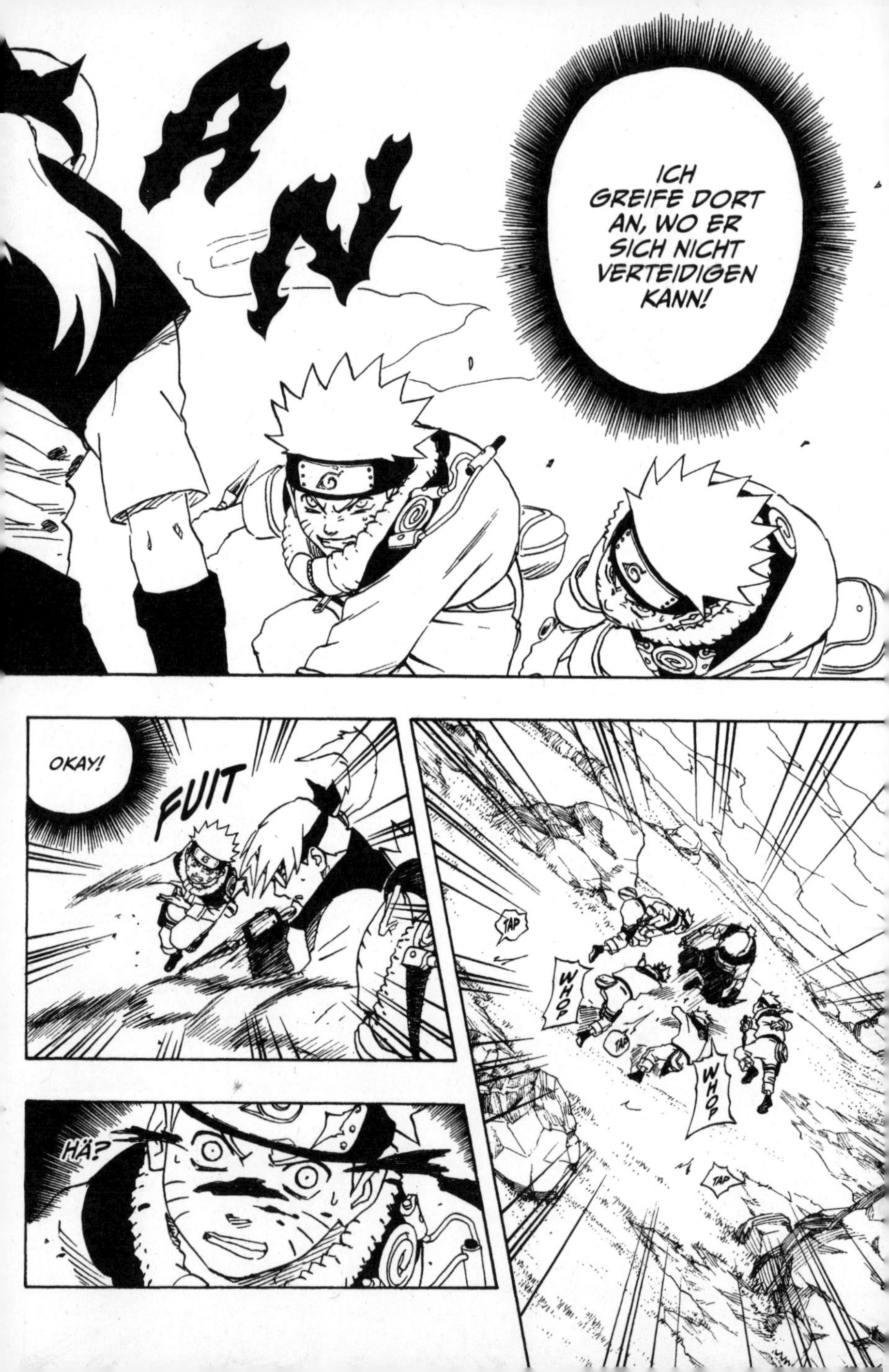
ICH GREIFE DORT AN, WO ER SICH NICHT VERTEIDIGEN KANN!
TAP
WHOP
TAP
WHOP
TAP
OKAY!
FUIT
HÄ?

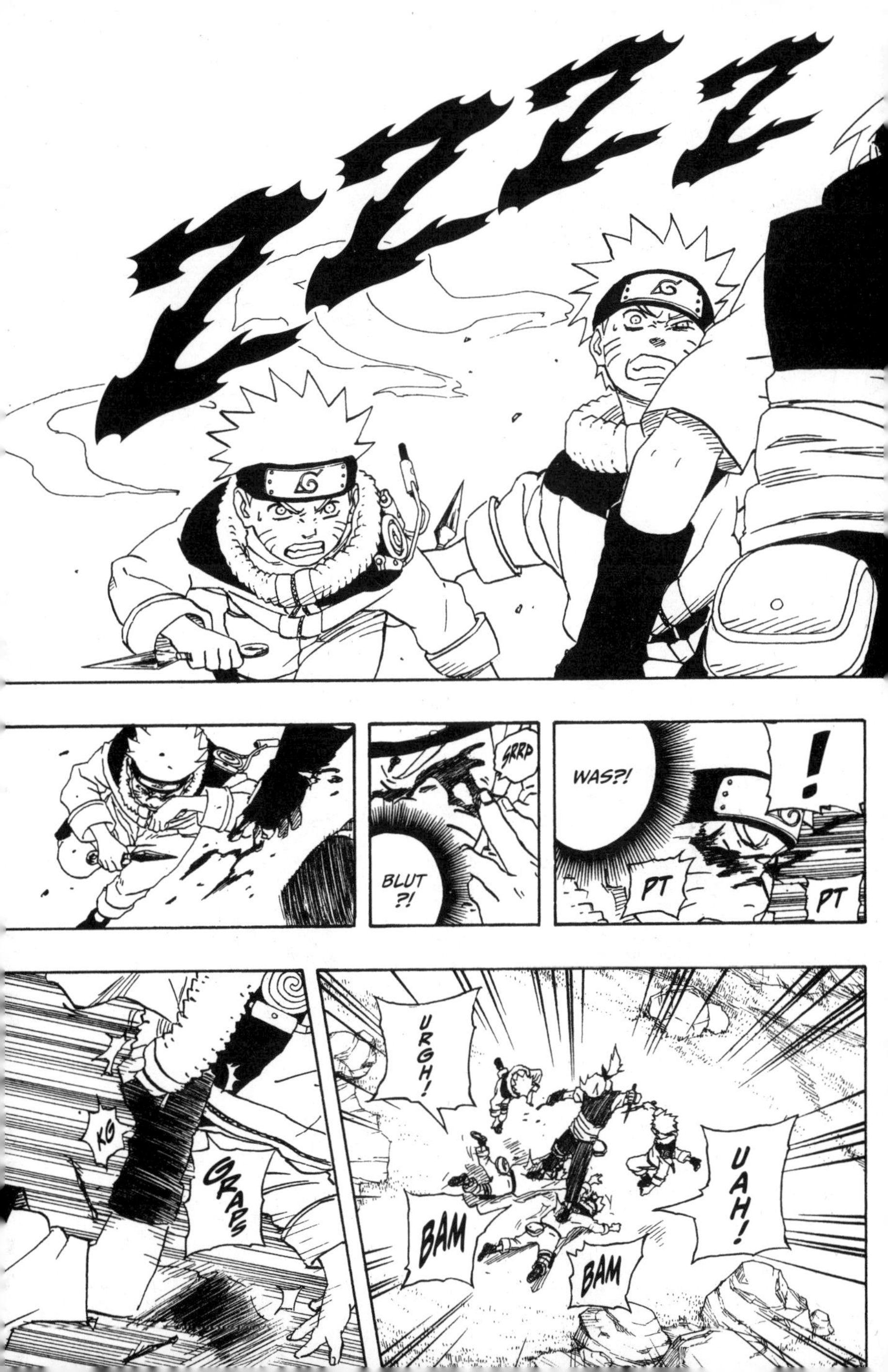
ZZZZ
!
WAS?!
PT
PT
SRRP
BLUT ?!
UAH!
URGH!
BAM
BAM
KG
GRAPS

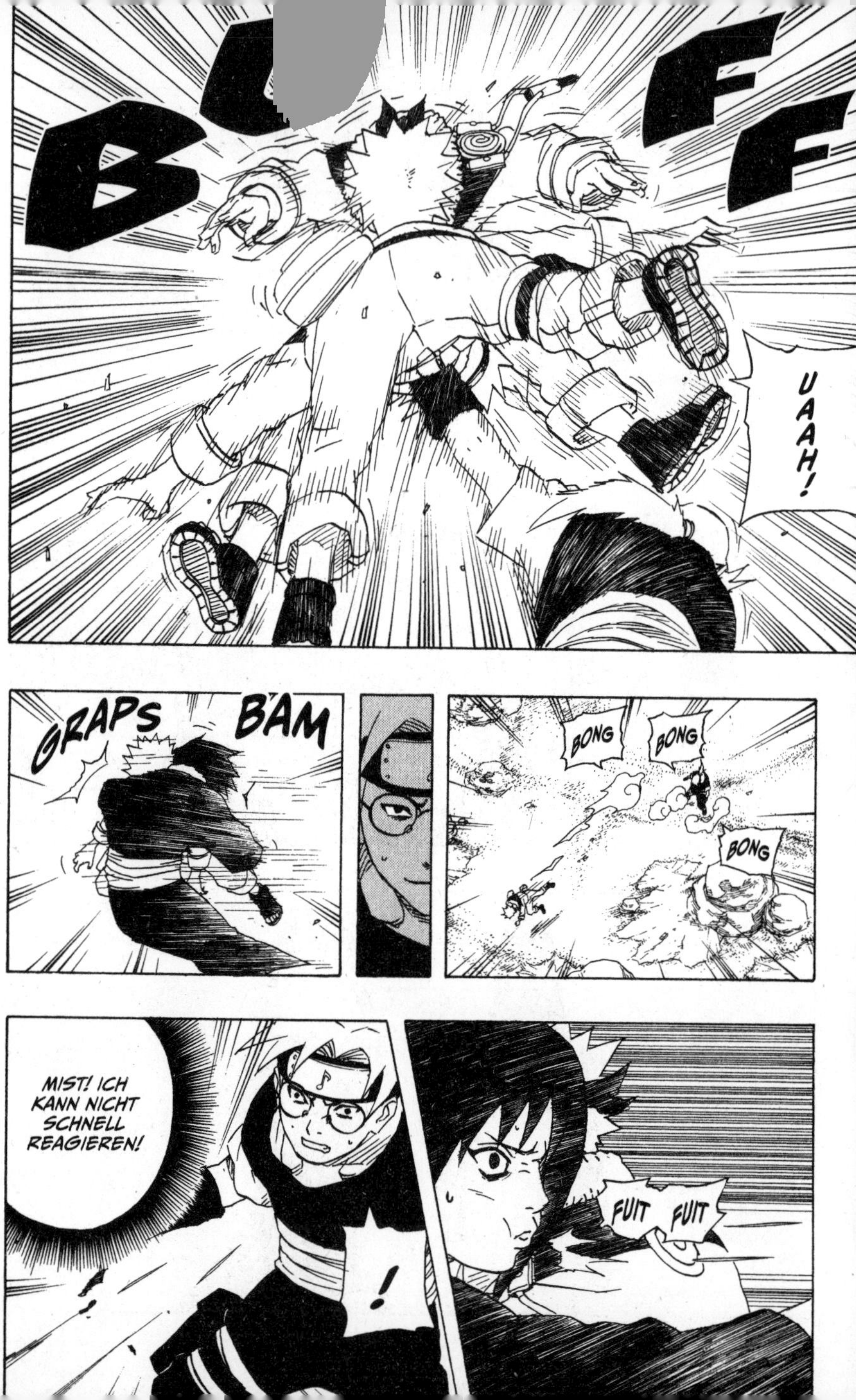

BUFF
UAAH!
GRAPS
BAM
BONG
BONG
BONG
MIST! ICH KANN NICHT SCHNELL REAGIEREN!
FUIT
FUIT
!

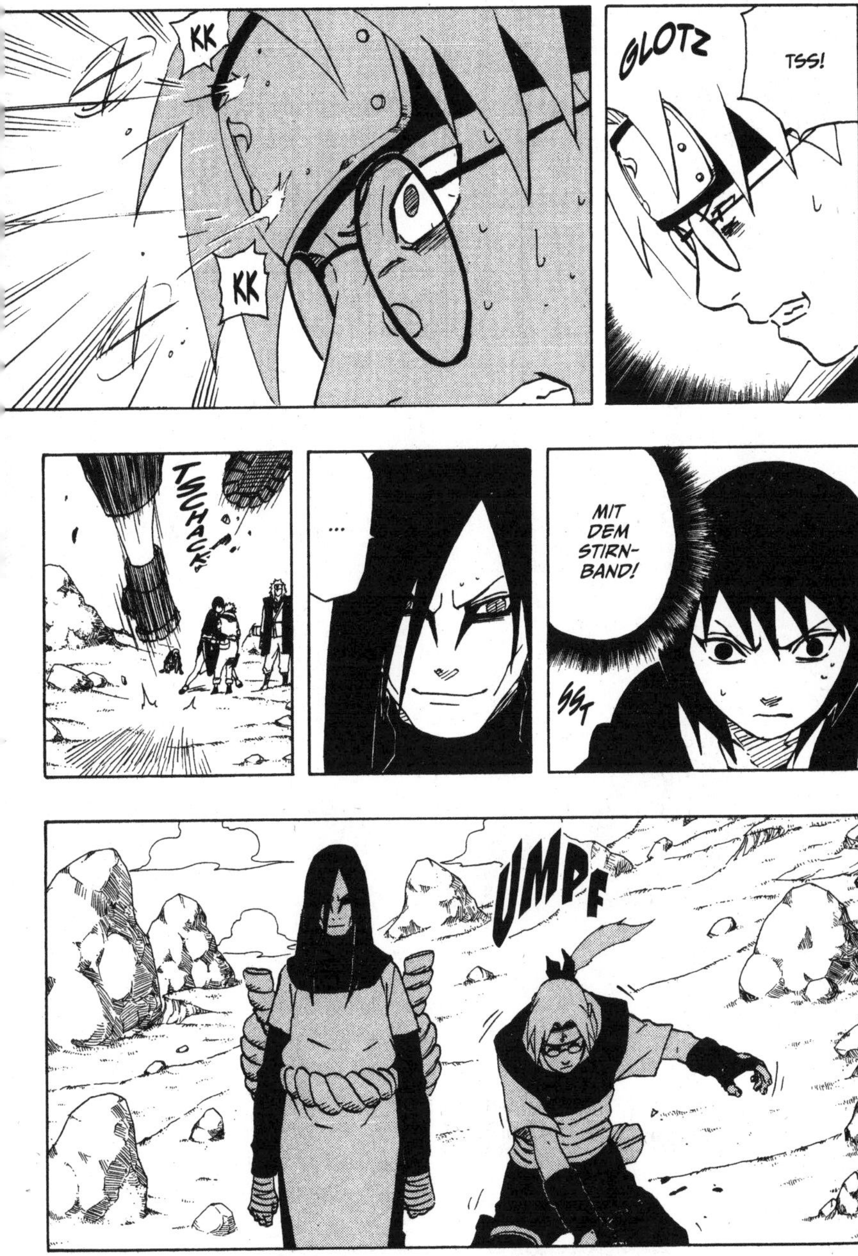
TSS!
GLOTZ
KK
KK
MIT DEM STIRN-BAND!
SST
...
TSCHACK
UMPF

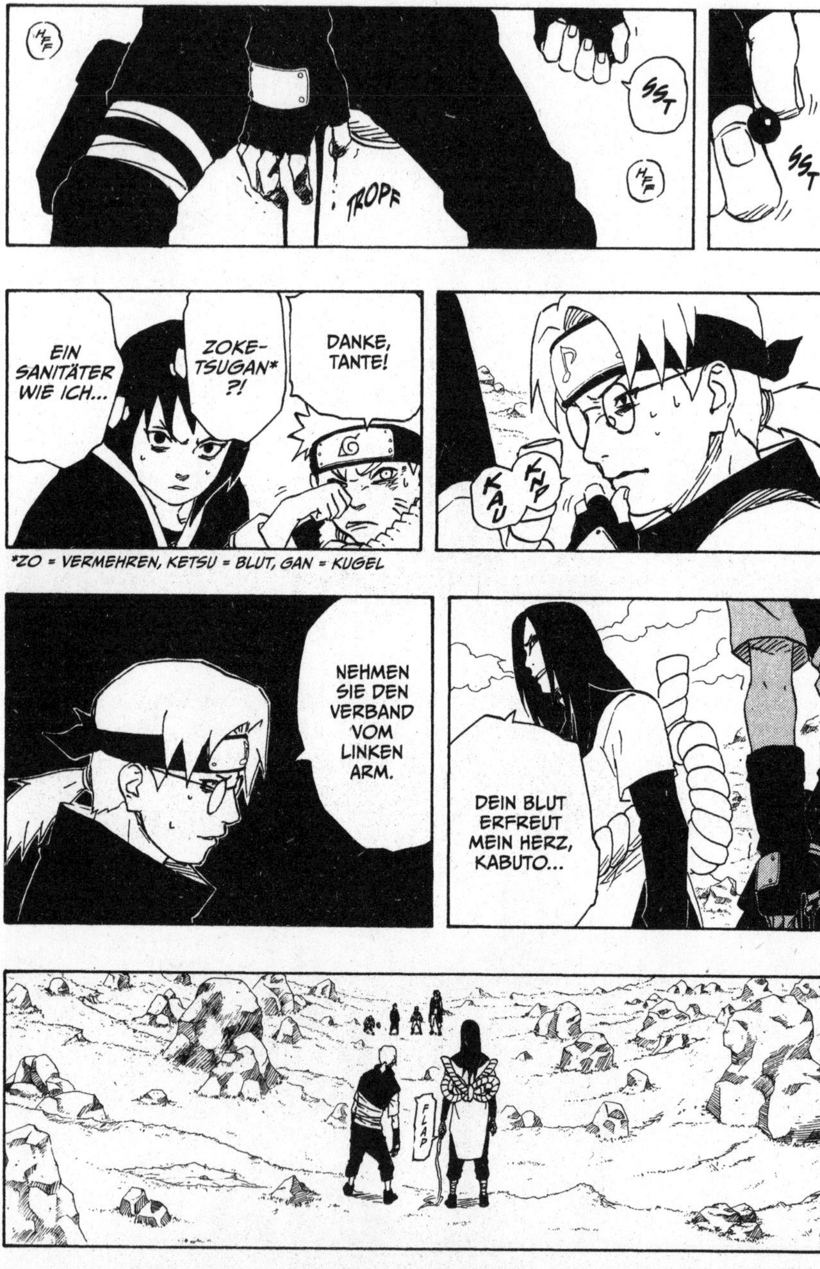

*ZO = VERMEHREN, KETSU = BLUT, GAN = KUGEL

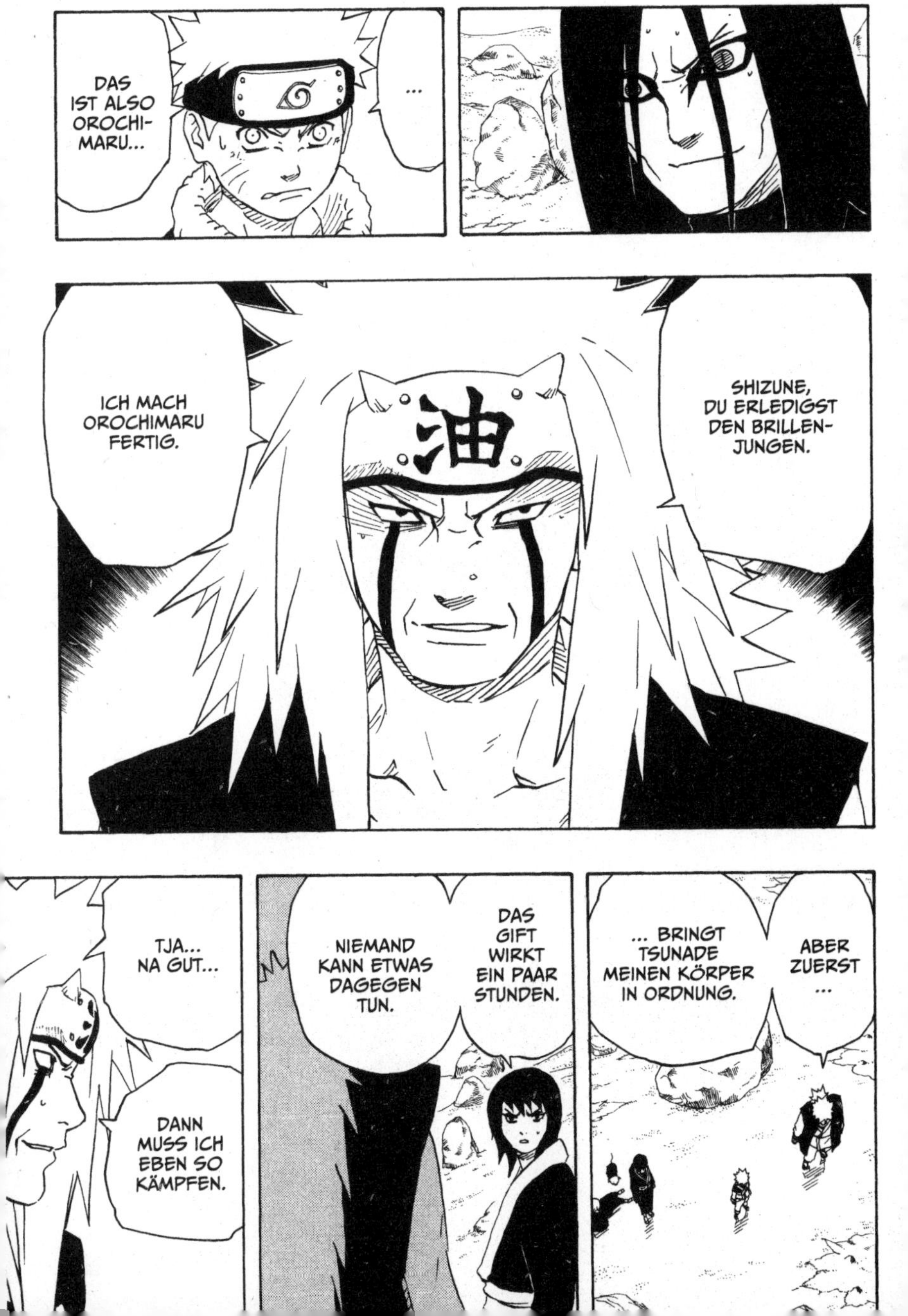
...
DAS IST ALSO OROCHIMARU...
SHIZUNE, DU ERLEDIGST DEN BRILLENJUNGEN.
ICH MACH OROCHIMARU FERTIG.
ABER ZUERST ...
... BRINGT TSUNADE MEINEN KÖRPER IN ORDNUNG.
DAS GIFT WIRKT EIN PAAR STUNDEN.
NIEMAND KANN ETWAS DAGEGEN TUN.
TJA... NA GUT...
DANN MUSS ICH EBEN SO KÄMPFEN.

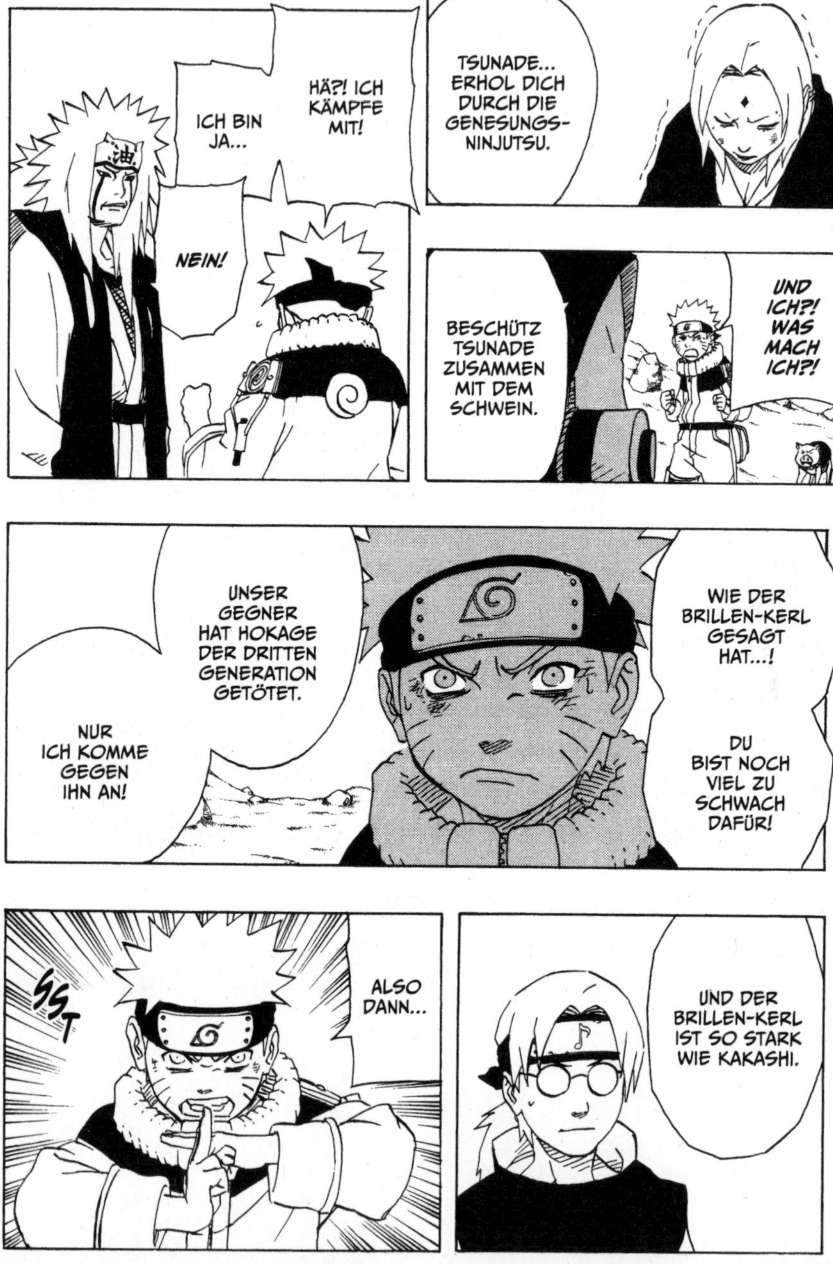
TSUNADE... ERHOL DICH DURCH DIE GENESUNGS-NINJUTSU.
HÄ?! ICH KÄMPFE MIT!
ICH BIN JA...
NEIN!
UND ICH?! WAS MACH ICH?!
BESCHÜTZ TSUNADE ZUSAMMEN MIT DEM SCHWEIN.
WIE DER BRILLEN-KERL GESAGT HAT...!
DU BIST NOCH VIEL ZU SCHWACH DAFÜR!
UNSER GEGNER HAT HOKAGE DER DRITTEN GENERATION GETÖTET.
NUR ICH KOMME GEGEN IHN AN!
UND DER BRILLEN-KERL IST SO STARK WIE KAKASHI.
ALSO DANN...
SST

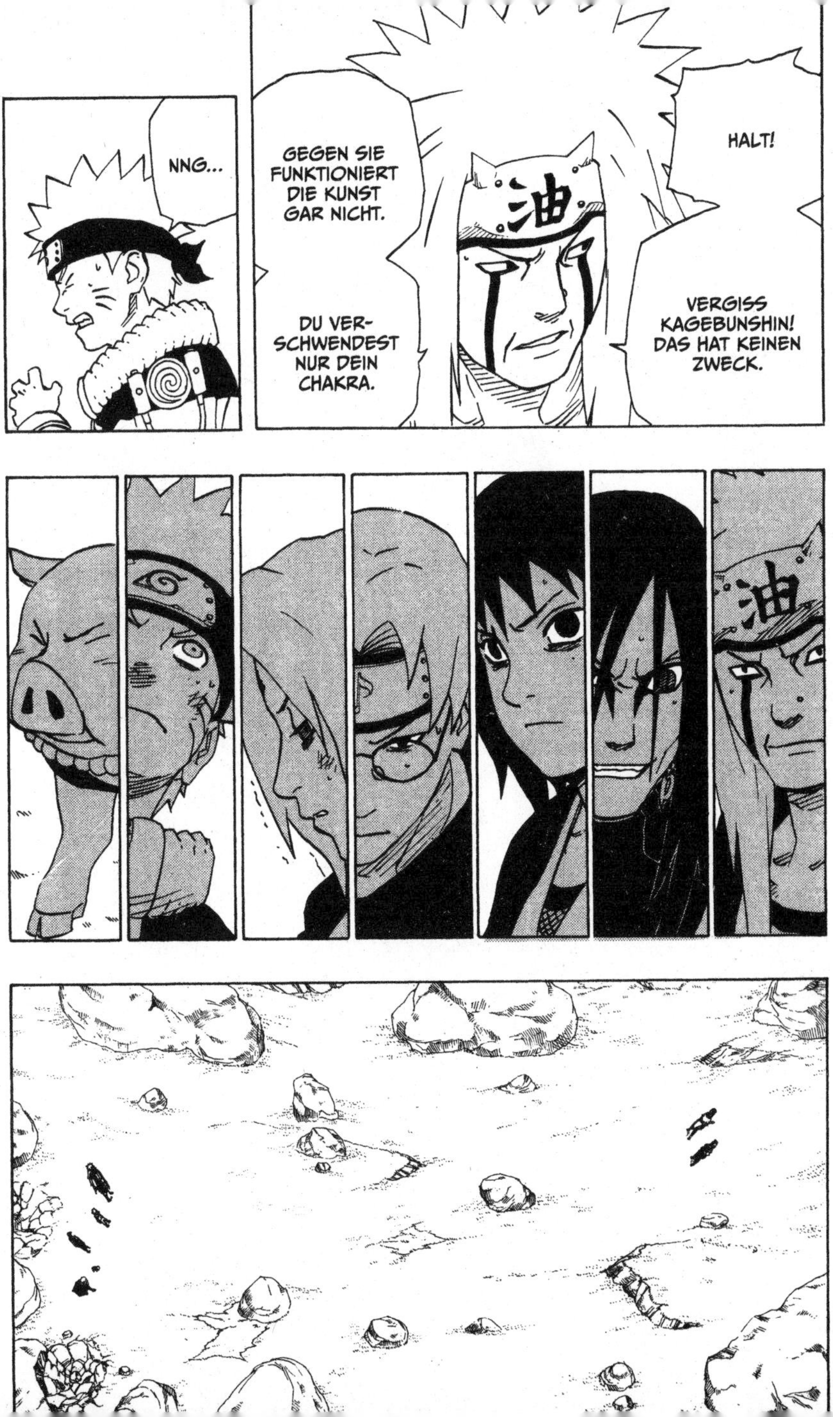
HALT!
VERGISS KAGEBUNSHIN! DAS HAT KEINEN ZWECK.
GEGEN SIE FUNKTIONIERT DIE KUNST GAR NICHT.
DU VERSCHWENDEST NUR DEIN CHAKRA.
NNG...

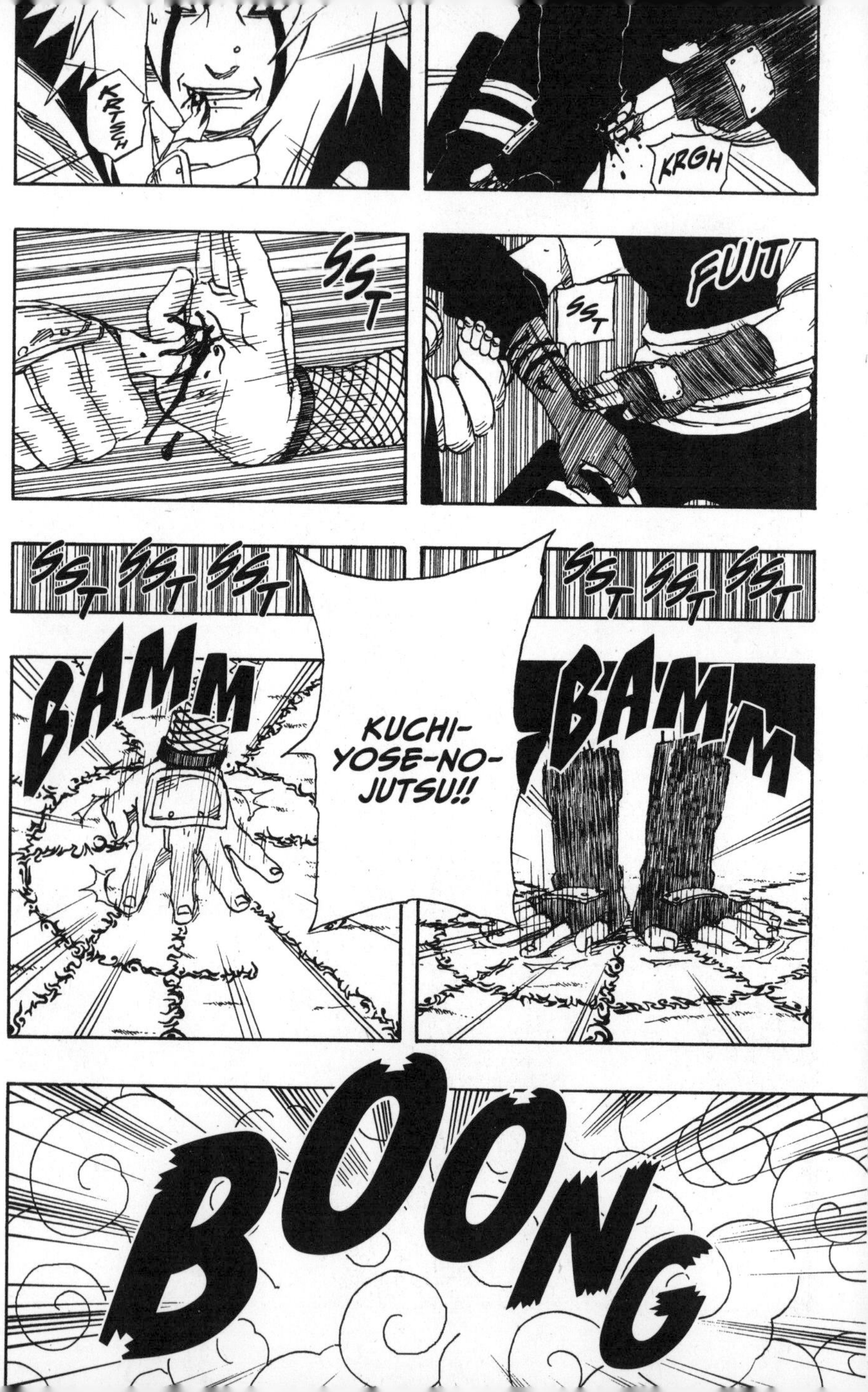
KRGH
KRTSCH
FUIT
SST
SST
SST SST SST
SST SST SST
BAMM
KUCHI-
YOSE-NO-
JUTSU!!
BAMM
BOONG

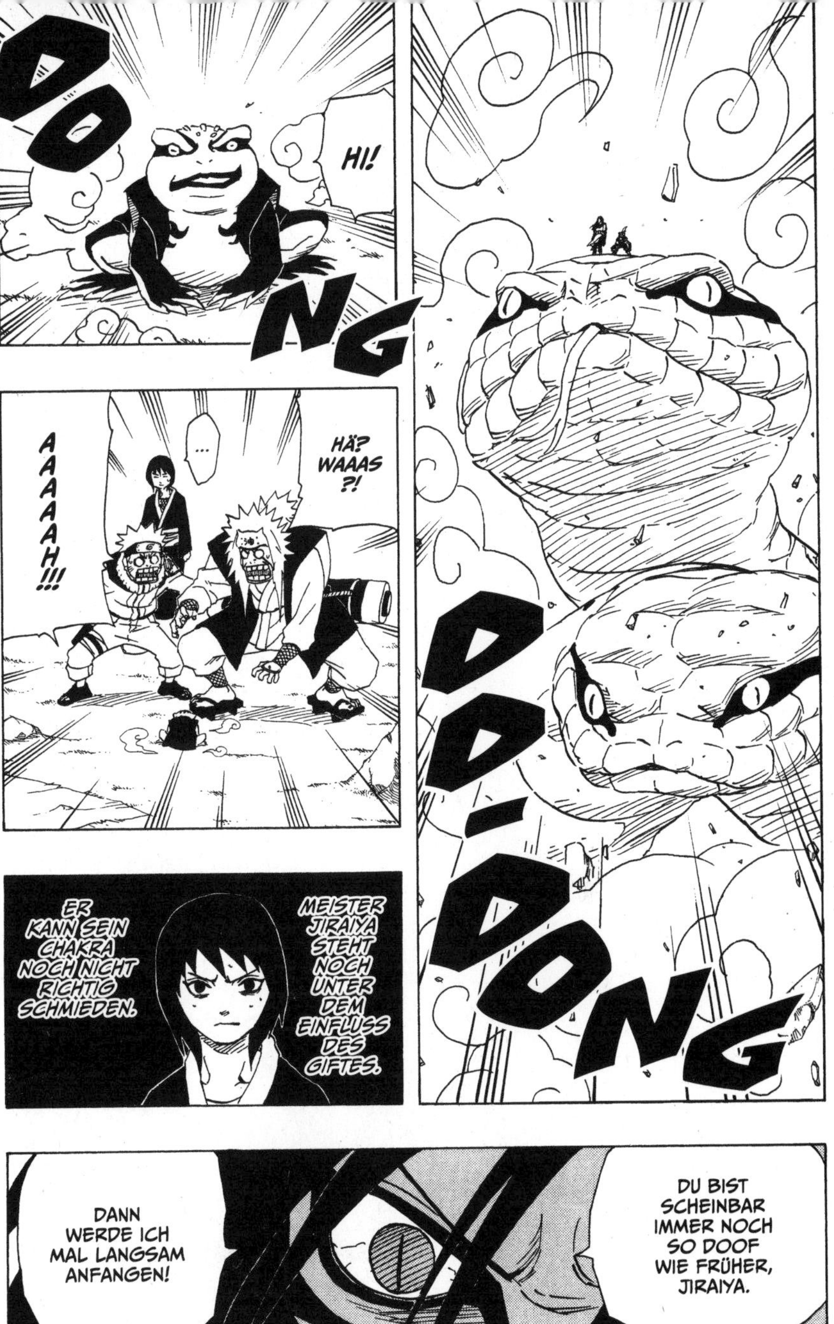

DONG
HI!
HÄ? WAAAS?!
...
AAAAAAH!!!
DO-DO-DONG
MEISTER JIRAIYA STEHT NOCH UNTER DEM EINFLUSS DES GIFTES.
ER KANN SEIN CHAKRA NOCH NICHT RICHTIG SCHMIEDEN.
DU BIST SCHEINBAR IMMER NOCH SO DOOF WIE FRÜHER, JIRAIYA.
DANN WERDE ICH MAL LANGSAM ANFANGEN!

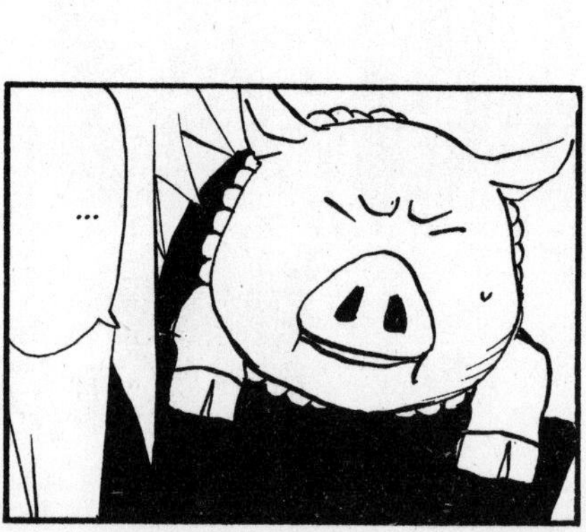

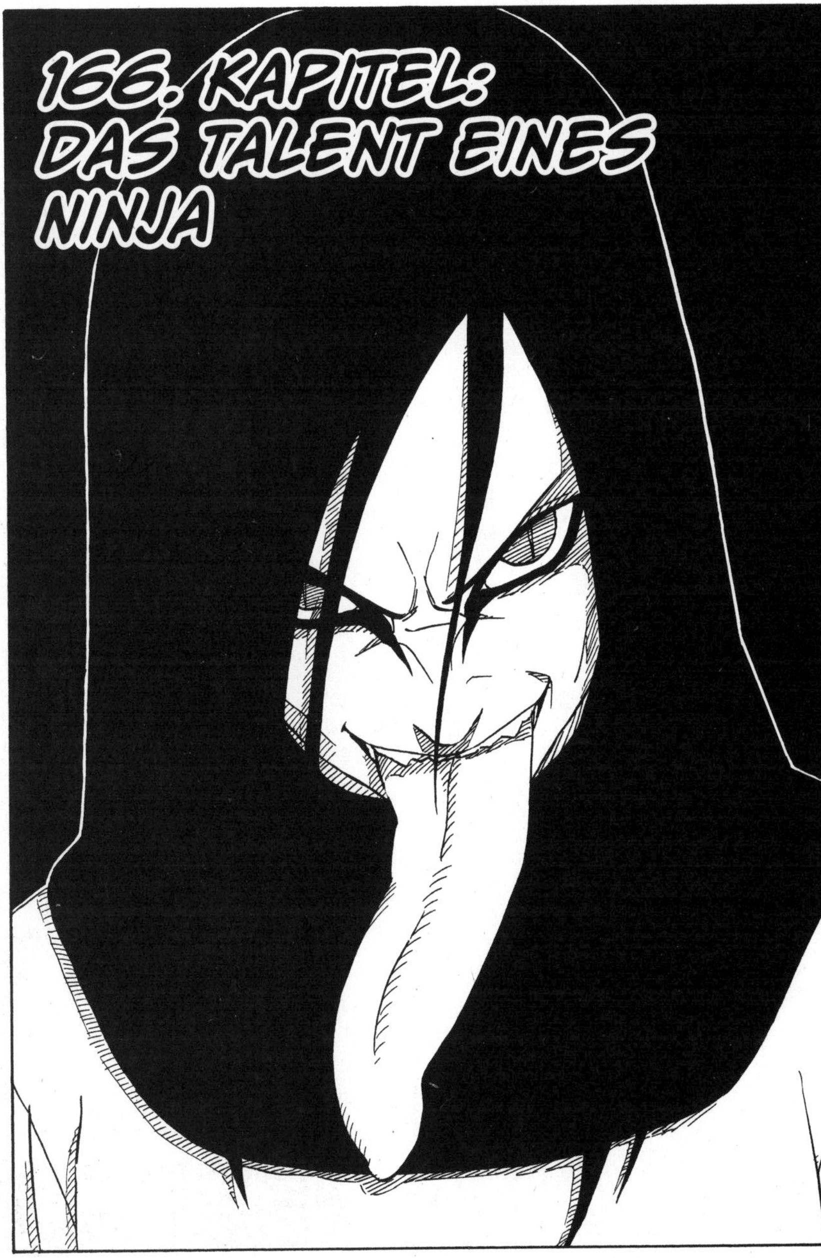
166. KAPITEL:
DAS TALENT EINES
NINJA

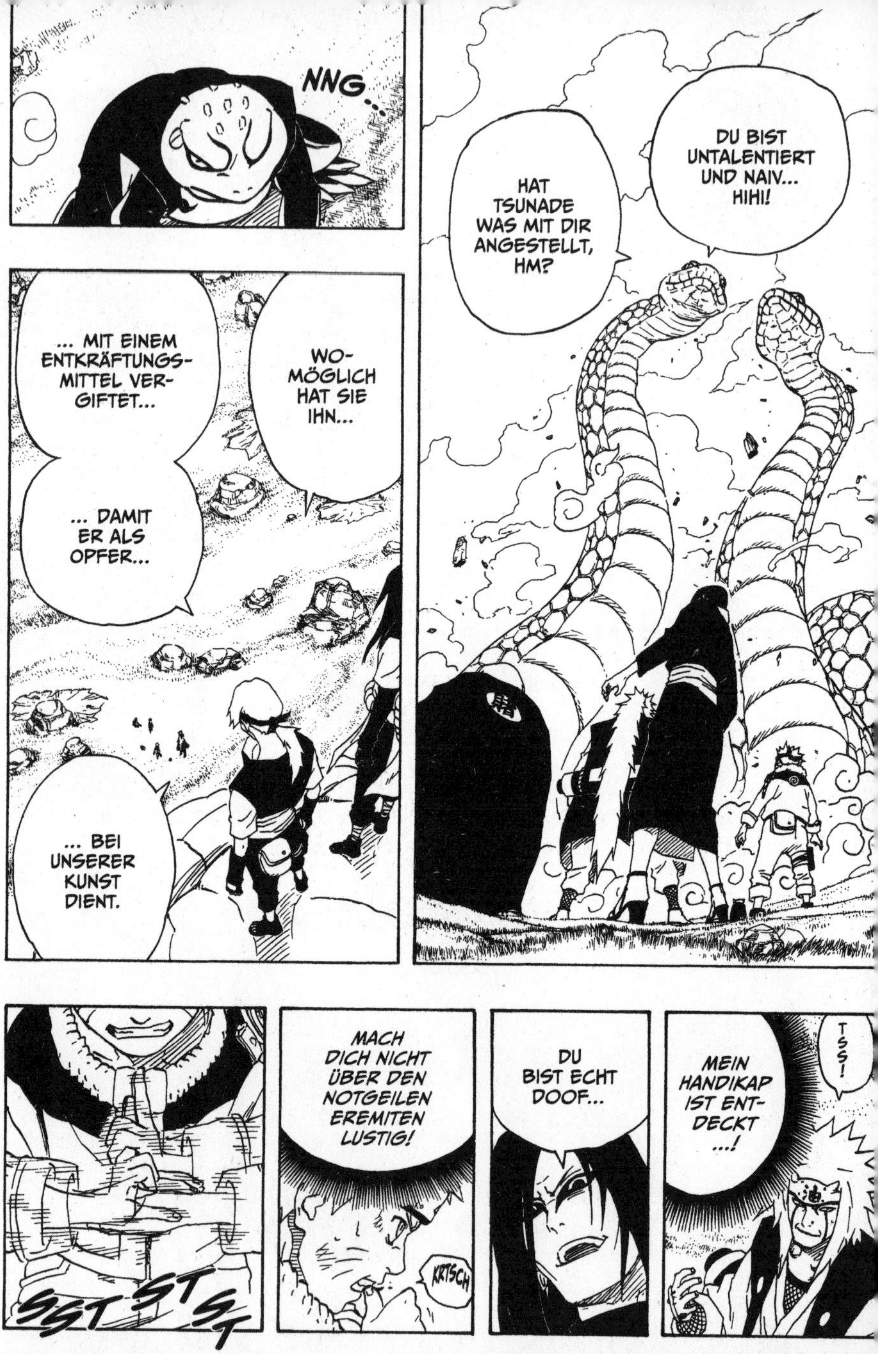
NNG...
DU BIST UNTALENTIERT UND NAIV... HIHI!
HAT TSUNADE WAS MIT DIR ANGESTELLT, HM?
WO-MÖGLICH HAT SIE IHN...
... MIT EINEM ENTKRÄFTUNGS-MITTEL VER-GIFTET...
... DAMIT ER ALS OPFER...
... BEI UNSERER KUNST DIENT.
TSS!
MEIN HANDIKAP IST ENT-DECKT ...!
DU BIST ECHT DOOF...
MACH DICH NICHT ÜBER DEN NOTGEILEN EREMITEN LUSTIG!
KRTSCH
SST ST ST

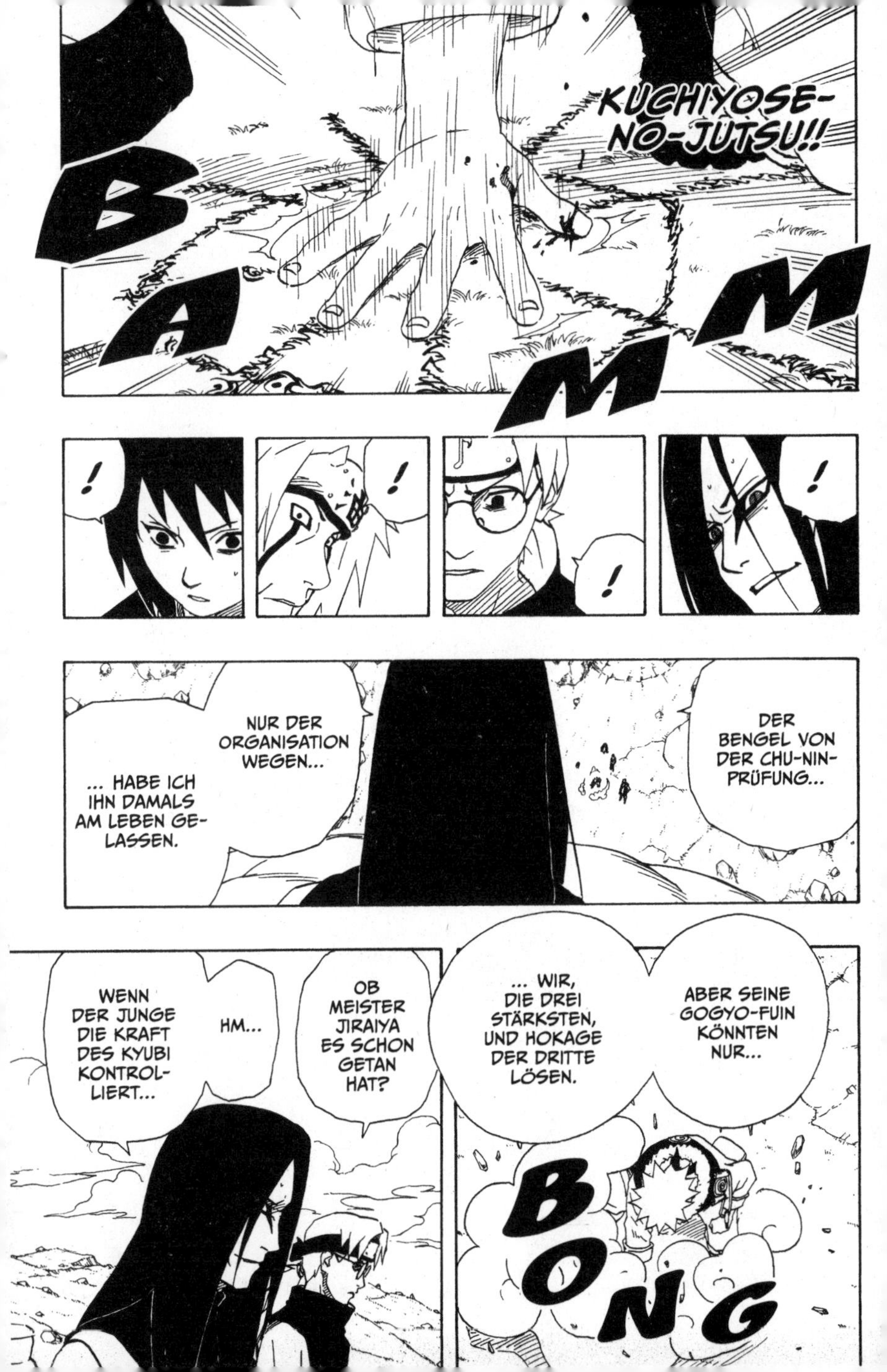
KUCHIYOSE-NO-JUTSU!!
BAMMM
!
!
!
!
!
DER BENGEL VON DER CHU-NIN-PRÜFUNG...
NUR DER ORGANISATION WEGEN...
... HABE ICH IHN DAMALS AM LEBEN GELASSEN.
ABER SEINE GOGYO-FUIN KÖNNTEN NUR...
... WIR, DIE DREI STÄRKSTEN, UND HOKAGE DER DRITTE LÖSEN.
BONG
OB MEISTER JIRAIYA ES SCHON GETAN HAT?
HM...
WENN DER JUNGE DIE KRAFT DES KYUBI KONTROLLIERT...

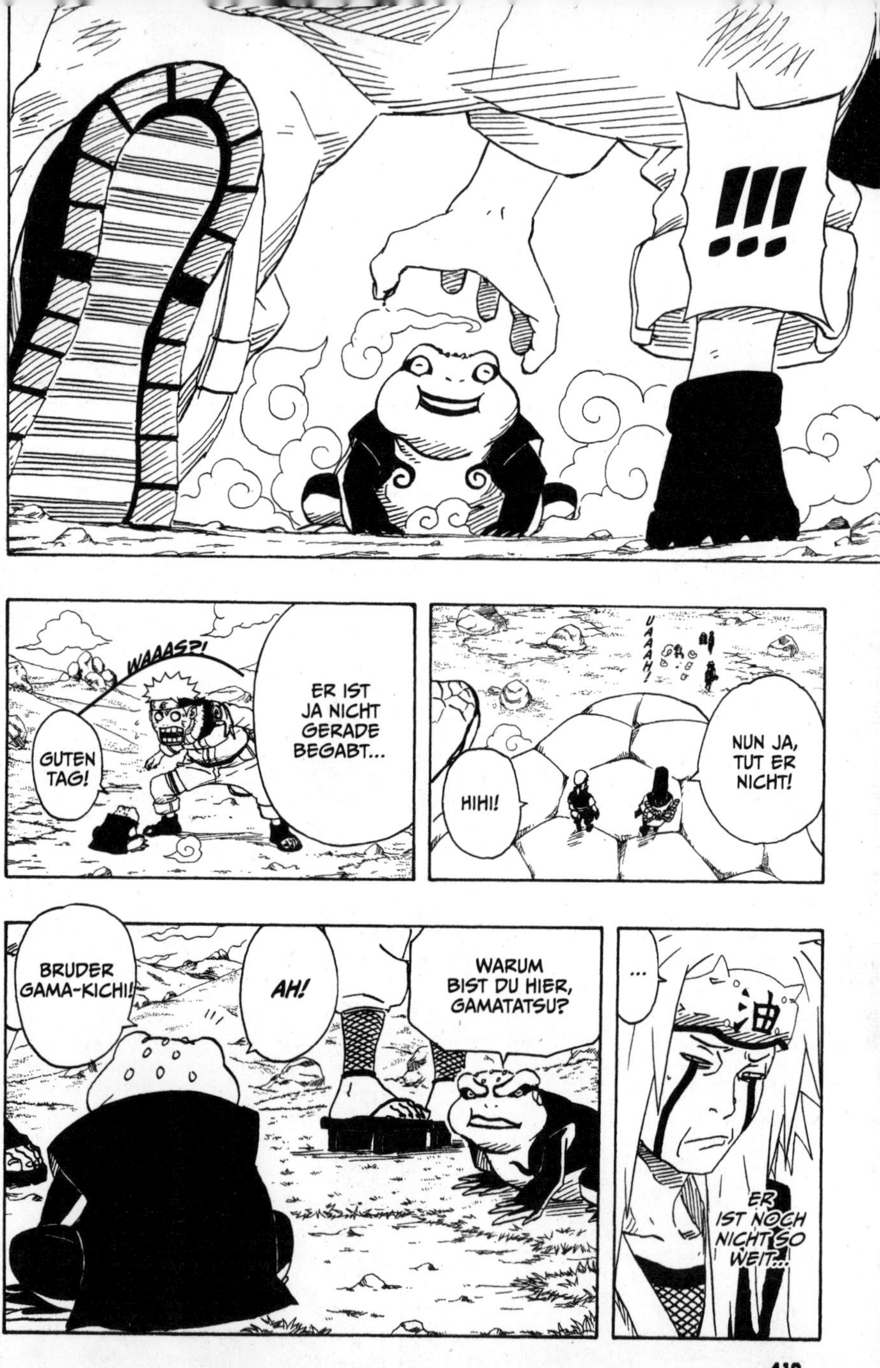
!!!
UAAAH!
NUN JA, TUT ER NICHT!
HIHI!
ER IST JA NICHT GERADE BEGABT...
WAAAS?!
GUTEN TAG!
...
ER IST NOCH NICHT SO WEIT...
WARUM BIST DU HIER, GAMATATSU?
AH!
BRUDER GAMA-KICHI!

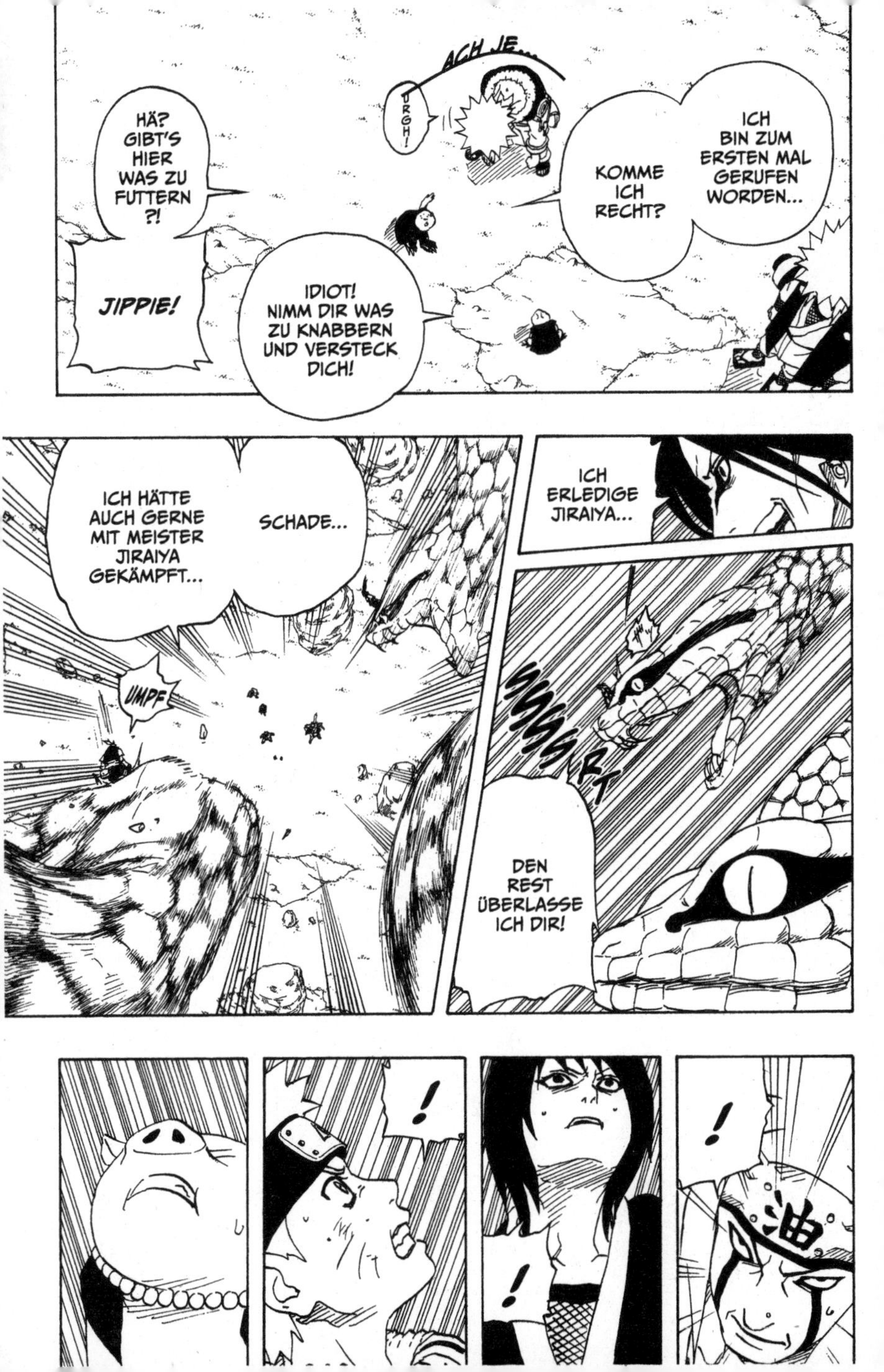
ICH BIN ZUM ERSTEN MAL GERUFEN WORDEN...
KOMME ICH RECHT?
ACH JE...
URGH!
HÄ? GIBT'S HIER WAS ZU FUTTERN ?!
IDIOT! NIMM DIR WAS ZU KNABBERN UND VERSTECK DICH!
JIPPIE!
ICH ERLEDIGE JIRAIYA...
SSSSSRT
DEN REST ÜBERLASSE ICH DIR!
SCHADE...
ICH HÄTTE AUCH GERNE MIT MEISTER JIRAIYA GEKÄMPFT...
UMPF
!
!
!
!

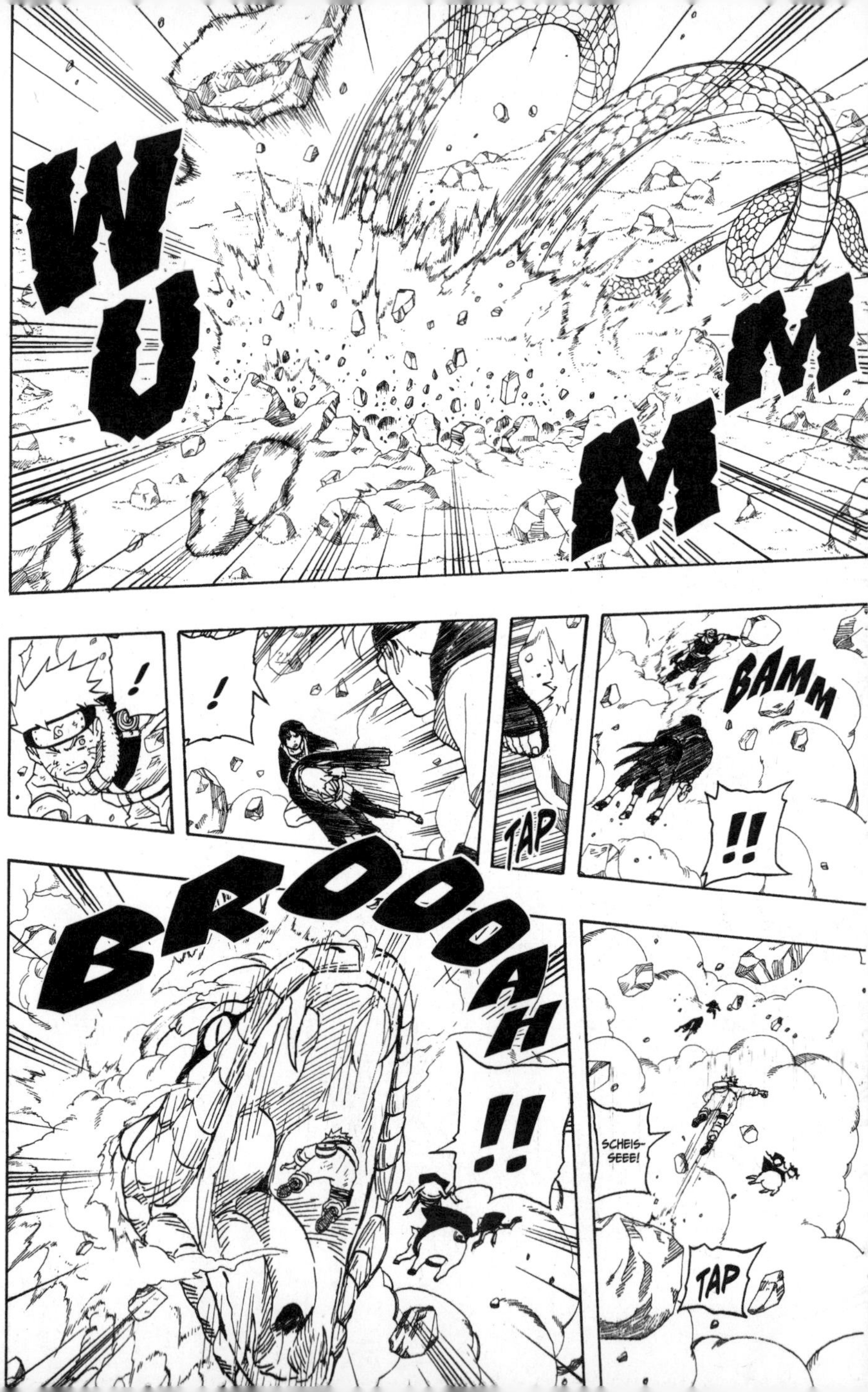
WUMMM
!
!
TAP
BAMM
!!
BROOOAH
!!
SCHEIS-
SEEE!
TAP

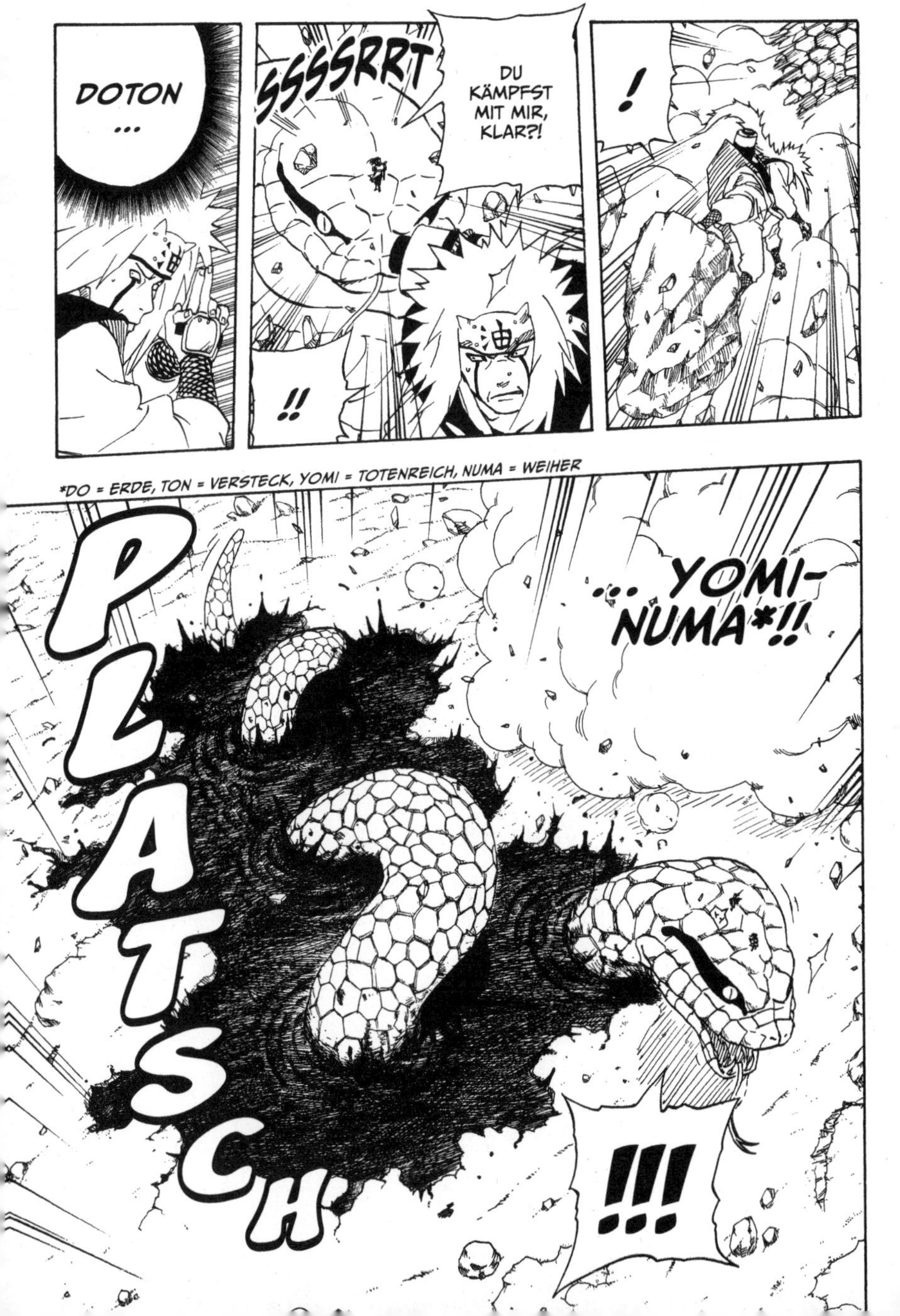
!
SSSSRRT
DU KÄMPFST MIT MIR, KLAR?!
!!
DOTON …
*DO = ERDE, TON = VERSTECK, YOMI = TOTENREICH, NUMA = WEIHER
… YOMI-NUMA*!!
!!!
PLATSCH

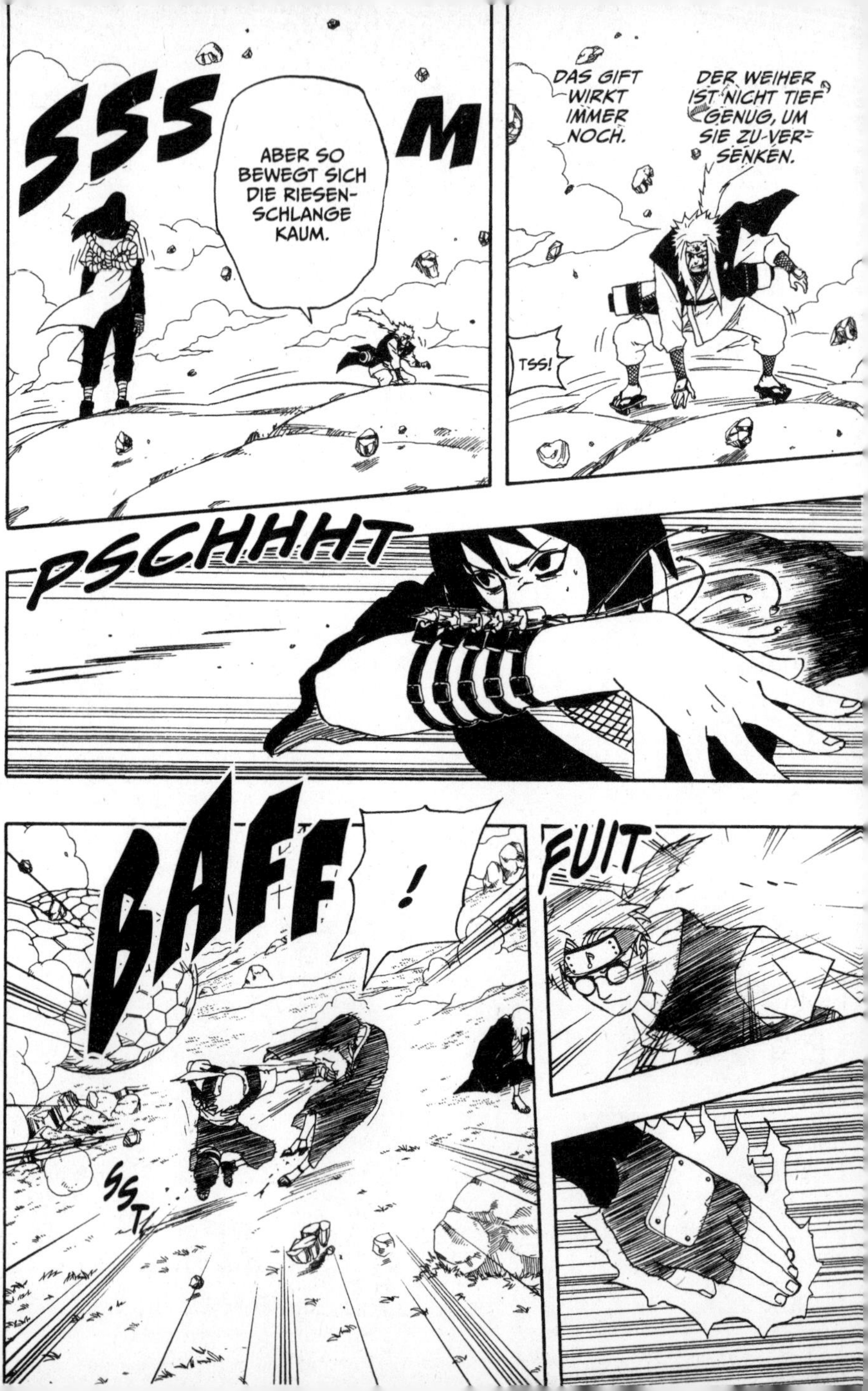
DER WEIHER IST NICHT TIEF GENUG, UM SIE ZU VER-SENKEN.
DAS GIFT WIRKT IMMER NOCH.
TSS!
SSS M
ABER SO BEWEGT SICH DIE RIESEN-SCHLANGE KAUM.
PSCHHHT
FUIT
!
BAFF
SST

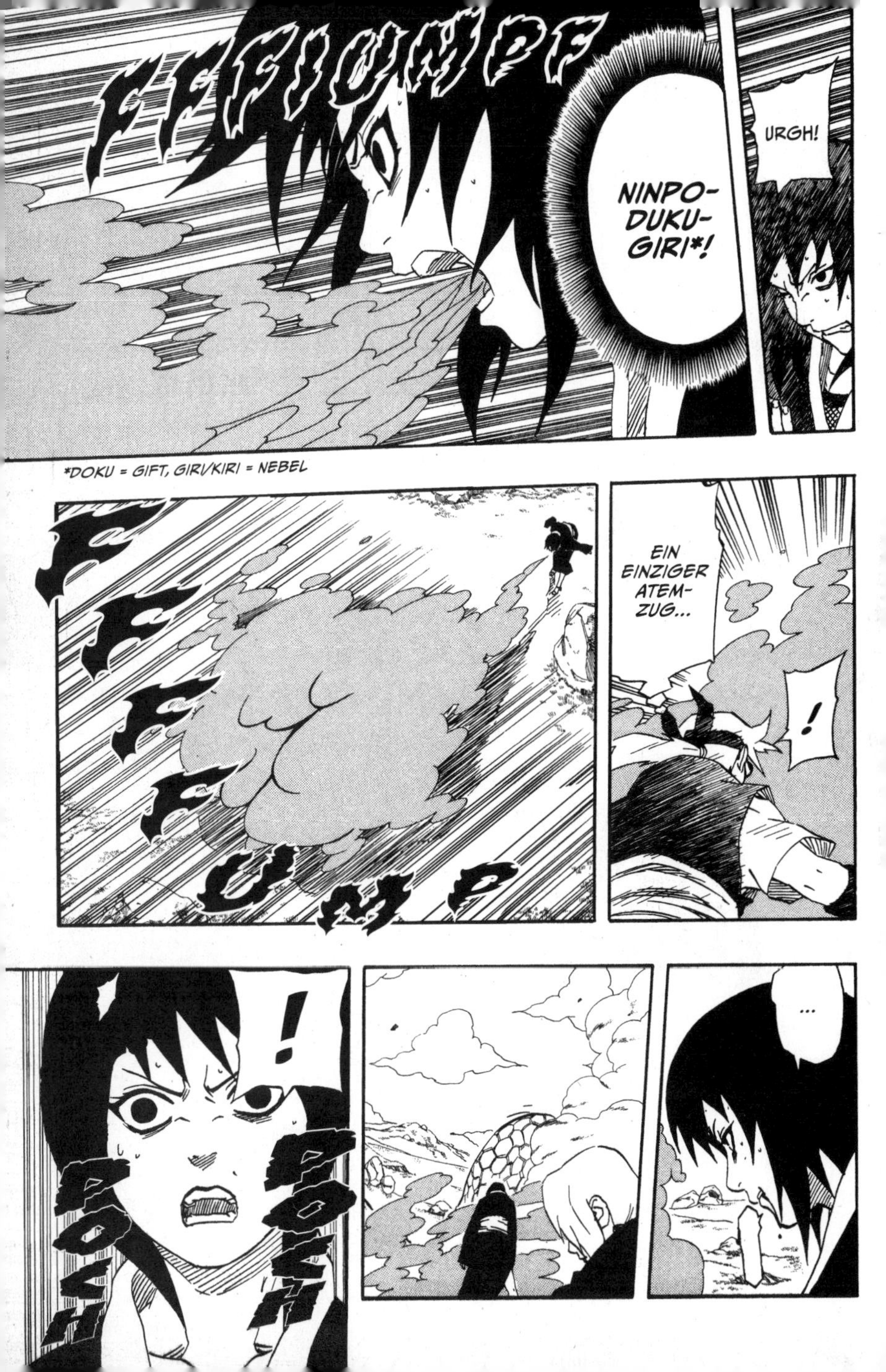
URGH!
FFFIUMPF
NINPO-DUKU-GIRI*!
*DOKU = GIFT, GIRI/KIRI = NEBEL
EIN EINZIGER ATEM-ZUG...
!
FFFFUMP
!
...

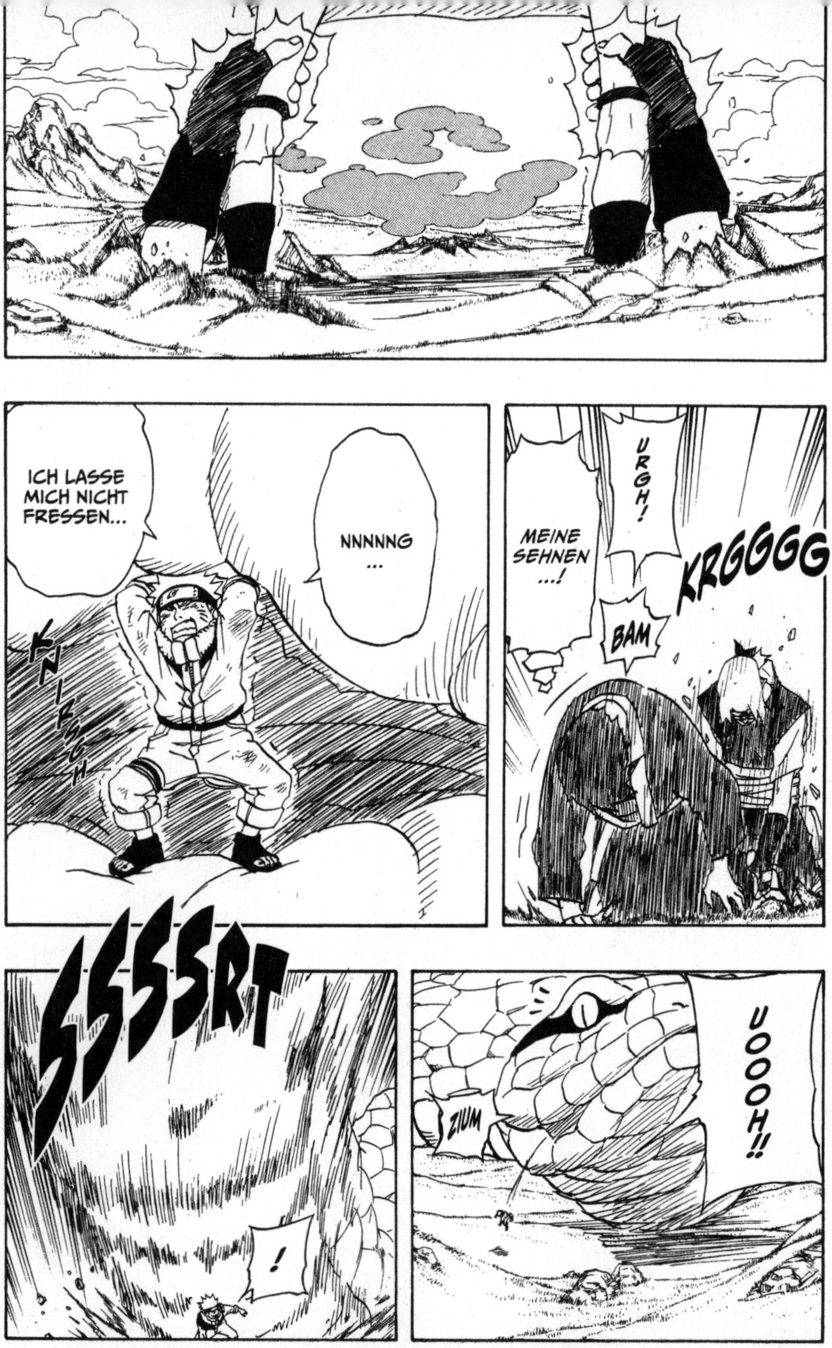
URGH!
MEINE SEHNEN ...!
KRGGGG
BAM
NNNNNG ...
ICH LASSE MICH NICHT FRESSEN...
KNIRSCH
UOOOOH!!
ZIUM
SSSSRT
!

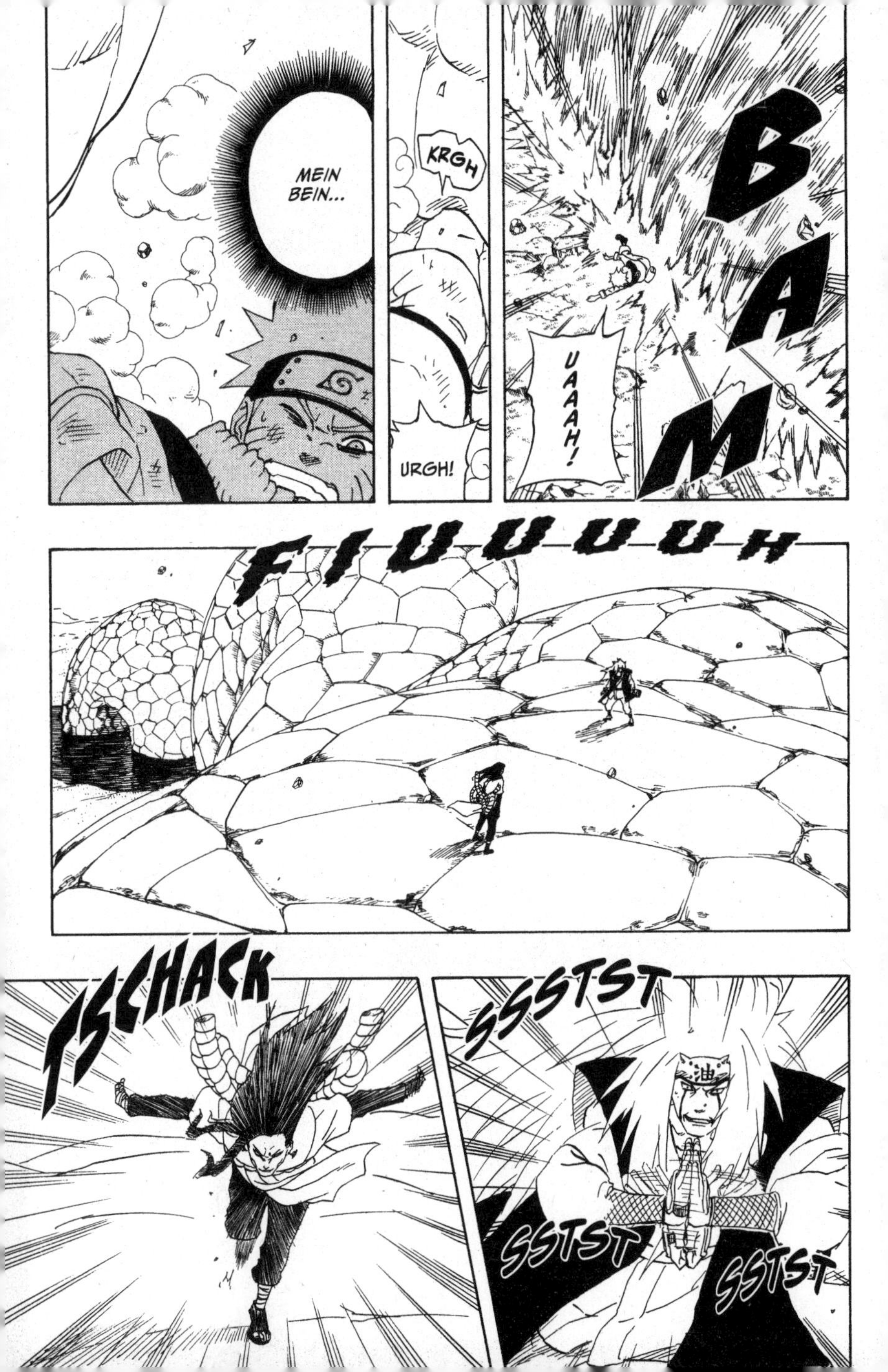
BAM
UAAAAH!
KRGH
URGH!
MEIN BEIN...
FIUUUUUH
SSSTST
SSTST
SSTST
TSCHACK

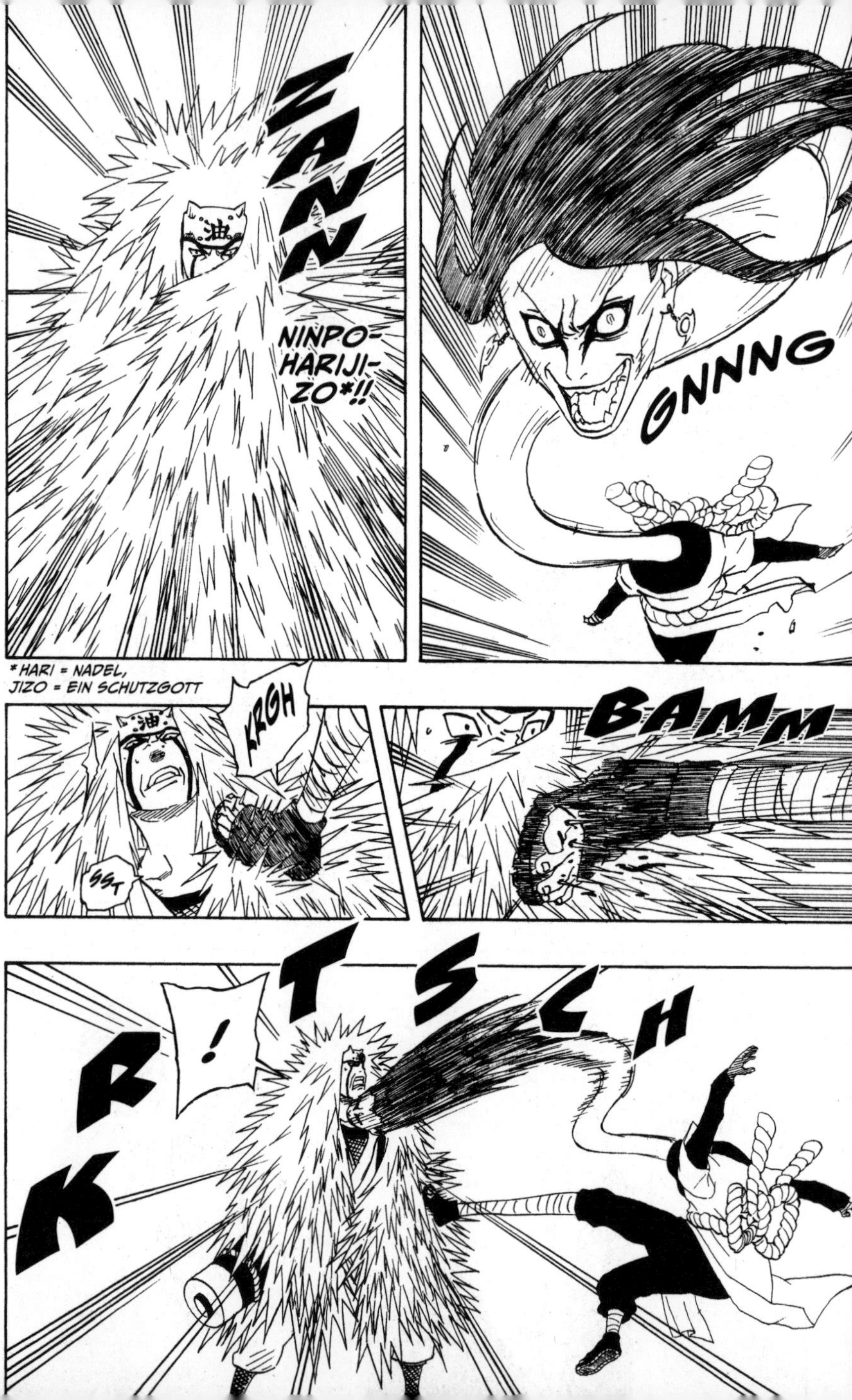
GNNNG
ZANN
NINPO-HARIJI-ZO*!!
*HARI = NADEL, JIZO = EIN SCHUTZGOTT
BAMM
KRGH
SST
RATSCH
!
K

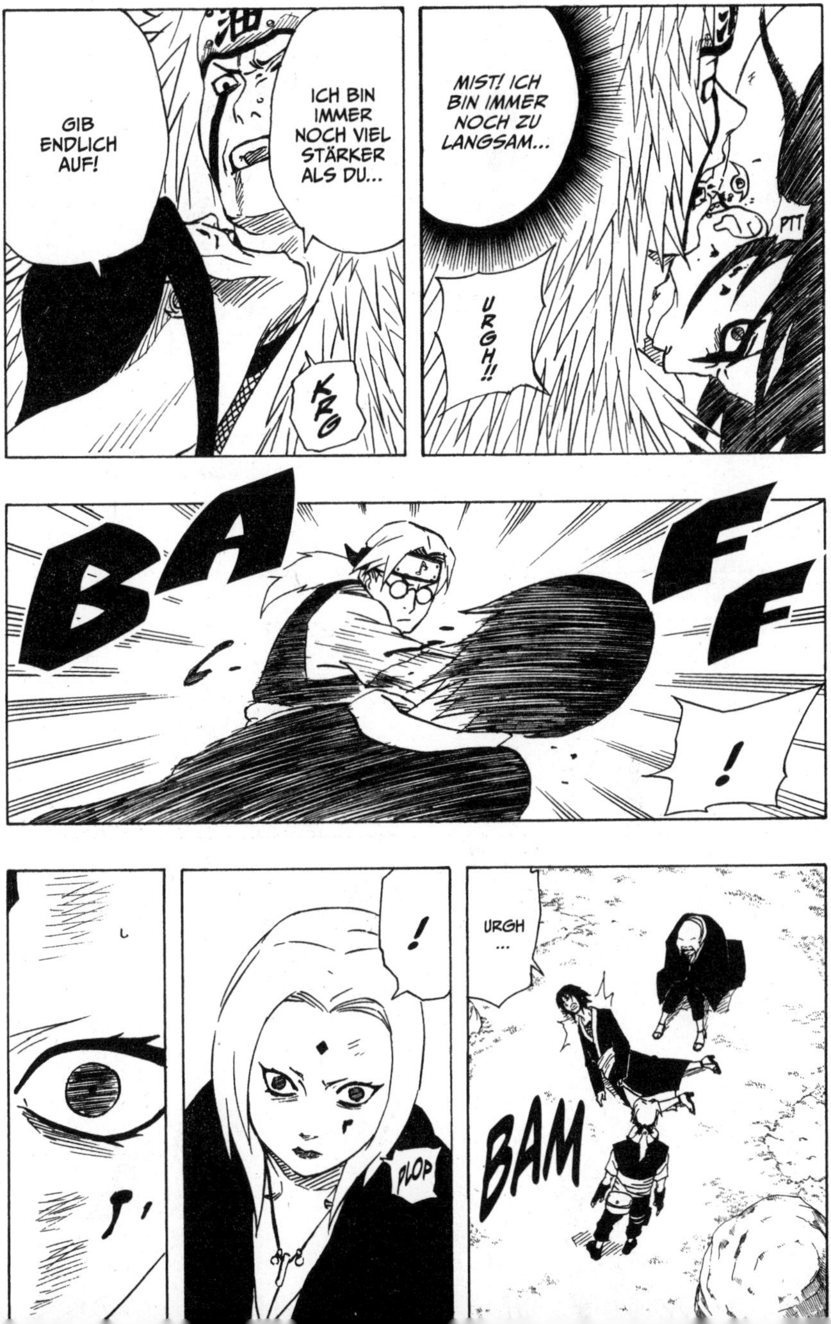
MIST! ICH BIN IMMER NOCH ZU LANGSAM...
PTT
URGH!!
ICH BIN IMMER NOCH VIEL STÄRKER ALS DU...
GIB ENDLICH AUF!
KRG
BAFFF
!
URGH...
BAM
!
PLOP

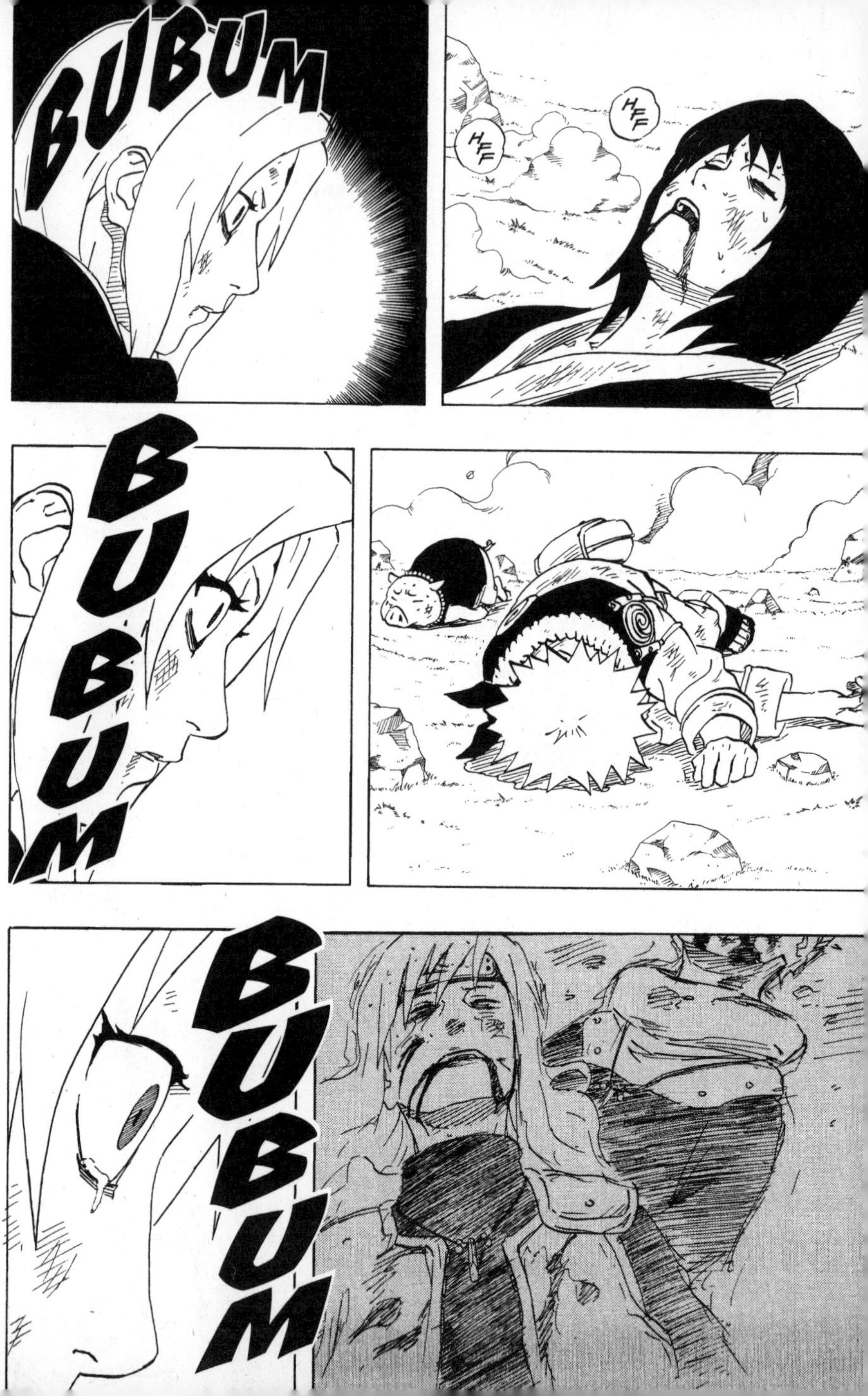
HFF
HFF
BUBUM
BUBUM
BUBUM
BUBUM

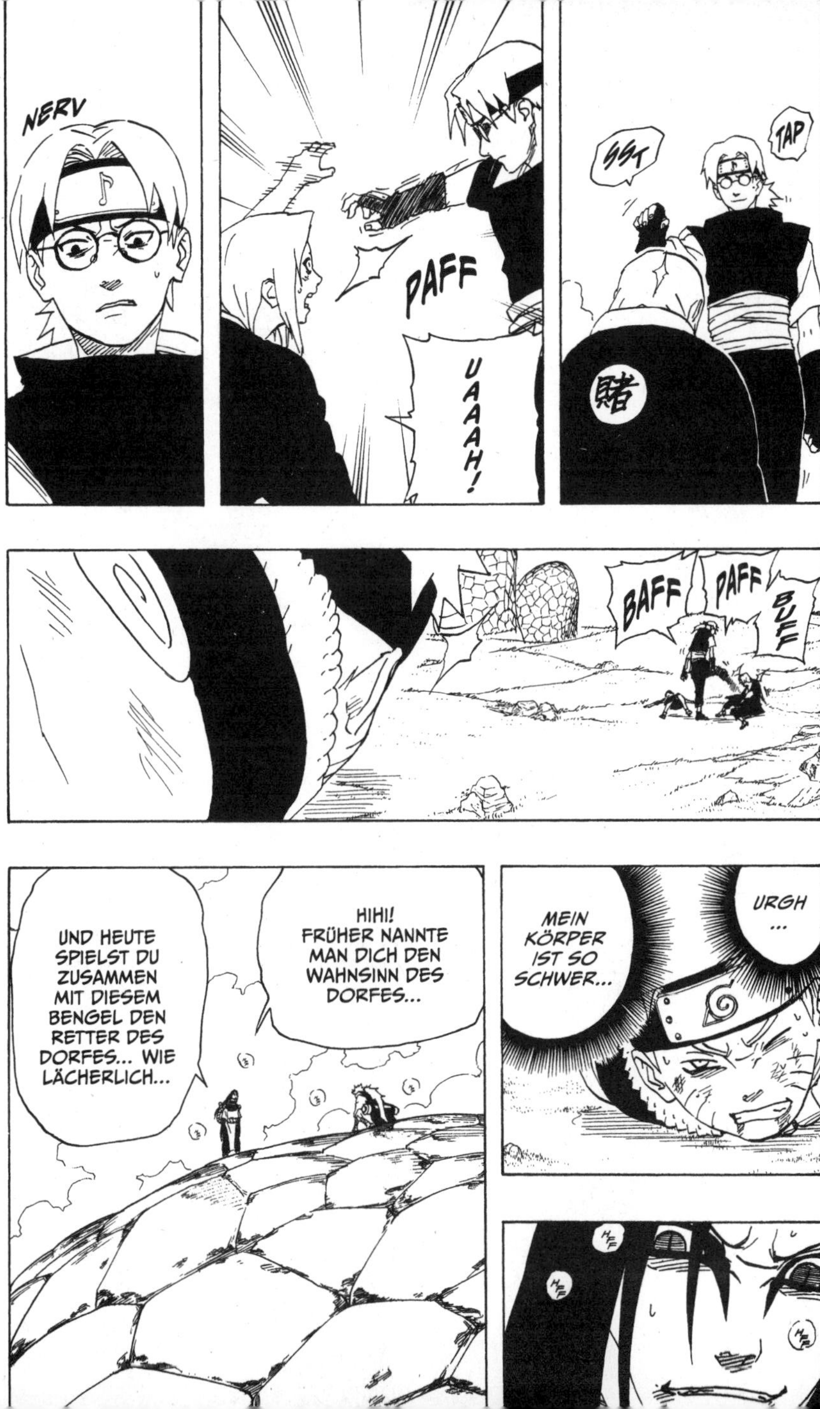
TAP
SST
UAAAAH!
PAFF
NERV
BUFF
PAFF
BAFF
URGH ...
MEIN KÖRPER IST SO SCHWER...
HIHI! FRÜHER NANNTE MAN DICH DEN WAHNSINN DES DORFES...
UND HEUTE SPIELST DU ZUSAMMEN MIT DIESEM BENGEL DEN RETTER DES DORFES... WIE LÄCHERLICH...

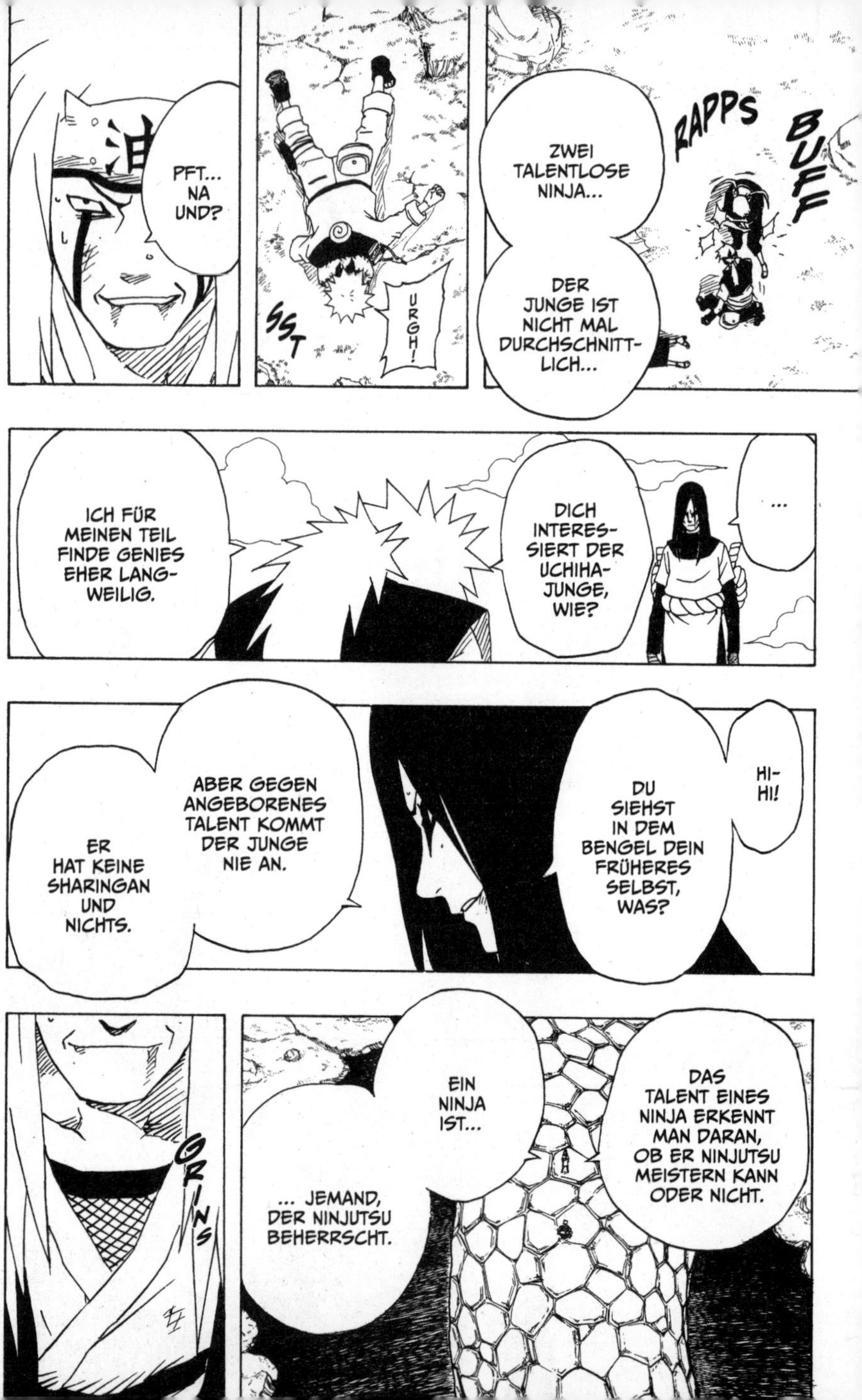

RAPPS
BUFF
ZWEI TALENTLOSE NINJA...
DER JUNGE IST NICHT MAL DURCHSCHNITTLICH...
URGH!
SST
PFT... NA UND?
...
DICH INTERESSIERT DER UCHIHA-JUNGE, WIE?
ICH FÜR MEINEN TEIL FINDE GENIES EHER LANGWEILIG.
HI-HI!
DU SIEHST IN DEM BENGEL DEIN FRÜHERES SELBST, WAS?
ABER GEGEN ANGEBORENES TALENT KOMMT DER JUNGE NIE AN.
ER HAT KEINE SHARINGAN UND NICHTS.
DAS TALENT EINES NINJA ERKENNT MAN DARAN, OB ER NINJUTSU MEISTERN KANN ODER NICHT.
EIN NINJA IST...
... JEMAND, DER NINJUTSU BEHERRSCHT.
GRINS

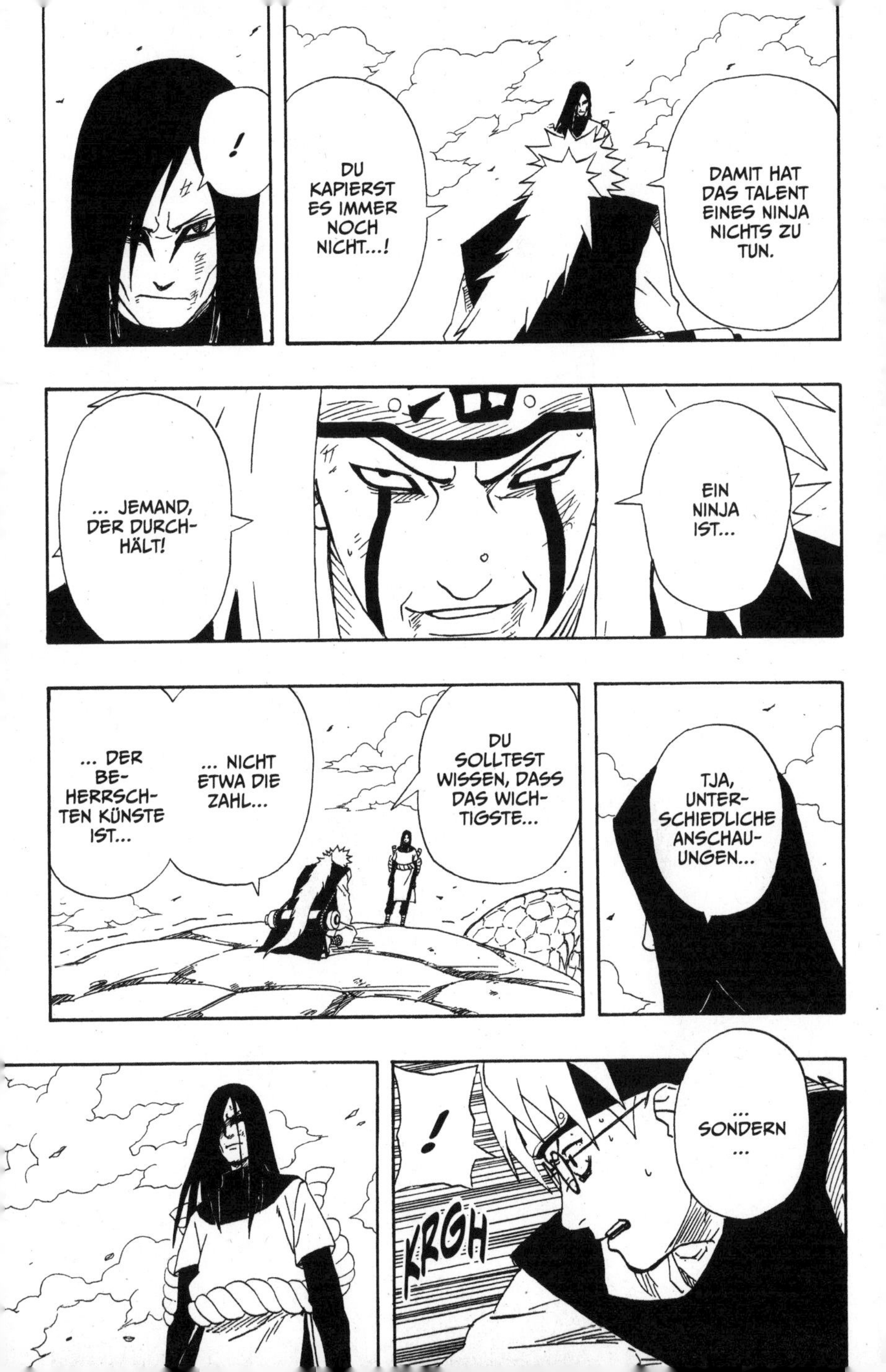
DAMIT HAT DAS TALENT EINES NINJA NICHTS ZU TUN.
DU KAPIERST ES IMMER NOCH NICHT...!
!
EIN NINJA IST...
... JEMAND, DER DURCH-HÄLT!
TJA, UNTER-SCHIEDLICHE ANSCHAU-UNGEN...
DU SOLLTEST WISSEN, DASS DAS WICH-TIGSTE...
... NICHT ETWA DIE ZAHL...
... DER BE-HERRSCH-TEN KÜNSTE IST...
... SONDERN ...
!
KRGH

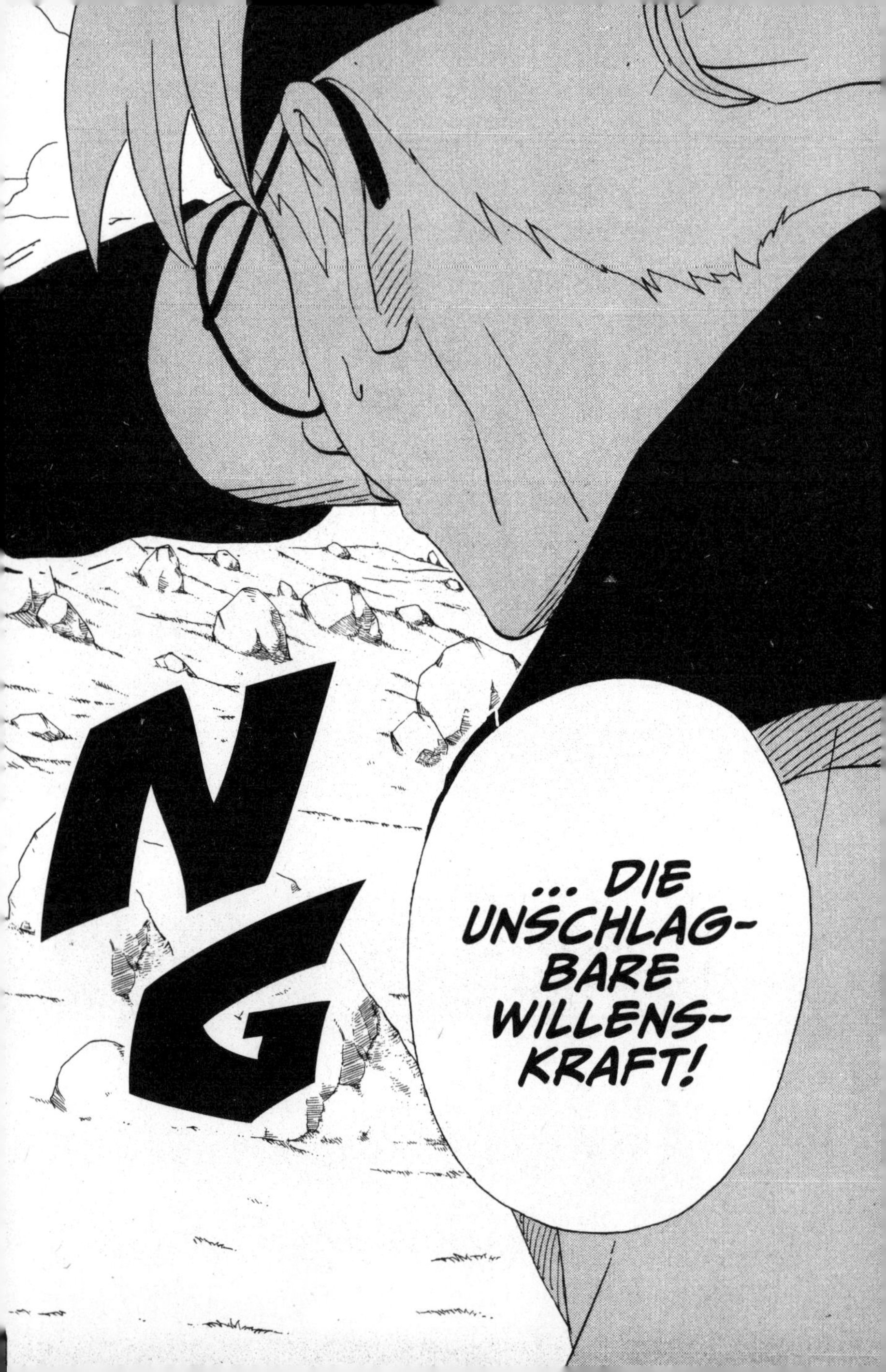
NG
... DIE UNSCHLAG-BARE WILLENS-KRAFT!

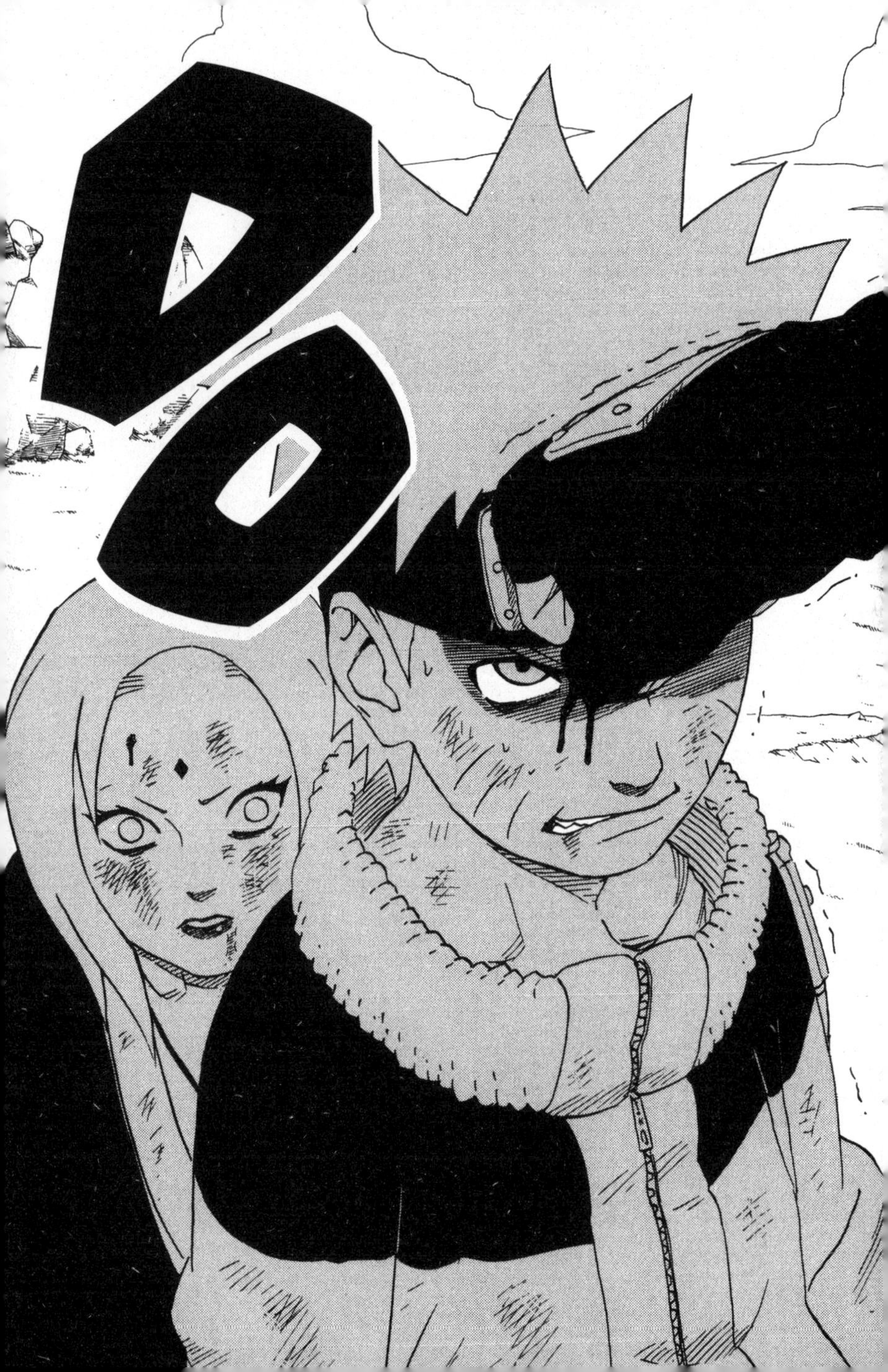
DO

MASASHI KISHIMOTOS WELT LEBENSGESCHICHTE TEIL 30, 2. FOLGE

DURCH DEN GEWONNENEN PREIS WAR ICH IN EINE FALLE DER ILLUSION UND FEHLEINSCHÄTZUNG HINEINGERATEN. »DA ICH MIT SO EINER STORY UND SOLCHEN ZEICHNUNGEN EINEN PREIS BEKOMMEN HABE, IST ES GAR NICHT SO SCHWER, EIN PROFI ZU WERDEN! ICH ÄNDERE EIN WENIG MEINEN PREISGEKRÖNTEN MANGA UND FERTIG«, DACHTE ICH BEI MIR UND VERGEUDETE MIT DIESER EINSTELLUNG VIEL ZEIT – EIN JAHR LANG VARIIERTE ICH ÄHNLICHE CHARAKTERE UND ÄHNLICHE GESCHICHTEN. DANN BEKAM ICH LANGSAM SELBSTZWEIFEL. ICH WAR ZWAR WEITERHIN ENTSCHLOSSEN, MANGAKA ZU WERDEN, BEKAM ABER ANGST, DA ICH NICHT MEHR WUSSTE, OB ICH MANGAKA WERDEN KÖNNTE. ICH KONNTE UND WOLLTE MIR ALLERDINGS AUCH KEINEN ANDEREN WEG FÜR MICH VORSTELLEN. ICH HETZTE MICH AB, ABER DREHTE MICH DABEI LANGE ZEIT IM KREIS. ICH ZEICHNETE EINE SKIZZE NACH DER ANDEREN, OHNE VIEL ZU ÜBERLEGEN. ALLES WURDE ABGELEHNT. SO SCHLOSS ICH DAS STUDIUM OHNE EINEN EINZIGEN ERFOLG AB.

ICH HATTE MEINEN ELTERN WIE EIN VERTRÄUMTES KIND IMMER WIEDER ERZÄHLT, DASS ICH MANGAKA WERDE. MEINE ELTERN SIND ZIEMLICH STRENG UND ICH HATTE GEFÜRCHTET, DASS SIE SAUER AUF MICH WÄREN. ABER SIE UNTERSTÜTZTEN MICH UND BEZAHLTEN VIEL GELD FÜR MEIN STUDIUM. MEIN BRUDER ERZÄHLTE MIR SPÄTER, WIE ER SIE EINMAL IM GESPRÄCH HÖRTE – ES WAR WOHL NICHT IMMER LEICHT FÜR SIE, MEINE STUDIENGEBÜHR ZU BESCHAFFEN. ER MEINTE, MEIN STUDIENGELD HÄTTE MINDESTENS FÜR EINEN FERRARI GEREICHT. ALS ICH DAS HÖRTE, HABE ICH MICH SCHRECKLICH GESCHÄMT, DASS ICH IMMER WIEDER MAH-JONGG SPIELTE, STATT ZUM UNTERRICHT ZU GEHEN... TROTZ ALLEM UNTERSTÜTZTEN MEINE ELTERN MICH AUCH NACH STUDIENABSCHLUSS WEITERHIN UND VERSUCHTEN SOGAR, MICH AUFZUMUNTERN. UND WÄHREND ICH DEN NICHT SONDERLICH INTERESSANTEN STORYVORSCHLÄGEN MEINES VATERS ZUHÖRTE, DACHTE ICH, ICH MUSS SCHLEUNIGST EIN PROFI-MANGAKA WERDEN UND MEINE ELTERN ERLÖSEN...
AAAH, ES WAR SO SCHWER DAMALS...

FORTSETZUNG FOLGT...

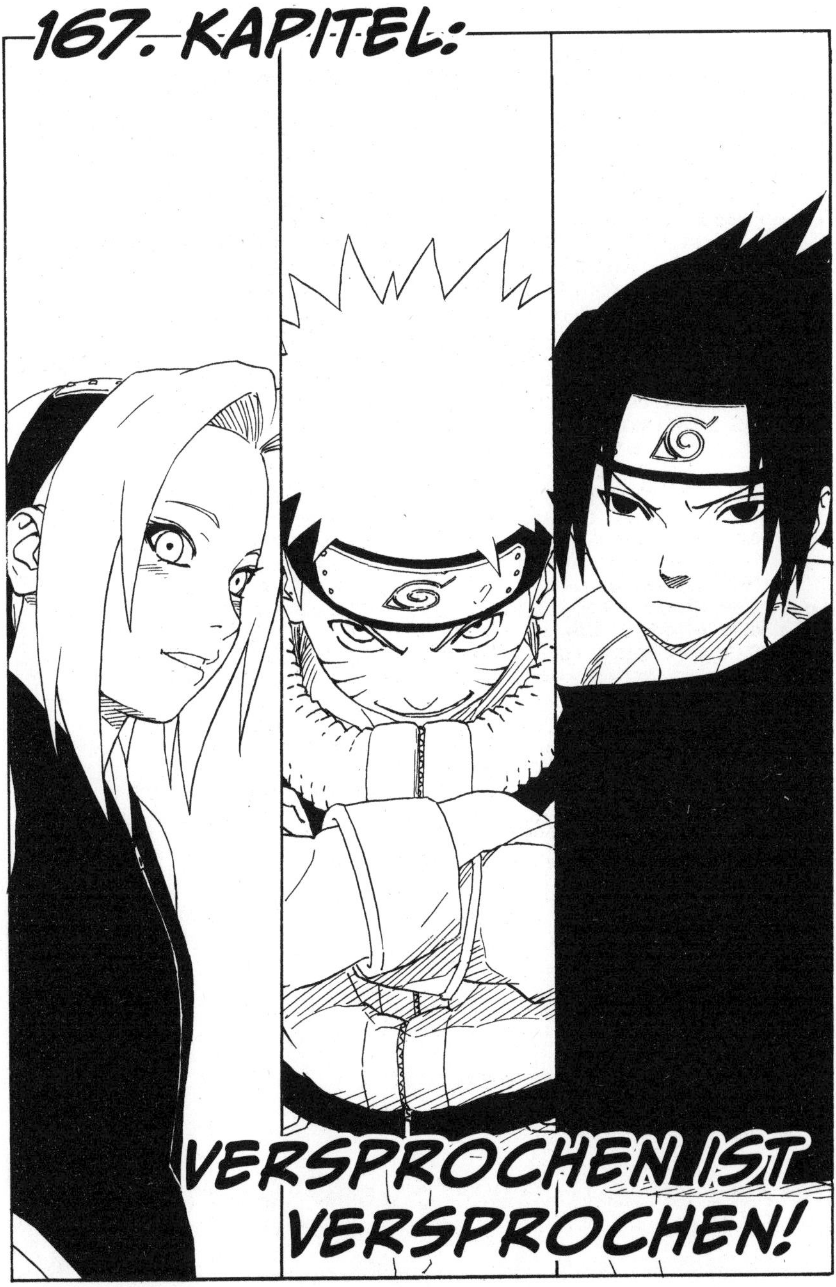
167. Kapitel:
Versprochen ist versprochen!

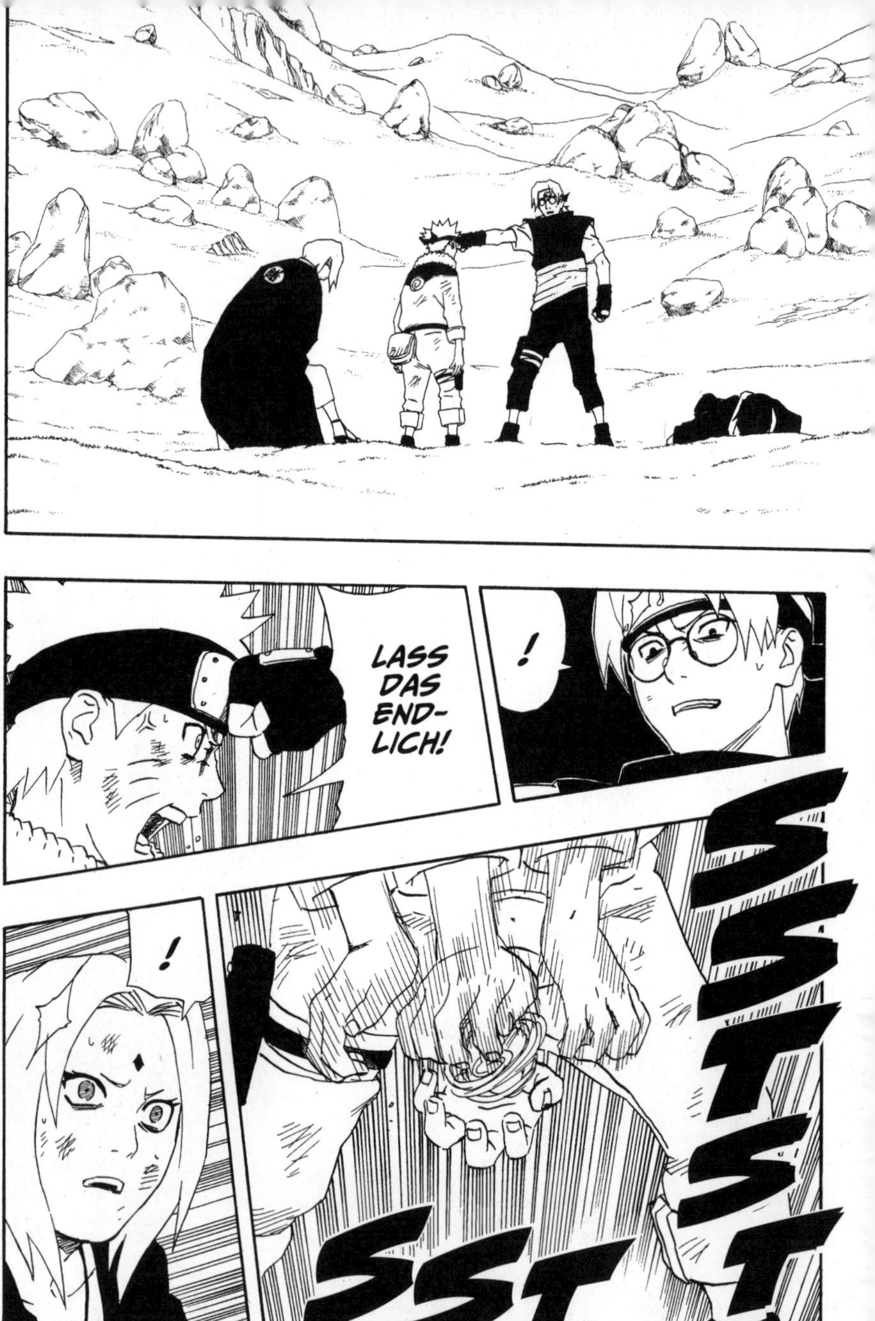

!
LASS DAS END-LICH!
!
SSST
SSST

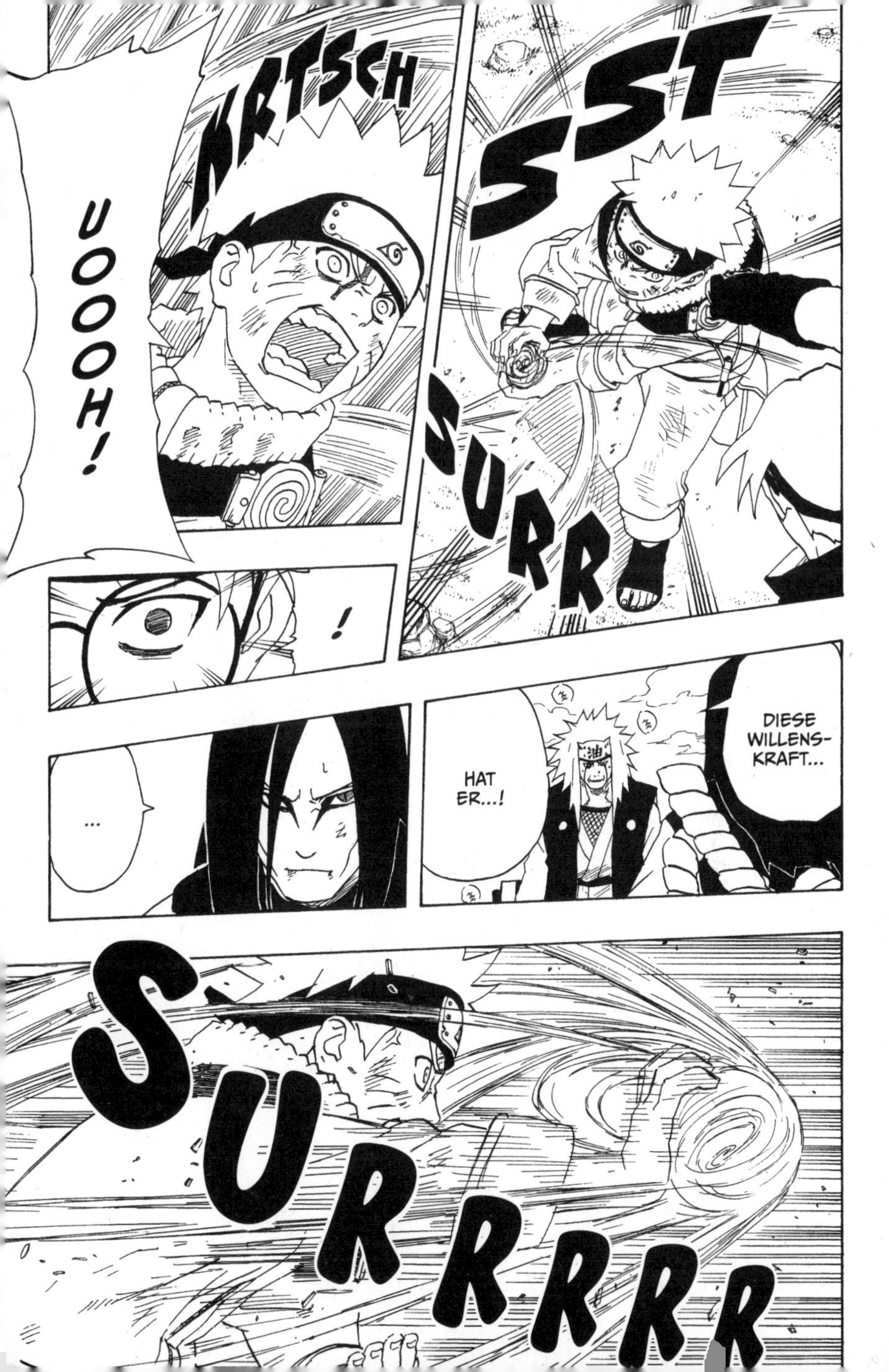
SSST
SURR
KRTSCH
UOOOOH!
!
DIESE WILLENS-KRAFT...
HAT ER...!
...
SURRRRR

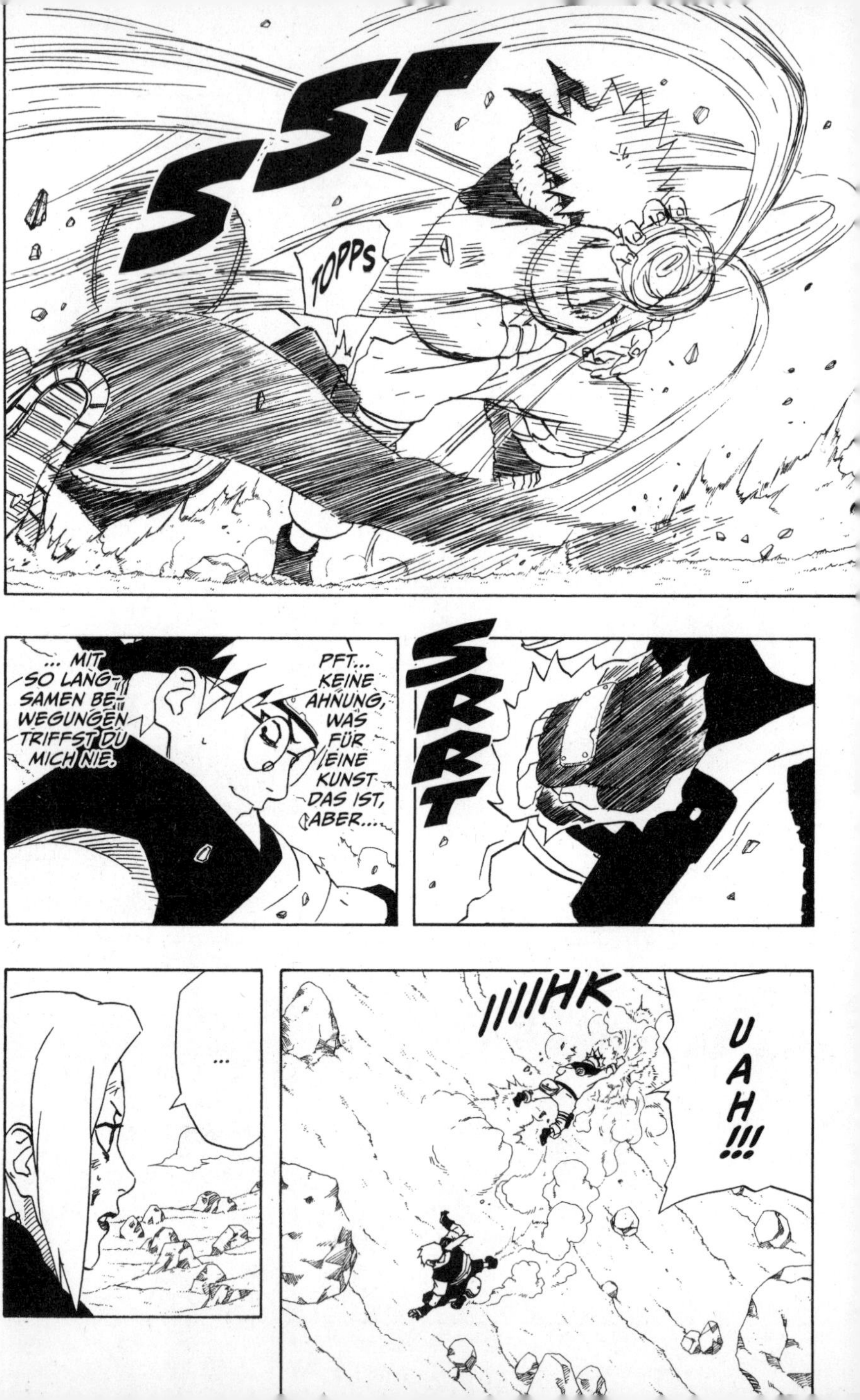
SST
TOPPS
SRRT
PFT... KEINE AHNUNG, WAS FÜR EINE KUNST DAS IST, ABER...
... MIT SO LANGSAMEN BEWEGUNGEN TRIFFST DU MICH NIE.
UAH!!!
HK
...

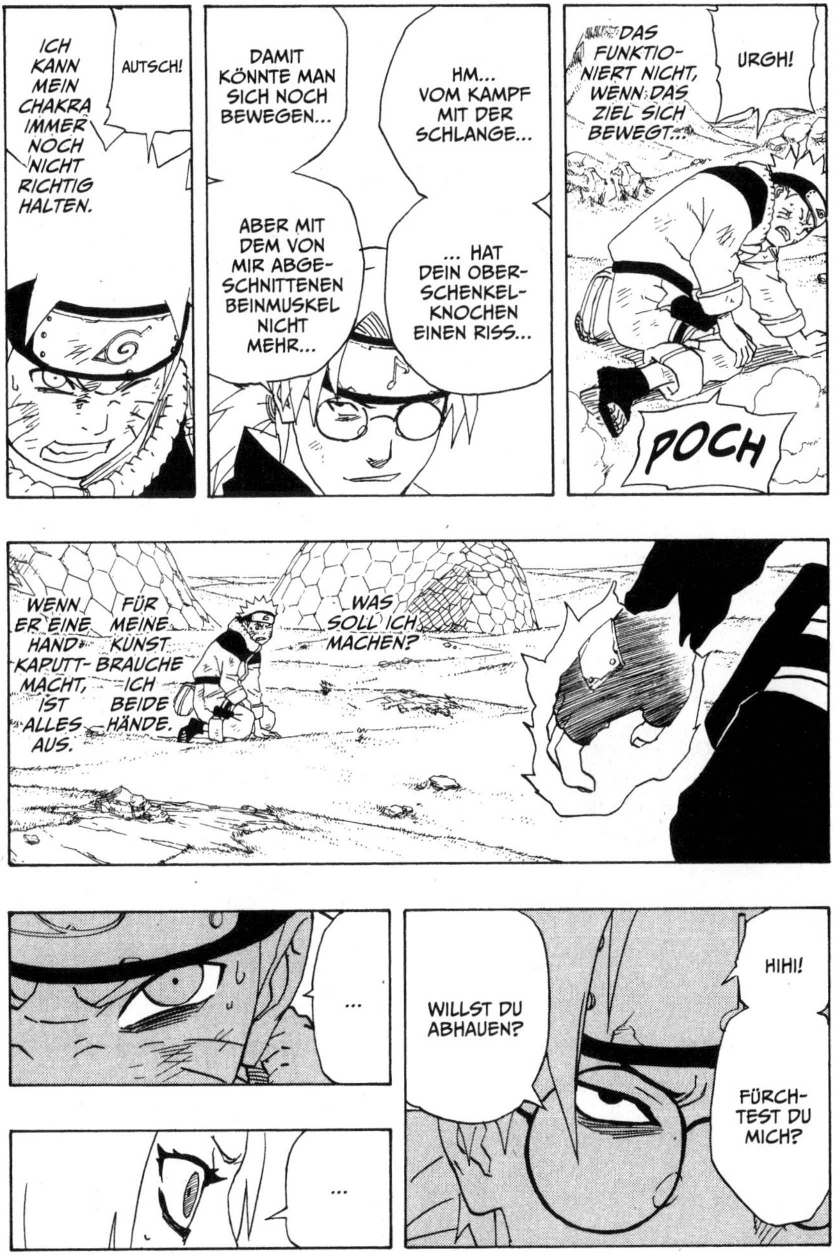
URGH!
DAS FUNKTIONIERT NICHT, WENN DAS ZIEL SICH BEWEGT...
POCH
HM... VOM KAMPF MIT DER SCHLANGE...
... HAT DEIN OBERSCHENKELKNOCHEN EINEN RISS...
DAMIT KÖNNTE MAN SICH NOCH BEWEGEN...
ABER MIT DEM VON MIR ABGESCHNITTENEN BEINMUSKEL NICHT MEHR...
AUTSCH!
ICH KANN MEIN CHAKRA IMMER NOCH NICHT RICHTIG HALTEN.
WAS SOLL ICH MACHEN?
FÜR MEINE KUNST BRAUCHE ICH BEIDE HÄNDE.
WENN ER EINE HAND KAPUTT-MACHT, IST ALLES AUS.
HIHI!
FÜRCHTEST DU MICH?
WILLST DU ABHAUEN?
...
...

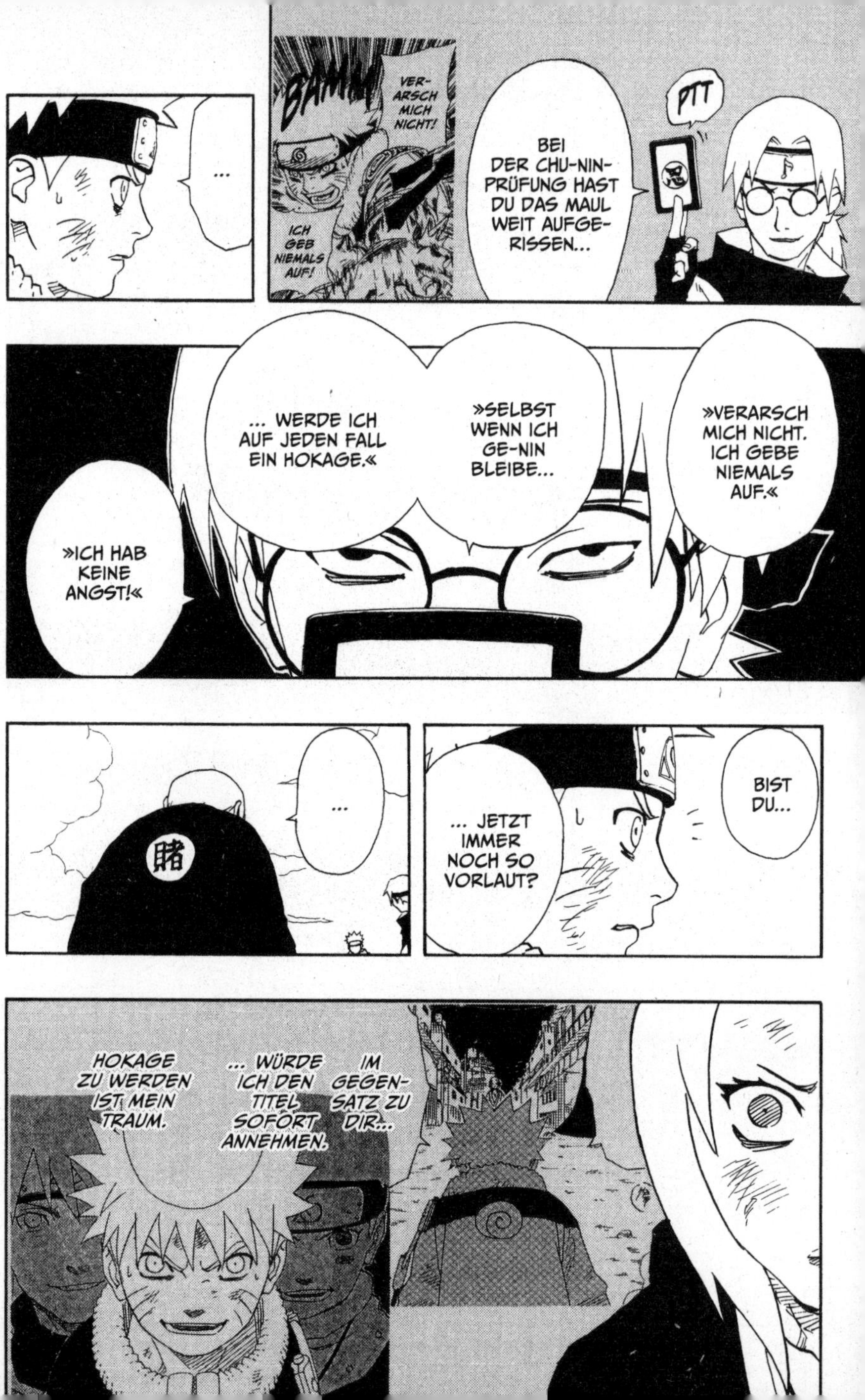
PTT
BEI DER CHU-NIN-PRÜFUNG HAST DU DAS MAUL WEIT AUFGERISSEN...
VERARSCH MICH NICHT!
BAMM
ICH GEB NIEMALS AUF!
...
»VERARSCH MICH NICHT. ICH GEBE NIEMALS AUF.«
»SELBST WENN ICH GE-NIN BLEIBE...
... WERDE ICH AUF JEDEN FALL EIN HOKAGE.«
»ICH HAB KEINE ANGST!«
BIST DU...
... JETZT IMMER NOCH SO VORLAUT?
...
IM GEGENSATZ ZU DIR...
... WÜRDE ICH DEN TITEL SOFORT ANNEHMEN.
HOKAGE ZU WERDEN IST MEIN TRAUM.

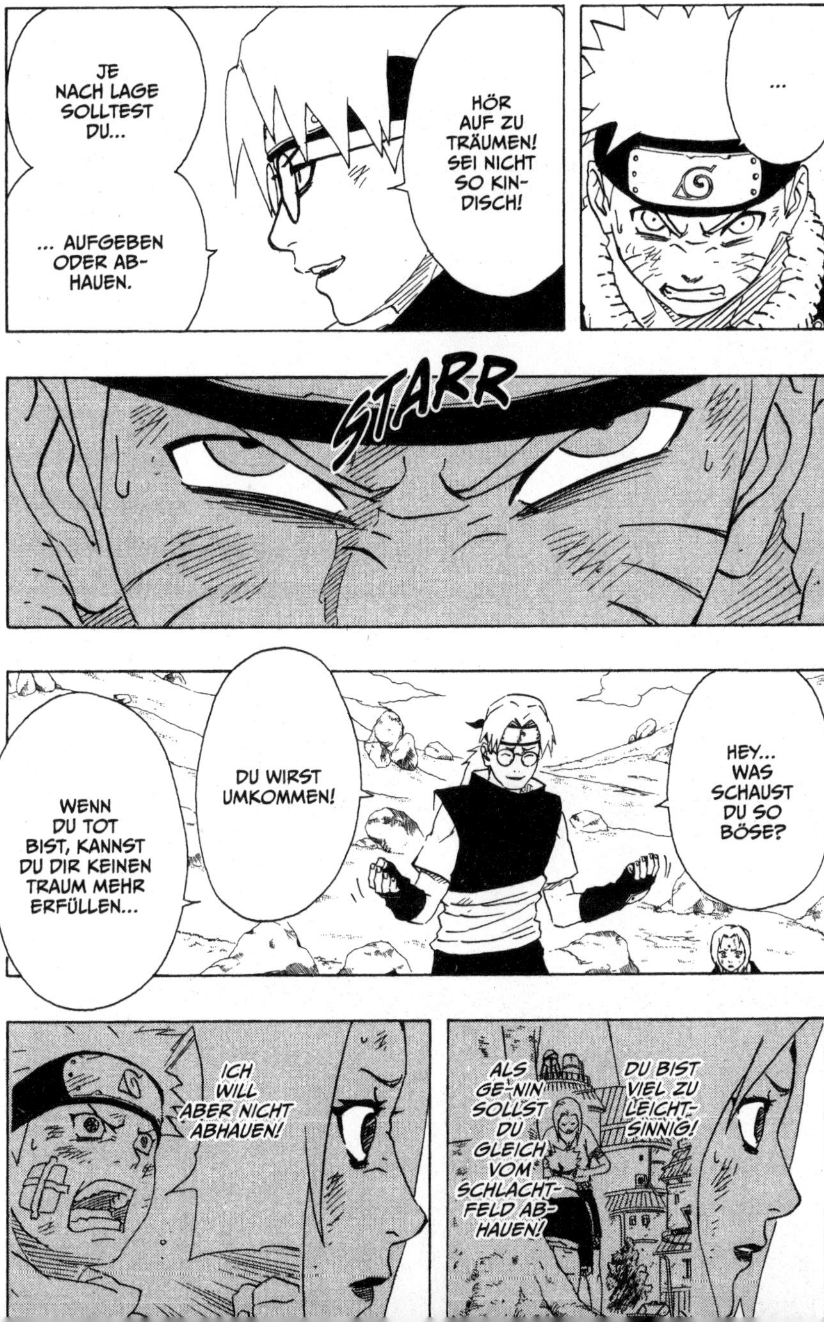
...
HÖR AUF ZU TRÄUMEN! SEI NICHT SO KIN-DISCH!
JE NACH LAGE SOLLTEST DU...
... AUFGEBEN ODER AB-HAUEN.
STARR
HEY... WAS SCHAUST DU SO BÖSE?
DU WIRST UMKOMMEN!
WENN DU TOT BIST, KANNST DU DIR KEINEN TRAUM MEHR ERFÜLLEN...
DU BIST VIEL ZU LEICHT-SINNIG!
ALS GE-NIN SOLLST DU GLEICH VOM SCHLACHT-FELD AB-HAUEN!
ICH WILL ABER NICHT ABHAUEN!

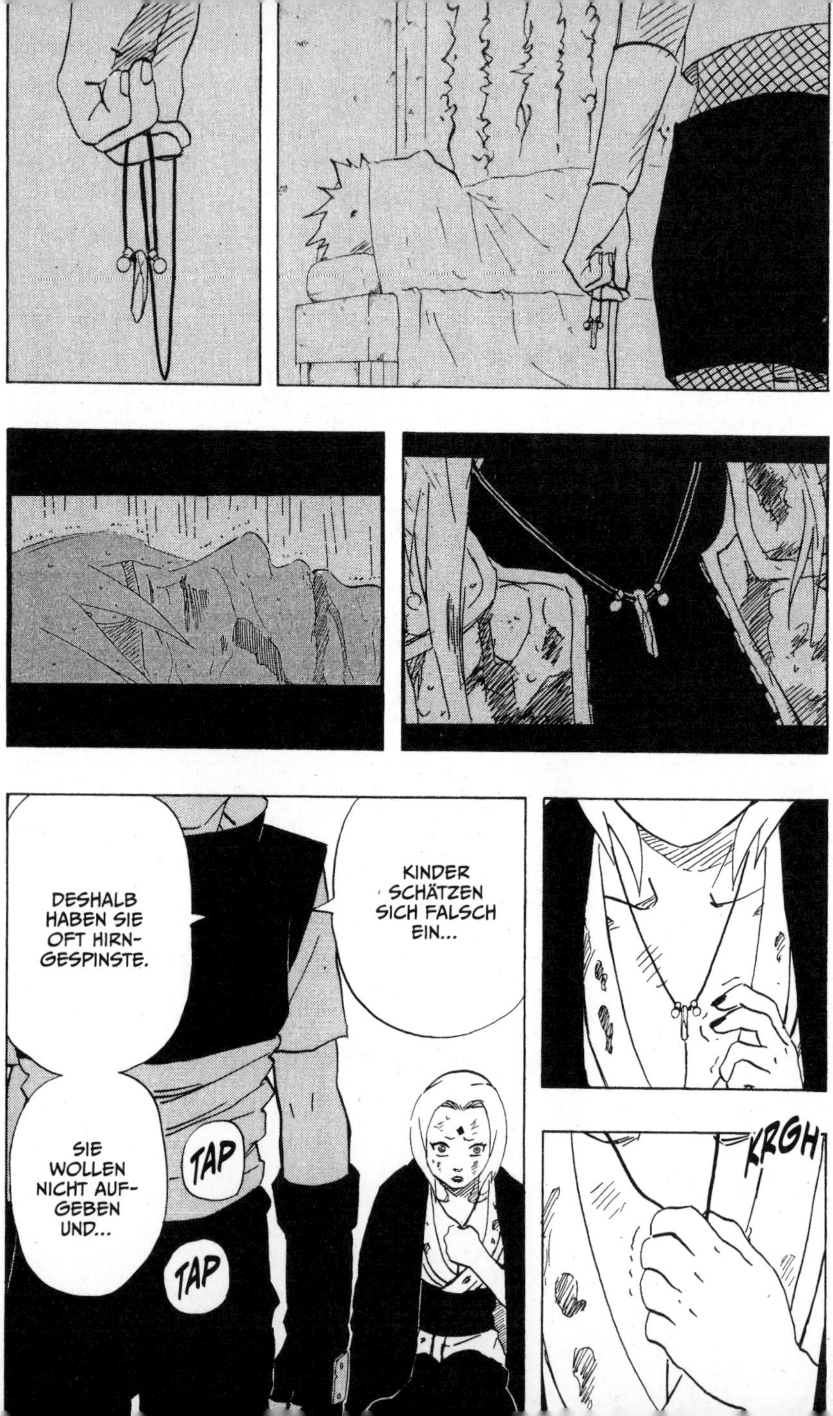
KINDER SCHÄTZEN SICH FALSCH EIN...
DESHALB HABEN SIE OFT HIRN-GESPINSTE.
SIE WOLLEN NICHT AUF-GEBEN UND...
TAP
TAP
KRGH

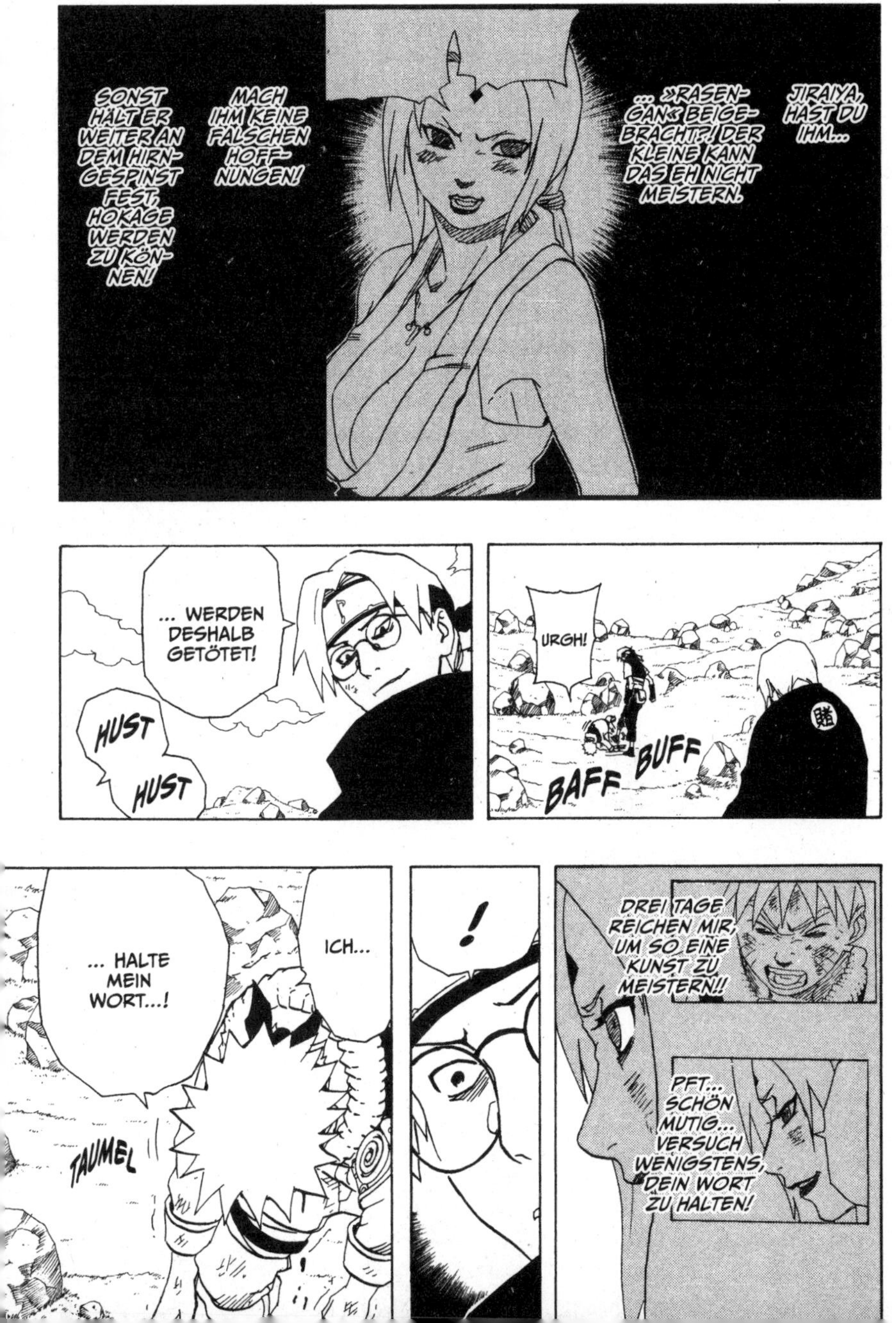
JIRAIYA, HAST DU IHM...
... »RASEN-GAN« BEIGE-BRACHT?! DER KLEINE KANN DAS EH NICHT MEISTERN.
MACH IHM KEINE FALSCHEN HOFF-NUNGEN!
SONST HÄLT ER WEITER AN DEM HIRN-GESPINST FEST, HOKAGE WERDEN ZU KÖN-NEN!
URGH!
BUFF
BAFF
... WERDEN DESHALB GETÖTET!
HUST
HUST
DREI TAGE REICHEN MIR, UM SO EINE KUNST ZU MEISTERN!!
PFT... SCHÖN MUTIG... VERSUCH WENIGSTENS, DEIN WORT ZU HALTEN!
!
ICH...
... HALTE MEIN WORT...!
TAUMEL

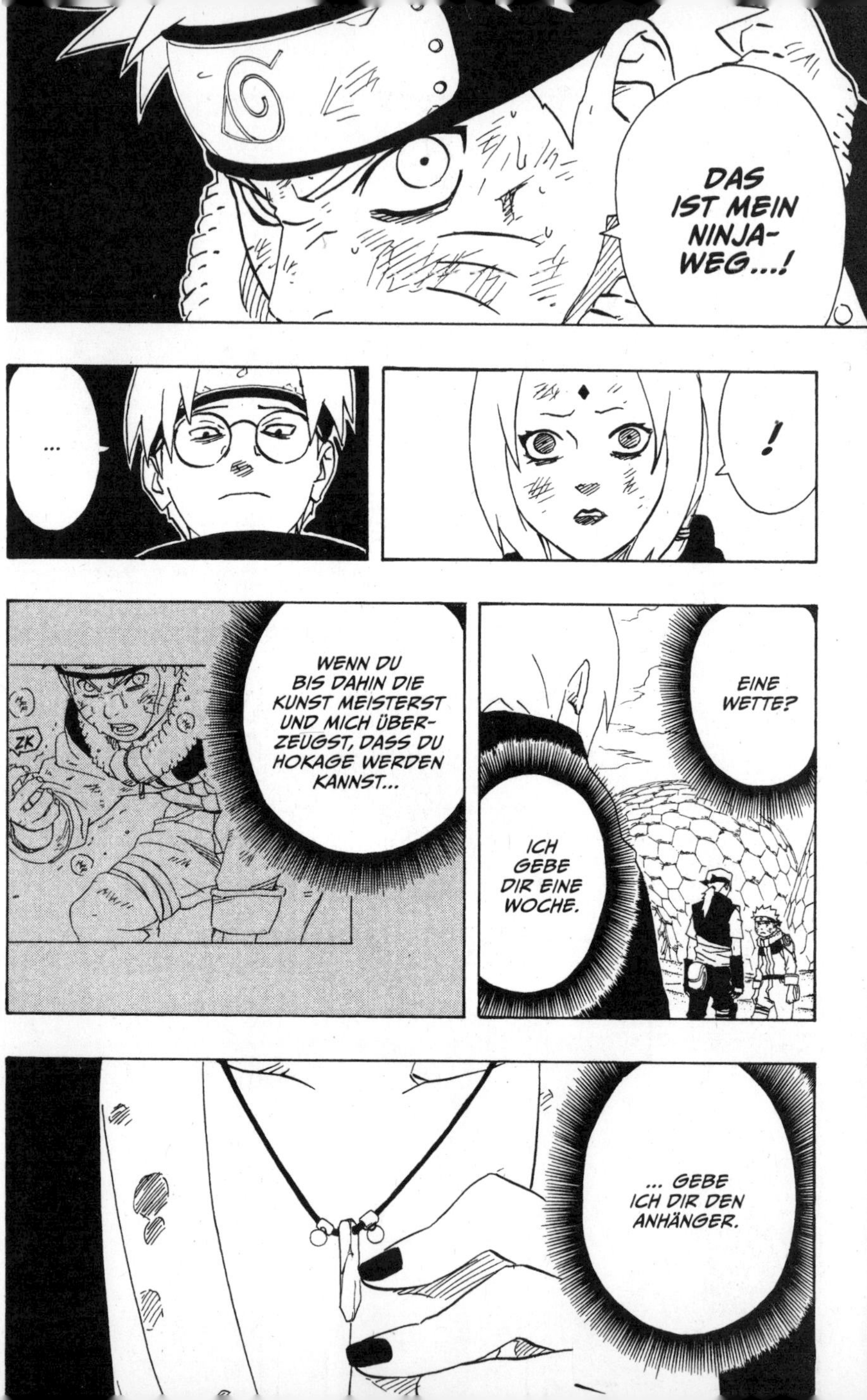
DAS IST MEIN NINJA-WEG...!
!
...
EINE WETTE?
ICH GEBE DIR EINE WOCHE.
WENN DU BIS DAHIN DIE KUNST MEISTERST UND MICH ÜBERZEUGST, DASS DU HOKAGE WERDEN KANNST...
ZK
... GEBE ICH DIR DEN ANHÄNGER.

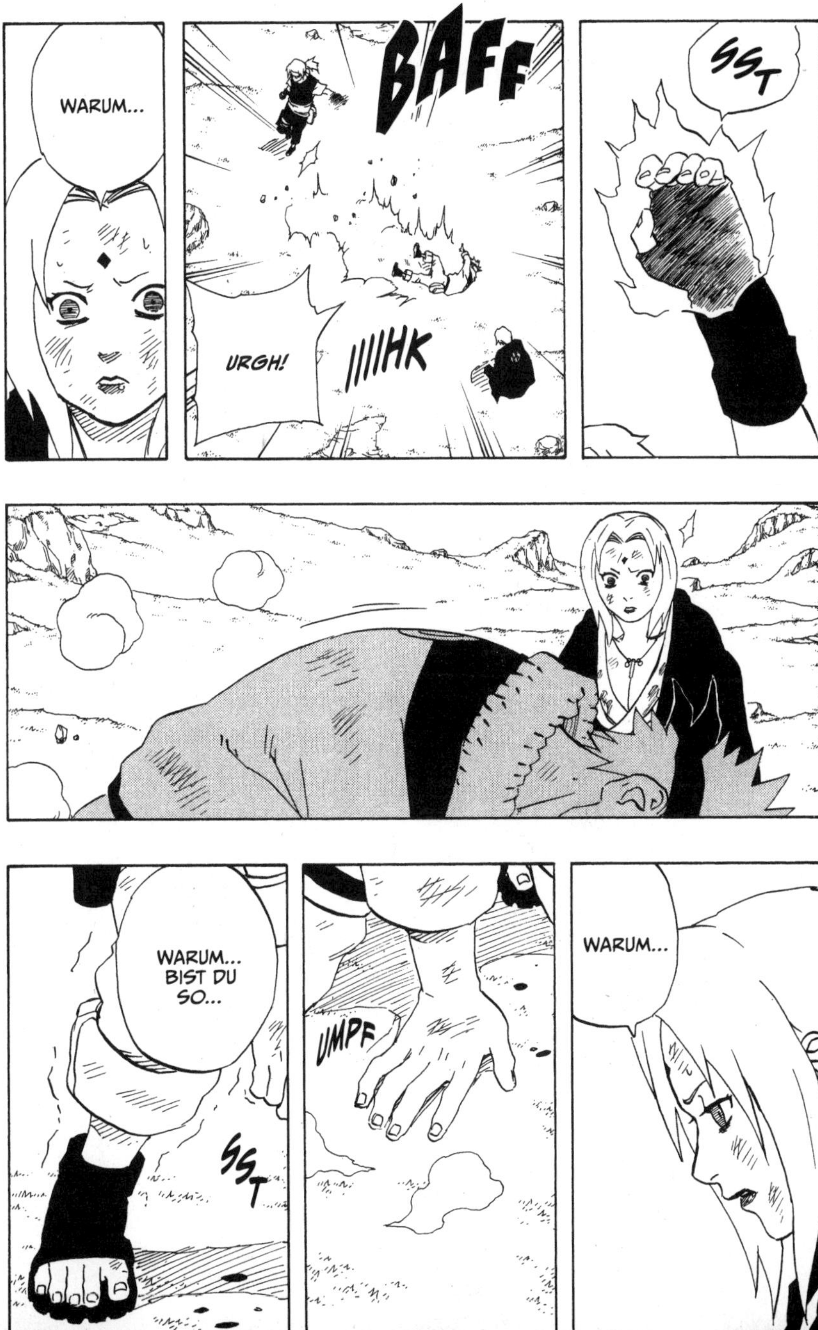

SST
BAFF
WARUM...
URGH!
///HK
WARUM...
UMPF
WARUM... BIST DU SO...
SST

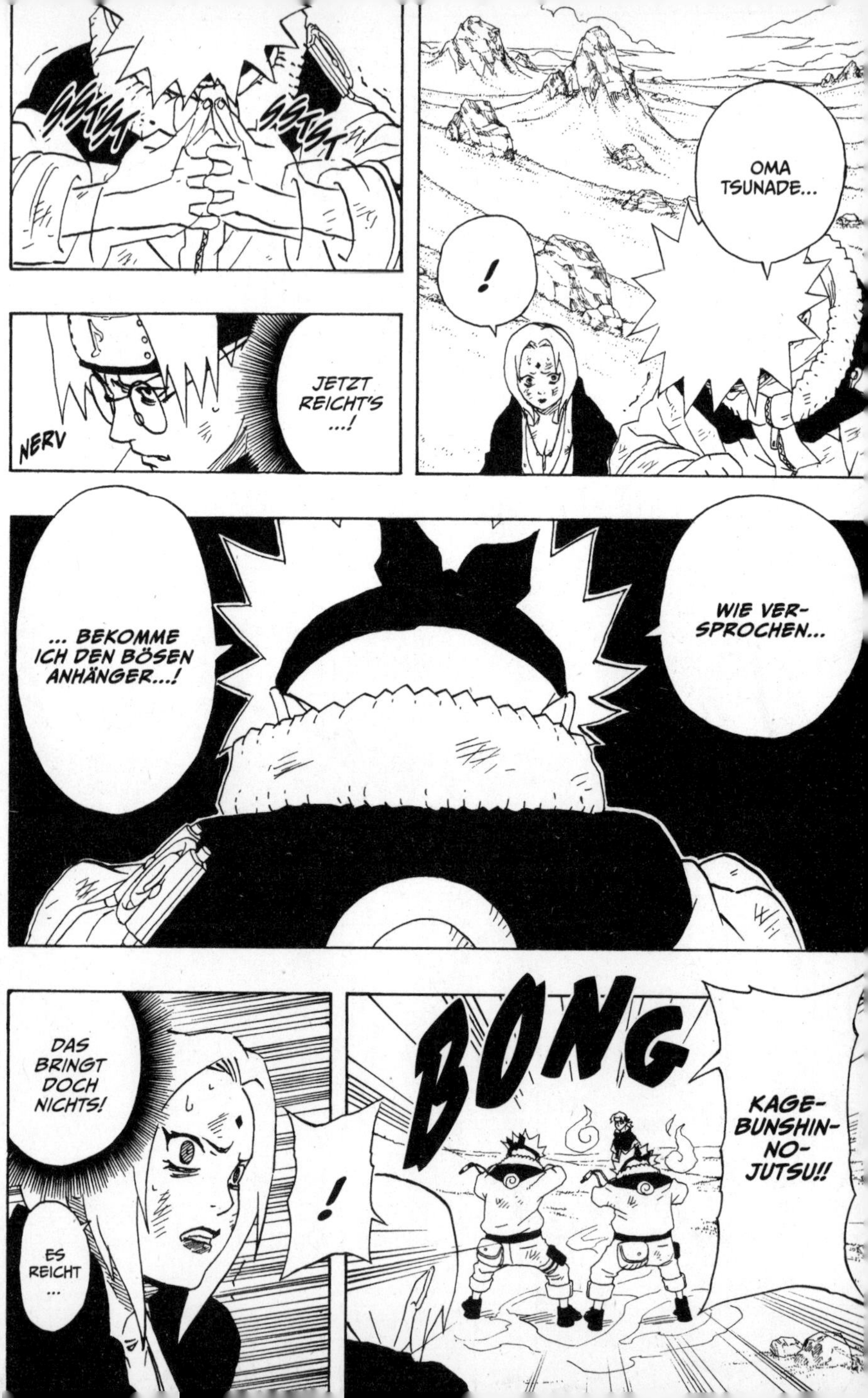
OMA TSUNADE...
!
JETZT REICHT'S ...!
NERV
WIE VER-SPROCHEN...
... BEKOMME ICH DEN BÖSEN ANHÄNGER...!
KAGE-BUNSHIN-NO-JUTSU!!
BONG
!
DAS BRINGT DOCH NICHTS!
ES REICHT ...

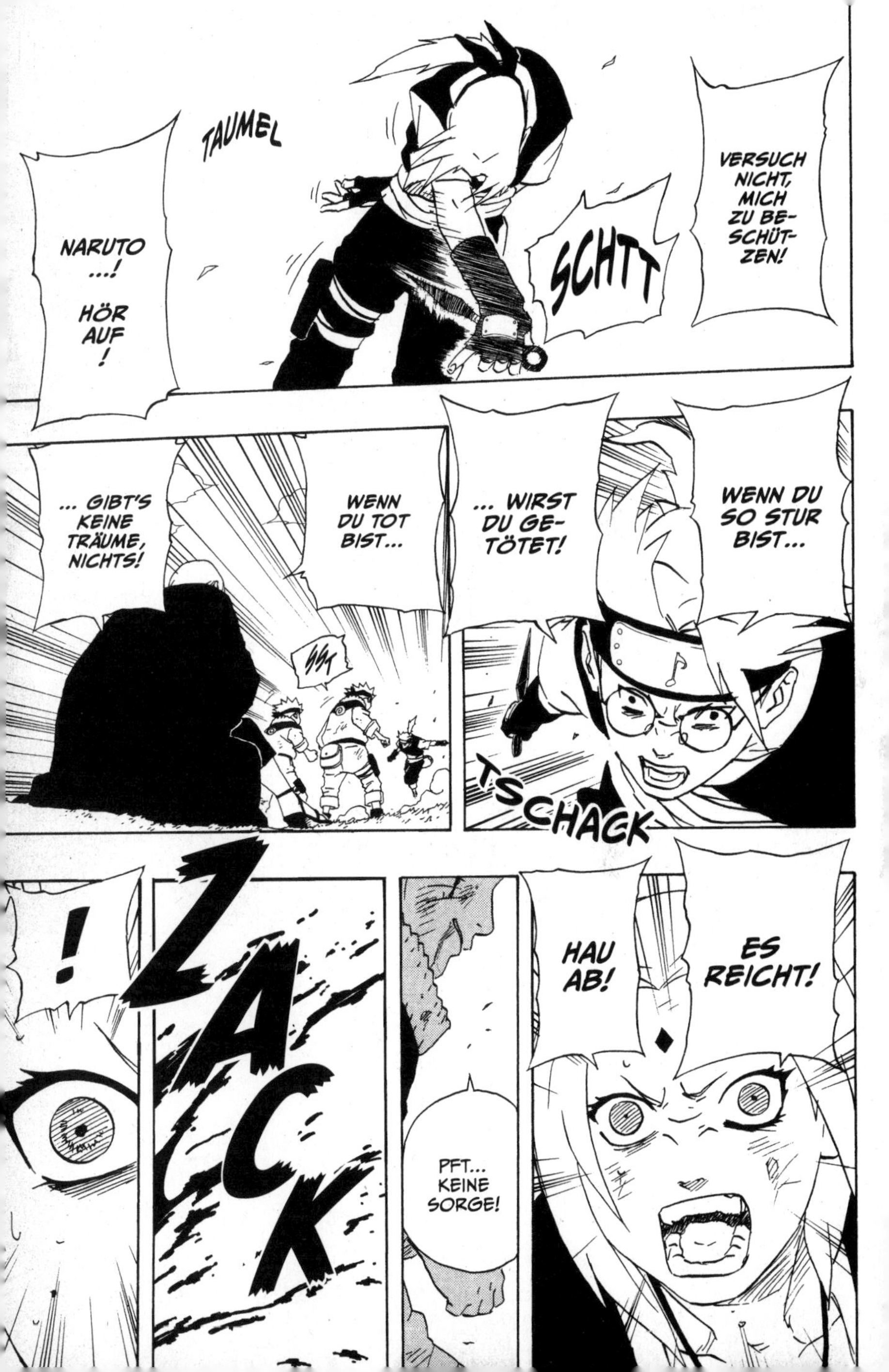
VERSUCH NICHT, MICH ZU BESCHÜTZEN!
SCHTT
TAUMEL
NARUTO ...! HÖR AUF!
WENN DU SO STUR BIST...
... WIRST DU GETÖTET!
TSCHACK
WENN DU TOT BIST...
... GIBT'S KEINE TRÄUME, NICHTS!
SST
ES REICHT!
HAU AB!
PFT... KEINE SORGE!
ZACK
!

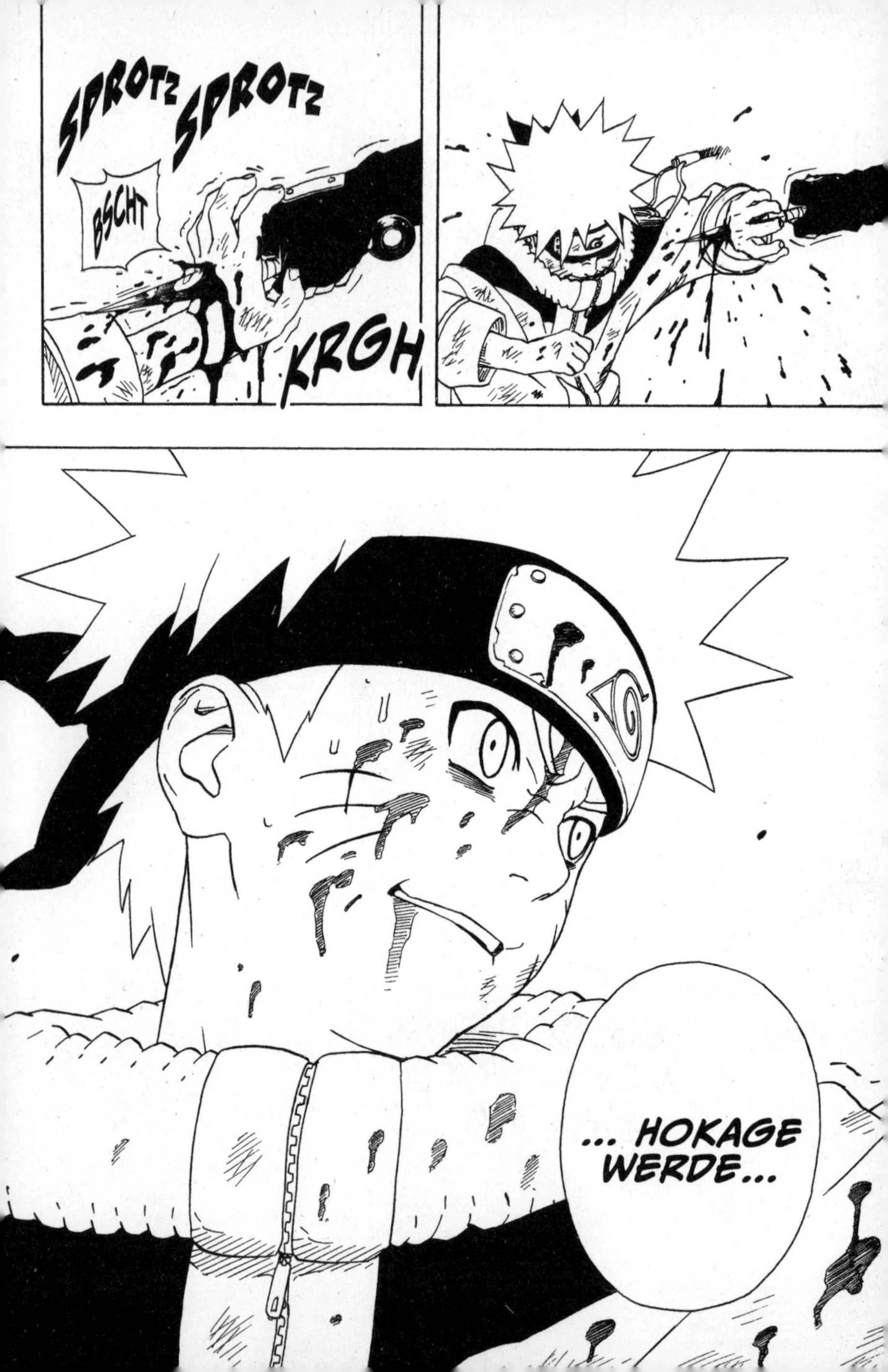

SPROTZ SPROTZ
BSCHT
KRGH
... HOKAGE WERDE...

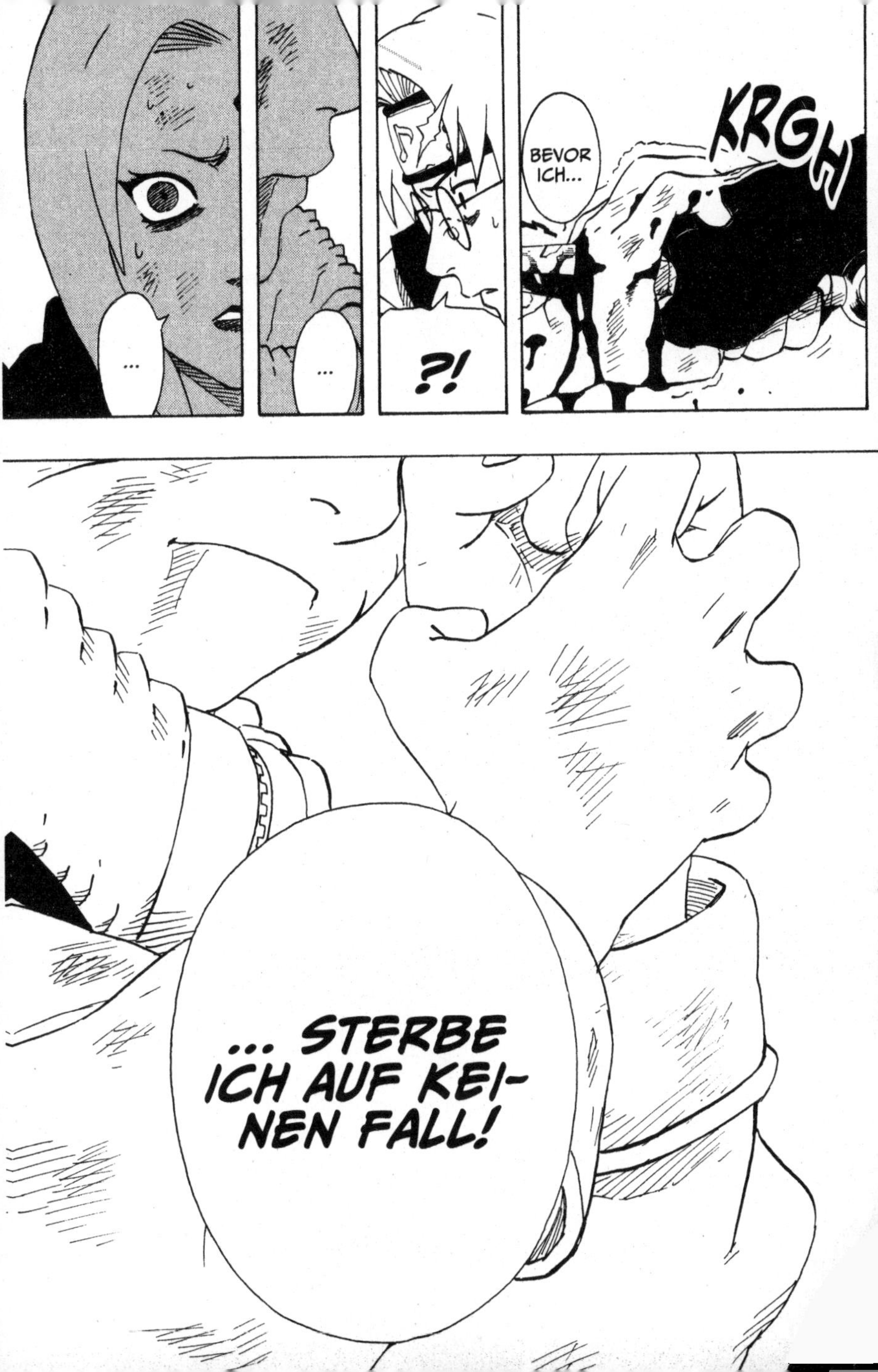
KRGH
BEVOR ICH...
?!
...
...
... STERBE ICH AUF KEI-NEN FALL!

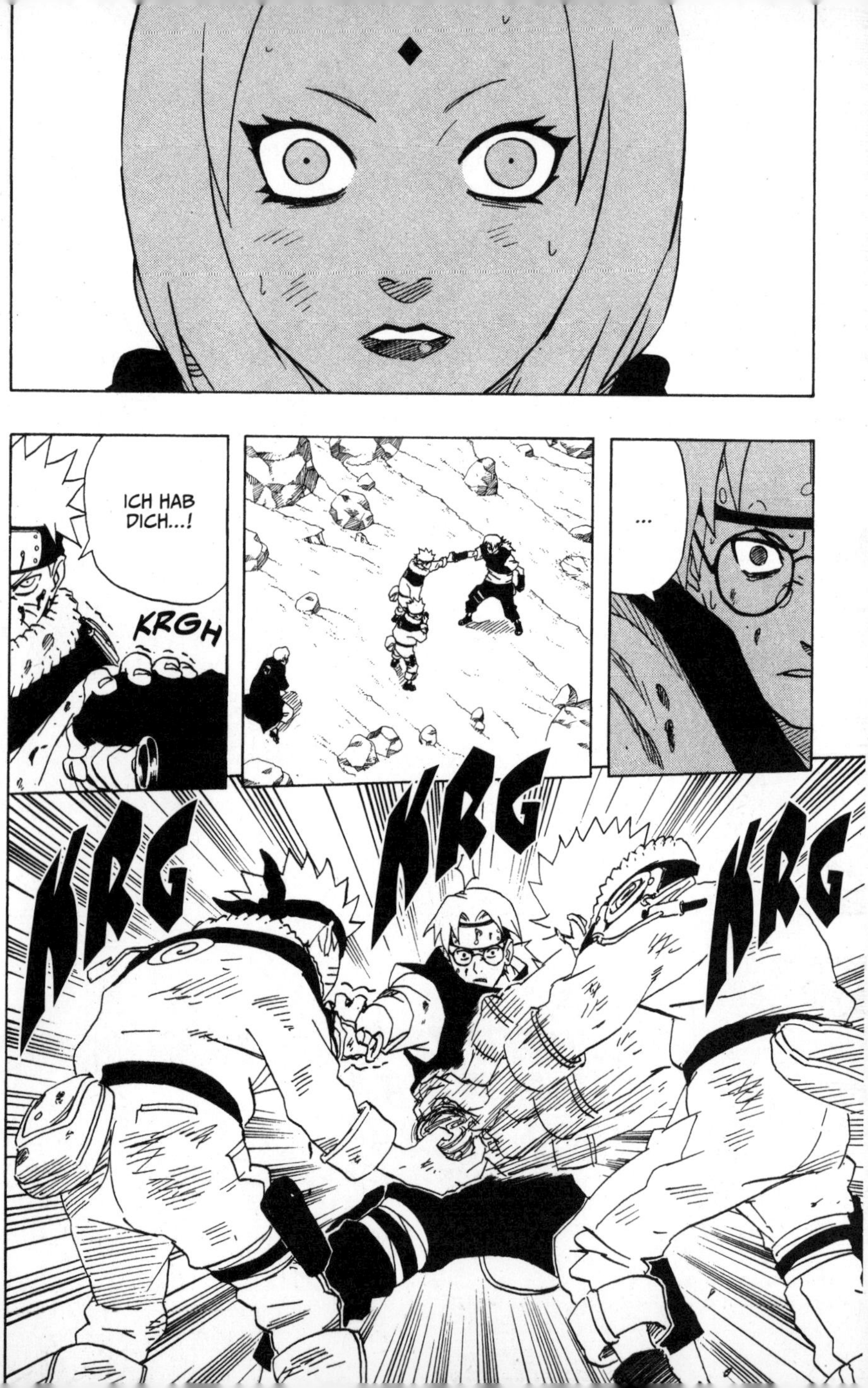
ICH HAB DICH...!
KRGH
...
KRG
KRG
KRG

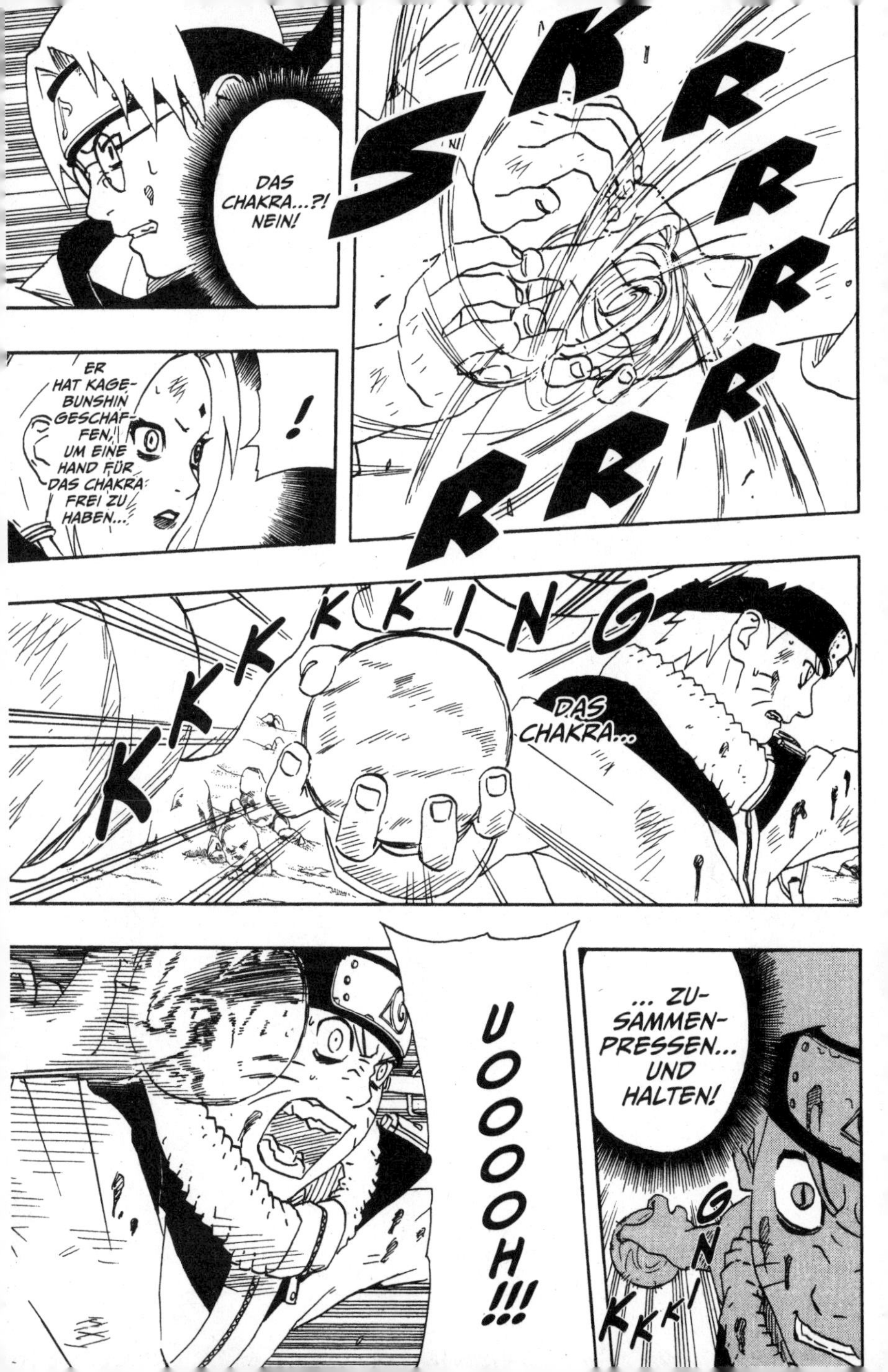
DAS CHAKRA...?! NEIN!
SKRRRRRR
ER HAT KAGE-BUNSHIN GESCHAF-FEN, UM EINE HAND FÜR DAS CHAKRA FREI ZU HABEN...
!
KKKKKKING
DAS CHAKRA...
UOOOOOH!!!
... ZU-SAMMEN-PRESSEN... UND HALTEN!
KKKING

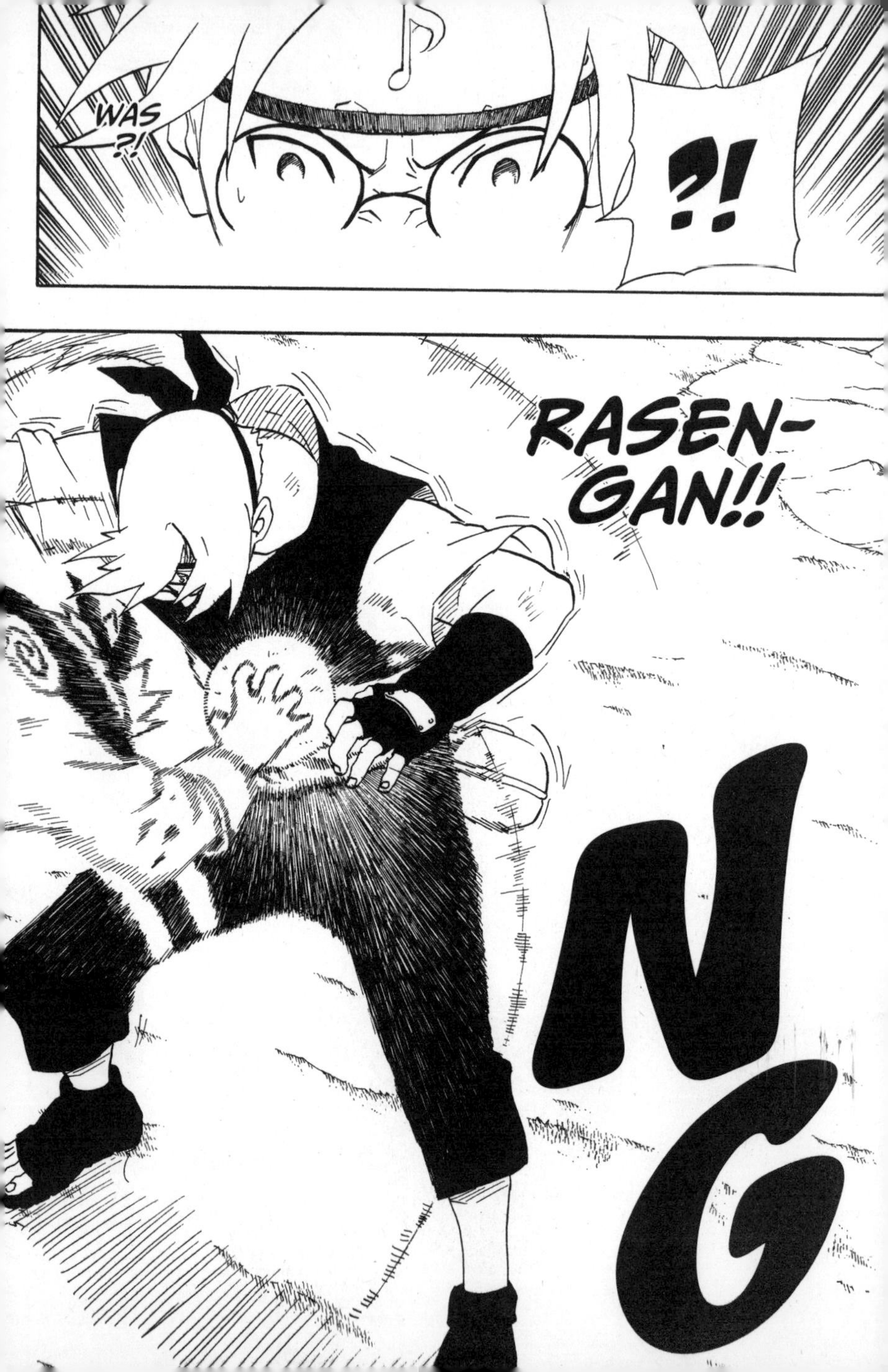
?!
WAS ?!
RASEN-GAN!!
NG

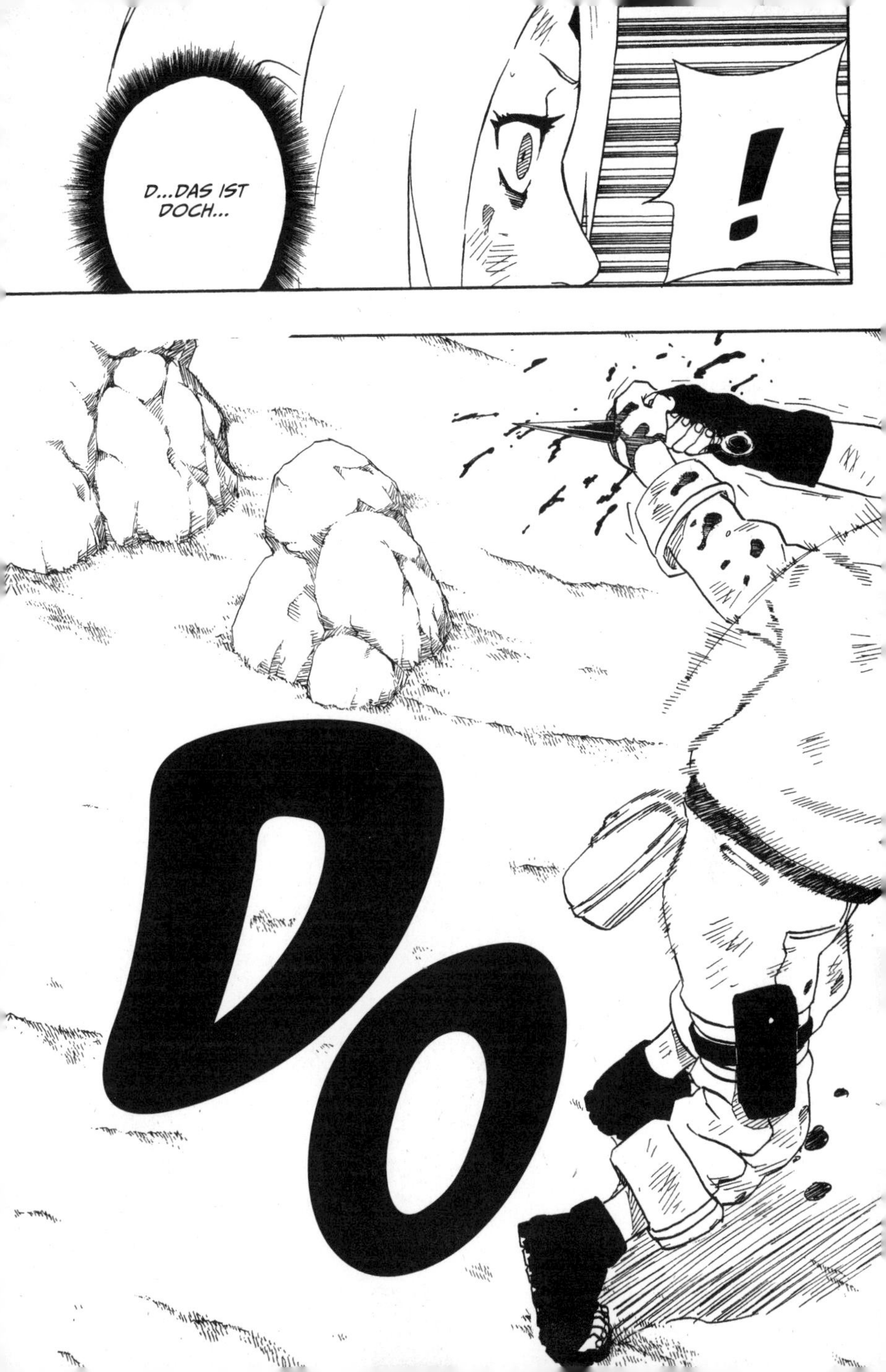
D...DAS IST
DOCH...
!
DO

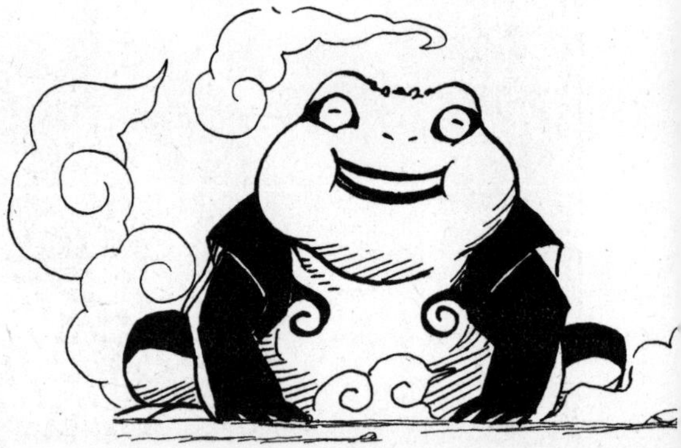

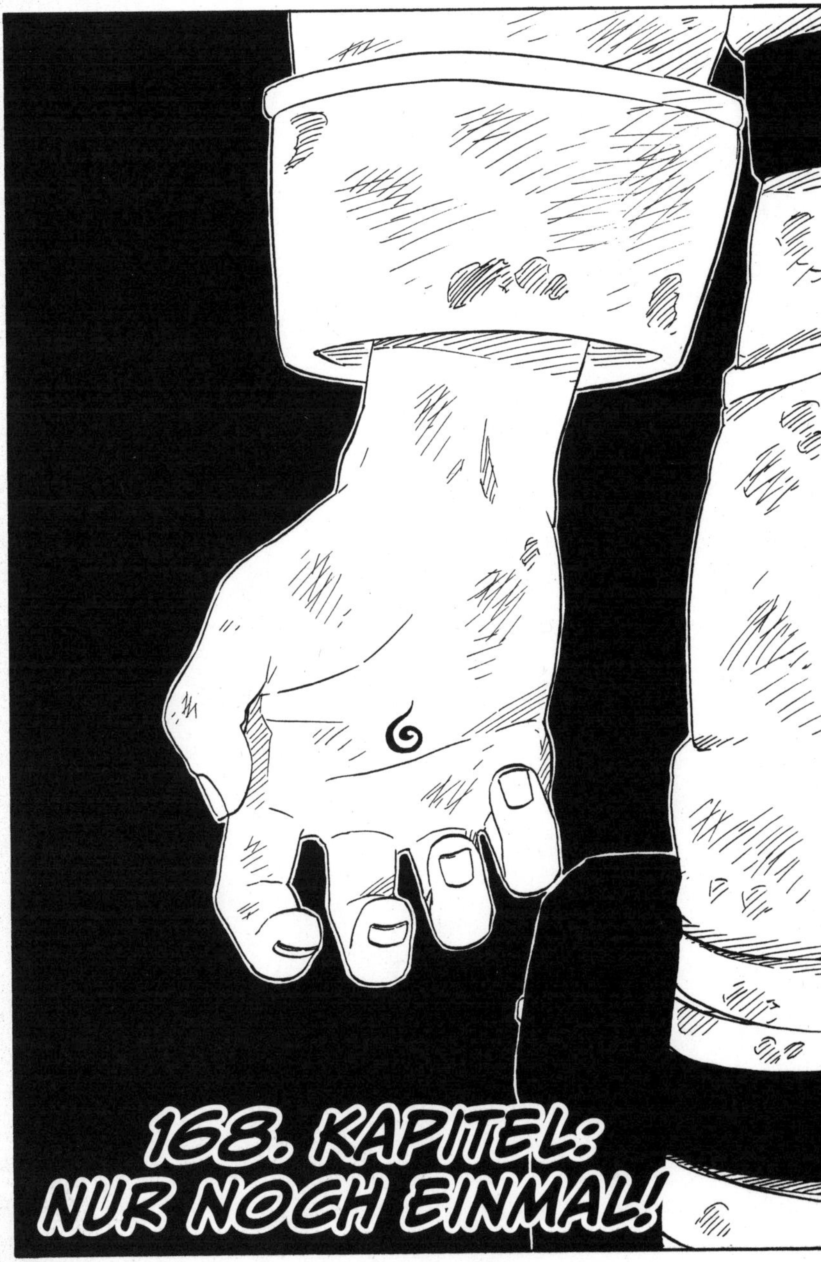
168. KAPITEL:
NUR NOCH EINMAL!

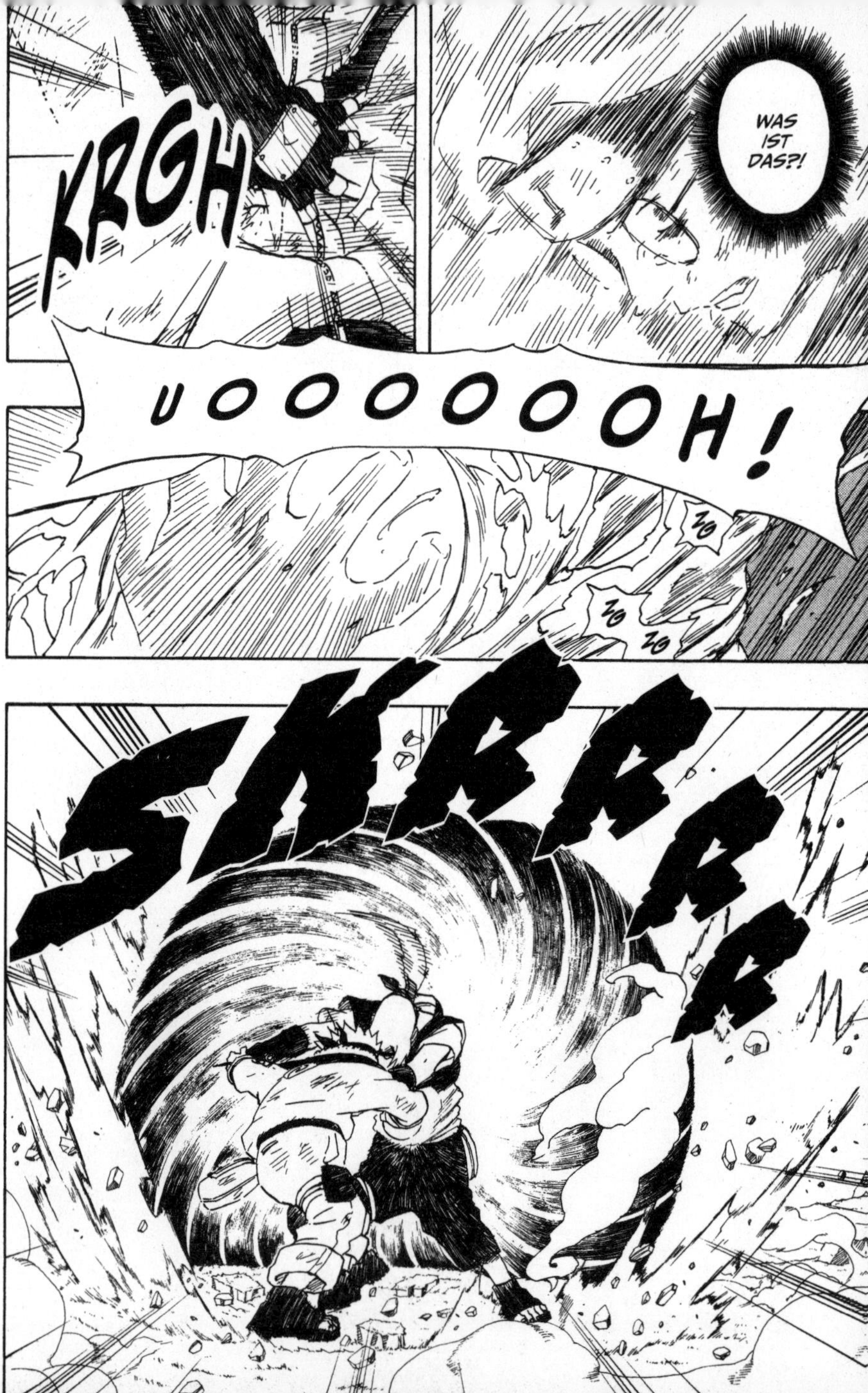
WAS IST DAS?!
KRGH
UOOOOOOH!
ZO
ZO
ZO
SKRRRRR

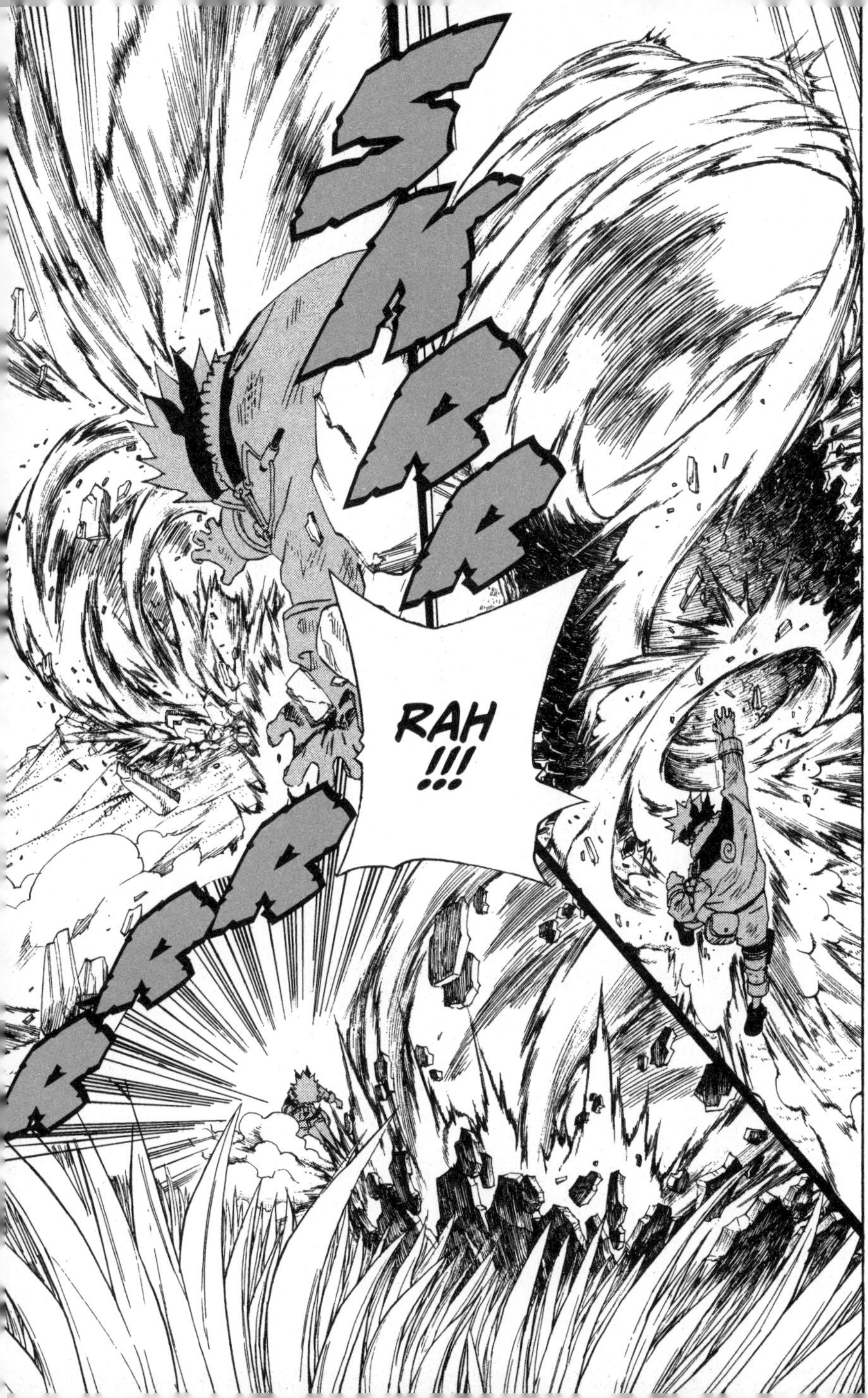
RAH
!!!

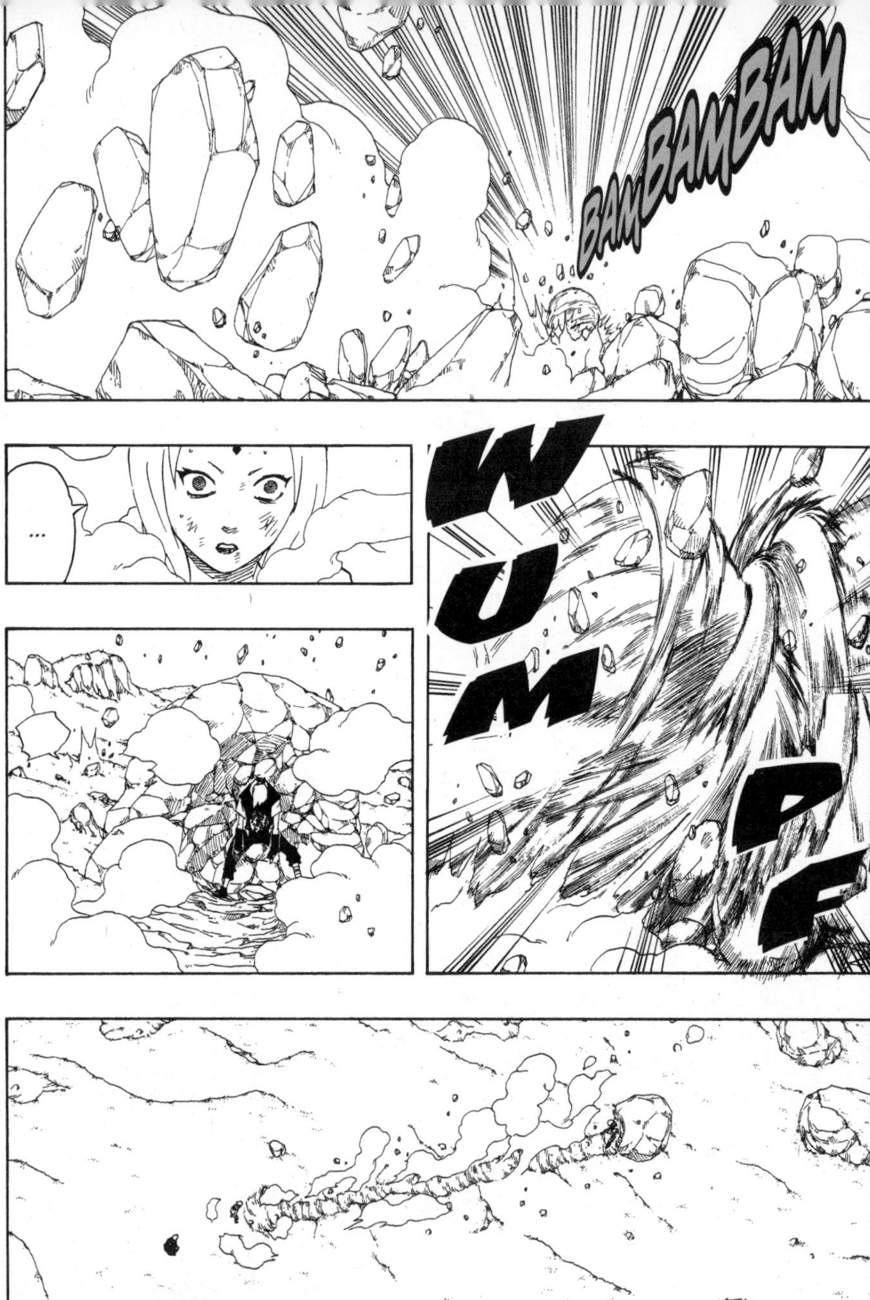

BAMBAMBAM
...
WUMPF

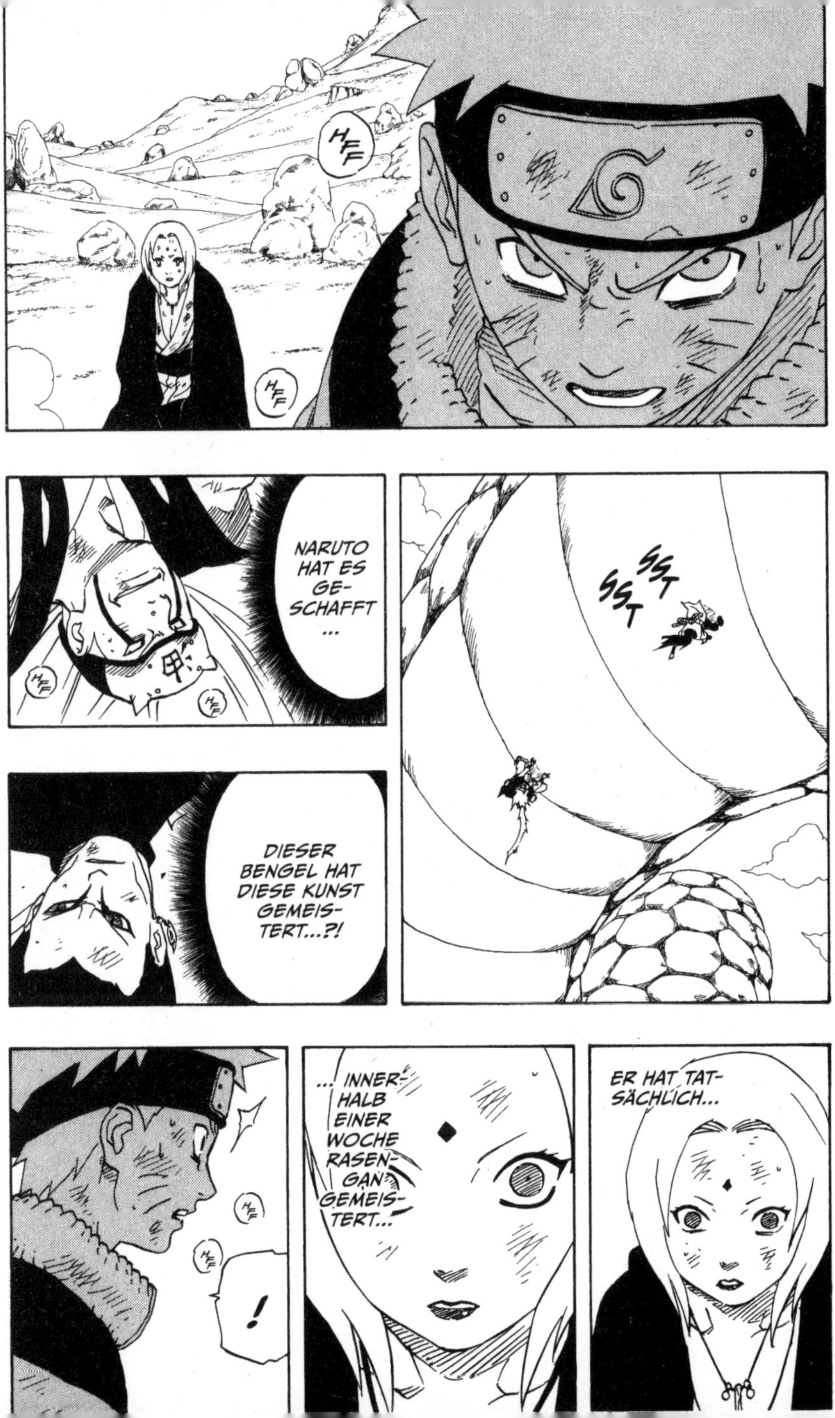
HFF
HFF
NARUTO HAT ES GESCHAFFT ...
HFF
HFF
SST SST
DIESER BENGEL HAT DIESE KUNST GEMEISTERT...?!
HFF
HFF
!
... INNERHALB EINER WOCHE RASENGAN GEMEISTERT...
ER HAT TATSÄCHLICH...

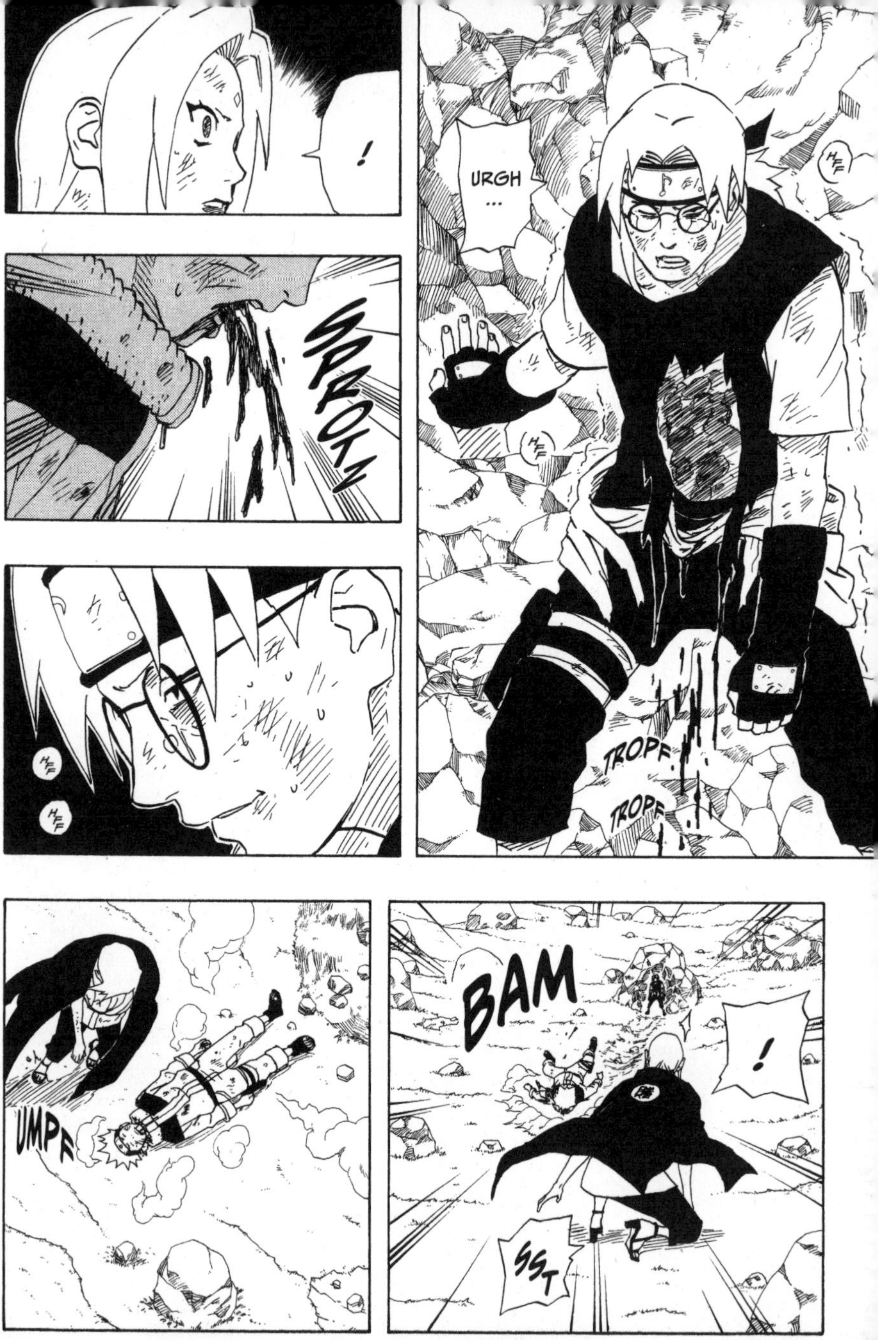
URGH ...
HEF
HEF
TROPF
TROPF
!
SPROTZ
HEF
HEF
BAM
!
SST
UMPF

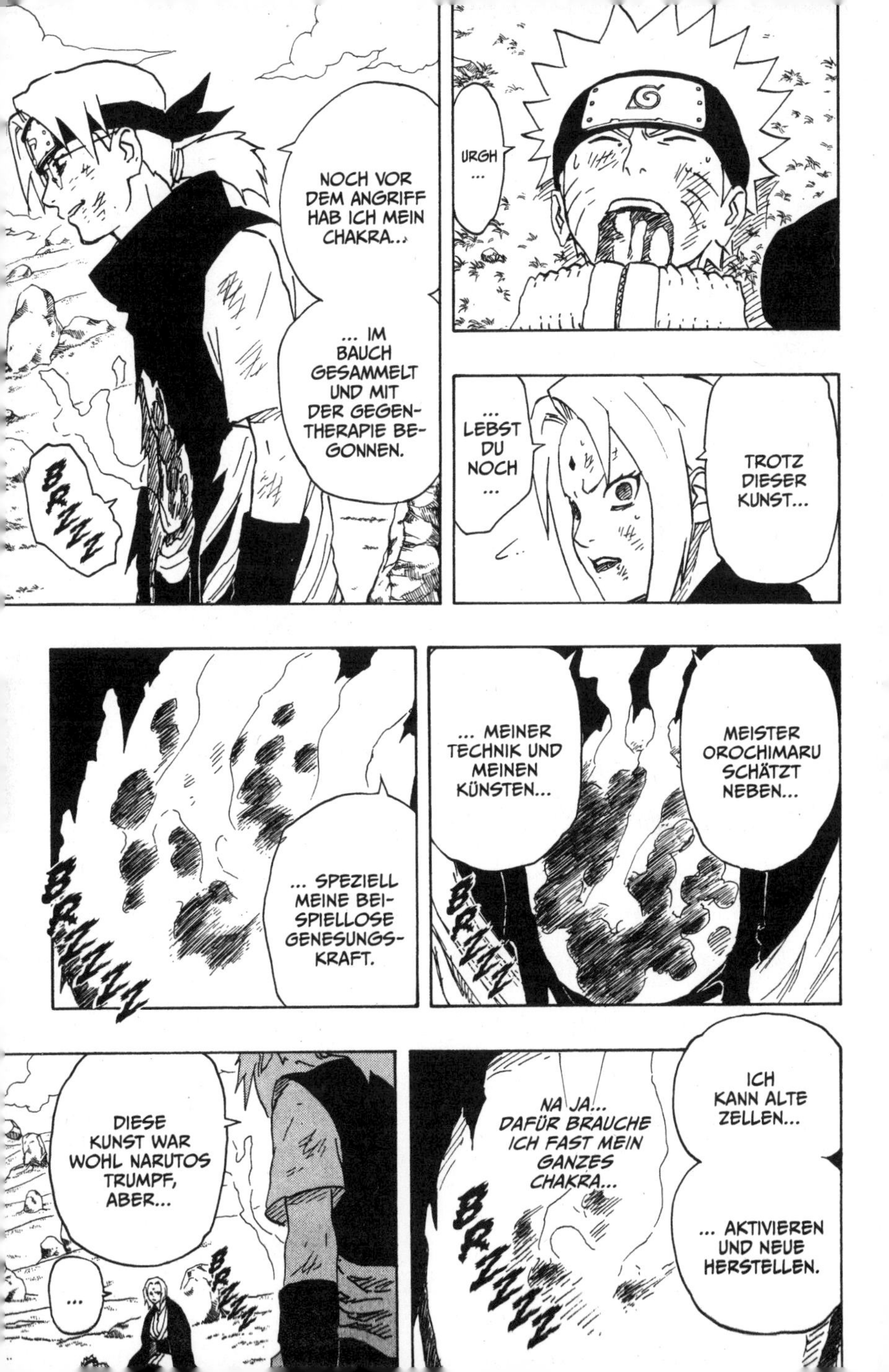
URGH ...
NOCH VOR DEM ANGRIFF HAB ICH MEIN CHAKRA...
... IM BAUCH GESAMMELT UND MIT DER GEGENTHERAPIE BEGONNEN.
TROTZ DIESER KUNST...
... LEBST DU NOCH ...
MEISTER OROCHIMARU SCHÄTZT NEBEN...
... MEINER TECHNIK UND MEINEN KÜNSTEN...
... SPEZIELL MEINE BEISPIELLOSE GENESUNGSKRAFT.
ICH KANN ALTE ZELLEN...
... AKTIVIEREN UND NEUE HERSTELLEN.
NA JA... DAFÜR BRAUCHE ICH FAST MEIN GANZES CHAKRA...
DIESE KUNST WAR WOHL NARUTOS TRUMPF, ABER...
...

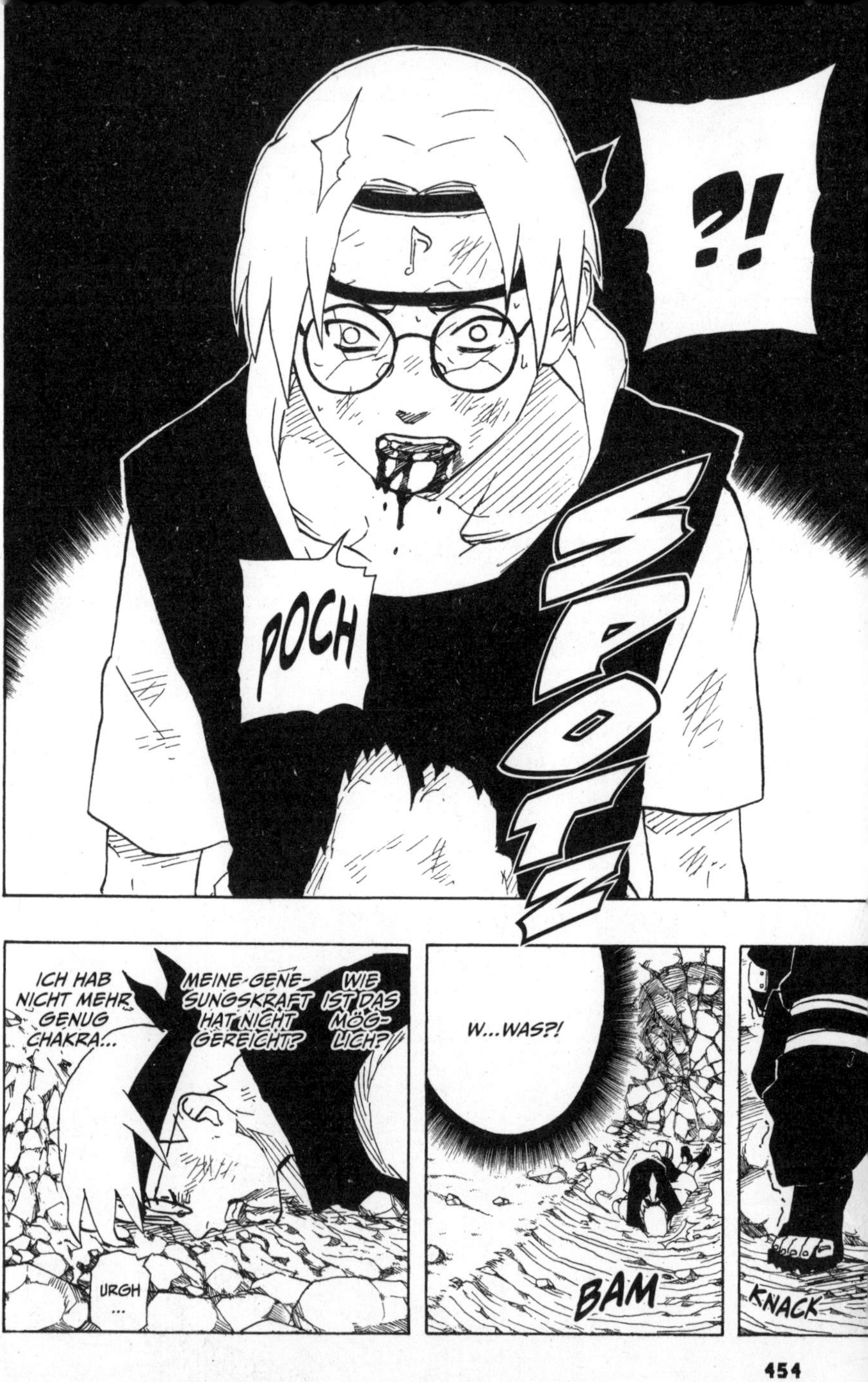
?!
POCH
KNACK
W...WAS?!
BAM
WIE IST DAS MÖG-LICH?
MEINE-GENE-SUNGSKRAFT HAT NICHT GEREICHT?
ICH HAB NICHT MEHR GENUG CHAKRA...
URGH ...

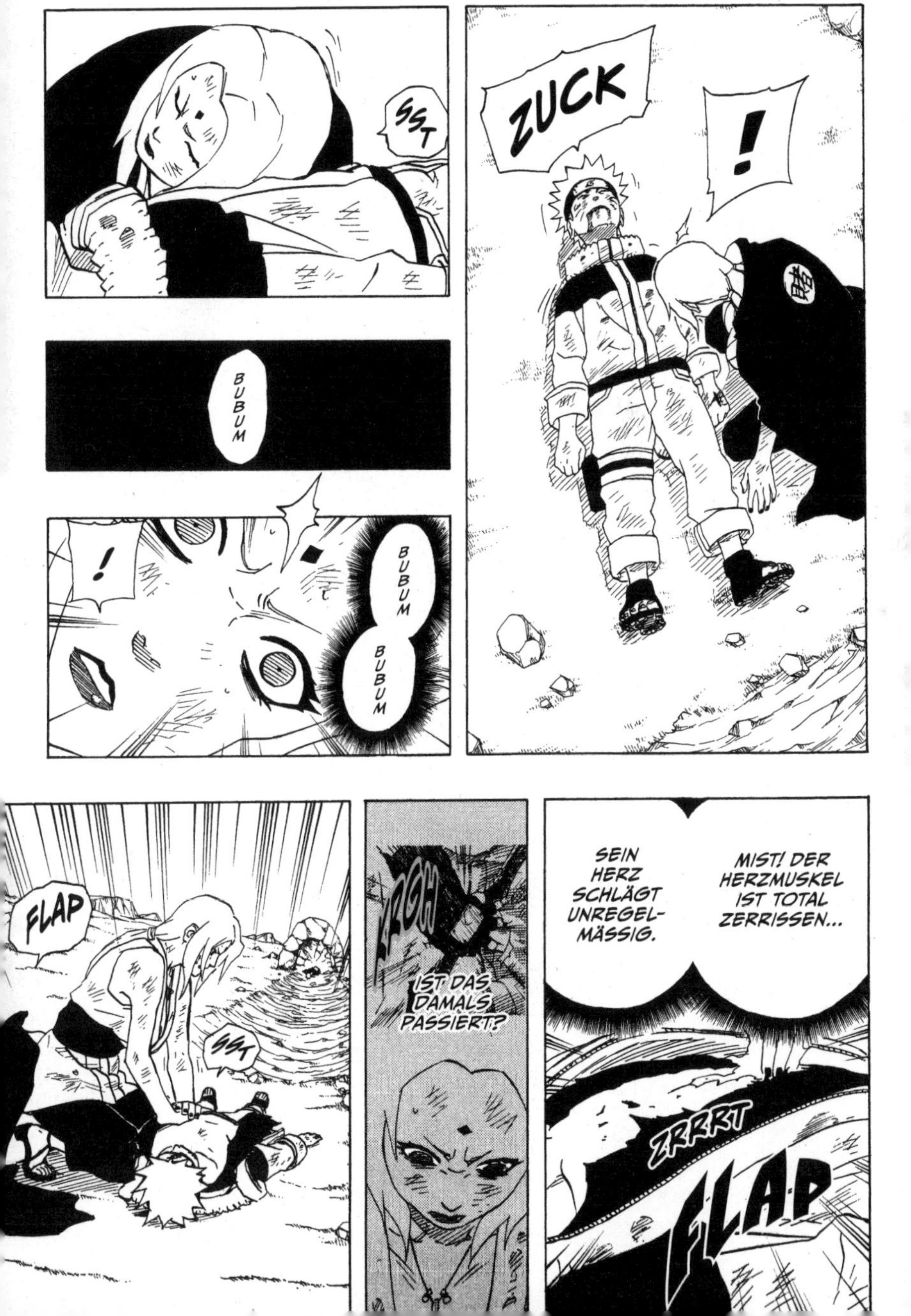

ZUCK
!
SST
BUBUM
!
BUBUM
BUBUM
MIST! DER HERZMUSKEL IST TOTAL ZERRISSEN...
SEIN HERZ SCHLÄGT UNREGEL-MÄSSIG.
ZRRRT
FLAP
IST DAS DAMALS PASSIERT?
FLAP
SST

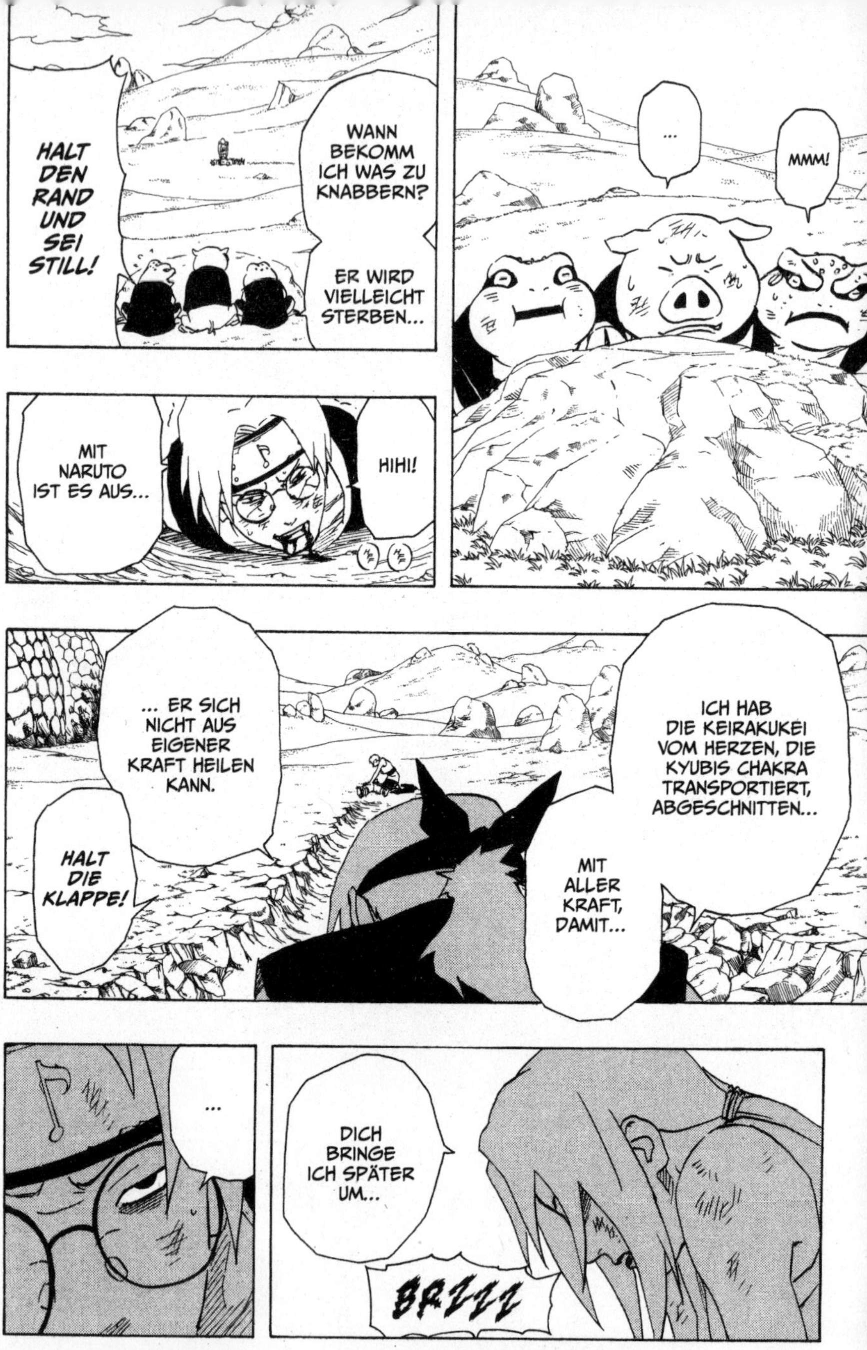
...
MMM!
WANN BEKOMM ICH WAS ZU KNABBERN?
ER WIRD VIELLEICHT STERBEN...
HALT DEN RAND UND SEI STILL!
HIHI!
MIT NARUTO IST ES AUS...
ICH HAB DIE KEIRAKUKEI VOM HERZEN, DIE KYUBIS CHAKRA TRANSPORTIERT, ABGESCHNITTEN...
MIT ALLER KRAFT, DAMIT...
... ER SICH NICHT AUS EIGENER KRAFT HEILEN KANN.
HALT DIE KLAPPE!
DICH BRINGE ICH SPÄTER UM...
BRZZZ
...

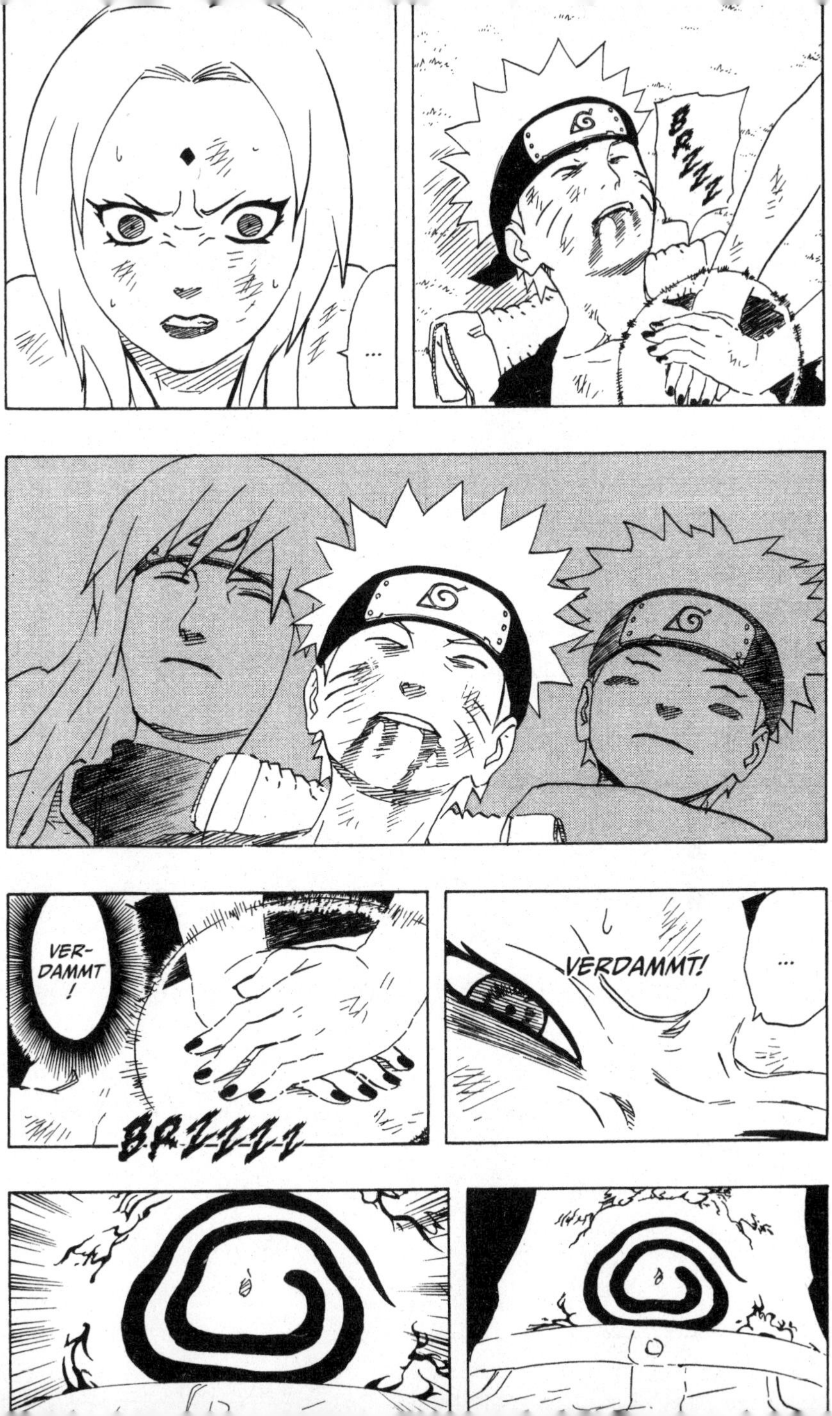
...
BRZZZ
VERDAMMT!
BRZZZZZ
VERDAMMT!
...

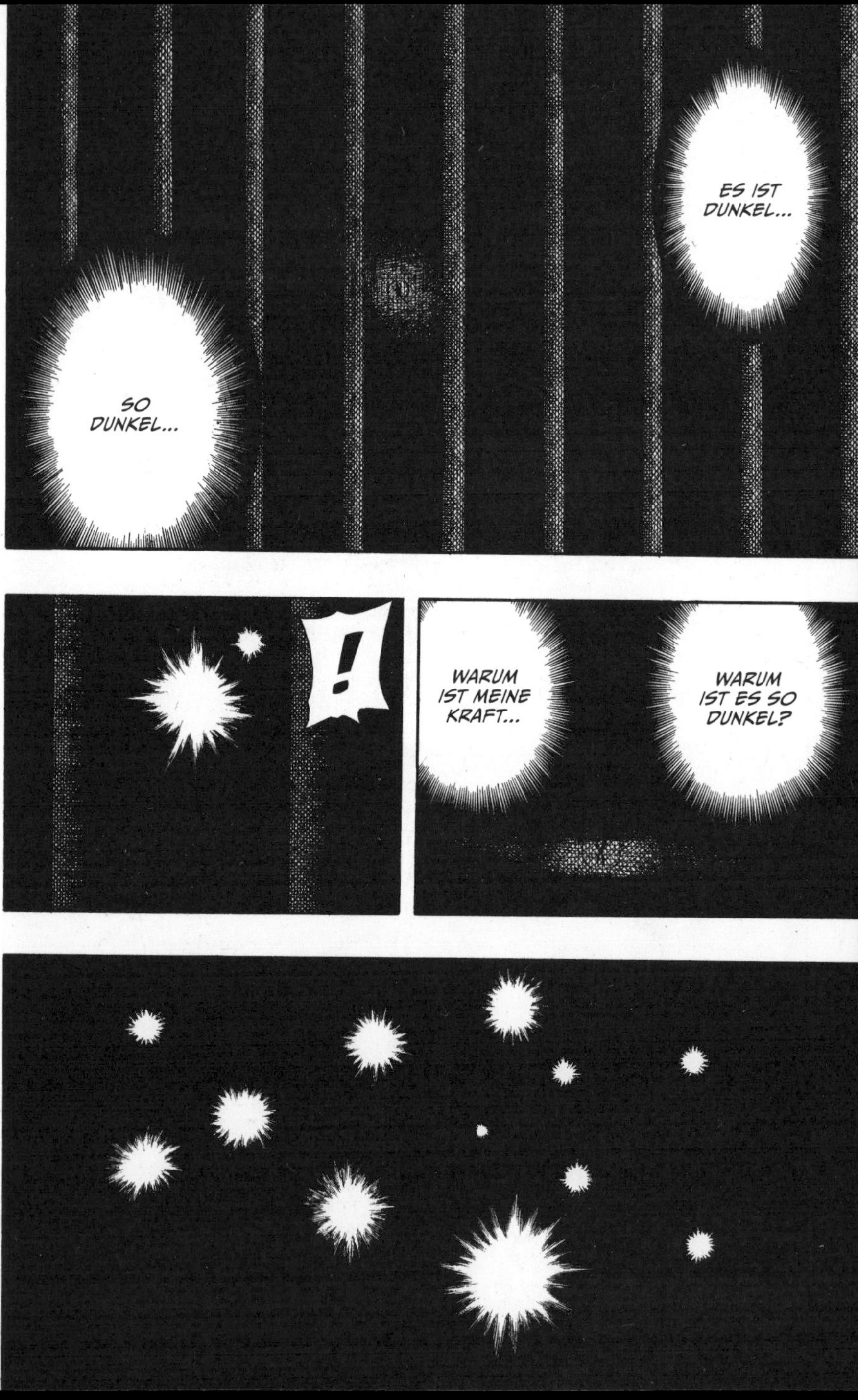
ES IST DUNKEL...
SO DUNKEL...
WARUM IST ES SO DUNKEL?
WARUM IST MEINE KRAFT...
!

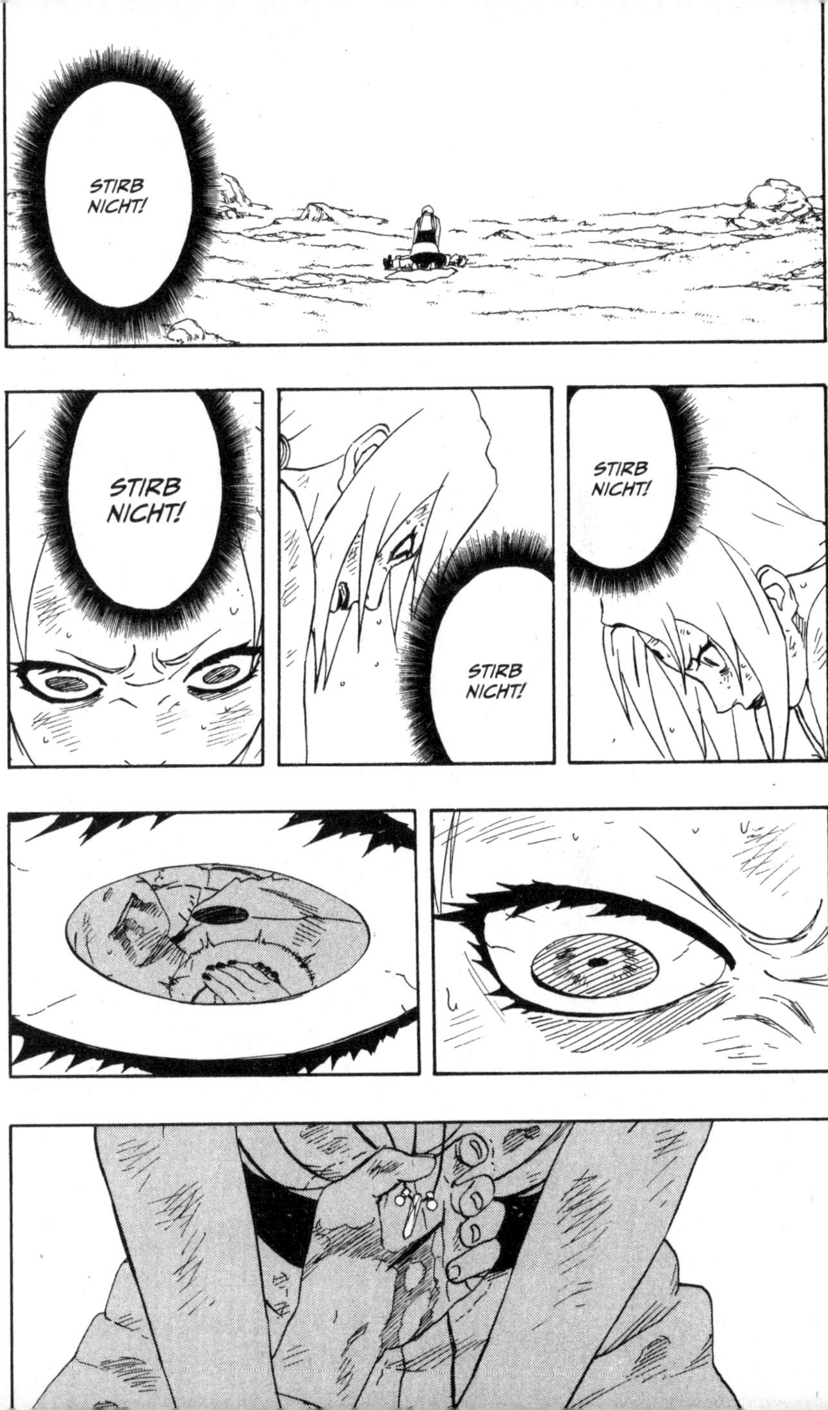
STIRB NICHT!
STIRB NICHT!
STIRB NICHT!
STIRB NICHT!

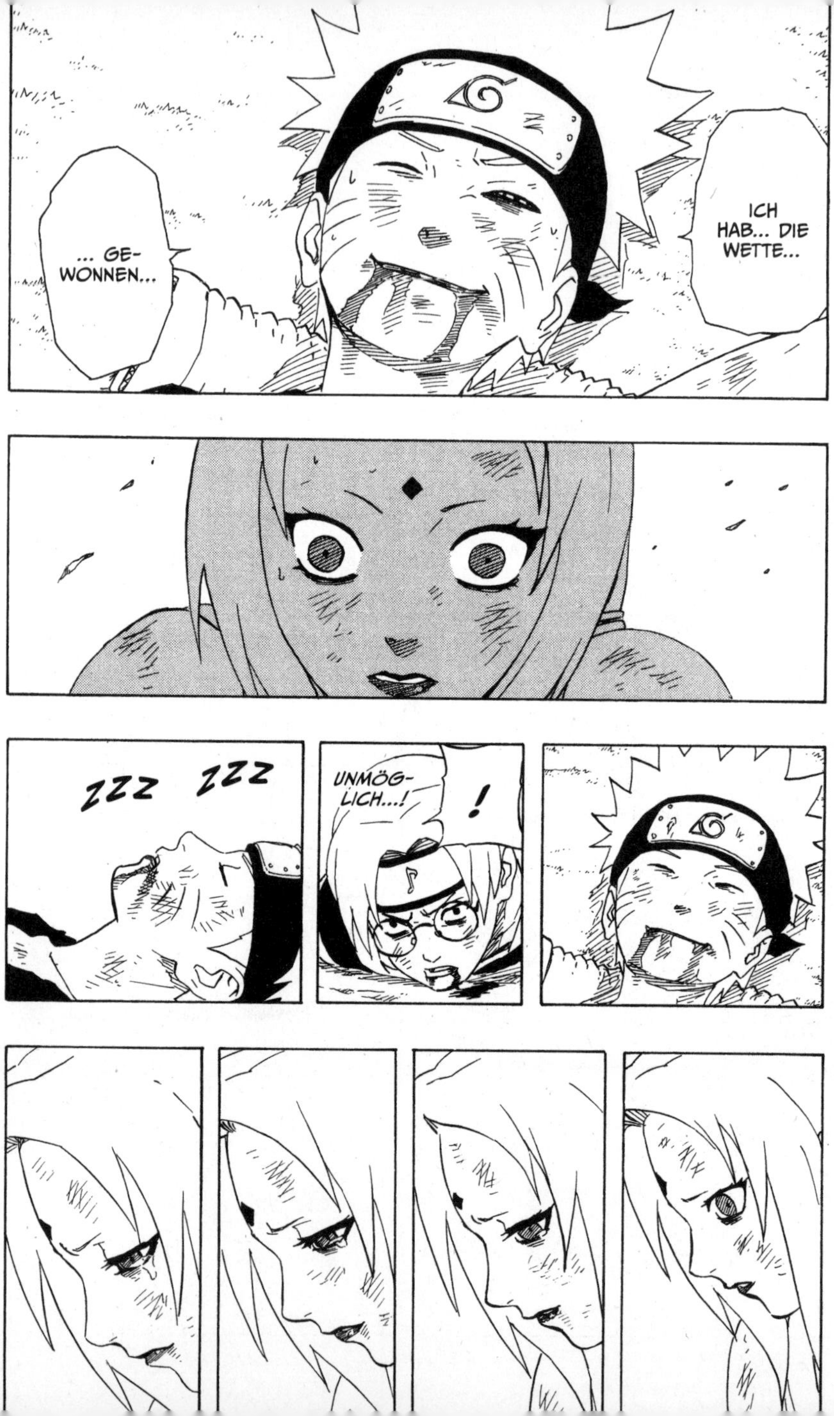
ICH HAB... DIE WETTE...
... GE-WONNEN...
UNMÖG-LICH...!
!
ZZZ ZZZ

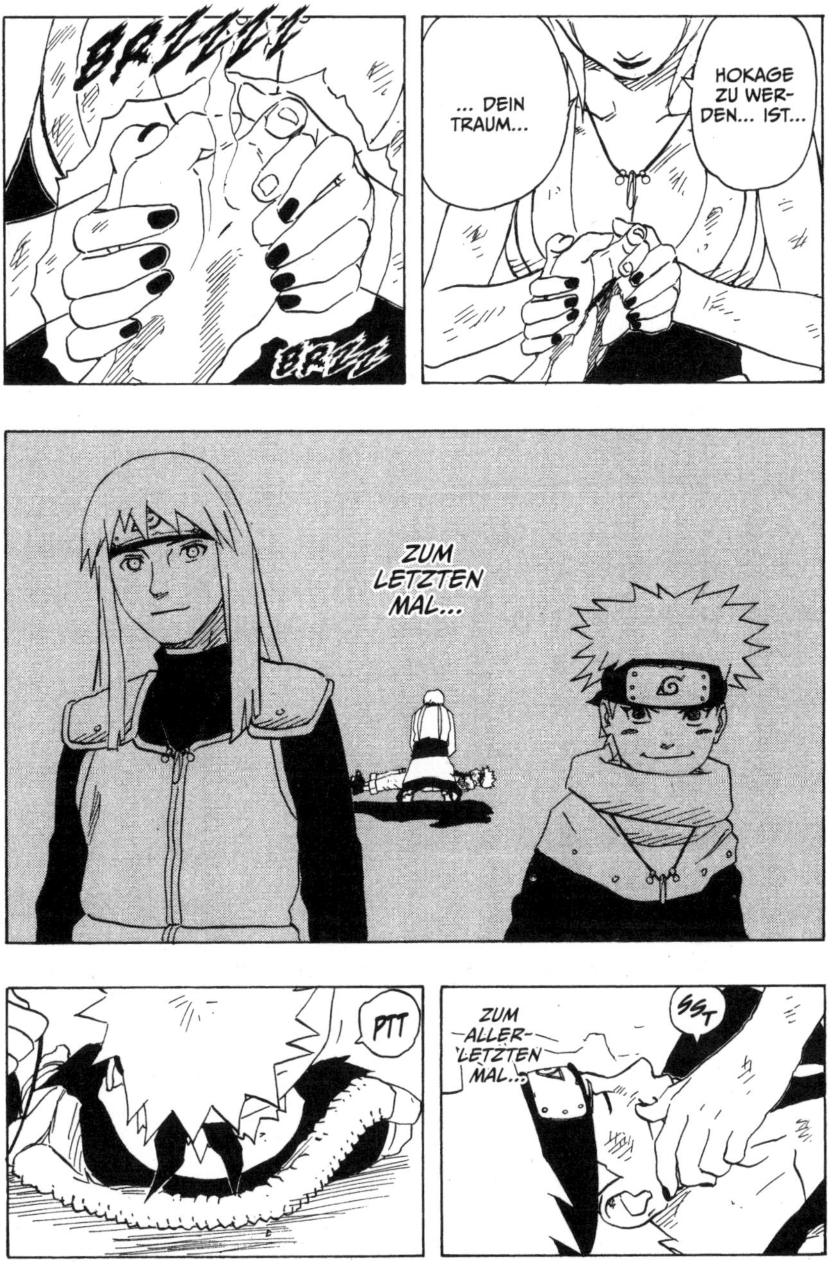
HOKAGE ZU WER-DEN... IST...
... DEIN TRAUM...
ZUM LETZTEN MAL...
SST
ZUM ALLER-LETZTEN MAL...
PTT

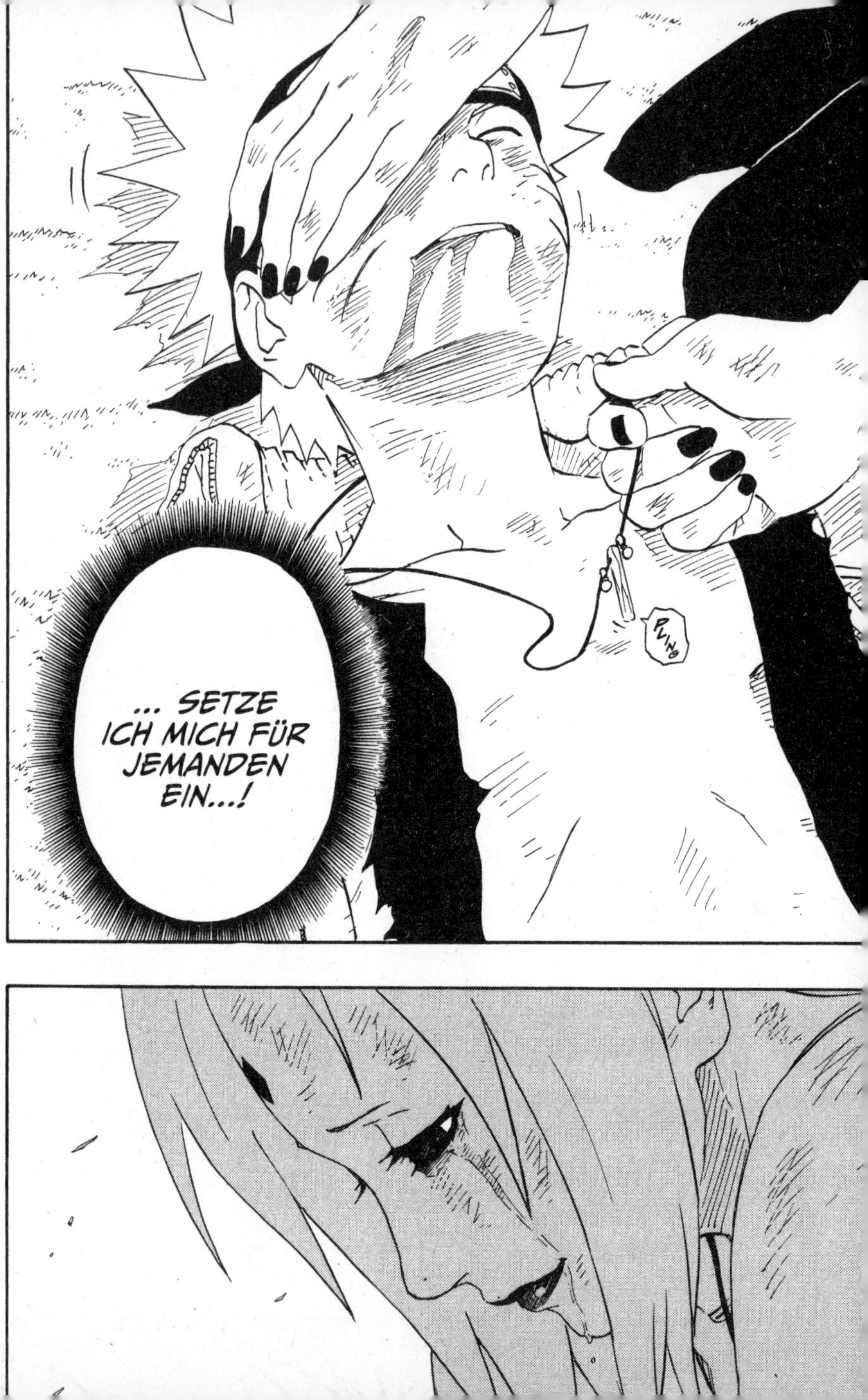

... SETZE ICH MICH FÜR JEMANDEN EIN...!
PLING

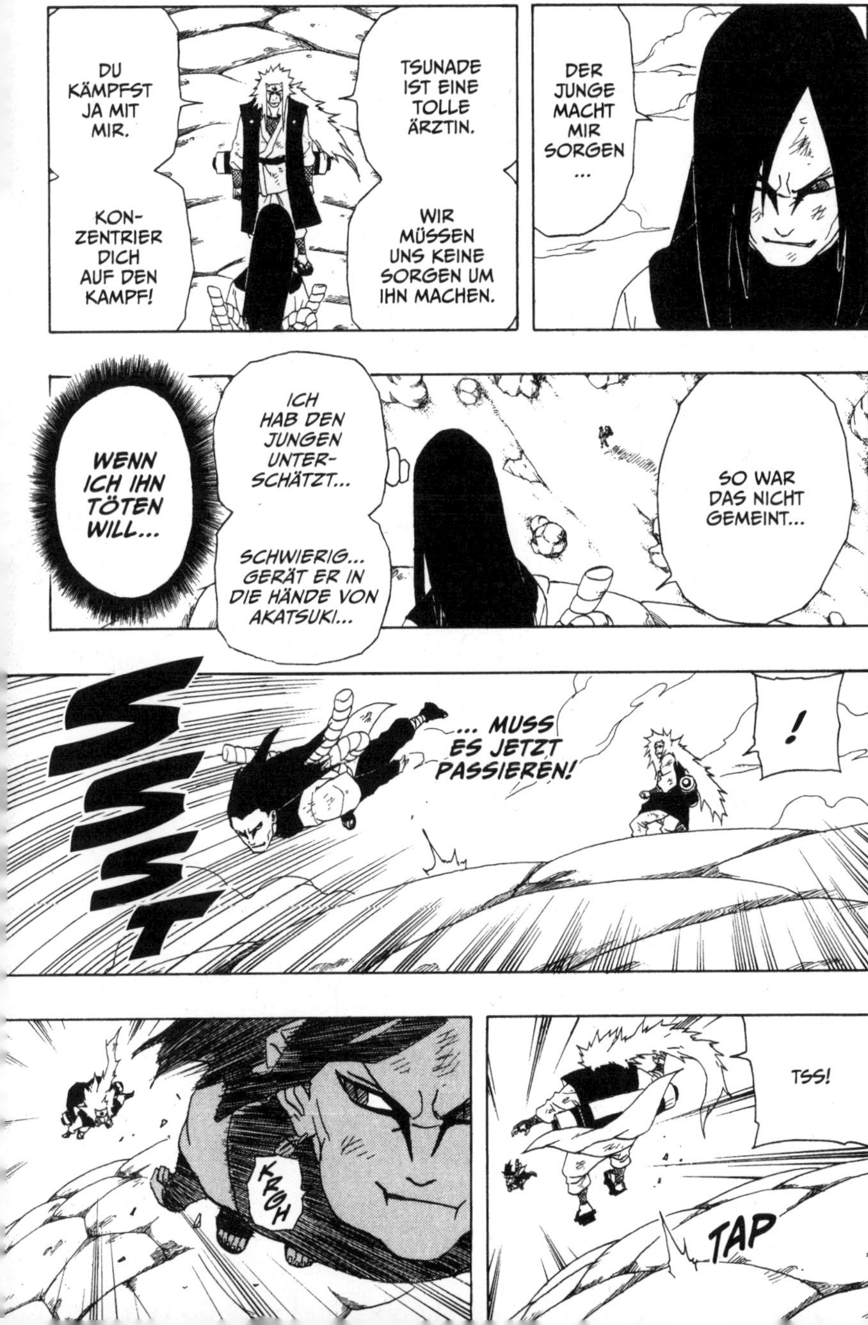
DER JUNGE MACHT MIR SORGEN ...
TSUNADE IST EINE TOLLE ÄRZTIN.
WIR MÜSSEN UNS KEINE SORGEN UM IHN MACHEN.
DU KÄMPFST JA MIT MIR.
KON-ZENTRIER DICH AUF DEN KAMPF!
SO WAR DAS NICHT GEMEINT...
ICH HAB DEN JUNGEN UNTER-SCHÄTZT...
SCHWIERIG... GERÄT ER IN DIE HÄNDE VON AKATSUKI...
WENN ICH IHN TÖTEN WILL...
!
... MUSS ES JETZT PASSIEREN!
SWWSST
TSS!
TAP
KROH

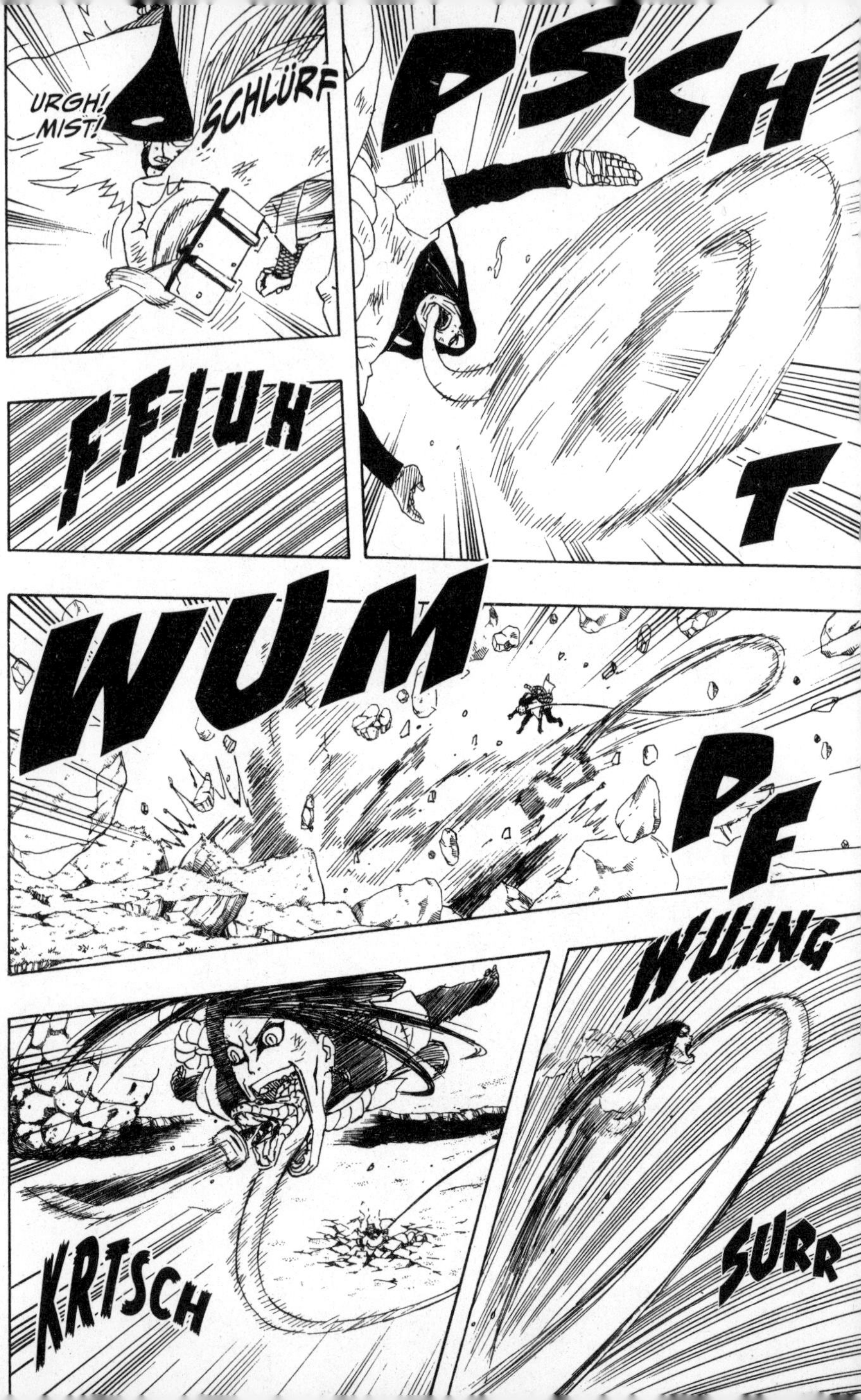
PSCH
SCHLÜRF
URGH! MIST!
FFIUH
T
WUM
PF
WUING
SURR
KRTSCH

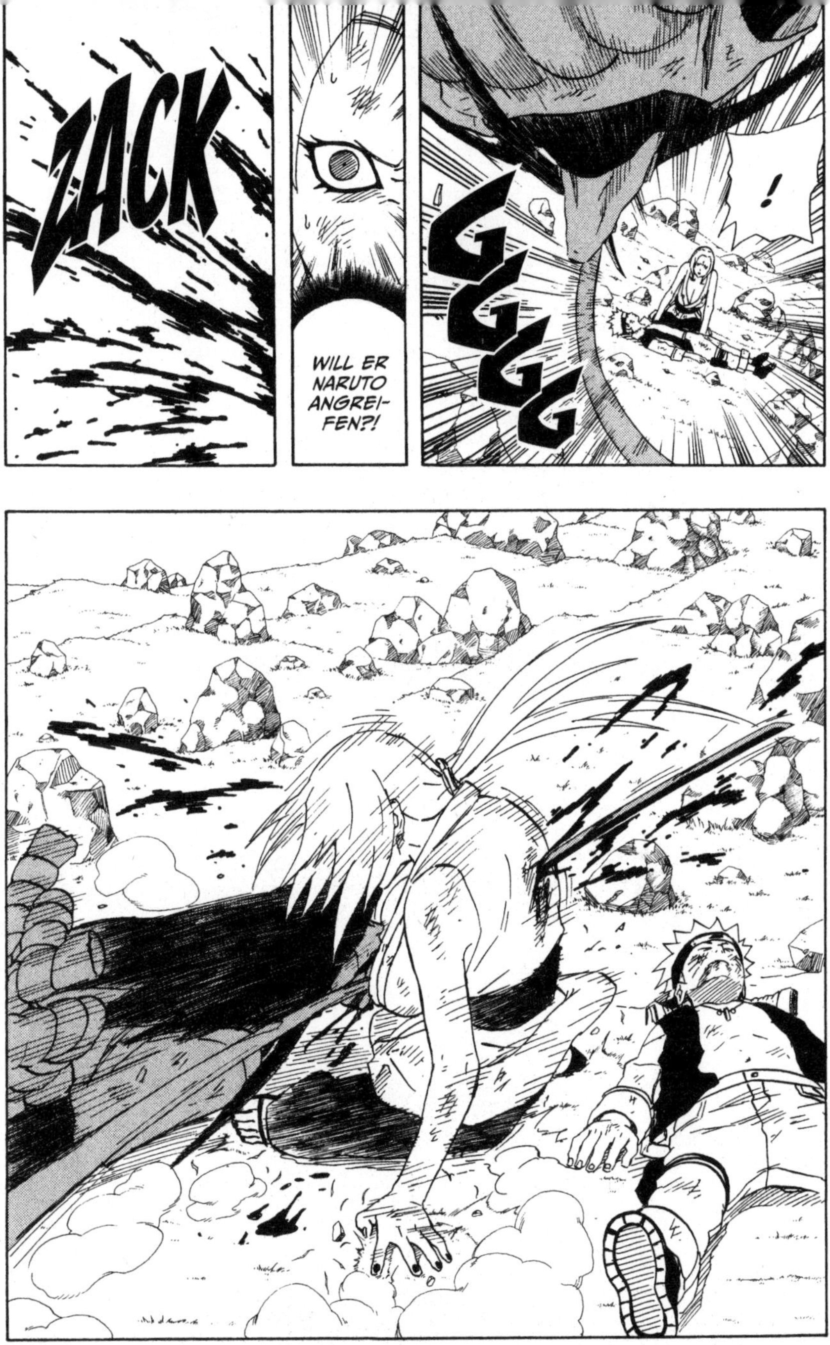
ZACK
WILL ER NARUTO ANGREI-FEN?!
!
GGGG

MASASHI KISHIMOTOS WELT
LEBENSGESCHICHTE TEIL 30, 3. FOLGE

ICH WOLLTE NICHT MANGAKA WERDEN, UM ES MEINEN ELTERN RECHT ZU MACHEN ODER UM VIEL GELD ZU VERDIENEN. MEIN ZIEL, MANGAKA ZU WERDEN, HING MIT VERSCHIEDENEN DINGEN ZUSAMMEN. UND ES BEDEUTET MIR FAST GENAUSO VIEL WIE MEIN ZIEL SELBST, DASS ALLES GUT LIEF!

IRGENDWANN MERKTE ICH, DASS ICH MEINE EINSTELLUNG ÄNDERN SOLLTE. UND ICH BESCHLOSS, MIR MANGA NOCHMALS VON ANFANG AN ZU ERARBEITEN: WAS IST EINE STORY? WAS BEDEUTET EIGENTLICH EIN THEMA? WAS IST EINE EPISODE? WIE FUNKTIONIERT EINE STRUKTUR? WAS SIND CHARAKTERE? WAS IST EINE INSZENIERUNG? ICH SAMMELTE ALLE BEGRIFFE, DIE MIT MANGA ZU TUN HABEN, UND MACHTE MIR IHRE BEDEUTUNG UND HANDHABUNG KLAR. ICH LAS BÜCHER FÜR DREHBUCHAUTOREN UND LERNTE ALLES, WAS MAN WISSEN SOLLTE, UM EINE GESCHICHTE ZU SCHREIBEN: WIE MAN EINE HANDLUNG ENTWICKELT, WIE MAN EIN THEMA UMSETZT, WIE MAN PLOTS GESTALTET, WIE MAN EINE ÜBERRASCHUNG VORBEREITET, WIE MAN DIE NEUGIER DER ZUSCHAUER WECKT, WIE MAN EINEN HÖHEPUNKT SCHAFFT, WIE MAN GESCHICHTEN STRUKTURIERT, WIE MAN DIE REIHENFOLGE DER SZENEN FESTLEGT, WIE MAN CHARAKTERE GESTALTET UND DARSTELLT UND VIELES MEHR...! DURCH KRIMIS LERNTE ICH, WIE MAN SPANNUNG HÄLT UND STEIGERT! UND VON FILMEN WIE »PULP FICTION« LERNTE ICH EBENSO VIEL WIE VON OSAMU DAZAIS ROMANEN. ICH UNTERSUCHTE ALLES, WAS ICH UNTERHALTSAM FAND, AUF HERZ UND NIEREN! WAS WAR DARAN INTERESSANT? WIESO INTERESSIERTE UND FESSELTE ES MICH? SO VERBRACHTE ICH DIE ZWEI JAHRE NACH DEM ABSCHLUSS MEINES STUDIUMS. WÄHREND DIESER ZEIT MACHTE ICH NICHT VIELE »NAMES«. ABER DIE ABGESCHLOSSENE GESCHICHTE »NARUTO«, DIE ICH SOFORT NACH DEM ANFANG DES SELBSTSTUDIUMS GEZEICHNET HATTE, WURDE IM AKAMARU-JUMP VERÖFFENTLICHT UND WAR EINIGERMASSEN POPULÄR.

DIE GESCHICHTE IST JETZT ETWAS HEITERER GEWORDEN, ODER?

FORTSETZUNG FOLGT...

169. Kapitel: Ich setze mein Leben ein!

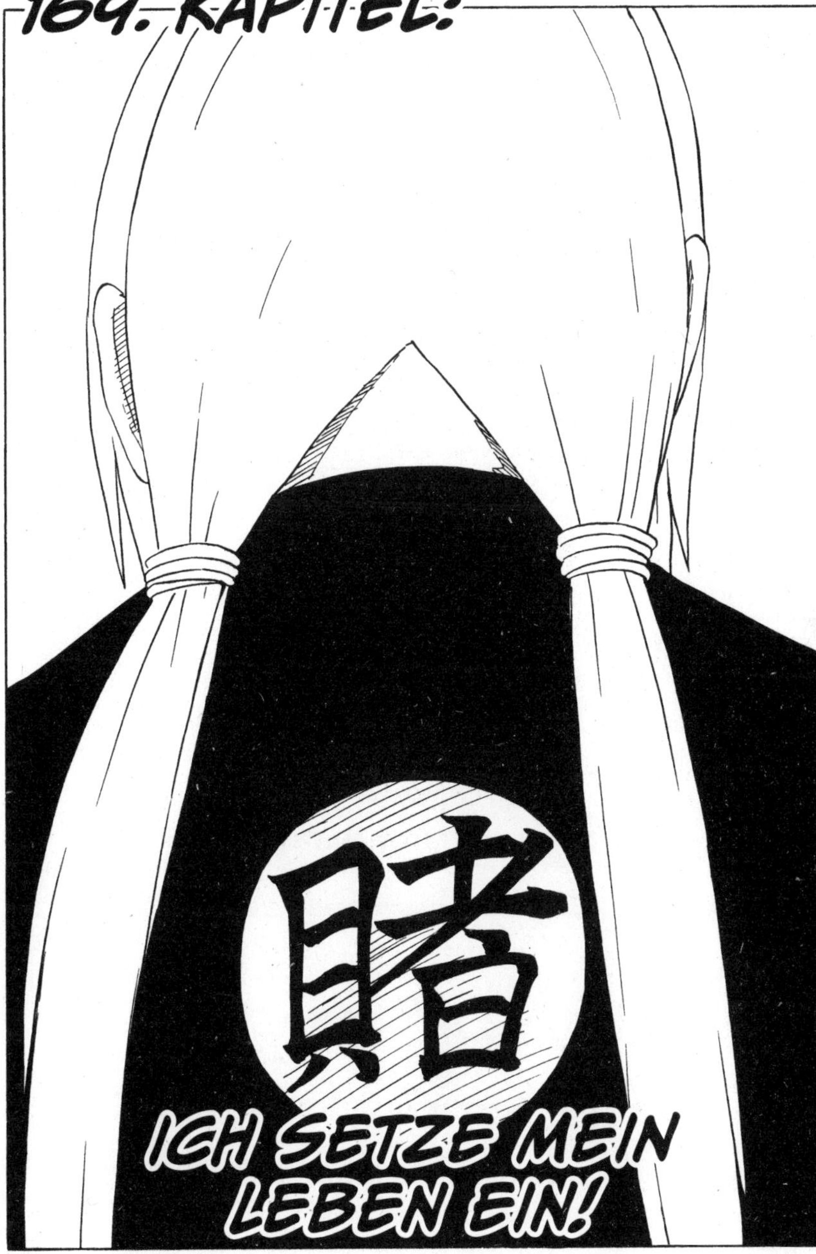

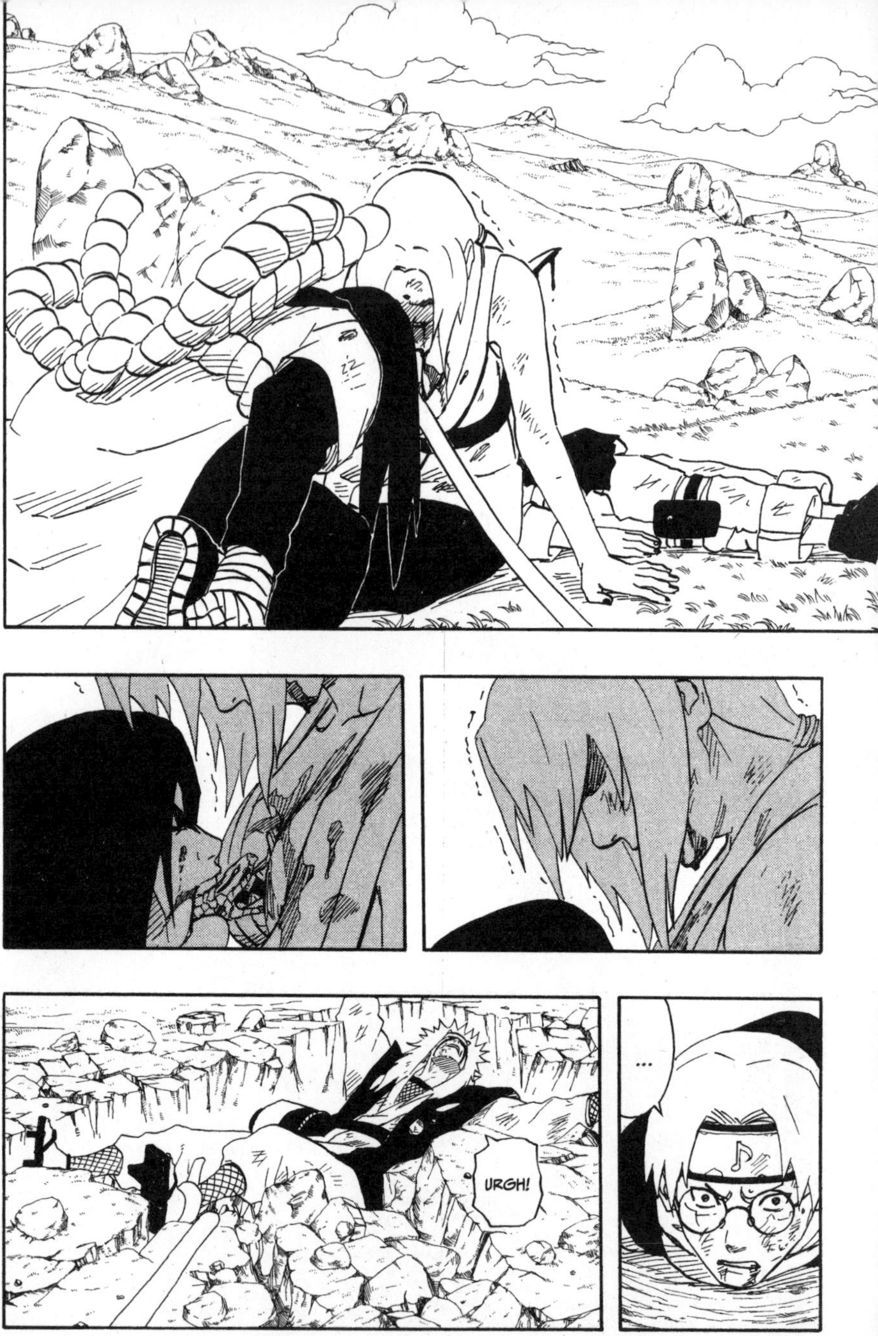
URGH!
...

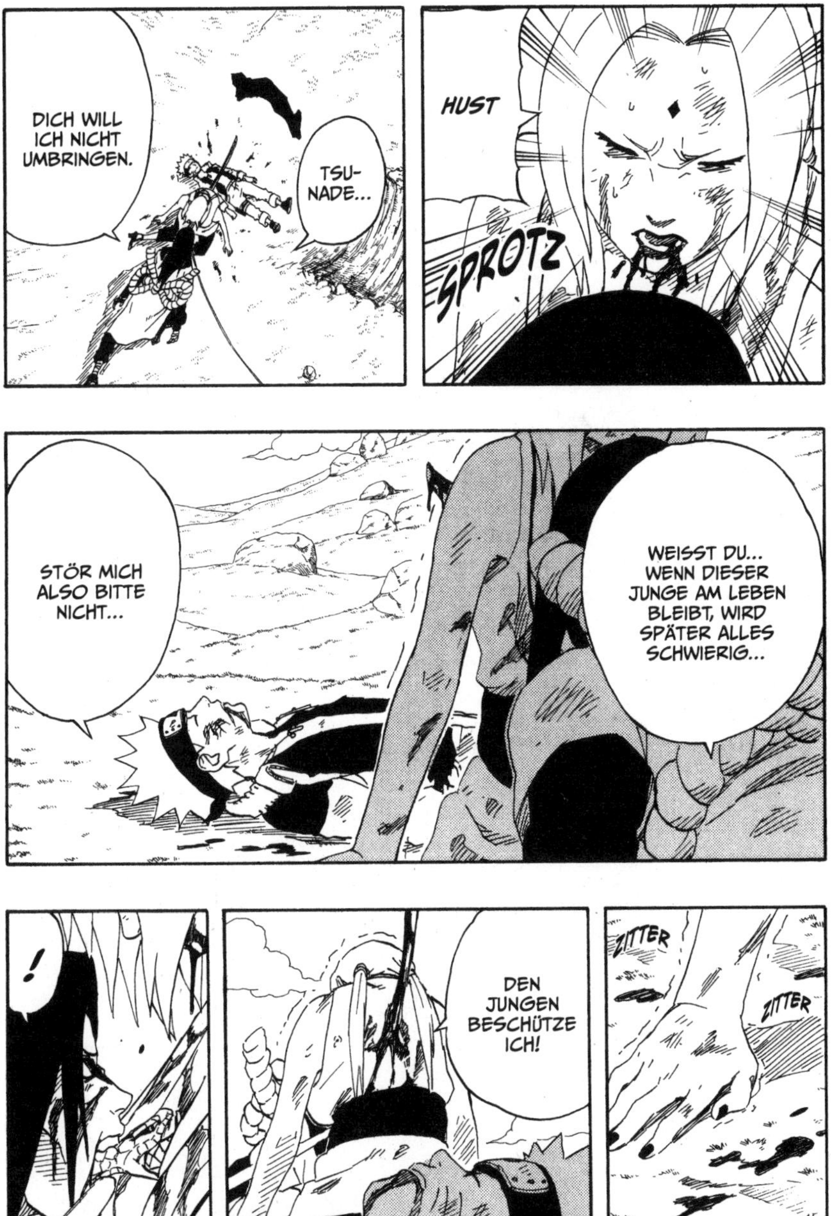
HUST
SPROTZ
TSU-NADE...
DICH WILL ICH NICHT UMBRINGEN.
WEISST DU... WENN DIESER JUNGE AM LEBEN BLEIBT, WIRD SPÄTER ALLES SCHWIERIG...
STÖR MICH ALSO BITTE NICHT...
ZITTER
ZITTER
DEN JUNGEN BESCHÜTZE ICH!
!

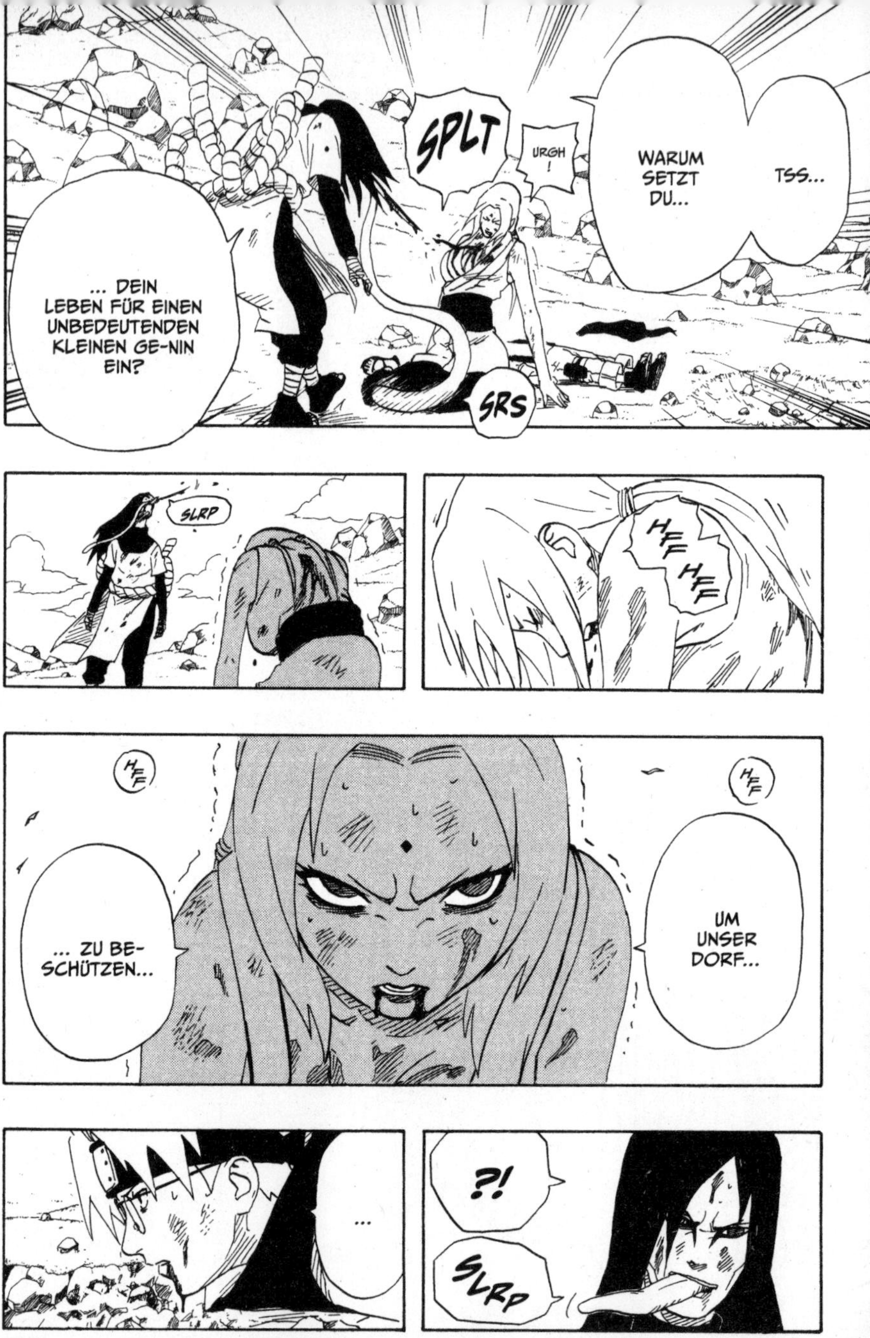
TSS...
WARUM SETZT DU...
URGH!
SPLT
... DEIN LEBEN FÜR EINEN UNBEDEUTENDEN KLEINEN GE-NIN EIN?
SRS
HFF HFF
SLRP
HFF
UM UNSER DORF...
HFF
... ZU BE-SCHÜTZEN...
?!
SLRP
...

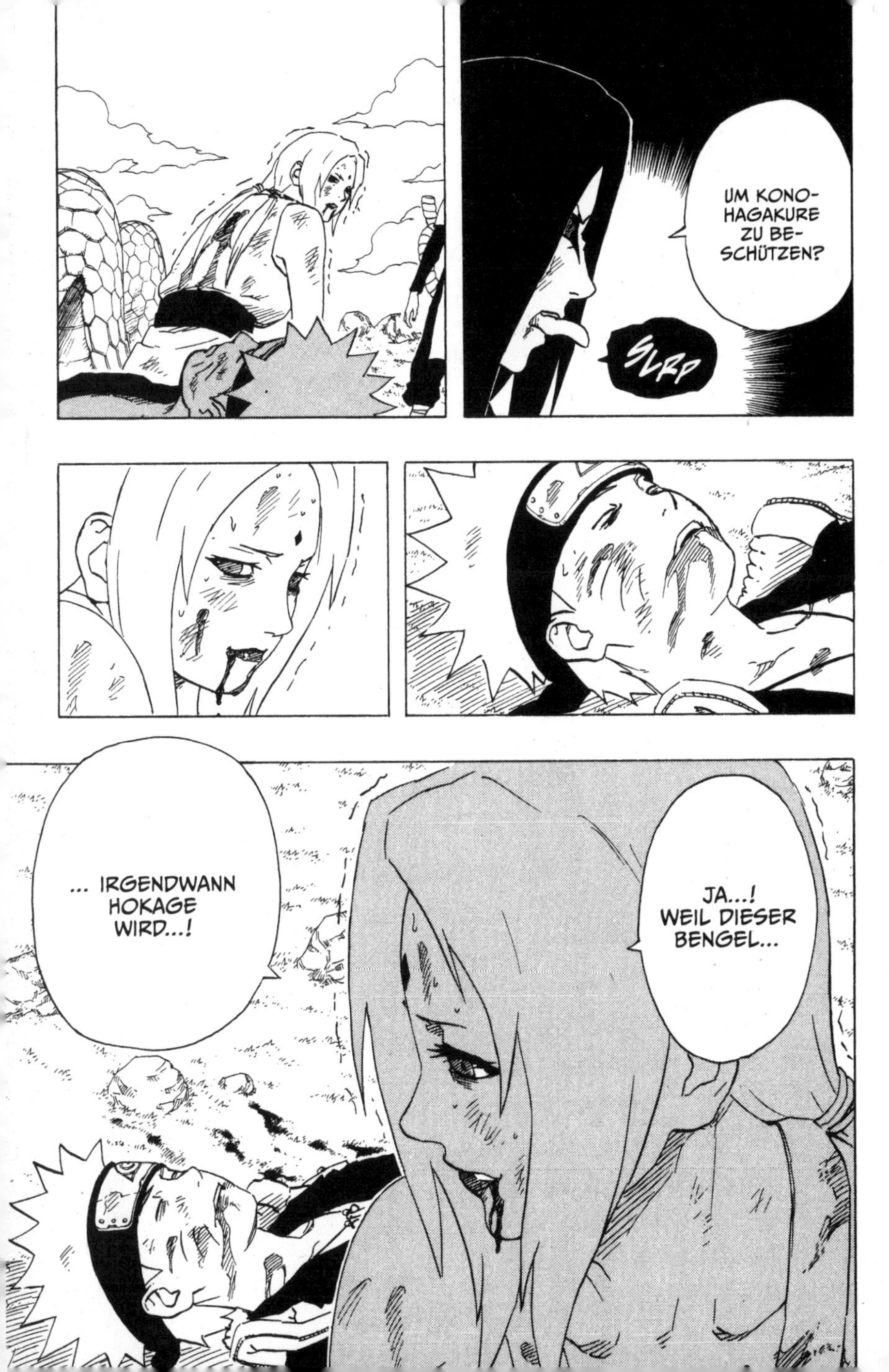

UM KONO-
HAGAKURE
ZU BE-
SCHÜTZEN?
SLRP
JA...!
WEIL DIESER
BENGEL...
... IRGENDWANN
HOKAGE
WIRD...!

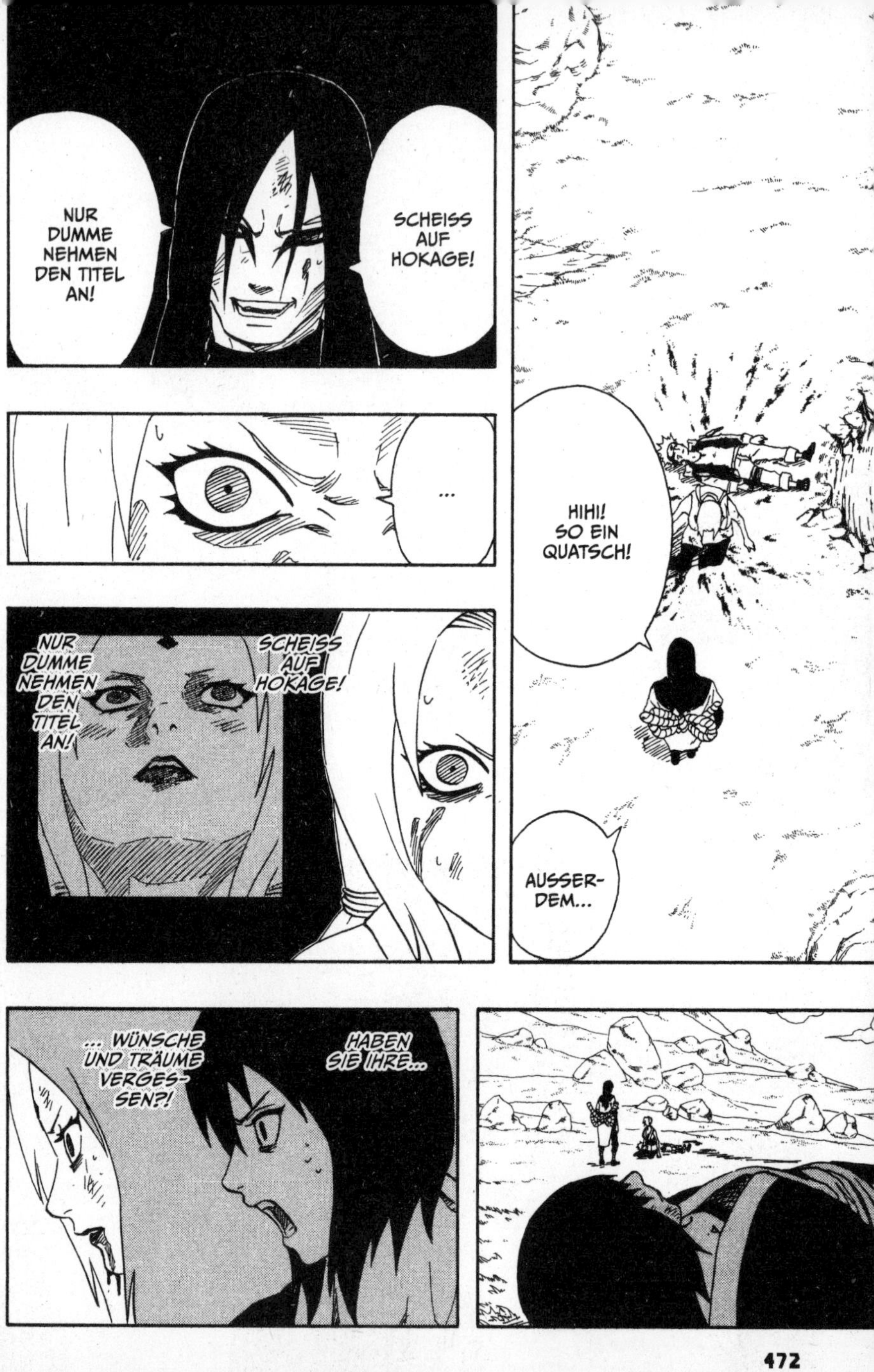
HIHI! SO EIN QUATSCH!
AUSSER-DEM...
SCHEISS AUF HOKAGE!
NUR DUMME NEHMEN DEN TITEL AN!
...
SCHEISS AUF HOKAGE!
NUR DUMME NEHMEN DEN TITEL AN!
HABEN SIE IHRE...
... WÜNSCHE UND TRÄUME VERGES-SEN?!

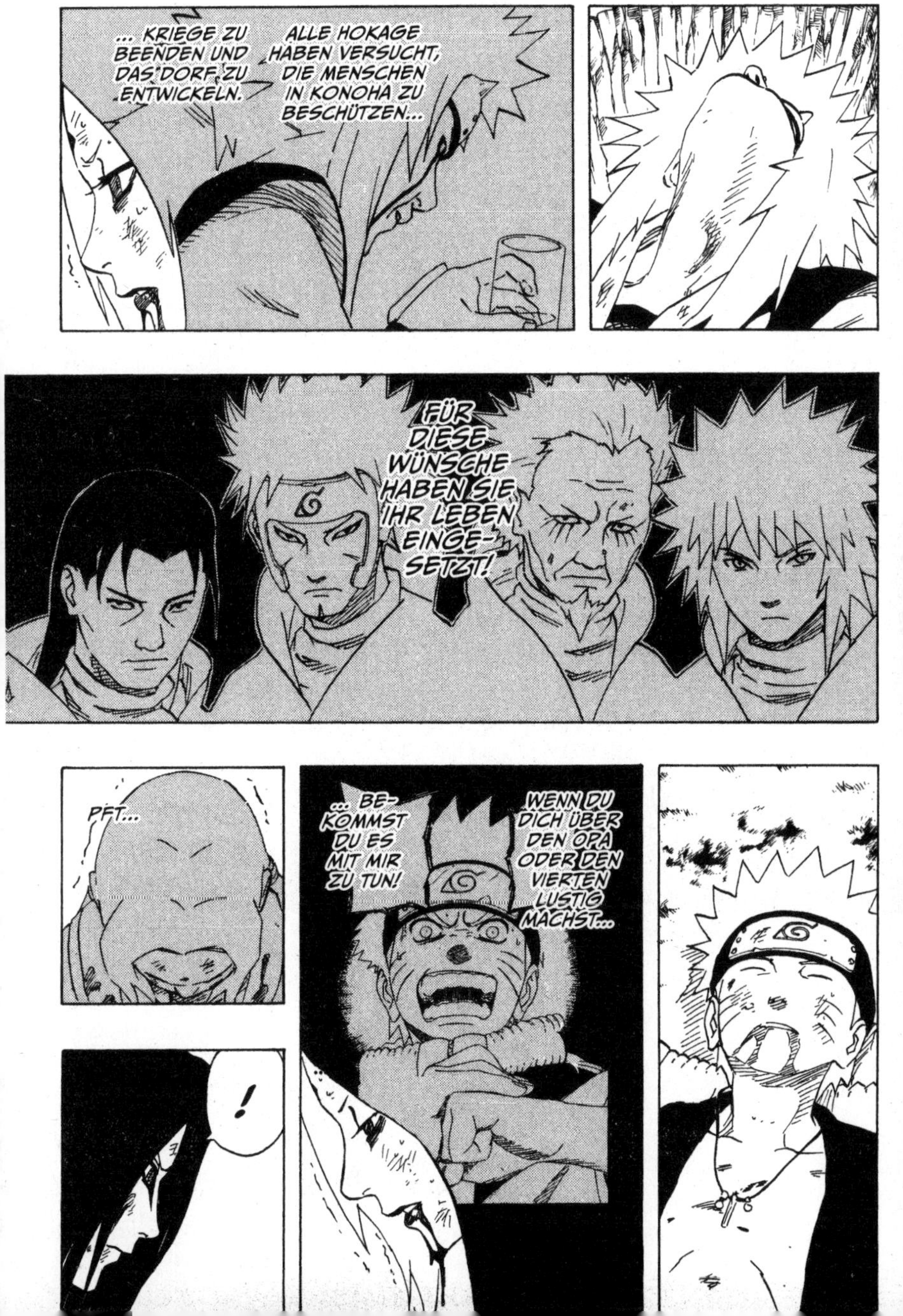
ALLE HOKAGE HABEN VERSUCHT, DIE MENSCHEN IN KONOHA ZU BESCHÜTZEN...
... KRIEGE ZU BEENDEN UND DAS DORF ZU ENTWICKELN.
FÜR DIESE WÜNSCHE HABEN SIE IHR LEBEN EINGE-SETZT!
WENN DU DICH ÜBER DEN OPA ODER DEN VIERTEN LUSTIG MACHST...
... BE-KOMMST DU ES MIT MIR ZU TUN!
PFT...
!

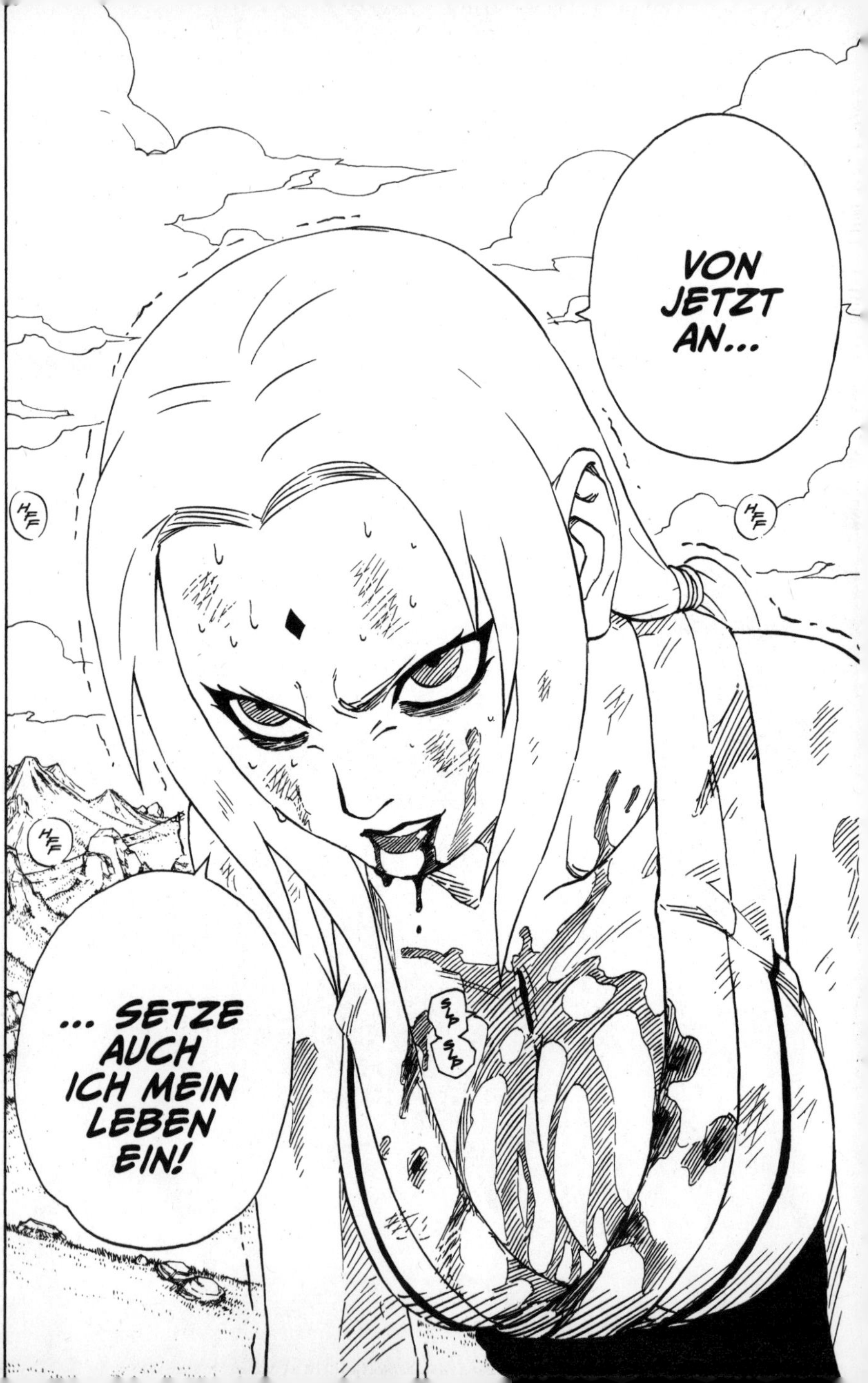
VON JETZT AN...
... SETZE AUCH ICH MEIN LEBEN EIN!

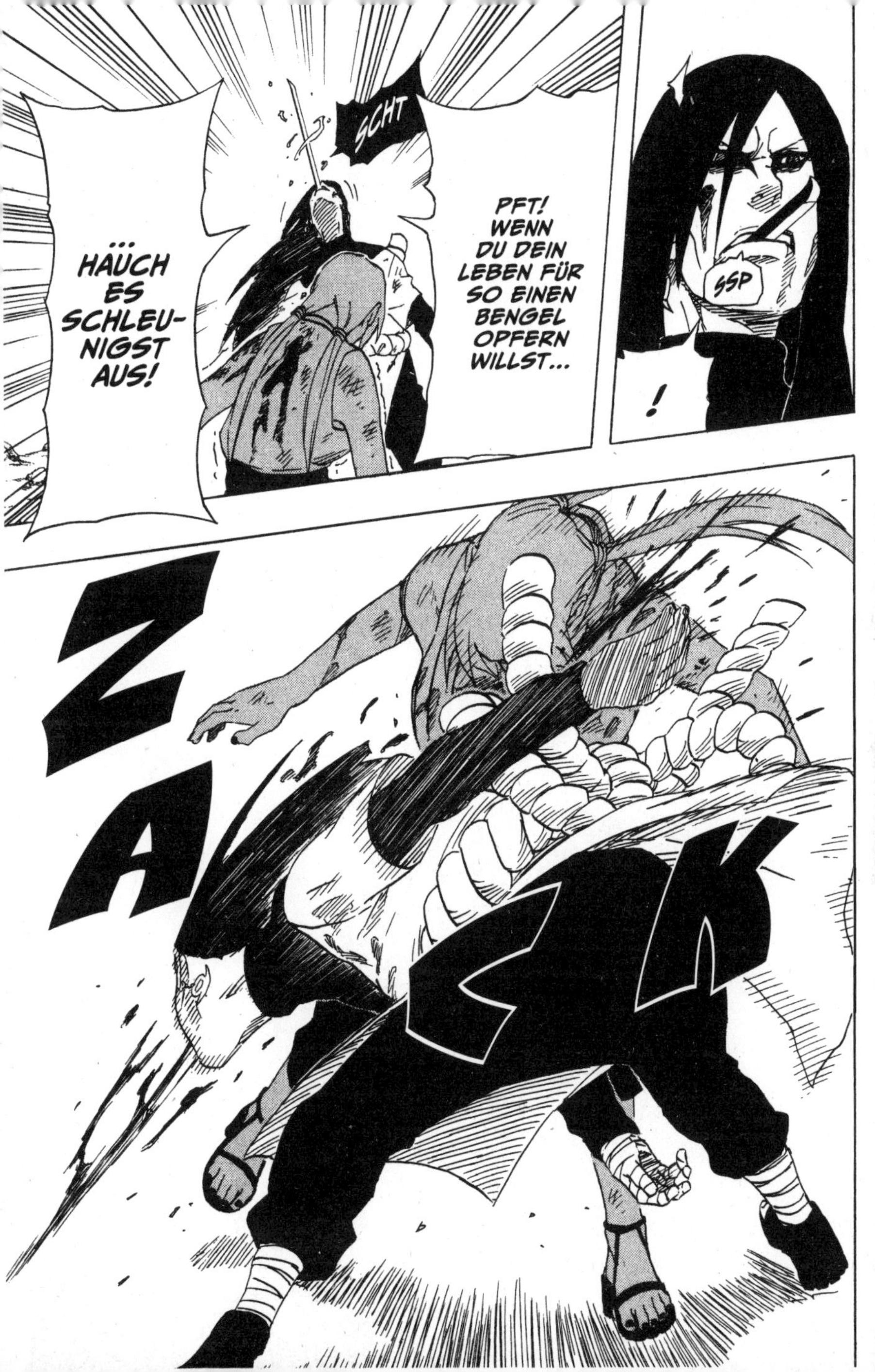
SSP
!
PFT! WENN DU DEIN LEBEN FÜR SO EINEN BENGEL OPFERN WILLST...
SCHT
... HÄUCH ES SCHLEU-NIGST AUS!
ZACK

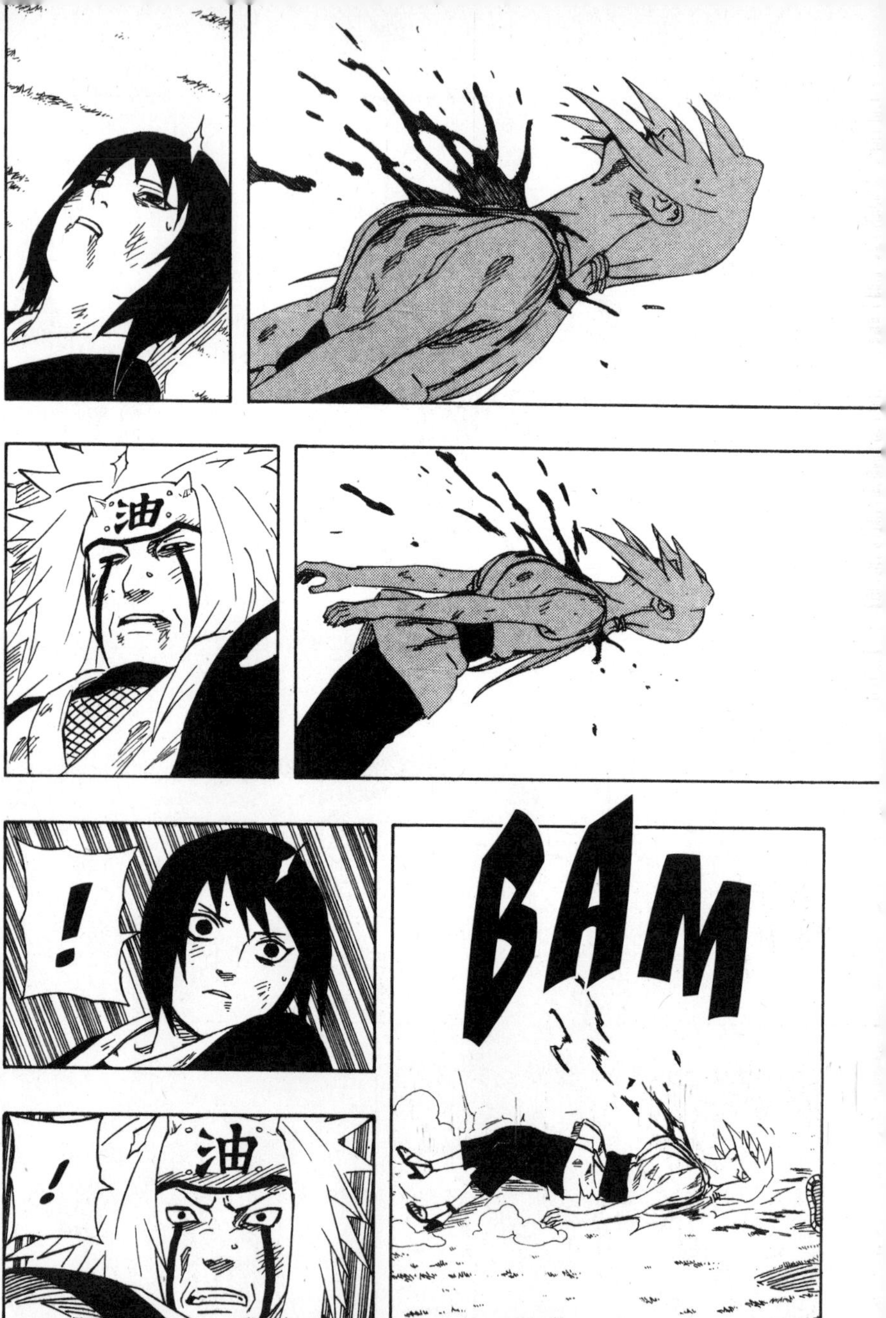
油
油
BAM
!
!
油

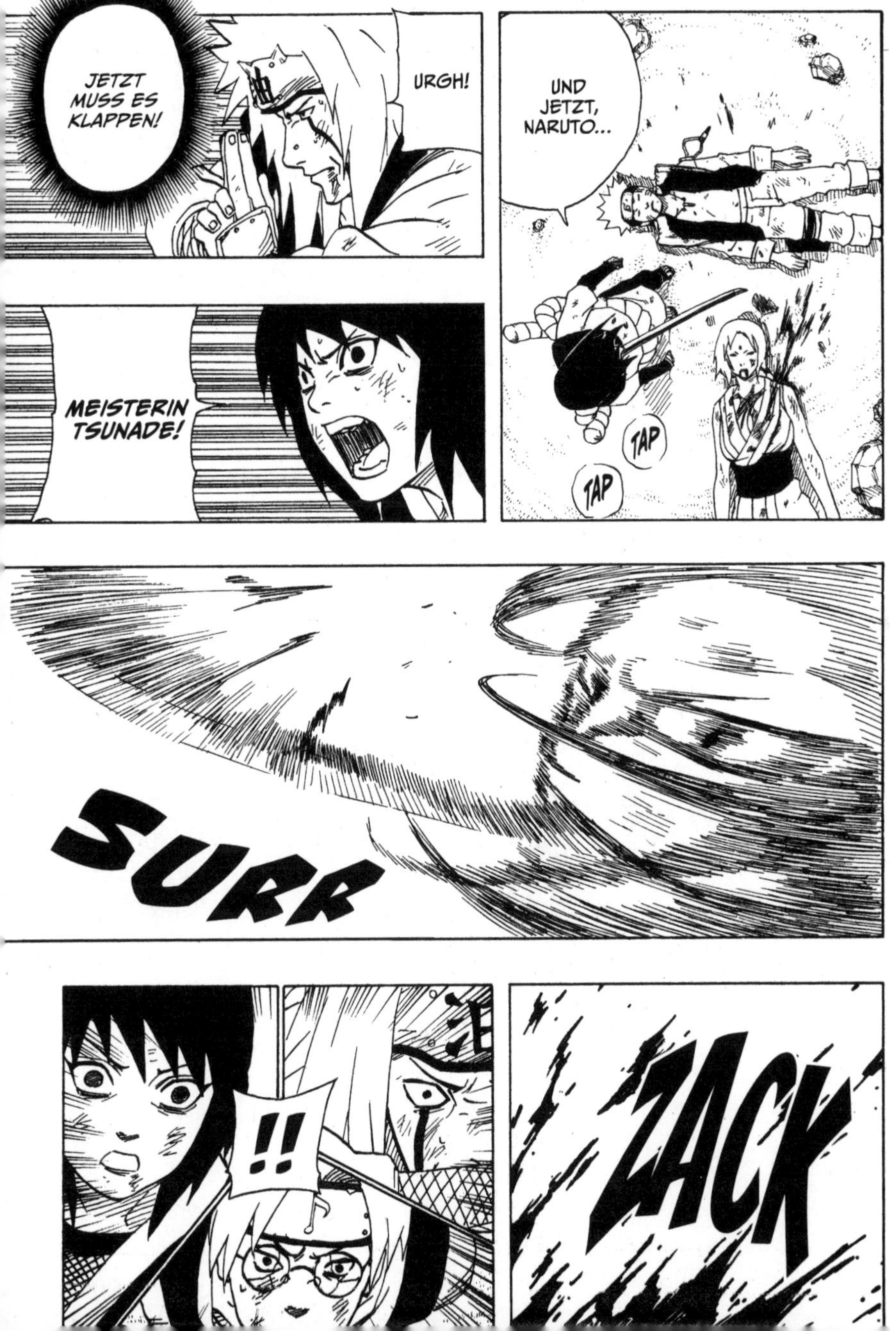
UND JETZT, NARUTO...
TAP
TAP
URGH!
JETZT MUSS ES KLAPPEN!
MEISTERIN TSUNADE!
SURR
ZACK
!!

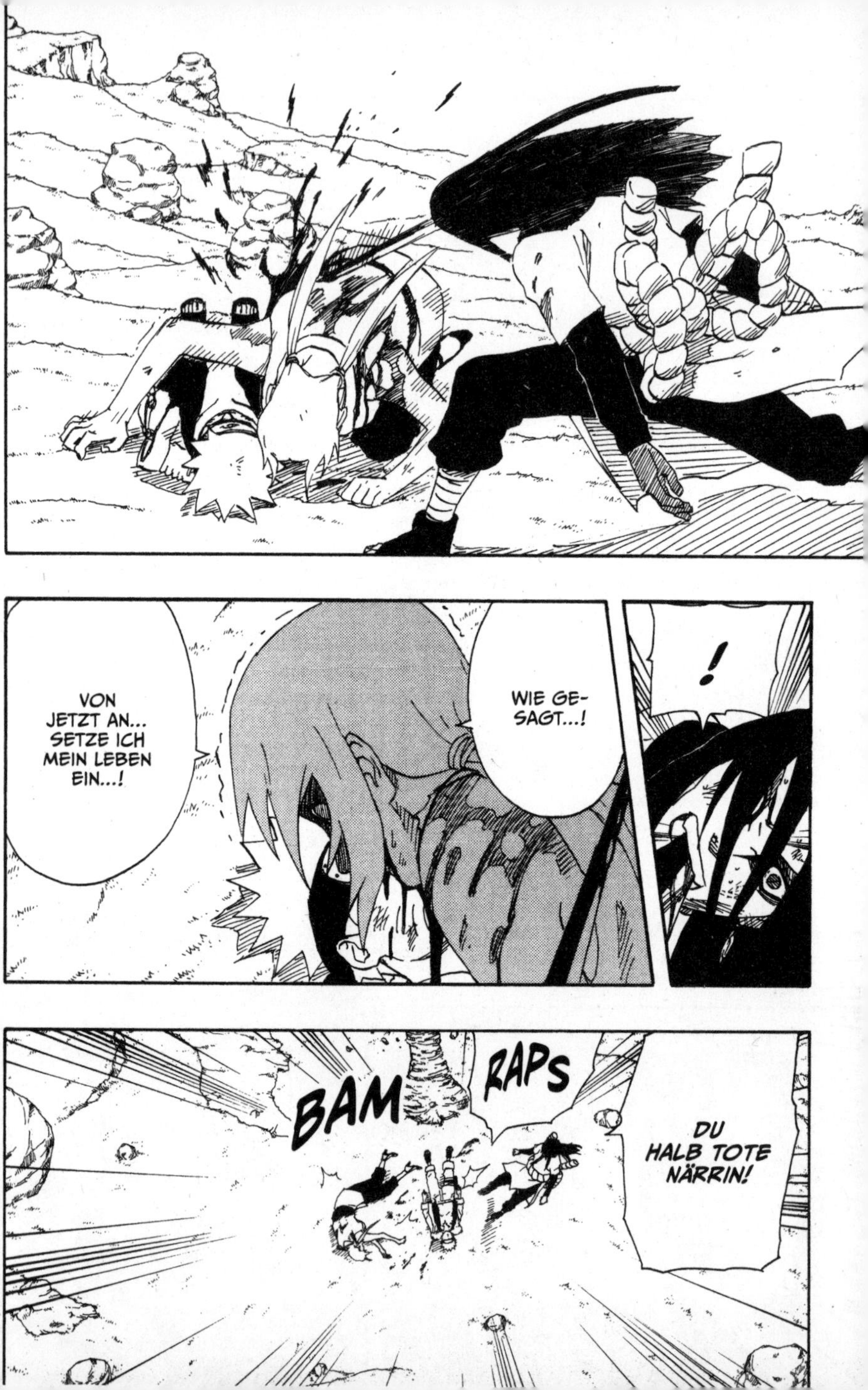
!
WIE GE-
SAGT...!
VON
JETZT AN...
SETZE ICH
MEIN LEBEN
EIN...!
RAPS
BAM
DU
HALB TOTE
NÄRRIN!

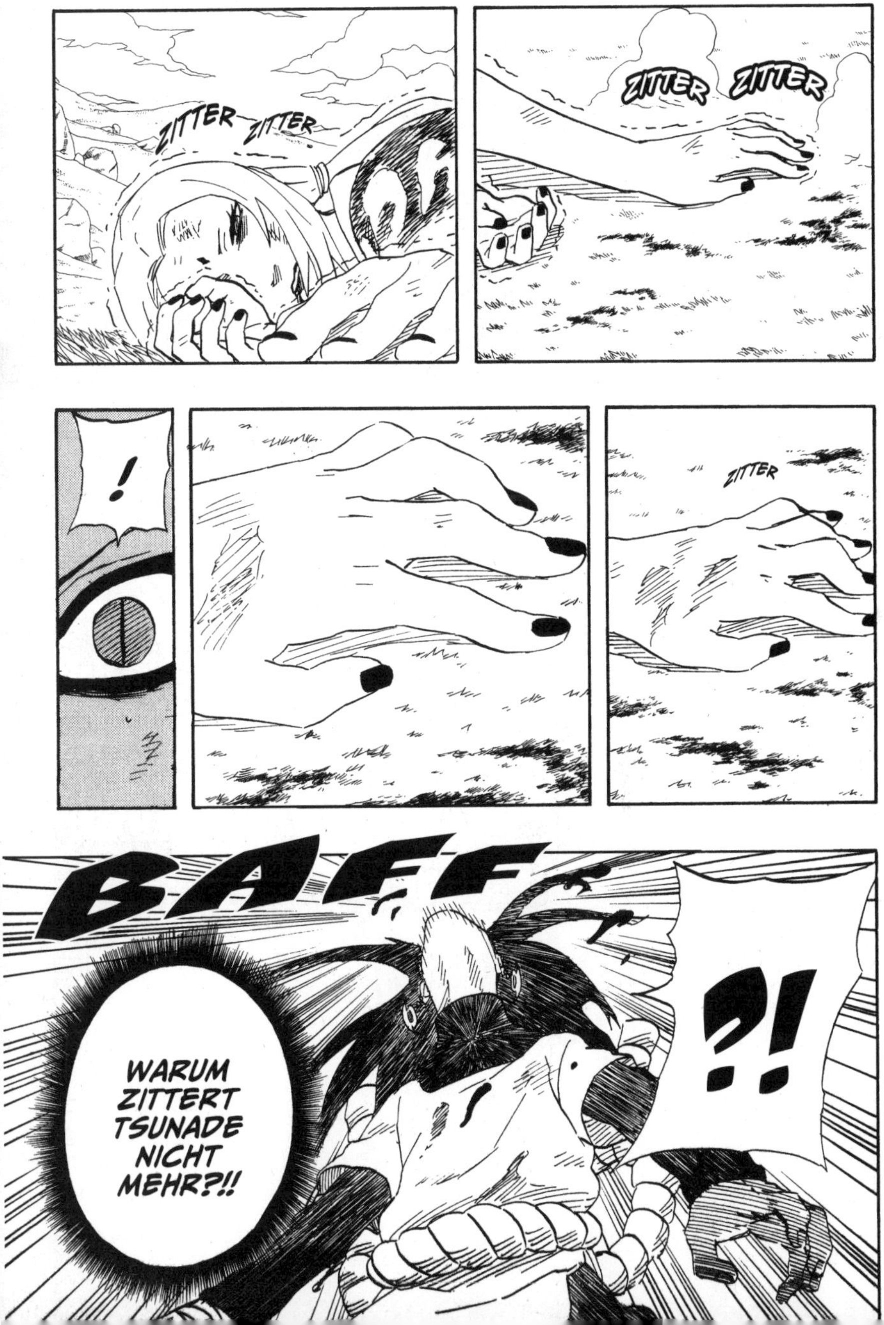
ZITTER ZITTER
ZITTER ZITTER
!
ZITTER
BAFF
?!
WARUM ZITTERT TSUNADE NICHT MEHR?!!

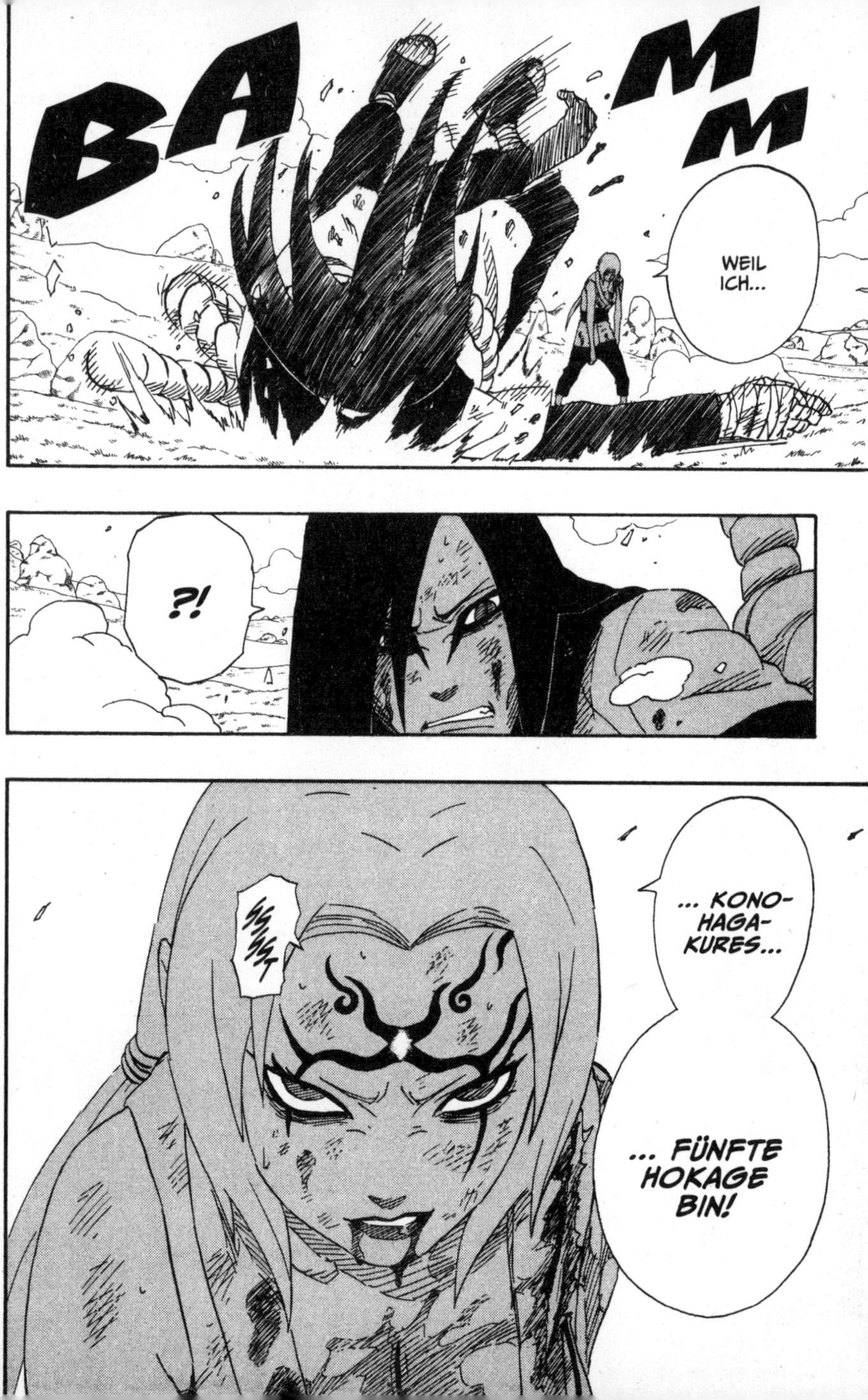

BAMM
WEIL ICH...
?!
SSSSST
... KONOHAGAKURES...
... FÜNFTE HOKAGE BIN!

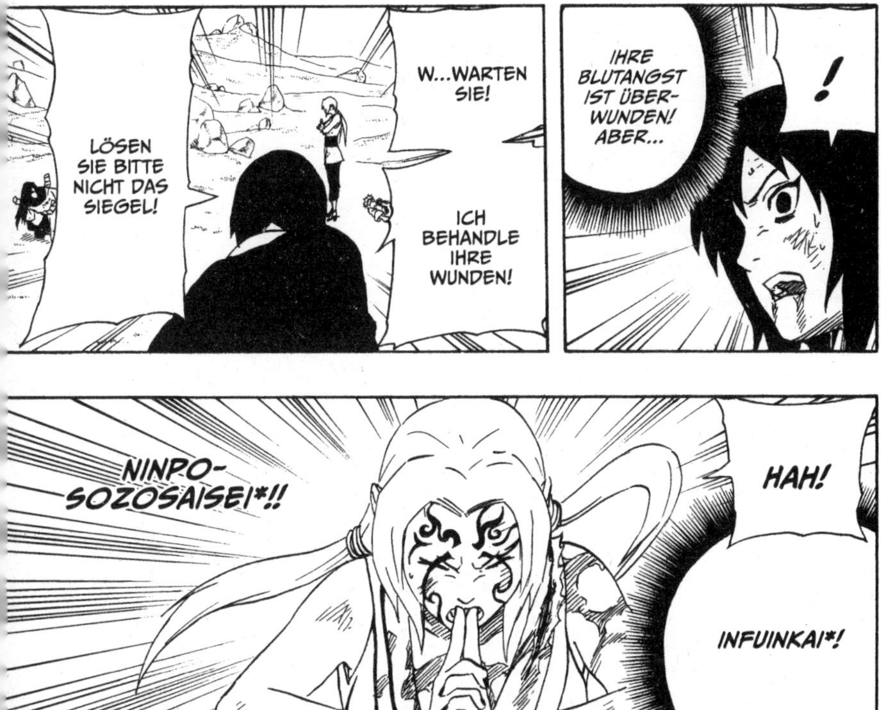

*IN = SCHATTEN, FUIN = SIEGEL, KAI = LÖSEN, SOZO = SCHÖPFEN, SAISEI = REGENERIEREN

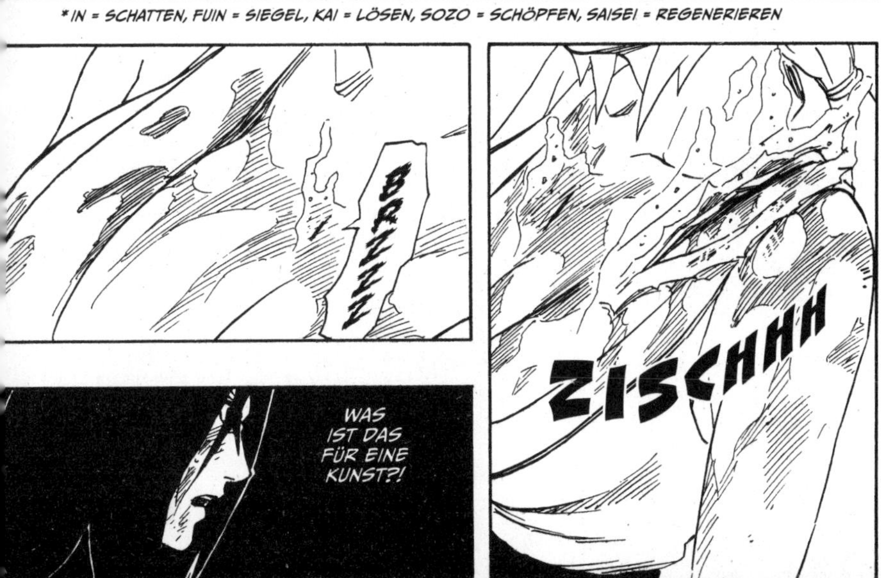

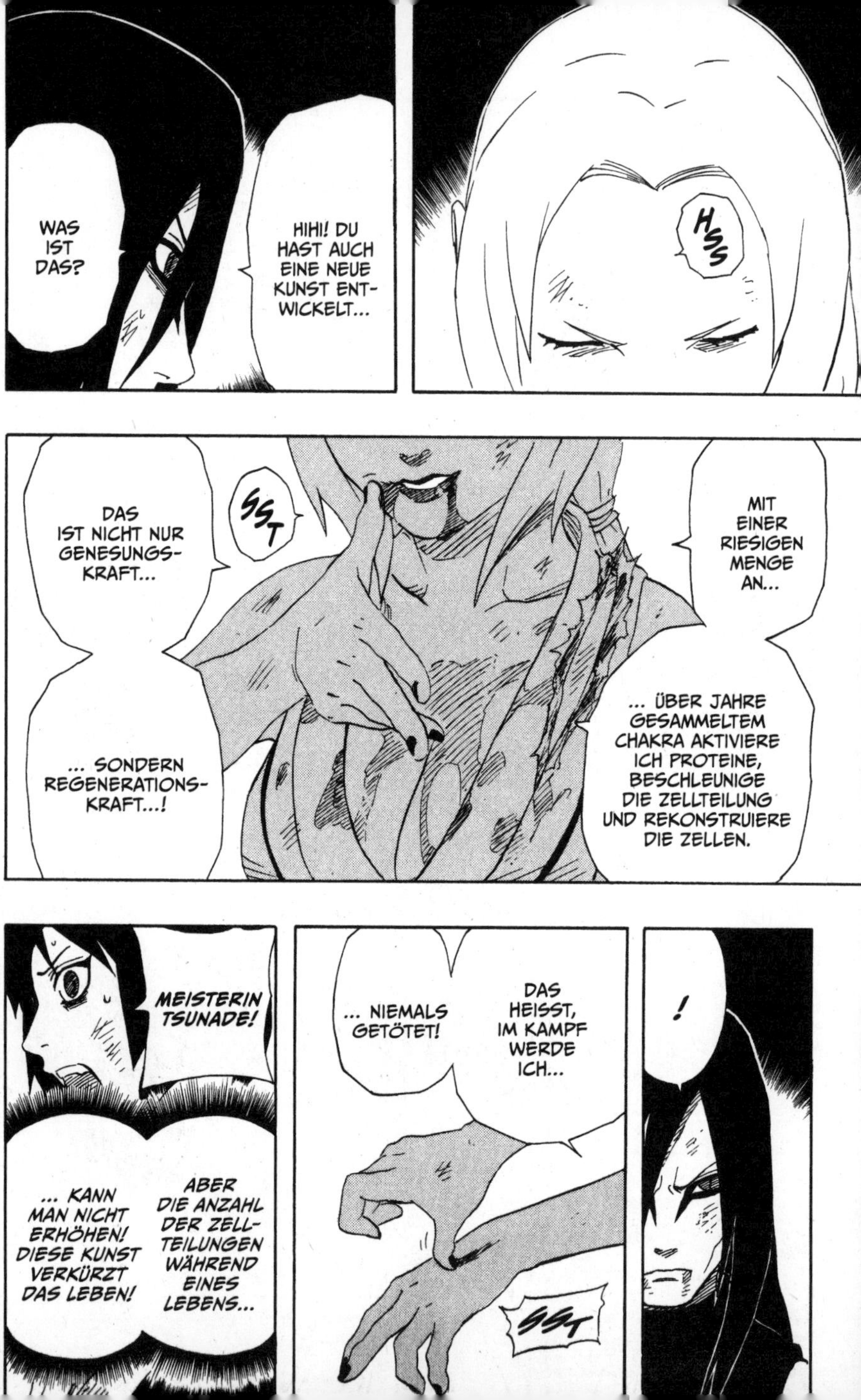
HSS
HIHI! DU HAST AUCH EINE NEUE KUNST ENT-WICKELT...
WAS IST DAS?
MIT EINER RIESIGEN MENGE AN...
... ÜBER JAHRE GESAMMELTEM CHAKRA AKTIVIERE ICH PROTEINE, BESCHLEUNIGE DIE ZELLTEILUNG UND REKONSTRUIERE DIE ZELLEN.
SST
DAS IST NICHT NUR GENESUNGS-KRAFT...
... SONDERN REGENERATIONS-KRAFT...!
!
SST
DAS HEISST, IM KAMPF WERDE ICH...
... NIEMALS GETÖTET!
MEISTERIN TSUNADE!
ABER DIE ANZAHL DER ZELL-TEILUNGEN WÄHREND EINES LEBENS...
... KANN MAN NICHT ERHÖHEN! DIESE KUNST VERKÜRZT DAS LEBEN!

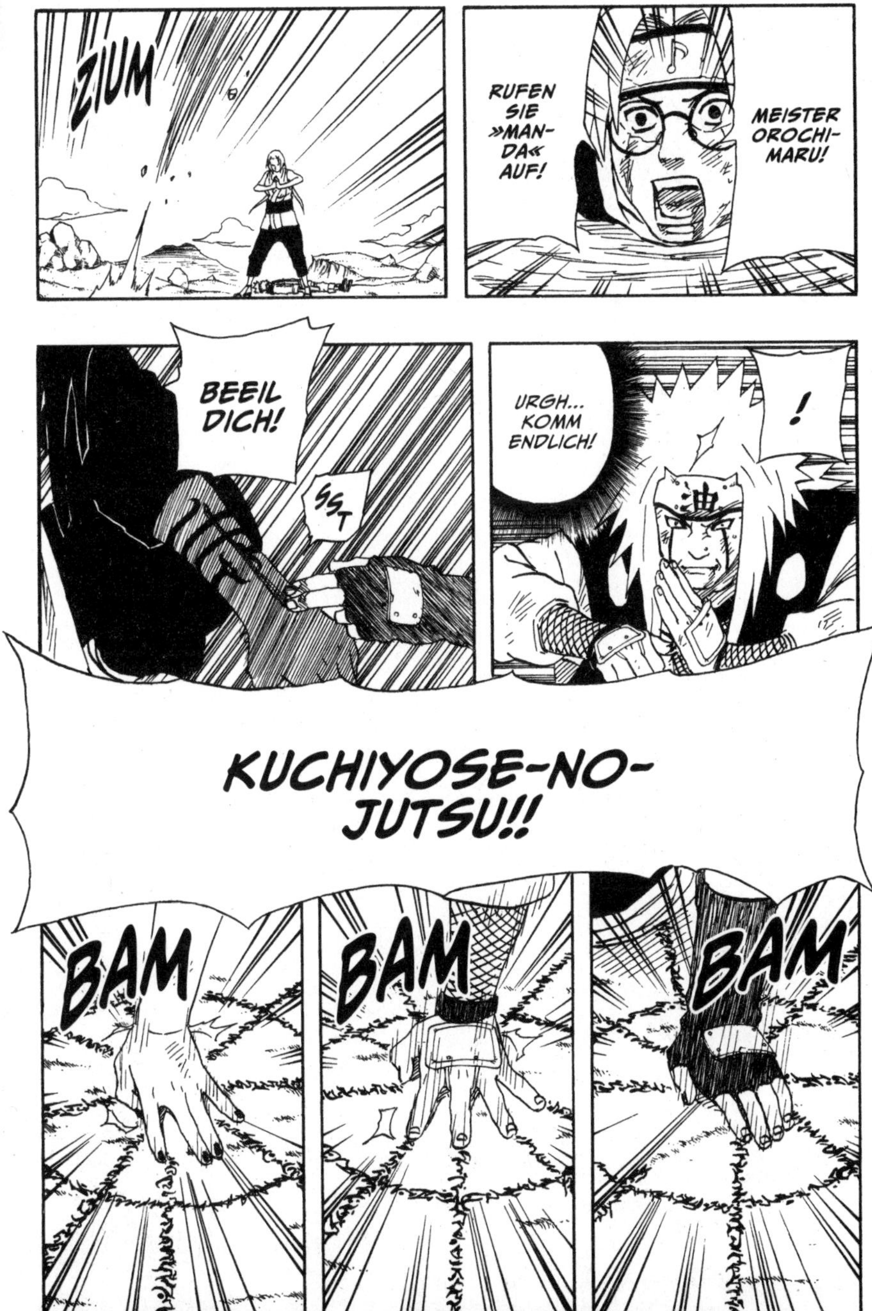
MEISTER OROCHIMARU!
RUFEN SIE »MANDA« AUF!
ZIUM
!
URGH... KOMM ENDLICH!
BEEIL DICH!
SST
KUCHIYOSE-NO-JUTSU!!
BAM
BAM
BAM

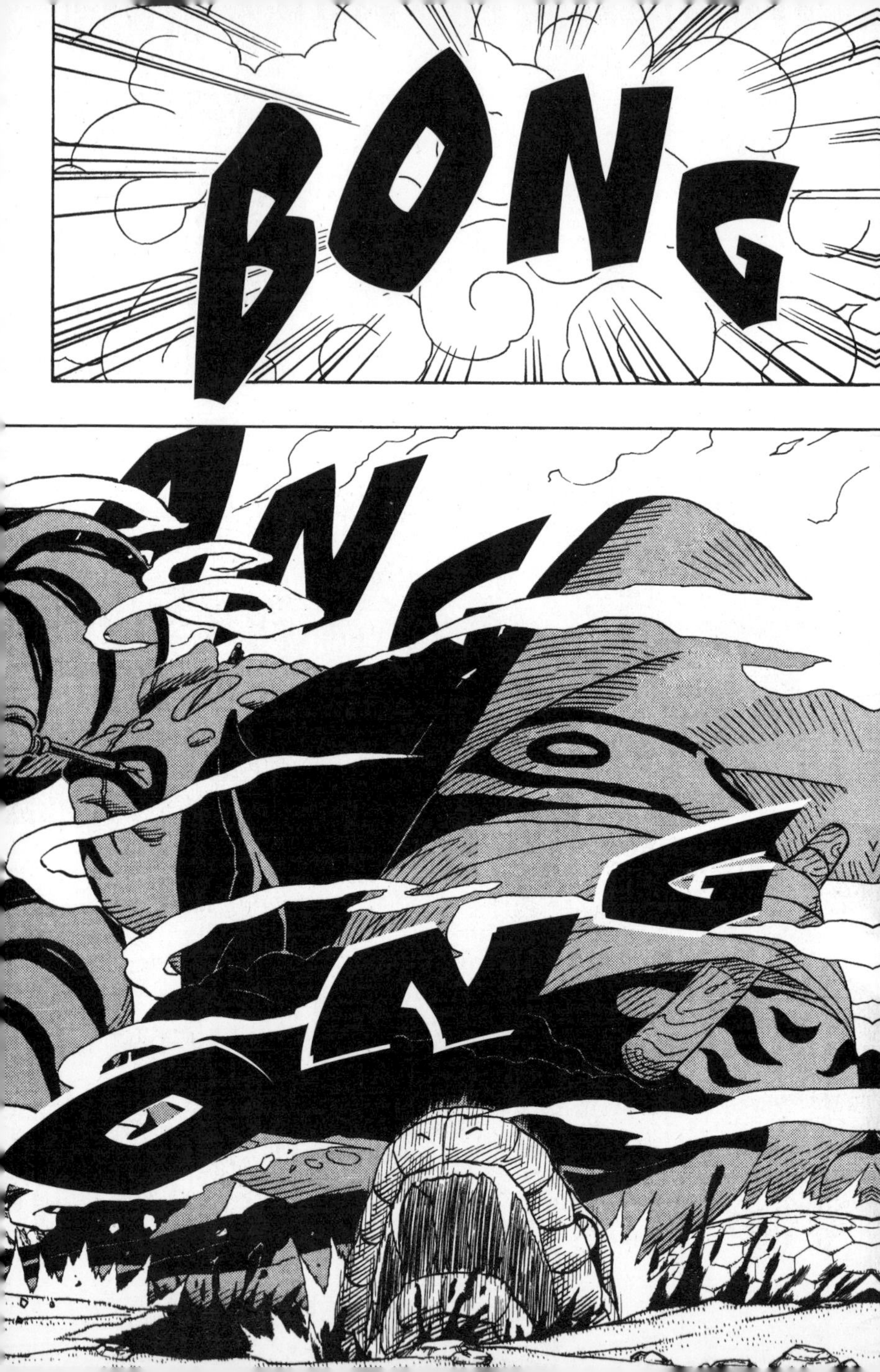
BONG

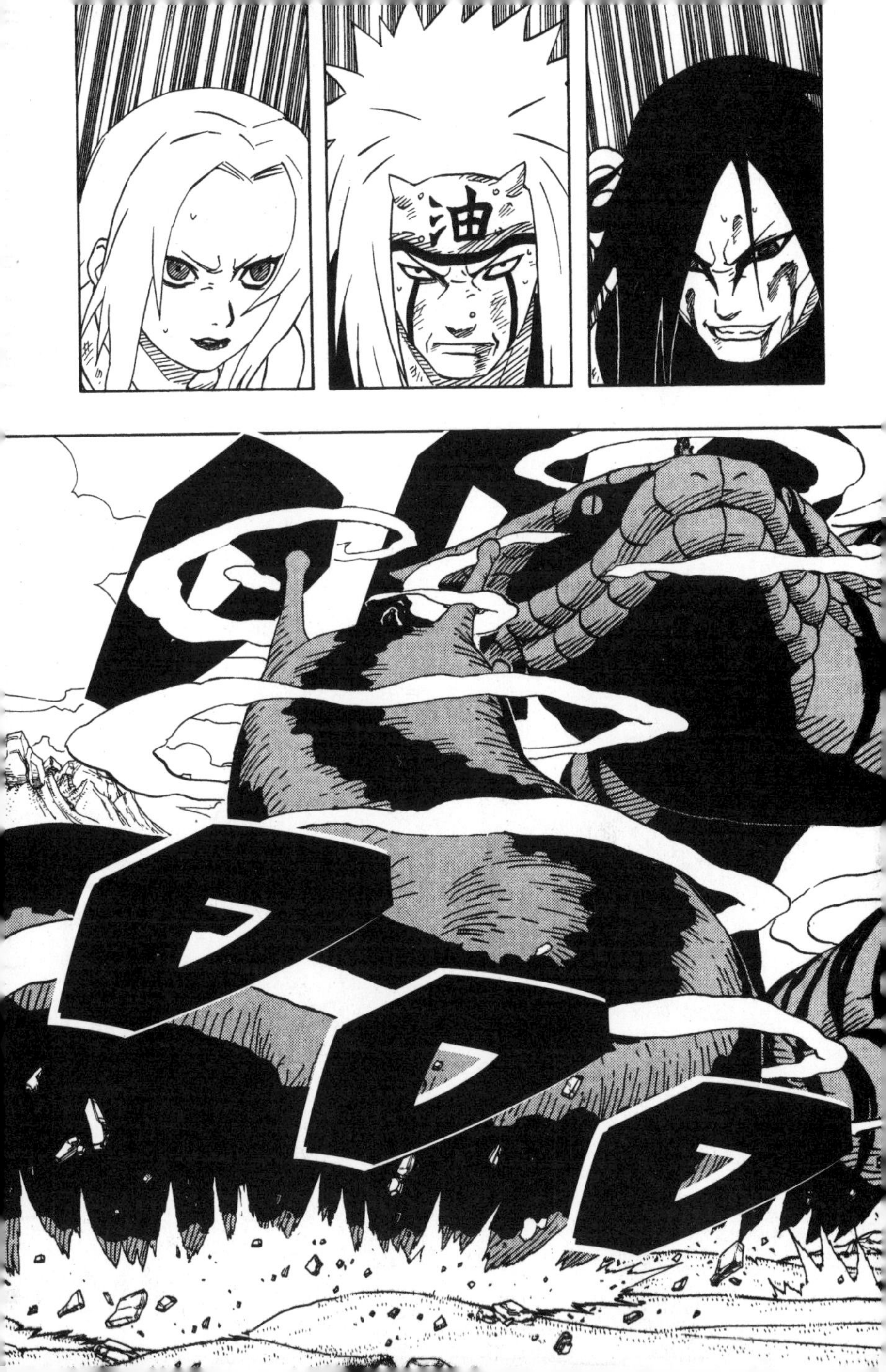
油

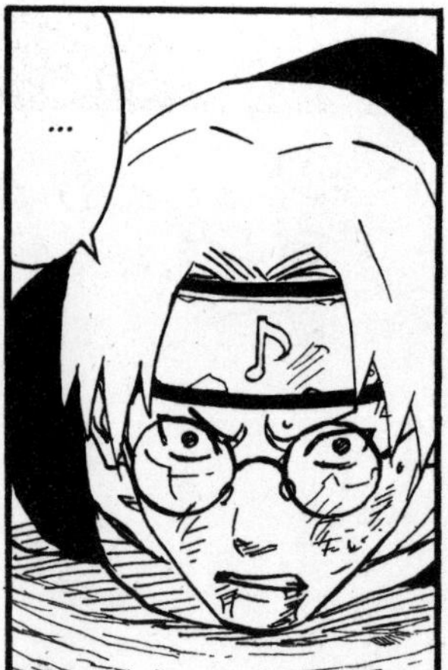

170. Kapitel: Der Kampf der San-nin

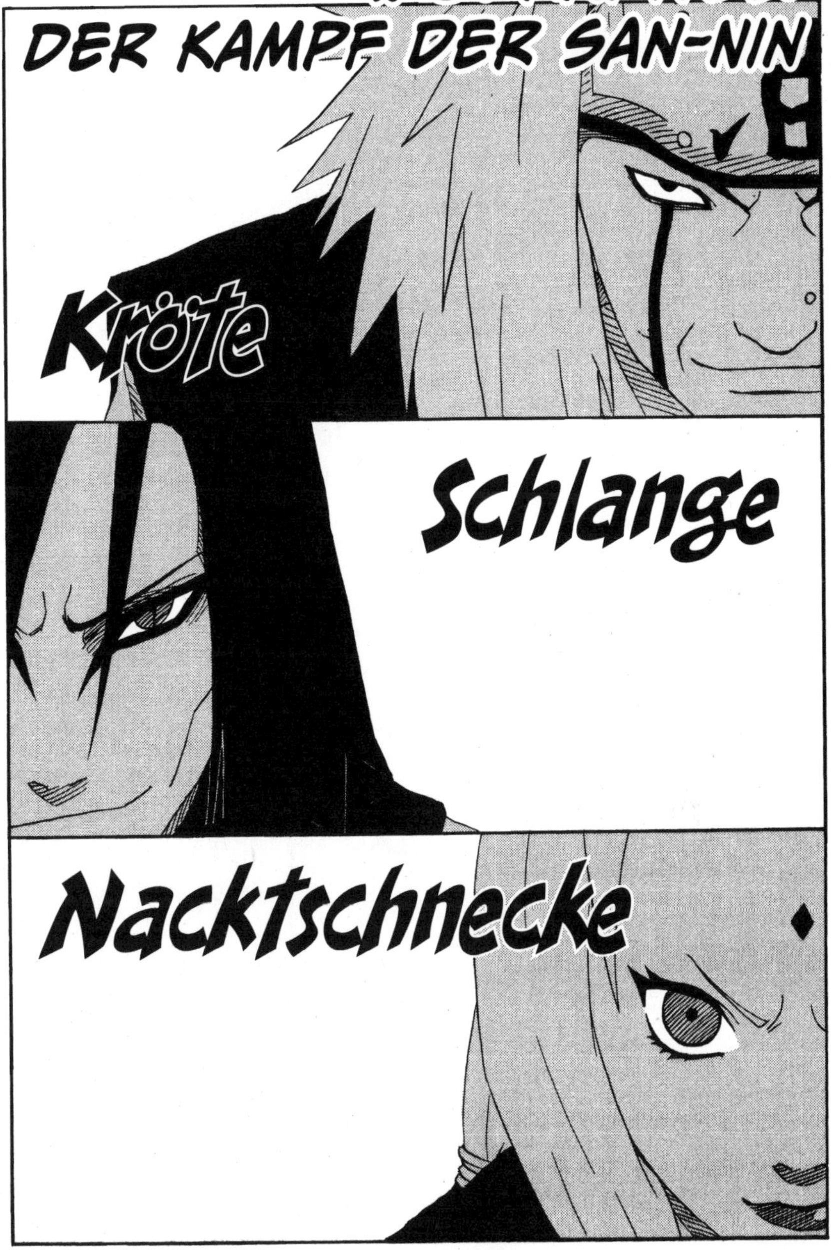

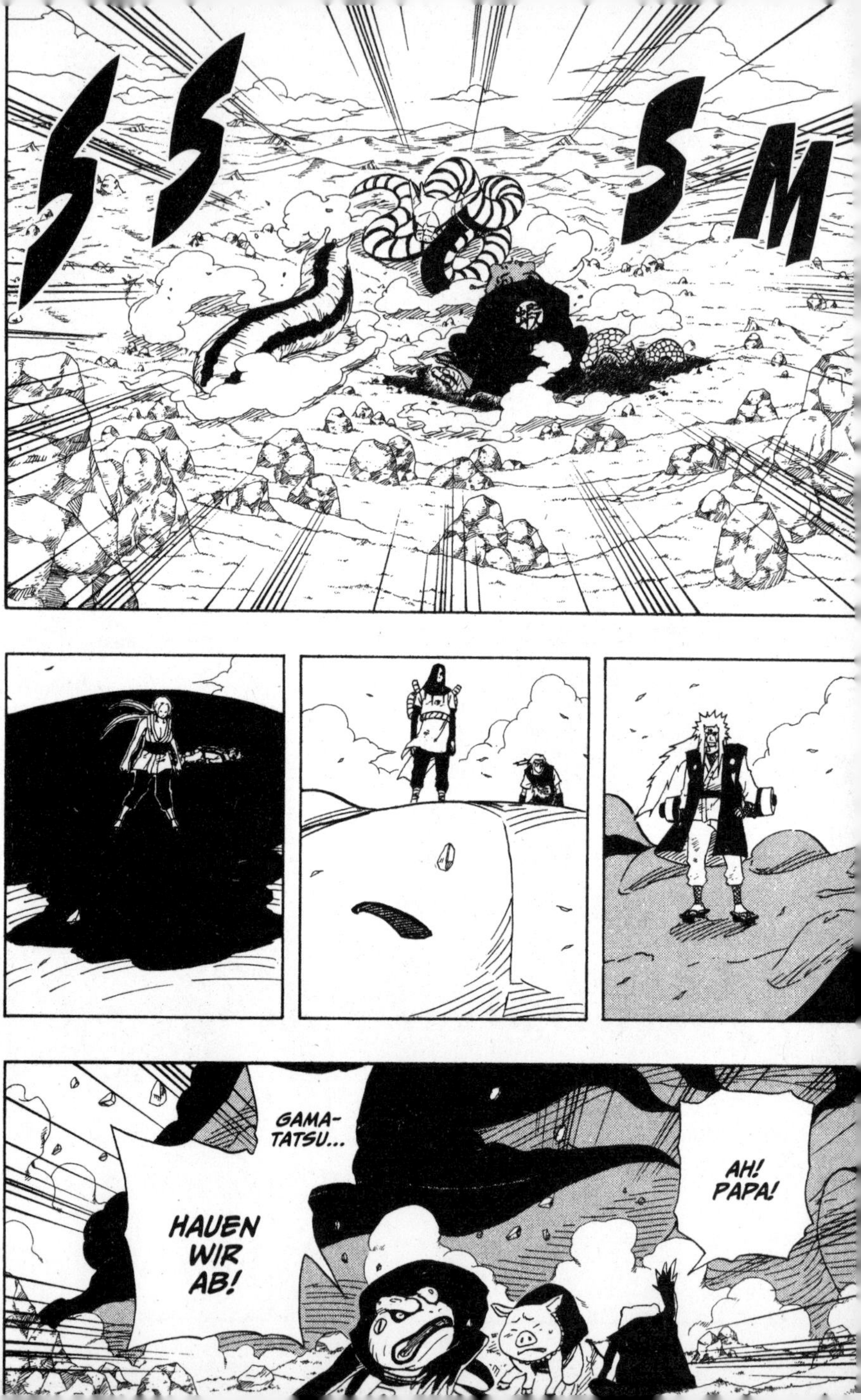

SSSM
AH! PAPA!
GAMA-TATSU...
HAUEN WIR AB!

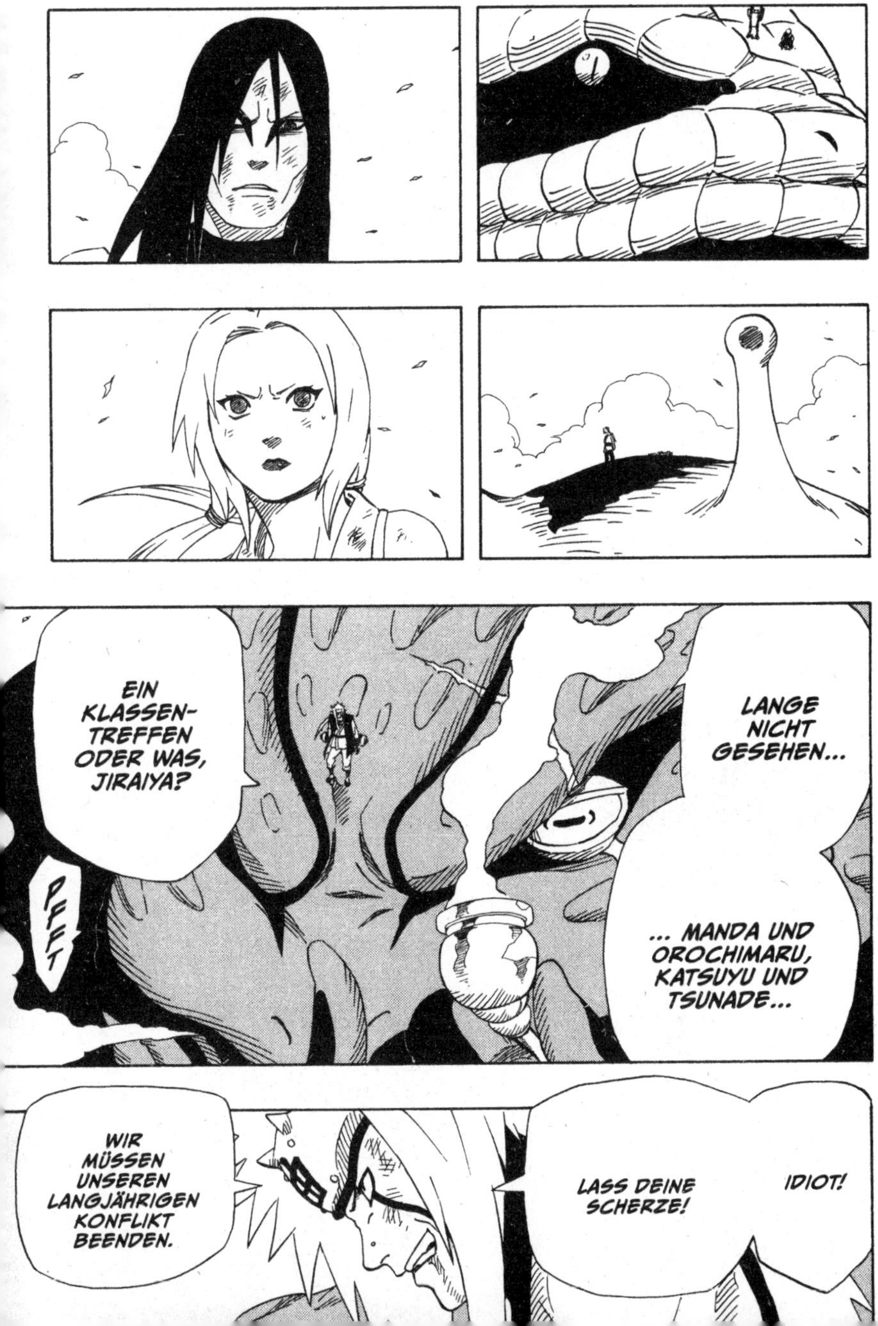
LANGE NICHT GESEHEN...
... MANDA UND OROCHIMARU, KATSUYU UND TSUNADE...
EIN KLASSEN-TREFFEN ODER WAS, JIRAIYA?
PFFT
LASS DEINE SCHERZE!
IDIOT!
WIR MÜSSEN UNSEREN LANGJÄHRIGEN KONFLIKT BEENDEN.

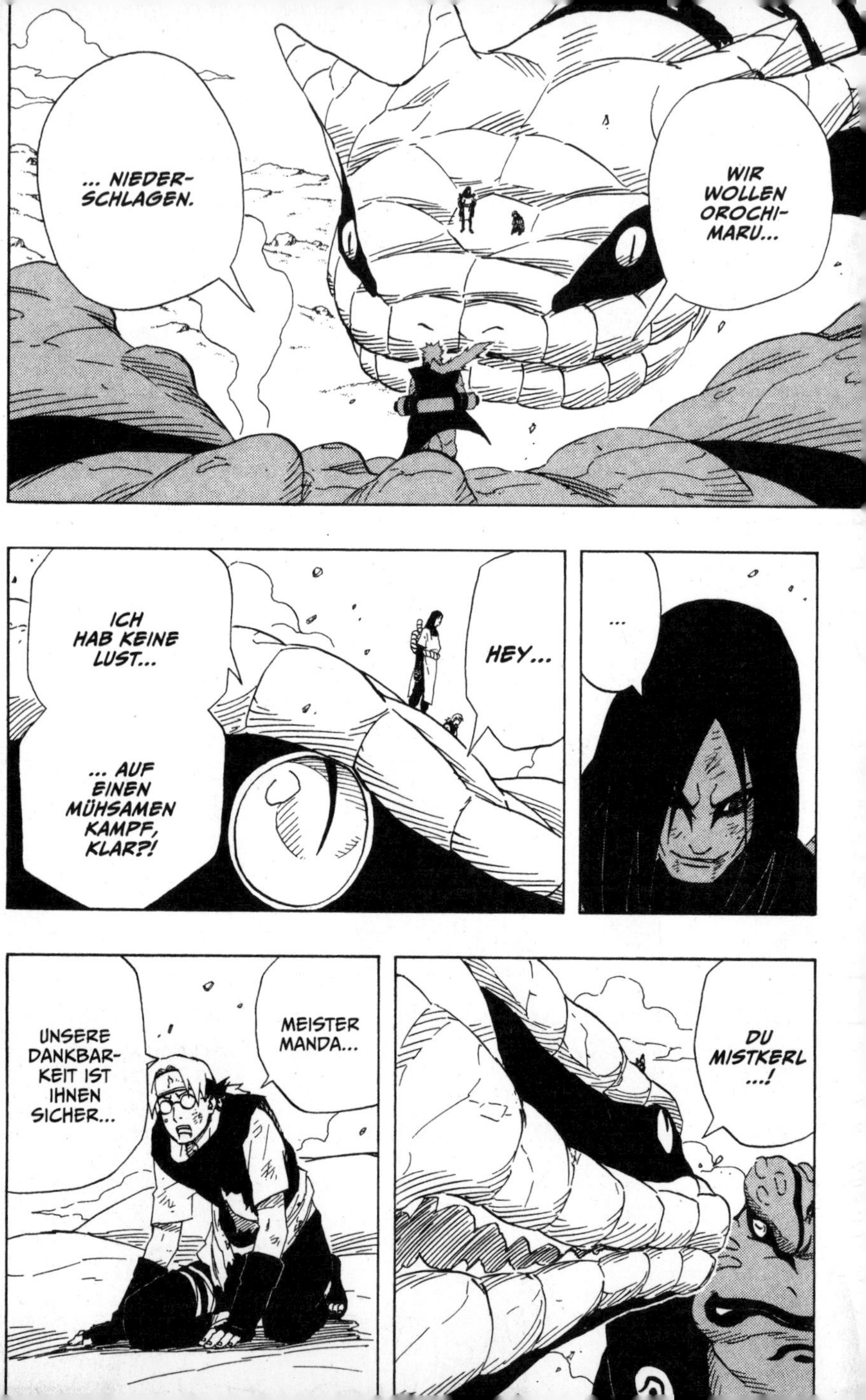
WIR WOLLEN OROCHIMARU...
... NIEDERSCHLAGEN.
...
HEY...
ICH HAB KEINE LUST...
... AUF EINEN MÜHSAMEN KAMPF, KLAR?!
DU MISTKERL ...!
MEISTER MANDA...
UNSERE DANKBARKEIT IST IHNEN SICHER...

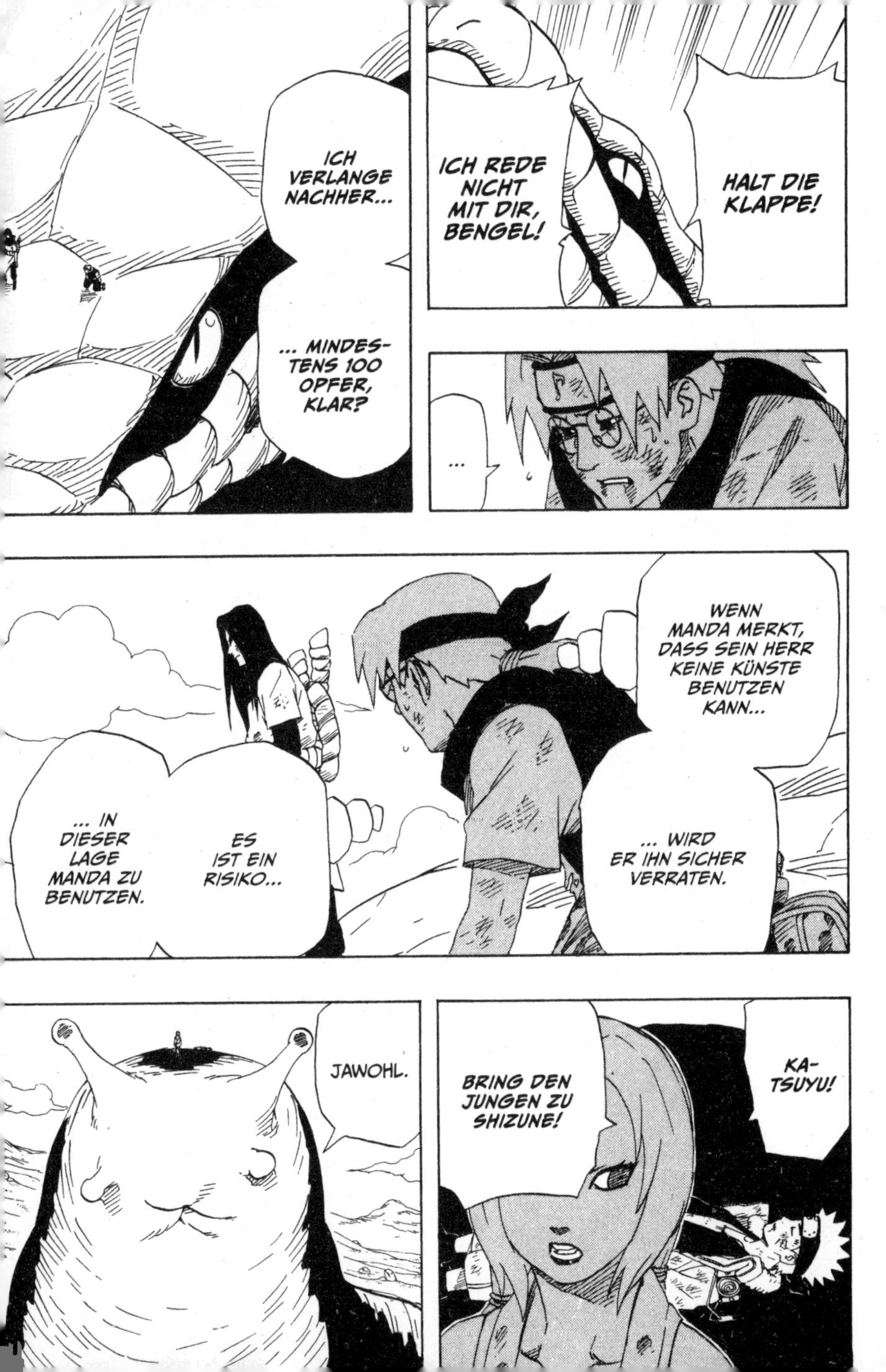
HALT DIE KLAPPE!
ICH REDE NICHT MIT DIR, BENGEL!
...
ICH VERLANGE NACHHER...
... MINDES-TENS 100 OPFER, KLAR?
WENN MANDA MERKT, DASS SEIN HERR KEINE KÜNSTE BENUTZEN KANN...
... WIRD ER IHN SICHER VERRATEN.
ES IST EIN RISIKO...
... IN DIESER LAGE MANDA ZU BENUTZEN.
KA-TSUYU!
BRING DEN JUNGEN ZU SHIZUNE!
JAWOHL.

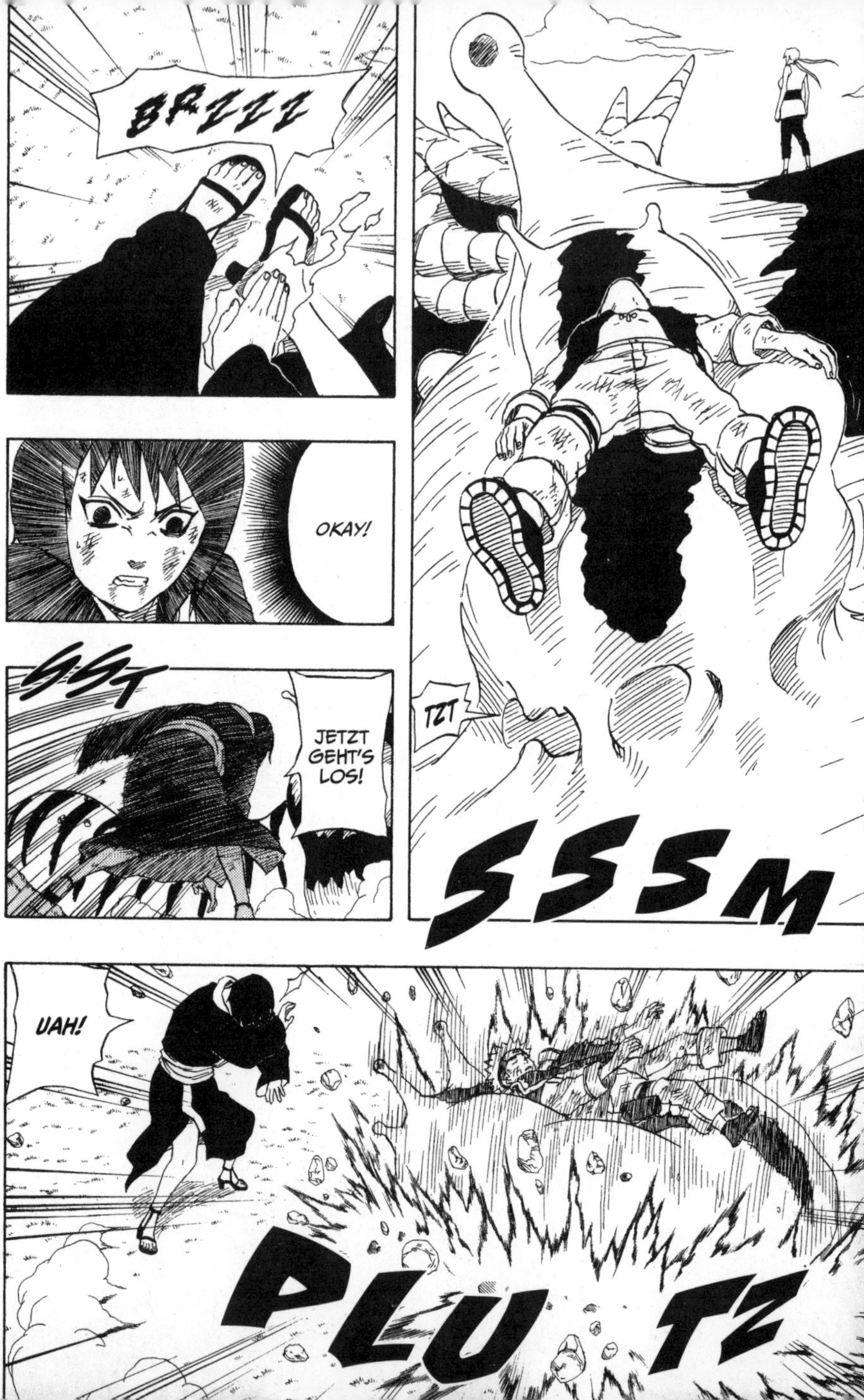
TZT
SSSM
BRZZZ
OKAY!
SST
JETZT GEHT'S LOS!
UAH!
PLUTZ

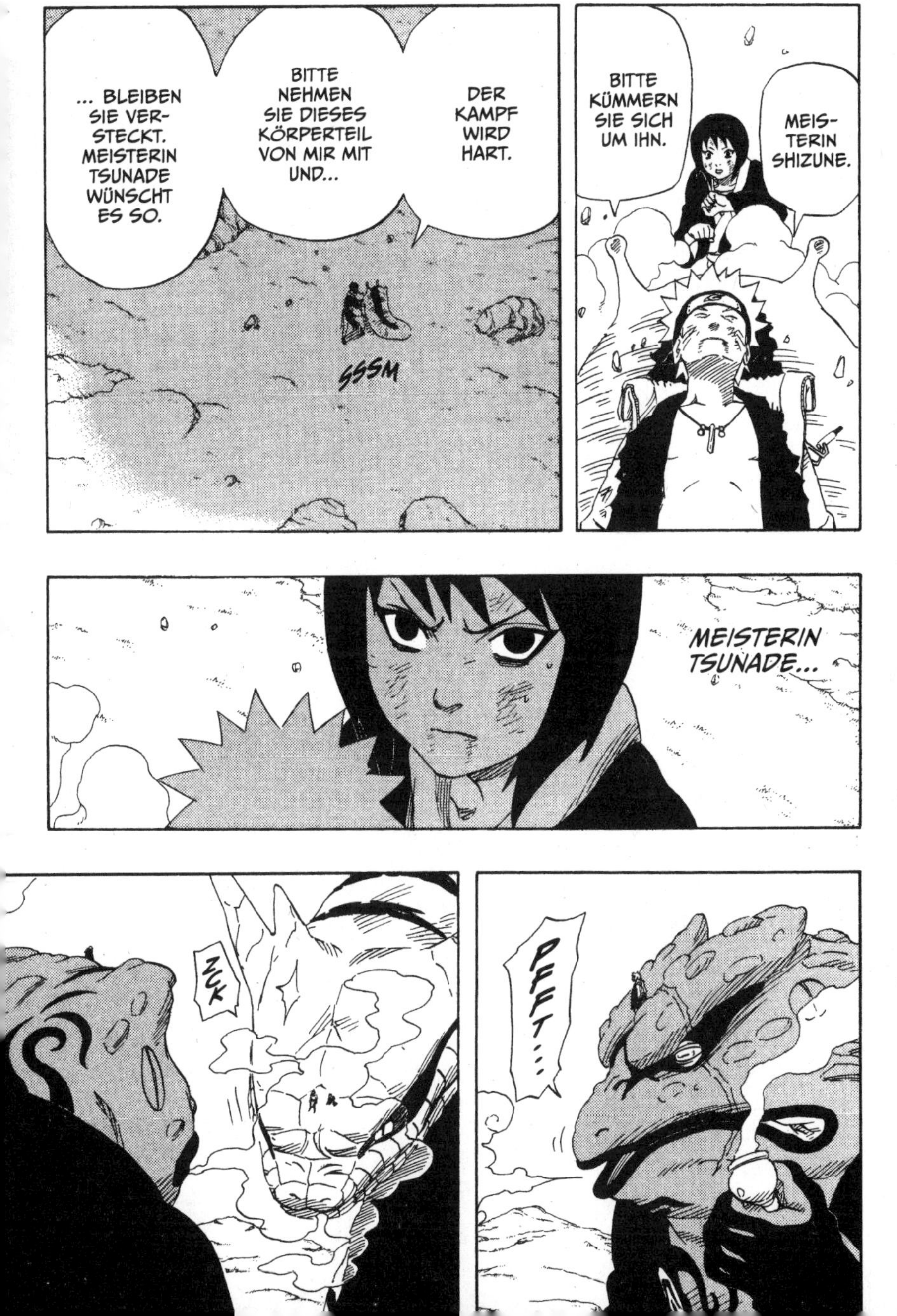
MEISTERIN SHIZUNE.
BITTE KÜMMERN SIE SICH UM IHN.
DER KAMPF WIRD HART.
BITTE NEHMEN SIE DIESES KÖRPERTEIL VON MIR MIT UND...
... BLEIBEN SIE VERSTECKT. MEISTERIN TSUNADE WÜNSCHT ES SO.
SSSM
MEISTERIN TSUNADE...
PFFT...
ZUCK

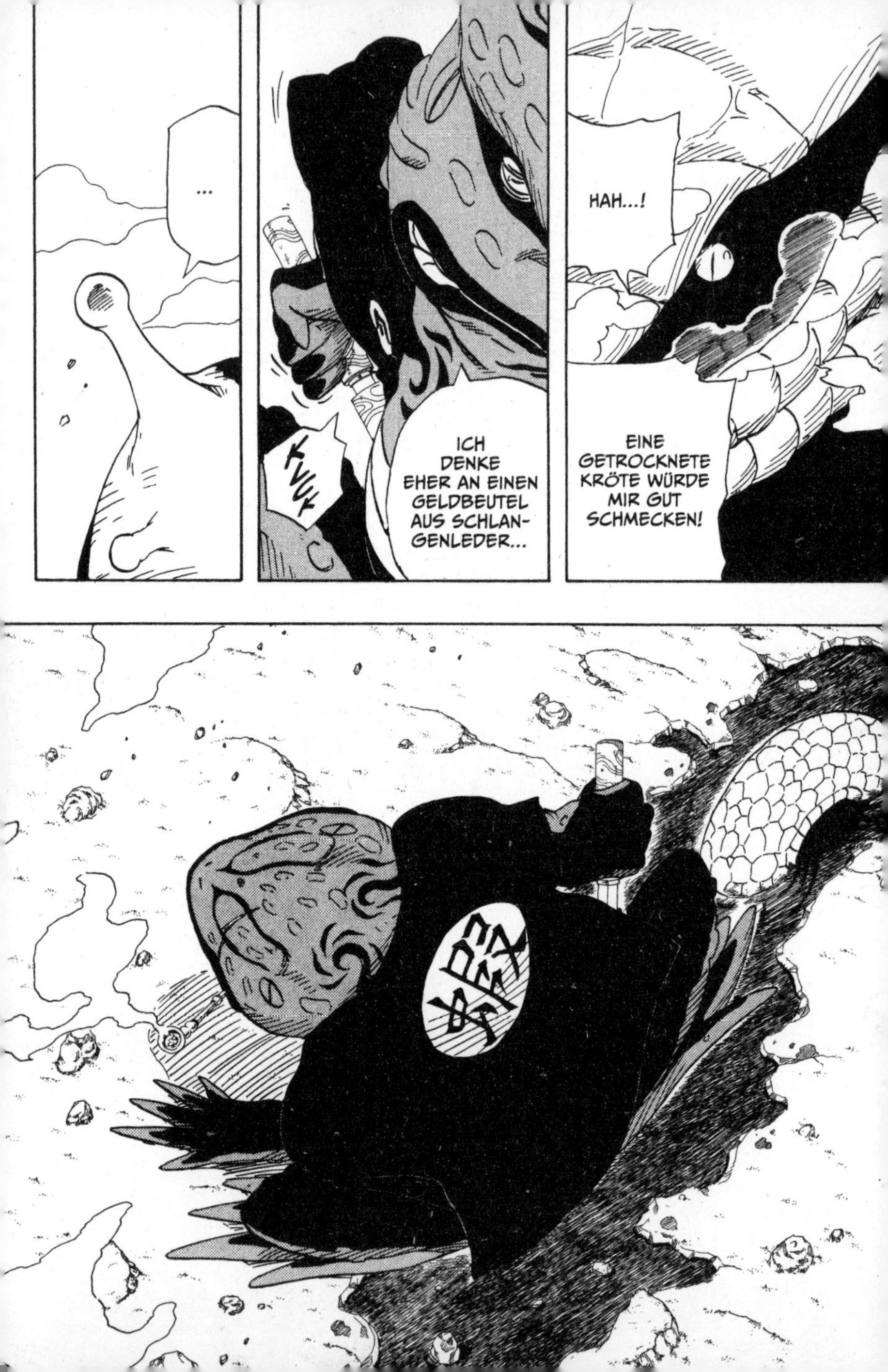
HAH...!
EINE GETROCKNETE KRÖTE WÜRDE MIR GUT SCHMECKEN!
ICH DENKE EHER AN EINEN GELDBEUTEL AUS SCHLAN-GENLEDER...
KNACK
...

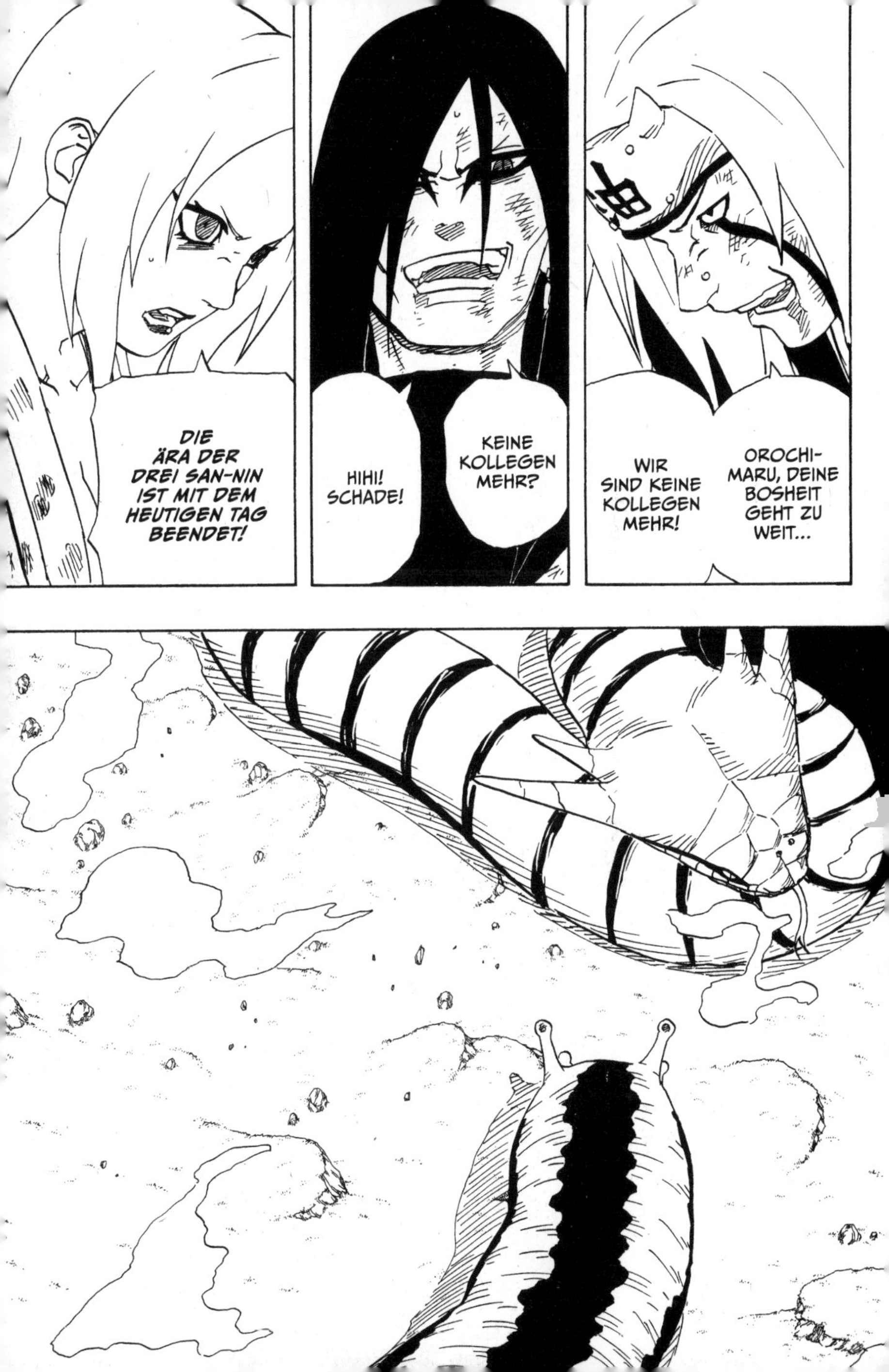
OROCHI-MARU, DEINE BOSHEIT GEHT ZU WEIT...
WIR SIND KEINE KOLLEGEN MEHR!
KEINE KOLLEGEN MEHR?
HIHI! SCHADE!
DIE ÄRA DER DREI SAN-NIN IST MIT DEM HEUTIGEN TAG BEENDET!

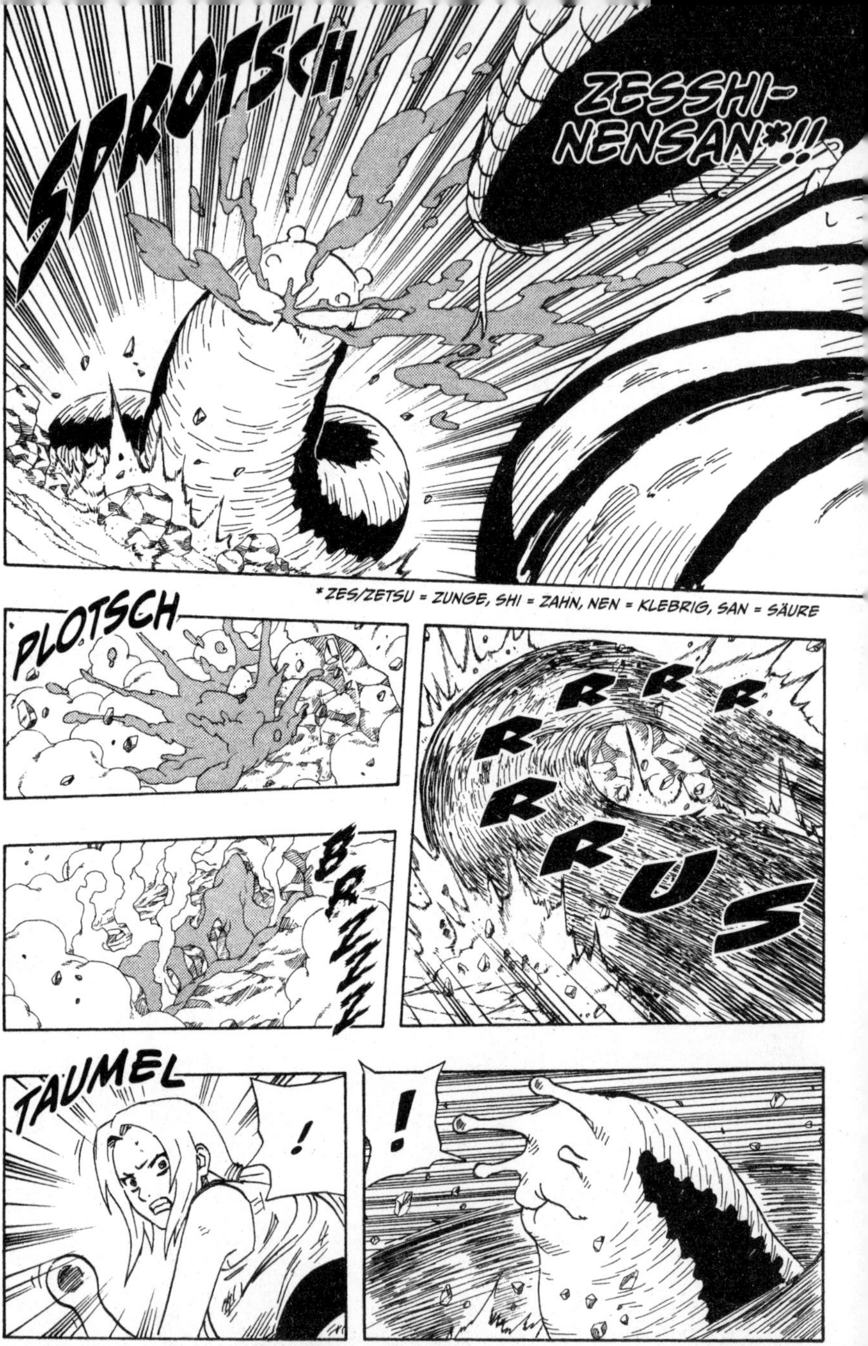

*ZES/ZETSU = ZUNGE, SHI = ZAHN, NEN = KLEBRIG, SAN = SÄURE

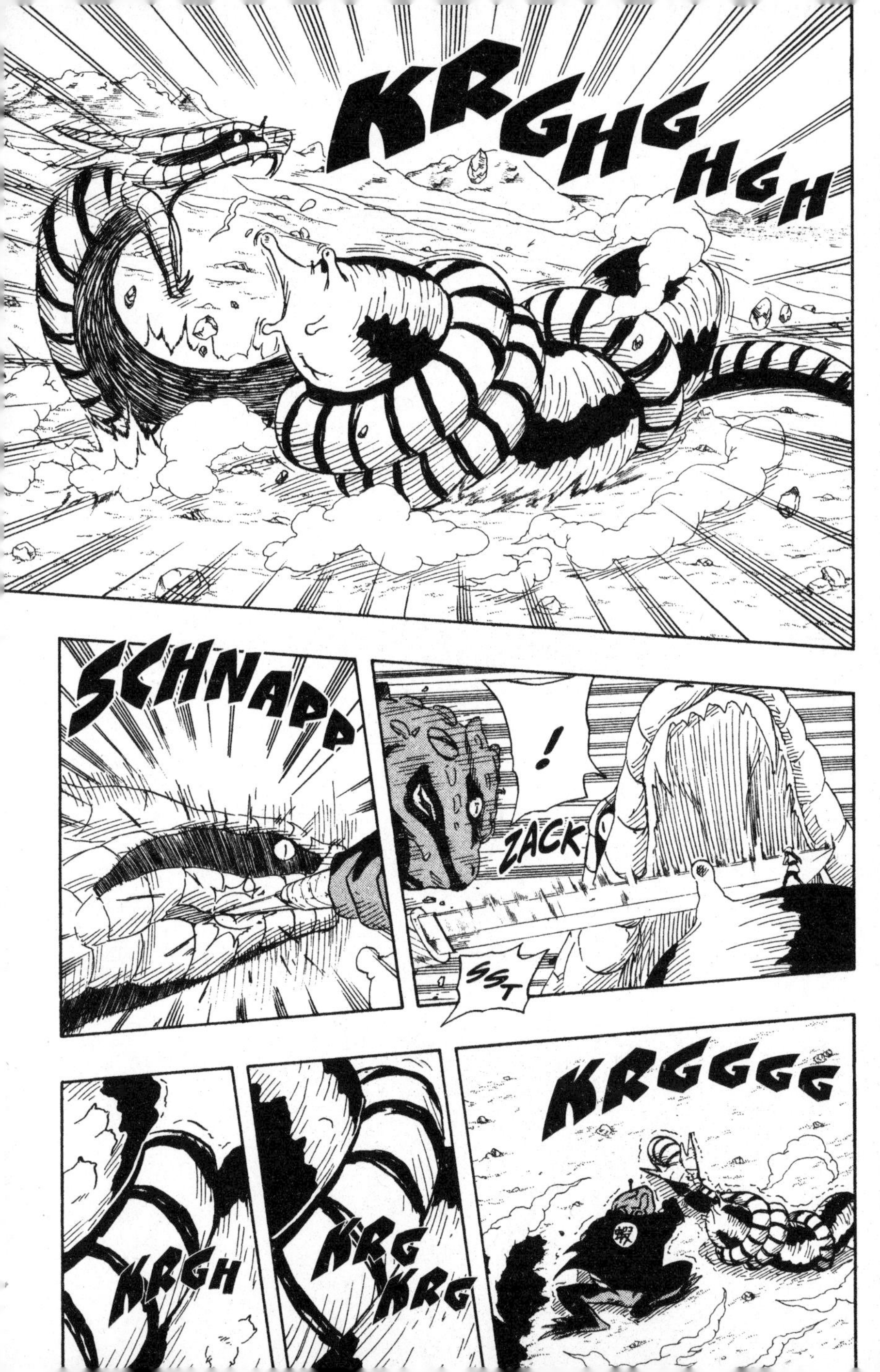
KRGHG HGH
SCHNAPP
!
ZACK
SST
KRGGGG
KRGH
KRG KRG

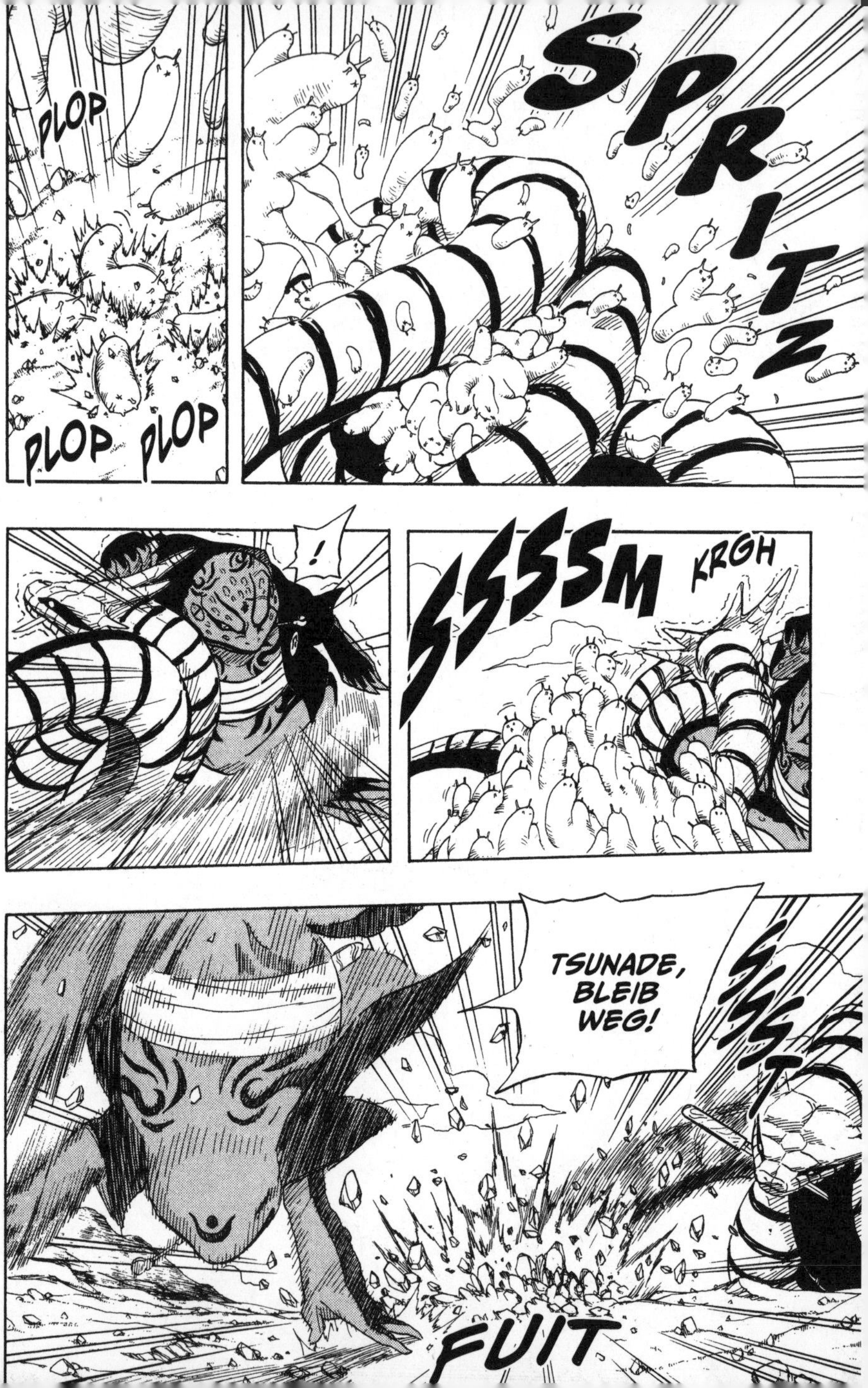
SPRITZ
PLOP
PLOP PLOP
!
SSSSM
KRGH
SSST
TSUNADE, BLEIB WEG!
FUIT

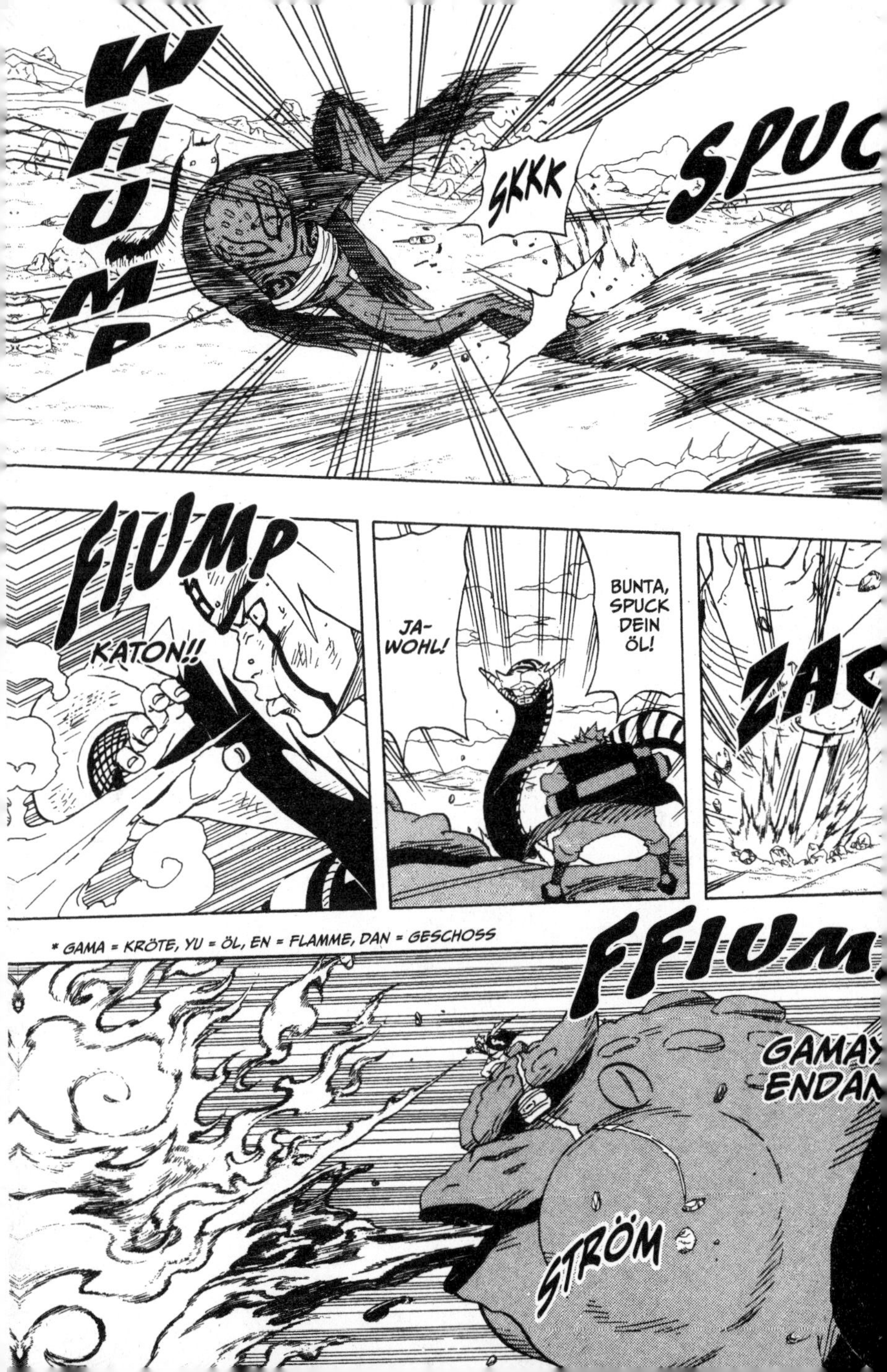
WHUMP
SKKK
SPUC
FLUMP
KATON!!
BUNTA, SPUCK DEIN ÖL!
JA-WOHL!
ZAC
* GAMA = KRÖTE, YU = ÖL, EN = FLAMME, DAN = GESCHOSS
FFIUM
GAMAY
ENDAN
STRÖM

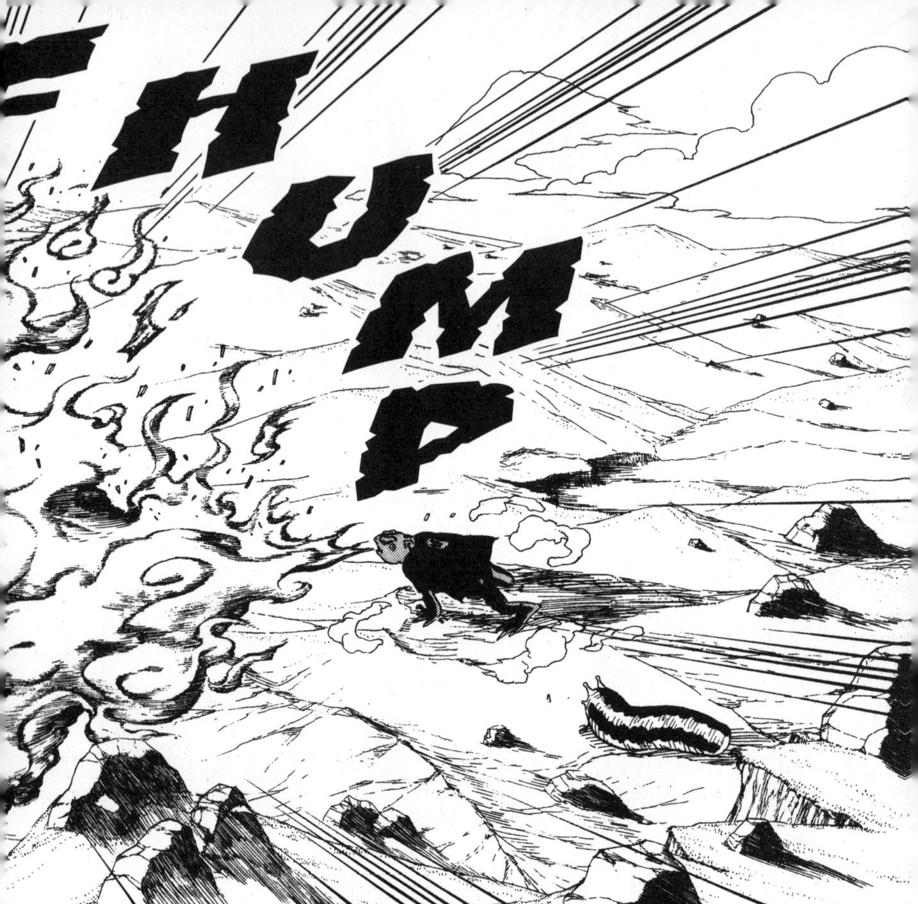
THUMP

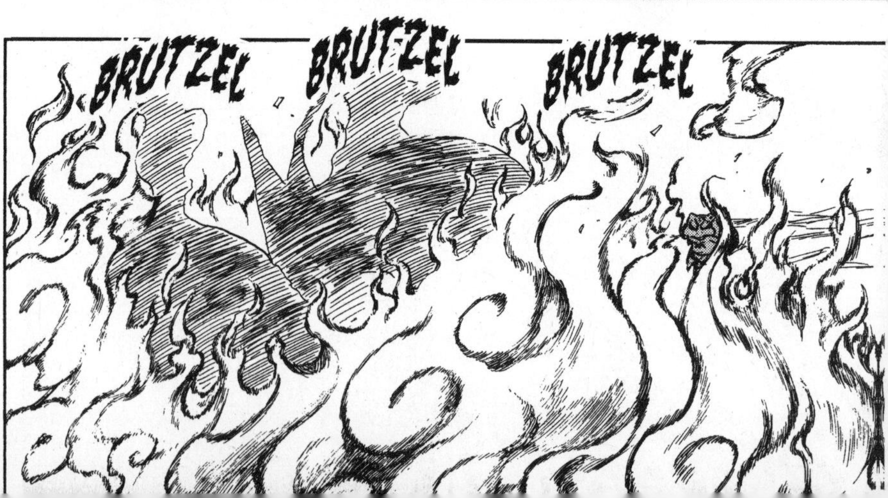
BRUTZEL
BRUTZEL
BRUTZEL

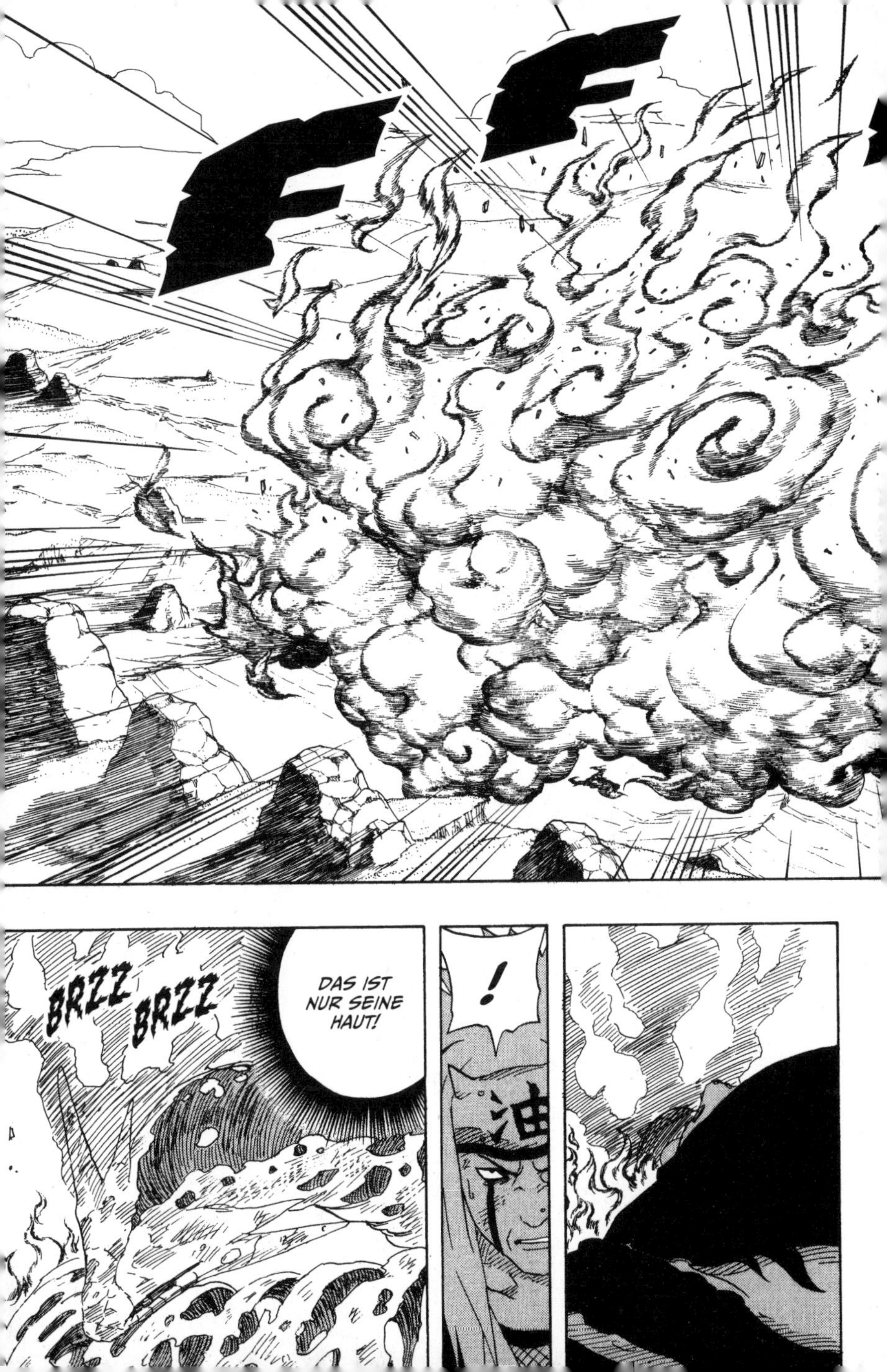
FF
!
DAS IST NUR SEINE HAUT!
BRZZ BRZZ

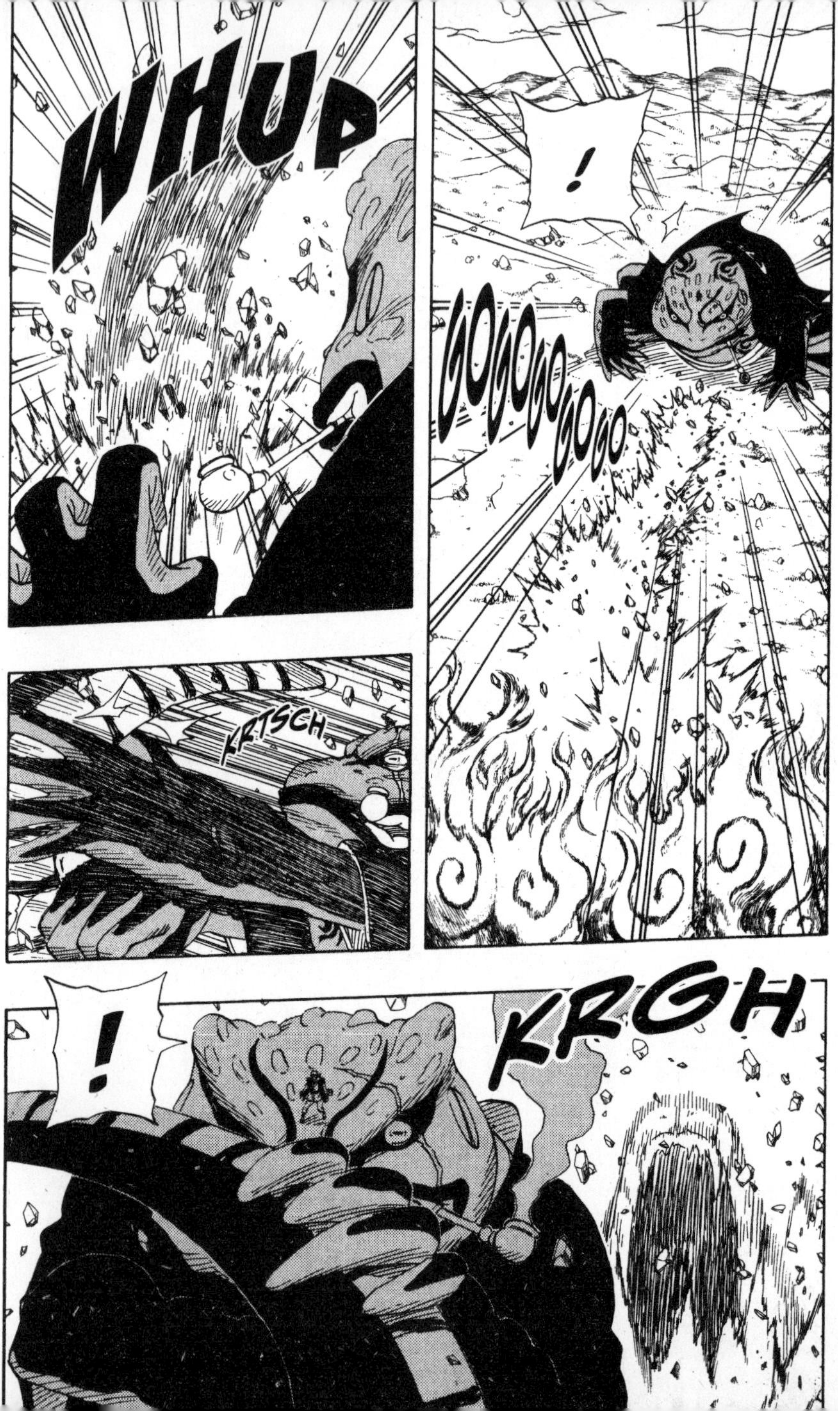
!
GOGOGOGOGOGO
WHUP
KRTSCH
!
KRGH

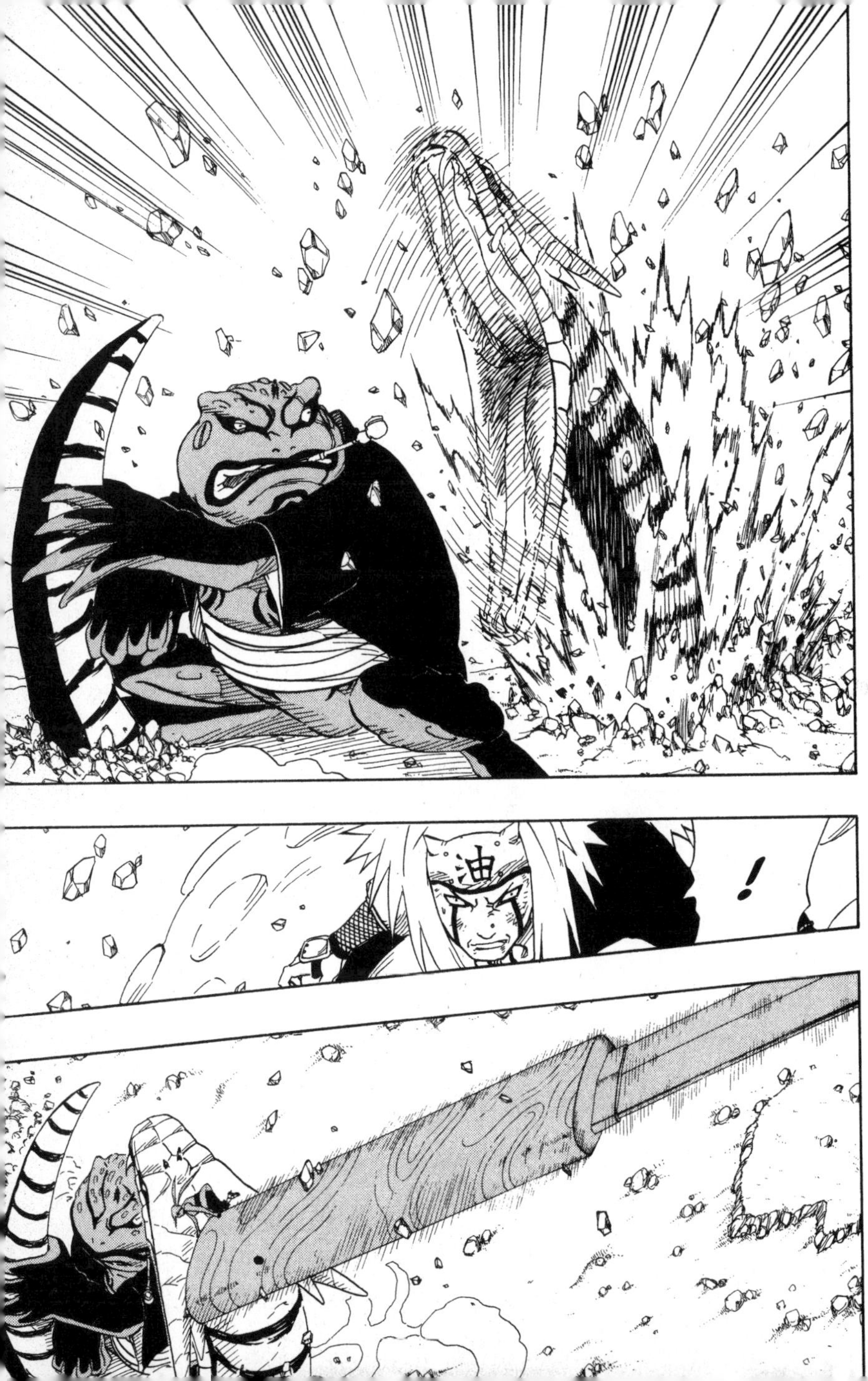
油
!

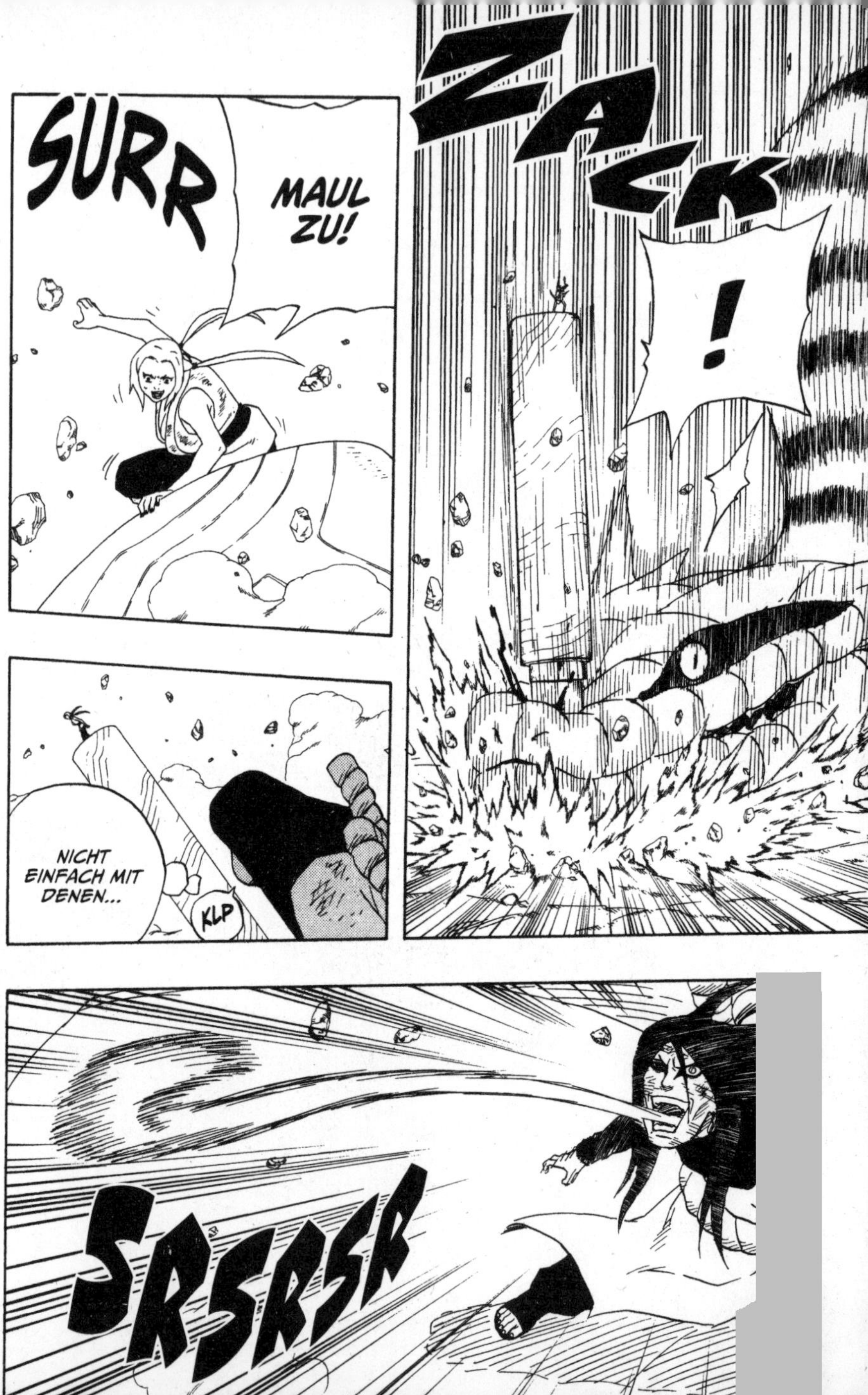
ZACK
!
SURR
MAUL ZU!
NICHT EINFACH MIT DENEN...
KLP
SRSRSR

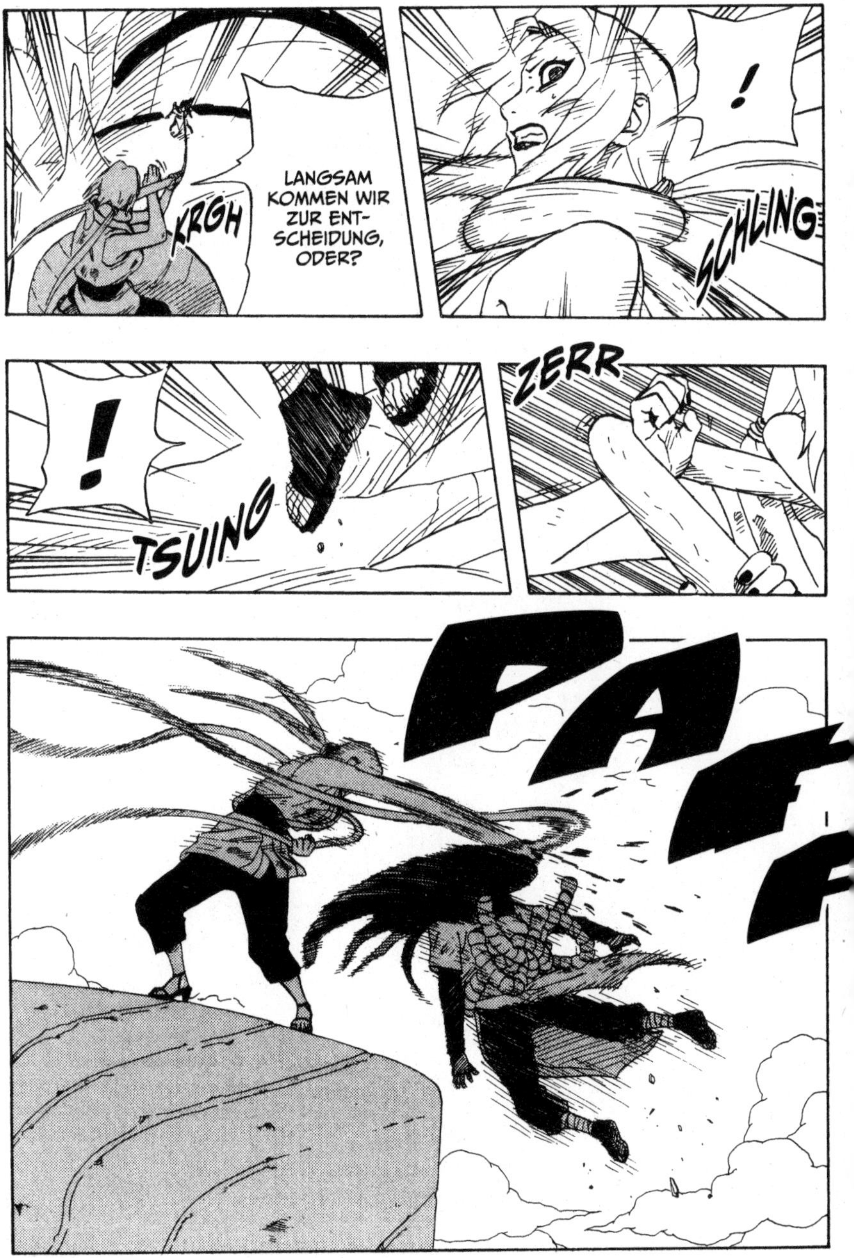
LANGSAM KOMMEN WIR ZUR ENT-SCHEIDUNG, ODER?
KRGH
!
SCHLING
ZERR
!
TSUING
PAFF

MASASHI KISHIMOTOS WELT LEBENSGESCHICHTE TEIL 30, 4. FOLGE

IN DIESEN ZWEI HARTEN JAHREN HABE ICH ALL DAS GESAMMELTE WISSEN IN NOTIZBÜCHERN ZUSAMMENGEFASST. MASASHI KISHIMOTOS GEHEIMNOTIZBÜCHER! MEINE ESELSBRÜCKE, DIE ICH NIEMANDEM ZEIGE!

SO GEWANN ICH SELBSTVERTRAUEN DURCH WISSEN. UND ICH FING AN, MITHILFE MEINER GEWONNENEN ERKENNTNISSE EINEN MANGA ZU ENTWERFEN. DAS THEMA WAR BASEBALL UND DER MANGA HIESS »YAKYU-OU« (BASEBALL-KÖNIG)! ICH HAB DEN »NAME« GEZEICHNET UND HERRN YAHAGI GEZEIGT. ER SAGTE: »INTERESSANT, ABER ETWAS DÜSTER.« ABER ZUGLEICH LOBTE ER MICH: »ICH HÄTTE NICHT GEDACHT, DASS SIE EINEN MANGA IN EINEM SOLCHEN STIL ZEICHNEN KÖNNEN. SIE HABEN GROSSE FORTSCHRITTE GEMACHT.« HERR YAHAGI WOLLTE »YAKYU-OU« VERÖFFENTLICHEN, ABER IN DER SITZUNG HABEN SIE ANDERS ENTSCHIEDEN, DA SIE DEN INHALT ZU SCHWERMÜTIG FANDEN – ALSO WURDE AUCH DIESER MANGA ABGELEHNT.

ABER »YAKYU-OU« GAB MIR MUT. ZWAR WURDE ER ZU EINEM WEITEREN BOTSU-MANGA, ABER HERR YAHAGI MEINTE: »DER MANGA IST WIRKLICH INTERESSANT! IN EINER SEINENSHI HÄTTE MAN IHN VERÖFFENTLICHEN KÖNNEN…« ES WAR DAS ERSTE MAL, DASS HERR YAHAGI MEINEN MANGA RICHTIG GELOBT HAT. MEINE ZWEIJÄHRIGEN ANSTRENGUNGEN HATTEN SICH ALSO GELOHNT. NACH VIER MONATEN HATTE ICH EINEN WEITEREN »NAME« GEZEICHNET UND IHN HERRN YAHAGI GEZEIGT. ER SAGTE: »PERFEKT! MAN KÖNNTE NOCH EIN PAAR KLEINIGKEITEN VERBESSERN, ABER ANSONSTEN PERFEKT!« MIT DIESEM »NAME« KONNTE ICH ENDLICH EINE SERIE STARTEN. DIE ZWEI JAHRE HATTEN MIR WIRKLICH ETWAS GEBRACHT!

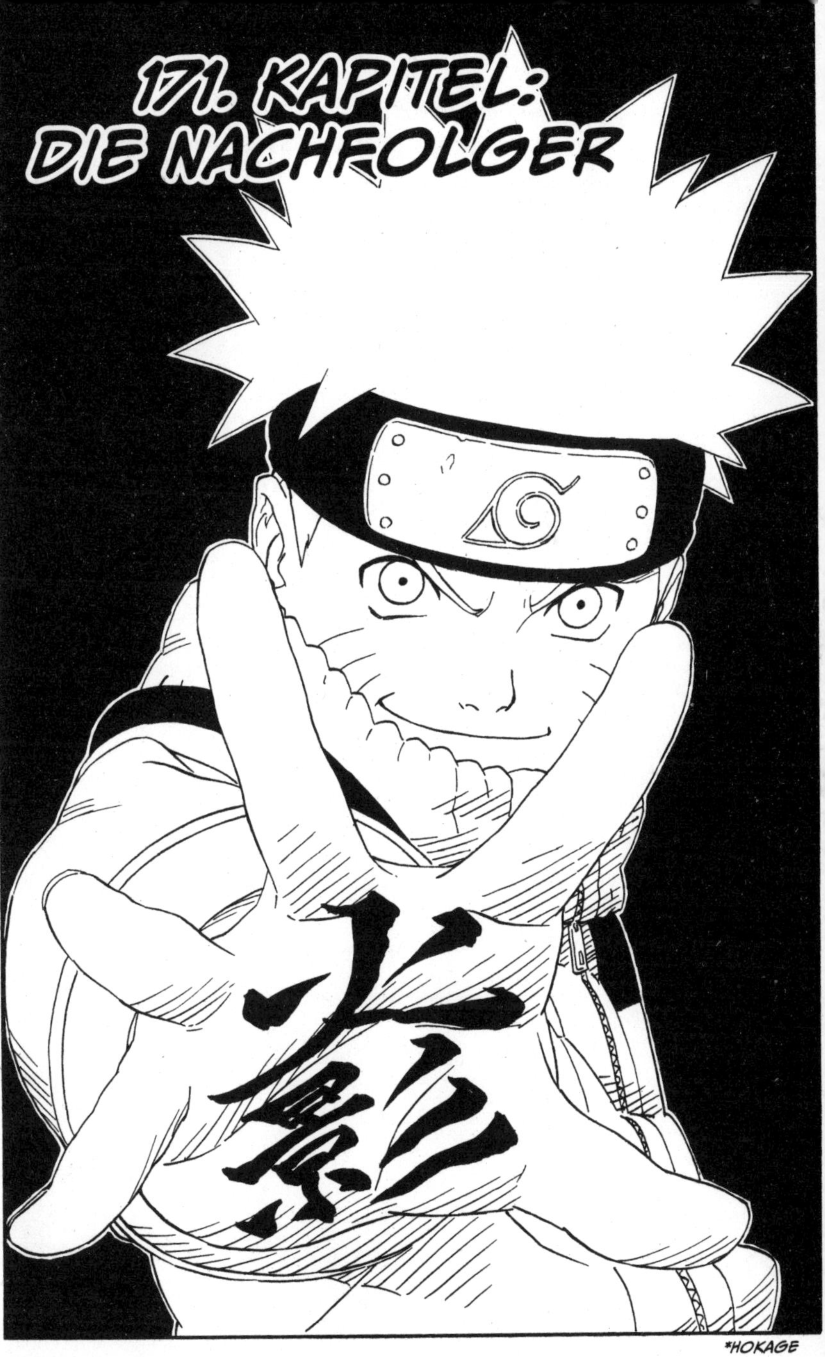

*HOKAGE

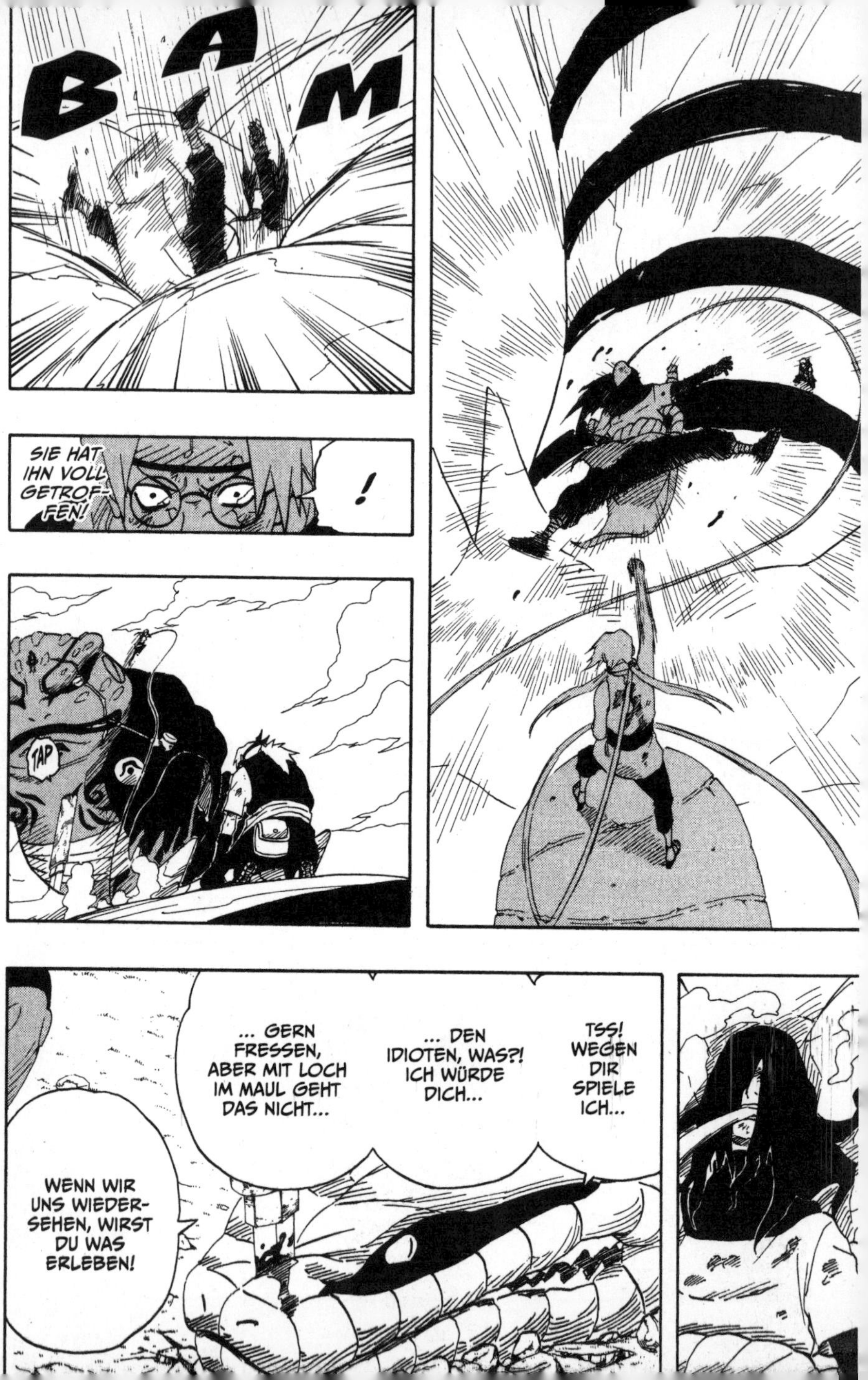
BAM
SIE HAT IHN VOLL GETROFFEN!
!
TAP
TSS! WEGEN DIR SPIELE ICH...
... DEN IDIOTEN, WAS?! ICH WÜRDE DICH...
... GERN FRESSEN, ABER MIT LOCH IM MAUL GEHT DAS NICHT...
WENN WIR UNS WIEDERSEHEN, WIRST DU WAS ERLEBEN!

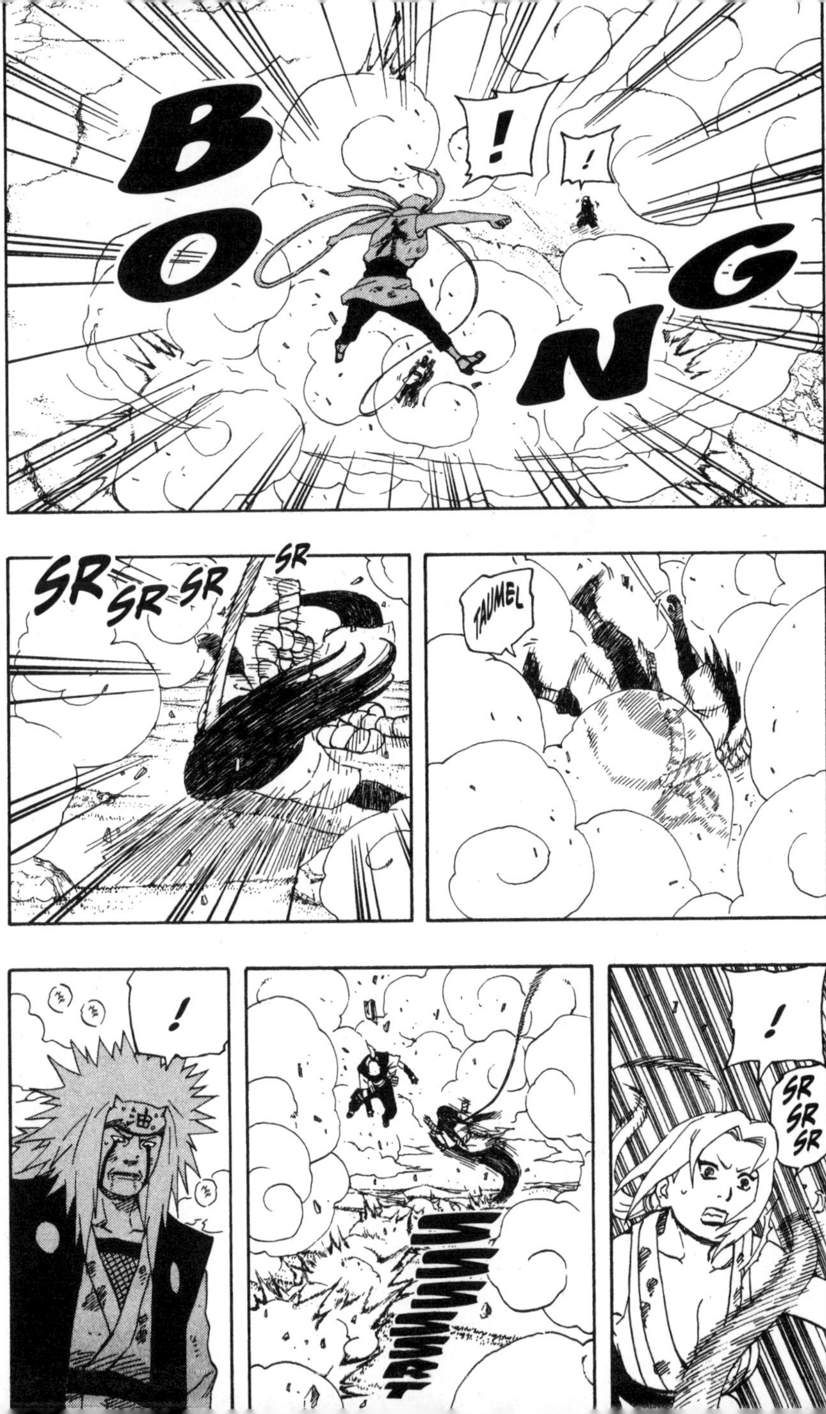
BOONG
!
!
SR SR SR
SR
TAUMEL
!
WUMMM
!
SR
SR
SR

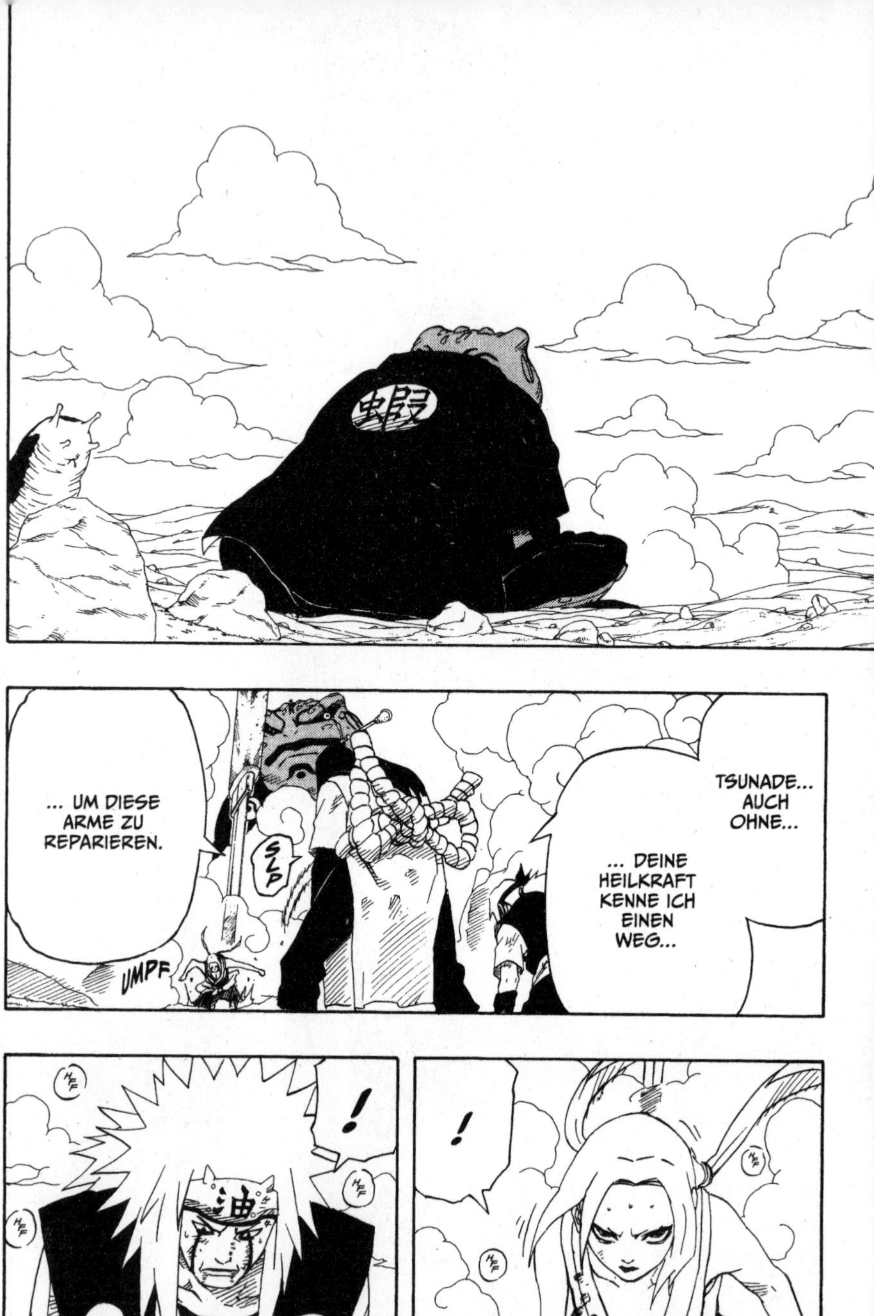
TSUNADE... AUCH OHNE...
... DEINE HEILKRAFT KENNE ICH EINEN WEG...
... UM DIESE ARME ZU REPARIEREN.
SLP
UMPF
!
!
HEF
HEF
HEF
HEF
HEF

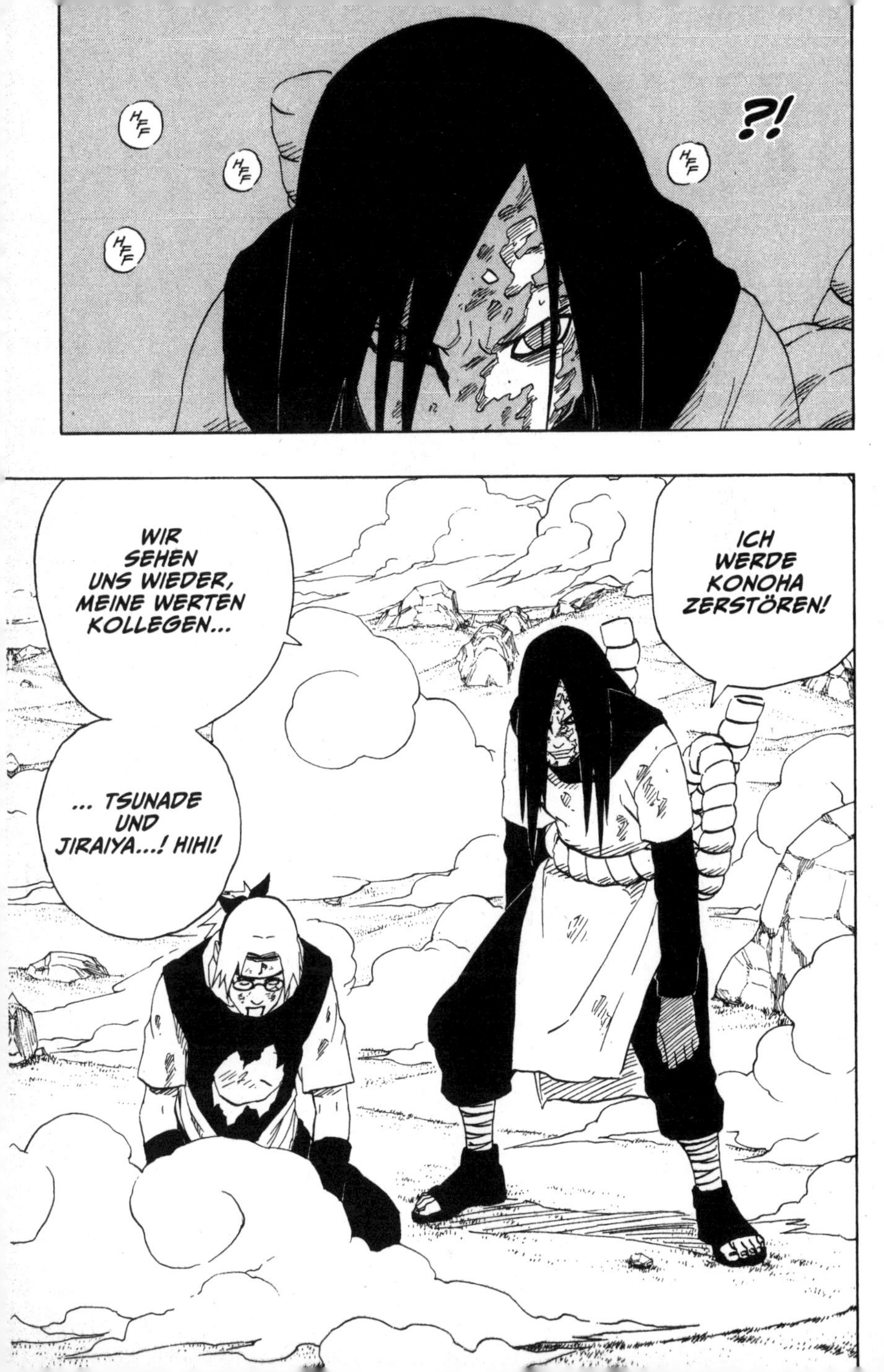
?!
HFF
HFF
HFF
HFF
ICH WERDE KONOHA ZERSTÖREN!
WIR SEHEN UNS WIEDER, MEINE WERTEN KOLLEGEN...
... TSUNADE UND JIRAIYA...! HIHI!

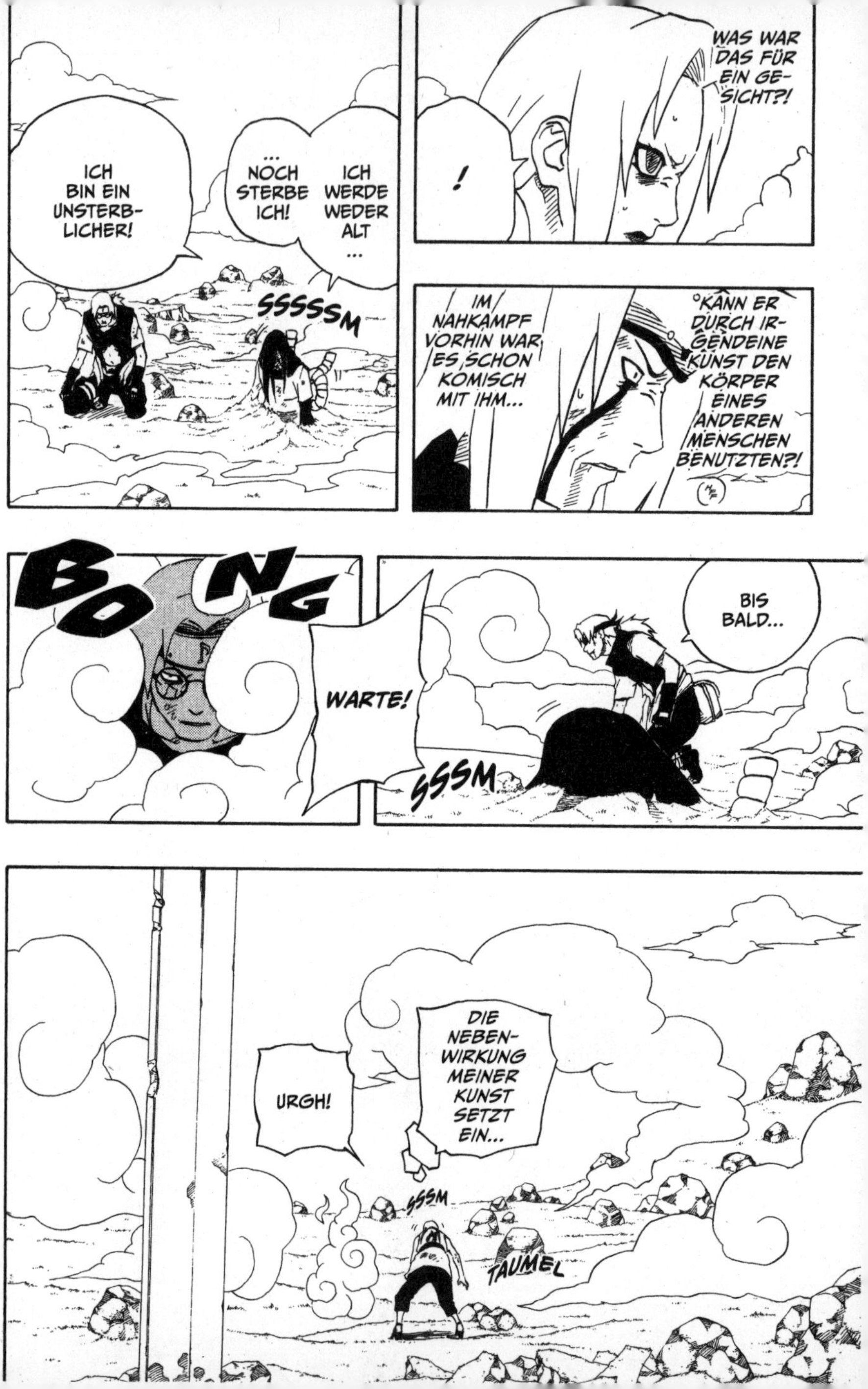
WAS WAR DAS FÜR EIN GE-SICHT?!
!
ICH WERDE WEDER ALT ...
... NOCH STERBE ICH!
ICH BIN EIN UNSTERB-LICHER!
SSSSSSM
KANN ER DURCH IR-GENDEINE KUNST DEN KÖRPER EINES ANDEREN MENSCHEN BENUTZTEN?!
IM NAHKAMPF VORHIN WAR ES SCHON KOMISCH MIT IHM...
BIS BALD...
SSSM
WARTE!
BONG
DIE NEBEN-WIRKUNG MEINER KUNST SETZT EIN...
URGH!
SSSM
TAUMEL

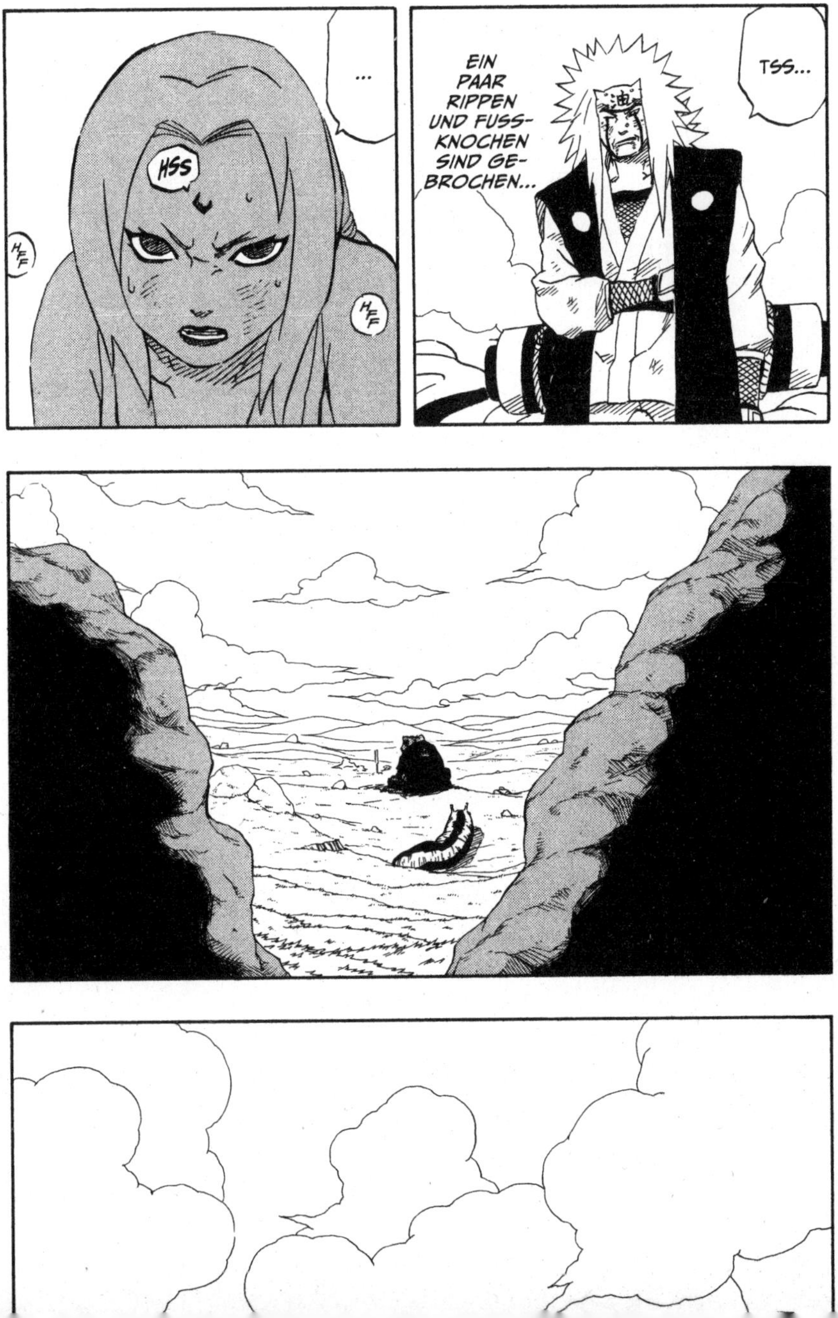
TSS...
EIN PAAR RIPPEN UND FUSS-KNOCHEN SIND GE-BROCHEN...
...
HSS
HFF
HFF

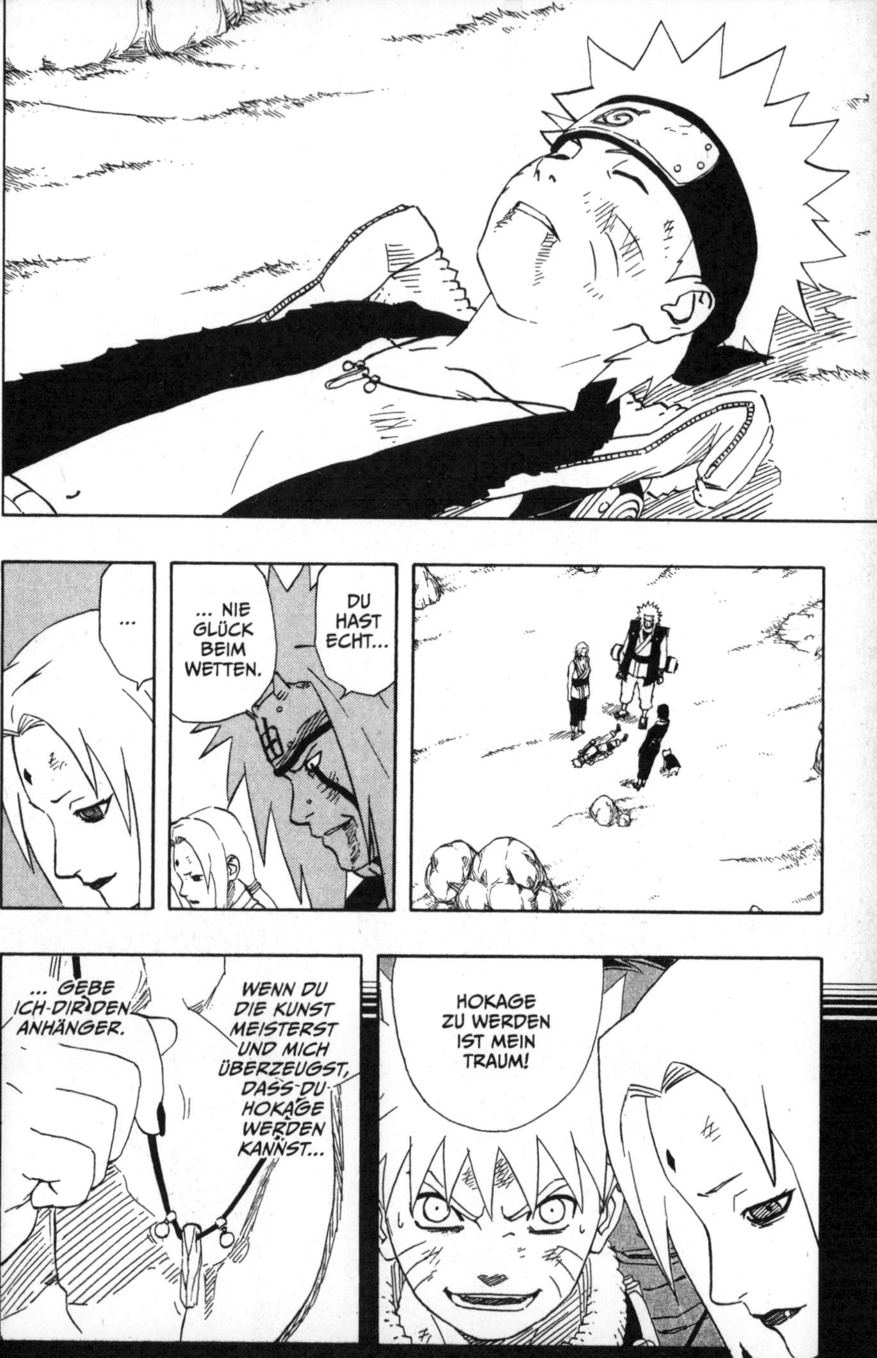
DU HAST ECHT...
... NIE GLÜCK BEIM WETTEN.
...
HOKAGE ZU WERDEN IST MEIN TRAUM!
WENN DU DIE KUNST MEISTERST UND MICH ÜBERZEUGST, DASS DU HOKAGE WERDEN KANNST...
... GEBE ICH DIR DEN ANHÄNGER.

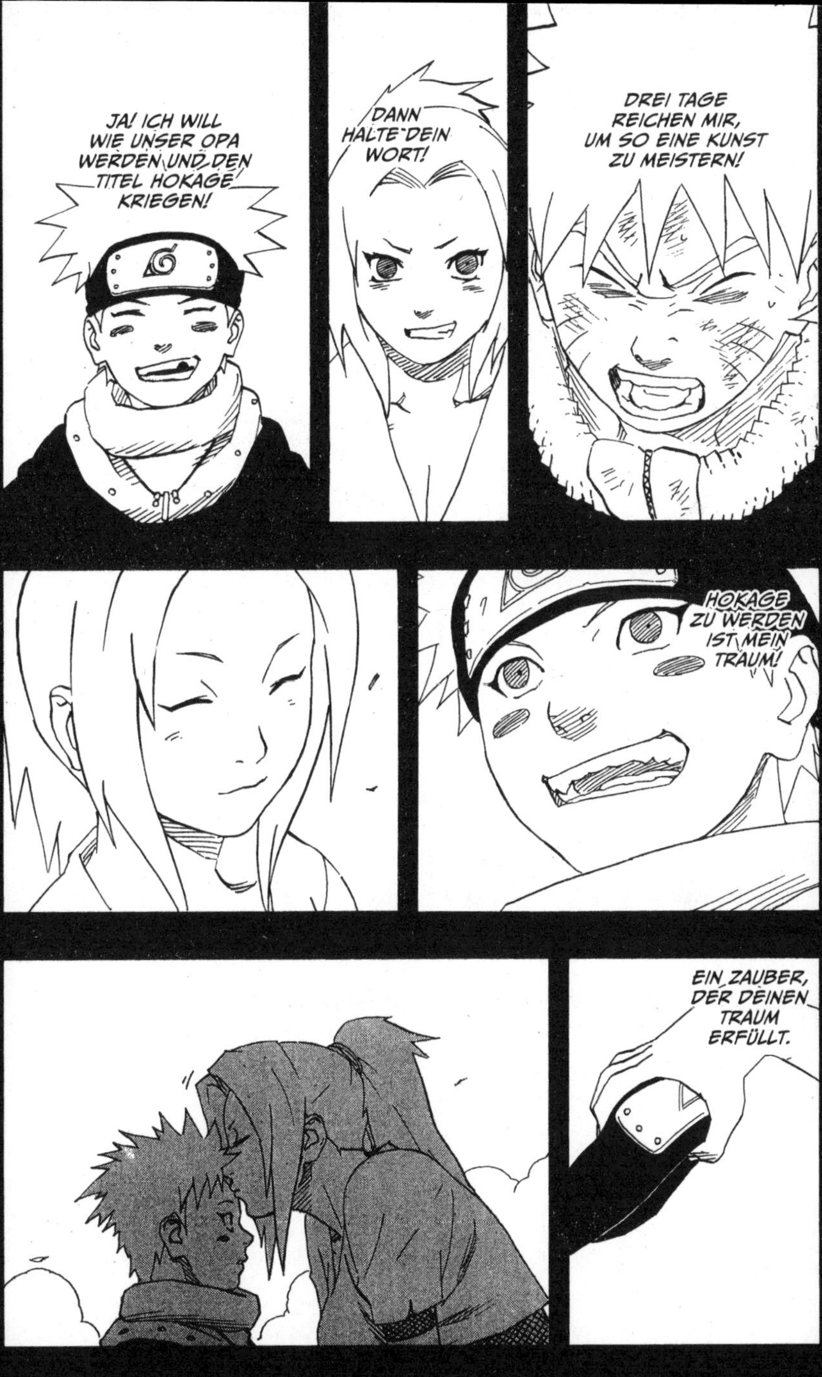
DREI TAGE REICHEN MIR, UM SO EINE KUNST ZU MEISTERN!
DANN HALTE DEIN WORT!
JA! ICH WILL WIE UNSER OPA WERDEN UND DEN TITEL HOKAGE KRIEGEN!
HOKAGE ZU WERDEN IST MEIN TRAUM!
EIN ZAUBER, DER DEINEN TRAUM ERFÜLLT.

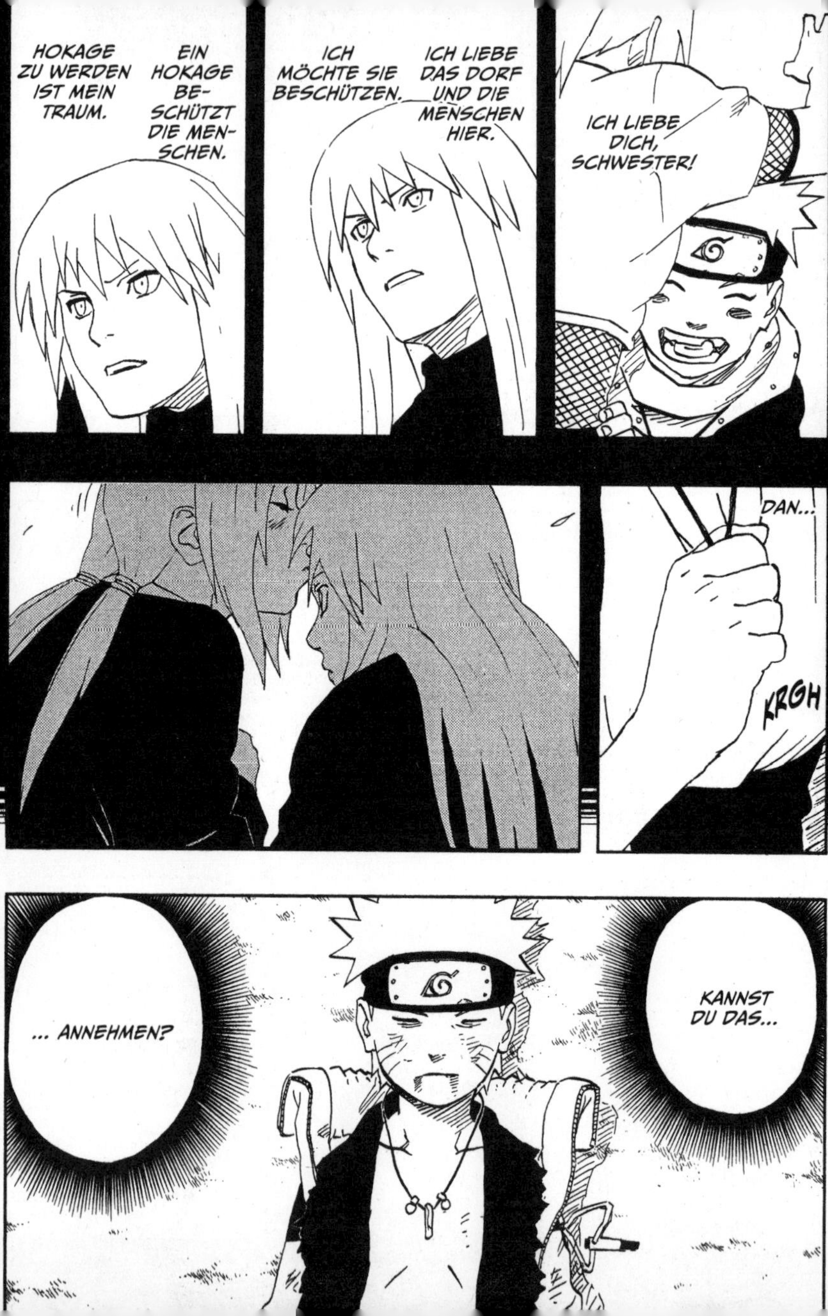
ICH LIEBE DICH, SCHWESTER!
ICH LIEBE DAS DORF UND DIE MENSCHEN HIER.
ICH MÖCHTE SIE BESCHÜTZEN.
EIN HOKAGE BE-SCHÜTZT DIE MEN-SCHEN.
HOKAGE ZU WERDEN IST MEIN TRAUM.
DAN...
KRGH
KANNST DU DAS...
... ANNEHMEN?

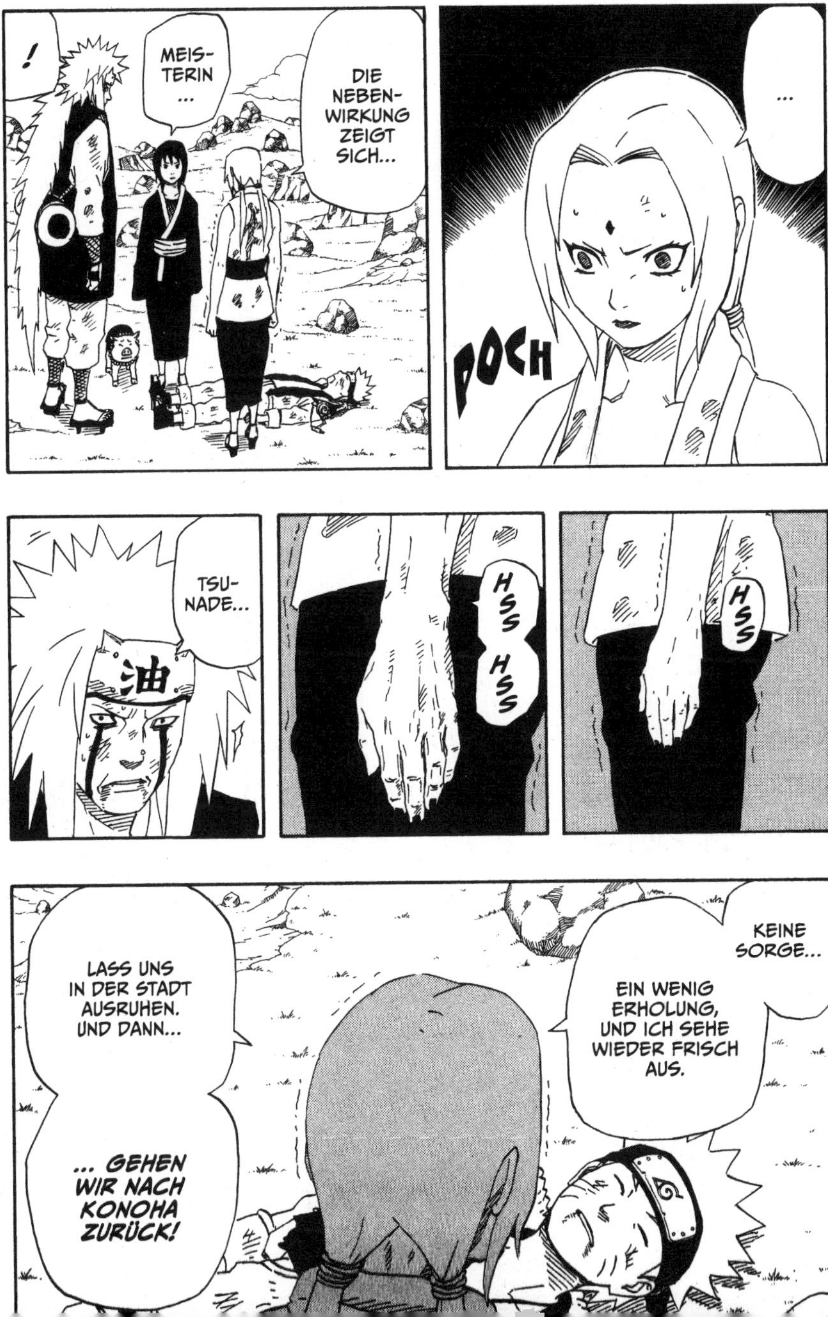
!
MEIS-TERIN …
DIE NEBEN-WIRKUNG ZEIGT SICH…
…
POCH
TSU-NADE…
HSS HSS
HSS
KEINE SORGE…
EIN WENIG ERHOLUNG, UND ICH SEHE WIEDER FRISCH AUS.
LASS UNS IN DER STADT AUSRUHEN. UND DANN…
… GEHEN WIR NACH KONOHA ZURÜCK!

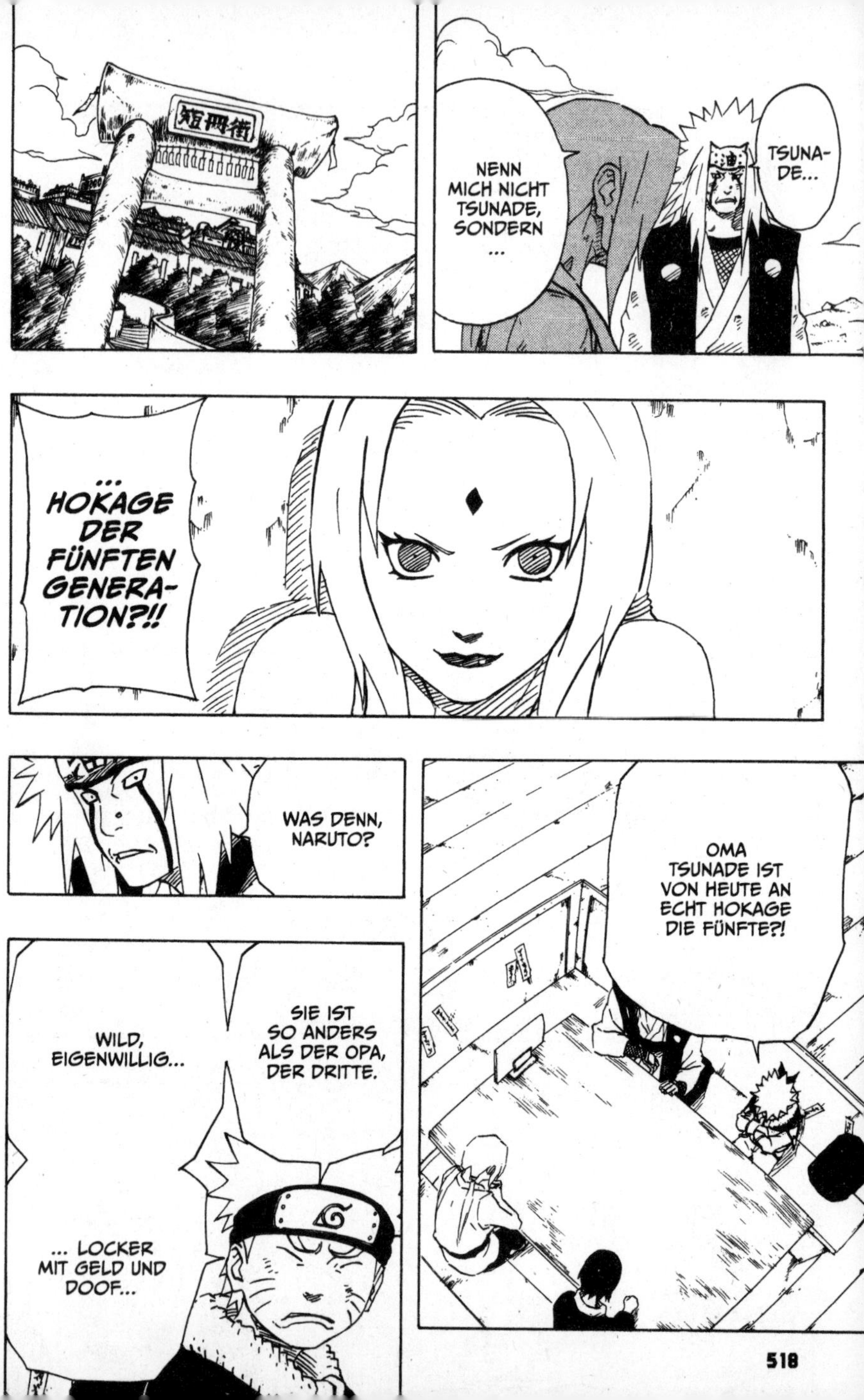
短冊街
TSUNA-DE...
NENN MICH NICHT TSUNADE, SONDERN ...
... HOKAGE DER FÜNFTEN GENERA-TION?!!
OMA TSUNADE IST VON HEUTE AN ECHT HOKAGE DIE FÜNFTE?!
WAS DENN, NARUTO?
SIE IST SO ANDERS ALS DER OPA, DER DRITTE.
WILD, EIGENWILLIG...
... LOCKER MIT GELD UND DOOF...

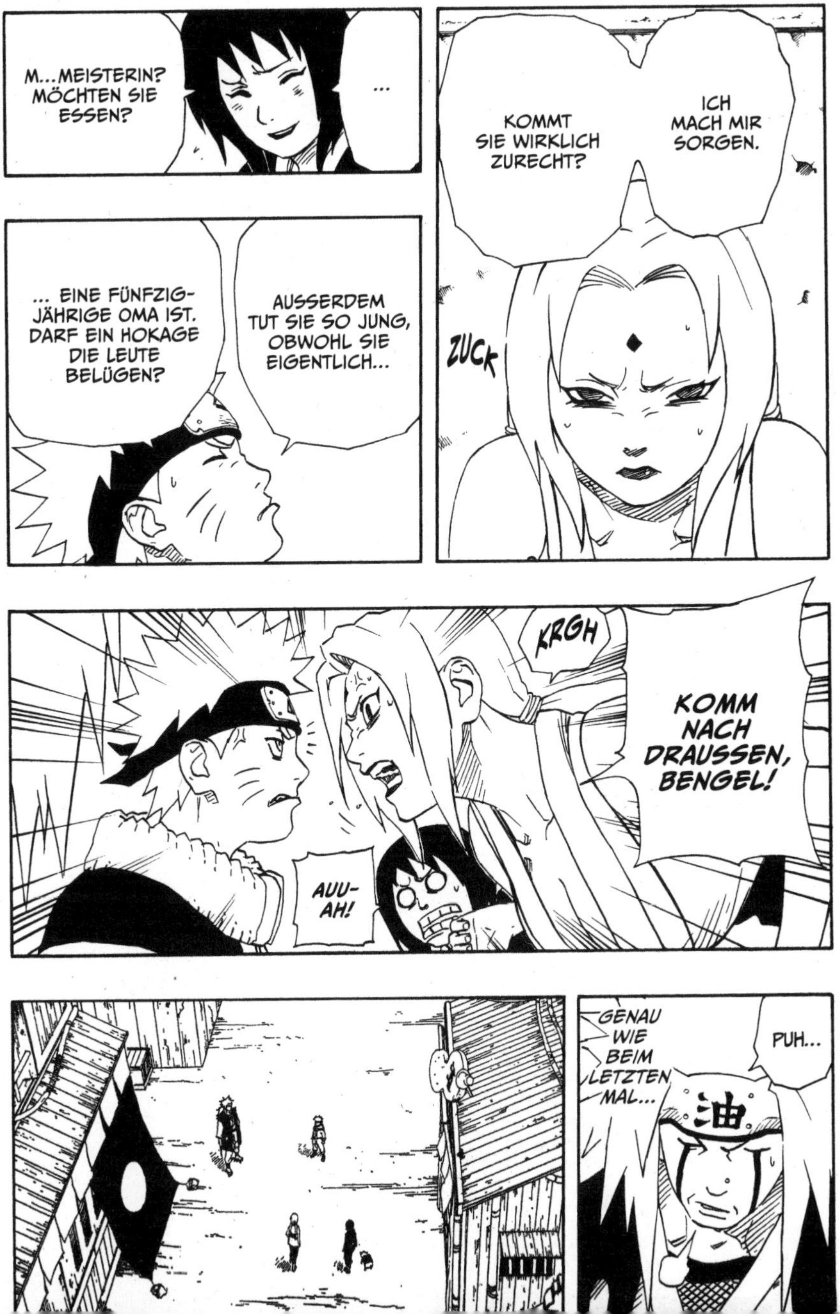
ICH MACH MIR SORGEN.
KOMMT SIE WIRKLICH ZURECHT?
ZUCK
...
M...MEISTERIN? MÖCHTEN SIE ESSEN?
AUSSERDEM TUT SIE SO JUNG, OBWOHL SIE EIGENTLICH...
... EINE FÜNFZIG-JÄHRIGE OMA IST. DARF EIN HOKAGE DIE LEUTE BELÜGEN?
KRGH
KOMM NACH DRAUSSEN, BENGEL!
AUU-AH!
PUH...
GENAU WIE BEIM LETZTEN MAL...

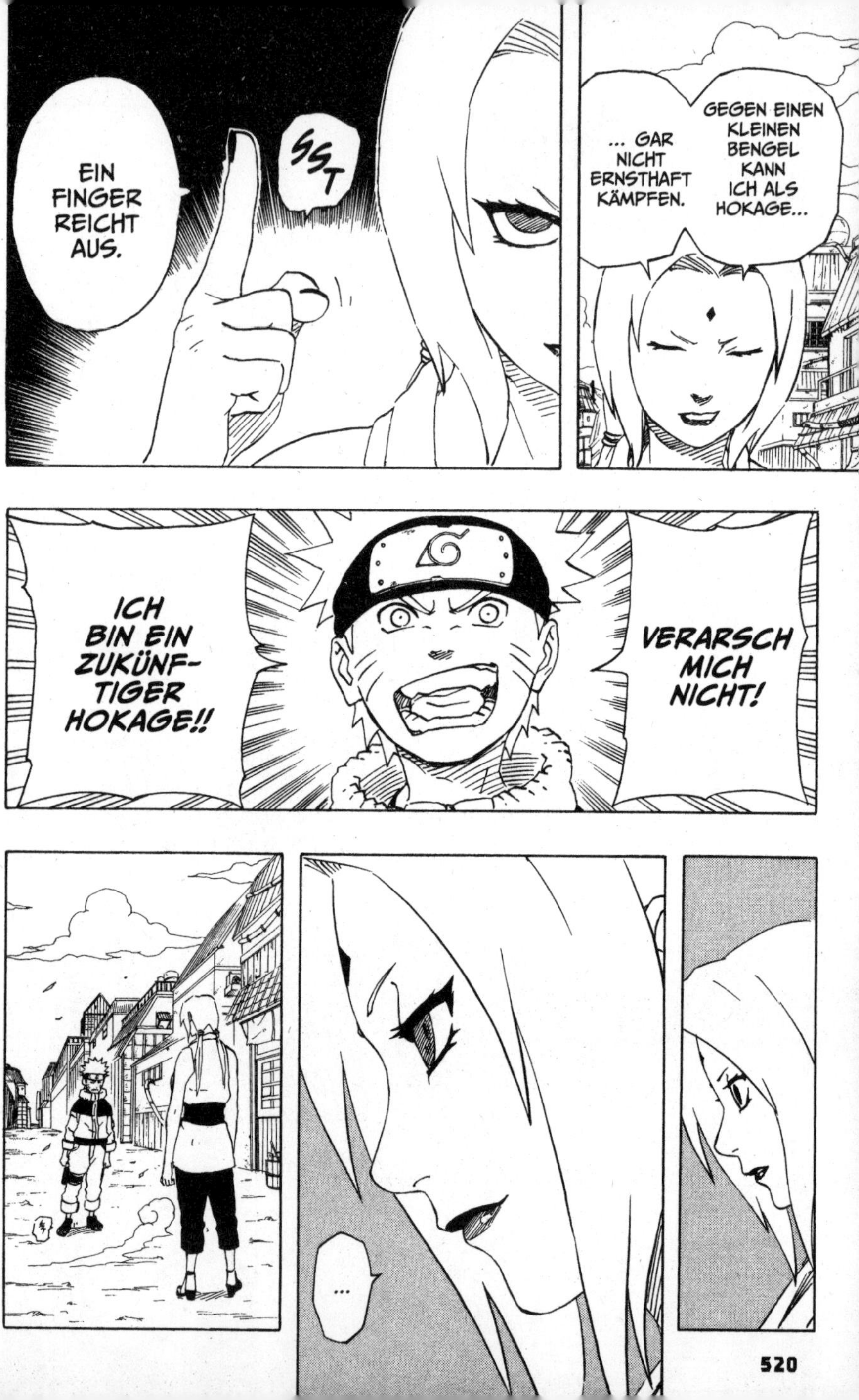
GEGEN EINEN KLEINEN BENGEL KANN ICH ALS HOKAGE...
... GAR NICHT ERNSTHAFT KÄMPFEN.
SST
EIN FINGER REICHT AUS.
VERARSCH MICH NICHT!
ICH BIN EIN ZUKÜNFTIGER HOKAGE!!
...

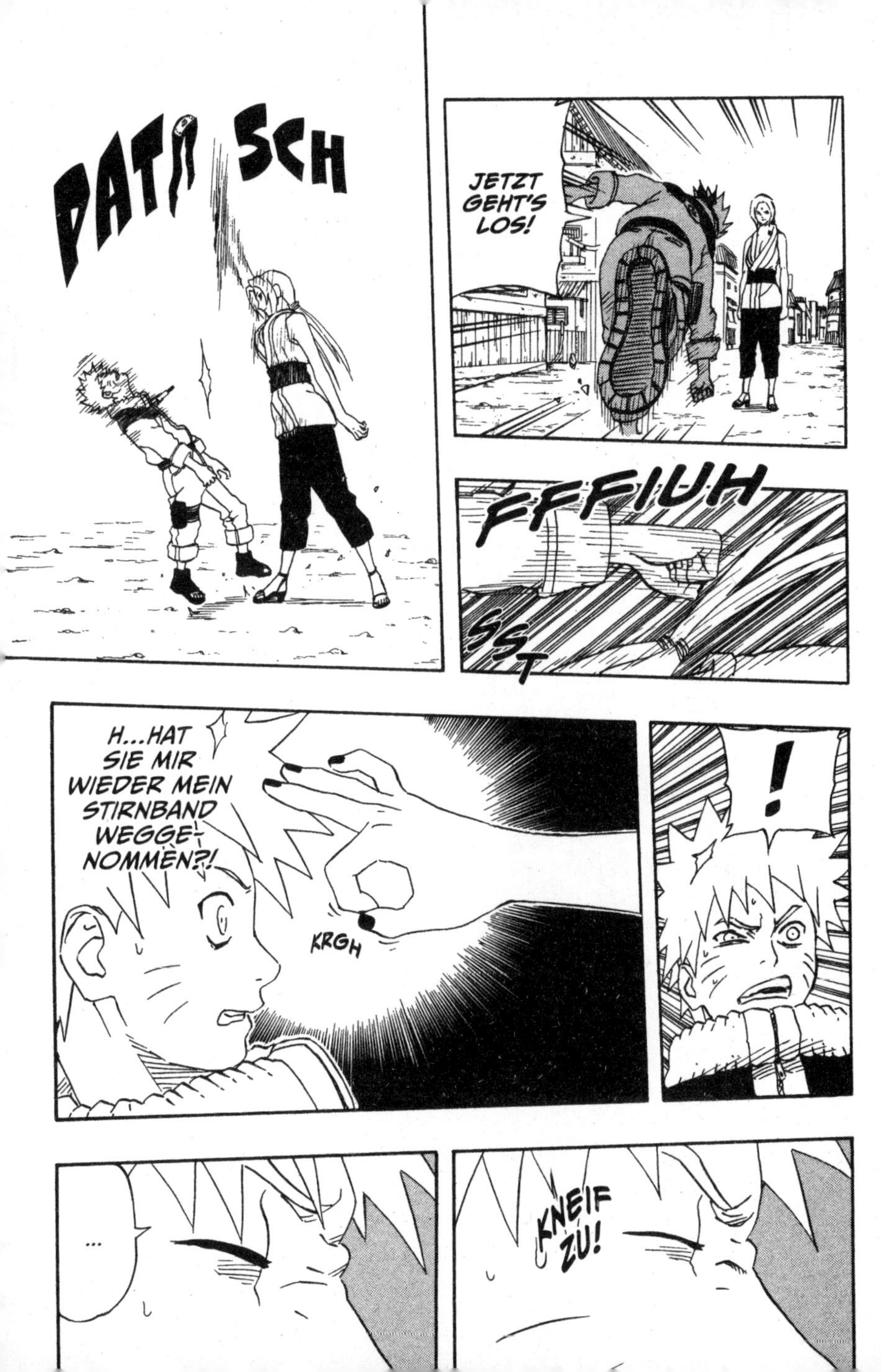

JETZT GEHT'S LOS!
FFFIUH
SSST
PATSCH
!
H...HAT SIE MIR WIEDER MEIN STIRNBAND WEGGE-NOMMEN?!
KRGH
KNEIF ZU!
...

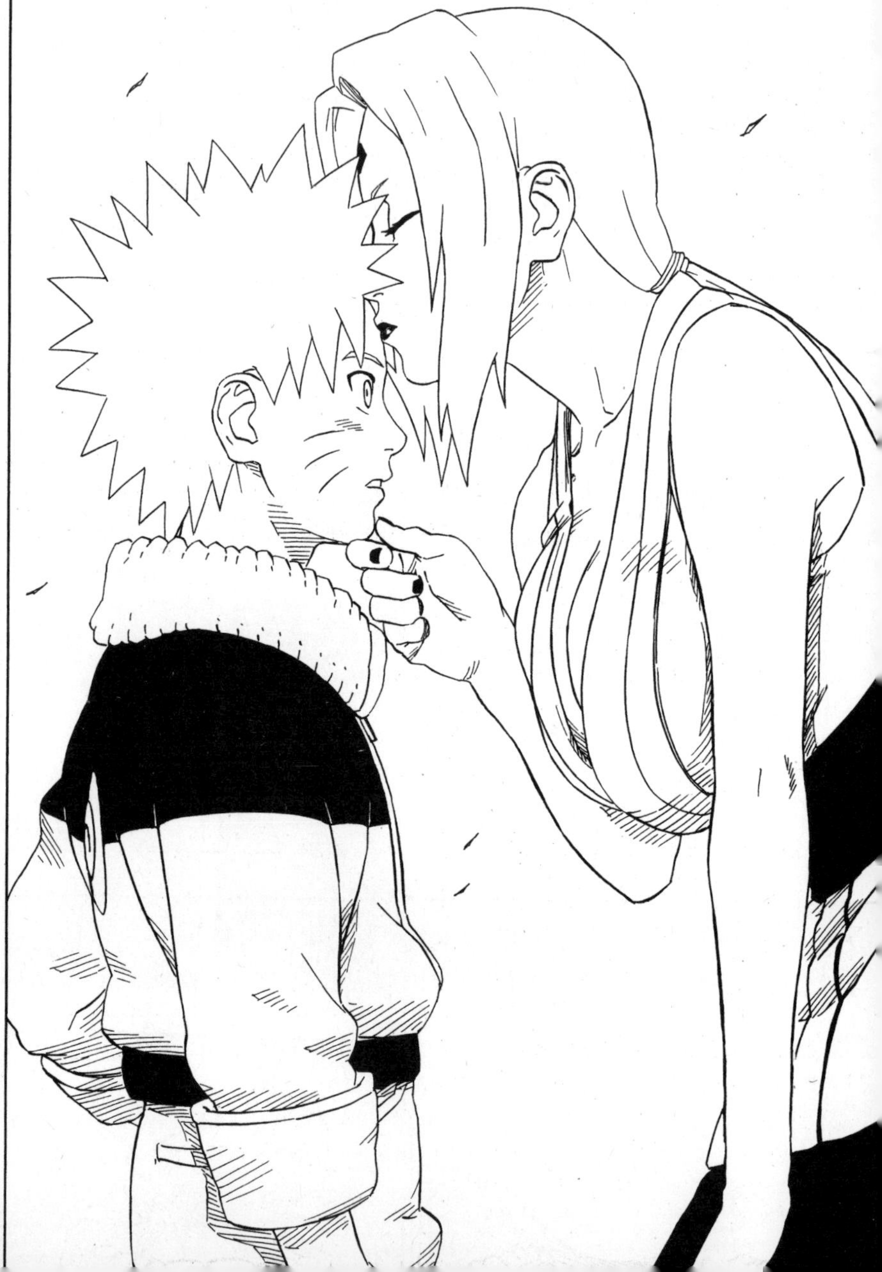

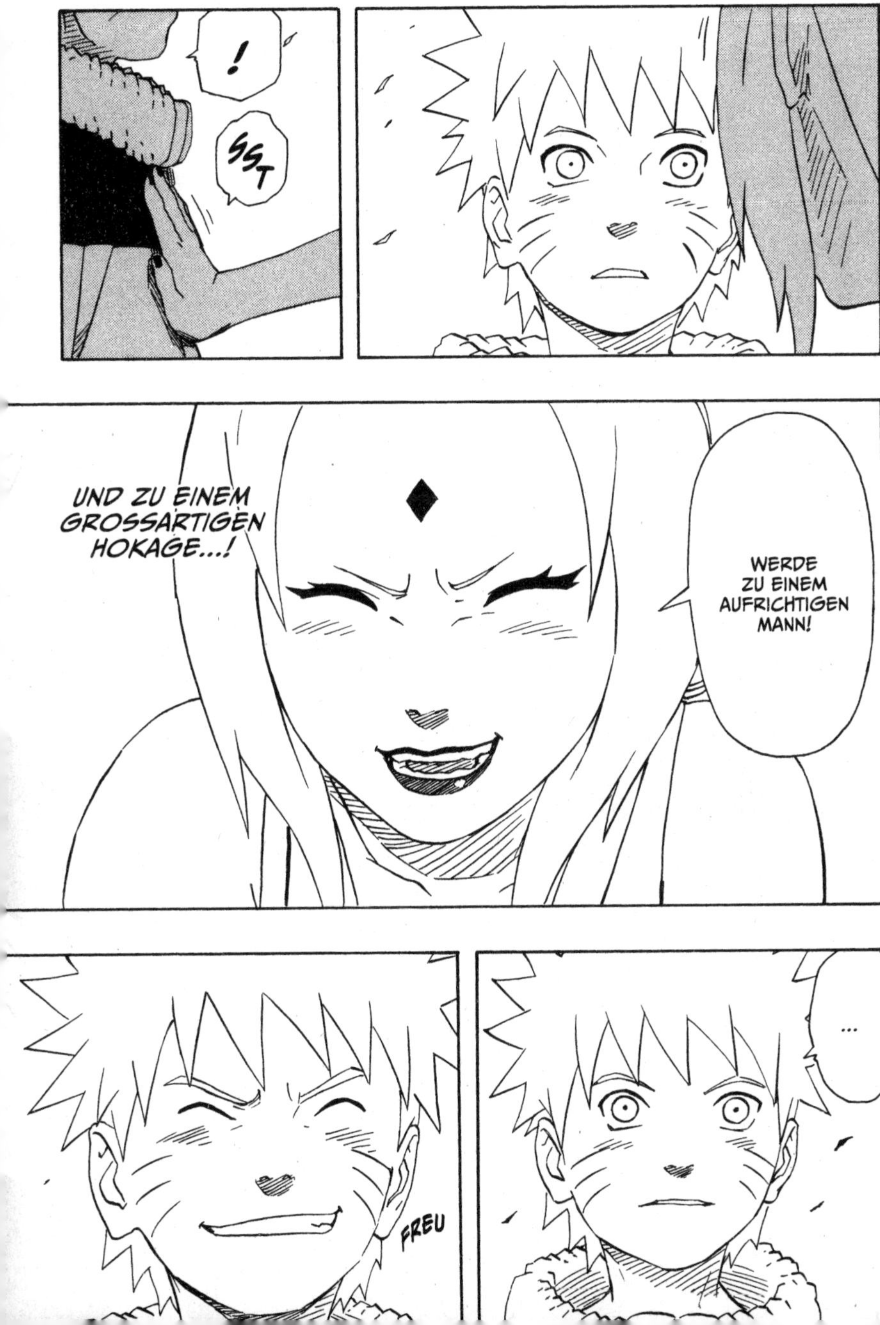
!
SST
WERDE ZU EINEM AUFRICHTIGEN MANN!
UND ZU EINEM GROSSARTIGEN HOKAGE...!
...
FREU

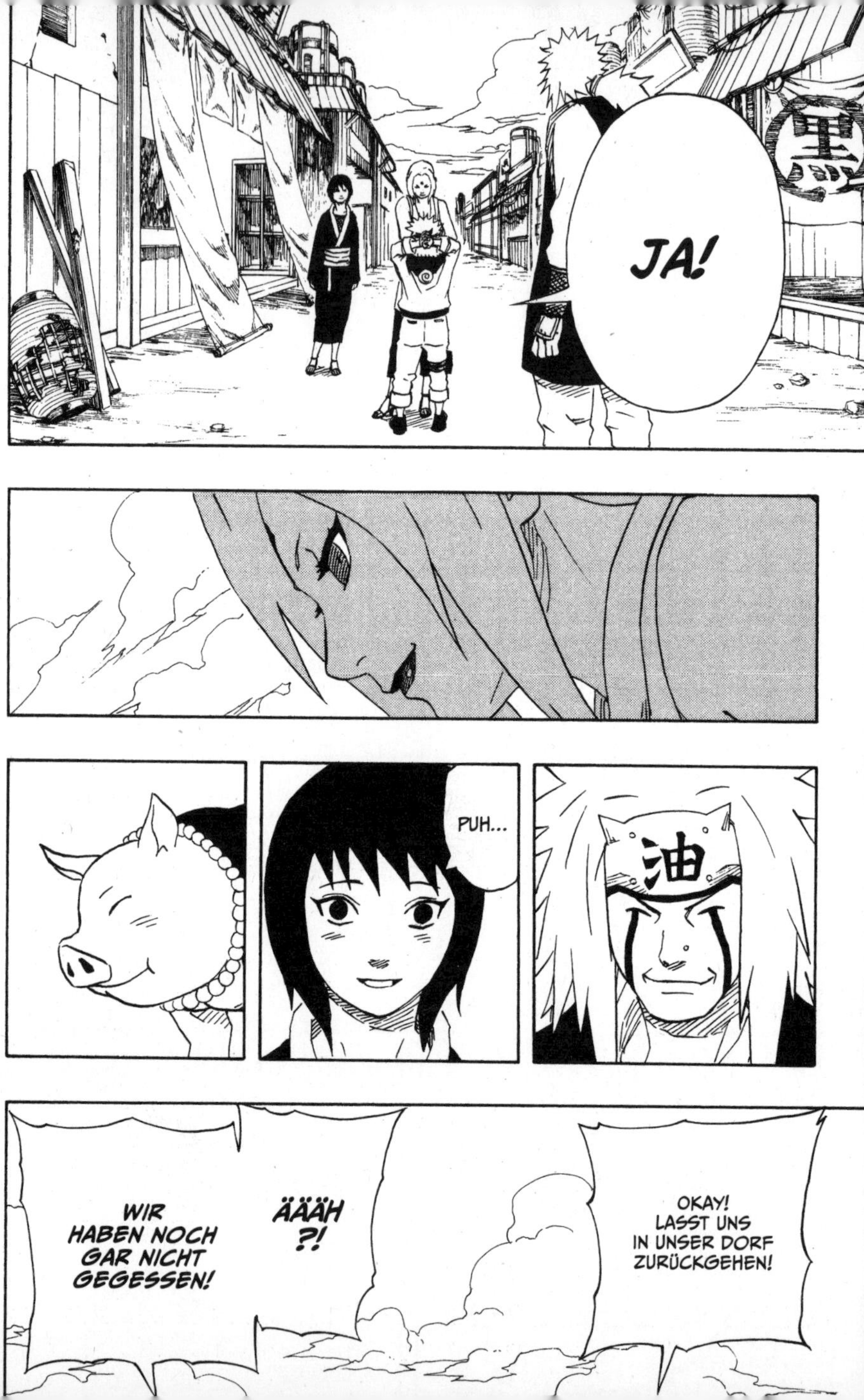
JA!
PUH...
OKAY! LASST UNS IN UNSER DORF ZURÜCKGEHEN!
ÄÄÄH ?!
WIR HABEN NOCH GAR NICHT GEGESSEN!

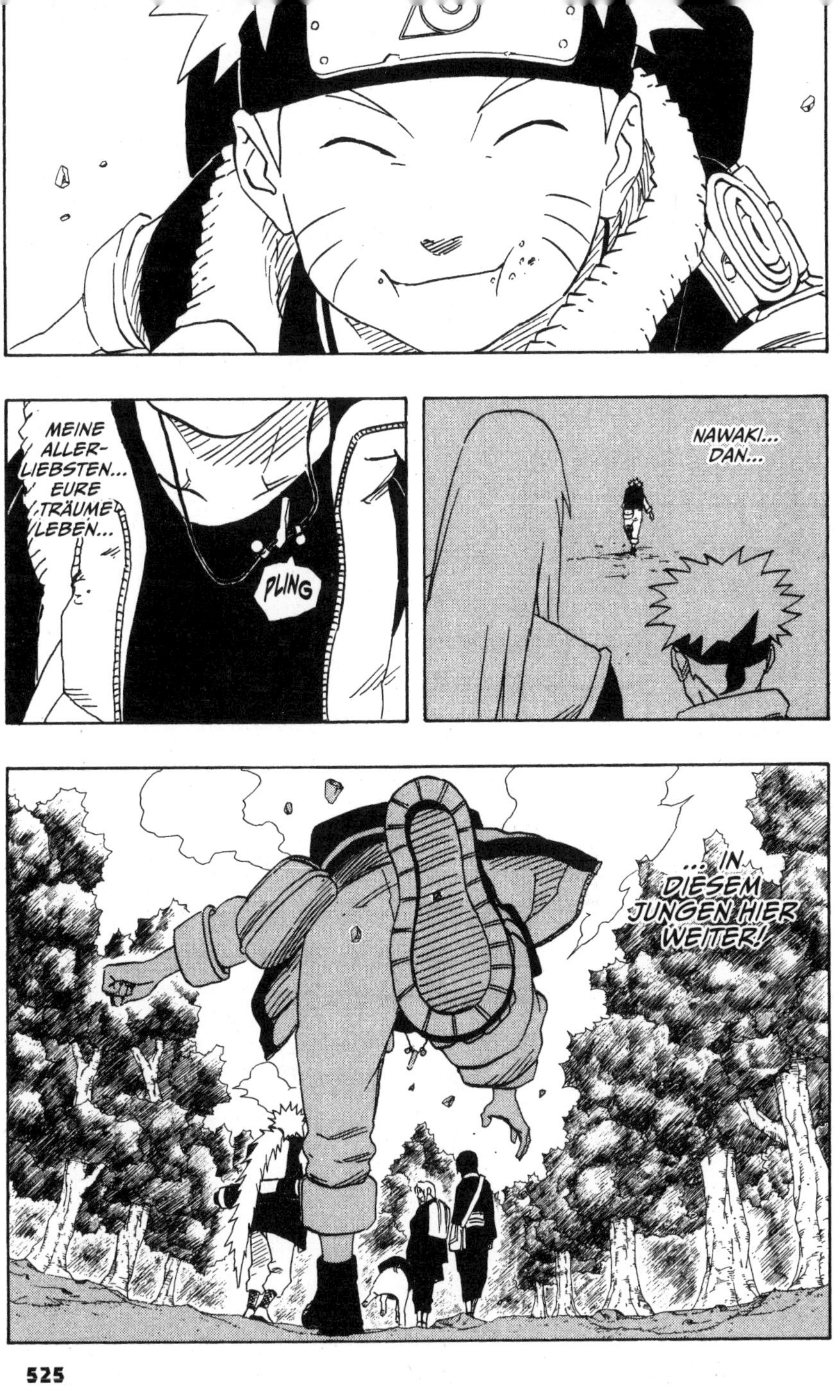
NAWAKI... DAN...
MEINE ALLER-LIEBSTEN... EURE TRÄUME LEBEN...
PLING
... IN DIESEM JUNGEN HIER WEITER!

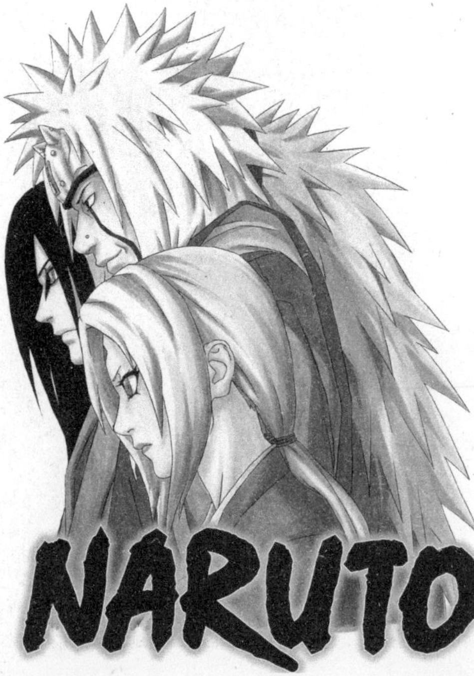
NARUTO

172. Kapitel: Heimkehr

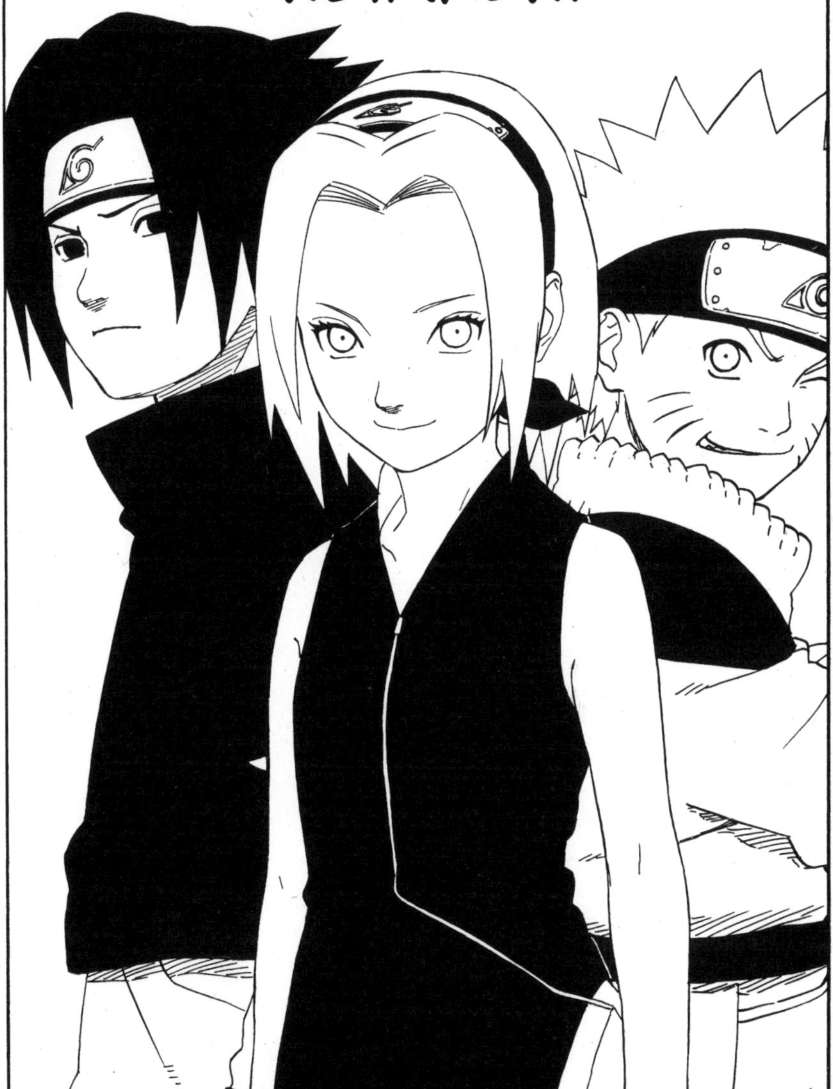

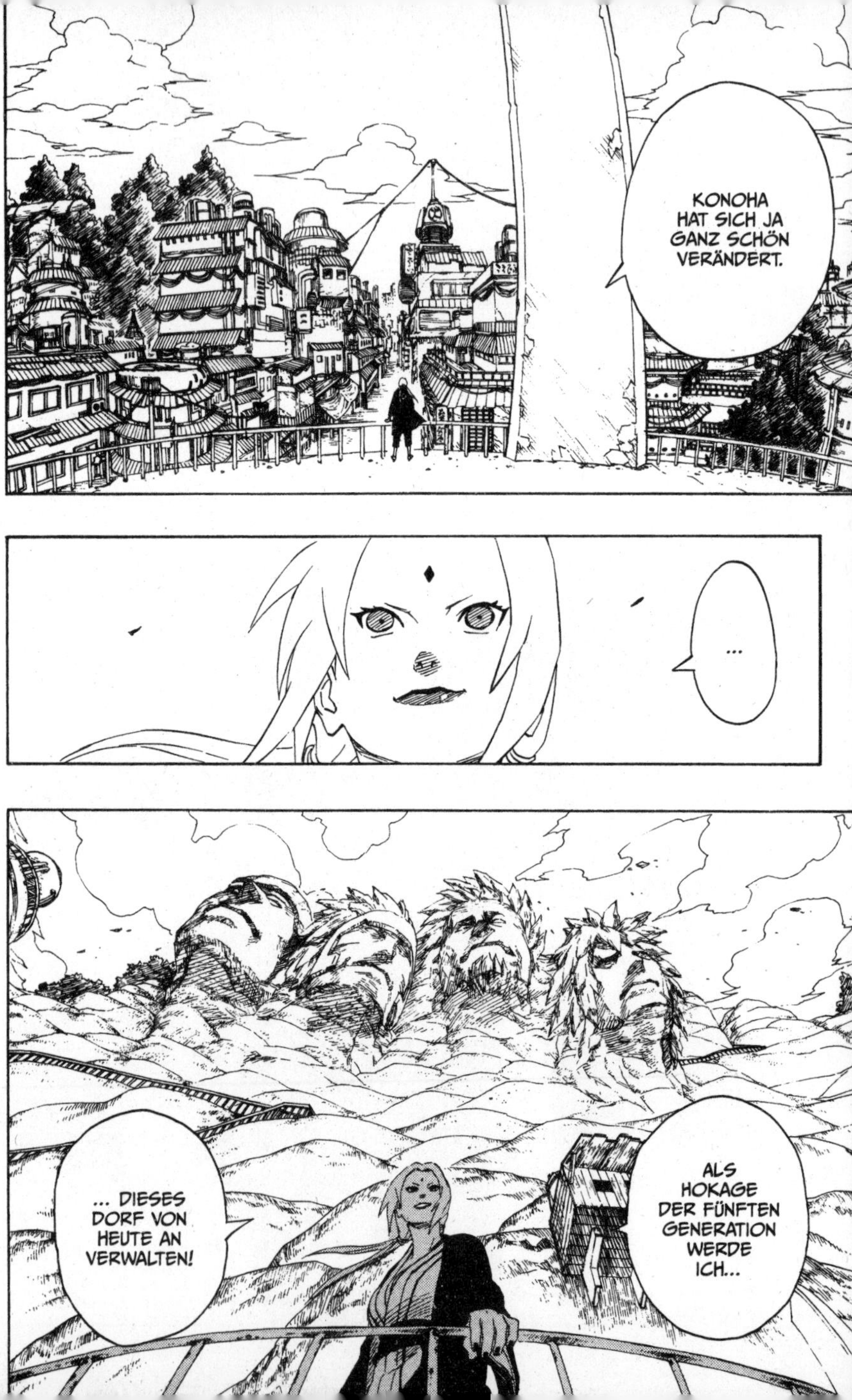
KONOHA HAT SICH JA GANZ SCHÖN VERÄNDERT.
...
ALS HOKAGE DER FÜNFTEN GENERATION WERDE ICH...
... DIESES DORF VON HEUTE AN VERWALTEN!

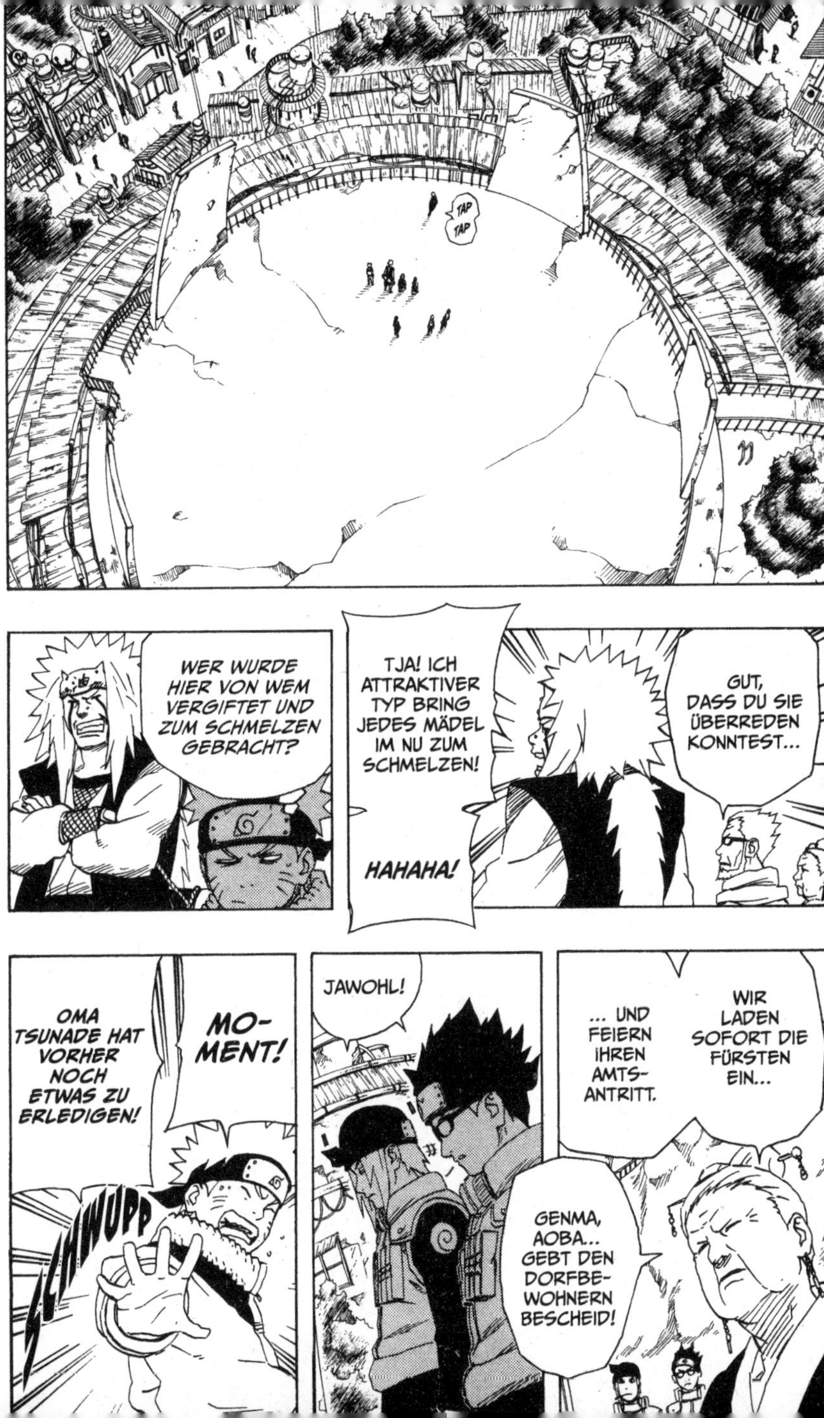
TAP TAP
GUT, DASS DU SIE ÜBERREDEN KONNTEST...
TJA! ICH ATTRAKTIVER TYP BRING JEDES MÄDEL IM NU ZUM SCHMELZEN!
HAHAHA!
WER WURDE HIER VON WEM VERGIFTET UND ZUM SCHMELZEN GEBRACHT?
WIR LADEN SOFORT DIE FÜRSTEN EIN...
... UND FEIERN IHREN AMTS-ANTRITT.
GENMA, AOBA... GEBT DEN DORFBE-WOHNERN BESCHEID!
JAWOHL!
MO-MENT!
OMA TSUNADE HAT VORHER NOCH ETWAS ZU ERLEDIGEN!
SCHWUPP

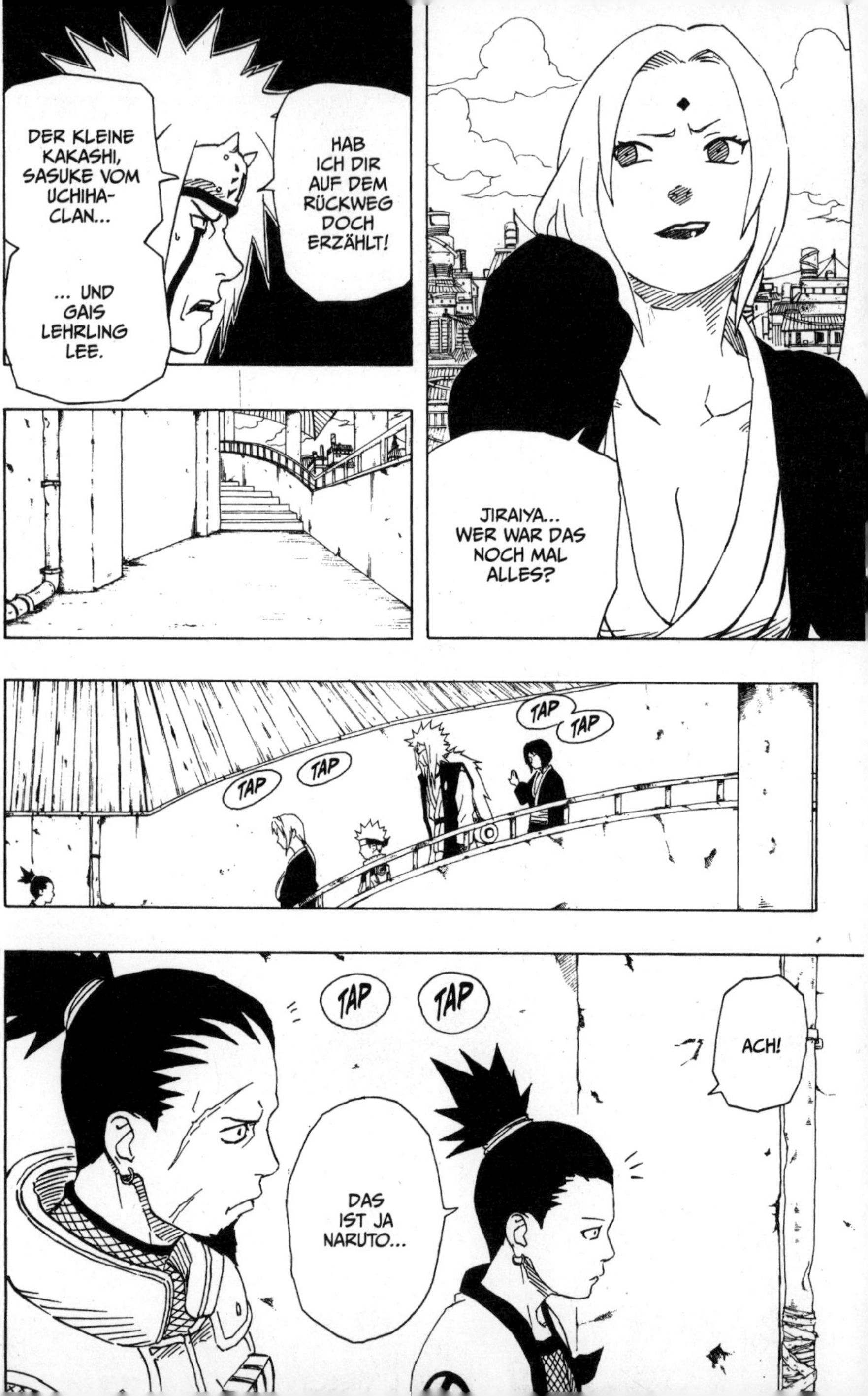
JIRAIYA... WER WAR DAS NOCH MAL ALLES?
HAB ICH DIR AUF DEM RÜCKWEG DOCH ERZÄHLT!
DER KLEINE KAKASHI, SASUKE VOM UCHIHA-CLAN...
... UND GAIS LEHRLING LEE.
TAP
TAP
TAP
TAP
TAP
TAP
ACH!
DAS IST JA NARUTO...

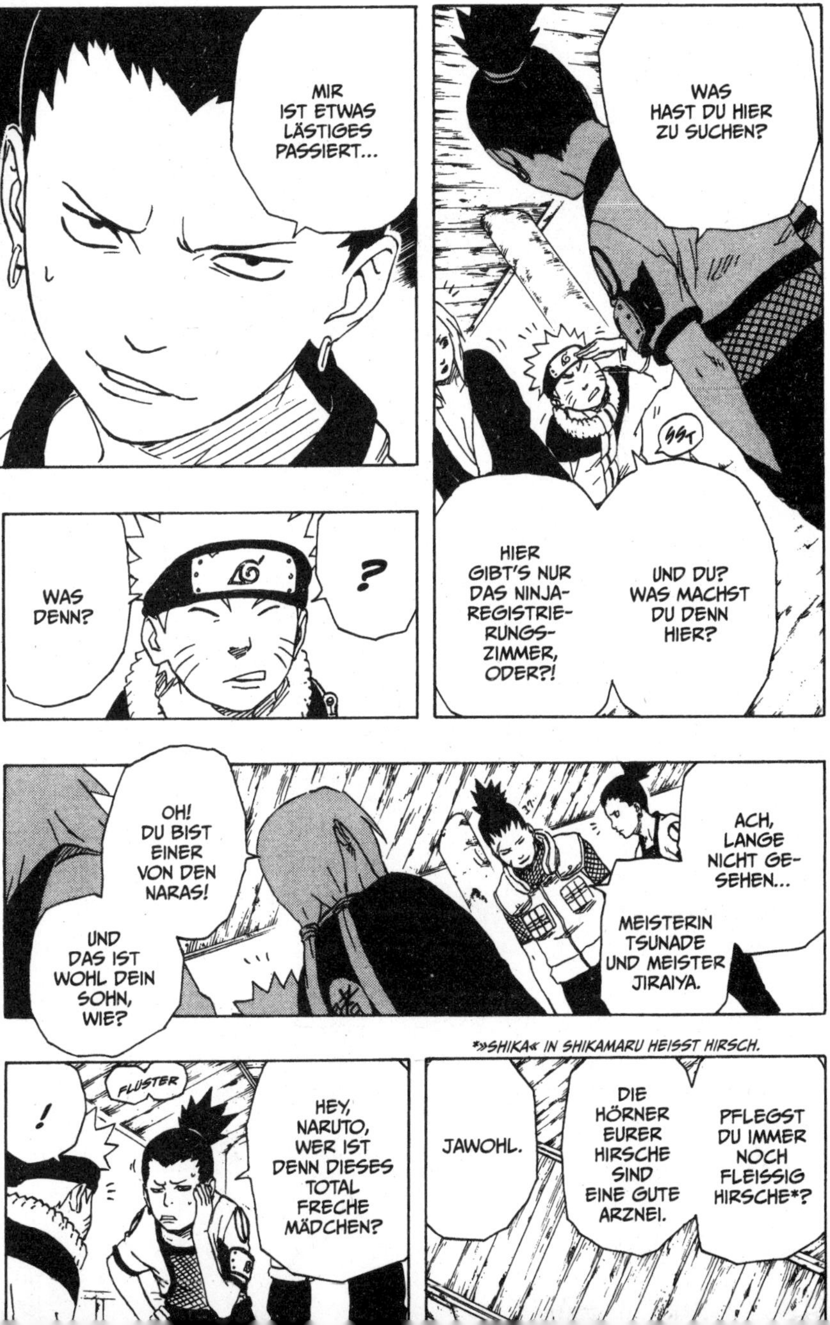

*»SHIKA« IN SHIKAMARU HEISST HIRSCH.

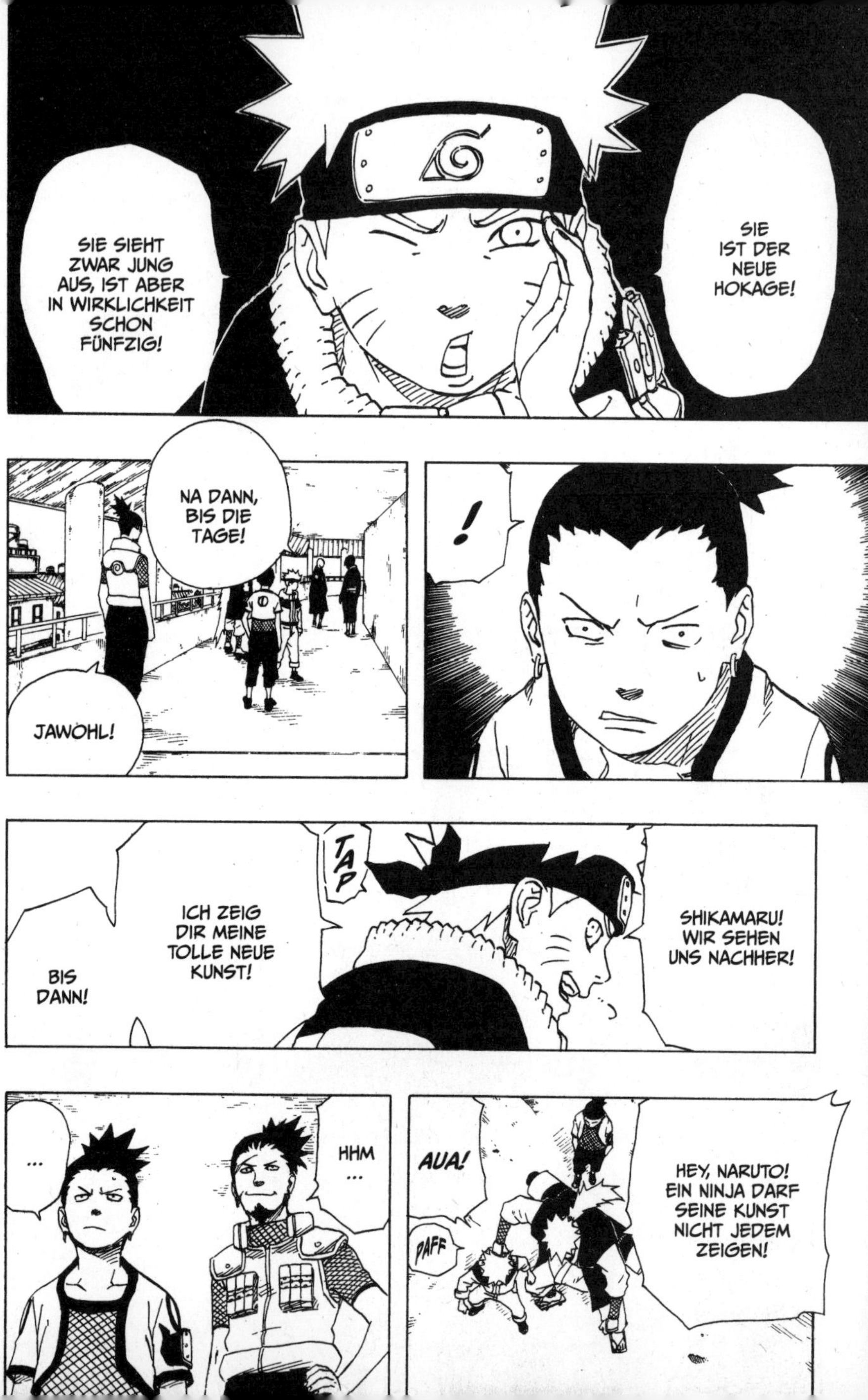
SIE IST DER NEUE HOKAGE!
SIE SIEHT ZWAR JUNG AUS, IST ABER IN WIRKLICHKEIT SCHON FÜNFZIG!
!
NA DANN, BIS DIE TAGE!
JAWÖHL!
TAP
SHIKAMARU! WIR SEHEN UNS NACHHER!
ICH ZEIG DIR MEINE TOLLE NEUE KUNST!
BIS DANN!
HEY, NARUTO! EIN NINJA DARF SEINE KUNST NICHT JEDEM ZEIGEN!
AUA!
PAFF
HHM ...
...

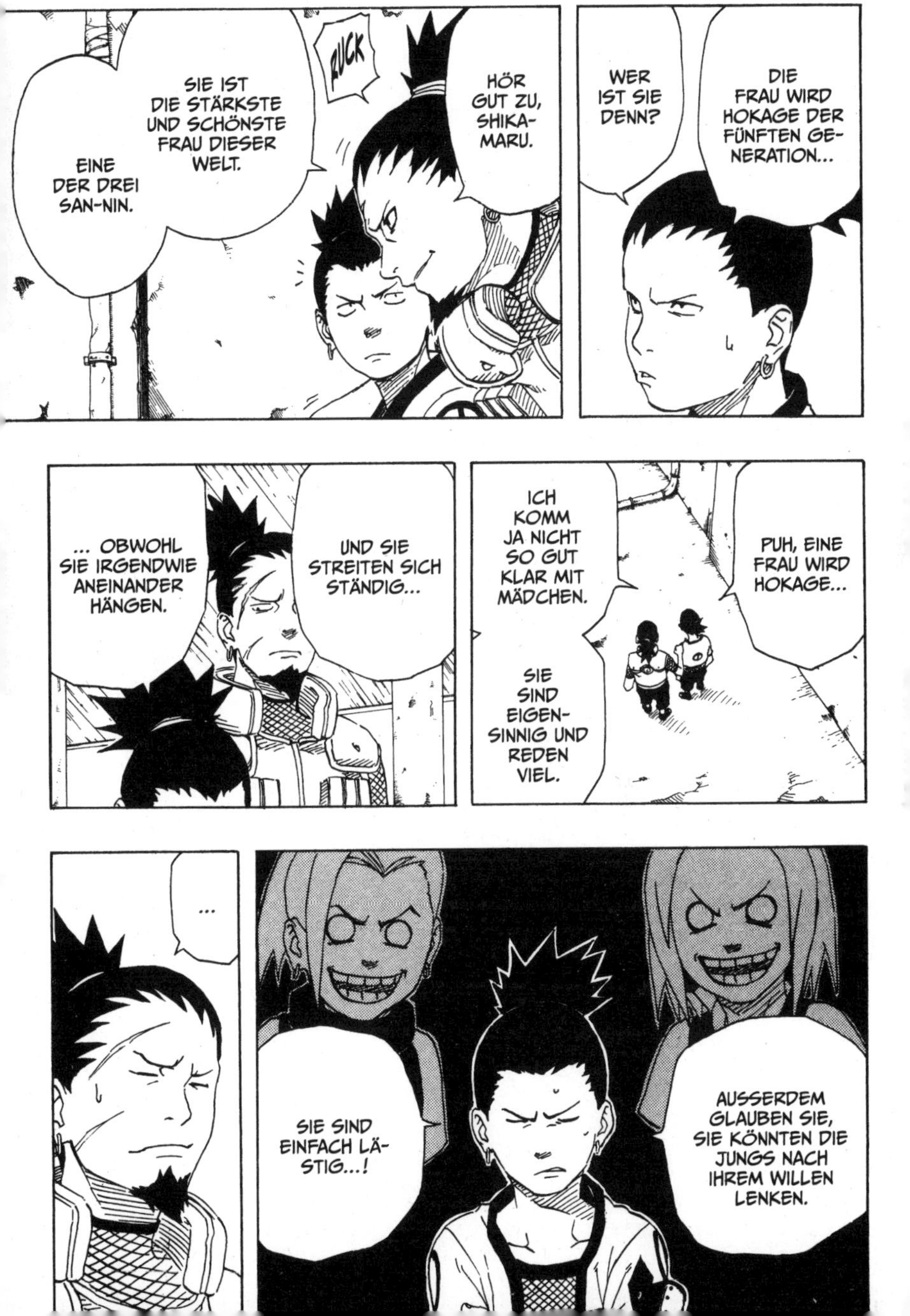
DIE FRAU WIRD HOKAGE DER FÜNFTEN GENERATION...
WER IST SIE DENN?
HÖR GUT ZU, SHIKAMARU.
RUCK
SIE IST DIE STÄRKSTE UND SCHÖNSTE FRAU DIESER WELT.
EINE DER DREI SAN-NIN.
PUH, EINE FRAU WIRD HOKAGE...
ICH KOMM JA NICHT SO GUT KLAR MIT MÄDCHEN.
SIE SIND EIGENSINNIG UND REDEN VIEL.
UND SIE STREITEN SICH STÄNDIG...
... OBWOHL SIE IRGENDWIE ANEINANDER HÄNGEN.
AUSSERDEM GLAUBEN SIE, SIE KÖNNTEN DIE JUNGS NACH IHREM WILLEN LENKEN.
SIE SIND EINFACH LÄSTIG...!
...

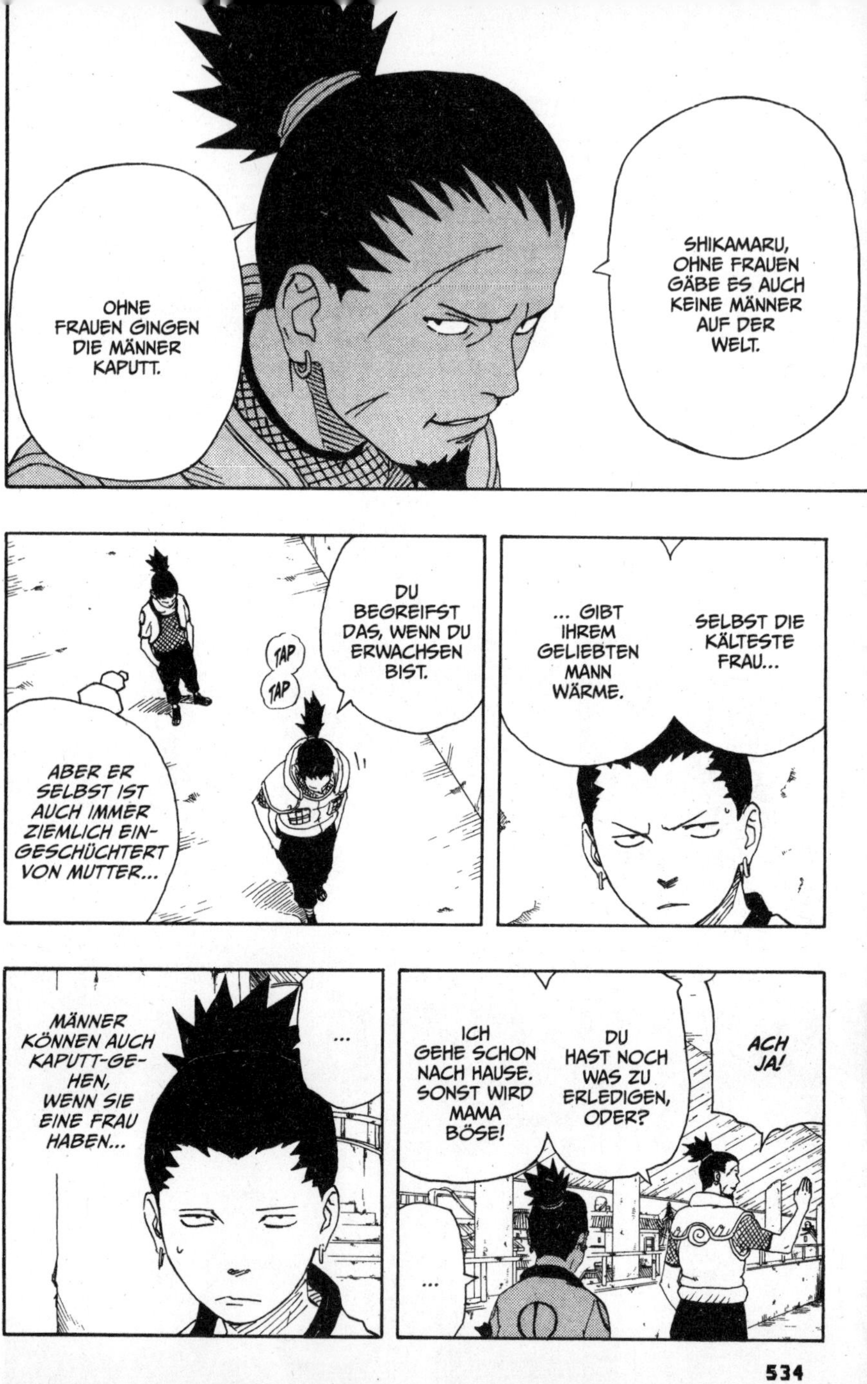
SHIKAMARU, OHNE FRAUEN GÄBE ES AUCH KEINE MÄNNER AUF DER WELT.
OHNE FRAUEN GINGEN DIE MÄNNER KAPUTT.
SELBST DIE KÄLTESTE FRAU...
... GIBT IHREM GELIEBTEN MANN WÄRME.
DU BEGREIFST DAS, WENN DU ERWACHSEN BIST.
TAP
TAP
ABER ER SELBST IST AUCH IMMER ZIEMLICH EIN-GESCHÜCHTERT VON MUTTER...
ACH JA!
DU HAST NOCH WAS ZU ERLEDIGEN, ODER?
ICH GEHE SCHON NACH HAUSE. SONST WIRD MAMA BÖSE!
...
...
MÄNNER KÖNNEN AUCH KAPUTT-GE-HEN, WENN SIE EINE FRAU HABEN...

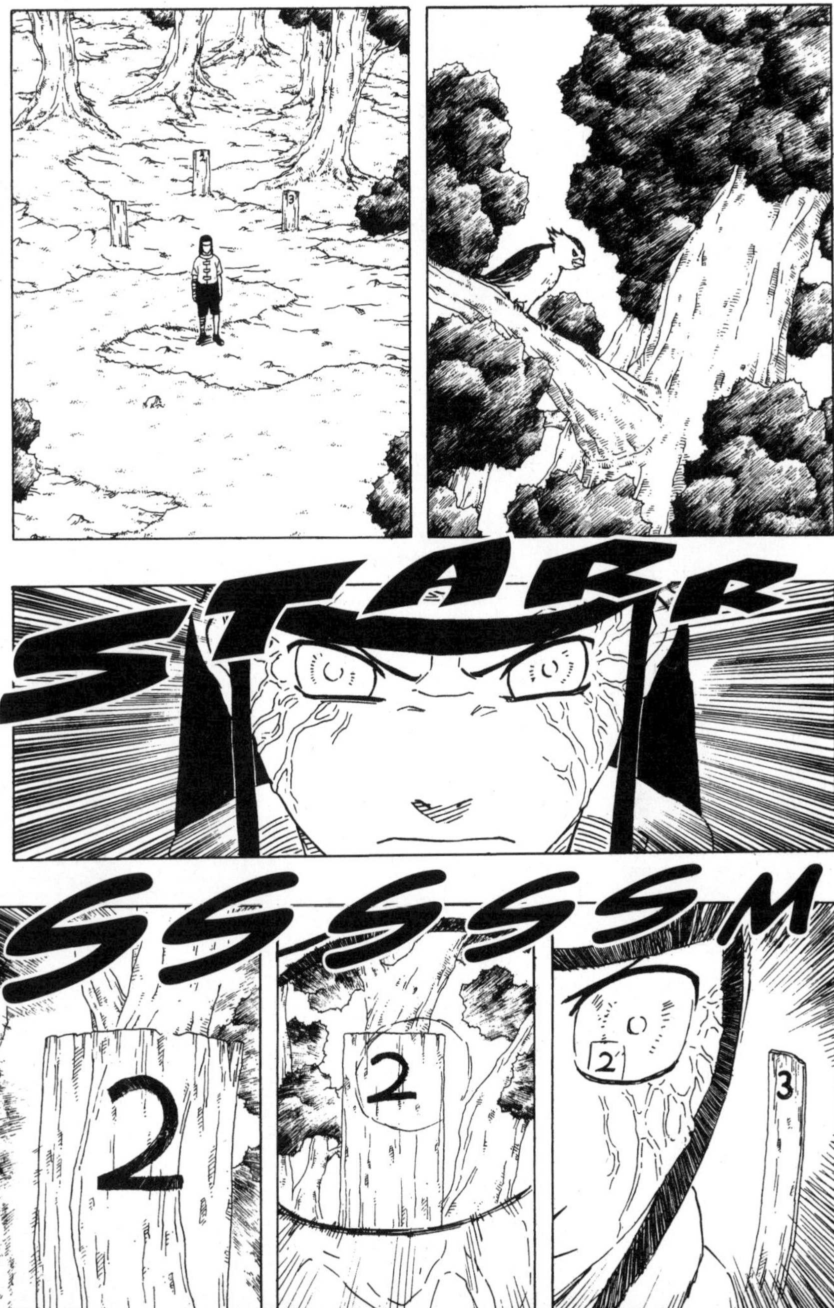
STARR
SSSSSSM

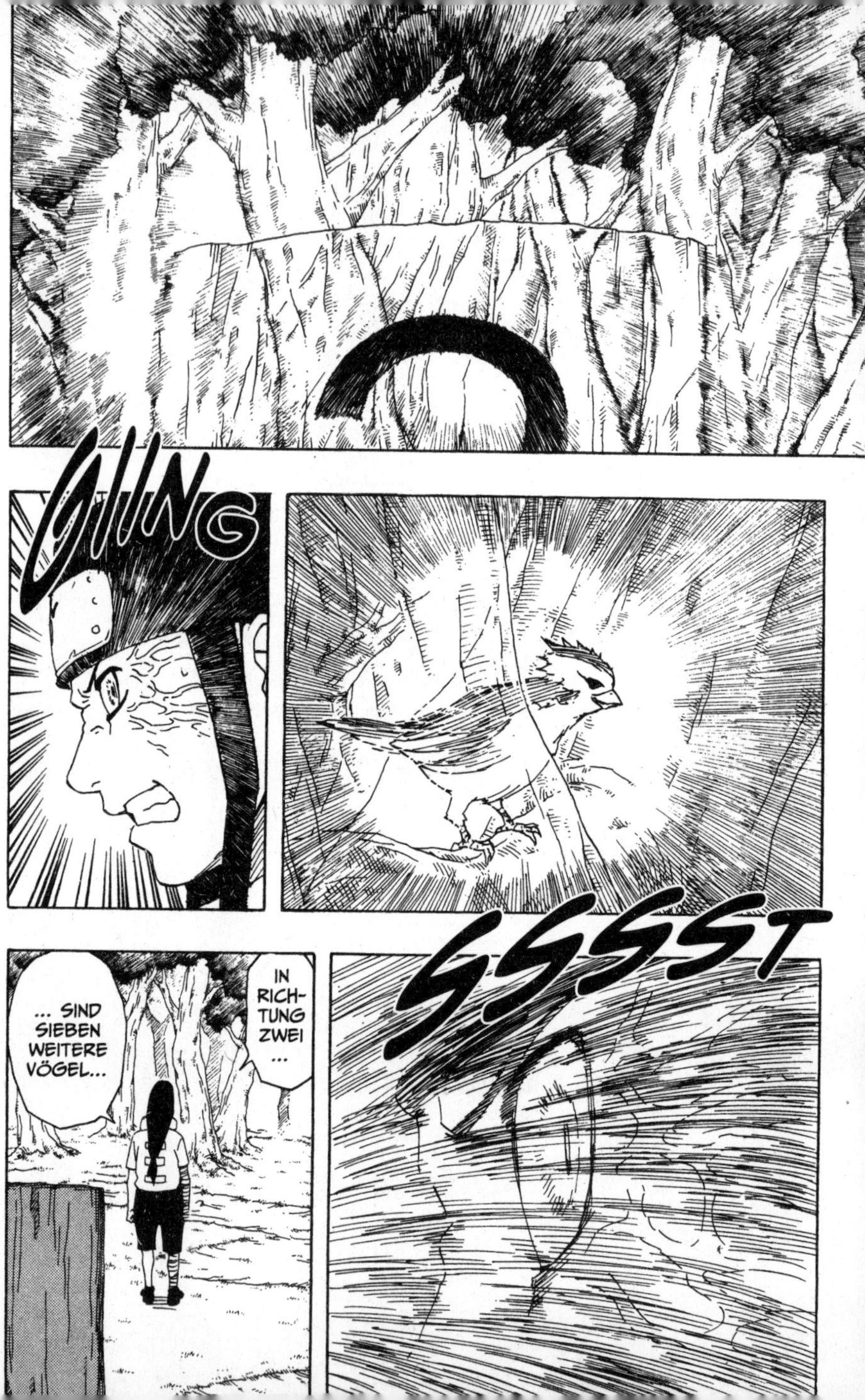
GIING
SSSST
IN RICHTUNG ZWEI ...
... SIND SIEBEN WEITERE VÖGEL...

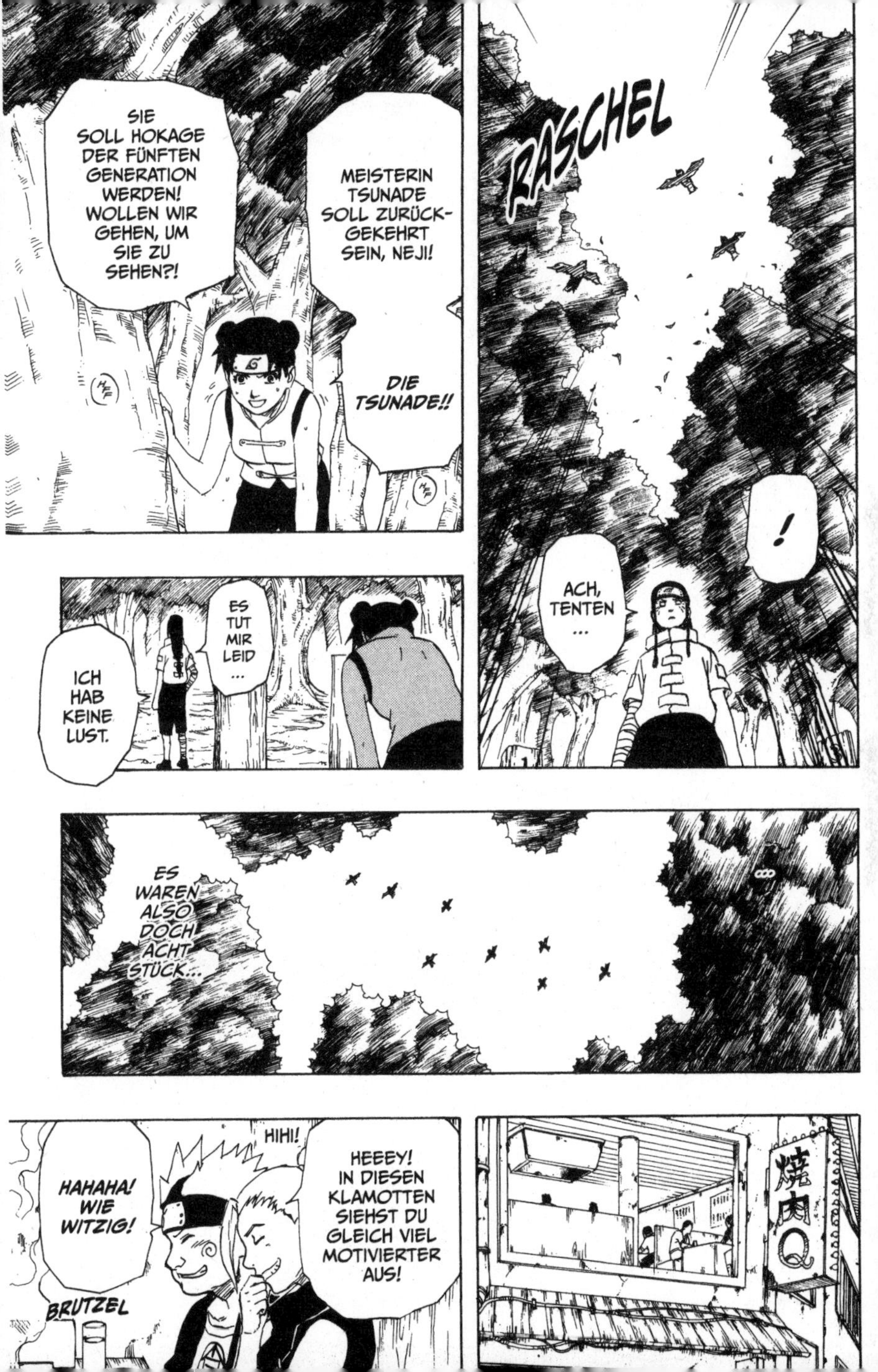
MEISTERIN TSUNADE SOLL ZURÜCK-GEKEHRT SEIN, NEJI!
SIE SOLL HOKAGE DER FÜNFTEN GENERATION WERDEN! WOLLEN WIR GEHEN, UM SIE ZU SEHEN?!
DIE TSUNADE!!
RASCHEL
!
ACH, TENTEN ...
ES TUT MIR LEID ...
ICH HAB KEINE LUST.
...
ES WAREN ALSO DOCH ACHT STÜCK...
焼肉Q
HIHI!
HEEEY! IN DIESEN KLAMOTTEN SIEHST DU GLEICH VIEL MOTIVIERTER AUS!
HAHAHA! WIE WITZIG!
BRUTZEL

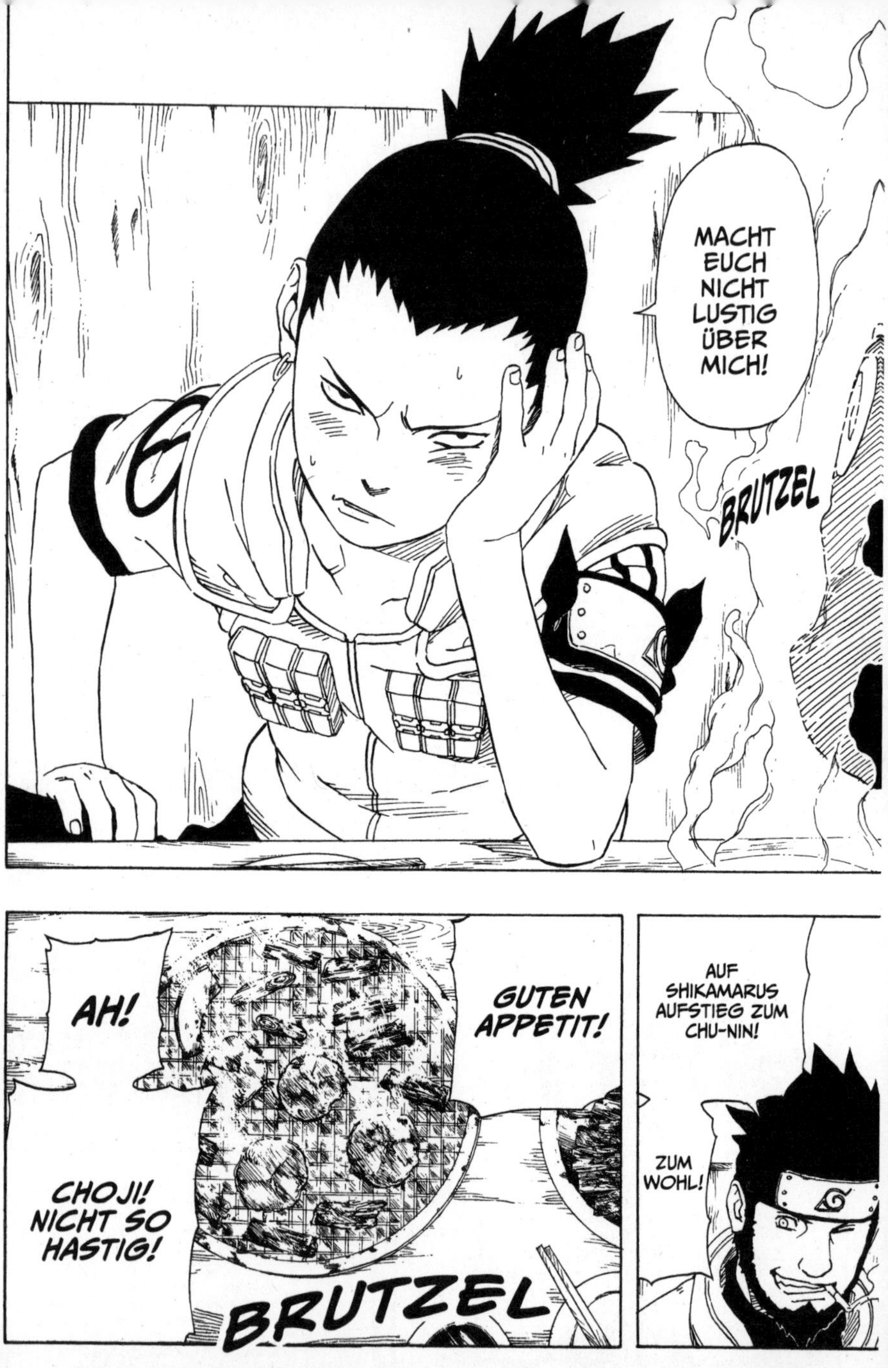
MACHT EUCH NICHT LUSTIG ÜBER MICH!
BRUTZEL
AUF SHIKAMARUS AUFSTIEG ZUM CHU-NIN!
ZUM WOHL!
GUTEN APPETIT!
AH!
CHOJI! NICHT SO HASTIG!
BRUTZEL

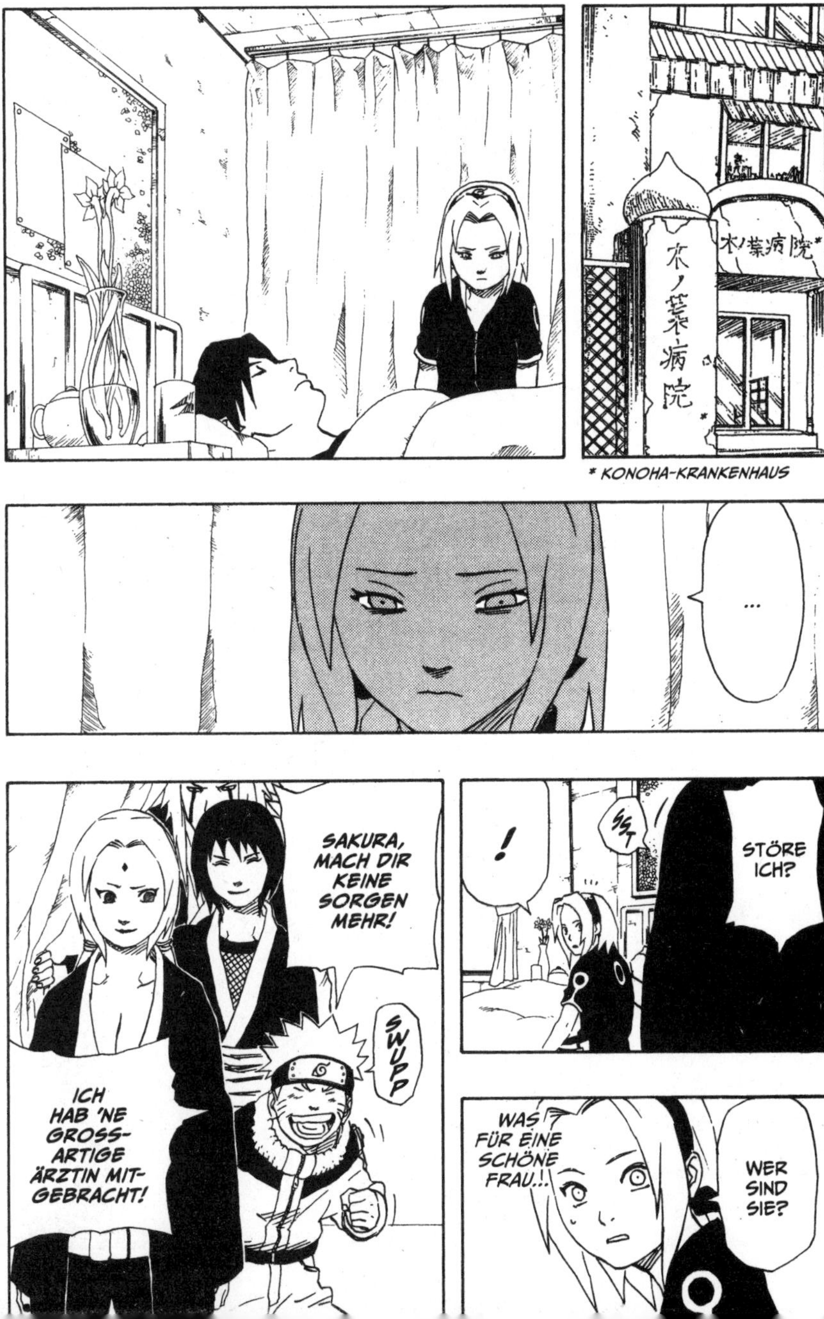
木ノ葉病院*
* KONOHA-KRANKENHAUS
...
SST
!
STÖRE ICH?
SAKURA, MACH DIR KEINE SORGEN MEHR!
SWUPP
ICH HAB 'NE GROSS-ARTIGE ÄRZTIN MIT-GEBRACHT!
WER SIND SIE?
WAS FÜR EINE SCHÖNE FRAU...!

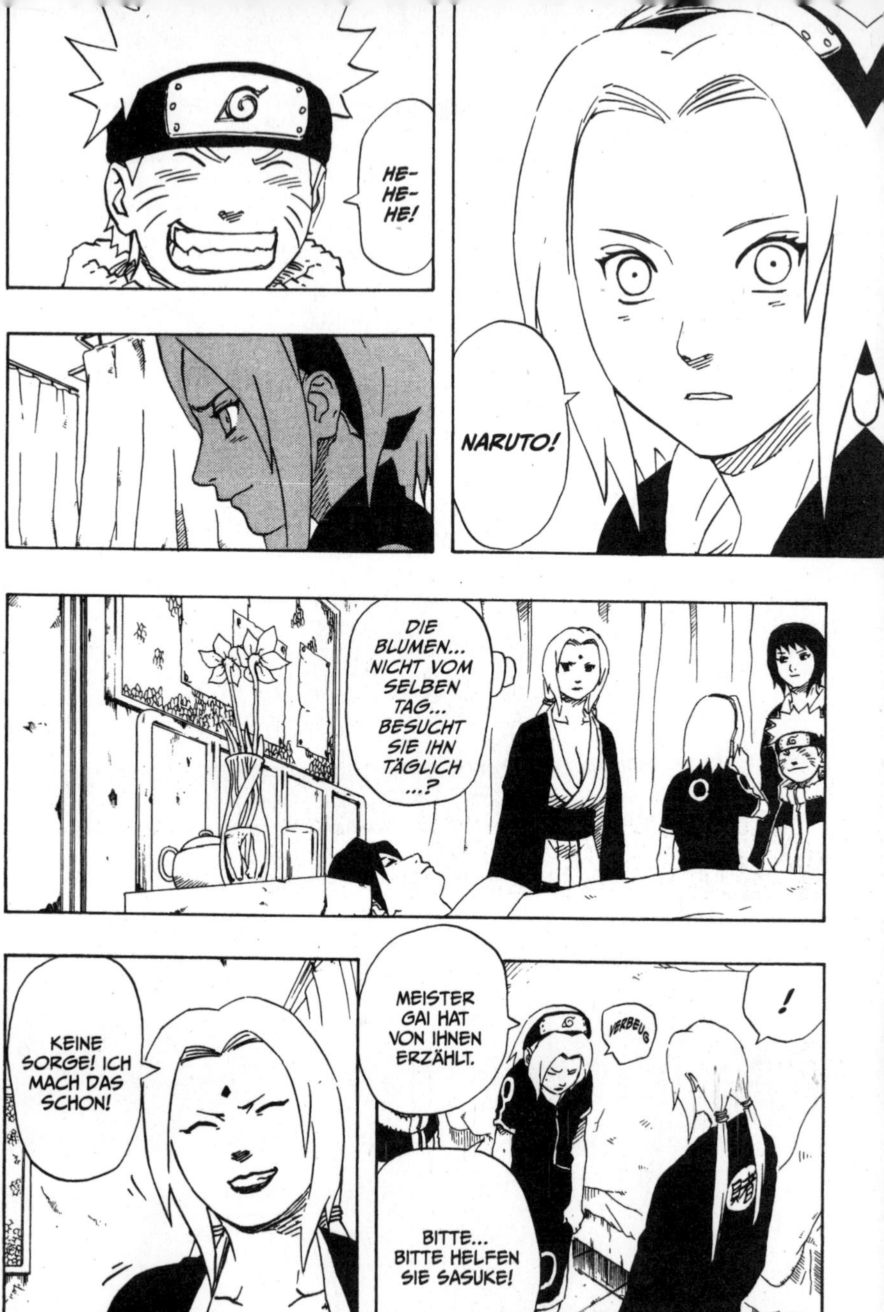
NARUTO!
HE-HE-HE!
DIE BLUMEN... NICHT VOM SELBEN TAG... BESUCHT SIE IHN TÄGLICH ...?
!
VERBEUG
MEISTER GAI HAT VON IHNEN ERZÄHLT.
BITTE... BITTE HELFEN SIE SASUKE!
KEINE SORGE! ICH MACH DAS SCHON!

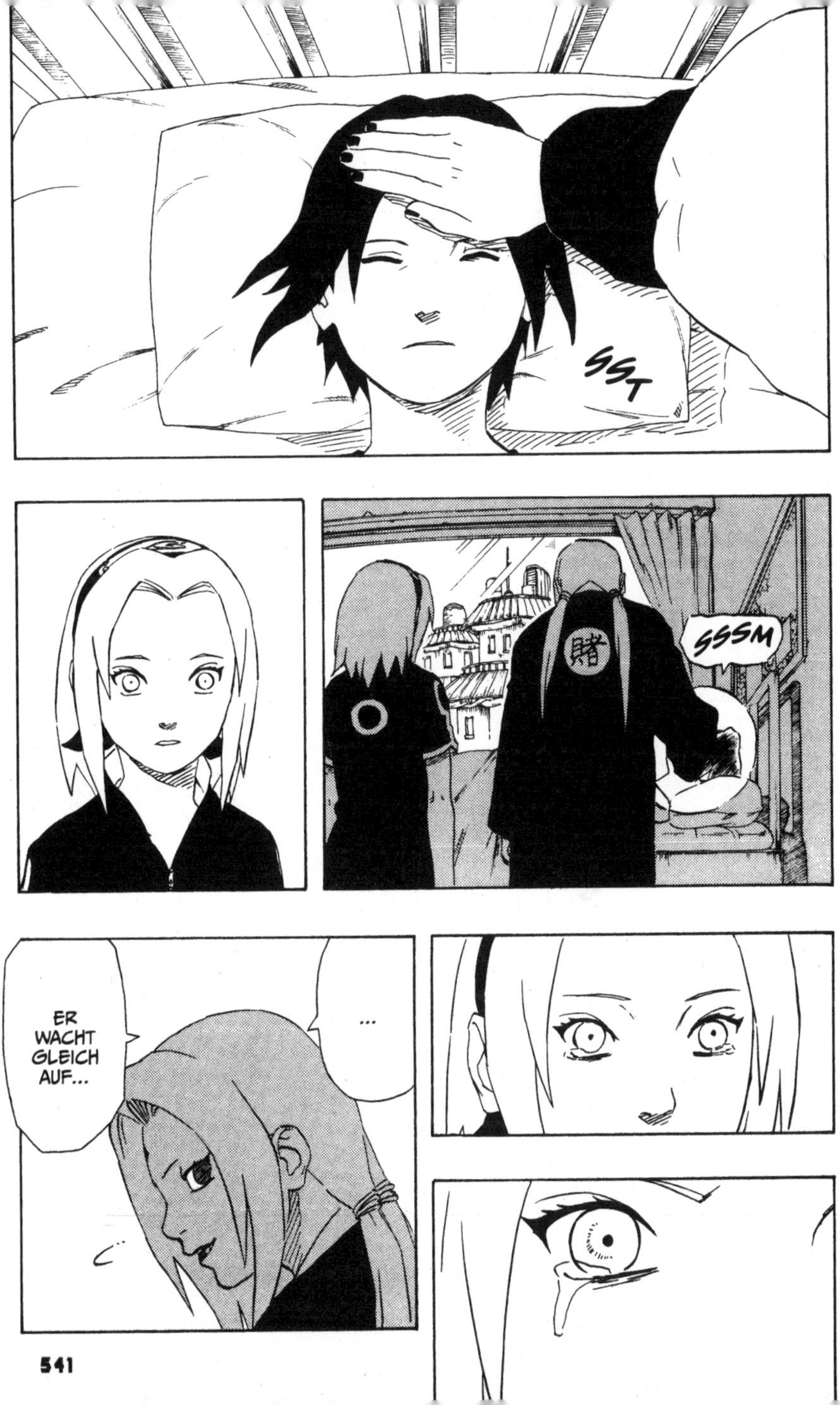
SST
SSSM
...
ER WACHT GLEICH AUF...

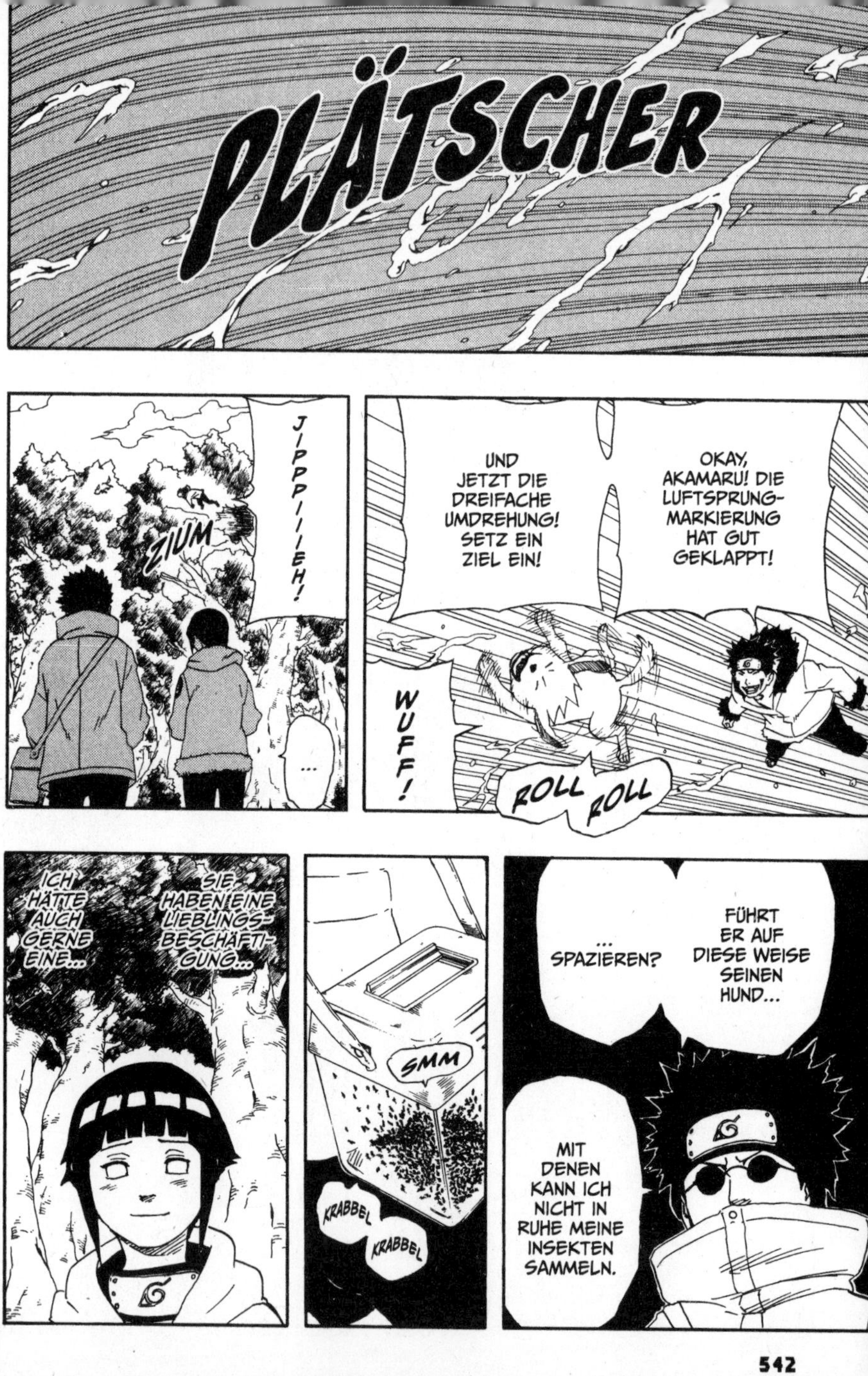
PLÄTSCHER
OKAY, AKAMARU! DIE LUFTSPRUNG-MARKIERUNG HAT GUT GEKLAPPT!
UND JETZT DIE DREIFACHE UMDREHUNG! SETZ EIN ZIEL EIN!
WUFF!
ROLL ROLL
JIPPP-I-I-I-EH!
ZIUM
...
FÜHRT ER AUF DIESE WEISE SEINEN HUND...
... SPAZIEREN?
MIT DENEN KANN ICH NICHT IN RUHE MEINE INSEKTEN SAMMELN.
SMM
KRABBEL
KRABBEL
SIE HABEN EINE LIEBLINGS-BESCHÄFTI-GUNG...
ICH HÄTTE AUCH GERNE EINE...

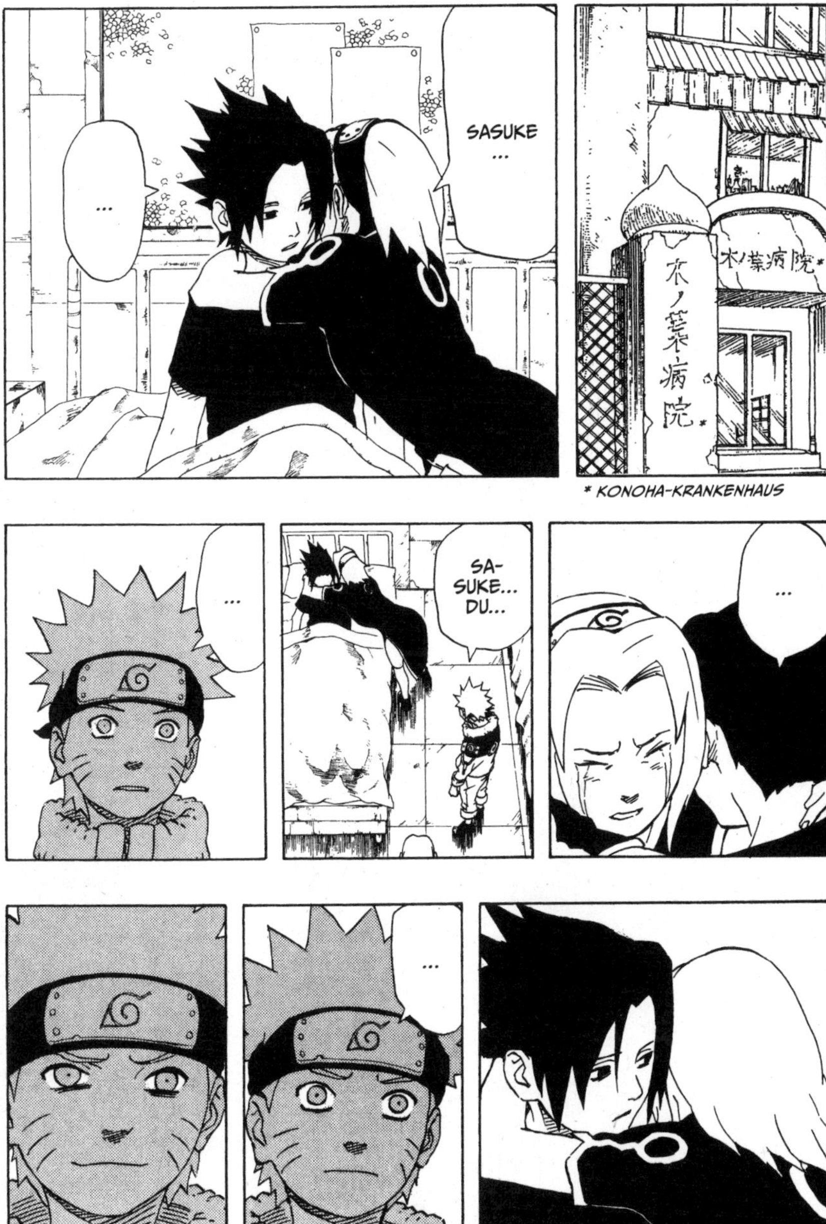
木ノ葉病院*
木ノ葉病院*
* KONOHA-KRANKENHAUS
SASUKE ...
...
...
SA-SUKE... DU...
...
...

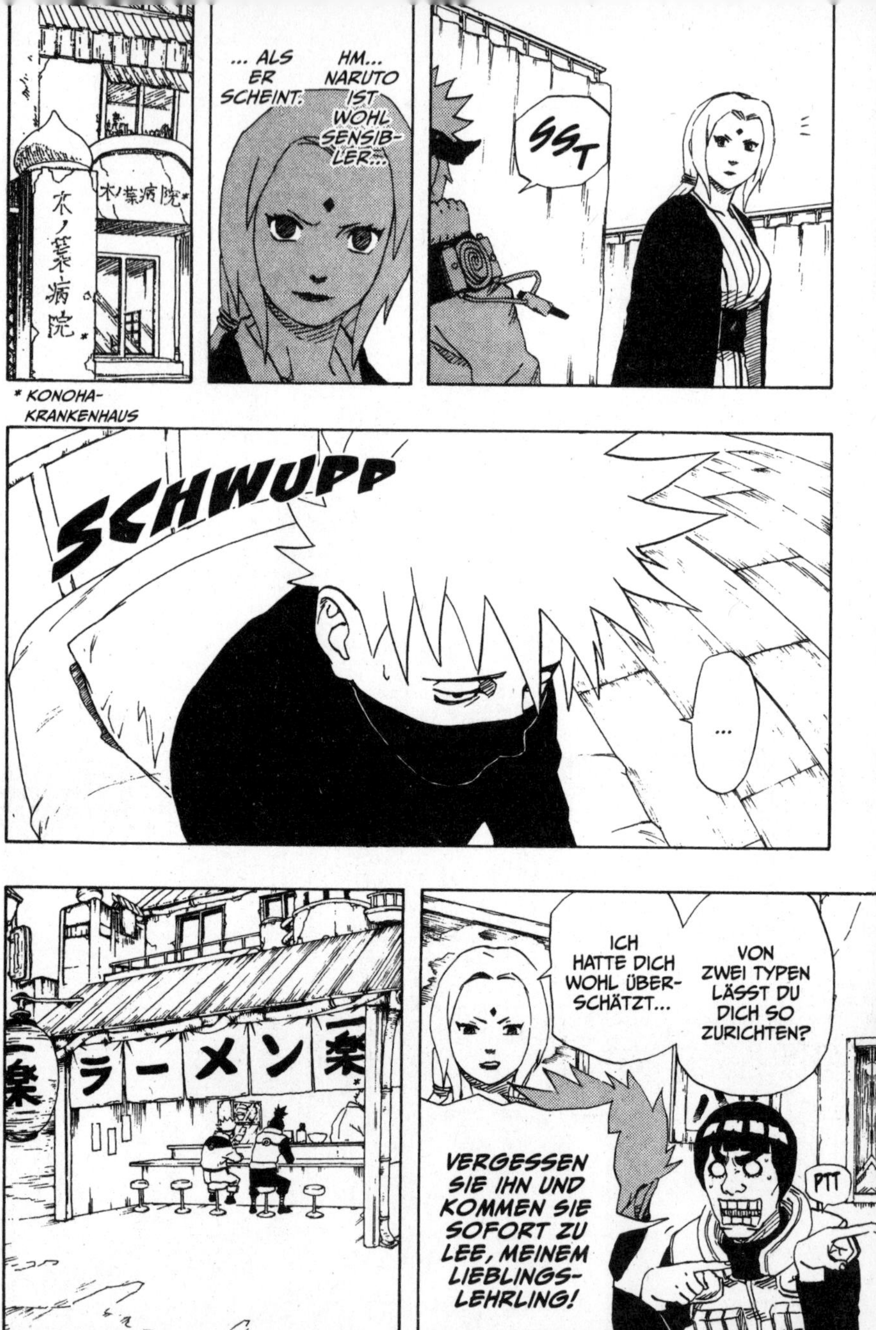

* KONOHA-KRANKENHAUS

* RAMEN

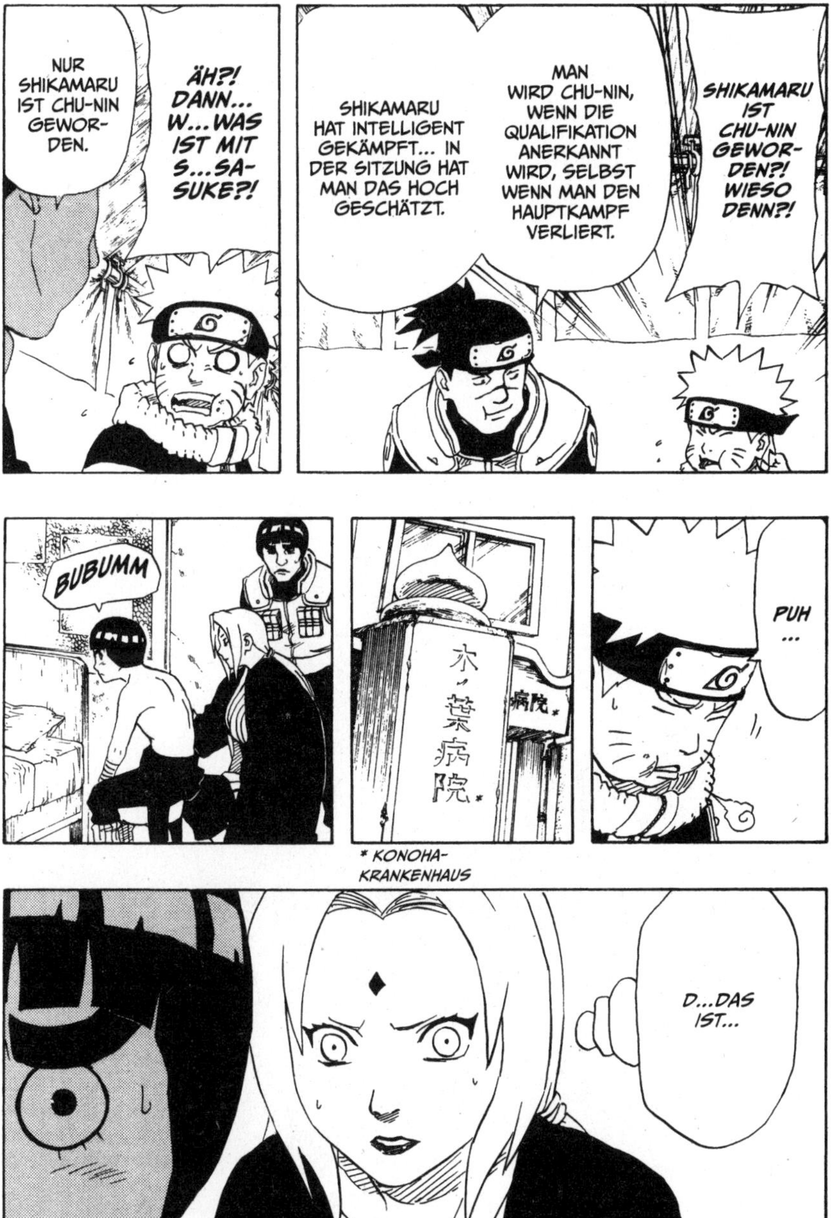
SHIKAMARU IST CHU-NIN GEWORDEN?! WIESO DENN?!
MAN WIRD CHU-NIN, WENN DIE QUALIFIKATION ANERKANNT WIRD, SELBST WENN MAN DEN HAUPTKAMPF VERLIERT.
SHIKAMARU HAT INTELLIGENT GEKÄMPFT... IN DER SITZUNG HAT MAN DAS HOCH GESCHÄTZT.
ÄH?! DANN... W...WAS IST MIT S...SASUKE?!
NUR SHIKAMARU IST CHU-NIN GEWORDEN.
PUH ...
木ノ葉病院 *
病院 *
BUBUMM
* KONOHA-KRANKENHAUS
D...DAS IST...

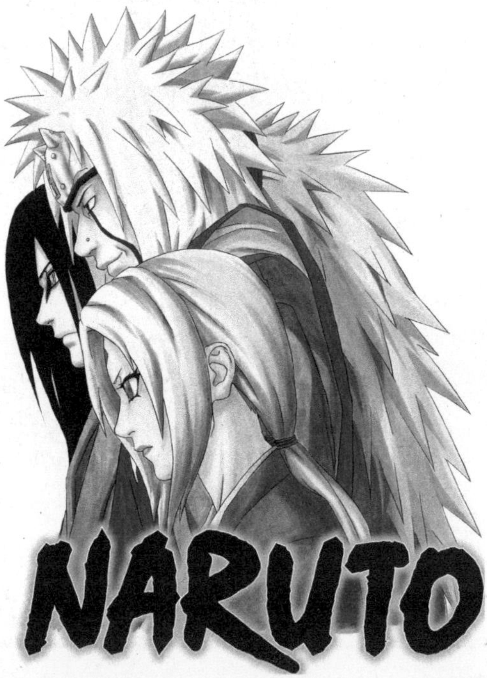
NARUTO

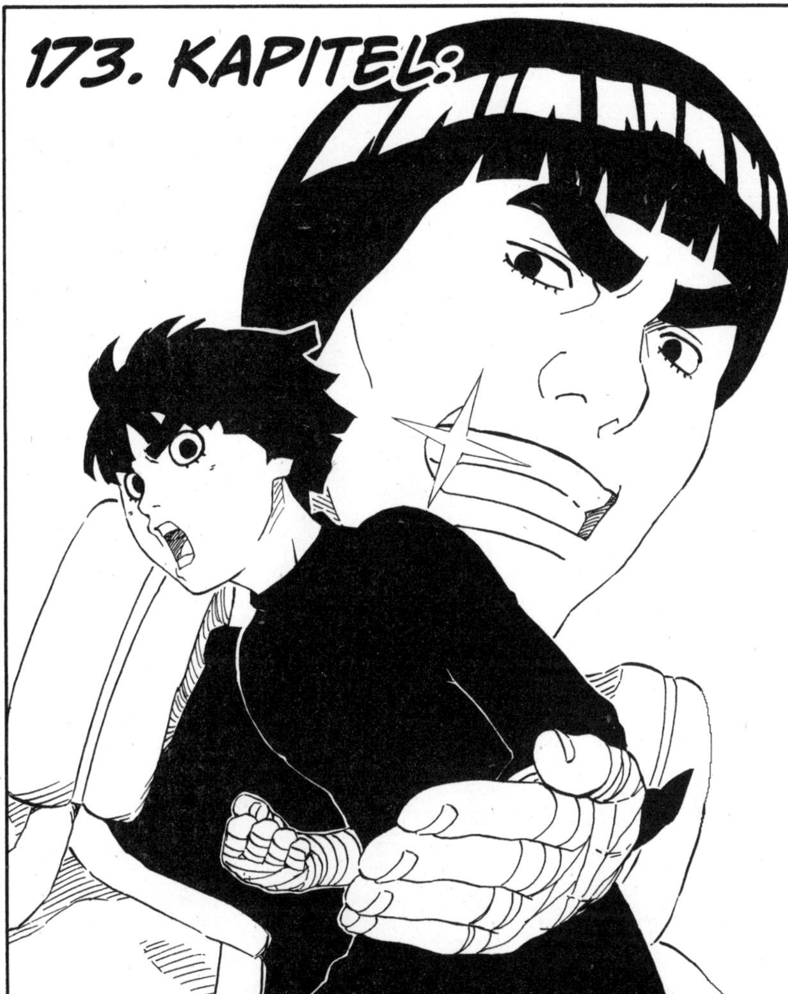
173. KAPITEL:
DIE LEIDENDEN

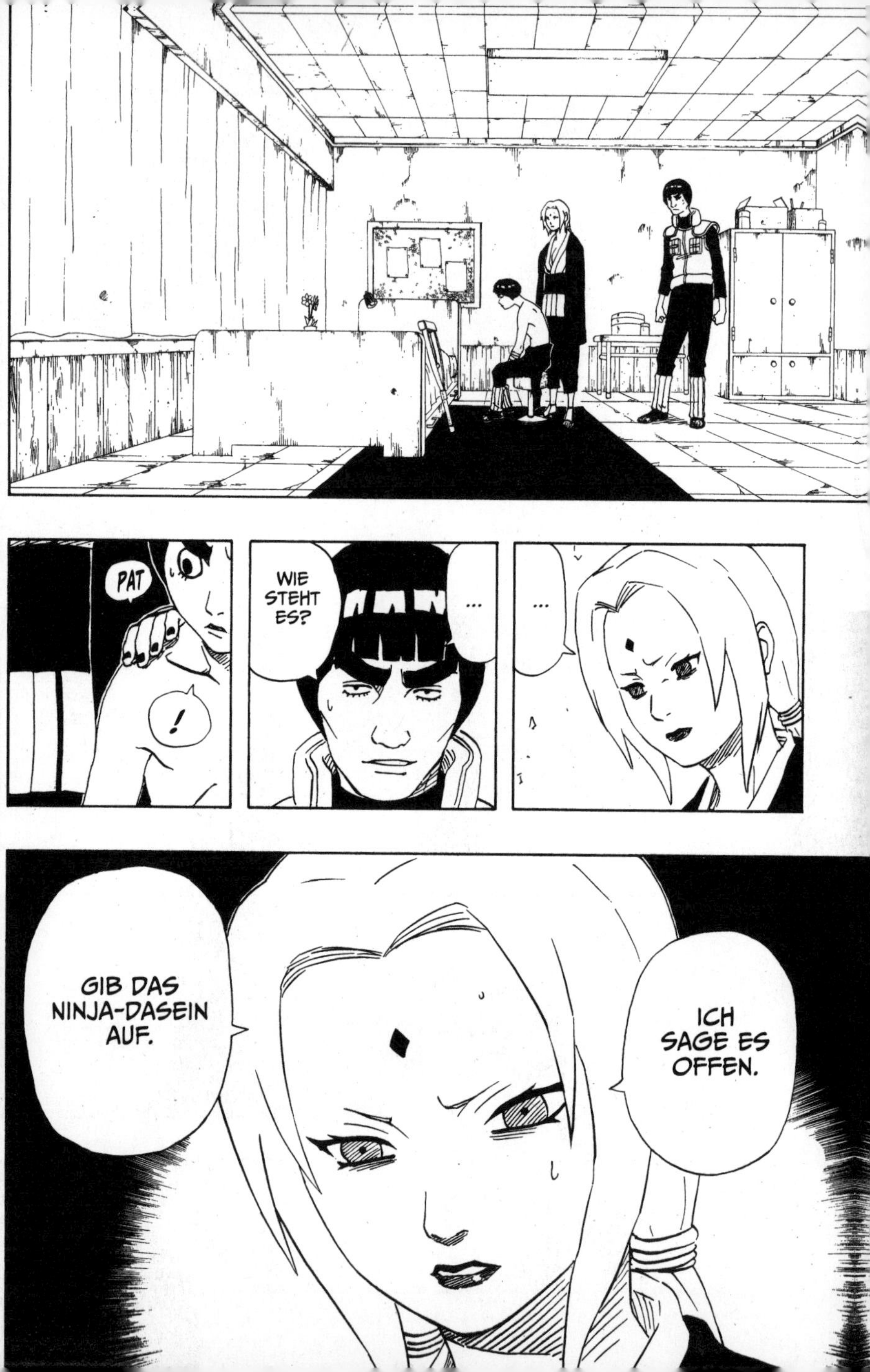

...
WIE STEHT ES?
...
PAT
!
ICH SAGE ES OFFEN.
GIB DAS NINJA-DASEIN AUF.

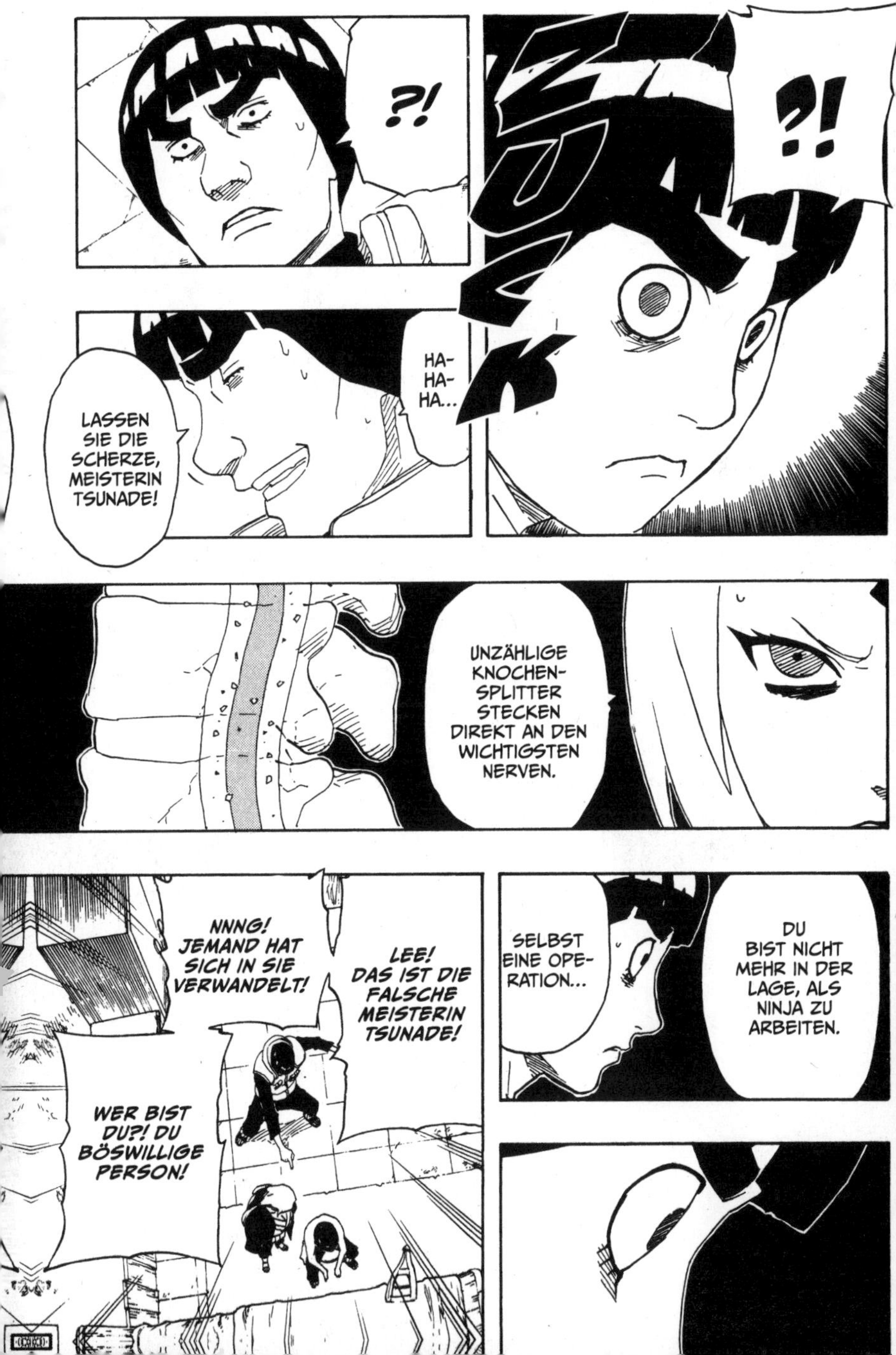

?!
?!
HA-HA-HA...
LASSEN SIE DIE SCHERZE, MEISTERIN TSUNADE!
UNZÄHLIGE KNOCHENSPLITTER STECKEN DIREKT AN DEN WICHTIGSTEN NERVEN.
DU BIST NICHT MEHR IN DER LAGE, ALS NINJA ZU ARBEITEN.
SELBST EINE OPERATION...
LEE! DAS IST DIE FALSCHE MEISTERIN TSUNADE!
NNNG! JEMAND HAT SICH IN SIE VERWANDELT!
WER BIST DU?! DU BÖSWILLIGE PERSON!

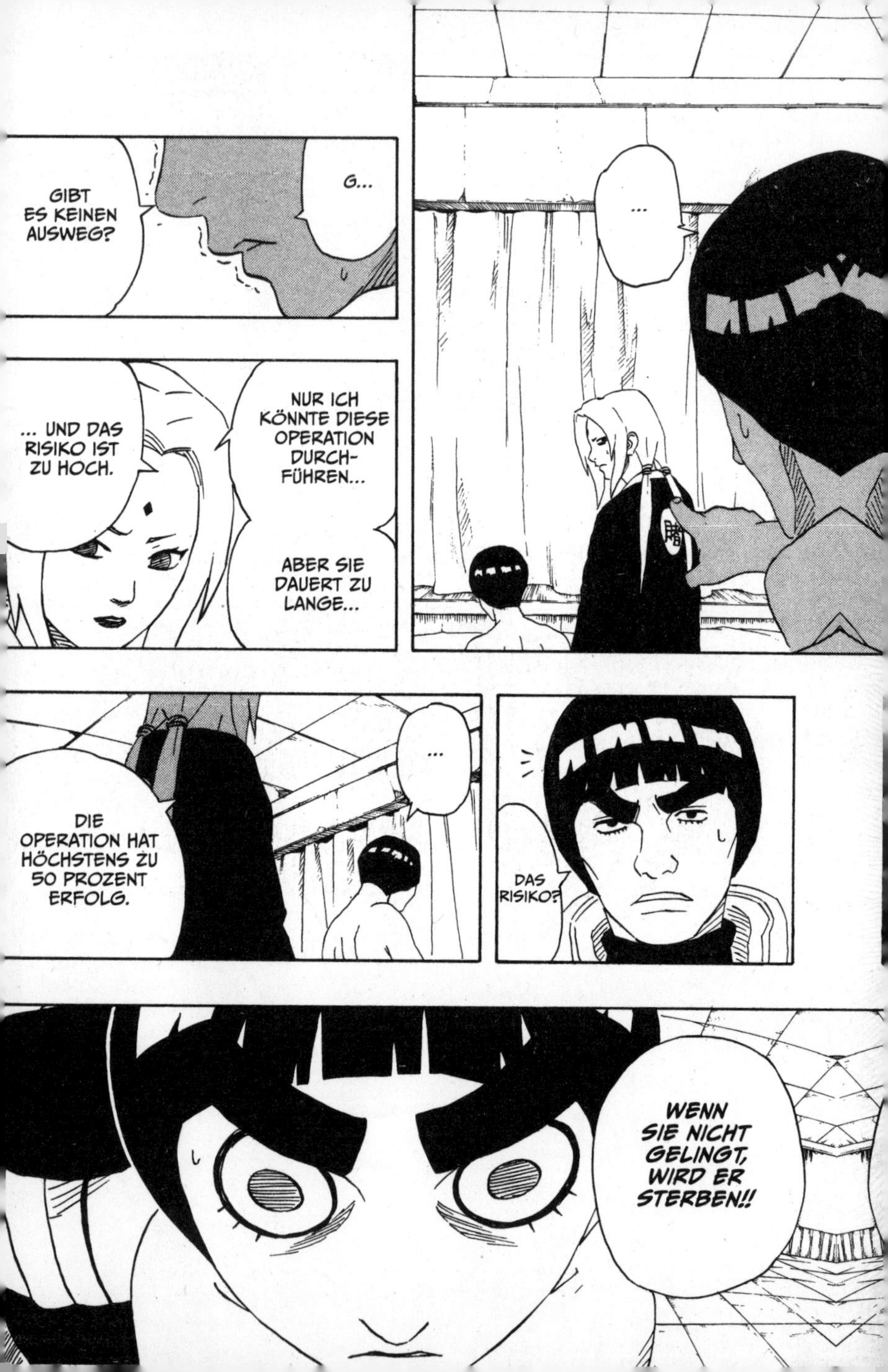
...
G...
GIBT ES KEINEN AUSWEG?
NUR ICH KÖNNTE DIESE OPERATION DURCHFÜHREN...
ABER SIE DAUERT ZU LANGE...
... UND DAS RISIKO IST ZU HOCH.
DAS RISIKO?
...
DIE OPERATION HAT HÖCHSTENS ZU 50 PROZENT ERFOLG.
WENN SIE NICHT GELINGT, WIRD ER STERBEN!!

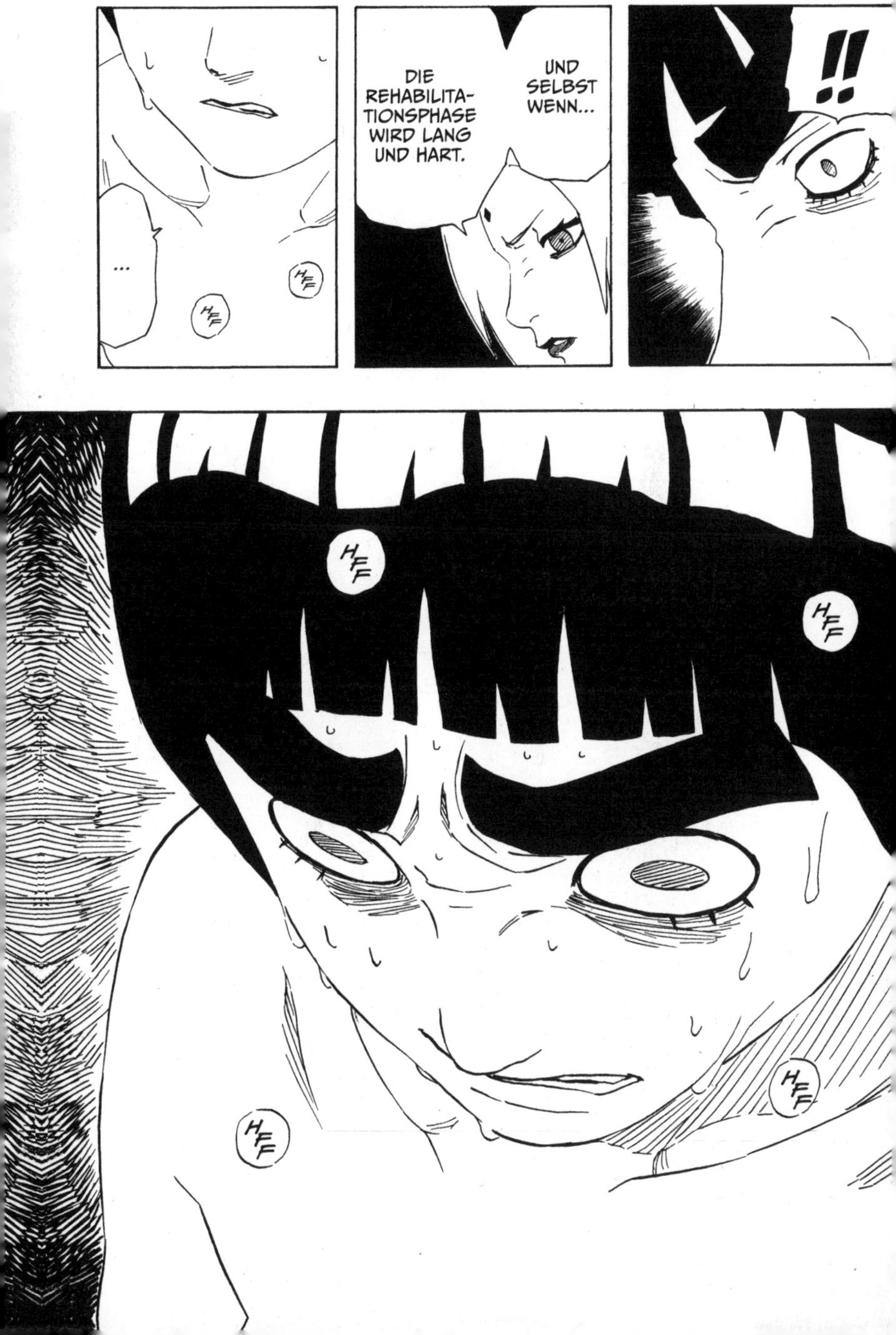
...
HFF
HFF
UND SELBST WENN...
DIE REHABILITATIONSPHASE WIRD LANG UND HART.
!!
HFF
HFF
HFF
HFF

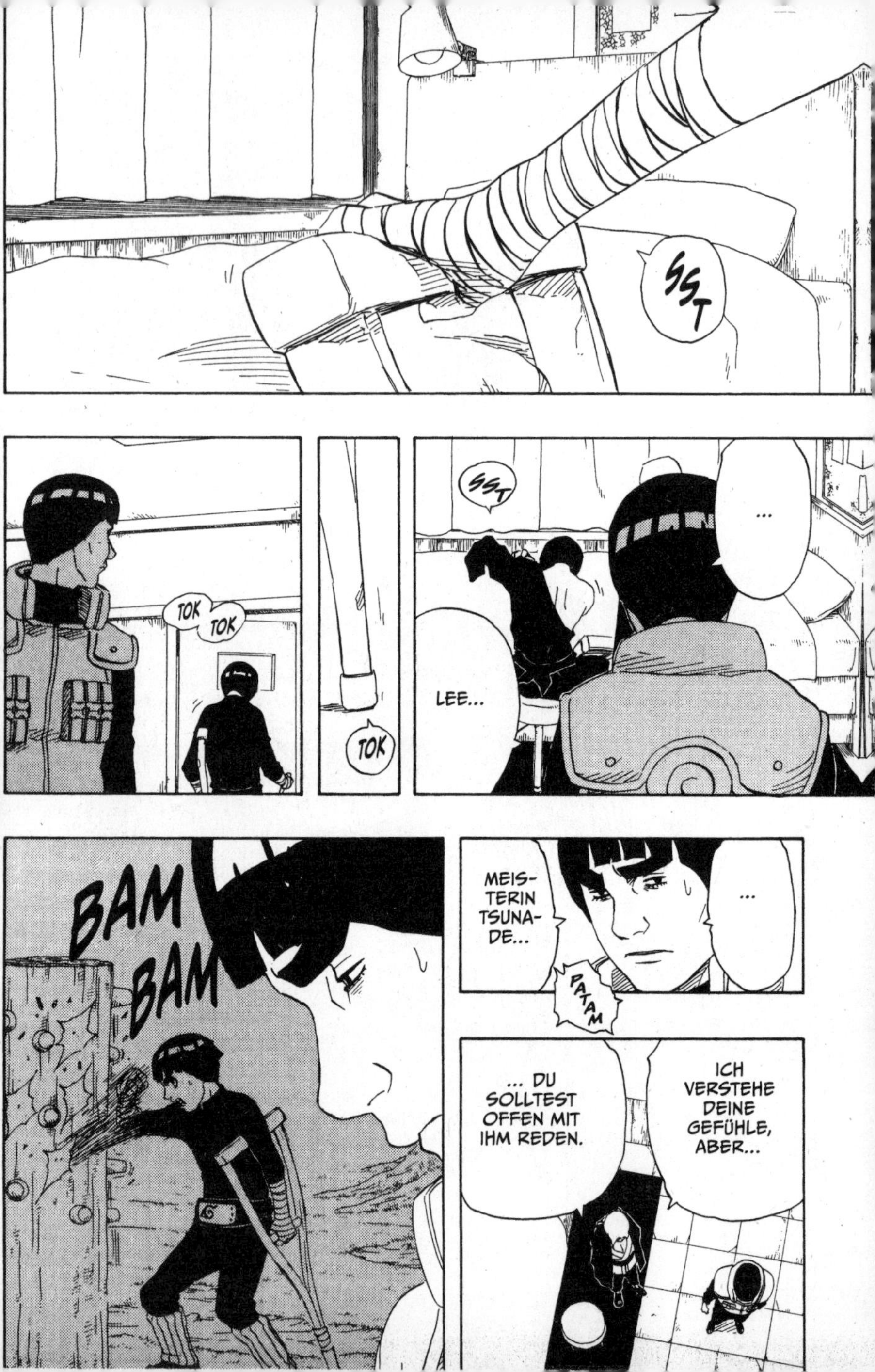

SST
...
SST
LEE...
TOK
TOK
TOK
...
MEIS-TERIN TSUNA-DE...
PATAM
BAM
BAM
ICH VERSTEHE DEINE GEFÜHLE, ABER...
... DU SOLLTEST OFFEN MIT IHM REDEN.

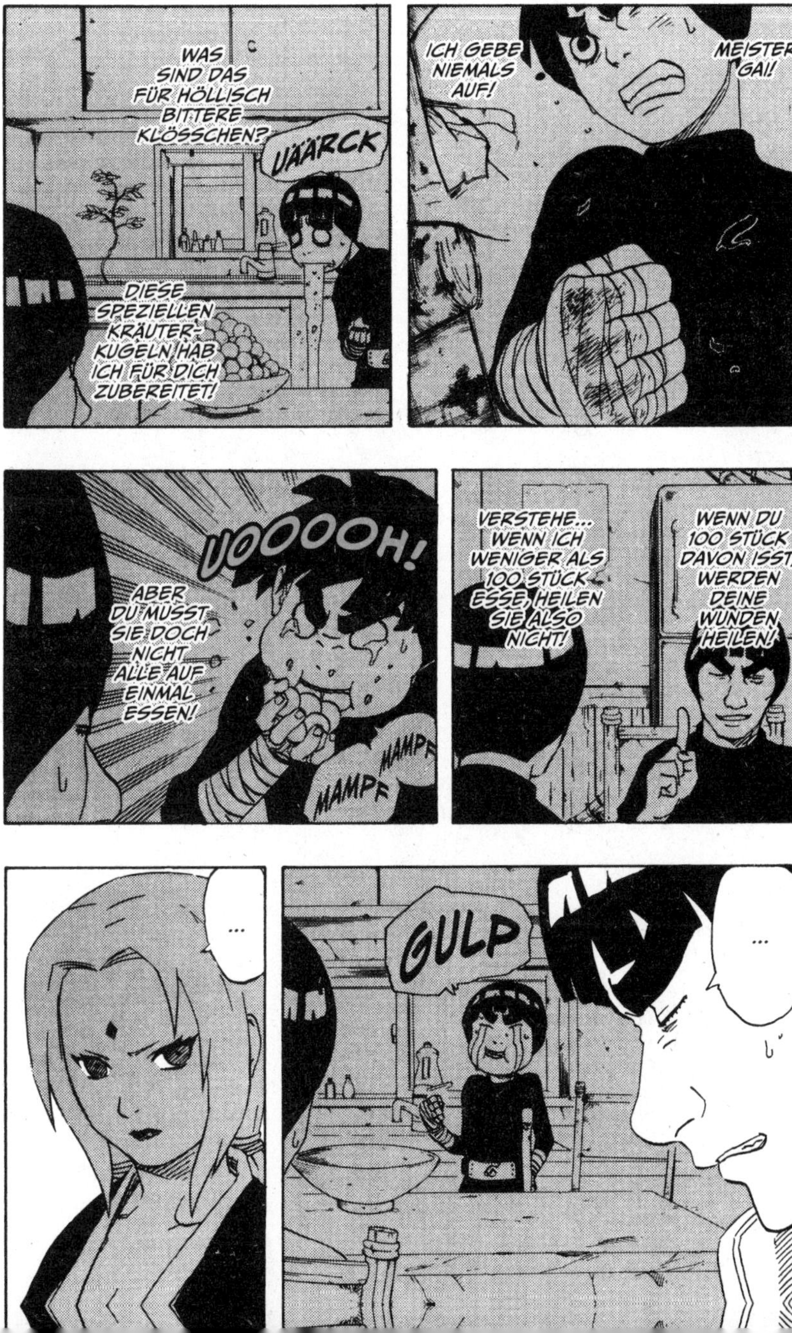
MEISTER GAI!
ICH GEBE NIEMALS AUF!
DIESE SPEZIELLEN KRÄUTER-KUGELN HAB ICH FÜR DICH ZUBEREITET!
WAS SIND DAS FÜR HÖLLISCH BITTERE KLÖSSCHEN?
UÄÄRCK
WENN DU 100 STÜCK DAVON ISST, WERDEN DEINE WUNDEN HEILEN!
VERSTEHE... WENN ICH WENIGER ALS 100 STÜCK ESSE, HEILEN SIE ALSO NICHT!
UOOOOH!
MAMPF
MAMPF
ABER DU MUSST SIE DOCH NICHT ALLE AUF EINMAL ESSEN!
...
GULP
...

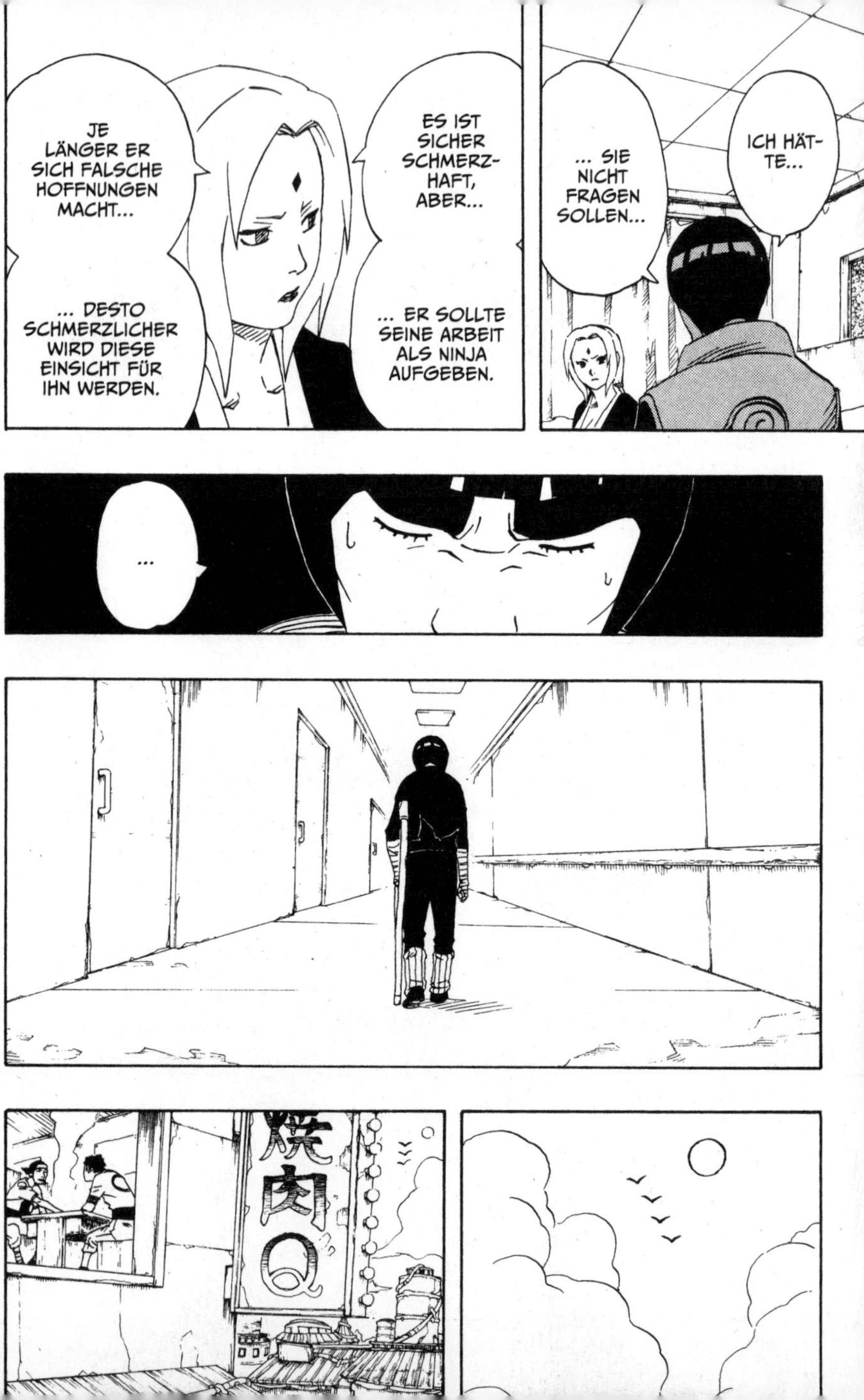
ICH HÄTTE...
... SIE NICHT FRAGEN SOLLEN...
ES IST SICHER SCHMERZHAFT, ABER...
... ER SOLLTE SEINE ARBEIT ALS NINJA AUFGEBEN.
JE LÄNGER ER SICH FALSCHE HOFFNUNGEN MACHT...
... DESTO SCHMERZLICHER WIRD DIESE EINSICHT FÜR IHN WERDEN.
...
焼肉Q

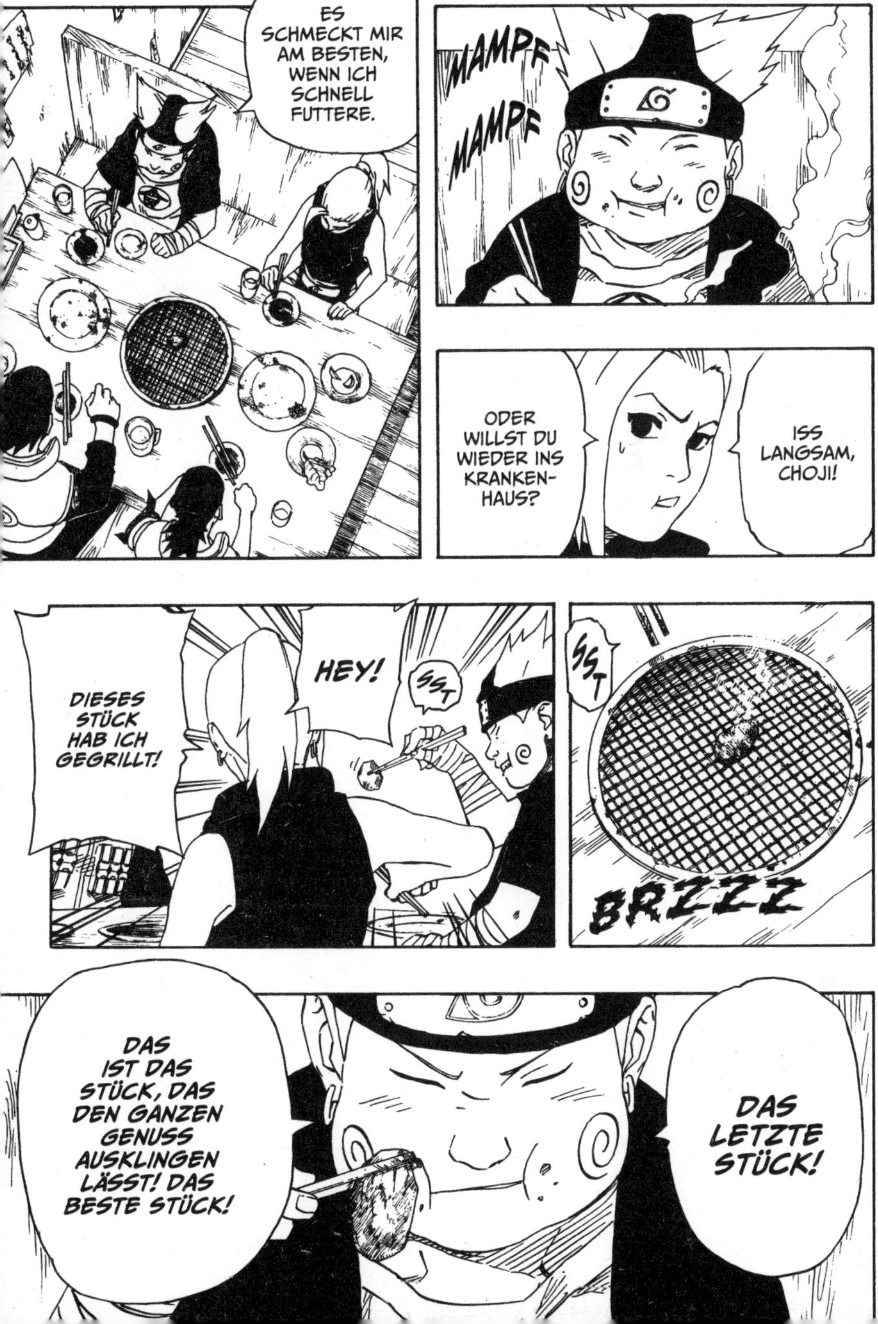
MAMPF
MAMPF
ISS LANGSAM, CHOJI!
ODER WILLST DU WIEDER INS KRANKENHAUS?
ES SCHMECKT MIR AM BESTEN, WENN ICH SCHNELL FUTTERE.
SST
BRZZZ
HEY!
SST
DIESES STÜCK HAB ICH GEGRILLT!
DAS LETZTE STÜCK!
DAS IST DAS STÜCK, DAS DEN GANZEN GENUSS AUSKLINGEN LÄSST! DAS BESTE STÜCK!

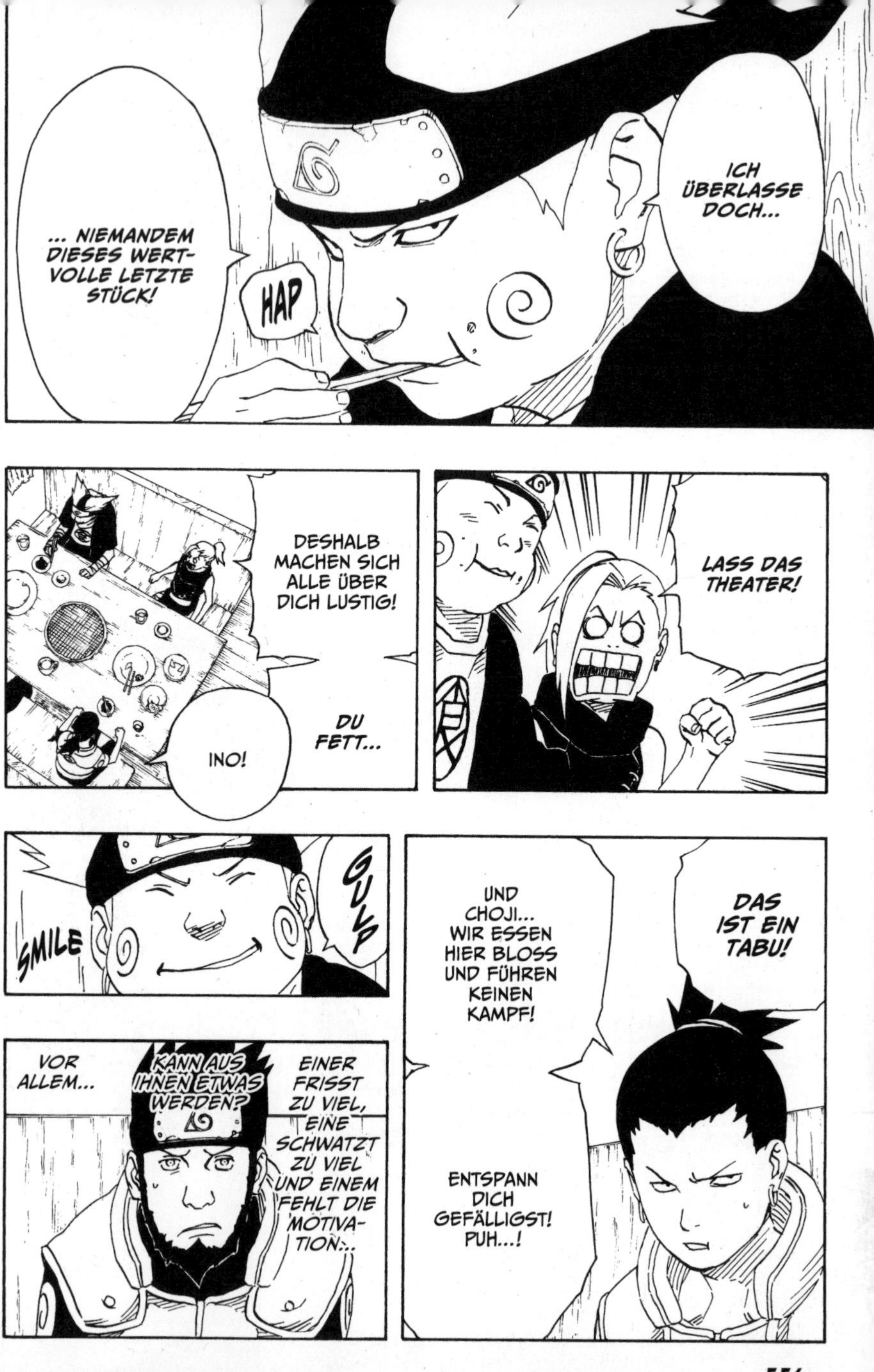
ICH ÜBERLASSE DOCH...
HAP
... NIEMANDEM DIESES WERTVOLLE LETZTE STÜCK!
LASS DAS THEATER!
DESHALB MACHEN SICH ALLE ÜBER DICH LUSTIG!
DU FETT...
INO!
DAS IST EIN TABU!
UND CHOJI... WIR ESSEN HIER BLOSS UND FÜHREN KEINEN KAMPF!
ENTSPANN DICH GEFÄLLIGST! PUH...!
GULP
SMILE
EINER FRISST ZU VIEL, EINE SCHWATZT ZU VIEL UND EINEM FEHLT DIE MOTIVATION...
KANN AUS IHNEN ETWAS WERDEN?
VOR ALLEM...

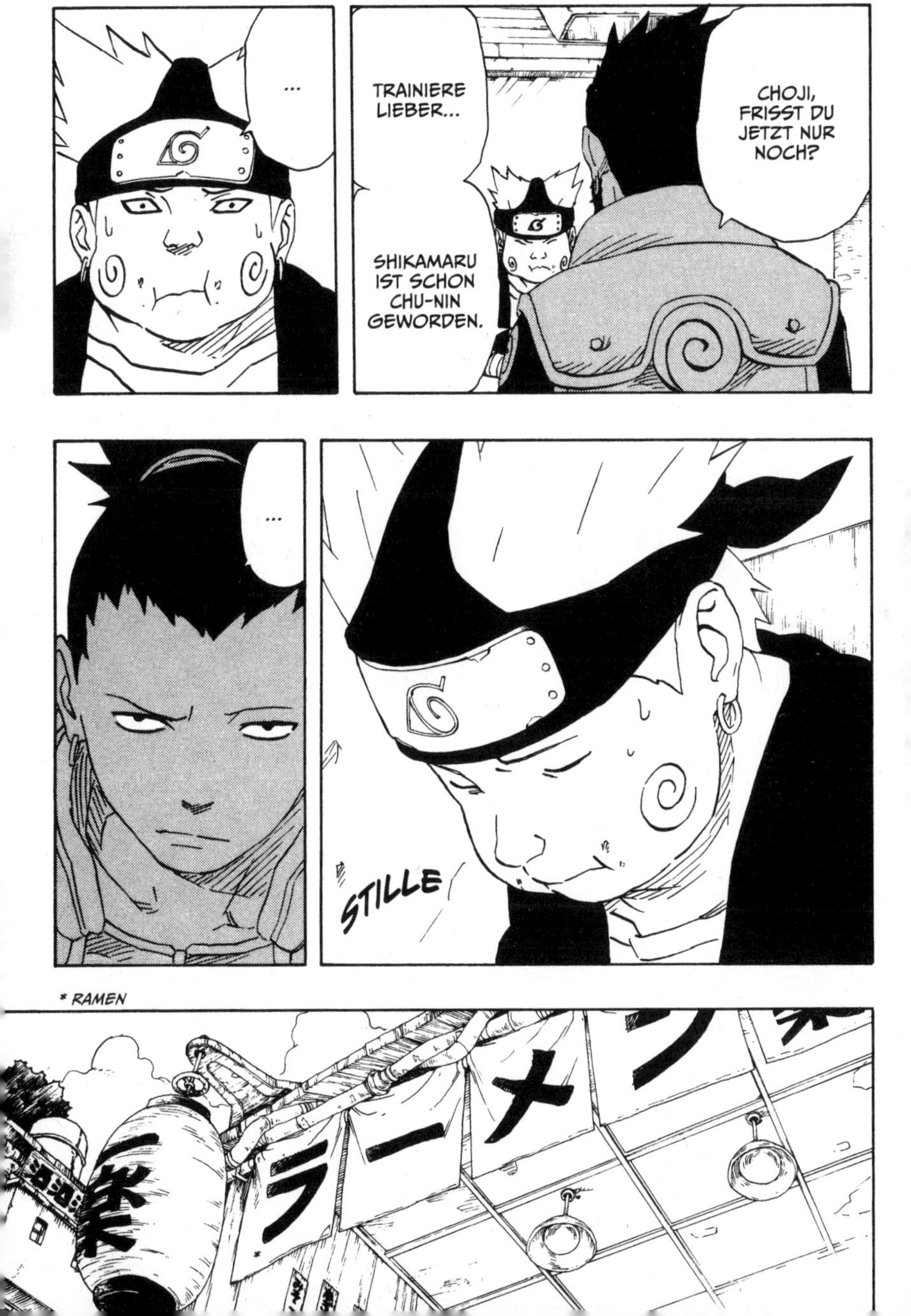
CHOJI, FRISST DU JETZT NUR NOCH?
TRAINIERE LIEBER...
SHIKAMARU IST SCHON CHU-NIN GEWORDEN.
...
STILLE
...
* RAMEN
ラーメン

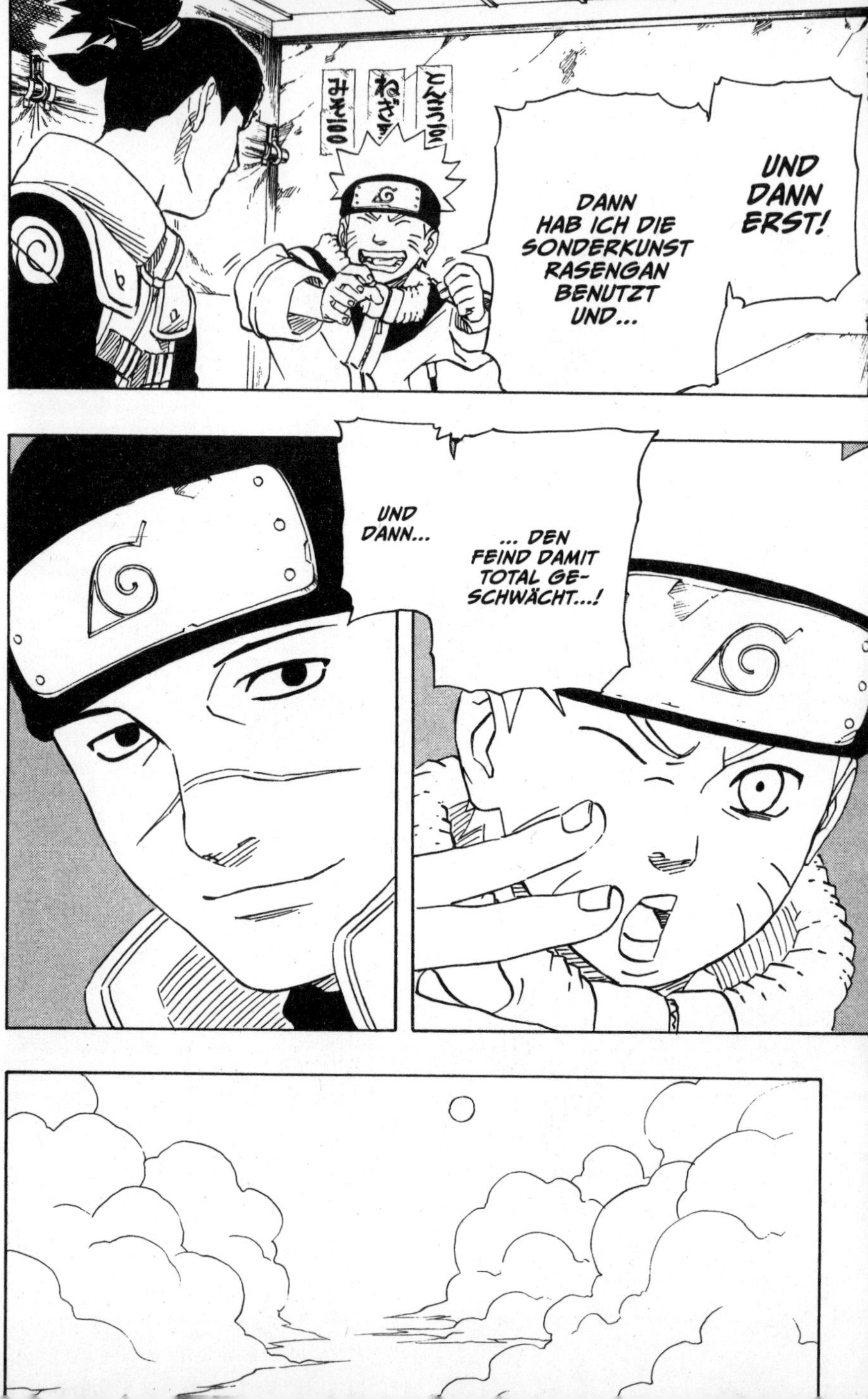
UND DANN ERST!
DANN HAB ICH DIE SONDERKUNST RASENGAN BENUTZT UND...
... DEN FEIND DAMIT TOTAL GE-SCHWÄCHT...!
UND DANN...

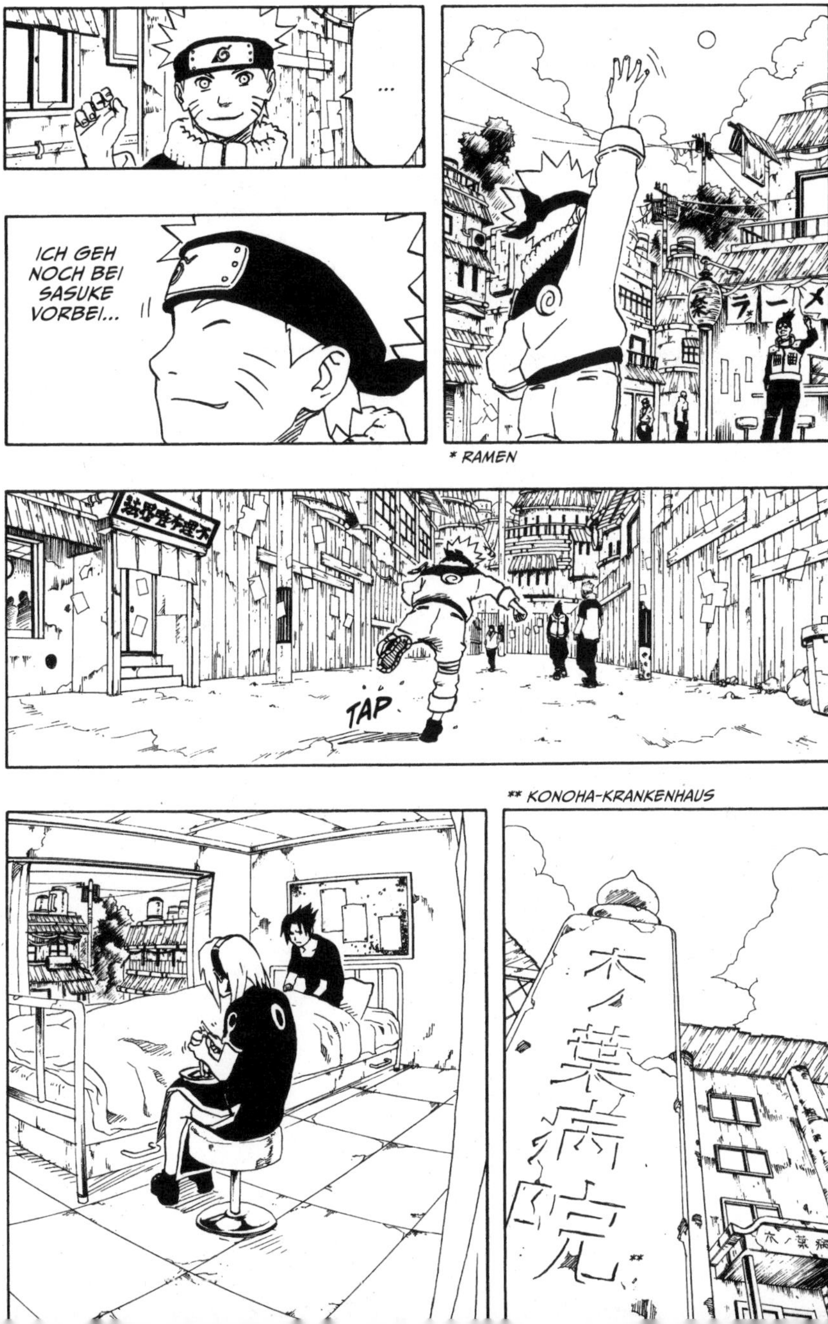
...
ICH GEH NOCH BEI SASUKE VORBEI...
* RAMEN
TAP
** KONOHA-KRANKENHAUS

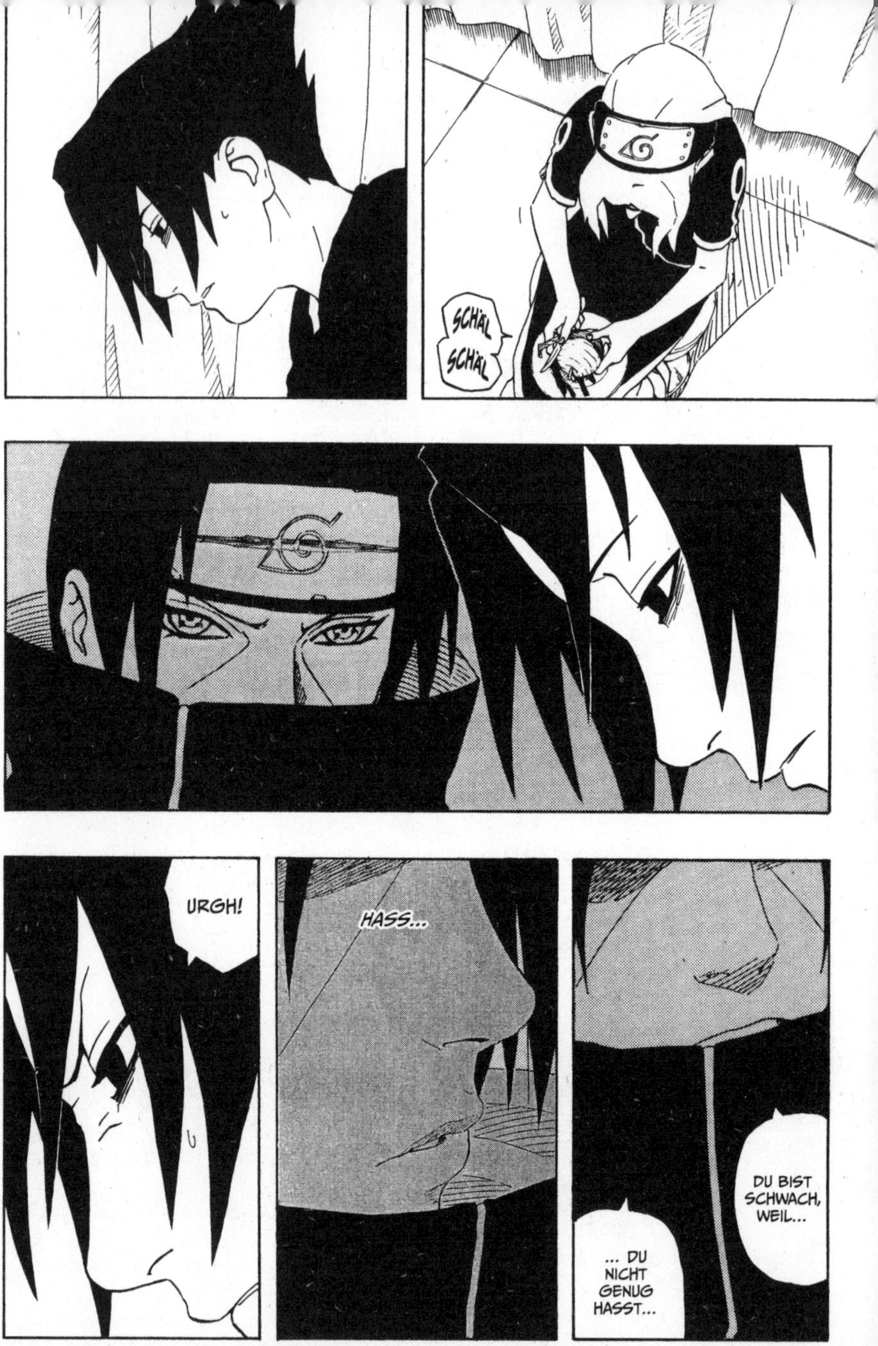
SCHÄL
SCHÄL
URGH!
HASS...
DU BIST SCHWACH, WEIL...
... DU NICHT GENUG HASST...

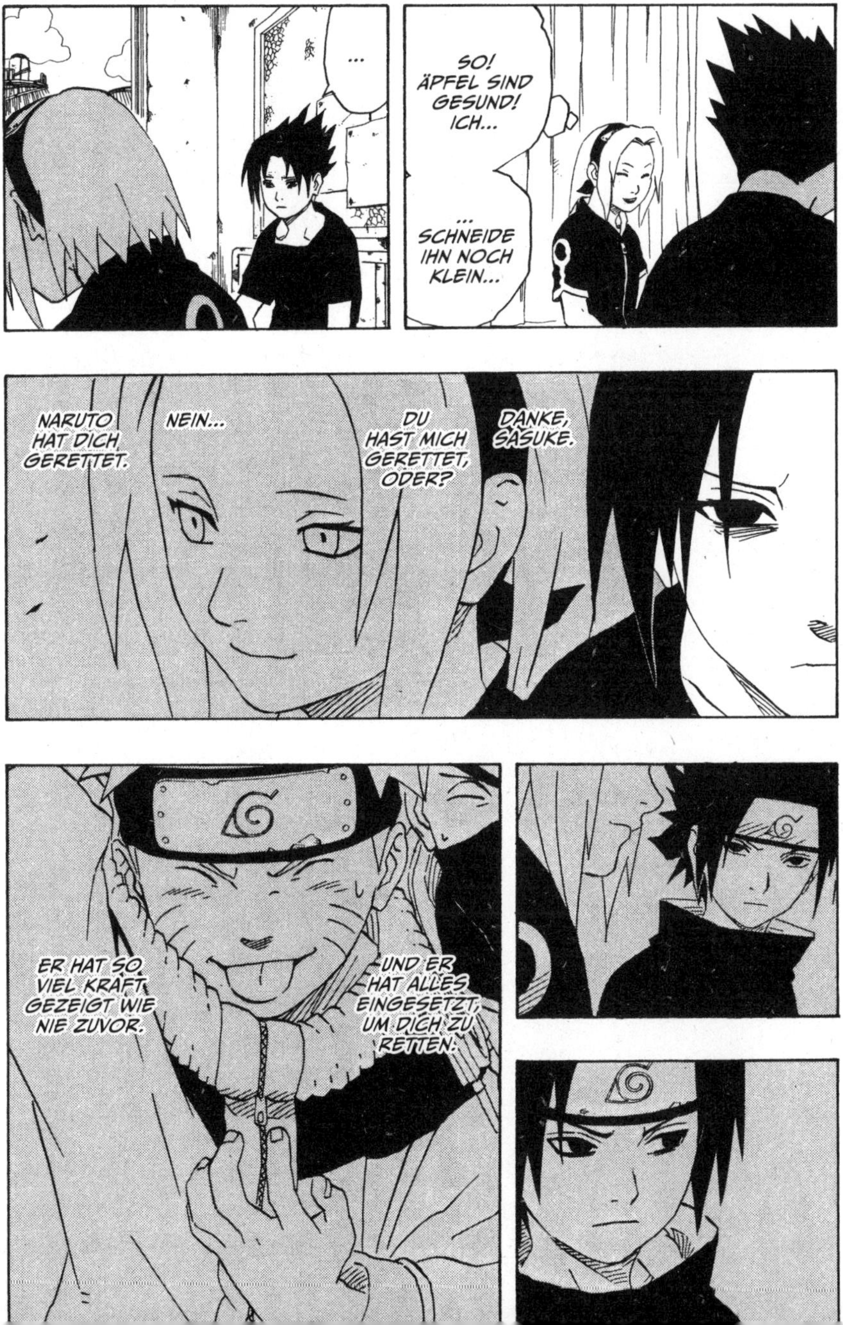
SO! ÄPFEL SIND GESUND! ICH...
... SCHNEIDE IHN NOCH KLEIN...
...
DANKE, SASUKE.
DU HAST MICH GERETTET, ODER?
NEIN...
NARUTO HAT DICH GERETTET.
UND ER HAT ALLES EINGESETZT, UM DICH ZU RETTEN.
ER HAT SO VIEL KRAFT GEZEIGT WIE NIE ZUVOR.

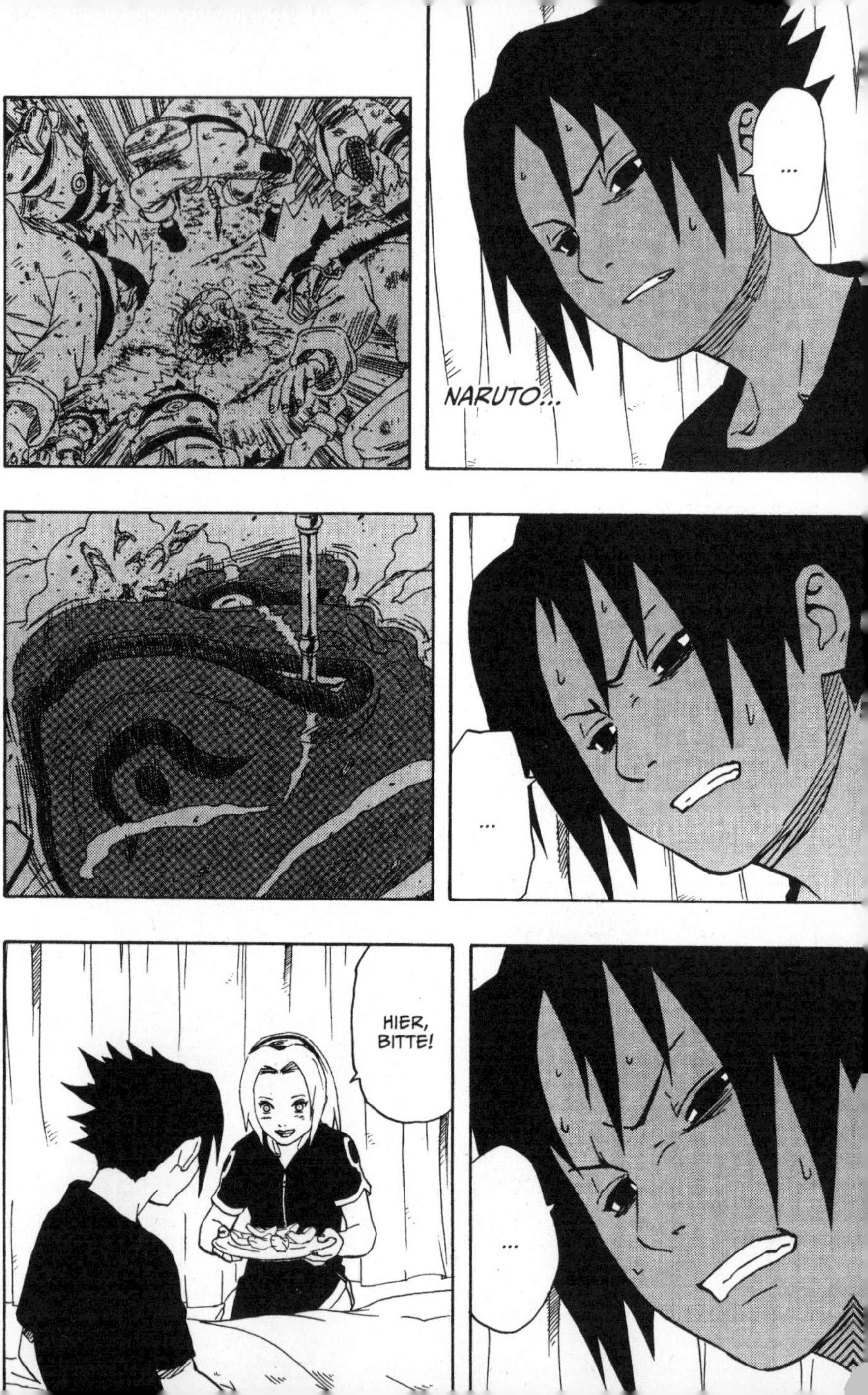
...
NARUTO...
...
...
HIER, BITTE!

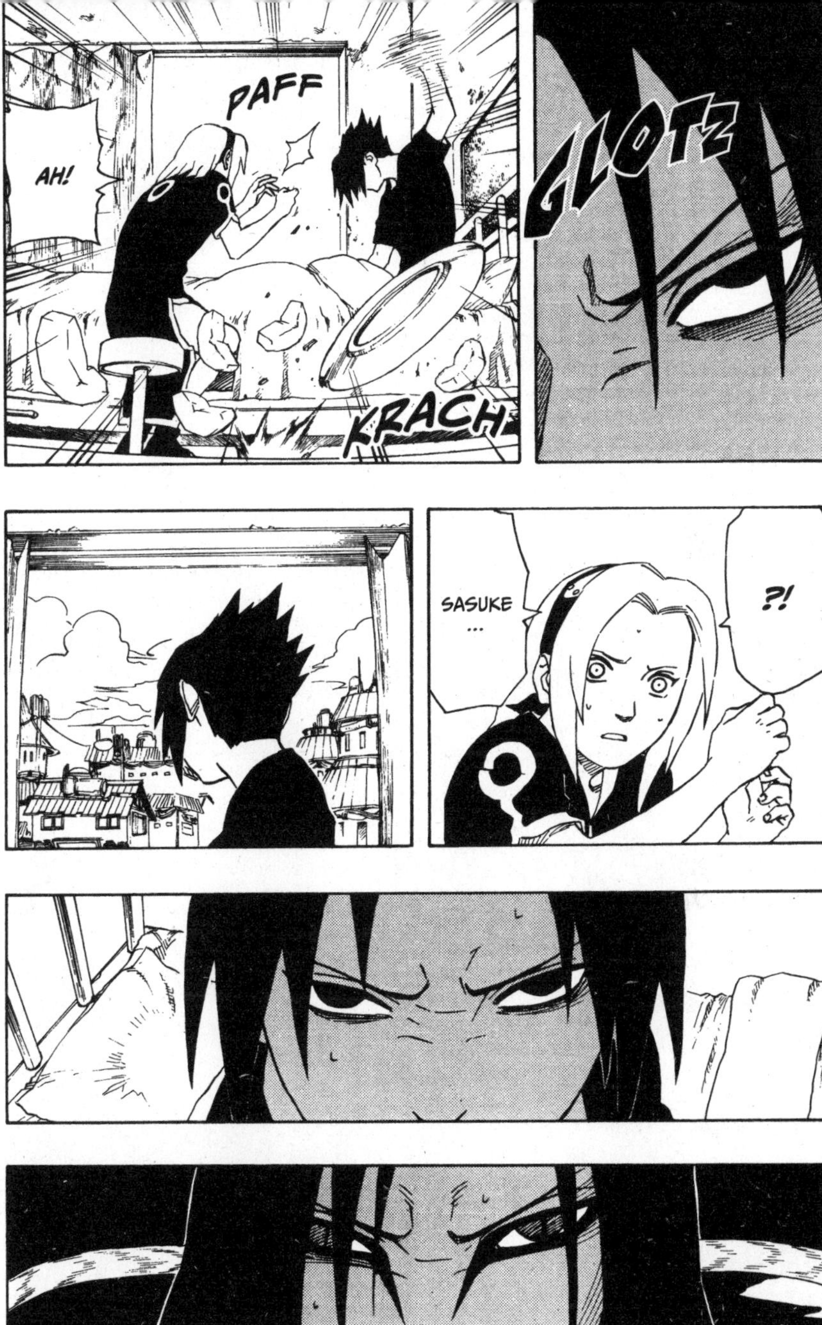
GLOTZ
PAFF
AH!
KRACH
?!
SASUKE ...

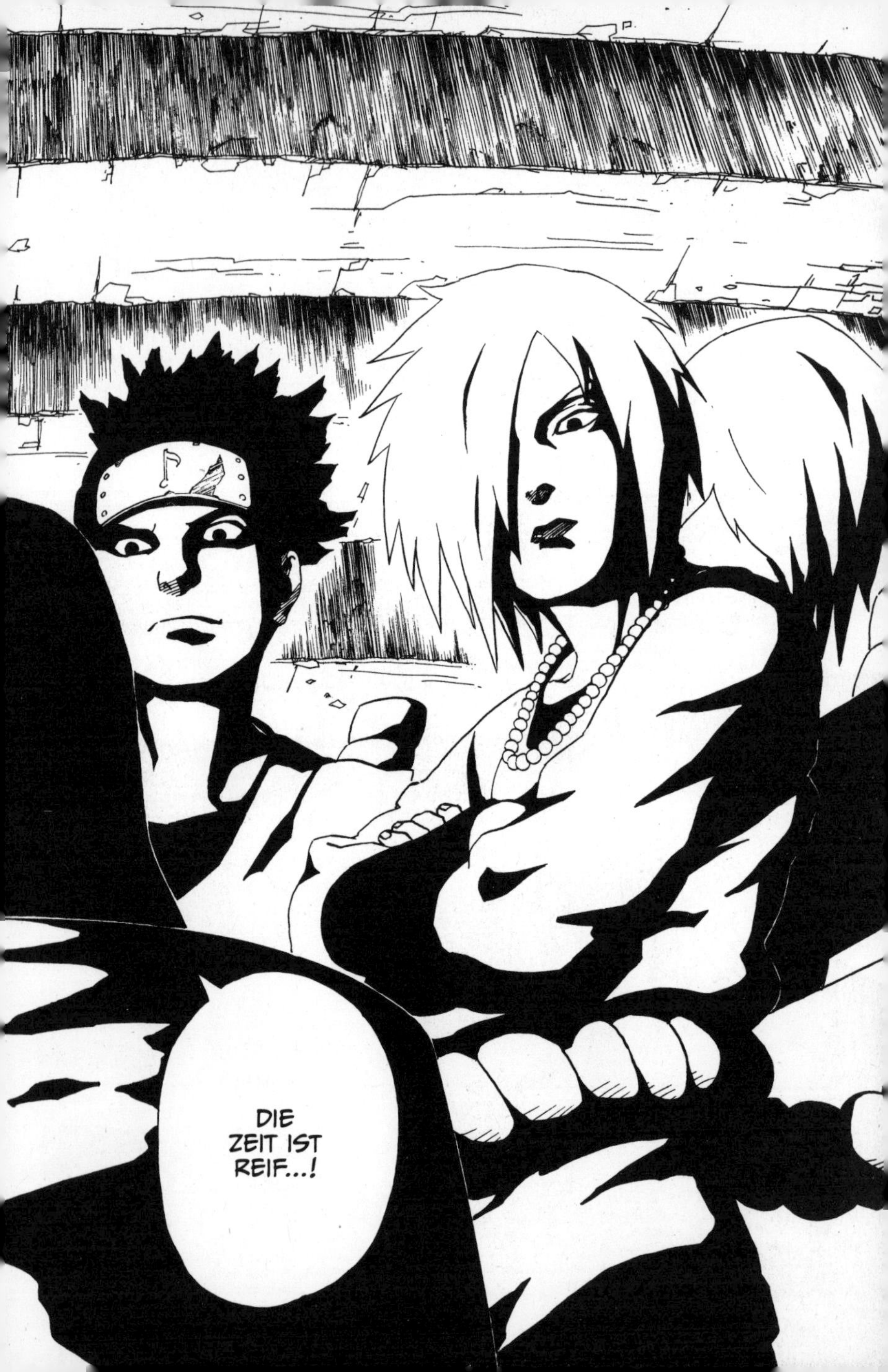
DIE
ZEIT IST
REIF...!

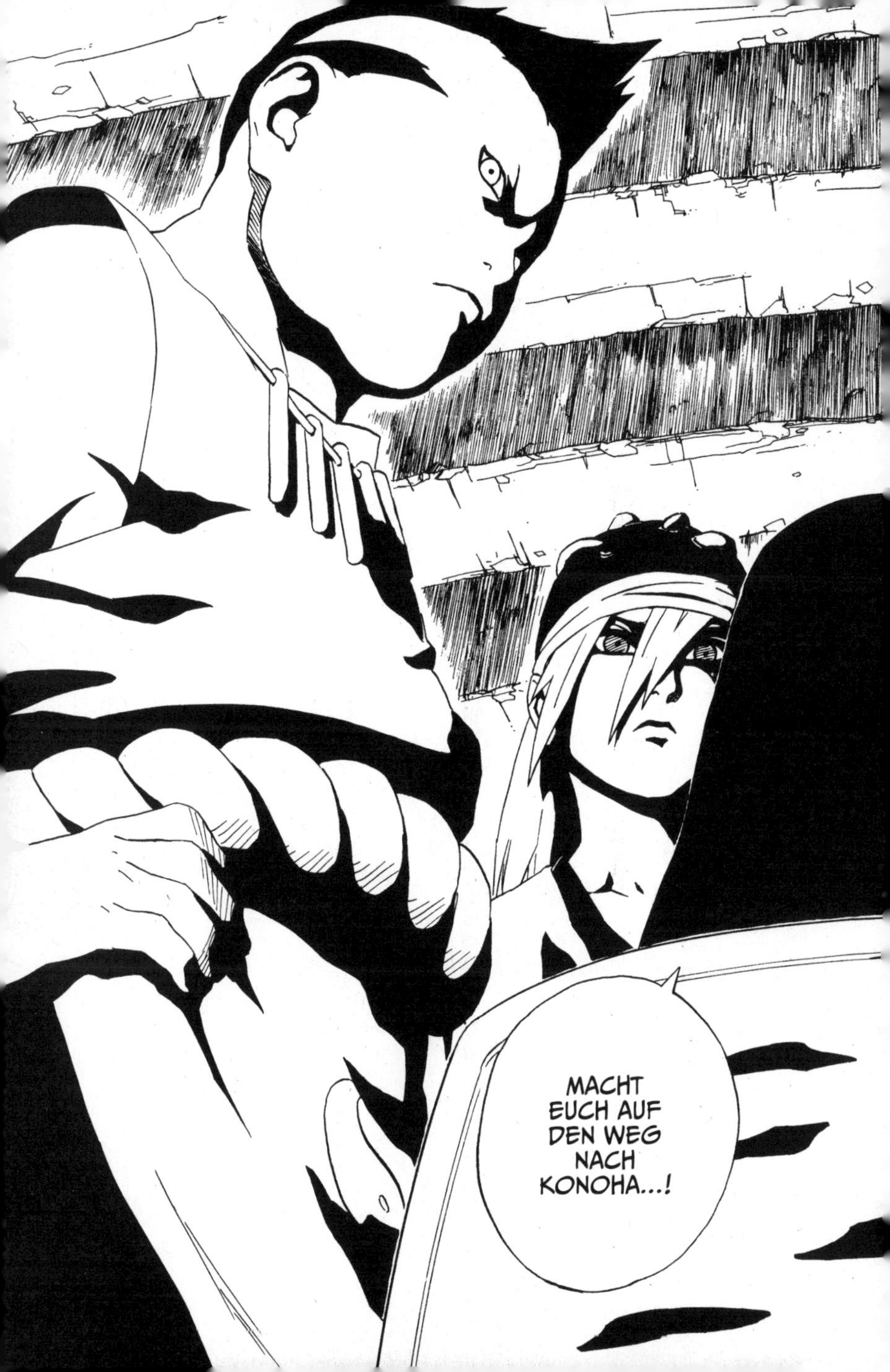
MACHT EUCH AUF DEN WEG NACH KONOHA...!

Naruto-Navigator

FORME DEINE FINGER

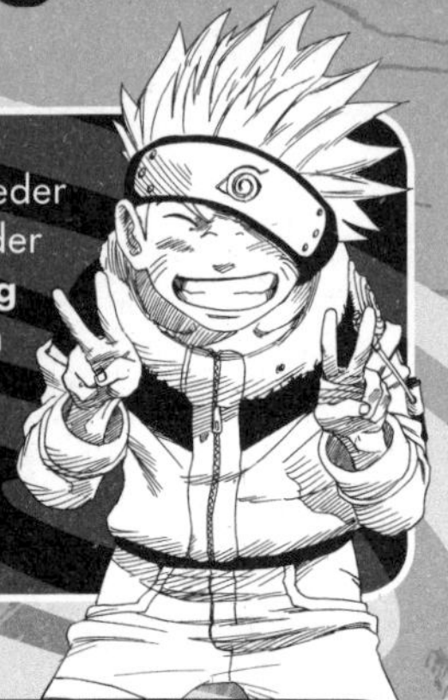

Wow! Nun sollten wir unser **chaotisches Chakra** mal wieder zur Ruhe kommen lassen und unseren Blutdruck wieder etwas absenken. Nicht nur die **brutale Begegnung** zwischen **Sasuke** und seinem Bruder **Itachi**, sondern auch die **erste Phase des Trainings**, das **Naruto** unter der Leitung des »notgeilen« Eremiten **Jiraiya** absolvieren muss, haben uns allen sicherlich die ein oder andere Schweißperle auf die Stirn gezaubert.

FREUNDE DER FINGERZEICHEN

Hauptaugenmerk des Trainings ist das Erlernen dieser **schwierigen A-Klassen-Kunst**. Der größte Vorteil, den ein Ninja dadurch besitzt, ist der, dass er nicht mehr gezwungen ist, **Fingerzeichen zu formen**. Geübte Ninja können die Fingerzeichen und ihre richtige Kombination in Sekunden formen,

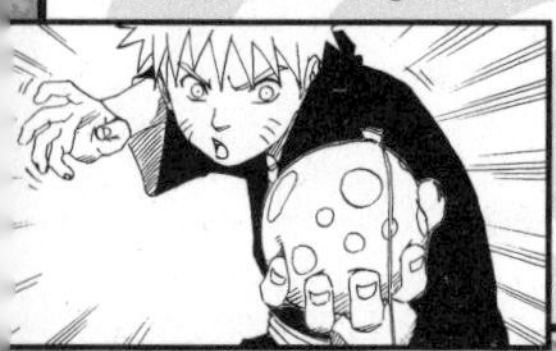

aber es sind immerhin Sekunden, die über **Leben** oder **Tod** bestimmen können. Auch kann es in einem Kampf vorkommen, dass einem Ninja die Finger gebrochen werden und er so nicht mehr in der Lage ist, sich effektiv zu verteidigen.

BEDEUTUNG DER EINZELNEN FINGERZEICHEN

1. Nezumi - Ratte
2. Ryu - Drache
3. Saru - Affe
4. O-ushi - Ochse
5. Tori - Vogel
6. Hebi - Schlange
7. Tora - Tiger
8. Uma - Pferd
9. Inu - Hund
10. Usagi - Hase
11. O-hitsuji - Widder
12. Ousu-buta - Wildschwein

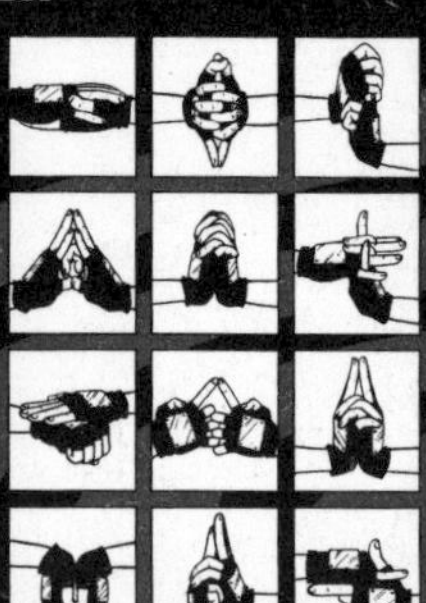

Wenn Naruto diese Kunst am Ende seines Trainings beherrschen sollte, hat er gegenüber seinen Gegnern einen **entscheidenden Vorteil**. Doch im Kampf wird das Formen der Fingerzeichen weiterhin ungemein wichtig bleiben. Im letzten Naruto-Navigator haben wir euch einen kleinen Überblick der **zwölf Fingerzeichen**, die nach den **chinesischen Tierkreiszeichen** angeordnet sind, präsentiert. Checkt dazu mal **Naruto Band 16**!

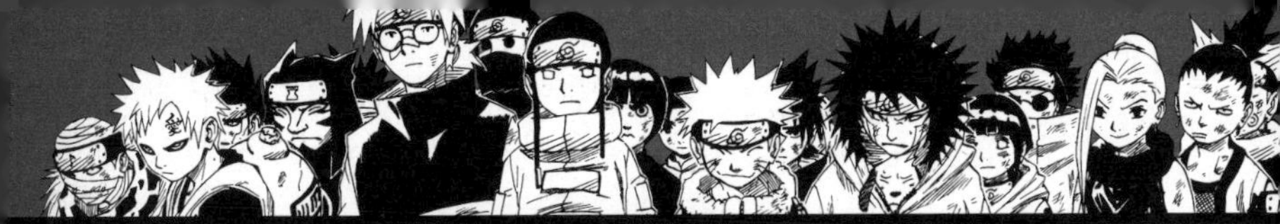

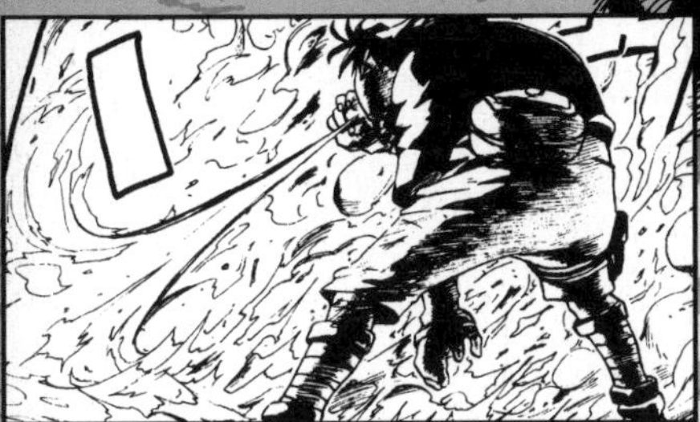

DAS SEAL

Die Fingerzeichen erlauben dem Ninja, sein angestautes Chakra **explodieren** zu lassen und es in die von ihm gewünschte **Kunst** nach außen zu drücken. Um eine Kunst zu beschwören, muss also eine **Kombination aus vielen verschiedenen Fingerzeichen** geformt werden. Auch hier gilt: **höchste Konzentration!** Schon der kleinste Fehler lässt aus einer Kunst ein absolutes **Desaster** werden!

Als Beispiel nehmen wir die **»Kunst der flackernden Feuerkugel«** von Sasuke. Um diesen **gewaltigen Feuerstoß** auszulösen, baut Sasuke das nötige Chakra auf. Dann kommt die Fingerzeichenkombination aus Schlange, Widder, Affe, Wildschwein, Pferd und Tiger! Ist alles nach Plan gelaufen, feuert Sasuke eine **gigantische flackernde Feuerkugel** auf seinen Gegner ab!

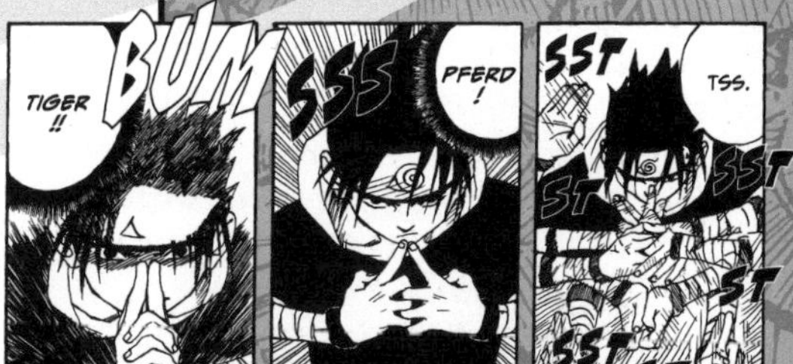

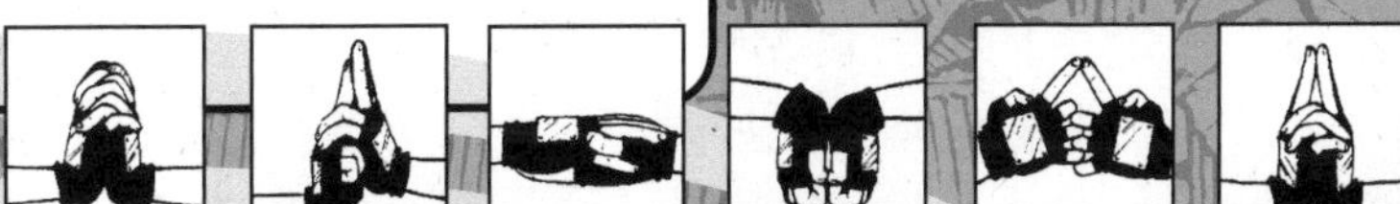

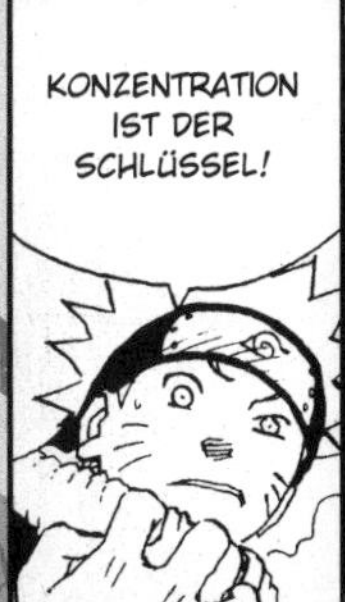

Doch um auf die mehr oder weniger lästigen Fingerzeichen verzichten zu können, hat Naruto noch einen **anstrengenden Weg** vor sich, auf dem er sich wohl nicht nur mit **Wasserballons** und **Gummibällen** auseinandersetzen muss. Der Schlüssel zu allem ist die Konzentration, wie diese japanische Weisheit noch einmal verdeutlicht…

»Geh in den Garten und hör auf die Stille zwischen den Geräuschen: Das ist die wahre Musik der Natur!«

Naruto-Navigator

NAMEN – MEHR ALS SCHALL UND RAUCH?!

Was ist schon ein Name? In »**Naruto**« eine **ganze Menge!** Die Namen in »Naruto« haben nämlich eine **tiefere Bedeutung** und sind fast alle auf die **einzelnen Charaktere** zugeschnitten. Kaum ein Name ist zufällig ausgewählt, sondern **unterstreicht** zusätzlich die **Persönlichkeit** des Charakters! Hier haben wir euch mal einige der **Namen** mit ihren Bedeutungen aufgelistet.

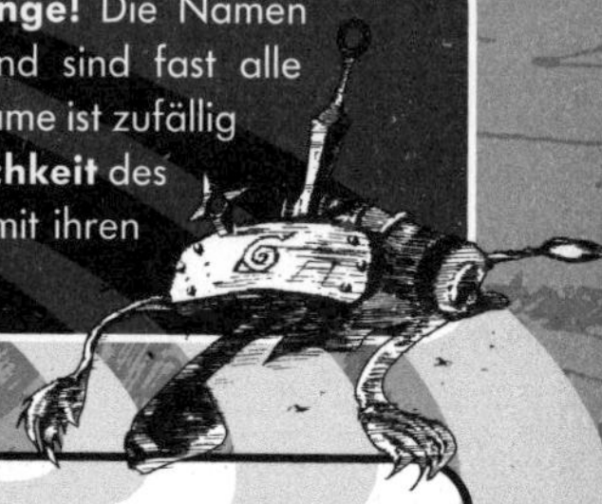

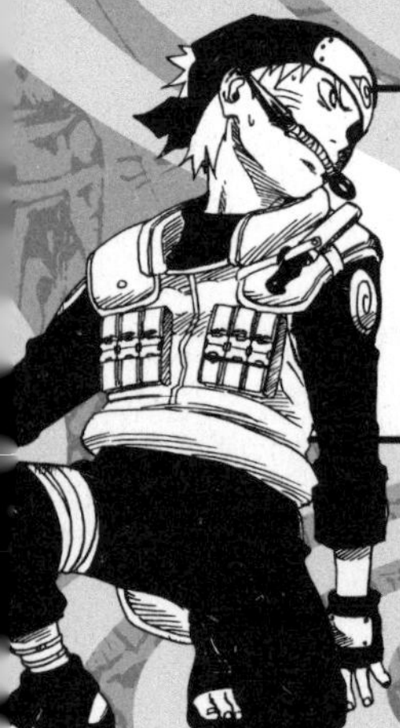

NARUTO UZUMAKI

Insider kennen das Bild von Naruto, in dem er von einem **Wirbel der Elemente Feuer**, **Wasser** und **Luft** umströmt wird. Einen solchen Wirbel nennt man im Japanischen »**Uzumaki**«! Der berühmteste Meeresstrudel dieser Art befindet sich in der Naruto-Meeresenge, die wiederum nach dem nahe gelegenen Ort »**Naruto**« benannt wurde.

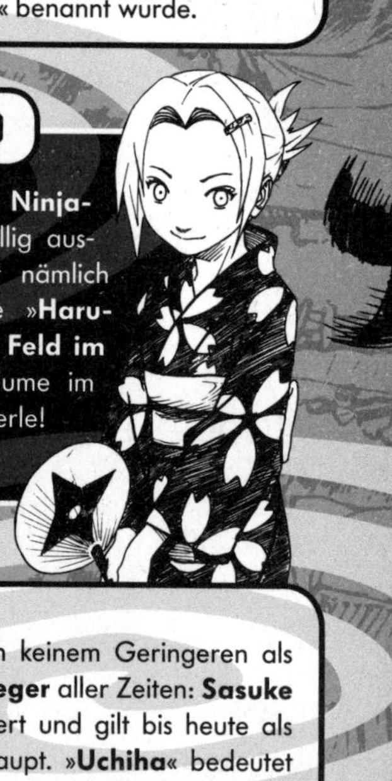

SAKURA HARUNO

Der Name unserer **kleinen Ninja-blume** wurde auch nicht zufällig aus-gewählt! »**Sakura**« bedeutet nämlich »**Kirschblüte**«. Ihr Nachname »**Haru-no**« bedeutet so viel wie »**Das Feld im Frühling**«! Also eine echte Blume im schmutzigen Kampf der Ninja-Kerle!

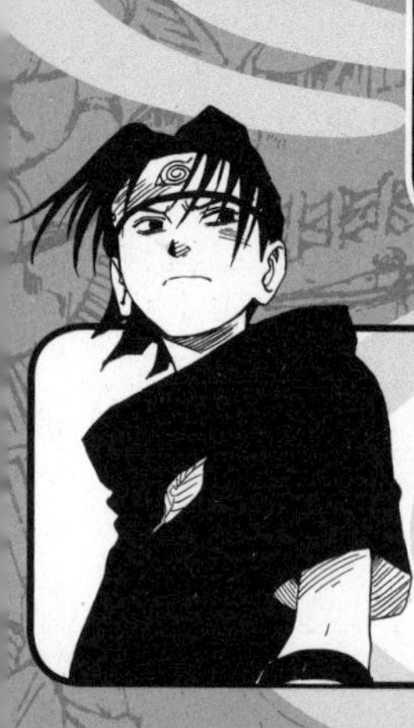

SASUKE UCHIHA

Sasuke hat seinen Vornamen von keinem Geringeren als dem **berühmtesten Schattenkrieger** aller Zeiten: **Sasuke Sarutobi** lebte im 17. Jahrhundert und gilt bis heute als einer der größten Ninja überhaupt. »**Uchiha**« bedeutet »**Fächer**« und ist gleichzeitig auch das Familienwappen des Uchiha-Clans!

OROCHIMARU

Der **mysteriöse und brandgefährliche Orochimaru** hat seinen Namen von einer japanischen Legende. Sie handelt von einem Prinzen namens **Susanoo**, der im Schwanz einer **achtköpfigen Schlange** ein heiliges Schwert fand.Die Schlange hieß Yamata-no-orochi!

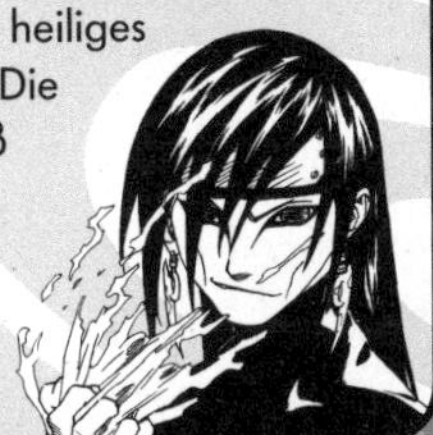

KAKASHI HATAKE

Frei übersetzt bedeutet Kakashi »**Vogelscheuche**« und Hatake so viel wie »**Kornfeld**«! Einige mögen jetzt sagen, der Name sei unpassend, aber Ninja verkleideten sich früher oft als Bauern oder versteckten sich in den Feldern vor Verfolgern.

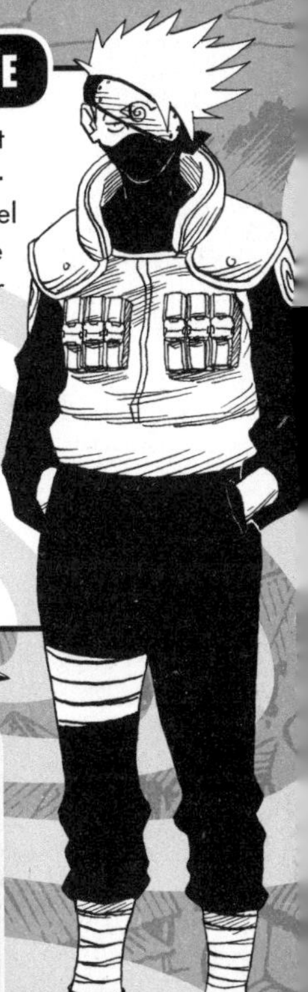

NEJI HYUUGA

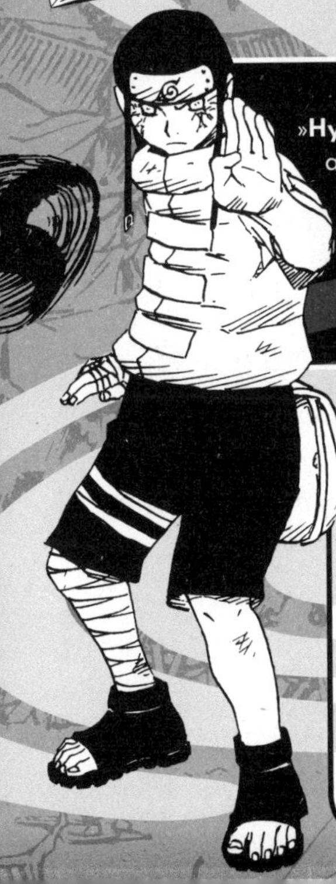

»**Hyuuga**« bedeutet »**Sonne**«. Was aber heißt »**Neji**«? Vielleicht »**Supercooler Ninja mit eisigem Weißaugenblick**«? Nein. »Neji« bedeutet »**Schraube**« oder »**Spirale**«, was auf die Techniken von Neji schließen lässt!

SHIKAMARU NARA

Shikamaru ist zwar nicht **scheu** wie ein junges Reh, trotzdem hat sein Name sehr viel mit dem Waldbewohner zu tun. In »**Shikamaru**« steckt das Wort »**Shika**«, das »**Reh**« bedeutet, und »**Nara**« ist eine Präfekturhauptstadt, in der sehr viele Rehe leben. Eine Legende besagt, dass der Kriegsgott »**Takemikazuchi**« auf einem Reh nach Nara ritt, um die Stadt zu schützen.

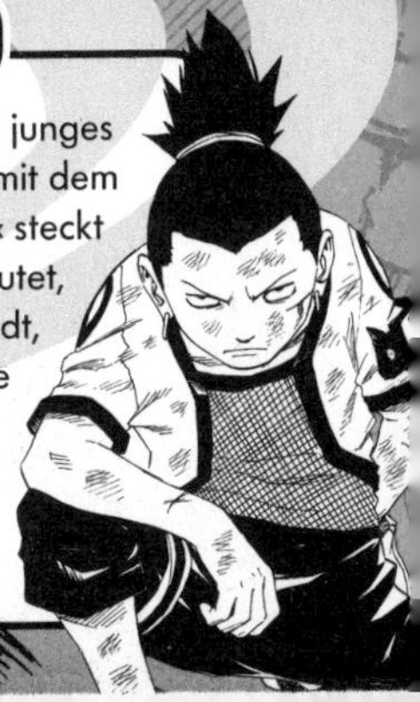

Naruto-Navigator

NAMEN – MEHR ALS SCHALL UND RAUCH?!

TEIL 2

Willkommen, ehrenwerte Ninja, in einem neuen Teil des **Naruto-Navigators. Der haarsträubende »Kröten-Schlangen-Nacktschnecken-Kampf«** hat uns sicherlich alle ins Schleudern gebracht. Das doppelte Spiel von **Kabuto** flog endlich auf und Naruto ist seinem Ziel, **Hokage** zu werden, einen mächtigen Schritt näher gekommen. Zeit, ein wenig zu entspannen. Im letzten Navigator haben wir euch schon die **Hintergründe einiger Namen** erklärt, und auch diesmal heißt es »**Nomen est omen**«*!

* lat.: »Der Name ist ein Vorzeichen«

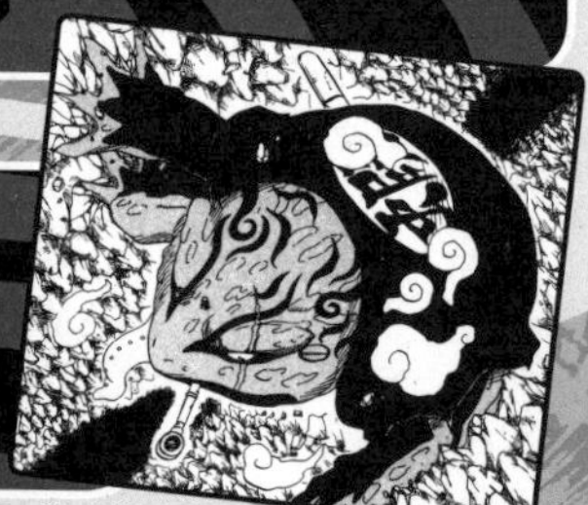

GAMBABUNTA

Der **König der Kröten**, stets mit Pfeife unterwegs, hat seinen Namen nicht von ungefähr. »**Gamabunta**« bedeutet schlicht und ergreifend »**Krötenkönig**«! Manchmal sind die Dinge eben naheliegender, als man denkt...

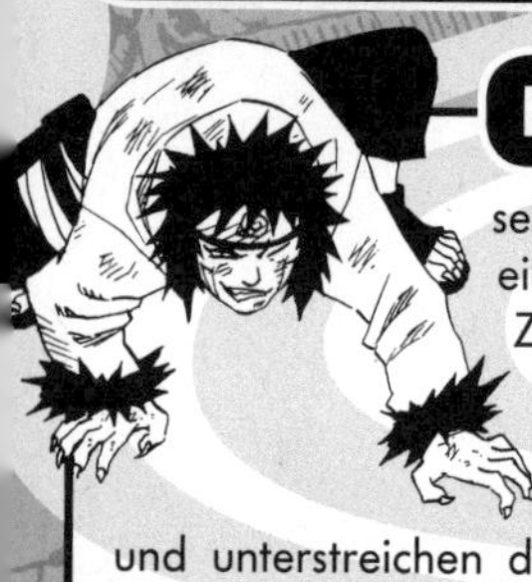

KIBA INUZUKA

Da Kiba und sein Familienclan eine sehr enge Verbindung zu Hunden hegen und jedes Mitglied einen besitzt, steht auch der Name von Kiba im direkten Zusammenhang mit seinen Fähigkeiten. »**Kiba**« bedeutet »**Fangzahn**«, und in seinem Familiennamen steckt das Wort »**Inu**«, das »**Hund**« bedeutet. Die roten Zeichen auf seinen Wangen sehen übrigens auch aus wie Fangzähne und unterstreichen die **besondere Verbindung** des Inuzuka-Clans zu den »haarigen Flohschleudern«!

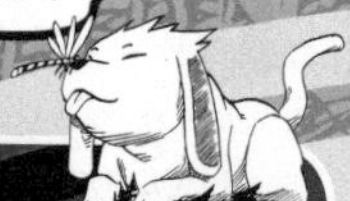

AKAMARU

Der dreijährige pelzige **Freund** und **Kampfgefährte** von Kiba steht seinem Herrchen in jeder Situation zur Seite. »**Akamaru**« bedeutet »**roter Kreis**«. Der Kreis steht für **Vollkommenheit**, wahrscheinlich eine Anspielung auf die **Zusammengehörigkeit** von **Kiba** und **Akamaru**.

IRUKA UMINO

Bei seinem Namen begeben wir uns in das kühle Nass des Meeres, denn »**Iruka**« steht für »**Delfin**« und »**Umino**« für »**Ozean**«! Der Name wurde wahrscheinlich aufgrund seiner Eleganz und seiner Schnelligkeit gewählt!

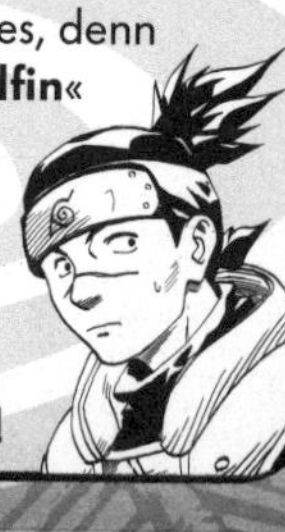

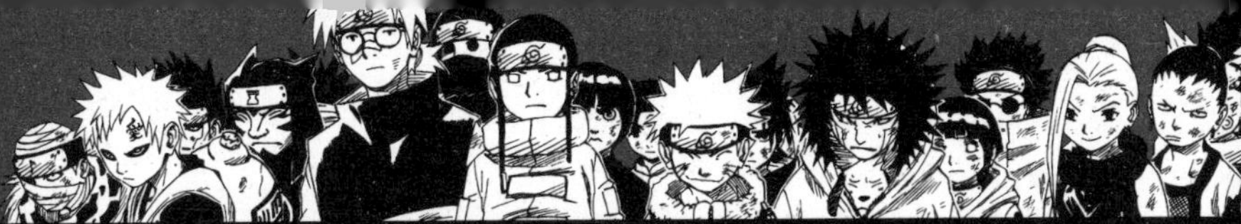

IBIKI MORINO

Der knallharte Ausbilder ist uns allen sicherlich noch gut in Erinnerung geblieben. »**Ibiki**« bedeutet »**schnarchend**«! Warum der große Meister **Masashi Kishimoto** diesen Namen für den erfahrenen Krieger gewählt hat, konnten wir bisher noch nicht herausfinden. Vielleicht ist Ibiki auch einfach nur ein **großer Anhänger des sonntäglichen Langschlafes** und verbringt seine Freizeit mit ausgiebigen **Siestas**!

HINATA HYUGA

Der Name der zurückhaltenden und schüchternen Ninja-Dame aus dem **Hyuga-Clan** strahlt wie ihr Inneres. »**Hyuga**« bedeutet nämlich »**Sonne**« und »**Hinatara**« »**sonniger Bereich**«. Solch einen warmen Namen wünscht man sich in kalten Wintermonaten.

EBISU

Der leicht aufzuregende Lehrer von Naruto ist zwar ein sehr **intelligenter Bursche**, hat aber eine außerordentliche Schwäche für **schöne Frauen**. »**Ebisu**« bedeutet so viel wie »**wild**« oder »**grausam**«. Wahrscheinlich eine Anspielung auf seine Lehrmethoden...

ANKO MITARASHI

Der Name der strengen Ausbilderin ist Programm. Ihre absolute Lieblingsspeise ist eine **süße Bohnenpaste** (»**Anko**«), eine besondere **japanische Süßigkeit** (»**Mitarashi**«)! So verbindet man die Anko mit ihrer Leibspeise, für die sie alles tun würde!

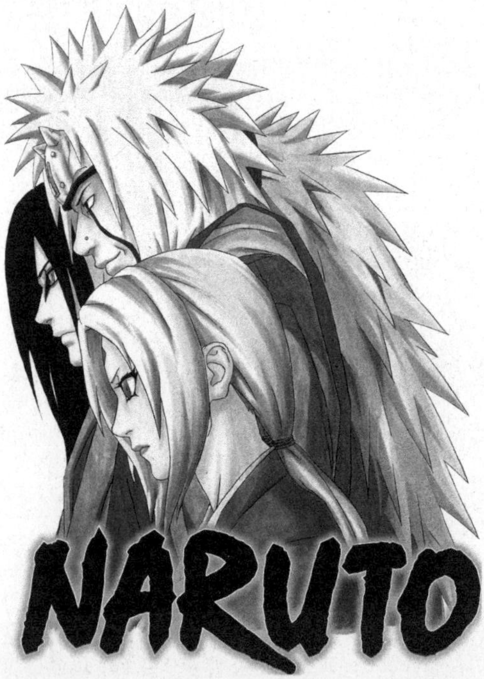

NARUTO

PRODUZIERT MIT VERANTWORTUNG

MIX
Papier | Fördert gute Waldnutzung
FSC® C083411
FSC www.fsc.org

CARLSEN MANGA
Deutsche Ausgabe/German Edition

Aus dem Japanischen von Miyuki Tsuji

First published in Japan in 1999 by SHUEISHA Inc., Tokyo.
German translation rights in Germany, Austria, Luxembourg and german-speaking
Switzerland arranged by SHUEISHA Inc. through VME PLB SAS, France.
Redaktion: Anne Berling, Jonas Blaumann
Textbearbeitung: Ina Schiele
Herstellung: Gunta Lauck, Wiebke Lück

Bei Fragen zum Produkt: carlsen.de/kontakt
ISBN 978-3-551-79532-8

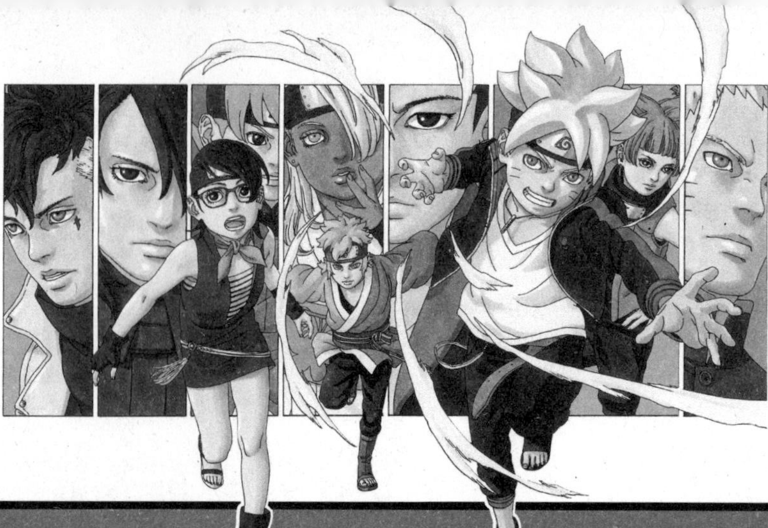

DIE NÄCHSTE NINJA-GENERATION!

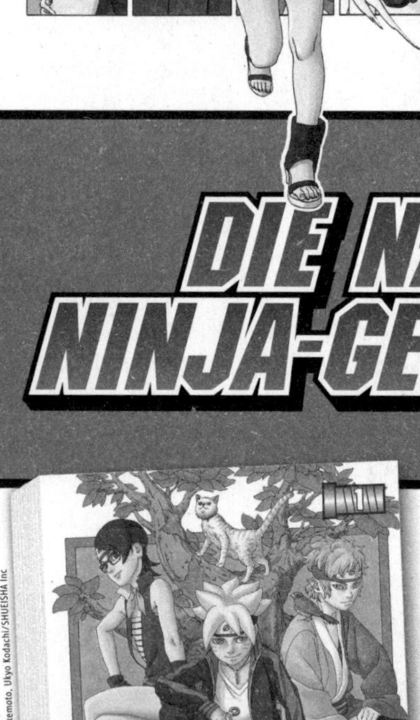

Naruto Uzumaki ist endlich Hokage und stolzer Vater von zwei Kindern. Sein Sohn Boruto gilt als Wunderkind und ist genauso rebellisch wie einst sein Vater. Boruto ist total genervt von seinem Vater, der nichts außer die Arbeit zu kennen scheint.
Er beschließt gegen die veraltete Denkweise der Ninja zu rebellieren und bittet Sasuke ihn zu trainieren, um ein besserer Ninja als Naruto zu werden ...

CARLSEN MANGA!

www.carlsenmanga.de

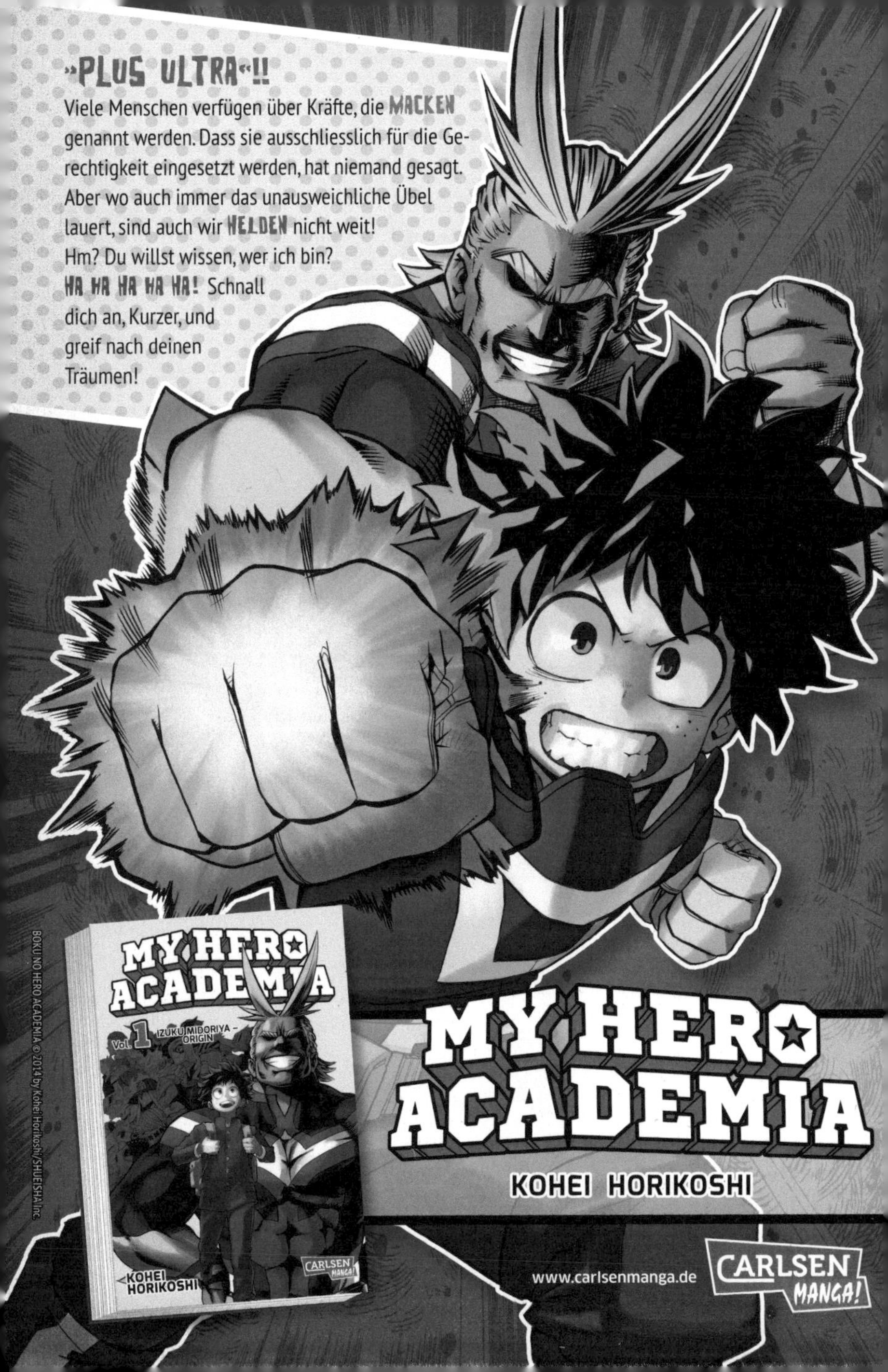
»PLUS ULTRA«!!
Viele Menschen verfügen über Kräfte, die MACKEN genannt werden. Dass sie ausschliesslich für die Gerechtigkeit eingesetzt werden, hat niemand gesagt. Aber wo auch immer das unausweichliche Übel lauert, sind auch wir HELDEN nicht weit!
Hm? Du willst wissen, wer ich bin?
HA HA HA HA HA! Schnall dich an, Kurzer, und greif nach deinen Träumen!
MY HERO ACADEMIA
Vol. 1 IZUKU MIDORIYA – ORIGIN
KOHEI HORIKOSHI
CARLSEN MANGA!
MY HERO ACADEMIA
KOHEI HORIKOSHI
www.carlsenmanga.de
CARLSEN MANGA!
BOKU NO HERO ACADEMIA © 2014 by Kohei Horikoshi/SHUEISHA Inc.

HALT!

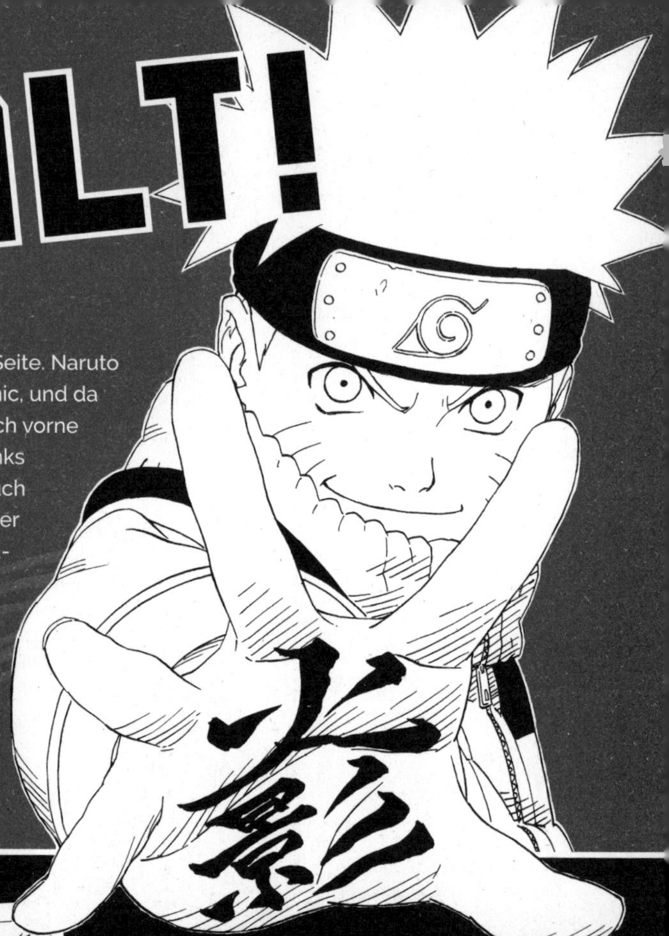

Das ist nicht die erste Seite. Naruto ist ein japanischer Comic, und da in Japan von hinten nach vorne und von rechts nach links gelesen wird, musst auch du diesen Comic von der anderen Seite aufschlagen und von hinten nach vorne lesen.

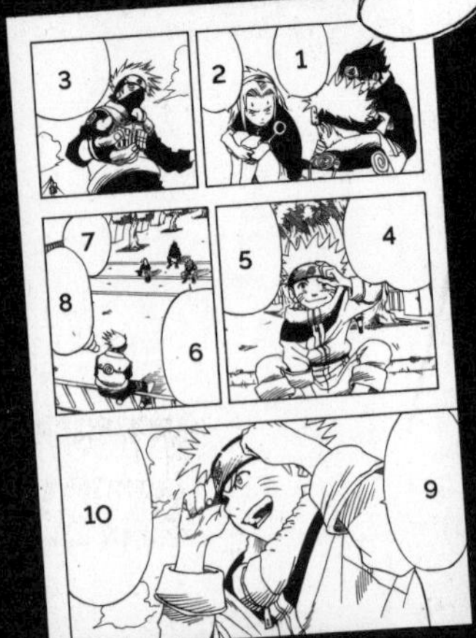

Auch die Bilder und Sprechblasen werden von rechts oben nach links unten gelesen, so wie es die Grafik hier zeigt. Schwer? Zuerst ungewohnt, doch es bringt richtig Spaß. Probiert es aus!

Viel Vergnügen mit **NARUTO** und der ganzen Ninja-Bande!